Ingmar Hessler

Abogado · Rechtsanwalt · Vereidigter Übersetzer

Praxishandbuch Wohnungseigentumsrecht in Spanien

Eigentümergemeinschaften · Urbanisationen · Immobilienkomplexe

1. Auflage

Bibliographische Information der Deutschen Nationalbibliothek
Die Deutsche Nationalbibliothek verzeichnet diese Publikation in der Deutschen Nationalbibliographie; detaillierte bibliographische Daten sind im Internet über http://dnb.dnb.de abrufbar.

Das gegenständliche Werk wurde mit größter Sorgfalt erarbeitet. Dennoch können Verlag und Autor keine Gewähr für die Aktualität, Korrektheit, Vollständigkeit und Qualität der bereitgestellten Informationen übernehmen. Druckfehler und Falschinformationen können nicht ausgeschlossen werden.

Dieses Buch stellt keine Rechtsberatung dar und kann die eingehende Prüfung des Einzelfalles durch einen qualifizierten Berater nicht ersetzen. Seine Nutzung, die Verwendung der in ihm enthaltenen Informationen, samt der Vorlagen, Muster, Entwürfe und Übersetzungen, erfolgt ausdrücklich auf eigenes Risiko. Verlag und Autor können für etwaige Nachteile und Schäden jeder Art, aus keinem Rechtsgrund, eine Haftung übernehmen. Rechts- und Schadenersatzansprüche gegen den Verlag oder den Autor für Schäden materieller oder ideeller Art, die durch die Nutzung oder Nichtnutzung der in diesem Werk enthaltenen Informationen bzw. durch die Nutzung fehlerhafter und/oder unvollständiger Informationen oder aber deren mangelhafter Verwendung verursacht werden, sind grundsätzlich ausgeschlossen.

Der Verlag und der Autor beabsichtigen, durch die fortlaufende Veröffentlichung neuer Auflagen dieses Werkes, den sich einstellenden Veränderungen Rechnung zu tragen. Unter der Internetadresse www.hesslerdelcuerpo.com werden die bis zur Veröffentlichung der jeweils neuen Auflage gegebenenfalls festgestellten Fehler und deren Berichtigung oder angebrachten Erläuterungen (bezogen auf die Rechtslage zum Zeitpunkt des Redaktionsschlusses der bereits veröffentlichten Auflage) kostenlos zur Verfügung gestellt. Der Leser wird daher angehalten die dort enthaltenen Angaben aufzurufen, und bei der Lektüre dieses Werkes zu berücksichtigen.

© 2015 Hessler & del Cuerpo S.C., Gran Vía Escultor Salzillo n° 4, 30004 Murcia (España)

1. Auflage 2015

Umschlaggestaltung: Neil Roth
Grafiken: Sandra-Shanice Evans &Neil Roth

ISBN: 978-84-606-7708-6
Depósito Legal: MU 559-2015

Download der Formulare und Mustertexte unter:
www.hesslerdelcuerpo.com/vorlagenumuster

User/Nutzer: Mittelmeer
Passwort: (Folgen Sie bitte den Hinweisen unter dem Eingabefenster)

Vorwort

Für die Erarbeitung dieses Handbuchs wurde die äußerst einschneidende, im Jahre 2013 in Kraft getretene Reform des spanischen Wohnungseigentumsrechts berücksichtigt, welche u.a. besonders große Auswirkungen auf die Beurteilung von Baumaßnahmen hatte.

Angesichts der einjährigen Anfechtungsfrist (bei Verstößen gegen das Gesetz oder die Satzung) und der durchschnittlichen Dauer eines auf die Anfechtung von Beschlüssen gerichteten Verfahrens, nebst gegebenenfalls sich anschließender Berufung, hat die zeitliche Nähe der beschriebenen Reform zweierlei Auswirkungen auf die Gestaltung dieses Handbuchs gehabt. Einerseits liegt die Reform noch nicht lange genug zurück, um bei der Klärung bedeutender Auslegungsprobleme auf einschlägige Urteile zurückgreifen zu können, in Bezug auf viele Fragen fehlt es daher an einer Bewertung durch die Rechtsprechung, andererseits beschäftigen sich die Gerichte auch zum jetzigen Zeitpunkt immer noch mit Fragen, welche sich nach der alten Fassung des spanischen Wohnungseigentumsgesetzes beurteilen.

Das *Praxishandbuch Wohnungseigentumsrecht in Spanien*, gibt deshalb auch Einblicke in das alte Recht, wo dies von besonderer Bedeutung ist, und versucht dem Leser durch den Vergleich der alten und neuen Gesetzesfassung, sowie der Analyse einschlägiger Fachliteratur eine möglichst umfassende Deutung des eingetretenen Wandels zu verschaffen. Dies auch dort, wo dieser noch weitgehend unbeantwortete Fragen aufwirft.

Als mit der Arbeit an diesem Handbuch begonnen wurde, sollte es wesentlich schlanker werden und lediglich als Einstieg in die Materie dienen. Bei der Abfassung und anschließenden Weitergabe einzelner Kapitel an Mandanten fiel jedoch auf, wie oft diese, insbesondere aufgrund der tatsächlichen Konfrontation in der Praxis, weiterführende Fragen stellten, deren Beantwortung alleine durch ein einführendes Buch nicht hätte ermöglicht werden können. In der Folge wuchs der Wunsch, dem Leser nicht nur einen ersten Zugang zu vermitteln, sondern, wo möglich, auch komplexere Zusammenhänge darzulegen und gleichzeitig die häufigsten Probleme zu beschreiben.

Der Inhalt wurde auf diese Weise immer umfangreicher. Neben die Vermittlung der Grundlagen gesellte sich ein zweisprachiger Abschnitt mit Musterformularen, Übersetzungen der wichtigsten Gesetzestexte, Übersichten, ausformulierte Antworten auf die häufigsten Fragen und vieles mehr. Entstanden ist auf diesem Wege ein Handbuch, welches, obwohl Anfangs als Einstieg für Eigentümer, Eigentümergemeinschaften und deren Organe gedacht, eine derartige Fülle an Inhalten und Informationen aufweist, dass es sich auch für Hausverwalter und deutschsprachige Rechtsanwälte empfiehlt.

Aufgrund der Gesetzgebungskompetenz Kataloniens, von welcher im Wege der Erweiterung des Código Civil de Cataluña (füntes Buch) Gebrauch gemacht wurde und das nunmehr das dortige Wohnungseigentumsrecht weitgehend selbständig vom nationalen spanischen Gesetz regelt, wollte ich auch auf deren lokale Besonderheiten eingehen. Das gegenständliche Werk sollte schließlich das Wohnungseigentumsrecht ganz Spaniens erläutern und keine Region ausklammern.

Die Beantwortung vieler Fragestellungen geht auf die umfassenden, mit meiner Kanzleipartnerin, der Anwältin Frau Maria del Cuerpo Hernández, geführten Gespräche zurück. Seit nunmehr über zehn Jahren beschäftigen wir uns gemeinsam eingehend mit dem spanischen Immobilienrecht. Dank der täglichen praktischen Fallbearbeitung haben wir uns mit einer umfangreichen Kasuistik vertraut gemacht, welche uns aber immer wieder auch vor neue Herausforderungen stellt. Viele Stunden haben wir damit verbracht, die ungewöhnlichsten Konstellationen einzuordnen. Wenn ich in diesem Werk an einzelnen Stellen den Plural verwende, so beziehe ich mich auf die durch uns gemeinsam erarbeiteten und vertretenen Positionen. Ich möchte mich daher an dieser Stelle auch recht herzlich bei ihr bedanken. Sie hat mir eine unschätzbare Unterstützung gewährt, ohne welche dieses Handbuch wesentlich an Attraktivität eingebüßt hätte.

Abschließend bleibt mir nur zu hoffen, dass die Konzeption insgesamt gelungen ist und dass dieses Praxishandbuch tatsächlich von Ihnen, den Lesern, nutzbringend eingesetzt werden kann.

Ich möchte Sie gleichfalls einladen, meine Kanzleiseite zu besuchen. Sie werden dort einen Ihnen gewidmeten Abschnitt finden, in welchem immer wieder Urteile aber auch Kommentare veröffentlicht werden sollen, welche den Gebrauch dieses Buches erleichtern und seinen Nutzen fördern dürften.

Ingmar Hessler, LL.M., M.B.A.
Abogado (spanischer Anwalt), Mitglied der Anwaltskammern von Murcia und Madrid
Rechtsanwalt (deutscher Anwalt), Mitglied der Anwaltskammer Frankfurt am Main
Vereidigter Übersetzer und Dolmetscher, Deutsch/Spanisch (span. Außenministerium)

Beratung und Vertretung in ganz Spanien:

Hessler & del Cuerpo
Abogados • Rechtsanwälte
Telefon: + (34) 968 178 158 • Fax: + (34) 968 975 141
www.hesslerdelcuerpo.com • info@hesslerdelcuerpo.com
www.derechoinmobiliario.es

Inhaltsverzeichnis

Teil I

Das spanische Wohnungseigentumsrecht

1

Ley de Propiedad Horizontal
Das spanische Wohnungseigentumsgesetz

1.1 Einführung

Das deutsche Wohnungseigentumsrecht und das spanische Recht der *Propiedad Horizontal*, also des wörtlich übersetzt *horizontalen Eigentums*, weisen zahlreiche Gemeinsamkeiten auf. Wobei der deutsche Begriff des Wohnungseigentumsrechts zur Erläuterung dessen welche besonderen, rechtlichen Konstellationen von ihm erfasst werden, weitaus eindeutigere Assoziationen weckt. So kann doch unmittelbar von der Bezeichnung ausgegangen werden, die in gewisser Hinsicht selbsterklärend ist. Da sich die deutschen Regelungen konzeptuell mit dem Wesen der *Propiedad Horizontal* decken und viele Parallelen gezogen werden können, macht es Sinn gerade zur Einführung in das spanische Wohnungseigentumsrecht und zur Erleichterung des Verständnisses und Vergleichs dort die deutschen Bezeichnungen zu verwenden, wo ein entsprechendes, spanisches Pendant existiert.

Der Begriff Wohnungseigentum vermittelt bereits die Vorstellung des Eigentums an einer Wohnung, also dem Recht an einer abgegrenzten, individuell nutzbaren Immobilie, welche Teil einer größeren Struktur (Gebäude) ist, die ihrerseits über Elemente oder Einrichtungen verfügt (z.B. Hauseingang, Treppenhaus, Fahrstuhl), die mehreren Wohnungen dienen. Die abgeschlossene, individuell nutzbare Immobilie (Wohnung) wird in Deutschland als Sondereigentum und in Spanien als *elemento privativo* bezeichnet. Die den Sondereigentumselementen (Wohnungen) insgesamt dienenden Gemeinschaftseinrichtungen bilden das sogenannte gemeinschaftliche Eigentum bzw. *elementos comunes* auf Spanisch. Während das Sondereigentum einen einzigen Eigentümer haben kann, gehört das gemeinschaftliche Eigentum den Eigentümern der verschiedenen Sondereigentumseinheiten gemeinsam. Die Eigentümer des Sondereigentums haben jeweils einen Anteil am gemeinsamen Eigentum, der sich in einer prozentualen Quote ausdrückt. In Spanien bilden alle Quoten zusammen genommen die Gesamtquote von 100 Prozent.[1]

---

[1] Im deutschen Wohnungseigentumsrecht, wird der Anteil hingegen in Tausendsteln beschrieben.

Aus dieser Beschreibung lässt sich ableiten, dass für die Annahme von Wohnungseigentum, grundsätzlich (a) mehr als ein Sondereigentumselement, (b) mehr als ein Eigentümer, und (c) gemeinsames Eigentum, sprich Gemeinschaftseigentum existieren müssen. Die Eigentümer aller rechtlich abgegrenzten Sondereigentumselemente bilden zusammen die Eigentümergemeinschaft.

Zum besseren Verständnis sei vertiefend erläutert, dass bei Bestehen einer einzigen Eigentumseinheit, selbst bei mehreren Eigentümern, lediglich Miteigentum aber kein Sondereigentum bestehen kann. Sondereigentum setzt schließlich voraus, dass noch weiteres also insgesamt mindestens zwei Sondereigentumselemente bestehen, denen das sogenannte gemeinschaftliche Eigentum dient, welches wiederum anteilig in Form einer prozentualen Quote mit den Sondereigentumselementen verbunden ist. Sondereigentum bedarf also zu seiner Existenz verständlicherweise einer Mehrzahl solcherlei Elemente. Existieren keine in die Kategorien Sondereigentum und gemeinschaftliches Eigentum aufteilbaren Elemente, kann nur ein einziges Objekt vorliegen, an welchem lediglich Miteigentum begründet werden könnte.

Trotz des, wie bereits ausgeführt, aussagekräftigen Begriffes *Wohnungseigentum* darf man sich nicht zu der fälschlichen Annahme verleiten lassen, bei den Sondereigentumselementen müsse es sich notwendigerweise um Wohnungen handeln. Wenngleich dies mit Sicherheit der häufigste Fall ist, kann auch abseits von zentralen Wohngebäuden oder Wohnblöcken ein wohnungseigentumsrechtliches Verhältnis bestehen. Bestes Beispiel sind die in Spanien weit verbreiteten Einfamilienhäuser innerhalb einer Urbanisation. Auch in dieser Konstellation liegt Wohnungseigentum vor, wie Artikel 24 LPH entnommen werden kann, wenn gemeinschaftliches Eigentum existiert.

1.1.1 Entstehung

Idealerweise liegt der Entstehung einer Gemeinschaft von Eigentümern ein entsprechender Gründungs- oder Errichtungstitel (*título constitutivo*), sprich die Teilungserklärung, zugrunde. Sie beschreibt jedes Sondereigentumselement und teilt diesem einen in Prozenten ausgedrückten Miteigentumsanteil (Quote) am gemeinschaftlichen Eigentum zu.

Absolut erforderlich ist solch ein Gründungstitel jedoch nicht. So bezieht Artikel 2 der *Ley de Propiedad Horizontal*[2] verschiedene Typen von Liegenschaften in den Anwendungsbereich des spanischen Wohnungseigentumsgesetzes ein, ohne dass für alle eine Teilungserklärung vorliegen müsste. Während unter Buchstabe a.) die über einen Gründungstitel verfügenden Immobilien genannt werden, integriert Buchstabe b.) auch diejenigen Objekte, welche die Voraussetzungen des Artikels 396 des *Código Civil*[3] erfüllen, oder gemäß Buchstabe c.) solche Immobilienkom-

---

[2] Im Folgenden auch abgekürzt mit: LPH.
[3] Im Folgenden auch abgekürzt mit: C.C.

plexe, bei denen die Voraussetzungen des Artikels 24 LPH vorliegen (private Urbanisationen).[4]

Auf diese Weise werden sowohl die Liegenschaften, die bereits vor in Kraft treten der LPH existierten wie auch diejenigen, welche trotz späteren Entstehens über keine Teilungserklärung verfügen, den Regelungen des spanischen Wohnungseigentumsgesetzes unterworfen, wenn diese über Sondereigentums- und gemeinschaftliche Eigentumselemente verfügen und mehreren Eigentümern gehören.

1.2 Teilungserklärung

Obwohl, wie soeben dargelegt, zur Annahme eines Wohnungseigentumsverhältnisses ein Gründungstitel nicht zwingend erforderlich ist, unterbleibt er nur in den seltensten Fällen.

Er kann gemäß Artikel 5 Absatz 2 LPH durch den Alleineigentümer der Liegenschaft, wenn mehrere Eigentümer existieren, durch deren einstimmige Willensbekundung, und sollte diese nicht zu erzielen sein, durch einen Schiedsspruch oder eine gerichtliche Entscheidung zustande kommen. Idealerweise wird der Alleineigentümer, vor jeder die Liegenschaft berührenden Eigentumsübertragung an Dritte, eine Teilungserklärung errichten, denn je zahlreicher die Eigentümerschar ist, desto schwieriger wird es sein, ein Einvernehmen unter diesen zu erreichen. Sollte in solcherlei Fällen aufgrund von Meinungsverschiedenheiten unter den Eigentümern tatsächlich keine Teilungserklärung errichtet werden können, ermöglicht das Gesetz den Gang vor ein Schiedsgericht oder die Anrufung der ordentlichen Gerichtsbarkeit. Einschränkend muss bemerkt werden, dass ein Schiedsgericht hier nur dann Zuständigkeit erlangt, wenn sich alle Eigentümer darauf einigen. Mangelt es an dieser Einigung, entfällt die Zuständigkeit auf die Zivilgerichte erster Instanz (Artikel 45 *Ley de Enjuiciamiento Civil*),[5] was den Normalfall bildet.

Regelmäßig wird der Gründungstitel in den ersten beiden Fällen (Errichtung durch den Alleineigentümer oder alle Eigentümer) die Form einer notariellen Teilungserklärung[6] annehmen. Der Gesetzgeber sieht für die Teilungserklärung aber kein bestimmtes Formerfordernis vor, weshalb unter Berücksichtigung des Prinzips der allgemeinen Formfreiheit (Artikel 1278 C.C.) auch eine privatschriftliche Teilungserklärung Gültigkeit hätte.[7] Lediglich das Erfordernis der Schriftform muss angenommen werden, da der Gründungstitel eine Reihe an Inhalten aufzuweisen hat,

---

[4] Nicht unerwähnt soll bleiben, dass das spanische Wohnungseigentumsrecht gemäß Artikel 2.d.) LPH auch auf Untergemeinschaften anwendbar ist, wenn in Übereinstimmung mit dem Gründungstitel Einheiten geschaffen wurden, welche über eine gewisse, von der übergeordneten Gemeinschaft, abgrenzbare bzw. unabhängige Einrichtungen oder Dienste verfügen. Zu nennen wären darüber hinaus ebenfalls die Urbanisations-Erhaltungsgesellschaften, in den Fällen in denen deren Satzung dies vorsieht (so Artikel 2.e.) LPH).

[5] Im Folgenden auch abgekürzt mit: LEC.

[6] Notarielle Teilungserklärung auf Spanisch: *escritura de división horizontal*.

[7] Lefebvre, Propiedad Horizontal, Rn. 280.

die darauf schließen lassen, es habe sich zumindest um ein schriftliches Dokument zu handeln.[8]

Insbesondere bei Neubauten wird z.B. der Bauträger bzw. Bauherr aber schon deshalb den Weg der notariellen Urkunde beschreiten wollen, weil er den unmittelbaren Zugang zum Grundbuch freimacht (sollte der Alleineigentümer eine Behörde sein, besteht die Möglichkeit, einen Gründungstitel durch *certificación administrativa* zu schaffen, der dann ebenfalls direkten Zugang zum Grundbuch hat)[9].

Die Eintragung der Teilungserklärung ins Grundbuch ist zwar ebenfalls nicht zwingend und hat lediglich deklarativen und keinen konstitutiven Charakter, dennoch leiten sich hieraus zahlreiche Vorteile ab, die sich nicht im öffentlichen Glauben der Grundbuchs und des hiermit einhergehenden besonderen Schutzes der dort eingetragenen Rechte erschöpfen.

1.3 Allgemeine Ausführungen zum spanischen Immobilienkaufrecht

Aus der Perspektive anderer Rechtsordnungen mag es verwundern, dass weder für die Teilungserklärung noch für den Verkauf von Anteilen an der Liegenschaft bzw. einzelner Sondereigentumselemente eine notarielle Beurkundung erforderlich ist, und dass die Eintragung dieser Geschäfte ins Grundbuch dem Willen der Parteien überlassen bleibt. Zum besseren Verständnis seien daher kurz die wesentlichen Züge des spanischen (Immobilien-) Kaufrechts skizziert:

In der spanischen Rechtsordnung gilt in Bezug auf die Anforderungen an eine Eigentumsübertragung mittels Kaufvertrags, aufbauend auf dem römischen Recht, die Theorie des *título y modo* d.h. der (vertraglichen) Einigung, also Vereinbarung und Übergabe der Sache selbst. Die Einigung zwischen Käufer und Verkäufer muss sich gemäß Artikel 1450 C.C. auf den Vertragsgegenstand und Preis erstrecken und verpflichtet von da an beide Parteien. Anders als in anderen Rechtsordnungen ist daher der Kaufvertrag zu seiner Wirksamkeit keinen Formerfordernissen unterworfen. Selbst eine mündliche Einigung wäre verbindlich. Widersprüchlich und verwirrend sind deshalb die Bestimmungen des Artikels 1280 C.C., wonach es zur Schaffung, Übertragung, Änderung oder Löschung dinglicher Rechte an Immobilien einer Beurkundung bedarf. Die einhellig von der Rechtsprechung vertretene Auffassung hat diesen Gegensatz dahingehend gelöst, dass der absoluten Formfreiheit des Artikels 1450 C.C. Vorrang geben und die Forderung des Artikels 1280 C.C. so verstanden wird, dass ihr nur Beweiswirkung zukommt, bzw. dass sich die Parteien gegenseitig zur Beurkundung verpflichtend auffordern können.[10]

Auch wenn die erzielte Einigung bereits verbindlichen Charakter hat, findet die eigentliche Übertragung erst mit der Übergabe (*modo*) gemäß Artikel 609.2 C.C. statt. Andernfalls besteht lediglich ein Anspruch auf diese. Solange die Übergabe oder

---

[8] Echevarria Summers / Morillo González, S. 34.
[9] Lefebvre, Propiedad Horizontal, Rn. 280; vgl. auch: Todo Inmobiliario, S. 37, 40 und 41.
[10] AP Sevilla, Sec. 5ª, Urteil Nr. 521/2011 vom 13. Dezember 2011.

Inbesitznahme nicht erfolgt, wird der Erwerber nicht Eigentümer (siehe auch Artikel 1095 C.C.). Der tatsächlichen Übergabe steht die Beurkundung der Immobilie gleich (wenn in der Urkunde keine hiervon abweichende Regelung getroffen wurde).[11]

Die notarielle Beurkundung, wie auch die Eintragung ins Grundbuch, sind weder für den Eigentumserwerb noch für die Begründung des Wohnungseigentums erforderlich, da sie in diesem Falle lediglich deklarativen aber nicht konstitutiven Charakter haben. Eine Eintragung dieser Rechte entfaltet zusätzlich lediglich Wirkung gegenüber Dritten. Diese dürfen auf die Richtigkeit der in ihm enthaltenen Angaben vertrauen (solange sie keine anderslautenden Informationen haben bzw. bösgläubig sind).

Aufgrund der durch Artikel 1278 C.C. vorgesehenen Formfreiheit muss zwar weder die Teilungserklärung noch die Veräußerung der Sondereigentumselemente an Dritte beurkundet werden, doch entfalten diese Geschäfte deshalb bei Verzicht auf diese Möglichkeit lediglich eine unmittelbare Wirkung zwischen den Parteien.[12]

Allerdings gibt es auch dingliche Rechte, die erst durch die Eintragung begründet werden. Hierzu gehört, wie Artikel 1875 C.C. und Artikel 145 *Ley Hipotecaria*[13] bestimmen, die Hypothek.

Deren Eintragung erfordert aber, dass die Immobilie (und ihr Eigentümer) die durch dieses (beschränkte) dingliche Recht belastet wird, zuvor in das Grundbuch Einzug gefunden haben.

Der Bauträger wird daher, um - wie dies in der Branche üblich ist - auf die einzelnen Sondereigentumselemente eine Hypothek aufnehmen zu können, nicht an der notariellen Teilungserklärung und ihrer Eintragung ins Grundbuch vorbeikommen.

Neben der Möglichkeit, nunmehr auf den einzelnen Sondereigentumselementen eine Hypothek begründen zu können, wird auch deren Veräußerung an Dritte erleichtert.

Spätestens dann, wenn den Käufern die Aufnahme einer Hypothek zur Zahlung des vereinbarten Kaufpreises ermöglicht werden soll, muss die Teilungserklärung aber auch der Kaufvertrag notariell beurkundet und ins Grundbuch eingetragen worden sein.

Da Artikel 8.4 LH der Teilungserklärung auch dann den Zugang zum Grundbuch gewährt, wenn sich die Liegenschaft noch in Bau befindet, bzw. lediglich mit dem Bau begonnen wurde, kann eine entsprechende Eintragung sehr frühzeitig erfolgen.

An dieser Stelle soll allerdings ein besonderer Hinweis auf die rechtliche Situation im Land Valencia gegeben werden. Aufgrund des Gesetzes 8/2004[14] darf der Bau-

---

[11] Siehe Artikel 1462 C.C.
[12] Lefebvre, Propiedad Horizontal, Rn. 280.
[13] Im Folgenden auch abgekürzt mit: LH.
[14] Ley 8/2004, de 20 de Octubre, de la Generalitat, de la Vivienda de la Comunidad Valenciana

träger erst dann mit dem Verkauf von Sondereigentum beginnen, wenn die Teilungserklärung ins Grundbuch eingetragen wurde.[15]

1.4 Inhalt des Gründungstitels bzw. der Teilungserklärung

Der Gründungstitel muss gemäß Artikel 5 LPH eine Reihe an Mindestangaben enthalten. Hierzu gehört die Beschreibung der Liegenschaft in ihrer Gesamtheit sowie der Wohnungen und Geschäftsräume, welche fortlaufend zu nummerieren sind. Die Beschreibung der Immobilie hat die von der Hypothekengesetzgebung geforderten Angaben zu enthalten (siehe Artikel 9 LH) und die Anlagen und Einrichtungen über welche sie verfügt in geeigneter Weise widerzuspiegeln. Bezüglich jeder Wohnung bzw. Geschäftsraum müssen deren Fläche, Grenzverläufe, Stockwerk sowie zugehörige Bauten wie beispielsweise Garage, Dachgeschoss oder Keller angegeben werden. Weiterhin muss die jeweilige Beteiligungsquote am gemeinschaftlichen Eigentum die auf die einzelnen Wohnungen oder Geschäftsräume entfällt, ausgewiesen werden.

1.5 Die Gemeinschaftssatzung[16]

Über diese unverzichtbaren Angaben hinaus dürfen im Gründungstitel unmittelbar auch solche Regelungen getroffen werden, die darauf gerichtet sind, das Funktionieren der Gemeinschaft zu ordnen. Diese Bestimmungen bilden die sogenannte Gemeinschaftssatzung. Es besteht keinerlei Pflicht, eine solche in den Gründungstitel aufzunehmen oder diese zu einem späteren Zeitpunkt zu beschließen. Ihr Inhalt darf nicht im Gegensatz zu verbindlichen gesetzlichen Vorgaben stehen. Sie verpflichtet alle Eigentümer, gilt allerdings gegenüber Dritten nur bei Eintragung in das Grundbuch. Wird also zu einem späteren Zeitpunkt eine Satzung beschlossen oder eine bestehende abgeändert, ist sie von allen, zu diesem Zeitpunkt bestehenden (und über ihren Beschluss in Kenntnis gesetzten) Eigentümern zu beachten. Findet aber keine Eintragung ins Grundbuch statt, sind zukünftige (und unwissende) Eigentümer nicht an sie gebunden, da ihre Rechte im Lichte des Gesetzes nicht über das im Grundbuch beschriebene Maß hinaus eingeschränkt werden können.

Artikel 5 LPH beschreibt die Regelungsbereiche, bezüglich derer die Gemeinschaftssatzung Bestimmungen treffen kann. Hiernach lässt sich folgende Einteilung vornehmen:

1. Regelungen zur Begründung von Rechten sowie deren Ausübung (also die Schaffung von Rechten und Pflichten allgemeiner Art, die sich nicht bereits aus dem Gesetz ergeben, und ihre Ausübung bzw. Befolgung).

---

[15] Siehe Artikel 14 des soeben bezeichneten Gesetzes.
[16] In Deutschland wird die Bezeichnung Gemeinschaftsordnung verwendet. Der Gebrauch dieser Begrifflichkeit wurde hier allerdings vermieden, um Verwechslungen mit dem Begriff Hausordnung (*Reglamento de Régimen Interior*) zu vermeiden.

2. Regelungen bezüglich des Gebrauchs und Verwendungszwecks des gemeinschaftlichen Eigentums samt seiner Installationen und Einrichtungen als auch des Sondereigentums in Form der Wohnungen und Geschäftsräume (durch sie können die gesetzlichen Vorgaben vervollständigt, bzw. im gesetzlich erlaubten Masse abgeändert werden).

3. Regelungen bezüglich der Aufteilung von und Beteiligung an Kosten (Erweiterung oder Einschränkung der gesetzlichen Vorgaben, soweit erlaubt).

4. Regelungen bezüglich Verwaltung und Leitung der Gemeinschaft (Erweiterung oder Einschränkung der gesetzlichen Vorgaben, soweit erlaubt).

5. Regelungen bezüglich Versicherungen, Erhaltung und Reparaturen (Erweiterung oder Einschränkung der gesetzlichen Vorgaben, soweit erlaubt).

1.6 Eintragung der Gemeinschaftssatzung in das Grundbuch

Damit die Satzung bzw. einzelne Beschlüsse auch gegen Dritte, insbesondere zukünftige Eigentümer, eine Wirkung entfalten, müssen diese in das Grundbuch eingetragen werden.

Hierzu muss folgendes geschehen:[17]

– Es bedarf eines einstimmigen Beschlusses der in der Eigentümerversammlung anwesenden oder vertretenen Eigentümer.

– Die abwesenden Eigentümer sind über den Inhalt der Versammlung und die vorläufigen Abstimmungsergebnisse in Kenntnis zu setzen.

– Diesem Beschluss darf innerhalb der in Artikel 17.8 LPH bezeichneten 30-Tages-Frist keiner der geladenen, aber nicht anwesenden Eigentümer entgegentreten.

– Der Präsident muss von der Eigentümerversammlung ermächtigt worden sein, den entsprechenden Beschluss vor einem Notar zu beurkunden. Andernfalls müssten alle Eigentümer zur Beurkundung erscheinen. Diese Ermächtigung muss hinsichtlich ihrer Zweckrichtung deutlich und eindeutig sein, um jeden möglichen Zweifel auszuräumen.

– Es sollte zu einer zeitnahen Beurkundung kommen, um sicherzustellen, dass die Eigentümer, die dies einstimmig beschlossen haben bzw. durch den Beschluss verpflichtet wurden, mit den im Grundbuch geführten Eigentümern identisch sind. Bei längerem Zeitablauf, könnten durch Veräußerungen einzelner Sondereigentumselemente, neue Eigentümer an die Stelle der alten Eigentümer treten. Diese wären dann mangels Eintragung in das Grundbuch gegebenenfalls nicht an den Beschluss gebunden.

– Es ist anzuraten, den später beurkundenden Notar vor Abhaltung der Versammlung, und sogar vor Versendung der Ladungen, über den beabsichtigten

---

[17] Loscertales Fuertes, Comentario Artículo 17.

Beschluss und den Wunsch, diesen nachträglich zu beurkunden, zu informieren. Auf diesem Wege kann in Absprache mit dem beurkundenden Notar alles Erforderliche entsprechend vorbereitet und veranlasst werden.

1.7 Die Hausordnung

Nicht zu verwechseln mit der Satzung (*estatutos*) ist die Hausordnung der Gemeinschaft (*Reglamento de Régimen Interior*). Sie regelt gemäß Artikel 6 LPH den Gebrauch des gemeinschaftlichen Eigentums und die Einzelheiten des Zusammenlebens. Vorschriften betreffend des Sondereigentums dürfen deshalb nicht Gegenstand der Hausordnung sein. Verbote bezüglich der Ausübung bestimmter Aktivitäten innerhalb der Sondereigentumselemente bleiben der Satzung vorbehalten, ihre Aufnahme in eine Hausordnung wäre widerrechtlich. Im Gegensatz zur Gemeinschaftssatzung kann die Hausordnung nicht in das Grundbuch eingetragen werden. Genauso wie nicht eingetragene Satzungen werden zukünftige Eigentümer durch die Hausordnung nicht unmittelbar verpflichtet. Diese müssen nur dann die Hausordnung gegen sich gelten lassen, wenn sie bereits vor Erwerb des Sondereigentums Kenntnis von ihrem Inhalt oder zumindest ihrer Existenz hatten. Typische Regelungsbereiche einer Hausordnung sind die Festlegung von Nutzungszeiten gemeinschaftlicher Schwimmbäder oder Sporteinrichtungen, Verpflichtung zum Abschließen der Zugänge oder Ruhezeiten. Trotz aller Unterschiede verschwimmen die Grenzen zwischen Satzung und Hausordnung in der Praxis, da viele Satzungen auch Vorschriften beinhalten, die eigentlich in eine Hausordnung gehören würden. Auf dem Umweg über die Satzung gelangen dann auch Regelungen die eigentlich nur den Gebrauch des gemeinschaftlichen Eigentums betreffen, in das Grundbuch.[18]

1.8 Regelung des Wohnungseigentums durch Satzung und Hausordnung

Der Zweck von Gemeinschaftssatzung und Hausordnung ist darauf gerichtet, den gesetzlich vorgegebenen Rahmen durch individuelle Regelungen auszugestalten oder im Falle der Satzung sogar in die durch das Gesetz geschaffenen Vorgaben durch Änderungen einzugreifen, um eine Anpassung an die Wünsche und Bedürfnisse des oder der Satzungsgeber zu erreichen. Artikel 5 LPH sieht diese Möglichkeit zur Schaffung neuer Rechte und Pflichten der Eigentümer und zur Modifizierung der durch das Gesetz geschaffenen Ordnung ausdrücklich vor. Allerdings nur soweit diese nicht gegen gesetzliche Verbote verstoßen. Die Hausordnung kann gemäß Artikel 6 LPH nur unter Beachtung der durch das Gesetz und der gegebenenfalls vorhandenen Satzung formulierten Bestimmungen weitere Anordnungen treffen.

Bei der Beurteilung, welche Regelungen in der Gemeinschaftssatzung bzw. der Hausordnung zulässig sind, ist daher zunächst die Frage zu klären, welche gesetz-

---

[18] Lefebvre, Propiedad Horizontal, Rn. 500-509.

lichen Vorgaben nicht verändert werden dürfen bzw. welche gesetzlichen Verbote respektiert werden müssen.[19] Der spanische Gesetzgeber hat die LPH mit einer Darlegung der Ziele, die dieses Gesetz verfolgt, eingeleitet. In ihr wird zwar behauptet, es ließe sich unmittelbar aus dem Gesetz selbst ableiten, welche Vorgaben geändert werden dürfen, in Wirklichkeit gestaltet sich diese Unterscheidung jedoch weitaus schwieriger und beschäftigt Rechtsprechung uns Literatur umfänglich. Obwohl sich bei einigen Artikeln der LPH bereits aufgrund des Wortlauts oder ihrer prinzipiellen Bedeutung aufdrängt, ob die enthaltenen Vorgaben verbindlich sind oder durch die Satzung abgeändert werden können, besteht nur in den wenigsten Fällen breite Einigkeit. Häufig kommt es auf den konkreten Fall und den genauen Inhalt der Satzung an. Schließlich hängt es von den neuen, durch die Änderung geschaffenen Bestimmungen selbst ab, ob sie im Ergebnis einen Verstoß darstellen oder nicht. Artikel 16.1 LPH bestimmt beispielsweise, dass ein Viertel der Eigentümer oder eine Gruppe von Eigentümern, auf welche mindestens 25 % der Beteiligungsquoten entfällt, die Abhaltung einer Eigentümerversammlung beantragen können. Eine Absenkung dieses Erfordernisses durch Satzung auf z.B. ein Fünftel der Eigentümer oder auf eine Gruppe von Eigentümern, auf welche mindestens 20 % der Beteiligungsquoten entfällt, wäre rechtmäßig, während eine Erhöhung im Widerspruch zum Gesetz stünde und nicht vorgenommen werden dürfte.[20] Neben den Unterscheidungen innerhalb der LPH ist zu berücksichtigen, dass außerhalb dieses Gesetzes weder die Satzung noch die Hausordnung gegen Artikel 396 des C.C. (selbstverständlich können die dort beschriebenen Gemeinschaftselemente aber im konkreten Fall von den hier getroffenen Vorgaben abweichen) noch gegen die Artikel 8.4, 8.5 (Möglichkeit, das Sondereigentum in das Grundbuch einzutragen) und 107.11 (Möglichkeit, das ins Grundbuch eingetragene Sondereigentum mit einer Hypothek zu belasten) der *Ley Hipotecaria* verstoßen dürfen.

Bevor mittels grafischer Übersicht die Normenhierarchie im spanischen Wohnungseigentumsrecht aufgezeigt wird, sollen daher nur zusammenfassend die nach h.M. besonders schützenswerten und lediglich beschränkt abänderbaren bzw. nicht abänderbaren Vorschriften und Regelungsgegenstände genannt werden. Im Anschluss an dieses Kapitel wird dann auf die häufigsten und wichtigsten Fälle im Frage- und Antwort-Schema eingegangen, um einen präziseren Einblick zu gewähren und praktische Lösungsansätze zu vermitteln.

Als - zumindest teilweise - verpflichtend sind die gesetzlichen Vorgaben in folgenden Bereichen anzusehen: Inhalt der Teilungserklärung (5.2 LPH),[21] Stabilität, Bewohnbarkeit, Zugänglichkeit und Sicherheit des Gebäudes (Artikel 7.1,[22]

---

[19] Lediglich ein Teil der LPH hat verbindlichen Charakter. Siehe Entscheidungen des Tribunal Supremo, Sala 1.ª, de lo Civil, Urteil Nr. 1009/2001 vom 29 Oktober; Urteil Nr. 215/1994 vom 8. März; Urteil Nr. 679/1992 vom 29. Juni; und Urteil Nr. 657/1991 vom 27. September.

[20] Lefebvre, Propiedad Horizontal, Rn. 142.

[21] Lacruz Mantecón in Cuadernos Civitas de Jurisprudencia Civil, N° 75, 2007, S. 1329-1350.

[22] Bauarbeiten an Gemeinschaftselementen bedürfen der gesetzlich vorgesehenen Mehrheiten, welche nicht durch Satzung abgeändert werden können. Bis zur im Jahre 2013 durchgeführten Reform bedurfte es grundsätzlich, (wenn keine gesetzliche Ausnahme vorgesehen war)

7.2, 10, 17.4 LPH), Pflicht zur Erhaltung des gemeinschaftlichen Eigentums und Kostentragung (Artikel 9.1.b.), 9.1.f.), 10, 17 LPH), Auflagen bezüglich der Teilung, Abspaltung oder Verbindung von Sondereigentumselementen (Artikel 10.1.e.) LPH und 10.3.b.) LPH bzw. 8.2 LPH a.F.),[23] Existenz und Rechte der mindestens erforderlichen Organe der Gemeinschaft (Artikel 13.1,[24] 13.2,[25] 13.3, 24.3.2[26] LPH), Funktionieren und Organisation der Eigentümerversammlung (Artikel 15,[27]

---

gemäß Artikel 7.1 LPH i.V.m. Artikel 12 LPH a.F., eines einstimmigen Beschlusses der Eigentümerversammlung. Eine in der Gemeinschaftssatzung enthaltene Klausel, wonach es den Eigentümern allgemein gestattet sein sollte z.B. an den Terrassen bauliche Veränderungen vorzunehmen und damit das Erscheinungsbild nachhaltig zu verändern, ohne dass es eines einstimmigen Beschlusses bedurfte, stellte einen Verstoß gegen die verbindlichen Vorgaben des Artikels 7.1 LPH dar (TS, Sala 1.ª, de lo Civil, Urteil Nr. 413/2010 vom 7. Juli). Es sei allerdings angemerkt, dass bei einer rechtlichen Bewertung der Zulässigkeit solcher durch die Satzung genehmigten Maßnahmen, immer auch auf das Ausmaß der Veränderungen abgestellt werden muss. Da gemäß Artikel 3.1 C.C. alle Normen immer auch im Lichte der sozialen Realität auszulegen sind, finden sich zahlreiche Entscheidungen, die bei geringfügigen Veränderungen eine allgemeine Ermächtigung mittels Satzung als rechtmäßig ansehen. Auch wenn das Prinzip, dass die Satzung nicht die gesetzlich vorgesehenen Mehrheitserfordernisse abändern darf, fortgilt, sei aufgrund des soeben zitierten Urteils ergänzend darauf hingewiesen, dass sich seit dem 28. Juni 2013, die an Baumaßnahmen zu stellenden Mehrheitsanforderungen geändert haben. Insbesondere für die Schließung der Terrassen wurden im neu gefassten Artikel 10 LPH spezifische Sonderregeln eingeführt. Die Grundsätze des Artikels 7 LPH gelten aber im dargestellten Sinne uneingeschränkt fort. Nur wenn eine gesetzliche Ausnahme vorliegt, kann auf das Einstimmigkeitserfordernis verzichtet werden, wenn Gemeinschaftselemente wesentlich verändert werden. Eine allgemeine Befreiung von diesem Erfordernis, wird lediglich in engen Grenzen möglich sein.

[23] Für Beschlüsse welche vor dem 28. Juni 2013 getroffen wurden, galt: Die rechtlich Teilung, Abspaltung oder Zusammenführung von Sondereigentumselementen bedurfte (neben des hierauf gerichteten Willens des oder der Sondereigentümer) der einstimmigen Zustimmung der Eigentümerversammlung. Der Privatautonomie wurden hier im Einklang mit Artikel 1255 C.C. Grenzen gesetzt, da diese Zustimmung (und die hiermit verbundene Veränderung der Beteiligungsquoten), als gesetzlich erforderlich angesehen wurde (TS, Sala 1.ª, de lo Civil, Urteil vom 7. Februar 1976; zitiert nach: TS, Sala 1.ª, de lo Civil, Urteil Nr. 818/2011 vom 17. November). Mittlerweile haben sich die Mehrheitsanforderungen geändert. Dennoch ist trotz der eingetretenen Erleichterung von der Verbindlichkeit dieser Regelung, im jeweils geltenden Wortlaut, auszugehen.

[24] Das Gesetz sieht als Gemeinschaftsorgane die Eigentümerversammlung, den Präsidenten, den Verwalter und den Sekretär vor (letztere zwei können in Personalunion ausgeübt werden - daneben bestimmt das Gesetz, dass mangels gegenteiliger Vereinbarungen alle drei Ämter von einem Eigentümer ausgeübt werden). Das Amt des oder der Vizepräsidenten ist ebenfalls ausdrücklich vorgesehen, aber fakultativ. Daneben steht es der Gemeinschaft frei, zusätzliche Ämter zu schaffen. Diejenigen Ämter die gesetzlich vorgeschrieben sind, können jedoch nicht durch andere Organe ersetzt werden (siehe: Loscertales Fuertes, Comentario Artículo 13).

[25] Der Präsident muss aus der Mitte der Eigentümer hervorgehen (TS, Sala 1.ª, de lo Civil, Urteil Nr. 581/1985 vom 10. Oktober; Urteil Nr. 389/1994 vom 30. April; Urteil Nr. 539/2005 vom 30. Juni).

[26] Wie sich aus der Vorschrift unmittelbar selbst ergibt, bleibt es einer aus mehreren Gemeinschaften zusammengesetzten Urbanisation untersagt, die Aufgaben der Regierungsorgane der ihr zugehörigen Gemeinschaften zu beschränken.

[27] In Bezug auf 15.2 LPH stimmten, bei einer Befragung unter 12 Richtern, 11 von ihnen dafür, dass der säumige Eigentümer immer einen Stimmrechtsentzug in der Versammlung erleidet,

16,[28] 17,[29] 19[30] LPH), Kern der Rechte, Pflichten und Verbote der Eigentümer (3, 7.1, 7.2, 9[31] LPH), Anfechtbarkeit von Beschlüssen (Artikel 18 LPH), Existenz und Mindestausstattung des Rücklagenfonds (Zusatzbestimmung LPH).

1.8.1 Unterschiede zwischen Gründungstitel, Satzung und Hausordnung

Zur Verdeutlichung der Unterschiede soll folgende Gegenüberstellung dienen.

Art des Dokuments	Gründungstitel	Satzung	Hausordnung
Unbedingt erforderlich?	Nein	Nein	Nein
Kann alleine im Grundbuch stehen?	Ja	Nein	Nein
Kann in das Grundbuch eingetragen werden?	Ja	Ja, als Ergänzung zum Gründungstitel	Nein[32]
Erfordernisse zur Eintragung:	Schriftform und Mindestangaben des Artikels 5 LPH und der Artikel 8 und 9 LH	Muss die Form einer öffentlichen Urkunde aufweisen	Ist nicht eintragungsfähig, bedarf aber der Schriftform
Welche Mehrheitserfordernisse sind zur Schaffung erforderlich?	Einstimmigkeit	Einstimmigkeit[33]	Mehrheitsbeschluss gemäß Artikel 17.7 LPH[34]
Abänderbar?	Ja, durch einstimmigen Beschluss gemäß Artikel 17.6 LPH	Ja, durch einstimmigen Beschluss gemäß Artikel 17.6 LPH	Ja, durch einfachen Mehrheitsbeschluss, gemäß den Regeln des Artikels 17.7 LPH

wenn keine der gesetzlich vorgesehenen Ausnahmen einschlägig ist, weshalb die Möglichkeit einer abweichenden Regelung abgelehnt werden sollte (Sepin, La norma contenida en el art. 15.2 de la LPH es de carácter imperativo o dispositivo, es decir, ¿puede la Junta conceder el voto al propietario moroso?).

[28] In Bezug auf die Einberufung bzw. Ladung zur Eigentümerversammlung (TS, Sala 1.ª, de lo Civil, Urteil Nr. 761/1989 vom 25. Oktober); die Ladung darf nicht unterlassen oder durch ein Vorgehen ersetzt werden, dass nicht vom Gesetz vorgesehen wurde (AP Badajoz, Mérida, Sec. 3.ª, Urteil Nr. 251/2009 vom 6. Juli); die Ladungsfristen sind verbindlich (TS, Sala 1.ª, de lo Civil, Urteil Nr. 605/1993 vom 17. Juni).

[29] TS, Sala 1.ª, de lo Civil, Urteil Nr. 174/2011 vom 17. März.

[30] In Bezug auf die Führung des Protokollbuchs, siehe: TS, Sala 1.ª, de lo Civil, Urteil Nr. 581/1985 vom 10. Oktober.

[31] 9.1.e.) LPH Beteiligung an den Gemeinschaftsausgaben: Es darf keine absolute Befreiung von jeder Kostentragungspflicht geben (TS, Sala 1.ª, de lo Civil, Urteil Nr. 247/2009 vom 1. April).

[32] AP Barcelona, Sec. 11.ª, Urteil Nr. 621/2004 vom 9. September.

[33] AP Alicante, Elche, Sec. 9.ª, Urteil Nr. 169/2008 vom 12. März.

[34] TS, Sala 1.ª, de lo Civil, Urteil Nr. 487/2007 vom 25. April.

Art des Dokuments	Gründungstitel	Satzung	Hausordnung
Inhalt:	Beschreibung der Liegenschaft mit allen Gemeinschafts- und Sondereigentumsele- menten, sowie Bezeichnung der jeweiligen Elemente - Zuweisung der Miteigentumsanteile / Beteiligungsquoten	Verwendungszweck und Gebrauch des Gemeinschaftseigen- tums und Sondereigentums - Installationen und Dienste - Regierungsorgane - Kostenverteilung - Konservierung und Reparaturen - Versicherungen	Regeln betreffend des Zusammenlebens - Nutzungszeiten der Gemeinschaftsein- richtungen

1.8.2 Überblick über die Normenhierarchie

Die Rangfolge der bisher beschriebenen Regelungen geht aus folgendem Schaubild hervor:

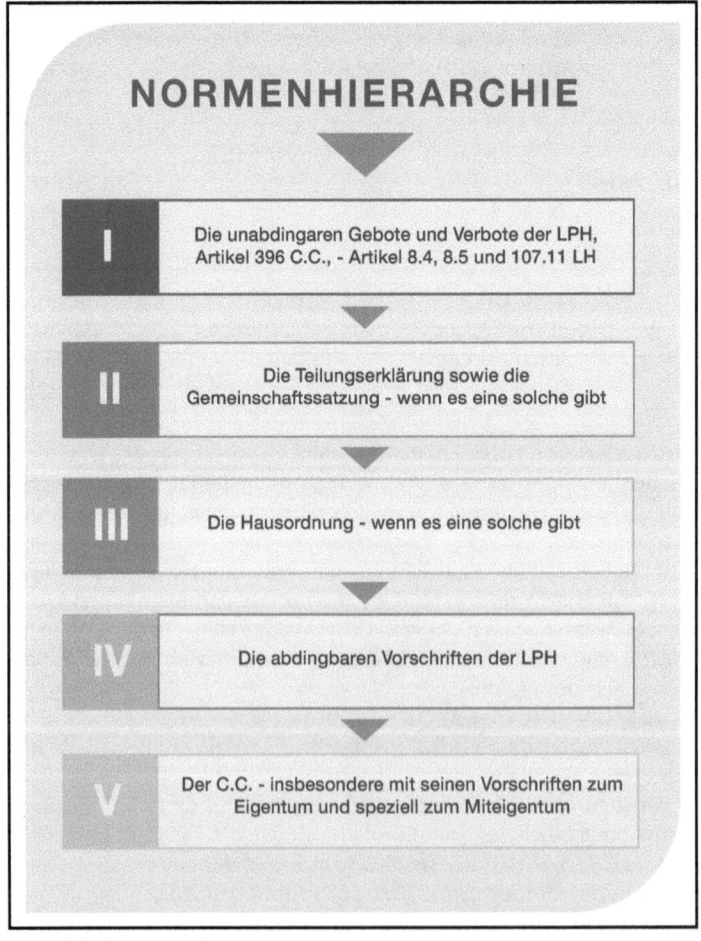

1.9 Die Beteiligungsquoten

Von wesentlicher Bedeutung für das Funktionieren und die geordnete Verwaltung der Eigentümergemeinschaft, sind die Beteiligungsquoten. Gemäß Artikel 3 LPH entfällt auf jedes Sondereigentum eine Beteiligungsquote, welche im Verhältnis zum Gesamtwert der Liegenschaft steht und sich in Teilen von Hundertsten am selben ausgedrückt. D.h., dass alle Beteiligungsquoten aller Sondereigentumselemente zusammen 100 % bilden und die gesamte Liegenschaft repräsentieren.

Die Verteilung der Beteiligungsquoten wird entweder einseitig vom Bauträger vorgenommen bevor zum Verkauf der einzelnen Sondereigentumselemente geschritten wird oder mittels einstimmigen Beschlusses aller Eigentümer festgelegt. Daneben kann die Beteiligungsquote auch mittels Schiedsspruch oder einem gerichtlichen Urteil bestimmt werden (siehe Artikel 3 LPH).

1.9.1 Anwendungsbereiche

Die Beteiligungsquote findet im spanischen Wohnungseigentumsrecht in mehrfacher Hinsicht Anwendung. So dient diese Quote beispielsweise als Schlüssel, um die Beteiligung der einzelnen Sondereigentumselemente an den Lasten und Erträgen der Gemeinschaft zu bestimmen. Auch wenn Artikel 9.1.e.) LPH es gestattet, dass die Beteiligung an den Gemeinschaftskosten (welche keiner Individualisierung zugänglich sind, d.h. deren Verursachung nicht zugeordnet werden kann) abweichend von der Beteiligungsquote unter den Mitgliedern der Gemeinschaft erfolgen darf, kann dies nur dann geschehen, wenn tatsächlich eine von Gesetz abweichende Regelung mittels Teilungserklärung bzw. Satzung oder durch Beschluss getroffen wurde. Die Beteiligungsquote wird gemäß Artikel 9.1.f.) LPH ebenfalls berücksichtigt, wenn es darum geht, den Umfang der Beitragspflicht der Eigentümer im Hinblick auf den Rücklagenfonds zu bestimmen. Insbesondere kommt der Beteiligungsquote aber deshalb eine außerordentliche Bedeutung zu, weil sie in der Eigentümerversammlung, gleichberechtigt neben der Stimme der Eigentümer, eine der zwei zu berücksichtigenden Größen bildet: Damit die Eigentümerversammlung wirksam abgehalten werden kann, muss z.B. in der ersten Einberufung mindestens die Mehrzahl aller in der Gemeinschaft vertretenen Stimmen und Quoten anwesend sein. Andernfalls muss zu einer zweiten Einberufung geschritten werden.[35] In der Versammlung selbst ist bei der Ermittlung der in Artikel 17 LPH (aber auch Artikel 10 LPH) beschriebenen Mehrheitsverhältnisse immer sowohl auf die Stimmen wie auch auf die auf diese entfallenden Quoten abzustellen. So erfordert beispielsweise Artikel 17.3.1 LPH zur Schaffung oder Beseitigung von Gemeinschaftseinrichtungen allgemeinen Interesses (wie Pförtner-, Hausmeister-

---

[35] Die gemäß Artikel 16.2.4 LPH am Ort der ersten Einberufung abgehalten kann, solange zwischen beiden Einberufungen mindestens eine halbe Stunde liegt und dies in der Ladung berücksichtigt wurde (zu diesem Zweck bezeichnet die Ladung zumeist nicht nur die erste sondern auch gleich die zweite Einberufung). In der zweiten Einberufung bedarf es zur Abhaltung der Eigentümerversammlung dann keiner Anwesenheit der Stimmen- und Quotenmehrheit aller Eigentümer. Die Versammlung kann in diesem Fall mit den erschienen Eigentümern, auch wenn diese eine Minderheit darstellen, abgehalten werden.

oder Wachdienste) eine 3/5 Mehrheit sowohl in Bezug auf die Stimmen wie auch die Quoten aller Eigentümern.

Zur Ermittlung der Mehrheitsverhältnisse sind demnach zwei Größen heranzuziehen: Die Stimmen (Kopfprinzip) und die Quoten.

Auch wenn hierüber im Kapitel über die Organe der Gemeinschaft (Abschnitt Eigentümerversammlung) ausführlichere Angaben gemacht werden, soll an dieser Stelle dennoch, stark zusammengefasst, ein kurzer Überblick gegeben werden.

Es gilt zu berücksichtigen, dass jeder Eigentümer eines Sondereigentumselementes eine Stimme hat. Steht ein Sondereigentumselement mehreren Eigentümern gemeinschaftlich zu, so können sie ihr Stimmrecht nur einheitlich ausüben, d.h. insgesamt nur eine Stimme abgeben. Hält eine Person mehrere Sondereigentumselemente, entfällt auf sie dennoch lediglich eine Stimme. Auf diese Weise wird verhindert, dass ein einzelner Eigentümer mehrerer Sondereigentumselemente durch die Vereinigung zahlreicher Stimmen auf seine Person, den natürlichen Entscheidungsfindungsprozess der Gemeinschaft aushebeln und einseitig Entscheidungen diktieren oder verhindern kann. Daneben entfällt auf jedes Sondereigentumselement eine Beteiligungsquote. Auch diese wird, wie beschrieben, zur Bildung und Auszählung der jeweiligen Mehrheitsverhältnisse herangezogen, denn jeder Beschluss muss jeweils von einer gewissen Stimmen- wie auch Quotenzahl getragen werden. Auf jede Stimme entfällt hierbei die ihrem Sondereigentumselement zugewiesene Beteiligungsquote. Hat ein Eigentümer mehrere Sondereigentumselemente, verfügt er zwar nur über eine Stimme, aber die Beteiligungsquoten aller seiner Sondereigentumselemente. Auf diese Weise wird verhindert, dass der Umfang der allgemeinen Kostentragungspflicht unberücksichtigt bleibt. Der Eigentümer mehrerer Sondereigentumselemente hätte sonst zwar nur eine Stimme, müsste gegebenenfalls aber überwiegend die Kosten tragen, ohne dass diesem Umstand im Entscheidungsfindungsprozess das verdiente Gewicht zukäme. Die zweigleisig zu ermittelnden Mehrheitsverhältnisse sollen auf diesem Wege eine gerechtere Berücksichtigung der widerstreitenden Interessen ermöglichen.

Diese zu unterscheidenden Mehrheiten sind darüber hinaus auch noch an anderer Stelle von Bedeutung: Bei der aus der Mitte der Eigentümer hervorgehenden Initiative zur Abhaltung einer Eigentümerversammlung gemäß Artikel 16.1 LPH wird ebenso auf ein Mehrheitserfordernis abgestellt. Das Gesetz fordert nämlich, dass die Initiative auf eine Gruppe von Eigentümern zurückgeht, auf welche entweder mindestens ein Viertel der Stimmen oder der Quoten entfällt. Es muss sich also wenigstens eine dieser beiden Mehrheiten finden, gleichgültig welche.

Die Höhe der Beteiligungsquote

Angesichts der Bedeutung der Beteiligungsquote sowohl im Hinblick auf ihren Einfluss bei der Ermittlung der Mehrheitsverhältnisse und damit Beschlussfassung wie auf die Verteilung der Einnahmen und Ausgaben stellt sich die Frage, auf welcher Grundlage ihr Umfang zu bestimmen ist.

Da Artikel 3 LPH die Beteiligungsquote ins Verhältnis zum Gesamtwert der Gemeinschaft bzw. Urbanisation setzt, könnte man meinen, dass die Quoten lediglich entsprechend dem Wert der Sondereigentumselemente zu verteilen wären. D.h. es wäre zunächst zu ermitteln, welchen Gesamtwert die Liegenschaft oder Urbanisation hat, um sodann festzulegen, in welchem Verhältnis das einzelne Sondereigentumselement an diesem Wert beteiligt ist. Anders herum betrachtet, könnte man auch, ausgehend vom ursprünglichen Wert jedes einzelnen Sondereigentumselementes, diese addieren und erhielte auf diesem Wege dann den Gesamtwert der Liegenschaft und wäre im Stande den prozentualen Anteil jedes Sondereigentumselementes am Gesamtwert der Gemeinschaft zu bestimmen.

Artikel 5.2 LPH besagt aber, das sich die Höhe der Beteiligungsquote an der Fläche jedes einzelnen Sondereigentumselementes im Verhältnis zur Gesamtfläche der Liegenschaft oder Urbanisation bzw. deren Anordnung im Innen- oder Außenbereich, ihre Lage und dem vernünftigerweise vorhersehbaren Gebrauch, der von den Gemeinschaftseinrichtungen und Gemeinschaftselementen gemacht werden wird, zu orientieren hat.

Es finden sich also neben rein wertbildenden Faktoren[36] auch solche, welche die Beteiligungsquote ins Verhältnis zum tatsächlichen Gebrauch der Gemeinschaftseinrichtungen setzen.

Beteiligungsquoten und Miteigentumsanteil

Die Beteiligungsquote und der Miteigentumsanteil werden, wie Castillo Guerrero völlig zu Recht ausführt, oftmals synonym verwendet, obwohl jede dieser Bezeichnungen eine andere Bedeutung hat. Während der Miteigentumsanteil, wie der Begriff selbst verdeutlicht, dem Zweck dient, den prozentualen Anteil am Gemeinschaftseigentum auszudrücken,[37] verfolgt die Beteiligungsquote einen anderen Zweck. Letzterer kommen die oben beschriebenen Aufgaben, in puncto Kostenverteilung zu. Regelmäßig wird die Beteiligungsquote mit dem Miteigentumsanteil identisch sein, weshalb sich auch die synonyme Verwendung erklärt. Dennoch sei hervorgehoben, dass es einen Unterschied zwischen beiden geben kann. Ein Beispiel macht dies besonders deutlich: Wird etwa durch eine Naturkatastrophe oder aufgrund des Alters der Liegenschaft selbige abrissreif oder zur Ruine, hält jeder Eigentümer am Grundstück einen Anteil in Höhe seines Miteigentumsanteils, und nicht etwa in Höhe der Beteiligungsquote.[38] Obwohl tatsächlich ein Unterschied zwischen beiden Begriffen besteht, werden sie im Folgenden auch hier

---

[36] Der Wert des einzelnen Sondereigentumselements hängt, wie sich im weitesten Sinne aus Artikel 5 Absatz 2 LPH ableiten lässt, unter anderem davon ab, auf welcher Geschosshöhe es liegt, ob es Fenster zum Innenhof oder zur Straße hat, ob es mit einem Sondernutzungsrecht ausgestattet ist oder nicht, über welche Sicht es verfügt (zu einer schmalen Seitenstraße, zu einer breiten Einkaufsstraße, zu einem Garten, Meerblick, etc.) und welche Fläche es einnimmt.

[37] Und damit quasi den Bruchteil bestimmt.

[38] Siehe hierzu: Anwaltskammer von Huelva (Andalusien), Aufsatz zur Abgrenzung der Begriffe Beteiligungsquote und Miteigentumsanteil, *Cuotas de Participación vs Coeficientes de Propiedad*.

synonym verwendet. Einerseits wird dadurch dem Umstand Rechnung getragen, dass sie meistens übereinstimmen, andererseits wird durch den Gebrauch des Begriffes Miteigentumsanteil die Parallele zum deutschen Wohnungseigentumsrecht widergespiegelt und das Verständnis erleichtert.

1.10 Auflösung des Wohnungseigentumsverhältnisses

Artikel 23 LPH beschreibt, in welchen Fällen es zur Auflösung des Wohnungseigentumsverhältnisses kommen kann. Es ist grundsätzlich zwischen zwei Konstellationen zu unterscheiden. Einerseits kann es dadurch beendet werden, dass es in gewöhnliches Eigentum oder Miteigentum überführt wird, andererseits durch Zerstörung der Liegenschaft. Die Wandlung in gewöhnliches Eigentum erfolgt regelmäßig auf dem Wege, dass ein einziger Eigentümer alle Sondereigentumselemente und in Verbindung hiermit alle Beteiligungsquoten am gemeinschaftlichen Eigentum (z.B. durch Kauf oder Erbschaft) auf sich vereint, und einen entsprechenden förmlichen Beschluss trifft. Erst durch diesen tritt die Beendigung des Wohnungseigentumsverhältnisses ein, so dass nach seinem Zustandekommen nunmehr lediglich gewöhnliches Eigentum am Gesamtanwesen besteht. Der Übergang vom Wohnungseigentum zum gewöhnlichen Eigentum geschieht also keineswegs automatisch. Der Zustand in welchem einem einzigen Eigentümer das gesamte Sondereigentum gehört, ist vergleichbar mit der Situation, in welcher die Liegenschaft nach Durchführung der Teilungserklärung durch den Bauherrn ist. Auch hier gibt es nur einen einzigen Eigentümer und trotzdem ein Wohnungseigentumsverhältnis. Ein entsprechender Beschluss ist daher unbedingt erforderlich.[39] In ähnlicher Weise können mehrere Eigentümer die Beendigung des Wohnungseigentumsverhältnisses beschließen und einfaches Miteigentum begründen. Nach einem entsprechenden Beschluss, der Einstimmigkeit erfordert (einige Literaturmeinungen gehen davon aus, dass eine tatsächliche Einstimmigkeit vonnöten ist, also die ausdrückliche Zustimmung aller Eigentümer erreicht werden muss, ohne eine Zustimmungsfiktion der Abwesenden ausreichen zu lassen - dies sogar derart weitreichend, dass bei durch Ehepaare gemeinsam gehaltenem Sondereigentum die Zustimmung beider Teile vorliegen müsse) gehört allen Miteigentümern ein Anteil an der Liegenschaft, ohne dass sich diese Anteile in abgrenzbare, eigenständige Objekte individualisieren ließen. Die Unterscheidung zwischen Sondereigentum und gemeinschaftlichem Eigentum geht notwendigerweise verloren. Zu berücksichtigen ist jedoch, dass hierzu die Liegenschaft einem Gebrauch zugeführt werden muss, der auch keine tatsächliche Unterscheidung mehr zwischen Sondereigentum und gemeinschaftlichen Elementen zulässt. Andernfalls könnte ein faktisches Wohnungseigentumsverhältnis angenommen werden oder die Möglichkeit bestehen, dass die Miteigentümer ausgehend von Artikel 401.2 Código Civil die Teilung des Miteigentums in einzeln nutzbare Sondereigentumselemente einfordern, und folglich die Wiederherstellung des Wohnungseigentumsverhältnisses einträte.[40]

---

[39] CLPH-Díaz Martínez, Artikel, Rn. 25, S. 758.
[40] Lefebvre, Propiedad Horizontal, Rn. 699.

Auf der anderen Seite kann sich, wie bereits ausgeführt, die Auflösung des Wohnungseigentumsverhältnisses gemäß Artikel 23 Nr. 1 LPH auch aus der Zerstörung der Liegenschaft ableiten. Das Gesetz geht dann von einer Zerstörung der Liegenschaft aus, wenn die mit dem Wiederaufbau verbundenen Kosten einen Betrag übersteigen, welcher der Hälfte des Wertes der Liegenschaft unmittelbar vor dem Zeitpunkt des Schadenseintritts entspricht.[41] Eine Ausnahme soll dann gelten, wenn der die Hälfte des Wertes übersteigende Betrag durch eine Versicherung gedeckt ist. Allerdings muss es sich um eine zu Gunsten der Gemeinschaft abgeschlossene Versicherung handeln. Einzelne, von Eigentümern auf individueller Ebene abgeschlossene Versicherungen, sind für diese Kalkulation nicht zu berücksichtigen. Der die rechtliche Annahme einer Zerstörung rechtfertigende Schaden kann sich natürlich, von Fall zu Fall, unterschiedlich äußern. Von einem vollständigen Zusammensturz des Gebäudes bis zu bedeutenden Beschädigungen sind unterschiedlichste Situationen denkbar, die unter den genannten Voraussetzungen dennoch zur gleichen Einordnung und zur Beendigung des Wohnungseigentumsverhältnisses führen können. Weitreichende Baumängel sind für sich genommen jedoch nicht ausreichend.[42] Der durch Artikel 23 LPH beschriebenen Zerstörung sind die Fälle gleichgestellt, in denen eine Behörde die Liegenschaft zur Ruine deklariert.[43] Dies geschieht zwar immer auf Grundlage einer durch die Baubehörde festgestellten Beschädigung großen Ausmaßes; die einschlägigen spanischen Vorschriften unterscheiden allerdings weiter zwischen vier Situationen. Bei der Ruine kann es sich um eine *ruina física* (physische Ruine durch Einsturz), eine *ruina técnica* (strukturelle Ruine durch Schwächen an den tragenden Elementen, die einen zumindest teilweisen Abriss erfordern)[44] eine *ruina urbanística* (aus baurechtlicher Perspektive zu bewertende Ruine),[45] oder eine *ruina económica* (wirtschaftliche Ruine) handeln, wenn die Kosten der notwendigen Reparaturen über der Hälfte des Wertes der Liegenschaft, ohne Berücksichtigung des Grundstücks-

---

[41] Ohne Berücksichtigung des Grundstückswertes, so CLPH-Díaz Martínez, Artikel, Rn. 16, S. 754.

[42] Lefebvre, Propiedad Horizontal, Rn. 680 - 685.

[43] Echeverría Summers / Morillo González, S. 53

[44] Colegio Oficial de Arquitectos de Castilla-La Mancha, Centros de Asesoramiento Tecnológicos de España, Declaración de ruina y órdenes de ejecución, mit Hinweis auf die Entscheidungen: TS, Sala 3.ª, de los Contencioso-Administrativo, Urteil vom 11. Oktober 1986; Urteil vom 22. Oktober 1986; Urteil vom 21. Dezember 1987. Siehe auch TS, Sala 3.ª, de los Contencioso-Administrativo, Urteil Nr. 152/1993; Urteil 159/1993 und Urteil Nr. 167/1993 vom 25. Januar.

[45] Wenn die Liegenschaft vor Inkrafttreten des geltenden Bebauungsplans errichtet wurde, und nunmehr mit diesem im Widerspruch steht, können, von Ausnahmen abgesehen, lediglich Erhaltungsmaßnahmen durchgeführt werden. Sollten erforderlich gewordene Baumaßnahmen den Rahmen allgemeiner Erhaltungsmaßnahmen überschreiten, müssten diese unterbleiben. Die Liegenschaft wäre dem Verfall preisgegeben und könnte gegebenenfalls in eine Ruine münden.

wertes, liegen.[46,47] Nur im letzten Fall gibt es also eine Übereinstimmung mit den in Artikel 23 LPH vorgesehenen Voraussetzungen. Auch wenn kein behördliches Tätigwerden i.S. einer Feststellung der Ruineneigenschaft notwendig ist, um den Fall des Artikels 23 Nr. 1 LPH annehmen zu können - erfordert Artikel 23 LPH doch keine behördliche Maßnahme - wird oftmals von Seiten einzelner Eigentümer der Erlass eines entsprechenden Verwaltungsakts beantragt werden, wenn diese die Beendigung der Wohnungseigentumsverhältnisses wünschen, innerhalb der Gemeinschaft jedoch keine Einigkeit darüber besteht, ob die Liegenschaft als zerstört gilt oder nicht. Da die behördliche Entscheidung am Ende eines Verwaltungsverfahrens steht, in welchem sich die örtliche Bauaufsichtsbehörde um die Begutachtung und Einschätzung kümmert, kann der Antragsteller auf diesem Wege auf die Einholung teurer Privatgutachten verzichten. Trotz Vorliegens einer Zerstörung der Liegenschaft oder der Erklärung zur Ruine endet das Wohnungseigentumsverhältnis nicht automatisch. So kann die Gründungsurkunde bzw. Satzung eine anderslautende Regelung treffen oder mittels einstimmigem Beschluss vor oder nach dem Eintritt der Zerstörung oder der Erklärung zur Ruine die Fortsetzung des Wohnungseigentumsverhältnisses vereinbart werden.[48]

1.11 Rechtspersönlichkeit der Gemeinschaft

Ein viel diskutiertes Thema ist die Frage nach der eigenen Rechtspersönlichkeit der Gemeinschaft. Das spanische Wohnungseigentumsgesetz trifft an mehreren Stellen Formulierungen, welche die Annahme nahe legen, die Eigentümergemeinschaft habe eigene Rechtspersönlichkeit.

So gibt es gemäß Artikel 13.1 LPH Regierungsorgane, der Präsident der Eigentümergemeinschaft ist ihr rechtlicher Vertreter (Artikel 13.3 LPH), die Gemeinschaft muss für ihre Schulden einstehen (Artikel 22 LPH), sie ist Inhaberin des Rücklagenfonds (Artikel 9.1.f.) LPH), einige Gemeinschaften verfügen über eigenes Personal, fungieren also als Arbeitgeber, und zahlen in diesem Zusammenhang Löhne und Sozialabgaben, die Gemeinschaft kann verpflichtet sein, Steuererklärungen abzugeben und Steuern abzuführen, wenn Handwerker verpflichtet wurden und kann z.B. auch durch die Vermietung von Werbeflächen Einnahmen erzielen.[49] Artikel 9.1.e.) LPH spricht in seinem zweiten Absatz von den zu Gunsten der Gemeinschaft bestehenden Forderungen und Artikel 9.1.c.) LPH begründet das Recht der Gemeinschaft auf Zugang zum Sondereigentum und belastet damit den einzelnen Eigentümer mit einer Art allgemeiner Dienstbarkeit. Wenn der Gemeinschaft also ge-

---

[46] Colegio Oficial de Arquitectos de Castilla-La Mancha, Centros de Asesoramiento Tecnológicos de España, Declaración de ruina y órdenes de ejecución, mit Hinweis auf die Entscheidungen: TS, Sala 3.ª, de lo Contencioso-Administrativo, Urteil vom 1. Februar 1993; Urteil vom 2. Februar 1993; Urteil vom 21. Dezember 1993; Urteil vom 22. März 1994; Urteil vom 18. April 1994; Urteil vom 19, April 1994.

[47] Lefebvre, Propiedad Horizontal, Rn. 680-685.

[48] Lefebvre, Propiedad Horizontal, Rn. 687.

[49] So: *Dirección General de los Registros y del Notariado* in mehreren Entscheidungen. Die letzte vom 3. März 2008, zitiert nach: Magro Servert, Boletín *Propiedad Horizontal*, ¿Tienen personalidad jurídica las Comunidades de Propietarios?

wisse Rechte eingeräumt werden, ließe das nicht auch den Schluss auf eine eigene Rechtspersönlichkeit zu?[50]

Der Tribunal Supremo hat sich dennoch wiederholt gegen eine solche Annahme gestellt.[51] Ebenso das spanische Verfassungsgericht.[52]

Artikel 35 Código Civil beschreibt, in welchen Fällen das Bestehen einer juristischen Person anzunehmen ist. Die eigene Rechtspersönlichkeit kann sich hiernach nur aus einem entsprechenden Gesetz ableiten, dass selbige erteilt. Mangelt es an einem solchen, muss auch die eigene Rechtspersönlichkeit verneint werden.

Dennoch bedeutet dies nicht, dass die Eigentümergemeinschaft deshalb nicht parteifähig sein könnte. Artikel 6.5 LEC bestimmt ausdrücklich, dass auch Einrichtungen ohne Rechtspersönlichkeit parteifähig sind, wenn ein Gesetz ihnen eine solche Parteifähigkeit zuspricht. Von Bedeutung ist die mangelnde Rechtsfähigkeit aber in anderer Beziehung. Die Gemeinschaft hat z.B. keinen Ausgleichsanspruch, wenn durch verbotene Handlungen einzelner Eigentümer oder Bewohner immaterielle Schäden entstanden sind.[53] Die Gemeinschaft kann mangels Rechtspersönlichkeit auch kein Eigentum ersitzen.[54]

Während es mangels Rechtsfähigkeit der Gemeinschaft nicht möglich ist, einen dinglichen Arrest über das Gemeinschaftseigentum zu verhängen, kann die Gemeinschaft dennoch einen solchen zu ihren Gunsten z.B. gegen die Schuldner innerhalb der Gemeinschaft erwirken.[55]

---

[50] Magro Servert, *Boletín Propiedad Horizontal*, ¿Tienen personalidad jurídica las Comunidades de Propietarios?; Revista professional dels Administradors de Finques Col·legiats, Consell n° 80, 4. Trimester 2009, S. 46 - 49.

[51] TS, Sala 1.ª, de lo Civil, Urteil vom 11. Dezember 1965; Urteil vom 28. April 1966; Urteil vom 10. Juni 1981; Urteil vom 16. Mai 1982; Urteil vom 16. Februar 1985; Urteil vom 28. Juli 1999, zitiert nach: Magro Servert, Boletín *Propiedad Horizontal*, ¿Tienen personalidad jurídica las Comunidades de Propietarios?; TS, Sala 1.ª, de lo Civil, Urteil vom 25. Mai 1987; Urteil vom 15. Juli 1988; Urteil vom 4. November 1988; Urteil vom 8. März 1991; Urteil vom 14. Mai 1992; Urteil vom 28. Juli 1992; Urteil vom 30. Mai 1997, zitiert nach: García García, ¿Tienen las comunidades de propietarios personalidad jurídica?

[52] TC, Urteil Nr. 115/1999 vom 14. Juni, zitiert nach: Magro Servert, Boletín *Propiedad Horizontal*, ¿Tienen personalidad jurídica las Comunidades de Propietarios?

[53] AP Madrid, Sec. 14.ª, Urteil Nr. 360/2009 vom 18. Juni.

[54] AP Madrid, Sec. 18.ª, Urteil Nr. 327/2008 vom 17. de Juni; AP Valladolid, Sec. 1.ª, Urteil Nr. 221/2007 vom 14. Juni.

[55] Magro Servert, Boletín *Propiedad Horizontal*, ¿Tienen personalidad jurídica las Comunidades de Propietarios?; Revista professional dels Administradors de Finques Col·legiats, Consell n° 80, 4. Trimester 2009, S. 46-49.

1.12 Besondere Verwaltung nach Artikel 398 Código Civil

Artikel 13.8 LPH erlaubt für den Fall, dass die Anzahl an Eigentümern von Wohnungen oder Geschäftsräumen die Zahl von Vier nicht übersteigt, dass die Liegenschaft nach den Regeln des Artikels 398 Código Civil[56] verwaltet wird.

Die Verwaltung gemäß den Regeln des Artikels 398 Código Civil bedeutet im Wesentlichen, dass in Bezug auf die gemeinsame Sache Entscheidungen nach dem Mehrheitsprinzip gefällt werden. Auch wenn der erste Absatz des Artikels 398 Código Civil den Eindruck vermittelt, dass nach Mehrheit der Stimmen, also Mehrheit von Teilhabern entschieden wird, ist in Wirklichkeit auf die Mehrheit der Anteilsquoten abzustellen, wie sich insbesondere auch aus dem zweiten Absatz ergibt. Der mögliche Widerspruch zwischen den ersten beiden Absätzen wird vollends zugunsten des zweiten aufgelöst, wenn man berücksichtigt, dass der Ursprung dieses Artikels an eine Regelung im italienischen Recht angelehnt ist, welche sich wiederum aus § 833 des österreichischen ABGB (Allgemeines Bürgerliches Gesetzbuch) ableitet,[57] und in der lediglich auf die Quotenmehrheit abgestellt wird.[58]

1.13 Auf den Punkt gebracht - Fragen und Antworten

Frage 1: Ist eine Klausel in der Teilungserklärung, wonach der Bauträger von seiner Beitragspflicht vollständig befreit wird, weil ihm lediglich eine unbebaute Fläche gehört, rechtswidrig?

---

[56] Artículo 398 Código Civil
Para la administración y mejor disfrute de la cosa común serán obligatorios los acuerdos de la mayoría de los partícipes.
No habrá mayoría sino cuando el acuerdo esté tomado por los partícipes que representen la mayor cantidad de los intereses que constituyan el objeto de la comunidad.
Si no resultare mayoría, o el acuerdo de ésta fuere gravemente perjudicial a los interesados en la cosa común, el Juez proveerá, a instancia de parte, lo que corresponda, incluso nombrar un Administrador.
Cuando parte de la cosa perteneciere privadamente a un partícipe o a algunos de ellos, y otra fuere común, sólo a ésta será aplicable la disposición anterior.

[--] Artikel 398 Código Civil
Zur Verwaltung und besseren Nutzung der gemeinsamen Sache, sind die Beschlüsse der Mehrheit der Teilhaber verpflichtend.
Die Mehrheit entsteht nur, wenn der Beschluss durch Teilhaber getroffen wurde, welche den größten Teil der Interessen vertreten, die den Gegenstand der Gemeinschaft bilden.
Wenn es keine Mehrheit geben sollte, oder der Beschluss derselben schwere Nachteile für die Interessen der gemeinsamen Sache bedeuten, veranlasst der Richter, auf Parteiantrag, was gebührt, sogar die Ernennung einer Verwalters.
Wenn ein Teil der Sache einem Teilhaber ausschließlich oder mehreren von ihnen gehört, und ein anderer Teil gemeinschaftlich ist, wird die vorherige Bestimmung nur auf diesen angewandt.

[57] § 833 ABGB: *In Angelegenheiten, welche nur die ordentliche Verwaltung und Benützung des Hauptstammes betreffen, entscheidet die Mehrheit der Stimmen, welche nicht nach den Personen, sondern nach Verhältnis der Anteile der Teilnehmer gezählt werden.*

[58] Comentarios al Codigo Civil y Compilaciones Forales, Miquel González, Artikel 398.

Selbstverständlich ist es möglich, Sondereigentumselemente von gewissen Gemeinschaftskosten zu befreien. Artikel 9.1.e.) LPH gewährt diese Möglichkeit. Allerdings genügt eine vollständige Befreiung alleine aufgrund der Tatsache, dass das Grundstück unbebaut ist, nicht.[59]

Frage 2: Ist eine Klausel, die bestimmt, dass die in der Liegenschaft befindlichen Geschäftsräume wie auch die Stauräume nicht losgelöst von den Wohnungen veräußert werden dürfen, damit deren zukünftige Eigentümer immer auch Eigentümer einer Wohnung sind, rechtmäßig?

Ja, eine solche Klausel wäre wirksam. Insbesondere, wenn die Geschäfts- oder Stauräume lediglich über das Gemeinschaftseigentum der Liegenschaft (z.B. einen gemeinsamen Eingang) erreichbar sind.[60]

Frage 3: Wenn ein Sondereigentumselement in der Teilungserklärung von gewissen Beitragspflichten zu den Gemeinschaftsausgaben befreit wurde, der Verwendungszweck dieses Sondereigentumselementes jedoch im Nachhinein verändert wird (beispielsweise wird ein Geschäftslokal zu Stellplätzen umgewandelt) - bleibt die Befreiung dann bestehen?

Da die Befreiung von der Beitragspflicht zu gewissen Ausgaben üblicherweise daraus resultiert, dass ein bestimmtes Sondereigentumselement keinen oder lediglich einen geringen Nutzen aus gewissen Einrichtungen der Liegenschaft zieht, bzw. mangels Gebrauchs einzelner Gemeinschaftselemente im Hinblick auf diese keine Kosten verursacht, hängt die Befreiung auch eng mit dem Verwendungszweck und Gebrauch des Sondereigentumselementes zusammen. Eine Änderung des Verwendungszwecks kann daher zum Verlust dieser Befreiung führen.[61]

Frage 4: Ist eine Klausel in der Teilungserklärung rechtmäßig, die bestimmt, dass die Eigentümer der Geschäftsräume die auf ihrer Höhe befindliche Fassade z.B. durch die Schaffung von Fenstern und Eingängen, wie auch die Anbringung von Werbetafeln verändern dürfen?

Solange die Sicherheit und Struktur des Gebäudes nicht berührt wird und auch die Rechte einzelner Eigentümer nicht verletzt werden, gibt es nichts an der Gültigkeit einer solchen Klausel auszusetzen. Teilweise ist es für die Anpassung eines Geschäftslokals an einen konkreten Geschäftsbetrieb unerlässlich, solcherlei Veränderungen vorzunehmen. Während Veränderungen in höheren Stockwerken großen Einfluss auf das Erscheinungsbild der Liegenschaft haben, da bereits durch geringe Änderungen der einheitliche Eindruck durchbrochen und das harmonische Erscheinungsbild der Liegenschaft nachhaltig gestört wird, sind Anpassungen im Erdgeschoss, insgesamt betrachtet, weitaus unauffälliger und deshalb solcherlei Klauseln regelmäßig rechtmäßig.[62]

---

[59] AP Burgos, Sec. 3.ª, Urteil Nr. 271/2011 vom 14. September.
[60] AP Asturias, Gijón, Sec. 7.ª, Urteil Nr. 543/2010 vom 17. Dezember.
[61] AP Málaga, Sec. 5.ª, Urteil Nr. 498/2010 vom 9. November.
[62] TS, Sala 1.ª, de lo Civil, Urteil Nr. 640/2009 vom 15. Oktober; TS, Sala 1.ª, de lo Civil, Urteil Nr. 662/2009 vom 28. Oktober; TS, Sala 1.ª, de lo Civil, Urteil Nr. 709/2009 vom 11. November.

Frage 5: Ist die in der Gemeinschaftssatzung enthaltene Klausel, wonach ein Geschäftslokal, ohne einer weiteren Genehmigung der Gemeinschaft zu bedürfen, berechtigt ist, einen Rauchabzug mit Mauerdurchbruch durch die Fassade zu installieren, wirksam?

Ja. Für die Nutzung eines Geschäftslokals ist es oftmals erforderlich, dieses an den jeweiligen Geschäftsbetrieb anzupassen. Ein Supermarkt, eine Bankfiliale oder ein Restaurant bedürfen jeweils einer zweckgerichteten Ausstattung und auch einer entsprechenden baulichen Konfiguration. Die häufig anzutreffenden, den Umbau und die Anpassung genehmigenden Klauseln sollen sicherstellen, dass eine notwendige Anpassung unabhängig von den Auffassungen und Vorlieben der übrigen Eigentümer umgesetzt werden können. Dies bedeutet aber nicht, dass jedwede Veränderung zulässig wäre. Auch bei Vorliegen einer solchen Klausel dürfen die Rechte der übrigen Eigentümer nicht verletzt werden. Es ist daher jeweils darauf zu achten, dass die Art und Weise der Umsetzung in möglichst respektvoller Weise mit der Liegenschaft und den Anwohnern erfolgt.[63]

Frage 6: Wurde in der Teilungserklärung oder in der Gemeinschaftssatzung ein Sondereigentumselement (z.B. Geschäftslokal) mangels Nutzungsmöglichkeit von der Pflicht befreit, sich an den Kosten des Betriebs des Fahrstuhls zu beteiligen, bedeutet diese Befreiung auch eine solche von den Kosten eines zukünftigen Fahrstuhlaustauschs?

Die Auslegung der Klauseln, die eine Befreiung von der Pflicht zur Kostentragung zum Gegenstand haben, müssen restriktiv erfolgen. Fand lediglich eine Befreiung von den Betriebskosten statt, bedeutet dies nicht, dass auch eine Befreiung von den mit dem Austausch des Fahrstuhls verbundenen Kosten besteht. Vielmehr sind diese Kosten anteilig zu tragen.[64]

Frage 7: Kann die Satzung den Eigentümern der Gemeinschaft gestatten, Teilungen, Abspaltungen und Hinzufügungen vom / zum Sondereigentum ohne genehmigenden Beschluss durchzuführen?

Zu unterscheiden ist zunächst ob der Fall unter Artikel 10.1.e.) LPH fällt oder nicht. Wurde die Liegenschaft nämlich in den Geltungsbereich eines städtischen Sanierungs- oder Erneuerungs- und Renovierungsgebiets einbezogen, können solcherlei Maßnahmen bereits aufgrund des bezeichneten Artikels und der entsprechenden baurechtlichen Vorschriften genehmigt sein. Die Frage nach einer allgemeinen Genehmigung mittels Satzung würde sich dann nicht mehr stellen. Nur wenn sich die Liegenschaft nicht in ein solches Gebiet eingliedert, wird diese Problematik relevant. Dies bezüglich gilt, dass eine dahingehende, durch die Satzung erteilte Genehmigung von der Pflicht zur Einholung einer entsprechenden erneuten Genehmigung der Gemeinschaft entbindet. Damit in die Satzung eine solche

---

[63] AP Alicante, Sec. 5.ª, Urteil Nr. 383/2009 vom 17. Dezember.

[64] AP La Rioja, Sec. 1.ª, Urteil Nr. 286/2009 vom 28. September; diese Entscheidung zitiert weiter folgende Urteile: AP Vitoria, Sec. 1ª, Urteil vom 24. Januar 1995; AP Vizcaya, Sec. 4ª, Urteil vom 7. Januar 1999; AP Asturias, Sec. 1ª, Urteil vom 1. Februar 1999; AP Cantabria, Sec. 2ª, Urteil vom 10. März 2000; AP Madrid, Sec. 12ª, Urteil vom 29. Februar 2000.

Genehmigung wirksam Einzug halten konnte, musste schließlich zum damaligen Zeitpunkt eine entsprechen Entscheidung bzw. ein hierauf gerichteter Beschluss vorliegen. Wurde diese Genehmigung im Wege der Satzung erteilt, so gilt diese so lange fort, bis die Satzung - erneut unter Beachtung der einschlägigen Mehrheiten[65] - geändert wird (es gilt zu beachten, dass die Stimmen der Abwesenden als Zustimmung gewertet werden, wenn diese nicht binnen 30 Tagen ab Bekanntgabe ein anderslautendes Votum gegenüber dem Sekretär der Gemeinschaft abgeben). Selbstverständlich muss (gemäß Artikel 10.3.b.) 2. Absatz LPH)[66] auch die Genehmigung der unmittelbar betroffenen Eigentümer vorliegen.[67] Die sich aus der Satzung ergebende Genehmigung löst allerdings nicht alle mit der Teilung, Abspaltung oder Hinzufügung einhergehenden Probleme. Wie später noch in dem die Baumaßnahmen abhandelnden Kapitel aufgezeigt werden wird, ist zwischen der rein tatsächlichen und der rechtlichen Teilung, Abspaltung, Hinzufügung etc. zu unterscheiden. Für die Wirksamkeit z.B. einer rechtlichen Teilung wird jedes unabhängige Sondereigentumselement über eine eigene Beteiligungsquote am Gemeinschaftseigentum verfügen müssen. Diese Zuweisung einer Quote muss gemäß Artikel 10.3.b.) 2. Absatz LPH[68] durch die Eigentümerversammlung erfolgen. Obwohl die Teilungserklärung betroffen wird, sieht Artikel 10.3.b.) LPH hierfür lediglich eine 3/5 Mehrheit aller Stimmen und Quoten vor.[69] Sollte die Satzung neben der Genehmigung zur Teilung etc. auch vorsehen, welche Quoten auf die sich ergebenden, neuen oder veränderten Sondereigentumselemente entfallen, könnte möglicherweise auch die rechtliche Veränderung ohne weiteren Beschluss der Eigentümerversammlung erfolgen. Es dürfte aber schwer sein, alle denkbaren Modifikationen vorherzusehen.[70]

Frage 8: Gibt es eine Frist in welcher eine innerhalb der Teilungserklärung oder Gemeinschaftssatzung enthaltene Klausel angefochten werden muss?

Es gilt zu unterschciden. Wenn es sich um eine Klausel handelt, die mittels Beschluss der Eigentümerversammlung Einzug in die Satzung gefunden hat, gelten grundsätzlich die in Artikel 18.3 LPH enthaltenen Fristen. Handelt es sich um eine vom Bauträger in der Teilungsurkunde enthaltene Klausel, sind die Fristen des Artikels 18.3 LPH nicht anwendbar. Theoretisch könnte dann weiter danach unterschieden werden, ob es sich bei solchen Klauseln lediglich um eine anfechtbare Klausel handelt, die im Falle ihrer fristgerechten Anfechtung für nichtig erklärt werden kann, wenn ein Nichtigkeitsgrund vorliegt, oder ob es sich um Klauseln handelt, welche von vorneherein nichtig sind und für dessen entsprechende Bewertung durch ein Gericht keine Anfechtungsfrist besteht. Diejenigen Klauseln, wel-

---

[65] Vor dem 28. Juni 2013 bedurfte es der Einstimmigkeit. Aufgrund des aktuellen Gesetzeswortlauts genügt eine 3/5 Mehrheit aller Stimmen und Quoten.

[66] Für vor dem 28. Juni 2013 getroffene Beschlüsse, ergab sich dieses Erfordernis aus Artikel 8 LPH.

[67] TS, Sala 1.ª, de lo Civil, Urteil Nr. 818/2011 vom 17. November.

[68] In der alten Gesetzesfassung ergab sich das Stimmen- und Quotenerfordernis aus Artikel 8 Absatz 2 LPH (Einstimmigkeit).

[69] Vor dem 28. Juni 2013 bedurfte es hierfür der Einstimmigkeit.

[70] Loscertales Fuertes, Kommentar, TS, Sala 1.ª, de lo Civil, Urteil Nr. 818/2011 vom 17. November.

che gegen nicht abdingbares Recht verstoßen, sind als nichtig und nicht lediglich als anfechtbar einzuordnen. Da grundsätzlich alle in der Teilungserklärung oder Gemeinschaftssatzung enthaltenen Klauseln frei gestaltet werden können, solange sie nicht gegen zwingendes Recht verstoßen, ist für den Fall, dass mit dem Vorliegen eines solchen Verstoßes argumentiert wird, nach h.M. keine Frist zu beachten.[71] Dennoch finden sich Entscheidungen, die in solchen Fällen die Möglichkeit des Vorliegens einer nichtigen Klausel ablehnen und diese lediglich für anfechtbar halten, weshalb sie die Einhaltung der 4-Jahres-Frist des Artikels 1301 Código Civil fordern.[72]

Frage 9: Ist die in der Gemeinschaftssatzung enthaltene Klausel, wonach jedwede rechtliche Streitigkeit mit Bezug zur Eigentümergemeinschaft der Schiedsgerichtsbarkeit unterworfen wird, wirksam (so etwa auch eine Schadenersatzforderung aufgrund Verletzung nach Sturz wegen eines feuchten Bodens)?

Durchaus. Innerhalb einer Eigentümergemeinschaft sind viele unterschiedliche Auseinandersetzungen denkbar, die ihren Ursprung in der Nutzung des Gemeinschaftseigentums haben. Kommt die Gemeinschaft z.B. ihrer Pflicht zur Erhaltung des gemeinschaftlichen Eigentums nach Artikel 10.1 LPH nicht nach, und werden die Anforderungen an Sicherheit und Zugänglichkeit nicht erfüllt, bildet das Wohnungseigentumsgesetz (zwischen den Eigentümern) die rechtliche Grundlage, auf welcher die Rechte, Pflichten und Verantwortlichkeiten ausgelotet werden - dies unabhängig davon, dass gegebenenfalls eine Verantwortung aus Deliktsrecht, sprich aufgrund außervertraglichen Haftungsrechts vorliegt. Wenn aber das Wohnungseigentumsrecht zu berücksichtigen ist und selbiges durch die Gemeinschaftssatzung verändert werden kann, sind auch die in ihr enthaltenen Regeln einschlägig.[73] Allerdings finden sich auch abweichende Stimmen, welche weiter differenzieren. So soll u.a. eine solche Schiedsklausel gegen Artikel 54.2 LEC verstoßen, wenn sie einseitig vom Bauträger festgelegt wurde.[74]

Frage 10: Darf sich der Bauträger in der Gemeinschaftssatzung das Recht einräumen, über Gemeinschaftseigentum (z.B. den zentralen, unterkellerten, begehbaren, unbebauten Platz im Innern einer Urbanisation), nach seinen Wünschen frei zu verfügen?

Artikel 5.3 LPH gestattet zwar die Aufstellung von Regeln, welche die Verwendung des Gemeinschaftseigentums betreffen, dies muss jedoch in gewissen Grenzen erfolgen. Ist der Bauträger beispielsweise nicht mehr Mitglied der Eigentümergemeinschaft, weil er alle Sondereigentumselemente übertragen hat, kann er sich keine Rechte (z.B. in Form eines Sondernutzungsrechts) mehr am Gemeinschafts-

---

[71] AP de Córdoba, Urteil Nr. 246/2002 vom 20. Juni; AP Guipúzcoa, Sec. 2.ª, Urteil vom 1. April 2003.

[72] AP Alicante, Sec. 5.ª, Urteil Nr. 361/2006 vom 19. Oktober.

[73] TS, Sala 1.ª, de lo Civil, Urteil Nr. 920/2006 vom 27. September.

[74] Sepin, Encuesta Jurídica, A la vista de lo dispuesto en la Disposición Final apartado 1 de la Ley de reforma 8/1999, sobre la incompatibilidad de las cláusulas estatutarias con dicha Ley, ¿será nula aquella que determine que las diferencias entre la Comunidad y los propietarios, incluso las reclamaciones del artículo 21, serán llevadas al sistema de arbitraje de derecho o equidad?

eigentum anmaßen. Aber auch in den Fällen, in denen das Gemeinschaftselement von den Bewohnern aktiv genutzt wird und eine Dienstbarkeit existiert, scheint es unangemessen, dem Bauträger die Möglichkeit zu belassen, ohne wirtschaftliche Gegenleistung für die Änderung des ursprünglichen Zwecks und ohne dass diesen eine Beitragspflicht zu den Gemeinschaftsausgaben treffen würde, über ein Gemeinschaftselement verfügen zu lassen. Bei der Planung der Liegenschaft stand es ihm in gewissen Grenzen frei, Flächen von der Bebauung auszunehmen, diese als Sondereigentum zu konfigurieren, ihnen zu diesem Zweck eine Quote am Gemeinschaftseigentum zuzuweisen und in der Folge einen Beitrag zu den Kosten zu leisten. Sämtliche Pflichten auf die Gemeinschaft abzuwälzen, indem ein abgegrenzter Bereich als Gemeinschaftselement deklariert wird, sich aber gleichzeitig ausschließliche Rechte an diesem einzuräumen, die eigentumsgleich sind, wäre unangemessen. Eine solche Klausel wäre daher anfechtbar.[75]

Frage 11: Darf der Bauträger nach der Unterzeichnung privatschriftlicher Kaufverträge alleine, also einseitig, die Teilungserklärung abfassen?

Es gilt zu unterscheiden. Im spanischen Recht bedarf es zum wirksamen Verkauf von Immobilien keiner besonderen Form noch Eintragung in das Grundbuch. Allerdings gilt zu beachten, dass alleine mit der Einigung oder Unterzeichnung des privatschriftlichen Vertrages nicht unbedingt auch das Eigentum übertragen wurde. Hierzu bedarf es außerdem noch der Übergabe. Solange diese nicht erfolgt ist (eine symbolische Übergabe kann gegebenenfalls ausreichend sein - z.B. Schlüsselübergabe), bleibt der Verkäufer Eigentümer. Anders sieht dies im Falle eines Verkaufs mittels notarieller Urkunde aus. Hier bestimmt das Gesetz, dass mit Unterzeichnung der Urkunde auch das Eigentum übergeht, wenn in der Urkunde selbst keine hiervon abweichenden Regelungen getroffen wurden. Sind daher lediglich privatschriftliche Verträge unterzeichnet worden, ist eine Übergabe aber unterblieben, kann der Bauträger noch als Alleineigentümer einseitig die Teilungserklärung erstellen. Gibt es aber mehrere Eigentümer, weil neben der Unterzeichnung des privatschriftlichen Vertrages auch die Übergabe erfolgte, dürfen nur alle Eigentümer gemeinsam die Teilungserklärung fertigen.

Eine andere Frage ist, ob der Bauträger durch den Inhalt der privatschriftlichen Verträge gebunden sein kann und hierdurch die Berechtigung verliert, die Teilungserklärung frei zu gestalten, wenn die Verträge bereits verpflichtende Angaben enthalten. In diesem Fall sollte davon ausgegangen werden, dass zwar eine einseitige Teilungserklärung möglich wäre, diese jedoch einen Vetragsverstoß darstellen könnte. In der Praxis wird sich der Bauträger daher in Acht nehmen, dort verbindliche Aussagen zu treffen wo gegebenenfalls ein Gestaltungsspielraum erforderlich sein könnte. Statt dessen wird er Angaben zum Gemeinschaftseigentum und zu den Quoten allgemein halten und sich vertraglich vom Käufer mit Befugnissen

---

[75] AP Asturias, Sec. 4.ª, Urteil Nr. 99/2006 vom 9. März.

ausstatten lassen, um einseitig und relativ unbeschränkt die Teilungserklärung zu verfassen.[76]

Frage 12: Sind Klauseln, welche die Eigentümer zur Durchführung von baulichen Veränderungen in den Gemeinschaftselementen ohne Beschluss der Eigentümerversammlung berechtigen, rechtmäßig?

Wenngleich durch Gemeinschaftssatzung Regelungen getroffen werden können, welche von denen des Gesetzes abweichen, muss beachtet werden, dass, während einige Vorschriften der LPH zur Disposition stehen, andere verbindlich sind. Solcherlei Klauseln, welche mit den verbindlichen Normen der LPH im Widerspruch stehen, sind deshalb nicht zulässig. Zu den verbindlichen Vorschriften gehören unter anderem die Artikel 10.3.b.) 2. Absatz und 17.4 LPH,[77] welche dem Schutz der Gemeinschaftsinteressen dienen. Hiernach bedarf es zur baulichen Veränderung des Gemeinschaftseigentums eines entsprechenden Beschlusses der Eigentümerversammlung. Eine Klausel, welche solche Veränderungen ohne Genehmigung der Versammlung gestattet, ist daher nicht zulässig.[78]

Frage 13: Können die in der vom Bauträger geschaffenen Teilungserklärung bzw. Gemeinschaftssatzung enthaltenen Klauseln gegebenenfalls auch eine Einordnung als missbräuchliche Klausel erfahren, und auf dieser Grundlage für unwirksam erklärt werden?

Wenn die durch den Bauträger eingeführten Klauseln gegen verbindliche Vorschriften verstoßen, sind diese nichtig. Diese Nichtigkeit muss jedoch von einem Gericht erklärt werden. Hierfür gibt es nach h.M. keine Frist, da solch eine Klausel (anders als bei einem Beschluss) eben nicht lediglich als anfechtbar sondern als nichtig einzustufen ist.

Hiervon sind die Fälle zu unterscheiden, in denen es nicht um die Frage geht, ob eine Klausel gegen zwingendes Recht verstößt, sondern für unwirksam erklärt werden kann, weil es sich um eine missbräuchliche Klausel handelt.

Da es sich bei der einseitig vom Bauträger entworfenen Teilungserklärung und Gemeinschaftssatzung um Regeln handelt, die aufgrund ihrer Einseitigkeit vergleichbar mit einseitig formulierten Vertragsklauseln sind, kann, wenn auf der Käuferseite ein Verbraucher steht, durchaus eine missbräuchliche Klausel vorliegen, sollten die vom Bauherrn formulierten Klauseln ein Ungleichgewicht zwischen den unterschiedlichen Eigentümern herstellen. Dies kann beispielsweise dann der Fall sein, wenn eine Klausel die Pflicht zur Beteiligung an den Gemeinschaftskosten derart verteilt, dass die vom Bauträger weiterhin gehaltenen Sondereigentumselemente proportional eine signifikant niedrigere Beitragspflicht als die der übrigen Sondereigentumselemente trifft. In einer solchen Konstellation könnte eine missbräuch-

---

[76] AP Asturias, Sec. 5.ª, Urteil Nr. 407/2004 vom 22. Dezember; TS, Sala 1.ª, de lo Civil, Urteil Nr. 671/2005 vom 22. September.

[77] Früher: Artikel 8.2 und 11 LPH a.F.

[78] AP Vizcaya, Sec. 3.ª, Urteil Nr. 494/2005 vom 5. September; AP Madrid, Sec. 9.ª, Urteil Nr. 134/2005 vom 14. März; AP Guadalajara, Sec. 1.ª, Urteil Nr. 19/2005 vom 20. Januar.

liche Klausel angenommen werden, die für nichtig erklärt werden könnte. Dass die Satzung durch einstimmigen Beschluss der Eigentümerversammlung abgeändert werden kann, ändert an dieser Einordnung nichts, denn das Einstimmigkeitserfordernis kann ein bedeutendes Hindernis darstellen.[79]

Frage 14: Wenn in der Gemeinschaftssatzung ein Sondereigentumselement von der Beteiligung an den Kosten gewisser Gemeinschaftseinrichtungen befreit ist, deren Eigentümer oder Bewohner aber tatsächlich von diesen Gebrauch machen - ist eine solche Klausel dann zulässig?

Wenn eine tatsächliche Nutzung vorliegt, sind zunächst keine Gründe ersichtlich, aus denen heraus eine Befreiung gerechtfertigt wäre. Dennoch ist eine Befreiung mittels Satzung bzw. Beschluss grundsätzlich zulässig. Nach ständiger Rechtsprechung müssen die Klauseln welche eine Befreiung von der allgemeinen Kostentragungspflicht beinhalten aber restriktiv ausgelegt werden, denn sie stellen eine Ausnahme von den in Artikel 9 LPH enthaltenen Regeln dar. Lässt sich aus der Klausel bzw. dem Gesamtzusammenhang entnehmen, dass die Befreiung aus der fehlenden Nutzung resultiert, so kann diese Klausel ihre Wirksamkeit einbüßen, wenn zu einer tatsächlichen Nutzung geschritten wird. Liegt eine Nutzung bereits von Anfang an vor, oder ist diese vorgesehen, so wäre eine solche Klausel von vorneherein unzulässig.[80]

Frage 15: Welche Mehrheit ist erforderlich, um die sich aus der Teilungserklärung ergebende Befreiung einzelner Sondereigentumselemente von Beiträgen zu den Kosten gewisser Gemeinschaftseinrichtungen aufzuheben?

Jede Änderung der in der Teilungserklärung oder Gemeinschaftssatzung enthaltenen Regeln bedarf gemäß Artikel 17.6 LPH der Einstimmigkeit, wenn nicht eine spezielle gesetzliche Privilegierung etwas abweichendes bestimmt.[81]

Frage 16: Darf eine Klausel zu Gunsten des Bauträgers diesem eine konkrete Baumaßnahme gestatten, ohne dass es eines Beschlusses der Eigentümerversammlung bedarf?

Ja. im Unterschied zu einer allgemeinen oder abstrakten Genehmigung, welche z.B. allen Eigentümern die Umsetzung von Baumaßnahmen gestattet oder jedwede Baumaßnahme erlaubt, und deshalb u.a. einen unzulässigen Verstoß gegen die Artikel 10.3.b) 2. Absatz und 17 LPH darstellt, ist die Genehmigung einer bestimmten Maßnahme zu Gunsten eines konkreten Eigentümers zulässig.[82]

Frage 17: Darf sich der Bauträger durch eine Klausel in der Teilungserklärung das Recht einräumen, selbige jederzeit einseitig zu korrigieren, zu erweitern oder in irgendeiner Weise zu verändern?

---

[79] Carrancho Herrero in Cuaderno Jurídico Propiedad Horizontal, S. 12-26.
[80] AP Madrid, Sec. 12.ª, Urteil Nr. 454/2004 vom 22. Juni.
[81] AP Valladolid, Sec. 1.ª, Urteil Nr. 205/2004 vom 18. Juni.
[82] AP Baleares, Sec. 3.ª, Urteil Nr. 161/2002 vom 20. März.

Eine derartige Berechtigung des Bauträgers würde zu einem unzulässigen Ungleichgewicht zwischen dem Bauträger und den (übrigen) Eigentümern führen. Stattet sich der Bauträger einseitig mit solch umfassenden Rechten aus, liegt sogar ein Verstoß gegen Artikel 1256 des Código Civil vor, denn der Inhalt der Teilungserklärung hinge dauerhaft nur vom Willen des Bauträgers ab. Selbst die Wirksamkeit und Erfüllung eines Vertrages darf nicht nur in die Hände einer Vertragspartei gelegt werden.[83]

Frage 18: Gestattet eine allgemein gehaltene Klausel innerhalb der Gemeinschaftssatzung, wonach der Eigentümer eines Sondereigentumselementes (z.B. Geschäftslokal) dieses seinen Bedürfnissen anpassen darf, auch zu einer baulichen Veränderung an den innerhalb des Sondereigentums gelegenen Gemeinschaftselementen?

Nein. Auch wenn die Klausel für sich genommen rechtens ist, darf sie nicht so verstanden werden, dass Veränderungen am Gemeinschaftseigentum ebenfalls gestattet wären. Zunächst müssen solcherlei Klauseln sehr restriktiv ausgelegt werden, da jede Abweichung von den gesetzlichen Vorgaben in eindeutiger und ausdrücklicher Weise erfolgen muss. Außerdem gilt zu berücksichtigen, dass die Satzung zwar Regelungen treffen darf, die vom Gesetz abweichen - dies aber nur in Bezug auf diejenigen Vorschriften die zur Disposition stehen und keinen verbindlichen Charakter haben. Gerade was Veränderungen am Gemeinschaftseigentum betrifft, gilt aber, dass zum Schutz vor Modifikationen welche die Stabilität und Sicherheit der Liegenschaft betreffen können, keine umfassende, allgemeine Berechtigung einzelner Eigentümer im Wege befreiender Klauseln erfolgen darf. Die Sicherheit und Stabilität der Liegenschaft muss immer gewahrt bleiben. Veränderungen an Gemeinschaftselementen bedürfen eines einstimmigen Beschlusses der Eigentümerversammlung, wenn keine der gesetzlichen Privilegierungen einschlägig ist. Als Ausnahmen hiervon dürfen bei Geschäftslokalen Anpassungen an dem auf Höhe des Erdgeschosses befindlichen Teils der Fassade sowie konkrete, genauer bezeichnete Veränderungen gesehen werden, welche keine Risiken für die Liegenschaft bedeuten.[84]

Frage 19: Muss die Teilungserklärung zu ihrer Wirksamkeit in das Grundbuch eingetragen werden?

Eine Eintragung in das Grundbuch ist nicht unbedingt erforderlich. Die Eintragung hat keine konstitutive Wirkung. Sie kann dann aber gemäß Artikel 5.3 LPH Dritten entgegengehalten werden und auf diese Weise auch ihnen gegenüber Wirksamkeit erlangen.[85]

Frage 20: Darf der Bauträger mittels Satzung einem einzelnen Eigentümer ein Sondernutzungsrecht an einem Gemeinschaftselement einräumen?

[83] AP Pontevedra, Sec. 1.ª, Urteil Nr. 392/2000 vom 10. Oktober.
[84] Vgl. AP Alicante, Sec. 5.ª, Urteil Nr. 115/2008 vom 5. März.
[85] AP Baleares, Sec. 4.ª, Urteil Nr. 211/2002 vom 25. März.

Ja. Die Satzung kann Klauseln aller Art enthalten, welche gültig sind, wenn sie in Übereinstimmung mit Artikel 1255 des Código Civil nicht gegen verbindliche Vorschriften verstoßen. Die Einräumung eines Sondernutzungsrechts verstößt nicht gegen die unabdingbaren Vorschriften der LPH, weshalb dies grundsätzlich rechtmäßig ist.[86]

Frage 21: Welche Bereiche werden jeweils durch die Gemeinschaftssatzung oder die Hausordnung geregelt?

Aus Artikel 5.3 LPH ergibt sich, dass mit bzw. neben der Teilungserklärung auch eine Gemeinschaftssatzung formuliert werden kann, welche dem Zweck dient, zusätzliche oder vom Gesetz abweichende Rechte und Pflichten der Eigentümer zu begründen und deren Ausübung zu regeln. Diese zusätzlichen oder veränderten Rechte und Pflichten können sich auf den Gebrauch und Verwendungszweck der Liegenschaft, ihre Installationen und Einrichtungen, die Verwaltung der Gemeinschaft und ihre Leitung, die Erhaltungs- und Reparaturmaßnahmen, aber auch auf das Sondereigentum beziehen. Die Grenze bilden hierbei diejenigen Gesetzesvorschriften welche verbindlichen Charakter haben.

Gemäß Artikel 6 LPH regelt die Hausordnung die Einzelheiten des Zusammenlebens und die geeignete Nutzung der Gemeinschaftseinrichtungen und des Gemeinschaftseigentums. Die Hausordnung darf aber in keinem Fall im Widerspruch zum Gesetz oder der Gemeinschaftssatzung stehen. Sie darf den Rechten des Eigentümers in Bezug zu seinem Sondereigentum keine Grenzen ziehen.[87]

Frage 22: Welche Unterschiede bestehen zwischen der Gemeinschaftssatzung und der Hausordnung?

Abgesehen von ihrem unterschiedlichen Regelungsinhalt, gilt folgendes zu beachten: Die Gemeinschaftssatzung muss nicht unbedingt in das Grundbuch eingetragen werden, ist aber nur bei erfolgter Eintragung gegenüber Dritten bzw. zukünftigen Erwerbern von Sondereigentumselementen wirksam (es sei denn, diese haben auf andere Weise als auf Grundlage der Fiktion des öffentlichen Glaubens des Grundbuchs Kenntnis von ihrem Inhalt). Im Gegensatz zur Gemeinschaftssatzung kann die Hausordnung (aufgrund ihres beschränkten Regelungsinhaltes) nicht ins Grundbuch eingetragen werden.

Die Begründung einer Gemeinschaftssatzung bedarf gemäß Artikel 17.6 LPH eines einstimmigen Beschlusses der Eigentümerversammlung (bzw. der Schaffung durch den Alleineigentümer - z.B. den Bauträger). Die Hausordnung bedarf gemäß Artikel 17.7 LPH hingegen lediglich der einfachen Mehrheit aller Eigentümer und Quoten (in der ersten Einberufung) bzw. der einfachen Mehrheit unter den anwesenden Eigentümern und Quoten (in zweiter Einberufung).[88]

---

[86] AP Santa Cruz de Tenerife, Sec. 4.ª, Urteil Nr. 73/2004 vom 23. Februar.
[87] AP Santa Cruz de Tenerife, Sec. 4.ª, Urteil Nr. 412/2006 vom 14. Dezember.
[88] AP Alicante, Elche, Sec. 9.ª, Urteil Nr. 169/2008, vom 12. März; TS, Sala 1.ª, de lo Civil, Urteil Nr. 487/2007 vom 25. April.

Frage 23: Darf die Hausordnung einzelne Eigentümer von ihrer Pflicht zur Beteiligung an den Gemeinschaftskosten befreien?

Nein. Einerseits darf die Hausordnung keine Bereiche regeln, die dem Gesetz bzw. der Teilungserklärung oder Gemeinschaftssatzung vorbehalten sind. Andererseits geht eine solche Klausel über den Regelungsbereich der Hausordnung (Regeln über das Zusammenleben und Gebrauch der Gemeinschaftselemente) hinaus.[89] Andernfalls könnten mit der für die Abfassung oder Veränderung der Hausordnung erforderlichen einfachen Mehrheit Regelungen getroffen werden, die Beschlüssen vorbehalten sind, die andere Mehrheitsverhältnisse bzw. Einstimmigkeit erfordern.

Frage 24: Darf die Hausordnung bestimmen, dass die in der Gemeinschaft befindlichen Wohnungen lediglich zu Wohnzwecken und nicht für eine gewerbliche Nutzung, etwa als Büroräume, verwendet werden dürfen?

Nein. Diese Begrenzung der Rechte des Eigentümers eines Sondereigentumselementes dürfen nicht in der Hausordnung bestimmt werden.[90]

Frage 25: Darf mittels Hausordnung festgelegt werden, zu welchen Zeiten der Gemeinschaftspool genutzt werden kann?

Was den Regelungsgegenstand angeht, kann dies bejaht werden. Eine solche Regelung betrifft den Umgang mit den Gemeinschaftseinrichtungen und darf Gegenstand der Hausordnung sein. Die Verabschiedung oder Veränderung der Hausordnung erfordert die in Artikel 17.7 LPH beschriebene einfache Mehrheit der Eigentümer und Quoten.[91] Eine gänzlich andere Frage ist, ob die konkrete Hausordnung oder eine in ihr enthaltene Klausel bzw. eine neu beschlossene Klausel anfechtbar ist.

Frage 26: Wie kann sich ein Mitglied der Eigentümergemeinschaft gegen die Hausordnung wehren?

Wurde die Hausordnung insgesamt oder eine einzelne Klausel von der Eigentümerversammlung beschlossen, so kann, wie bei jedem anderen Beschluss auch, eine Anfechtung desselben auf Grundlage des Artikels 18 LPH erfolgen. Daneben kann die Hausordnung auch durch einen einfachen Mehrheitsbeschluss gemäß Artikel 17.7 LPH geändert werden.

Frage 27: Darf mittels Satzung die Amtszeit des Präsidenten verändert werden?

Ja. Die Amtszeit darf sowohl über das gesetzlich vorgesehene Jahr hinaus verlängert, wie auch verkürzt werden.[92]

---

[89] AP Navarra, Sec. 1.ª, Urteil Nr. 229/2003 vom 30. September.
[90] AP Cantabria, Sec. 4.ª, Urteil Nr. 126/2009 vom 16. Februar.
[91] AP Tarragona, Sec. 1.ª, Urteil vom 4. Juni 2002.
[92] TS, Sala 1.ª, de lo Civil, Urteil Nr. 335/1984 vom 29. Mai.

Frage 28: Dürfen neben den gesetzlich vorgesehenen Ämtern (Präsident, Sekretär, Verwalter) auch zusätzliche Ämter durch Satzung oder Beschluss geschaffen werden?

Ja. Artikel 13.1 LPH sieht dies ausdrücklich vor. Die neuen Ämter dürfen nur nicht die Kompetenzen der gesetzlich vorgesehenen Organe aushöhlen.

Frage 29: Wer bestimmt die Beteiligungsquote bzw. wie kann sie abgeändert werden?

Die Beteiligungsquoten werden erstmals in der Teilungserklärung bestimmt. Sie werden deshalb von dem oder den Verfasser(n) der Teilungserklärung festgelegt. D.h. vom Alleineigentümer der Liegenschaft oder einstimmig von allen Eigentümern gemeinsam. Die Quoten können nachträglich mittels einstimmigem Beschluss gemäß Artikel 17.6 LPH abgeändert werden.

Frage 30: Nach welchen Kriterien richtet sich die Höhe der Beteiligungsquote?

Gemäß Artikel 5 LPH kann die Beteiligungsquote an wertbildenden Faktoren, wie z.B. der Lage und Größe der jeweiligen Sondereigentumselemente (schließlich soll die Quote ja auch Aufschluss darüber geben, welcher anteilige Wert der Liegenschaft auf das jeweilige Sondereigentum entfällt), aber auch am Ausmaß der anzunehmenden Nutzung der Gemeinschaftseinrichtungen orientiert werden.

Frage 31: Wie wirkt sich die Höhe der Beteiligungsquote aus?

Da bei den Abstimmungen innerhalb der Eigentümerversammlungen immer auf das doppelte Mehrheitserfordernis der Stimmen und Quoten abgestellt wird, wirkt sich die auf das jeweilige Sondereigentum entfallende Quote auf die Mehrheitsbildung und Beschlussfassung aus.

Darüber hinaus können ein Viertel der Eigentümer oder eine Anzahl dieser, auf welche mindestens 25 % der Beteiligungsquoten entfallen, um die Abhaltung einer Eigentümerversammlung bitten.

Die Eigentümer beteiligen sich (außer in Bezug auf die Kosten, die individualisierbar sind) in der Höhe ihrer Quoten an den Ausgaben der Gemeinschaft. Gleiches gilt für die Beteiligung am Rücklagenfond. Ebenso entfallen auch etwaige Einnahmen (z.B. aus Vermietung von Werbeflächen oder Flächen für Antennen einzelner Telefondienstleister) nach Höhe der Beteiligungsquote auf die Eigentümer der Sondereigentumselemente.

Frage 32: Muss die Teilungserklärung in notarieller Urkunde erfolgen?

Nein. Im spanischen Recht herrscht diesbezüglich Formfreiheit (Artikel 1278 Código Civil). Dennoch wird die Teilungserklärung fast ausnahmslos beurkundet, schließlich hat eine einfache, privatschriftliche Teilungserklärung keinen Zugang zum Grundbuch.

Darüber hinaus kann die Teilungserklärung auch aus einem Schiedsspruch oder einem Urteil hervorgehen, wenn unter den Eigentümern kein Einvernehmen zu erzielen ist (Artikel 5.2 LPH). Bei öffentlichen Gebäuden kann die Teilungserklärung gemäß Artikel 206 LH und Artikel 37 des Gesetzes 33/2003[93] durch behördliche Entscheidung in Form einer *certificación administrativa* erfolgen.

Frage 33: Muss die Teilungserklärung in das Grundbuch eingetragen werden?

Nein. Die Eintragung in das Grundbuch ist nicht unbedingt erforderlich. Sie hat lediglich deklarativen aber keinen konstitutiven Charakter. Ohne Eintragung in das Grundbuch können aber diejenigen Rechte nicht eingeschrieben werden, die zu ihrer Entstehung einer Eintragung bedürfen. So etwa die Hypothek.

Frage 34: Kann der Bauträger als Alleineigentümer die Teilungserklärung gestalten wie er will?

Trotz seiner allgemeinen Freiheit und Verfügungsgewalt sind solche Klauseln rechtswidrig, die gemäß Artikel 1255 Código Civil gegen zwingendes Recht, die öffentliche Ordnung oder die allgemeinen Moralvorstellungen verstoßen.[94]

---

[93] Ley 33/2003, de 3 de noviembre, del Patrimonio de las Administraciones Públicas.
[94] Lefebvre, Propiedad Horizontal, Rn. 229.

Sondereigentum und Gemeinschaftseigentum

2.1 Einführung

Im Kern unterscheidet sich das Wohnungseigentumsrecht vom allgemeinen bzw. einfachen Eigentumsrecht an Immobilien dadurch, dass ersteres das Eigentum an einem Sondereigentumselement (Haus, Wohnung, Geschäftsraum, Parkplatz, etc.) gleichzeitig mit einem Miteigentumsanteil an gemeinschaftlichem Eigentum verbindet, während letzterem diese Dualität fremd ist.[95] Beim Sondereigentum handelt es sich um ein mit dem allgemeinen Volleigentum weitestgehend identischen Recht, da es seinem Inhaber dessen Nutzung unter Ausschluss Dritter ermöglicht und die alleinige Verfügungsgewalt einräumt. Am Gemeinschaftseigentum ist der Sondereigentümer hingegen lediglich über einen Miteigentumsanteil im Umfang seiner Quote beteiligt. Das Gemeinschaftseigentum dient hierbei regelmäßig allen Sondereigentumselementen gleichermaßen.

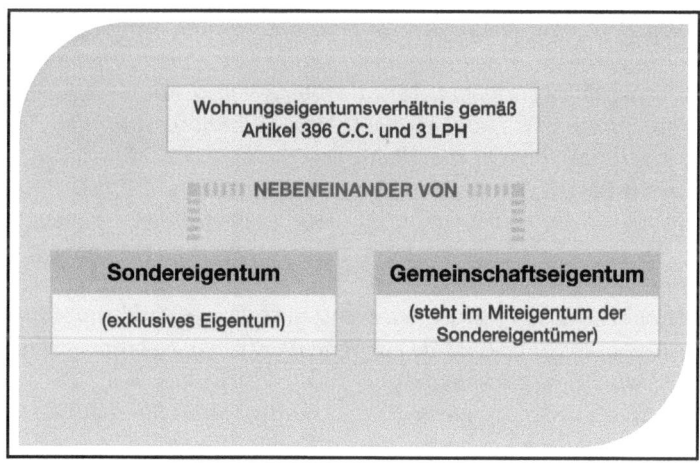

[95] Vgl. auch § 1 des deutschen WEG.

Der Ursprung der rechtlichen Unterscheidung zwischen Sonder- und Gemein-schaftseigentum und mithin die Schaffung dessen, was unter Wohnungseigentum verstanden wird, reicht in Spanien bis in das 17. Jahrhundert zurück.[96] Eine umfassendere Regelung dieser besonderen Form des Eigentums findet sich aber erst in der durch das Gesetz vom 26. Oktober 1939[97] eingeführten Änderung des Artikels 396 des Código Civil.

Dieser Artikel 396 des Código Civil wurde im Laufe der Jahre immer mehr erweitert und weist heute folgenden Inhalt auf:[98]

Art. 396 Código Civil Spanisch	*Art. 396 Código Civil Deutsch*
Los diferentes pisos o locales de un edificio ó las partes de ellos susceptibles de aprovechamiento independiente por tener salida propia a un elemento común de aquél o a la vía pública podrán ser objeto de propiedad separada, que llevará inherente un derecho de copropiedad sobre los elementos comunes del edificio, que son todos los necesarios para su adecuado uso y disfrute, tales como el suelo, vuelo, cimentaciones y cubiertas; elementos estructurales y entre ellos los pilares, vigas, forjados y muros de carga; las fachadas, con los revestimientos exteriores de terrazas, balcones y ventanas, incluyendo su imagen o configuración, los elementos de cierre que las conforman y sus revestimientos exteriores; el portal, las escaleras, porterías, corredores, pasos, muros, fosos, patios, pozos y los recintos destinados a ascensores, depósitos, contadores, telefonías o a otros servicios o instalaciones comunes, incluso aquéllos que fueren de uso privativo; los ascensores y las instalaciones, conducciones y canalizaciones para el desagüe y para el suministro de agua, gas o electricidad, incluso las de aprovechamiento de energía solar; las de agua caliente sanitaria, calefacción, aire acondicionado, ventilación o evacuación de humos; las de detección y prevención de incendios; las de portero electrónico y otras de seguridad del edificio, así como las de antenas colectivas y demás instalaciones para los servicios au-	*Die unterschiedlichen Wohnungen oder Geschäftsräume eines Gebäudes oder die Teile derselben, welche einer unabhängigen Nutzung zugänglich sind, weil sie über einen eigenen Ausgang zu einem Gemeinschaftselement dessen oder zu einer öffentlichen Straße verfügen, können Gegenstand separaten Eigentums sein, das untrennbar mit einem Miteigentumsrecht an den Gemeinschaftselementen des Gebäudes verbunden ist, welche für deren Gebrauch und Nutzung erforderlich sind; wie etwa der Boden, der über der Liegenschaft befindliche, überbaubare Luftraum, Fundamente und Bedachungen; Strukturelemente, zu denen Säulen, Balken, Bindwerke und tragende Wände gehören; die Fassaden mit den äußeren Verkleidungen der Terrassen, Balkone und Fenster, einschließlich ihrem Erscheinungsbild oder Konfiguration, die Abschlusselemente welche sie bilden und ihre Außenverkleidungen; das Eingangsportal, die Treppen, Hausmeisterbereiche, Korridore, Durchgänge, Mauern, Gräben, Höfe, Brunnen und die den Fahrstühlen dienenden Bereiche, Tanks, Zähler, Fernsprechleitungen oder andere Gemeinschaftseinrichtungen oder Installationen, inklusive derer, die im ausschließlichen Gebrauch Einzelner stehen; die Fahrstühle und die Installationen, Leitungen und Rohre für das Abwasser und für die Wasser-, Gas- oder Stromzufuhr,*

---

[96] Pastor-Álvarez, S. 15.

[97] Ley de 26 de octubre de 1939 sobre construcción, gravamen y régimen de viviendas de pisos o partes determinadas.

[98] Nach weiteren Reformen.

diovisuales o de telecomunicación, todas ellas hasta la entrada al espacio privativo; las servidumbres y cualesquiera otros elementos materiales o jurídicos que por su naturaleza o destino resulten indivisibles.

einschließlich derer zur Sonnenenergiegewinnung; diejenigen der sanitären Warmwasserzufuhr, Heizung, Klimaanlage, Lüftung oder Rauchabzug; derer die der Meldung und Abwehr des Feuers dienen; die der elektronischen Klingelanlage und andere zur Sicherheit des Gebäudes, sowie die Gemeinschaftsantennen und übrigen Installationen für audiovisuelle oder Telekommunikationseinrichtungen, alle diese bis zu ihrem Eintritt in das Sondereigentum; die Dienstbarkeiten und jedwedes andere körperliche oder rechtliche Element, welches aufgrund seiner Natur oder Verwendungszwecks unteilbar ist.

Als Ausgestaltung und Weiterentwicklung dieses Artikels 396 Código Civil, ist die Ley de Propiedad Horizontal, also das spanische Wohnungseigentumsgesetz zu verstehen.[99] Dort führt der aktuelle Artikel 3 LPH mit Hinweis auf die beschriebene Vorschrift weiter aus:

Art. 3 LPH

En el régimen de propiedad establecido en el artículo 396 del Código Civil corresponde a cada piso o local:

Art. 3 LPH

In der durch den Artikel 396 des Código Civil bestimmten Eigentumsform, entfällt auf den Eigentümer einer jeden Wohnung oder Geschäftsraums:

a.) El derecho singular y exclusivo de propiedad sobre un espacio suficientemente delimitado y susceptible de aprovechamiento independiente, con los elementos arquitectónicos e instalaciones de todas clases, aparentes o no, que estén comprendidos dentro de sus límites y sirvan exclusivamente al propietario, así como el de los anejos que expresamente hayan sido señalados en el título, aunque se hallen situados fuera del espacio delimitado.

a.) das individuelle und ausschließliche Eigentumsrecht über einen ausreichend abgegrenzten und für eine unabhängige Nutzung geeigneten Bereich, inklusive den architektonischen Elementen und Ausstattungen jedweder Art, seien diese sichtbar oder nicht, die sich innerhalb seiner Grenzen befinden und ausschließlich dem Eigentümer dienen, sowie die Anbauten die ausdrücklich im (Gründungs-) Titel bezeichnet worden sind, auch wenn sie sich außerhalb der eingegrenzten Fläche befinden.

b.) La copropiedad, con los demás dueños de pisos o locales, de los restantes elementos, pertenencias y servicios comunes.

b.) Das Miteigentum mit den anderen Eigentümern von Wohnungen und Geschäftsräumen über die übrigen Elemente, zugehörigen Teile und Gemeinschaftseinrichtungen.

---

[99] Das spanische Wohnungseigentumsgesetz (Ley 49/1960, de 21 de julio, sobre Propiedad Horizontal) findet damit seine Grundlage in der in Artikel 396 des Código Civil beschriebenen rechtlichen Figur der Eigentümergemeinschaft (siehe Artikel 1 und 3 LPH).

A cada piso o local se atribuirá una cuota de participación con relación al total del valor del inmueble y referida a centésimas del mismo. Dicha cuota servirá de módulo para determinar la participación en las cargas y beneficios por razón de la comunidad. Las mejoras o menoscabos de cada piso o local no alterarán la cuota atribuida, que sólo podrá variarse de acuerdo con lo establecido en los artículos 10 y 17 de esta Ley.

Jeder Wohnung oder Geschäftsraum wird eine Beteiligungsquote in Bezug auf den Gesamtwert der Immobilie zugeordnet und in Teilen von hundertsten an diesem ausgedrückt. Besagte Quote dient zur Schlüsselung, um die Beteiligung an den Lasten und Erträgen zu bestimmen, die sich aus der Gemeinschaft ergeben.Die Verbesserungen oder Verschlechterungen einer jeden Wohnung oder Geschäftsraums werden die zugeordnete Quote nicht modifizieren, welche nur in Übereinstimmung mit dem in den Artikeln 10 und 17 dieses Gesetzes Bestimmten verändert werden kann.

Cada propietario puede libremente disponer de su derecho, sin poder separar los elementos que lo integran y sin que la transmisión del disfrute afecte a las obligaciones derivadas de este régimen de propiedad.

Jeder Eigentümer kann frei über sein Recht verfügen, ohne dass es ihm gestattet wäre, die Elemente aus denen es sich zusammensetzt, auszusondern, und ohne dass die Übertragung des Nutzungsrechts die Pflichten berührt, die sich aus dieser Eigentumsart ergeben.

Da, wie ersichtlich, die Ley de Propiedad Horizontal lediglich eine abstrakte Unterscheidung zwischen Sondereigentum und Gemeinschaftseigentum vornimmt,[100] werden keine konkreten, an ausdrücklich bezeichneten Elementen festgemachten Aufzählungen vorgenommen. Zu diesem Zweck kann auf Artikel 396 des Código Civil zurückgegriffen werden, der zumindest eine erste Orientierung bietet. In der Teilungserklärung und Gemeinschaftssatzung kann zwar eine von ihm abweichende[101] Bestimmung erfolgen.[102] Wurde aber von dieser Möglichkeit kein oder lediglich ein eingeschränkter Gebrauch gemacht, und finden sich auch sonst keine besonderen Hinweise, bildet Artikel 396 des Código Civil eine Art Auffangtatbestand, der zur rechtlichen Einordnung der baulichen Elemente und Einrichtungen heranzuziehen ist.

Vor der durch das Gesetz 8/1999 vom 6. April eingetretenen Änderung war die Aufzählung des Artikels 396 Código Civil von seinem Wortlaut her noch abschließend. Mit in Kraft treten der bezeichneten Veränderungen wurde aber der geschlossene Charakter der ursprünglichen Aufzählung offensichtlich aufgebrochen. Nunmehr

---

[100] Artikel 3.1.a.) und b.) LPH.

[101] In gewissen Grenzen, wie später aufgezeigt werden soll.

[102] Wie wiederholt durch die Rechtsprechung entschieden wurde, stellt Artikel 396 Código Civil keinen *numerus clausus* dar. Es handelt sich lediglich um eine beispielhaft Aufstellung die keineswegs verpflichtend ist, sondern zur Disposition steht. Es können demnach die nicht ausdrücklich bezeichneten Elemente sowohl als Sondereigentum, wie auch als Gemeinschaftseigentum konfiguriert worden sein. Selbst in Bezug auf die im Gesetz ausdrücklich bezeichneten Elemente kann etwas hiervon abweichendes bestimmt werden. TS, Sala 1.ª, de lo Civil, Urteil Nr. 514/1988 vom 17. Juni und Urteil vom 23. Mai 1984. Zitiert nach: Espinosa Infante, S. 375-377.

ergibt sich bereits aus dem Wortlaut, dass auch diejenigen körperlichen oder rechtlichen Elemente, die aufgrund ihrer Natur oder ihrem Verwendungszweck unteilbar sind,[103] Gemeinschaftseigentum darstellen. Es handelt sich also um einen offenen Tatbestand.

Aufgrund der Tatsache, dass sich die Rechte und Pflichten des Eigentümers bezüglich des Sondereigentums und Gemeinschaftseigentums wesentlich unterscheiden, kommt es darauf an, im Einzelfall beide klar voneinander abzugrenzen. Hierfür müssen verlässliche Kriterien aufgestellt werden.

2.2 Abgrenzung zwischen Sondereigentum und Gemeinschaftseigentum

Selbstverständlich kann jede Eigentümergemeinschaft oder Urbanisation unterschiedlich konfiguriert und mit voneinander abweichenden Einrichtungen ausgestattet worden sein, die entweder im Sonder- oder Gemeinschaftseigentum stehen. So können etwa in einer Urbanisation Gemeinschaftspools existieren, während in einer anderen einzelne Bungalows mit einem eigenen Pool ausgestattet sind, der im jeweiligen Sondereigentum steht. Ebenso kann sich in einer Eigentümergemeinschaft eine zentrale Klima- bzw. Heizungsanlage befinden, welche damit Gemeinschaftseigentum wäre, während in einer anderen die Sondereigentumseinheiten über eine jeweils eigene und unabhängige, ausschließlich diesen dienende Installation verfügen, die damit als Sondereigentum eingeordnet werden müsste.

Die Einordnung als Sonder- oder Gemeinschaftseigentum muss aus den bezeichneten Gründen heraus immer individuell von Fall zu Fall vorgenommen werden.

Zur Ermittlung des rechtlichen Charakters eines Elementes sind dabei sowohl die Teilungserklärung bzw. die Gemeinschaftssatzung wie auch und das Gesetz (Artikel 396 Código Civil und LPH) heranzuziehen. Trotz der Möglichkeit mittels Teilungserklärung bzw. Satzung einzelne Elemente als Sondereigentum oder Gemeinschaftseigentum zu konfigurieren, gilt zu beachten, dass dieser Freiheit Grenzen gezogen sind. Einige Elemente sind zwingend Gemeinschaftseigentum. Grundsätzlich kann das Gemeinschaftseigentum nämlich in zwei Klassen eingeteilt werden.

Es gibt Gemeinschaftselemente die von Natur aus Gemeinschaftseigentum sind bzw. essentiellen Charakter haben (z.B. die Gänge innerhalb einer Liegenschaft und die Treppenhäuser, die nicht lediglich zu einem Sondereigentum führen, der Hauseingang, etc.) und Gemeinschaftselemente, die aus anderen Gründen eine solche Einordnung erfahren, bei denen es aber an diesem essentiellen Charakter fehlt (z.B. Hausmeisterwohnung).[104]

---

[103] Artikel 396 Código Civil *".....y cualesquiera otros elementos materiales o jurídicos que por su naturaleza o destino resulten indivisibles".*

[104] Escrivá de Romaní y de Olano, Lo imperativo y lo dispositivo en la Propiedad Horizontal, in Revista Crítica de Derecho Inmobiliario, Nr. 462, September-Oktober 1967, S. 1233 ff.; Resolución vom 21. März 2001, DGRN, Recurso gubernativo interpuesto por la entidad mercantil "Parque

Während die zur ersten Gruppe gehörenden Elemente notwendigerweise Gemeinschaftselemente sein müssen, weil nur auf diese Weise das Sondereigentum in adäquater Weise genutzt werden kann, sind die in die zweite Gruppe einzuordnenden Gemeinschaftselemente nicht unbedingt für die Eigentümer der Sondereigentumselemente erforderlich. Sie können daher durch Beschluss zu Sondereigentum umgewandelt werden, oder in einzelnen Fällen auch von vorneherein als Sondereigentum konzipiert worden sein.

So könnte z.B. eine Gemeinschaft die Veräußerung der Hausmeisterwohnung beschließen, ohne dass die einzelnen Eigentümer an der Nutzung ihres Sondereigentums gehindert wären. Denn dieses konkrete Gemeinschaftselement ist nicht wesentlich, die Gemeinschaft profitiert zwar von ihm, es wäre aber als entbehrlich einzustufen. Das Gemeinschaftstreppenhaus hingegen dürfte seinen Charakter als Gemeinschaftselement nicht einbüßen, denn andernfalls wären die nur über dieses erreichbaren Sondereigentumselemente nicht mehr frei zugänglich. Es handelt sich daher in letzterem Fall von Natur aus um ein Gemeinschaftselement, dessen Einordnung als solches unverzichtbar ist.[105]

Wenn es aber unverzichtbare Gemeinschaftselemente gibt, die keine Umwandlung in Sondereigentum erfahren dürfen, und solche deren Konfiguration als Gemeinschaftselemente auf eine persönliche Entscheidung des oder der Eigentümer zurückzuführen ist, wird die Unterscheidung zwischen Sonder- und Gemeinschaftseigentum stark erschwert.

Um die Richtige Einordnung als Sondereigentum oder Gemeinschaftseigentum sicher vorzunehmen muss daher eine Prüfung in folgender Reihenfolge erfolgen:

1. Handelt es sich bei dem fraglichen Element um eine Einrichtung, die von Natur aus als Gemeinschaftseigentum zu klassifizieren sein könnte, weil es eine essentielle Bedeutung hat und für die Nutzung der Sondereigentumselemente unverzichtbar ist? In diesem Fall handelt es sich immer um Gemeinschaftseigentum. Dies auch dann, wenn eine Einordnung als Sondereigentum durch die Teilungserklärung bzw. Satzung oder einen entsprechenden Beschluss der Eigentümerversammlung erfolgte. Diese wäre dann nämlich rechtswidrig.

2. Wenn das Element für den Gebrauch der Sondereigentumseinheiten verzichtbar ist, kommt es darauf an, wie es die Teilungserklärung und die Gemeinschaftssatzung einordnen (bzw. ob es einen einschlägigen Beschluss gibt, der das Gemeinschaftselement zu Sondereigentum macht). Wird es dort

---

El Salvador, Sociedad Limitada", contra la negativa de la Registradora de la Propiedad de Valladolid, número 5, Doña María José Triana Álvarez, a inscribir una escritura de declaración, de obra nueva y constitución, en régimen de propiedad horizontal del conjunto inmobiliario "Necrópolis El Salvador", en virtud de apelación del recurrente y de la Registradora.

[105] Artikel 396 Código Civil beschreibt ja gerade, das Sondereigentum voraussetzt, dass es entweder über eine öffentliche Straße oder über das Gemeinschaftseigentum zugänglich ist.

als Sonder- oder Gemeinschaftseigentum beschrieben, hat es diese Eigenschaft.[106]

3. Wenn es an einer Einordnung in der Teilungserklärung bzw. Satzung fehlt, kann auf Artikel 396 des Código Civil abgestellt werden. Es ist zu prüfen, ob das Element dort als Gemeinschaftseigentum bezeichnet wird. In diesem Fall ist regelmäßig von Gemeinschaftseigentum auszugehen.[107]

4. Wird es nicht ausdrücklich in Artikel 396 Código Civil erwähnt, ist dennoch anzunehmen, dass es sich um Gemeinschaftseigentum handelt, da nach überwiegender Auffassung in Rechtsprechung und Literatur die fehlende Bezeichnung als Sondereigentum die Vermutung zulässt, es handele sich um Gemeinschaftseigentum.[108] Artikel 396 Código Civil ist, wie beschrieben, kein geschlossener Tatbestand, sondern umfasst auch solche Elemente, die nicht durch ihn benannt wurden.[109]

5. In Einzelfällen kann trotz Einordnung als Gemeinschaftseigentum ein Sondernutzungsrecht vorliegen. Dies ändert jedoch nichts am Charakter des Elements. Es bleibt also bei der Einordnung als Gemeinschaftseigentum. Es kann aber gegebenenfalls nur durch den Eigentümer bzw. Nutzer eines Sondereigentumselementes genutzt werden. Dies etwa dann, wenn das Gemeinschaftseigentum nur über das Sondereigentum erreichbar ist.

6. In außergewöhnlichen Fällen kann durch Zeitablauf ein ursprünglich als Gemeinschaftseigentum zu klassifizierendes Element durch Ersitzung seinen Charakter ändern, weshalb auch diese Möglichkeit in Betracht gezogen werden muss.[110] Sie ist allerdings nicht auf diejenige Elemente anwendbar, die als unerlässliche bzw. essentielle Gemeinschaftselemente einzuordnen sind. Hier ist keine Ersitzung möglich.

---

[106] Dies ungeachtet der gegebenenfalls bestehenden Anfechtungsmöglichkeiten, wenn Anfechtungsgründe bestehen.

[107] Eine Nennung alleine reicht jedoch nicht immer aus. Wurde das entsprechende Element nämlich nachträglich von einem einzelnen Eigentümer (und nicht von der Gemeinschaft) zu dessen alleiniger und ausschließlichen Nutzung installiert, handelt es sich trotz der Angabe in Artikel 396 Código Civil um Sondereigentum (z.B. individuelle Klimaanlage). Die in Artikel 396 des Código Civil genannten Elemente sind vor allen Dingen dann Gemeinschaftselemente, wenn sie mehreren Sondereigentumselementen dienen.

[108] AP Guipúzcoa, Sec. 2.ª, Urteil Nr. 2390/2008 vom 16. Dezember; AP A Coruña, Sec. 3.ª, Urteil Nr. 52/2008 vom 11. Februar; AP Madrid, Sec. 21.ª, Urteil Nr. 44/2010 vom 2. Februar.

[109] Es muss natürlich erneut berücksichtigt werden, ob das Elemente lediglich einem oder mehreren Sondereigentumselementen dient. Dies kann eine Vermutung in dem einen oder anderen Sinne nahe legen. Dennoch sei darauf hingewiesen, dass eine Einzelnutzung durch ein Sondereigentumselement lediglich eine gewisse Indizwirkung hat. In einigen Fällen (z.B. wenn der Dachstuhl nur über ein Sondereigentumselement erreichbar ist) handelt es sich trotz Einzelnutzung um Gemeinschaftseigentum. Gegebenenfalls besteht ein Sondernutzungsrecht am Gemeinschaftseigentum, aber noch lange kein Sondereigentum.

[110] AP Barcelona, Sec. 16.ª, Urteil Nr. 316/2011 vom 19. Mai; AP Vizcaya, Sec. 5.ª, Urteil Nr. 97/2010 vom 23. Februar.

Da sich im Rahmen des Wohnungseigentumsrechts die Liegenschaft bzw. Urbanisation immer in Sondereigentum und Gemeinschaftseigentum aufteilt, bedeutet dies auch, dass all diejenigen Elemente im Sondereigentum stehen, die nicht Gemeinschaftseigentum sind und umgekehrt.[111]

2.3 Sondernutzungsrechte

Die Teilungserklärung bzw. Satzung, aber auch ein späterer einstimmiger Beschluss der Eigentümerversammlung, kann bestimmen, dass ein Gemeinschaftselement lediglich durch den oder die Eigentümer oder Nutzer eines oder mehrerer Sondereigentumselemente verwendet werden darf. In Folge dessen bleibt dieses Element gemeinschaftlicher Natur, wenngleich die Nutzung lediglich durch die besonders Begünstigten erfolgen darf. Von praktischer Bedeutung ist hierbei, dass die ordentlichen Erhaltungs- und Wartungsarbeiten sowie die daraus resultierenden Kosten, gemäß Artikel 9 und 10 LPH, auf den Sondernutzungsberechtigten entfallen, während die Eigentümergemeinschaft für die Arbeiten und Kosten aufkommen muss, die außerordentlichen Charakter haben, bzw. für diejenigen, die struktureller Natur sind.[112] Wurde das Sondernutzungsrecht erteilt, kann es nicht mehr ohne weiteres entzogen werden. Hierfür bedarf es eines einstimmigen Beschlusses der Eigentümerversammlung. Mangelt es hieran, darf die Nutzung des mit einem Sondernutzungsrecht belegten Gemeinschaftseigentums durch die Gemeinschaft nur mit Erlaubnis des Sondernutzungsberechtigten erfolgen.[113] Der zur Sondernutzung Berechtigte hat allerdings zu berücksichtigen, dass das ihm eingeräumte Recht, nicht zu einem zweckentfremdeten Gebrauch legitimiert. Das Gemeinschaftseigentum muss immer seinem Zweck entsprechend genutzt werden, weshalb z.B. ein gemeinschaftlicher Innenhof nicht zur Lagerstätte umfunktioniert werden darf.[114]

2.4 Anhänge bzw. Nebenräume

Der Begriff *anejo* also Anhang bzw. Nebenraum wird in Artikel 3, 5 und 10 LPH sowie Artikel 396 des Código Civil verwandt. Die Ley de Propiedad Horizontal ver-

---

[111] Die Einteilung kann natürlich weiter verfeinert werden, wenn man innerhalb des Sondereigentums zwischen den Hauptelementen (Wohnungen, Geschäftsräume, Reihenhäuser) und den sogenannten Nebenräumen oder Anhängen unterscheidet, da letztere zwar auch als unabhängige Sondereigentumselemente konfiguriert worden sein können (und dann keine Nebenräume oder Anhänge darstellen würden), oftmals aber mit ersteren rechtlich verbunden sind. Ein typisches Beispiel sind Kellerräume, Stauräume, Stellplätze. Sie sind sowohl als selbständiges Sondereigentum wie auch als abhängige Anhänge denkbar (und selbstverständlich ebenso als Gemeinschaftselement - worauf wir an dieser Stelle aber nicht weiter eingehen wollen). Auch gibt es die Möglichkeit das ein Gemeinschaftselement einen Sondernutzungsberechtigten zum alleinigen Gebrauch zur Verfügung steht. Dennoch handelt es sich in beiden Fällen jeweils um Sondereigentum oder Gemeinschaftseigentum, weshalb solcherlei besonderen Umstände nichts an der Zweiteilung ändern.

[112] AP Santa Cruz de Tenerife, Sec. 1.ª, Urteil Nr. 538/2010 vom 20. Dezember; AP Madrid, Sec. 25.ª, Urteil Nr. 80/2011 vom 21. Febrero; AP Málaga, Sec. 4.ª, Urteil Nr. 617/2009 vom 30. Dezember.

[113] AP Madrid, Sec. 21.ª, Urteil Nr. 197/2011 vom 12. April.

[114] AP Girona, Sec. 2.ª, Urteil Nr. 32/2006 vom 27. Januar.

wendet diesen Begriff allerdings in einem anderen Zusammenhang als der Artikel 396 des Código Civil.

Mit *anejo* (Anhang) wird in Artikel 396 des Código Civil das Verhältnis des Miteigentums an den Gemeinschaftselementen in Bezug auf das Sondereigentum beschrieben. Es wird hier u.a. bestimmt, dass das Miteigentum (an den Gemeinschaftselementen) gemeinsam mit dem Sondereigentum übertragen wird und weder von diesem abgespalten werden darf noch einer Teilung zugänglich ist. Wer das Sondereigentum erwirbt, erhält also gleichzeitig das Miteigentum an den Gemeinschaftselementen. In diesem Sinne stellt das Miteigentum an den Gemeinschaftselementen also einen *anejo* (Anhang) zum Sondereigentum dar.

In der Ley de Propiedad Horizontal steht *anejo* (Anhang) hingegen für einen hinreichend abgegrenzten und einer unabhängige Nutzung zugänglichen Bereich, der ausdrücklich in der Teilungserklärung bezeichnet worden ist und der sich außerhalb der eingegrenzten Fläche des eigentlichen (Haupt-) Sondereigentums befinden kann.[115] Es handelt sich also um unselbständige Elemente, die rechtlich mit einem Sondereigentumselement verbunden sind. Artikel 5 LPH nennt beispielhaft den Stellplatz, die Dachkammer und den Keller als mögliche Vertreter dieser Kategorie. Auch wenn die soeben bezeichneten Elemente häufig als Anhänge konfiguriert werden, ist es ebenso möglich, dass diese selbständiges Sondereigentum bilden. Wurde ihnen durch die Teilungserklärung eine eigene Quote zugewiesen, handelt es sich daher um selbständiges Sondereigentum. Andernfalls gehören sie lediglich als Anhang zu einem solchen. Der Anhang ist aus diesem Grunde ebenfalls Sondereigentum, aber eben unselbständig und an das eigentliche, wesentliche Sondereigentumselement gekoppelt.

2.5 Umwandlung von Gemeinschafts- in Sondereigentum

Eine Umwandlung von Gemeinschafts- in Sondereigentum ist möglich, wenn dies gemäß Artikel 5 und 17.6 LPH mittels einstimmigem Beschluss der Eigentümerversammlung erfolgt. Die Umwandlung führt nämlich zu einer Änderung der durch die Teilungserklärung vorgenommenen Gliederung der Liegenschaft. Darüber hinaus muss eine neue Verteilung der Quoten vorgenommen werden. Jedes Sondereigentumselement bedarf einer Beteiligungsquote am Miteigentum, weshalb auch dem in Sondereigentum umgewandelten ehemaligen Gemeinschaftselement eine Quote zugewiesen werden muss.[116] Da die Quoten nach Artikel 3.2 LPH in hundertstel ausgedrückt werden, und alle Sondereigentumselemente zusammen genommen hundert hundertstel Anteile bilden, verpflichtet die Schaffung neuen Sondereigentums zu einer Neuberechnung und Verteilung aller Anteile. Hierdurch wird ebenfalls die Teilungserklärung bzw. Satzung betroffen, weshalb auch aus diesem Grund ein einstimmiger Beschluss notwendig ist. In der Folge verändert sich

---

[115] Artikel 3 LPH.

[116] Artikel 10 LPH sieht zwar in gewissen Fällen Privilegierungen vor, allerdings beziehen sich diese auf die Aufteilung von Sondereigentum und nicht etwa die Umwandlung von Sonder- in Gemeinschaftseigentum.

für die Gemeinschaft regelmäßig nicht nur die Verteilung der Kosten und damit die Beitragspflicht der einzelnen Eigentümer, die normalerweise proportional zur Höhe des Anteils ist,[117] sondern ebenso die Mehrheitsverhältnisse. Da gemäß Artikel 17 LPH[118] zur Beschlussfassung die Mehrheiten sowohl in Bezug auf die Stimmen wie auf die Quoten zu erzielen sind, ändert sich gegebenenfalls auch die Gewichtung und damit der bisherige Einfluss der jeweiligen Eigentümer.

2.6 Rechte und Pflichten

Die aus dem Wohnungseigentum resultierenden Rechte und Pflichten werden an anderer Stelle ausführlich erläutert. Der Vollständigkeit und des besseren Überblicks halber sollen dennoch die Rechte und Pflichten des einzelnen Eigentümers in Bezug auf das Sondereigentum respektive Gemeinschaftseigentum im Folgenden, stark zusammengefasst, innerhalb dieses Kapitels wiedergegeben werden:

2.6.1 Rechte in Bezug auf das Sondereigentum

– Verfügungsrecht.

  Jeder Eigentümer kann frei über sein Recht am Eigentum verfügen. (Artikel 3.3 LPH).[119]

– Bauliche Veränderungen.

  Jeder Eigentümer ist berechtigt, an seinem Sondereigentum bauliche Veränderungen vorzunehmen, solange die Sicherheit des Gebäudes, seine allgemeine Struktur, seine Aufteilung oder sein äußeres Erscheinungsbild weder in Mitleidenschaft gezogen, noch verändert werden und die Rechte der übrigen Eigentümer keine Beeinträchtigung erfahren (Artikel 7.1 LPH).

– Schadenersatz bei Reparaturen und Dienstbarkeiten im Sondereigentum zu Gunsten der Gemeinschaft.

  Ein Eigentümer der durch die Ausführung von Reparaturarbeiten an Gemeinschaftselementen in seinem Sondereigentum Schäden erlitten hat, kann hierfür Ersatz verlangen. Gleiches gilt bei der Einräumung von Dienstbarkeiten zur Schaffung von Gemeinschaftseinrichtungen, die allgemeinen Interesses sind und in Übereinstimmung mit Artikel 17 LPH beschlossen wurden (Artikel 9.1.c.) LPH).

---

[117] Artikel 9.1.e.) LPH gewährt die Möglichkeit eine Kostenverteilung an anderen Kriterien als der Anteilshöhe auszumachen.

[118] Wie auch in einigen Fällen des Artikels 10 LPH.

[119] Vgl. in Bezug auf etwaige Vorkaufsrechte der übrigen Eigentümer, das den Rechten und Pflichten gewidmete Kapitel dieses Buches.

2.6.2 Pflichten in Bezug auf das Sondereigentum

– Bauliche Veränderungen.

Die Eigentümer sind verpflichtet die Durchführung von Baumaßnahmen innerhalb ihres Sondereigentums im Vorhinein gegenüber dem Präsidenten der Gemeinschaft anzuzeigen (Artikel 7.1 LPH).

– Rücksichtnahme.

Den Eigentümern und den Nutzern des Sondereigentums ist es nicht gestattet, in ihm oder dem Rest der Liegenschaft Aktivitäten nachzugehen, die durch die Satzung verboten wurden, welche für die Anlage schadhaft wären oder die gegen die allgemeinen Bestimmungen über störende, gesundheitsschädigende, schädliche, gefährliche oder verbotene Aktivitäten verstoßen (Artikel 7.2 LPH).

– Erhaltung.

Die Eigentümer haben ihr Sondereigentum und die ihrem ausschließlichen Gebrauch dienenden Installationen in einem geeigneten Zustand zu erhalten, so dass die Gemeinschaft und die übrigen Eigentümer nicht geschädigt werden (Artikel 9.1.b.) LPH).

– Schadenersatzpflicht wegen unzureichender Erhaltung.

Die Eigentümer haben die Schäden zu ersetzen, welche aufgrund mangelnder Sorgfalt im Rahmen der Erhaltung ihres Sondereigentums entstehen (Artikel 9.1.b.) LPH).

– Duldungspflicht von Reparaturen.

Jeder Eigentümer ist verpflichtet, in seinem Sondereigentum diejenigen Reparaturarbeiten zu dulden, die der Betrieb der Liegenschaft erfordert (Artikel 9.1.c.) LPH).

– Einräumung von Dienstbarkeiten.

Jeder Eigentümer ist verpflichtet, in seinem Sondereigentum die unerlässlichen Dienstbarkeiten zu gestatten, die notwendig sind, um Gemeinschaftseinrichtungen zu schaffen, die von Allgemeininteresse sind und in Übereinstimmung mit Artikel 17 vereinbart wurden (Artikel 9.1.c.) LPH).

– Gewährung des Zugangs.

Jeder Eigentümer ist verpflichtet, Zugang zu seinem Sondereigentum zu gewähren, wenn dies erforderlich ist, um seinen Pflichten aus Artikel 9.1.a.) - c.) LPH nachzukommen (Artikel 9.1.d.) LPH).

2.6.3 Rechte in Bezug auf das Gemeinschaftseigentum

– Miteigentum am Gemeinschaftseigentum.

Auf jeden Eigentümer eines Sondereigentumselements entfällt das Miteigentum am gemeinschaftlichen Eigentum im Umfang seiner Beteiligungsquote bzw. seines Miteigentumsanteils[120] (Artikel 3.1.b.) LPH).

– Nutzung des Gemeinschaftseigentums.

Jeder Eigentümer ist berechtigt, Gebrauch vom Gemeinschaftseigentum zu machen[121] (Artikel 9.1.a.) LPH).

– Nutzung von Neuerungen allgemeiner Art.

Bei der Einführung von Neuerungen oder Verbesserungen, welche weder für die geeignete Erhaltung, Bewohnbarkeit, Sicherheit noch Barrierefreiheit der Liegenschaft erforderlich sind, befreit das Gesetz die Gegner des getroffenen Beschlusses von der Zahlungspflicht, wenn diese den Betrag von drei ordentlichen Monatsbeiträgen zu den Gemeinschaftsausgaben übersteigen. Dies gilt selbst für den Fall, dass diesem Gegner die Neuerung oder der Vorteil nicht vorenthalten werden kann. In einigen Fällen ist es aber möglich, den Gegner von der Neuerung auszuschließen (Artikel 17.4 LPH).

Sollte der Gegner im Nachhinein dennoch die Neuerung oder Verbesserung (von der er aufgrund ihrer Natur ausgeschlossen werden konnte) nutzen wollen, hat er ein Recht hierauf, wenn er den auf ihn entfallenden Anteil an den Ausführungs- und Erhaltungskosten leistet. Dieser Betrag muss aber durch Anwendung des entsprechenden gesetzlichen Zinses aktualisiert werden.

– Nutzung von Neuerungen oder Anpassungen im Bereich Telekommunikation, Solarenergie und neuer gemeinschaftlicher Stromversorgungsanlagen.

Wie im vorgenannten Fall, kann der Eigentümer auch gegen die Einführung oder Anpassung gewisser gemeinschaftlicher Telekommunikationsanlagen,[122] Einrichtungen zur Stromgewinnung durch erneuerbare Energien oder neuer gemeinschaftlicher Stromversorgungsanlagen gestimmt haben. Auch in in diesem speziellen Fall hat er ein Anschlussrecht, wenn er den auf ihn entfallenden (nunmehr verzinsten) Beitrag entrichtet (Artikel 17.1 LPH).

2.6.4 Pflichten in Bezug auf das Gemeinschaftseigentum

– Die allgemeinen Einrichtungen der Gemeinschaft und die übrigen Gemeinschaftselemente zu achten, gleichgültig ob diese für den Allgemeingebrauch oder für den ausschließlichen Gebrauch irgendeines Eigentümers bestimmt sind, befänden sich diese nun in dessen Wohnung oder Geschäftsraum oder

---

[120] Zu der Unterscheidung zwischen Beteiligungsquote und Miteigentumsanteil vgl. das vorangegangene Kapitel.

[121] Solange es in Bezug auf ein konkretes Gemeinschaftselement keinen Sondernutzungsberechtigten gibt, dem ein ausschließliches Nutzungsrecht zukommt.

[122] Real Decreto-ley 1/1998, de 27 de febrero, sobre infraestructuras comunes en los edificios para el acceso a los servicios de telecomunicación.

nicht und dabei einen geeigneten Gebrauch derselben zu machen und hierbei immer zu vermeiden, dass Schäden oder Beschädigungen eintreten (Artikel 9.1.a.) LPH).

– Veränderungen am Gemeinschaftseigentum zu unterlassen.

Es ist den Eigentümern untersagt, Veränderungen am Gemeinschaftseigentum durchzuführen, wenn kein entsprechender Beschluss der Eigentümerversammlung existiert, der dies genehmigt. (Artikel 7.1.2 LPH)

– Mitteilung an den Hausverwalter in Falle dringender Reparaturbedürftigkeit.

Die Eigentümer sind verpflichtet, den Hausverwalter unverzüglich über gegebenenfalls erforderliche, eilbedürftige Reparaturmaßnahmen an den Gemeinschaftselementen hinzuweisen. (Artikel 7.1.2 LPH)

2.7 Auf den Punkt gebracht - Fragen und Antworten

2.7.1 Anhänge und Nebenräume

Die Anhänge oder Nebenräume bilden mit dem Sondereigentum, zu dem sie gehören, eine rechtliche Einheit.

Frage 35: Kann ein Anhang oder Nebenraum vom Sondereigentum abgetrennt werden?

Artikel 10.3.b.) LPH sieht ausdrücklich diese Möglichkeit vor. Allerdings bedarf es grundsätzlich eines entsprechenden Beschlusses der Eigentümerversammlung, welcher für sein Zustandekommen 3/5 der Stimmen und Quoten auf sich vereinen muss. Diese Mehrheit ist sowohl für die rechtliche Teilung wie für die Verteilung der Beteiligungsquoten erforderlich.[123] Vor dem 8. Juni 2013 war nach den damaligen Artikeln 8 und 17 LPH Einstimmigkeit zu erzielen. Mangels entsprechender Privilegierung und aufgrund der Tatsache, dass einerseits die innere Struktur der Liegenschaft verändert wurde und andererseits, die Schaffung eines neuen unabhängigen Sondereigentumselementes zwangsläufig zu einer Umverteilung der Quoten führte (schließlich musste jedes Sondereigentum über eine eigene Quote verfügen und sich die Gesamtheit der Anteile aller Sondereigentumselemente auf insgesamt hundert Prozent belaufen) konnte lediglich mittels einstimmigen Beschlusses eine rechtliche Trennung erfolgen.

---

[123] Die neue Fassung der Ley de Propiedad Horizontal sieht zwar in Einzelfällen gemäß Artikel 10.1.e.) vor, dass ein Eigentümer einen Anspruch auf diese Teilung haben kann, ohne dass es eines zustimmenden Beschlusses bedürfte, allerdings auch nur dann, wenn sich die Liegenschaft im Geltungsbereich eines städtischen Sanierungs- oder Erneuerungs- und Renovierungsgebiets befindet, der dies vorsieht. Die Rechtsprechung wird in diesen Fällen aufzeigen müssen nach welchen Kriterien die erforderliche Neuverteilung der Quoten durchzuführen wäre. Bezüglich der notwendigen Mehrheiten für ihre Bestimmung schweigt sich das Gesetz nämlich aus. Am wahrscheinlichsten dürfte die Anwendung der für die Fälle des Artikels 10.3.b.) LPH vorgesehenen doppelten 3/5 Mehrheit sein.

2.7.2 Klimaanlagen

Die Klimaanlage wird ausdrücklich von Artikel 396 des Código Civil als Gemeinschaftselement eingeordnet. Dies aber lediglich deshalb, weil grundsätzlich eine gemeinschaftliche Installation denkbar ist. Wird diese von einem einzelnen Eigentümer angebracht, handelt es sich selbstverständlich um Sondereigentum.

Frage 36: Bedarf die Installation einer Klimaanlage der Genehmigung durch die Gemeinschaft?

Wenn die Einrichtung einer Klimaanlage das äußere Erscheinungsbild beeinträchtigt, bedarf es grundsätzlich einer Genehmigung durch die Gemeinschaft in Form eines einstimmigen Beschlusses der Eigentümerversammlung.[124]

Eine Genehmigung durch die Eigentümerversammlung bedarf es regelmäßig nicht, wenn drei Voraussetzungen erfüllt werden: Sie wird nicht an der Hauptfassade angebracht, sie hat keine übertriebenen Abmessungen und sie verursacht keine Störung der Nachbarn.[125]

Die Pflicht zum Erhalt einer Genehmigung der Eigentümergemeinschaft kraft Versammlungsbeschlusses kann auch dann entbehrlich sein, wenn bereits andere Eigentümer entsprechende Installationen durchgeführt haben und die Gemeinschaft diese nicht beanstandet hat. Dann ist nämlich von einem stillschweigenden Einverständnis auszugehen.[126] Weiterhin darf es, ausgehend vom Gleichheitsgrundsatz des Artikels 14 der spanischen Verfassung, zu keiner unberechtigten Ungleichbehandlung der Eigentümern untereinander kommen, weshalb nicht etwa einzelne Eigentümer eine Genehmigung erhalten dürfen, welche anderen versagt bleibt.[127]

Daneben finden sich ebenso Entscheidungen, welche die Anbringung einer Klimaanlage - insbesondere in südlichen Regionen - für unabdingbar erachten und bereits aus diesem Grund eine Genehmigung für entbehrlich halten, wenn die Installation an dem Ort erfolgt, wo sie die geringsten Belästigungen verursacht.[128]

2.7.3 Antennen

Die Antennen werden durch Artikel 396 Código Civil als Gemeinschaftselemente eingeordnet. Gerade in mehrstöckigen Liegenschaften mag dies auch der gedachte Normalfall sein. Wurde die Antenne jedoch von einem einzelnen Eigentümer für seinen ausschließlichen Gebrauch installiert, handelt es sich um Sondereigentum.

Artikel 17.1 LPH widmet kollektiven Telekommunikationseinrichtungen einen eigenen Absatz und erleichtert deren Einführung durch gelockerte Mehrheitsanforderungen an die Gemeinschaftsbeschlüsse (1/3 der Stimmen und Quoten). Dessen

---

[124] TS, Sala 1.ª, de lo Civil, Urteil Nr. 196/2011 vom 17. Januar.
[125] AP Albacete, Sec. 2.ª, Urteil Nr. 178/2011 vom 27. Juni.
[126] AP Guadalajara, Sec. 1.ª, Urteil Nr. 43/2011 vom 4. März.
[127] AP Albacete, Sec. 2.ª, Urteil Nr. 178/2011 vom 27. Juni.
[128] AP Murcia, Sec. 1.ª, Urteil Nr. 623/2010 vom 30. November.

Anwendung setzt allerdings voraus, dass auch eine Gemeinschaftsinstallation erfolgt. Das bedeutet nicht, dass alle Sondereigentumselemente angeschlossen werden müssten. Es muss sich aber um eine kollektive Installation handeln.

Frage 37: Welche Mehrheiten sind erforderlich, um eine veraltete Gemeinschafts-Fernsehantenne für Analogempfang gegen eine neue für Digitalempfang auszutauschen?

Beim Austausch der alten Empfangsanlage gegen eine neue handelt es sich in Wirklichkeit nicht um die Schaffung einer zuvor nicht existierenden Gemeinschaftseinrichtung, sondern lediglich um die Modernisierung einer bereits bestehenden Installation. Auch wenn umfassendere Arbeiten erforderlich wären, wird im Ergebnis nur die notwendige Anpassung an den Stand der Technik verfolgt. Bleibt nämlich die alte Einrichtung unverändert, kann sie ihre Aufgabe nicht mehr erfüllen. Mithin ist die Anpassung als notwendige Erhaltungsmaßnahme im Sinne des Artikels 10 LPH zu bewerten. Es bedürfte damit keines Beschlusses nach Artikel 17.1 LPH.

Anders wäre die Situation aber dann zu bewerten, wenn die Gemeinschaft über gar keine gemeinschaftliche Fernsehantenne verfügt und eine solche eingeführt werden soll. Dann wäre ein Beschluss mit den Erleichterungen des Artikels 17.1 LPH vonnöten.

Frage 38: Haben die Eigentümer ein Anrecht auf die Einführung einer Anlage für kollektiven Fernsehempfang?

Ein einschlägiges Gesetz reguliert genau diesen Bereich.[129] Alle[130] Bauvorhaben, für welche ab dem 1. März 1998 eine Genehmigung zur Errichtung oder vollständigen Sanierung einer Liegenschaft beantragt wurde, dürfen eine solche nur erhalten, wenn sie Pläne zur Schaffung einer kollektiven Telekommunikationsanlage beinhalten (oder nachweislich bereits über selbige verfügen). Befanden sich Gebäude im Zeitpunkt des Inkrafttretens[131] bereits in Bau und wurden diese nach dem 1. November 1998 abgeschlossen, müssen auch diese über entsprechende Anlagen verfügen. Wird die Einrichtung derartiger Anlagen unterlassen, drohen empfindliche Geldbussen. Ältere Liegenschaften, die bereits bestanden oder deren Bau vor dem 1. November 1998 abgeschlossen wurde, sind verpflichtet (innerhalb von sechs Monaten) eine kollektive Empfangsanlage zu installieren, sobald die Anzahl der individuellen oder kollektiven Anlagen über der Zahl von einem Drittel der Wohnungen und Geschäftsräume liegt. Gibt es z.B. zehn solcher Sondereigentums-

---

[129] Real Decreto-Ley 1/1998, de 27 de febrero, sobre infraestructuras comunes en los edificios para el acceso a los servicios de telecomunicación / Königliches Gesetzes-Dekret 1/1998, vom 27. Februar, über gemeinsame Infrastrukturen für den Zugang zu Telekommunikationsdiensten.

[130] Auf welche das spanische Wohnungseigentumsgesetz anwendbar ist (und daneben auch solche Liegenschaften, welche mehr als lediglich eine Wohnstätte beherbergen und in der Vergangenheit oder Gegenwart für eine Zeitspanne von über einem Jahr vermietet wurden).

[131] Am 1. März 1998, gemäß der zweiten Schlussbestimmung des bezeichneten Gesetzes, wonach das in Kraft treten auf den Tag nach der Veröffentlichung im *Boletín Oficial del Estado* (hier am 28. Februar 1998) fällt.

elemente, muss die Gemeinschaft einer älteren Liegenschaft eine kollektive Anlage schaffen, sobald vier oder mehr Anlagen bestehen.

Frage 39: Darf eine individuelle Anlage installiert werden, wenn keine kollektive Anlage besteht?

Für den Fall, dass die Voraussetzungen für eine Pflicht zur Anbringung einer kollektiven Telekommunikationsanlage nicht erfüllt werden, kann auf Grundlage eines weiteren Regelwerks[132] zumindest eine individuelle Anlage installiert werden. Hierzu muss der Eigentümer eine Beschreibung der beabsichtigten Installation an die Gemeinschaft richten. Diese Beschreibung hat Aufschluss über die Einhaltung der einschlägigen Vorschriften zu geben und zu erläutern, in welcher Weise Gebrauch vom Gemeinschaftseigentum gemacht werden muss, um die beabsichtigte Einrichtung zu ermöglichen. Weiterhin muss erklärt werden, dass die Gemeinschaft von jeglicher Pflicht zur Instandhaltung, Sicherung und Überwachung befreit wird.

Die Gemeinschaft kann eine Genehmigung nur dann ausschlagen, wenn bereits eine funktionstüchtige kollektive Anlage besteht, welche Zugang zu den gewünschten Diensten bietet, oder wenn die Anpassung bzw. Errichtung einer solchen unmittelbar ansteht. Es können Alternativen bezüglich der durch den Eigentümer geplanten Umsetzung vorgeschlagen werden, wenn diese technisch und wirtschaftlich zumutbar sind. Das gegenständliche *Real Decreto Ley*(königliches Gesetzesdekret) nimmt in Artikel 6.2 einen Verweis auf die Fristen des Real Decreto-Ley 1/1998 vom 27. Februar vor. Bleibt die Gemeinschaft während des Ablaufs der dort gesetzten Frist (vor 15 Tagen) untätig, gilt dies als Einverständnis.

Frage 40: Dürfen auch Parabolantennen angebracht werden?

Es gibt keinen Grund, eine Diskriminierung gegenüber Parabolantennen vorzunehmen. Solange keine Gemeinschaftsanlage besteht, könnte eine Parabolantenne als individuelle Lösung durch Artikel 6.2 des Real Decreto-Ley 1/1998 vom 27. Februar gedeckt sein. Für den Fall, dass eine terrestrische Gemeinschaftsantenne besteht, sollte in Verbindung mit Artikel 17.1 LPH auf Grundlage von 1/3 der Stimmen und Quoten aller Eigentümer auch eine gemeinschaftliche Parabolantenne installiert werden können, wenn hierüber zusätzliche Inhalte (dies wird regelmäßig der Fall sein) empfangen werden können. Eine andere Frage ist, ob bei Bestehen einer terrestrischen Gemeinschaftsantenne eine individuelle Parabolantenne (z.B. weil ein Eigentümer Ausländer ist, und dieser Fernsehprogramme in seiner Muttersprache empfangen möchte) installiert werden darf. Bei der Beantwortung dieser Frage stoßen zwei Prinzipien aufeinander, welche eine eindeutige Antwort erschweren. Einerseits sollen die beschriebenen Vorschriften den Zugang zu wei-

---

[132] Real Decreto 346/2011, de 11 de marzo, por el que se aprueba el Reglamento regulador de las infraestructuras comunes de telecomunicaciones para el acceso a los servicios de telecomunicación en el interior de las edificaciones / Königliches Dekret 346/2011, vom 11. März, durch welches die Verordnung zur Regulierung gemeinsamer Telekommunikationseinrichtungen welche den Zugang zu Telekommunikationsdiensten im Inneren von Gebäuden ermöglichen, verabschiedet wird - und hier insbesondere Artikel 6.2 LPH.

teren Telekommunikationsdiensten erleichtern. Andererseits sollen sie auch parallele Installationen und die hiermit einhergehenden mehrfachen Verkabelungen zugunsten einer Vereinheitlichung vermeiden helfen. Teilweise wird daher vertreten, dass bei einer solchen Konstellation ebenfalls ein Beschluss mit 1/3 der Stimmen und Quoten getroffen werden müsse.[133] Dennoch sollte dem Recht des Einzelnen Vorrang gegeben werden, wenn die gewünschten Inhalte tatsächlich nicht über die Gemeinschaftsanlage empfangen werden können. Wenn auch hier mehrere Parabolantennen zusammen kommen, wäre eine Gemeinschaftsparabolantenne zu installieren, sollte die Anzahl der individuellen Installationen das von Artikel 6.1.a.) des Real Decreto-Ley 1/1998, vom 27. Februar beschriebene Maß erreichen (die Anzahl der individuellen Anlagen übersteigt insgesamt ein Drittel der existierenden Wohnungen und Geschäftsräume - gemäß dem oben ausgeführten Beispiel bedeutet dies, dass bei insgesamt zehn Wohnungen und Geschäftslokalen dann eine gemeinschaftliche Parabolantenne installiert werden muss, wenn vier oder mehr individuelle Anlagen existieren). Auf diese Weise wird beiden Prinzipien Rechnung getragen. Der Zugang zu Telekommunikationsdiensten wird erleichtert. Sollten individuelle Lösungen überhand nehmen, würden diese durch eine Gemeinschaftsanlage ersetzt. Die Erzielung eines Beschlusses mit den Mehrheiten des Artikels 17.1 LPH würde den Vorteil mit sich bringen, dass die Installationskosten für den Einzelnen reduziert werden könnten und von vorneherein ein einheitliches Erscheinungsbild entstünde.

Zur Anbringung einer individuellen Antenne müsste der Eigentümer lediglich wie in den oben ausgeführten Fragen verfahren. Üblicherweise wird die Gemeinschaft (völlig zu Recht) eine Anbringung an einem Ort wünschen, der die geringsten ästhetischen Beeinträchtigungen verursacht, wenn nicht bereits der Eigentümer eine solche vorgeschlagen hat.

Für eine Anbringung an einem sichtbaren Bereich, wie etwa der Fassade, wird der Eigentümer einen einstimmigen Beschluss der Eigentümerversammlung (gemäß des Gesetzeswortlauts[134] oder zumindest einen mit einfacher Mehrheit zustandegekommenen Beschluss erhalten müssen (einige Gerichte legen den Schwerpunkt auf eine an der sozialen Realität gemessenen Auslegung und Anwendung des Gesetzes und halten daher die einfache Mehrheit für ausreichend).

Sollte jedoch der Eigentümer in seinem gegenüber der Gemeinschaft geäußerten Vorschlag die Anbringung an der Fassade geschildert haben, ohne dass die Gemeinschaft hiergegen Einwände erhob, stellt sich die Frage, ob auch ohne Beschluss der Versammlung alleine durch das Unterlassen des Präsidenten fristgerecht zu antworten eine Anbringung an der Fassade gerechtfertigt wäre. Vertreten ließe sich jeder der hier denkbaren Standpunkte.

---

[133] Sepín, Instalación de antena de TV internacional por un propietario.

[134] Die Rechtsprechung wird aufzeigen müssen, ob der am 28. Juni 2013 in Kraft getretene Artikel 10.3.b.) LPH in diesem Zusammenhang so zu verstehen ist, dass eine 3/5 Mehrheit von Stimmen und Quoten aller Eigentümer auch in diesen Fällen genügt.

2.7.4 Fahrstühle

Artikel 396 Código Civil zählt den Fahrstuhl zum Gemeinschaftseigentum. Als Einrichtung, die typischerweise den Zugang von den Gemeinschaftselementen zu einer Vielzahl von Sondereigentumselementen ermöglicht, bzw. eine Ergänzung zum gemeinschaftlichen Treppenhaus bietet, bereitet die Einordnung offensichtlich keinerlei Schwierigkeiten. Raum für die Annahme von Sondereigentum bliebe nur dann, wenn es sich um einen Aufzug handelt, der lediglich einem einzigen Sondereigentum dient, und dieses direkt mit dem Gemeinschaftseigentum oder angrenzenden Liegenschaften bzw. der öffentlichen Straße verbindet, oder wenn ein Aufzug unmittelbar mehreren Sondereigentumselementen desselben Eigentümers dient. In jedem Fall führt die Anwendung der oben dargelegten Regeln zur richtigen Einordnung im Einzelfall.

Frage 41: Darf ein Fahrstuhl auch dann installiert werden, wenn zwar der erforderliche Beschluss der Eigentümerversammlung zustande kam (bzw. die Pflicht des Artikels 10.1.b.) LPH besteht), die Errichtung aber Teile des gemeinschaftlichen Innenhofes unbrauchbar macht und ein Sondernutzungsberechtigter gegen die Schaffung ist?

Die für den Beschluss erforderliche Mehrheit ergibt sich aus Artikel 17.2 LPH (wenn sich nicht bereits eine Pflicht zu deren Errichtung aus Artikel 10.1.b.) LPH ableitet). Hiernach genügt die einfache Mehrheit der Stimmen und Quoten aller Eigentümer (mit der Fiktion des Artikels 17.8 LPH). Artikel 17.2 LPH nimmt ausdrücklich einen Hinweis auf die in Artikel 10.1.b.) LPH enthaltenen Ausnahme von der Mehrheitsregelung vor. Bis zu der am 28. Juni 2013 in Kraft getretenen Reform des spanischen Wohnungseigentumsgesetzes wurde aber nicht nur auf Artikel 10 sondern ebenso auf den mittlerweile entfallenen Artikel 11 LPH a.F. verwiesen. Dieser besagte, dass neu eingeführte Einrichtungen keinen Teil der Liegenschaft unbrauchbar machen durften, wenn nicht auch das Einverständnis des betroffenen Eigentümers vorlag. Aufgrund des alten Wortlauts und des unmittelbaren Hinweises auf diese Anforderung war früher davon auszugehen, dass das Einverständnis unverzichtbar war, und der Mangel eines solchen zur Anfechtbarkeit des Beschlusses führte.[135] Der direkte Hinweis auf den Inhalt des alten Artikels 11 LPH wurde zwar aus Artikel 17 LPH entfernt, dessen Regelung aber nicht etwa ersatzlos gestrichen, sondern in Artikel 17.4.3 LPH übernommen. Aus Artikel 17.4.3 LPH, ergibt sich, dass für den Fall, dass Innovationen (bei der Schaffung eines Fahrstuhls handelt es sich fraglos um eine solche) irgend einen Teil der Liegenschaft dahingehend unbrauchbar machen, dass ein Eigentümer diesen nicht mehr im ursprünglichen Umfang nutzen und verwenden kann, immer auch dessen ausdrückliches Einverständnis erforderlich ist.[136] Die ursprünglich im mittlerweile gestrichenen Artikel 11 LPH enthaltene

---

[135] TS, Sala 1.ª, de lo Civil, Urteil Nr. 218/2012 vom 12. April.
[136] Zutreffenderweise ist die Regelung des Artikels 17.4 LPH systematisch anders einzuordnen als die in Artikel 17.2 LPH beschriebene Schaffung eines Fahrstuhldienstes. Artikel 17.4 LPH richtet sich schließlich auf die Einführung nicht erforderlicher Innovationen, welche sich keiner Privilegierung erfreuen. Dennoch müsste dann die Bedingung des Artikels 17.4.2 LPH für die in Artikel 17.2 LPH enthaltenen Fälle erst recht gelten.

Regelung ist damit keinesfalls ersatzlos entfallen. Trotz der beschriebenen Änderungen ist daher davon auszugehen, dass auch auf Grundlage der neuen Gesetzesfassung das Einverständnis des besonders betroffenen Eigentümers vorliegen muss, wenn Innovationen einen Teil der Liegenschaft unbrauchbar machen.

2.7.5 Heizungsanlagen

Eine Heizungsinstallation ist sowohl als Sondereigentumselement wie auch als Gemeinschaftsinstallation denkbar. Je nachdem, ob sie von einzelnen Eigentümern und unabhängig von der Gemeinschaft errichtet wurde oder nicht.

Häufiger Anlass für Interpretationsschwierigkeiten und damit Rechtsstreitigkeiten geben Fragen nach den erforderlichen Mehrheiten in Bezug auf gemeinschaftliche Heizungsanlagen. Die Lösung ergibt sich aus einer wesentlichen Unterscheidung. Wie sich bereits aus Artikel 17.3 LPH ableitet, erfordert die Schaffung oder Aufgabe einer gemeinschaftlichen Heizungsinstallation (als Gemeinschaftseinrichtung allgemeinen Interesses) lediglich eine 3/5 Mehrheit an Stimmen und Quoten aller Eigentümer, auch wenn dies notwendigerweise eine Änderung der Satzung oder des Gründungstitels mit sich bringt.

Geht es aber z.B. um die Frage, ob ein Eigentümer von der Beitragspflicht zu den Heizkosten befreit wird, erfordert dies nach h.M. Einstimmigkeit.[137] In letzterem Fall erfolgt nämlich eine Satzungsänderung, ohne dass es hierfür eine Privilegierung (wie für die Schaffung und Beseitigung) gäbe. Die Gegenauffassung argumentiert nicht zu Unrecht, dass es widersinnig sei, für die Schaffung einer Heizungsanlage eine 3/5 Mehrheit ausreichen zu lassen, für eine Befreiung von der Beitragspflicht aber Einstimmigkeit zu fordern.[138]

Frage 42: Ab welcher Stelle gelten die Rohre der Zentralheizung als Sondereigentum bzw. gemeinschaftliches Eigentum?

Dort, wo die Leitungen in das Sondereigentum eindringen und lediglich diesem dienen, werden sie in jedem Fall zu Sondereigentum.[139] Dienen die Leitungen aber mehreren Sondereigentumselementen, sind sie als Gemeinschaftseigentum einzustufen, auch wenn sie im Inneren eines Sondereigentumselementes verlaufen.[140] Die Einordnung als Sondereigentumselement ist aber auch dort gerechtfertigt, wo sich eine Leitung von der mehreren Sondereigentumselementen dienenden Installation entfernt und lediglich einem Sondereigentumselement gewidmet ist (also nach der Verzweigung).[141]

Teilweise wird aber ebenso vertreten, die Heizungsanlage sei als solche und in ihrer Gesamtheit unabhängig davon, an welchem Ort sich ihre Bestandteile befänden,

---

[137] Magro Servet, Casuística más reciente del servicio de calefacción como elemento común.
[138] AP Zaragoza, Sec. 4.ª, Urteil Nr. 746/2004 vom 22. Dezember.
[139] AP Madrid, Sec. 25.ª, Urteil Nr. 433/2010 vom 10. September; AP Madrid, Sec. 8.ª, Urteil Nr. 303/2009 vom 6. Juli.
[140] AP A Coruña, Sec. 6.ª, Urteil Nr. 409/2006 vom 10. Dezember.
[141] AP Madrid, Sec. 18.ª, Urteil Nr. 719/2005 vom 11. November; AP Valladolid, Sec. 1.ª, Urteil Nr. 185/2005 vom 27. Mai.

Gemeinschaftseigentum.[142] Es wird daher immer auf den Einzelfall und die entsprechende Argumentation ankommen.

Frage 43: Darf ein Eigentümer an die bestehende Gemeinschaftsheizung eine neue Heizungsanlage in Form einer Fußbodenheizung anschließen?

Bis zu der am 28. Juni 2013 in Kraft getretenen Reform des spanischen Wohnungseigentumsgesetzes war eine solche Maßnahme nur möglich, wenn ein einstimmiger Beschluss der Eigentümerversammlung vorlag.[143] Aufgrund der beschriebenen Reform stellt sich aber nunmehr die Frage, ob solcherlei Maßnahmen nicht etwa in den Anwendungsbereich des neuen Artikels 10.3.b.) LHP fallen könnten, und eine gänzlich andere Beurteilung der für einen solchen Beschluss erforderlichen Stimmen und Quoten rechtfertigen. Da der beschriebene Artikel seinem Wortlaut nach auch Veränderungen an der Gebäudestruktur und der Bausubstanz erfasst, könnte aktuell die in ihm enthaltene 3/5 Mehrheit der Stimmen und Quoten aller Eigentümer für solcherlei Maßnahmen einschlägig sein. Es wäre zumindest auf den ersten Blick nicht nachvollziehbar, warum für eine Veränderung an der Bausubstanz eine qualifizierte Mehrheit ausreichen sollte, während für eine Veränderung an einer Gemeinschaftsheizung Einstimmigkeit zu erzielen sei. Andererseits sollte nicht unbeachtet bleiben, dass sich die 3/5 Mehrheit des Artikels 10.3.b.) LPH - zumindest nach Auffassung einzelner Autoren[144] - nicht des Verfahrens zur Verrechnung der Stimmen und Quoten der abwesenden, nicht vertretenen Eigentümer[145] gemäß Artikel 17.8 LPH erfreut. Es müsste dann nämlich in der Versammlung die doppelte 3/5 Mehrheit sämtlicher Stimmen und Quoten aller Eigentümer und nicht lediglich der in der Versammlung anwesenden Eigentümer zustandekommen. Darüber hinaus erfordert Artikel 10.3.b.) 2. Absatz LPH die Zustimmung der unmittelbar betroffenen bzw. benachteiligten Eigentümer. Dies kann gegebenenfalls dazu führen, dass diese 3/5 Mehrheit nicht wesentlich leichter zu erzielen ist, als die ehemals von Literatur und Rechtsprechung geforderte Einstimmigkeit. Ob die Anwendung des Artikels 10.3.b.) LPH in diesen Fällen einschlägig ist, werden aber letztlich die Gerichte entscheiden müssen. Gegen eine Anwendung im vorliegenden Fall würde die Tatsache sprechen, dass der aktuelle Inhalt des Artikels 17 LPH die zentrale Vorschrift zur Beurteilung der für die verschiedenen Beschlüsse erforderlichen Mehrheiten bildet. Regelungen wie die des Artikels 17.4 LPH welche sich der für die Annahme von Beschlüssen zur Durchführung von Neuerungen erforderlichen Mehrheiten widmen, wären praktisch überflüssig, wenn sich alle die Gebäudestruktur verändernden Maßnahmen nach Artikel 10.3.b.) LPH beurteilten. Aufgrund des spezielleren Charakters des Artikels 17 LPH könnte man die Auffassung vertreten, Artikel 10.3.b.) LPH beziehe sich lediglich auf Veränderungen die ehemals in den Anwendungsbereich der Artikel 8, 11 und 12 LPH a.F. fielen, denn diese Artikel normierten den gleichen Regelungsbereich des aktuellen Arti-

---

[142] AP Madrid, Sec. 12.ª, Urteil Nr. 215/2008 vom 19. März.

[143] AP Madrid, Sec. 18.ª, Urteil Nr. 549/2008 vom 21. November.

[144] Magro Servet, El régimen de acuerdos del art. 10.3 b.) LPH).

[145] Welche nicht binnen der gesetzlich vorgesehenen 30-Tages-Frist von ihrem Stimmrecht Gebrauch machen.

kels 10.3.b.) LPH und wurden zeitgleich mit der Erweiterung desselben gestrichen. Die durch Artikel 10.3.b) LPH beschriebene 3/5 Mehrheit dürfte daher nur auf die ausdrücklich bezeichneten Maßnahmen Anwendung finden, und wäre nicht etwa als allgemeine Regel zu verstehen. Andernfalls würden die Anforderungen des Artikels 17 LPH größtenteils unterboten und damit unterwandert. Raum für die Mehrheit des Artikels 10.3.b.) LPH wäre damit nur dort, wo keine speziellere Regelung in Artikel 17 LPH enthalten ist, und die Voraussetzungen des Artikels 10.3.b.) LPH vorliegen. Eine systematische, den Gesamtzusammenhang berücksichtigende Auslegung der in der Ley de Propiedad Horizontal enthaltenen Mehrheiten könnte darüber hinaus die Unterscheidung rechtfertigen, die Regelungen des Artikels 10.3.b.) LPH lediglich auf Maßnahmen anzuwenden in denen eine Veränderung der Bausubstanz oder Aufteilung der Liegenschaft im Vordergrund steht, und bei der Frage nach den für Veränderungen an Installationen heranzuziehenden Mehrheiten nur auf Artikel 17 LPH abzustellen.

Von der Frage nach der erforderlichen Mehrheit für den Anschluss einer nicht eingeplanten und gegebenenfalls sogar ursprünglich zweckfremden Erweiterung ist die Frage zu unterscheiden, welche Voraussetzungen ein Nachzügler erfüllen muss, der einen nachträglichen Anschluss an eine Gemeinschaftsanlage in der ursprünglich vorgesehenen Weise wünscht. So z.B. wenn eine gemeinschaftliche Heizungsanlage für die gesamte Liegenschaft installiert wurde, einer der Eigentümer aber zunächst nicht angeschlossen werden wollte, seine Meinung diesbezüglich jedoch nach einer gewissen Zeit ändert. Wurde eine Infrastruktur geschaffen, die weder zur Erhaltung, Bewohnbarkeit oder Sicherheit noch zur Beseitigung architektonischer Hürden erforderlich war, und die ebenfalls nicht als Gemeinschaftseinrichtung allgemeinen Interesses einzustufen ist,[146] kann sich ein Eigentümer gegen eine Beteiligung an den Kosten wehren, wenn diese den Betrag von drei ordentlichen Monatsbeiträgen zu den Gemeinschaftsausgaben übersteigen (Artikel 17.4 LPH) und er gegen selbige gestimmt hat. (Die Schaffung einer Heizungsanlage fällt üblicherweise unter Artikel 17.4 LPH und bedarf zu ihrem Beschluss einer 3/5 Mehrheit an Stimmen und Quoten aller Eigentümer – man beachte die 30 Tage Frist zugunsten der abwesenden Eigentümer, um für oder gegen den vorläufigen Beschluss der Anwesenden zu stimmen. Macht der abwesende Eigentümer von seinem Stimmrecht keinen Gebrauch, wird verfahren als ob er zugunsten des Vorschlags gestimmt hätte). Er kann allerdings einen späteren Anschluss beantragen, wenn er die verzinsten Beträge begleicht, die auf ihn entfallen wären, und ein Anschluss möglich (sprich umsetzbar) und sinnvoll ist (ein Anschluss der Anlage und Installation nicht schadet).[147] Die entsprechenden Regelungen sind in Artikel 17.4 LPH enthalten. Ausnahmsweise kann in diesem Zusammenhang auch Artikel 17.3 LPH relevant werden. Hiernach ist es möglich mittels einer 3/5 Mehrheit an Stimmen und Quoten neue Einrichtungen zu schaffen, und alle Eigentümer zur

---

[146] Sonst wäre Artikel 17.3.1 LPH einschlägig und bei Vorliegen einer doppelten 3/5 Mehrheit jeder Eigentümer verpflichtet den auf ihn entfallenden Beitrag zu leisten.
[147] AP Madrid, Sec. 11.ª, Urteil Nr. 228/2008 vom 30. April.

Kostentragung zu verpflichten, wenn in der Heizungsanlage eine Einrichtung allgemeinen Interesses zu erblicken ist.

Frage 44: Kann ein Eigentümer von der Beitragspflicht zu den Heizkosten befreit werden?

Ja, wenn dies in der Satzung bestimmt wurde oder ein entsprechender, einstimmiger Beschluss durch die Eigentümerversammlung getroffen worden ist. Die Satzung ist in Bezug auf die Befreiung von der Beitragspflicht eng auszulegen. Wenn sich eine Befreiung nicht eindeutig entnehmen lässt, ist davon auszugehen, dass keine vorliegt.[148]

Frage 45: Müssen sich die Eigentümer von Geschäftsräumen an den Heizkosten beteiligen, wenn diese nicht mit Heizkörpern ausgestattet sind?

Grundsätzlich ja, wenn sie nicht mittels Satzung oder Beschlusses hiervon befreit wurden.[149] Selbst dann, wenn sie über eine eigene, unabhängige Heizungsanlage verfügen, können sie verpflichtet sein, sich an den allgemeinen Kosten zu beteiligen.[150]

Frage 46: Kann ein Eigentümer durch die Entfernung der Heizstäbe in seinem Sondereigentum seine Beitragspflicht zu den Heizkosten beenden?

Ohne entsprechenden einstimmigen Beschluss oder Befreiung in der Satzung bzw. Gründungstitel führt der Ausbau alleine nicht zum Erlöschen der Beitragspflicht.[151]

Frage 47: Sind die Zähler zur Ermittlung des Heizungsverbrauchs Sondereigentum oder gemeinschaftliches Eigentum?

Wenn sie der Individualisierung des Verbrauchs eines Sondereigentumselementes dienen, sind sie als Sondereigentum einzuordnen, weshalb ein Defekt an selbigen in den Verantwortungsbereich des Eigentümers fällt.[152]

Frage 48: Wie sind die Heizkosten zu verteilen, wenn es keine individuellen Zähler gibt?

Die Eigentümerversammlung muss dies mit Einstimmigkeit festlegen. Ansonsten gelten die Regelungen der Satzung bzw. des Gründungstitels. Sind in diesen keine besonderen Regeln oder Ausnahmen vorgesehen, verteilen sich die Kosten als Beiträge zu den ordentlichen Ausgaben gemäß der jeweiligen Quote unter den Sondereigentumselementen.[153]

---

[148] AP Madrid, Sec. 19.ª, Urteil Nr. 57/2009 vom 6. Februar; AP Madrid, Sec. 11.ª, Urteil Nr. 236/2008 vom 3. Juni.

[149] AP Asturias, Sec. 6.ª, Urteil Nr. 396/2011 vom 14. November.

[150] AP Madrid, Sec. 12.ª, Urteil Nr. 562/2010 vom 21. September.

[151] AP Vizcaya, Sec. 3.ª, Urteil Nr. 580/2007 vom 14. November.

[152] AP Pontevedra, Sec. 6.ª, Urteil Nr. 419/2008 vom 4. Juli.

[153] AP Zaragoza, Sec. 4.ª, Urteil Nr. 429/2005 vom 21. Juli; AP Asturias, Sec. 4.ª, Urteil Nr. 224/2004 vom 21. Mai.

Überwachungskameras

Ob es sich bei einer Überwachungskamera um ein Sondereigentums- oder Gemeinschaftselement handelt, hängt davon ab, ob sie von einem Eigentümer oder der Gemeinschaft installiert wurde bzw. in wessen Eigentum sie steht. Beide Möglichkeiten sind denkbar, und können sogar koexistieren. Es sei darauf hingewiesen, dass im Allgemeinen die Überwachungskamera der Gemeinschaft lediglich die Gemeinschaftselemente und diejenige eines einzelnen Eigentümers nur das Innere seines Sondereigentumselementes einfangen darf.

Für die Schaffung oder Beseitigung gemeinschaftlicher Überwachungskameras, bedarf es gemäß Artikel 17.3 LPH der 3/5 Mehrheit der Stimmen und Quoten aller Eigentümer,[154] wobei auch hier die in Artikel 17.8 LPH getroffene Regelung Anwendung findet, wonach die Stimmen und Quoten der an der Versammlung nicht teilnehmenden Eigentümer als positive Voten berücksichtigt werden, wenn diese sich nicht binnen einer Frist von 30 Tagen ab Benachrichtigung über das in der Versammlung zustande gekommene vorläufige Abstimmungsergebnis gegenteilig äußern. Einzelne Autoren sind der Auffassung, es würde bereits die einfache Mehrheit des Artikels 17.7 LPH ausreichen, verweisen aber ebenfalls auf die Regelung des Artikels 17.8 LPH und empfehlen eine 3/5 Mehrheit zu erzielen.[155,156]

Frage 49: Ist die Installation von Überwachungskameras durch die Gemeinschaft von Dritten oder den Eigentümern hinzunehmen?

Es kommt immer darauf an, ob durch diese Überwachungseinrichtungen die Privatsphäre in unangemessener Weise beeinträchtigt wird. Regelmäßig geht es in diesem Zusammenhang um die Kollision zwischen dem Schutz der Privatsphäre auf der einen Seite und der Ausübung des Hausrechts zur Abwehr von Gefahren und der Wahrung schützenswerter Interessen auf der anderen Seite.

Dabei muss immer auf den konkreten Fall abgestellt werden. So kommt es für eine Beurteilung entschieden darauf an, welcher Bereich durch die Überwachungskameras eingefangen wird, welche Handlungen oder Geschehnisse typischerweise in diesem Bereich stattfinden und welche potentiellen Gefahren abgewendet werden sollen.[157] Letztlich geht es um die Beurteilung, ob eine solche Installation verhältnismäßig und erforderlich ist.

---

[154] AP Pontevedra, Vigo, Sec. 6.ª, Urteil Nr. 102/2011 vom 4. Februar; AP A Coruña, Sec. 5.ª, Urteil Nr. 105/2009 vom 25. März.

[155] Sepín, Instalación de cámaras de vigilancia en el garaje de la Comunidad.

[156] Denkbar wäre selbstverständlich auch die Annahme einer Neuerung nach Artikel 17.4 LPH. Auch hier bedürfte es einer 3/5 Mehrheit der Stimmen und Quoten aller Eigentümer (ebenfalls mit der Fiktion des Artikels 17.8 LPH), allerdings gäbe es für diejenigen Eigentümer, welche gegen die Schaffung dieser Einrichtung gestimmt haben, die Möglichkeit einer Befreiung von der Beitragspflicht, wenn die Kosten die Höhe von drei Beiträgen zu den ordentlichen Gemeinschaftsausgaben übersteigen.

[157] AP Pontevedra, Vigo, Sec. 6.ª, Urteil Nr. 102/2011 vom 4. Februar.

Während Aufnahmen, die zum Teil auch die Geschehnisse im Innern eines Sondereigentumselementes dokumentieren, grundsätzlich abzulehnen sind, kann die Aufnahme des Hauseingangs zulässig sein.

Frage 50: Welche Vorschriften müssen für die Installation und Inbetriebnahme einer Überwachungskamera beachtet werden?

- Artikel 5 des spanischen Datenschutzgesetzes (Ley Orgánica 15/1999, de 13 de diciembre, de Protección de Datos)[158], welcher den Aufsteller verpflichtet, mit einem Schild (mit der Aufschrift *Zona Videovigilada* - Videoüberwachter Bereich) auf die Kontrolle mittels Kameras hinzuweisen.

- Artikel 3 der Instrucción 1/2006, vom 8. November der spanischen Datenschutzbehörde (*Agencia Española de Protección de Datos*) (Instrucción 1/2006, de 8 de noviembre, de la Agencia Española de Protección de Datos, sobre tratamiento de datos personales con fines de vigilancia a través de sistemas de cámaras o videocámaras), durch welchen ebenfalls die Pflicht begründet wird, ein ausreichend sichtbares Hinweisschild in Bezug auf die Videoüberwachung anzubringen, gleichgültig ob es sich um einen offenen oder umschlossenen Raum handelt. Daneben beinhaltet die bezeichnete *Instrucción* weitere Auflagen, wie eine Meldung und Eintragung bei der zuständigen Datenschutzbehörde.

Verstöße gegen das spanische Datenschutzgesetz können hohe Bußgelder nach sich ziehen. Die Strafen reichen hierbei gemäß Artikel 44 und 45 LOPD von 900 - 600.000 Euro.

2.7.6 Leitungen und Rohre

In Bezug auf Leitungen und Rohre aller Art und ihrer Einordnung als Sonder- oder Gemeinschaftseigentum muss folgende Unterscheidung getroffen werden:

Verfügt das Sondereigentum über eine auf dieses zugeschnittene und lediglich ihm dienende Anlage, sind auch deren Leitungen Sondereigentum (beispielsweise individuelle Gasetagenheizungen). Bei einer Gemeinschaftseinrichtung sind die mehreren Eigentümern dienenden Leitungen und Rohre Gemeinschaftseigentum bis sich die Installation verzweigt und lediglich von einem einzelnen Sondereigentumselement genutzt wird. (Beispielsweise handelt es sich bei den Wasser- und Abwasserleitungen um Gemeinschaftseigentum solange sie mehreren Wohnungen dienen. Derjenige Teil der Anlage, der lediglich die Ver- und Entsorgung einer Wohnung betrifft, zählt zum Sondereigentum). Handelt es sich um Leitungen und Rohre einer Gemeinschaftseinrichtung, die keiner individuellen Nutzung unterliegt (z.B. Gemeinschaftspool), stellt die gesamte Installation Gemeinschaftseigentum dar. Aufgrund der identischen Sachlage sei an dieser Stelle auf die ergänzenden Ausführungen in den die Heizungsanlagen betreffenden Fragen und Antworten verwiesen.

---

[158] Im Folgenden auch abgekürzt mit: LOPD.

Frage 51: Darf eine im Sondereigentum stehende Installation an die Leitungen einer Gemeinschaftseinrichtung angeschlossen werden?

Es muss unterschieden werden. Wurde eine Gemeinschaftsinstallation geschaffen, an die ein Eigentümer nicht angeschlossen werden wollte und deren Errichtung mangels Erforderlichkeit und aufgrund der Höhe ihrer Erstellungskosten in den Regelungsbereich des Artikels 17.4 LPH fällt (Kosten liegen über drei ordentlichen Monatsbeiträgen zu den Gemeinschaftsausgaben), dann wurde er von den Kosten befreit, kam aber gegebenenfalls auch nicht in den Genuss derselben (z.B. bei gemeinschaftlicher Klimaanlage). Ändert der Eigentümer seine ursprüngliche Meinung, kann er einen Anschluss auf Grundlage des Artikels 17.4.2 LPH beantragen. Handelt es sich aber um eine zweckfremde Nutzung (z.B. Anschluss der Klimaanlage eines Eigentümers an die Abwasserleitung der Gemeinschaft), bedarf es eines einstimmigen Beschlusses der Eigentümerversammlung.[159]

2.7.7 Schornsteine und Rauchabzüge

Dient der Schornstein mehreren Sondereigentumselementen kann, von Gemeinschaftseigentum ausgegangen werden. Andernfalls liegt in der Regel Sondereigentum vor.

Frage 52: Unter welchen Voraussetzungen darf der Schornstein verschlossen werden?

Moderne Heizmethoden und mangelhaft ausgeführte Schornsteinsysteme (die z.B. aufgrund fehlenden Abzugs zu unzureichendem Rauchabzug oder zum Austreten von Rauch aus den Kaminen der oberen Stockwerke führen), motivieren oftmals den Wunsch einzelner Eigentümer, zur Versiegelung des gesamten Systems zu schreiten. Für die Beseitigung oder Unbrauchbarmachung einer Gemeinschaftseinrichtung bedarf es grundsätzlich eines einstimmigen Beschlusses der Eigentümerversammlung[160] (und des Fehlens von Gegenstimmen der abwesenden Eigentümer binnen der in Artikel 17.8 LPH bezeichneten 30-Tages-Frist). Erfolgt die Beseitigung in der Folge der Einführung einer Innovation, müssten auch alle unmittelbar betroffenen Eigentümer ausdrücklich der Beseitigung dieser Einrichtung zustimmen (Artikel 17.4.3 LPH). Um Zweifel an ihrer Zustimmung auszuräumen, sollten in diesen Fällen die unmittelbar betroffenen Eigentümer ihr schriftliches Einverständnis erklären.

Frage 53: Welcher Mehrheiten bedarf es zur Errichtung eines individuellen Rauchabzugs?

Da durch die Errichtung eines individuellen Rauchabzugs regelmäßig das Gemeinschaftseigentum betroffen sein wird (Mauerdurchbruch, Veränderung der Fassade), bedarf es eines einstimmigen Beschlusses gemäß Artikel 17.6 LPH. Die Sonderregel der 3/5 Mehrheit aller Stimmen und Quoten gemäß 17.3.1 oder 17.4.1 LPH

---

[159] AP Madrid, Sec. 18.ª, Urteil Nr. 549/2008 vom 21. November.

[160] Zu beachten ist die in Einzelfällen schwer vorzunehmende Abgrenzung zu Artikel 17.3 LPH, welche bereits eine doppelte 3/5 Mehrheit genügen lässt.

ist nur dann anwendbar, wenn der Rauchabzug als Gemeinschaftselement eingeführt wird, nicht aber, wenn lediglich ein einzelner Eigentümer Nutzer desselben
ist.[161]

**Frage 54: Was kann gegen einen störenden Rauchabzug unternommen werden,
der im Sondereigentum steht?**

Grundsätzlich hat jeder Eigentümer die Pflicht, in geeigneter Weise mit seinem
Sondereigentum umzugehen, damit den übrigen Nachbarn kein Schaden entsteht
(Artikel 9.1.g.) und 7.2 LPH). Die Tatsache, dass z.B. der Betreiber einer Pizzeria
über alle erforderlichen behördlichen Genehmigungen verfügt, muss nicht bedeuten, dass sein Betrieb nicht dennoch in unzulässiger Weise störenden Einfluss auf
die Nachbarn nimmt. Die beeinträchtigten Eigentümer sollten sich in einem solchen Fall an den Präsidenten der Eigentümergemeinschaft wenden, damit dieser
den Störer zur Beendigung des beeinträchtigenden Verhaltens auffordert. Sollte die
Störung anhalten, hat die Gemeinschaft die Möglichkeit, den Störer auf Unterlassung zu verklagen. Wurde die Anlage sogar ohne Genehmigung der Eigentümerversammlung[162] errichtet und wurde durch diese das Gemeinschaftseigentum betroffen (Erscheinungsbild der Fassade, Mauerdurchbruch, etc.), kommt es noch nicht
einmal darauf an, ob die Anlage stört. Es liegt alleine durch die Errichtung derselben bereits eine Beeinträchtigung des Gemeinschaftseigentums vor. Einschränkend sei gesagt, dass bestimmte Geschäftsbetriebe oftmals einen Rauchabzug erfordern. Hier ist die Rechtsprechung relativ flexibel und gestattet dessen Errichtung regelmäßig auch dann, wenn die Fassade verändert wird. Wie unter dem Abschnitt *Fassade* ausführlicher dargelegt, geht die h.M. davon aus, dass Veränderungen der Fassade zur Einrichtung und Ausstattung von Geschäftsräumen, auf Straßenhöhe üblicherweise keine Beeinträchtigung darstellen. Störungen durch Gerüche, Dämpfe oder ähnliches, sind dennoch zu vermeiden. Anders als die ästheti-
sche Veränderung der Fassade muss die Gemeinschaft letztere nicht tolerieren.

2.7.8 Dächer

In Übereinstimmung mit Artikel 396 Código Civil gehört das Dach zumindest bei
mehrstöckigen Wohngebäuden zu den Gemeinschaftselementen, solange sich aus
dem Gründungstitel oder der Satzung[163] nichts anderes ergibt.[164] In einer Urbanisation mit freistehenden Einfamilienhäusern werden deren Dächer genau anders
herum einzuordnen sein. Hier gehört das Dach zum Sondereigentum, wenn sich
aus der Teilungserklärung oder Satzung nichts abweichendes ableitet. Selbst bei
einer Einordnung als Gemeinschaftseigentum, kann das Dach aber einen Sondernutzungsberechtigten haben, der mittels Gründungstitel, Satzung oder einstimmi-

---

[161] Bezüglich der möglichen Anwendbarkeit des Artikels 10.3.b.) LPH und seiner doppelten 3/5
Mehrheit, sei auf die Ausführungen unter Frage 43 verwiesen.

[162] Und fehlt es an einer Genehmigung in der Gemeinschaftssatzung, welche etwa bereits durch
den Bauträger erteilt wurde.

[163] Bzw. aufgrund einstimmigen Mehrheitsbeschlusses.

[164] AP Valencia, Sec. 11.ª, Urteil Nr. 374/2011 vom 15. Juni; AP Las Palmas, Sec. 5.ª, Urteil Nr.
245/2011 vom 20. Mai.

gen Beschlusses als Einziger das Dach zu seinen Zwecken nutzen darf. Dies ist oftmals bei einer Dachgeschosswohung bzw. einem Penthouse (*ático*) der Fall.

Frage 55: Sind auch im Falle von Reihenhäusern die Dächer Gemeinschaftseigentum?

Es ließe sich sowohl eine Einstufung als Sondereigentum wie auch als Gemeinschaftseigentum rechtfertigen. Anders als im Falle eines Mehrfamilienhauses, in welchem lediglich das oberste Stockwerk unmittelbaren Kontakt zum Dach hat, es sich aber um das Dach der gesamten Gemeinschaft handelt, verfügt in einer aus Reihenhäusern bestehenden Gemeinschaft typischerweise jedes über ein eigenes Dach. Dennoch sind diese Dächer zumeist nicht völlig unabhängig, sondern durch eine einheitliche Bauweise nicht nur optisch aufeinander abgestimmt, sondern oftmals auch funktional in einer Weise voneinander anhängig, dass sie nur im Verbund ihre Aufgaben erfüllen. Gemeinsame Regenrinnen oder Blitzableiter können ebenfalls als Indizien für ein im Gemeinschaftseigentum stehendes Dach herangezogen werden, ohne dass es aber für eine Einordnung alleine hierauf ankäme. Wenn nichts abweichendes (Gründungstitel, Satzung, einstimmiger Beschluss) vereinbart wurde, spricht vieles für die sich aus Artikel 396 Código Civil ableitende Einordnung als Gemeinschaftseigentum.

Frage 56: Welche Mehrheiten sind erforderlich, um das Gemeinschaftsdach vermieten zu dürfen?

Artikel 17.3.2 LPH bestimmt, dass es für die Vermietung von Gemeinschaftseigentum einer 3/5 Mehrheit aller Stimmen und Quoten bedarf. Der von den anwesenden Eigentümern getroffene vorläufige Beschluss ist den abwesenden Eigentümern zuzustellen, welche sodann binnen einer Frist von 30 Tagen ihre Stimme gegenüber dem Sekretär der Gemeinschaft abgeben können. Mangels Tätigwerdens der Abwesenden, werden deren Stimmen und Quoten als positive Voten zum Beschluss gezählt. Gibt es darüber hinaus auch noch einen unmittelbar betroffenen Eigentümer (z.B. im Falle eines Sondernutzungsberechtigten), bedarf es daneben auch noch seiner Zustimmung. Bis zu der am 28. Juni 2013 in Kraft getretenen Reform des spanischen Wohnungseigentumsgesetzes ergab sich dieses Erfordernis aus Artikel 17.1.2 a.E. LPH a.F.; durch die Neuordnung des Artikels 17 LPH ist dieser ausdrückliche Hinweis leider entfallen. Das Zustimmungserfordernis der unmittelbar betroffenen bzw. beeinträchtigten Eigentümer findet sich nunmehr lediglich in Artikel 17.4.3 LPH bezogen auf Neuerungen sowie in Artikel 10.3.b.) 2. Absatz LPH, wenn es z.B. um die Verbindung, Abspaltung oder Aufteilung von Sondereigentumselementen sowie die Aufstockung geht, wieder. Trotz der Beseitigung des ausdrücklichen Hinweises auf die Erforderlichkeit der Zustimmung des betroffenen Eigentümers bei der Vermietung von Gemeinschaftseigentum, lässt sich dieses indirekt aus Artikel 18.1.c.) LPH ableiten. Auf die Zustimmung des beeinträchtigten Eigentümers kann daher auch nach der Reform nicht verzichtet werden.

Eine genauere Betrachtung verdienen diejenigen Fälle, in denen es nicht lediglich um die Vermietung geht, sondern zusätzlich das Dach verändert oder mit einer besonderen Bebauung versehen werden muss. Dies ist z.B. in denjenigen Fällen denkbar, in denen eine Mobilfunkantenne oder die Anbringung einer Werbetafel eines speziellen Unterbaus bedürfen. In solcherlei Fällen führen die notwendigen Bauarbeiten zu einer Veränderung der Gebäudestruktur bzw. deren Ausstattung, weshalb es dann (mangels Privilegierung) vor der Reform des Jahres 2013 eines einstimmigen Beschlusses aller Eigentümer im Sinne des Artikel 17.1 LPH a.F. bedurfte.[165] Das allgemein Einstimmigkeitserfordernis findet sich im aktuellen Gesetz unter Artikel 17.7 LPH wieder. Durch den mittlerweile neu gefassten Artikel 10 LPH, und dort insbesondere aufgrund der unter seinem 3. Absatz b.) beschriebenen Fälle, könnten solcherlei Veränderungen durch eine 3/5 Mehrheit der Stimmen und Quoten aller Eigentümer genehmigt werden. Man beachte allerdings dass diese Mehrheit bezogen auf alle Eigentümer in der Versammlung erzielt werden muss. Die abwesenden Eigentümer können ihr Stimmrecht nicht wie in den Fällen des Artikels 17.8 LPH im Nachhinein abgeben.[166] Dies bedeutet aber gleichzeitig, dass auch die Zustimmungsfiktion des Artikels 17.8 LPH entfällt. Gegebenenfalls besonders betroffene Eigentümer müssen der Maßnahme gemäß Artikel 10.3.b.) 2. Absatz LPH ausdrücklich zustimmen.

2.7.9 Dachstühle, Keller und sonstige Stauräume

Dachstuhl, Keller und Stauräume sollen hier gemeinsam abgehandelt werden, erfolgt deren Nutzung doch regelmäßig in gleicher oder ähnlicher Weise, und werfen sie vergleichbare Probleme auf.

Genauso wie im Falle der Garagen oder Stellplätze sind bezüglich der rechtlichen Einordnung dieser Elemente mehrere Konstellationen denkbar:[167]

- Sie können jeweils unterteilt und als eine Art individualisierter Anhang oder Nebenraum zum jeweiligen Sondereigentum konfiguriert worden sein, so dass sie rechtlich mit diesem eine Einheit bilden. Dann handelt es sich um ausschließlich zu einem konkreten Sondereigentum gehörende Nebenräume bzw. Nebenbauten. Beispiel: Abgeteilte Kellerräume, die gemäß Teilungserklärung jeweils zu bestimmten Wohnungen gehören.

- Sie können in unabhängige Teile aufgespalten worden sein, so dass sie jeweils ein völlig selbständiges Sondereigentumselement darstellen. Auf diese Weise können sie auch jeweils Eigentümern gehören, die sonst kein weiteres Eigentum in der Gemeinschaft halten. Dann liegt einfaches, selbständiges Sondereigentum vor. Beispiel: Abgeteilte Kellerräume, die losgelöst von anderem Sondereigentum ein eigenes Sondereigentumselement darstellen.

- Sie können, ohne eine Aufteilung erfahren zu haben, insgesamt als eine geschlossene Einheit ein einziges Sondereigentumselement bilden. Dieses Sondereigentum kann einem oder mehreren Eigentümern gehören, welche wiederum weitere Sondereigentumselemente halten können oder nicht. Es handelt

---

[165] Polo Portilla, Presentación de Jurisprudencia al Detalle: Las cubiertas.
[166] Magro Servet, El régimen de acuerdos del art. 10.3 b) LPH)
[167] Nach: Gallego Brizuela, S. 156-157.

sich dann ebenfalls um gewöhnliches Sondereigentum. Beispiel: Der gesamte Keller bildet eine Einheit und wird von seinen Eigentümern insgesamt als Lagerstätte genutzt.

- Sie können als gemeinschaftliches Eigentum in ihrer Gesamtheit den Eigentümern der Sondereigentumselemente bzw. der Gemeinschaft dienen. Es würde sich dann, wie gesagt, um Gemeinschaftseigentum handeln. Beispiel: Die Kellerräume können in ihrer Gesamtheit von allen Eigentümern der Gemeinschaft bzw. zu Gemeinschaftszwecken genutzt werden.

- Sie können eine Aufteilung erfahren haben, wonach ein Teil Gemeinschaftseigentum und ein Teil Sondereigentum (bzw. einen Nebenraum desselben) bildet. In solch einem Fall liegt dann sowohl Sondereigentum wie auch Gemeinschaftseigentum vor, weshalb jeweils unterschieden werden muss. Gegebenenfalls können sie ein eigenes (von der übrigen Liegenschaft losgelöstes) Wohnungseigentumsverhältnis, und damit eine unabhängige Eigentümergemeinschaft bilden. Hierzu ein Beispiel: Der Keller umfasst einen gemeinschaftlichen Teil, den alle Mitglieder der Gemeinschaft nutzen und einen weiteren Teil der in einen oder mehrere Abschnitte unterteilt wurde, welcher nur dem jeweiligen Eigentümer dieses Sondereigentumselements gehört.

Frage 57: Wer ist zur Nutzung des gemeinschaftlichen Dachstuhls berechtigt, wenn der Zugang lediglich über ein Sondereigentumselement erfolgen kann?

Wurde das Gebäude in der Weise konzipiert, dass der Zugang lediglich über ein Sondereigentumselement möglich ist, muss unterstellt werden, dass der Eigentümer des Sondereigentums ein Sondernutzungsrecht über den Dachstuhl hat.[168]

Frage 58: Welche Einordnung erfahren die Kellerräume (Sondereigentum oder Gemeinschaftseigentum), wenn sie in der Teilungserklärung nicht erwähnt wurden?

In einer alten Fassung des Artikels 396 des Código Civil, die bis zum 12. August 1960 gültig war, wurden die Kellerräume noch als Gemeinschaftseigentum beschrieben. Für den Fall, dass die Gemeinschaft bereits vor diesem Datum bestand, wären die Kellerräume Gemeinschaftseigentum, wenn die Teilungserklärung nichts gegenteiliges bestimmt.[169] Aber auch bei jüngeren Gemeinschaften muss regelmäßig eine Einordnung als Gemeinschaftselement erfolgen, da die in Artikel 396 Código Civil enthaltene Aufstellung keinen abschließenden Charakter hat, sondern lediglich als eine beispielhafte Ausführung verstanden werden sollte.[170] Nichtsdestotrotz finden sich ebenso Entscheidungen, die argumentieren, dass mangels gesetzlicher Vorgabe und mangels Regelung in der Teilungserklärung Sondereigentum vorliegen könne, wenn die Kellerräume als Sondereigentum genutzt würden. Es

---

[168] AP Madrid, Sec. 10.ª, Urteil Nr. 632/2009 vom 17. Dezember.

[169] Und auch sonst nichts anderes vereinbart wurde.

[170] AP Asturias, Sec. 1.ª, Urteil Nr. 203/2007 vom 8. Mai; AP Valencia, Sec. 7.ª, Urteil Nr. 664/2006 vom 13. November; AP Barcelona, Sec. 13.ª, Urteil Nr. 636/2006 vom 10. November.

muss freilich immer auf den Einzelfall und die konkrete Art und Dauer der Verwendung[171] sowie den Zugang zum Keller abgestellt werden.[172]

Frage 59: Welche Mehrheiten sind erforderlich, wenn ein Gemeinschaftskeller in einzelne Kellerräume (welche wiederum zu Sondereigentumselementen werden sollen) aufgeteilt werden soll?

Wenn es sich um einen Gemeinschaftskeller handelt, bedarf die Umwandlung in mehrere Sondereigentumselemente gemäß Artikel 17.6 LPH eines einstimmigen Beschlusses der Eigentümerversammlung, dem von keinem der Abwesenden binnen der von Artikel 17.8 LPH gesetzten 30 Tages-Frist mit einer Gegenstimme entgegengetreten wurde. Schließlich wird der Inhalt der Teilungserklärung in Bezug auf die Aufteilung der Liegenschaft sowie die Verteilung der Anteile abgeändert,[173] ohne dass eine Privilegierung existiert, welche das Zustandekommen des entsprechenden Beschlusses mit abweichender Stimmen- und Quotenzahl rechtfertigt.

Auf jedes Sondereigentumselement muss eine Quote am Gemeinschaftseigentum entfallen. Wenn neues Sondereigentum geschaffen wird, müssten folglich auch die Quoten umverteilt werden, die insgesamt immer hundert Prozent zu summieren hätten. Eine Ausnahme könnte dann gelten, wenn allen bestehenden Sondereigentumselementen, in vergleichbarem Umfang, z.B. ein Stauraum als Anhang zugewiesen wird. Dann bestünde die Möglichkeit, dass es bei den alten Quoten bliebe, weil sich die individualisierten Räume rechtlich nicht vollständig verselbständigt haben, und selbst zu keinem unabhängigen Sondereigentumselement geworden sind.

Trotz des hier Ausgeführten sei darauf hingewiesen, dass bei der Beantwortung solcherlei Fragestellungen immer auch die in Zukunft (aufgrund der erst kürzliche erfolgten Reform des spanischen Wohnungseigentumsrechts) zu erwartende Rechtsprechung zum Artikel 10 LPH zu berücksichtigen sein wird. Diese muss aufzeigen, ob sich aus seinem Regelungsinhalt bei Konstellationen wie der soeben beschriebenen, eine andere Wertung ableitet. Artikel 10.3.b.) LPH bestimmt schließlich, dass für die Schaffung neuer Sondereigentumselemente z.B. durch Abspaltung oder etwa Verbindung derselben, wie auch zur Umverteilung der Beteiligungsquoten, eine 3/5 Mehrheit aller Stimmen und Quoten ausreichend sei, wenn die Voraussetzungen des Artikels 17.6 Ley de Suelo vorliegen (und diese liegen auf den ersten Blick bei allen Wohnungseigentumsverhältnissen vor). Ebenso gestattet er die Errichtung neuer Stockwerke, wenn auch hier die entsprechende 3/5 Mehrheit der Stimmen und Quoten aller Eigentümer vorliegt. Zwar müssen diese Fälle von der hier aufgeworfenen Fragestellung streng unterschieden werden, da die Aufteilung von bestehendem Sondereigentum nicht mit der Umwandlung von Gemeinschaftseigentum gleichgesetzt werden darf, und sich ebenso die Schaffung neuer Stockwerke keinesfalls mit der Umwidmung des Gemeinschaftseigentums

[171] AP Alicante, Sec. 6.ª, Urteril Nr. 369/2010 vom 22. November; AP Alicante, Sec. 5.ª, Urteil Nr. 6/2007 vom 9. Januar; AP Barcelona, Sec. 16.ª, Urteil Nr. 426/2006 vom 20. September.
[172] AP Guipúzcoa, Sec. 2.ª, Urteil Nr. 2124/2006 vom 31. März.
[173] AP Madrid, Sec. 20.ª, Urteil Nr. 441/2006 vom 20. Oktober.

deckt. Dennoch können die Übergänge fließend sein. Man führe sich nur bei der Aufstockung vor Augen, dass das Dach der Gemeinschaft als Gemeinschaftselement eine notwendige Veränderung erfahren muss. Dieser und ähnlich gelagerte Fälle können daher zu Konstellationen führen, in denen die Grenzen zur Umwidmung verschwimmen.

2.7.10 Treppenhäuser und Gänge

Frage 60: Welche rechtliche Einordnung erfahren das Treppenhaus und die Gänge?

Um den Zugang zum Sondereigentum und die Nutzung des Gemeinschaftseigentums zu ermöglichen, bedarf es innerhalb einer Liegenschaften je nach ihrer jeweiligen Größe und Struktur in unterschiedlichem Umfang Treppen und Gänge.

Typischerweise handelt es sich bei ihnen um Gemeinschaftseigentum, das einer Vielzahl an Sondereigentumselementen dient. Allerdings ist es genauso denkbar, dass ein Gang oder eine Treppe lediglich Zugang zu einem einzigen Sondereigentumselement gewährt. In einem solchen Fall kann die Teilungserklärung unter Umständen ein Sondernutzungsrecht eingeräumt haben, oder die Eigentümergemeinschaft mittels einstimmigem Beschluss der Versammlung dies nachträglich tun. Auch die Übertragung an einen Eigentümer und die vorherige Umwandlung in ein unabhängiges Sondereigentumselement ist möglich. Hierfür bedarf es gemäß Artikel 17.6 LPH ebenfalls eines einstimmigen Beschlusses der Eigentümerversammlung, da der Inhalt der Teilungserklärung abgeändert wird.

2.7.11 (Innen-)Höfe

Der Hof bzw. Innenhof kann in Abhängigkeit von der durch die Teilungserklärung gemachten Vorgaben bzw. aufgrund eines einstimmigen Beschlusses der Eigentümerversammlung entweder Sondereigentum oder Gemeinschaftseigentum (mit oder ohne Sondernutzungsberechtigten) sein.

Um den innenliegenden Zimmern oder Wohnungen Tageslicht zuzuführen, werden oftmals Innenhöfe eingeplant, die lediglich für den oder die Bewohner eines unteren Stockwerks zugänglich sind. Schnell wird dieser Raum zu Stauzwecken verwendet oder gar überdacht, um einen zusätzlichen, umschlossenen Raum zu schaffen.

Durch die Einordnung des Innenhofs als Sonder- oder Gemeinschaftseigentum (mit oder ohne Sondernutzungsberechtigten) und des mehr oder weniger intensiven Gebrauchs ergeben sich eine ganze Reihe an denkbaren Problemfällen, weshalb ein großer Teil der Nachbarschaftsstreitigkeiten dem Umgang und Gebrauch einzelner Eigentümer mit dem Innenhof entspringt.

Frage 61: Darf der Inhaber eines Sondernutzungsrechts über den Innenhof diesen mit einer Überdachung versehen?

Nein, es handelt sich um eine bauliche Veränderung an einem Gemeinschaftselement. Dies ist ohne entsprechenden Beschluss der Eigentümerversammlung nicht zulässig.[174]

Frage 62: Darf der Inhaber eines Sondernutzungsrechts über den Innenhof in selbigem einen Pool errichten?

Auch wenn ein Sondernutzungsrecht besteht, bleibt der Innenhof ein Gemeinschaftselement. Bauarbeiten und Veränderungen an einem Gemeinschaftselement erfordern jedoch die Genehmigung durch die Eigentümerversammlung. Fehlt eine solche, ist die bauliche Veränderung unzulässig.[175]

Frage 63: Ist der Innenhof als Sondereigentum oder Gemeinschaftseigentum einzuordnen, wenn er in der Teilungserklärung nicht erwähnt wurde?

Artikel 396 Código Civil bestimmt, dass der Innenhof im Gemeinschaftseigentum steht. Mangels besonderer Erläuterungen in der Teilungserklärung ist der Innenhof mithin als Gemeinschaftseigentum einzuordnen.[176] Dennoch finden sich Entscheidungen, die dies anders beurteilen, wenn der Innenhof architektonisch in ein Sondereigentum eingebunden ist und sich Hinweise darauf ergeben, dass er als Teil eines Sondereigentumselements konzipiert wurde.[177]

Frage 64: Kann die Überdachung des Innenhofes durch eine stillschweigende Genehmigung der Eigentümergemeinschaft gedeckt sein?

Grundsätzlich kann die jahrelange Untätigkeit der Gemeinschaft als eine Art Einverständnis ausgelegt werden, wenn der Sachverhalt bekannt war und keinerlei Beschwerden formuliert wurden. Allerdings sind an die Beschwerden der Gemeinschaft keine besonderen Anforderungen zu stellen, weshalb schriftliche Mitteilungen an den Eigentümer bereits ausreichen können, um ein konkludentes Einverständnis auszuschließen.[178] Liegen aber über sehr lange Zeit keinerlei Beschwerden oder Erinnerungen an die Beseitigungspflicht vor, könnte hieraus ein Verzicht der Gemeinschaft abgeleitet werden, rechtliche Maßnahmen ergreifen zu wollen und dies als ein verspätetes, aber echtes konkludentes Einverständnis interpretiert werden.[179]

Frage 65: Darf der Sondernutzungsberechtigte eines Innenhofs selbigen als Stauraum verwenden?

Die Tatsache, dass ein Sondernutzungsrecht zugunsten eines Eigentümers besteht, bedeutet nicht, dass er diesen Bereich nach seinem Belieben nutzen darf. Der ursprüngliche Zweck dieses Gemeinschaftselements darf nicht beeinträchtigt werden, weshalb sich dessen Nutzung weder schädlich, gefährlich noch störend für

---

[174] AP A Coruña, Sec. 4.ª, Urteil Nr. 529/2011 vom 9 Dezember.

[175] AP Baleares, Sec. 3.ª, Urteil Nr. 341/2011 vom 20. September.

[176] AP Lugo, Sec. 1.ª, Urteil Nr. 611/2011 vom 9. November.

[177] AP A Coruña, Sec. 4.ª, Urteil Nr. 362/2011 vom 1. September.

[178] TS, Sala 1.ª, de lo Civil, Urteil Nr. 501/2011 vom 27. Juni.

[179] AP Valladolid, Sec. 3.ª, Urteil Nr. 114/2009 vom 28. April (hier war die Gemeinschaft 40 Jahre lang untätig).

die übrigen Eigentümer auswirken sollte. In einem viel zitierten Urteil wurde die Auffassung vertreten, dass dem Sondernutzungsberechtigten die ausschließliche Nutzung des Innenhofes, nicht aber einer Lagerstätte eingeräumt wurde, weshalb das Abstellen von Kisten und Verpackungsmaterial nicht zulässig sei. Durch dieses Verhalten würde die Brandgefahr erhöht, die Säuberung erschwert und Dritten die Möglichkeit geschaffen, die abgelegten Gegenstände so anzuordnen, dass selbige eine improvisierte Treppe bilden und damit Einbrüche ermöglichen könnten.[180]

2.7.12 Die Gebäudestruktur

Frage 66: Was geschieht, wenn ein Eigentümer eine Säule entfernt, weil ihn diese in seinem Sondereigentumselement stört?

Er muss den ursprünglichen Zustand wieder herstellen.[181] Es handelt sich um ein Gemeinschaftselement, das nicht ohne Genehmigung der Eigentümerversammlung verändert werden darf. Da eine Säule gegebenenfalls von wesentlicher Bedeutung für die Stabilität des gesamten Gebäudes sein kann, sollte immer auch ein Architekt zu Rate gezogen werden, der im Stande ist den Charakter des Strukturelements als tragend oder nicht tragend einzuschätzen, und von diesem ein Gutachten über die Konsequenzen einer Entfernung und die möglichen Alternativen erarbeitet werden, bevor eine Entscheidung getroffen wird. Im Idealfall sollte der an der baulichen Veränderung interessierte Eigentümer dieses Gutachten bereits im Vorhinein in Auftrag geben und dem Präsidenten der Gemeinschaft mit der Bitte um Aufnahme eines entsprechendes Tagesordnungspunktes gemäß Artikel 16.2.2 LPH die entsprechende Dokumentation übergeben, damit die Eigentümerversammlung bei der nächsten Gelegenheit hierüber beraten und abstimmen kann.[182]

2.7.13 Die Fassade

Frage 67: Welche Einordnung erfährt die Fassade?

Die Fassade eines Mehrfamilienhauses ist typischerweise zusammen mit dem Dach sowie dem überbauten Grund ein Gemeinschaftselement. Im Falle von Ein-Familien-Häusern die einer Urbanisation angehören, handelt es sich hingegen um Sondereigentum. Sollen die Häuser ein einheitliches Erscheinungsbild haben, und soll zu diesem Zweck beispielsweise der Anstrich immer eine bestimmte Farbe haben, müsste dies bereits durch die Teilungserklärung bzw. innerhalb der Satzung vorgeschrieben werden. Es würde sich dann zwar immer noch um Sondereigentum handeln, doch wäre dieses der bezeichneten Auflage unterworfen.

Frage 68: Darf ein Eigentümer die Terrasse mit einer Mauer nach außen hin abschließen?

---

[180] AP Girona, Sec. 2.ª, Urteil Nr. 32/2006 vom 27. Januar.
[181] AP Madrid, Sec. 8.ª, Urteil Nr. 387/2011 vom 7. Oktober.
[182] In Ausnahmefällen können aufgrund besonderer Umstände die Regelungen des Artkels 10 LPH einschlägig sein, und zu einer Erleichterung führen.

Bis zur am 28. Juni 2013 in Kraft getretenen Reform, bedurfte es eines einstimmigen Beschlusses der Eigentümerversammlung, welche ihn hierzu ermächtigte. Die Errichtung einer solchen Mauer verändert die Fassade und mithin das Erscheinungsbild der Liegenschaft, weshalb der beschriebene Beschluss erforderlich war, wenn sich nicht bereits eine gültige Erlaubnis aus der Teilungserklärung oder Satzung ergab.[183] Seit der Reform ergibt sich aus dem Wortlaut des Artikels 10.3.b.) LPH dass es für die Schließung der Terrassen nunmehr lediglich einer 3/5 Mehrheit der Stimmen und Quoten aller Eigentümer bedarf. In diesem Zusammenhang wirft Martinez Ortega die interessante Frage auf, wie nach dieser Reform mit den in einer Satzung bereits pauschal erteilten Genehmigungen umzugehen sei. Einerseits ergibt sich aus dem aktuellen Gesetzeswortlaut, dass es der Zustimmung 3/5 der Stimmen und Quoten aller Eigentümer bedarf, weshalb eine allgemeine Erlaubnis innerhalb der Satzung möglicherweise nicht den Anforderungen genügen könnte. Andererseits könne der Reform aber nicht entnommen werden, die bereits bestehenden Genehmigungen würden ihre Gültigkeit verlieren. Wurde diese Erlaubnis vor der Reform erteilt und in das Grundbuch eingetragen, soll sie fortgelten. Andernfalls könne es erforderlich werden trotz Genehmigung durch die Satzung dennoch einen entsprechenden Beschluss einzuholen.[184]

Frage 69: Welche Mehrheiten sind erforderlich, um die Jalousien der Gemeinschaft zu ersetzen?

Bis zur letzten Reform des spanischen Wohnungseigentumsgesetzes im Juni 2013, galt, dass aufgrund der Tatsache, dass die Jalousien Einfluss auf das Erscheinungsbild der Fassade haben, ein einstimmiger Beschluss der Eigentümerversammlung erforderlich war.[185] Wurden alte Jalousien aber durch neue ersetzt, welche dasselbe Erscheinungsbild hatten oder nur eine minimale, kaum wahrnehmbare Abweichung aufwiesen, stuften einzelne Gerichte deren Verbot dennoch als rechtsmissbräuchlich ein. Dies gilt um so mehr, wenn zuvor bereits Veränderungen an den Jalousien anderer Eigentümer durch die Gemeinschaft hingenommen wurden. Vor dem Hintergrund der Änderung des Artikels 10 LPH, ist aufgrund des aktuellen Wortlautes des Artikels 10.3.b.) LPH davon auszugehen, dass statt Einstimmigkeit nunmehr eine 3/5 Mehrheit der Stimmen und Quoten aller Eigentümer ausreichend sein dürfte. Die Ausführungen bezüglich des Austauschs alter Jalousien und die Hinnahme vorangegangener Veränderungen gelten selbstverständlich vor diesem Hintergrund erst recht fort.

Frage 70: Welcher Mehrheit bedarf es, um die Terrassen oder Balkone mit Glasscheiben, Fenstern oder anderen Baumaterialien nach außen abzuschotten oder abzuschließen?

Wie bereits in der vorangegangenen Frage ausgeführt, bedurfte es bis zum 28. Juni 2013, da es sich um eine Änderung der Fassade handelte, eines einstimmigen Be-

---

[183] AP Murcia, Sec. 1.ª, Urteil Nr. 588/2011 vom 19. Dezember.

[184] Martínez Ortega, La modificación del título constitutivo.

[185] AP Vizcaya, Sec. 4.ª, Urteil Nr. 483/2011 vom 29. Juni.

schlusses der Eigentümerversammlung.[186] Aufgrund des durch die Reform eingeführten Artikels 10.3.b.) LPH ist nunmehr davon auszugehen, dass eine 3/5 Mehrheit ausreichend ist.

Frage 71: Welcher Mehrheit bedarf es, um die Fassade (in einer anderen Farbe) zu streichen?

Auch wenn man auf den ersten Blick vermuten könnte, dass es vor der Reform der
Ley de Propiedad Horizontal im Jahre 2013 eines einstimmigen Beschlusses der
Eigentümerversammlung bedurfte, und seit dem 28. Juni 2013 eines zustimmenden Beschlusses von 3/5 der Stimmen und Quoten aller Eigentümer, da es sich bei
der Fassade um ein Gemeinschaftselement handelt (dies bereits gemäß Artikel 396
des Código Civil), haben mehrere Gericht in der Vergangenheit entschieden, dass
alleine das Streichen der Fassade nicht als Veränderung der Fassade im rechtlichen
Sinne eingeordnet werden könne - dies selbst dann, wenn ein neuer Farbton oder
gar eine spezielle Farbe aufgetragen werde. Daher reiche eine mit einfacher Mehrheit der Stimmen und Quoten getroffener Beschluss aus.[187]

**Frage 72: Bedarf es einer Genehmigung der Gemeinschaft, um eine Alarmanla-
ge anzubringen, deren Alarmsignale und Hinweisschilder auf der Fassade installiert werden?**

Grundsätzlich bedarf jede Veränderung der Fassade der Genehmigung durch die
Eigentümerversammlung. Handelt es sich allerdings um kleinste Veränderungen,
die das Erscheinungsbild nur unwesentlich beeinträchtigen, existieren Entscheidungen, die der Auffassung sind, eine Genehmigung durch die Gemeinschaft sei
nicht nötig.[188]

2.7.14 Garagen und Stellplätze

Frage 73: Welche rechtliche Einordnung erfahren Garagen und Stellplätze?

Vergleiche hierzu die Ausführungen im Abschnitt Dachstuhl, Keller und Stauräume. Hier sind die gleichen Konstellationen denkbar. In den folgenden Fragen wird
dennoch davon ausgegangen, es handele sich um individualisiertes Sondereigentum bzw. einen Anhang, da dies den häufigsten Fall darstellt.

Frage 74: Dürfen auf einem Stellplatz mehrere Fahrzeuge abgestellt werden?

Wichtig ist, dass der Stellplatz nicht zweckentfremdet wird. Solange aber nur Kraft-
fahrzeuge und nicht etwa Hausrat abgestellt werden, kann man auch für den Fall,
dass mehr als nur ein Fahrzeug geparkt wurde, nicht unbedingt von einer Zweckentfremdung ausgehen. Es macht keinen wesentlichen Unterschied, ob zwei kleine

---

[186] AP Málaga, Sec. 4.ª, Urteil Nr. 298/2011 vom 1. Juni; AP Madrid, Sec. 21.ª, Urteil Nr. 192/2011
vom 11. April.

[187] AP Pontevedra, Sec. 3.ª, Urteil Nr. 170/2011 vom 18. April; AP Tarragona, Sec. 1.ª, Urteil Nr.
366/2008 vom 15. Oktober.

[188] AP Pontevedra, Sec. 3.ª, Urteil Nr. 60/2010 vom 16. Februar.

Fahrzeuge oder eine Limousine abgestellt wurden, wenn in beiden Fällen die gleiche Fläche besetzt wird. Auch geht von zwei Fahrzeugen auf einer einzigen Parkfläche keine Gefahr oder Störung im Sinne des Artikels 7.2 LPH aus,[189] weshalb ein entsprechendes Verbot durch die Gemeinschaftssatzung anfechtbar wäre.[190]

Frage 75: Darf ein Stellplatz, der im Sondereigentum steht, als Staufläche verwendet werden?

Es lassen sich sowohl Argumente für wie auch gegen eine derartige Nutzung finden. Einerseits kann jeder Eigentümer innerhalb seines Eigentums nach seinem Willen verfahren, solange er Dritte nicht schädigt (siehe u.a. Artikel 33 Constitución Española, 9.1.g.) LPH), andererseits handelt es sich um einen zweckwidrigen Gebrauch, von dem Gefahren für die übrigen Nutzer bzw. Eigentümer ausgehen können (Artikel 7.2 und 9.1.b.) LPH). Es wird, wie so oft, auf den Einzelfall ankommen, welcher Argumentation der Vorzug zu geben ist. Generell ist aber von einer unzulässigen Nutzung auszugehen, wenn sich zahlreiche Gegenstände auf dem Stellplatz befinden, welche die Brandgefahr erhöhen, umzustürzen drohen, oder die Reinigung der Stellfläche unmöglich machen bzw. erschweren. Wird aber z.B. ein Boot oder ein Zementmischer abgestellt, dürfte es einfacher sein, deren Anwesenheit zu rechtfertigen.

Frage 76: Darf ein Fahrzeug über die Grenzen des Stellplatzes hinausragen?

Nein. Dies würde eine unsachgemäße Nutzung des Sondereigentums darstellen und gegen die Artikel 3, 7 und 9 LPH verstoßen. Dies selbst dann, wenn die Stellfläche objektiv zu klein ist und gegen die jeweils einschlägigen normativen Anforderungen (Gemeindeverordnungen) an Stellflächen verstoßen würde.[191]

Frage 77: Darf ein einzelner Stellplatz, der im Sondereigentum steht, mit einer Mauer umzogen werden?

Nur wenn ein entsprechender Beschluss dies genehmigt. Für Beschlüsse vor dem 28. Juni 2013 wurde angenommen, dass ein einstimmiger Beschluss der Eigentümerversammlung erforderlich war.[192] Aufgrund der am 28. Juni 2013 in Kraft getretenen Reform, ließe sich auf Grundlage des Artikels 10.3.b.) LPH rechtfertigen, dass eine 3/5 Mehrheit der Stimmen und Quoten aller Eigentümer für einen entsprechenden Beschluss ausreichend ist.

Sinn und Zweck der Stellplätze ist das Parken von Kraftfahrzeugen und Motorrädern. Die Schaffung von Mauern ist regelmäßig darauf gerichtet, den von ihnen umschlossenen Raum abschließbar zu machen. Hintergrund ist dabei zumeist die Absicht des Eigentümers, Gegenstände sicher zu lagern. Dies würde aber einen zweckwidrigen Gebrauch im Sinne des Artikels 9.1.a.) LPH bedeuten. Daneben würde durch die Mauern die Konfiguration der Garage verändert, was einen Ver-

---

[189] AP Almería, Sec. 3.ª, Urteil Nr. 219/2003 vom 28. Juli.

[190] AP Zaragoza, Sec. 2.ª, Urteil Nr. 394/2002 vom 24. Juni.

[191] AP Asturias, Sec. 4.ª, Urteil Nr. 180/2004 vom 23. April.

[192] AP Málaga, Sec. 5.ª, Urteil Nr. 66/2007 vom 8. Februar.

stoß gegen Artikel 7.1[193] und 10.3.b.) LPH[194] darstellt. Auch können gegebenenfalls die Rangiermöglichkeiten der Nachbarstellplätze abnehmen, was aber eher von untergeordneter Bedeutung wäre, da diese keinen Anspruch auf die Möglichkeit haben, in den Raum des fremden Stellplatzes einzudringen. Haben jedoch andere Eigentümer in der Vergangenheit vergleichbare Baumaßnahmen durchgeführt, ohne dass es Widerstände seitens der Gemeinschaft gegeben hat, kann diese an ihre vorherigen Entscheidungen bzw. ihre lang anhaltende Untätigkeit gebunden sein, da sie identische Fälle nicht ungleich behandeln darf.[195] Anders kann auch dann zu entscheiden sein, wenn in der Teilungserklärung vorgesehen war, dass ein bestimmter Bereich fest umschlossen sein würde, diese Arbeiten aber zunächst unterblieben. Dann kann die Schließung auch ohne Einverständnis des Gemeinschaft gerechtfertigt sein.[196]

Frage 78: Darf eine Garage zu Wohnzwecken oder zu einem Geschäftsraum umgebaut werden?

Zunächst bedarf der gegebenenfalls erforderliche Umbau zur Ausstattung mit den notwendigen Leitungen (Strom, Wasser, Abwasser) eines Beschlusses der Eigentümerversammlung. Was die Änderung der Nutzungsart angeht, herrschen zwei entgegengesetzte Auffassungen. Nach der wohl h.M. bedarf die Nutzung als Wohnung ebenfalls einer Genehmigung der Eigentümerversammlung mittels Beschlusses, wenn nicht bereits die Gemeinschaftssatzung eine entsprechende Umwandlung ausdrücklich gestattet; schließlich würde durch eine solche Nutzungsänderung die Teilungserklärung betroffen,[197] ohne dass sich die Anwendung einer hiervon abweichenden qualifizierten Mehrheit aufdrängen würde. Allerdings finden sich Entscheidungen, die eine Umgestaltung auch ohne Beschluss oder Genehmigung durch die Gemeinschaftssatzung als zulässig einschätzen und dies mit der Freiheit des Eigentümers rechtfertigen, mit seinem Eigentum so verfahren zu können, wie es ihm beliebt, solange Dritte keinen Schaden erleiden.[198]

Richtigerweise wird wohl darauf abzustellen sein, welche konkrete Änderung beabsichtigt ist. Wird die Nutzung einer Wohnung als Büro angestrebt, sollte die Freiheit des Eigentümers überwiegen, einen derartigen, geänderten Gebrauch vornehmen zu können. Bei dem Wechsel von einer Garage zu einer Wohnung oder zu einem Geschäftsraum müsste hingegen von einer missbräuchlichen Nutzung ausgegangen werden, wenn dies weder durch die Satzung noch durch einen Beschluss der Eigentümerversammlung gedeckt ist. Eine derartige Änderung wird schließlich großen Einfluss auf die gesamte Liegenschaft haben. Die auf die Sondereigentumselemente entfallenden Quoten stehen möglicherweise dann in keinem Verhältnis

---

[193] AP Santa Cruz de Tenerife, Sec. 4.ª, Urteil Nr. 367/2004 vom 27. September.

[194] Vor der am 28. Juni 2013 in Kraft getretenen Reform ergab sich die Erforderlichkeit eines entsprechenden Beschlusses ebenso aus 12 LPH.

[195] AP Vizcaya, Sec. 5.ª, Urteil Nr. 312/2005 vom 20. Juni.

[196] AP León, Sec. 1.ª, Urteil Nr. 116/2006 vom 1. Juni.

[197] AP Albacete, Sec. 2.ª, Urteil Nr. 283/2006 vom 27. Dezember.

[198] AP Málaga, Sec. 5.ª, Urteil Nr. 674/2007 vom 26. November; AP Alicante, Sec. 5.ª, Urteil Nr. 269/2010 vom 8. Juli.

mehr zum Gebrauch, der Abnutzung sowie die Anforderungen an den Bereich, in welchem die Stellplätze oder Garagen angesiedelt sind, da diese einen erheblichen Wandel erfahren.

Ungeachtet der Einordnung im Rahmen des spanischen Wohnungseigentumsrechts muss die veränderte Nutzung im Einklang mit den übrigen einschlägigen Vorschriften stehen. So bedarf jeder neugeschaffene Wohnraum einer Wohnbarkeitsbescheinigung und ein Geschäftsraum entsprechender Betriebsgenehmigungen. In den meisten Fällen werden daher bereits diese Anforderungen einer Änderung im Wege stehen.

2.7.15 Gärten und Grünanlagen

Frage 79: Welche Mehrheit ist erforderlich, um den Gemeinschaftsgarten in einen Gemeinschaftsparkplatz umzuwandeln?

Auf den ersten Blick könnte angenommen werden, dass ein einstimmiger Beschluss der Eigentümerversammlung notwendig wäre, da die Änderung den Inhalt der Teilungserklärung beeinflussen würde (Artikel 17.6 LPH).[199] Artikel 17.3.1 LPH bestimmt jedoch, dass zur Schaffung und Beseitigung von Gemeinschaftseinrichtungen eine 3/5 Mehrheit an Stimmen und Quoten aller Eigentümer (die abwesenden Eigentümer werden über den vorläufigen Beschluss der Anwesenden informiert und können binnen 30 Tagen ab Benachrichtigung ihre Stimme abgeben - unterlassen sie ihre Stimmabgabe, werden deren jeweilige Stimme und Quote als Zustimmung gewertet) ausreicht, wenn diese von Allgemeininteresse sind.

Es ist also immer darauf abzustellen, ob die zu beseitigende oder einzuführende Gemeinschaftseinrichtung von Allgemeininteresse ist oder nicht. Kann man dies bejahen, ist die leichter zu erzielende 3/5 Mehrheit einschlägig. Muss man dies verneinen, wäre Einstimmigkeit zu fordern. Wenn wir den Gemeinschaftsgarten als von Allgemeininteresse einstufen, was unserer Auffassung nach der Fall ist, wäre davon auszugehen, dass eine 3/5 Mehrheit ausreicht.

Genauso wie der Gemeinschaftsgarten allen Eigentümern gedient hat, muss aber auch der neue Parkplatz allen Eigentümern in gleicher Weise zur Verfügung stehen, um von Allgemeininteresse zu sein. Resultieren aus dem Umbau nicht genügend Parkplätze, liegen bereits Entscheidungen vor, wonach dann keine 3/5 Mehrheit sondern Einstimmigkeit erforderlich wäre, weil eben nicht jeder Eigentümer einen Parkplatz erhielte, und dann auch kein wirklich gemeinschaftlicher Parkplatz von Allgemeininteresse geschaffen würde.[200] Es läge vielmehr eine Umwidmung des Gemeinschaftseigentums zum Vorteil bzw. Nachteil einzelner Eigentümer vor.

Frage 80: Darf der Sondernutzungsberechtigte eines Teils des Gemeinschaftsgartens diesen einzäunen?

---

[199] Vor der Reform war auf Artikel 17.1.1 LPH abzustellen.
[200] AP Alicante, Sec. 5.ª, Urteil Nr. 324/2005 vom 8. September.

Nein. Durch das Anbringen von Zäunen wird die Konfiguration des Gemeinschaftseigentums verändert, weshalb ein Beschluss der Eigentümerversammlung erforderlich ist.[201] Eine andere Einschätzung kann die Abgrenzung allerdings dann erfahren, wenn diese nicht fest mit dem Boden verbunden ist oder keine bauliche Veränderung darstellt.[202]

Frage 81: Darf in einem im Sondereigentum stehenden Garten ein Gartenhäuschen oder Geräteschuppen ohne Genehmigung der Eigentümerversammlung errichtet werden?

Wenn der Garten ein Sondereigentumselement ist, bedarf die Errichtung eines einfachen Geräteschuppens keiner Genehmigung der Eigentümerversammlung, wenn durch diesen keine Gefahr geschaffen wurde und auch keine Störung ausgeht (vgl. 9.1.a.), 7.1 und 7.2 LPH).[203] Es kommt, wie so oft, auf den Einzelfall an. Insbesondere bei der Errichtung größerer Bauten kann durchaus eine Beeinträchtigung der übrigen Eigentümer und damit ein Verstoß gegen Artikel 7.1 LPH angenommen werden.[204]

2.7.16 Schilder

Frage 82: Welche rechtliche Einordnung erfahren Schilder?

Außer im Falle der Schilder, welche als Aufschrift den Namen der Gemeinschaft oder Urbanisation tragen und selbige identifizieren sowie allgemeinen Hinweisschildern, die beide im Gemeinschaftseigentum stehen, sind in diesem Zusammenhang zumeist Werbeschilder relevant, die im Sondereigentum stehen oder von den Mietern der Geschäftslokale angebracht wurden.

Frage 83: Dürfen Schilder an der Fassade angebracht werden?

Richtigerweise bedarf eine Veränderung der Fassade eines Beschlusses der Eigentümerversammlung.[205] Diese Regel muss allerdings flexibel gehandhabt werden, wenn es sich um kleinste Veränderungen handelt oder es beispielsweise darum geht, die Rechte und Pflichten eines Geschäftsbetriebs in Abgrenzung zu denen der Gemeinschaft zu beurteilen. Ohne die Anbringung von Hinweisschildern wird es häufig genug überhaupt nicht möglich sein, einem Geschäftsmodell erfolgreich nachzugehen, das auf Laufkundschaft angewiesen ist. Auch muss für die Beurteilung der Rechte der Gemeinschaft bzw. der Unverletzlichkeit des Gemeinschafts

---

[201] AP Castellón, Sec. 3.ª, Urteil Nr. 304/2010 vom 6. Oktober; AP Vizcaya, Sec. 5.ª, Urteil Nr. 111/2008 vom 26. Februar; AP Lleida, Sec. 2.ª, Urteil Nr. 409/2007 vom 17. Dezember.

[202] AP Murcia, Sec. 1.ª, Urteil Nr. 35/2010 vom 19. Januar.

[203] AP Baleares, Sec. 4.ª, Urteil Nr. 182/2005 vom 9. Mai.

[204] AP Málaga, Sec. 5.ª, Urteil Nr. 502/2003 vom 8 Juli.

[205] Bis zur am 28. Juni 2013 in Kraft getretenen Reform des spanischen Wonungseigentumsgesetzes ging die h.M. davon aus, dass es eines einstimmigen Beschlusses der Eigentümerversammlung bedurfte. Mittlerweile ist mit Rücksicht auf den neuen Artikel 10.3.b.) LPH und in Abhängigkeit der Auslegung die man von ihm macht, gegebenenfalls bereits eine 3/5 Mehrheit der Stimmen und Quoten aller Eigentümer ausreichend. Man beachte die zur Anwendung dieses Artikels gemachten Ausführungen.

elements *Fassade* danach unterschieden werden, ob sich das Geschäft und dessen Schilder auf Straßenhöhe oder in einem oberen Stockwerk befinden. Die Unverletzlichkeit der Fassade ist im Erdgeschossbereich und auf der Höhe eines oberen Stockwerks unterschiedlich zu beurteilen. Werbebotschaften oder Hinweisschilder lenken bei Passanten und Bewohnern der Liegenschaft in Abhängigkeit ihrer Platzierung nicht nur in unterschiedlichem Ausmaß die Aufmerksamkeit auf sich, sondern werden subjektiv gänzlich anders wahrgenommen und können alleine aufgrund der Höhe ihrer Anbringung als unterschiedlich störend empfunden werden. Deshalb kommt es bei der Beurteilung dessen, in welchem Umfang die Fassade (ohne vorhergehende Genehmigung durch die Gemeinschaft) beeinflusst werden darf, auf eine Fülle von Umständen an, die individuell zu beurteilen sind.[206] Auch wenn sich das äußere Erscheinungsbild der Fassade durch die Anbringung eines Werbeschilds ändert, ist z.B. eine leichte Veränderung von der Gemeinschaft grundsätzlich hinzunehmen, wenn es der Bewerbung eines Betriebes dient, der in legaler Weise eingerichtet und von der Gemeinschaft nicht in zulässiger Weise untersagt wurde bzw. von dem keine verbotenen Störungen und Belästigungen ausgehen. Beeinflusst das Schild unmittelbar selbst die Gemeinschaft in negativer Weise, weil von ihm eine Gefahr droht oder wird durch dieses z.B. die Sicht einzelner Eigentümer versperrt, stellt dies Gründe dar, die eine unverzügliche Entfernung rechtfertigen können. Mangelt es hieran, kann aber auch ein in seinen Dimensionen oder seiner Gestaltung unpassendes Schild ebenso einen Anspruch auf Beseitigung begründen. Bleibt es jedoch im Rahmen des Üblichen und Zumutbaren, gibt es keinen stichhaltigen Grund, der für eine Entfernung spräche.[207]

Selbst wenn der eigentlichen Aktivität in einem der oberen Stockwerke nachgegangen wird (z.B. Ärzte, Architekten, etc.), können Schilder im Eingangsbereich der Liegenschaft angebracht werden, wenn diese, wie gesagt, keine proportional gesehen, unpassende Größe aufweisen. Auch wenn diese Einordnung die generelle Haltung des Rechtsprechung widerspiegelt, kommt es wie immer auf den Einzelfall an. So finden sich ebenso Entscheidungen, welche die Anbringung von Schildern selbst für Gewerbetreibende im Erdgeschoss allgemeine für genehmigungspflichtig halten.[208]

2.7.17 Mauern

Frage 84: Welche rechtliche Einordnung erfahren die Mauern und Wände?

Artikel 396 Código Civil beschreibt die Mauern als Gemeinschaftseigentum. Dies trifft jedenfalls auf die Außenmauern sowie die tragenden Mauern zu. Die Eigenschaft als Gemeinschaftselement leitet sich aus mehreren Umständen ab. Sie bilden einerseits die Struktur der Liegenschaft und grenzen sie nach außen hin ab,

[206] TS, Sala 1.ª, de lo Civil, Urteil Nr. 372/2011 vom 1. Juni.

[207] AP Zamora, Sec. 1.ª, Urteil Nr. 330/2011 vom 2. Dezember; AP Granada, Sec. 4.ª, Urteil Nr. 498/2008 vom 12. Dezember; AP Alicante, Sec. 5.ª, Urteil Nr. 346/2008 vom 17. September; TS, Sala 1.ª, de lo Civil Urteil vom 29. Februar 2000.

[208] AP Valencia, Sec. 7.ª, Urteil vom 20. Mai 2011.

andererseits bilden die Außenwände gleichzeitig die Fassade der Liegenschaft, aus der sich das Erscheinungsbild ableitet.[209] Bei den im Inneren liegenden Wänden eines Sondereigentumselements, denen *per se* keine stützende Funktion zukommt, handelt es sich hingegen um Sondereigentum. Vereinzelt können sich dennoch auch bei diesen Wänden Probleme bezüglich der Einordnung ergeben. Wie wäre die im Inneren liegende Wand einzuordnen, wenn ihr keine Funktion im Hinblick auf die Statik zukommt, aufgrund des Alters des Gebäudes oder wegen eines absinkenden Grundwasserspiegels diese aber mittlerweile eine Stützfunktion ausübt? Es dürfte sich wohl immer noch um ein Sondereigentumselement handeln, da die Schwächung der ursprünglichen Struktur nicht geeignet ist, etwas an der rechtlichen Einordnung eines Elementes zu ändern. Dennoch ist gerade bei älteren Gebäuden (oder bei Hinweisen auf Veränderungen, wie etwa Risse in den Wände) mit Hinblick auf die sich ändernden statischen Gegebenheiten den gesetzlichen Anforderungen besondere Aufmerksamkeit zu widmen, wenn etwa auf Wunsch des Eigentümers Baumaßnahmen in seinem Sondereigentumselement umgesetzt werden sollen. Es wäre dann gegebenenfalls ein Sachverständiger (Architekt, Bauingenieur, etc.) hinzuzuziehen, der das entsprechende Gutachten oder den Entwurf des Bauvorhabens erstellt, die erforderliche Baugenehmigung beantragt und die Gemeinschaft gemäß Artikel 7.1 LPH über ihren Präsidenten bezüglich der anvisierten Arbeiten informiert. Um Schäden an der Gebäudestruktur zu vermeiden (z.B. weitere Rissbildung), müssen so einzelne Maßnahmen im Inneren der Sondereigentumselemente oftmals warten, bis die erforderlichen (Stütz- oder Verstärkungs-) Arbeiten an den Gemeinschaftselementen erfolgreich durchgeführt werden konnten.

Frage 85: Bedarf der Eigentümer zweier voneinander unabhängiger Sondereigentumselemente einer Genehmigung durch die Eigentümerversammlung, um diese mittels Mauerdurchbruchs zu verbinden?

Artikel 3.a.) LPH bestimmt zwar, dass der Eigentümer in Inneren seines Sondereigentums frei über die baulichen Elemente verfügen darf, dies aber auch nur soweit, wie sie lediglich ihm dienen. Dort wo eine Mauer der Trennung zweier unabhängiger Sondereigentumselemente dient, stellt sich die Frage, wie diese rechtlich einzuordnen ist. Handelt es sich um eine tragende Struktur, wäre die Annahme von Gemeinschaftseigentum die einzig zulässige Folgerung (gem. Artikel 7.1 und 9.1.a.) LPH), dient eine solche doch der gesamten Liegenschaft, um die Sicherheit und Stabilität des Gebäudes zu garantieren;[210] nicht völlig außer Acht gelassen werden sollte auch die allgemeine Einordnung gemäß Artikel 396 Código Civil, welche sie als Gemeinschaftseigentum einstuft.[211] Genauso wäre die Situation zu beurteilen, wenn es sich um nicht tragende Außenmauern handelt, welche eine Gemeinschaft von einer anderen abgrenzen.[212] Ist die Mauer aber nicht tragend, handelt

---

[209] AP Málaga, Sec. 6.ª, Urteil Nr. 556/1998 vom 20. Juli.

[210] AP Alicante, Sec. 5.ª, Urteil Nr. 28/2005 vom 20. Januar.

[211] AP Madrid, Sec. 21.ª, Urteil Nr. 472/2008 vom 23. Oktober.

[212] AP Asturias, Sec. 6.ª, Urteil Nr. 249/2009 vom 6. Juli; AP Burgos, Sec. 2.ª, Urteil Nr. 133/2009 vom 25. März.

es sich um keine Außenmauer und gehören die auf beiden Seiten der Trennmauer liegenden Sondereigentumselemente gar dem selben Eigentümer, könnte die Einordnung fraglich sein.

Zum Teil wird vertreten, auch die nichttragenden und innenliegenden Zwischenmauern seien Gemeinschaftseigentum, weshalb eine Entfernung derselben ohne Beschluss der Eigentümerversammlung einen Verstoß gegen Artikel 7.1, 9.1.a.) und 10.3.b.) LPH darstellen würde.[213]

Andererseits finden sich genauso Entscheidungen, die eine entgegengesetzte Lösung favorisieren und in solchen Fällen, selbst bei Durchbrüchen zwischen zwei Stockwerken der Auffassung sind, dies erfordere keine Genehmigung der Gemeinschaft, wenn das untere und das obere Geschoss im Eigentum derselben Person stünden.[214]

Der Annahme von Gemeinschaftseigentum und mithin das Erfordernis eines Beschlusses sollte der Vorzug gegeben werden. Artikel 7.1.a.) und 10 LPH begrenzen die Rechte des Eigentümers mit den baulichen Elementen seines Sondereigentums nach Belieben zu verfahren, u.a. dann, wenn die *configuración* also die Konfiguration des Gebäudes verändert wird. Vor dem Hintergrund der übrigen durch Artikel 7.1.a.) LPH gezogenen Grenzen ist anzunehmen, dass die Verbindung zweier Sondereigentumselemente die Konfiguration betreffen würde.

Oftmals bedarf es aber deshalb keines Beschlusses, weil in der Gemeinschaftssatzung bereits eine allgemeine Befugnis zum Entfernen nicht tragender Zwischenmauern erteilt wurde. Zu Lockerungen kann es ebenso kommen, wenn einzelnen Eigentümern in der Vergangenheit bereits Genehmigungen erteilt wurden. Es bedürfte dann zwar formell eines Beschlusses, es würde der Gemeinschaft jedoch an Argumenten fehlen, eine Genehmigung zu verwehren, wenn dieser konkrete Fall aus objektiven Gründen nicht anders zu beurteilen wäre als die übrigen.[215]

Frage 86: Darf ein Eigentümer einen Teil der zwischen ihm und seinen Nachbarn bestehenden Zwischenmauern oder der Außenmauer abschaben, um auf diese Weise Raum zu gewinnen?

Zur Beantwortung dieser Frage kommt es entscheidend darauf an, welche rechtliche Einordnung von der Mauer vorgenommen wird.

---

[213] AP Madrid, Sec. 20.ª, Urteil Nr. 361/2011 vom 21. Juni; AP Asturias, Gijón, Sec. 7.ª, Urteil Nr. 326/2010 vom 25. Juni; AP Zaragoza, Sec. 4.ª, Urteil Nr. 350/2009 vom 3. Juli.

[214] AP Las Palmas, Sec. 5.ª, Urteil Nr. 409/2008 vom 17. Oktober.

[215] Aufgrund der aktuellen Fassung des Artikels 10 LPH wird in der Literatur diskutiert, wie mit solcherlei in der Satzung enthaltenen Genehmigungen zu verfahren ist. Teilweise wird argumentiert, dass diese Genehmigungen weiterhin wirksam sind, wenn sie vor dem 28. Juni 2013 - dem Tag des Inkrafttretens der aktuellen Fassung des spanischen Wohnungseigentumsgesetzes - in das Grundbuch Einzug gefunden haben. Nach diesem Zeitpunkt könne es aber dennoch eines Beschlusses der Eigentümerversammlung (mit 3/5 der Stimmen- und Quoten aller Eigentümer) bedürfen. Siehe hierzu: Martínez Ortega, La modificación del título constitutivo, S. 316 ff.

Die Außenmauern zählen unumstritten zum Gemeinschaftseigentum, weshalb auch ein teilweises Abschlagen unzulässig wäre. Bei den Zwischenmauern (zu anderen Sondereigentumselementen der gleichen Gemeinschaft) ist weiter zu unterscheiden. Handelt es sich um tragende Wände, sind auch diese unstrittig Gemeinschaftseigentum. Wenn nicht, werden unterschiedliche Auffassungen vertreten. Die wohl h.M. geht auch bei nicht tragenden Innenwänden von Gemeinschaftseigentum aus, weshalb kein *Schmälern* gestattet wäre.[216]

2.7.18 Der Swimmingpool

Frage 87: Welche Mehrheit ist erforderlich, um den Gemeinschaftspool abzuschaffen?

Wenn man den Gemeinschaftspool als Gemeinschaftseinrichtung allgemeinen Interesses einordnet, wäre gemäß Artikel 17.3.1 LPH[217] ein Beschluss mit 3/5 Mehrheit der Stimmen und Quoten aller Eigentümer ausreichend.[218] Vereinzelt wird jedoch darauf abgestellt, dass die Gemeinschaftseinrichtungen dann nicht von Allgemeininteresse sind, wenn sie einen außergewöhnlichen Zweck haben oder lediglich der Freizeitgestaltung dienen, also nicht nur abdingbar, sondern sogar unüblich sind. Im Falle eines Gemeinschaftspools ist wiederholt davon ausgegangen worden, es handele sich um eine derartige, abdingbare, unnötige und unübliche Einrichtung, weshalb nicht die 3/5 Mehrheit sondern die Einstimmigkeitsregel einschlägig sei.[219]

Frage 88: Welche Mehrheiten sind erforderlich, um einen Gemeinschaftspool zu errichten?

Auch hier stellt sich die gleiche Frage, die bereits unter dem vorangegangenen Punkt angesprochen wurde. Handelt es sich bei dem Gemeinschaftspool um eine Gemeinschaftseinrichtung allgemeinen Interesses? Bejahendenfalls reicht die 3/5 Mehrheit des Artikels 17.3.1 LPH[220] aus. Falls nicht, müsste ein einstimmiger Beschluss der Eigentümerversammlung vorliegen. Der überwiegende Teil der Rechtsprechung scheint sich für eine Einordnung auszusprechen, welche dieses Allgemeininteresse verneint.[221] Die Errichtung eines Gemeinschaftspools bedürfte in der Folge eines einstimmigen Beschlusses.

Vor dem Hintergrund der im Jahre 2013 erfolgten Reform des spanischen Wohnungseigentumsgesetzes stellt sich allerdings die Frage, ob nicht gegebenenfalls

---

[216] AP Asturias, Gijón, Sec. 7.ª, Urteil Nr. 326/2010 vom 25. Juni.

[217] Vor der im Jahre 2013 durchgeführten Reform wurde dieser Aspekt durch Artikel 17.1.2 LPH a.F. normiert.

[218] AP Madrid, Sec. 9.ª, Urteil Nr. 322/2003 vom 12. Mai.

[219] AP Zaragoza, Sec. 2.ª, Urteil Nr. 380/2011 vom 28. Juni; AP Zaragoza, Sec. 5.ª, Urteil Nr. 197/2011 vom 18. März; AP Las Palmas, Sec. 3.ª, Urteil Nr. 330/2005 vom 13. Juni; AP Castellón, Sec. 3.ª, Urteil Nr. 380/2002 vom 12. Dezember; AP Alicante, Sec. 5.ª, Urteil Nr. 552/2001 vom 5. Juli.

[220] Bis zum 28. Juni 2013 wurden die Schaffung oder Beseitigung von Gemeinschaftseinrichtungen allgemeinen Interesses noch durch den inhaltlich gleichlautenden Artikel 17.1.2 LPH a.F. geregelt.

[221] AP Castellón, Sec. 3.ª, Urteil Nr. 380/2002 vom 12. Dezember.

mit Hinweis auf den aktuellen Artikel 10.3.b.) LPH auch für den Fall, dass die zu errichtende Gemeinschaftsinstallation nicht von Allgemeininteresse ist, eine 3/5 Mehrheit der Stimmen und Quoten aller Eigentümer zu ihrem Beschluss ausreichend sein könnte. Die zukünftige Rechtsprechung wird Gelegenheit haben, sich mit dieser Problematik umfassend zu beschäftigen. Im Mittelpunkt wird die Frage stehen, ob der Wortlaut des Artikels 10.3.b.) LPH, wenn er sich auf die Veränderung des Gemeinschaftseigentums bezieht, auch solcherlei Maßnahmen umfasst, die auf die Schaffung von Gemeinschaftseinrichtungen abzielen.

Es scheint vieles dafür zu sprechen, weiterhin das Einstimmigkeitserfordernis heranzuziehen, wenn das Allgemeininteresse zu verneinen ist, und von einer direkten Anwendung des Artikel 10.3.b.) LPH auf solcherlei Konstellationen abzusehen. Es würde es keinen Sinn machen, dass Gesetz eine Unterscheidung ausgehend vom Allgemeininteresse vorzunehmen zu lassen, wenn im Ergebnis praktisch die gleichen Mehrheitsanforderungen einschlägig werden. Die spezielle Regelung des Artikels 17.3.1 LPH spräche somit bei Ablehnung des Allgemeininteresses einer Einrichtung dafür, Einstimmigkeit zu fordern. Dennoch kann die Uneindeutigkeit des Wortlauts des Artikels 10.3.b.) LPH eine hiervon abweichende Auslegung und Anwendung rechtfertigen.

Frage 89: Darf der Eigentümer eines Stellplatzes den Gemeinschaftspool nutzen, wenn er ansonsten kein weiteres Sondereigentum (z.B. Wohnung) hält?

Wenn der Eigentümer eines Stellplatzes uneingeschränkt an den allgemeinen Kosten der Gemeinschaft beteiligt wird, weil keine Sonderregelung besteht, die ihn von bestimmten Ausgaben befreit, wäre anzunehmen, dass er auch einen normalen Gebrauch von allen Gemeinschaftselementen machen darf, die er letztlich mit finanziert.

Der *Tribunal Supremo* hat aber erstaunlicherweise mit ausdrücklichem Hinweis auf die *Logik* den Beschluss einer Eigentümerversammlung als rechtmäßig eingestuft, welcher den Eigentümern der Stellplätze eine Nutzung des Pools verbot. So wurde entschieden, dass es nach den Regeln der Vernunft nachvollziehbar sei, wenn der Eigentümer eines Stellplatzes nicht den Gemeinschaftspool nutzen dürfe, da das Schwimmbad in keinem logischen Zusammenhang mit der Nutzung des Stellplatzes stehe und für den Gebrauch des letzteren nicht erforderlich sei.[222]

Dies wirft allerdings ein seltsames Licht auf die einschlägig bekannten Fälle, in denen entscheiden wurde, dass die Eigentümer von Geschäftslokalen oder Erdgeschosswohnungen z.B. die Kosten für den Fahrstuhl oder die Reinigung des Treppenhauses mittragen, obwohl weder sie noch ihre Kunden oder Besucher einen geeigneten Gebrauch derselben machen können. Nur die Befreiung mittels Satzung oder durch einstimmigen Beschluss ließ hier nach Aussage der einschlägigen Urteile eine Ausnahme zu. So wird argumentiert, die in der Teilungserklärung bzw. Gemeinschaftssatzung als gemeinschaftliches Eigentum ausgewiesenen Elemente würden auch denen anteilig gehören, welche diese nicht nutzen können,

---

[222] TS, Sala Primera, de lo Civil, Urteil Nr. 67/2006 vom 2. Februar.

weshalb auch deren Kosten mit zu tragen seien (wenn keine Ausnahme vorliege). Warum soll dann aber ein Miteigentümer am Gemeinschaftseigentum keinen Gebrauch hiervon machen dürfen? Es ist davon auszugehen, dass zukünftige Entscheidungen von dieser Position abrücken, oder eine nachvollziehbare Argumentation darlegen, um das gleiche Ergebnis zu rechtfertigen, bzw. die möglicherweise ausschlaggebenden und zugrundegelegten Besonderheiten des Einzelfalls klarer hervorheben.

2.7.19 Portal, Eingangs- oder Empfangsbereich, Hausmeisterdienste und Hausmeisterwohnung

Frage 90: Welche Bedeutung haben die Begriffe Portal, Eingangs- und Empfangsbereich, Hausmeisterdienste und Hausmeisterwohnung?

Wenn von *portal, portería* und *servicio de portería* die Rede ist, müssen zunächst einige wichtige Unterscheidungen vorgenommen werden. Mit *portal* ist der Bereich gemeint, welcher der Eingangstür folgt und den Bewohnern als gemeinschaftlicher Zugang zu den eigentlichen Sondereigentumselementen dient. Unter *portería* sind die Installationen zu verstehen, welche dem Hausmeister oder Hauswart zum Aufenthalt und zur Erfüllung seiner Tätigkeit bereitgestellt werden. Der *servicio de portería* ist schliesslich die Hausmeister- bzw. Hauswartdienstleistung an sich.[223]

Oftmals wird der Begriff *portería* als eine Art synonym von *servicio de portería* verwendet oder schließt letzteren als Oberbegriff mit ein. Sie sind jedoch streng zu unterscheiden, da an diese mitunter unterschiedliche Mehrheiten geknüpft werden, wenn es um deren Einführung oder Beseitigung geht.

In einzelnen Gemeinschaften oder Urbanisationen bestehen darüber hinaus Unterkünfte für den Hausmeister oder Hauswart, welche von diesen dauerhaft bewohnt werden und im Gemeinschaftseigentum stehen.

Frage 91: Führt die Befreiung von der Beteiligung an den Kosten des Eingangsbereichs (*portal*), auch zur Befreiung von den Kosten von den Hausmeisterdiensten (*servicio de portería*)?

Ein Teil der Rechtsprechung geht davon aus, dass mit der Befreiung von den Kosten des Eingangsbereichs eine allgemeine Befreiung gemeint ist, die auch alle mit diesem im Zusammenhang stehenden Kosten umfasst.[224] Die h.M. in der Rechtsprechung ist hingegen der Auffassung, dass bei der Frage nach dem Umfang der Kostenbefreiung eine enge Auslegung anzuwenden sei, weshalb eine Befreiung von der Beitragspflicht zum Eingangsbereich nicht auch die Hausmeisterdienste umfasse.[225]

Frage 92: Welcher Mehrheit bedarf es, um den Empfangs- bzw. Hausmeisterdienst einzustellen?

---

[223] TS, Sala 1.ª, de lo Civil, Urteil Nr. 171/1999 vom 6. März.
[224] AP Barcelona, Sec. 11.ª, Urteil Nr. 496/2009 vom 27. Oktober.
[225] AP Asturias, Sec. 7.ª, Urteil Nr. 145/2006 vom 17. März; AP Barcelona, Sec. 17.ª, Urteil Nr. 902/2003 vom 10. Dezember; AP Zaragoza, Sec. 4.ª, Urteil Nr. 563/2001 vom 24. September.

Wie sich aus Artikel 17.3.1 LPH[226] ergibt, bedarf die Einführung und Abschaffung von Diensten die im allgemeinen Interesse der Gemeinschaft stehen, lediglich einer 3/5 Mehrheit an Stimmen und Quoten aller Eigentümer. Da selbiger Artikel ausdrücklich den Hausmeisterdienst als Beispiel nennt, erfordert die Einführung oder Beseitigung desselben die beschriebene, qualifizierte Mehrheit.

Frage 93: Welcher Mehrheit bedarf es, um die gemeinschaftliche Hausmeisterwohnung zu verkaufen?

Für den Verkauf einer Hausmeisterwohnung bedarf es eines einstimmigen Beschlusses der Eigentümerversammlung gemäß Artikel 17.6 LPH.[227] Eine Frage ist die Einordnung der Einführung oder Beseitigung eines Dienstes oder einer Einrichtung, welche von der Gemeinschaft auch wieder rückgängig gemacht werden kann und etwas anderes die Veräußerung von Gemeinschaftseigentum. Durch dessen Veräußerung wird neues Sondereigentum geschaffen, das den Inhalt der Teilungserklärung abändert. Das neue Sondereigentumselement muss schließlich auch noch einen Anteil bzw. eine Quote zugewiesen bekommen. Die hundert Hundertstel, in welche die Anteile im spanischen Wohnungseigentumsrecht aufgeteilt werden, sind dann vollständig neu zu verteilen. Aufgrund Artikel 5.2 und 5.4 LPH bedarf es damit der Einstimmigkeit. Die je nach Auslegung des Artikels 10.3.b.) LPH gegebenenfalls anwendbaren Erleichterungen (3/5 Mehrheit der Stimmen und Quoten aller Eigentümer) sind bereits deshalb nicht einschlägig, weil besagter Artikel auf Veränderungen an Sondereigentumselementen abstellt, bzw. sich auf die Errichtung neuer Stockwerke bezieht, nicht aber auf die Veräußerung von Gemeinschaftselementen (also die Umwidmung), und die hierauf zurückgehende Änderung an den Quoten. Dennoch wird abzuwarten sein, wie die Rechtsprechung in Zukunft Artikel 10.3.b.) LPH anwendet, da durchaus Fälle denkbar sind, in denen die Übergänge zwischen dem eindeutigen Regelungsgehalt des bezeichneten Artikels und anderen Bereichen verschwimmen.

Frage 94: Welcher Mehrheit bedarf es, um die Hausmeisterwohnung zu vermieten?

Es bedarf eines einstimmigen Beschlusses der Eigentümerversammlung. Die in Artikel 17.1.2 LPH a.F. und nunmehr, seit der Reform in Artikel 17.3.1 LPH enthaltene Erleichterung, welche lediglich eine 3/5 Mehrheit von Stimmen und Quoten erfordert, ist nur auf die Fälle anwendbar, in denen auf das vermietete Element kein besonderer Verwendungszweck entfiel.[228] Vereinzelt finden sich aber ebenso Entscheidungen, die eine doppelte 3/5 Mehrheit ausreichen lassen.[229] Kommende,

---

[226] Vor dem 28. Juni 2013 wurde dieser Abstimmungsgegenstand mit identischer Mehrheit durch Artikel 17.1.2 LPH a.F. geregelt.

[227] Vor der Reform des Jahres 2013: Artikel 17.1 LPH a.F.

[228] Das Erfordernis der Einstimmigkeit wurde von folgenden Entscheidungen zugrunde gelegt: AP Málaga, Sec. 4.ª, Urteil Nr. 604/2001 vom 1. September; AP Madrid, Sec. 10.ª, Urteil Nr. 36/2010 vom 26. Januar; AP Madrid, Sec. 13.ª, Urteil Nr. 583/2007 vom 19. Dezember; AP Madrid, Sec. 19.ª, Urteil Nr. 782/2004 vom 7. Dezember.

[229] 3/5 Mehrheit an Stimmen und Quoten aller Eigentümer: AP Las Palmas, Sec. 4.ª, Urteil Nr. 286/2008 vom 4. Juni; AP Madrid, Sec. 21.ª, Urteil Nr. 14/2009 vom 20. Januar; AP Madrid, Sec.

nach der Reform ergehende Urteile werden aufzeigen müssen, ob das Erfordernis der Einstimmigkeit weiterhin h.M. bleibt.

2.7.20 Türen und Fenster

Frage 95: Dürfen an einem Fenster ohne Genehmigung der Eigentümerversammlung Gitter angebracht werden?

Nein. Es handelt sich in einem solchen Falle um eine Veränderung der Fassade, welche gemäß Artikel 396 Código Civil zu den Gemeinschaftselementen gehört, wenn sich aus allen übrigen Umständen nichts gegenteiliges ergibt. Angesicht dessen und aufgrund der Tatsache, dass es dem Eigentümer gemäß Artikel 7.1 LPH nicht gestattet ist, eigenmächtig Änderungen am äußeren Erscheinungsbild der Gemeinschaft vorzunehmen, bedarf es regelmäßig einer Genehmigung durch die Versammlung.[230]

Frage 96: Dürfen alte Fenster ohne Genehmigung der Eigentümerversammlung durch neue mit einem abweichenden Erscheinungsbild, sprich einer anderen Ästhetik ersetzt werden?

Die Fenster, als Teil der Fassade, dürfen, wenn hierdurch das Erscheinungsbild verändert wird, grundsätzlich nur aufgrund Beschlusses der Eigentümerversammlung ausgetauscht werden.[231] Auch wenn sich diese Schlussfolgerung bereits aus Artikel 7.1 LPH aufdrängt, existieren zahlreiche Entscheidungen, die eine abgeschwächte Anwendung dieser Regel rechtfertigen. Der Gesetzeswortlaut dürfe hiernach nicht absolut gelten, sondern müsse auch die soziale Realität berücksichtigen. Die in Artikel 14 der spanischen Verfassung[232] sowie Artikel 7 de Código Civil[233] aufgestellten Prinzipien rechtfertigten daher eine Zügelung dieser Vorgaben, wenn z.B. andere Eigentümer bereits ähnliche Veränderungen durchgeführt haben, ohne dass die Gemeinschaft Einwände formuliert habe.[234]

Frage 97: Dürfen die Glasscheiben der Fenster ohne Genehmigung der Eigentümerversammlung durch andere, unterschiedliche, ausgetauscht werden?

Als Teil der Fassade dürfen auch die Scheiben der Fenster nicht ohne Genehmigung der Eigentümerversammlung ausgetauscht werden, wenn hierdurch das Er-

---

9.ª, Urteil Nr. 278/2008 vom 6. Juni; AP Madrid, Sec. 21.ª, Urteil Nr. 381/2007 vom 26. Juni; TS, Sala 1.ª, de lo Civil, Urteil Nr. 556/2007 vom 22. Mai.

[230] AP Alicante, Sec. 5.ª, Urteil Nr. 286/2011 vom 13. Juli. Bis zur Gesetzesreform im Jahre 2013 wurde angenommen es bedürfe hierzu eines einstimmigen Beschlusses. Gengenwärtig kann je nach Interpretation des Artikels 10.3.b.) LPH davon ausgegangen werden, dass bereits eine 3/5 Mehrheit der Stimmen und Quoten aller Eigentümer genügt.

[231] AP Granada, Sec. 4.ª, Urteil Nr. 571/2003 vom 27. Oktober. In diesem Urteil wurde aufgrund der alten Gesetzesfassung noch ein einstimmiger Beschluss gefordert. Aufgrund des neuen Artikels 10.3.b) LPH kann, je nach Auslegung, bereits eine 3/5 Mehrheit der Stimmen und Quoten aller Eigentümer als ausreichend angesehen werden. Vgl. hierzu unsere Ausführungen zu besagtem Artikel.

[232] Gleichheitsgrundsatz.

[233] Treu und Glauben.

[234] AP Cantabria, Sec. 2.ª, Urteil Nr. 276/2009 vom 3. April.

scheinungsbild eine Veränderung erfährt. Vielmehr bedarf es eines Beschlusses,[235] da andernfalls ein Verstoß gegen Artikel 7.1 LPH vorliegt.[236] Handelt es sich aber nur um kleinste Veränderungen, die kaum wahrnehmbar sind, kann eine Änderung durch die Gemeinschaft hinzunehmen sein.[237]

2.7.21 Grund und Boden

Das Grundstück, auf dem sich die Liegenschaft befindet, stellt mangels besonderer, hiervon abweichender Regelungen[238] (Teilungserklärung, einstimmiger Beschluss) bereits ausgehend von Artikel 396 Código Civil Gemeinschaftseigentum dar.

Als Gemeinschaftseigentum ist aber nicht nur die unbebaute oder mit Gemeinschaftseinrichtungen bebaute Fläche einzuordnen, sondern ebenso der durch die Sondereigentumselemente überbaute Teil.

Frage 98: Darf der Eigentümer eines im Erdgeschoss gelegenen Sondereigentumselementes selbiges ohne Genehmigung der Eigentümerversammlung unterkellern?

Wenn die überbaute Fläche nicht Kraft Beschlusses oder Teilungserklärung bzw. Gemeinschaftssatzung zu Sondereigentum geworden ist, darf kein Eigentümer eine Unterkellerung ohne entsprechende Genehmigung vornehmen.[239] Andernfalls würde ein Verstoß gegen Artikel 7.1 LPH vorliegen. Die Genehmigung bedurfte bis zur Reform des spanischen Wohnungseigentumsgesetzes im Juni 2013 eines einstimmigen Beschlusses. Aufgrund des Wortlauts des aktuellen Artikels 10.3.b.) LPH könnte argumentiert werden, es genüge eine 3/5 Mehrheit der Stimmen und Quoten aller Eigentümer.[240]

Frage 99: Dürfen die Eigentümer eines in einer Urbanisation gelegenen Einfamilienhauses oder eines Reihenhauses selbiges ohne Genehmigung der Eigentümerversammlung unterkellern?

Ausgehend von Artikel 396 des Código Civil, gehört der Grund und Boden zu den Gemeinschaftselementen. Eine Ausnahme besteht dann, wenn entweder durch die Teilungserklärung die Gemeinschaftssatzung oder mittels einstimmigen Beschlusses eine hiervon abweichende Regelung getroffen wurde.

---

[235] Vor der Reform des Jahres 2013 wurde von der Rechtsprechung ein einstimmiger Beschluss gefordert. Seit dem 28. Juni 2013 kommt es darauf an, wie Artikel 10.3.b) LPH auszulegen ist. Gegebenenfalls kann eine 3/5 Mehrheit von Stimmen und Quoten aller Eigentümer ausreichend sein.

[236] AP Pontevedra, Sec. 6.ª, Urteil Nr. 415/2006, vom 12. Juli.

[237] AP Baleares, Sec. 3.ª, Urteil Nr. 278/2006, vom 13. Juni.

[238] Man müsste regelmäßig sogar soweit gehen, das Grundstück als unabdingbares Gemeinschaftseigentum einzuordnen.

[239] TS, Sala Primera, de lo Civil, Urteil Nr. 565/2011 vom 5. September; TS, Sala 1.ª, de lo Civil, Urteil Nr. 99/2005 vom 22. Februar; AP Cádiz, Sec. 5.ª, Urteil Nr. 120/2008 vom 12. März.

[240] Man beachte zur Auslegung des Artikels 10.3.b.) LPH die hierzu mehrfach in diesem Buch gemachten Ausführungen.

Artikel 24 LPH bestimmt zwar, dass Artikel 396 Código Civil auch auf Urbanisationen anwendbar ist, Artikel 24.1.a.) LPH führt jedoch zusätzlich aus, dass sich Urbanisationen dadurch auszeichnen, dass sie aus mehreren Gebäuden oder Grundstücken bestehen, die voneinander unabhängig sind. Anders als im Falle des gewöhnlichen Wohnungseigentums im Sinne des Eigentums an einem Sondereigentumselement in einem z.B. aus Stockwerken bestehenden Gebäude, stellen die freistehenden Einfamilienhäuser weitaus unabhängigere Sondereigentumselemente dar. Die rechtliche Einordnung des Bodens (als Gemeinschaftseigentum respektive Sondereigentum) kann in einem solchen Fall daher unterschiedlich ausfallen. Die durch Artikel 396 Código Civil geschaffene Ausgangslage, wonach der Grund und Boden Gemeinschaftseigentum ist, wenn sich aus den übrigen Umständen nichts anderes ergibt, müsste im Falle von freistehenden Ein-Familien-Häusern in Urbanisationen umgekehrt werden. Sollte sich aus der Teilungserklärung nichts gegenteiliges ergeben, müsste angenommen werden, dass das Grundstück, auf welchem sich das Ein-Familien-Haus befindet, Sondereigentum ist.[241] Wie sich bereits aus dem Wortlaut des Artikels 396 Código Civil ergibt, wenn von den *unterschiedlichen Wohnungen und Geschäftslokalen des Gebäudes* die Rede ist, richtet sich seine Einordnung eher an das Wohnungseigentum im wörtlichen Sinne.

Im Falle eines Reihenhauses muss ebenfalls darauf abgestellt werden, welche Einordnung die Teilungserklärung vom Grund und Boden macht. Anders als im Falle des freistehenden Ein-Familien-Hauses kann aber nicht davon ausgegangen werden, dass bei mangelnden Angaben automatisch von Sondereigentum auszugehen sei. Allerdings ist auch die Annahme des Artikels 396 Código Civil nicht zwingend. Vereinzelt wird daher darauf abgestellt, ob die Reihenhäuser z.B. über ein gemeinsames Fundament oder eine einheitliche Bodenplatte verfügen. Ist dies der Fall, müsste der Boden als Gemeinschaftseigentum klassifiziert werden.[242]

In keinem Fall darf die Unterkellerung des Sondereigentums über dessen Grenzen hinweg (und ohne entsprechende Genehmigung bzw. Beschluss der Eigentümerversammlung) seitlich in den gemeinschaftlichen Grund und Boden eindringen.[243]

2.7.22 Terrassen und Balkone

Gemäß Artikel 396 des Código Civil gehören die Terrassen und Balkone zum Gemeinschaftseigentum. Nur aufgrund anderslautender Regelung in der Teilungserklärung oder mittels einstimmigen Beschlusses kann etwas hiervon abweichendes bestimmt werden.

Frage 100: Bedarf die Aufstellung beweglicher Sichtsperren auf einer Terrasse oder einem Balkon der Genehmigung durch die Eigentümerversammlung?

Es werden unterschiedliche Auffassungen vertreten. Einerseits verbietet es Artikel 7.1 LPH, das Erscheinungsbild der Gemeinschaft ohne Erlaubnis durch die Eigen-

---

[241] AP Cantabria, Sec. 3.ª, Urteil Nr. 265/2004 vom 1. Juli; AP Madrid, Sec. 13.ª, Urteil Nr. 274/2006 vom 1. Juni.
[242] AP Huesca, Sec. 1.ª, Urteil Nr. 47/2009 vom 23. März.
[243] AP Alicante, Sec. 5.ª, Urteil Nr. 127/2009 vom 11. März.

tümerversammlung zu verändern, weshalb nicht darauf abgestellt werden muss, ob die Veränderung fest verankert oder beweglichen Charakters ist. Es genügt, wenn eine tatsächliche, mehr oder minder erhebliche visuelle Veränderung vorliegt. Andererseits gebietet Artikel 3.1 des Código Civil eine an die soziale Realität angepasste Auslegung und Anwendung der zivilrechtlichen Vorschriften, weshalb die üblichen, oftmals kleinsten und kaum wahrnehmbaren Veränderungen, die gang und gäbe sind, nicht unbedingt das Erfordernis eines entsprechenden Beschlusses erfüllen müssen, da dies im Einzelfall unangemessen erscheinen könnte. Eine Befragung von sechs Richtern an jeweils unterschiedlichen *Audiencias Provinciales* förderte zu Tage, dass vier die Ansicht vertraten, es bedürfe bei solcherlei Objekten keiner Genehmigung durch die Eigentümerversammlung, während zwei Richter der Auffassung waren, es bedürfe eines Beschlusses, der die Aufstellung der Sichtbarrieren genehmige.[244] Es kann deshalb keine pauschale Antwort gegeben werden. Im Ergebnis wird es darauf ankommen, welchen visuellen Einfluss die Barrieren haben. Leidet das Erscheinungsbild tatsächlich erheblich unter den Barrieren, ist die Frage nach der festen Verankerung oder Beweglichkeit von untergeordneter Bedeutung. Bei unaufdringlicheren Elementen wird diese Unterscheidung aber an Bedeutung gewinnen. Sollte die Auffassung vertreten werden, dass es eines Beschlusses bedarf, gilt weiter zu beachten, dass bis zur Reform des spanischen Wohnungseigentumsgesetzes im Jahre 2013, für solcherlei Beschlüsse regelmäßig das Einstimmigkeitserfordernis für einschlägig erachtet wurde.[245] Aufgrund der aktuellen Fassung des spanischen Wohnungseigentumsgesetzes, kann bei entsprechender Interpretation des geltenden Artikels 10.3.b.) LPH argumentiert werden, dass eine 3/5 Mehrheit von Stimmen und Quoten aller Eigentümer ausreichend sei. Sollte nämlich für die Schließung von Terrassen nach der aktuellen Gesetzesfassung die soeben bezeichnete Mehrheit ausreichend sein, gäbe es keinen Grund für einfache Sichtbarrieren etwas anderes gelten zu lassen.

2.7.23 Die Überbaubarkeit

Ähnlich wie der Grund und Boden gehört auch der Bereich über der Liegenschaft und folglich die Möglichkeit, selbige mit weiteren Stockwerken zu überbauen, zum Gemeinschaftseigentum, wenn keine besonderen Regelungen getroffen wurden. Vicente Domingo[246] erklärt dieses Prinzip sehr veranschaulichend mit Hinweis auf den überaus treffenden, und bereits unter Anwendern des römischen Recht verbreiteten lateinischen Satz *usque ad sidera et usque ad inferos*, was übersetzt soviel bedeutet wie: *Vom Himmel bis zur Hölle.* Das (Gemeinschafts-) Eigentum erstreckt sich in vertikaler Hinsicht (und in Bezug auf das Grundstück) also sowohl auf den Bereich darunter wie auf den darüber.

---

[244] Sepín, Cerramientos móviles La realización de simples cerramientos móviles en una terraza exterior del edificio, ¿precisa de consentimiento de la Comunidad? En su caso, ¿con qué régimen de mayorías?

[245] Ebenda.

[246] Vicente Domingo in Homenaje a Luis Rojo Ajuria, S 688.

Oftmals wird sich der Bauherr in der Teilungserklärung bzw. Gemeinschaftssatzung ein Recht am *vuelo* und damit an dem über der Liegenschaft befindlichen Raum eingeräumt haben. Ihm bietet sich auf diese Weise die Möglichkeit, eine spätere Überbauung vorzunehmen und das Sondereigentum hieran zu erwerben.

Solcherlei Klauseln sind nicht von vorneherein unwirksam oder anfechtbar. Häufig mangelt es ihnen aber an einer praktischen Bedeutung. Regelmäßig gestattet das örtliche Baurecht keine intensivere Bebauung, oder die bereits bestehenden Gebäude ermöglichen aufgrund ihrer Struktur und Statik keinen Überbau.

Darüber hinaus müssen zur Umsetzung eines solchen Überbaus auch die Quoten der Gemeinschaft verändert werden, damit trotz neuer Sondereigentumselemente alle eine Quote erhalten, welche zusammen die in Artikel 3.2 LPH geforderten einhundert Prozent bilden.

Hierfür bedurfte es bis zum 28. Juni 2013, aufgrund der alten Fassung des spanischen Wohnungseigentumsgesetzes eines einstimmigen Beschlusses der Eigentümerversammlung. Seit der Reform kann in Abhängigkeit von der Interpretation des aktuellen Artikels 10.3.b.) LPH bereits mit einer 3/5 Mehrheit an Stimmen und Quoten aller Eigentümer eine entsprechende Änderung vorgenommen werden. In diesem Zusammenhang sei auf die von Martinez Ortega vertretene Ansicht hingewiesen, dass seit der Reform des Jahres 2013 fraglich sei, wie mit einer allgemeinen in der Satzung enthaltenen Erlaubnis umzugehen sei. Für vor der Reform in das Grundbuch eingetragenen Genehmigungen könne angenommen werden, sie gelten fort. Seit der letzten Neufassung des spanischen Wohnungseigentumsgesetzes und des Hinweises in Artikel 10.3.b.) LPH seien jedoch berechtigte Zweifel angebracht, ob die Vorgabe des durch 3/5 der Stimmen und Quoten aller Eigentümer getragenen Beschlusses unbeachtet bleiben könne.[247]

Frage 101: Dürfen die Eigentümer eines in einer Urbanisation gelegenen Einfamilienhauses oder eines Reihenhauses selbiges ohne Genehmigung der Eigentümerversammlung überbauen?

Die unter der Frage 99[248] gemachten Ausführungen gelten sinngemäß. Handelt es sich bei dem über dem Sondereigentum liegenden Bereich um Gemeinschaftseigentum, bedarf es eines entsprechenden Beschlusses der Eigentümerversammlung. Gemäß der alten Artikel 12 und 17.1 LPH musste zu diesem Zweck Einstimmigkeit erzielt werden. Aufgrund des aktuellen Artikels 10.3.b.) LPH ist eine 3/5 Mehrheit der Stimmen und Quoten aller Eigentümer ausreichend. Handelt es sich um Sondereigentum, ist nicht unbedingt eine Genehmigung erforderlich. Nur, wenn durch die Überbauung das einheitliche Erscheinungsbild der Gemeinschaft Schaden nimmt, oder die Rechte anderer Eigentümer beeinträchtigt werden, kann in Abhängigkeit des Einzelfalles ein Verstoß gegen Artikel 7.1 LPH vorliegen, wenn es an einem genehmigenden Beschluss der Versammlung fehlt.

---

[247] Martínez Ortega, La modificación del título constitutivo, S. 326 ff.

[248] Diese lautet: Dürfen die Eigentümer eines in einer Urbanisation gelegenen Einfamilienhauses oder eines Reihenhauses selbiges ohne Genehmigung der Eigentümerversammlung unterkellern?

Frage 102: Haben die Eigentümer einen Schadenersatzanspruch gegen die Gemeinschaft wegen Nutzungsausfall bei Schäden durch defekte Gemeinschaftselemente?

Wird durch Schäden an Gemeinschaftselementen die Nutzung des Sondereigentums behindert, besteht ein Ausgleichsanspruch gegen die Gemeinschaft, wenn der Ursprung des Schadens nachgewiesen werden kann (Gemeinschaftselement), diese für ihn verantwortlich ist (Pflichten der Gemeinschaft) und der Schaden hinreichend beziffert und bewiesen wurde.[249]

---

[249] AP Madrid, Sec. 21.ª, Urteil Nr. 1/2011 vom 29. September.

3
Organe der Gemeinschaft

3.1 Die Eigentümergemeinschaft

Die Koexistenz von Sondereigentum und Gemeinschaftseigentum ist das wesentliche Merkmal des Wohnungeigentumsrechts. Durch das Zusammentreffen dieser beiden besonderen Eigentumsformen gilt es aber auch die in ihr anzutreffenden, naturgemäß voneinander divergierenden Einzel- und Gemeinschaftsinteressen in Einklang zu bringen. Es bedarf daher eines organisatorischen Grundgerüsts, das einerseits jedem Eigentümer ein Mitspracherecht einräumt, aber gleichzeitig genauso geeignet ist, eine effektive Steuerung der Gesamtheit aller seiner Bestandteile zu ermöglichen. Zu diesem Zweck sieht das spanische Wohnungseigentumsgesetz eine Reihe von Organen vor, die sicherstellen sollen, dass nach Abschluss eines im weitesten Sinne demokratischen Entscheidungsfindungsprozesses die tatsächliche Umsetzung der vereinbarten Maßnahmen erfolgen kann. Obwohl das Gesetz verschiedene Organe beschreibt, die von uns in der Folge eingehend erläutert werden, sind die gesetzlichen Vorgaben in zweierlei Hinsicht fakultativ. So können einerseits neben den gesetzlich beschriebenen Organen aufgrund der individuellen Bedürfnisse und Entscheidungen jeder einzelnen Gemeinschaft auch neue, zusätzliche geschaffen werden, die nicht ausdrücklich vorgesehen sind und andererseits, von verzichtbaren Ämtern abgesehen, oder mehrere Ämter durch einen Amtsträger ausgeübt werden. Lediglich zwei Gemeinschaftsorgane sind unabdingbar. Diese sind der Präsident der Gemeinschaft und die Versammlung der Eigentümer.

3.1.1 Die Eigentümerversammlung

Die Versammlung der Eigentümer kann als das höchste Organ der Gemeinschaft bezeichnet werden, denn alle anderen Organe - seien Sie im Gesetz ausdrücklich vorgesehen oder nicht - sind ihren Entscheidungen unterworfen und müssen grundsätzlich entsprechend den von ihr getroffenen Beschlüssen handeln. Die Eigentümerversammlung könnte zur Veranschaulichung auch als eine Art *Eigentümerparlament* bezeichnen werden, in welchem jeder Inhaber eines Sondereigentumselements über einen *Sitz* verfügt. Der Charakter der im (Sonder-) Eigentum stehenden Immobilie ist hierbei für den Erhalt dieses Sitzes unbedeutend.

Es ist daher gleichgültig, ob Eigentum an einem Geschäftslokal oder einem PKW-Stellplatz besteht, bzw. ob es sich um eine 5-Zimmer-Wohnung oder ein 40-qm-Appartement handelt. Alle Eigentümer von Sondereigentumselementen sind alleine aufgrund dieser Eigenschaft Mitglieder der Eigentümergemeinschaft und in der Folge berechtigt, an der Eigentümerversammlung teilzunehmen.

Obwohl die Bezeichnung Eigentümerversammlung, für sich genommen, zu suggerieren scheint, dass ein Zusammentreffen aller Eigentümer für ihre Beschlussfähigkeit erforderlich sei, bedarf es keiner solchen Teilnahme jedes Eigentümers. Die Rechte der abwesenden Eigentümer werden dennoch geschützt. Der Gesetzgeber hat sich nämlich vielmehr dafür entschieden, je nach Beschlussgegenstand unterschiedliche Mehrheiten oder gar Einstimmigkeit zu fordern, damit einzelne Beschlüsse wirksam zustande kommen können, und in Bezug auf gewisse Abstimmungsgegenstände (Artikel 17.8 LPH) von einer Zustimmungsfiktion auszugehen, wenn nicht binnen der gesetzlich vorgesehenen 30-Tages-Frist ab Benachrichtigung der in der Versammlung abwesenden Eigentümer (über das Abstimmungsergebnis der an der Versammlung teilnehmenden Eigentümer) diese von ihrem Stimmrecht (zustimmend oder ablehnend) Gebrauch machen. Auf diese Weise wird sichergestellt, dass wichtige Entscheidungen nicht alleine von den Teilnehmern der Eigentümerversammlung getroffen werden können, und gleichzeitig das Funktionieren der Gemeinschaft sichergestellt. In Bezug auf das tatsächliche Zusammentreffen aller Eigentümer gibt es dennoch eine Besonderheit. So besteht die Möglichkeit, von den ansonsten erforderlichen Ladungen zur Eigentümerversammlung abzusehen, wenn alle Eigentümer selbst oder mittels Vertreter zusammentreten, um eine Versammlung abzuhalten.[250]

3.1.2 Befugnisse der Eigentümerversammlung

Die Kompetenzen der Eigentümerversammlung werden zentral in Art. 14 LPH beschrieben.

Hierzu gehören:

- die Ernennung bzw. Wahl und Abwahl der Amtsträger der Gemeinschaft, wie z.B. Präsident, Sekretär, Verwalter, sowie aller anderen von der Gemeinschaft berufenen Funktionsträger.

- Beschluss der voraussichtlichen Einnahmen- und Ausgabenaufstellung bzw. des Haushaltsplans, sowie der zugehörigen Etats.

- Beschluss über die Annahme von Kostenvoranschlägen.

- Beschluss bezüglich der Ausführung jeglicher baulicher Reparaturmaßnahmen, seien diese nun ordentlicher oder außerordentlicher Natur.

- Recht auf Benachrichtigung der vom Verwalter angeordneten Eilmaßnahmen.

- Beschluss und Änderung der Gemeinschaftssatzung.

---

[250] Lefebvre, Propiedad Horizontal, Rn. 2625.

- Beschluss und Änderung der Hausordnung.

- Erforderliche oder angezeigte Maßnahmen bezüglich aller anderen im Gemein-
  interesse stehenden Belange.

Wie sich unschwer am zuletzt genannten und unter Art. 14 Absatz e.) LPH geführten Punkt ablesen lässt, handelt es sich bei dieser Aufstellung lediglich um eine beispielhafte Beschreibung. Im Grunde genommen hätte es daher ausgereicht, auszuführen, dass die Eigentümerversammlung über alle für die Gemeinschaft bedeutenden Angelegenheiten entscheidungsbefugt ist.[251] Der Sinn und Zweck dieser konkretisierenden Aufstellung ist wohl viel weniger in dem Versuch einer er-
schöpfenden Beschreibung der Rechte der Versammlung zu sehen, als darin, zum
Ausdruck zu bringen, bezüglich welcher wesentlichen Befugnisse eine Wahrnehmung der Aufgaben durch die Eigentümerversammlung vorausgesetzt wird. Die
obige Aufstellung soll daher nicht einschränkend begriffen werden, sondern vielmehr an die wiederkehrenden bzw. wichtigsten und häufigsten Hauptaufgaben erinnern. Die Grenzen der Entscheidungsbefugnis der Versammlung sind deshalb
dort zu ziehen, wo der Übergang zwischen dem im Privateigentum stehenden ausschließlichen Eigentum des Einzelnen (Sondereigentum) und dem Eigentum der
Gemeinschaft (Gemeinschaftseigentum) liegt.[252]

3.1.3 Versammlungsarten

Bei den Eigentümerversammlungen muss zwischen zwei Arten von Versammlungen unterschieden werden. Den ordentlichen Versammlungen einerseits, und den
außerordentlichen Versammlungen andererseits. Auch wenn die Begriffe ordentlich und außerordentlich eine gewisse Planmäßigkeit oder Außerplanmäßigkeit
suggerieren, was in gewissem Masse - wie wir gleich sehen werden - auch seine Berechtigung hat, ist das ursächliche Unterscheidungsmerkmal zwischen diesen beiden Versammlungsarten alleine der Gegenstand der Versammlung bzw. ihr
Anlass. Werden in ihnen die unter anderem Haushaltspläne für das kommende
und die Abschlussrechnungen des vorangegangenen Jahres beschlossen, handelt
es sich um ordentliche Versammlungen. Sind ausschließlich andere Themen Abstimmungsgegenstand, handelt es sich um außerordentliche Versammlungen. Alleine der Gegenstand der Versammlung ist somit für die Einordnung als ordentlich oder außerordentlich verantwortlich. Diese Einstufung hat allerdings Auswirkungen auf die Voraussetzungen (Fristen), die bei der Ladung zur Versammlung
zu beachten sind, weshalb die bei den außerordentlichen Versammlungen gelockerten Anforderungen letztlich doch zu einer gewissen Außerplanmäßigkeit führen (können). Der planmäßigere Charakter der ordentlichen Versammlungen wird
darüber hinaus durch folgenden Umstand unterstrichen: Aufgrund der Tatsache,
dass die Haushaltspläne und Abschlussrechnungen sinnvollerweise jährlich beschlossen und geführt werden, verlangt das Gesetz, dass zumindest eine ordentliche Versammlung im Jahr stattfinden muss, um eine planmäßige Lenkung der Ge-

---

[251] Gallego Brizuela, S. 69-70.
[252] Gallego Brizuela, S. 70.

meinschaft zu ermöglichen. Über diese eine jährliche Versammlung hinaus, welche mindestens abzuhalten ist, können durchaus mehrere weitere ordentliche Versammlungen im Jahr durchgeführt werden, welche jeweils die beschrieben Themen behandeln müssen, um eine Einordnung als ordentliche Versammlung zu erfahren.[253]

Regelmäßig wird natürlich die Abhaltung einer ordentlichen Versammlung nur einmal im Jahr Sinn machen. Bezüglich außerordentlicher Versammlungen gibt es keine solchen Mindesthäufigkeitsanforderungen. Sie werden vielmehr entsprechend den konkreten Bedürfnissen einer jeden Gemeinschaft einberufen. Trotz des gesetzlichen Gebotes der Abhaltung einer jährlichen ordentlichen Eigentümerversammlung, kann es selbstverständlich zu einem Verstoß hiergegen kommen. Eine normierte Sanktion, wie beispielsweise ein Bußgeld, gibt es für solcherlei Verstöße jedoch nicht. Wenn sich niemand an den ausfallenden Versammlungen stört bzw. Maßnahmen hiergegen ergreift, passiert daher zunächst nichts weiter. Der Präsident der Eigentümergemeinschaft kann angesichts seiner Passivität[254] lediglich von den Eigentümern aufgefordert werden, die entsprechende Versammlung einzuberufen. Sollten aufgrund der Untätigkeit des Präsidenten die ordentlichen Versammlungen unterbleiben, kann es zur persönlichen Haftung desselben kommen. So z.B. dann, wenn aufgrund der fehlenden Versammlungen keine Vorsorge für ausreichende Rücklagen zur Zahlung der Haftpflichtversicherung der Gemeinschaft getragen wird. Sollte es dann in diesem Zusammenhang zu einem Unfall kommen, könnte bei fehlendem Versicherungsschutz der Präsident persönlich haftbar gemacht werden.[255]

Neben der Notwendigkeit, den jährlichen Haushaltsplan aufzustellen, und der hierfür vorgesehenen jährlichen ordentlichen Versammlung, sprechen aber noch ganz andere Gründe für eine mindestens einmal im Jahr abzuhaltende Versammlung: Die Organe der Gemeinschaft werden regelmäßig (wenn die Satzung nichts anderes bestimmt) für ein Jahr in ihr Amt gewählt. Zeitgleich mit der obligatorischen jährlichen Aufstellung des Haushaltsplans bietet die Abhaltung der ordentlichen Jahresversammlung daher die Möglichkeit, Neuwahlen durchzuführen und die Ämter neu zu besetzen.[256] Da im Rahmen einer ordentlichen Versammlung neben Fragen bezüglich Abschlussrechnungen und Haushaltsplänen auch andere Punkte behandelt werden dürfen und behandelt werden, kann es vorkommen, dass eine Gemeinschaft dauerhaft ganz ohne außerordentliche Versammlungen auskommt und nur ordentliche Versammlungen abgehalten werden. Eine Themenbeschränkung besteht - wie gesehen - nur bei außerordentlichen Versammlungen, nämlich der Ausschluss von Entscheidung über die Annahme bzw. den Beschluss von Abschlussrechnungen und Haushaltsplänen.[257]

---

[253] Gallego Brizuela, S. 71.
[254] Ihm obliegt es gemäß Artikel 16.2 LPH, die Eigentümerversammlungen einzuberufen.
[255] Gallego Brizuela, S. 71.
[256] ebenda
[257] Gallego Brizuela, S. 72.

Wichtig ist die Einordnung als ordentliche oder außerordentliche Versammlung darüber hinaus aber vor allem im Hinblick auf die zu beachtenden, jeweils unterschiedlichen Ladungsfristen. Der Gesetzgeber hat bei der Unterscheidung zwischen beiden Versammlungsarten und ihren Voraussetzungen wohl vor allem versucht, für geordnete wirtschaftliche Verhältnisse zu sorgen und das Interesse der Mitglieder der Eigentümergemeinschaft an einer Mitwirkung an der ökonomischen Steuerung der Gemeinschaft zu wahren. Während die ordentlichen Versammlungen einer Vorankündigung von mindestens sechs Tagen bedürfen, sind die außerordentlichen Versammlungen gemäß Art. 16.3 LPH so rechtzeitig anzukündigen wie möglich, damit alle zur Teilnahme Berechtigten von ihr Kenntnis nehmen können.[258]

3.1.4 Auf einen Blick: Unterschiede zwischen außerordentlichen und ordentlichen Versammlungen

Unterschiede:	ordentliche Versammlungen	außerordentliche Versammlungen
Gegenstand:	Abschlussrechnungen und Haushaltspläne sowie alle anderen erdenklichen Themen	keine Abschlussrechnungen und Haushaltspläne, aber ansonsten alle übrigen erdenklichen Themen
Ladungsfristen:	min. sechs Tage im Vorhinein	rechtzeitig genug, damit alle Kenntnis nehmen können
Häufigkeit:	mind. einmal im Jahr - so oft wie nötig	keine Mindesthäufigkeit - so oft wie erforderlich

3.1.5 Ladung zur Versammlung

Eine wirksame Versammlung bedarf der Beachtung der anwendbaren Ladungsvorschriften. Abgesehen von der sechs-Tages-Frist für ordentliche und der für die Kenntniserlangung (aller Eigentümer) ausreichenden Frist bezüglich der außerordentlichen Versammlungen, gibt es streng genommen auch noch einen Dritten, oben bereits angeschnittenen Weg, um zu einer wirksamen Versammlung zu gelangen. Dieser besteht im Zusammentreten aller Mitglieder der Eigentümergemeinschaft. Versammeln sich alle Mitglieder und entscheiden sich diese, eine Versammlung abzuhalten, kann es auch ohne spezielle Ladung zu einer wirksamen Versammlung kommen. Der Sinn der Ladungsvorschriften ist schließlich kein anderer, als allen Mitgliedern durch rechtzeitige Mitteilung die Möglichkeit zu geben, an selbiger teilzunehmen. Haben alle Mitglieder von der Versammlung Kenntnis und finden sich am selben Ort ein, gibt es keinen Grund, solch eine Versammlung für unwirksam zu erklären.

---

[258] a.a.O., S. 73.

3.1.6 Einberufung der Versammlung

Die Einberufung der Versammlung erfolgt gemäß Artikel 16.2 LPH durch den Präsidenten der Gemeinschaft. Üblicherweise wird - vor allem bei größeren Gemeinschaften - die tatsächliche Ladung zur Versammlung aber durch den (als Dienstleister beauftragten) Verwalter vorgenommen, welcher die geplante Durchführung der Versammlung und alle mit ihr zusammenhängenden Informationen an die Mitglieder der Gemeinschaft übermittelt. Der Präsident unterschreibt in diesen Fällen lediglich die Ladung. Darüber hinaus sollte der Präsident den regelmäßig vom (bezahlten Berufs-) Verwalter verfassten Inhalt der Ladung überprüfen, schließlich ist er es, dem gegenüber die übrigen Eigentümer gemäß Artikel 16.2.2 LPH den Wunsch nach Aufnahme einzelner Tagesordnungspunkte äußern.

Außer auf Initiative des Präsidenten, können in Übereinstimmung mit Artikel 16.1 LPH Versammlungen ebenso auf Antrag von mindestens 25 Prozent der Mitglieder der Gemeinschaft oder von einer Gruppe von Eigentümern, auf welche mindestens 25 Prozent der Beteiligungsquoten entfallen, anberaumt werden. Für den Fall, dass im Rahmen der Organisationsstruktur der Gemeinschaft das Amt des Vizepräsidenten vorgesehen und besetzt ist, kann auch dieser die Versammlung einberufen, wenn der Präsident verhindert ist.[259]

3.1.7 Welche Formvorschriften sind bei der Einberufung der Versammlung zu beachten?

Die Einberufung der Versammlung muss gemäß Artikel 16.2 LPH in Verbindung mit Artikel 9.1.h.) LPH schriftlich durchgeführt werden.[260] Dies sollte jedenfalls die logische Schlussfolgerung aus dem Wortlaut des Artikels 9.1.h.) LPH sein, in welchem zuallererst gefordert wird, dass die Benachrichtigungen an die vom Eigentümer bezeichnete und in Spanien befindliche Adresse erfolgen sollen. Eine ältere Fassung des spanischen WEG bezeichnete das Schriftformerfordernis darüber hinaus ausdrücklich.[261] Vereinzelt finden sich dennoch Entscheidungen, welche die Auffassung vertreten, es komme lediglich darauf an, dass der Eigentümer tatsächlich Kenntnis von der Ladung erlangt habe, weshalb die Schriftform nicht zwingend sei. Mit Hinblick auf das Schutzbedürfnis der Eigentümer und einschlägige Entscheidungen des Tribunal Supremo, scheint aber ein Verzicht auf das Schriftformerfordernis insgesamt nicht haltbar.[262] Vom Erfordernis der Schriftform ausgehend, stellt sich in der Praxis häufig genug die Frage, ob Mitteilungen der Gemeinschaft, wie etwa die Ladung zur Eigentümerversammlung, außer schriftlich auch noch in der Weise erfolgen müssen, dass der Nachweis der Zustellung erbracht werden kann. Das Gesetz macht hierzu keine Ausführungen. Es wird daher zunächst kein besonderer Zustellungsnachweis gefordert.[263] Nichtsdestotrotz

---

[259] Gallego Brizuela, S. 73.
[260] a.a.O., S. 74.
[261] Siehe Artikel 15 LPH in der Fassung vom 12. August 1960.
[262] Loscertales Fuertes, Propiedad Horizontal, S. 223-224.
[263] a.a.O., S. 224.

stimmen wir mit zahlreichen Autoren darin überein,[264] dass an dem Einsatz besonderer Zustellmethoden häufig kein Weg vorbeiführt. Die Beweislast dafür, dass die Ladung an alle Eigentümer übermittelt wurde, liegt beim Versender. Die Anwendung des Artikels 217 LEC führt unmittelbar zu dieser Erkenntnis. Gerade in Fällen, in denen Maßnahmen gegen einzelne Eigentümer beschlossen werden sollen (z.B. das Einklagen unbezahlter Beiträge, rechtliche Schritte wegen störenden Verhaltens, etc.), zeigt sich zweierlei: Die Eigentümer, gegen welche die beabsichtigten Maßnahmen gerichtet sind, haben ein verstärktes Interesse an dem tatsächlichen Zugang der Ladung, weshalb zu deren Schutz eine Zustellmethode, die gesteigerte Garantien bezüglich der tatsächlichen Übergabe bietet, besonders angezeigt ist. Gleichzeitig aber nimmt in solcherlei Fällen auch die Gefahr zu, dass die betroffenen Eigentümer wahrheitswidrig behaupten, sie hätten keine Ladung erhalten, um auf diesem Wege nachträglich eine erfolgreiche Anfechtung des gegen sie getroffenen Beschlusses zu erreichen, weshalb der Gemeinschaft besonders daran gelegen sein sollte, eine Zustellmethode zu wählen, welche den Nachweis über eine tatsächliche Zustellung ermöglicht.[265]

3.1.8 Ort

Weiterhin müssen die Ladungen den Mitgliedern der Eigentümergemeinschaft an dem unter Artikel 9.1.h.) LPH beschriebenen Ort zugestellt werden.[266] Um dies zu ermöglichen, haben die Mitglieder gemäß Artikel 9.1.h.) LPH die Pflicht, dem Sekretär der Gemeinschaft eine ladungsfähige Anschrift in Spanien mitzuteilen, unter der die erforderlichen Benachrichtigungen vorgenommen werden können. Für den Fall, dass ein Mitglied dieser Pflicht nicht nachgekommen sein sollte, dürfen Ladungen und Mitteilungen jeder Art an die Adresse derjenigen Immobilie gerichtet werden, welche die Zugehörigkeit zur Gemeinschaft begründet, d.h. an die Adresse des konkreten Sondereigentumselements, besteht doch an diesem Ort die engste logische Verbindung zwischen dem Mitglied der Eigentümergemeinschaft und der Gemeinschaft selbst. Bei fehlender Nennung einer Zustelladresse in Spanien macht das Gesetz aber nicht nur Angaben zur örtlichen Bestimmung des alternativen Zustellorts. Daneben beschreibt das Gesetz auch, dass eine Übergabe der Ladung bzw. Benachrichtigung an den Bewohner oder Nutzer des in der Gemeinschaft gelegenen Sondereigentumselements, eine wirksame Zustellung begründet. Eine voll wirksame Benachrichtigung würde in diesen Fällen daher auch dann erreicht, wenn die entgegennehmende Person nicht Mitglied der Eigentümergemeinschaft ist. Wurde die Immobilie etwa vermietet, würde daher eine Zustellung an den Mieter bereits einen wirksamen Zugang an das Mitglied der Eigentümergemeinschaft bedeuten. Ob und wann die Ladung dem Adressaten tatsächlich vom Nutzer oder Bewohner übergeben wurde, spielt für diese Zustellungsfiktion keine Rolle. Die Ladung gilt als empfangen.

---

[264] Pons González / del Arco Torres, S. 385-386.
[265] Loscertales Fuertes, Propiedad Horizontal, S. 224-225; Gallego Brizuela, S. 76.
[266] Gallego Brizuela, S. 74.

Wir haben im vorhergehenden Absatz die Begriffe Bewohner und Nutzer der Immobilie verwendet, um zu beschreiben, wer die Benachrichtigungen der Eigentümergemeinschaft entsprechend Artikel 9.1.h.) LPH wirksam entgegennehmen könnte. Der Vollständigkeit halber sei gesagt, dass die Bezeichnungen Nutzer und Bewohner deshalb von uns verwendet wurden, um die häufigsten Praxisfälle zu beschreiben. Bei nicht durch ihren Eigentümer genutzten Immobilien sind die Bewohner schließlich im Regelfall Familienangehörige, Freunde oder Mieter. Der Wortlaut des spanischen Vorschrift spricht jedoch von *ocupante*, dessen Übersetzung als *Besetzer* beim Leser möglicherweise falsche Assoziationen weckt und hier deshalb lediglich im Nachgang näher erläutert werden soll. Die viel weitere Definition des *ocupante* (Besetzer) hat aber bereits mehrfach die Gerichte beschäftigt. So wurde z.B. eine Übergabe der Ladung an die in der Immobilie tätigen und mit Renovierungsarbeiten betrauten Handwerker als wirksam bewertet, da nach Ansicht des entscheidenden Gerichts diese Personen durchaus in die Kategorie des *ocupante* (Besetzers) fallen würden. Auch wenn dies sicherlich nicht der Regelfall sein dürfte, wird klar, dass das Gesetz keine besonderen Anforderungen an die sich in der Immobilie befindliche Person stellt, weshalb eine wirksame Zustellung der Ladung auch dann gegeben sein kann, wenn es sich eben nicht um eine vermietete oder an Bekannte überlassene Immobilie handelt.[267]

Sollte es nicht möglich sein, in der oben beschriebenen Weise eine Zustellung zu erreichen, bleibt als letzte Zustellmöglichkeit noch der Aushang. Am *Schwarzen Brett* oder an einem anderen gut sichtbaren und zu diesem Zweck eingerichteten Bereich der Gemeinschaft kann dann ersatzweise die Bekanntmachung der Benachrichtigung erfolgen. Von der formellen Seite aus gesehen, ist zu beachten, dass der Aushang datiert werden muss und die Gründe für die Ergreifung dieser Maßnahme darzulegen sind. Die - mit Kenntnis und Billigung des Präsidenten - ausgestellte Mitteilung ist vom Sekretär zu unterzeichnen.

Die dargelegten Zustellungsarten stehen dabei nicht alternativ nebeneinander, sondern sind vielmehr subsidiär und stehen daher hierarchisch in einer gesetzlich vorgegebenen Reihenfolge. Wie das Gesetz selbst klar in Artikel 9.1.h.) LPH ausdrückt, ist der Aushang erst dann statthaft, wenn die anderen Benachrichtigungsversuche nicht zum gewünschten Erfolg führen.[268]

Es gibt sicherlich Fälle, in denen aufgrund der besonderen Umstände fraglich ist, ob nicht eine unmittelbar durch Aushang am schwarzen Brett angekündigte Ladung ausreichend ist. Einzelne Gerichtsentscheidungen scheinen nämlich in Spezialfällen Ausnahmen von der allgemeinen Regel zuzulassen. Versucht z.B. ein Eigentümer durch sein Verhalten, eine anderweitige Zustellung unmöglich zu machen, oder weigert sich der Präsident bzw. Verwalter, die Adressen der Eigentümer an diejenigen Mitglieder herauszugeben, auf deren Eigeninitiative eine Versammlung organisiert werden soll (wie wir bereits gesehen haben, kann eine Gruppe von Eigentümern, die mindestens 25 % der Beteiligungsquoten repräsentiert oder

[267] Magro Servet, Problemas y soluciones ante arrendatarios en las comunidades de propietarios
[268] Pons González / del Arco Torres, S. 386

mindestens 25 % der Eigentümer bzw. Stimmen ausmacht, die Einberufung einer Versammlung verlangen), kann die gesetzlich vorgesehene Regel schnell zu ungewollten Hindernissen führen. In den bezeichneten Fällen wurden daher bereits Ausnahmen von der allgemeinen Ladungsregel zugelassen, und die unmittelbare Mitteilung durch Aushang ersatzweise für zulässig erachtet.[269] Trotz der genannten Ausnahmen sollte allerdings möglichst vorsichtig mit Sonderfällen umgegangen werden. Auch wenn zahlreiche einschlägige Gerichtsentscheidungen vorliegen, darf nicht vergessen werden, dass die konkreten Besonderheiten des Einzelfalls und die sich hieraus ableitende persönliche Einschätzung der Richter eine wesentliche Rolle spielen. Eine allgemeine Ausnahmeregelung lässt sich hieraus also bei weitem nicht ableiten.

Aus dem Beschriebenen ergibt sich bezüglich des Ortes an dem die Ladungen zur Eigentümerversammlung durchzuführen sind folgende Hierarchie:[270]

1. An dem der Gemeinschaft vom Eigentümer mitgeteilten Ort (in Spanien)

2. Bei fehlender Angabe Seitens des Eigentümers, unter der Adresse des Sondereigentumselements.

3. Am schwarzen Brett (mit Datum versehen, und unter Darlegung der Hinderungsgründe).

3.1.9 Ladungsfristen zur Eigentümerversammlung

Aus Artikel 16.3 LPH ergeben sich die zu beachtenden Mindestfristen, die zwischen Ladung zur und Abhaltung der Versammlung liegen müssen. Vom Gesetz wird bezüglich der anzuwendenden Fristen eine Unterscheidung hinsichtlich der Versammlungsarten getroffen.

Ladungsfrist zur ordentlichen Versammlung

Die ordentlichen Versammlungen müssen laut Gesetz mindestens sechs Tage im Vorhinein angekündigt werden. Diese Frist läuft dabei wohlgemerkt nicht von dem Tag an, an welchem die Ladung versandt wurden, sondern beginnt erst mit dem Tag der Zustellung,[271] also der Möglichkeit der tatsächlichen Kenntnisnahme, wobei der Empfangstag selbst nicht mitgezählt wird.[272] Wurde die Zustellung mittels eingeschriebenem Brief versucht, und scheiterte die Übergabe aufgrund der Abwesenheit des Empfängers kann alleine aufgrund der theoretischen Möglichkeit der Kenntnisnahme bereits der Zustellversuch den Fristbeginn (am kommenden Tag) auslösen. Die Gemeinschaft hätte in diesem Fall die in ihren Verantwortungsbereich fallenden Handlungen ausgeführt. Dass der Eigentümer den Brief nicht

---

[269] a.a.O., S. 387.

[270] Viñas, Publicación de notificaciones en el tablón de anuncios de las comunidades de propietarios, in: El Inmueble, Ausgabe 127.

[271] Loscertales Fuertes, Propiedad Horizontal, S. 227.

[272] CLPH-González Carrasco, Artikel 16, Rn. 24, S. 488 mit Hinweis auf die Entscheidung des *Tribunal Supremo* vom 26. April 2000.

oder erst sehr viel später abholt, ändert am Fristbeginn nichts. Auch wenn die Einhaltung der bezeichneten Mindestfrist ausreicht, scheint es doch mehr als wünschenswert zu sein, diese Frist nicht nach unten hin auszuschöpfen. Der Grundidee der demokratischen Entscheidungsfindung kann nur Rechnung getragen werden, wenn jeder Eigentümer ausreichend Zeit hat, um sich auf die Versammlung vorzubereiten - und hierzu gehört insbesondere auch die terminliche Abstimmung.

Ladungsfrist zur außerordentlichen Versammlung

Anders als bei den ordentlichen, bezeichnet das Gesetz bezüglich der außerordentlichen Versammlungen keine nach Tagen konkretisierte Ladungsfrist. Vielmehr wird umschreibend gefordert, dass die Ladung so rechtzeitig wie möglich erfolgen soll, damit alle Adressaten Kenntnis von ihr erlangen können. Eine zeitliche, nach Tagen bemessene Beschränkung nach oben oder unten hin, wird wissentlich nicht vorgenommen. Auf diese Weise soll dem Umstand Rechnung getragen werden, dass sich die meisten außerordentlichen Versammlungen gerade durch eine gewisse Eilbedürftigkeit der in ihnen diskutierten Tagesordnungspunkte charakterisieren. Andernfalls könnten die Abstimmungen über die dort behandelten Punkte ohnehin bis zur nächsten ordentlichen Versammlung warten.

Die Tatsache, dass auch bei außerordentlichen Versammlungen die Ladung aller Eigentümer in der allgemeinen, oben beschriebenen Weise zu fordern ist, soll dafür Sorge tragen, dass trotz aller möglicherweise bestehenden besonderen Umstände kein Instrument geschaffen wird, um an den Allgemeininteressen der Gemeinschaft und den Rechten der Eigentümer vorbei Entscheidungen zu treffen, die aufgrund der tatsächlichen Mehrheitsverhältnisse in der Gemeinschaft so in einer ordentlichen Versammlung niemals hätten verabschiedet werden können. Obwohl gerade bei herausragend wichtigen Entscheidungen eine hinreichend rechtzeitige Vorankündigung wünschenswert erscheint, und man geneigt sein sollte, in diesen Fällen besonders rechtzeitige Ladungen zu erwarten, können spezielle Umstände auch eine auffallend kurze Vorankündigung rechtfertigen. Gallego Brizuela beurteilt so beispielsweise, dass bei der Abstimmung über die kostspielige Reparatur einer Heizungsanlage im Winter, trotz der in zweifacher Hinsicht bedeutenden Maßnahme (Kosten und Erforderlichkeit), dennoch eine kurze Vorankündigung gerechtfertigt sei.[273] Obwohl diese Maßnahme kostenintensiv sein kann, sollte hier dennoch eine kurzfristige Ladung statthaft sein. Anders könnte es sich aber verhalten, wenn keine Eile bezüglich der zur Abstimmung gestellten Maßnahme besteht, oder es an der tatsächlichen Erforderlichkeit mangelt. Die zweckgerichtete Einberufung außerordentlicher Versammlungen (um z.B. die Teilnahme für einige Eigentümer zu erschweren) könnte in den letztgenannten Fällen eine Anfechtung der in ihr getroffenen Entscheidungen durch all diejenigen Eigentümer rechtfertigen, welche sich aufgrund der kurzfristigen Ankündigung nicht im Stande sahen, der Versammlung beizuwohnen.[274] Die tatsächlichen Missbrauchsmöglichkeiten

---

[273] Gallego Brizuela, S. 77.
[274] ebenda

sind dennoch als relativ gering einzuschätzen, wenn sich die *übergangenen* Eigentümer ihrer Rechte bewusst sind. Bei Beschlüssen welche die Einstimmigkeit oder eine qualifizierte 3/5 Mehrheit des Artikels 17 LPH benötigen,[275] wird der abwesende Eigentümer binnen der gesetzlich vorgesehenen 30-Tages-Frist (gezählt ab der Übermittlung des durch die anwesenden Eigentümer getroffenen vorläufigen Abstimmungsergebnisses), auch noch nach Abhaltung der Versammlung, von seinem Stimmrecht Gebrauch machen können.[276] Einzelne Beschlussgegenstände sehen darüber hinaus die Einwilligung des besonders betroffenen Eigentümers vor. Weiterhin kann der Eigentümer sein sich aus Artikel 18 LPH ableitendes Anfechtungsrecht ausüben.

3.1.10 Besonderheiten bei Ladungen über das *schwarze Brett*

Da in manchen Fällen eine Benachrichtigung einzelner Eigentümer über das schwarze Brett unumgänglich sein dürfte,[277] muss beachtet werden, dass auch hier die oben beschriebenen Fristen Anwendung finden (sechs Tage bei ordentlichen Versammlungen, und rechtzeitig genug, damit jeder Eigentümer Kenntnis von der Ladung nehmen kann, bei außerordentlichen Versammlungen).

Das Gesetz bestimmt jedoch gemäß Artikel 9.1.h.) LPH a.E., dass die Zustellungsfiktion des *schwarzen Bretts* erst drei Tage nach dem Aushang beginnt. Hier müssen zwischen Aushang und Abhaltung der ordentlichen Versammlung daher mindestens neun Tage liegen. Drei Tage, damit die Ladung als bekannt vorausgesetzt werden kann und weitere sechs Tage, damit die Frist des Artikels 16.3 LPH als erfüllt gilt. Für Ladungen zu außerordentlichen Versammlungen wäre dementsprechend mindestens die drei-Tages-Frist abzuwarten, damit die Ladung formell die Einordnung als zugestellt erfährt. Wie lange danach zu warten ist, damit man die Ladung als ausreichend rechtzeitig beurteilen kann, richtet sich nach den bereits oben aus geführten Kriterien. Gleichgültig zu welcher Art von Versammlung auch geladen wird, zu beachten ist immer, dass die Ladung über das *schwarze Brett* lediglich subsidiär erfolgen darf, wenn die anderen vom Gesetz vorgesehenen Zustellungsarten nicht zum gewünschten Erfolg geführt haben.

3.1.11 Inhalt der Ladung

Gemäß Art. 16.2 LPH sind in der Ladung die abzuhandelnden Tagesordnungspunkte, der Versammlungsort, der Versammlungstag und der genaue Versammlungszeitpunkt aufzuführen. Aus der Ladung sollte ebenfalls hervorgehen, ob es sich um die erste oder zweite Einberufung handelt, bzw. für den Fall dass dieselbe Ladung

---

[275] Bzw. auf welche Artikel 17.8 LPH anwendbar ist.

[276] In den Fällen des Artikels 10.3.b.) LPH, wird für die dort bezeichneten Maßnahmen ebenfalls eine 3/5 Mehrheit gefordert. Aufgrund der erst kürzlich in Kraft getretenen Formulierung ist fraglich, ob auch in diesen Fällen die in Artikel 17.8 LPH enthaltene Zustimmungsfiktion der abwesenden, sich nicht äußernden Eigentümer anwendbar ist. In Abhängigkeit davon, wie sich die Rechtsprechung in dieser Hinsicht äußert, sind die Rechte und Möglichkeiten der abwesenden Eigentümer unterschiedlich zu beurteilen.

[277] Wenn andere Mitteilungsarten fehlschlagen.

bereits beide Einberufungen berücksichtigt, auch für beide einen konkreten Zeitpunkt bezeichnen. Nur so lässt sich eindeutig der Charakter der Einberufung und
die sich hieraus ergebenden Anforderungen an die Beschlussfähigkeit ermitteln.

Obwohl auf den ersten Blick solch allgemeine Voraussetzungen wie die Angabe von
Ort, Tag und Uhrzeit unproblematisch erscheinen können, sei der Vollständigkeit
halber dennoch auf die häufigsten in diesem Zusammenhang auftretenden Probleme hingewiesen.

In Abhängigkeit der individuellen Gegebenheiten vor Ort kann es vorkommen,
dass eine Eigentümergemeinschaft über keinen geeigneten gemeinschaftseige-
nen Versammlungsraum verfügt. Selbst bei möglicherweise vorhandenen gemeinschaftlichen Garten- oder Grünanlagen weisen diese bisweilen aufgrund Ihrer Größe oder Struktur nicht die erforderliche Beschaffenheit auf, um dort eine Versammlung zu beherbergen. Platzprobleme sorgen bei zahlenmäßig umfangreichen Gemeinschaften überdies auch dafür, dass die Verwendung einer Wohnung oder eines Hauses eines einzelnen Mitglieds zur Abhaltung der Versammlung nicht angezeigt erscheint, auch wenn sich vereinzelt Freiwillige hierzu bereit erklären sollten.
Oft genug muss dann auf einen geeigneten Versammlungsort ausgewichen werden. Gleichgültig um welchen Ort es sich auch handelt, sobald Versammlungen
das Gelände der Gemeinschaft verlassen, stellt sich die Frage nach möglicherweise
anfallenden Kosten und notwendigerweise zurückzulegenden Entfernungen. Einige Eigentümer können die gegebenenfalls hierdurch entstehenden Ausgaben stören, andere wiederum könnten die Auffassung vertreten, dass der ausgewählte Versammlungsort zu weit von der Gemeinschaft entfernt liege. Auch wenn sich die
Kostenfrage durch die Nutzung gemeindlicher Einrichtungen oder die geschickte
Wahl privater Anbieter lösen lässt - in der Praxis wird häufig eine für den Zweck
geeignete Gaststätte ausgewählt, welche im Austausch für die entstandenen Be-
wirtungskosten die Nutzung einzelner Räume gestattet - kann die gegebenenfalls
zurückzulegende Entfernung tatsächlich Probleme aufwerfen.

Mit Sicherheit dürfte nichts dagegen einzuwenden sein, wenn die Versammlung
in unmittelbarer Nachbarschaft der Liegenschaft abgehalten wird, denn das Gesetz bestimmt an keiner Stelle, dass die Versammlung in der Liegenschaft selbst
veranstaltet werden müsste.[278] Die oben beschriebenen Platzmängel können es
überdies, wie ausgeführt, mehr als nur zweckmäßig erscheinen lassen, auf geeignete, außerhalb der Liegenschaft gelegene Räumlichkeiten auszuweichen. Während
sich aber einige Stimmen sogar für die Möglichkeit aussprechen, selbst in Nach-
bargemeinden Eigentümerversammlungen zu gestatten,[279] sind andere so restriktiv, auch bei Versammlungen innerhalb der gleichen Stadt zu fordern, dass diese
nicht zu weit von der Liegenschaft entfernt stattfinden.[280] Obwohl diese Positionen auf den ersten Blick unvereinbar erscheinen mögen, gehen sie doch auf eine gemeinsame Überlegung zurück: Die Abhaltung der Versammlung außerhalb

---

[278] Gallego Brizuela, S. 81.
[279] Loscertales Fuertes, Propiedad Horizontal, S. 219.
[280] Gallego Brizuela, S. 81.

der Gemeinschaft soll den Eigentümern entgegenkommen und den erforderlichen Rahmen zur Verfügung stellen. Sie soll aber keine neuen Hindernisse schaffen. Die Wahl eines alternativen Versammlungsortes muss also gerade darauf ausgerichtet sein, vorhandene Hürden zu überwinden und nicht neue zu schaffen. Demzufolge muss zur Beurteilung der Geeignetheit eines bestimmten Versammlungsortes geprüft werden, ob sie die Teilnahme nicht unnötig erschwert. Zu beurteilen ist daher der konkrete Einzelfall, ohne dass es zulässig wäre, Allgemeinplätze aufzustellen. Der nahe gelegene Tagungssaal der Nachbargemeinde kann so bei einer am Stadtrand gelegenen Gemeinschaft dem weiter entfernten, aber in der gleichen Gemeinde liegenden Lokal vorzuziehen sein. Deshalb wäre es z.B. inakzeptabel, die Versammlung einer an der Küste gelegenen Gemeinschaft in Madrid oder gar im Ausland abzuhalten, nur weil ein Großteil der Eigentümer an diesem konkreten Ort lebt.[281] Außer natürlich, dass sich alle Eigentümer hierüber einig sind.[282] Die gleiche Überlegung ist auch auf den Versammlungszeitpunkt anzuwenden. Der Tag und die Uhrzeit, an dem die Versammlung abgehalten wird, sollte auch hier kein zusätzliches Hindernis darstellen. Ausgehend vom Einzelfall kann es z.B. bei Ferienimmobilien angezeigt sein, die Versammlung in den typischen Urlaubsmonaten abzuhalten, damit möglichst viele Eigentümer an ihr teilnehmen können, während Eigentümergemeinschaften, deren Sondereigentumselemente überwiegend als ständiger Wohnsitz dienen, besser beraten sind, ihre Versammlungen außerhalb der Ferienzeit abzuhalten, wenn die meisten Eigentümer aufgrund dieser andernfalls an einer Teilnahme gehindert wären. Bezüglich der gewählten Uhrzeit sollte ebenso darauf geachtet werden, dass diese einer umfassenden Teilnahme und einem geordneten Ablauf nicht im Wege steht. Es könnte an dieser Stelle versucht werden, eine umfangreiche Auflistung der am häufigsten diesbezüglich anzutreffenden Missstände wiederzugeben. Letztlich ist jedoch, wie ausgeführt, der konkrete Einzelfall ausschlaggebend, weshalb dieser Abschnitt vielmehr als Hinweis auf die Chance verstanden werden sollte, die Gestaltungsspielräume, welche sich in diesem Zusammenhang zur Planung von Eigentümerversammlungen ergeben, in konstruktiver Weise zu nutzen. Abgesehen von der rein rechtlichen Einordnung der beschriebenen Parameter sollte niemals vergessen werden, dass die in Eigentümerversammlungen regelmäßig aufeinander treffenden widerstreitenden Interessen für sich genommen bereits ausreichend Konfliktpotential bergen. Die Wahl des Versammlungsortes und des Versammlungszeitpunkts sollten nicht noch zusätzlichen Sprengstoff bieten und das Miteinander erschweren, sondern vielmehr etwas zum positiven Ablauf der Versammlung beitragen.[283] In diesem Sinne ist die Abhaltung an einem öffentlichen Ort und am Wochenende regelmäßig förderlich.

3.1.12 Erste und zweite Einberufung

Damit die angekündigte Versammlung abgehalten werden kann, müssen gemäß Artikel 16.2 LPH zur ersten Einberufung der Versammlung die Mehrheit der Ei-

---

[281] Loscertales Fuertes, Propiedad Horizontal, S. 219.
[282] Gallego Brizuela, S. 81.
[283] ebenda

gentümer, welche ihrerseits die Mehrheit der Beteiligungsquoten repräsentieren, erscheinen, andernfalls fehlt es an der erforderlichen Mehrheit, um die gesetzlich vorgesehene Beschlussfähigkeit zu erreichen. Da diese zur Konstituierung der Versammlung erforderliche Voraussetzung schnell zu einem tatsächlichen, unüberwindlichen Hindernis für die Lenkung und Organisation der Gemeinschaft wird, wenn die Mehrheit der Eigentümer oder die die Mehrheit der Beteiligungsquoten innehabenden Eigentümer der Versammlung regelmäßig fernbleiben, eröffnet das Gesetz die Möglichkeit, die Versammlung in einer zweiten Einberufung abzuhalten, in welcher keine solchen Mehrheiten mehr zur Abhaltung der Versammlung erforderlich sind.

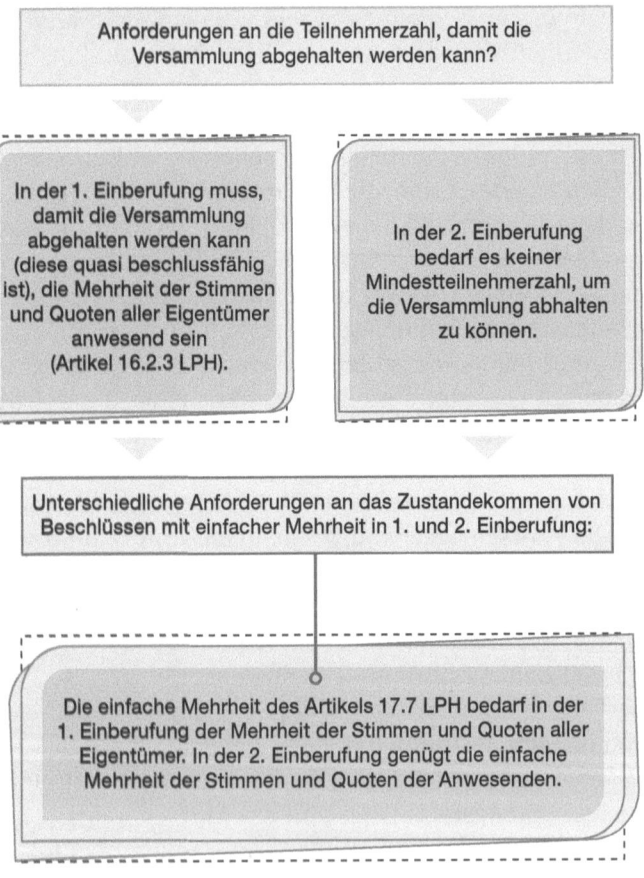

In zweiter Einberufung kann die Eigentümerversammlung nämlich völlig unabhängig davon, wieviel Eigentümer bzw. Quoten erscheinen oder vertreten sind, abgehalten werden. Zu beachten ist allerdings, dass diese Lockerung zunächst nur die zur Abhaltung der Versammlung geforderte Teilnahme betrifft. Bezüglich der für das Zustandekommen von Beschlüssen geforderten Mehrheiten bzw. Stimmen- und Quotenzahl gibt es in der zweiten Einberufung lediglich für diejenigen Beschlüsse, welche die einfache Mehrheit des Artikels 17.7 LPH erfordern, eine Erleichterung. Statt die Mehrheit der Stimmen und Quoten aller Eigentümer zu ver-

langen, können diejenigen Beschlüsse, welche lediglich allgemeine Verwaltungsangelegenheiten betreffen, und keiner anderen Mehrheit des Artikels 17 LPH unterliegen, in einer in zweiter Einberufung abgehaltenen Versammlung gemäß Artikel 17.7 LPH mit der doppelten Mehrheit der Stimmen und Quoten der anwesenden bzw. vertretenen Eigentümer getroffen werden.

Für den besonderen Fall, dass nur ein einziger Eigentümer zur Versammlung erscheinen sollte, dürfte es angebracht sein, auf eine Durchführung der Versammlung zu verzichten. Nicht nur, dass es sich beim alleinigen Erscheinen eines Eigentümers nicht um eine Versammlung im eigentlichen Sinne handelt; die vom Gesetz
vorgesehenen Mehrheiten zur Verabschiedung von Beschlüssen bedeuten gleichzeitig, dass der Gesetzgeber von der Abgabe mehrerer Stimmen ausging. Bei nur
einer Stimme können daher genau genommen keine Mehrheiten zustande kommen, weshalb in solchen Fällen eine Beschlussfähigkeit abgelehnt werden sollte.[284]
Anders wäre der Fall zu beurteilen, wenn der einzige zur Versammlung erschienene
Eigentümer gleichzeitig das Stimmrecht eines oder mehrerer abwesender Eigentümer ausübt. Dann erscheint zwar immer noch nur ein Eigentümer zur Versammlung, es werden aber die Stimmen mehrere Eigentümer abgegeben.

In Bezug auf die zweite Einberufung ist zu berücksichtigen, dass auch hier eine entsprechende formgerechte Ladung durchzuführen ist. Dafür bieten sich zwei Möglichkeiten. Wurde in der Ladung zur Eigentümerversammlung neben dem Zeitpunkt der ersten Einberufung auch derjenige der zweiten Einberufung für den
Fall benannt, dass in der ersten Einberufung keine ausreichende Eigentümer- und
Quotenzahl zusammentritt, so ist keine weitere zusätzliche Ladung zur zweiten
Einberufung erforderlich. Beide Einberufungen können aus einer einzigen Ladung
hervorgehen. Das Gesetz stellt an die zweite Einberufung lediglich die Anforderung, dass zwischen ihr und der ersten Einberufung mindestens 30 Minuten liegen
müssen, weshalb dies bei der Erstellung und Formulierung der Ladung zu berücksichtigen ist.[285] Beide Einberufungen können natürlich zeitlich weiter als eine halbe Stunde auseinander liegen, der Abstand von 30 Minuten darf jedoch keinesfalls
unterschritten werden.[286]

Für den Fall, dass in der Ladung lediglich eine Einberufung vorgesehen war, und
die für die Abhaltung der Versammlung in der ersten Einberufung erforderlichen
Mehrheiten nicht zustande kamen, schreibt das Gesetz vor, dass die zweite Einberufung der Eigentümerversammlung (d.h. die Durchführung derselben) in den
acht auf die nicht abgehaltene Versammlung folgenden Tagen stattfinden muss.[287]

Zwischen dem Versand der Ladung zur zweiten Einberufung und der Abhaltung
der Versammlung müssen weiterhin gemäß Artikel 16.2.4 LPH mindestens drei Tage liegen, gleichgültig ob es sich um eine ordentliche oder außerordentliche Versammlung handelt und trotz der Tatsache, dass bei der ersten Einberufung au-

---

[284] Loscertales Fuertes, Propiedad Horizontal, S. 258.
[285] Gallego Brizuela, S. 78.
[286] Loscertales Fuertes, Propiedad Horizontal, S. 221.
[287] Echeverría Summers / Morillo González, S. 166.

ßerordentlicher Versammlungen keine zeitlich bemessene konkrete Mindestfrist gilt,[288] sondern vielmehr auf die Möglichkeit der rechtzeitigen Kenntnisnahme abgestellt wird.

Für den Fall, dass eine Mitteilung der Ladung zur zweiten Einberufung über den Aushang (d.h. das *schwarze Brett*) erforderlich wird, ist zur gemäß Artikel 16.2.4 LPH geforderten Mindestankündigungsfrist von drei Tagen die drei-Tages-Frist des Artikels 9.1.h.) 2. Absatz LPH hinzuzurechnen, damit die Zustellungsfiktion des Aushangs in Kraft treten kann.[289]

Bei der Durchführung der zweiten Einberufung handelt es sich um den zweiten Anlauf der zunächst gescheiterten ersten Einberufung, jedoch mit gelockerten Anforderungen bezüglich der anwesenden bzw. repräsentierten Eigentümer und Quoten. Es ist daher nicht möglich, die Tagesordnungspunkte zu ändern.[290]

Sollte die zweite Einberufung der Eigentümerversammlung nicht innerhalb der beschriebenen acht-Tages-Frist des Artikels 16.2.4 LPH erfolgen, würde es sich nicht mehr um die zweite Einberufung zur gleichen Eigentümerversammlung handeln. Es könnte allenfalls interpretiert werden, dass es sich bei einer erneuten Einberufung um eine neue, sozusagen erste Einberufung einer anderen Eigentümerversammlung handelt. In diesem Fall müsste aber bezüglich der Feststellung des Vorliegens der Mindestvoraussetzungen der Einberufung (in puncto anwesender bzw. repräsentierter Eigentümer und Quoten) so verfahren werden, wie dies für eine erste Einberufung vorgesehen ist. Es kämen in diesem Zusammenhang nicht die für eine zweite Einberufung geltenden Lockerungen zur Anwendung.[291]

Da die Nichtbefolgung der Pflicht zur Abhaltung der zweiten Einberufung binnen der bezeichneten acht Tage nicht strafbewehrt ist, das Gesetz also keine unmittelbare Sanktion vorsieht, wenn gegen diese Vorgabe verstoßen wird, äußern einzelne Autoren hierüber ihren Unmut. So führt Loscertales aus, dass es nichts Schlimmeres gäbe, als Vorschriften, die zwar zwingend scheinen, deren Nichtbefolgung jedoch keine Sanktionen nach sich ziehen würden.[292]

Obwohl dieser Standpunkt nachvollziehbar ist, da es in den allermeisten Fällen tatsächlich ohne Konsequenzen bleiben dürfte, wenn die in Artikel 16.2.4 LPH beschriebenen Vorgaben unbeachtet bleiben, darf nicht übersehen werden, dass die hierfür Verantwortlichen sehr wohl zur Verantwortung gezogen werden können, wenn die Nichtbefolgung dieser gesetzlichen Regeln, zu nachweisbaren Nachteilen für die Gemeinschaft oder ein Gemeinschaftsmitglied führen.[293]

---

[288] CLPH-González Carrasco, Artikel 16, Rn. 37, S. 494.
[289] CLPH-González Carrasco, Artikel 16, Rn. 38, S. 494.
[290] Loscertales Fuertes, Propiedad Horizontal, S. 223.
[291] CLPH-González Carrasco, Artikel 16, Rn. 37, S. 494.
[292] Loscertales Fuertes, Propiedad Horizontal, S. 223.
[293] So Gallego Brizuela, S. 78. Bereits bei später aber noch fristgerechter Abhaltung der Versammlung, kann diese Verantwortung eintreten.

3.1.13 Tagesordnungspunkte

Neben der Angabe des Versammlungsorts und Zeitpunkts, welche eher von organisatorischer Bedeutung sind, ist vor allem die Auflistung der Tagesordnungspunkte wesentlicher Bestandteil der Ladung. Diese gestattet es den Eigentümern im Vorhinein zu erfahren, welche Themen in der anstehenden Versammlung behandelt werden sollen. Erst die Kenntnis hierüber versetzt sie in die Lage zu entscheiden, ob eine Teilnahme an der Versammlung für sie von besonderem Interesse ist oder nicht. Auch wenn die LPH in der Figur der Eigentümerversammlung ein demokratisches Kollektivorgan geschaffen hat, welches letzten Endes der Partizipation der Eigentümer bedarf, und in welchem erst die umfassende Beteiligung aller Stimmberechtigten das gewünschte Ergebnis, nämlich die tatsächlich von den Mitgliedern getragenen Entscheidungen zu Tage fördert, sieht die Realität oftmals anders aus. Insbesondere bei den in Feriengebieten gelegenen großen, relativ anonymen Gemeinschaften nimmt regelmäßig nur eine kleine, meist gleichbleibende Gruppe von Eigentümern an den Versammlungen teil. Nur wenn besondere Themen zur Diskussion gestellt werden, steigt die Beteiligung signifikant an. Der Mitteilung der Tagesordnungspunkte im Wege der Ladung kommt daher bereits aus diesem Grund eine zentrale Bedeutung zu.

Neben der Tatsache, dass die angekündigten Tagesordnungspunkte Auswirkungen auf die Teilnahmebereitschaft der Eigentümer haben können, dienen sie aber auch der Vorbereitung der Stimmberechtigten. In Abhängigkeit von den zur Diskussion gestellten Themen, werden einzelne Eigentümer über diese bereits im Vorfeld Gespräche mit ihren Nachbarn führen und gegebenenfalls weitere Erkundigungen einholen oder sich gar beraten lassen. Insbesondere wird durch die Ankündigung der abzuhandelnden Tagesordnungspunkte aber auch dafür gesorgt, dass keine überraschenden und mit böser Absicht verheimlichten Angelegenheiten plötzlich zur Abstimmung gestellten werden.[294]

Wenn man berücksichtigt, dass in Abhängigkeit des Abstimmungsgegenstands unterschiedliche Mehrheiten erforderlich sind, und dass die Abwesenden in bestimmten Fällen durch das Abstimmungsverhalten der Anwesenden verpflichtet werden, bzw. z.B. in den Fällen des Artikels 17.8 LPH binnen einer 30-Tages-Frist von ihrem Stimmrecht Gebrauch machen müssen, damit ihr Votum nicht als Zustimmung zu dem von den Anwesenden getroffenen vorläufigen Beschluss gewertet wird, dürfte klar sein, dass die korrekte Ankündigung der Tagesordnungspunkte einen wesentlichen Einfluss auf das Abstimmungsverhalten und damit Abstimmungsergebnis haben kann. Ohne korrekte Bezeichnung der Tagesordnungspunkte würden im Ergebnis Hindernisse für die geeignete Rechtsausübung der Eigentümer geschaffen. Sollten daher tatsächlich Abstimmungen über Punkte erfolgen, die nicht entsprechend angekündigt wurden, könnten die diesbezüglich in der Versammlung getroffenen Entscheidungen angefochten werden. Die angekündigten Tagesordnungspunkte stellen nämlich den unüberwindlichen Rahmen der abzu-

---

[294] Gallego Brizuela, S. 80; Pons González / del Arco Torres, S. 376-377; Loscertales Fuertes, Propiedad Horizontal, S. 220.

handelnden Themen und Beschlussgegenstände dar.[295] Zu beachten ist in diesem Zusammenhang deshalb auch, dass die Tagesordnungspunkte nicht nur im Allgemeinen angekündigt werden müssen, sondern dass sich aus ihrer Beschreibung auch hinreichend deutlich zu ergeben hat, was genau Abstimmungsgegenstand sein soll. Eine sinnvolle Funktion kann der Pflicht zur Ankündigung der Tagesordnungspunkte und der Beschränkung auf selbige nur dann zukommen, wenn gleichzeitig in ausreichendem Masse deutlich wird, um welche Fragen es genau geht. Die Beschreibung kann sicherlich nicht den Diskussionsverlauf vorhersehen, und soll auch nicht in eine unnötige Detailversessenheit ausufern. Die Pflicht zur Ankündigung der Beschlussgegenstände wurde aber nicht bereits dann erfüllt, wenn die beabsichtigte Errichtung eines Fahrstuhlsystems mit dem Tagesordnungspunkt *Abstimmung über Änderungen am Gemeinschaftseigentum* beschrieben wurde.[296] Aus demselben Grund kann es nicht ausreichen, wenn ein Tagesordnungspunkt lediglich mit dem Begriff *Bauarbeiten* überschrieben wird, und sich nicht aus den weiteren Ausführungen oder den Gesamtumständen und für alle ausreichend deutlich ableiten lässt, auf was genau sich diese Arbeiten beziehen.[297]

Neben den besonderen, von Versammlung zu Versammlung wechselnden Tagesordnungspunkten, ist es üblich, dass auch allgemeine, immer wiederkehrende Punkte in der Tagesordnung erscheinen. Hierzu gehören die Punkte *Lectura y aprobacion del acta anterior* (Verlesung und Zustimmung zum vorhergehenden Protokoll) als Eingangspunkt und *Ruegos y Preguntas* (Bitten und Fragen) als Schlusspunkt. Bei den ordentlichen Versammlungen kommt gleichzeitig die Zustimmung zur Rechnungslegung und der Beschluss des zukünftigen Wirtschaftsplans hinzu. Insbesondere in Bezug auf den Punkt *Ruegos y Preguntas* (Bitten und Fragen) kann es bisweilen Probleme geben, wenn es um die Einordnung dessen geht, was unter diesem Abschnitt abgehandelt werden darf und was nicht. Ein wiederkehrendes Problem ist die Zweckentfremdung dieses Punktes, um all diejenigen Abstimmungen durchzuführen, die unter den anderen Tagesordnungspunkten nicht eingeordnet werden konnten. Wie jedoch aus der Bezeichnung dieses Tagesordnungspunkts selbst hervorgeht, sollten an dieser Stelle ausschließlich allgemeine Fragen gestellt und Bitten formuliert werden. Er darf keinesfalls zu einer Art Auffangtagesordnungspunkt verkommen, der es ermöglicht, durch eine Hintertür doch noch Themen zur Abstimmung zu stellen, die nicht angekündigt waren.

3.1.14 Recht der Eigentümer, Tagesordnungspunkte zu bestimmen

Jeder Eigentümer hat gemäß Artikel 16.2.2 LPH das Recht, die Eigentümerversammlung um die Aufnahme von Tagesordnungspunkten zu bitten, bzw. selbige zur Stellungnahme zu bestimmten Themen aufzufordern. Zu diesem Zweck ist an den Präsidenten der Gemeinschaft ein Schreiben zu richten, in welchem die Aufnahme eines entsprechenden Tagesordnungspunkts für die nächste Versammlung erbeten wird. Solange die nächste Versammlung noch nicht anberaumt wur-

---

[295] AP Barcelona, Sec. 14ª, Urteil vom 10. April 2000.
[296] Gallego Brizuela, S. 80.
[297] Pons González / del Arco Torres, S. 378.

de, dürfte die Umsetzung eines solchen Antrags keine Schwierigkeiten bereiten. Es müsste lediglich in der nächsten Ladung der entsprechende Tagesordnungspunkt eingefügt werden. Wenn die Ladungen aber bereits verschickt wurden, stellt sich die Frage, ob dennoch nachträglich eine neue Ladung mit dem oder den hinzuge-kommenen Tagesordnungspunkten versandt werden darf, um in diesem Zusam-menhang die alte Ladung zu ersetzen oder zu vervollständigen. Bezieht sich also die in Artikel 16.2.2 LPH enthaltene Formulierung *folgende Versammlung* auf die dem Antrag zeitlich folgende, oder die im Zeitpunkt des Antrags noch nicht anbe-raumte Versammlung? In den wohl verbreitetsten Fällen, in denen kurzfristige, weil in zeitlicher Nähe zur Versammlung erfolgende Ladungen ergehen, muss unserer Ansicht davon ausgegangen werden, dass eine Vervollständigung oder gar ein Er-satz der ursprünglichen Ladung durch ein zweites Schreiben ausgeschlossen ist. Fehlen z.B. lediglich noch fünf Tage bis zur anberaumten ordentlichen Versamm-lung, können die gesetzlich vorgeschriebenen Ankündigungsfristen nicht mehr eingehalten werden (mindestens sechs Tage, siehe Artikel 16.3 LPH), sollte man diese Ergänzung zulassen, weshalb keine Änderung der bestehenden Tagesord-nung mehr gestattet sein dürfte. Liegen zwischen Zustellung der Ladungen und Ab-haltung der Versammlung aber beispielsweise Wochen oder gar Monate, gewinnt diese Frage an Brisanz; wäre es doch zweifelsohne möglich, rechtzeitig eine mo-difizierte Ladung zu versenden. Aus dem Wortlaut des Gesetzes *la siguiente Junta que se celebre* lässt sich tendenziell ableiten, dass es um die Berücksichtigung in der *folgenden* (also auf die noch nicht anberaumte oder die auf die bereits anberaumte Versammlung nachfolgende) und nicht *la próxima Junta que se celebre*, also die am nächsten liegende Versammlung geht (wie es ansonsten lauten müsste).

Aufgrund der Uneindeutigkeit des Wortlauts, welche einen gewissen Interpreta-tionsspielraum lässt, möchten wir ergänzend die hierzu bestehende Meinungs-vielfalt verkürzt wiedergeben. In der Literatur finden sich widersprüchliche Auf-fassungen. Teilweise wird vertreten, dass sich dieses Recht des einzelnen Eigen-tümers nur auf in Zukunft anzuberaumende Versammlungen beziehen kann.[298] Aus praktischen und organisatorischen Gründen könne nichts anderes gelten.[299] Nach einer anderen Auffassung sei diese nachträgliche Vervollständigung hinge-gen grundsätzlich zu akzeptieren, solange die gesetzlichen Fristen berücksichtigt würden[300] und die zuständigen Organe der Gemeinschaft, wie Präsident und Se-kretär, bereit seien, diese Änderung zu veranlassen - schließlich würden sie mit zu-sätzlichem Aufwand belastet.[301] Unserer Auffassung nach spricht einiges dafür, der Argumentation zu folgen, die davon ausgeht, dass bei einer bereits anberaumten Versammlung keine Pflicht zur Änderung der Tagesordnung und Versendung einer neuen Ladung besteht. Trotzdem soll der Präsident berechtigt sein, nach seinem freien Ermessen den verspäteten Vorschlag doch noch zu berücksichtigen und ei-ne neue Ladung zu verfassen, wenn er im Stande ist, die gesetzlichen Fristen ein-zuhalten. Er muss abschätzen können, ob der mit der zusätzlichen Ladung ver-

---

[298] CLPH-González Carrasco, Artikel 16, Rn. 19, S. 485-486.
[299] Gallego Brizuela, S. 78-79.
[300] Loscertales Fuertes, Propiedad Horizontal, S. 222.
[301] Gallego Brizuela, S. 79.

bundene Aufwand im Verhältnis zum Nutzen steht, der durch eine vorgezogenen Abstimmung über den beantragten Tagesordnungspunkt erlangt wird, oder ob es zumutbar ist, den Antragsteller bis zur nächsten ordentlichen bzw. außerordentlichen Versammlung warten zu lassen.

Problematisch kann die Haltung des Präsidenten sein, wenn er nicht nur der Ansicht ist, die Einfügung des erbetenen Tagesordnungspunkts könne bis zur als nächstes anzuberaumenden Versammlung warten, sondern sich generell weigert, den beantragten Punkt in irgendeiner Versammlung zur Debatte zu stellen. Obwohl das Gesetz die Pflicht des Präsidenten vorsieht, die schriftlich an ihn gerichteten Vorschläge zu berücksichtigen, ergeben sich aus dem Gesetz selbst keine unmittelbaren Zwangsmittel, die der Durchsetzung dieser Verpflichtung dienen.

3.1.15 Angaben über die Schuldner

Die Ladung muss gemäß Art. 16.2 S. 2 LPH ebenso eine Aufstellung der Eigentümer beinhalten, welche die fälligen, an die Gemeinschaft zu leistenden Beiträge nicht erbracht haben, und deshalb Schuldner derselben sind. Diese Eigentümer sind mittels Ladung weiterhin darüber aufzuklären, dass sie an der Ausübung ihres Stimmrechtes gehindert sind, wenn von ihnen keine der in Artikel 15.2 LPH beschriebenen Maßnahmen ergriffen wurden. Hiernach müssen die fälligen Schulden vor Versammlungsbeginn getilgt, gerichtlich angefochten oder bei einem Notar bzw. Gericht hinterlegt worden sein.[302] Andernfalls kann der betroffenen Eigentümer zwar an der Versammlung teilnehmen, aber sein Stimmrecht nicht ausüben.

Es ist kontrovers diskutiert worden, ob das spanische WEG diesbezüglich nicht sogar verfassungswidrig sein könnte. Zum einen ist es mehr als fraglich, ob der Entzug des Stimmrechts als Sanktion nicht außer Verhältnis zum Verstoß gegen die Pflicht zur Leistung der geschuldeten Eigentümerbeiträge steht, und ob nicht die Wahl eines milderen Mittels angezeigter gewesen wäre. Zum anderen könnte der Zwang zur Bekanntgabe der Schuldner datenschutzrechtlichen Bedenken begegnen und sogar geeignet sein, die Ehre der Betroffenen zu verletzen. Gegen diese Einwände kann argumentiert werden, dass die Möglichkeit besteht, die geschuldeten Beiträge bei Gericht oder bei einem Notar zu hinterlegen, bzw. sich mittels Anfechtung gegen selbige zu wehren. Wer also nicht mit ihnen einverstanden ist, hätte zahlreiche Möglichkeiten, um nicht unmittelbar an die Gemeinschaft zahlen zu müssen und dennoch sein Stimmrecht zu bewahren. Die Hinderung an der Ausübung des Stimmrechts scheint jedoch ein besonders adäquates Mittel zu sein, um zu vermeiden, dass die Nichtzahlung der Beiträge von den Schuldnern als Druckmittel gegenüber der Gemeinschaft missbraucht wird.

Mitunter wird von Eigentümern versucht, vereinzelt bestehende finanzielle Engpässe und eine hierdurch bedingte Zahlungsunfähigkeit dadurch zu kaschieren,

---

[302] In den Fällen in denen es um eine Änderung des Beteiligungsquoten geht, genügt die gerichtliche Anfechtung, ohne dass es einer Hinterlegung der Beiträge bedürfte (wenn diese auf den angefochtenen Beschluss zurückgehen). Andernfalls muss zur gerichtlichen Hinterlegung geschritten werden, damit die Anfechtungsklage zugelassen werden kann.

dass die vermeintlich bestehende Opposition zu einem Beschluss, oder die angebliche Widerrechtlichkeit einer bestimmten Maßnahme, als Grund für die Nichtzahlung der Beiträge angeführt wird. Wer tatsächlich begründete Zweifel an der Rechtmäßigkeit eines Beschlusses hat, kann und sollte die gesetzlich vorgesehenen Anfechtungsmöglichkeit nutzen.

Die ebenfalls - wie besprochen - als problematisch zu beurteilende Bekanntmachung der Schuldner wird damit gerechtfertigt, dass es sich um keine öffentlich zugängliche Mitteilung handele, sondern lediglich um eine Benachrichtigung, welche ohnehin nur diejenigen Personen erreiche, die sowieso Zugang zur Rechnungslegung hätten und daher im Stande wären zu ermitteln, wer seinen Zahlungspflichten nachgekommen ist und wer nicht. Diese *innere Angelegenheit* betreffe alle Eigentümer und gehe deshalb auch alle an. Daran solle nicht einmal die gegebenenfalls erforderliche Bekanntgabe am *schwarzen Brett* etwas ändern, da sich dieses innerhalb der Gemeinschaft befinde, und der Kreis der Gemeinschaft auch hierdurch nicht verlassen werde.[303]

Problematisch kann die Pflicht zur Bezeichnung der Schuldner dann sein, wenn die Zahlung der Beiträge zum Zeitpunkt der Ladung nicht bereits fällig und der entsprechende Eigentümer daher noch nicht säumig war, dies jedoch bis zur Abhaltung der Versammlung der Fall ist. Es könnte daher vorkommen, dass zur Versammlung Schuldner erscheinen, die verständlicherweise nicht als solche in der Ladung bezeichnet wurden, und sich hieraus eine Diskussion um das Recht zur Stimmabgabe ableiten. Einer verbreiteten Auffassung nach, und ausgehend vom Gesetzeswortlaut, dürften solche Schuldner gemäß Art. 15.2 LPH ihr Stimmrecht nicht ausüben, wenn diese Situation nicht vor Beginn der Versammlung durch Zahlung oder Ausübung der im Gesetz vorgesehenen Möglichkeiten behoben wurde. Die von Artikel 16.2 LPH geforderte Bezeichnung der Schuldner in der Ladung kann hiernach lediglich bezüglich derjenigen Eigentümer gefordert werden, die bereits zum Zeitpunkt der Ladung säumig waren. Dies hätten zur Folge, dass die Eigentümer, die nach Fälligkeit nicht gezahlt haben, auch ohne entsprechende Angabe in der Ladung, ihr Stimmrecht nicht ausüben könnten.[304]

Entgegen dieser Meinung wird jedoch ausgeführt, dass die Bezeichnung der Schuldner in der Ladung ein notwendiger Hinweis sei, um diesen ihren in der Nichtzahlung der Beiträge liegenden Pflichtverstoß wirksam zurechnen zu dürfen. Nur so könne, sollte sich diese Situation fortsetzen, und keine der gesetzlich vorgesehenen Wege eingeschlagen werden, das Stimmrecht entzogen werden.[305] Da sich in der Rechtsprechung Vertreter beider Positionen finden,[306] ist es vor diesem Hintergrund ratsam, die Versammlungen und die dazugehörigen Ladungen so zu koordinieren, dass im Zeitpunkt ihrer Versendung die vorgesehenen Zahlungsfristen bereits verstrichen sind. Auf diese Weise kann dem vom Gesetz beschriebenen Normalfall gefolgt werden und alle tatsächlichen Schuldner auf den ihnen drohen-

[303] Pons González / del Arco Torres, S. 380.
[304] Loscertales Fuertes, Propiedad Horizontal, S. 222.
[305] CLPH-González Carrasco, Artikel 15, Rn. 53, S. 475.
[306] SEPIN, Kommentar zu: AP Salamanca, Sec. 1ª, Urteil Nr. 168/2003 vom 14. April 2003.

den Stimmrechtsverlust hingewiesen werden. Falls dies nicht möglich sein sollte, wäre es angebracht, in der Ladung darauf aufmerksam zu machen, dass der Fälligkeitszeitpunkt eines Beitrags zwischen Ladung und Versammlung liegt, und diese Angabe mit einem entsprechenden Hinweis und allen erforderlichen Erklärungen versehen werden, damit jedem Eigentümer die zukünftige Gefahr der Säumnis und die mit ihr verbundenen Konsequenzen bekannt sind.[307]

3.1.16 Mit der Ladung zu versendende Dokumente

Obwohl es sinnvoll sein kann, mit der Ladung weitere, die Tagesordnungspunkte betreffende Informationen zu versenden, um die Meinungsbildung und Entscheidungsfähigkeit der Eigentümer zu fördern, sieht das Gesetz keine solche Pflicht vor.[308] Es wird zwar durch einzelne Entscheidungen ein ausdrückliches Informationsrecht der Eigentümer anerkannt, wonach sie den Verwalter um Einblick in die relevanten Unterlagen bitten dürfen,[309] dies bedeutet jedoch nicht, dass die Ladung neben den vorgeschriebenen, gesetzlich bestimmten Inhalten, darüber hinausgehende Ausführungen enthalten muss.[310] Trotz dieser fehlenden Pflicht ist es empfehlenswert, die Eigentümer mit der Ladung zu den dort bestimmten Tagesordnungspunkten möglichst ausführlich zu informieren. Je besser die Teilnehmer der Versammlung vorbereitet sind, desto konstruktiver und einfacher wird diese verlaufen.[311] Abstimmungen über den Wirtschaftsplan oder Rechnungslegungen können ohne entsprechende, vorab zu übermittelnde Informationen, nur bedingt ihren eigentlichen Zweck erfüllen.[312] Sollte in der Versammlung über verschiedene Kostenvoranschläge beraten werden, wäre es mehr als nur angeraten, selbige mit der Ladung zu übermitteln. Wie sonst sollten vor Abhaltung der Versammlung durch die geladenen Eigentümer alternative Angebote eingeholt oder das Preis- / Leistungsverhältnis in angemessener Weise beurteilt werden können?

3.1.17 Erforderliche Mehrheiten

Nachdem die Eigentümerversammlung in erster oder zweiter Einberufung wirksam zusammengetreten ist, und damit begonnen wurde, die angekündigten Tagesordnungspunkte abzuhandeln, dauert es zumeist nicht lange, bis die ersten Meinungsverschiedenheiten und gegensätzlichen Positionen offenbar werden. Schnell stellt sich daher die Frage nach den erforderlichen, zu erzielenden Mehrheiten, damit einzelne Abstimmungsgegenstände durch Beschluss angenommen oder abgelehnt werden können.

---

[307] Loscertales Fuertes, Propiedad Horizontal, S. 221.

[308] Loscertales Fuertes, Propiedad Horizontal, S. 225; vgl. Pons González / del Arco Torres, S. 383 mit Hinweisen auf *Tribunal Supremo*, Urteil vom 14. Februar 2002.

[309] Pons González / del Arco Torres, S. 383 mit Hinweisen auf AP Santa Cruz de Tenerife, Urteil vom 1. Abril 1996.

[310] Vgl. insgesamt: Pons González / del Arco Torres, S. 382-383.

[311] Loscertales Fuertes, Propiedad Horizontal, S. 225.

[312] Gallego Brizuela, S. 82.

Bevor jedoch auf die vom Gesetz geforderten und nach Gegenstand zu unterscheidenden Mehrheiten eingegangen wird, soll genauer dargelegt werden, welche Eigenschaften diese Mehrheiten aufweisen müssen, wer genau berechtigt ist seine Stimme abzugeben, und welche Besonderheiten bei der Stimmenzählung zu beachten sind.

3.1.18 Stimmberechtigung (Mitglieder der Eigentümergemeinschaft)

Stimmberechtigt sind nur die Mitglieder der Eigentümergemeinschaft. Mitglieder der Eigentümergemeinschaft sind ihrerseits, wie sich aus der Bezeichnung ableiten lässt, nur die Eigentümer, weshalb z.B. bei einer vermieteten Immobilie der Mieter über kein eigenes Stimmrecht verfügt.

3.1.19 Miteigentum

Sollte ein Sondereigentumselement mehreren Eigentümern gemeinschaftlich gehören, müssen diese gemäß Artikel 15.1 2. Abschnitt LPH einen Vertreter ernennen, der an der Versammlung teilnehmen und dort abstimmen darf. Trotz mehrerer Eigentümer besteht für jedes Sondereigentumselement lediglich eine Stimme. Auf diese Weise soll ein sich ansonsten durch das Miteigentum ergebendes künstliches Stimmenwachstum vermieden und gleichzeitig verhindert werden, dass Uneinigkeiten zwischen den Miteigentümern einer einzelnen Immobilie zu miteinander in Widerspruch stehenden Stimmabgaben führen,[313] welche lediglich geeignet wären, den geordneten Verlauf der Versammlung zu gefährden.[314] Auf dieses einfache Miteigentum sind die Artikel 392 ff. des Código Civil anzuwenden. Gemäß Artikel 398 Código Civil müssen die Miteigentümer darüber abstimmen, wie mit dem gemeinsamen Eigentum zu verfahren ist. Die wirtschaftliche Mehrheit, d.h. die Mehrheit der Quoten entscheidet. Gehört eine Immobilie vier Eigentümern gemeinsam, hat aber einer von ihnen einen wirtschaftlichen Anteil von 55%, kann dieser im Allgemeinen alleine die Entscheidungen treffen. Es kann allerdings gerichtlich überprüft werden, ob ein unrechtmäßiger Missbrauch zu Lasten einzelner Eigentümer erfolgt, und dies untersagt werden.

3.1.20 Nießbrauchsberechtigte

Wenn die Immobilie mit einem Nießbrauchsrecht belastet ist, steht auch hier das Recht zur Teilnahme an der Versammlung sowie das Stimmrecht gemäß Artikel 15.1.3 LPH dem *nudo propietario* (wörtlich: nackten Eigentümer) sprich Obereigentümer und nicht etwa dem Nießbrauchsberechtigten[315] zu. Solange sich der Eigentümer jedoch nicht gegenteilig äußert, ist davon auszugehen, dass der Nießbrauchsberechtigte vertretungsbefugt ist. Diese Vertretungsbefugnis muss lediglich dann ausdrücklich vom Eigentümer erteilt werden, wenn es um Beschlüsse

---

[313] CLPH-González Carrasco, Artikel 15, Rn. 32, S. 467.

[314] Pons González / del Arco Torres, S. 372 mit Hinweisen auf AP Barcelona, Sec. 4ª, Urteil vom 18. Januar 2002.

[315] Im deutschen Recht stellenweise auch als Untereigentümer bezeichnet.

geht, die Einstimmigkeit erfordern, oder über außerordentliche, bauliche Verbes-
serungsmaßnahmen abgestimmt wird.

3.1.21 Inhaber eines Wohnrechts

Das spanische Wohnungseigentumsrecht macht, anders als bezüglich des Nießbrauchsberechtigten, keine Ausführungen zum Inhaber eines Wohnrechts.

Da der spanische Código Civil in seinem Artikel 523 jedoch die auf das Nießbrauchsrecht anwendbaren Regeln auf das Wohnrecht ausweitet, dürfte in diesem
Zusammenhang der Inhaber eines Wohnrechts die gleichen Möglichkeiten haben,
über die auch der Nießbrauchsberechtigte verfügt.[316]

3.1.22 Eigentum an mehreren Immobilien innerhalb der gleichen Gemein-
schaft

Oft stellt sich die Frage, ob bei Eigentum an mehreren unabhängigen Sondereigentumselementen innerhalb der gleichen Gemeinschaft auch mehrere Stimmen
auf denselben Eigentümer entfallen, nämlich eine für jedes Sondereigentumselement, oder aber ob dieser Eigentümer nur über eine einzige Stimme verfügt. Da
das Gesetz diesbezüglich keine eindeutigen Ausführungen macht, kann diese Frage am geeignetsten unter Heranziehung der einschlägigen Rechtsprechung beantwortet werden.[317] Der Tribunal Supremo hat in diesem Zusammenhang das Gesetz
dahingehend ausgelegt, dass der Eigentümer mehrerer Immobilien innerhalb derselben Gemeinschaft nur eine Stimme erhalten sollte. Begründet wird dies damit,
dass das Gesetz bei Abstimmungen das Erfordernis der doppelten Mehrheiten auf-
stellt, wonach eine bestimmte Anzahl an Stimmen und eine entsprechende Anzahl
an Quoten zusammen kommen müssen, um Beschlüsse treffen zu können. Der Eigentümer mehrerer Immobilien stimmt mit dem Umfang aller in seinem Eigentum
befindlichen Quoten. Auf diese Weise macht sich seine höhere Beteiligung an der
Gemeinschaft unmissverständlich bemerkbar und fließt in jede Abstimmung mit
ein. Hätte er darüber hinaus auch noch eine Stimme für jede Immobilie, würde
diese Unterscheidung zwischen Stimmen und Quoten weitestgehend ihren Sinn
einbüßen.[318] Die Absicht des Gesetzgebers schien es aber gerade zu sein, einen
Ausgleichsmechanismus zu schaffen, damit kein absoluter und unüberwindlicher
Vorrang einzelner (einflussreicherer) Eigentümer gegenüber anderen (schwächeren) gefördert wird.[319] Die Eigentümer mehrerer Sondereigentumselemente haben
demnach nur eine Stimme (es gilt also das Kopfprinzip), wenngleich auf dieselbe
eine höhere Quote entfällt, weshalb auf diese Weise dem größeren Anteil an der
Gemeinschaft ausreichend Rechnung getragen wird.

---

[316] Pons González / del Arco Torres, S. 373-374; Martín Bernal, Actualidad Jurídica Aranzadi, n°
429, 2000, S. 1-6.

[317] Sánchez García, S. 33.

[318] CLPH-González Carrasco, Artikel 15, Rn. 24, S. 464 mit Hinweisen auf *Tribunal Supremo*, Sala
Primera, de lo Civil, Urteil vom 10. Februar 1995.

[319] Sánchez García, S. 33.

3.1.23 Säumige Schuldner

Die säumigen Schuldner der Gemeinschaft dürfen während der Versammlung anwesend sein und sich an ihr aktiv, d.h. z.B. durch Teilnahme an den Diskussionen beteiligen. Solange sie jedoch keine der in Artikel 15.2 LPH aufgeführten Maßnahmen ergriffen, bzw. ihre Schuld gegenüber der Gemeinschaft vor Beginn der Versammlung getilgt haben, sind Sie an der Ausübung ihres Stimmrechts gehindert.

Dem Schuldner ist es also, wie ausgeführt, gestattet, durch Zahlung (oder Hinterlegung) der ausstehenden Beträge vor Beginn der Versammlung doch noch sein Stimmrecht auszuüben. Der entscheidende Zeitpunkt für den Entzug des Stimmrechts liegt unmittelbar vor dem Versammlungsbeginn. Die Frage, ob die Schuld weiter besteht, ist deshalb in genau diesem Moment zu beantworten. Die Schuld kann daher nur dann als beglichen gelten, wenn der ausstehende Betrag tatsächlich zuvor geleistet wurde. Aus diesem Grund kann der ausstehende Betrag vor Versammlungsbeginn in bar, jedoch nicht mittels Scheck gezahlt werden. Artikel 1170 des Código Civil sieht bei Geldschulden die effektive Zahlung mittels Scheck nämlich nur dann als getätigt an, wenn selbiger auch ausgezahlt wurde. Bis dahin besteht aufgrund des Risikos fehlender Deckung keine wirkliche, zur Stimmabgabe befähigende Zahlung vor.[320]

3.1.24 Schuldner mit mehreren Sondereigentumselementen

Da der Eigentümer mehrerer Sondereigentumselemente innerhalb der gleichen Gemeinschaft über lediglich eine Stimme verfügt (wenngleich diese Stimme von den Quoten aller in seinem Eigentum befindlichen Immobilien begleitet wird - was ihm bei den geforderten doppelten Mehrheiten auf diese Weise gegenüber Eigentümern lediglich einer Immobilie doch noch ein größeres Gewicht zukommen lässt), stellt sich die Frage, wie zu verfahren ist, wenn dieser nicht für alle seine Sondereigentumselemente die auf diese entfallenden Beiträge geleistet hat. Vom Wortlaut des Artikels 15.2 LPH ausgehend, werden all diejenigen Eigentümer an der Ausübung ihres Stimmrechts gehindert, welche nicht ... *alle gegenüber der Gemeinschaft fälligen Schulden...* beglichen haben. Hiernach dürfte solch ein Eigentümer kein Stimmrecht ausüben, solange er nicht alle geschuldeten Beiträge geleistet oder in der gesetzlich vorgesehenen Weise (Artikel 15.2 LPH) verfahren worden ist. Genau diesen Ansatz vertritt auch der weit überwiegende Teil der Rechtsprechung.[321] Trotzdem werden in der Literatur nach wie vor unterschiedliche Auffassungen diskutiert. So scheint es einzelnen Autoren nicht angemessen, einen ansonsten zahlungsbereiten Eigentümer, der aufgrund von Meinungsverschiedenheiten nicht bereit ist z.B. für sein Geschäftslokal den vorgesehenen Beitrag zu ent-

---

[320] Magro Servet / García-Chamón Cervera / Pérez Saura, S. 294-299.
[321] AP La Rioja, Sec. 1.ª, Urteil Nr. 272/2011 vom 8. September; AP Madrid, Sec. 14.ª, Urteil Nr. 602/2003 vom 15. Oktober.

richten, für seine übrigen Immobilien jedoch die geschuldeten Summen leistet, insgesamt sein Stimmrecht zu entziehen.[322]

3.1.25 Schuldner sind Miteigentümer

Für den Fall, dass die auf eine im einfachen Miteigentum stehende Immobilie geschuldeten Beiträge nicht geleistet werden, ist es nicht von Bedeutung, dass einzelne Miteigentümer den auf sie entfallenden Beitragsanteil entrichtet haben. Es muss vielmehr die Gesamtschuld getilgt worden sein. Da für alle Miteigentümer nur eine einheitliche Stimme besteht, muss zur Ausübung derselben auch der insgesamt auf diese Immobilie entfallende und zahlbare Betrag geleistet werden. Solange dies oder die anderen in Artikel 15.2 LPH vorgesehenen Möglichkeiten nicht umgesetzt wurden, kann das Stimmrecht auch nicht ausgeübt werden.[323]

3.1.26 Übersicht Stimmrecht: Wer verfügt über ein Stimmrecht in der Eigentümerversammlung?

Personen	Stimmrecht
Eigentümer (zahlender)	Ja
Eigentümer (säumig)	Nein
Eigentümer mehrerer Immobilien (zahlender)	Ja (trotz mehrerer Immobilien nur eine Stimme, auf welche jedoch alle Quoten der im Eigentum stehenden Objekte entfallen).
Eigentümer mehrerer Immobilien (säumig)	Nein
Nießbrauchsberechtigter	Es gilt die Annahme des Artikels 15.1.3 LPH: Das Stimmrecht entfällt auf den Eigentümer. Es wird jedoch unterstellt, dass der Nießbrauchsberechtigte vertretungsbefugt ist, solange nichts gegenteiliges bekannt ist, und auch nicht über Tagesordnungspunkte abgestimmt wird, die Einstimmigkeit erfordern oder außerordentliche Baumaßnahmen oder Neuerungen Beschlussgegenstand sind.
Mieter	Nur, wenn eine entsprechende Vollmacht erteilt wurde.
Teileigentümer	Ja. Trotz mehrerer Eigentümer entfällt aus das Sondereigentumselement lediglich eine Stimme. Die Teileigentümer müssen, vertreten durch einen Eigentümer ihr Stimmrecht ausüben.

---

[322] Loscertales Fuertes, Propiedad Horizontal, S. 209; SEPIN, En el supuesto de un titular con varias propiedades, algunas con deudas, ¿se aplica la privación del derecho de voto sólo a los pisos o locales deudores, o de manera general?

[323] CLPH-González Carrasco, Artikel, Rn. 56, S. 477.

3.1.27 Geheime Abstimmungen

Gelegentlich stellt sich die Frage, inwieweit geheime Abstimmungen statthaft sind. Einzelne Eigentümer können sich aufgrund besonderes guter oder schlechter Beziehungen zu ihren Nachbarn bei der Stimmabgabe unter Druck gesetzt fühlen. Oftmals haben deshalb die zwischenmenschlichen Verhältnisse unter den Eigentümern unmittelbaren Einfluss auf das Stimmverhalten, und bestimmte Mitglieder der Eigentümergemeinschaft fühlen sich gehemmt ihre tatsächliche Meinung zu äußern. Die geheime Stimmabgabe könnte somit bei der Ermittlung des tatsächlichen Willens der Eigentümer eine große Hilfe sein. Wie oft kommen mehr oder minder dringend notwendige Entscheidungen mit Rücksicht auf oder aus Missgunst gegenüber bestimmten Nachbarn nicht zustande?

Wenngleich das Prinzip der geheimen Stimmabgabe aus den oben genannten Gründen prinzipiell einige Vorteile bieten würde, führt das gesetzlich vorgesehene Abstimmungssystem zu tatsächlichen Problemen, welche einer Umsetzung im Wege stehen. Das spanische Wohnungseigentumsgesetz sieht bei Abstimmungen das doppelte Mehrheits- bzw. Auszählungssystem (Ermittlung der Stimmen und der auf diese Stimmen entfallende Quoten) vor.

Würde die Abstimmung geheim erfolgen, könnte sich aus den abgegebenen Stimmen nicht ableiten lassen, welche Quoten diesen Stimmen zuzurechnen sind. Eine adäquate Auszählung der Stimmen zwecks Beschlussfassung wäre somit nicht möglich. Aus diesem Grund hat der Tribunal Supremo die derart durchgeführten Abstimmungen für unwirksam erklärt.[324]

Entgegen dieser grundsätzlichen Wertung, aber im Einklang mit der dargelegten Argumentation, könnten geheime Abstimmungen dann möglich sein, wenn alle Eigentümer über die gleichen Quoten verfügen würden. Dann nämlich könnte jeder Stimme auch eine eindeutige, weil für alle gleiche Quote zugeordnet werden. Sobald allerdings ein Eigentümer über mehrere Sondereigentumselemente verfügt, und deshalb auf seine Stimme andere Quoten entfallen, als auf die übrigen Mitglieder, würde eine geheime Abstimmung erneut an der fehlenden Unterscheidbarkeit der auf jede Stimme entfallenden Quoten scheitern.[325]

3.1.28 Abstimmung über Post oder Telefon

Da Artikel 15.1 LPH lediglich eine persönliche oder über einen Vertreter erfolgende Teilnahme vorsieht, dürfen sich die Eigentümer nicht postalisch an der Abstimmung beteiligen. Dabei macht es keinen Unterschied, ob ein mit dem Abstimmungsverhalten des Eigentümers versehenes Schreiben an irgend einen Eigentümer der dieses zur Versammlung mitbringt oder unmittelbar an den Präsidenten, Sekretär oder Verwalter der Gemeinschaft erfolgt. Gleichgültig wer der Empfänger

---

[324] Loscertales Fuertes, Propiedad Horizontal, S. 205 mit Hinweisen auf TS, Urteil vom 17. Dezember 2001.
[325] Loscertales Fuertes, Propiedad Horizontal, S. 205.

ist, eine derartige Stimmabgabe ist nicht zulässig. Der nicht teilnehmende Eigentümer sollte also für den Fall, dass er sich in der Versammlung an der Abstimmung beteiligen möchte, einen geeigneten Vertreter suchen und diesen entsprechend bevollmächtigen und instruieren.

Genauso wäre der Fall einzuordnen, in welchem sich ein Eigentümer telefonisch an der Abstimmung beteiligen möchte. Auch hier würde es an einer persönlichen oder über einen Vertreter erfolgenden physischen Teilnahme an der Versammlung mangeln.

3.1.29 Enthaltungen

Obwohl das spanische Wohnungseigentumsgesetz festlegt, wie mit den Stimmen der bei der Versammlung abwesenden und nicht vertretenen Eigentümer zu verfahren ist, wird in Bezug auf mögliche Stimmenthaltungen nichts ausgeführt.

Aus diesem Grund wird sehr kontrovers diskutiert, wie Enthaltungen bei der Errechnung der für die jeweiligen Beschlüsse erforderlichen Stimmen und Quoten zu berücksichtigen sind, und welche Rechte die sich enthaltenden Eigentümer ausüben können, sollten sie sich im Nachhinein gegebenenfalls dafür entscheiden, gegen den Beschluss vorgehen zu wollen.

Besonderes Gewicht kommt der Bewertung der Stimmenthaltungen bei denjenigen Beschlüssen zu, welche Einstimmigkeit erfordern, schließlich kann in diesen Fällen das Zustandekommen des Beschlusses alleine von der rechtlichen Beurteilung einer einzigen Enthaltung abhängen. Doch auch bei den übrigen Abstimmungen kann, wie wir sehen werden, die Beurteilung der Enthaltungen zum sprichwörtlichen *Zünglein an der Waage* werden.

Verfechter eines eigenständigen Charakters der Enthaltungen

Für Beschlüsse, die Einstimmigkeit erfordern, wird teilweise die Auffassung vertreten, dass eine Stimmenthaltung der Möglichkeit einer Annahme solcher Beschlüsse entgegensteht. Um Einstimmigkeit annehmen zu können, müssten alle Eigentümer zustimmen. Eine einzige Stimmenthaltung würde daher das Zustandekommen eines einstimmigen Beschlusses unmöglich machen.[326] Genauso wie Gegenstimmen, müssten die Stimmenthaltungen als etwas wesentlich anderes als eine Zustimmung eingeordnet werden.

Das gleiche Argument wird von einigen Autoren auf alle Abstimmungsgegenstände angewandt. Damit also z.B. eine 3/5 Mehrheit oder gar eine einfache Mehrheit zustande kommen kann, müssen auch eine entsprechende Anzahl an Eigentümern in diesem Verhältnis abstimmen. Dabei soll es nicht ausreichen, dass die den Beschluss annehmenden bzw. ablehnenden Stimmen in der jeweiligen gesetzlich vorgesehenen Relation stehen. Gefordert wird vielmehr, dass 3/5 bzw. die einfache Mehrheit der Anwesenden dem Vorschlag zustimmen. Die erforderlichen

---

Stimmen sind hiernach immer ins Verhältnis zu der Gesamtzahl der Teilnehmer (direkt oder mittels Vertretung) und nicht etwa der Gegenstimmen zu setzen. Die sich der Stimme enthaltenden Eigentümer sind dementsprechend bei der Berechnung der Stimmrechtsanteile zu berücksichtigen, ohne in die Gruppe der Befürworter aufgenommen werden zu können.[327] Sie finden Berücksichtigung bei der Feststellung der anwesenden Eigentümer, aber eben nicht bei der Auszählung der den Beschluss befürwortenden Stimmen und Quoten.

Gegner eines eigenständigen Charakters der Enthaltungen

Der überwiegende Teil der Literatur und Rechtsprechung wertet die Enthaltung jedoch als ein freiwilliges Ausweichen, welches zur völligen Nichtberücksichtigung dieser Stimme führt. Weder für Beschlüsse, die Einstimmigkeit erfordern noch für solche, die einer bestimmte Mehrheit oder Stimmenzahl bedürfen, soll die Enthaltung bei der Berechnung der Stimmen berücksichtigt werden. Sie steht daher einer Einstimmigkeit der Anwesenden ebensowenig im Wege, wie sie Auswirkungen auf das Verhältnis der zustimmenden Voten zur Gesamtheit der teilnehmenden Stimmen und Quoten hat.[328]

3.1.30 Anfechtung durch sich enthaltende Eigentümer

Neben den Meinungsverschiedenheiten bezüglich der Bewertung von Enthaltungen im Rahmen der Ermittlung von Mehrheiten in der Eigentümerversammlung, setzt sich die Diskussion in Bezug auf deren Einordnung darüber hinaus dahingehend fort, ob Enthaltungen zur späteren Anfechtung der getroffenen Beschlüsse legitimieren.

Hier wird mehrheitlich vertreten, dass diejenigen, welche sich der Stimme enthalten, nicht berechtigt sind, im Nachhinein gegen die in der Versammlung getroffenen Beschlüsse vorzugehen. Das Gesetz legt strenge Anforderungen bezüglich der Ausübung des Rechts zur Anfechtung von Beschlüssen an. Es scheint nicht einleuchtend, und würde im Widerspruch zum Wortlaut des Artikels 18.2 LPH stehen, auf sich enthaltende Eigentümer Vorschriften anzuwenden, welche lediglich drei Sorten von Eigentümern vorbehalten werden: Den in der Versammlung Abwesenden und nicht vertretenen, den zu Unrecht ihres Stimmrechts beraubten, und die gegen den Beschluss stimmenden Eigentümer.[329]

3.1.31 Der Einfluss abwesender bzw. anwesender Eigentümer auf die Abstimmung

Die Abwesenheit einzelner Eigentümer wirkt sich auf die Versammlung in zweierlei Hinsicht aus. Einerseits wird ausgehend von der Anwesenheit (bzw. Vertretung) ermittelt, ob die Versammlung in ihrer erster Einberufung wirksam zusammengetreten ist, oder nicht. Gegebenenfalls ist, falls die erforderliche Stimmen-

---

[327] Gallego Brizuela, S. 98-100.
[328] Loscertales Fuertes, Propiedad Horizontal, S. 205-206.
[329] Vgl. darüber hinaus Magro Servet / García-Chamón Cervera / Pérez Saura, S. 345-348.

und Quotenzahl nicht erreicht wurde (die Mehrheit der Stimmen aller Eigentümer, auf welche ihrerseits die Mehrheit aller Quoten entfallen) eine zweite Einberufung mit gelockerten Anwesenheitsanforderungen (es bedarf keiner Mindestteilnahme mehr) abzuhalten. Andererseits können die im Rahmen der Versammlung zu treffenden Beschlüsse gewisse Mehrheiten oder gar Einstimmigkeit erfordern, welche gegebenenfalls nur mit der Stimme oder den Stimmen Abwesender Eigentümer erzielbar sind, weshalb das Gesetz Mechanismen vorsieht, damit die abwesenden Eigentümer die Lenkung der Gemeinschaft nicht unnötig behindern, ohne dass dies bedeutet, dass diese Eigentümer den ohne deren unmittelbare Beteiligung getroffenen Beschlüssen hilflos ausgeliefert wären.

Diejenigen Eigentümer - die aus welchen Gründen auch immer - daran gehindert sein sollten, persönlich an einer Versammlung teilzunehmen, können sich nämlich dennoch an der Entscheidungsfindung beteiligen.

Grundsätzlich besteht für den Eigentümer die Möglichkeit, einen Vertreter zu bestellen, der für ihn das Stimmrecht (Stimme versehen mit der auf diese entfallende Quote) ausübt und seine Interessen in der Eigentümerversammlung wahrt.

Weiterhin sieht das Gesetz jedoch verschiedene Schutzmechanismen vor, damit nicht einfach über den Rücken der nicht anwesenden, nicht vertretenen Eigentümer hinweg, relevante oder nachteilige Entscheidungen getroffen werden können.

Genau genommen muss zwischen zwei Möglichkeiten unterschieden werden: Auf der einen Seite hat jeder nicht anwesende Eigentümer (genauso wie die zu Unrecht an der Stimmrechtsausübung gehinderten Eigentümer, oder diejenigen Eigentümer, die ausdrücklich gegen den Beschluss gestimmt haben) das Recht, den Beschluss anzufechten, wenn dieser seiner Meinung nach (Einschränkungen siehe Artikel 18.2 bis 18.4 LPH):[330]

1. Gegen das Gesetz oder die Satzung der Eigentümerversammlung verstößt (Artikel 18.1.a.) LPH).

2. Wenn die Folgen des Beschlusses zu schweren Beeinträchtigungen der Interessen der Eigentümergemeinschaft zugunsten eines oder mehrerer Eigentümer führen (Artikel 18.1.b.) LPH).

3. Wenn der Beschluss einen schweren Nachteil für einen Eigentümer bedeutet, der rechtlich nicht verpflichtet ist, diesen hinzunehmen, oder er in rechtsmissbräuchlicher Art und Weise zustande gekommen ist.

Auf der anderen Seite sieht das Gesetz bei Beschlüssen über gewisse (besonders bedeutende) Gegenstände die Möglichkeit vor, dass der Abwesende, die Entscheidung ablehnende Eigentümer, dieser binnen 30 Tagen entgegentreten kann. Mit anderen Worten: In einzelnen Fällen (abhängig vom Beschlussgegenstand) kann auch noch nach der Versammlung eine Stimme abgegeben werden. Gegebenenfalls steht diese Stimmabgabe der Annahme eines endgültigen Beschlusses entgegen.

---

[330] Die nachfolgenden Fälle sind alternativ und nicht kumulativ zu verstehen.

Bei Beschlüssen welche der Einstimmigkeit oder einer qualifizierten Mehrheit von 3/5 der Eigentümer und Quoten bedürfen, werden die Stimmen und Quoten der nicht anwesenden und nicht repräsentierten Eigentümer als positive Voten zum behandelten Tagesordnungspunkt hinzugerechnet, wenn sich die betroffenen Eigentümer nicht binnen 30 Tagen ab Bekanntgabe (gemäß Artikel 9.1.h.) LPH) des vorläufigen, durch die anwesenden Eigentümer getroffenen Beschlusses, gegenüber dem Sekretär der Gemeinschaft gegenteilig äußern.

Nutzen die abwesenden Eigentümer ihre Möglichkeit zur nachträglichen Stimmangabe, kommt es daher nicht zu der in diesen Fällen vom Gesetz vorgesehenen Zustimmungsfiktion. Vielmehr ist deren Stimme und die mit ihr verbundene Quote, entsprechend dem tatsächlich Geäußerten, zu den jeweiligen Stimmen der übrigen Eigentümer hinzuzuzählen. Tatsächlich wird sich der abwesende Eigentümer natürlich nur dann nachträglich äußern, wenn er dem vorläufigen Beschluss entgegentreten möchte. Andernfalls wird sein Schweigen doch ohnehin bereits als Zustimmung gewertet. Dies entspricht auch dem Wortlaut der Vorschrift des Artikels 17.8 LPH, welcher lediglich vorsieht, dass sich der abwesende Eigentümer dann äußert, wenn er dem vorläufigen Beschluss der Anwesenden entgegentreten möchte.

Da es je nach Abstimmungsgegenstand und Ergebnis auf jede einzelne Stimme ankommen, und auch eine einzige Gegenstimme das Scheitern des Beschlusses herbeiführen kann (Beschlüsse die Einstimmigkeit erfordern, können bereits an einer Gegenstimme scheitern - Beschlüsse die einer qualifizierten Mehrheit bedürfen, können bei sehr knappem Vorsprung ebenso auf jede Stimme oder aber sehr wenige Stimmen angewiesen sein), ist die nachträgliche Stimmabgabe (dort wo sie vom Gesetz erlaubt wird) im Einzelfall durchaus geeignet, einen unliebsamen Beschluss zu Fall zu bringen.

Doch selbst in denjenigen Fällen, in denen diese nachträgliche Stimmabgabe nicht ausreichend ist, um den vorläufigen Beschluss der Anwesenden zu Fall zu bringen (bei Beschlüssen, welche lediglich einer qualifizierten Mehrheit bedürfen, und diese auch durch Mitteilung der Ablehnung mehrerer, abwesender Eigentümer nicht vermieden werden können), sei darauf hingewiesen, dass es angeraten ist selbige vorzunehmen, wenn beabsichtigt wird, eine gerichtliche Anfechtung durchzuführen. Bei fehlender Mitteilung eines entgegengesetzten Votums binnen der gesetzlichen 30-Tages-Frist (siehe Artikel 17.8 LPH), kommt es zu der vorgesehenen Zustimmungsfiktion, weshalb dann eine gerichtliche Anfechtung dieses Eigentümers gemäß einzelner Literaturmeinungen daran scheitern würde - auch wenn eine Klage sonst Erfolg gehabt hätte - dass sein Verhalten kraft Gesetzes als Zustimmung eingeordnet wird. Dies aus den gleichen Gründen, aus denen heraus es den an der Versammlung teilnehmenden und dem Beschluss zustimmenden Eigentümern nicht möglich ist, selbigen im Nachhinein anzufechten. Andernfalls würden sich diese Eigentümer nämlich im Widerspruch zu ihrem eigenen Verhalten setzen, dem ausgehend vom Gesetz Bindungswirkung zukommt.[331]

---

[331] Magro Servet / García-Chamón Cervera / Pérez Saura, S. 353-355.

Obwohl seit jeher eine rege Diskussion bezüglich der Frage herrschte, bis zu welchem Punkt die Abwesenheit eines Eigentümers, verbunden mit seiner Untätigkeit nach Zustellung des vorläufigen Abstimmungsergebnisses einer späteren Anfechtung im Wege stünde, konnte keine endgültige Lösung ausgemacht werden.

Nach jahrelang uneinheitlichen Entscheidungen innerhalb der Rechtsprechung hat im Jahre 2008 der Tribunal Supremo[332] zu genau dieser Frage Stellung genommen. Hiernach kann der in der Versammlung abwesende Eigentümer nicht nur dann den Beschluss anfechten, wenn er von seinem Stimmrecht innerhalb der 30-Tages-Frist Gebrauch gemacht hat. Vielmehr kann er von der nachträglichen Ausübung seines Stimmrechts ganz absehen, und dennoch klagen. Lediglich in den Fällen, in denen sich die Anfechtung darauf bezieht, dass nicht die erforderliche Mehrheit zustande gekommen ist, muss er selbst sein nachträgliches Stimmrecht ausgeübt haben.[333] Sicherheitshalber sei dennoch dringend davon abgeraten auf die nachträgliche Ausübung des Stimmrechts zu verzichten. Vielmehr sollte der betroffene Eigentümer, um jeden Zweifel auszuräumen, diese Gelegenheit nicht ungenutzt verstreichen lassen, und innerhalb der gewährten Frist sein Votum abgeben.

3.1.32 Erzielung von Mehrheiten in der Versammlung

Da die Stimmen der Abwesenden und nicht vertretenen Eigentümer bei Entscheidungen, welche qualifizierte Mehrheiten bzw. Einstimmigkeit erfordern, als Ja Stimmen verbucht werden, wenn dem nicht binnen 30 Tagen nach Bekanntgabe des vorläufigen Beschlusses der Anwesenden entgegengetreten wird, stellt sich die Frage, welche Mindestanforderungen für das Zustandekommen von Beschlüssen gegeben sein müssen, bzw. ob ein in der Versammlung abgelehnter Beschluss im Nachhinein, durch Hinzuzählung der Stimmen der Abwesenden doch noch verabschiedet werden kann.

Je nach erforderlicher Mehrheit ist zu unterscheiden: Bei Entscheidungen, die Einstimmigkeit bedürfen, steht bereits eine Gegenstimme einer positiven Beschlussfassung im Wege. Hier darf daher von vorneherein, bereits in der Versammlung keine Gegenstimme abgegeben worden sein. Die für die Verabschiedung des Beschlusses notwendige Einstimmigkeit lässt sich, trotz der gegebenenfalls eintretenden Zustimmungsfiktion der abwesenden Eigentümer, nicht mehr erzielen. Anders sieht dies jedoch bei denjenigen Entscheidungen aus, welche lediglich eine qualifizierte Mehrheit erreichen müssen. Auch wenn die anwesenden Eigentümer nicht mehrheitlich oder mit qualifizierter Mehrheit dem Beschluss zustimmen, oder dieser sogar abgelehnt wird, könnte durch die Hinzuzählung der Stimmen der Abwesenden (und nicht gegen den vorgeschlagenen Beschluss stimmenden) Eigentümer dennoch, zumindest theoretisch, ein positiver Beschluss zustande kommen.

Dem Wortlaut des Artikels 17.8 LPH folgend, werden die Stimmen der abwesenden Eigentümer als Zustimmungen zum Beschluss gewertet, wenn diese nicht binnen

---

[332] Tribunal Supremo, Sala Primera, de lo Civil, Urteil vom 16. Dezember 2008.
[333] Magro Servet, Impugnación de acuerdos por ausentes

30 Tagen *ab Mitteilung des von den Anwesenden getroffenen Beschlusses* selbigem entgegentreten.

Das Gesetz sieht also vor, dass bereits eine Mehrheit unter den Anwesenden existiert, auch wenn es noch vom Verhalten der abwesenden Eigentümer abhängt, ob die für den endgültigen Beschluss insgesamt erforderliche Mehrheit erzielt wird. Die endgültigen Mehrheitsverhältnisse, können somit erst mit Ablauf der 30 Tage nach Bekanntgabe des vorläufigen Beschlusses an alle abwesenden Eigentümer festgestellt werden. Solange diese Frist nicht verstrichen ist, können die abwesenden Eigentümer immer noch von ihrem Stimmrecht Gebrauch machen und den von den Anwesenden getroffenen Beschluss potentiell zu Fall bringen. Die 30-Tages-Frist ist aber nicht etwa als Einspruchsfrist gegen einen bereits getroffenen, endgültigen Beschluss zu verstehen, sondern als eine Frist, die verstreichen muss, damit überhaupt erst die endgültigen Mehrheitsverhältnisse und damit das Zustandekommen oder die Ablehnung der Beschlüsse endgültig festgestellt werden können.[334] Im Zeitpunkt der Beendigung der Versammlung müssen dennoch bereits vorläufige, zustimmende Beschlüsse zustande gekommen sein, damit die Möglichkeit der später gegebenenfalls eintretenden Zustimmungsfiktion (der abwesenden und sich nicht innerhalb der Frist gegenteilig äußernden Eigentümer) operieren kann.

Demzufolge ist es trotz Zustimmungsfiktion der abwesenden Eigentümer nicht möglich, einen positiven Beschluss zu treffen, wenn bereits unter den Anwesenden keine Mehrheit erzielt wurde.

Strittig ist jedoch, ob für die qualifizierten Mehrheiten eine einfache Mehrheit unter den Anwesenden ausreichend ist, oder unter den anwesenden Eigentümern bereits eine qualifizierte Mehrheit erzielt werden muss.

Vereinzelt wird vertreten, dass bereits unter den Anwesenden (im Verhältnis) die qualifizierte Mehrheit erreicht werden muss. Ist für die Beschlussfassung eine 3/5 Mehrheit erforderlich, müssten nach dieser Lesart bereits 3/5 der anwesenden Eigentümer für den Beschluss stimmen. Unabhängig davon, dass ausgehend vom Verhalten der abwesenden Eigentümer nach Ablauf der 30- Tages-Frist festgestellt werden müsste, ob der Beschluss endgültig zustande kam oder nicht.[335]

Mehrheitlich wird allerdings für ausreichend empfunden, wenn sich unter den Anwesenden eine einfache Mehrheit bildet, auch wenn insgesamt eine qualifizierte 3/5 Mehrheit erzielt werden muss. Nach Ablauf der 30-Tages-Frist wird sodann überprüft, ob unter Zuhilfenahme der Stimmen der Abwesenden die erforderliche qualifizierte Mehrheit erreicht wurde oder nicht.[336]

---

[334] CLPH-Carrasco Perrera, Artikel 17, Rn. 89, S. 546.
[335] Loscertales Fuertes, Propiedad Horizontal, S. 242-243.
[336] Magro Servet / García-Chamón Cervera / Pérez Saura, S. 348-350.

3.1.33 Vertretung von Eigentümern

Das spanische Wohnungseigentumsgesetz sieht in seinem Artikel 15.1 zwei unterschiedliche Vertretungssituationen vor. Zu differenzieren ist zwischen der freiwillig vom Eigentümer gewählten (gewillkürten) und der gesetzlich vorgeschriebenen (gesetzlichen) Vertretung.

Es handelt sich um einen Fall gesetzlich vorgeschriebener Vertretung, wenn der Eigentümer in seiner Geschäftsfähigkeit beschränkt ist (Minderjährige, Entmündigte, etc.), oder die Immobilie im Eigentum einer juristischen Person steht und deshalb ein Vertretungsorgan bzw. ein für sie tätig werdender Repräsentant handeln muss.

Bei der freiwillig gewählten (gewillkürten) Vertretung handelt, im Gegensatz hierzu der Vertreter auf Grundlage der vom Eigentümer oder seinem gesetzlichen Vertreter getroffenen Entscheidung, sich vertreten zu lassen.

Das Bestehen einer gesetzlichen Vertretung bedeutet nicht, dass eine weitere gewillkürte Vertretung ausgeschlossen ist. D.h., der vom Gesetz vorgesehene Vertreter (beispielsweise der Geschäftsführer einer S.L., welche ihrerseits Eigentümerin einer Immobilie ist) kann die ihm gesetzlich erteilte Vertretungsmacht an einen Dritten mittels Bevollmächtigung weitergeben und auf diesem Wege auf freiwilliger Ebene einen Vertreter bestimmen.

3.1.34 Anforderungen an eine wirksame Vertretung

Aus Artikel 15.1 LPH geht hervor, dass die Bevollmächtigung durch den Eigentümer (im Falle der gewillkürten Vertretung) der Schriftform bedarf und dass die Vollmacht von diesem unterschrieben worden sein muss. Eine mündliche Bevollmächtigung scheidet aus.[337] Die Eigentümerversammlung kann deshalb dem Vertreter, wenn keine formgerecht erteilte Vollmacht besteht, seine mutmaßliche Vertretungsmacht absprechen.[338] Sieht sie jedoch hiervon ab, und nimmt der Vertreter an der Versammlung und den Abstimmungen teil, hat dieser seine Stimme zunächst auch wirksam abgegeben. Es bliebe nur die Möglichkeit einer anschließenden gerichtlichen Anfechtung.[339]

Der vertretene Eigentümer kann die förmlich fehlerhafte Vertretung nachträglich entweder ausdrücklich oder stillschweigend genehmigen. Zu beachten ist, dass die Formvorschriften für Bevollmächtigungen nicht zum Schutze der Gemeinschaft, sondern zum Schutze des vertretenen Eigentümers erlassen wurden.[340] Schließlich wird der wirksam oder unwirksam vertretene Eigentümer durch die Stimmabgabe in besonderer Weise verpflichtet. In einigen Fällen sind die Kosten einer beschlossenen Maßnahme nur den Befürwortern aufzuerlegen. Auch kann nur der-

---

[337] Loscertales Fuertes, Propiedad Horizontal, S. 201.
[338] CLPH-González Carrasco, Artikel 15, Rn. 18, S. 461.
[339] Magro Servet / García-Chamón Cervera / Pérez Saura, S. 293-294.
[340] CLPH-González Carrasco, Artikel 15, Rn. 18, S. 461 mit Hinweisen auf AP Badajoz, Urteil vom 17. Dezember 1999.

jenige Versammlungsteilnehmer (sei es unmittelbar selbst oder mittels Vertreters) den Beschluss anfechten, der zumindest gegen den Beschluss gestimmt hat.

3.1.35 Erteilung einer Vollmacht per Telegramm, Fax, oder e-mail.

Eine Vollmachtserteilung durch Telegramm erfüllt zwar das Schriftformerfordernis, würde jedoch an der fehlenden gesetzlich vorgesehenen Unterschrift scheitern (Artikel 15.1 LPH). Die Eigentümerversammlung kann daher die Anerkennung einer solche Vollmacht ablehnen. Anders wäre dies bei der Verwendung von Fax und e-mail zu beurteilen, da diese eine unterschriebene Vollmacht übermitteln können. Die spanischen Gerichte erkennen deshalb bereits seit längerer Zeit die unterschriebenen und per Fax versandten Vollmachten an[341] und sollten aus den gleichen Gründen eine Übermittlung per e-mail akzeptieren, wenn diese tatsächlich eine Unterschrift beinhaltet. Dies bedeutet, dass die e-mail entweder eine eingescannte und mit Unterschrift versehene Vollmacht als Anlage enthalten, oder über eine digitale Unterschrift verfügen muss.[342]

3.1.36 Besondere Formvoraussetzungen

Obwohl in Spanien für vielerlei Vollmachten eine Beglaubigung erforderlich ist (z.B. die Prozessvollmacht, welche entweder vor dem *Secretario Judicial*, also dem Justizsekretär des Gerichts oder vor einem Notar erteilt werden kann), leitet sich entsprechendes für die in Artikel 15 LPH beschriebene Vollmacht nicht ab. Aus dem Gesetzeswortlaut des spanischen Wohnungseigentumsgesetzes lassen sich jedenfalls neben der Schriftform und Unterschrift keine besonderen Voraussetzungen entnehmen, welche einer privatschriftlichen Erteilung im Wege stünden. Die Vollmacht kann daher, zumindest im Falle der gewillkürten Vertretung, privatschriftlich erteilt werden.[343] Im Falle einer gesetzlichen Vertretung wären dementsprechend die Unterlagen vorzulegen, aus denen sich die gesetzliche Vertreterstellung ergibt. Diese leitet sich regelmäßig aus Dokumenten ab, die besonderen Formvorschriften unterliegen, bzw. von öffentlichen Stellen ausgefertigt werden müssen.

3.1.37 Dauer der Bevollmächtigung

Unserer Auffassung nach kann der Vollmachtgeber frei den Umfang und die Dauer der Vollmacht festlegen. Gemäß Artikel 1738 des Código Civil muss sich dies lediglich aus der Vollmacht ergeben. Zu beachten ist, dass Artikel 1713.2 Código Civil vorsieht, dass zur Vornahme von Verfügungsgeschäften (z.B. Verkauf oder Aufnahme einer Hypothek) dies ausdrücklich in der Vollmacht gestattet werden muss.

Einige Autoren folgern hieraus, dass bei der Bevollmächtigung zur Teilnahme und Abstimmung an einer einzelnen Versammlung, dessen Tagesordnungspunkte bekannt sind, keine explizite Bevollmächtigung zur Beteiligung an Abstimmungen

---

[341] Loscertales Fuertes, Propiedad Horizontal, S. 201-202.
[342] Eine solche digitale Unterschrift bedarf in der Regel einer Bestätigung bzw. des Nachweises einer anerkannten Zertifizierungsstelle.
[343] CLPH-González Carrasco, Artikel 15, Rn. 18, S. 461.

über Verfügungsgeschäfte erforderlich ist. Diese Bevollmächtigung würde sich bereits aus den Gesamtumständen ergeben, da die zur Abstimmung gestellten Tagesordnungspunkte bekannt seien. Solange in der Vollmacht keine Begrenzung vorgenommen wird, wäre der Bevollmächtigte demzufolge uneingeschränkt für alle bekannten Geschäfte und vorgesehenen Abstimmungsgegenstände vertretungsbefugt.[344] Der Eindeutigkeit halber, und um Fehlinterpretationen auszuschließen, sollte jedoch in der Vollmacht ausdrücklich darauf hingewiesen werden, ob neben allgemeinen Verwaltungsangelegenheiten auch Vertretungsmacht für die Vornahme von Verfügungsgeschäften besteht, wenn solche zur Debatte stehen sollten.[345] Umgekehrt wäre davon auszugehen, dass bei einer allgemeinen Vollmacht, welche ohne Kenntnis des Inhalts der zur Debatte gestellten Tagesordnungspunkte erteilt wurde, oder die für eine Vielzahl von zukünftigen Versammlungen erteilt wurde, keine Vollmacht für die Durchführung von Verfügungsgeschäften besteht.

Teilweise wird jedoch vertreten, eine Bevollmächtigung dürfe lediglich für eine spezifische Versammlung erteilt werden. Andernfalls könne es vorkommen, dass der Eigentümer und der Bevollmächtigte in derselben Versammlung mit der Absicht erscheinen, das Stimmrecht auszuüben.[346] Außerdem sehe auch das Königliche Gesetzes-Dekret 1564/1989, vom 22. Dezember, über Aktiengesellschaften vor, dass sich die von den Aktionären erteilte Vollmacht immer ausdrücklich in Bezug auf eine konkrete Versammlung erfolgen müsse.[347] Auch das katalanische Wohnungseigentumsrecht sehe dies vor.[348] Gleiches müsse auch für Eigentümerversammlungen gelten.

Wir stimmen darin überein, dass idealerweise immer eine individuelle, auf die konkrete Versammlung zugeschnittene Vollmacht erteilt werden sollte; solange das spanische Wohnungseigentumsgesetz aber eine allgemeine Bevollmächtigung für alle möglichen zukünftigen Versammlungen nicht verbietet, gibt es keinen Anlass, eine solche generelle Vollmacht für unwirksam zu erklären. Schließlich kann es durchaus sein, dass ein über längere Zeit verhinderter Eigentümer eine Person seines Vertrauens bevollmächtigt, dauerhaft seine Interessen zu wahren. Auch kann es im Interesse des Vollmachtgebers sein, nicht jedes Mal eine neue Vollmacht erteilen zu müssen.

3.2 Die erforderlichen Mehrheiten

Je nach Abstimmungsgegenstand sind, wie wir im Folgenden aufzeigen werden, unterschiedliche Mehrheiten zu erzielen, damit die entsprechenden Beschlüsse angenommen und damit zustande kommen können. Vereinfacht gesagt, gilt, dass

---

[344] Loscertales Fuertes, Propiedad Horizontal, S. 202.

[345] Vgl. Pons González / del Arco Torres, S. 372.

[346] SEPIN, Estudio casuístico de la representación conferida en una Junta de Propietarios: ¿puede un comunero autorizar a un tercero o a un propietario a asistir y hacer constar obligatoriamente el sentido de sus votos en el escrito?

[347] Siehe Artikel 106.2 des Real Decreto Legislativo 1564/1989, de 22 de Diciembre, por el que se aprueba el Texto Refundido de la Ley de Sociedades Anónimas.

[348] Artikel 553.24 des Gesetzes 5/2006, vom 10 Mai.

ERFORDERLICHE MEHRHEITEN

1/3 Mehrheit der Stimmen und Quoten sämtlicher Eigentümer

Art. 17.1.1 LPH	Art. 17.3.2., a.E. LPH
Einrichtung oder Anpassung von Telekommunikationsanlagen und Infrastrukturen für erneuerbare Energien sowie neuer kollektiver Stromversorgungseinrichtungen	Schaffung und Beseitigung von Geräten oder Systemen die dem ausschließlichen Gebrauch Einzelner dienen, und nicht unter Artikel 17.1 LPH fallen, aber auf die Verbesserung der Energie- oder Wasserverbrauchseffizienz zielen

Einfache Mehrheit der Stimmen und Quoten sämtlicher Eigentümer

Art. 17.2 LPH

Beseitigung architektonischer Hürden, wenn sich nicht bereits aus Artikel 10.1.b.) LPH eine hierauf gerichtete Pflicht ergibt. In jedem Fall die Schaffung eines Fahrstuhls. Selbst dann, wenn die Teilungserklärung oder die Satzung berührt werden.

3/5 Mehrheit der Stimmen und Quoten sämtlicher Eigentümer

Art. 17.3.1 LPH

Schaffung und Beseitigung von Gemeinschaftseinrichtungen allgemeinen Interesses, selbst wenn hierdurch die Teilungserklärung oder die Satzung betroffen wird. So u.a. Pförtner-, Hausmeister-, Wachdienste. Die Zahlungspflicht trifft alle.

3/5 Mehrheit der Stimmen und Quoten sämtlicher Eigentümer

▼

+ falls es einen besonders betroffenen Eigentümer gibt, dessen Zustimmung.

▼

Art. 17.3.2 LPH

Vermietung von Gemeinschaftseigentum, welchem kein besonderer Zweck zugewiesen ist.

3/5 Mehrheit der Stimmen und Quoten sämtlicher Eigentümer

▼   ▼

Art. 17.3.2 LPH	**Art. 17.4 LPH**
Schaffung und Beseitigung von kollektiven Geräten oder Systemen, welche nicht unter Artikel 17.1 LPH fallen, aber der Verbesserung der Energie- oder Wasserverbrauchseffizienz dienen.	Neue Einrichtungen, Dienste oder Verbesserung, welche weder für die geeignete Erhaltung, Bewohnbarkeit, Sicherheit, noch Barrierefreiheit der Immobilie erforderlich sind. Sollten die Kosten über 12 ordentlichen Moatsbeiträgen zu den Gemeinschaftsausgaben liegen, zahlen lediglich die Befürworter.

Nur mitteilungsbedürftig

▼

Art. 17.5 LPH

Einrichtung eines Ladeports für Elektrofahrzeuge zum Privatgebrauch

Einstimmigkeit

Art. 17.6 LPH

Beschlüsse, welche die Teilungserklärung oder Gemeinschaftssatzung betreffen und auf welche keine Privilegierung anwendbar ist

In der ersten Einberufung der Versammlung: Einfache Mehrheit der Stimmen und Quoten sämtlicher (persönlich anwesender oder vertretener) Eigentümer

In der zweiten Einberufung der Versammlung: Einfache Mehrheit der Stimmen und Quoten aller an der Versammlung teilnehmenden Eigentümer (persönlich anwesend oder vertreten)

Art. 17.7 LPH

Alle Beschlüsse, für welche keine besonderen Voraussetzungen oder Mehrheiten vorgesehen sind.

Pflicht bzw. einfache Mehrheit (das Gesetz spricht zwar von einer Pflicht- ohne entsprechenden Beschluss kann sich die Gemeinschaft aber nicht artikulieren)

Art. 10.1.a.) LPH

| Instandhaltung und Reparatur | Erhaltungsmaßnahmen zur Erfüllung der grundlegenden Sicherheits- und Wohnbarkeitserfordernisse, sowie der Anforderungen an eine allgemeine Barrierefreiheit | Erforderliche Anpassungen zur Beseitigung architektonischer Hürden für die Herbeiführung allgemeiner Barrierefreiheit |

Pflicht

Es bedarf aber eines Beschlusses zur Umsetzung. Dieser benötigt eine einfache Mehrheit von Stimmen und Quoten

▼

Art. 10.1.b.) LPH

Erforderliche (bauliche oder technische) Anpassung an die Bedürfnisse behinderter oder über 70 Jahre alter Bewohner bzw. regelmäßiger Besucher. Einrichtung von Rampen, Fahrstühlen und anderer mechanischer sowie technischer Hilfsmittel zur Herbeiführung einer angemessenen Barrierefreiheit. Dies, solange (nach Abzug etwaiger Subventionen) pro Eigentümer der Betrag von zwölf Monatsbeiträgen zu den Gemeinschaftsausgaben nicht überschritten wird. Außer, der Antragsteller begleicht den Unterschied aus Eigenmitteln.

Pflicht

▼

Art. 10.1.d.) LPH

Wenn sich die Liegenschaft im Geltungsbereich eines städtischen Sanierungs- oder Erneuerungs- und Renovierungsgebiets befindet, kann dieser die Errichtung neuer Stockwerke oder die Veränderung der Gebäudestruktur oder der im Gemeinschaftseigentum stehenden Dinge vorschreiben.

Auf Antrag

▼

Art. 10.1.e.) LPH

Wenn sich die Liegenschaft im Geltungsbereich eines städtischen Sanierungs- oder Erneuerungs- und Renovierungsgebiets befindet, kann dieser gegenenfalls die Eigentümer berechtigen, solche Handlungen vorzunehmen, welche zur Aufteilung von Wohnungen oder Geschäftsräumen und deren Nebenbauten führen, um kleinere und unabhängige Teile zu bilden. Gleichfalls kann die Erweiterung ihrer Fläche durch Hinzufügung anderer angrenzender des gleichen Gebäudes oder die Verkleinerung durch Abspaltung irgendeines Teils pauschal genehmigt worden sein.

3/5 Mehrheit sämtlicher Stimmen
Darüber hinaus herrscht Streit, ob ebenfalls 3/5 der
Quoten erzielt werden müssen

▼

+ falls es einen besonders betroffenen Eigentümer gibt,
dessen Zustimmung

▼

Art. 10.3.b.) LPH

- Aufteilung der Wohnungen oder Geschäftsräume und ihrer
  Nebenbauten, um jeweils neue, kleinere und unabhängige Teile zu bilden
- Vergrößerung der Flächen von Wohnungen oder Geschäftsräumen
  durch Hinzufügung anderer angrenzender des gleichen Gebäudes
- Verkleinerung der Flächen von Wohnungen oder Geschäftsräumen
  durch Abspaltung irgendeines Teiles
- Die Errichtung neuer Stockwerke
- Jedwede andere Veränderung der Gebäudestruktur oder der Bausubstanz
- Schließung der Terrassen
- Veränderung der Gebäudeumhüllung zur Verbesserung der
  Energieeffizienz
- Modifizierung anderer im Gemeinschaftseigentum stehender Dinge,
  wenn keine speziellen Mehrheiten einschlägig sind

Einfache Mehrheit der Stimmen und Quoten

▼   ▼

Art. 13.1. LPH		Art. 24.2.b.) LPH
Ernennung von Amtsträgern, Schaffung neuer Ämter	Vereinbarung, dass das Verwalter- und Sekretäramt getrennt vom Präsidentenamt ausgeübt werden soll	Schaffung einer Vereinigung von Eigentümer- gemeinschaften

80% der Stimmen aller Eigentümer

▼

2. Übergangsbestimmung LPH

Beibehaltung von Verkaufsrechten, welche in älteren Gemeinschaftssatzungen enthalten sind.

Man beachte:

Gemäß Artikel 17.8 LPH, werden die Stimmen und Quoten der abwesenden Eigentümer als Zustimmung zum Beschluss gewertet, wenn diese nicht binnen 30 Tagen ab Mitteilung des vorläufigen Abstimmungsergebnisses selbigem entgegentreten. Diese Regel findet dann keine Anwendung, wenn es sich um Beschlüsse handelt, bei denen das Gesetz vorsieht, dass lediglich die ausdrücklich zustimmenden Eigentümer an den Kosten beteiligt werden bzw. wenn es sich um Maßnahmen handelt, welche auf die Schaffung von Elementen gerichtet sind, die im ausschließlichen Eigentum einzelner Eigentümer stehen werden. Darüber hinaus wird teilweise vertreten, die Fiktion des Artikels 17.8 LPH sei nur auf die in Artikel 17 LPH geregelten Gegenstände anwendbar, und nicht etwa auf die in Artikel 10 LPH enthaltenen.

in Abhängigkeit der abstrakten Bedeutsamkeit eines Abstimmungsgegenstandes eine mehr oder weniger umfassende, in ihrem Umfang gesetzlich normierte Zustimmung erforderlich wird. Bezüglich der zu erzielenden Mehrheiten muss dabei einerseits zwischen der Stimmen- und andererseits der Quotenmehrheit unterschieden werden. Jeder Eigentümer hat - unabhängig von der Anzahl der in seinem Eigentum stehenden Immobilien - eine Stimme, welche gleichzeitig alle auf den Eigentümer entfallenden Quoten repräsentiert. Hat ein Eigentümer beispielsweise drei Wohnungen mit einer Beteiligungsquote von jeweils 10 % pro Sondereigentumselement, so hat er eine Stimme, auf welche insgesamt ein Quotengewicht von 30 % entfällt. Der Gesetzgeber hat dieses doppelte Kriterium der Stimme und der Quote und damit das Erfordernis der doppelten Mehrheit geschaffen, um einerseits dem umfangreicheren, bzw. wirtschaftlich intensiver beteiligten Eigentümer ein erhöhtes Gewicht zukommen zu lassen, und andererseits mit den nach dem Kopfprinzip verteilten Stimmen dafür zu sorgen, dass die Eigentümer zahlreicher oder größerer Sondereigentumselemente nicht über die Mehrheit der übrigen Eigentümer hinweg entscheiden können. Es muss also im Falle der einfachen oder qualifizierten Mehrheiten bzw. gesetzlich vorgesehenen Minderheiten immer die vom Abstimmungsgegenstand abhängige Zustimmung, sowohl in Bezug auf die Stimmen, wie auch in Bezug auf die Quoten erreicht werden.

Zur Bestimmung von Mehrheiten bedarf es der Zählung der abgegebenen Stimmen und der auf sie entfallenden Quoten:

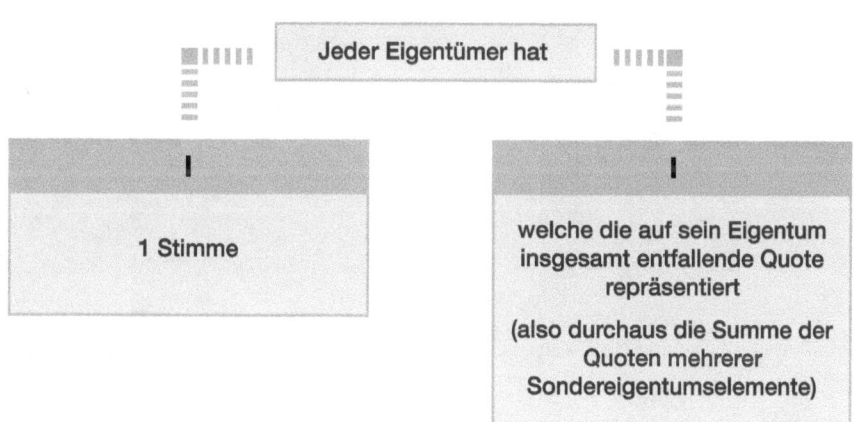

3.2.1 Die unterschiedlichen Mehrheiten und Minderheiten

Bevor genauer auf die verschiedenen Mehrheiten und Minderheiten eingegangen wird, und wir die Abstimmungsgegenstände gegenüberstellen, welche die eine oder andere Stimmen- und Quotenmehrheit erfordern, soll abstrakt dargestellt werden, welche Kategorien bzw. Anforderungen vom spanischen Gesetzgeber geschaffen wurden.

RELEVANTE MEHRHEITEN UND MINDERHEITEN

Einstimmigkeit

Art. 17.6 LPH

3/5 Mehrheit der Stimmen und Quoten aller Eigentümer

Art. 10.3.b.) LPH	Art. 17.3 LPH	Art. 17.4 LPH

3/5 Mehrheit der Stimmen aller Eigentümer

Art. 10.3.b.) 2 LPH

Einfache Mehrheit der Stimmen und Quoten aller Eigentümer

Art. 17.2 LPH

Einfache Mehrheit der Stimmen und Quoten

Art. 13.1 LPH	1. Einberufung	2. Einberufung
Art. 13.5 LPH	▼	▼
Art. 17.7 LPH		
Art. 24.2.b.) LPH - In diesem Fall bezogen auf jede einzelne (Unter-) Gemeinschaft	Einfache Mehrheit der Stimmen und Quoten aller Eigentümer	Einfache Mehrheit der Stimmen und Quoten der teilnehmenden Eigentümer

1/3 der Stimmen und Quoten aller Eigentümer

Art. 17.1 LPH	Art. 17.3.2 LPH

Pflicht der Gemeinschaft (es bedarf keiner Mehrheit, es genügt gegebenenfalls der Antrag eines Eigentümers oder die Aufforderung einer Behörde) bzw. Recht des einzelnen Eigentümers

Art. 10.1 a.), b.), d.) LPH	Art. 17.5 LPH

80% der Stimmen aller Eigentümer

2. Übergangsbestimmung LPH

Abstimmungsgegenstände die Einstimmigkeit erfordern

Das Erfordernis der Einstimmigkeit wird bei Abstimmungen regelmäßig ein bedeutendes Hindernis darstellen, da es nicht nur bei besonders großen Gemeinschaften außerordentlich unwahrscheinlich ist, eine gleich gelagerte Haltung aller Eigentümer gegenüber dem entsprechenden Beschlussgegenstand anzutreffen. Im Wissen um diese faktische Hürde, hat der Gesetzgeber nach zahlreichen Reformen das ursprünglich relativ häufig anzutreffende Einstimmigkeitserfordernis immer weiter zurückgenommen und lässt dieses mittlerweile lediglich für einige wenige, nämlich die in ihren Auswirkungen besonders einschneidenden Beschlüsse gelten. Auf diese Weise folgte er den herrschenden Literaturmeinungen, deren Zweifel an der Vereinbarkeit der Einstimmigkeit mit einer geeigneten Ordnung und Steuerung der Gemeinschaft immer lauter wurden. Gegenwärtig muss, wie Artikel 17.6 LPH ausführt, bei Abstimmungen Einstimmigkeit nur dann erzielt werden, wenn der Abstimmungsgegenstand den Gründungstitel oder die Satzung der Gemeinschaft betrifft, und das spanische Wohnungseigentumsgesetz keine hiervon abweichende (privilegierende) Regelung trifft, welche ein spezielles Verhältnis von Stimmen und Quoten zur Verabschiedung eines gültigen Beschlusses bezeichnet.

Solcherlei Privilegierungen gibt es nach der am 28. Juni 2013 in Kraft getretenen Reform deutlich häufiger als noch nach der alten Gesetzeslage. Dennoch darf trotz dieser augenscheinlich weitreichenden Einschränkung nicht übersehen werden, dass die Teilungserklärung bzw. Gemeinschaftssatzung eine große Zahl an Bestimmungen enthalten kann, weshalb ungeachtet der Zurückdrängung des Einstimmigkeitserfordernisses immer noch eine Vielzahl an Fällen hiervon betroffen sein können.

Zur besseren Unterscheidung soll im Folgenden zunächst die allgemeine Einstimmigkeitsregel (Artikel 17.6 LPH) und im Anschluss daran die Ausnahmen bzw. die Fälle der 3/5 Mehrheiten (Artikel 10.3.b.), 17.3 und 17.4 LPH), aber auch einfachen Mehrheiten (Artikel 17.2 und 17.7 LPH) und sogar die Beschlussfassung durch Erzielung einer gewissen *Befürworterminderheit* (Artikel 17.1 und 17.3.2 a.E. LPH) bzw. die Konstellationen in denen eine einfache Antragstellung ausreicht (Artikel 10.1 sowie 17.5 LPH) dargelegt werden.

Das Einstimmigkeitserfordernis gemäß Artikel 17.6 LPH

Einstimmigkeit bedürfen diejenigen Beschlüsse, welche die Annahme oder Änderung der in der Teilungserklärung oder Gemeinschaftssatzung getroffenen Regelungen betreffen (Artikel 17.6 und Artikel 5.4 LPH) und nicht explizit anderen Abstimmungsregeln unterworfen sind (konkret die 3/5 Mehrheit der in Artikel 10.3.b.) und 17.3 LPH genannten Fälle, sowie diejenigen in denen nach Artikel 10 LPH eine Pflicht zur Umsetzung bestimmter Maßnahmen besteht, oder gemäß Artikel 17.2 LPH eine einfache Mehrheit aller Stimmen und Quoten genügt - dies obwohl die Teilungserklärung oder die Gemeinschaftssatzung betroffen werden).

Einzelne Autoren[349] heben als einen die Einstimmigkeit erfordernden Beschlussgegenstand unter anderem explizit auch noch die Entwidmung des Gemeinschaftseigentums hervor. Obwohl in diesen konkreten Konstellationen eine derartige Einordnung durchaus berechtigt sein kann,[350] erscheint eine besondere Erwähnung nicht wirklich erforderlich, lassen sich solcherlei Fälle im Grunde genommen doch bereits in die oben genannte Gruppe einordnen.

Qualifizierte 3/5 Mehrheitsregel gemäß Artikel 17.3 LPH

Abstimmungsgegenstände, die eine qualifizierte Mehrheit von 3/5 der Eigentü-
merstimmen und Quoten bedürfen, auch wenn diese die Regelungen der Teilungserklärung oder die Gemeinschaftssatzung betreffen, sind folgende:

1. Einführung oder Abschaffung von Portierdiensten (Artikel 17.3.1 LPH).

2. Einführung oder Abschaffung von Hausmeisterdiensten (Artikel 17.3.1 LPH).

3. Einführung oder Abschaffung von Wachdiensten (Artikel 17.3.1 LPH).

4. Einführung oder Abschaffung anderer Gemeinschaftseinrichtungen oder -
   dienste, welche von allgemeinem Interesse für die Gemeinschaft sind (Artikel
   17.3.1 LPH).

5. Einführung oder Abschaffung von kollektiven Geräten oder Systemen, die
   nicht von Artikel 17.1 erfasst werden, aber dennoch die Verbesserung der
   Energie- oder Wasserverbrauchseffizienz der Liegenschaft zum Ziel haben (Artikel 17.3.2 LPH).

6. Vermietung von Gemeinschaftseigentum, welches zuvor keinem besonderen
   Zweck diente (Artikel 17.3.2 LPH).

Auch wenn die Schaffung neuer Einrichtungen, welche von allgemeinem Interesse
für die Gemeinschaft sind, gemäß Artikel 17.3.1 LPH lediglich einer 3/5 Mehrheit
von Stimmen und Quoten (aller Eigentümer) bedarf, muss berücksichtigt werden,
dass die Einführung solcher Installationen es manchmal erfordert, bestehende Gemeinschaftseinrichtungen zu opfern oder wesentlich zu verändern, so dass diese nicht mehr den ursprünglichen Zweck erfüllen können. Ein typisches Beispiel
sind die mit der Einrichtung eines Pools verbundenen Veränderungen innerhalb
der Freiflächen einer Gemeinschaft. Oftmals führt der ohnehin begrenzte Raum in
diesen Bereichen und die Schaffung einer neuen Einrichtung dazu, dass wesentliche Teile desselben unbrauchbar werden, oder dass z.B. ein gesamter Innenhof
keiner anderen Nutzung mehr zugänglich ist. Sind einem oder mehreren Eigentümern als Sondernutzungsberechtigen Gemeinschaftselemente zum Gebrauch
überlassen worden, und wird die Möglichkeit das Gemeinschaftselement zu nutzen durch die Einführung einer Neuerung beschränkt oder unmöglich gemacht,

---

[349] Pons González / del Arco Torres, S. 398.

[350] Wenngleich im Falle der Klimaanlage auch eine Einordnung unter Artikel 17.1.2 LPH gerechtfertigt sein kann, sollte diese Einrichtung von allgemeinem Interesse sein, was dann lediglich
eine 3/5 Mehrheit erfordern würde.

bedurfte es vor der am 28. Juni 2013 in Kraft getretenen Reform des spanischen Wohnungseigentumsgesetzes grundsätzlich, gemäß Artikel 11.4 LPH a.F. nicht nur einer 3/5 Mehrheit von Stimmen und Quoten, sondern ebenso des Einverständnisses der hierdurch beeinträchtigten Eigentümer.[351] Durch die Streichung des Artikels 11 LPH stellt sich nunmehr die Frage, ob auch nach der neuen Gesetzeslage die Zustimmung des unmittelbar geschädigten Eigentümers erforderlich ist. Auch wenn der ausdrückliche Hinweis fehlt, ist davon auszugehen, dass dieses Erfordernis fortbesteht. Der Grundgedanke ist schließlich erhalten geblieben, und findet sich für die Fälle des Artikels 17.4 LPH in seinem 3. Absatz wieder. Die Neustrukturierung des Gesetzes hat daher zwar zu einer Verlagerung dieses Prinzips, nicht aber zu seiner vollständigen Aufgabe geführt. Artikel 18.1.c.) LPH gewährt dem Eigentümer darüber hinaus das Recht einen Beschluss anzufechten, wenn er der Auffassung ist durch ihn unrechtmäßig benachteiligt zu werden.

Weiterhin kann es vorkommen, dass zur Schaffung der durch Artikel 17.3.1 LPH beschriebenen Einrichtungen Dienstbarkeiten am Sondereigentum gemäß Artikel 9.1.c.) LPH begründet werden müssen. Der betroffene Eigentümer kann aber, wie ausdrücklich in Artikel 9.1.c.) LPH ausgeführt, Schadenersatzansprüche gegen die Gemeinschaft geltend machen. Ebenso hat er auch hier die Möglichkeit, den Beschluss nach Artikel 18.1.c.) LPH anzufechten, wenn er der Auffassung ist, seine Rechte würden in unangemessener Weise beeinträchtigt. Im Ergebnis kommt es im Rahmen einer Abwägung der widerstreitenden Interessen auf die konkrete Zumutbarkeit des Verzichts bei der Durchführung der Maßnahme an.[352] In keinem Fall darf die Dienstbarkeit einen schwerwiegenden, enteignenden Charakter haben, und den Gebrauch oder den Wert des Sondereigentumselements über Gebühr einschränken.

Wenn es um die Vermietung von Gemeinschaftselementen geht, gilt zu beachten, dass, obwohl es sich im weitesten Sinne um eine Änderung des vorgesehenen Gebrauchs handelt, da ein Gemeinschaftselement grundsätzlich allen Eigentümern zu dienen hat,[353] gemäß Artikel 17.3.2 LPH eine 3/5 Mehrheit der Stimmen und Quoten aller Eigentümer ausreicht, um diese der Vermietung zuzuführen,[354] weil dieser mutmaßliche Gebrauch oftmals nur formell und nicht tatsächlich besteht. Andernfalls, wenn also das betroffene Gemeinschaftseigentum einem besonderen Zweck diente, und deshalb nicht nur eine Umwidmung erfolgt, sondern gleichzeitig das Gemeinschaftseigentum seinem eigentlichen Gebrauch entzogen wird, muss Einstimmigkeit bestehen. Neben der erforderlichen Stimmen- und Quotenzahl kann allerdings als Besonderheit bei der Vermietung von Gemeinschaftseigentum zusätzlich noch ein weiteres Erfordernis hinzutreten, damit der Beschluss wirksam zustande kommt: Sollte das Gemeinschaftselement keinem spezifischen Zweck (der Gemeinschaft) dienen, aber die Vermietung einen Eigentümer in besonderer Weise beeinträchtigen, bedürfte es aus den gleichen, bereits im voran-

[351] TS, Sala 1.ª, de lo Civil, Urteil Nr. 218/2012 vom 12. April.
[352] TS, Sala 1.ª, de lo Civil, Urteil Nr. 633/2011 vom 4. Oktober.
[353] Wenn es nicht einen oder mehrere Sondernutzungsberechtigte gibt.
[354] Pons González / del Arco Torres, S. 404.

gegangenen Abschnitt beschriebenen Gründen der Zustimmung des betroffenen Eigentümers. In der Abstimmung kommt es darauf an, dass der besonders betroffene Eigentümer bei Anwesenheit in der Versammlung zugunsten der Vermietung stimmt, bzw. bei Abwesenheit die gesetzlich vorgesehen Einspruchsfrist verstreichen lässt, ohne den Beschluss anzufechten.[355] Typische Fälle von Vermietung des Gemeinschaftseigentums sind z.B. bei der Installation von Mobilfunkantennen oder der Anbringung von Werbeträgern auf Hausdächern oder Fassaden gegeben.

Qualifizierte 3/5 Mehrheitsregel gemäß Artikel 17.4 LPH

Wenn es um die Schaffung von Neuerungen, neuen Einrichtungen, Diensten oder Verbesserungen geht, muss zunächst die Frage beantwortet werden, ob diese Maßnahmen für die geeignete Erhaltung, Bewohnbarkeit, Sicherheit oder Barrierefreiheit der Liegenschaft erforderlich sind. Bejahendenfalls ergibt sich aus dem spanischen Wohnungseigentumsgesetz bereits eine Pflicht der Gemeinschaft selbige auszuführen. Sind diese nicht zu diesem Zwecke erforderlich und handelt es sich deshalb um unnötige Maßnahmen kann gemäß Artikel 17.4 LPH dennoch ein entsprechender Beschluss verabschiedet werden, wenn sich hierfür eine 3/5 Mehrheit der Stimmen und Quoten aller Eigentümer findet. Im Anschluss ist zu prüfen, welche Kosten die konkrete Maßnahme verursacht. Übersteigen die auf jeden Eigentümer umgelegten Kosten den Betrag von drei ordentlichen Monatsbeiträgen zu den Gemeinschaftsausgaben erfahren diese Maßnahmen mangels Erforderlichkeit eine Einordnung als sogenannte *Luxusinnovationen* und sind lediglich von denjenigen Eigentümern zu tragen, die sich für den Beschluss ausgesprochen haben (d.h. die dem Beschluss zustimmenden Eigentümer sowie diejenigen, welche als abwesende Eigentümer nicht binnen der durch Artikel 17.8 LPH gewährten 30-Tages-Frist von ihrem Stimmrecht Gebrauch gemacht haben).

Wirkt sich der Beschluss besonders auf einzelne Eigentümer aus, weil ein Teil des Gebäudes durch die Umsetzung etwa unbenutzbar für diese wird, ist darüber hinaus gemäß Artikel 17.4.3 LPH immer auch das ausdrückliche Einverständnis des unmittelbar betroffenen oder geschädigten Eigentümers einzuholen, ohne dessen Zustimmung keine entsprechende Neuerung eingeführt werden kann.

Privilegierte 1/3 Minderheitenregel gemäß Artikel 17.1 LPH).

Abstimmungsgegenstände, die lediglich einer privilegierten Minderheit von 1/3 aller Eigentümer und Quoten bedürfen.

1. Die Errichtung von neuen gemeinschaftlichen Infrastrukturen oder die Anpassung von bestehenden, für den Zugang zu neuen, im Königlichen Gesetzes-Dekret 1/1998, vom 27. Februar, geregelten Telekommunikationstechnologien (Artikel 17.1 LPH).[356]

---

[355] Echeverría Summers / Morillo González, S. 170-171.

[356] Hierbei handelt es sich vereinfacht gesagt um Radio- und Fernsehempfang (gleichgültig ob terrestrisch oder satellitengestützt) sowie Telefonleitungen und kabelgestützte Informationsdienste (Kabelfernsehen, Internet, etc.).

Auf Grundlage dieses Gesetzes-Dekrets ist im Übrigen nicht nur der Eigentümer, sondern ebenso der Mieter des Sondereigentumselements berechtigt, entsprechende individuelle Installationen durchzuführen, auch wenn er für sein Vorhaben keinen Rückhalt im Umfang einer 1/3 Minderheit der Eigentümer und Quoten findet, und er möglicherweise sogar der Einzige ist, der die Errichtung dieser Infrastruktur wünscht. Hierfür ist gegenüber der Gemeinschaft lediglich ein Antrag zu stellen, welcher von dieser binnen einer Frist von 15 Tagen beantwortet werden muss. Die Gemeinschaft kann sich dem Antrag entgegenstellen, wenn die gewünschte Infrastruktur bereits existiert, oder binnen der nächsten drei Monate geschaffen werden soll (siehe Artikel 9.2 des Gesetzes-Dekrets). Sie kann jedoch die Durchführung der Installation als solche nicht generell verbieten.

Wurde eine gemeinschaftliche Infrastruktur geschaffen, bzw. die vorhandene angepasst, können die übrigen Eigentümer oder Mieter zu einem späteren Zeitpunkt einen Anschluss an diese Anlage beantragen. Sie müssen hierfür jedoch die (verzinsten) Kosten übernehmen, die ihnen damals entstanden wären. Auf diese Weise wird vermieden, dass die übrigen Eigentümer und Mieter zunächst auf einen Anschluss verzichten, um die Kosten zu vermeiden, und später von den Investitionen der Initiatoren kostenlos profitieren.

2. Die Anpassung vorhandener, sowie die Schaffung neuer im Gemeinschafts- oder Sondereigentum stehender Systeme zur Nutzung erneuerbarer Energien (Artikel 17.1 LPH).

3. Die Errichtung der für den Zugang zu neuen, für die kollektive Energiezufuhr erforderlichen Infrastrukturen (Artikel 17.1 LPH).

Sowohl bezüglich der Errichtung und Anpassung von Systemen zur Nutzung erneuerbarer Energien sowie im Hinblick auf die für die kollektive Energieversorgung notwendigen neuen Gemeinschaftsinstallationen sind zweierlei Besonderheiten zu berücksichtigen.

a) Die Gemeinschaft kann die aus der Anpassung oder Errichtung resultierenden Kosten genauso wenig wie die mit der Erhaltung und Wartung verbundenen Ausgaben unter denjenigen Eigentümern verteilen, welche nicht ausdrücklich für die Einführung dieser Neuerungen gestimmt haben. Im Gegenzug haben aber auch nur diejenigen Eigentümer, welche für die Maßnahme gestimmt haben, das Privileg selbige zu nutzen. Nichtsdestotrotz kann den übrigen Eigentümern auch im Nachhinein der Gebrauch der neu geschaffenen Infrastruktur gestattet werden, wenn diese den auf sie entfallenden Unkostenbeitrag begleichen, der auf sie zugekommen wäre, hätten sie sich bereits seit dem Einführungszeitpunkt beteiligt. Dieser Beitrag wird laut Gesetz (Artikel 17.1.2 LPH), unter Anwendung des geltenden Zinssatzes, entsprechend aktualisiert.

b) Unabhängig von dem zuvor ausgeführten, stellen die neu eingeführten kollektiven Infrastrukturen Gemeinschaftseigentum dar, und dies trotz der Tatsache, dass sich gegebenenfalls ein guter Teil der Eigentümer nicht an den Einführungs- und Erhaltungskosten beteiligen muss bzw. beteiligen wird (Artikel 17.1.3 LPH).

Der mit der Buchführung der Gemeinschaft Betraute wird dies daher bei der Erstellung des Haushaltsplans, der Jahresabrechnung und der Bestimmung der jeweiligen Beiträge berücksichtigen müssen.

Qualifizierte 3/5 Mehrheit der Eigentümer und Quoten gemäß Artikel 17.3.2 LPH

Die Schaffung oder Beseitigung anderer als der in Artikel 17.1 LPH erwähnten Geräte oder Systeme, welche im Gemeinschaftseigentums stehen und die Verbesserung der Energie- oder Wasserverbrauchseffizienz[357] der Immobilie zum Ziel haben, bedarf der Zustimmung von 3/5 aller Eigentümer und Quoten, selbst wenn dies die Änderung des Gründungstitels oder der Satzung bedeutet. Die gemäß Artikel 17.3 LPH in gültiger Weise getroffenen Beschlüsse verpflichten alle Eigentümer.

Privilegierte 1/3 Minderheitenregel gemäß Artikel 17.3.2 a.E. LPH

Bei der Schaffung oder Beseitigung der unter Artikel 17.3.2 LPH fallenden Geräte und Systeme genügt ausnahmsweise eine privilegierte Minderheit von 1/3 aller Eigentümer und Quoten, wenn es sich bei der Einrichtung um eine solche handelt, die lediglich der individuellen, ausschließlichen Nutzung einzelner Eigentümer dient. Die Kosten verteilen sich nach den Prinzipien des Artikels 17.1 LPH.

Einfache Mitteilung gemäß Artikel 17.5 LPH

Möchte ein Eigentümer auf einem in seinem Eigentum befindlichen, zur Liegenschaft gehörenden Stellplatz, zum Privatgebrauch einen Ladeport für Fahrzeuge mit Elektroantrieb installieren, ist, solange sich dieser auf einem einzelnen Parkplatz befindet, lediglich die vorherige Mitteilung an die Gemeinschaft erforderlich. Es bedarf keiner Genehmigung. Die Kosten sind aber von diesem Eigentümer selbst zu tragen.

Einfache Mehrheit der Eigentümer und Quoten gemäß Artikel 17.7 LPH

All diejenigen Abstimmungsgegenstände, welche nicht nach den oben beschriebenen Regeln besonders qualifiziert oder privilegiert sind, bedürfen zur Annahme einer einfachen doppelten Mehrheit, von Stimmen und Quoten.

Während sich im Rahmen der ersten Einberufung (der Eigentümerversammlung) diese einfache Mehrheit, auf alle Eigentümer und Quoten im absoluten Sinne bezieht, also in Bezug auf die Gesamtheit aller existierenden Stimmen und Quoten, gewährt die zweite Einberufung (der Eigentümerversammlung) eine bedeutende Lockerung dieser Regelung. So genügt in der zweiten Einberufung für die unter

---

[357] Hierunter können Wasseraufbereitungsanlagen, Brunnen, Regenwasserauffanganlagen fallen. Siehe Daniel Loscertales Fuertes, Comentario Artículo 17.

Artikel 17.7 LPH fallenden Abstimmungsgegenstände die Erzielung der einfachen Mehrheit der anwesenden, bzw. wirksam vertretenen Stimmen und Quoten.

Aufgrund der Tatsache, dass sich die Anwendung des einfachen Mehrheitserfordernisses letztlich aus der gerade beschriebenen Negativabgrenzung ergibt, sollen folgende Beispiele die typischsten Fälle bebildern und als Unterscheidungshilfe dienen (auch die Hinzuziehung von Artikel 14 LPH, in welchem die Aufgaben der Eigentümerversammlung dargelegt werden, hilft bei der Ausarbeitung der Unterscheidungskriterien weiter).

Eine lediglich einfache Mehrheit ist so z.B. einschlägig bei:

- Ernennung und Abwahl des Präsidenten, Vizepräsidenten, Sekretärs, Hausverwalters oder anderer, von der Versammlung bestellter Organe (siehe auch Artikel 14 a.) LPH).

- Verabschiedung des vorgesehenen Haushaltsplans und Annahme des Jahresabschlusses (Artikel 14 b.) LPH).

- Annahme von, also Zustimmung zu Kostenvoranschlägen, um ordentliche oder außerordentliche Reparaturen durchzuführen (Artikel 14 c.) LPH).

- Bestimmung der Hausordnung (Artikel 14 d.) LPH).

- Beschluss, gegen einen säumigen Eigentümer vorzugehen.

Einfache Mehrheit der Stimmen und Quoten gemäß Artikel 10.1.a.) und b.) LPH

Zu denjenigen Abstimmungsgegenständen, welche lediglich eine einfache Mehrheit benötigen, gehören gemäß Artikel 10.1.a.) LPH Arbeiten und Baumaßnahmen, die für eine geeignete Wartung der Liegenschaft erforderlich sind oder der Erfüllung der Pflicht zur Instandhaltung und Reparatur der Immobilie und ihrer Gemeinschaftseinrichtungen und Installationen dienen. Hierzu zählen in jedem Falle diejenigen, welche notwendig wären um die grundlegenden Sicherheits- und Bewohnbarkeitsvoraussetzungen aufrecht zu erhalten sowie die Anforderungen an die allgemeine Barrierefreiheit zu erfüllen. Auch Maßnahmen die aufgrund des Zustands des Zierwerks erforderlich werden und solche, welche darauf zurückgehen, dass von Seiten der Verwaltung eine rechtliche Pflicht auferlegt wurde, unterliegen denselben Voraussetzungen. Obwohl der Gesetzeswortlaut eindeutig erklärt, dass es keines Beschlusses bedarf, weil eine Pflicht der Gemeinschaft besteht diese Maßnahmen umzusetzen, wird die Gemeinschaft regelmäßig nicht um einen (mit einfacher Mehrheit zu treffenden Beschluss) umhinkommen. Einerseits geht aus Artikel 17.10 LPH hervor, dass bei Meinungsverschiedenheiten die Eigentümerversammlung mit einfacher Mehrheit über den Charakter der Maßnahme entscheidet (was letztlich bedeutet, dass eine einfache Mehrheit durch entsprechende Einordnung einer Maßnahme Einfluss darauf hat, ob eine Pflicht besteht selbige umzusetzen oder nicht). Darüber hinaus muss vor dem Ergreifen einer konkreten Maßnahme regelmäßig ein entsprechender Kostenvoranschlag angenommen werden. Dies geschieht ebenso mit einfacher Mehrheit. Auch der Beschluss der oftmals erforderlichen Sonderumlage bedarf in diesen Fällen einer einfachen Mehrheit. Völlig lässt sich also trotz des Wortlauts nicht auf einen entsprechenden Mehrheitsbeschluss verzichten.

Auch für die Maßnahmen des Artikels 10.1.b.) LPH bedarf es entsprechend der oben gemachten Ausführungen einer einfachen Mehrheit von Stimmen und Quoten. Hierunter fallen Bauarbeiten und Maßnahmen welche sich als notwendig erweisen, um die vernünftigen Anpassungen im Bereich allgemeiner Barrierefreiheit zu garantieren, und in jedem Falle, diejenigen welche auf Antrag solcher Eigentümer eingefordert werden, in deren Wohnung oder Geschäftslokal behinderte oder über siebzig Jahre alte Menschen leben, arbeiten oder freiwillige Dienste verrichten, und zum Ziel haben, eine gemessen an deren Bedürfnissen geeignete Nutzung der Gemeinschaftselemente, sicherzustellen, sowie die Installation von Rampen, Fahrstühlen und anderen mechanischen und elektronischen Gerätschaften, welche ihre Orientierung oder die Verbindung mit der Außenwelt fördern; dies solange der wegen der konkreten Maßnahme auf das Jahr und die Eigentümer umgelegte Betrag, nach Abzug der Subventionen und öffentlichen Fördermitteln, zwölf ordentliche Monatsbeiträge zu den allgemeinen Gemeinschaftsausgaben nicht übersteigt. Die Eigenschaft als zwingende Baumaßnahme wird nicht dadurch beseitigt, dass die über die bezeichneten Monatsbeiträge hinausgehenden, überschießenden Kosten von denjenigen übernommen werden, welche sie gefordert haben.

Pflicht zur Umsetzung (10.1.d.) LPH)

Sollte sich die Liegenschaft im Geltungsbereich eines städtischen Sanierungs- oder Erneuerungs- und Renovierungsgebiets befinden, könnte dieser die Errichtung neuer Stockwerke oder die Veränderung der Gebäudestruktur oder der im Gemeinschaftseigentum stehenden Dinge vorschreiben (Artikel 10.1.d.) LPH).

Pflicht bzw. Berechtigung zur Umsetzung (10.1.e.) LPH)

Wenn sich die Liegenschaft im Geltungsbereich eines städtischen Sanierungs- oder Erneuerungs- und Renovierungsgebiets befindet, kann dieser gegebenenfalls die Eigentümer berechtigen solche Handlungen vorzunehmen, welche zur Aufteilung von Wohnungen oder Geschäftsräumen und deren Nebenbauten führen, um (jeweils neue) kleinere und unabhängige (Teile) zu bilden. Gleichfalls kann die Erweiterung ihrer Fläche durch Hinzufügung anderer, angrenzender des gleichen Gebäudes, oder die Verkleinerung durch Abspaltung irgendeines Teils pauschal genehmigt werden. All diese Massnahmen könnten dann auf Wunsch und Antrag ihrer Eigentümer erfolgen (Artikel 10.1.e.) LPH). In den beschriebenen Fällen bestünde für die Eigentümergemeinschaft die Pflicht selbige zu ermöglichen, ohne dass es eines entsprechenden Beschlusses bedürfte. Üblicherweise wird auch hier die Gemeinschaft dennoch in der Form eines Beschlusses der Eigentümerversammlung handeln.

Qualifizierte 3/5 Mehrheit der Eigentümer (und gegebenenfalls Quoten) gemäß Artikel 10.3.b.) LPH

Es bedarf - anders als noch vor der am 28. Juni 2013 in Kraft getretenen Reform - nicht mehr der Einstimmigkeit, sondern lediglich einer 3/5 Mehrheit von Stimmen und Quoten aller Eigentümer,[358] um folgende, unter den aktuellen Artikel 10.3.b.) LPH fallende Beschlüsse zu erzielen:

- Aufteilung der Wohnungen oder Geschäftsräume und ihrer Nebenbauten, um jeweils neue, kleinere und unabhängige Teile zu bilden.

- Vergrößerung der Flächen von Wohnungen oder Geschäftsräumen durch Hinzufügung anderer, angrenzender des gleichen Gebäudes.

- Verkleinerung der Flächen von Wohnungen oder Geschäftsräumen durch Abspaltung irgendeines Teiles.

- Die Errichtung neuer Stockwerke.

- Jedwede andere Veränderung der Gebäudestruktur oder der Bausubstanz.

- Schließung der Terrassen.

- Veränderung der Gebäudeumhüllung zur Verbesserung der Energieeffizienz.

- Modifizierung anderer im Gemeinschaftseigentum stehender Dinge, wenn keine spezielleren Mehrheiten einschlägig sind.

Sollten darüber hinaus bestimmte Eigentümer in besonderer Weise betroffen sein, bedürfte es zur Annahme des Beschlusses gemäß Artikel 10.3.b.).2 LPH deren Zustimmung. Interessanterweise führt Artikel 10.3.b.).2 LPH weiterhin aus, dass die Eigentümerversammlung mittels 3/5 Mehrheit der Stimmen aller Eigentümer und in Übereinstimmung mit den besonders betroffenen Mitgliedern über den Schadenersatz beschließen kann der letzteren zusteht. Sollte keine Einigung mit den geschädigten Eigentümern möglich sein, könnten diese selbstverständlich den ihnen entstandenen Schaden einklagen bzw. den Beschluss der Eigentümerversammlung anfechten. Problematisch ist an der Formulierung des Artikels 10.3.b.).2 LPH aber, dass statt von einer doppelten 3/5 Stimmen und Quotenmehrheit zu sprechen, lediglich von einer 3/5 Mehrheit der Stimmen die Rede ist.

3/5 Mehrheit der Stimmen vs. 3/5 Mehrheit der Stimmen und Quoten

Da der gleiche Absatz weiterhin ausführt, dass sich die erforderliche Mehrheit zur Änderung der Quoten, welche aufgrund einer gemäß Artikel 10.3.b.) LPH getroffenen Maßnahmen erforderlich geworden ist, sowie der Beschluss welcher die Einordnung des Charakters einer Maßnahme bestimmt ebenfalls nach der zuvor genannten Mehrheit (3/5 der Stimmen aller Eigentümer) richtet, kommt der hier beschriebenen Mehrheit eine durchaus beträchtliche Bedeutung zu. Wie ist aber in

---

[358] Wenn sich die Liegenschaft nicht im Geltungsbereich eines städtischen Sanierungs- oder Erneuerungs- und Renovierungsgebiets befindet. Andernfalls würde Artikel 10.1.d.) und e.) LPH zur Anwendung kommen.

der Praxis zu verfahren? Bezieht sich die Mehrheit tatsächlich nur auf die Stimmen und nicht auf die Quoten? Da sich auf eine Stimme, wie oben ausgeführt mehrere Quoten vereinigen können – wir erinnern uns daran, dass auf den Eigentümer mehrerer Sondereigentumselemente lediglich eine Stimme entfällt, die ihrerseits aber die Quoten aller Sondereigentumselemente dieses Eigentümers umfasst - kann die Mehrheit der Stimmen oftmals völlig außer Verhältnis zur Mehrheit der Quoten stehen, je nachdem wie die Eigentümer mehrere Sondereigentumselemente abstimmen. Aber auch ohne solcherlei mehrfache Eigentümer könnte ein großes Missverhältnis zwischen der vom Wortlaut geforderten Stimmenmehrheit und der auf diese entfallenden Quoten bestehen, und das vom Gesetzgeber grundsätzlich vorgesehene doppelte Kriterium (Kopfprinzip verbunden mit der Berücksichtigung der Quoten) ad absurdum geführt werden. Einzelne Autoren vertreten die Auffassung es handele sich lediglich um ein Redaktionsversehen. Gemeint sei vielmehr auch im Falle des 10.3.b.).2 LPH die doppelte 3/5 Mehrheit der Stimmen und Quoten aller Eigentümer. Andererseits darf nicht verkannt werden, dass die zweite Übergangsbestimmung des spanischen Wohnungseigentumsgesetzes in Bezug auf die Bestimmung eines Vorkaufsrechts der Mitglieder der Eigentümergemeinschaft ebenfalls nur eine Mehrheit der Stimmen (in diesem konkreten Fall 80% der Stimmen) bezeichnet und keinesfalls die auf diese entfallenen Quoten berücksichtigt. Diese gemäß ihrem Wortlaut angewandte Mehrheit, die im Allgemeinen als solche akzeptiert wurde, stünde der Annahme eines einfachen Redaktionsversehens im Artikel 10.3.b.).2 LPH im Wege. Die Rechtsprechung wird aufzeigen müssen, welcher Auslegung der Vorzug zu geben ist.

Bedeutung des Artikels 17.6 Ley de Suelo bei Anwendung des Artikels 10.3.b.) LPH

Ebenfalls von Bedeutung bei der Anwendung des Artikels 10.3.b.) LPH ist der in ihm am Ende des Absatzes enthaltene Hinweis, die dort aufgeführten Regelungen seien nur unter der Bedingung einschlägig, dass die Voraussetzungen des Artikels 17.6 des durch das königliche Gesetzesdekret 2/2008 vom 20. Juni neu gefassten Gesetzes über Grund und Boden[359] vorlägen. Da besagter Artikel 17.6 Ley de Suelo unter anderem darauf gerichtet ist zu beschreiben, in welchen Fällen vom Bestehen eines Immobilienkomplexes auszugehen ist, und in diesem Zusammenhang bestimmt, dass es sich um eine organisatorische Einheit von Immobilieneigentum zu handeln hat, in dem zwischen Sondereigentum und Gemeinschaftseigentum unterschieden werden kann, wobei ersteres einzelnen Eigentümern ausschließlich gehört, und letzteres prozentual allen Eigentümern der Sondereigentumselemente gemeinsam, ließe sich ableiten, dass die Voraussetzungen für die Annahme eines Immobilienkomplexes im Ergebnis mit den Eigenschaften jeder beliebigen Eigentümergemeinschaft übereinstimmen. Dies würde in der Folge den Schluss nahelegen, die Regelungen und Forderungen des Artikels 10.3.b.) LPH seien damit auf sämtliche Eigentümergemeinschaften anzuwenden. Andererseits scheint die

---

[359] Texto refundido de la Ley de Suelo, aprobado por el Real Decreto Legislativo 2/2008, de 20 de Junio.

Frage berechtigt, warum das spanische Wohnungseigentumsgesetz an dieser Stelle einen Hinweis auf ein anderes Gesetz vornehmen sollte, wenn die soeben beschriebene Lesart seines Inhalts zu nichts anderem führen würde als zu der Feststellung alle Eigentümergemeinschaften seien von dieser Regelung erfasst, und damit quasi eine sinnlose funktionelle Rückverweisung vorliegen würde.

Aufgrund der sich hieraus ableitenden, völlig unterschiedlichen Auslegungsmöglichkeiten herrscht eine rege Diskussion.[360] Nach momentan wohl überwiegender Auffassung ist davon auszugehen, dass sich der Hinweis auf Artikel 17.6 Ley de Suelo darauf bezieht, dass die von Artikel 10.3.b.) LPH geforderte behördliche Genehmigung zur Durchführung der in ihm beschriebenen Maßnahmen lediglich dann Voraussetzung ist, wenn es sich um einen Immobilienkomplex im engeren Sinne handelt (also nicht etwa jede beliebige Eigentümergemeinschaft sondern lediglich Urbanisationen und ähnliche Verbände) und keine der in Artikel 17.6 Ley de Suelo enthaltenen Ausnahmen einschlägig ist.

Ausnahmen, und damit kein Bedürfnis nach entsprechender Baugenehmigung, bestünden dann, wenn die angestrebten Maßnahmen bereits durch die ursprüngliche Baugenehmigung des Immobilienkomplexes gedeckt werden (Artikel 17.6.a.) Ley de Suelo) oder durch die Veränderungen keine zusätzlichen Sondereigentumselemente entstehen (Artikel 17.6.b.) Ley de Suelo).

Anwendbarkeit des Artikels 17.8 LPH auf die Mehrheiten des Artikels 10.3.b.) LPH

Eine weitere Besonderheit stellt bei den Mehrheiten des Artikels 10.3.b.) LPH der Umgang mit den abwesenden, nicht vertretenen Eigentümern dar. Soll die Zustimmungsfiktion des Artikels 17.8 LPH auch auf diese Fälle Anwendung finden, d.h. sollen die Stimmen der abwesenden Eigentümer in einer Endauszählung, als Zustimmung zu dem durch die Anwesenden getroffenen Beschluss gezählt werden, wenn diese nicht binnen einer Frist von 30 Tagen von ihrem Stimmrecht in anderslautender Weise Gebrauch machen? Magro Servet ist der Auffassung die Zustimmungsfiktion bleibe den Mehrheiten des Artikels 17 LPH vorbehalten, und sei damit nicht auf die Beschlüsse nach Artikel 10.3.b.) LPH anzuwenden. Es schlägt zu diesem Zwecke sogar vor, dass der Liegenschaftsverwalter hierauf in der Ladung zur Eigentümerversammlung hinweist, um Missverständnisse auszuräumen.[361]

3.2.2 Einfache Mehrheit aller Stimmen und Quoten gemäß Artikel 17.2 LPH

Unabhängig von der Pflicht die sich aus Artikel 10.1.b.) LPH ergibt, kann die Eigentümerversammlung mit einfacher Mehrheit der Stimmen und Quoten aller Eigentümer beschließen, architektonische Hürden zu beseitigen, welche den Zugang oder die Bewegungsfreiheit von Menschen mit Behinderung erschweren. In jedem Falle bedarf es einer identischen Mehrheit um einen Fahrstuhldienst einzurichten.

---

[360] Magro Servet, Alcance de la interpretación de la Ley del Suelo con los requisitos para entender aprobados los acuerdos del art. 10.3; Magro Servet, El régimen de acuerdos del art. 10.3 b) LPH.
[361] Magro Servet, El régimen de acuerdos del art. 10.3 b) LPH.

Diese Mehrheiten gelten ungeachtet der Möglichkeit, dass besagte Maßnahmen den Gründungstitel oder die Gemeinschaftssatzung betreffen. Werden die entsprechenden Beschlüsse getroffen, sind gemäß Artikel 17.2.2 LPH alle Eigentümer verpflichtet sich an ihren Kosten zu beteiligen.

Einfache Mehrheit der anwesenden Eigentümer gemäß Artikel 13.1 LPH

Mit einfacher Mehrheit der anwesenden Eigentümer können neue Organe der Gemeinschaft geschaffen und bestellt werden. Auch in diesem Fall stellt sich die Frage, ob eine doppelte Mehrheit von Stimmen und Quoten erforderlich ist, oder bereits eine einfache Stimmenmehrheit genügt. Es kann sinngemäß auf die in Bezug zu Artikel 10.3.b.) LPH gemachten Ausführungen verwiesen werden.

Achtzig Prozent der Stimmen aller Eigentümer gemäß der 2. Übergangsbestimmung LPH

Sollte in älteren, vor der Schaffung des spanischen Wohnungseigentumsgesetzes im Jahre 1960, Gemeinschaftssatzungen eine Regelung enthalten sein, wonach die Mitglieder der Eigentümergemeinschaft ein Vorkaufsrecht bezüglich der zu der Eigentümergemeinschaft gehörenden Sondereigentumselemente haben, so verliert diese Regelung ihre Gültigkeit, wenn nicht mindestens 80 Prozent der Eigentümer in einer Versammlung für die Beibehaltung dieser Vereinbarung stimmen.

3.3 *Juicio de Equidad* gemäß Artikel 17.7.2 LPH[362],[363]

Damit die im Rahmen der Eigentümergemeinschaft zu treffenden Entscheidungen herbeigeführt werden können, gibt es neben den üblichen, oben ausgeführten Beschlüssen, noch einen weiteren, vielfach unbekannten Weg, welcher über die richterliche Mitwirkung führt.

Anders als in den Fällen, in denen der Richter aufgrund einer Anfechtung die Kontrolle über einen in der Versammlung getroffenen Beschluss ausübt, kann im Rahmen der *Juicios de Equidad* ein Gericht angerufen werden, um die eigentliche Entscheidung über einen Beschlussgegenstand sozusagen erst herbeizuführen. Der Richter prüft hier nicht etwa die Rechtmäßigkeit eines bereits getroffenen Beschlusses, sondern bringt diesen quasi selbst zustande.

Gemäß Artikel 17.7.2 LPH kann beantragt werden, dass der Richter unmittelbar über eine bestimmte Angelegenheit entscheidet, wenn die erforderliche Mehrheit nicht im Rahmen der Eigentümerversammlung erzielt werden konnte. Auf diese Weise ist es möglich, Widerstände innerhalb der Gemeinschaft zu überwinden, an denen die Erzielung der erforderlichen Mehrheiten scheitert.

Damit soll nicht etwa die Entscheidungshoheit der Eigentümerversammlung untergraben, sondern vielmehr verhindert werden, dass in bestimmten Konstellationen einzelne Eigentümer ihren besonderen Einfluss bzw. ihr besonderes Gewicht

---

[363] Vgl. Pons González / del Arco Torres, S. 396.

(z.B. aufgrund des Eigentums an mehreren Sondereigentumselementen und hiermit verbunden insgesamt umfangreicheren Quoten) im Rahmen der Versammlung dazu verwenden, gegen jede Vernunft und gegen Gemeinwohlinteressen ihren Willen in unberechtigter Weise durchzusetzen.

Ein typischer Anwendungsfall ergibt sich z.B. in den Situationen, in welchen ein Eigentümer aufgrund seiner Eigenschaft als Bauherr der Liegenschaft und mangels Übertragung sämtlicher Wohnungen aufgrund stockenden Abverkaufs, unter Zugrundelegung der beschriebenen Stimmenregelung zwar lediglich über eine Stimme verfügt, aber gleichzeitig eine Vielzahl an Anteilen und mithin Quoten auf sich vereint. Dies kann in Verbindung mit der in den Abstimmungen geforderten doppelten Mehrheit (Stimmen und Quoten) dazu führen, dass Beschlüsse trotz lediglich einer Gegenstimme aufgrund der auf diese entfallenden Quote(n) nicht zustande kommen. Aus einem speziell erdachten Abstimmungssystem dessen zentraler Zweck die Bereitstellung eines Ausgleichsmechanismus ist, um missbräuchlichem Verhalten vorzubeugen, kann sich somit unter gewissen Voraussetzungen das genaue Gegenteil eines demokratischen Entscheidungsorgans entwickeln. Das spanische Wohnungseigentumsgesetz sieht deshalb unter besonderen Umständen die Möglichkeit vor, dass ein spezifischer Beschluss alternativ durch richterliche Entscheidung zustande kommen darf.

Damit dem Richter die Herbeiführung solch einer Entscheidung angetragen werden kann, müssen allerdings zwei Voraussetzungen gegeben sein. Zum einen musste zuvor bereits im Rahmen von zwei Versammlungen der Versuch scheitern, einen entsprechenden Beschluss innerhalb einer Versammlung zu verabschieden. Zum anderen muss der sich anschließende Antrag auf richterliche Entscheidung innerhalb eines Monats - gerechnet von der Abhaltung der zweiten Versammlung an, in welcher keine entsprechende Mehrheit erzielt werden konnte - gestellt werden.

Dieses besondere Verfahren, in dem der Richter direkt eine Entscheidung für die Gemeinschaft trifft, ist außer in dem gerade beschriebenen Fällen laut Gesetz ebenso für folgende Konstellationen vorgesehen:

Gemäß Artikel 13.2 LPH wird das in Artikel 17.7.2 LPH beschriebene Verfahren auch dann angewandt, wenn der gerade gewählte Präsident (innerhalb des auf die Bestellung folgenden Monats) seine richterliche Abberufung beantragt, oder aber die richterliche Ernennung eines Präsidenten erforderlich wird, da die Gemeinschaft nicht in der Lage ist, einen Präsidenten aus eigener Kraft zu bestellen.

Frage 103: Können die abwesenden Eigentümer auch den Hausverwalter bevollmächtigen, damit dieser in der Versammlung für sie das Stimmrecht ausübt?

Das Gesetz trifft diesbezüglich keine Regelungen. Mangels ausdrücklichen Verbots, steht einer Bevollmächtigung des Hausverwalters durch einzelne Eigentümer nichts im Wege.

Frage 104: Wenn ein Sondereigentumselement im Eigentum mehrerer Miteigentümer steht, an wen sind dann die Mitteilungen der Gemeinschaft zu richten?

Die Mitteilung gilt als gegenüber allen Miteigentümern zugestellt, wenn sie gegenüber irgendeinem von ihnen bekanntgegeben wird. Wenn allerdings die Miteigentümer verklagt werden sollen, gilt zu beachten, dass diese aufgrund ihrer Stellung und besonderen Eigenschaft als notwendige Streitgenossenschaft einzuordnen, und in der Folge, und gemeinsam zu verklagen sind.[364]

Frage 105: Wie wird bei Miteigentümern der Vertreter benannt?

Das einfache Miteigentum wird im Código Civil in den Artikel 392 ff. reguliert. Hiernach wird der Vertreter der Miteigentümer durch diese selbst bestimmt. Es entscheidet hierbei die Mehrheit der Eigentumsquoten, d.h. die wirtschaftliche Mehrheit und nicht die Stimmenmehrheit. Sollte auf dieser Grundlage keine Vertreterwahl möglich sein, könnte auch keine Stimmabgabe im Namen der Miteigentümer erfolgen. In diesem Fall wäre es jedoch möglich, die richterliche Bestimmung eines Repräsentanten zu beantragen.[365]

Für den Fall, dass die Bestellung eines Vertreters möglich ist, sollte folgendes beachtet werden: Handelt es sich beim Vertreter um einen der Miteigentümer, scheint eine schriftliche Bevollmächtigung durch die anderen Miteigentümer nicht erforderlich zu sein. Auch die Frage inwieweit er im Rahmen seiner Vertretungsbefugnis handelt, dürfte vielmehr ein internes Problem der Gemeinschaft der Miteigentümer darstellen und braucht die Eigentümerversammlung nicht weiter zu beschäftigen.[366] Im Innenverhältnis können die übrigen Eigentümer aber sehr wohl gegen den Vertreter vorgehen, der seine Vertretungsbefugnisse überschritten bzw. sich nicht absprachegemäß verhalten hat und gegebenenfalls entstandene Schadenersatzansprüche geltend machen.[367]

Frage 106: Wenn mehreren Personen eine Immobilie gemeinsam gehört, mithin einfaches Miteigentum besteht, dürfen trotz des Artikels 15.1.2 LPH mehrere oder alle Miteigentümer an der Versammlung teilnehmen?

Diesbezüglich werden unterschiedliche Auffassungen vertreten. Einerseits wird argumentiert, dass solange das Stimmrecht in geordneter Weise und wie vorgesehen durch einen bestellten Vertreter ausgeübt wird, der Teilnahme der (übrigen) Miteigentümer nichts im Wege stehen sollte.[368] Andererseits wird ebenso ausgeführt, dass sich das Gesetz für die Figur eines einzigen Vertreters entschieden hat, der für die Gesamtheit der Miteigentümer an der Versammlung teilnimmt und abstimmt, weshalb die Teilnahme der (übrigen) Miteigentümer unterbleiben müsse.[369]

Solange die Miteigentümer den tatsächlichen Verlauf der Versammlung nicht beeinträchtigen, scheint es ratsam, ihre Teilnahme zu gestatten. Sobald jedoch Diskussionen unter den Miteigentümern deren Stimmabgabe erschweren oder den

[364] Magro Servet / García-Chamón Cervera / Pérez Saura, S. 307.
[365] Pons González / del Arco Torres, S. 373.
[366] CLPH-González Carrasco, Artikel 15, Rn. 32, S. 467.
[367] Loscertales Fuertes, Propiedad Horizontal, S. 199.
[368] CLPH-González Carrasco, Artikel 15, Rn. 32, S. 467.
[369] Pons González / del Arco Torres, S. 372.

normalen Verlauf der Versammlung behindern, scheint mit Hinweis auf Artikel 15.1.2 LPH und auf Grundlage des Gesetzeswortlauts ein Ausschluss der (übrigen) Miteigentümer gerechtfertigt zu sein. Gleiches kann gelten, wenn trotz vorbildlichen Verhaltens der Miteigentümer kein ausreichender Platz vorhanden ist, um die Versammlung mit allen (Mit-) Eigentümern abzuhalten. Es scheint in derartigen Fällen sinnvoll zu sein, lediglich die Teilnahme von einem Eigentümer pro unabhängigem Sondereigentumselement zu gestatten und lediglich dem bevollmächtigten Miteigentümer die Teilnahme zu erlauben.

Frage 107: Sind die Vorschriften über das Miteigentum uneingeschränkt auch auf Ehepaare anwendbar, die ein Sondereigentumselement gemeinsam erworben haben?

Ehepaare die eine Immobilie gemeinsam erworben haben, verfügen natürlich ebenso über Miteigentum. Aufgrund der besonderen, ehelichen Beziehung gelten allerdings einige Sonderregeln. So ist z.B. gemäß Artikel 1385 des Código Civil jeder der beiden befugt, in Bezug auf das gemeinsame Eigentum in Namen beider tätig zu werden. Eine ausdrückliche Vollmachtserteilung ist in diesem Fall also nicht erforderlich.

Frage 108: Kann eine Eigentümerversammlung in einer anderen als der spanischen Sprache abgehalten werden?

In einer viel beachteten Entscheidung hat der Tribunal Supremo ausgeführt, dass sich aus dem spanischen Wohnungseigentumsgesetz keine Festlegung auf eine bestimmte Sprache ableiten lasse. Da sich die Eigentümer zudem ohne Beteiligung des Staates auf privatrechtlicher Ebene begegneten, sei kein Raum für das Erfordernis einer spezifischen Sprache.[370]

Frage 109: Was geschieht, wenn ein Eigentümer nicht korrekt zur Eigentümerversammlung geladen wurde? Ist die Versammlung, und damit die in ihr getroffenen Beschlüsse, nichtig?

Es finden sich in der Rechtsprechung gegensätzliche Auffassungen. Teilweise wird vertreten, dass in solchen Fällen alle Beschlüsse unmittelbar nichtig sind.[371] Nach absolut h.M. sind die Beschlüsse lediglich anfechtbar.[372] Im Ergebnis ist die Einordnung als unmittelbar nichtig oder nur anfechtbar an dieser Stelle aber ohne weitere Bedeutung, da teilweise selbst diejenigen Entscheidungen, welche von einer unmittelbaren Nichtigkeit ausgehen, überwiegend eine Anfechtung binnen Jahresfrist fordern, damit die Beschlüsse nicht in Bestandskraft erwachsen.[373] Nur wenn

---

[370] Gallego Brizuela, S. 88; Loscertales Fuertes, Propiedad Horizontal, S. 230; Pons González / del Arco Torres, S. 390-391.

[371] AP Madrid, Sec. 9.ª, Urteil Nr. 575/2011 vom 21. November; AP Cantabria, Sec. 3.ª, Urteil Nr. 35/2005 vom 4. Februar; AP Alicante, Sec. 7.ª, Urteil Nr. 512/2001 vom 16. Oktober.

[372] Pons González / del Arco Torres, S. 387; AP Zaragoza, Sec. 5.ª, Urteil Nr. 650/2009 vom 4. Dezember; AP Vizcaya, Sec. 5.ª, Urteil Nr. 432/2002 vom 25. Oktober; AP Córdoba, Sec. 2.ª, Urteil Nr. 240/2011 vom 26. Juli; AP Valencia, Sec. 7.ª, Urteil Nr. 277/2010 vom 26. Mai (mit umfangreichen Hinweisen auf einschlägige Entscheidungen des *Tribunal Supremo*).

[373] AP Valladolid, Sec. 3.ª, Urteil Nr. 65/2011 vom 1. März.

gegen außerhalb des spanischen Wohnungseigentumsrechts gelegene, zwingende Vorschriften verstoßen wird, werden die Folgen der Unterscheidung zwischen Nichtigkeit und Anfechtbarkeit noch kontrovers diskutiert.[374]

Frage 110: Was geschieht, wenn ein Eigentümer nicht geladen wurde, aber dennoch der Versammlung beiwohnt? Gilt der aus der unterlassenen Ladung sich ableitende Mangel dann als geheilt?

Dann könnte man möglicherweise mit einer gewissen Berechtigung davon ausgehen, dass seine Anwesenheit den Verstoß gegen die Ladungsvorschriften heilt, und seine Teilnahme geeignet ist, den Nachweis über seine tatsächliche (wenn auch verspätete) Kenntnis von der Versammlung zu führen.[375] Während diese Ansicht für außerordentliche Versammlungen durchaus nachvollziehbar scheint, genügt bei ihnen doch die Einhaltung einer Ladungsfrist, welche geeignet ist ausreichend rechtzeitig über die geplante Versammlung zu informieren, bestehen berechtigte Zweifel daran, dass eine derartige Bewertung bei ordentlichen Versammlungen ebenfalls angezeigt wäre. Die für ordentliche Versammlungen vorgesehene Ladungsfrist soll schließlich nicht nur sicherstellen, dass die Ladung rechtzeitig genug zugestellt wird, um eine Teilnahme zu ermöglichen, sondern dass die teilnehmenden Eigentümer imstande sind entsprechend vorbereitet am Entscheidungsfindungsprozess mitzuwirken.

Frage 111: Können die gesetzlich vorgesehenen Ladungsfristen zu den Eigentümerversammlungen durch Abstimmung bzw. durch eine entsprechende Gemeinschaftssatzung geändert werden?

Nein. Diese Regelungen sind verbindlich. Durch die Eigentümer bzw. mittels Satzung darf nur geändert werden, was sich in die durch Artikel 5.3 LPH geregelten Bereiche einordnen lässt.[376]

3.4 Der Präsident der Gemeinschaft

Der Präsident ist gemäß Artikel 13.1 LPH eines der Organe der Gemeinschaft. Er ist aus der Mitte der Eigentümer zu wählen. An Stelle einer Wahl kann durch Satzung oder Beschluss der Eigentümerversammlung bestimmt werden, dass alle Eigentümer in einer zuvor festgelegten Reihenfolge nacheinander das Präsidentenamt ausüben, oder dass der Präsident unter allen Eigentümern im Losverfahren ermittelt wird. Auch wenn ein Eigentümer gegen seinen Willen zum Präsidenten ernannt werden kann und er daraufhin grundsätzlich verpflichtet ist, dieses Amt auszuüben, gestattet ihm das Gesetz, ausnahmsweise, wenn ihm die Amtsausübung nicht möglich ist, binnen Monatsfrist beim zuständigen Gericht einen Antrag auf Befreiung von seinem Amt stellen (Artikel 13.2 LPH).

---

[374] AP Valencia, Sec. 7.ª, Urteil Nr. 277/2010 vom 26. Mai.

[375] AP Madrid, Sec. 13.ª, Urteil Nr. 323/2008 vom 22. Juli; AP Las Palmas, Sec. 5.ª, Urteil Nr. 14/2009 vom 16. Januar; Pons González / del Arco Torres, S. 387.

[376] Loscertales Fuertes, Propiedad Horizontal, S. 228.

Das Präsidentenamt umfasst zahlreiche Aufgaben. Einerseits vertritt der Präsident die Gemeinschaft gerichtlich und außergerichtlich in allen diese betreffenden Angelegenheiten und kümmert sich dabei auch um die Umsetzung der getroffenen Beschlüsse. Andererseits beruft er die ordentlichen und außerordentlichen Versammlungen ein, in denen er den Vorsitz übernimmt (Artikel 16 LPH).

Weiterhin entfällt auf ihn eine gewisse Aufsichts- bzw. Kontrollpflicht über die durch den Sekretär und Hausverwalter ausgeübten Funktionen. Dies spiegelt sich z.B. darin wieder, dass er das vom Sekretär verfasste Protokoll gemeinsam mit diesem zu unterzeichnen hat, und dass die vom Sekretär auszustellenden Bescheinigungen vom Präsidenten gegengezeichnet werden müssen (Artikel 9.1.e), 9.1.h.) und 21.1 LPH).

Hat die Gemeinschaft die Ämter des Sekretärs und Verwalters nicht ausdrücklich mit anderen Personen besetzt, muss der Präsident deren Aufgaben ebenfalls in Personalunion übernehmen (Artikel 13.5 LPH).

Auch wenn der Präsident grundsätzlich nicht befugt ist, an der Eigentümerversammlung vorbei Entscheidungen zu treffen und es ihm nicht gestattet ist, ohne den entsprechenden Beschluss eigenmächtig Maßnahmen zu ergreifen, darf er, wenn Eile geboten ist, oder es sich um weitestgehend bedeutungslose Alltagsgeschäfte handelt, ohne Weisung der Gemeinschaft für diese handeln. Gleichgültig ob ein Beschluss vorliegt oder nicht, die Gemeinschaft tritt, zumindest nach außen hin, prinzipiell durch ihren Präsidenten wirksam mit Dritten in Beziehung.

In Rechtsprechung und Literatur ist immer wieder der Charakter seiner Vertretungsbefugnis diskutiert worden. Aufgrund der mangelnden Rechtspersönlichkeit der Eigentümergemeinschaft, gab es Zweifel bezüglich der Einordnung seiner Vertretungsmacht. Artikel 13.1 LPH bestimmt, dass der Präsident ein Organ der Eigentümergemeinschaft ist, und Artikel 13.3 LPH führt aus, dass ihm Kraft Gesetzes die Vertretung der Gemeinschaft obliegt, doch war man sich uneinig, ob bei fehlender Rechtspersönlichkeit die Bezeichnung als Organ überhaupt zutreffend sein kann. Dies führte dazu, dass zahlreiche Meinungen die tatsächliche Vertreterstellung des Präsidenten auf halbem Wege zwischen der organschaftlichen Vertretung (*representación orgánica*) und der gewillkürten Stellvertretung (*representación voluntaria*) sahen.[377]

Dennoch hat sich die bereits ursprünglich h.M. weiter durchgesetzt, welcher zufolge eine organschaftliche Vertretung angenommen werden muss. Als Konsequenz lässt sich aus den in Artikel 13 LPH enthaltenen Angaben zur Vertretungsmacht des Präsidenten ableiten, dass dieser als gesetzlicher Vertreter (Artikel 13.3 LPH) im Außenverhältnis, auch ohne besonderen Beschluss der Eigentümerversammlung, bereits kraft Gesetzes handeln kann, und dass sein Handeln als organschaftlicher Vertreter unmittelbar der Gemeinschaft zugeordnet wird, so als ob diese selbst gehandelt hätte. Daher werden alle Mitglieder der Eigentümergemeinschaft durch

---

[377] CLPH-Bearbeiter, Artikel 13, Rn. 30, S. 385-386; TS, Sala Primera, de lo Civil, Urteil Nr. 145/1979 vom 16. April 1979 mit Hinweisen auf TS, Sala Primera, de lo Civil, Urteile vom 19. Juni 1965, 27. September 1965, 11. Dezember 1965, 6. Dezember 1969, 28. Juni 1973.

sein Handeln verpflichtet, ohne dass es darauf ankommt, ob diese bei der Wahl des Präsidenten für oder gegen ihn gestimmt haben. Im Innenverhältnis ist der Präsident freilich den übrigen Eigentümern dafür verantwortlich, wenn er unberechtigterweise Maßnahmen ergriffen hat, die eines Beschlusses bedurft hätten, und ist ihnen gegenüber gegebenenfalls in der Haftung.[378]

Die vom Gesetz vorgesehene Amtsdauer beläuft sich auf ein Jahr. Die Amtsperiode kann aber mittels Satzung oder Beschlusses abgeändert werden. Eine Amtsenthebung ist jederzeit durch Beschluss möglich (Artikel 13.7 LPH).

Frage 112: Welche rechtliche Einordnung erfährt die Tätigkeit des Präsidenten gegenüber der Eigentümergemeinschaft?

Nach h.M. sind auf die Tätigkeit aller Amtsträger, und so auch auf die des Präsidenten, die Regeln des Auftrags (Artikel 1709 Código Civil) anzuwenden.[379]

Frage 113: Muss der Präsident über bestimmte Qualifikationen verfügen, um überhaupt für das Amt in Frage zu kommen?

Das Gesetz sieht kein Erfordernis einer besonderen Qualifikation vor, um das Amts des Präsidenten bekleiden zu können. Auch sprachliche Hürden stehen einer Präsidentschaft nicht im Wege, weshalb durchaus Ausländer ohne Spanischkenntnisse für das Amt in Frage kommen. Gerade bei Gemeinschaften, in denen die Mehrheit der Eigentümer aus Ausländern besteht, kann aber ein ebenfalls ausländischer Präsident durch die hiermit einhergehende Auflösung sprachlicher Barrieren oftmals ein verstärktes Interesse der Eigentümer an den Belangen der Gemeinschaft und eine erhöhte Beteiligungsbereitschaft derselben herbeiführen. Der Präsident muss lediglich volljährig[380] und geschäftsfähig sowie Eigentümer eines Sondereigentumselements sein. Selbstverständlich kann es aus praktischen Gesichtspunkten heraus angezeigt sein, im Einzelfall auf eine Kandidatur oder Ernennung zu verzichten, wenn die tatsächliche Befähigung zur Amtsausübung fraglich ist.

Frage 114: Muss das Präsidentenamt unbedingt von einem Eigentümer ausgeübt werden, oder darf durch Satzung oder Beschluss etwas anderes bestimmt werden?

Artikel 13.2 LPH sieht eindeutig vor, dass sich der Präsident aus der Gruppe der Eigentümer rekrutiert. Die Bestellung Dritter ist widerrechtlich. Da es sich bei Artikel 13.2 LPH um eine verbindliche, nicht durch Satzung oder Beschluss abänderbare Regelung handelt, darf lediglich ein Eigentümer bzw. Miteigentümer Präsident werden.[381]

Frage 115: Dürfen die Kinder, die Eltern, der Ehepartner eines Eigentümers, der Nießbrauchsberechtigte oder Mieter eines Sondereigentumselements das Präsidentenamt bekleiden, ohne selbst Eigentümer bzw. Miteigentümer zu sein?

---

[378] Magro Servet / García-Chamón Cervera / Pérez Saura, S. 248-249.
[379] TS, Sala 1.ª, de lo Civil, Urteil Nr. 130/1984 vom 1. März.
[380] Zaforteza Socías, S. 91.
[381] TS, Sala 1.ª, de lo Civil, Urteil Nr. 389/1994 vom 30. Abril; Urteil Nr. 901/2008 vom 14. Oktober.

Nein. Es gibt von der Maßgabe des Artikels 13.2 LPH keinerlei Ausnahme für Familienangehörige, Nießbrauchsberechtigte oder Mieter. Bei verheirateten oder verstorbenen Eigentümern, muss lediglich darauf geachtet werden, dass gegebenenfalls eine Miteigentümerstellung beim Ehegatten oder den Erben / der Erbengemeinschaft bestehen kann. Je nach Güterstand können Ehegatten am während der Ehe erworbenen Vermögen Miteigentum begründet haben. Ähnlich können durch den Tod des Erblassers mehrere Dritte als Erben Miteigentümer an einem Sondereigentumselement geworden sein und auf diesem Weg durchaus für das Präsidentenamt in Frage kommen. Lediglich wer Eigentümer oder Miteigentümer ist, darf rechtmäßig das Präsidentenamt bekleiden. Dennoch kommt es in der Praxis zur Ernennung unberechtigter Dritter. Obwohl deren Bestellung widerrechtlich ist, gibt es in Rechtsprechung und Literatur Streit über die Folgen eines Verstoßes gegen Artikel 13.2 LPH. Hierzu wird unter einer der nachfolgenden Fragen genauer Bezug genommen. Es sei jedoch vorweggenommen, dass einzelne Gerichte bei fehlender Anfechtung des Beschlusses, durch welchen der Dritte zum Präsidenten ernannt wurde, bzw. bei Ablauf der Anfechtungsfrist, von einer überkommenen faktischen Berechtigung ausgehen, weshalb er bis zur Beendigung seiner Amtszeiten wirksam das Amt ausüben darf.[382]

Frage 116: Was geschieht, wenn der Präsident während seiner Amtszeit seine Wohnung überträgt, und damit aufhört Eigentümer zu sein; darf / muss er das Amt weiter ausüben?

In Artikel 13.2 LPH ist lediglich die Rede davon, dass der Präsident unter den Eigentümern ernannt wird. Es gibt daher keine ausdrückliche gesetzliche Regelung, die besagt, wie zu verfahren ist, wenn der Präsident nach seiner Bestellung seine Eigentümerstellung einbüßt. Es lassen sich Argumente für und gegen ein Fortbestehen seiner Amtsinhaberschaft finden. Einerseits handelt es sich um ein persönliches Amt, d.h. Amtsinhaber ist der Eigentümer, nicht das Sondereigentumselement. In den Fällen, in denen der Eigentümer eine juristische Person ist, wird das Präsidentenamt darüber hinaus durch seinen Vertreter ausgeübt, der für die Gesellschaft handelt, ohne selbst Eigentümer zu sein. Hinzu kommt, dass bereits einige Gerichte, selbst in den Fällen, in denen der bestellte Präsident niemals Eigentümer war, dennoch zulassen, dass bei fehlender Anfechtung des Ernennungsbeschlusses das Amt wirksam ausgeübt werden darf. Warum sollte dann die Übertragung der Immobilie automatisch zum Amtsverlust führen? Insbesondere wenn man berücksichtigt, dass das Amt des Präsidenten gemäß Artikel 13.1 LPH unabdingbar ist, und das Gesetz voraussetzt, dass es ständig besetzt wird. Artikel 13.5 LPH bestimmt sogar, dass die Ämter des Sekretärs und Verwalters, mangels anderweitiger Regelungen, vom Präsidenten ausgeübt werden. Es ist daher nur verständlich, dass Artikel 13.2 LPH i.V.m. Artikel 17.7.2 LPH[383] vorsieht, dass gegebenenfalls zu einer

---

[382] TS, Sala 1.ª, de lo Civil, Urteil Nr. 700/2009 vom 11. November; AP Tarragona, Urteil Nr. 17/1998 vom 22. Januar; AP Santa Cruz de Tenerife, Urteil Nr. 308/1998 vom 5. Mai.

[383] Artikel 13.2 LPH verweist zwar auch in seiner aktuellen Fassung auf Artikel 17.3 LPH, dessen Inhalt hat sich aber mittlerweile in Richtung Artikel 17.7.2 LPH verschoben. Der im Gesetz enthaltene Verweis geht also fehl.

gerichtlichen Bestellung des (Übergangs-) Präsidenten geschritten werden kann, wenn die Gemeinschaft nicht selbst in der Lage ist, dieses Amt zu besetzen. Bei einer Übertragung der Immobilie durch den Präsidenten aber würde die Eigentümergemeinschaft praktisch immer, zumindest vorübergehend, keinen Präsidenten haben, wenn dies zwangsläufig zu einer automatischen Beendigung des Amtes führen müsste.

Auf der anderen Seite lässt sich aus den genannten Vorschriften ableiten, dass der Gesetzgeber eindeutig nur Eigentümer das Präsidentenamt bekleiden lassen wollte. Hinzu kommt, dass der sein Eigentum übertragende Präsident nur in den seltensten Fällen besonders daran interessiert sein dürfte, sich weiterhin um die Belange seiner ehemaligen Nachbarn zu kümmern und die entsprechende Verantwortung zu tragen. Gerade dann aber ist es wichtig, als scheidender Präsident keine vorwerfbaren Versäumnisse verantworten und unnötigerweise Rechenschaft ablegen zu müssen.

Aufgrund der widerstreitenden Argumente dürfte es für den Präsidenten angeraten sein, in zeitlicher Nähe zur Übertragung seiner Immobilie eine außerordentliche Versammlung einzuberufen, deren Gegenstand die Bestimmung eines Nachfolgers ist (Artikel 16.1 LPH räumt ihm das Recht der Einberufung außerordentlicher Versammlungen ein, wenn er dies für erforderlich hält).

Frage 117: Kann eine juristische Person Präsident der Eigentümergemeinschaft werden?

Artikel 13.2 LPH setzt lediglich voraus, dass sich der Präsident aus den Eigentümern rekrutiert. Handelt es sich bei einem der Eigentümer um eine juristische Person, kann diese zum Präsidenten bestellt werden, und handelt mittels ihres gesetzlichen Vertreters[384] oder eines Bevollmächtigten.[385] Sollte eine Änderung in der Person des gesetzlichen Vertreters oder Bevollmächtigten erfolgen, sind die von seinem Vorgänger erteilten Vollmachten (z.B. an Rechtsanwälte oder Prozessbevollmächtigte zur gerichtlichen Vertretung) weiterhin gültig, bis der neue Vertreter, der das Präsidentenamt ausübt, selbige widerruft.[386] Es darf daher eine Änderung in der Person des Vertreters während der Amtszeit erfolgen, ohne dass dieser Umstand unmittelbar die Wirksamkeit der Handlungen des alten oder neuen Vertreters beeinflusst.

Frage 118: Welche Folgen sind daran geknüpft, wenn die zum Präsidenten bestellte Person kein Eigentümer ist?

Es besteht Einigkeit darüber, dass das Amt durch einen Eigentümer ausgeübt werden muss. Ein Meinungsstreit existiert allerdings bezüglich der Frage, ob ein gegen dieses in Artikel 13.2 LPH verankerte Gebot verstoßender Beschluss unmittelbar nichtig oder lediglich anfechtbar ist. Von der Beantwortung dieser Frage hängt ab, ob die Bestellung von vornherein nicht wirksam war (sollte man die Nichtigkeit

---

[384] AP Santa Cruz de Tenerife, Urteil Nr. 111/2003 vom 21. Februar.
[385] AP Murcia, Urteil Nr. 2/2004 vom 3. Januar.
[386] AP Jaén, Urteil Nr. 314/2003 vom 17. Dezember.

bejahen), oder lediglich durch die erfolgreiche Anfechtung des Beschlusses nichtig wird (sollte man lediglich die Anfechtbarkeit bejahen). Wenn man letzterer Auffassung folgt, würde nach Verstreichenlassen der Anfechtungsfrist der ursprünglich nicht zur Amtsausübung berechtigte Präsident diesbezüglich (in Bezug auf seine Amtsträgerstellung) unangreifbar werden - daher die Tragweite dieser Unterscheidung.

Artikel 6.3 des Código Civil bestimmt, dass die gegen ein gesetzliches Gebot oder Verbot verstoßenden Rechtshandlungen nichtig sind, wenn nicht das Gesetz etwas anderes vorsieht. Ein Teil der Rechtsprechung war der Auffassung, dass bei der Bestellung eines Nichteigentümers zum Präsidenten, aufgrund des Verstoßes gegen Artikel 13.2 LPH und unter Berücksichtigung des soeben zitierten Artikels 6.3 C.C., unmittelbar die Nichtigkeit eintrete,[387] ein anderer Teil vertrat die Auffassung, dass zwar ein Verstoß gegen Artikel 13.2 LPH vorliege, aber auf den letzten Teil des Artikels 6.3 C.C. abzustellen sei. Hiernach bestünde Nichtigkeit nur dann, wenn das Gesetz an die verbotene Rechtshandlung nicht ausdrücklich eine andere Folge (als die besagte Nichtigkeit) knüpfe. Genau dies sei hier der Fall. So bestimme Artikel 18.1.a.) LPH, dass Beschüsse welche gegen das Gesetz verstoßen, anfechtbar (und nicht unmittelbar nichtig) seien. Daher müssten solcherlei Beschlüsse angefochten werden, und wären nicht automatisch nichtig.[388]

Spätere Entscheidungen des Tribunal Supremo sprachen sich dennoch wiederholt für die Annahme der unmittelbaren Nichtigkeit aus,[389] weshalb zunächst von einer gefestigten Rechtsprechung, in dieser Richtung, auszugehen war. Erst kürzlich aber wich der Tribunal Supremo von seiner bisherigen Argumentation ab, und belebte auf diese Weise erneut den Meinungsstreit.[390]

Die wohl herrschende Meinung in der Literatur favorisiert in Übereinstimmung mit der zuletzt zitierten Entscheidung die Annahme eines Anfechtungsgrundes, aber keine unmittelbare Nichtigkeit.[391]

Hiernach begründet die Bestellung eines Nichteigentümers zum Präsidenten lediglich einen befristeten Anfechtungsgrund, weshalb die Ernennung mit Verstreichenlassen der Frist quasi bestandskräftig wird.

Frage 119: Kann die Amtsperiode länger als das gesetzlich vorgesehene eine Jahr dauern?

Ja. Artikel 13.7 LPH sieht ausdrücklich vor, dass die Amtsträger für die Dauer eines Jahres bestellt werden, wenn die Satzung nicht etwas anderes bestimmt. Eine

---

[387] AP Pontevedra, Urteil Nr. 180/2002, vom 14. Mai; TS, Sala Tercera, de lo Contencioso-Administrativo, Urteil vom 26. Abril 1980.

[388] AP Cáceres, Urteil Nr. 325/2000, vom 26. Dezember; AP Santa Cruz de Tenerife, Urteil Nr. 308/1998 vom 5. Mai.

[389] TS, 1.ª, de lo Civil, Urteil Nr. 539/2005 vom 30. Juni und Urteil Nr. 787/2006 vom 13. Juli.

[390] TS, 1.ª, de lo Civil, Urteil Nr. 700/2009 vom 11. November.

[391] Einen guten Überblick liefert: Gaspar Lera, Nulidad de nombramiento de presidente de Comunidad de propiedad horizontal. Nulidad de los acuerdos tomados bajo su presidencia: Sentencia TS 30 de junio de 2005, Nul: comentarios de sentencias, n° 2, 2006.

längere oder kürzere Amtsdauer kann daher ohne weiteres beschlossen werden.[392] Angesichts der Tatsache, dass jedes Jahr eine ordentliche Versammlung stattfinden muss, und ein jährlicher Wirtschaftsplan zu erstellen ist, scheint es allerdings wenig sinnvoll, eine Amtsdauer von weniger als einem Jahr in der Satzung zu verankern. Bei längeren Amtszeiten besteht - wie bei der gesetzlichen Amtsdauer von einem Jahr auch - die Möglichkeit einer vorzeitigen Amtsenthebung, weshalb selbst erheblich verlängerte Amtszeiten keinen Nachteil bedeuten müssen und zulässig sind.

Frage 120: Hört der Präsident mit dem Ende der Amtsperiode automatisch auf Präsident zu sein?

Nein. Die Amtsperiode mag zwar für eine bestimmte Zeit festgesetzt worden sein, allerdings endet das Amt nicht automatisch mit Ablauf dieser Spanne, sondern erst mit Abschluss der (regelmäßig ordentlichen) Eigentümerversammlung, in welcher die Bestimmung des Amtsnachfolgers vorgesehen ist.[393] In den seltensten Fällen wird dies auf den Tag genau mit Ablauf der vorgesehenen Amtsdauer geschehen.

Wird in der zur Bestellung eines Amtsnachfolgers vorgesehenen Versammlung keine Bestimmung eines Amtsnachfolger versucht, kann davon ausgegangen werden, dass der existierende Amtsträger sein Amt weiter ausüben soll, auch wenn dies nicht ausdrücklich vereinbart wurde.[394]

Sollte der Versuch der Bestellung eines Amtsnachfolgers scheitern, stellt sich die Frage, ob der amtierende Präsident sein Amt fortsetzen muss, bis es einen Nachfolger gibt. Obwohl sich sowohl für als auch gegen diese Möglichkeit zahlreiche Argumente ins Feld führen ließen, spricht im Ergebnis vieles dafür, dass der amtierende Präsident keine Pflicht zur weiteren Ausübung des Amtes hat, sollte die Bestimmung eines Nachfolgers scheitern. Artikel 13.2 a. E. LPH beschreibt die Möglichkeit ein Gericht anzurufen, wenn der Gemeinschaft, aus gleich welchen Gründen, die Ernennung eines Präsidenten unmöglich ist. Sollte also eine Neubesetzung des Amtes scheitern, wäre dies die gesetzlich vorgesehene Lösung. Insbesondere wenn mangels Bestellung eines neuen Präsidenten der alte Amtsinhaber weiterhin als Präsident agiert, hat die Rechtsprechung jedoch angenommen, dass der alte Präsident sein Amt stillschweigend fortsetzt. Dafür soll es zum Teil sogar ausreichen, wenn er lediglich das Versammlungsprotokoll unterzeichnet.[395] Da der scheidende Präsident die Versammlung eröffnet und leitet, sollte er selbstverständlich auch das Protokoll schließen, wie sich bereits aus Artikel 19.3 LPH ergibt. Die in der soeben erwähnten Entscheidung vorgenommene Auslegung verdeutlicht, dass der scheidende Präsident sein Amt ausdrücklich mit Ablauf der Versammlung niederlegen und einen entsprechenden Vermerk hierüber im Protokoll fertigen müsste, wenn aus dieser letzten Versammlung kein Nachfolger hervorgeht, um sich vor un-

---

[392] TS, Sala 1.ª, de lo Civil, Urteil vom 29. Mai 1984.
[393] AP A Coruña, Sec. 3.ª, Urteil Nr. 453/2011 vom 16. September.
[394] AP Castellón, Sec. 2ª, Urteil Nr. 89/2004 vom 7. April.
[395] AP Alicante, Urteil Nr. 646/2002 vom 15. Oktober.

erwünschten Überraschungen, wie der Annahme einer stillschweigenden, konkludenten Amtsfortsetzung zu schützen.

Frage 121: Darf der Präsident eine Aufwandsentschädigung für die Amtsausübung erhalten?

Ja. Rechtsprechung und Literatur vergleichen die Tätigkeit des Präsidenten mit dem Auftrag im Sinne des Artikels 1711 Código Civil. Hiernach ließe sich auch eine Aufwandsentschädigung nach Artikel 1728 und 1729 Código Civil rechtfertigen.[396] Dies muss jedoch von der Eigentümerversammlung mittels Mehrheitsbeschlusses vereinbart werden.[397]

Frage 122: Darf der Präsident als Gegenleistung für seine Amtsführung und die hiermit verbundenen Bemühungen ein Gehalt beziehen?

Anders als im Falle einer Aufwandsentschädigung gibt es hier zahlreiche Argumente, die gegen ein Gehalt sprechen. Das Gesetz macht zwar keine Angaben bezüglich einer Pflicht zur unentgeltlichen Ausübung des Präsidentenamtes, Rechtsprechung und Literatur ordnen die Tätigkeit des Präsidenten aber ähnlich dem Auftrag gemäß Artikel 1711 ff. Código Civil ein. Dieser ist mangels anderslautender Vereinbarung unentgeltlich. Besteht keine abweichende Regelung, soll hiernach grundsätzlich von einer unentgeltlichen Tätigkeit auszugehen sein. Es könnte jedoch mittels Mehrheitsbeschlusses (da sich aus dem Gesetz keine besonderen, abweichenden Mehrheitserfordernisse ergeben) ein Gehalt bzw. ein Entgelt beschlossen werden, das über eine einfache Aufwandsentschädigung hinausgeht. Einzelne Eigentümer könnten solch einen Beschluss aber mit dem Argument anfechten, dass er dem Wohle der Gemeinschaft schadet. Ein generell unentgeltlich auszuübendes Amt mit einer besonderen Vergütung auszustatten, könnte aufgrund der hiermit verbundenen Kosten den Interessen der Gemeinschaft zuwiderlaufen. In diesem Zusammenhang wird es deshalb maßgeblich darauf ankommen, wie gerechtfertigt eine solche Vergütung ist. Möchte niemand das Amt bekleiden, ist hiermit z.B. aufgrund der Größe der Gemeinschaft ein erheblicher Aufwand verbunden, oder übt der Präsident gleichzeitig das Amt des Sekretärs und / oder Verwalters aus, könnte eine wirtschaftliche Gegenleistung der Gemeinschaft gerechtfertigt sein. Die Rechtsprechung hat sich insbesondere bei Vorliegen der soeben bezeichneten Umstände wiederholt zugunsten der Rechtmäßigkeit eines Entgelts ausgesprochen.[398] Es bedarf hierfür, wie bereits beschrieben, mangels besonderer Mehrheitserfordernisse der einfachen Mehrheit der Stimmen und Quoten aller Eigentümer bzw. der anwesenden Eigentümer (je nachdem, ob der Beschluss in der ersten oder zweiten Einberufung getroffen wird).

Frage 123: Kann jemand auch in Abwesenheit zum Präsidenten ernannt werden?

---

[396] AP Santa Cruz de Tenerife, Urteile vom 10. September 2001 und 30. Oktober 2006; AP Granada, Urteil vom 9. Juni 2006.

[397] AP Málaga, Sec. 4.ª, Urteil Nr. 10/2007 vom 16. Januar.

[398] AP Pontevedra, Sec. 1ª, Urteil Nr. 338/2008 vom 22 Mai; AP Islas Baleares, Sec. 3.ª, Urteil Nr. 445/2010 vom 16. November.

Ja. Solange ein volljähriger und geschäftsfähiger Eigentümer bestellt wurde, kann dies auch in seiner Abwesenheit geschehen. Seine Abwesenheit spielt lediglich eine Rolle in Bezug auf den Beginn der einmonatigen Frist zur Beantragung der Amtsbefreiung (Artikel 13.2 LPH). Nach h.M. beginnt diese für den abwesenden Eigentümer mit Zustellung des Protokolls (gemäß Artikel 18.3 LPH).

Frage 124: Muss der Präsident nach seiner Berufung das Amt erst annehmen?

Nein. Artikel 13.2 LPH bestimmt, dass die Berufung verpflichtend ist. Der zum Präsidenten ernannte Eigentümer muss das Amt daher nicht erst annehmen, er hat lediglich die Möglichkeit, dagegen Maßnahmen zu ergreifen, um eine Befreiung zu erreichen. So kann er gemäß Artikel 13.2 LPH binnen eines Monats eine Abberufung beim zuständigen Gericht beantragen. Er muss das Amt also nicht erst auf eine bestimmte Art und Weise förmlich antreten.

Frage 125: Hat der bestellte Präsident die Pflicht das Amt auszuüben?

Grundsätzlich ja. Die Ernennung ist gemäß Artikel 13.2 LPH verpflichtend. Er kann lediglich bei Vorliegen besonderer Umstände, welche eine Befreiung von dieser Pflicht rechtfertigen, einen entsprechenden Antrag beim zuständigen Gericht gemäß Artikel 13.2 LPH stellen. Solange das Gericht keine dem Antrag stattgebende Entscheidung getroffen hat, muss das Amt weiter ausgeübt werden. Der Antrag alleine führt also zu keiner Befreiung.

Frage 126: Wie kann sich der Präsident gegen seine Bestellung zur Wehr setzen?

Artikel 13.2 LPH gewährt ihm die Möglichkeit, eine Abberufung vom Amt zu beantragen. Dies erfolgt in einem als *Juicio de Equidad* bezeichneten Verfahren, welches ausführlich im Kapitel *Anspruchsverfolgung im Klageweg* behandelt wird, und zu dem sich im vorliegenden Buch Vorlagen finden. Grundsätzlich muss der Antrag binnen eines Monats ab Ernennung beim Gericht eingereicht werden. Einzelne Entscheidungen stellen zur Berechnung der Frist auf den Tag der Ernennung ab.[399] Berücksichtigt werden sollte aber ebenso Artikel 19.3 LPH. Hiernach werden die Beschlüsse der Eigentümerversammlung regelmäßig erst mit Schließung des Protokolls (durch Unterschrift des Präsidenten und des Sekretärs) vollstreckbar. Die Schließung des Protokolls kann am gleichen Tag der Versammlung, aber ebenso gemäß bezeichneter Vorschrift binnen der folgenden zehn Kalendertage geschehen (bei Verstoß gegen diese Vorschrift natürlich auch später - was aber schwer nachzuweisen sein dürfte, wenn das Datum der Unterzeichnung nicht unmittelbar aus dem Protokoll oder seinen Anmerkungen hervorgeht bzw. rückdatiert wurde), weshalb die bezeichnete Monatsfrist gegebenenfalls verspätet (und nicht mit Ablauf der Versammlung) beginnen könnte. Zumindest bei einem in der Versammlung abwesenden (und nicht vertretenen) Eigentümer gehen sowohl die Literaturmeinungen wie auch die Rechtsprechung einheitlich davon aus, dass besagte Frist gemäß Artikel 18.3 2. Satz LPH erst mit Kenntnisnahme beginnen kann.

---

[399] AP Badajoz, Sec. 3ª, Urteil Nr. 251/2009 vom 6. Juli.

Gründe für eine Befreiung vom Amt sind überwiegend solche, die aus gesundheitlichen Umständen oder tatsächlichen Schwierigkeiten heraus eine Ausübung des Amtes für den Präsidenten als unzumutbar oder für die Gemeinschaft unnütz erscheinen lassen. Hierzu können z.B. Krankheit, hohes Alter mit einschränkenden Begleiterscheinungen, oder eine besondere Belastung durch weit entfernten Wohnsitz, verbunden mit besonderen Umständen gehören, sowie pflegebedürftige Familienangehörige, die vom bestellen Präsidenten umfassend betreut werden müssen und einer normalen Ausübung des Amtes im Wege stehen.

Trotz Vorliegens einschlägiger Gründe gilt zu beachten, dass, solange das Gericht über den Antrag nicht positiv entschieden hat, der bestellte Präsident das Amt auch weiter bekleiden und ausüben muss.

Frage 127: Welche Mehrheiten sind für die Wahl des Präsidenten erforderlich?

Mangels spezieller Mehrheitserfordernisse bedarf die Wahl des Präsidenten gemäß Artikel 17.4 LPH, bei in der ersten Einberufung abgehaltenen Versammlungen, der Mehrheit der Stimmen und Quoten aller Eigentümer, und bei der zweiten Einberufung lediglich der doppelten Mehrheit der Anwesenden bzw. wirksam vertretenen Stimmen und Quoten.[400]

Frage 128: Welches ist die allgemeine Funktion des Präsidenten innerhalb der Gemeinschaft?

Der Präsident ist kraft Gesetzes Organ der Eigentümergemeinschaft. Er vertritt diese sowohl außergerichtlich wie auch gerichtlich (Artikel 13.3 LPH). Er ist wohlgemerkt kein Entscheidungsorgan sondern ein Exekutivorgan. Die Entscheidungen sind grundsätzlich der Eigentümerversammlung vorbehalten. Der Präsident darf daher nicht den gesetzlich vorgesehenen Entscheidungsfindungsprozess der Gemeinschaft umgehen oder durch seinen Willen ersetzen, sondern bedarf grundsätzlich eines Beschlusses der Eigentümerversammlung, der ihn zu bestimmten Maßnahmen ermächtigt und dem er Folge zu leisten hat.

Rechtsprechung und Literatur machen dennoch in Einzelfällen Zugeständnisse und gestatten Ausnahmen von diesem Grundsatz. So wurde vereinzelt die Möglichkeit einer nachträglichen Ermächtigung durch die Versammlung für eigenmächtig durchgeführte Maßnahmen des Präsidenten anerkannt. Eine Berechtigung des Präsidenten auch ohne Weisung der Gemeinschaft tätig zu werden, wird hauptsächlich dann zugestanden, wenn es sich um Maßnahmen handelt, die im Allgemeininteresse der Gemeinschaft stehen und eine gewisse Dringlichkeit aufweisen. Die Unaufschiebbarkeit oder die eindeutige Interessenlage der Gemeinschaft sind also für die Annahme einer solchen Ausnahme ein wichtiges Indiz.[401]

Nicht zu verwechseln mit diesen Entscheidungen und Maßnahmen sind diejenigen Handlungen, die in die Sphäre der allgemeinen Verwaltungsangelegenheiten gehören und derer sich der Präsident routinemäßig annimmt. Selbstverständlich

---

[400] AP Barcelona, Sec. 11.ª, Urteil vom 8. November 2002.
[401] Lefebvre, Propiedad Horizontal, Rn. 1857-1869.

dürfen Alltagsgeschäfte im Rahmen der Amtsausübung auch ohne Beschlüsse der Gemeinschaft vorgenommen werden. Als Abgrenzungskriterium gegenüber den beschlussbedürftigen Angelegenheiten mag die geringe wirtschaftliche Bedeutung und die reduzierte Tragweite des jeweiligen Geschäfts gelten.

Dem Präsidenten sind neben der Vertretung der Gemeinschaft aber auch gemeinschaftsinterne Aufgaben übertragen. So leitet er die Eigentümerversammlungen, übt in vielerlei Hinsicht Kontrollfunktionen aus und muss gegebenenfalls, wenn nicht durch Satzung oder Beschluss etwas abweichendes bestimmt wird, die Aufgaben des Sekretärs und Verwalters übernehmen (Artikel 13.5 LPH).

Frage 129: Welche konkreten Aufgaben und Rechte sind dem Präsidenten, aufgrund der gesetzlichen Vorgaben, kraft seines Amtes zugewiesen?

Die Organeigenschaft des Präsidenten (Artikel 13.1 LPH) und seine gesetzlich vorgeschriebene Stellung als Vertreter der Gemeinschaft in allen gerichtlichen und außergerichtlichen Angelegenheiten (Artikel 13.3 LPH) eröffnet ein weites Feld an Aufgaben und Rechten. Im Wesentlichen sind dies:

a) Umsetzung der Beschlüsse der Eigentümerversammlung,[402] wenn dies nicht jeweils Dritten übertragen wurde.

b) Vorsitz und Leitung der Eigentümerversammlungen. Dies umfasst unter anderem Überprüfung der Vollmachten, die durch abwesende Eigentümer erteilt wurden, Feststellung der Stimmberechtigung (gegebenenfalls vorübergehender Verlust bei Schulden gegenüber der Gemeinschaft),[403] Stimmen- und Quotenzählung im Rahmen der Abstimmungen, inklusive Feststellung des Ergebnisses und hiermit verbunden, nach Ansicht einzelner Autoren, die Anwendung der erforderlichen Mehrheitskriterien.[404] Dies, obgleich andere Stimmen diese Kompetenz dem Tätigkeitsbereich des Verwalter zuordnen.[405] Für den Fall, dass die Ämter des Sekretärs und Verwalters nicht vom Präsidenten ausgeübt werden, sondern individuell, und möglicherweise sogar durch Dritte besetzt wurden, können im Rahmen der jeweiligen Tätigkeiten die Übergänge fließend sein.

c) Maßnahmen und Vertragsabschlüsse im Bereich der allgemeinen Verwaltungshandlungen, die ohne vorherigen Beschluss aufgrund ihrer geringen Tragweite und reduzierten wirtschaftlichen Bedeutung unmittelbar vom Präsidenten im Rahmen seiner Amtstätigkeit umgesetzt werden.

d) Kontrollrecht und Kontrollpflicht des Präsidenten durch das Erfordernis der Anbringung eines Sichtvermerks bei der Ausstellung von:

---

[402] Echeverría Summers / Morillo González, S. 179.

[403] a.a.O. S. 178.

[404] Tuset del Pino, Funciones y responsabilidad del presidente de la comunidad de propietarios, S. 61.

[405] Magro Servet, ¿Es función del administrador de fincas realizar la calificación del quórum que debe exigirse para que un acuerdo del orden del día se entienda aprobado?

- Bescheinigungen über den Schuldenstand eines Sondereigentumselements gegenüber der Gemeinschaft, zur Übertragung desselben
(Artikel 9.1.e.) LPH).

- Bescheinigungen über den Aushang von Benachrichtigungen am
schwarzen Brett zur Herstellung der Zustellungsfiktion, beim Scheitern der übrigen Zustellversuche (Artikel 9.1.h.) LPH).

- Bescheinigungen über die Schulden eines Sondereigentumselements gegenüber der Gemeinschaft, zur Eröffnung des Klagewegs
(Artikel 21.2 LPH).

e) Überprüfung der Tätigkeit des Verwalters, insbesondere in Bezug auf die
Verwendung der Haushaltsmittel, und der diesem auferlegten Umsetzung
von Beschlüssen.[406]

f) Entgegennahme der Ankündigung von Bauarbeiten in Sondereigentumselementen seitens der Eigentümer (Artikel 7.1 LPH).

g) Aufforderung an die in der Gemeinschaft lebenden Störer, verbotene Handlungen zu unterlassen (Artikel 7.2.2 LPH), gegebenenfalls im Anschluss
auch die Einreichung einer Klage bei entsprechendem Beschluss der Eigentümerversammlung (Artikel 7.2.3 LPH).

h) Die Aufgaben des Sekretärs und Verwalters sind ebenso durch den Präsidenten wahrzunehmen, wenn nicht durch Satzung oder Beschluss etwas
anderes bestimmt wurde (Artikel 13.5 LPH). Auch wenn das Amt des Verwalters auf jemand anderen als den Präsidenten entfällt, ist ein Teil der Literatur der Auffassung, dass dessen Kompetenzen nicht etwa dem Präsidenten vollends entzogen wurden, sondern, dass dieser auch neben dem
Verwalter z.B. die diesem explizit übertragene Durchführung bestimmter
Beschlüsse umsetzen darf (Artikel 20.1.d.) LPH).[407]

i) Einberufung ordentlicher Versammlungen - mindestens ein Mal im Jahr
(Artikel 16.1 und 16.2 LPH).

j) Einberufung außerordentlicher Versammlungen - bei Bedarf bzw. wenn
mindestens ein Viertel der Eigentümer oder ein Viertel der Quoten der Gemeinschaft dies beantragt (Artikel 16.1 und 16.2 LPH).

k) Entgegennahme der durch die Mitglieder der Eigentümergemeinschaft
vorgebrachten Anliegen und entsprechende Aufnahme in die Tagesordnung der folgenden Versammlung (16.2.2 LPH).

l) Schließung der Sitzungsprotokolle der Eigentümerversammlungen unmittelbar nach Beendigung derselben bis spätestens binnen der folgenden
zehn Kalendertage (gegebenenfalls unter Mitwirkung des Sekretärs, wenn

---

[406] Echeverría Summers / Morillo González, S. 178.
[407] CLPH-González Carrasco, Artikel 20, Rn. 12-22, S. 663 f.

dessen Funktionen nicht vom Präsidenten übernommen wurden) (19.3 LPH).

m) Entgegennahme der Benachrichtigungen des Verwalters bezüglich der durch diesen veranlassten eilbedürftigen Reparaturen und sonstigen dringlichen Maßnahmen (diese Mitteilungen kann der Verwalter gegebenenfalls auch unmittelbar an die Eigentümer machen) (Artikel 20.1.c.) LPH).

n) Gerichtliche Geltendmachung der gegenüber der Gemeinschaft durch ihre Mitglieder geschuldeten Beiträge zu den Gemeinschaftsausgaben, Sonderumlagen und einzuzahlenden Beträge in den Rücklagenfond (von den Eigentümern gemäß Artikel 9.1.e.) und f.) LPH zu leistende Zahlungen), nach entsprechendem Beschluss der Versammlung (21.1 LPH).

o) Private Immobilienkomplexe können unter anderem als eine Vereinigung von Eigentümergemeinschaften gebildet werden. Der Gründungstitel solch einer Vereinigung ist entweder vom Alleineigentümer des gesamten Immobilienkomplexes oder von den Präsidenten aller, die Vereinigung bildenden Gemeinschaften zu errichten (Artikel 24.2.b.) LPH).

p) Die in Artikel 24.2.b.) LPH beschriebene Vereinigung von Gemeinschaften wird in Artikel 24.3 LPH in Bezug auf ihre rechtliche Einordnung und Organisation den einfachen Eigentümergemeinschaften - bis auf die im selben Artikel enthaltenen Sonderregelungen - gleichgestellt. Zu den wenigen Besonderheiten zählt, dass sich die Versammlungen der Vereinigungen von Eigentümergemeinschaften aus den jeweiligen Präsidenten der zugehörigen Gemeinschaften zusammensetzen (solange nichts gegenteiliges beschlossen wurde). Die Präsidenten der Einzelgemeinschaften geben in diesem Rahmen ihre Stimme und die auf diese entfallende Quote also insgesamt für die von ihnen vertretene Untergemeinschaft ab (Artikel 24.3.a.) LPH).

Frage 130: Was geschieht, sollte der Präsident ohne Beschluss oder gegen den Willen der Gemeinschaft in deren Namen einen Vertrag mit Dritten abschließen - wäre die Gemeinschaft hieran gebunden oder nicht?

Es muss zunächst zwischen dem Innen- und Außenverhältnis unterschieden werden.

Trotz der allgemeinen Befugnis des Präsidenten, die Gemeinschaft in gerichtlichen und außergerichtlichen Angelegenheiten zu vertreten (Artikel 13.3 LPH), obliegt es der Eigentümerversammlung, über Maßnahmen welche die Interessen der Gemeinschaft betreffen zu entscheiden (Artikel 14.e.) LPH). Der Präsident darf nur in bestimmten Fällen ohne einen Beschluss der Eigentümerversammlung agieren. Dies ist beispielsweise dann möglich, wenn eine Maßnahme unaufschiebbar ist, also keine Zeit bleibt, die Eigentümerversammlung abstimmen zu lassen, oder wenn es lediglich um Alltagsgeschäfte geht.

Fehlt es an einem entsprechenden Beschluss der Eigentümerversammlung, handelt es sich nicht um eine unaufschiebbare Maßnahme und geht deren wirtschaftliche oder tatsächliche Bedeutung über ein Alltagsgeschäft hinaus, überschreitet der Präsident durch die Abschlüsse von Verträgen im Namen der Gemeinschaft die Grenzen seines rechtlichen Dürfens, da er eigenmächtig genehmigungsbedürftige Rechtsgeschäfte abschließt. Dies gilt selbstverständlich um so mehr, wenn er gar im Widerspruch zu den ausdrücklichen Wünschen und Entscheidungen der Gemeinschaft handelt (welche möglicherweise einen bestimmten Beschluss abgelehnt hat).

Genehmigt die Gemeinschaft sein Handeln nicht noch nachträglich, hat er seine Befugnisse überschritten und kann gegebenenfalls (in Abhängigkeit vom konkreten Einzelfall) hierfür zur Verantwortung gezogen werden.

Während sich die Überschreitung seiner Kompetenzen im Innenverhältnis, also im Verhältnis zur Gemeinschaft, für die Eigentümer einfach erkennen lässt, stellt sich im Außenverhältnis also in der Beziehung des Präsidenten gegenüber Dritten die Frage, wie diese feststellen sollen, ob eine Überschreitung seiner Befugnisse vorliegt oder nicht. Sind sie etwa verpflichtet, entsprechende Nachweise zu verlangen? Ist dies überhaupt zumutbar? Wie wirkt sich gegebenenfalls das Fehlen eines zur Maßnahme ermächtigenden Beschlusses ihnen gegenüber aus? Mangels anderer Hinweise, könnte man davon ausgehen, dass der Präsident in außergerichtlichen Belangen - zumindest nach außen hin - immer wirksam für die Gemeinschaft handeln darf und diese somit gegenüber Dritten verbindlich verpflichten würde.

Und tatsächlich folgt die absolut herrschende Meinung dieser Auffassung. Insbesondere der Tribunal Supremo hat sich wiederholt für diese Einordnung entschieden.[408] Zwar finden sich vereinzelt Entscheidungen, die von dieser Auffassung abweichen und den Befugnissen des Präsidenten auch im Außenverhältnis Grenzen ziehen,[409] doch zeichnen sich diese Fälle durch die Bösgläubigkeit des Dritten aus, der wusste bzw. wissen musste, dass der Präsident ohne den (zumindest im Innenverhältnis) erforderlichen Beschluss handelte.[410]

Im Außenverhältnis darf daher der Dritte, solange er keine Kenntnis von dem fehlenden Beschluss der Eigentümerversammlung hat, oder aufgrund seines Expertenwissens die Vorlage eines entsprechenden Beschlusses erbitten musste (so hatte sich z.B. eine Mobilfunkgesellschaft mit einem Präsidenten auf die Installation von Mobilfunkantennen auf dem Dach der Gemeinschaft geeinigt, ohne sich nach einem erforderlichen Beschluss zu erkundigen, was dazu führte, dass die Gemeinschaft nicht an die Vereinbarung gebunden sein sollte),[411] auf die Befugnisse des Präsidenten vertrauen, weshalb die Gemeinschaft wirksam verpflichtet würde.

---

[408] TS, Sala 1ª, de lo Civil, Urteile vom 10. Juni 1981, 26. Mai 1982, 25. November 1983, 9. Januar 1984, 16. Februar 1985, 15. Juli 1988.

[409] TS, Sala 1ª, de lo Civil, Urteil vom 30. Juli 1991; AP Las Palmas, Urteil Nr. 301/2005 vom 27. Mai 2005.

[410] CLPH-González Carrasco, Artikel 13, Rn. 50, S. 400.

[411] AP Las Palmas, Urteil Nr. 170/2004 vom 16. Februar.

Auch wenn der eingegangene Vertrag in der Gemeinschaft auf Ablehnung stößt, ist dieser weder nichtig noch anfechtbar, und der Vertragspartner berechtigt, gemäß Artikel 1124 Código Civil Erfüllung verlangen (oder bei Nichterfüllung, vom Vertrag zurückzutreten).[412] Der sich hieraus ergebende Schaden kann gegebenenfalls von der Gemeinschaft gegenüber dem Präsidenten eingefordert bzw. eingeklagt werden.

Frage 131: Was geschieht, wenn sich der Präsident weigert, das Protokoll der Eigentümerversammlung zu unterzeichnen?

Artikel 19.3 LPH bestimmt, dass das Protokoll der Eigentümerversammlung mit den Unterschriften des Sekretärs und des Präsidenten geschlossen werden muss. Erst von seiner Schließung an (bis auf die gesetzlich vorgesehenen Ausnahmen) sind die in ihm enthaltenen Beschlüsse vollstreckbar.

In Artikel 19.3.3 LPH wird darüber hinaus, darauf eingegangen, welche Mängel des Protokolls heilbar sind. Die Unterschriften sowohl des Sekretärs wie auch des Präsidenten werden jedoch vorausgesetzt und ihr Fehlen scheint zu den nicht heilbaren Mängeln zu gehören.

Dies mag vereinzelt zu der Annahme des Trugschlusses verleiten, ohne die bezeichneten Unterschriften könnten gar keine wirksamen Beschlüsse zustande kommen. Die richtige Deutung dieses Mangels erschließt sich aber erst durch eine gesetzesübergreifende Gesamtbetrachtung der Bedeutung der jeweiligen Formerfordernisse und eine genaue Prüfung der in Artikel 18.1 LPH enthaltenen Anfechtungsgründe. Die spanische Rechtsordnung wird maßgeblich durch den Grundsatz der allgemeinen Formfreiheit beeinflusst (Artikel 1254 ff. Código Civil). In diesem Zusammenhang sollte der Sinn des hier bezeichneten Formerfordernisses (Unterschriften) mehr in der Beweissphäre gesucht und weniger als Gültigkeitsvoraussetzung interpretiert werden. Eine fehlende Unterschrift hindert daher die im Protokoll enthaltenen Beschlüsse weder an der Entstehung, geschweige denn führt sie zur automatischen Nichtigkeit derselben. Eine fehlende Unterschrift im Protokoll gehört noch nicht einmal zu den Mängeln, die gemäß Artikel 18.1 LPH mittels Anfechtung zur Nichtigkeit führen können. Lediglich die Beweiskraft des Protokolls wird durch die fehlenden Unterschriften beeinflusst, weshalb gegebenenfalls auf anderem Wege die tatsächlich in der Eigentümerversammlung getroffenen Entscheidungen bewiesen werden müssen.[413]

Bei der Weigerung des Präsidenten, seine Unterschrift zu leisten, sollte der Sekretär einen entsprechenden Hinweis ins Protokoll aufnehmen und nach Möglichkeit alle Versammlungsteilnehmer unterschreiben lassen.

Die Möglichkeit, bei fehlender Unterschrift des Präsidenten den Vizepräsidenten an seiner statt unterzeichnen zu lassen, wird von einzelnen Autoren ausdrücklich

---

[412] AP Cantabria, Urteil Nr. 180/2005 vom 19. Mai.
[413] AP Málaga, Sec. 4ª, Urteil Nr. 63/2008 vom 4. Februar.

abgelehnt,[414] obwohl diese Option nicht völlig abwegig scheint, wenn die Unterschrift des Präsidenten nicht ausdrücklich von diesem versagt wurde (dann dürfte möglicherweise zu Recht der Vizepräsident die Autorität des Präsidenten nicht unterlaufen dürfen), sondern aufgrund anderer Umstände unterblieben ist (z.B. Krankheit).

Frage 132: Muss der Präsident durch Beschluss der Eigentümerversammlung besonders bevollmächtigt werden, um die Gemeinschaft gerichtlich vertreten zu dürfen?

Bezüglich der Beantwortung dieser Frage, herrscht sowohl in Rechtsprechung wie auch Literatur ein Meinungsstreit. Die Verfechter einer allgemeinen Berechtigung des Präsidenten argumentieren wie folgt: Gemäß Artikel 13.3 LPH vertritt der Präsident kraft Gesetzes die Gemeinschaft in allen gerichtlichen und außergerichtlichen Belangen. Er bedarf hierzu bei der gerichtlichen Geltendmachung von Ansprüchen, im Außenverhältnis, grundsätzlich keiner besonderen Bevollmächtigung, sondern handelt als Organ der Gemeinschaft, weshalb seine Handlungen nicht etwa im Namen der Gemeinschaft vorgenommen werden, sondern unmittelbar als Handlungen der Gemeinschaft selbst gelten. Auch wenn er im Innenverhältnis Rechenschaft über sein Handeln ablegen muss, ändert dies nichts an dieser Einordnung.[415] Eine vorhergehende Genehmigung seitens der Gemeinschaft (und damit Ausnahme von diesem Grundsatz), ist lediglich dort erforderlich, wo das Gesetz ausdrücklich einen vorausgehenden Beschluss verlangt, oder wenn sich die Gemeinschaft in der Vergangenheit bereits eindeutig gegen eine entsprechende Maßnahme ausgesprochen hat (ablehnender Beschluss, oder Beschluss bestimmte Ansprüche nicht geltend zu machen).[416] Kraft Gesetzes bedarf es der Erteilung einer ausdrücklichen Genehmigung des Präsidenten lediglich in den Fällen der Einreichung einer gegen einen Störer gerichteten Unterlassungsklage (Artikel 7.2 LPH), sowie zur Einleitung des Mahnverfahrens bei gegenüber der Gemeinschaft geschuldeten Beiträgen (Artikel 21.1 LPH).

Die Vertreter der restriktiven Auffassung wenden hiergegen ein: Dass Artikel 13.3 LPH den Präsidenten zur Vertretung der Gemeinschaft berechtigt, kann nicht bedeuten, dass man auf den Entscheidungsfindungsprozess der Eigentümerversammlung verzichten darf. Andernfalls bedeutet dies, dass - solange sich die Gemeinschaft nicht geäußert hat - es dem Präsidenten überlassen bleibt, ob überhaupt bestimmte Ansprüche verfolgt werden, und gegebenenfalls auf welche Art und Weise. Die in Artikel 7.2 und 21.1 LPH enthaltene Genehmigungspflicht der Eigentümerversammlung ist nicht als Ausnahme zu verstehen, sondern stellt den Regelfall dar. Bedarf der Präsident bereits zur Durchführung eines Mahnverfahrens einer Genehmigung durch die Versammlung, leuchtet es nicht ein, warum es bei weiterreichenden und komplexeren Ansprüchen keiner Genehmigung mehr

---

[414] Magro Servet, La firma del acta de las Juntas de Propietarios un necesaria reforma, Revista del Colegio Profesional de Administradores de Fincas de Madrid, n° 100, 2005.

[415] TS, Sala 1ª, de lo Civil, Urteil Nr. 1103/1996 vom 20. Dezember und Urteil vom 16. November 2001.

[416] AP A Coruña, Sec. 4ª, Urteil Nr. 170/2010 vom 14. Abril.

bedürfen soll.[417] Dass im Gesetz nur zwei spezielle Fälle ausdrücklich bezeichnet werden, wäre in diesem Zusammenhang damit zu erklären, dass sich der Gesetzgeber mit der Benennung der häufigsten oder naheliegendsten Ansprüche begnügen wollte. Die Notwendigkeit eines den Präsidenten autorisierenden Beschlusses lässt sich überdies aus ganz praktischen Gesichtspunkten heraus legitimieren. In den seltensten Fällen wird der Präsident z.B. wegen einer drohenden Verjährung keine Zeit finden, bis zur nächsten ordentlichen Versammlung zu warten (oder eine außerordentliche Versammlung einzuberufen), um über die Einreichung einer Klage abstimmen zu lassen. Wenn regelmäßig genug Zeit bleibt, um alle vorbereitenden Maßnahmen zu ergreifen, wenn weiterhin die Versammlung das Entscheidungsorgan der Gemeinschaft bildet, warum sollten dann an der Gemeinschaft vorbei Ansprüche geltend gemacht werden (vor allen Dingen angesichts der hiermit verbundenen Kostenrisiken)? Auch in der jüngeren Rechtsprechung des Tribunal Supremo finden sich mehrere Urteile, in denen zu Gunsten des Erfordernisses einer entsprechenden Genehmigung bzw. eines Beschlusses der den Präsidenten autorisiert, entschieden wurde.[418]

Im Ergebnis sind durchaus beide Auffassungen vertretbar. Da sowohl die Literatur,[419] wie auch die Rechtsprechung,[420] überwiegend davon ausgehen, dass selbst bei einem anfänglich fehlenden Beschluss dennoch eine nachträgliche Genehmigung mittels Verabschiedung eines späteren (also nach Klageeinreichung) den Präsidenten autorisierenden Beschlusses möglich ist, lässt sich solch ein Versäumnis (wenn überhaupt relevant) nach h.M. heilen. Dies reduziert die Tragweite eines gegebenenfalls fehlenden Beschlusses.

Auch wenn die wohl h.M. den Präsidenten - außer in den gesetzlich beschriebenen und dort geforderten Fällen - ohne Beschluss wirksam agieren lässt, und das Fehlen eines Beschluss nach ebenfalls h.M. im Zweifelsfall nachträglich geheilt werden darf, muss dringend dazu geraten werden, mittels Beschlusses eine eindeutige Entschließung zu treffen und den Präsidenten ausdrücklich mit der Geltendmachung der Ansprüche zu betrauen. Aufgrund der widerstreitenden Meinungen kann andernfalls das Fehlen eines eindeutigen Beschlusses als ein Mangel in der Prozessführungsbefugnis eingeordnet werden und zur Abweisung der Klage führen.

Frage 133: Muss der Präsident zur gerichtlichen Geltendmachung von Ansprüchen der Gemeinschaft gegenüber Eigentümern wegen geschuldeter Beiträge zu den Gemeinschaftsausgaben besonders bevollmächtigt werden?

Ja. Gemäß Artikel 21.1 LPH bedarf es einer vorherigen Genehmigung durch die Eigentümerversammlung, bevor ein Verfahren eingeleitet werden darf.[421]

---

[417] Vgl. Fuentes Lojo, Artíkel 13 (mit Hinweisen auf die einschlägige Rechtsprechung).

[418] TS, Sala 1ª, de lo Civil, Urteil Nr. 201/2000 vom 6. März und Urteil Nr. 1122/2000 vom 11. Dezember sowie Urteil Nr. 204/2012 vom 27. März.

[419] PH-TII-Conde Díez, S. 1038; CLPH-González Carrasco, Artikel 13, Rn. 53, S. 402.

[420] TS, Sala 1ª, de lo Civil, Urteil Nr. 399/2003 vom 14. Abril.

[421] AP A Coruña, Sec. 4ª, Urteil Nr. 170/2010 vom 14. Abril.

Frage 134: Muss der Präsident durch die Eigentümergemeinschaft bevollmächtigt werden, bevor er in deren Namen eine Klage auf Unterlassen gegen einen Störer einreichen darf?

Ja. Artikel 7.2 LPH sieht vor, dass der Präsident zuvor von der Eigentümergemeinschaft autorisiert wird.

Frage 135: Verliert bei einer Änderung der Person des Präsidenten eine gegebenenfalls erteilte Prozessvollmacht zu Gunsten von Rechtsanwälten und Prozessvertretern ihre Gültigkeit?

Nein. Auch wenn sich der das Amt des Präsidenten bekleidende Eigentümer zwischen der Vollmachtserteilung und der Einreichung der Klage oder während des Verfahrens ändert, bleibt die Vollmacht wirksam, solange sie nicht vom amtierenden Präsidenten widerrufen wird.[422]

Frage 136: Dürfen die Funktionen des Präsidenten durch Satzung oder Beschluss erweitert bzw. eingeschränkt werden?

Artikel 13.1.2 LPH bestimmt, dass in der Satzung bzw. durch Mehrheitsbeschluss neben den gesetzlich vorgesehenen auch zusätzliche Organen geschaffen werden können. Dies aber darf gegenüber Dritten zu keiner Einschränkung der Verantwortung und Funktionen der vom Gesetz beschriebenen Organe führen.

Dem Präsidenten als organschaftlichem Vertreter der Gemeinschaft, dessen Aufgaben zu einem guten Teil auf eben diese Vertretung und damit Beziehung zu Dritten entfällt, können daher die repräsentativen Funktionen und die aus ihr resultierende Verantwortung nicht entzogen oder eingeschränkt werden. Für den Fall, dass das Präsidentenamt als Kollegialorgan konzipiert werden sollte (d.h. dass dem Präsidentenamt mehrere Personen als Organwalter zugeordnet sind), müsste zum Schutze Dritter jeder von ihnen die gleichen Kompetenzen haben und diese unabhängig voneinander ausüben können.[423] Die Schaffung eines übergeordneten oder stellvertretenden Vorstandes, der einzelne Aufgaben des Präsidenten wahrnimmt, wäre unzulässig.[424]

Einer Ausweitung seiner Kompetenzen zu Lasten der Funktionen der übrigen Amtsträger stünden die gleichen Hürden entgegen.

Zugunsten des Präsidenten ist jedoch zu berücksichtigen, dass er gemäß Artikel 13.5 LPH die Funktionen des Sekretärs und des Verwalters ausübt, wenn nicht in der Satzung oder durch Beschluss etwas anderes bestimmt wurde. Die gesetzlich vorgesehene Ausgangssituation wäre also die auf eine Person - den Präsidenten - konzentrierte Vereinigung aller Ämter bzw. amtsbezogenen Funktionen. Sind die Ämter des Sekretärs und Verwalters aber mit anderen Personen besetzt, sind auch die beschriebenen Beschränkungen zu berücksichtigen.

---

[422] TS, Sala 1ª, de lo Civil, Urteil Nr. 26/2007 vom 18. Januar.
[423] CLPH-González Carrasco, Artikel 13, Rn. 17, S. 378.
[424] AP Murcia, Urteil Nr. 171/2003 vom 30. Mai.

Die Übernahme bestimmter tatsächlicher Aufgaben innerhalb der Gemeinschaft, welche keinen Bezug zur gesetzlichen Kompetenzverteilung haben (wie beispielsweise das Ablesen von Zählerständen etc.) sind hingegen problemlos möglich.

Frage 137: Welche Verfahren können zur Bestellung des Präsidenten angewandt werden?

Artikel 13.2 LPH sieht vor, dass der Präsident durch Wahl unter den Eigentümern hervorgeht. Wie die Vorschrift selber ausführt, kann stellvertretend eine turnusgemäße also abwechselnde Amtsausübung oder eine mittels Auslosung bestimmte Ernennung vereinbart werden. Das Wahlverfahren ist damit die vorrangige Variante.[425] Bei Bevorzugung der turnusgemäßen Bestellung sollte mittels Beschluss vereinbart werden, ob eine an den Namen der Eigentümer orientierte, alphabetische Reihenfolge oder eine an der Bezeichnung des Sondereigentumselements oder an deren Lage ausgemachten Abfolge eingehalten werden soll. Um zu vermeiden, dass durch sich ändernde Eigentümer die in einer alphabetischen Liste zugrunde gelegte Reihenfolge Änderungen ausgesetzt ist, die wiederum Anlass zu Diskussionen oder Ärgernissen gibt, ist regelmäßig eine an den Nummern oder Bezeichnungen der Sondereigentumselemente orientierte Abfolge zu empfehlen. Sollte das Losverfahren bevorzugt werden, ist anzuraten, im entsprechenden Beschluss ebenfalls eine Entscheidung darüber zu treffen, ob diejenigen Eigentümer, die bereits das Präsidentenamt ausgeübt haben, von zukünftigen Auslosungen befreit sind, bis alle Eigentümer einmal das Präsidentenamt bekleiden durften / mussten, oder nicht.

Frage 138: Was, wenn der Präsident, der seines Amtes enthoben werden soll, nicht an der Einberufung der entsprechenden Versammlung mitwirken möchte?

Da die Enthebung des Präsidenten von seinem Amt bedeutet, dass es vor Ablauf der Amtsperiode beendet wird, muss diese regelmäßig in einer außerordentlichen Versammlung stattfinden - so wie es auch der Gesetzestext vorschreibt, denn zur nächsten ordentlichen Versammlung müsste ohnehin eine Neubesetzung erfolgen, und eine Enthebung wäre dann regelmäßig nicht erforderlich. Es würde sich lediglich um eine Neubesetzung handeln.

Wurde aber eine mehrjährige Amtsperiode beschlossen, könnte es theoretisch zu einer Enthebung auch in einer ordentlichen Versammlung kommen, da solche Amtsperioden mehrere ordentliche Versammlungen (mindestens eine pro Jahr) umfassen würden. Erforderlich wäre natürlich die Aufnahme eines entsprechenden Tagesordnungspunktes. Auch wenn der Wortlaut von einer Enthebung in einer außerordentlichen Versammlung ausgeht, dürfte in den beschriebenen Konstellationen ebenso eine Enthebung in einer ordentlichen Versammlung möglich sein. Es gibt keinen Grund, der Gemeinschaft in solcherlei Fällen eine außerordentliche Versammlung nur zu diesem Zweck aufzuzwingen. Dass trotzdem selbst bei mehrjährigen Amtsperioden wohl der Weg über eine außerordentliche Versammlung fa-

---

[425] AP León, Sec. 3ª, Urteil Nr. 127/2004 vom 13. April.

vorisiert werden wird, liegt daran, dass diejenigen Eigentümer, die einen Wechsel wünschen, diesen auch möglichst schnell herbeiführen werden wollen. Der aufgezeigte Sonderfall wird daher in der Regel nur eine geringe praktische Bedeutung haben.

Wenn solch eine außerordentliche Versammlung bereits aus anderen Gründen beabsichtigt wird, kann jeder Eigentümer gemäß Artikel 16.2.2 LPH mittels eines an den Präsidenten gerichteten Schreibens, bevor zur außerordentlichen Versammlung geladen wurde, um die Aufnahme des begehrten (auf die Amtsenthebung gerichteten Tagesordnungspunktes) bitten. Fehlt es an einer solchen bereits angedachten Versammlung, oder verweigert der Präsident die Aufnahme der erforderlichen Tagesordnungspunkte, könnten die Eigentümer auch ohne die Mitwirkung des Präsidenten eine außerordentliche Versammlung einberufen und die besprochenen Punkte zur Abstimmung bringen.

Gemäß Artikel 16.2 LPH kann auch ohne Mitwirkung des Präsidenten eine Versammlung einberufen werden, wenn diese mindestens durch ein Viertel der Eigentümer betrieben wird, oder durch eine Gruppe an Eigentümern, auf welche mindestens 25 % der Quoten entfallen.

Es müssen in diesem Zusammenhang selbstverständlich alle im Gesetz vorgesehenen und für die durch den Präsidenten betriebenen Versammlungen geltenden Voraussetzungen beachtet werden. Unabhängig davon, auf wen die Versammlung zurückgeht, sind die gleichen Bestimmungen zu beachten. Die Ladungen sind rechtzeitig zuzustellen, die Tagesordnungspunkte müssen genannt worden sein, etc.

Kurioserweise wäre mangels anderslautender Vorschriften die in der Folge durchzuführende Versammlung unter dem Vorsitz des Präsidenten, dessen Absetzung angestrebt wird, abzuhalten. Sollte dieser nicht erscheinen oder den Vorsitz verweigern, wird auf die Ausführungen zum Amt des Vizepräsidenten verwiesen.

Frage 139: Wie beurteilt sich die Haftung des Präsidenten? In welchen Fällen kann er sich schadenersatzpflichtig machen?

Das spanische Wohnungseigentumsgesetz selbst enthält lediglich an einer Stelle einen Hinweis auf die mögliche Haftung des Präsidenten. Dieser befindet sich in Artikel 9.1.e.) LPH, und bezieht sich auf Fehler in der vom Sekretär auszustellenden (und vom Präsidenten gegenzuzeichnenden) Bescheinigung über geschuldete Gemeinschaftsbeiträge.[426] Sollte diese Bescheinigung bedingt durch Vorsatz oder Fahrlässigkeit Fehler beinhalten, müssen der Sekretär und der Präsident gegebenenfalls für hieraus resultierende Nachteile haften. Über diesen Fall hinaus kann der Präsident jedoch auf zivilrechtlicher wie auch auf strafrechtlicher Ebene, eben-

---

[426] Der Notar muss in der notariellen Urkunde mittels derer ein Sondereigentumselement übertragen wird, eine Angabe über die Existenz und gegebenenfalls die Höhe der gegenüber der Gemeinschaft geschuldeten Gemeinschaftsbeiträge machen. Dies erfolgt durch ein entsprechendes Zertifikat der Eigentümergemeinschaft. Der Erwerber des Sondereigentumselementes, kann eine Befreiung von dieser Pflicht zulassen.

so nach den allgemeinen Vorschriften des Código Civil und Código Penal, für sein Tun und Unterlassen zur Verantwortung gezogen werden.

Da der Präsident auch ohne Beschluss der Eigentümerversammlung und sogar entgegen einem von ihr gefassten Beschluss die Gemeinschaft gegenüber gutgläubigen Dritten verpflichten kann, hat diese die Möglichkeit, in solchen Fällen für den hieraus resultierenden Schaden den Präsidenten in die Haftung zu nehmen.

Die korrekte Anspruchsgrundlage, auf welche sich etwaige zivilrechtliche Ausgleichsansprüche stützen, hängt davon ab, wie die Rechtsbeziehung zwischen Präsident und Gemeinschaft eingeordnet wird. Geht man von einer vertraglichen Beziehung aus, wären die Artikel 1101 bis 1104 des Código Civil einschlägig.[427] Wenngleich einzelne Urteile diese Vorschriften als allgemein einschlägig angesehen haben,[428] lehnen andere ihre Anwendung im Normalfall zu Recht ab. An ihrer Statt, wird von Ausnahmen abgesehen, direkt die Anspruchsgrundlage des Artikels 1902 Código Civil als außervertraglicher, also deliktsrechtlicher Ausgleichsanspruch,[429] bzw. analog die Vorschriften über den Auftrag,[430] als einschlägige Anspruchsgrundlagen herangezogen.[431] Bis auf Sonderfälle sollten nur die beiden letztgenannten Ansätze Berücksichtigung finden, da die Annahme vertraglicher Ansprüche, in diesem Zusammenhang, üblicherweise jeder Grundlage entbehrt.[432] Lediglich für denjenigen Konstellationen, in denen der Präsident ein Entgelt erhält bzw. *Gehalt* bezieht, und ein tatsächliches Vertragsverhältnis besteht, wäre für die Anwendung der Artikel 1101 ff. C.C. Raum.

In Literatur und Rechtsprechung finden sich Auffassungen, die eine Anwendung des Deliktsrechts (Artikel 1902 ff. Código Civil) daran scheitern lassen wollen, dass diese Vorschrift nur subsidiär in denjenigen Konstellationen anwendbar sei, in denen keine vorherige Rechtsbeziehung zwischen dem Schadensverursacher und dem Geschädigten bestand. Genau dies scheitere aber an der Beziehung des Präsidenten zur Gemeinschaft, als deren organschaftlicher Vertreter. Einschlägig solle in diesen Fällen nur die analoge Anwendung der Vorschriften zum Auftrag sein (1714 ff. C.C.).[433]

Wer dennoch an einer Anwendung der Artikel 1902 ff. C.C. festhalten sollte, hat zu beachten, dass in dessen Wortlaut nur die Wiederherstellung bzw. *Reparatur in*

---

[427] Lefebvre, Propiedad Horizontal, Rn. 1877; PH-TII-Conde Díez, S. 1041 f.

[428] AP Cantabria, Sec. 2ª, Urteil Nr. 414/2007 vom 26. Juni (siehe auch die dort benannten weiterführenden Entscheidungen).

[429] AP Málaga, Sec. 5ª, Urteil Nr. 581/2009 vom 19. Oktober; AP Madrid, Sec. 18ª, Urteil Nr. 255/2006 vom 24. April.

[430] Artikel 1714 C.C. - Verbot, die Grenzen des Auftrags zu überschreiten; Artikel 1718 C.C. - Pflicht zur Ausführung; Artikel 1719 C.C. - Pflicht zur Ausführung des Auftrags gemäss Anweisung und Artikel 1726 C.C. - Haftung bei Absicht und Vorsatz.

[431] AP Madrid, Sec. 12ª, Urteil Nr. 712/2009 vom 26. Oktober.

[432] AP Cádiz, Sección 7ª, Urteil Nr. 284/2003 vom 6. Oktober; AP Madrid, Sec. 20ª, Urteil Nr. 590/2007 vom 25. Oktober.

[433] Sendra Guillén, Soy presidente de una comunidad, ¿qué tipo de responsabilidad me pueden exigir? Tipos de Responsabilidades en las Comunidades de Propietarios, Revista Inmueble nº 85 Oktober 2008; AP Ávila, Sec. 1ª, Urteil Nr. 94/2001 vom 19. März.

natura vorgesehen wird. Vereinzelt wird deshalb diskutiert, ob sich aus ihm überhaupt ein unmittelbarer, abstrakter Schadenersatzanspruch ableitet oder lediglich ein Reparaturanspruch - eine Einschätzung die jedoch als zu einengend und mittlerweile wohl als überwunden angesehen werden darf.[434]

Bei der analogen Anwendung der Vorschriften über den Auftrag, und somit der herrschenden Auffassung, muss unbedingt der Haftungsmaßstab des Artikels 1726 C.C. berücksichtigt werden. Hiernach hat die Frage, ob der Beauftragte ein Entgelt für sein Tätigwerden erhält oder nicht Einfluss auf die Haftung. Erhielt der Beauftragte für sein Tätigwerden eine Gegenleistung, sind gemäß Artikel 1726 C.C. höhere Anforderungen an ihn zu stellen als bei einer unentgeltlichen Tätigkeit.

Der Beauftragte, sprich in unserem Falle der Präsident, haftet hiernach grundsätzlich dann, wenn er a.) mit Absicht, Vorsatz oder Fahrlässigkeit die Grenzen seines Auftrags überschritt bzw. eine vorzunehmende Handlung unterließ, b.) der Auftraggeber / die Gemeinschaft sein Handeln nicht noch nachträglich ausdrücklich oder konkludent genehmigt, c.) hierdurch ein Schaden verursacht wurde, und (wenn der Schaden durch die Beauftragung eines Dritten entstanden ist) d.) der Dritte nicht bösgläubig war oder die Überschreitung der Grenzen seines Auftrags hätte kennen müssen.[435]

Bei der Anwendung dieser Kriterien hat das Gericht unter Berücksichtigung der Entgeltlichkeit oder Unentgeltlichkeit des Präsidentenamtes mehr oder minder strenge Anforderungen zu stellen.

Typische Fälle, in denen eine Haftung des Präsidenten angenommen werden könnte sind z.B. das Versäumnis, die Versicherungsprämie für die Gebäudeversicherung zu bezahlen, so dass bei Eintritt eines Schadens kein Versicherungsschutz besteht; Nichterfüllung von Zahlungsverpflichtungen der Gemeinschaft, so dass gegebenenfalls bestimmte Leistungen Dritter nicht erbracht werden (kein Strom oder Wasser im gemeinschaftlichen Eigentum, keine Gartenarbeiten, keine Poolpflege, kein funktionierender Fahrstuhl, etc.) und die Eigentümer gewisse Einrichtungen nicht nutzen können oder in deren Gebrauch eingeschränkt sind; die Beauftragung Dritter, ohne dass die von diesen erbrachten Leistungen dringend erforderlich wären oder von der Eigentümerversammlung beschlossen wurden; die fehlende Umsetzung von Beschlüssen, so dass durch dieses Versäumnis ein Schaden eintritt.

Auf strafrechtlicher Ebene sind grundsätzlich alle Tatbestände denkbar, die im Zusammenhang mit der Amtsführung bzw. dem Missbrauch des Amtes erfüllt werden könnten. So z.B. die Veruntreuung der eingezahlten Beiträge zu den Gemeinschaftsausgaben (Artikel 252 ff. C.P.).

Frage 140: Kann der Präsident seines Amtes enthoben werden und bejahendenfalls, wie?

---

[434] Siehe hierzu: AP Madrid, Urteil Nr. 422/2005 vom 13. September.
[435] Martín Jiménez / Martín Jiménez, S. 965.

Ja. Der Präsident kann gemäß Artikel 13.7.2 LPH seines Amtes enthoben werden. Hierfür kann in einer außerordentlichen Versammlung, die ordnungsgemäß einberufen worden sein muss, über die Amtsenthebung, und notwendigerweise über die neue Besetzung des Präsidentenamtes ein entsprechender Beschluss getroffen werden. Zur Abwahl genügt die einfache doppelte Mehrheit an Stimmen und Quoten aller Eigentümer (in der ersten Einberufung) bzw. die der anwesenden Eigentümer (in zweiter Einberufung).

Frage 141: Was geschieht, wenn der Präsident nicht zu einer einberufenen Versammlung erscheint, kann diese in solch einem Fall überhaupt abgehalten werden?

Artikel 13.4 LPH bestimmt, dass der Vizepräsident berechtigt ist, den Präsidenten bei Abwesenheit oder Verhinderung sowie im Falle der vorübergehenden Nichtbesetzung des Amtes zu vertreten.

Sollte es einen Vizepräsidenten geben, dürfte dieser demnach die Versammlung führen. Wurde dieses Amt nicht vergeben, oder ist auch der Vizepräsident verhindert, dürfen gemäß einzelner Literaturmeinungen die Teilnehmer aus ihren Reihen einen Versammlungsleiter bestimmen, der dessen Aufgaben in der Versammlung übernimmt und hierüber eine entsprechende Notiz im Protokoll hinterlassen müsste.[436]

In einem Fall, in welchem der Präsident während der Versammlung den Vorsitz an einen *Moderator* bzw. *Versammlungsleiter* übergab, wurde jedoch entschieden, dass die gesamte Versammlung anfechtbar sei.[437] Auch wenn zwischen der Delegierung des Vorsitzes durch den Präsidenten an einen anderen Eigentümer und dem völligen Fehlen des Präsidenten ein Unterschied besteht, zeigt das besagte Urteil, dass die gegenständliche Frage durchaus kontrovers diskutiert werden könnte.

Frage 142: Wie ist zu verfahren, wenn der Präsident gegen einen Beschluss stimmt und dieser von ihm oder einem anderen Eigentümer angefochten wird?

Der Präsident darf als Eigentümer einen Beschluss gerichtlich anfechten, wenn er selbst alle Voraussetzungen erfüllt (Recht zur Ausübung des Stimmrechts, Stimme gegen den Beschluss abgegeben, seine Absicht erklärt, den Beschluss gegebenenfalls anzufechten - siehe Problematik des *salvar el voto*.[438]

Allerdings kann er in einem Prozess nicht auf beiden Seiten agieren, da er sich in einem Interessenskonflikt befinden würde. Es wäre also nicht zulässig, dass er einmal als Eigentümer gegen den Beschluss klagt und im hieraus resultierenden Verfahren die Gemeinschaft als organschaftlicher Vertreter vor Gericht repräsentiert. Auch wenn er nicht gegen den Beschluss klagt, aber gegen diesen in der Versammlung gestimmt hat, darf er für den Fall, dass ein anderer Eigentümer Klage eingereicht hat, nicht als organschaftlicher Vertreter der Gemeinschaft selbige vor Gericht repräsentieren, da auch in diesem Fall ein Interessenskonflikt bestünde. An

---

[436] Lefebvre, Propiedad Horizontal, Rn. 1867; Rosat Aced / Rosat Aced, S. 70.
[437] AP Las Palmas, Urteil Nr. 261/1999 vom 31. Dezember.
[438] AP Alicante, Sec. 5ª, Urteil Nr. 82/2008 vom 14. Februar.

seiner Stelle könnte der Vizepräsident für die Gemeinschaft agieren, weil ein Fall des Artikels 13.4.2 LPH vorliegen würde (in seiner Unterart der Unmöglichkeit).[439]

Frage 143: Kann jemand, der Schulden gegenüber der Gemeinschaft hat, zum Präsidenten bestellt werden?

Dies wurde von der Audiencia Provincial von Cantabria bejaht. In dem Urteil wird ausgeführt, das Gesetz enthalte keinerlei Einschränkung in diesem Sinne. Auch wer Schulden gegenüber der Gemeinschaft habe, dürfe daher zum Präsidenten bestellt werden.[440] Ob die Bestellung solch eines Eigentümers tatsächlich Sinn macht oder nicht, mag auf einem anderen Blatt stehen, und hängt sicherlich vom Einzelfall ab.

Frage 144: Was geschieht, wenn der Präsident gegenüber der Gemeinschaft Schulden hat?

In solch einem Fall ruht vorübergehend, wie bei jedem anderen Eigentümer auch (bis die Schulden beglichen oder eine der Möglichkeiten des Artikels 15.2 LPH ergriffen wurde), sein Stimmrecht. Trotzdem kann er wie andere Schuldner an der Versammlung teilnehmen und sich an den Diskussionen beteiligen. Seine Tätigkeit als Amtsträger wird durch die Schulden nicht beeinträchtigt. Die Einschränkungen ergeben sich vielmehr für seine Eigenschaft als Eigentümer.

3.5 Der Liegenschaftsverwalter

Der Verwalter ist gemäß Artikel 13.1.d.) LPH eines des Organe der Gemeinschaft. Sein Aufgabenbereich wird vom Gesetz, im Gegensatz zu anderen Ämtern, sehr klar umrissen, und kann weitestgehend bereits aus Artikel 20 LPH entnommen werden. Hiernach obliegt es dem Verwalter:

1. Über die gute Führung des Hauses, seiner Einrichtungen und Dienste zu wachen und zu diesem Zweck die geeigneten Hinweise und Ermahnungen an die Eigentümer zu richten (Artikel 20.1.a.) LPH).

   Dies bedeutet allerdings nicht, dass von ihm (wenn es sich nicht um einen in der Gemeinschaft lebenden Eigentümer handelt) eine ständige persönliche Anwesenheit erwartet werden könnte. Der Verwalter ist insbesondere auch darauf angewiesen, dass er von den Eigentümern und den übrigen Organen der Gemeinschaft über mögliche Missstände informiert wird, um der Aufgabe des Artikels 20.1.a.) LPH gerecht zu werden.[441] Dennoch zeichnen sich engagierte (Berufs-) Verwalter dadurch aus, dass sie der Gemeinschaft zumindest in regelmäßigen Abständen Kontrollbesuche abstatten. Auch der beste Verwalter kann seinen Aufgaben nur bedingt nachkommen, wenn er lediglich vom Schreibtisch aus agiert.

2. Mit pflichtgemäßer Rechtzeitigkeit die vorhersehbare Ausgabenaufstellung zu fertigen und sie der Abstimmung in der Versammlung zuzuführen, sowie die

---

[439] Magro Servet / García-Chamón Cervera / Pérez Saura, S. 284-286.
[440] AP Cantabria, Urteil vom 19. November 2001.
[441] Vázquez Barros, Artikel 20.

zur Deckung der Kosten erforderlichen Mittel vorzuschlagen (Artikel 20.1.b.) LPH).

Auch wenn die vom Gesetz gewählte Formulierung es möglicherweise etwas umständlich umschreibt, Artikel 20.1.b.) LPH, verpflichtet den Verwalter zu nichts anderem als zur Aufstellung eines Wirtschaftsplan. Diese Übersicht oder Relation muss zumindest rechtzeitig genug erfolgen, um es der Eigentümerversammlung zu ermöglichen, über selbige zu debattieren und abzustimmen, bevor vollendete Tatsachen geschaffen werden. Um jedem Eigentümer einen ausreichenden Einblick in den vom Verwalter vorgeschlagenen Wirtschaftsplan zu gewähren und eine konstruktive Diskussion in der Versammlung zu ermöglichen, scheint es angeraten, eine vollständige Übersicht desselben mit der Ladung zur Eigentümerversammlung zu übermitteln.[442] In diesem Sinne muss der Wirtschaftsplan auch rechtzeitig genug fertiggestellt worden sein, um in Abhängigkeit davon, zu welchem Zeitpunkt die Versammlung nach dem Willen der Gemeinschaft bzw. des Präsidenten abgehalten werden soll, zur Verfügung zu stehen. Während Eigentümergemeinschaften in Tourismusgebieten mit niedrigem Wohnsitzanteil gut damit beraten sind, die (ordentliche) Versammlung in die Sommer- bzw. Urlaubsmonate zu legen, wenn mit einer erhöhten Anwesenheit von Eigentümern zu rechnen ist, dürften Gemeinschaften in größeren Städten und mit hohem Wohnsitzanteil aus genau den gleichen Gründen bevorzugt ihre Versammlungen auf die übrigen Monate legen wollen.[443] Die Aufstellung des Wirtschaftsplans muss dann so rechtzeitig erfolgen, dass sie diesen individuellen Bedürfnissen Rechnung trägt.

Neben dem Wirtschaftsplan kommt es dem Verwalter ebenso zu (auch wenn sich dies nicht alleine aus Artikel 20 LPH, sondern erst im Zusammenhang mit Artikel 9.1.e.) und 14.b.) LPH ergibt)[444] Buch zu führen, eine Abrechnung über das vergangene Haushaltsjahr aufzustellen und hierüber Rechenschaft abzulegen.

3. Sich um die Instandhaltung und Wartung des Hauses / der Anlage zu kümmern und die aus Dringlichkeitsgründen erforderlichen Reparaturen und Maßnahmen anzuordnen, wobei der Verwalter den Präsidenten oder gegebenenfalls die Eigentümer sofort über diese zu informieren hat (Artikel 20.1.c.) LPH).

Wie sich aus Artikel 14.c.) LPH ergibt, ist alleine die Eigentümerversammlung berechtigt, über alle planmäßigen sowie außerplanmäßigen Reparaturarbeiten zu entscheiden. Für ein selbständiges Handeln des Verwalters, ohne Beschluss, bleibt daher nur dann Raum, wenn eine Reparatur bzw. Maßnahme aufgrund ihrer Eilbedürftigkeit ein sofortiges Tätigwerden erfordert. Artikel 14.c.) LPH führt weiterhin aus, was sich bereits aus Artikel 20.1.c.) LPH ergibt, nämlich, dass die Versammlung vom Verwalter über die von diesem veranlassten dringenden Reparaturen bzw. Maßnahmen sofort zu informieren ist.

---

[442] Zaforteza Socías, S. 120.
[443] Vázquez Barros, Artikel 20.
[444] Pérez Puerto, Rn. 266.

Im Zusammenhang mit der Berechtigung des Verwalters, die beschriebenen Eilmaßnahmen durchzuführen, ist auch Artikel 7.1.2 LPH zu berücksichtigen. Hiernach sind die Eigentümer verpflichtet, den Verwalter über die Notwendigkeit dringender Reparaturen unverzüglich zu informieren. Auf diese Weise soll vermieden werden, dass einzelne Eigentümer eigenmächtig, möglicherweise ungeeignete oder voneinander unabhängige, also parallele Maßnahmen ergreifen, und sich aufgrund der fehlenden Koordination der Schaden lediglich vergrößert oder unsachgemäß behoben wird. Erster Ansprechpartner bei einer eilbedürftigen Reparatur der Gemeinschaftselemente ist daher immer der Verwalter. Dieser sollte idealerweise stets unter einer Notrufnummer erreichbar sein, die allen Bewohnern der Liegenschaft bekannt ist (z.B. auch durch Aushang am *schwarzen Brett*) und der bereits im Vorfeld geeignete Kontakte zu diversen Notdiensten unterhält, damit solcherlei dringende Reparaturen tatsächlich zeitnah ausgeführt werden können.

Im Umkehrschluss kann man feststellen, dass normale Baumaßnahmen nur dann vom Verwalter veranlasst werden dürfen, wenn sie durch die Eigentümerversammlung beschlossen wurden, und der Verwalter beauftragt wurde selbige umzusetzen.[445] Hierzu im folgenden Punkt mehr.

4. Diejenigen Beschlüsse auszuführen, welche Baumaßnahmen zum Gegenstand haben, sowie alle statthaften Zahlungen vorzunehmen und einzuziehen (Artikel 20.1.d.) LPH).

Über die Gesetzesformulierung hinaus, die ausdrücklich lediglich die Ausführung von Beschlüssen bezeichnet, welche Baumaßnahmen betreffen, sind natürlich auch diejenigen Beschlüsse auszuführen, die sich auf andere Gegenstände beziehen,[446] wenn dies nicht durch den Präsidenten veranlasst wird.

Bezüglich der Baumaßnahmen wird jedoch erneut klargestellt, dass der Verwalter letztlich nur die Baumaßnahmen veranlassen darf, die entweder durch die Eigentümerversammlung beschlossen wurden, oder eben Reparaturmaßnahmen darstellen, die den im Ausgabenplan festgesetzten Betrag nicht übersteigen (also im weitesten Sinne als planmäßig gelten dürfen), bzw. aufgrund ihres unvorhersehbaren Charakters und der Dringlichkeit ihrer Vornahme das sofortige Handeln des Verwalters erfordern.[447]

5. Gegebenenfalls das Amt des Sekretärs auszuüben, wenn dieses Amt nicht anderweitig vergeben wurde, bzw. direkt auf den Verwalter entfällt, und die den Eigentümern zur Verfügung stehenden Gemeinschaftsunterlagen zu verwahren (Artikel 20.e) LPH).

6. Teilweise wird diskutiert, ob es dem Verwalter ebenso obliegt zu entscheiden, welche Mehrheiten zur Erzielung der jeweiligen Beschlüsse erforderlich sind. Wenn es sich bei dem Verwalter um einen externen Dienstleister han-

---

[445] CLPH-González Carrasco, Artikel 20, Rn. 4, S. 659; Lefebvre Rn. 2115.
[446] Lefebvre, Propiedad Horizontal, Rn. 2120.
[447] CLPH-González Carrasco, Artikel 20, Rn. 4, S. 659.

delt, scheint vieles dafür zu sprechen, dass er als entsprechend vorgebildeter Experte solcherlei Feststellungen treffen kann. Um unnötige Diskussionen in der Versammlung zu vermeiden, und die spätere Anfechtungen von Beschlüssen im Rahmen des Möglichen zu reduzieren, raten einzelne Autoren dazu, im Vorfeld erschöpfend abzuklären, welche Mehrheiten einschlägig sind, und im Idealfall die erforderlichen Mehrheiten bereits in der Ladung anzukündigen.[448]

7. Alle weiteren durch die Versammlung übertragenen Aufgaben und Pflichten wahrzunehmen.

Der Verwalter kann mit allen erdenklichen zusätzlichen Aufgaben betraut werden. Es gilt allerdings Artikel 13.1.2 LPH zu berücksichtigen. Genauso wie die Schaffung neuer, vom Gesetz nicht vorgesehener Organe gegenüber Dritten nicht zu einer Beschränkung der Aufgaben und Verantwortlichkeiten der übrigen Organe führt, kann bei der Übertragung von Aufgaben und Pflichten auf den Verwalter nichts anderes gelten.

Ein häufiger Fall, der gesetzlich sogar als Möglichkeit vorgesehen ist, bildet die Bevollmächtigung des Verwalters gemäß Artikel 21.1 LPH, die von den Eigentümern geschuldeten Beiträge zu den Gemeinschaftsausgaben im Wege des Mahnverfahrens einzufordern.

Der Verwalter nimmt sich daher, mit Ausschluss derjenigen Aufgaben, welche explizit auf den Sekretär entfallen, aller administrativen Angelegenheiten der Gemeinschaft an. (Nur die Abfassung der Ladungen, der Versand derselben an die Eigentümer, die Fertigung des Sitzungsprotokolls der Eigentümerversammlungen und die Ausfertigung der Bescheinigungen über Beschlüsse wird laut Gesetz vom Sekretär wahrgenommen).

Anders als im Falle des Präsidenten, sieht das Gesetz gemäß Artikel 13.6.2 LPH ausdrücklich vor, dass das Amt des Verwalters nicht nur von Eigentümern, sondern ebenso von qualifizierten Dritten ausgeübt werden darf.

Darüber aber, welche Ausbildung ein Dritter (also ein Nichteigentümer) vorweisen muss, um im Sinne des Artikels 13.6 LPH als qualifiziert zu gelten, herrscht Streit. Von Bedeutung ist die Beantwortung dieser Frage nicht nur, um einen geeigneten Verwalter auswählen zu können, sondern insbesondere auch insofern, als dass einzelne Eigentümer die Bestellung eines in ihren Augen ungeeigneten Verwalters mit dem Hinweis auf eine mangelnde Befähigung anfechten könnten.

Als geeignet im Sinne des Artikels 13.6 LPH gelten in jedem Falle die Mitglieder der offiziellen Liegenschaftsverwalterkammer (*Colegio de Administradores de Fincas*), sowie diejenigen, welche die Zulassungsvoraussetzungen der Kammer erfüllen.

---

[448] Magro Servet, ¿Es función del administrador de fincas realizar la calificación del quórum que debe exigirse para que un acuerdo del orden del día se entienda aprobado?Magro Servet, ¿Es función del administrador de fincas realizar la calificación del quórum que debe exigirse para que un acuerdo del orden del día se entienda aprobado?

Eigentümer müssen, wie beschrieben, keinerlei Kenntnisse, geschweige denn eine besondere Ausbildung mitbringen, um das Amt des Verwalters ausüben zu dürfen.

Handelt es sich jedoch um eine Gemeinschaft mit vielen Sondereigentumselementen und mithin Eigentümern, ist die Beauftragung eines professionellen Liegenschaftsverwalters dringend anzuraten. Alleine die Aufzeichnung der Einnahmen und Ausgaben, die Berücksichtigung und Einhaltung der jeweiligen Zahlungsziele (Strom, Wasser, Dienstleister, Versicherung, Lohnbuchhaltung bei Angestellten der Gemeinschaft etc.) bzw. die Kontrolle bezüglich ausreichender Kontodeckung und die Veranlassung sowie Überwachung der Wartungs- und Instandhaltungsarbeiten verlangt bereits ein derartiges Engagement, dass auch ohne besondere Vorkommnisse viel Engagement gefordert wird.

Artikel 13.5 LPH sieht zwar vor, dass die Aufgaben des Verwalters (und des Sekretärs) vom Präsidenten wahrgenommen werden, wenn nicht in der Satzung oder durch Mehrheitsbeschluss eine vom Präsidentenamt losgelöste Ausübung vorgesehen wurde, dennoch stellt diese gesetzliche Vorgabe vor dem beschriebenen Hintergrund in der Praxis die Ausnahme dar.

Angesichts des Umfangs an Aufgaben, die auf Verwalter und Sekretär entfallen, führt die Übernahme all dieser Pflichten durch einen Eigentümer, der bereits das Präsidentenamt bekleidet, regelmäßig zu einer unzumutbaren Arbeitsbelastung und in der Folge oftmals zu einer mangelhaften Amtsausübung, wenn die Gemeinschaft eine gewisse Größe hat, und der betreffende Eigentümer auch noch weiteren (beruflichen oder privaten) Verpflichtungen nachkommen muss.

Es kann daher nur dringend angeraten werden, von der gesetzlich gestatteten Möglichkeit die Ämter des Verwalters und Sekretärs durch professionelle Dienstleister ausüben zu lassen, auch Gebrauch zu machen.

Üblicherweise werden beide Ämter (von Berufsverwaltern) in Personalunion als Sekretär-Verwalter (*Secretario-Administrador*) ausgeübt, was Artikel 13.6 LPH ausdrücklich gestattet und sich auch in Artikel 20.1.e.) LPH niederschlägt, wo davon die Rede ist, dass der Verwalter gegebenenfalls die Aufgaben des Sekretärs übernimmt.

Auf diese Weise werden alle Verwaltungsangelegenheiten der Gemeinschaft auf eine Person gebündelt, was für die Verwaltung als solche (da sich alle Informationen vereint in einer Hand befinden) sowie die Eigentümer (die nunmehr nur noch einen Ansprechpartner neben dem Präsidenten haben) deutliche Erleichterungen bringt.

3.6 Der Sekretär

Zu den in Artikel 13 LPH genannten leitenden Organen der Gemeinschaft gehört auch der Sekretär (Artikel 13.1.e.) LPH).

Ihm obliegt in erster Linie die Erstellung der Ladungen zu den Eigentümerversammlungen mitsamt Tagesordnung und anliegenden Dokumenten (nach den Vorgaben des Präsidenten), deren Zustellung an die Eigentümer (ersatzweise mittels Aushang am *schwarzen Brett*), sowie die anschließende Abfassung und der Versand (ersatzweise auch hier Benachrichtigung mittels Aushangs) des Sitzungsprotokolls an die Mitglieder der Eigentümergemeinschaft. Darüber hinaus erstellt er die Bescheinigungen über den Schuldenstand (bei der notariellen Beurkundung der Übertragungen von Sondereigentumselementen grundsätzlich erforderlich) und zertifiziert nach Bedarf Beschlüsse, dort wo das Gesetz es vorschreibt (z.B. über die Entschließung, Klage gegen einen Störer einzureichen oder ein Mahnverfahren einzuleiten).

Obwohl dieses Amt vom spanischen Wohnungseigentumsgesetz ausdrücklich vorgesehen wurde und ihm klar abgrenzbare Aufgaben zukommen, wird es kraft Gesetzes oftmals in Personalunion mit anderen Ämtern ausgeübt. So ist gemäß Artikels 13.5 LPH mangels abweichender Regelung durch Satzung oder Mehrheitsbeschluss das Amt des Sekretärs (sowie des Verwalters) unmittelbar vom Präsidenten auszuüben.

Diese gesetzliche Vorgabe bildet in der Praxis allerdings die Ausnahme. In den wenigsten Fällen - insbesondere bei größeren Gemeinschaften, oder gar Urbanisationen - werden die Funktionen und Aufgaben dieser drei Ämter durch eine einzige Person ausgeübt werden (können).[449]

Regelmäßig wird das Amt des Sekretärs aber vom Verwalter wahrgenommen. Angesichts des engen Bezugs beider Ämter zueinander, müssen beide doch auf die vom jeweils anderen erstellten Dokumente zurückgreifen (z.B. der Sekretär auf die Buchführung des Verwalters, um bei der Erstellung der Ladungen zu den Versammlungen die Namen derjenigen Eigentümer zu kennen, die ihren Zahlungsverpflichtungen nicht nachgekommen sind, um selbige als Schuldner auszuweisen; der Verwalter auf die Sitzungsprotokolle, die der Sekretär erstellt hat) ist dies auch zweckmäßig. Da das Gesetz die Ausübung der Ämter sowohl des Verwalters wie auch des Sekretärs durch Nichteigentümer erlaubt, bietet sich die Möglichkeit, deren Aufgaben und Pflichten auf professionelle Dienstleister zu übertragen, die beide Ämter als sogenannter Sekretär-Verwalter[450] übernehmen. Die Ausübung beider Ämter in Personalunion als Sekretär-Verwalter wird ausdrücklich durch Artikel 13.6 LPH gestattet.

Sieht die Satzung oder ein Mehrheitsbeschluss vor, dass die Ämter des Sekretärs und des Verwalters unabhängig vom Amt des Präsidenten ausgeübt werden, stellt sich die Frage, wie zu verfahren ist, wenn neben dem Präsidentenamt nur das Amt

---

[449] Da das Präsidentenamt lediglich von einem Eigentümer bekleidet werden darf, würden hier auch alle Aufgaben der übrigen Ämter auf einen Eigentümer entfallen. Angesichts der Komplexität der jeweiligen Pflichten, und des hiermit einhergehenden Zeitaufwands, sollte reiflich überlegt werden, ob die Vorgabe des Artikels 13.5 LPH im Einzelfall zumutbar ist, und rechtzeitig mittels Beschluss Abhilfe geschaffen werden, wenn nicht bereits die Satzung eine getrennte Ausübung vorsieht.

[450] Im Spanischen: *Secretario-Administrador*.

des Sekretärs oder des Verwalters besetzt wurde. Wer übernimmt in solchen Fällen das Amt oder zumindest die Aufgaben des unbesetzten Verwalter- oder Sekretäramtes? Fällt das unbesetzte Amt erneut dem Präsidenten zu?

Aus Artikel 20.1.e.) LPH lässt sich ableiten, dass der Verwalter das unbesetzte Sekretäramt und der Sekretär das unbesetzte Verwalteramt auszuüben hat.[451]

Trotz der klaren Kompetenzverteilung und der eindeutigen Zuweisungen an den Sekretär, dessen Funktion unverzichtbar ist, verdeutlichen die bezeichneten Vorschriften, dass ihm das Gesetz dennoch nur eine untergeordnete Stellung zukommen lässt. Wenn nicht ohnehin der Präsident seine Aufgaben übernimmt, fallen sie dem Verwalter als Sekretär-Verwalter zu. Das Gesetz scheint fast damit zu rechnen, das dieses Amt nicht individuell besetzt wird.

Ein Grund hierfür mag die Tatsache sein, dass das Sekretäramt erst durch die Gesetzesreform des Jahres 1999[452] an Sichtbarkeit und Bedeutung gewonnen hat, als ihm in dessen Zuge weitere Aufgaben zuteil wurden.

Da die mit dem Amt des Sekretärs verbundenen Pflichten zugenommen haben, für das Funktionieren der Gemeinschaft unabdingbar sind, und, wie oben beschrieben, oftmals in enger Verbindung zu der Tätigkeit des Verwalters stehen, ist die Ausübung der Ämter des Sekretärs und Verwalters in einer Person (so wie es Artikel 13.6 LPH vorsieht) als Sekretär-Verwalter wohl zu Recht am verbreitetsten.

Frage 145: Welche konkreten Aufgaben und Pflichten hat der Sekretär?

Die Aufgaben und Pflichten des Sekretärs wurden nicht etwa in einer zentralen Stelle im Gesetz zusammengefasst, sondern finden sich verstreut in mehreren Artikeln der LPH. Sie werden hier in der vom Gesetz geschaffenen Reihenfolge wiedergegeben:

– Als Verantwortlicher für das Führen des Protokolls der Versammlung muss der Sekretär auch die vom Gesetz vorgesehenen Bescheinigungen über die in den Versammlungen zustande gekommenen Beschlüsse ausstellen. Für den Fall, dass die Eigentümerversammlung beschlossen hat, einen in der Gemeinschaft befindlichen Störer auf Unterlassung zu verklagen, muss der Sekretär über den bezeichneten Beschluss eine Bescheinigung ausstellen, die der Klage beizufügen ist (Artikel 7.2.4 LPH).

– Auf Antrag eines Eigentümers hat der Sekretär eine Bescheinigung über die geschuldeten Gemeinschaftsbeiträge auszustellen. Dieser Nachweis muss zum Schutze des Erwerbers, bei Unterzeichnung der notariellen Urkunde, durch welche die Immobilie übertragen werden soll (gleichgültig davon, um welche Art von Übertragungsgeschäft es sich handelt), dem Notar vorgelegt werden. Der Notar hat die Existenz und gegebenenfalls die Höhe der Schulden in der Ur-

---

[451] AP Barcelona, Sec. 1.ª, Urteil vom 21. November 2003.

[452] Ley 8/1999, de 6 de abril, de Reforma de la Ley 49/1960, de 21 de julio, sobre Propiedad Horizontal / Gesetz 8/1999, vom 6. April, zur Reform des Gesetzes 49/1960, vom 21. Juli, über das horizontale Eigentum.

kunde wiederzugeben. Schließlich haftet der Erwerber für die im laufenden sowie in den drei unmittelbar vorangegangenen Geschäftsjahren gegenüber der Gemeinschaft geschuldeten Beiträge mit der Immobilie. Nur in den Fällen, in denen der Erwerber ausdrücklich auf die Vorlage dieser Bescheinigung verzichtet, kann der Notar das Geschäft auch ohne sie beurkunden. Der Sekretär ist verpflichtet, auf Antrag des Eigentümers binnen sieben Kalendertagen die besagte Bescheinigung auszustellen. Diese muss durch den Präsidenten gegengezeichnet worden sein. Beide Amtsträger haften für die Richtigkeit der in ihr enthaltenen Angaben (Artikel 9.1.e.) LPH).

– Jeder Eigentümer muss gegenüber der Gemeinschaft mitteilen, unter welcher spanischen Adresse er Benachrichtigungen empfangen möchte. Unterlässt er solch eine Mitteilung, gilt die in der Gemeinschaft gelegene Adresse (also die Adresse des Sondereigentumselements) als Zustellanschrift. Es obliegt dem Sekretär, die diesbezügliche Mitteilung des Eigentümers entgegenzunehmen (Artikel 9.1.h.) LPH).

– Der Sekretär hat die Ladungen und Mitteilungen der Gemeinschaft an die Eigentümer zuzustellen. Dies zunächst unter der durch die Eigentümer mitgeteilten, in Spanien gelegenen Adresse, bzw. wenn diese nicht übermittelt wurde, unter der Anschrift des in der Gemeinschaft gelegenen Sondereigentumselements (Artikel 9.1.h.) LPH).

Die Ladung muss gemäß Artikel 16.2 LPH auch eine Aufstellung derjenigen Eigentümer enthalten, die Beiträge zu den Gemeinschaftsausgaben im Sinne des Artikels 9.1.e) und f) LPH schulden. Diese haben gemäß Artikel 15.2 LPH kein Stimmrecht (außer es erfolgte eine gerichtliche Anfechtung gegen diese, oder die von der Gemeinschaft geforderten Beiträge sind bei einem Notar bzw. Gericht hinterlegt worden).

Auch wenn der Präsident rein rechtlich gesehen die Einberufung der Eigentümerversammlung veranlasst, verfasst er doch die Tagesordnung und entscheidet über den Zeitpunkt, zu dem die Versammlung abgehalten werden soll, ist es der Sekretär, der sich gemäß Artikel 9.1.h) LPH der Aufgabe annimmt, die Eigentümer hierüber mittels Ladung zu benachrichtigen. In denjenigen Fällen, in denen die Initiative zur Durchführung einer Versammlung auf die Eigentümer zurückgeht (ein Viertel der Eigentümer oder eine Gruppe von Eigentümern, auf welche mindestens 25 % der Quoten entfallen), müssen diese zunächst den Präsident kontaktieren, damit er die gewünschte Versammlung veranlassen kann. Sollte sich dieser jedoch weigern oder schlicht untätig bleiben, muss der Sekretär wissen, dass diese Eigentümer auf ihn zukommen können und er ihnen (so wie er es auf Veranlassung des Präsidenten tun würde), bei der Erstellung und Zustellung der Ladung behilflich sein sollte.[453]

---

[453] Lefebvre, Propiedad Horizontal, Rn. 1954; AP Alicante, Sec. 5.ª, Urteil Nr. 151/2005, vom 13. April.

– Vornahme von Bekanntmachungen am *schwarzen Brett* der Gemeinschaft bzw. einem sichtbaren, zu diesem Zweck geschaffenen Ort innerhalb der Gemeinschaft, wenn die Übermittlung einer Ladung oder Mitteilung an einen Eigentümer in der gesetzlich vorgesehenen Weise scheitert. Durch die Anbringung des Aushangs tritt nach drei Kalendertagen eine Zustellungsfiktion ein. Die ausgestellte Benachrichtigung hat einen Vermerk zu beinhalten, der darüber Auskunft gibt, in welchem Zeitpunkt und aus welchen Gründen zur Bekanntmachung mittels Aushang geschritten wurde. Dieses Dokument hat die Unterschrift des Sekretärs zu tragen und muss vom Präsidenten abgezeichnet werden (Artikel 9.1.h.) LPH).

– Überträgt ein Eigentümer seine Immobilie, hat er hierüber dem Sekretär eine Mitteilung zu machen. Wird diese Mitteilung unterlassen, haftet der ehemalige Eigentümer solidarisch mit dem neuen Eigentümer für die Beiträge, die nach Übertragung der Immobilie gegenüber der Gemeinschaft anfallen (Artikel 9.1.i.) LPH).

– Wurde in einer Eigentümerversammlung über Punkte abgestimmt, auf welche die in Artikel 17.8 LPH beschriebene Zustimmungsfiktion anzuwenden ist, müssen die abwesenden Eigentümer über das in der Versammlung erzielte vorläufige Abstimmungsergebnis informiert werden, damit sie binnen 30 Tagen nach Mitteilung gegenüber dem Sekretär ihre Stimme abgeben können. Machen sie daraufhin von ihrem Stimmrecht keinen Gebrauch, wird deren Stimme und Quote so behandelt, als hätten sie für den vorgeschlagenen (und durch die Anwesenden vorläufig getroffenen) Beschluss gestimmt. Dem Sekretär obliegt also die Entgegennahme dieser Stimmen (Artikel 17.8 LPH).

– Schließung des Protokolls mittels Unterschrift (gemeinsam mit dem Präsidenten, unmittelbar nach der Versammlung oder binnen der auf diese folgenden 10 Kalendertage) (Artikel 19.3 LPH).

– Korrektur von Fehlern sowie Behebung von Mängeln des Protokolls, und Aufforderung an die Eigentümerversammlung diese zu ratifizieren.[454]

– Abfassung und Aufbewahrung der Protokollbücher (Artikel 19.4 LPH).[455]

– Aufbewahrung der Ladungen, Mitteilungen, Bevollmächtigung und anderer für die Versammlungen relevante Dokumente (fünf Jahre lang) (Artikel 19.4 LPH).

– Damit die Gemeinschaft ein Mahnverfahren / Klageverfahren wegen geschuldeter Beiträge zu den Gemeinschaftsausgaben gegen Eigentümer einleiten darf, muss die Versammlung zuvor mittels Beschlusses der Schuldenabrechnung (und der Antrags- bzw. Klageeinreichung) zugestimmt haben. Dieser Beschluss muss dem (abwesenden) Schuldner zugestellt worden sein. Der Sekretär hat über das Zustandekommen des Beschlusses sowie seine Zustellung eine entsprechende Bescheinigung zu fertigen, die mit dem Antrag bzw. der Klage

---

[454] Carrasco Perera / Cordero Lobaro / González Carrasco, S. 815 f.
[455] AP Cádiz, Sección 7.ª, Urteil Nr. 192/2004 vom 15. Juni.

einzureichen ist (Auch diese Bescheinigung muss vom Präsidenten gegengezeichnet werden) (Artikel 21.2 LPH).

– Die gesondert durch Satzung oder Beschluss übertragenen zusätzlichen Aufgaben.[456]

**Frage 146: Kommen lediglich Eigentümer für das Amt des Sekretärs, des Verwal-
ters, bzw. Sekretär-Verwalters in Frage?**

Artikel 13.6.2 LPH bestimmt, dass das Amt des Verwalters oder Sekretär-Verwalters
durch jeden Eigentümer und durch Dritte, welche über eine geeignete berufliche Qualifikation verfügen, ausgeübt werden kann. Anders als im Falle des Präsidentenamtes (siehe Artikel 13.2 LPH), begrenzt das Gesetz das Amt des Sekretärs an keiner Stelle ausdrücklich auf Eigentümer. Vielmehr soll es z.B. im Verbund mit dem Verwalteramt auch durch qualifizierte Dritte ausgeübt werden dürfen. Aufgrund dessen, spricht grundsätzlich auch nichts dagegen, wenn es alleine,
und nicht nur in Verbindung mit dem Verwalteramt, von Dritten wahrgenommen
wird.[457] Auch wenn sich vereinzelt hiervon abweichende Meinungen finden, die
der Auffassung sind, nur bei einer Kombination der Ämter des Sekretärs und Verwalters könne ein Dritter selbige ausüben, und dass das Amts des Sekretärs alleine
lediglich von einem Eigentümer ausgeübt werden dürfe.[458]

**Frage 147: Muss der Sekretär bestimmte Voraussetzungen erfüllen, um das Amt
ausüben zu dürfen?**

Wie unter der Antwort der vorangegangenen Frage ausgeführt, darf gemäß Artikel
13.6 LPH jeder Eigentümer oder qualifizierte Dritte das Amt des Verwalters oder
Sekretär-Verwalters ausüben. Bekleidet ein Eigentümer das Amt des Sekretärs einzeln oder gemeinsam mit dem des Verwalters als Sekretär-Verwalter, sind keinerlei spezielle Anforderungen zu stellen. Es genügt, wenn er nur volljährig und geschäftsfähig ist. Wird das Amt des Sekretär-Verwalters hingegen durch einen Dritten ausgeübt, schreibt das Gesetz eine geeignete berufliche Qualifikation vor.

Fraglich ist lediglich, ob bei getrennter Amtsausübung der Dritte ebenfalls über
eine besondere Eignung verfügen muss, um als Sekretär in Betracht zu kommen.
Da bereits die Beurteilung einer geeigneten berufliche Qualifikation des Verwalters
(bzw. Sekretär-Verwalters) Interpretationsprobleme macht, führt die Übertragung
dieser Fragestellung auf den (Nur-)Sekretär zum genau gleichen Problem. Auch
bei dem von anderen Ämtern unabhängig ausgeübten Amt des Sekretärs sollten -
der mangelnden Ausführungen des Gesetzes zum Trotz - die gleiche Qualifikation
wie beim Verwalter gefordert werden.[459] Seine Aufgaben sind nicht unbedeutender
oder weniger problembelastet als die des Verwalters. Eine entsprechende Ausbildung und / oder Erfahrung ist daher auch für die Ausübung des Sekretäramtes zu
fordern, wenn es von Dritten ausgeübt wird. Trotz allem ist diese Frage sicherlich

---

[456] Fuentes Lojo, Artikel 13.

[457] PH-TII-Conde Díez, S. 1058–1059.

[458] Siehe hierzu: Fuentes Lojo, Artikel 13.; Echeverría Summers / Morillo González, S. 183-184.

[459] AP Madrid, Sec. 11.ª, Urteil Nr. 642/2001 vom 13. Oktober.

nicht von größerer praktischer Bedeutung, da die Ämter des Sekretärs und Verwalters regelmäßig gemeinsam durch einen qualifizierten Dritten ausgeübt werden. Auch wenn zwei unterschiedliche Dritte beide Ämter bekleiden könnten, dürfte es sich in solch einem Fall um Kollegen bzw. Mitarbeiter derselben Verwaltergesellschaft handeln. Dass zwei völlig fremde Personen voneinander absolut unabhängig diese zwei Ämter übernehmen, wäre noch unwahrscheinlicher. Bei entsprechender fachlicher Eignung spräche jedoch nichts dagegen.

Frage 148: Darf das Amt des Sekretärs, des Verwalters bzw. des Sekretär-Verwalters auch durch juristische Personen ausgeübt werden?

Ja. Artikel 13.6.2 LPH gestattet dies ausdrücklich. Die juristische Person muss lediglich die gesetzlichen Anforderungen erfüllen. Dies ist als Bezugnahme auf die Anforderungen an die beruflichen Qualifikationen, welche natürliche Personen vorweisen müssen, zu verstehen. Da eine juristische Person nur über ihre Organe bzw. ihr Personal eine berufliche Qualifikation erlangen kann, ist die Voraussetzung einer geeigneten Ausbildung hier so zu verstehen, dass zumindest die natürliche Person, welche die organschaftliche Funktion inne hat, über die nötige Qualifikation verfügen muss (z.B. der *Administrador* einer *Sociedad Limitada*, was dem Geschäftsführer einer deutschen GmbH entspricht).[460]

Frage 149: Wie lange dauert die Amtszeit des Sekretärs, des Verwalters bzw. des Sekretär-Verwalters?

Gemäß Artikel 13.7 LPH beträgt die Amtszeit des Sekretärs, sowie die der übrigen Organe ein Jahr, wenn die Amtsdauer nicht durch Satzung geändert wurde.[461] Für eine Satzungsänderung bedürfte es unter Berücksichtigung der von Artikel 17 LPH etablierten Mehrheiten, Einstimmigkeit.[462] Wie bereits für das Präsidentenamt ausgeführt, bedeutet eine bestimmte Amtszeit nicht, dass unmittelbar nach Ablauf der vorgesehenen Amtsperiode das Amt endet. Grundsätzlich endet es mit der Bestellung des Nachfolgers bzw. des Versuchs, einen Nachfolger zu bestimmen. Wenn der Amtsträger nicht Eigentümer ist, sollte der Vertrag zwischen dem Sekretär und der Gemeinschaft idealerweise einen Hinweis darauf enthalten, dass der Vertrag bis zum Ablauf der in einem Jahr stattfindenden ordentlichen Versammlung und der Versendung des entsprechenden Protokolls an die Eigentümer fortdauert. Um die Vertragsdauer für beide Seiten weiter einzugrenzen, kann der Monat, in welchem diese zukünftige ordentliche Versammlung abzuhalten ist, bezeichnet werden.

Frage 150: Darf der Sekretär, der Verwalter bzw. der Sekretär-Verwalter eine Aufwandsentschädigung oder ein Entgelt von der Gemeinschaft beziehen?

Das spanische Wohnungseigentumsgesetz macht in dieser Hinsicht keinerlei Angaben. Es wird auf die bereits in Bezug auf den Präsidenten und die übrigen Organe gemachten allgemeinen Ausführungen verwiesen. Übt ein Eigentümer das Amt

---

[460] CLPH-González Carrasco, Artikel 13, Rn. 70 ff., S. 413-416.
[461] AP Guadalajara, Sec. 1ª, Urteil Nr. 216/2008 vom 25. November.
[462] PH-TII-Conde Díez, S. 1061-1062.

aus, ist die Vereinbarung eines Entgelts die große Ausnahme, lediglich die Zahlung von Aufwandsentschädigungen ist verbreiteter.

Es lassen sich Argumente für und gegen solcherlei Zahlungen an Eigentümer finden, im Ergebnis dürfte sowohl ein Entgelt, wie auch eine allgemeine Aufwandsentschädigung mit Mehrheitsbeschluss vereinbart werden können. Nach h.M. richtet sich das Verhältnis des Sekretärs zur Gemeinschaft nach den Vorschriften über den Auftrag (Artikel 1709 Código Civil). Artikel 1711 C.C. geht zwar grundsätzlich davon aus, das der Auftrag unentgeltlich erfolgt, gemäß Artikel 1728 C.C. sind dem Beauftragten aber - auf dessen Verlangen hin - diejenigen Beträge vorzustrecken, welche im Zuge der Ausführung des Auftrags anfallen. Sollte der Beauftragte in Vorleistung getreten sein, kann er ebenfalls die Erstattung der in diesem Zusammenhang geleisteten Zahlungen verlangen (siehe erneut Artikel 1728 des Código Civil), und sogar einen Ausgleich für die aufgrund der Ausführung des Auftrags entstandenen Schäden fordern (Artikel 1729 Código Civil).

Wird das Amt nicht durch einen Eigentümer sondern durch einen Dritten ausgeübt, ist eine Gegenleistung selbstverständlich. Die in Artikel 13.6 LPH geforderte berufliche Qualifikation des Verwalters bzw. Sekretär-Verwalters (oder gegebenenfalls das getrennt hiervon durch Dritte ausgeübte Amt des Sekretärs) bringt natürlich im Regelfall eine entgeltliche Amtsausübung mit sich. Die rechtliche Einordnung der Beziehung zwischen der Gemeinschaft und dem Dritten, der das Amt des Sekretärs bzw. Verwalters oder Sekretär-Verwalters ausübt, ist in Rechtsprechung und Literatur umstritten. Diejenigen, welche die Figur des *mandato* also Auftrags annehmen, rechtfertigen den entgeltlichen Charakter der Tätigkeit des Dritten mit Hinweis auf Artikel 1711.2 C.C. Dieser bestimmt, dass bei der Beauftragung eines Dienstleisters die entgeltliche Erbringung der Leistung unterstellt wird.[463]

Frage 151: Kann der Sekretär bzw. der Verwalter oder der Sekretär-Verwalter sein Amt aufgeben? Welches wären die Konsequenzen?

Ja. Nur das Präsidentenamt kann nicht unmittelbar aufgegeben werden. Ohne abweichende Regelungen in der Satzung oder durch Beschluss nimmt der Präsident sogar die Aufgaben des Sekretärs und des Verwalters wahr (Artikel 13.5 LPH) und kann dennoch in einem speziellen, gesetzlich geregelten Verfahren, die Befreiung vom Präsidentenamt beantragen (Artikel 13.2 LPH). Wenn sich selbst der zum Präsidenten bestellte Eigentümer - trotz der Bedeutung des Amtes - gegen seine Ernennung zur Wehr setzen darf, gibt es keinen plausiblen Grund, anderen, ersetzbareren Amtsträgern diese Möglichkeit zu verwehren.

Gleichzeitig gibt es aber auch nur in Bezug auf die Befreiung vom Präsidentenamt ein vom Gesetz hierfür vorgesehenes Verfahren. Dies wirft die Frage auf, ob sich aus diesem Umstand ableiten lässt, dass die übrigen Amtsträger analog dasselbe Verfahren (*Juicio de Equidad*) anwenden können bzw. müssen, oder ob aufgrund fehlender Regelungen ein Amtsverzicht der anderen Amtsträger, im Gegen-

---

[463] PH-TII-Conde Díez, S. 1073.

satz zum Fall des Präsidenten, einseitig erfolgen kann und an keine besonderen Voraussetzungen, insbesondere keine gerichtliche Entscheidung, geknüpft ist.

Bei der Beantwortung dieser Frage ist zu berücksichtigen, dass das Amt des Verwalters bzw. Sekretär-Verwalters auch von Dritten ausgeübt werden kann (Artikel 13.6.2 LPH) und dass auch diese gegebenenfalls ihr Amt niederlegen können wollen. Das in Artikel 13.2 LPH beschriebene Verfahren ist aber weder für diese Dritten konzipiert, noch wird es ihrem besonderen Verhältnis zur Gemeinschaft gerecht.

Selbst wenn man den *Juicio de Equidad* auch für die Aufgabe anderer Ämter als das des Präsidenten anwenden wollte (wenn diese durch Eigentümer ausgeübt werden), so müsste zumindest für Dritte ein gänzlich anderer Weg für die Amtsaufgabe beschritten werden.

Hier je nach bestehender bzw. fehlender Eigentümereigenschaft des Amtsträgers unterschiedliche Lösungen und Voraussetzungen zu erarbeiten, wird aber weder vom Wortlaut des Gesetzes gedeckt, noch scheint dies durch eine mutmaßliche Schutzbedürftigkeit der Gemeinschaft gerechtfertigt zu sein.

Aus Artikel 13.2 LPH sollte vielmehr der Umkehrschluss gezogen werden, dass das dort beschriebene Verfahren lediglich für das Präsidentenamt einschlägig ist und dass es auf andere Ämter keine Anwendung findet.[464]

Der Sekretär bzw. Sekretär-Verwalter (und damit auch derjenige Amtsträger, der nur Verwalter ist) muss also auf anderem Wege - unabhängig davon, ob er Dritter oder Eigentümer ist - das Recht haben sein Amt aufzugeben.

Amtsträger ist Eigentümer

Sollte das Amt des Sekretärs oder Sekretär-Verwalters durch einen Eigentümer ausgeübt werden, muss dieser die Möglichkeit haben, seiner Bestellung entgegenzutreten oder das Amt zu jedem beliebigen Zeitpunkt aufzugeben, ohne dass die Eigentümerversammlung berechtigt wäre, diesem Wunsch zu widersprechen. Derjenige Eigentümer, der die Befreiung von seinem Amt wünscht, muss noch nicht einmal den Beschluss, mittels welchem er bestellt wurde anfechten. Er genügt, wenn er seinen Willen dem Präsidenten kundtut und diesen bittet im Wege einer außerordentlichen Versammlung einen neuen Amtsträger zu bestellen.[465]

Amtsträger ist Dritter

Demgegenüber müssen diejenigen, welche als Dritte diese Aufgabe erfüllen - mangels einschlägiger Vorschriften im spanischen Wohnungseigentumsrecht und aufgrund des Ursprungs der Geschäftsbeziehung - die Beendigung des Vertragsverhältnisses ausgehend von den allgemeinen Vorschriften, also dem Código Civil, herbeiführen.

---

[464] CLPH-González Carrasco, Artikel 13, Rn. 58, S. 404-405.
[465] Ebenda.

Es besteht ein Meinungsstreit bezüglich der Einordnung der rechtlichen Bewertung des Vertragsverhältnisses zwischen dem Dritten (der kein Eigentümer ist), welcher ein Amt ausübt, und der Gemeinschaft (Artikel 13.7.2 LPH spricht im Zusammenhang mit den Ämtern zwar ausdrücklich von *mandato* also einem Auftrag, doch deutet das Erfordernis einer besonderen beruflichen Qualifikation des Amtsträgers, der nicht Eigentümer ist, eigentlich viel eher auf einen Dienstvertrag hin).[466] Je nachdem, welcher Auffassung man folgt, sind andere Vorschriften des Código Civil einschlägig. Sowohl für die Annahme eines Dienstvertrags (*arrendamiento de servicios*, Artikel 1583 Código Civil),[467] wie auch für die eines Auftrags bzw. eines Auftrags *sui generis*, lassen sich zahlreiche Argumente finden (*mandato*, Artikel 1709 Código Civil - der nach spanischem Recht auch entgeltlich sein kann).[468] Die h.M. ist in diesem Zusammenhang jedoch der Ansicht, es handele sich um einen Auftrag gemäß Artikel 1709 ff. Código Civil.

Artikel 1732.2 und 1736 Código Civil bestimmen, dass der Auftrag unter anderem durch Aufgabe des Mandats beendet wird, und dass der Beauftragte dies lediglich dem Auftraggeber gegenüber mitteilen muss. Weiterhin ergibt sich aus den bezeichneten Vorschriften, dass der Auftraggeber für den Fall, dass ihm durch die Aufgabe der Tätigkeit des Beauftragten ein Schaden entstehen sollte, ein Ausgleichsanspruch zusteht; außer, wenn dem Beauftragten aus der Fortsetzung seiner Tätigkeit ein schwerer Nachteil erwachsen sollte.

Die Unterscheidung zwischen den verschiedenen Rechtsauffassungen bezüglich der Einordnung des Vertragsverhältnisses, spielt zur Beantwortung der Frage, ob der Dritte das Amt jederzeit niederlegen darf, im Ergebnis nur eine untergeordnete Rolle. Unabhängig davon, um welche Art von Rechtsbeziehung es sich handelt, sie darf einseitig beendet werden.[469]

Konsequenzen der Amtsaufgabe

In jedem Fall, muss der Amtsträger auf seinen Wunsch hin vom Amt befreit werden. Durch die plötzliche Aufgabe der Pflichten des Amtsträgers können jedoch Nachteile eintreten, die gegebenenfalls dem ehemaligen Amtsträger vorgeworfen werden könnten.

Der Präsident ist - folgt man einschlägigen Urteilen - zwar verpflichtet, die durch die Nichtausübung der Aufgaben des ausgeschiedenen Amtsträgers entstehende Lücke vorübergehend zu schließen und dessen Funktionen bis zur Neubesetzung des Amtes zu übernehmen,[470] doch kann es dennoch zu Schäden kommen, für die

---

[466] AP Baleares, Sec. 3ª, Urteil Nr. 208/2010 vom 25. Mai.

[467] AP Madrid, Urteil Nr. 537/2007 vom 15. Oktober; AP Baleares, Sec. 4ª, Urteil Nr. 216/2006 vom 31. Mai.

[468] AP Baleares, Sec. 3ª, Urteil Nr. 159/2007 vom 25. April; AP Málaga, Sec. 4ª, Urteil Nr. 236/2008 vom 21. April.

[469] TS, Sala 1ª, de lo Civil, Urteil Nr. 166/1998 vom 3. März; AP Barcelona, Sec.13ª, Urteil Nr. 695/2005 vom 9. November.

[470] TS, Sala 1ª, de lo Civil, Urteil vom 11. November 1988; AP Murcia, Urteil Nr. 171/2003 vom 30. Mai.

der plötzlich ausgeschiedene Amtsträger zur Verantwortung gezogen werden dürfte.

Es ist daher zu empfehlen, dass der scheidende Amtsinhaber, ungeachtet seiner Eigenschaft als Eigentümer oder Dritter, den Präsidenten über seine Absicht informiert, das Amt vorzeitig aufzugeben, so dass umgehend eine außerordentliche Versammlung einberufen werden kann, aus der nach Möglichkeit sein Amtsnachfolger hervorgeht. Bis zu dieser Versammlung sollte das Amt weiter von ihm ausgeübt werden.[471] Sollte die Bestellung eines Amtsnachfolgers an den hierfür erforderlichen Mehrheiten scheitern, muss er es nicht fortsetzen, bis eine Neubesetzung erfolgt. Es genügt, dass er der Versammlung die Möglichkeit eröffnet hat, rechtzeitig einen Nachfolger zu bestellen.

Scheitert eine Neubesetzung, sehen einzelne Literaturmeinungen den Weg für einen *Juicio de Equidad* frei, um die Besetzung des Amtes zu ermöglichen. Dies unabhängig davon, ob ein Dritter zur berufsmäßigen Ausübung oder ein Eigentümer bestellt werden soll.[472]

Frage 152: Hat der Verwalter die Pflicht, die Dokumente der Gemeinschaft herauszugeben?

Ja. Der Verwalter - genauso wie die übrigen Organe auch - erhält lediglich im Zusammenhang mit der Amtsausübung die für seine Aufgabenerfüllung erforderlichen Unterlagen. Endet seine Amtsträgerstellung, ist er verpflichtet, alle Dokumente herauszugeben. Die in den Artikeln 20.e.) LPH (in Bezug auf den Verwalter) und 19.4 LPH (in Bezug auf den Sekretär) beschriebene Pflicht zur Verwahrung der Unterlagen kann nur dann ihren Zweck erfüllen, wenn die Unterlagen bei Bedarf an den Amtsnachfolger bzw. die Gemeinschaft herausgegeben werden.[473]

Frage 153: Kann der Sekretär / Verwalter vorzeitig von seinem Amt enthoben werden? Welches wären die Konsequenzen?

Durch Beschluss der Eigentümerversammlung kann grundsätzlich jeder Amtsträger seines Amtes enthoben werden. Hierfür genügt die Mehrheit der Stimmen und Quoten aller Eigentümer (in der ersten Einberufung) bzw. die Mehrheit der Stimmen und Quoten der anwesenden Eigentümer (in der zweiten Einberufung). Dies ergibt sich bereits aus Artikel 13.7.2 i.V.m. Artikel 17.7 LPH. Wird das Amt unentgeltlich durch einen Eigentümer ausgeübt, dürfte mit der Enthebung des alten und der Bestellung eines neuen Sekretärs, Verwalters oder Sekretär-Verwalters der Wechsel weitestgehend abgeschlossen sein (gleichwohl steht es jedem Eigentümer und mithin auch dem seines Amtes enthobenen Eigentümers frei, den Beschluss gerichtlich anzufechten - unabhängig von den Erfolgsaussichten und dem Sinn solch einer Maßnahme). Wurde das Amt jedoch entgeltlich durch einen Dritten ausgeübt, kann dieser gegebenenfalls wegen des durch die vorzeitige Vertragsbeendigung entgangenen Gewinns Schadensersatzansprüche gegenüber der Ge-

---

[471] AP Málaga, Sec. 4.ª, Urteil Nr. 63/2008 vom 4. Februar.
[472] CLPH-González Carrasco, Artikel 13, Rn. 59, S. 405.
[473] AP Asturias, Sec. 7.ª, Urteil Nr. 398/2006 vom 18. Juli.

meinschaft geltend machen. Die in seinen Augen möglicherweise unberechtigte Beendigung des Vertragsverhältnisses kann ihm einen nicht hinzunehmenden wirtschaftlichen Schaden verursacht haben.[474] Folgt man der h.M. und nimmt an, dass sich die Rechtsbeziehung zwischen Amtsträger und Gemeinschaft nach den Vorschriften über den Auftrag richtet, kann dieser Vertrag zwar nach den Artikeln 1732.1 und 1733 Código Civil einseitig durch den Auftraggeber (sprich die Eigentümergemeinschaft) beendet werden - es stellt sich aber die Frage, wie der Anspruch des ehemaligen Amtsträgers auf Schadensersatz, also dessen konkrete Höhe, zu beziffern ist.

Am weitesten verbreitet ist die Heranziehung der durch die vorzeitige Beendigung eingebüßten Monatszahlungen. Wurde der Vertrag z.B. vier Monate vor Ablauf des vereinbarten Zeitraums beendet, und sind deshalb die auf diese vier Monate entfallenden Zahlungen nicht erfolgt, wird die Höhe des Schadensersatzanspruchs oftmals auf den Umfang dieser vier Monate beziffert. Der Anspruch orientiert sich also an den entgangenen Einkünften.[475] Andererseits stellen einzelne Urteile zu Recht fest, dass mit Beendigung der Tätigkeit keine weitere Arbeit mehr für den ehemaligen Amtsträger anfällt. Würde man auf die entgangenen Einkünfte abstellen, müsste die Gemeinschaft den alten Amtsträger für Leistungen bezahlen, die dieser nicht erbracht hat und auch nicht erbringen wird, und darüber hinaus mit der Bestellung des neuen Amtsträgers zwei Mal die gleiche Leistung vergüten. Wenn der ehemalige Amtsträger von seinen Pflichten befreit wurde, scheint es deshalb mehr als plausibel anzunehmen, dass er nicht den gleichen Betrag erhalten sollte, der ihm bei vollständiger Verrichtung seiner Arbeit zugestanden hätte. Schließlich wird er im Ergebnis von der Erbringung der geschuldeten Leistung befreit. Teilweise wird daher (um dessen Schadenersatzanspruch zu bestimmen) darauf abgestellt, welche Ausgaben im Vertrauen auf die Einhaltung der Vertragslaufzeit vom Amtsträger getätigt wurden[476] oder auf welche Höhe sich sein entgangener Gewinn beläuft.[477]

Grundsätzlich besteht ein Schadenersatzanspruch des Amtsträgers aber nur, wenn der Vertrag ohne berechtigten Grund vorzeitig beendet wurde. Durch den Erhalt einer Gegenleistung handelt es sich bei dem Vertragsverhältnis zwischen Amtsträger und Gemeinschaft um einen gegenseitigen Vertrag. Die Gemeinschaft kann sich nur dann von ihrer Leistungspflicht befreien, wenn ein Verstoß des Amtsträgers gegen seine Pflichten die Beendigung der Vertragsbeziehung rechtfertigt (Artikel 1124 Código Civil). Andernfalls würde lediglich ein Verstoß der Gemeinschaft vorliegen, der den beschriebenen Schadenersatzanspruch des Amtsträgers (nach Artikel 1101 Código Civil) auslöst.[478] Ein berechtigter Grund zur Beendigung der Vertragsbe-

---

[474] Vgl. in Bezug auf die Enthebung vom Verwalteramt: AP Madrid, Sec. 25.ª, Urteil Nr. 492/2004 vom 16. September.

[475] AP Madrid, Urteil Nr. 444/2001 vom 12. Juni; AP Málaga, Sec. 5.ª, Urteil Nr. 585/2001 vom 24. September.

[476] AP Madrid, Sec. 11.ª, Urteil Nr. 245/2008 vom 20. Mai.

[477] AP Madrid, Sec. 10.ª, Urteil Nr. 63/2008 vom 24. Januar.

[478] AP Madrid, Sec. 10.ª, Urteil vom 30. November 1998; AP Málaga, Sec. 4.ª, Urteil Nr. 659/2005 vom 21. Juli.

ziehung liegt vor, wenn der Amtsträger Fehler begangen hat (diese können auch in einem Unterlassen liegen) und diese eine derartige Bedeutung haben, dass ein Vertrauensverlust eingetreten ist, der das Verhältnis der Gemeinschaft zum Amtsträger nachhaltig beeinträchtigt.[479]

Frage 154: Auf welche Art und Weise wird der Sekretär bzw. der Verwalter, oder der Sekretär-Verwalter bestellt?

Das Gesetz macht lediglich in Bezug auf das Präsidentenamt Ausführungen zur Art und Weise der Bestellung. Da anders als im Falle des Präsidenten weder eine Pflicht zur Amtsausübung noch die Beschränkung auf Eigentümer besteht, scheint eine Bestimmung des Sekretärs oder Verwalters mittels Losverfahren oder eine turnusgemäße Bestellung (wie im Falle der Ernennung des Präsidenten subsidiär zur Wahl ausdrücklich gesetzlich vorgesehen) unangebracht. Die Aufgaben des Verwalters bzw. Sekretär-Verwalters sind umfangreich, anspruchsvoll und zeitintensiv. Um zu vermeiden, dass der Gemeinschaft durch die Ablehnung einer nicht gewollten Bestellung Nachteile entstehen, sollten lediglich diejenigen Eigentümer ernannt werden, die sich tatsächlich zur Verfügung gestellt haben. Zwischen mehreren Kandidaten könnte mittels Wahlverfahren der Amtsträger ermittelt werden.

Da aber auch Nichteigentümer mit der erforderlichen beruflichen Qualifikation als Amtsträger in Frage kommen (Artikel 13.6.2 LPH), kann mangels (geeigneter) Kandidaten unter den Eigentümern auf professionelle Anbieter zurückgegriffen werden, was in der Praxis den Regelfall darstellt.

Zum Zwecke der Beauftragung sollten mehrere verbindliche Angebote eingeholt werden, so dass der Eigentümerversammlung die unterschiedlichen Vertragsbedingungen und Preise vorgelegt und zur Abstimmung gestellt werden können.

Frage 155: Kann auch eine Beauftragung des Sekretärs bzw. des Verwalters oder des Sekretär-Verwalters ohne Beschluss der Eigentümerversammlung erfolgen?

Die Ernennung der Amtsträger erfolgt gemäß Artikel 14.a.) LPH durch die Eigentümerversammlung. Unterzeichnet der Präsident einen Vertrag mit einem Sekretär, einem Verwalter oder einem Sekretär-Verwalter, muss er auf Grundlage eines entsprechenden Beschlusses der Eigentümerversammlung handeln.[480] Fehlt dieser, bedarf es zumindest einer nachträglichen Zustimmung der Versammlung, um diesen Mangel zu heilen.[481] Gleiches gilt selbst dann, wenn der Präsident zwar allgemein zur Beauftragung eines Amtsträgers bevollmächtigt wurde, der genaue Inhalt des letztlich unterzeichneten Vertrag aber nicht bekannt war. Auch hier muss die Eigentümerversammlung die Handlung des Präsidenten im Nachhinein erst noch genehmigen, damit sie verpflichtet wird.[482] Ohne diese Genehmi-

---

[479] AP Málaga, Sec. 6.ª, Urteil Nr. 908/2001 vom 15. Januar.
[480] AP Madrid, Sec. 18ª, Urteil Nr. 215/2008 vom 30. April.
[481] AP Madrid, Sec. 18.ª, Urteil Nr. 238/2007 vom 13. April; AP Cádiz, Sec. 2.ª, Urteil Nr. 138/2009 vom 1. Juni.
[482] AP Las Palmas, Urteil Nr. 301/2005 vom 27. Mai; AP Alicante, Sec. 5.ª, Urteil Nr. 48/2008 vom 30. Januar.

gung würde nur der Präsident und nicht die Gemeinschaft verpflichtet (siehe Artikel 1714 und 1725 Código Civil). Der Gutglaubensschutz Dritter, die ausgehend von Artikel 13.3 LPH auf die Vertretungsmacht des Präsidenten vertrauen dürfen, weshalb trotz fehlenden Beschlusses dennoch unmittelbar ein Vertrag mit der Gemeinschaft zustande kommt, findet in diesen Fällen keine Anwendung. Wer die Amtsträgerstellung in Ausübung einer beruflichen Tätigkeit übernimmt, muss aufgrund seiner Qualifikation die Voraussetzungen der Bestellung kennen. Darüber hinaus ist derjenige, der berufsmäßig das Amt des Sekretärs, des Verwalters, oder des Sekretär-Verwalters als Mitglied der Kammer der Liegenschaftsverwalter (*Administrador de Fincas colegiado*) ausübt, kraft standesrechtlicher Vorschriften zur Bekanntgabe des zugrunde liegenden Vertrages und der anfallenden Honorare gegenüber den Mitgliedern der Eigentümergemeinschaft verpflichtet.[483]

Frage 156: Welche berufliche Qualifikation muss ein Nichteigentümer haben, um das Amt des Verwalters (oder Sekretärs) bzw. Sekretär-Verwalters ausüben zu dürfen?

Gemäß Artikel 13.6.2 LPH bedürfen Nichteigentümer einer ausreichenden, rechtlich anerkannten, beruflichen Qualifikation,[484] um das Amt des Verwalters bzw. Sekretär-Verwalters (und gemäß der bereits weiter oben gemachten Ausführungen, unserer Auffassung nach auch in den Fällen des theoretisch möglichen separaten Sekretärs) ausüben zu dürfen.

Mangels konkreterer Angaben ist fraglich, was genau hierunter zu verstehen ist. Das Erfordernis einer *ausreichenden beruflichen Qualifikation* ermöglicht jedenfalls keine eindeutige Abgrenzung. Erst die in diesem Zusammenhang ebenfalls genannte *rechtliche Anerkennung*, verdeutlicht, dass die Anforderungen gemeint sind, die der in Spanien gesetzlich geregelte Liegenschaftsverwalter (*Administrador de Fincas*) erfüllen muss.

Der Beruf des Liegenschaftsverwalters ist maßgeblich durch das Dekret 693/1968, vom 1. April geprägt.[485] Hiernach bedurfte es ursprünglich, um die Tätigkeit des Liegenschaftsverwalters, in legaler Weise ausüben zu dürfen, einer Mitgliedschaft in der örtlichen Liegenschaftsverwalterkammer. Eine Aufnahme konnte je nach Ausbildung entweder direkt oder erst nach bestandener Eignungsprüfung erfolgen. So ermöglichten einige Studienabschlüsse bzw. bestimmte Berufsqualifikationen eine sofortige Aufnahme (in diese Gruppe gehörten unter anderem: abgeschlossenes Studium der Rechtswissenschaften, Politikwissenschaften, Wirtschaftswissenschaften, aber auch der Abschluss als Agraringenieur oder Bergbauingenieur), während andere Bildungsabschlüsse (z.B. Hochschulreife) lediglich den Zugang zu einer Eignungsprüfung eröffneten, die erfolgreich abzuschließen war. Staatlich anerkannter Liegenschaftsverwalter wurden die zukünftigen Dienstleister erst mit Eintritt in die Kammer der Liegenschaftsverwalter. Einen offiziellen,

---

[483] Flores Rodríguez, S. 239.

[484] *"cualificación profesional suficiente y legalmente reconocida para ejercer dichas funciones"*

[485] Decreto 693/1968, de 1 de abril, por el que se crea el Colegio Nacional Sindical de Administradores de Fincas

sprich staatlich regulierten, Studiengang *Liegenschaftsverwalter* gab und gibt es bis heute nicht, auch wenn einige Universitäten diesen mit einem von ihnen geschaffenen eigenen Titel als abschließendes Studium offerieren.

Lange durfte der Beruf des Liegenschaftsverwalters daher nur von denjenigen ausgeübt werden, die aufgrund einer fachlichen Qualifikation bzw. durch Erfüllung der Eingangsvoraussetzungen und Bestehen der Eignungsprüfung als Mitglieder in die Kammer der Liegenschaftsverwalter aufgenommen wurden. Das Erfordernis der Kammermitgliedschaft ging so weit, dass eine Ausübung des Berufs ohne diese sogar strafrechtliche Konsequenzen nach sich ziehen konnte.[486]

Aufgrund der durch das Gesetz 8/1999 vom 6. April praktizierten Reform des spanischen Wohnungseigentumsgesetzes und der in ihr enthaltenen Beschreibung der erforderlichen Befähigung des Berufsverwalters als jemandem, der über eine ausreichende, rechtlich anerkannte, beruflichen Qualifikation verfügen müsse, urteilte jedoch der Tribunal Supremo, dass dies keine Beschränkung auf die Mitglieder der Liegenschaftsverwalterkammer bedeuten dürfe. Andernfalls würde der freie Wettbewerb zum Nachteil der Verbraucher behindert.[487]

Infolgedessen kann die Mitgliedschaft in der Liegenschaftsverwalterkammer nicht ausschlaggebend sein, damit das Amt des Verwalters von einem Nichteigentümer ausgeübt werden darf. Alleine die fachliche Qualifikation ist ausschlaggebend. Diese darf aber zumindest dann mit Sicherheit unterstellt werden, wenn der Berufsverwalter in die Liegenschaftsverwalterkammer eintreten könnte.[488]

Wenn keine Mitgliedschaft erforderlich ist, und alleine auf die Berechtigung zum Eintritt in die Kammer abgestellt werden kann, bedeutet dies neben der Beseitigung eines Monopols der Verwalterkammer, aber (theoretisch) auch, dass es dem Verbraucher erschwert wird, fachlich qualifizierte Berufsverwalter zu identifizieren.

Neben den Mitgliedern der Liegenschaftsverwalterkammer konkurrieren dann nämlich nicht nur die ebenso qualifizierten Berufsverwalter, die (trotz Eignung) auf eine Kammermitgliedschaft verzichten (dürfen) und gegebenenfalls ein wirtschaftlicheres Angebot unterbreiten können, sondern ebenso (theoretisch) unqualifizierte Anbieter, die keinen Zugang zur Liegenschaftsverwalterkammer haben und dennoch Leistungen in diesem Bereich anbieten.

Entfällt das Erfordernis der Kammermitgliedschaft, wird auch die durch die Kammer ausgeübte Kontrollfunktion beseitigt. Wie soll der Verbraucher nunmehr die Eignung eines Verwalters beurteilen können? Auch wenn diese Frage durchaus ihre Berechtigung hat und immer wieder von der Liegenschaftsverwalterkammer aufgegriffen wurde, muss sie in ihrer Bedeutung relativiert werden, denn der wahre

---

[486] TS, Sala 2.ª, de lo Penal, Urteil vom 3. Februar 1992 (dies auch trotz Erfüllung der Voraussetzungen zur Mitgliedschaft); TC, Sala 1.ª, Urteil Nr. 74/1994 vom 14. März 1994.
[487] TS, Sala 3.ª, de lo Contencioso-Administrativo, Urteile vom 11. November 2008, 31. März 2009 und 28. März 2011.
[488] AP Cantabria, Sec. 2.ª, Urteil Nr. 1198/2010 vom 6. Oktober.

Vorteil der Kammermitgliedschaft bzw. des ursprünglichen Kammerzwanges liegt möglicherweise in einem gänzlich anderen Bereich, wie etwas später ausgeführt werden soll.

Betrachtet man die ursprünglich zur Mitgliedschaft berechtigenden Studienabschlüsse und Berufe[489],[491]

Genauso entscheidend, wie die durch entsprechende Titel unterstellte Qualifikation des Berufsverwalters und die damit einhergehende Berechtigung zur Aufnahme in die Verwalterkammer, scheinen aber die mit einer Mitgliedschaft verbundenen, zusätzlichen Garantien zu Gunsten der Eigentümergemeinschaft zu sein. Und dies ist nach wie vor einer der wesentlichen Vorzüge der Beauftragung eines Verwalters mit Kammerzugehörigkeit.

Zum einen unterliegt der als Mitglied einer Liegenschaftsverwalterkammer tätige Berufsverwalter der Aufsicht seiner Kammer, die ein etwaiges Fehlverhalten desselben entsprechend ahnden kann. Zum anderen unterhält die Kammer Berufshaftpflichtversicherungen zugunsten aller ihrer Mitglieder, so dass für den Fall, dass von einem von ihnen ein vorwerfbares Tun oder Unterlassen zu verantworten wäre, ein möglicher Schaden durch die Versicherung weitestgehend aufgefangen werden dürfte.

---

[489] Zur Vollständigkeit seien hier die in Artikel 5.1, des Dekrets 693/1968, vom 1. April bezeichneten Abschlüsse und Berufe wiedergegeben: *"los licenciado en Derecho, en Ciencias Políticas, Económicas y Comerciales, los Profesores Mercantiles, los Procuradores de los Tribunales de Justicia, los Ingenieros Agrónomos y los Ingenieros de Montes, los Veterinarios, los Ingenieros Técnicos Agrícolas y los Ayudantes de Montes."* sowie die damals zur Ablegung der Eignungsprüfung berechtigenden Titel (u.a. Hochschulreife), wird deutlich (wie auch in den vorangegangenen Entscheidungen des Tribunal Supremo dargelegt), dass die beschriebenen Qualifikationen weder eine tatsächliche Eignung zum Liegenschaftsverwalter garantieren, noch dass man anderen Abschlüssen oder Berufen selbige zwingend absprechen kann. Mit genau diesem Argument haben im übrigen Berufsträger anderer Fachrichtungen als der gesetzlich vorgesehenen ihre Aufnahme in die Liegenschaftsverwalterkammer erfolgreich einklagen können, und damit eine Mitgliedschaft erstritten.[490]
Aktuell haben daher einige Liegenschaftsverwalterkammern ihre Satzungen abgeändert und gestatten einer erweiterten Zahl an Studienabschlüssen und Berufen den direkten Zugang zur Mitgliedschaft.

[491] Gemäß der Satzung der Liegenschaftsverwalter von Madrid, erlauben folgende Titel eine sofortige Aufnahme: "Licenciados en Derecho, en Ciencias Políticas, Económicas y Comerciales, en Ciencias Empresariales, en Administración y Dirección de Empresas, en Arquitectura, en Ciencias Químicas, Diplomados en Ciencias Empresariales, Profesores Mercantiles, Procuradores de los Tribunales de Justicia, Ingenieros Agrónomos, Ingenieros de Montes, Veterinarios, Ingenieros Técnicos Agrícolas, Ayudantes de Montes, Ingenieros Técnicos Forestales, Arquitectos Técnicos, Graduados Sociales y Diplomados en Relaciones Laborales, Ingenieros Técnicos de Obras Públicas, Ingenieros de Caminos, Canales y Puertos, Ingenieros Industriales e Ingenieros Técnicos Industriales, Ingenieros de Minas, Licenciados en Geografía e Historia, Licenciados en Ciencias Físicas, Graduados en Finanzas y Contabilidad, Ingenieros Técnicos en Topografía, Ingenieros en Infórmática, Ingenieros Técnicos de Telecomunicación y Licenciados en Psicología, a través de los títulos de Experto Inmobiliario, Curso Superior de Estudios Inmobiliarios, Grado en Administración de Fincas, de las Universidades de Alcalá y Burgos así como aquellas que tengan firmado convenio con el Consejo General de Colegios de Administradores de Fincas de España".

Im Ergebnis bedeutet dies, dass jeder der über eine ausreichende Qualifikation verfügt, um in eine Liegenschaftsverwalterkammer aufgenommen zu werden, als Berufsverwalter tätig sein darf, ohne dass eine Mitgliedschaft erforderlich wäre. Diese bietet allerdings für die beauftragende Gemeinschaft einen zusätzlichen Schutz in Gestalt besonderer Garantien.

Frage 157: Welche Folgen sind mit dem Fehlen einer entsprechenden beruflichen Qualifikation bei Nichteigentümern verbunden?

Zunächst würde die Bestellung eines nicht ausreichend qualifizierten externen Amtsträgers gegen Artikel 13.6.2 LPH verstoßen und auf diese Weise die Anfechtung des Beschlusses, mittels dessen die Ernennung erfolgte, gemäß Artikel 18.1.a.) LPH rechtfertigen. Fraglich ist aber, ob die mangelnde Qualifikation nicht sogar ohne Anfechtung, also unmittelbar, nichtig ist. Grundsätzlich kann auf die Diskussion verwiesen werden, die in Bezug auf den zum Präsidenten bestellten Nichteigentümer geschildert wurde. Hiernach könnte die Auffassung vertreten werden, es liege keine unmittelbare Nichtigkeit vor, weil das spanische Wohnungseigentumsgesetz bei Verstößen gegen dieses oder die Satzung ausdrücklich nur von der Möglichkeit einer Anfechtung spricht. Ohne die besagte (erfolgreiche) Anfechtung trete aber keine Nichtigkeit ein.

Trotz der Parallelen zum dargelegten Streit bezüglich der Bestellung des Präsidenten argumentieren einzelne Literaturmeinungen, dass es mit Rücksicht auf das Erfordernis der geeigneten beruflichen Qualifikation des Berufsverwalters einen wesentlichen Unterschied gäbe. Auch wenn keine Kammermitgliedschaft mehr erforderlich sei, müsse der Berufsverwalter im Ergebnis immer noch die Zugangsvoraussetzungen der Kammer erfüllen. Hierbei handele es sich aber um verwaltungsrechtliche Vorschriften und ein Verstoß gegen diese bedeute einen Verstoß gegen die öffentliche Ordnung. In diesem Sinne verstoße der nicht ausreichend qualifizierte Berufsverwalter nicht nur gegen Artikel 13.6 LPH sondern gegen außerhalb dieses Gesetzes gelegene Vorschriften, weshalb seine Bestellung gemäß Artikel 6.3 Código Civil unmittelbar nichtig sei.[492]

Unabhängig davon, ob man lediglich Anfechtbarkeit oder eine unmittelbare Nichtigkeit annimmt, stellt sich die Frage, wie die durch den unqualifizierten Verwalter vorgenommenen Handlungen einzuordnen sind. Sind diese auch nach erfolgreicher Anfechtung seiner Bestellung bzw. im Falle der Annahme unmittelbarer Nichtigkeit wirksam? Die Rechtsprechung scheint sich einstimmig für deren Gültigkeit auszusprechen und beschränkt damit die Auswirkungen der Nichtigkeit bzw. Anfechtbarkeit alleine auf die Bestellung.[493]

Frage 158: Welche Rechte hat die Gemeinschaft, wenn der Verwalter, der Sekretär oder der Sekretär-Verwalter die ihm auferlegten Aufgaben und Pflichten nicht erfüllt?

---

[492] Flores Rodríguez, S. 147 ff.

[493] AP Cádiz, Sec. 8.ª, Urteil Nr. 76/2006 vom 23. März; AP Madrid, Sec. 14.ª, Urteil Nr. 648/2006 vom 20. September.

Solcherlei Verstöße können, je nach Ausmaß, das in den Amtsträger gelegte Vertrauen verletzen und eine Entfernung aus dem Amt rechtfertigen. Die Eigentümerversammlung darf den Verwalter ohnehin mittels Mehrheitsbeschluss[494] jederzeit, gemäß Artikel 13.7 LPH, seines Amtes entheben, unabhängig davon, ob ein Fehlverhalten vorliegt oder nicht.[495] Lediglich für den Fall, dass das Amt beruflich ausgeübt wurde, kann die mit der Enthebung verbundene Beendigung des Vertragsverhältnisses Schadenersatzansprüche des Amtsträgers begründen. Wurde das Amt aber mangelhaft ausgeübt, ist also die Amtsführung in vorwerfbarer Weise erfolgt, entfällt der Ausgleichsanspruch desselben.[496] Auch ohne einen Verstoß gegen seine Aufgaben und Pflichten kann gegebenenfalls die Beendigung eines Vertragsverhältnisses mit einem Berufsverwalter (Sekretär oder Sekretär-Verwalter) gerechtfertigt sein (und ein Schadenersatzanspruch seinerseits ausscheiden), wenn aus anderen Gründen ein bedeutender Vertrauensverlust eingetreten ist.[497] Verursacht die Pflichtverletzung des Amtsträgers der Gemeinschaft einen Schaden, kann dieser außerdem ein Schadensersatzanspruch zustehen.

Frage 159: Kann die Gemeinschaft den Verwalter, Sekretär oder Sekretär-Verwalter aufgrund seiner Pflichtverletzungen in die Haftung nehmen?

Grundsätzlich ja. Es ist aber zwischen den Fällen der Ausübung des Amtes durch einen Dienstleister und denen der Betätigung eines Eigentümers (mit und ohne Aufwandsentschädigung bzw. Entgelt) zu unterscheiden.

Geht man mit der h.M. davon aus, dass sich das Verhältnis zwischen Verwalter (Sekretär oder Sekretär-Verwalter) und Gemeinschaft nach den Vorschriften des *mandato* also des Auftrags richtet, sind auf ihn die Artikel 1709 ff. des Código Civil anwendbar. Der Amtsträger ist hiernach verpflichtet, seine Aufgaben gemäß den Anweisungen auszuführen und haftet für die Schäden die seine Untätigkeit auslöst nach Artikel 1718 Código Civil.[498] Der Amtsträger haftet jedoch nicht nur für seine Untätigkeit. Auch für die fehlerhafte oder ungeeignete Ausübung der ihm übertragenen Aufgaben kann er zur Verantwortung gezogen werden.[499] Problematisch ist in diesen Fällen die Beantwortung der Frage, welche Sorgfaltsanforderungen an den Amtsträger zu stellen sind. Gemäß Artikel 1726 Código Civil beurteilt sich der an die Sorgfaltspflicht anzusetzende Maßstab danach, ob der Amtsträger seine Tätigkeit entgeltlich oder unentgeltlich ausübt. Selbstverständlich haftet er in jedem Falle für Vorsatz. In Bezug auf die Haftung für Fahrlässigkeit bestimmt die bezeichnete Vorschrift hingegen, dass die Gerichte diese in Abhängigkeit davon, ob der Auftrag entgeltlich oder unentgeltlich ausgeübt wurde, zu beurteilen haben. Erhält der Amtsträger eine Gegenleistung, sind höhere Anforderungen gerechtfertigt.

---

[494] AP Valencia, Sec. 4.ª, Urteil Nr. 71/2001 vom 7. Juni.

[495] AP Zaragoza, Sec. 4.ª, Urteil Nr. 349/2003 vom 16. Juni.

[496] AP Sevilla, Urteil Nr. 305/2002 vom 5. Juni; AP Málaga, Sec. 5.ª, Urteil Nr. 272/2006 vom 31. März; AP Madrid, Sec. 14.ª, Urteil Nr. 259/2011 vom 7. Juni.

[497] AP Madrid, Sec. 21ª, Urteil Nr. 3/2006 vom 2. Januar; AP Madrid, Sec. 11.ª, Urteil Nr. 69/2008 vom 12. Februar.

[498] AP Girona, Sec. 1.ª, Urteil Nr. 213/2005 vom 27. Mai.

[499] Lefebvre, Propiedad Horizontal, Rn. 2139.

Dies hat sowohl Einfluss auf die Bewertung der Verantwortung des Amtsträgers der zwar aus den Reihen der Eigentümer bestellt wurde, aber dennoch für seine Tätigkeit ein Entgelt erhält, wie auf die Tätigkeit des Dienstleisters. Insbesondere bei letzterem führt die Tatsache, dass es sich um die Ausübung seiner beruflichen Tätigkeit handelt und er besonders qualifiziert ist (oder sein sollte), zu einer signifikant erhöhten Sorgfaltspflicht.[500]

Ist ein Eigentümer unentgeltlich als Amtsträger tätig, hat sich sein Verhalten bzw. seine Sorgfaltspflicht gemäß Artikel 1719 Código Civil an dem Verhalten eines so wortwörtlich *guten Familienvaters*[501] zu orientieren (vergleichbar mit der Sorgfalt in eigenen Angelegenheiten des § 277 BGB).

Das vorwerfbare Tun und Unterlassen des Amtsträgers kann aber nicht nur zivilrechtliche Schadensersatzansprüche entstehen lassen. Auch die Erfüllung einzelner Straftatbestände ist denkbar, was wiederum strafrechtliche Sanktionen nach sich ziehen kann.

Frage 160: Welches könnten typische Haftungsfälle sein?

Damit ein Amtsträger für einen Schaden aufkommen muss, ist es erforderlich, dass ihm ein vorwerfbares Tun oder Unterlassen zur Last gelegt werden kann und dass dieses kausal den Schaden verursacht hat.

Die Haftung entspringt hierbei regelmäßig aus der Nichterfüllung bzw. mangelhaften Wahrnehmung seiner Aufgaben und Pflichten. Betrachtet man diese, lassen sich leicht die typischsten Haftungsfälle erkennen. Zu beachten sind lediglich die unterschiedlichen Anforderungen an die Sorgfaltspflicht, gemäß Artikel 1726 Código Civil, in Abhängigkeit davon, ob der Amtsinhaber unentgeltlich tätig wurde (geringere Sorgfaltspflicht) oder eine Gegenleistung erhielt (höhere Sorgfaltspflicht), bzw. das Amt und dessen Aufgaben beruflich wahrnimmt (erhöhte Sorgfaltspflicht).

Typische Fälle, in denen die Haftung bejaht wurde, sind z.B. Nichtbeachtung (durch Berufsverwalter) von Fristen und daher Verjährung von Ansprüchen gegenüber einer Versicherung bei der Meldung,[502] Haftung wegen unterlassener Rechnungslegung, Schaden aufgrund unerklärlichen Vermögensverlusts und Kosten wegen der Beauftragung eines Dritten zur Analyse und Behebung der Missstände (hier wurde das Verwalteramt von einem Eigentümer ausgeübt),[503] Schaden durch erforderliche Beauftragung Dritter zur Überprüfung und Korrektur der Bücher (hier wurde das Verwalteramt von einem Berufsverwalter ausgeübt),[504] Schadenersatz wegen fehlenden Versicherungsschutzes aufgrund nicht gezahlter Versicherungsprämien (Verwalter ist Berufsverwalter),[505] Schadenersatz aufgrund der

---

[500] AP Asturias, Urteil Nr. 208/2004 vom 14. Mai; vgl. Comentarios al Código Civil y Compilaciones Forales, León Alonso, Artikel 1726.

[501] "un buen padre de familia"

[502] AP Asturias, Urteil Nr. 160/2008 vom 7. April.

[503] AP Madrid, Sec. 13ª, Urteil Nr. 604/2005 vom 5. Dezember.

[504] AP Asturias, Urteil Nr. 360/2005 vom 24. Oktober.

[505] AP Baleares, Sec. 3ª, Urteil Nr. 410/2005 vom 29. September.

Ausstellung mehrerer Schecks, ohne sich über deren Verwendungszweck zu erkundigen (Verwalter ist Berufsverwalter),[506] Schadenersatz wegen der Nachteile, welche der Gemeinschaft durch die Ausführung von Baumaßnahmen ohne Baugenehmigung verursacht wurden (Verwalter ist Berufsverwalter),[507] durch die vom Verwalter zu verantwortenden unterlassenen Zahlungen an das Wasserwerk sind die entstandenen Verzugszinsen vom Berufsverwalter zu tragen,[508] Berufsverwalter muss Schadenersatz dafür zahlen, dass die Aufforderung eines Eigentümers zur Instandsetzung der Heizung und Warmwasserzufuhr lange Zeit unberücksichtigt blieb.[509]

Neben etwaigen zivilrechtlichen Ansprüchen kann das Verhalten des Verwalters in einigen Fällen aber auch strafrechtliche Konsequenzen haben. Im Vordergrund stehen insbesondere diejenigen Fälle, in denen sich der Amtsinhaber an den Geldern der Gemeinschaft bereichert hat.

Hierbei wird regelmäßig der Tatbestand der Unterschlagung (*apropiación indebida*, Artikel 252 f. des *Código Penal*) und der Urkundenfälschung erfüllt, wenn der Verwalter z.B. zu seinen Gunsten unberechtigterweise Schecks ausstellt und die Unterschrift des Präsidenten fälscht).[510]

Frage 161: Kann der Sekretär für die Aufnahme beleidigender Äußerungen in das Protokoll zivil- und / oder strafrechtlich belangt werden?

Solange er sich darauf beschränkt, die tatsächlichen Geschehnisse in der Versammlung zu schildern, ist auch die Aufnahme ehrverletzender Äußerungen nicht vorwerfbar.[511]

Frage 162: Welches ist die allgemeine Funktion des Sekretärs?

Der Schwerpunkt seiner Tätigkeit liegt auf allen organisatorischen Angelegenheiten rund um die Eigentümerversammlung.

Er kümmert sich um die Erstellung der Ladung zu den Versammlungen und ihre Zustellung an die Eigentümer, er teilt den abwesenden Eigentümern - in den Fällen, in denen der Abstimmungsgegenstand unter Artikel 17.8 LPH fällt - das vorläufige Ergebnis mit und nimmt ihre daraufhin abgegebenen Stimmen entgegen, um anschließend das endgültige Versammlungsprotokoll zu fertigen. Daher ist ihm von allen Eigentümern eine ladungsfähige Adresse in Spanien zu benennen (Artikel 9.1.h.) LPH). Im Zusammenhang mit den Versammlungen obliegt ihm außerdem die Aufbewahrung der Protokollbücher sowie aller mit den Versammlungen in Verbindung stehenden Dokumente (Artikel 19.4 LPH).

---

[506] AP Córdoba, Urteil Nr. 217/2005 vom 23. Mai.

[507] AP Navarra, Urteil Nr. 145/2004 vom 9. September.

[508] AP Cáceres, Sec. 1.ª, Urteil Nr. 285/2004 vom 7. Juni.

[509] AP Asturias, Urteil Nr. 208/2004 vom 14. Mai.

[510] AP Madrid, Sec. 7.ª, Urteil Nr. 92/2006 vom 16. Oktober; TS, Sala 2ª, de lo Penal, Beschluss Nr. 1138/2010 vom 17. Juni.

[511] AP Alicante, Urteil Nr. 94/2002 vom 13. Februar.

Daneben stellt er Bescheinigungen über die Protokolle aus und schafft auf diesem Wege die vom Gesetz geforderten Nachweise (bei der Übertragung einer Immobilie über den Schuldenstand - Artikel 9.1.e.) LPH), (bei der Einleitung eines Mahnverfahrens über die von der Gemeinschaft festgestellten Schulden - Artikel 21.1 LPH), (bei Klagen gegen Störer über den Beschluss der Versammlung, gerichtliche Maßnahmen gegen diesen zu ergreifen - Artikel 7.2.4 LPH).

Frage 163: Darf die Gemeinschaft vom Eigentümer für die Ausstellung eines Zertifikates über den Schuldenstand eine wirtschaftliche Gegenleistung verlangen?

Es handelt sich um ein kontrovers diskutiertes Thema, da sich aus dem Gesetz die Pflicht zur Ausstellung der Bescheinigung ergibt, aber keine Angaben darüber gemacht werden, ob die Ausstellung dieses Zertifikats kostenpflichtig sein darf.

Magro Servet, vertritt die Auffassung, dass ausgehend von zwei Konstellationen jeweils zu unterscheiden sei:[512] Sollte neben dem Liegenschaftsverwalter das Amt des Sekretärs separat (durch einen Eigentümer) besetzt worden sein, müsste sich der Antrag auf Ausstellung der Bescheinigung an den Sekretär richten. Dieser müsste sich im Anschluss zur Einholung der entsprechenden Informationen an den Liegenschaftsverwalter wenden. In einem solchen Fall würde die Tätigkeit des Verwalters gegenüber dem Sekretär erfolgen und dieser interne Charakter seines Tätigwerdens würde unter seine allgemeinen Aufgaben fallen, die Gegenstand des Vertrages mit der Eigentümergemeinschaft sind und durch sein Honorar als abgegolten gelten. Damit dürfte der Verwalter keine Gebühren verlangen. Wenn der Berufsverwalter aber gleichzeitig das Amt des Sekretärs ausübt und er damit nicht nur intern die erforderlichen Daten für die Erstellung des Zertifikats zur Verfügung stellen, sondern selbst das fertige Dokument gegenüber dem Eigentümer ausstellen sollte, dürfte er hierfür ein Entgelt verlangen. In jedem dieser Fälle wäre der Verwalter bzw. Sekretär oder Sekretär-Verwalter aber nicht berechtigt die Ausstellung der Bescheinigung zu verweigern, Sollte sich der Eigentümer der Zahlung einer *Unkostenpauschale* widersetzt. Der Verwalter könnte dann lediglich den vom Eigentümer geschuldeten Betrag gerichtlich einfordern.

Frage 164: In welchen Fällen darf die Gemeinschaft durch den Verwalter vertreten werden?

Es ist zwischen der außergerichtlichen und der gerichtlichen Vertretung zu unterscheiden.

Außergerichtliche Vertretung

Gemäß Artikel 20.1.d.) LPH obliegt es dem Verwalter, sich um die Ausführung der in der Versammlung beschlossenen Baumaßnahmen, Zahlungen und Einnahmen zu kümmern. In diesem Zusammenhang darf er folglich auch im Namen der Gemeinschaft handeln. Die Befugnis des Verwalters nach Artikel 20.1.c.) im Namen

---

[512] Magro Servet, Particularidades sobre la emisión del certificado del estado de deudas comunitarias.

der Gemeinschaft erforderliche Reparatur- und Erhaltungsmaßnahmen zu veranlassen, ist, wie sich bereits aus dem Wortlaut der Vorschrift selbst ergibt, auf diejenigen Fälle begrenzt, in denen Eilbedürftigkeit besteht. Und selbst in diesen dringenden Fällen, hat er umgehend den Präsidenten oder die Eigentümer hierüber zu informieren. Weitere Vertretungsbefugnisse können sich nur ergeben, wenn dem Verwalter nach Artikel 20.1.f.) LPH von der Eigentümerversammlung besondere Aufgaben übertragen wurden. Im Umkehrschluss kann hieraus abgeleitet werden, dass der Verwalter im Allgemeinen lediglich in dringenden Fällen (bei notwendigen Reparaturmaßnahmen) bzw. auf der Grundlage entsprechender Beschlüsse im Namen der Gemeinschaft tätig werden darf.

Gerichtliche Vertretung

Das Gesetz sieht die Vertretung des Gemeinschaft durch den Verwalter vor Gericht ausschließlich in Artikel 21.1 LPH bezogen auf die Durchführung des Mahnverfahrens vor. Sollte die Eigentümerversammlung beschließen die gemäß Artikel 9.1.e.) und f.) LPH (Beiträge zu den Gemeinschaftsausgaben und zum Rücklagenfond) durch einen Eigentümer gegenüber der Gemeinschaft geschuldeten Beiträge im Wege des Mahnverfahrens einzufordern, dürfte hiernach der Verwalter (wie auch der Präsident) bereits kraft gesetzlicher Vertretungsmacht für die Gemeinschaft tätig werden.

Außerhalb dieser Anlässe kommt, mangels gesetzlicher Vertretungsmacht und bei fehlender anderweitiger Beauftragung und Bevollmächtigung, keine verbindliche Vertretung der Gemeinschaft zustande.[513] Autorisiert die Versammlung nicht noch nachträglich[514] die Handlungen des Verwalters (sollte dieser ausnahmsweise ohne Bevollmächtigung tätig geworden sein), wird sie nicht verpflichtet.

Frage 165: Darf der Verwalter gemäß Artikel 7.2 LPH die Störer auffordern, ihr verbotenes Verhalten einzustellen?

Obwohl Artikel 20.1.a.) LPH dem Verwalter die Aufgabe überträgt, über die gute Führung der Liegenschaft zu wachen und gegebenenfalls Eigentümer zu ermahnen, erklärt Artikel 7.2 LPH, dass es dem Präsidenten obliegt, Störer zur Einstellung ihres verbotenen Verhaltens aufzufordern. Es stellt sich daher die Frage, ob die Aufforderung des Artikels 7.2 LPH auch durch den Verwalter formuliert werden darf.

Wurde mittels Beschlusses der Verwalter hierzu bevollmächtigt, wäre er gemäß Artikel 20.1.f) LPH auch hierzu berechtigt. Aber selbst in denjenigen Fällen, in denen eine ausdrückliche Bevollmächtigung unterblieb, ist bereits entschieden worden, dass sich aus dem Zusammenhang eine Berechtigung des Verwalters zur Durchführung solcherlei Maßnahmen ergeben kann.[515] Dem Präsidenten kann auf diese Weise die oftmals leidige Aufgabe, andere Eigentümer und damit letztlich Nach-

---

[513] AP Baleares, Sec. 3.ª, Urteil Nr. 208/2010 vom 25. Mai.
[514] Wenn diese Möglichkeit überhaupt für zulässig erachtet wird, was äußerst umstritten ist.
[515] TS, Sala 1ª, de lo Civil, Urteil vom 18. Juni 1990.

barn mit rechtlichen Konsequenzen zu bedrohen, abgenommen werden. Dennoch ist ein entsprechender Beschluss mit Bevollmächtigung des Verwalters dringend anzuraten, um Missverständnisse und spätere Hindernisse bei der gerichtlichen Durchsetzung von Unterlassungsansprüchen möglichst auszuräumen.

Frage 166: Welche Art von Vertragsverhältnis liegt der Geschäftsbeziehung zwischen Gemeinschaft und Berufsverwalter zu Grunde?

Die herrschende Meinung in der Rechtsprechung ist der Auffassung, der Berufsverwalter übe seine Tätigkeit auf Grundlage der Vorschriften des Auftrags (*mandato*) gemäß Artikel 1709 Código Civil aus. Artikel 13.7 LPH verwendet in Bezug auf die Amtsdauer ausdrücklich die Bezeichnung *mandato* also Auftrag. Da Artikel 1711 Código Civil außerdem die Möglichkeit des entgeltlichen Auftrags vorsieht, wenn der Beauftragte diese Aufgaben beruflich wahrnimmt, spricht vieles für eine derartige rechtliche Einordnung. Im Ergebnis ist daher von einem Auftrag auszugehen. Unter den Befürwortern dieser Wertung finden sich aber Vertreter, die präzisieren, es handele sich um einen Auftrag *sui generis*.[516] Abweichend hiervon vertritt eine Mindermeinung, es liege ein Dienstvertrag gemäß Artikel 1583 Código Civil vor.

Frage 167: Kann sich gegebenenfalls eine automatische Verlängerung der Amtsperiode des Verwalters, des Sekretärs bzw. Sekretär-Verwalters ergeben?

Artikel 13.7 LPH bestimmt, dass mangels abweichender Regelungen in der Gemeinschaftssatzung die Ämter für die Dauer von einem Jahr besetzt werden. Während das spanische Wohnungseigentumsgesetz in seiner ursprünglichen Fassung von 1960 in Artikel 12.4 noch vorsah, dass sich die gesetzlich vorgesehene Amtsperiode von einem Jahr stillschweigend um weitere Zeiträume gleichen Umfangs verlängert, findet sich dieser Passus in der aktuellen Fassung nicht mehr. Äußerte sich die Eigentümerversammlung nicht, war früher von einer automatischen Verlängerung der Amtsperiode um ein weiteres Jahr auszugehen, während heute nur dann eine Verlängerung angenommen werden kann, wenn sich aus dem Zusammenhang ergibt, dass dies durch die Gemeinschaft (und den Amtsträger) gewollt ist.[517]

Frage 168: Können neben dem Amt des Sekretärs durch dieselbe Person auch noch weitere Ämter ausgeübt werden?

Ja. Artikel 13.6 LPH sieht ausdrücklich vor, dass die Ämter des Sekretärs und Verwalters in Personalunion ausgeübt werden dürfen. Artikel 13.1.2 LPH bestimmt darüber hinaus, dass neben den durch das Gesetz vorgeschriebenen Ämtern durch Satzung oder Beschluss auch noch zusätzliche, neu Ämter geschaffen werden können. Es spricht daher nichts dagegen, wenn der Sekretär neben seinem Amt auch noch andere, neue, von der Eigentümerversammlung geschaffene Ämter bekleidet. Artikel 13.5 LPH sieht mangels anderslautender Satzung bzw. Beschlusses, sogar vor, dass der Präsident die Aufgaben des Sekretärs und Verwalters übernimmt. Es gibt daher keinen Grund der gegen die Möglichkeit einer derartigen Ämterhäu-

---

[516] AP Madrid, Sec. 21.ª, Urteil Nr. 3/2006 vom 2. Januar.
[517] AP Asturias, Sec. 5.ª, Urteil Nr. 6/2008 vom 18. Januar.

fungen spricht. Dies ändert selbstverständlich nichts daran, dass das Amt des Präsidenten nur von einem Eigentümer ausgeübt werden darf. Natürlich können in der Satzung oder im Beschluss in Bezug auf die neugeschaffenen Ämter ebenfalls besondere Zugangsvoraussetzungen geschaffen werden. Solange diese nicht existieren oder sie vom Sekretär erfüllt werden, steht der Ausübung mehrerer Ämter nichts im Wege.

Frage 169: Wann verjähren etwaige Honoraransprüche des Verwalters gegen die Gemeinschaft?

Der Anspruch des Verwalters auf Zahlung seines Honorars verjährt gemäß Artikel 1967 Código Civil nach Ablauf von drei Jahren,[518] allerdings kann die Verjährung durch Klageeinreichung, außergerichtliche Zahlungsaufforderung oder ein Schuldanerkenntnis gemäß Artikel 1973 Código Civil unterbrochen werden.

3.7 Der Vizepräsident

Das Amt des Vizepräsidenten zählt zu den im Gesetz ausdrücklich beschriebenen Ämtern. Artikel 13.1.b.) LPH bestimmt, dass neben dem Präsidenten gegebenenfalls auch Vizepräsidenten bestellt werden können. Zwar führt Artikel 13.1 LPH aus, dass neben den gesetzlich vorgesehenen Ämtern auch noch zusätzliche Organe geschaffen werden dürfen. Das Gesetz selbst benennt neben dem Präsidenten, Verwalter und Sekretär jedoch nur noch den Vizepräsidenten. Seine Funktion ist es, den Präsidenten in den Fällen seiner Verhinderung und Abwesenheit zu vertreten bzw. bei unbesetztem Präsidentenamt dessen Position einzunehmen. Darüber hinaus kann er den Präsidenten bei der Ausübung seines Amtes unterstützen, wenn diesbezüglich durch Satzung oder Beschluss konkrete Ausführungen gemacht werden.

Solange der Präsident im Stande ist sein Amt auszuüben, dürfe der Stellvertreterfunktion des Vizepräsidenten keine besondere Bedeutung zukommen. Dennoch sind Fälle denkbar, in denen der Vizepräsident den Präsidenten trotz dessen voller Verfügbarkeit, z.B. wegen eines Interessenkonflikts, vertreten könnte. Hierzu zählen beispielsweise Klagen der Gemeinschaft gegen den Präsidenten (wegen unbezahlter Beiträge zu den Gemeinschaftsausgaben oder auf Schadenersatz wegen Nachteilen aus mangelhafter Amtsführung oder die Fälle, in denen sich der Präsident weigert eine Versammlung einzuberufen, in welcher über seine Amtsenthebung abgestimmt werden soll).[519]

Trotz aller Vorteile, die mit der Bestellung eines Vizepräsidenten für die Gemeinschaft verbunden sein können, bestimmt auch Artikel 13.4 LPH, wie sich schon aus Artikel 13.1.b.) LPH ergibt, dass die Vergabe eines solchen Amtes fakultativ ist. Genauso wie ein völliger Verzicht auf dieses Amt möglich ist, dürfen aber auch mehrere Vizepräsidenten bestellt werden. Gibt es tatsächlich über einen Vizepräsidenten, sind diese mit einer Rangfolge auszustatten. Nur wenn es einen ausgewiesenen

---

[518] AP Valencia, Sec. 6.ª, Urteil Nr. 278/2005 vom 27. April.
[519] Lefebvre, Propiedad Horizontal, Rn. 1899.

Ersten bzw. Zweiten Vizepräsidenten etc. gibt, kann eindeutig bestimmt werden, wer von ihnen und in welcher Reihenfolge den Präsidenten vertreten darf.

Die Bestellung des oder der Vizepräsidenten erfolgt auf dem gleichen Wege wie die Bestellung des Präsidenten (Artikel 13.4 LPH). Auch wenn das Gesetz diesbezüglich keine ausdrücklichen Angaben macht, so kann aufgrund der Funktion des Vizepräsidenten und der Art und Weise seiner Bestellung (wie der Präsident) vorausgesetzt werden, dass nur Eigentümer hierfür in Frage kommen. Eine Aufwandsentschädigung oder ein entgeltliche Ausübung kann in gleicher Weise wie für den Präsidenten vereinbart werden.

In Bezug auf die Amtsdauer gilt genauso wie bei allen anderen Ämtern auch, dass diese gemäß Artikel 13.7 LPH ein Jahr beträgt, wenn die Satzung nichts anderes bestimmt.

3.8 Weitere Ämter

Neben den ausdrücklich bezeichneten Ämtern des Präsidenten, Vizepräsidenten, Verwalters und Sekretärs, gestattet Artikel 13.1.2 LPH die Schaffung zusätzlicher Organe, wenn diese in der Satzung vorgesehen oder durch Mehrheitsbeschluss vereinbart wurden.

Die zusätzlichen Ämtern müssen sich allerdings in die gesetzlich vorgesehene Struktur eingliedern. In keinem Falle dürfen sie die alleinige Entscheidungsbefugnis der Eigentümerversammlung aushöhlen. Ebenso müssen Außenstehende gemäß Artikel 13.1.2 LPH auf die Vertretungsmacht des Präsidenten und des (oder der) Vizepräsidenten, sowie auf die mit den Ämtern des Sekretärs oder Verwalters verbundenen, kraft Gesetzes erteilten Befugnisse, vertrauen können.[520] Einzelne Literaturmeinungen gehen deshalb sogar so weit zu behaupten, die zusätzlichen Ämter würden lediglich im Innenverhältnis Wirkung entfalten.[521]

Da die gesetzlich vorgesehenen Ämter in ihrem Kern respektiert werden müssen, und an die Eigenschaften dieser Amtsträger bestimmte Voraussetzungen geknüpft werden (Präsident muss Eigentümer sein, Verwalter und Sekretär muss Eigentümer oder ausreichend qualifizierter Dritter sein), darf man im Umkehrschluss davon ausgehen, dass die zusätzlich geschaffenen Ämter entbehrlich und von Dritten (die über keine besondere Qualifikation verfügen müssen) ausgeübt werden können.[522]

Ein Blick auf diejenigen zusätzlichen Ämter, die am häufigsten geschaffen werden, macht deutlich, dass aufgrund ihrer überschaubaren Aufgaben regelmäßig ohnehin keine Beauftragung professioneller Dienstleister erforderlich ist. Vielmehr wird die Gemeinschaft bevorzugt aus ihren eigenen Reihen engagierte Amtsträger benennen wollen, die sich durch ihr gezeigtes Interesse für die mit dem Amt verbundenen Aufgaben empfehlen. Da die zusätzlichen Ämter üblicherweise entbehrlich

---

[520] CLPH-González Carrasco, Artikel 13, Rn. 16, S. 377.
[521] Lefebvre, Propiedad Horizontal, Rn. 1807.
[522] CLPH-González Carrasco, Artikel 13, Rn. 16, S. 377.

sind und sich die durch sie wahrgenommenen Aufgaben mit den vom Gesetz vorgesehenen Ämtern überschneiden, dient ihre Schaffung regelmäßig nichts anderem als einer intensiveren Beteiligung der Eigentümer an der Verwaltung und Betreuung der Gemeinschaft bzw. einer engmaschigeren Kontrolle.

Zu den häufigsten zusätzlich geschaffenen Organen zählen die Ämter des Schatz-
meisters, Rechnungsprüfers, des Ausschuss- bzw. Kommissionsmitglieds (als Teil
eines besonderen Ausschusses oder einer Kommission, die lediglich für einen bestimmten Zeitraum oder einen speziellen Zweck geschaffen wurden - z.B. zur Einholung von Kostenvoranschlägen, Erarbeitung von Problemlösungen, Überwachung von Bauarbeiten, etc.) und des Vorstandsmitglieds (als Teil eines Vorstandes, der dauerhaft ins Leben gerufen wurde, um kontinuierlich gewisse Aufgaben
zu übernehmen).[523]

**Frage 170: Was gilt es besonders zu berücksichtigen, wenn Vorstände oder Kom-
missionen ins Leben gerufen werden?**

Eine wiederkehrende Problematik besteht in der Betätigung des Vorstandes oder
einer Kommission außerhalb ihres Kompetenzbereichs bzw. unter Überschreitung
der gesetzlich gezogenen Grenzen. So kann der Vorstand beispielsweise keine Bauarbeiten genehmigen, die aufgrund ihrer Art lediglich mittels eines einstimmigen
Beschlusses der Eigentümergemeinschaft genehmigungsfähig gewesen wären.[524]

---

[523] Pérez Puerto, Rn. 173 f.
[524] AP Madrid, Sec. 9.ª, Urteil Nr. 37/2006 vom 14. Februar.

4

Rechte, Pflichten und Verbote

Soll die rechtliche Ordnung des Zusammenlebens innerhalb der Eigentümergemeinschaft beschrieben werden, müsste man streng genommen damit beginnen,
eine Unterscheidung zwischen zwei im Wesentlichen voneinander unabhängigen
Bereichen vorzunehmen.

Einerseits gibt es Vorschriften welche darauf gerichtet sind sicherzustellen, dass
die Gemeinschaft entsprechend der gesetzlichen Vorgaben verwaltet werden kann,
wofür die Organisation, Aufgabenverteilung, Entscheidungsfindung, Finanzierung
etc. gesetzeskonform zu erfolgen hat. Andererseits ist es nicht alleine damit getan,
dass die formellen Anforderungen an die rechtlichen Abläufe erfüllt werden. Das
faktische Miteinander der Eigentümer, welche aufgrund des Charakters des Wohnungseigentumsverhältnisses darauf angewiesen sind, mehr oder weniger inten-
siv das Gemeinschaftseigentum zu nutzen und teilweise Tür an Tür in der gleichen
Liegenschaft verkehren, fordert vielmehr auch die gegenseitige Rücksichtnahme
sowie die Einhaltung von Regeln, welche die Lebensqualität und Sicherheit aller
Eigentümer garantieren.

Um die Erfüllung all dieser Anforderungen zu ermöglichen, entfallen auf jeden Eigentümer zahlreiche Rechte und Pflichten, die neben den ebenfalls zu beachtenden Verboten, im Folgenden näher erläutert werden sollen. Zur besseren Übersicht
ist diesem Kapitel ein Schaubild beigefügt worden, welches die nachstehend näher
beschriebenen Auflagen und Berechtigungen widerspiegelt.

4.1 Rechte

Wir beginnen unsere Ausführungen mit den auf die Eigentümer entfallenden Rechten. Aufgrund der relativen Komplexität der Wohnungseigentumsverhältnisse bo-
ten sich unterschiedliche Ansätze an, um eine Darlegung derselben zu struktu-
rieren. Ein möglicher Ausgangspunkt hätte darin bestehen können, zwischen den
Rechten in Bezug auf das Sondereigentum einerseits und das Gemeinschaftseigentum andererseits zu unterscheiden. Alternativ hätte aus einer anderen Perspektive heraus zwischen *positiven* und *negativen* Rechten differenziert werden können,

denn zu den Rechten der Eigentümer zählen streng genommen nicht nur diejenigen, welche sich auf positive Handlungen beziehen, die diese berechtigt sind vorzunehmen, sondern negativ formuliert auch das Recht, nicht durch die Nichtbeachtung von Pflichten oder Verboten anderer Eigentümer Belästigungen zu erleiden. Obwohl die Abbildung solcher Strukturen möglicherweise den Vorteil einer systematischeren Vermittlung des Wesens des Wohnungseigentums mit sich gebracht hätte, wäre als Kehrseite ein Verlust in Bezug auf die Übersichtlichkeit eingetreten. Da der Gegenstand dieser Abhandlung aber insbesondere auf die Beantwortung der häufigsten Fragen und die Vermittlung von Lösungsansätzen zu den wesentlichen Problemfällen des spanischen Wohnungseigentumsrechts gerichtet ist, und der Schwerpunkt insbesondere nicht in der rechtsdogmatische Darlegung liegen sollte, wurde an dieser Stelle darauf verzichtet die Ausführungen durch eine weit verzweigte Gliederung unübersichtlich werden zu lassen.

Statt eine Einteilung in zahlreiche Kategorien und Unterkategorien vorzunehmen und weiter zwischen Berechtigungen und Schutzbereichen zu unterscheiden, haben wir es zum Zwecke der Übersichtlichkeit vorgezogen, die Rechte gleich welcher Art in loser Reihenfolge aufzuzählen und, wo erforderlich, weiterführende Angaben zu machen.

4.1.1 Verfügungsrecht

Jeder Eigentümer hat gemäß Artikel 3.a.) LPH das individuelle und ausschließliche Eigentumsrecht über sein Sondereigentum. Hieraus ergibt sich unter anderem, dass er mit ihm (soweit nicht das Gesetz oder Rechte Dritter entgegenstehen) nach Belieben verfahren kann.[525] Mit dem Sondereigentum unzertrennlich verbunden ist der jeweilige Miteigentumsanteil am Gemeinschaftseigentum. Neben diesem Bestimmungs- oder Verfügungsrecht über sein Sondereigentum hat der Eigentümer daher notwendigerweise auch ein entsprechendes Recht über das Gemeinschaftseigentum. Da dieses aber nicht vom Sondereigentum losgelöst werden kann, der Anteil in einer Quote ausgedrückt wird, und in seiner Gesamtheit allen Mitgliedern der Eigentümergemeinschaft zusammen gehört, kann dieses Bestimmungs- oder Verfügungsrecht regelmäßig nur gemeinsam mit dem mit ihm verbundenen Recht am Sondereigentum ausgeübt werden. Eine Ausnahme bilden die Fälle, in denen die Eigentümerversammlung beschließt, dass z.B. die als Gemeinschaftseigentum einzuordnende Hausmeister- oder Pförtnerwohnung, an Dritte veräußert oder vermietet wird. Dann verfügt der Eigentümer tatsächlich (im Zusammenhang mit einem Beschluss der Versammlung) über das Gemeinschaftseigentum in ähnlicher Weise, wie er es mit seinem Sondereigentum tun könnte.

Das Verfügungsrecht umfasst weiterhin die Berechtigung zur Veränderung der im Sondereigentum befindlichen architektonischen Elemente und Ausstattungen jedweder Art, seien diese sichtbar oder nicht, solange sie ausschließlich dem jeweiligen Eigentümer dienen, und solange sich weder die Sicherheit des Gebäudes, seine allgemeine Struktur, seine Aufteilung oder der äußere Zustand verschlechtert

---

[525] Vgl. auch die Befugnisse des Eigentümers gemäß § 903 BGB im deutschen Recht.

oder verändert, noch die Rechte eines anderen Eigentümers beeinträchtigt werden. Die Durchführung solcher Baumaßnahmen muss im Vorhinein dem Präsidenten der Gemeinschaft angezeigt werden.[526]

4.1.2 Nutzungsrecht

Aus der Eigentümerstellung leitet sich ebenso das Recht des Eigentümers ab, das Sondereigentum nach den eigenen Wünschen und Vorstellungen zu nutzen. Aufgrund des Wesens des Wohnungseigentums müssen dieser Nutzung allerdings dort Grenzen gezogen werden, wo der Gebrauch des Sondereigentums durch einzelne Eigentümer einen negativen Einfluss auf die übrigen Sondereigentumselemente und die anderen Eigentümer hat. Aus diesem Grund ist es sowohl den Eigentümern wie auch den anderen Bewohnern untersagt, im Innern des Sondereigentums Aktivitäten nachzugehen, welche gegen die allgemeinen immissionsschutzrechtlichen Vorschriften verstoßen, störend, gesundheitsgefährdend, schädlich, gefährlich oder verboten sind oder mit der Gemeinschaftssatzung unvereinbar sind.[527]

Neben der Nutzung des Sondereigentums ist der Eigentümer auch berechtigt, vom Gemeinschaftseigentum Gebrauch zu machen. Genauso wie im Falle des Sondereigentums darf diese Nutzung nur unter Beachtung der gesetzlichen Vorgaben sowie der in der Gemeinschaftssatzung enthaltenen Bestimmungen erfolgen. Darüber hinaus gilt es aber ebenso, die gegebenenfalls bestehende Hausordnung zu beachten, welche zwar keine Regelungen bezüglich des Sondereigentums wohl aber bezüglich des allgemeinen Zusammenlebens und insbesondere die Nutzung des Gemeinschaftseigentums treffen kann.

4.1.3 Recht, Reparaturen, Instandhaltungs- und Konservierungsmaßnahmen zu fordern

Es gehört gemäß Artikel 10.1 LPH zu den Pflichten der Eigentümergemeinschaft, Reparaturen sowie Instandhaltungs- und Konservierungsmaßnahmen durchzuführen. Sollte die Gemeinschaft dieser Pflicht nicht nachkommen, ist jeder Eigentümer berechtigt, sie zu fordern.

4.1.4 Recht, erforderliche Neuerungen und Verbesserungen zu fordern

Aus Artikel 17.4 LPH lässt sich der Umkehrschluss ziehen, dass die Eigentümer berechtigt sind, die im Sinne des Artikels 17.4 LPH erforderlichen Neuerungen und Verbesserungen zu fordern.

4.1.5 Recht auf Beseitigung architektonischer Hürden

Aus Artikel 10.1.b.) LPH leitet sich ab, dass die Gemeinschaft verpflichtet ist, diejenigen Maßnahmen durchzuführen die erforderlich sind, um eine vernünftige Anpassung der Liegenschaft an die allgemeine Barrierefreiheit zu erzielen. Auf Antrag

---

[526] Siehe Artikel 7 LPH.
[527] Lefebvre, Propiedad Horizontal, Rn. 822.

der Eigentümer, in deren Wohnung Behinderte oder über 70 Jahre alte Menschen leben, arbeiten oder ihre Dienste uneigennützig oder freiwillig verrichten, sind weiterhin diejenigen Baumaßnahmen durchzuführen, welche erforderlich sind, um einen in Bezug zu deren Behinderung geeigneten Zugang zu den gemeinschaftlichen Einrichtungen zu ermöglichen, sowie zur Installation von mechanischen und elektronischen Gerätschaften, welche die Verbindung mit der Außenwelt erleichtern. Diese Pflicht besteht praktisch uneingeschränkt, solange die hiermit verbundenen Kosten (nach Abzug der gegebenenfalls erhaltenen Subventionen) insgesamt den Betrag von zwölf ordentlichen Monatsbeiträgen zu den allgemeinen Gemeinschaftsausgaben nicht übersteigen. Werden die hierüber hinausgehenden Kosten durch den Antragsteller getragen, bleibt die Pflicht zur Umsetzung der Maßnahme bestehen.

4.1.6 Stimmrecht

Jeder Eigentümer verfügt in der Eigentümerversammlung über eine Stimme (Kopfprinzip) und eine der Höhe seines Anteils an den Gemeinschaftselementen entsprechende, in Prozenten ausgedrückte Quote.

Wenn ein Eigentümer über mehrere Sondereigentumselemente verfügt, hält er lediglich eine einzige Stimme, auf diese entfällt allerdings das Gewicht aller Quoten der in seinem Eigentum stehenden Sondereigentumselemente. Gehören einem Eigentümer beispielsweise fünf Wohnungen mit einer Beteiligungsquote von jeweils 10 %, verfügt er über eine einzige Stimme aber eine Beteiligungsquote von insgesamt 50 %.

Da der Gesetzgeber für das Zustandekommen von Beschlüssen immer die Erzielung einer bestimmten Stimmen- und Quotenzahl fordert, wird auf diese Weise ein Gleichgewicht zwischen den unter den Eigentümern herrschenden Mehrheiten (Kopfprinzip) und den auf diese entfallenden Quoten (wirtschaftlicher Anteil an der Gemeinschaft) geschaffen. Hält ein Eigentümer eine Vielzahl an Sondereigentumselementen (z.B. der Bauträger) so kann er nicht einseitig die von ihm gewünschten Beschlüsse diktieren, denn auf ihn entfällt lediglich eine einzige Stimme. Andererseits wird vermieden, dass die übrigen Eigentümer ihm Beschlüsse aufzwingen, deren Umsetzung er aufgrund seiner Quoten weit überwiegend zu finanzieren hat.

In diesem Zusammenhang gilt es Artikel 15.2 LPH zu berücksichtigen, wonach derjenige Eigentümer, der im Zeitpunkt der Abhaltung der Versammlung mit seinen Beiträgen zu den Gemeinschaftsausgaben in Verzug ist, vorübergehend sein Stimmrecht einbüßt, wenn er die Beträge nicht entsprechend der im selben Artikel gemachten Vorgaben hinterlegt oder den Beschluss, auf welchen diese zurückgehen, angefochten hat.

4.1.7 Berechtigung zur Übernahme von Ämtern

Jeder Eigentümer ist grundsätzlich zur Übernahme von Ämtern innerhalb der Eigentümergemeinschaft berechtigt. Dies ist insbesondere im Hinblick auf das

Präsidentenamt von Bedeutung, welches gemäß Artikel 13.2 LPH lediglich von Eigentümern ausgeübt werden darf. Aus dem gleichen Grund können die gegebenenfalls bestehenden Ämter des oder der Vizepräsidenten ebenso nur von Eigentümern bekleidet werden.

4.1.8 Anfechtung von Beschlüssen der Eigentümerversammlung

Jeder Eigentümer kann die von der Eigentümerversammlung getroffenen Beschlüsse anfechten, wenn er der Auffassung ist, es liege einer der in Artikel 18 LPH bezeichneten Anfechtungsgründe vor.

Selbstverständlich kann nicht derjenige einen Beschluss anfechten, der selbigem in der Versammlung zugestimmt hat.

Weiterhin ist erforderlich, dass der anfechtende Eigentümer keine Beiträge zu den Gemeinschaftsausgaben schuldet. Ist dies der Fall, kann er dennoch klagen, wenn er die geschuldeten Beiträge entsprechend den gesetzlichen Vorgaben des Artikels 15.2 LPH hinterlegt. Hat die Klage einen auf die Festlegung oder Änderung der Beteiligungsquoten gerichteten Beschluss zum Gegenstand, entfällt gemäß 18.2 LPH dieses Erfordernis.

4.1.9 Einfügung eines Tagesordnungspunkts

Gemäß Artikel 16.2.2 LPH ist jeder Eigentümer berechtigt, um Aufnahme eines Tagesordnungspunkts zur nächsten Eigentümerversammlung zu bitten. Zu diesem Zweck muss er sich rechtzeitig an den Präsidenten der Eigentümergemeinschaft wenden.

4.1.10 Anspruch auf Einberufung einer Eigentümerversammlung

Eine Gruppe von Eigentümer kann gemäß Artikel 16.1 LPH um die Einberufung einer Eigentümerversammlung bitten, wenn auf besagte Gruppe wenigstens ein Viertel der Quoten oder Stimmen der Gemeinschaft entfallen.

4.1.11 Ladung zur Eigentümerversammlung

Insbesondere im Hinblick auf den vorstehend beschriebenen Anspruch bezüglich der Einberufung einer Versammlung (durch eine Gruppe auf welche wenigstens ein Viertel der Stimmen oder Quoten der Gemeinschaft entfällt) ist das Recht der Eigentümer von Bedeutung, gemäß Artikel 16.2 LPH die Versammlung gegebenenfalls selbst, also am Präsidenten vorbei (z.B. wenn das Amt nicht besetzt ist, tatsächlich nicht ausgeübt wird, oder sich der Präsident weigern sollte) einzuberufen.

4.1.12 Recht auf Einsichtnahme in die Unterlagen der Gemeinschaft

Jeder Eigentümer ist berechtigt, Einblick in die Unterlagen der Gemeinschaft zu nehmen.

4.1.13 Auf den Punkt gebracht - Fragen und Antworten

Frage 171: Haben die Gemeinschaft oder einzelne Eigentümer ein Vorkaufsrecht am Sondereigentum der Mitglieder der Eigentümergemeinschaft?

Im Unterschied zum einfachen Miteigentum, bei dem mehrere Eigentümer solche einer einheitlichen Immobilie sind, welche allen Eigentümern zusammen gehört, zeichnet sich das Miteigentum im Bereich des Wohnungseigentums dadurch aus, dass hiermit grundsätzlich der neben dem Sondereigentum bestehende Miteigentumsanteil am Gemeinschaftseigentum gemeint ist. Statt von Miteigentum sollte daher im Rahmen des Wohnungseigentumsrechts generell der Begriff Miteigentumsanteil Verwendung finden, um Missverständnissen vorzubeugen. Zur Veranschaulichung ein einfaches Beispiel: Hat eine Wohnung mehrere Eigentümer, so sind diese Miteigentümer der Wohnung. Bei dem anteilig zu dieser Wohnung gehörenden Gemeinschaftseigentum handelt es sich hingegen um einen sogenannten Miteigentumsanteil. Während im Falle des einfachen Miteigentums die Miteigentümer gemäß Artikel 1522 des Código Civil ein Vorkaufsrecht haben, wenn ein Anteil an Dritte veräußert werden soll, schließt Artikel 396 des Código Civil diese Möglichkeit beim Wohnungseigentum aus.

4.2 Pflichten

Die Mitglieder der Eigentümergemeinschaft trifft aufgrund Gesetzes folgende Pflichten:

4.2.1 In respektvoller und geeigneter Weise Gebrauch vom Gemeinschaftseigentum zu machen

Die Eigentümer sind verpflichtet, die allgemeinen Installationen der Gemeinschaft und die übrigen Gemeinschaftselemente zu achten und in geeigneter Weise Gebrauch von ihnen zu machen, so dass an ihnen keine Schäden oder Beeinträchtigungen eintreten. Diese Pflicht ist davon unabhängig, ob sie tatsächlich durch die Gemeinschaft insgesamt oder lediglich durch einen oder mehrere Eigentümer kraft eines Sondernutzungsrechts genutzt werden dürfen. Auch der Ort, an welchem sich die Gemeinschaftselemente befinden, hat auf besagte Pflicht keinen Einfluss. Es ist daher unerheblich, ob sie sich im Inneren eines Sondereigentumselements befinden, ob sie nur über ein Sondereigentumselement zugänglich sind, oder ob sie unmittelbar über ein Gemeinschaftselement erreicht werden können. Alle Eigentümer trifft daher die Pflicht gleichermaßen.

4.2.2 Erhaltung des Sondereigentums und Schadenersatzpflicht bei mangelnder Sorgfalt

Es obliegt allen Eigentümern, ihr Sondereigentum und die ihrem ausschließlichen Gebrauch dienenden Installationen in einem gutem Zustand zu erhalten, so dass die Gemeinschaft und die übrigen Eigentümer keinen Schaden nehmen. Die Eigentümer sind in diesem Zusammenhang verpflichtet, diejenigen Schäden zu ersetzen, welche durch ihre mangelnde Sorgfalt bzw. die derjenigen Personen, für welche sie haften, entstehen.

4.2.3 Reparaturen im Sondereigentum zuzulassen und Dienstbarkeiten zu gestatten

Die Eigentümer sind verpflichtet, Reparaturarbeiten, welche der Betrieb der Liegenschaft erfordert, in ihrem Sondereigentum zu dulden und die Errichtung von unerlässlichen Dienstbarkeiten zu gestatten, welche notwendig sind, um im Allgemeininteresse stehende Gemeinschaftseinrichtungen zu schaffen.

Unter Artikel 9.1.c.) LPH werden damit zwei Pflichten beschrieben, die streng voneinander zu unterscheiden sind. Die Vornahme von Reparaturarbeiten einerseits und die Errichtung von Dienstbarkeiten andererseits.

4.2.4 Reparaturmaßnahmen

Die Durchführung von Reparaturarbeiten ist immer dann zu gestatten, wenn diese erforderlich sind. Nicht jede notwendige Maßnahme ist gleichzeitig eilbedürftig. Es kann, aber es muss sich daher nicht um immer um dringende Reparaturen handeln, damit diese Pflicht entsteht.[528] Da der Beschluss über die Durchführung ordentlicher oder außerordentlicher Reparaturarbeiten gemäß Artikel 14.c.) LPH grundsätzlich von der Eigentümerversammlung zu treffen ist[529] und der einfachen Mehrheit des Artikels 17.7 LPH (einfache Mehrheit der Stimmen und Quoten aller Eigentümer in der ersten Einberufung, einfache Mehrheit der Stimmen und Quoten der anwesenden Eigentümer in der zweiten Einberufung) unterliegt, bereitet es dem betroffenen Eigentümer regelmäßig keine Schwierigkeiten, rechtzeitig von der erforderlichen Maßnahme zu erfahren und einen für alle Beteiligten geeigneten Zeitpunkt für die Durchführung abzustimmen. Probleme treten insbesondere dann auf, wenn dringende Reparaturen durchzuführen sind. In solcherlei Fällen ist der Verwalter nach Artikel 20.c.) LPH berechtigt, die dringenden Maßnahmen unmittelbar zu veranlassen, um größere Schäden abzuwenden (er muss lediglich umgehend den Präsidenten bzw. die Eigentümer hierüber informieren). Dann kann es aufgrund der Abwesenheit des Eigentümers oder der Weigerung desselben, einer solchen (plötzlichen, weil unerwarteten) Maßnahme zuzustimmen, zu Hindernissen kommen (auch eine entsprechend angekündigte und beschlossene Maßnahme kann natürlich auf den Widerstand des betroffenen Eigentümers stoßen).

Gleichgültig ob es sich lediglich um erforderliche oder gleich um dringende Reparaturen handelt - ein Eindringen in das Sondereigentumselement ist im Allgemeinen nicht gestattet. Es bedarf grundsätzlich der Zustimmung bzw. Absprache mit dem den Zugang gewährenden Eigentümer. Ausnahmen bilden die Fälle des rechtfertigenden Notstands, wenn z.B. die Erfüllung des Tatbestands des Hausfriedensbruchs dadurch gerechtfertigt scheint, dass nach Abwägung der widerstreitenden

---

[528] Lefebvre, Propiedad Horizontal, Rn. 1005.

[529] Aus Artikel 10.1.a.) LPH ergibt sich eigentlich die unmittelbare Pflicht zur Veranlassung der Maßnahmen, ohne dass es eines Beschlusses bedürfte. Dennoch wird sich die Eigentümerversammlung in irgend einer Weise artikulieren müssen. So erfordert schließlich schon die Auswahl eines Kostenvoranschlags eines entsprechenden Beschlusses. Trotz des in Artikel 10.1.a.) LPH beschriebenen Automatismus und dem Hinweis, dass kein Beschluss notwendig sei, wird er dennoch richtigerweise zu fordern sein.

Interessen und ausgehend von der Bedeutung der jeweils gefährdeten Rechtsgü-
ter, ein Eindringen in die Wohnung des abwesenden Eigentümers (gegenüber dem
Abwarten bis ein Zugang gestattet wird) das geringere Übel darstellt.[530] Grundsätzlich muss der Zugang zum Sondereigentumselement eingeklagt werden, wenn sich
dessen Eigentümer weigert, diesen zu gestatten. Sollte die Reparaturmaßnahme
dringlichen Charakter haben, kann im Wege des einstweiligen Rechtsschutzes, Artikel 726, 727.11 LEC, ein Antrag auf Erteilung des Zugangs gestellt werden.

In jedem Fall sind die dem Eigentümer durch die Reparaturmaßnahmen entstandenen Schäden zu ersetzen. Wurde beispielsweise eine Wand aufgebrochen, um
die unter Putz verbauten Wasserleitungen der Gemeinschaft zu reparieren, hat der
Eigentümer einen Anspruch auf Wiederherstellung des ursprünglichen Zustands.
D.h., dass die Öffnung verschlossen, der beschädigte Teil verputzt und die Wand
gestrichen wird.

4.2.5 Dienstbarkeiten

Unter dem Dach der Vorschrift des Artikels 9.1.c.) LPH kann eine große Bandbreite
an unterschiedlichen Konstellationen eingeordnet werden, die für den betroffenen
Eigentümer mitunter verheerende Folgen haben, wenngleich einer der am häufigsten vorkommenden Fälle, nämlich die schlichte Gewährung des Zugangs zum Sondereigentumselement, nur geringe Unannehmlichkeiten bereitet. Hat die Eigentümergemeinschaft beispielsweise die Modernisierung der Fassade beschlossen,
und ist zum Aufbau der erforderlichen Gerüste der Zugang zu einem bestimmten
Sondereigentumselement von Vorteil, leitet sich aus Artikel 9.1.c.) LPH die Pflicht
des Eigentümers ab, den Zugang zu seiner Wohnung zu gewähren.[531] Ausgehend
hiervon, lassen sich ähnliche Fälle konstruieren, die zum gleichen Ergebnis führen. (z.B. Zugang über eine Dachgeschosswohnung zu einer Gemeinschaftsantenne).[532] Neben dieser vergleichsweise geringen, weil vorübergehenden und nicht
besonders weitreichenden Verpflichtung, kann es aber auch zur dauerhaften Belastung eines Eigentümers kommen und eine Dienstbarkeit im eigentlichen Sinne
entstehen. Dies sind beispielsweise die Fälle, in denen Leitungen im Inneren eines
Sondereigentumselements verlegt werden müssen. Verständlicherweise führt dies
nicht nur zu ästhetischen Veränderungen. Gerade bei über Putz verbauten Installation können die Leitungen teilweise erheblichen Platz einnehmen.

Zu besonders einschneidenden Auswirkungen führt eine Dienstbarkeit aber dann,
wenn es sich bei der Installation nicht lediglich um Rohre sondern beispielsweise um einen ganzen Fahrstuhlschacht handelt, der in älteren Gebäuden nachträglich installiert wird und zu deren Schaffung ein oder mehrere Sondereigentumselemente einen Teil ihrer Fläche einbüßen. Es stellt sich dann die Frage, inwieweit
diese Dienstbarkeit einen zulässigen Eingriff in das Recht am Eigentum darstellt
und überhaupt noch von Artikel 9.1.c.) LPH gedeckt ist, oder bereits einen unzulässigen, enteignenden Charakter hat. Sobald die Dienstbarkeit (wenn auch nur

---

[530] Rechtfertigender Notstand: Siehe Artikel 20.5 Código Penal.
[531] TS, Sala 1.ª, de lo Civil, Urteil vom 28. Oktober 2005.
[532] TS, Sala 1.ª, de lo Civil, Urteil vom 13. Dezember 2001.

zum Teil) zum Verlust der tatsächlichen Nutzungsmöglichkeit durch den Eigentümer führt, büßt der Betroffene faktisch die Verfügungsgewalt über einen Teil seines Sondereigentums ein. Der spanische Código Civil hat aber nach Artikel 530 die Dienstbarkeit lediglich als eine Belastung definiert, ohne dass diese enteignende Züge hätte.

Berücksichtigt man außerdem, dass gemäß Artikel 17.4.3 LPH bei der Einführung von Neuerungen, die einen Teil des Gebäudes für einen der Eigentümer unbrauchbar machen, die ausdrückliche Zustimmung des hiervon Betroffenen vorliegen muss, verwundert es kaum, dass ein Teil der Rechtsprechung bei weitreichenden (weil dauerhaften und platzintensiven) die Nutzung eines Sondereigentumselements behindernden Dienstbarkeiten, erst recht die Zustimmung des betroffenen Eigentümers forderte. Andernfalls wurde von einem unzulässigen, enteignenden Eingriff ausgegangen. Neben Artikel 17.4.3 LPH bzw. 11.4 LPH a.F. stützte sich diese Auffassung auch auf Artikel 3.a.) LPH und 238 CC sowie 33 CE, die allesamt die grundsätzliche Unverletzlichkeit des Eigentums beschreiben.[533]

Trotz dieser durchaus berechtigten Einordnung, vertrat die h.M. die Auffassung, dass das Recht auf Unverletzlichkeit des Eigentums im Rahmen einer Eigentümergemeinschaft auch ins Verhältnis mit den Rechten der übrigen Eigentümer gesetzt werden müsse und nicht absolut gelten dürfe. So könnte etwa die Beseitigung architektonischer Hürden durchaus die Schaffung einer umfassenderen Dienstbarkeit rechtfertigen. Zwar dürfte eine dauerhafte und platzintensive Dienstbarkeit nur dann geschaffen werden, wenn keine andere, weniger einschneidende (aber praktikable) Lösung zur Wahl stünde, auch dürfe das Sondereigentumselement keine Einbusse in Bezug auf seine Eignung zu Wohn- oder Geschäftszwecken erleiden, und der von der Dienstbarkeit betroffene Teil müsse im Verhältnis zur Gesamtgröße des Sondereigentumselements nur einen zu vernachlässigenden Teil betreffen - dennoch sei es statthaft, wenn unter Beachtung den genannten Voraussetzungen die Nutzfläche mehr als nur unmerklich reduziert werde.[534]

[533] AP Asturias Sec. 7.ª, Urteil Nr. 694/2002 vom 14. November; AP Asturias Sec. 7.ª, Urteil Nr. 253/03 vom 22. Abril; AP Asturias, Sec. 5.ª, Urteil Nr. 360/2005 vom 24. Oktober; AP Asturias, Sec 7.ª, Urteil Nr. 15/2007 vom 19 Januar; AP Zaragoza, Sec. 5.ª, Urteil Nr. 780/2001 vom 21. Dezember; AP Zaragoza. Sec. 5.ª, Urteil Nr. 52/2002 vom 1. Februar; AP Guipuzcua, Sec. 3.ª, Urteil Nr. 311/2003 vom 4 November; AP Jaén, Sec. 2.ª, Urteil Nr. 141/2003 vom 20. Mai; AP Sevilla, Sec. 6.ª, Urteil Nr. 929/2000 vom 21. Dezember; AP Tarragona, Sec. 1.ª, Urteil Nr. 414/2004 vom 11. November.
[534] AP Santa Cruz de Tenerife, Sec. 3.ª, Urteil Nr. 364/2002 vom 24. Mai; AP Zaragoza, Sec. 5.ª, Urteil Nr. 285/2005 vom 18 Mai; AP Vizcaya, Sec. 3.ª, Urteil Nr. 227/2005 vom 30. März; AP Guipúzcoa, Sec. 2.ª, Urteil Nr. 2104/2005 vom 15. März; AP Asturias, Sec. 6.ª, Urteil Nr. 26/2005 vom 7. Februar; AP Álava, Sec. 2.ª, Urteil Nr. 62/2006 vom 30. März; AP Huelva, Sec. 2.ª, Urteil Nr. 25/2006 vom 9. Febrero, AP Barcelona, Sec. 4.ª, Urteil Nr. 94/2007 vom 19. Februar; AP Málaga, Sec. 5.ª, Urteil Nr. 332/2005 vom 29. April (das Gericht gestattete hier eine mehr als nur unerhebliche Einschränkung durch die Dienstbarkeit, lehnte sie im konkreten Fall allerdings aufgrund der weitreichenden Folgen ab).

Der Tribunal Supremo,[535] folgte in dieser Frage und in Bezug auf den Einbau eines Fahrstuhls der bis dahin h.M. Auch wenn hiervon ausgehend der Meinungsstreit entschieden scheint, kommt es trotzdem weiterhin auf den Einzelfall an, wie sich aus der soeben angeführten Entscheidung selbst ableiten lässt. Fest steht lediglich, dass dauerhafte und umfassende Dienstbarkeiten nicht von vorneherein unstatthaft sind. Es kommt aber weiterhin darauf an, welchen Zweck die Dienstbarkeit hat, wie einschneidend die Auswirkungen für den betroffenen Eigentümer sind, und ob alternative Lösungen existieren, die zumutbar sind. Bei der Frage nach der für die Entstehung einer Dienstbarkeit nach Artikel 9.1.c.) LPH erforderlichen Mehrheiten, verweist die Vorschrift selbst, ohne eine Einschränkung vorzunehmen, lediglich auf das spanische Wohnungseigentumsgesetz in seiner Gesamtheit.[536] Vor der am 28. Juni 2013 in Kraft getretenen Reform war in Artikel 9.1.c.) LPH a.F. noch von den *im Allgemeininteresse stehenden Gemeinschaftseinrichtungen*, die Rede, wenn es darum ging zu bestimmen, welche Maßnahmen in den Genuss solcher Dienstbarkeiten kommen sollten. Diese Bezeichnung fand damals aber lediglich innerhalb des Artikels 17.1 LPH a.F. Verwendung. Vor der Reform wurde daher diskutiert ob dies bedeute, dass lediglich in den dort bezeichneten Fällen, und bei Erzielung der dort beschriebenen Mehrheit von 3/5 der Stimmen und Quoten aller anwesenden Eigentümer (bezüglich der abwesenden Eigentümer wird von einer Zustimmung zu dem von den Anwesenden getroffenen Beschluss ausgegangen, wenn sie nicht binnen 30 Tagen nach Bekanntgabe des vorläufigen Beschlusses gegenüber dem Sekretär widersprechen) eine Dienstbarkeit beschlossen werden könnte. Da die Kategorie der *im Allgemeininteresse stehenden Gemeinschaftseinrichtungen* durch einen offenen Rechtsbegriff geprägt wurde, der sehr viel umfassen konnte, (und nicht nur die in Artikel 17.1 LPH a.F. beschriebenen Einrichtungen), war jedoch davon auszugehen, dass auch die übrigen in Artikel 17 LPH a.F. beschriebenen Gemeinschaftseinrichtungen von Artikel 9.1.c.) LHP a.F. gedeckt würden, und keine Beschränkung auf die Fälle des Artikels 17.1 LPH vorlag.[537] Für die Errichtung von Infrastrukturen im Telekommunikationsbereich konnten daher ebenso nach Artikel 9.1.c.) LPH a.F. Dienstbarkeiten beschlossen werden. Diese mussten lediglich unter Beachtung ihrer jeweiligen speziellen Mehrheiten beschlossen werden (z.B. 1/3 der Stimmen und Quoten aller Eigentümer zur Errichtung von Installationen für Telekommunikationsdienstleistungen).[538] Durch die Neufassung des aktuellen Artikels 9.1.c.) LPH und den Hinweis auf die gemäß diesen Gesetzes beschlossenen Gemeinschaftseinrichtungen (ohne das sie im Allgemeininteresse stehen müssten) wurde die Diskussion endgültig im Sinne der damals h.M. entschieden, und geht sogar über deren weiteste Auslegung hinaus.

Unabhängig von der Art der jeweiligen Gemeinschaftseinrichtung kann der durch die Dienstbarkeit betroffene Eigentümer diese, wie bei allen anderen Beschlüssen

---

[535] TS, Sala 1.ª, de lo Civil, Urteil vom 15. Dezember 2010.

[536] Der ehemals enthaltene Hinweis auf Artikel 17 LPH, der sich hierbei aber auf keinen konkreten Absatz beschränkte, ist entfallen. Der Anwendungsbereich des aktuellen Artikels 9.1.c.) LPH ist mithin erweitert.

[537] CLPH-Zurilla Cariñana, Artikel 9, Rn. 34, S. 254.

[538] Carrasco Perera / Cordero Lobaro / González Carrasco, S. 759 ff.

auch, anfechten. Ausgehend von Artikel 18.1.c.) LPH kann er sich insbesondere darauf berufen, dass er durch den Beschluss schwere Nachteile erleidet, zu deren Tragung er nicht verpflichtet ist.

Wie sich bereits aus dem Wortlaut des Artikels 9.1.c.) LPH ergibt, muss die Schaffung der konkreten Dienstbarkeit unerlässlich sein, damit die Gemeinschaftseinrichtung entstehen kann. Aus dem Zusammenspiel der erforderlichen Unerlässlichkeit der Dienstbarkeit auf der einen Seite und ihrer Zumutbarkeit für den belasteten Eigentümer auf der anderen Seite leiten sich dann die Hauptargumente für eine erfolgreiche Anfechtung ab. Sollte der Beschluss nicht angefochten oder die Anfechtung erfolglos gewesen sein, kann die Gemeinschaft, genauso wie im Falle der Reparaturarbeiten, den Zugang zum Sondereigentumselement einklagen, wenn sich der Eigentümer weigert diesen zu gewähren. Da Artikel 9.1.c.) LPH vorsieht, dass der durch die Dienstbarkeit betroffene Eigentümer entsprechend zu entschädigen ist, muss in Abhängigkeit des Ausmaßes der Belastung ein finanzieller Ausgleich zu seinen Gunsten erfolgen.

4.2.6 Zum Zwecke des in Artikel 9.1.a.) - c.) LPH Ausgeführten, den Zugang zum Sondereigentum zu gestatten

Damit die in Artikel 9.1.a.) - c.) LPH beschriebenen Pflichten der Eigentümer auch in die Tat umgesetzt werden können, stellt Artikel 9.1.d.) LPH klar, dass sie in diesem Zusammenhang Zugang zu den Sondereigentumselementen gewähren müssen.

Nach h.M. in Rechtsprechung und Literatur soll sich die Pflicht zur Gewährung des Zugangs aber nicht nur auf die in Artikel 9.1.a.) - c.) LPH beschriebene Zwecke beschränken.[539] So sind zahlreiche Fälle denkbar, in denen z.B. zur Installation von Neuerungen gemäß Artikel 17.4 LPH der Zugang zu Sondereigentumselementen gleichfalls erforderlich werden kann. In der Anwendung des Artikels 9 LPH soll daher nicht alleine am Wortlaut gehaftet werden, sondern unter Befolgung der allgemeinen Auslegungsprinzipien des Artikels 3.1 Código Civil eine großzügigere Anwendung ermöglicht werden.

4.2.7 Sich im Umfang der Beteiligungsquote an den allgemeinen Ausgaben zu beteiligen

Das Wohnungseigentumsrecht zeichnet sich insbesondere durch die Koexistenz von Gemeinschaftseigentum und Sondereigentum aus. Da das Gemeinschaftseigentum grundsätzlich allen Sondereigentumselementen bzw. deren Eigentümern dient, muss es auch von diesen unterhalten werden. Artikel 9.1.e.) LPH bestimmt deshalb die Pflicht eines jeden Eigentümers, sich im Umfang der im (Gründungs- bzw. Errichtungs-) Titel oder der gesondert festgelegten Beteiligungsquote an dem zum geeigneten Unterhalt des Gemeinschaftseigentums anfallenden Kosten zu

---

[539] Lefebvre, Propiedad Horizontal, Rn. 1054.

beteiligen, wenn diese nicht individuell einzelnen Eigentümern bzw. Sondereigentumselementen zugeordnet werden können (es gibt Ausgaben, bei denen von
vorneherein keine Individualisierung möglich ist, wie z.B. bei den Reinigungs-
Verwaltungs-, Stromkosten des Treppenhauses etc. und solche, bei denen in Abhängigkeit der konkreten Ausstattung oder Organisation sowohl eine individuelle
wie kollektive Kostenzuordnung denkbar ist. Dies sind z.B. die Fälle des Wasserverbrauchs. Bestehen für jede Wohnung Zähler, kann individuell abgerechnet werden.[540] Wird die Wasserversorgung aber von der Gemeinschaft sichergestellt und
fehlt es an Einzelzählern, scheitert eine Individualisierung).

Artikel 9.1.e.) LPH muss damit in engem Zusammenhang mit Artikel 3 LPH ge-
lesen werden. Dort wird für jedes Sondereigentumselement die Zuweisung einer in Prozenten ausgedrückten Quote am gemeinschaftlichen Eigentum vorgeschrieben. Diese Quote spiegelt den rechnerischen Miteigentumsanteil an den Gemeinschaftselementen wieder. Nach ihr bestimmt sich regelmäßig die Beteiligung
an den allgemeinen Gemeinschaftsausgaben und Einnahmen. Ordnet der Gründungstitel einem Sondereigentumselement beispielsweise eine Quote von 10,5 %
zu, bedeutet dies, dass der (oder die) Eigentümer des Sondereigentumselements
einen Anteil an den Gemeinschaftselementen, also dem gemeinschaftlichen Eigentum, in Höhe von 10,5 % hat. In diesem Umfang ergibt sich im Allgemeinen
auch der proportionale Anteil an den Ausgaben und Einnahmen der Gemeinschaft. Belaufen sich die Ausgaben der Gemeinschaft für den Betrieb und die Erhaltung der Gemeinschaftselemente auf beispielsweise insgesamt 1.000 Euro im Jahr,
müsste im oben beschriebenen Fall, der Eigentümer auf Grundlage seines 10,5
%igen Anteils, einen Beitrag in Höhe von 105,00 Euro leisten, wenn keine hiervon
abweichenden Regelungen getroffen wurden. Da es rechtlich möglich ist, einzelne
Sondereigentumselemente von der Beitragspflicht zu gewissen Kosten zu befreien
(und die Höhe der Beitragspflicht von besonderen Umständen oder Vereinbarungen abhängen kann), muss der Miteigentumsanteil nicht immer im unmittelbaren Verhältnis zur Beitragspflicht stehen. Sind z.B. die Eigentümer der Ladenlokale
von der Beitragspflicht zum Betrieb und zur Wartung der Fahrstühle befreit, können deren Zahlungen trotz einer höheren Quote durchaus niedriger ausfallen als
diejenigen der übrigen Eigentümer. Die Eigentümer der Ladenlokale zahlen dann
nämlich zwar auf Grundlage eines höheren Anteils auch relativ höhere Beiträge,
nur beziehen sich diese nicht auf alle Ausgaben und können daher im Ergebnis,
also absolut gesehen, tatsächlich niedriger ausfallen als die der übrigen Eigentümer, die über geringere Quoten verfügen. Neben dieser anteiligen Befreiung von
der Beitragspflicht, kann auch eine von der Beteiligungsquote vollständig unabhängige, weil an anderen Faktoren orientierte, Beteiligung an den Ausgaben (und
Einnahmen) festgelegt werden.[541] Regelmäßig wird die Befreiung von der Beitragspflicht zu gewissen Ausgaben bzw. eine Verteilung nach anderen Kriterien als der
zugewiesenen Quote bereits im Gründungstitel vorgenommen. Die Gemeinschaft

---

[540] AP Albacete, Sec. 2.ª, Urteil Nr. 136/2011 vom 3. Mai.
[541] TS, Sala 1.ª, de lo Civil, Urteil Nr. 768/1984 vom 28. Dezember; TS, Sala 1.ª, de lo Civil, Urteil
    Nr. 184/1989 vom 2. März; TS, Sala 1.ª, de lo Civil, Urteil Nr. 70/1991 vom 2. Februar.

kann aber jederzeit eine Befreiung von Ausgaben oder eine Änderung des Vertei-
lungsschlüssels mittels Beschlusses vereinbaren. Dieser Beschluss erfordert, da er
zu einer Änderung des Gründungstitels oder der Satzung führt, Einstimmigkeit,[542]
wobei die Stimmen der in der Versammlung abwesenden Eigentümer als Zustimmung gewertet werden, wenn sie sich nicht, binnen 30 Tagen nach Benachrichtigung des Abstimmungsergebnisses der anwesenden Eigentümer, gegenteilig äußern (Artikel 17.8 LPH in der aktuellen Gesetzesfassung, Artikel 17.1.4 LPH a.F. in
der vor dem 28. Juni 2013 geltenden Fassung).[543]

4.2.8 Nichtzahlung von geschuldeten Beiträgen

Was die Beiträge zu den Gemeinschaftsausgaben angeht, hat die Eigentümerversammlung zu beschließen, in welcher Weise, zu welchem Zeitpunkt und in welcher
Höhe diese zu leisten sind (Artikel 9.1.e.) i.V.m. 21.1 LPH). Sollte der Eigentümer in
Bezug auf die fälligen Beiträge seiner Zahlungspflicht nicht nachgekommen sein,
gerät er unmittelbar, gemäß Artikel 1125 Código Civil, ohne weitere Zahlungsaufforderung in Verzug (dennoch erfordert die Einleitung gerichtlicher Maßnahmen
die Zustellung des Beschlusses, durch welchen die Abrechnung der Schulden beschlossen wurde, gegenüber dem in Verzug geratenen Eigentümer und Schuldner,
gemäß Artikel 21.2 LPH).

4.2.9 Folgen der Nichtzahlung gemäß Artikel 15.2 und 18.2 LPH

Derjenige Eigentümer, der im Zeitpunkt der Eröffnung der Versammlung nicht allen gegenüber der Gemeinschaft bestehenden, fälligen Zahlungsverpflichtungen
nachgekommen ist, darf zwar an der Versammlung teilnehmen, kann aber sein
Stimmrecht nicht ausüben. Gelegentlich kommt es vor, dass ein Eigentümer nicht
deshalb die Zahlung der Beiträge unterlassen hat, weil ihm die erforderlichen finanziellen Mittel fehlen, oder er schlicht die Zahlungsfrist vergaß, sondern weil
er mit der Höhe der Beiträge oder der Art ihrer Berechnung, aus welchen Gründen
auch immer, nicht einverstanden ist. Um die Zahlung gegenüber der Gemeinschaft
nicht ausführen zu müssen und dennoch sein Stimmrecht erhalten zu können, gewährt das Gesetz die Möglichkeit der gerichtliche Anfechtung des Beschlusses auf
den die konkrete Zahlungsverpflichtung zurückgeht, oder die gerichtliche bzw. notarielle Hinterlegung des geschuldeten und fälligen Betrags.[544] Wer einen triftigen
Grund dafür hat, den erhobenen Beitrag als unberechtigt anzusehen, ist also der

---

[542] TS, Sala 1.ª, de lo Civil, Urteil Nr. 257/2000 vom 14. März; TS, Sala 1.ª, de lo Civil, Urteil Nr.
452/2008 vom 22. Mai.

[543] Vereinzelt findet sich Rechtsprechung, die in Fällen wie der Neuschaffung von Einrichtungen,
die unter die 3/5 Mehrheit fallen (z.B. Fahrstühle), eine ebensolche Mehrheit zur Bestimmung
der Betriebskostenaufteilung für ausreichend hält. Siehe hierzu: Lefebvre, Propiedad Horizontal, Rn. 1170.

[544] Es gilt jedoch wie wir im Anschluss sehen werden zwischen den Voraussetzungen des Stimmrechtserhalt und denen der Anfechtung zu unterscheiden. Wenngleich sich aus Artikel 15.2
LPH ergibt, dass eine Anfechtung des Beschlusses auf welchen die geschuldeten Beiträge zurückgehen, zur Erhaltung des Stimmrechts ausreicht (und damit die Pflicht Beträge zu depo-
nieren entfiele), kann die Hinterlegung des geschuldeten Betrags Voraussetzung für die Erhe-

Zahlungspflicht nicht hilflos ausgeliefert und kann die beschriebenen Maßnahmen ergreifen, während der untätige Schuldner sein Stimmrecht bis zur Begleichung der fälligen Schulden einbüßt. Auf diese Weise wird vermieden, dass die Gemeinschaft gegenüber den üblichen Schuldnern handlungsunfähig wird (schließlich muss das gerichtliche Vorgehen gegen einen Schuldner erst beschlossen werden - was bei einer denkbaren Schuldnermehrheit potentiell unmöglich gemacht würde), und dass säumige Schuldner über die Verwendung der Mittel der Gemeinschaft entscheiden können. Außerdem wird durch den Verlust des Stimmrechts ein Anreiz zur Zahlung geschaffen. Neben dem vorübergehenden Verlust des Stimmrechts hat die Nichtzahlung der fälligen Beiträge für den Schuldner aber weiterhin zur Folge, dass er die von der Eigentümerversammlung getroffenen Beschlüsse nicht mehr gerichtlich anfechten kann. Ähnlich wie im Falle des Stimmrechtsverlusts hat der Schuldner aber die Möglichkeit, die fälligen Beiträge gerichtlich zu hinterlegen, um dennoch einen Beschluss anfechten zu können. Nur in einem Fall bleibt das Anfechtungsrecht des Eigentümers auch bei fälligen, nicht hinterlegten, Gemeinschaftsschulden bestehen. Dies dann, wenn sich die Anfechtung gegen einen Beschluss richtet, der die Schaffung oder Änderung der Beteiligungsquoten zum Gegenstand hat (siehe Artikel 18.2 LPH).

4.2.10 Haftung für die Schulden des Voreigentümers

Der Erwerber eines Sondereigentumselements haftet in einem gewissen Umfang mit der Immobilie selbst für die geschuldeten Beiträge zu den Gemeinschaftsausgaben des Voreigentümers. Die besagte Haftung umfasst diejenigen Beiträge, die im Erwerbsjahr sowie den drei unmittelbar vorhergehenden Jahren fällig wurden (Artikel 9.1.e.).3 LPH).[545] Kam der Erwerb beispielsweise im März 2014 zustande, erstreckt sich die Haftung des Erwerbers für die durch den Voreigentümer zu verantwortenden Zahlungen auf sämtliche unbezahlten Beiträge, die in den Jahren 2011, 2012, 2013 und im Jahre 2014, bis zum Erwerbszeitpunkt (März) fällig wurden. Für ältere Schulden bleibt grundsätzlich der Alteigentümer in der Haftung, wenn keine besonderen Vereinbarungen zwischen ihm und dem Erwerber zustandegekommen sind. Mit Übertragung der Immobilie werden vom Erwerber also

---

bung der Anfechtung sein. Wird ein auf die Entstehung oder Veränderung der Beteiligungsquoten gerichteter Beschluss angefochten, bedarf es in Bezug auf die sich aus ihm ergebenden Beitragserhöhungen keiner Hinterlegung der strittigen Beträge. In diesem Fall würde die Anfechtung genügen, und es wären keinerlei Einzahlungen vorzunehmen, weder um das Stimmrecht zu erhalten, noch um klagen zu können. Hier würde eindeutig die Anfechtung genügen. Bei der Anfechtung anderer Beschlüsse ist jedoch aufgrund des Wortlauts des Artikels 18.2 LPH dringend die Hinterlegung der geschuldeten Beiträge zu empfehlen, da diese in den übrigen Fällen entsprechend des Wortlauts erforderlich ist, um die Anfechtung überhaupt erst zu ermöglichen. Der Wortlaut bezüglich der Voraussetzungen zur Erhebung der Anfechtung ist also nicht mit dem zum Stimmrechtserhalt vollkommen deckungsgleich. Artikel 15.2 und 18.2 LPH treffen hier widersprüchliche Aussagen.

[545] In der vor dem 28. Juni 2013 gültigen Gesetzesfassung beschränkte sich die Haftung noch auf das laufende sowie das unmittelbar vorhergehende Jahr. Durch die Erweiterung auf die drei vorhergehenden Jahre soll der Gemeinschaft die Durchsetzung ihrer Forderungen erleichtert werden.

nicht auch sämtliche Schulden übernommen. Artikel 9.1.e.) LPH sieht vor, dass bei einer Übertragung der Immobilie mittels notarieller Urkunde durch den Eigentümer eine Bescheinigung des Sekretärs der Gemeinschaft (versehen mit dem Sichtvermerk des Präsidenten) über den Schuldenstand eingeholt werden muss, welche in die Urkunde eingefügt wird.

Auf diese Weise sind drei Konstellationen denkbar:[546]

- Die Bescheinigung weist nach, dass keine offenen Forderungen gegenüber der Gemeinschaft bestehen, da keine fälligen Schulden existieren. Der Erwerber erhält die Immobilie dann in Bezug auf geschuldete Gemeinschaftsbeiträge lastenfrei.

- Aus der Bescheinigung ergeben sich Schulden des übertragenden Eigentümers gegenüber der Gemeinschaft. Der Erwerber kann mit dem übertragenden Eigentümer vereinbaren, dass er die Schulden vollständig begleichen wird bzw. die Schulden übernimmt (und zu diesem Zweck zum Ausgleich z.B. den Kaufpreis reduzieren). Ohne besondere Einigung zwischen den Parteien wird die Immobilie allerdings nur im von Artikel 9.1.e.) LPH vorgesehenen Umfang belastet. D.h. der Erwerber steht für die im laufenden Jahr und den drei unmittelbar vorhergehenden fällig gewordenen Zahlungen mit der Immobilie selbst ein.

- Die Bescheinigung wird nicht vorgelegt. In diesem Fall haftet der Erwerber mit der Immobilie selbst für die im Erwerbsjahr und in den drei vorhergehenden Jahren gegenüber der Gemeinschaft fällig gewordenen Beiträge.

Nur wenn es also zu einer ausdrücklichen Einigung zwischen dem übertragenden Eigentümer und dem Erwerber kommt, wird die Haftung über das aktuelle und die drei vorhergehenden Jahre hinaus erweitert. Fehler des Sekretärs in Bezug auf die Schuldenhöhe gehen im Falle einer irrtümlich zu niedrig bezeichneten Schuld zu Lasten der Gemeinschaft - der neue Eigentümer haftet mit der Immobilie nur bis zur Höhe der erklärten Schuld.

Frage 172: Hat der Erwerb einer Immobilie, mittels notarieller Urkunde, in welcher keine Bescheinigung über den Schuldenstand noch die Befreiung von der Pflicht zur Beibringung enthalten ist, Einfluss auf die Wirksamkeit des Rechtsgeschäfts?

Nein. Das Rechtsgeschäft ist hiervon unabhängig wirksam oder unwirksam. Liegen die Voraussetzungen der Artikel 1261 ff. und 1300 des Código Civil (Voraussetzungen für die Wirksamkeit von Verträgen) vor, ist es auch dann wirksam, wenn weder die Bescheinigung über den Schuldenstand noch eine Befreiung von der Pflicht diese vorzulegen, vorliegt.[547]

Frage 173: Kann der Erwerb einer Immobilie, mittels notarieller Urkunde, in welcher keine Bescheinigung über den Schuldenstand noch die Befreiung von

---

[546] Die Darlegung folgt den Ausführungen von Loscertales Fuertes, Comentario Artículo 9.
[547] DGRN, Entscheidung vom 19. Oktober 2005.

der Pflicht zur Beibringung enthalten ist, ins Grundbuch eingetragen werden, wenn ansonsten keinerlei Mängel vorliegen?

Ja. Die Generaldirektion des Grundbuchwesens und Notariats hat hierüber positiv entschieden.[548]

Frage 174: Haftet der beurkundende Notar gegenüber dem Erwerber, wenn er seine Pflicht zur Aufnahme der Bescheinigung über den Schuldenstand bzw. den Verzicht des Erwerbers, gemäß Artikel 9.1.e).4 LPH versäumt?

Da es sich um eine Pflicht des Notars handelt, die Bescheinigung oder Befreiung von der Beibringungspflicht in die notarielle Urkunde aufzunehmen, haftet der Notar für den dem Erwerber hierdurch entstandenen finanziellen Schaden. Da der Erwerber mit der Immobilie selbst für die im Erwerbsjahr fälligen Beiträge sowie die der drei unmittelbar vorhergehenden Jahre einsteht, erstreckt sich die Haftung des Notars auf die sich aus dieser Pflicht ergebende finanzielle Belastung.[549] Der Schadenersatzanspruch des Erwerbers gründet sich hierbei auf Artikel 1902 Código Civil.

Frage 175: Was geschieht, wenn der Erwerber den übertragenden Eigentümer von seiner Pflicht zur Beibringung einer Bescheinigung über den Schuldenstand befreit, da dieser erklärt, es gäbe keine Schulden, sich später jedoch herausstellt, dass doch offene Zahlungen existieren?

Gegenüber der Gemeinschaft hat diese Aussage des übertragenden Alteigentümers keine bindende Wirkung. Nur ein durch die Gemeinschaft bzw. dessen Sekretär und mit dem Sichtvermerk des Präsidenten ausgestellte Bescheinigung kann Bindungswirkung entfalten (und zur Befreiung des neuen Eigentümers führen). Der Erwerber kann selbstverständlich den Alteigentümer für die gegebenenfalls bestehenden Schulden (die ihm hier maximal für das laufende Jahr und die vorangegangenen drei Jahre vorgehalten werden können) in Rückgriff nehmen.

Frage 176: Muss sich ein Eigentümer auch an den Kosten solcher gemeinschaftlicher Einrichtungen beteiligen, die er nicht nutzt?

Grundsätzlich ja. Wie bereits aus Artikel 9.2 LPH entnommen werden kann, muss sich jeder Eigentümer an der Tragung der allgemeinen Kosten beteiligen, ohne dass ihn der Nichtgebrauch einer Einrichtung von der Erfüllung dieser Pflichten entbinden würde.[550] Ausnahmen gelten nur dann, wenn der Eigentümer durch die Errichtungsurkunde oder Satzung bzw. durch einstimmigen Beschluss der Eigentümerversammlung von der Beitragspflicht zu gewissen Einrichtungen oder Kosten befreit wurde, oder wenn bestimmte Installationen auf Neuerungen zurückgehen, für die ein Eigentümer z.B. gemäß Artikel 17.4 LPH keinen Beitrag leisten muss. So bestimmt Artikel 17.4 LPH, dass kein Eigentümer neue Einrichtungen, Dienste oder Verbesserungen verlangen kann, wenn diese nicht für die geeignete

---

[548] Ebenda.
[549] Vgl. DGRN, Entscheidung vom 19. Oktober 2005.
[550] AP Jaén, Sec. 3.ª, Urteil Nr. 120/2011 vom 6. Mai; AP A Coruña, Sec. 5.ª, Urteil Nr. 35/2011 vom 10. Februar.

Erhaltung, Bewohnbarkeit, Sicherheit oder Barrierefreiheit erforderlich sind. Werden diese dennoch von der Eigentümerversammlung beschlossen, kann es zwar zur Schaffung dieser Einrichtung kommen, wer jedoch gegen den Beschluss gestimmt hat, muss weder die Errichtungs- noch die Betriebskosten tragen, wenn der anteilige Anschaffungsbetrag drei ordentliche Monatsbeiträge zu den Gemeinschaftsausgaben übersteigt. Die Quote bleibt hiervon unverändert.[551]

Frage 177: Welche typischen Beispiele können die Pflicht zur anteiligen Tragung der Betriebskosten durch den Eigentümer trotz Nichtgebrauchs illustrieren?

Wenn keine der in der vorhergehenden Frage enthaltenen Ausnahmen einschlägig ist, sind die folgenden Konstellationen am häufigsten Anlass für Streitigkeiten:

- Die Eigentümer von Ladenlokalen müssen sich trotz der faktischen Unmöglichkeit bzw. Sinnlosigkeit der Nutzung des gemeinschaftlichen Fahrstuhls an den Betriebskosten beteiligen.[552]

- Die Eigentümer des Ladenlokals müssen sich auch dann an den auf den Eingang der Liegenschaft entfallenden Betriebskosten beteiligen, wenn ihr eigenes Lokal über einen separaten Eingang verfügt und der Zugang unmittelbar über einen öffentlichen Gehweg erfolgt.[553]

- Die Mitglieder einer Urbanisation müssen auch dann das gemeinschaftliche Clubhaus unterhalten, wenn sie dem eigentlichen Club nicht beigetreten sind.[554]

- Die Eigentümer von Tiefgaragenstellplätzen müssen als Mitglieder der Eigentümergemeinschaft auch anteilig deren allgemeine Kosten tragen, wenn nichts anderes bestimmt wurde.[555]

Frage 178: Gibt es auch Fälle, in denen sich ein Eigentümer an gewissen Betriebskosten wegen Nichtgebrauchs der entsprechenden Einrichtungen nicht beteiligen muss, obwohl weder die Teilungserklärung noch der Gemeinschaftssatzung besondere Bestimmungen beinhalten?

Ja. Letztlich sind es die Gerichte, welche in Anwendung des Gesetzes unterschiedliche, voneinander abweichende Einordnungen vornehmen können. Unabhängig davon, ob man diese Befreiung von der Beitragspflicht im konkreten Fall als richtig oder falsch einordnet, wurde sie z.B. in folgenden Fällen bejaht:[556]

---

[551] Ähnliches gilt gemäß Artikel 17.1.2 LPH z.B. für bestimmte Telekommunikationseinrichtungen oder Anlagen zur Nutzung erneuerbarer Energien.

[552] AP Madrid, Sec. 11.ª, Urteil Nr. 587/2011 vom 18. November; AP Madrid, Sec. 8.ª, Urteil Nr. 195/2011 vom 16. Mai; AP Las Palmas, Sec. 4.ª, Urteil Nr. 180/2011 vom 20. April; AP A Coruña, Sec. 5.ª, Urteil Nr. 60/2011 vom 17. Februar; AP Madrid, Sec. 18.ª, Urteil Nr. 285/2009 vom 10. Juni; AP Asturias, Gijón, Sec. 7.ª, Urteil Nr. 108/2011 vom 18. März.

[553] AP Madrid, Sec. 9.ª, Urteil Nr. 283/2011 vom 23. Mai.

[554] AP Madrid, Sec. 11.ª, Urteil Nr. 591/2011 vom 21. Oktober.

[555] AP Murcia, Sec. 1.ª, Urteil Nr. 158/2011 vom 22. März.

[556] Vgl. die in Lefebvre, Propiedad Horizontal, Rn. 1156 genannten Urteile.

- Keine allgemeine Beitragspflicht zum Unterhalt der Pumpanlagen, welche in der Tiefgarage installiert wurden, um eindringendes Wasser abzuleiten, und die lediglich den Eigentümern von Stellplätzen dienen.

- Keine Beitragspflicht zu den allgemeinen Strom- und Wasserkosten, wenn einem einzelnen Eigentümer die Nutzung dieser Leistungen verwehrt wurde.

Auch wenn grundsätzlich von einer allgemeinen Beitragspflicht aller Eigentümer auszugehen ist (wie sich schon aus Artikel 9.2 LPH ableitet), kann in Einzelfällen ebenso dann eine Befreiung von der Beitragspflicht zu gewissen Ausgaben berechtigt sein, wenn die Nutzung bestimmter Einrichtungen bereits aus tatsächlichen Gründen objektiv ausgeschlossen oder verhindert wird.[557]

Frage 179: Müssen die Betriebskosten eines Gemeinschaftselements auch dann von allen Eigentümern getragen werden, wenn es einen Sondernutzungsberechtigten gibt?

Es ist zunächst auf die in der Teilungserklärung bzw. Satzung enthaltene Regelung abzustellen. Fehlt eine ausdrückliche Bestimmung, lässt sich aus Artikel 9.1.e.) LPH ableiten, dass die Betriebs- und Erhaltungskosten auf den Sondernutzungsberechtigten entfallen, während alle hierüber hinausgehenden Kosten von der Gemeinschaft zu tragen sind.[558]

Frage 180: Wie verteilen sich die Prozesskosten, wenn es zu Rechtsstreitigkeiten zwischen der Gemeinschaft und einzelnen Eigentümern kommt, d.h. wer hat in welchen Fällen die Kosten des Rechtsstreits zu tragen?

Wenn einzelne Eigentümer einen Beschluss der Eigentümerversammlung anfechten, oder die Gemeinschaft gerichtlich gegen Eigentümer vorgeht, kann die Frage aufgeworfen werden, ob der obsiegende Eigentümer aufgrund seiner Eigenschaft als Mitglied der Eigentümergemeinschaft trotz deren Verurteilung (d.h. bei eigenem Obsiegen) dennoch zur anteiligen Tragung der Verfahrenskosten der Gemeinschaft verpflichtet ist. Schließlich trifft jeden Eigentümer (von den oben beschriebenen Ausnahmen abgesehen) eine anteilige Kostentragungspflicht. Dies würde aber bedeuten, dass der erfolgreich anfechtende Eigentümer trotz der durch das Urteil erfolgten Befreiung von den Kosten[559] dennoch zahlen müsste. Angesichts der Tatsache, dass das Gericht seiner Klage stattgegeben und die Gemeinschaft zur Kostentragung verpflichtet hat, stünde die Annahme einer allgemeinen Beteiligungspflicht aller Eigentümer im Widerspruch zum Urteil und würde ein abschreckendes Hindernis für eine legitime Anfechtung darstellen. Dies insbesondere dann, wenn der wirtschaftliche Wert des Streitgegenstandes außer Verhältnis zu den Prozesskosten steht.

---

[557] Lefebvre, Propiedad Horizontal, Rn. 1158.

[558] AP Burgos, Sec. 3.ª, Urteil Nr. 128/2011 vom 25. April (hier diente die Dachterrasse nur einem Sondernutzungsberechtigten).

[559] Das Gericht wird in seiner Kostenentscheidung die vollständig unterliegende Partei regelmäßig zur Tragung aller Kosten verurteilen.

Wie der Tribunal Supremo bereits mehrfach entschieden hat, fallen unter die allgemeine Kostentragungspflicht des Artikels 9 LPH grundsätzlich nur diejenigen Ausgaben, die nicht individualisierbar sind. Bei einer gerichtlichen Auseinandersetzung stehen sich jedoch zwei klar definierte und abgegrenzte Parteien gegenüber. Der Eigentümer und die Gemeinschaft prozessieren auch nicht gegen sich selbst, sondern gegen den jeweils anderen. Es handelt sich daher auch nicht um allgemeine, nicht individualisierbare Ausgaben, sondern um die Kosten zweier unterschiedlicher Parteien. Der obsiegende Eigentümer muss deshalb (trotz seiner Eigenschaft als Mitglied der Eigentümergemeinschaft) keinen Beitrag zu den von der Gemeinschaft zu tragenden Kosten leisten, wenn das Gericht die Verfahrenskosten der Gemeinschaft aufgebürdet hat.[560]

Frage 181: Wenn ein Sondereigentumselement mehrere Eigentümer hat - beispielsweise ein Ehepaar, eine Erbengemeinschaften etc. - welcher Miteigentümer ist dann zur Zahlung der Beiträge verpflichtet, und gegebenenfalls in welchem Umfang?

Gemäß der h.M. handelt es sich bei den Beiträgen zu den Gemeinschaftsausgaben um eine Gesamtschuld[561] (vergleichbar mit § 421 BGB im deutschen Recht, oder der Solidarschuld im österreichischen und schweizer Recht). D.h. die Eigentümer schulden die Beiträge gemeinsam, so dass die Eigentümergemeinschaft von jedem die Begleichung der vollen Schuld verlangen kann.[562] Bis die volle Schuld ausgeglichen wurde, kann die Gemeinschaft von jedem Miteigentümer die Restschuld fordern.[563] Derjenige Miteigentümer, der als Gesamtschuldner die Schuld tilgt, ist berechtigt von den übrigen Miteigentümern den auf diese entfallenden Anteil, verzinst, einzufordern (Artikel 1145 Código Civil). Eine Mindermeinung vertritt hingegen die Ansicht, die Miteigentümer seien lediglich Teilschuldner und würden mithin nicht für den Gesamtbetrag der Schulden einstehen müssen, weshalb die entstandenen Schulden gegen alle (im Sinne einer Streitgenossenschaft / subjektive Klagehäufung) eingeklagt werden müssten.[564] Diese Auffassung stützt sich insbesondere auf Artikel 1137 Código Civil, wonach eine Gesamtschuld nur bei denjenigen Schulden angenommen werden darf, bei denen dies ausdrücklich bestimmt worden ist. Die h.M. entgegnet dieser Argumentation, dass die Zahlungspflicht der Miteigentümer auf eine einheitliche Leistung zurückgeht, die in ihrem Ursprung unteilbar ist, weil sie sich auf das Sondereigentumselement als Ganzes richtet, dies ungeachtet der Möglichkeit im Innenverhältnis eine Aufteilung vorzu-

---

[560] TS, Sala 1ª, de lo Civil, Urteil Nr. 475/2011 vom 24. Juni; TS, Sala 1ª, de lo Civil, Urteile vom 5. Oktober 1983 und 23. Mai 1990.

[561] AP Las Palmas, Sec. 5.ª, Urteil Nr. 205/2011 vom 28. April.

[562] AP Málaga, Sec. 4.ª Urteil Nr. 387/2000 vom 25. Mai; AP Las Palmas, Sec. 5.ª, Urteil Nr. 205/2011 vom 28. April; AP Málaga, Sec. 4.ª, Urteil Nr. 198/2011 vom 14. April; AP Málaga, Melilla, Sec. 7.ª, Urteil Nr. 4/2011 vom 11. Februar; AP Madrid, Sec. 11.ª, Urteil Nr. 109/2008 vom 8. April; AP Madrid, Sec. 11.ª, Urteil Nr. 388/2006 vom 27. Oktober; AP Valencia, Sec. 11.ª, Urteil Nr. 372/2011 vom 13. Juni; AP Santa Cruz de Tenerife, Sec. 4.ª, Urteil Nr. 188/2011 vom 20. Mai.

[563] AP Valencia, Sec. 11.ª, Urteil Nr. 123/2011 vom 7. März.

[564] AP Barcelona, Sec. 11.ª, Urteil vom 11. Juni 1998.

nehmen.[565] Der Tribunal Supremo habe darüber hinaus sogar die Möglichkeit der Existenz einer konkludenten Gesamtschuld angenommen,[566] weshalb keine ausdrückliche gesetzliche oder zwischen den Betroffenen vereinbarte Gesamtschuld erforderlich ist (wie sich eigentlich aus dem Wortlaut des Artikels 1137 Código Civil ergibt), um dennoch eine Gesamtschuld annehmen zu können. Vielmehr leite sich diese aus dem Normenzusammenhang und im Wege einer allgemeinen Auslegung ab.[567] Idealerweise wird der Meinungsstreit bei Klageerhebung dadurch umgangen, dass alle Miteigentümer verklagt werden.

Frage 182: Wie verhält es sich in den Fällen, in denen ein Nießbrauchsrecht existiert? Auf wen entfällt die Kostentragungspflicht?

Wie sich aus Artikel 9.1.e.) und 21.1 LPH ergibt, ist per Gesetz nur der Eigentümer gegenüber der Gemeinschaft zur Kostentragung verpflichtet.[568] Dennoch finden sich in Rechtsprechung und Literatur anderslautende Mindermeinungen. Teilweise wird vertreten, dass die Regelung des Nießbrauchsrechts im spanischen Recht[569] in Artikel 500 und 501 Código Civil in Bezug auf die Kostenverteilung zwischen Obereigentümer und Nießbrauchsberechtigten eine Unterscheidung zwischen den ordentlichen und außerordentlichen Kosten vornimmt. Hiernach sollen nur die außerordentlichen Ausgaben vom Eigentümer zu tragen sein und die übrigen auf den Nießbrauchsberechtigten entfallen, weshalb die Gemeinschaft in Abhängigkeit von der Art der Kosten diese entweder vom Eigentümer oder dem Nießbrauchsberechtigten einfordern kann.[570] Auch wenn der Obereigentümer im Innenverhältnis, auf Grundlage der Artikel 500 und 501 des Código Civil, den Ausgleich der ordentlichen Kosten vom Nießbrauchsberechtigten verlangen kann, muss er aber trotzdem laut Gesetz in Vorleistung treten.[571] Abgesehen davon können zwischen dem Obereigentümer und Nießbrauchsberechtigtem Sondervereinbarungen getroffen worden sein (dies geschieht ausgehend von Artikel 470 Código Civil in dem Titel der das Nießbrauchsrecht begründete), von denen die Gemeinschaft keine Kenntnis haben muss.

Frage 183: Was geschieht, wenn ein Ehepaar getrennt lebt oder bereits geschieden wurde, wer leistet in solch einem Fall die Beiträge zu den Gemeinschaftskosten, für die Eigentumswohnung?

Es sind mehrere unterschiedliche Konstellationen denkbar:[572]

---

[565] TS, Sala 1.ª, de lo Civil, Urteil vom 10. Juli 1990.

[566] TS, Sala 1.ª, de lo Civil, Urteil vom 26. Juli 2000.

[567] Nach: El Derecho, Boletín Propiedad Horizontal vom 1. April 2011, Reclamaciones de gastos de comunidad en casos de bienes en proindiviso.

[568] AP Alicante, Sec. 5.ª, Urteil Nr. 224/2007 vom 9. Juli; AP Asturias, Sec. 7.ª, Urteil Nr. 505/2006 vom 13. Oktober; AP Madrid, Sec. 14.ª, Urteil Nr. 284/2006 vom 27. April; AP Tarragona, Sec. 1.ª, Urteil Nr. 438/2004 vom 22. November; AP Málaga, Sec. 5.ª, Urteil Nr. 905/2004 vom 15. Juli; AP Madrid, Sec. 18.ª, Urteil vom 23. Mai 2001.

[569] Siehe Artikel 491-522 *Código Civil.*

[570] AP Barcelona, Sec. 16.ª, Urteil vom 11. Dezember 1995; AP Valencia, Urteil vom 5. April 1993; AP Barcelona, Sec. 1.ª, Urteil vom 20. März 1997.

[571] AP Madrid, Sec. 25.ª, Urteil Nr. 87/2009 vom 13. Februar.

[572] Übersicht nach PH-TI-Díez Nuñes, S. 735-742.

1. Die Ehewohnung kann einem Ehegatten zugewiesen worden sein, der nicht gleichzeitig auch Eigentümer ist. Teilweise wird vertreten, die Kostentragungspflicht entfalle hier alleine auf den Eigentümer. Dass er die Wohnung selbst nicht nutzen könne, spiele keine Rolle. Die Zuweisung der Wohnung an einen Ehegatten, der nicht Eigentümer ist, entspringe der Unterhaltspflicht des anderen Ehegatten, weshalb auch die mit der Wohnung unauflöslich verbundenen Kosten von diesem zu tragen seien, insbesondere, wenn sie wie die Vertreter dieser Auffassung argumentieren, im Allgemeinen, verbrauchsunabhängig sind. Natürlich könne das Innenverhältnis kraft Vereinbarung oder richterlicher Anordnung in einer bestimmten, hiervon abweichenden Form ausgestaltet worden sein. Mangels solch konkreter Regelungen müsse der die zur Verfügung stellende Ehegatte auch die hiermit verbundenen Kosten tragen.

   Nach wohl h.M. in der Rechtsprechung ist in solchen Fällen aber eine Unterscheidung zwischen den ordentlichen Kosten (welche regelmäßig vom Ehegatten zu tragen sind, dem die Wohnung zugewiesen wurde) und den außerordentlichen Kosten sowie Sonderumlagen (welche vom Ehegatten zu tragen sind der Eigentümer ist) vorzunehmen. Während die ordentlichen Kosten - nach dieser Auffassung - einen gewissen Verbrauchsbezug aufweisen, und einen unmittelbaren Bezug zur Nutzung hätten, seien die außerordentlichen Kosten und Sonderumlagen hiervon unabhängig, und würden oftmals sogar zu einer Wertsteigerung der Liegenschaft führen, von welcher der eigentliche Eigentümer profitiert.[573] Dies rechtfertige das letztere vom Eigentümer zu tragen seien.

2. Wenn die Ehewohnung demjenigen Ehegatten zugewiesen wurde, der Eigentümer ist, müssen keine besonderen Überlegungen angestellt werden. Entfällt auf diesen doch bereits kraft Gesetzes die Kostentragungspflicht.[574]

3. Wenn die Wohnung den Eheleuten gemeinsam gehört, entfällt auf beide als Miteigentümer die Kostentragungspflicht in der in den übrigen Abschnitten dargestellten Weise. Sie stehen nach h.M. als Gemeinschuldner für die Beitragspflicht ein, unabhängig wer von ihnen in ihr lebt.[575] In der Literatur finden sich allerdings auch Auffassungen, die vertreten, dass in denjenigen Fällen, in welchen nicht erforderliche Ausgaben getätigt würden, nur derjenige Ehegatte und Miteigentümer beitragspflichtig sei, dem die Wohnung zur Nutzung zugewiesen wurde.[576]

Frage 184: Können der Eigentümer als Vermieter und sein Mieter vereinbaren, dass letzterer die Beiträge zu den Gemeinschaftsausgaben leistet? Kann die Gemeinschaft kraft einer solchen Vereinbarung die Zahlung unmittelbar vom Mieter fordern?

---

[573] Lefebvre, Propiedad Horizontal, Rn. 1204.
[574] PH-TI-Díez Nuñes, S. 740.
[575] Ebenda.
[576] Lefebvre, Propiedad Horizontal, Rn. 1205.

Artikel 1255 des Código Civil beschreibt die Freiheit der Parteien, nach ihrem Belieben Vereinbarungen zu treffen (Privatautonomie), solange diese weder gegen das geltende Recht, die öffentliche Ordnung oder die guten Sitten verstoßen. Der Eigentümer kann daher durchaus mit seinem Mieter vereinbaren, dass dieser für die Beiträge zu den Gemeinschaftsausgaben aufkommen muss. Eine solche Einigung hat allerdings keinen Einfluss auf das Recht der Gemeinschaft, die Beiträge vom Eigentümer zu fordern. Die beschriebene Vereinbarung spielt lediglich im Innenverhältnis zwischen Vermieter und Mieter eine Rolle. Solange der Mieter den mit seinem Vermieter vereinbarten Zahlungspflichten nachkommt, kann die Gemeinschaft die Zahlung durch einen Dritten tolerieren. Sollten jedoch Beiträge ausbleiben, könnte und müsste sie sich allerdings gegen den Eigentümer richten. Da die Nichtzahlung des Mieters zur Einbusse des Stimmrechts des Eigentümers (in den Versammlungen) führen kann, sollte der Vermieter, wenn zwischen den Parteien vereinbart wurde, dass der Mieter die Gemeinschaftsbeiträge leistet, die Zahlung der Beiträge vorsichtshalber unmittelbar an sich selbst fordern und die Zahlungen an die Gemeinschaft dann von sich aus vornehmen.

Frage 185: Nach welcher Frist verjähren die Ansprüche der Gemeinschaft gegen einen Eigentümer wegen geschuldeter Beiträge zu den Gemeinschaftsausgaben?

Die LPH selbst bestimmt keine Frist, weshalb auf die Vorschriften des Código Civil zurückgegriffen werden muss. Die h.M. geht von einer 15-jährigen Verjährungsfrist nach Artikel 1964 Código Civil aus.[577] Nach einer anderen Auffassung verjährt der Anspruch der Gemeinschaft gegen einen Eigentümer gemäß Artikel 1966.3 Código Civil jedoch bereits nach 5 Jahren.[578] Die Beantwortung der Frage, ob sich die Verjährung aus Artikel 1964 C.C. (15 Jahre) oder Artikel 1966.3 C.C. ableitet, richtet sich danach, ob man davon ausgeht, dass es sich bei den Beiträgen zu den Gemeinschaftsausgaben um Zahlungen handelt, die jährlich oder in geringeren Zeiträumen zu leisten sind (dann gilt gemäß Artikel 1966.3 C.C. und somit die Ver-

---

[577] AP Vigo, Sec. 6.ª, Urteil Nr. 688/2011 vom 8. September; AP Valencia, Urteil Nr. 269/2003 vom 6. Mai; AP Toledo, Sec. 1.ª, Urteil Nr. 225/2011 vom 20. September; AP Palencia, Sec. 1.ª, Urteil Nr. 221/2011 vom 1. September; AP Segovia, Sec. 1.ª, Urteil Nr. 168/2011 vom 19. Juli; AP Sevilla, Sec. 5.ª, Urteil Nr. 315/2011 vom 30. Juni; AP Ávila, Sec. 1.ª, Urteil Nr. 48/2011 vom 24. Februar; AP Santa Cruz de Tenerife, Sec. 3.ª, Urteil Nr. 66/2011 vom 17. Februar; AP Madrid, Sec. 13.ª, Urteil Nr. 630/2010 vom 23. Dezember; AP Madrid, Sec. 14.ª, Urteil Nr. 60/2011 vom 23. Dezember; AP Vizcaya, Sec. 3.ª, Urteil Nr. 553/2010 vom 23. November; AP A Coruña, Santiago de Compostela, Sec. 6.ª, Urteil Nr. 417/2010 vom 22. Oktober; AP Palencia, Sec. 1.ª, Urteil Nr. 174/2010 vom 18. Juni; AP León, Sec. 2.ª, Urteil Nr. 5/2010 vom 14. Januar; AP Huelva, Sec. 3.ª, Urteil Nr. 2/2010 vom 13. Januar; AP Navarra, Sec. 1.ª, Urteil Nr. 152/2009 vom 5. Oktober; AP Pontevedra, Sec. 1.ª, Urteil Nr. 481/2008 vom 31. Juli; AP Granada, Sec. 4.ª, Urteil Nr. 146/2007 vom 30. März; AP Barcelona, Sec. 14.ª, Urteil Nr. 154/2007 vom 15. März; AP Guadalajara, Sec. 1.ª, Urteil Nr. 36/2007 vom 19. Februar; AP Las Palmas, Sec. 3.ª, Urteil Nr. 421/2006 vom 6. November.

[578] AP Las Palmas, Sec. 4.ª, Urteil Nr. 233/2010 vom 22. April; AP Málaga, Sec. 5.ª, Urteil Nr. 216/2010 vom 22. April; AP Sevilla, Sec. 6.ª, Urteil Nr. 521/2009 vom 22. Dezember; AP Málaga, Sec. 4.ª, Urteil Nr. 361/2008 vom 5. Juni; AP Las Palmas, Sec. 4.ª, Urteil Nr. 451/2007 vom 28. November; AP Madrid, Sec. 21.ª, Urteil Nr. 364/2006 vom 26. September.

jährungsfrist von 5 Jahren) oder nicht (dann gilt die allgemeine Verjährungsfrist nach Artikel 1964 C.C. von 15 Jahren). Auf den ersten Blick scheint Artikel 1966.3 C.C. einschlägig, da die Beiträge regelmäßig monatlich, zweimonatlich, halbjährlich oder höchstens jährlich geleistet werden. So findet Artikel 1966.3 C.C. beispielsweise auch Anwendung, wenn es um Rechnungen von Strom-, Wasser- und Gasversorgern geht. Zwischen den Rechnungen dieser Versorger und den Beiträgen zur Eigentümergemeinschaft existieren aufgrund der periodischen Zahlweise durchaus Parallelen. Es darf aber nicht vergessen werden, dass sie sich in einem wesentlichen Punkt unterscheiden, der für die Einordnung entscheidend ist. Während die Rechnungen der Versorger auf einen konkreten Verbrauch zurückgehen, der Rechnungsempfänger also die von ihm unmittelbar erhaltenen Leistungen bezahlt, handelt es sich bei der Beitragspflicht des Mitglieds einer Eigentümergemeinschaft nicht um eine vertragliche Pflicht, sondern um einen sich alleine aus seiner Eigentümerstellung ableitenden Zwang. Die Beitrage resultieren lediglich aus dem internen Verteilungsplan. Verfügt die Gemeinschaft über Einkünfte (etwa aus der Vermietung von Gemeinschaftseigentum), die über die Betriebskosten hinausgehen, könnte es sogar dazu kommen, dass gar keine laufenden Beiträge zu leisten wären. Genauso könnte vereinbart werden, dass alle drei Jahre ein höherer Geldbeitrag geleistet wird, von dem die Gemeinschaft bis zum nächsten Zahlungszeitpunkt zehrt. Die monatliche oder gleich wie gestaltete periodische Zahlung ist daher nur eine von der Gemeinschaft gewählte Zahlungsmodalität, die nicht an einen tatsächlichen Verbrauch oder Bedarf gekoppelt ist, sondern nichts weiter als eine wirtschaftlich weniger einschneidende, weil fraktionierte, Zahlungsweise darstellt. Auch wenn die Versammlung gemäß Artikel 16.1 LPH jedes Jahr mindestens ein Mal zusammentreten muss, bedeutet dies nicht, dass auch im gleichen, oder einem kürzeren Zeitraum zwingend Beitrage zu leisten seien. Wir favorisieren daher ebenfalls die Annahme einer 15-jährigen Verjährungsfrist.

Frage 186: Kann die Eigentümerversammlung für die nicht geleisteten Beiträge zu den Gemeinschaftsausgaben Strafen in Form von Zuschlägen verlangen?

Wenn ein entsprechender Beschluss getroffen wurde, ist dies durchaus möglich.[579] Eine solche Regelung kann allerdings nur auf diejenigen Schulden angewandt werden, die nach dem Zustandekommen des entsprechenden Beschlusses fällig wurden. Eine rückwirkende Sanktion scheidet aus.[580] Auch kann das Gericht, sollte die von der Gemeinschaft festgesetzte Strafe zu hoch erscheinen, selbige gemäß Artikel 1154 Código Civil anpassen.[581]

Frage 187: Kann die Gemeinschaft gegenüber säumigen Schuldnern auch Strafen beschließen, die nicht finanzieller, sondern tatsächlicher Natur sind, wie z.B. das Verbot, bestimmte Gemeinschaftseinrichtungen zu nutzen?

---

[579] AP Murcia, Cartagena, Sec. 5.ª, Urteil Nr. 213/2011 vom 19. Juli; AP Alicante, Sec. 5.ª, Urteil Nr. 102/2011 vom 3. März.

[580] AP Las Palmas, Sec. 5.ª, Urteil Nr. 188/2011 vom 19. April; AP Alicante, Sec. 5.ª, Urteil Nr. 303/2010 vom 15. September; AP Baleares, Sec. 3.ª, Urteil Nr. 219/2010 vom 2. Juni.

[581] AP Alicante, Sec. 5.ª, Urteil Nr. 66/2010 vom 17. Februar; AP Madrid, Sec. 10.ª, Urteil vom 20. April 2002.

Nein. Die Gemeinschaft hat keine Kompetenz, um solcherlei Strafen zu verhängen. Dies würde einen unzulässigen Eingriff in das Eigentum darstellen. Darüber hinaus existieren Mechanismen, welche die wirksame Einziehung der fälligen Schulden ermöglichen.[582]

4.2.11 Beteiligung am Rücklagenfond

Jeder Eigentümer ist verpflichtet, proportional zu der auf ihn entfallenden Beteiligungsquote, einen Beitrag zum Rücklagenfond zu leisten. Unabhängig davon, wie die laufenden Kosten, also die allgemeinen Beiträge zu den Gemeinschaftsausgaben unter den Eigentümern verteilt werden - die Beteiligung am Rücklagenfonds erfolgt in Abhängigkeit zu dem jeweiligen Miteigentumsanteil. Sind einzelne Sondereigentumselemente (wie etwa Geschäftslokale) z.B. von der Beitragspflicht zum Fahrstuhldienst befreit, schmälert diese Befreiung nicht den Umfang der Beteiligung am Rücklagenfond. Denn anders als in Artikel 9.1.e.).1 LPH, wonach sich die Beitragspflicht nach dem in der Teilungserklärung oder dem *gesondert Festgelegten* (*lo especialmente establecido*) bestimmt, besagt der Wortlaut des Artikels 9.1.f.) LPH, dass die Beteiligung am Rücklagenfond im Umfang der Beteiligungsquote erfolgt.[583]

Bezüglich der Höhe des Rücklagenfonds bestimmt das Gesetz, dass dieser mit Mitteln ausgestattet werden muss, die sich mindestens auf fünf Prozent des letzten ordentlichen Haushaltsplans belaufen. Mit ihnen kommt die Gemeinschaft für gegebenenfalls erforderliche außerordentliche Erhaltungs- und Reparaturarbeiten der Gemeinschaftselemente auf. Dass es sich um außerordentliche Ausgaben handeln muss, wird zwar nicht ausdrücklich gesagt, lässt sich aber aus dem Sinn und Zweck der Vorschrift ableiten. Bis zum in Kraft treten der durch das Gesetz 8/1999 vom 6. April eingeführten Änderungen, bestand im spanischen Wohnungseigentumsrecht keinerlei Pflicht zur Schaffung eines Rücklagenfonds. Natürlich konnte eine Eigentümerversammlung schon immer einen solchen auch ohne gesetzliche

---

[582] Mahnverfahren (*Procedimiento Monitorio*) oder ordentliches Klageverfahren (*Juicio Ordinario*).

[583] Diese Lösung scheint widersprüchlich. Das Gesetz sieht doch z.B. in Artikel 17.4.2 LPH die Möglichkeit vor, dass einzelne Eigentümer unmittelbar von der Beitragspflicht zur Schaffung nicht erforderlicher Neuerungen unter gewissen Voraussetzungen befreit werden. Weshalb sollte dann z.B. eine außerordentliche Reparatur dieser Neuerungen gemäß Artikel 9.1.e.) LPH aus einem von allen zu errichtenden Rücklagenfond erfolgen? Diese auf den ersten Blick durchaus angebrachten Zweifel sind begründet. Bei genauer Betrachtung dieses Widerspruchs wird jedoch schnell klar, dass dies nur ein theoretisches Problem darstellt. Bei den erforderlichen Neuerungen nach Artikel 17.4.1 LPH und bei der Schaffung von Neuerungen gemäß Artikel 17.3 LPH, ist ohnehin jeder Eigentümer verpflichtet, seinen Beitrag zu leisten (wenn keine der in diesen Artikeln vorgesehenen Ausnahmen vorliegt). Im Falle von Einrichtungen z.B. im Sinne des Artikels 17.1.2 LPH ist hingegen nur ein Teil der Eigentümer, nämlich derjenige, welche der Errichtung dieser Neuerungen zugestimmt hat, verpflichtet, die Instandhaltungs- und Reparaurkosten zu tragen. In den übrigen Fällen werden die unerwartet eingetretenen Schäden und deren Beseitigung oftmals keine Dringlichkeit aufweisen, weshalb die erforderlichen Massnahmen zu einem späteren Zeitpunkt und ohne Rückgriff auf den Rücklagenfond durchgeführt werden können.

Vorgabe begründen. Insbesondere die großen Gemeinschaften, aber auch kleine-re, vorausschauende, taten dies, um der Notwendigkeit zu entsprechen, ständig über gegebenenfalls erforderliche Mittel zu verfügen. Viel zu schnell können uner-wartete Erhaltungsmaßnahmen oder Reparaturen anfallen, deren Umfang das Vo-lumen der aus dem ordentlichen Haushaltsplan resultierenden Finanzkraft einer Gemeinschaft übersteigen. Mit Hilfe eines Rücklagenfonds können plötzliche Son-derumlagen vermieden werden, deren Erhalt die Amtsträger der Gemeinschaft oft-mals vor große Herausforderungen stellt. Zur Vereinbarung der plötzlich erforder-lichen Sonderumlage muss schließlich eine außerordentliche Versammlung ein-berufen werden. Einzelne Eigentümer können gegebenenfalls nicht über die not-wendigen Mittel verfügen, etc. Besteht ein Rücklagenfonds, werden solcherlei Pro-bleme auf ein Minimum reduziert. Insbesondere dringenden und zugleich kosten-intensiven aber unerwarteten Reparaturen kann oftmals nur auf diesem Wege in angemessener Weise begegnet werden.

Natürlich muss der Rücklagenfonds erneut vollständig ausgestattet werden, wenn der Einsatz seiner Mittel tatsächlich einmal erforderlich wurde. Der von den Eigen-tümern unmittelbar aufzubringende Beitrag entfällt daher absolut gesehen nicht, nur weil ein Rücklagenfonds besteht, aus welchem die Mittel bestritten werden können. Die unerwartet entstandene Beitrags- oder Kostentragungspflicht und die mit ihr verbundenen Zahlungen werden lediglich aufgeschoben. Der Vorteil liegt also im Wesentlichen darin begründet, dass die Gemeinschaft nicht warten muss, bis die Zahlung unmittelbar durch die Eigentümer vorgenommen wird. Die erfor-derlichen Mittel mit sofortiger Wirkung zur Verfügung stellen zu können, ist daher der wahre Zweck des Rücklagenfonds. Um dem beschriebenen Zweck zu dienen, dürfen die Mittel des Rücklagenfonds lediglich für die außerordentlichen Erhal-tungsmaßnahmen oder Reparaturen verwendet werden. Würde daneben auch ein Teil der ordentlichen Erhaltungsmaßnahmen aus dem Fonds bestritten, wäre der Sinn und Zweck desselben ausgehöhlt. Neben den außerordentlichen Erhaltungs- und Reparaturmaßnahmen lässt das Gesetz deshalb nur einen weiteren Verwen-dungszweck zu. Der Rücklagenfonds kann ebenso wahlweise zur Zahlung einer Versicherung zur Abdeckung eines Vermögensschadens oder zum Bestreiten der Ausgaben eines dauerhaften Wartungsvertrages dienen. Im Grunde genommen handelt es sich aber um keine wirkliche Ausnahme vom Grundsatz, dass der Rück-lagenfonds lediglich zur Zahlung der außerordentlichen Erhaltungs- und Repara-turarbeiten dienen darf. Sowohl die Versicherung wie auch der Wartungsvertrag sind schließlich auf die Abdeckung der mit diesen verbundenen Ausgaben gerich-tet. D.h., dass mit ihnen (zumindest zum Teil) das Risiko abgedeckt wird, dem der Rücklagenfonds dient.

Frage 188: Wie ist die Nichtzahlung des Beitrages zum Rücklagenfonds rechtlich einzuordnen? Gilt dass gleiche wie bei nicht geleisteten Gemeinschaftsbeiträ-gen?

Der Beitrag zum Rücklagenfonds erhält in puncto Zahlungspflicht und Auswirkung der Nichtzahlung grundsätzlich die gleiche rechtliche Einordnung wie die Leistung (oder Nichtleistung) der übrigen Beiträge zu den Gemeinschaftsausgaben. So ergibt sich aus Artikel 9.1.e.) 4. Absatz LPH (Pflicht bei der Übertragung des Sondereigentumselements den Erwerber über die gegenüber der Gemeinschaft bestehenden Schulden zu informieren), Artikel 16.2 LPH (Hinweis innerhalb der Ladung zur Eigentümerversammlung auf die gegenüber der Gemeinschaft bestehenden Schulden), Artikel 15.2 LPH (Stimmrechtsverlust) und Artikel 18.2 LPH (Recht, die Beschlüsse anzufechten) keine Unterscheidung zwischen Beitragspflicht zum Rücklagenfonds und zu den allgemeinen Beiträgen.

Frage 189: Was geschieht, wenn ordentliche Ausgaben aus Mitteln des Rücklagenfonds bestritten werden?

Das spanische Wohnungseigentumsgesetz selbst sieht keinerlei Sanktion vor, sollten die für außerordentliche Maßnahmen zurückgelegten Mittel für ordentliche Ausgaben verwendet werden. Unabhängig vom vorgesehenen Verwendungszweck handelt es sich in beiden Fällen um Vermögen der Gemeinschaft, die für beiderlei Ausgaben aufkommen muss, weshalb auch keine Veruntreuung oder ähnliches vorliegt. Die Gemeinschaft würde in solch einem Fall lediglich die Pflicht treffen, den Rücklagenfonds erneut vollständig auszustatten. Sollte eine dringende Reparaturmaßnahme aufgrund der unsachgemäß verwendeten Mittel nicht rechtzeitig genug erfolgen und zu einer Vergrößerung des Schadens oder zu Nachteilen aufgrund eines weiterfressenden Schadens führen, könnte der für die zweckentfremdete Mittelverwendung Verantwortliche (regelmäßig der Präsident) schadenersatzpflichtig werden.

Frage 190: Können die Gläubiger der Eigentümergemeinschaft (z.B. der Hausmeister, Hausverwalter oder Handwerksbetriebe) in den Rücklagenfond vollstrecken?

Ja. Gemäß Artikel 1911 des Código Civil haftet der Schuldner mit allen gegenwärtigen oder zukünftigen Vermögensgegenständen gegenüber seinen Gläubigern.

Frage 191: Muss, wenn ein Sondereigentumselement übertragen wird, dessen Anteil am Rücklagenfonds an den Alteigentümer ausgezahlt werden?

Nein. Die Pflicht zur Beteiligung am Rücklagenfonds im Verhältnis zur Quote entfällt zwar gemäß Artikel 9.1.f.) LPH auf den Eigentümer, wie Artikel 9.1.f.) 2. Absatz LPH klarstellt, ist jedoch die Eigentümergemeinschaft deren alleiniger Träger. Eine Auszahlungspflicht besteht daher nicht. Auch wenn einige Autoren anderer Auffassung sind und argumentieren, der anteilige Rücklagenfonds müsste erstattet werden,[584] da der Erwerber ansonsten unnötig bereichert werde,[585] muss dieser vermeintliche Verlust relativiert werden. Der übertragende Eigentümer hat schließlich die Möglichkeit, den Kaufpreis um die Höhe seines Anteils am Rücklagenfonds zu erhöhen. Er bestimmt als Verkäufer die Bedingungen der Übertragung mit. Andernfalls wäre vielmehr der Erwerber schützenswert, der sich plötzlich, würde man dieser Argumentation folgen, der Pflicht ausgesetzt sehen könnte, einen Beitrag

---

[584] So de la Hoz de la Escalera, in: Marina Martínez-Pardo, Encuesta Jurídica.
[585] PH-TI-Díez Nuñes, S. 800-802.

möglicherweise nicht unbeträchtlichen Ausmaßes zum Rücklagenfonds zu leisten. Dies wären versteckte Kosten, mit denen er nicht unbedingt zu rechnen hatte.

Frage 192: Kann die Eigentümerversammlung eine Erhöhung des Rücklagenfonds über die gesetzlich vorgesehenen 5 % des letzten Haushaltsplans beschließen?

Ja. Ein solcher Beschlussgegenstand fällt unter die Regelung des Artikels 17.6 LPH. Es bedarf der Einstimmigkeit. Letztlich werden die gesetzlichen Vorgaben verändert und ein Gegenstand geregelt der seinen Platz im Gründungstitel oder der Satzung hat.

Frage 193: Kann die Eigentümerversammlung den Umfang der Beteiligung eines jeden Eigentümers am Rücklagenfonds an andere Kriterien als die Beteiligungsquote knüpfen?

Die im Gesetz 8/1999 vom 6. April (durch welches der Rücklagenfond in das spanischen Wohnungseigentumsgesetz Einzug fand) enthaltene Abschlussbestimmung (*Disposición Final*) besagt, dass mit in Kraft treten dieses Gesetzes diejenigen in einer Satzung enthaltenen Klauseln, welche im Widerspruch zu diesem Gesetz stehen oder unvereinbar seien, ihre Wirksamkeit einbüßen. Es ist daher davon auszugehen, dass kein anderer Verteilungsschlüssel als die Quote zulässig ist.[586]

4.2.12 Sorgsamer Umgang mit der Immobilie und den übrigen Eigentümern, und Pflicht, diesen gegenüber für die begangenen Verstöße und verursachten Schäden einzutreten

Gemäß Artikel 9.1.g.) LPH ist jeder Eigentümer verpflichtet, mit seinem Sondereigentumselement in der Weise umzugehen, dass die übrigen Eigentümer keine Nachteile erleiden. Sollte dennoch ein auf sein (Fehl-)Verhalten zurückgehender Schaden eintreten, muss er diesen ersetzen. Tatsächlich handelt es sich bei dieser Pflicht um eine teilweise Wiederholung dessen, was bereits in Artikel 9.1.a.), b.), c.) und d.) LPH ausgeführt wird.[587] In engem Zusammenhang mit der in Artikel 9.1.g.) LPH enthaltenen Pflicht zum sorgsamen Umgang mit der Immobilie stehen auch die Verbote des Artikels 7.2 LPH, aus denen sich ableitet, dass die Eigentümer (und in diesem Falle auch die Nutzer) weder gegen die Satzung verstoßen noch der Liegenschaft Schaden zufügende bzw. für die Bewohner störende oder gefährliche Aktivitäten ausführen dürfen.

Frage 194: Haftet der Eigentümer aus Artikel 9.1.g.) LPH auch für das Verhalten seiner Mieter oder anderer Nutzer?

Die Rechtsprechung vertritt keine einheitliche Auffassung. Teilweise wird argumentiert, der Eigentümer sei auch dann verpflichtet, die Schäden zu ersetzen,

---

[586] PH-TI-Díez Nuñes, S. 805.
[587] a.a.O., S. 809.

wenn sie durch seine Mieter oder andere Nutzer verursacht worden sind.[588] Genauso wird aber auch die entgegengesetzte Position verteidigt, nämlich dass die Eigentümereigenschaft alleine keine Haftung für die durch die Nutzer verursachten Schäden begründe.[589] Richtigerweise sollten zwei wesentliche Aspekte berücksichtigt werden. Erstens, dass die alte Fassung des Artikels 9.6 LPH[590] ausdrücklich die Haftung des Eigentümers auf das Verhalten der Bewohner oder Nutzer seines Sondereigentumselements ausdehnte, und dass der geänderte Gesetzeswortlaut eher die Annahme rechtfertigt, das Verhalten etwa der Mieter sei ihm nicht mehr anzulasten. Zweitens, dass es für eine gerechte Einordnung auch auf die Ursache des Schadens ankommen müsste. Geht der Schaden nämlich auf ein defektes Rohr zurück, wäre der Mieter hieran genauso wenig schuld, wie es der Eigentümer ist, wenn der Mieter durch seine Unachtsamkeit einen Brand verursacht. Erstaunlicherweise hat der oberste spanische Gerichtshof in einer Entscheidung dennoch grundsätzlich den Eigentümer für das Verhalten seines Mieters (für die Errichtung von drei Schornsteinen) zur Verantwortung gezogen.[591] Es wurde argumentiert, die Pflicht des Artikels 9.1.g.) LPH treffe, wie sich aus Artikel 9.1 LPH ergäbe, jeden Eigentümer, weshalb nicht davon auszugehen sei, die (durch das Gesetz 8/1999 vom 6. April) erfolgte Änderung des Gesetzeswortlautes habe darauf abgezielt, den Eigentümer von seiner Haftung für das Fehlverhalten der Bewohner zu entlasten. Den möglichen Ansprüchen der Gemeinschaft wird damit Vorrang gegeben, da diese im schlechtesten Fall (Vermögenslosigkeit der Verursacher, die nicht Eigentümer sind) die Möglichkeit haben, vom Eigentümer Schadenersatz zu erhalten.[592] Zur Sicherheit sollte angesichts dessen immer der Eigentümer mit seinen Mietern oder anderen Verursachern (z.B. Nießbrauchsberechtigte) verklagt werden um zu vermeiden, dass wegen der Nichtbeachtung einer möglicherweise notwendigen Streitgenossenschaft die Klage als unzulässig abgewiesen wird.

Frage 195: Besteht die Haftung des Artikels 9.1.g.) LPH auch dann, wenn die Geschädigten nicht Eigentümer sondern beispielsweise Mieter oder Nießbrauchsberechtigte sind?

Das Gesetz spricht zwar vom Anspruch der geschädigten *titulares* (Inhaber) und in diesem Zusammenhang ist davon auszugehen, dass hiermit die übrigen Eigentümer gemeint sind. Es macht aber keinen Sinn, diesbezüglich eine Unterscheidung zwischen Eigentümern und Mietern zu machen. Grundsätzlich haben die Geschädigten sowieso immer einen Schadenersatzanspruch wegen unerlaubter Handlung aus Artikel 1902 ff. des Código Civil gegen den Verursacher. Im Hinblick auf die vorangegangene Frage, geht es in Artikel 9.1.g.) LPH vielmehr darum, den Ei-

---

[588] AP Madrid, Sec. 9.ª, Urteil Nr. 279/2010 vom 27. Mai; AP Guipúzcoa, Sec. 2.ª, Urteil Nr. 100/2010 vom 31. März; AP Guipúzcoa, Sec. 2.ª, Urteil Nr. 2316/2009 vom 16. Oktober; AP Barcelona, Sec. 12.ª, Urteil Nr. 486/2007 vom 11. Juli.

[589] AP Asturias, Gijón, Sec. 7.ª, Urteil Nr. 410/2011 vom 16. September; AP Madrid, Sec. 11.ª, Urteil Nr. 185/2011 vom 17. März; AP Salamanca, Sec. 1.ª, Urteil Nr. 254/2009 vom 26. Juni.

[590] Welche bis einschliesslich 27. April 1999 galt.

[591] TS, Sala 1.ª, de lo Civil, Urteil vom 18. Dezember 2009.

[592] Sepín, El propietario responde ante la Comunidad de los daños ocasionados por cualquier ocupante del piso o local.

gentümer auch dann für den Schaden verantwortlich zu machen, wenn er z.B. von seinen Mietern verursacht wurde. Mit Rücksicht auf die weiter oben gemachten Ausführungen, wäre die Frage so zu beantworten, dass der geschädigte Bewohner auch, ohne Eigentümer zu sein, einen Anspruch gegen den Eigentümer des Sondereigentumselements hat (auch wenn der Schaden von dessen Mietern oder einem Nießbrauchsberechtigten verursacht wurde).

4.2.13 Dem Sekretär eine Anschrift für die Zustellung von Benachrichtigungen mitteilen

Jeder Eigentümer muss gemäß Artikel 9.1.h.) LPH dem Sekretär der Gemeinschaft eine Zustellanschrift innerhalb Spaniens nennen. Über diese Adressen kommuniziert die Gemeinschaft mit den Eigentümern, um ihnen Benachrichtigungen aller Art zuzustellen. Sollte ein Eigentümer keine Anschrift nennen, befindet sich die zulässige Zustelladresse kraft gesetzlicher Vorgabe in dessen Sondereigentumselement. Neben Ladungen werden an die Zustellanschrift Aufforderungen (Zahlung, Unterlassung störenden oder gefährlichen Verhaltens, etc.) aber auch Benachrichtigungen über das vorläufige Abstimmungsergebnis (bei Beschlussgegenständen, die besonderer Mehrheiten oder gar der Einstimmigkeit bedürfen, kann der abwesende Eigentümer binnen 30 Tagen sein Votum abgeben) und das Versammlungsprotokoll mit den letztlich getroffenen Beschlüssen der Versammlung versandt. Es liegt daher im eigenen Interesse des Eigentümers sicherzustellen, dass er alle Nachrichten der Gemeinschaft empfängt. Andernfalls können - ohne seine tatsächliche Kenntnisnahme - wichtige Fristen verstreichen, oder Kraft Zustimmungsfiktion des abwesenden Eigentümers, in den Fällen des Artikels 17.8 LPH seine nicht abgegebene Stimme als positives Votum verrechnet werden. Für den Fall, dass die Zustellung unter der durch den Eigentümer übermittelten Adresse oder ersatzweise unter derjenigen des in der Gemeinschaft gelegenen Sondereigentumselements nicht möglich sein sollte, gilt sie als erfolgt, wenn das Schriftstück am schwarzen Brett der Gemeinschaft drei Tage aushing. Sollte die Gemeinschaft über kein schwarzes Brett verfügen, kann das Schriftstück auch an einem gut sichtbaren Ort der Gemeinschaft innerhalb des gemeinschaftlichen Eigentums ausgehängt werden, der zu diesem Zweck geschaffen wurde. Der Aushang muss Angaben darüber enthalten, zu welchem Zeitpunkt er erfolgte und aus welchen Gründen zu dieser ersatzweisen Zustellung geschritten wurde. Weiterhin hat er die Unterschrift des Sekretärs und den Sichtvermerk des Präsidenten zu tragen.

Frage 196: Wie kann die Zustelladresse des Eigentümers dem Sekretär in einer Weise mitgeteilt werden, dass ein Nachweis hierüber möglich ist (so wie von Artikel 9.1.h.) LPH gefordert)?

Eine Möglichkeit ist die persönliche Übergabe mit Empfangsbestätigung. Außerdem kann die Zustellung mittels *Burofax* (via spanische Post) oder *requerimiento notarial*, also über einen Notar erfolgen.

Frage 197: Muss die Zustelladresse in Spanien liegen?

Ja. Einer der wesentlichen Aspekte der Zustellung ist der, dass sie in einer Weise erfolgen sollte, die es ermöglicht, einen Nachweis hierüber zu führen.[593] Nur unter gewissen Umständen (die in den nachfolgenden Fragen beantwortet werden sollen) kann anders verfahren werden.[594] Der Gesetzgeber ging historisch wohl von der Annahme aus, die Eigentümer würden im Regelfall über eine einzige Immobilie verfügen und in dieser auch ihren Wohnsitz haben. In solch einem Fall stünde einer persönlichen Übergabe in den Abendstunden oder am Wochenende durch einen Amtsträger der Gemeinschaft (gegen Empfangsbestätigung) nichts im Wege. In denjenigen Fällen, in denen eine persönliche Übergabe scheiterte, könnten sich diese Amtsträger unterschiedlicher Dienstleister bedienen, um die Zustellung dennoch nachweisbar zustandezubringen. Z.B. durch besondere Serviceleistungen der spanischen Post (*Burofax*) oder einen spanischen Notar (*requerimiento notarial*). Da keine dieser beiden Leistungen über die spanischen Grenzen hinweg erbracht werden kann (*Correos* kann im Ausland nicht selber zustellen, der spanische Notar ist nicht berechtigt, in Ausübung seines Amtes außerhalb seines Amtsbezirks ein *requerimiento notarial* im eigentlichen Sinne, d.h. inklusive persönlichem Zustellversuch zu übermitteln), und eine Beauftragung entsprechender Dienstleister im Ausland nicht zumutbar ist, bliebe es bei der Notwendigkeit einer spanischen Zustellanschrift, um der Gemeinschaft eine sichere Übergabe an den Eigentümer zu ermöglichen. Im Laufe der Zeit hat sich dennoch die besondere Anforderung an den Zustellungsnachweis gelockert. Wie oben bereits angedeutet, kann, wie wir später sehen werden, heute unter gewissen Umständen bereits eine normale Zustellung mit der Post oder ein Einwurf in den Briefkasten ausreichen. Ausgehend hiervon, gibt es alleine aus praktischen Gesichtspunkten heraus keinen Grund, einen normalen Postversand ins Ausland als unzulässig einzustufen, einen normalen Briefversand in Spanien aber als geeignet anzusehen. Einige Stimmen sprechen sich daher dafür aus, dass eine Zustellung ins Ausland zulässig sei. Es soll lediglich eines entsprechenden Beschlusses der Eigentümerversammlung bedürfen der dies gestattet.[595] Andererseits wird mehrheitlich argumentiert, das Gesetz verlange ausdrücklich eine Zustelladresse in Spanien, ein hiervon abweichender Beschluss würde daher gegen das Gesetz verstoßen.[596] Leider gibt es (noch) keine einschlägige Rechtsprechung, die sich genau dieser Frage angenommen hat. Lediglich eine Entscheidung des Tribunal Supremo hat die Frage thematisiert, wer die Zustellkosten für Benachrichtigungen ins Ausland trägt. Ob es sich um allgemeine Verwaltungsausgaben handelt, die von allen Eigentümern nach dem jeweiligen Verteilungsschlüssel aufzubringen sind, oder ob diese Ausgaben nur von den

---

[593] Auch wenn Artikel 16.1.2 LPH in einer älteren Fassung von einer beweiskräftigen Zustellung ausging, und diese Vorgabe nunmehr durch einen einfachen Verweis auf Artikel 9 LPH ersetzt wurde, muss davon ausgegangen werden, dass dies keine völlige Aufgabe der Nachweispflicht bedeutet.

[594] Sepín, Kommentar zum Urteil TS, Sala 1.ª, de lo Civil vom 22. Dezember 2008.

[595] Soler Pascual, El régimen de las notificaciones y comunicaciones en el ámbito de la Comunidad de Propietarios.

[596] Marina Maerínez-Pardo, ¿Puede la junta acordar que las citaciones y notificaciones de la comunidad se hagan en el extranjero sin necesidad de fijar domicilio en España, como señala el art. 9.1 h) LPH?

im Ausland lebenden Eigentümern zu tragen wären. In der Entscheidung kommt das Gericht zu dem Schluss, diejenigen, die diese zusätzlichen Kosten verursachen, hätten auch die entsprechenden Kosten auszugleichen.[597] Im Ergebnis kann man festhalten, dass die h.M. der Auffassung ist, die Zustelladresse müsse sich innerhalb Spaniens befinden. Es ist aber nicht verboten, unabhängig von den beschriebenen Anforderungen an die Zustelladresse, Benachrichtigungen ins Ausland zu senden. Unter praktischen Gesichtspunkten bietet es sich daher an, die Eigentümer auf ihre Pflicht hinzuweisen, eine Adresse in Spanien zur Verfügung zu stellen und dennoch immer auch eine Kopie (lediglich ergänzend) zur Auslandsadresse zu senden. Diese Zustellung ins Ausland entbindet die Gemeinschaft allerdings nach h.M. nicht von ihrer Pflicht, so zu verfahren, wie das Gesetz es vorschreibt. D.h. dass trotz Übersendung ins Ausland so zu verfahren ist, als wäre diese Sendung nicht erfolgt. Mangels besonderer Zustelladresse in Spanien wäre also die Zustellung im Sondereigentumselement durchzuführen, und im Falle des Scheiterns über einen Aushang am schwarzen Brett zu bewerkstelligen.

Frage 198: Genügt für eine wirksame Zustellung der Einwurf in den Briefkasten?

Die Zustellung von Mitteilungen und Aufforderungen der Gemeinschaft gegenüber einem Eigentümer ist in vielerlei Hinsicht von Bedeutung. Unter anderem sind folgende Aspekte hervorzuheben:

- Die Ladung zur Eigentümerversammlung ist gemäß Artikel 16.2 LPH in der in Artikel 9 LPH beschriebenen Weise durchzuführen. Ist die Ladung einzelner Eigentümer unterblieben, kann die gesamte Versammlung mit allen Beschlüssen angefochten werden.

- Die abwesenden Eigentümer sind in denjenigen Fällen, in welchen ein Beschluss einstimmig oder mittels einer 3/5 Mehrheit an Stimmen und Quoten ergehen muss, über den vorläufigen Beschluss der anwesenden Eigentümer zu informieren, damit sie noch binnen einer 30-Tages-Frist ihr Votum abgeben können. Macht der abwesende Eigentümer von diesem Stimmrecht keinen Gebrauch, wird seine Stimme und Quote als Zustimmung zum Beschluss gewertet.[598] Die Zustellung des vorläufigen Beschlusses, der die 30 Tages-Frist auslöst, erfolgt in der durch Artikel 9 LPH bestimmten Weise.

- Möchte ein in der Versammlung abwesender Eigentümer einen Beschluss gerichtlich anfechten, so beginnen die entsprechenden Fristen mit Zustellung des Versammlungsprotokolls gemäß Artikel 18.3 i.V.m. Artikel 9 LPH.

- Die gerichtliche Geltendmachung der Zahlungsansprüche der Gemeinschaft gegen einen säumigen Schuldner setzt voraus, dass die von der Eigentümerver-

---

[597] Sepín, Kommentar zur Entscheidung TS, Sala 1.ª, de lo Civil vom 20. März 1997.

[598] Obwohl sich in Artikel 10.3.b.) LPH ebenso das Erfordernis einer 3/5 Mehrheit der Stimmen und Quoten aller Eigentümer findet, ist die Vorschrift des Artikels 17.8 LPH und damit die Zustimmungsfiktion der abwesenden Eigentümer nach Auffassung von Magro Servet, (in: El régimen de acuerdos del art. 10.3 b.) LPH) lediglich auf die beschriebenen Fälle des Artikels 17 LPH anzuwenden.

sammlung beschlossene Abrechnung über den Schuldenstand diesem gemäß Artikel 21.2 i.V.m Artikel 9 LPH zugestellt wurde.

Die richtige Zustellung spielt also eine zentrale Rolle. Zwar kann ersatzweise eine Zustellungsfiktion über den Aushang erzielt werden, doch setzt dies zu seiner Wirksamkeit voraus, dass zuvor ein geeigneter Zustellversuch unternommen wurde. Die Anforderungen an eine geeignete Zustellung werden umfassend diskutiert. Grundsätzlich muss die Zustellung in der Weise erfolgen, dass ein Nachweis hierüber geführt werden kann.[599] Die h.M. akzeptiert aber unter gewissen Umständen auch den Einwurf in den Briefkasten oder eine Hinterlegung im Sondereigentumselement (etwa per Durchschieben unter der Wohnungstür). Zu diesen besonderen Umständen gehört etwa, wenn die Gemeinschaft immer auf diese Weise die Zustellung betrieben hat[600] oder Zeugen anwesend sind.[601]

Frage 199: Gilt die Zustellung als wirksam durchgeführt, wenn diese im Sondereigentumselement an einen Bewohner erfolgt, der nicht Eigentümer ist?

Wenn keine andere Adresse in Spanien als Zustellanschrift übermittelt wurde, bestimmt Artikel 9.1.h.) LPH ausdrücklich, dass die Zustellung an den Bewohner erfolgen darf. Wurde die Wohnung also vermietet oder lebt in ihr ein Nießbrauchsberechtigter, kann an diesen mangels Mitteilung einer anderen Adresse in Spanien wirksam zugestellt werden.

Frage 200: Wenn keine gesonderte Zustelladresse mitgeteilt wurde, das Sondereigentumselement aber ein Parkplatz ist, kann dort die Zustellung erfolgen?

Wenn keine Adresse in Spanien benannt wurde, eine persönliche Übergabe nicht möglich ist, und auch der Einwurf im Briefkasten ausscheidet, bleibt lediglich die Möglichkeit des Aushangs. Anders als im Falle eines umschlossenen Sondereigentumselements wie einer Wohnung oder eines Geschäftsraums scheidet eine Hinterlegung aus (die ohnehin nach h.M. nur zulässig wäre, wenn sie der ständigen Übung entspricht).

4.2.14 Mitteilung der Übertragung eines Sondereigentumselements

Wenn das Eigentum an einem Sondereigentumselement übertragen wird, muss dies gemäß Artikel 9.1.i.) LPH dem Sekretär in beweiskräftiger Art und Weise mitgeteilt werden. Findet die Mitteilung nicht statt (oder kann sie nicht nachgewiesen werden), haftet der Alteigentümer auch für die nach der Übertragung zu zahlenden Beiträge gesamtschuldnerisch mit dem neuen Eigentümer. Der Alteigentümer

---

[599] Sepín, Kommentar zum Urteil TS, Sala 1.ª, de lo Civil vom 22. Dezember 2008.

[600] TS, Sala 1.ª, de lo Civil, Urteil vom 13. März 1997, 10. Juli 2003 und 22. März 2006; AP Madrid, Sec. 9.ª, Urteil Nr. 506/2011 vom 18. Oktober; AP Burgos, Sec. 3.ª, Urteil Nr. 467/2010 vom 22. November; AP Madrid, Sec. 25.ª, Urteil Nr. 563/2007 vom 10. Dezember; AP Madrid, Sec. 11.ª, Urteil Nr. 971/2007 vom 19. November; AP Alicante, Sec. 5.ª, Urteil Nr. 309/2006 vom 18. September; AP Madrid, Sec. 10.ª, Urteil Nr. 474/2006 vom 3. Juli; Sepín, Kommentar zum Urteil TS, Sala 1.ª, de lo Civil vom 18. Dezember 2007.

[601] AP Madrid, Sec. 21.ª, Urteil Nr. 413/2011 vom 21. September.

kann jedoch die Erstattung der von ihm geleisteten Beträge vom neuen Eigentümer verlangen. Diese unbegrenzte Zahlungspflicht erlischt außer mit der Mitteilung des Eigentümerwechsels auch dadurch, dass einer der Amtsträger der Gemeinschaft auf irgend einem anderen Wege Kenntnis von der Übertragung genommen hat oder wenn diese offensichtlich ist.

4.2.15 Beachtung der in der Gemeinschaftssatzung enthaltenen Regelungen

Die Eigentümer sind ebenso verpflichtet, die in der Gemeinschaftssatzung enthaltenen Regelungen zu beachten. Gemäß Artikel 5 LPH kann die Satzung Regeln beinhalten, welche den Gebrauch und die Verwendung des Gemeinschaftseigentums und Sondereigentums normieren. Ebenso kann die Satzung Vorschriften in Bezug auf die gemeinschaftlichen Installationen und Einrichtungen, die Ausgaben, die Verwaltung und Leitung, Versicherungen, sowie die Erhaltungs- und Reparaturmaßnahmen beinhalten. Diese Regeln haben allerdings dort ihre Grenzen, wo sie gegen gesetzliche Verbote verstoßen.

Zu Errichtung oder Änderung einer Gemeinschaftssatzung bedarf es eines einstimmigen Beschlusses der Eigentümergemeinschaft nach Artikel 17.6 LPH. Sie wirkt lediglich dann gegenüber Dritten, wenn sie in das Grundbuch eingetragen wurde oder deren Inhalt aus anderen Gründen bekannt war.

4.2.16 Beachtung der in der Hausordnung enthaltenen Regelungen

Die Eigentümer sind gleichfalls verpflichtet, die in der Hausordnung enthaltenen Vorschriften zu beachten. Der Hausordnung kommt gemäß Artikel 6 LPH die Aufgabe zu, geeignete Regeln für das Zusammenleben innerhalb der Gemeinschaft aufzustellen. Im Mittelpunkt steht hierbei, die gemeinsame Nutzung des gemeinschaftlichen Eigentums in adäquater Weise zu ordnen. Die Hausordnung darf aber weder im Widerspruch zum Gesetz noch zur Gemeinschaftssatzung stehen.

Zum typischen Inhalt von Hausordnungen gehören beispielsweise folgende Regelungen: Wie, wo und in welchem Ausmaß darf Wäsche zum Trockenen aufgehängt werden, zu welchen Zeiten und in welcher Weise kann der Gemeinschaftspool genutzt werden, ob und wann ist die Eingangstür oder das Eingangstor zur Gemeinschaft zu verschließen, etc. Die Hausordnung bedarf zu ihrer Errichtung oder Veränderung eines einfachen Mehrheitsbeschlusses nach Artikel 17.7 LPH.

Frage 201: Was ist unter allgemeinen Installationen im Sinne des Artikels 9.1.a.) LPH zu verstehen?

Das Gesetz spricht von *instalaciones generales de la comunidad* (allgemeine Installationen der Gemeinschaft) ohne diese genauer zu beschreiben. Der Begriff *instalaciones* (Installationen) wird zwar mehrmals, in der Ley de Propiedad Horizontal verwendet, nirgends aber findet sich eine Aufgliederung, welche veranschaulichen würde, was hierunter zu verstehen ist. Aus dem Zusammenhang und durch Anwendung des Umkehrschlusses lässt sich ableiten, dass unter *instalaciones generales de la comunidad* all diejenigen Installationen zu verstehen sind, die als Geräte oder

Zubehör dem Betrieb eines gemeinschaftlichen Elements dienen oder dieses unmittelbar selbst darstellen. So z.B. die Maschinen, Geräte und Leitungen, die von
Gemeinschaftseinrichtungen wie etwa einer Zentralheizung oder Gegensprech-
anlage vorausgesetzt werden, oder welche diese bilden.[602] Derartige *allgemeine
Installationen* bilden dennoch lediglich eine Untergruppe der Gemeinschaftselemente. Daher beinhaltet der beschriebene Artikel auch ausdrücklich und separat
einen Hinweis auf den Oberbegriff *Gemeinschaftselemente* und spricht vor diesem
Hintergrund und im Kontrast zu den *allgemeinen Installationen der Gemeinschaft*
von den *übrigen Gemeinschaftselemente(n)* (*y demás elementos comunes*).

Zu diesen übrigen Gemeinschaftselementen zählen im Allgemeinen alle in Artikel
396 Código Civil beschriebenen Objekte. Die Aufzählung in Artikel 396 Código Civil
ist aber, wie sich bereits aus seinem Wortlaut ergibt (*tales como - wie z.B.*), nicht abschließend. Gemeinschaftselemente sind vielmehr all diejenigen Bestandteile der
Liegenschaft, die, ohne Sondereigentum darzustellen, zur Gemeinschaft gehören.
Üblicherweise dienen die Gemeinschaftselemente der Eigentümergemeinschaft in
ihrer Gesamtheit (z.B. Treppenhaus, Einfahrt, Aufzug). Die konkrete Nutzung reicht
als Unterscheidungskriterium allerdings nicht aus, da über Gemeinschaftselemente ein Sondernutzungsrecht für einzelne Eigentümer eingeräumt werden kann, ohne dass diese deshalb ihre Eigenschaft als Gemeinschaftselemente verlieren würden. Ein gutes Beispiel hierfür sind Dachterrassen. Obwohl es sich um ein Gemeinschaftselement handelt, wird den Eigentümern der Dachgeschosswohnungen oftmals (regelmäßig bereits durch den Bauherrn in der Gründungssatzung) das Sondernutzungsrecht an diesen Terrassen eingeräumt.

**Frage 202: Können Gemeinschaftsleitungen ab einer bestimmten Stelle zu Son-
dereigentum werden?**

Wie Artikel 396 Código Civil ausführt, sind alle Gemeinschaftsleitungen nur bis zu
ihrem Eintritt in das Sondereigentumselement eindeutig Gemeinschaftselemente
(auf Grundlage des oben ausgeführten, würde es sich in diesem Sinne um *allgemeine Installationen* handeln) bzw. mit ihrem Austritt. Innerhalb der Grenzen des
Sondereigentums muss unterschieden werden. Dient der Abschnitt einer Gemein-
schaftsleitung, welche im Inneren des Sondereigentums verläuft, mehreren Sondereigentumselementen, ist sie weiterhin auch in diesem Abschnitt ein Gemeinschaftselement. Dient dieser Abschnitt jedoch nur dem Sondereigentumselement,
in welchem er verläuft, gilt er nicht als Gemeinschaftselement sondern als Teil des
Sondereigentums.[603]

4.2.17 Auf den Punkt gebracht - Fragen und Antworten (Reparaturen und
Dienstbarkeiten im Sondereigentum)

**Frage 203: Wie wird die Höhe des Schadenersatzes bei Reparaturen und Dienst-
barkeiten beziffert?**

---

[602] Fuentes Lojo, Artikel 3 und 9.1.a.).
[603] Zaforteza Socías, S. 24.

Wie Artikel 9.1.c.) LPH ausführt, ist die Gemeinschaft verpflichtet, den durch die Reparaturarbeiten oder die Schaffung der Dienstbarkeit entstandenen Schaden zu ersetzen. Die Bezifferung des Schadens hängt insbesondere auch von der Art der Reparaturen und der Dienstbarkeit ab. Kann das Sondereigentum aufgrund einer Reparatur beispielsweise während einer bestimmten Zeit nicht genutzt werden, könnte bei vermieteten Objekten die Höhe der entgangenen Mieteinnahmen, bei durch den Eigentümer bewohnten Objekten die Kosten des Hotelaufenthaltes und die hiermit verbundenen Unannehmlichkeiten (keine eigene Kochmöglichkeit, längerer Weg zur Arbeitsstätte, etc.) herangezogen werden. Im Falle von Dienstbarkeiten kann auf den Wert der besetzten Fläche, den aus der Verkleinerung des Sondereigentums resultierende Wertverlust, auf Verluste bei der Vermietung des Sondereigentums sowie allgemeine Beschädigungen am Sondereigentum abgestellt werden.[604]

Frage 204: Kann auch der Bewohner des Sondereigentumselements, der nicht Eigentümer ist, Schadenersatz nach Artikel 9.1.c.) LPH verlangen?

Artikel 9.1.c.) LPH sieht die Entschädigung lediglich für den Eigentümer vor. Ausgehend von der allgemeinen Regel des Artikels 1902 Código Civil, wonach der Verursacher des Schadens verpflichtet ist, diesen gegenüber dem Geschädigten auszugleichen, lässt sich ableiten, dass auch der Bewohner einen Schadenersatzanspruch gegenüber der Gemeinschaft haben kann. Im Falle des Bestehens eines Mietverhältnisses können sich aus der Ley de Arrendamientos Urbanos[605] weitere Ansprüche ergeben. Gemäß Artikel 26 LAU hat der Mieter die Möglichkeit - bei vorübergehender Unbewohnbarkeit - den Vertrag auszusetzen (d.h. die während dieses Zustands vergangene Zeit wird im Hinblick auf die Vertragsdauer nicht berücksichtigt, der Vertrag verlängert sich also um diese Zeitspanne, und die Miete muss währenddessen nicht entrichtet werden).[606]

Frage 205: Wie ist der Wechsel des Standorts einer bestehenden Gemeinschaftsinstallation zu beurteilen, für welche bereits eine Dienstbarkeit errichtet wurde? Wird durch die Verlagerung eine neue Dienstbarkeit geschaffen?

Regelmäßig führt die Änderung des Standorts (z.B. aus Sicherheitsgründen) einer Gemeinschaftsinstallation, die bereits auf Grundlage einer Dienstbarkeit errichtet wurde, zu keiner neuen Dienstbarkeit, wenn sie in den gleichen Räumlichkeiten erfolgt.[607]

Frage 206: Ist auch der Nutzer bzw. Bewohner des Sondereigentumselements (z.B. Mieter) verpflichtet, Zugang zu gewähren?

Artikel 9.1 LPH bezieht sich wörtlich nur auf Eigentümer. Handelt es sich aber um eine vermietete Immobilie oder besteht ein Nießbrauchsrecht, würde diese Pflicht

---

[604] TS, Sala 1.ª, de lo Civil, Urteil vom 15. Dezember 2010.

[605] Im Folgenden auch abgekürzt mit: LAU.

[606] Siehe hierzu: Sepín, Encuesta Jurídica, El art. 9.1 c) de la Ley de Propiedad Horizontal establece la obligación del propietario de permitir en su vivienda o local las servidumbres imprescindibles requeridas para la creación de servicios comunes de interés general.

[607] AP A Coruña, Sec. 4.ª, Urteil Nr. 193/2006 vom 26. April.

(des Eigentümers) ad absurdum geführt, wenn nicht auch der Bewohner verpflichtet werden könnte. Da die beschriebene Pflicht des Eigentümers aus der Notwendigkeit erwächst, die zum Wohle der Gemeinschaft erforderlichen Maßnahmen umzusetzen, kann die Tatsache das die Nutzung durch einen Dritten erfolgt verständlicherweise kein Hindernis darstellen. Wird die Wohnung von jemand anderem als dem Eigentümer bewohnt, sollte bei Widerständen sowohl der Eigentümer wie auch der Bewohner auf Gewährung des Zugangs verklagt werden.[608] Artikel 12.2 Ley de Enjuiciamiento Civil sieht diese Möglichkeit vor, da der Anspruch der Gemeinschaft lediglich durch ein Vorgehen gegen den Eigentümer und den Bewohner durchgesetzt werden kann.

4.2.18 Auf den Punkt gebracht - Fragen und Antworten (Beitragspflicht)

Frage 207: Wenn keine Zahlungsfristen für die Gemeinschaftsbeiträge vereinbart wurden, wann gerät der Eigentümer in Verzug?

Es bestehen zahlreiche widerstreitende Auffassungen darüber, wann der Schuldner fälliger Beiträge in Verzug gerät:

Teilweise wird angenommen, durch den Beschluss des voraussichtlichen Ausgaben- und Einnahmenplans sowie der entsprechenden Abrechnungen (gemäß Artikel 14.b.) LPH), werde bereits bestimmt, in welcher Höhe Beiträge zu leisten seinen. Selbst wenn diese nicht individualisiert würden, könne jeder Eigentümer anhand seiner Quote seinen Beitrag selbst berechnen. Wenn eine monatliche Abrechnung vereinbart wurde, sei mit Beginn jeden Monats auch der jeweilige Teilbeitrag fällig. Ohne Bestimmung einer monatlichen Zahlweise sei davon auszugehen, dass der gesamte Jahresbeitrag mit Abschluss der Versammlung fällig werde. Sollte zu diesen Zeitpunkten nicht gezahlt werden, komme der Schuldner automatisch in Verzug. Andere Stimmen vertreten, dass die Vorschrift des Artikels 1.100 Código Civil einschlägig sei, wonach mit Formulierung der außergerichtlichen oder gerichtlichen Zahlungsaufforderung der Verzug eintrete. Gelegentlich wird sogar die Ansicht vertreten, der Eigentümer komme erst dann in Verzug, wenn die Eigentümerversammlung gemäß Artikel 16.2 und 15.2 LPH nach der Einberufung der Versammlung (mit Hinweis in der Ladung auf die von einzelnen Eigentümern zu verantwortenden offenen Forderungen) feststellt, welche Eigentümer ihrer Zahlungspflicht nicht nachgekommen seien.[609] Die beschriebenen Abgrenzungsprobleme lassen sich nur vermeiden, wenn in der Satzung oder mittels Beschluss klare Regeln bezüglich der Zahlungszeiträume und Zahlungsweisen aufgestellt werden.

4.2.19 Pflichten der Gemeinschaft, welche jeden Eigentümer binden

Obwohl es sich letztlich um Pflichten der Eigentümergemeinschaft und nicht der einzelnen Eigentümer handelt, soll der Vollständigkeit halber an dieser Stelle dennoch darauf eingegangen werden, dass den in Artikel 10 LPH enthaltenen Pflichten

---

[608] AP Asturias, Sec. 4.ª, Urteil Nr. 51/2008 vom 13. Februar.
[609] Nach: Marina Martínez-Pardo, Encuesta Jurídica, Artículos 15.2 y 16 LPH.

auf Antrag eines jeden Eigentümers oder der Verwaltung nachgekommen werden muss. Zu diesen Pflichten zählt die Wartung und Instandhaltung der Immobilie und ihrer Gemeinschaftseinrichtungen, die Aufrechterhaltung der Barrierefreiheit aber ebenso die gegebenenfalls erforderliche Anpassung an die Bedürfnisse älterer bzw. behinderter Menschen sowie die Errichtung neuer Stockwerke und jedwede andere Veränderung der Gebäudestruktur oder der Bausubstanz oder der im Gemeinschaftseigentum stehenden Dinge, wie auch die Bildung eines Immobilienkomplexes, wenn dies aufgrund der Einbeziehung der Liegenschaft in den Geltungsbereich eines städtischen Sanierungs- oder Erneuerungs- und Renovierungsgebiets vorgeschrieben wird. Die Pflicht der Gemeinschaft erstreckt sich daher im Ergebnis auch auf alle ihre Mitglieder, welche die Erfüllung dieser Vorgaben letztlich ermöglichen müssen.

4.3 Verbote

Artikel 7.2 LPH bestimmt, dass es weder dem Eigentümer noch dem Bewohner bzw. Nutzer des Sondereigentumselements gestattet ist (gleichgültig, ob im Sondereigentum oder den Gemeinschaftselementen) Handlungen vorzunehmen, die durch die Satzung verboten wurden oder für die Liegenschaft nachteilig wären. Genauso wenig darf sein Handeln gegen die allgemeinen Bestimmungen über störende, gesundheitsschädigende, (umwelt-)schädliche, gefährliche oder verbotene Aktivitäten verstoßen.

Es gilt deshalb zwischen denjenigen Aktivitäten zu unterscheiden, die alleine deshalb verboten sind, weil die Gemeinschaftssatzung sie untersagt (es wurde also festgelegt, welche Handlungen oder Aktivitäten unerwünscht sind und als störend empfunden werden - darauf, ob sie objektiv gefährlich oder störend sind, kommt es nicht an), und denjenigen aus denen sich eine tatsächliche, objektive Beeinträchtigung für die Liegenschaft bzw. Dritte ableitet, oder mit anderen Worten solche, welche gegen die einschlägigen, gesetzlichen Vorschriften zum Schutze vor Gefahren und Störungen verstoßen.

4.3.1 Aktivitäten welche durch die Satzung verboten werden

Die Gemeinschaft kann mittels Satzung die Ausübung bestimmter Aktivitäten bzw. die Vornahme gewisser Handlungen verbieten. Damit diese Verbote gegenüber dem gutgläubigen Erwerber eines Sondereigentumselements bzw. Dritten wirksam sind, müssen sie jedoch, wie Artikel 5.3 LPH klarstellt, ins Grundbuch eingetragen werden. Die Verbote müssen außerdem klar und eindeutig sein, da sie zum Schutze der allgemeinen Verfügungsrechte der Eigentümer nur einer engen Auslegung zugänglich sind.[610]

---

[610] AP Madrid, Sec. 8.ª, Urteil Nr. 56/2009 vom 18. Februar; AP Vizcaya, Sec. 4.ª, Urteil Nr. 635/2008 vom 8. Oktober; TS, Sala 1.ª, de lo Civil, Urteile vom 7. Februar 1989 (Ar. 672) und 10. Juli 1995 (Ar. 5554), DGRN Entscheidungen vom 12. Dezember 1986 (Ar. 7887), 20. Februar 1989 (Ar. 1694) und 23. März 1998 (Ar. 1860).

Verbietet die Satzung beispielsweise die Einrichtung einer Klinik innerhalb der Gemeinschaft, kann dieses Verbot auf die Praxis eines Chiropraktikers bereits nicht mehr anwendbar sein.[611]

Darüber hinaus sind die Regelungen der Artikel 6.2 und 1255 Código Civil zu beachten. Hiernach werden der allgemeinen Vertragsfreiheit durch das Gesetz, die *Moral*[612] und die öffentliche Ordnung (sowie die Rechte Dritter) Grenzen gesetzt. Auch wenn es der Eigentümerversammlung grundsätzlich frei steht, die Satzung nach Belieben zu ändern, solange dies gemäß Artikel 17.6 LPH einstimmig erfolgt (bzw. die Abwesenden sich nicht innerhalb der gesetzlich vorgesehenen 30-Tages-Frist des Artikels 17.8 LPH gegen den vorläufigen Beschluss der Anwesenden oder vertretenen Eigentümer wenden), können willkürliche Regelungen, oder einzelne Eigentümer bzw. Bewohner in ungerechtfertigter Weise benachteiligende Klauseln, unwirksam sein. Hierunter würde z.B. das lediglich gegenüber einzelnen Personen ausgesprochene Verbot zur Nutzung des Gemeinschaftsschwimmbads fallen,[613] oder etwa das Verbot, ein chinesisches Restaurant in den Geschäftslokalen zu betreiben, während ein italienisches Restaurant gestattet würde.

4.3.2 Aktivitäten welche durch die Hausordnung untersagt werden

Neben der Satzung dürfen auch in der Hausordnung Verbote und Gebote aufgestellt werden. Die in ihr formulierten Regeln, welche mit der einfachen Mehrheit des Artikels 17.7 LPH beschlossenen werden können, dürfen allerdings nur allgemeine Aspekte des Zusammenlebens betreffen. So z.B. die Nutzungszeiten des Gemeinschaftspools. Insbesondere darf die Hausordnung nicht die am Sondereigentum bestehenden Rechte der Eigentümer beschränken. Trotz des verbindlichen Inhalts der Hausordnung (wenn diese ordnungsgemäss zustande gekommen ist, und der ihr zugrunde liegende Beschluss nicht erfolgreich angefochten wurde), gilt zu beachten: Da Artikel 7.2 LPH sich ausdrücklich nur auf Satzungs- und besondere Gesetzesverstöße bezieht, ein Zuwiderhandeln gegen die Hausordnung jedoch unberücksichtigt bleibt, wird bei Verstößen gegen diese die Möglichkeit einer auf Unterlassung gerichteten Klage grundsätzlich abgelehnt.[614] Die Hausordnung bieten der Gemeinschaft daher in dieser Hinsicht keinen ausreichenden Schutz, oder anders herum formuliert, die in ihr enthaltenen Regelungen können im Zweifelsfall nicht mittels Unterlassungsklage durchgesetzt werden.

---

[611] TS, Sala 1.ª, de lo Civil, Urteil Nr. 525/2001 vom 30. Mai.

[612] Artikel 1255 C.C. verwendet tatsächlich den Begriff *Moral*. Im deutschsprachigen Raum findet hingegen die Bezeichnung *gute Sitten* Anwendung. In beiden Fällen handelt es sich letztlich um die jeweils vorherrschenden *Wertvorstellungen*.

[613] AP Alicante, Elche, Sec. 9.ª, Urteil Nr. 569/2009 vom 26. Oktober.

[614] AP Cantabria, Sec. 4.ª, Urteil Nr. 374/2003 vom 31. Oktober.

4.3.3 Handlungen, die gegen die allgemeinen Bestimmungen über störende, gesundheitsschädigende, (umwelt-) schädliche, gefährliche oder verbotene Aktivitäten verstoßen

Auch wenn mittlerweile eine umfangreiche Spezialgesetzgebung existiert, die Bereiche wie den Immissionsschutz oder den Umgang mit gefährlichen Stoffen genauestens regelt, nützt uns ein Blick in Artikel 3 des im November 2007 außer Kraft getretenen Dekrets 2414/1961 *de 30 de noviembre, por el que se aprueba el Reglamento de actividades molestas, insalubres, nocivas y peligrosas*,[615] finden sich hier doch mehrere alte Legaldefinitionen, die einige der in Artikel 7.2 LPH enthaltenen auslegungsbedürftigen Rechtsbegriffe erläutern. Hiernach ergeben sich folgende Definitionen:

– Störende Handlungen

Es gelten diejenigen Handlungen als störend, die Geräusche oder Vibrationen generieren oder Rauch, Gase, Gerüche, Nebelschwaden oder Staub abgeben oder Stoffe aussondern und hierdurch Beschwerlichkeiten verursachen.[616]

– Gesundheitsschädigende Handlungen

Es werden diejenigen Handlungen als gesundheitsschädigend eingeordnet, die Stoffe herauslösen oder abgeben, welche direkt oder indirekt die menschliche Gesundheit schädigen.[617]

Auch wenn von gesundheitsschädigenden *Handlungen* die Rede ist, darf nicht übersehen werden, dass auch ein Unterlassen eine die menschliche Gesundheit schädigende Situation herbeiführen kann. Im übrigen sollte der Schutzbereich in Bezug auf das Wohnungseigentumsrecht weiter gezogen werden, weshalb nicht nur auf das Herauslösen oder die Abgabe von chemischen Stoffen bzw. Substanzen abzustellen ist. Der Wortlaut der hier genannten Definition ist eher auf den betrieblichen Bereich gemünzt und mag möglicherweise im Verhältnis zu den in der Gemeinschaft befindlichen Geschäftsräumen Sinn machen. Auch die Bewohner der Gemeinschaft können aber in ihren Wohnungen die Gesundheit ihrer Nachbarn schädigende Handlungen vornehmen, weshalb hier eine zu technische Deutung vermieden und eher das Schutzgut *Gesundheit* in den Mittelpunkt der Auslegung gerückt werden sollte.

– (umwelt-) schädliche Handlungen

Es werden diejenigen Handlungen als (umwelt-) schädlich eingeordnet, die aus den gleichen (soeben ausgeführten) Gründen der Landwirtschaft, Forstwirt-

---

[615] Dekret 2414/1961 vom 30 November, durch das die Verordnung über störende, gesundheitsschädliche, umweltschädigende und gefährliche Aktivitäten beschlossen wurde.

[616] *"Serán calificadas como molestas las actividades que constituyan una incomodidad por los ruidos o vibraciones que produzcan o por los humos, gases, olores, nieblas, polvos en suspensión o sustancias que eliminen".*

[617] *"Insalubres. Se calificarán como insalubres las que den lugar a desprendimiento o evacuación de productos que puedan resultar directa o indirectamente perjudiciales para la salud humana".*

schaft, Viehwirtschaft oder der Fischerei und Fischwirtschaft in Bezug auf Vielfalt und Reichtum Schaden zufügen.[618]

Aufgrund der Definition lässt sich erahnen, dass die hier beschriebenen Schutzgüter nur in Ausnahmefällen im Bereich des Wohnungseigentumsrechts relevant werden dürften. Im Grunde genommen stellt dieses Verbot lediglich klar, was sich bereits aus anderen Vorschriften ergibt. Potentiell umweltschädliche Aktivitäten des beschriebenen Ausmaßes sind in einem Wohngebäude grundsätzlich fehl am Platz.

– Gefährliche Aktivitäten

Gefährliche Aktivitäten sind solche, welche die Herstellung, das Hantieren mit, oder die Ausgabe bzw. die Lagerung von Stoffen zum Gegenstand haben, die das Risiko in sich bergen, durch Explosion, Verbrennung, Strahlung oder ähnliches schwere Schäden zu verursachen.[619]

Auch hier gilt, wie bei den umweltschädlichen Handlungen, dass diese unzulässigen Aktivitäten nur in Ausnahmefällen im Bereich des Wohnungseigentumsrechts an praktischer Bedeutung gewinnen dürften. Offensichtlich haben solcherlei gefährliche Aktivitäten nichts in einer Eigentümergemeinschaft zu suchen. Anders als im Bereich der nachteiligen, störenden oder gesundheitsschädlichen Aktivitäten bleibt nur ein reduzierter Raum für Auslegungsproblematiken.

– Verbotene (rechtswidrige) Aktivitäten

Nicht beschrieben wurden im Dekret 2414/1961 vom 30. November die ebenfalls in Artikel 7.2 LPH untersagten Handlungen, welche unter der Kategorie *verbotene Aktivitäten* einzuordnen sind.

Die Fallgruppe der *verbotenen Aktivitäten* bereitet in der praktischen Anwendung allerdings keine größeren Schwierigkeiten. Hierunter sind einfach all diejenigen Tätigkeiten einzuordnen, die durch Rechtsvorschriften (gleichgültig welcher Ordnung) untersagt werden.[620]

4.3.4 Handlungen die für die Liegenschaft objektiv nachteilig sind

In der Liegenschaft dürfen ebensowenig Handlungen vorgenommen werden, welche für sie objektiv nachteilig wären (*actividades [...] que resulten dañosas para la finca*). Gelegentlich kann es bei der Einordnung konkreter Sachverhalte zu Abgrenzungsschwierigkeiten zwischen objektiv nachteiligen Handlungen auf der einen

---

[618] *"Nocivas. Se aplicará la calificación de nocivas a las que, por las mismas causas, puedan ocasionar daños a la riqueza agrícola, forestal, pecuaria o piscícola".*

[619] *"Peligrosas. Se consideran peligrosas las que tengan por objeto fabricar, manipular, expender o almacenar productos susceptibles de originar riesgos graves por explosiones, combustiones, radiaciones u otros de análoga importancia para las personas o los bienes".*

[620] San Cristóbal Reales, El juicio para la cesación de actividades prohibidas en el ámbito de la propiedad horizontal, Anuario Jurídico y Económico Escurialense, n° 42, Januar 2009, S.71.

Seite und aufgrund ihrer Schädlichkeit, Gefährlichkeit oder im Allgemeinen verbotenen Handlungen auf der anderen Seite kommen.

Um die Unterscheidung zu erleichtern, sollen die im vorhergehenden Abschnitt beschriebenen Aktivitäten jeweils der *nachteiligen Handlung* gegenübergestellt werden. Aus der Negativabgrenzung lässt sich am leichtesten der fragliche Anwendungsbereich ermitteln.

– Nachteilige Handlung ./. verbotene Handlung

Unter nachteiliger Handlung können all diejenigen Aktivitäten eingeordnet werden, die, obwohl sie nicht verboten sind, weil entweder die gesetzlichen Genehmigungen vorliegen oder solche nicht erforderlich sind, einen objektiven Schaden verursachen.[621]

– Nachteilige Handlung ./. schädliche Handlung

Während die nachteilige Handlung ihre negativen Auswirkungen gegenüber der Liegenschaft entfaltet, bezieht sich die schädliche Handlung auf eine Schädigung der menschlichen Gesundheit. Unter schädlicher Handlung ist daher eine gesundheitsschädigende Handlung zu verstehen.

– Nachteilige Handlung ./. gefährliche Handlung

Während die nachteilige Handlung einen unmittelbaren Schaden verursacht (oder zumindest mit Sicherheit in diesen mündet), ist bei einer gefährlichen Handlung zunächst nicht absehbar, ob die geschaffene Gefahr in einen tatsächlichen Schaden umschlägt oder nicht.

Als Beispiele für nachteilige Handlungen können die Fälle bezeichnet werden, in denen Maschinen oder andere Gegenstände, alleine durch ihr Gewicht, einen abträglichen Einfluss auf die Struktur oder Stabilität der Liegenschaft haben.[622] Auch der negative Einfluss auf den Wert der Liegenschaft wäre hierunter einzuordnen (z.B. die Anbringung einer Mobilfunkantenne, welche auch für den Fall, dass man die Auffassung vertritt, dass aus ihr resultierende Gesundheitsschäden nach aktuellem Wissensstand ausgeschlossen werden können, aufgrund der Befürchtungen einer breiten Masse an Skeptikern einen negativen Einfluss auf den Wert der Immobilie hat).[623]

Übersicht:

Um Missverständnissen vorzubeugen, hier eine vereinfachte Übersicht darüber, was jeweils unter den soeben beschriebenen Begriffen zu verstehen ist:

– *dañoso* / nachteilig (oder abträglich): Schaffung allgemein negativer Einflüsse, welche, ohne unmittelbar gesetzlich verboten zu sein, in einen Schaden münden.

---

[621] Loscertales Fuertes, Comentario Artículo 7.

[622] AP Madrid, Urteil vom 7. September 1993, zitiert aus: Ferrer Gutiérrez, Estudio sobre las actividades dañosas, peligrosas, incómodas e insalubres dentro de la Ley de Propiedad Horizontal.

[623] AP Cantabria, Sec. 1.ª, Urteil Nr. 151/2005 vom 28. April.

- *molesto* / störend: negative Einflüsse, welche Beschwerlichkeiten schaffen.

- *insalubre* / (gesundheits-) schädlich: negativer Einfluss auf die menschliche Gesundheit

- *nocivo* / (umwelt-) schädlich: negativer Einfluss auf die Umwelt

- *peligroso* / gefährlich: Schaffung eines Risikos (Brand, Explosion, Strahlung, etc.)

- *prohibido* / verboten: rechtswidrige Handlungen

Natürlich können einzelne Handlungen gleich mehrfach einen Verstoß gegen Artikel 7.2 LPH darstellen. Werden Haustiere nicht ausreichend betreut und verwahrlosen sie deshalb in der Wohnung des Halters, können sich die Nachbarn durch etwaige Geräusche oder Gerüche belästigt fühlen. Auf dieser Weise würde bereits ein potentiell störendes Verhalten vorliegen. Daneben können die unzureichenden hygienischen Bedingungen aber auch gesundheitsgefährdend sein. Genauso kann eine chemische Reinigung, durch unsachgemäße Ableitung giftiger Dämpfe, gleichzeitig die Nachbarn stören und gesundheitsgefährdend sein.

4.3.5 Vorliegen behördlicher Genehmigungen

Ist eine behördliche Genehmigung zur Ausübung einer Tätigkeit erforderlich, und fehlt diese, liegt nach h.M. bereits eine rechtswidrige Aktivität i.S.v. Artikel 7.2 LPH vor. Der Erhalt der für die Durchführung der Aktivität notwendigen Genehmigung bedeutet andererseits für sich genommen nicht, dass ein Verstoß gegen Artikel 7.2 LPH ausgeschlossen werden kann. Auch der Inhaber einer behördlichen Genehmigung kann in Ausübung einer bestimmten Tätigkeit z.B. durch Lärm und Schmutz störend auf die Gemeinschaft einwirken, weshalb die Gemeinschaft dennoch ihre Rechte gegebenenfalls erfolgreiche geltend machen kann.[624]

4.3.6 Aufforderung die unzulässigen Handlungen zu unterlassen

Liegen Handlungen vor, die im Sinne des Artikels 7.2 LPH widerrechtlich sind, obliegt es dem Präsidenten (gemäß Artikel 7.2.2 LPH) den Störer aufzufordern, deren Verursachung zu unterlassen. Er kann dies, wie sich aus Artikel 7.2 LPH ergibt, entweder aus Eigeninitiative heraus tun, oder dem Antrag eines Eigentümers oder Bewohners bzw. Nutzers eines Sondereigentumselements folgend. In der Aufforderung sind dem Störer gerichtliche Maßnahmen anzudrohen, sollte er seine Aktivitäten nicht einstellen. Idealerweise sollte dem Störer eine Frist gesetzt werden, innerhalb derer die störende Aktivität zu beenden ist. Auch wenn es in einigen Fällen für den Störer möglich ist, die umstrittene Aktivität unmittelbar einzustellen (insbesondere wenn die Störung lediglich auf ein Verhalten zurückzuführen ist),

---

[624] AP Murcia, Sec. 5.ª, Urteil Nr. 359/2003 vom 12. Dezember; AP Badajoz, Sec. 3.ª, Urteil Nr. 314/2004 vom 25. Oktober.

sind ebenso viele Situationen denkbar, in denen umfangreichere Maßnahmen erforderlich werden (z.B. Baumaßnahmen bei störenden Immissionen), die eine gewisse Zeit für ihre Umsetzung erfordern. In Abhängigkeit von der Art der Störung sollte daher auch eine mehr oder weniger großzügig bemessene Frist gesetzt werden.

4.3.7 Beschluss der Gemeinschaft bei Fortsetzen der Handlung

Für den Fall, dass der Störer sein Handeln fortsetzt, kann die Eigentümerversammlung beschließen, eine auf die Unterlassung abzielende Klage anzustrengen und den Präsidenten bevollmächtigen, zu diesem Zweck alle erforderlichen Maßnahmen einzuleiten (Beauftragung eines Rechtsanwalts und Prozessbevollmächtigten).

4.3.8 Klage gegen Störer

Der auf Unterlassung zielenden Klage ist die zuvor an den Störer gerichtete Aufforderung beizufügen, die im Widerspruch zu Artikel 7.2 LPH stehenden Aktivitäten einzustellen. Artikel 7.2.4 LPH bestimmt weiterhin, dass diese Aufforderung in der Weise zu erfolgen hatte, dass ein Nachweis über den Empfang geführt werden kann.

Es muss also der Nachweis erbracht werden, dass der Störer vor Klageerhebung erfolglos zur Beendigung des widerrechtlichen Verhaltens aufgefordert wurde. Regelmäßig wird dieser Nachweis mittels Burofax *requerimiento notarial* (notarielle Aufforderung) oder durch Empfangsbestätigung geschehen.

Ebenso muss der Beschluss der Eigentümerversammlung, in welchem dem Präsidenten aufgetragen wurde, eine Klage zu veranlassen, gegenüber dem Gericht nachgewiesen werden. Dies geschieht mittels einer durch den Sekretär ausgestellten und durch den Präsidenten gegengezeichneten Bescheinigung dieses Beschlusses. Die Präsidenteneigenschaft legitimiert den Amtsträger für sich genommen nicht zur Einleitung gerichtlicher Maßnahmen.[625] Vielmehr bedarf es eines entsprechenden Beschlusses, wie sich bereits eindeutig aus dem Wortlaut des Artikels 7.2.4 LPH ergibt.

4.3.9 Urteil

Im Falle einer stattgebenden Klage wird dem Verursacher untersagt, mit der im Widerspruch zu Artikel 7.2 LPH stehenden Aktivität fortzufahren. Daneben kann das Gericht den Störer gemäß Artikel 7.2.5 LPH auch zur Zahlung von Schadenersatz verurteilen und ihm das Recht zur Nutzung des Sondereigentumselements, für einen Zeitraum von bis zu drei Jahren entziehen, je nachdem wie schwer die von ihm verursachten negativen Einflüsse wiegen und welche Nachteile sie zur Folge hatten. Hierbei kommt es auch auf die Häufigkeit sowie die Intensität der Störung

---

[625] TS, Sala 1.ª, de lo Civil, Urteil Nr. 699/2011 vom 10. Oktober.

an und welche gegebenenfalls bleibenden Schäden auf diese zurückgehen. Wenn es sich bei dem Verursacher nicht um einen Eigentümer, sondern z.B. um einen Mieter handelt, kann das Gericht das Mietverhältnis für beendet erklären und diesen zum sofortigen Verlassen der Liegenschaft verurteilen (siehe Artikel 7.2.5 LPH). Um während der Dauer des Verfahrens eine latente Gefahr oder Schäden von der Gemeinschaft und ihren Bewohnern abzuwenden, kann das Gericht auf Antrag des Klägers und im Wege des vorläufigen Rechtsschutzes eine einstweilige Verfügung erlassen (Artikel 721 ff., insbesondere Artikel 726.2 und 727.7 Ley de Enjuiciamiento Civil), und den Verursacher zur sofortige Unterlassung der einschlägigen Aktivität verpflichten. Sollte der Verursacher dieser Anordnung nicht Folge leisten, kann dies den Straftatbestand des *delito de desobediencia* (eine Art ziviler Ungehorsam) erfüllen, was die entsprechenden Sanktionen nach sich zieht.[626]

4.3.10 Auf den Punkt gebracht - Fragen uns Antworten (Störende Aktivitäten)

Frage 208: Welches sind typische Beispiele für störende Aktivitäten?

Auch wenn sich gewisse Konstellationen häufen und bestimmte Aktivitäten offensichtlich ein hohes Belästigungspotential haben, muss immer auf den Einzelfall abgestellt werden. Die gleiche Aktivität kann in Abhängigkeit der Sorgfalt des Verursachers, der Empfindsamkeit der Nachbarn und der Bauweise sowie Konfiguration der Liegenschaft als störend oder unauffällig empfunden werden. Zur Veranschaulichung sollen dennoch folgende Beispiele aus der Rechtsprechung dienen, in denen Aktivitäten als störend eingestuft wurden:

Gesang und Gebrauch von Musikinstrumenten,[627] Lärm und Schmutz durch tageweise Vermietung von Ferienappartements,[628] Vermietung einer Ferienwohnung,[629] Ansammeln von Müll,[630] Ruhestörungen durch Kulturverein,[631] die Pflege und Wartung von Mietfahrzeugen,[632] Klimaanlage wegen Hitze und Lärm,[633] Klimaanlage im Innenhof und in Schlafzimmernähe der Nachbarn,[634] große Klimaanlage,[635] Klimaanlage wurde an unzulässigem Platz installiert und verursacht Hitze, Lärm und Vibrationen im Innenhof,[636] Klimaanlage darf wegen des Lärms

---

[626] Ein Vergleich wird dadurch erschwert, dass es im deutschen, österreichischen und schweizer Recht keinen Straftatbestand des zivilen Ungehorsams gibt. Ausgehend vom Sinn und Regelungsgehalt ist der hier als ziviler Ungehorsam bezeichnete Tatbestand am ehesten in dem Bereich der Straftaten gegen die öffentliche Ordnung anzusiedeln.

[627] AP Zaragoza, Sec. 4.ª, Urteil Nr. 506/2011 vom 14. November.

[628] AP Valencia, Sec. 7.ª, Urteil Nr. 174/2011 vom 30. März.

[629] AP Madrid, Sec. 10.ª, Urteil Nr. 134/2011 vom 2. März.

[630] AP A Coruña, Sec. 4.ª, Urteil Nr. 143/2011 vom 4. April.

[631] AP Madrid, Sec. 12.ª, Urteil Nr. 822/2010 vom 21. Dezember.

[632] AP Málaga, Sec. 4.ª, Urteil Nr. 621/2010 vom 3. Dezember.

[633] AP Madrid, Sec. 11.ª, Urteil Nr. 763/2010 vom 30. November; AP Madrid, Sec. 19.ª, Urteil Nr. 488/2010 vom 22. Oktober; AP Málaga, Sec. 4.ª, Urteil Nr. 266/2009 vom 15. Mai; AP Cádiz, Sec. 7.ª, Urteil Nr. 218/2005 vom 22. September.

[634] AP Jaén, Sec. 2.ª, Urteil Nr. 277/2009 vom 18. Dezember.

[635] AP Valencia, Sec. 8.ª, Urteil Nr. 593/2009 vom 4. November.

[636] AP Ávila, Urteil Nr. 270/2002 vom 27. November.

nicht mehr nach 22 Uhr verwendet werden,[637] zwei große Hunde verursachen Lärm, Schmutz und üble Gerüche,[638] Vogelkäfige im Innenhof,[639] Jacuzzi auf der Dachterrasse,[640] Schornstein auf der rückseitigen Fassade verursacht Lärm und Gerüche,[641] Heizkessel verursacht Lärm,[642] Wäsche die zum Trocknen an den Fenstern der Fassade angebracht wurde,[643] Prostitution,[644] Kfz Werkstatt belästigt durch Lärm, Gerüche und Vibrationen,[645] Akademie,[646] Restaurantküche ohne geeigneten Rauchabzug belästigt durch Lärm, Rauch und Gerüche,[647] Pub verursacht Lärmbelästigungen,[648] Telekommunikationsanlage (Mobilfunkanlage) verursacht Lärmbelästigung,[649] elektrische Rollläden verursachen Lärmbelästigung,[650] unsoziales Verhalten,[651] unsoziales Verhalten (Urin, Müll, Essen wird in den Innenhof geworfen, Hammerschläge gegen Nachbartür, Beschädigung eines Türschlosses durch Einführen von Holzstäbchen, Klebstoff in Türspion des Nachbarn, Anbrennen eines Fensterrahmens),[652] unsoziales Verhalten des Sohnes eines Eigentümers,[653] unsoziales Verhalten durch Werfen von Exkrementen vom Fenster auf die Straße und Fahrzeuge der Nachbarn,[654] unsoziales Verhalten (laute Musik, Hundegebell, Müll hängt aus dem Fenster),[655] Bienenzucht,[656] Taubenzucht,[657] Lüftungsschacht,[658] Nutzung einer Gemeinschaftsterrasse durch Gaststättenbetrieb (der zwar Sondernutzungsberechtigter ist, aber Lärm verursacht),[659] Fahrzeug überragt aufgrund seiner Größe Stellplatzfläche,[660] Gaststättenbetrieb verursacht Lärmbe-

---

[637] AP Toledo, Sec. 1.ª, Urteil Nr. 310/2001 vom 8. Oktober.

[638] AP Sevilla, Sec. 5.ª, Urteil Nr. 212/2010 vom 3. Mai.

[639] AP Huelva, Sec. 2.ª, Urteil Nr. 18/2010 vom 21. Januar.

[640] AP Madrid, Sec. 19.ª, Urteil Nr. 571/2009 vom 27. November.

[641] AP Valencia, Sec. 7.ª, Urteil Nr. 645/2009 vom 25. November.

[642] AP León, Sec. 1.ª, Urteil Nr. 558/2009 vom 17. November.

[643] AP Madrid, Sec. 9.ª, Urteil Nr. 485/2009 vom 29. Oktober.

[644] AP Madrid, Sec. 19.ª, Urteil Nr. 443/2009 vom 5. Oktober; AP Valencia, Sec. 6.ª, Urteil Nr. 256/2008 vom 18. April; AP A Coruña, Sec. 6.ª, Urteil Nr. 190/2007 vom 1. Juni; AP Baleares, Sec. 5.ª, Urteil Nr. 31/2000 vom 17. Januar.

[645] AP Madrid, Sec. 19.ª, Urteil Nr. 421/2009 vom 28. September.

[646] AP Ciudad Real, Sec. 2.ª, Urteil Nr. 217/2009 vom 15. September.

[647] AP A Coruña, Santiago de Compostela, Sec. 6.ª, Urteil Nr. 440/2009 vom 11. September.

[648] AP Cantabria, Sec. 4.ª, Urteil Nr. 554/2009 vom 9. September; AP Valencia, Sec. 7.ª, Urteil Nr. 473/2005 vom 22. Juli.

[649] AP Asturias, Sec. 5.ª, Urteil Nr. 205/2009 vom 16. Juni.

[650] AP Alicante, Elche, Sec. 9.ª, Urteil Nr. 283/2009 vom 13. Mai.

[651] AP Ourense, Sec. 1.ª, Urteil Nr. 46/2002 vom 31. Januar.

[652] AP Valencia, Sec. 11.ª, Urteil Nr. 188/2009 vom 26. März.

[653] AP Barcelona, Sec. 13.ª, Urteil Nr. 223/2008 vom 16. April.

[654] AP Asturias, Sec. 4.ª, Urteil Nr. 223/2006 vom 12. Juni.

[655] AP Las Palmas, Sec. 4.ª, Urteil Nr. 464/2005 vom 11. Oktober.

[656] AP A Coruña, Sec. 3.ª, Urteil Nr. 109/2009 vom 13. März.

[657] AP Las Palmas, Sec. 4.ª, Urteil Nr. 30/2009 vom 29. Januar.

[658] AP Málaga, Sec. 4.ª, Urteil Nr. 458/2008 vom 21. Juli.

[659] AP Cantabria, Sec. 4.ª, Urteil Nr. 447/2008 vom 2. Juli.

[660] AP Valencia, Sec. 7.ª, Urteil Nr. 335/2008 vom 2. Juni.

lästigung,[661] Glockenschläge einer Uhr,[662] nachträglich eingebautes Dach im Innenhof,[663] Lärm durch Bar,[664] Hundezucht,[665] ständiger Zufluss von wechselnden
Bewohnern und Missverhältnis zwischen Wohnungsgröße und Bewohnerzahl,[666]
laute Musikanlage der Nachbarn,[667] Haltung von fünf Katzen unter schlechten
hygienischen Bedingungen,[668] Taubenfütterung beschmutzt Liegenschaft,[669] Herstellung von Back- und Konditorwaren (Belästigung durch Mehlstaub),[670] Disko-
thek,[671] Nutzung des Innenhofs durch Sondernutzungsberechtigten als Lagerstätte (erhöht Brandgefahr, erschwert die Reinigung, verändert das Erscheinungsbild,
ermöglicht das Hinaufklettern in höhere Stockwerke),[672] Hundegebell,[673] psychoti-
scher Nachbar (seine psychische Erkrankung steht einer Beurteilung als störendes
Verhalten nicht im Wege),[674] Grillen auf der Terrasse,[675] Grillen verursacht störenden Rauch,[676] Ofen und Grill eines Restaurants,[677] Beherbergungsbetrieb,[678] Haltung von über 40 Hunden,[679] Haltung von sieben Tieren,[680] Kirche durch Gesang
und Musik,[681] Pizzeria stört durch Lärm und Gerüche,[682] beleidigendes Verhalten
gegenüber Nachbarn, Schmutz und üble Gerüche in der Wohnung, Müll wird aus
10. Stock geworfen,[683] Fitnessstudio durch Lärm und Musik aufgrund fehlender
Schallabdichtung,[684] Reinigung stört durch Gerüche, Dämpfe und Gase und Lärm
des Waschkessels,[685] Betrieb mehrerer Maschinen in einer Konditorei, die sich nur
im Zusammenspiel störend auswirken,[686] Exkremente zahlreicher Hunde und Kat-

[661] AP Ciudad Real, Sec. 2.ª, Urteil Nr. 138/2008 vom 29. Mai; AP Barcelona, Sec. 3.ª, Urteil vom 20
      März 2006.
[662] AP Asturias, Sec. 7.ª, Urteil Nr. 292/2008 vom 26. Mai.
[663] AP Las Palmas, Sec. 3.ª, Urteil Nr. 221/2008 vom 9. April.
[664] AP Barcelona, Sec. 14.ª, Urteil Nr. 183/2008 vom 14. März; AP Badajoz, Sec. 3.ª, Urteil Nr.
      314/2004 vom 25. Oktober; AP Madrid, Sec. 20.ª, Urteil Nr. 528/2004 vom 11. Oktober; AP Mur-
      cia, Sec. 5.ª, Urteil Nr. 359/2003 vom 12. Dezember.
[665] AP Toledo, Sec. 1.ª, Urteil Nr. 10/2008 vom 15. Januar.
[666] AP Zaragoza, Sec. 5.ª, Urteil Nr. 469/2007 vom 27. Juli.
[667] AP Badajoz, Sec. 2.ª, Urteil Nr. 170/2007 vom 7. Mai.
[668] AP Cádiz, Sec. 5.ª, Urteil Nr. 151/2006 vom 14. Juli.
[669] AP Asturias, Sec. 4.ª, Urteil Nr. 243/2006 vom 27. Juni.
[670] AP Madrid, Sec. 10.ª, Urteil Nr. 333/2006 vom 15. Mai.
[671] AP Cáceres, Sec. 1.ª, Urteil Nr. 58/2006 vom 20. Februar; AP Huesca, Urteil Nr. 357/2001 vom
      17. Dezember.
[672] AP Girona, Sec. 2.ª, Urteil Nr. 32/2006 vom 27. Januar.
[673] AP Segovia, Sec. 1.ª, Urteil Nr. 213/2005 vom 21. Oktober.
[674] AP Valladolid, Sec. 1.ª, Urteil Nr. 270/2005 vom 12. September.
[675] AP Huesca, Sec. 1.ª, Urteil Nr. 266/2004 vom 23. Dezember.
[676] AP Barcelona, Sec. 15.ª, Urteil vom 12. April 2000.
[677] AP Burgos, Sec. 3.ª, Urteil Nr. 203/2004 vom 11. Mai.
[678] AP Valencia, Sec. 7.ª, Urteil Nr. 120/2004 vom 27. Februar.
[679] AP Madrid, Sec. 11.ª, Urteil Nr. 166/2003 vom 25. November.
[680] AP Madrid, Sec. 18.ª, Urteil Nr. 545/2003 vom 13. Juni.
[681] AP Santa Cruz de Tenerife, Sec. 4.ª, Urteil Nr. 99/2003 vom 24. Februar.
[682] AP Barcelona, Sec. 1.ª, Urteil vom 7. Januar 2003.
[683] AP Málaga, Sec. 6.ª, Urteil Nr. 1042/2002 vom 28. November.
[684] AP Ciudad Real, Sec. 1.ª, Urteil Nr. 353/2002 vom 29. Oktober.
[685] AP Valencia, Sec. 6.ª, Urteil Nr. 568/2002 vom 29. Juli.
[686] AP Cádiz, Sec. 7.ª, Urteil Nr. 281/2002 vom 24. Juni.

zen,[687] Streitigkeiten, Gepolter, laute Musik zu Nachtzeiten, mangelnde Hygiene und Sauberkeit, Nichterfüllung der turnusgemäß bestimmten Pflicht zur Säuberung des Hauseingangs und der Höfe, Haltung eines großen Hundes in einem sehr kleinen Innenhof, der den Nachbarn als Durchgang dient, führt beim Tier zu Aufregung und Stress, so dass dieses eine Gefahr für die Nachbarn darstellt, und auf selbige zuspringt,[688] Geflügelzucht auf dem Dachgeschoss,[689] Hitze durch Ofen einer Bäckerei,[690] Installation einer Mobilfunkantenne kann neben einer möglichen Gesundheitsgefahr auch wegen der durch den Betrieb entstehenden Geräusche störend sein,[691] Kindergarten.[692]

Frage 209: In welchen Fällen hat die Rechtsprechung eine Aktivität nicht als störend eingestuft?

Auch hier gilt, dass nur schwer pauschale Feststellungen gemacht werden können. Es wird immer auf den Einzelfall ankommen. Daher finden sich unter den ausgewählten Beispielen Aktivitäten, die teilweise auch schon als störend eingestuft worden sind. Um einen umfassenden Einblick zu geben, sollen folgende Fälle genannt werden:

Haltung eines unfolgsamen Hundes,[693] Schlingpflanzen an der Fassade,[694] Betrieb einer Arztpraxis,[695] Betrieb eines Hostels,[696] Betrieb von Schornsteinen,[697] Beherbergungsbetrieb,[698] Umwandlung einer Wohnung in ein Restaurant,[699] Umwandlung einer Wohnung in ein Internet Café / Call-Shop (genehmigt durch Satzung),[700] Werbetafel auf dem Gebäudedach (mehr als 40 Jahre lang - hierdurch konkludentes Einverständnis),[701] Lagerung von Materialien im Vorgarten,[702] Restaurantbetrieb,[703] Discothek,[704] Grill,[705] Pizzalieferdienste,[706] Musikschule,[707] Klavierspie-

---

[687] AP Madrid, Sec. 14.ª, Urteil vom 22. März 2002.
[688] AP A Coruña, Sec. 3.ª, Urteil vom 1. Februar 2002.
[689] AP Cádiz, Sec. 1.ª, Urteil vom 4. Oktober 2001.
[690] AP Castellón, Sec. 3.ª, Urteil Nr. 383/2001 vom 13. Juli.
[691] AP Barcelona, Sec. 16.ª, Urteil vom 6. Februar 2001.
[692] AP Barcelona, Sec. 13.ª, Urteil vom 24. Oktober 1997.
[693] AP Madrid, Sec. 21.ª, Urteil Nr. 138/2011 vom 16. März.
[694] AP Valencia, Sec. 11.ª, Urteil Nr. 98/2011 vom 25. Februar.
[695] AP Alicante, Sec. 5.ª, Urteil Nr. 323/2010 vom 23. September.
[696] AP Soria, Sec. 1.ª, Urteil Nr. 102/2010 vom 12. Juli.
[697] AP Madrid, Sec. 25.ª, Urteil Nr. 539/2009 vom 23. November.
[698] AP Ciudad Real, Sec. 1.ª, Urteil Nr. 278/2009 vom 13. November.
[699] AP Barcelona, Sec. 19.ª, Urteil Nr. 213/2008 vom 8. Mai.
[700] AP Madrid, Sec. 11.ª, Urteil Nr. 216/2008 vom 30. April; AP Alicante, Sec. 5.ª, Urteil Nr. 323/2010 vom 23. September.
[701] AP Barcelona, Sec. 14.ª, Urteil Nr. 11/2008 vom 11. Januar.
[702] AP Asturias, Sec. 5.ª, Urteil Nr. 457/2007 vom 27. Dezember.
[703] AP Girona, Sec. 1.ª, Urteil Nr. 446/2007 vom 7. Dezember; AP Barcelona, Sec. 11.ª, Urteil vom 25. Februar 2004.
[704] AP Madrid, Sec. 11.ª, Urteil Nr. 806/2007 vom 20. September.
[705] AP Santa Cruz de Tenerife, Sec. 4.ª, Urteil Nr. 387/2006 vom 22. November.
[706] AP Baleares, Sec. 5.ª, Urteil Nr. 105/2005 vom 11. März.
[707] AP Vizcaya, Sec. 5.ª, Urteil Nr. 115/2005 vom 28. Februar.

ler,[708] Vermietung von Touristenappartements,[709] Wäsche im gemeinschaftlichen Innenhof aufhängen,[710] Abstellen zweier Fahrzeuge auf einem einzigen Stellplatz,[711] durch Behörden betreutes Wohnprogramm für Minderjährigen,[712] Altersheim,[713] Schönheitssalon,[714] Arztpraxis,[715] Bestattungsinstitut,[716] Botschaft.[717]

4.3.11 Auf den Punkt gebracht - Fragen und Antworten (Gesundheitsschädigend)

Frage 210: Beispiele für die Gesundheit schädigende Aktivitäten.

Durch fehlende Hygiene hervorgerufene Plage von Küchenschaben.[718] Installation einer Mobilfunkantenne auf dem Gemeinschaftsdach.[719]

4.3.12 Auf den Punkt gebracht - Fragen und Antworten (Rechtswidrigkeit)

Frage 211: Welches sind Beispiele für die durch Artikel 7.2 LPH untersagten rechtswidrigen Aktivitäten?

Eindeutige Fälle wären die Herstellung oder der Verkauf von Betäubungsmitteln und der Betrieb einer Fälscherwerkstatt. Aber auch die Ausübung eines Gewerbes ohne die erforderlichen Genehmigungen stellt aufgrund des Verstoßes gegen die einschlägigen Vorschriften eine rechtswidrige Aktivität dar.[720]

Frage 212: Können unmoralische Aktivitäten ebenfalls untersagt werden?

Die Urfassung der Ley de Propiedad Horizontal aus dem Jahre 1960 sah in Artikel 7.3 vor, dass unmoralische Aktivitäten untersagt seien. Der Begriff *unmoralisch* wurde später durch *verboten* bzw. *rechtswidrig (ilícito)* ersetzt. Eine unmoralische Aktivität, deren Einordnung als solche letztlich auf eine subjektive Wertung zurückgeht, kann heute alleine kein Verbot mehr rechtfertigen. Sie kann daher nur dann untersagt werden, wenn weitere Faktoren hinzukommen, die für sich genommen eine Untersagung rechtfertigen. Eine viel diskutierte Problematik, für welche die beschriebene Änderung von besonderer Bedeutung ist, bilden diejenigen Fälle, in welchen sich Bordellbetriebe in Eigentümergemeinschaften etabliert haben. Teilweise wird argumentiert, dass trotz Wegfalls des Verbotes unmoralischer Aktivitäten immer noch eine Untersagung auf Grundlage einer Einordnung als rechtswid-

---

[708] AP Segovia, Sec. 1.ª, Urteil Nr. 107/2004 vom 8. Juni.
[709] AP Barcelona, Sec. 16.ª, Urteil Nr. 644/2003 vom 8. Oktober.
[710] AP Ourense, Sec. 2.ª, Urteil Nr. 238/2003 vom 30. September.
[711] AP Almería, Sec. 3.ª, Urteil Nr. 219/2003 vom 28. Juli.
[712] AP Vizcaya, Sec. 5.ª, Urteil Nr. 133/2003 vom 17. März.
[713] AP León, Sec. 3.ª, Urteil Nr. 32/2002 vom 24. Januar.
[714] AP Alicante, Urteil vom 4. April 1991.
[715] AP Burgos, Urteil vom 29. Januar 1990.
[716] AP Valladolid, Urteil vom 12. Februar 1987.
[717] AP Madrid, Sec. 20.ª, Urteil Nr. 248/2008 vom 28. März.
[718] AP Barcelona, Sec. 13.ª, Urteil Nr. 492/2004 vom 30. Juni.
[719] AP León, Sec. 1.ª, Urteil Nr. 311/2002 vom 11. Juli.
[720] AP Madrid, Sec. 10.ª, Urteil Nr. 134/2011 vom 2. März.

riger Aktivität möglich ist. Auch wenn nach der Reform des spanischen Strafgesetzbuches (Código Penal) aus dem Jahre 1995, die Prostitution (auf freiwilliger Grundlage ausgeübt) entkriminalisiert wurde, sanktioniert der Código Civil jede diesbezügliche Vereinbarung zwischen den Parteien mit der Nichtigkeit wegen Verstoßes gegen die Guten Sitten (siehe Artikel 6.3, 1255, 1271.1 und 1275 des Código Civil). Es stellt sich aber die Frage, ob diese Nichtigkeit wegen Sittenwidrigkeit aus dem Código Civil als *rechtswidrige Aktivität* im Sinne des Artikel 7.2 LPH eingeordnet werden kann. Zwar wird mehrheitlich davon ausgegangen, dass ein Bordellbetrieb eine *rechtswidrige Aktivität* darstelle, allerdings könnte argumentiert werden, dass diese *Rechtswidrigkeit* nur über den Umweg des Verstoßes gegen die Guten Sitten konstruiert werde, und die aus Artikel 7.2 LPH verschwundene *unmoralische Aktivität* damit wieder eingeführt werde. Es finden sich deshalb auch Entscheidungen, welche die Existenz des Bordellbetriebs, für sich alleine genommen, nicht als unvereinbar mit Artikel 7.2 LPH ansehen.[721] Erfolgversprechend sind die Aussichten der Gemeinschaft, solch einen Betrieb aus der Liegenschaft zu verbannen, wenn diese Aktivität durch objektive Beeinträchtigungen der Nachbarn auffällt. Regelmäßig werden dies Lärmbelästigungen in den Abendstunden und Schmutz sein. Irrende Besucher, welche die Tür oder den Klingelknopf verwechseln und ungewollt die unmittelbaren Nachbarn des Etablissements alarmieren, kommen aber ebenso in einschlägigen Entscheidungen vor und illustrieren sehr gut, wie wichtig es ist, die Grenze des Zumutbaren in jedem Einzelfall auszuloten.

Frage 213: Kann die Gemeinschaft die Vermietung von Wohnungen oder Stellplätzen verbieten?

Nein. Zunächst bedürfte die Einführung eines solchen Verbotes in die Gemeinschaftssatzung der Einstimmigkeit. Solange ein einziger Eigentümer gegen dieses Verbot stimmt, kann es nicht zustandekommen. Selbst für den Fall, dass sich alle Eigentümer einig sein sollten oder die Einstimmigkeit dadurch zustande kommt, dass die Abwesenden Eigentümer dem vorläufigen Beschluss nicht widersprochen haben, muss er ins Grundbuch eingetragen werden, um gegenüber zukünftigen Eigentümern zumindest formell wirksam zu sein. Trotzdem könnte aber auch eine Eintragung gegebenenfalls keinen derartig tiefgreifenden Einschnitt in die Eigentumsrechte gestatten. Der Eigentümer hat die sich unter anderem aus Artikel 348 ff. Código Civil ergebenden Rechte, sein Eigentum zu nutzen (*ius utendi*), aus ihm Früchte zu ziehen (*ius fruendi*) und über dieses zu verfügen (*ius abutendi*). Natürlich kann er dies auch wiederum nur in den Grenzen tun, welche die Rechte der übrigen Eigentümer und die einschlägigen Gesetze ziehen. Es stellt sich aber die Frage, ob bei einer Gegenüberstellung der jeweiligen Interessen und unter Beachtung der Artikel 6.2 und 1255 Código Civil (die Grenzen der Privatautonomie werden durch Gesetze, Moral und öffentliche Ordnung sowie der Rechte Dritter gezogen) ein derartiges Verbot haltbar wäre. Grundsätzlich müsste die Antwort diesbezüglich negativ lauten, d.h. eine derartige Einschränkung wäre nicht erlaubt. Es wird aber auch hier auf den konkreten Einzelfall ankommen. Ist die Einstimmigkeit nur durch die Abwesenheit einzelner Eigentümer zustande gekommen, welche es ver-

---

[721] AP Santa Cruz de Tenerife, Sec. 4.ª, Urteil Nr. 181/2002 vom 20. Mai.

säumt haben, binnen 30 Tagen nach Zustellung des Beschlusses ihr ablehnendes Votum abzugeben, spricht vieles dafür, eine solche Beschränkung als rechtsmissbräuchlich anzusehen. Haben aber tatsächlich alle Eigentümer ein entsprechendes Verbot getragen, besteht kein Grund, diese Entscheidung nicht aufrecht zu erhalten.

Frage 214: Können gewisse Handlungen oder Aktivitäten innerhalb der Sondereigentumselemente auch durch die Hausordnung (*Reglamento de Régimen Interior*) untersagt werden?

Nein.[722] Der mögliche Regelungsgehalt der Hausordnung muss klar von demjenigen der Satzung abgegrenzt werden. Die unterschiedliche Tragweite dieser beiden Regelwerke kommt an vielerlei Stellen des spanischen Wohnungseigentumsgesetzes zum Vorschein. Während z.B. für die Änderung der Satzung Einstimmigkeit erforderlich ist, reicht für die Annahme oder Änderung der Hausordnung gemäß Artikel 6 LPH lediglich die einfache Mehrheit, da es sich um eine allgemeine Verwaltungsangelegenheit handelt (vgl. 17.7 LPH aber auch 398 Código Civil). Während die Satzung insbesondere den Umgang mit den Sondereigentumselementen und den Gemeinschaftselementen regelt, widmet sich die Hausordnung lediglich dem Umgang mit den Gemeinschaftselementen und stellt Regeln für ein geordnetes Zusammenleben auf (siehe Artikel 6 LPH). Die Hausordnung darf jedenfalls keine Regeln in Bezug auf die Rechte des Eigentümers am Sondereigentum aufstellen.[723] Typischer Gegenstand der Hausordnung können z.B. der Gebrauch und die Nutzungszeiten der Gemeinschaftseinrichtungen, wie beispielsweise des Spielplatzes oder des Schwimmbads sein.

Frage 215: Kann der Anspruch auf Unterlassung einer Handlung / Aktivität verjähren?

Grundsätzlich ja. Es gilt die allgemeine Verjährungsfrist von 15 Jahren aus Artikel 1964 Código Civil.[724] Sie beginnt zu laufen, sobald Kenntnis von der Aktivität genommen wurde. Allerdings gilt es, abgesehen von einer Verjährung, auch zu berücksichtigen, dass in Einzelfällen sogar ein stillschweigendes Einverständnis angenommen werden kann, wenn über einen längeren Zeitraum hinweg die Aktivität allgemein bekannt war, ohne dass eine Aufforderung zur Unterlassung derselben erfolgte.[725]

Frage 216: Darf der Präsident sich weigern, einen Störer zur Unterlassung seiner Aktivitäten aufzufordern?

Eigentlich nicht. Es würde einen Verstoß gegen seine Amtspflichten darstellen. Aber auch, wenn er sich einer Pflichtverletzung schuldig macht, ist, wie in allen anderen Fällen seiner mangelhaften Pflichterfüllung auch, durch das spanische

---

[722] AP Vizcaya, Sec. 4.ª, Urteil Nr. 635/2008 vom 8. Oktober.
[723] AP Asturias, Sec. 5.ª, Urteil vom 3. Oktober 2000.
[724] TS, Sala 1.ª, de lo Civil, Urteil vom 13. Juli 1995; AP Las Palmas, Sec. 4.ª, Urteil Nr. 30/2009 vom 29. Januar.
[725] AP León, Sec. 1.ª, Urteil Nr. 10/2008 vom 17. Januar.

Wohnungseigentumsgesetz keine spezifische Sanktion oder etwa ein Verfahren vorgesehen worden, welche es ermöglichen würde, sein Tätigwerden unmittelbar oder mittelbar zu erzwingen. Er macht sich allenfalls schadenersatzpflichtig, wenn der Gemeinschaft oder einzelnen Eigentümern durch seine Untätigkeit Nachteile entstehen. Mögliche Lösungsansätze wären zunächst die Abhaltung einer außerordentlichen / ordentlichen Eigentümerversammlung, in welcher darüber beschlossen wird, ob der Präsident die Aufforderung übermitteln soll. Entscheidet die Versammlung, dass die Aufforderung erfolgen soll, und weigert sich der Präsident immer noch, sollte eine neue (außerordentliche) Versammlung einberufen werden, die auf die Abberufung des amtierenden Präsidenten und die Bestellung eines Nachfolgers gerichtet ist. Glücklicherweise haben einzelne Gerichte bereits entschieden, dass die Aufforderung zur Unterlassung nicht zwingend durch den Präsidenten erfolgen muss.[726] Dies kommt der gängigen Praxis entgegen, in welcher die Aufforderung regelmäßig durch den Haus- bzw. Liegenschaftsverwalter (*Administrador de Fincas*) erfolgt.

Frage 217: Darf ein Eigentümer eigenmächtig eine Wohnung einem neuen Gebrauch als Büro zuführen?

Diese Änderung des Gebrauchs wird vom Gesetz nicht untersagt. Alleine die Tatsache, dass das Sondereigentumselement im Gründungstitel als Wohnung beschrieben wird, steht der Nutzungsänderung daher nicht im Wege. Es darf aber kein (wirksames) diesbezügliches Verbot in der Satzung geben.[727] Sollten Baumaßnahmen erforderlich sein, um eine Gebrauchsänderung zu ermöglichen, gelten die allgemeinen Regeln, d.h. dass für den Fall, dass diese Maßnahmen Gemeinschaftselemente betreffen, die Genehmigung der Gemeinschaft einzuholen ist.[728]

Um den Geschäftsbetrieb tatsächlich aufnehmen zu können, bedarf es regelmäßig einer behördlichen Genehmigung (*licencia de apertura*). Damit diese gewährt werden kann, müssen in Abhängigkeit von der beabsichtigten Tätigkeit gewisse Voraussetzungen erfüllt werden.

Frage 218: Darf ein Eigentümer eigenmächtig sein Geschäftslokal einem neuen Gebrauch als Wohnung zuführen?

Was die rechtliche Beurteilung alleine vom spanischen Wohnungseigentumsrecht aus angeht, lässt sich sagen, dass, solange die Satzung diese Änderung nicht verbietet, selbige zulässig ist, wenn keine Arbeiten an Gemeinschaftselementen erforderlich werden, die der Zustimmung der Eigentümerversammlung bedürfen.[729] Es

---

[726] AP Málaga, Sec. 5.ª, Urteil Nr. 230/2010 vom 29. April.

[727] AP Alicante, Elche, Sec. 9.ª, Urteil Nr. 81/2009 vom 11. Februar.

[728] Ausnahmen können in den Fällen bestehen, in welchen es sich um im Erdgeschoss gelegene Räume handelt. Hier muss insbesondere im Hinblick auf die Fassade weiter unterschieden werden. Weiterführende Angaben werden in dem der Abgrenzung zwischen Sondereigentum und Gemeinschaftseigentum gewidmeten Kapitel gemacht.

[729] AP Murcia, Cartagena, Sec. 5.ª, Urteil Nr. 66/2011 vom 1. März; AP Madrid, Sec. 13.ª, Urteil Nr. 579/2009 vom 27. November.

gilt allerdings zu beachten, dass die Gebrauchsänderung alle behördlichen Auflagen erfüllen muss.

Frage 219: Darf eine Garage oder ein Keller- bzw. Stauraum zu einer Wohnung umgestaltet werden?

Nicht ohne Vorliegen eines Beschlusses der Eigentümerversammlung. Das Fehlen der erforderlichen Ausstattung für Wohnzwecke und das damit verbundene Erfordernis ihrer Schaffung, um einen bewohnbaren Zustand herbeizuführen, bringt unweigerlich eine Änderung der Gemeinschaftselemente mit sich, schließlich muss ein Anschluss an die Installationen der Gemeinschaft erfolgen. Um dies zu ermöglichen, bedarf es eines genehmigenden Beschlusses der Eigentümerversammlung. Der Umbau kann auch in Bezug auf die Quotenverteilung eine Änderung mit sich bringen, weshalb auch diese Modifikation beschlossen werden muss. Handelt es sich bei dem umzubauenden Element darüber hinaus nicht um ein Sondereigentumselement, sondern um ein Gemeinschaftselement, welches an Dritte veräußert wird, müsste dieses erst von der Gemeinschaft auf Grundlage des entsprechenden Beschlusses umgewidmet und übertragen worden sein.[730]

Frage 220: Was geschieht, wenn die störenden Aktivitäten nicht durch einen Eigentümer sondern durch einen Mieter erfolgen? Wer ist in einem solchen Fall zu verklagen?

Artikel 7.2.4 letzter Satz LPH besagt ausdrücklich, dass für den Fall, dass das Sondereigentumselement durch jemand anderen als den Eigentümer bewohnt oder genutzt wird, beide, d.h. sowohl der Eigentümer wie auch der Bewohner, zu verklagen sind. Tatsächlich lassen sich nur auf diese Weise die Interessen der Gemeinschaft auf der einen Seite und die des Eigentümers und Bewohners auf der anderen Seite wirksam verteidigen. Da eine der Konsequenzen eines stattgebenden Urteils die sofortige Beendigung des Mietverhältnisses sein kann, muss der vermietende Eigentümer am Prozess beteiligt werden, um seine Rechte wahren zu können.[731] Eine Mindermeinung vertritt die Auffassung, es reiche aus, wenn nur der Bewohner bzw. Nutzer verklagt werde. Diesen Weg zu beschreiten birgt aber das Risiko, dass die Klage wegen Nichtbeachtung der notwendigen Streitgenossenschaft als unzulässig abgewiesen wird.

Frage 221: Wenn die verbotene Aktivität durch einen Bewohner oder Nutzer ausgeübt wird, der nicht Eigentümer ist, an wen muss der Präsidenten die Aufforderung zur Unterlassung richten?

Artikel 7.2 LPH spricht lediglich von einer Übermittlung an den Störer. Da aber nach h.M. bei Klageerhebung eine notwendige Streitgenossenschaft, bestehend aus Eigentümer und Bewohner existiert, scheint es angeraten, die Aufforderung an beide zu übersenden. Auf diese Weise werden sie unabhängig voneinander dar-

---

[730] TS, Sala 1.ª, de lo Civil, Urteil Nr. 256/2000 vom 15. März; AP Murcia, Sec. 2.ª, Urteil Nr. 254/2002 vom 14. Oktober; AP Córdoba, Sec. 1.ª, Urteil Nr. 155/2008 vom 5. Mai; AP León, Sec. 3.ª, Urteil Nr. 210/2004 vom 1. Juli; AP Pontevedra, Sec. 3.ª, Urteil Nr. 306/2011 vom 19. Juli.
[731] AP Málaga, Sec. 5.ª, Urteil Nr. 434/2007 vom 23. Juli.

über informiert, dass gewisse Aktivitäten als störend empfunden bzw. als verboten eingestuft werden und gegebenenfalls eine Klage nach sich ziehen können. Der Eigentümer hat darüber hinaus die Möglichkeit, auf den Nutzer des Sondereigentumselements einzuwirken.

Frage 222: Was geschieht, wenn die Satzung nach einer Änderung eine bestimmte Aktivität verbietet, ein Eigentümer oder Mieter diese verbotene Aktivität aber bereits vor der Satzungsänderung ausgeübt hat?

Eine Satzungsänderung erfordert Einstimmigkeit, weshalb nicht davon auszugehen ist, dass ein Eigentümer der eine bestimmte Tätigkeit / Aktivität ausübt, bereit sein wird, einem Verbot derselben zuzustimmen. Dennoch könnte es passieren, dass er nicht an der Versammlung teilgenommen hat, und die von Artikel 17.8 LPH gesetzte 30 tägige Frist zur Abgabe seines ablehnendes Votums versäumte. In diesem Fall würde die sodann operierende Zustimmungsfiktion einen einstimmigen Beschluss hervorbringen. Genauso könnte es passieren, dass durch das Verbot nicht ein Eigentümer sondern sein Mieter betroffen wird, der mangels Eigentümereigenschaft gar nicht an der Versammlung teilnehmen konnte / durfte, und überraschend damit konfrontiert wird, dass die von ihm ausgeübte Aktivität nunmehr verboten ist. In beiden Fällen könnte auf Grundlage von Artikel 6.2 und 1255 des Código Civil davon ausgegangen werden, dass diese Aktivität (wenn sie nicht bereits aus anderen Gründen verboten ist) Bestandsschutz genießt. Die Rücknahme bestehender Rechte ist nur dann möglich, wenn sie weder rechtsmissbräuchlich erfolgte, noch das öffentliche Interesse, die öffentliche Ordnung oder die Rechte Dritter beeinträchtigt.

5

Baumaßnahmen

In Eigentümergemeinschaften und Urbanisationen muss bezüglich der auf Baumaßnahmen anwendbaren und im spanischen Wohnungseigentumsgesetz enthaltenen Vorschriften, mindestens auf drei, gegebenenfalls sogar auf bis zu vier Ebenen unterschieden werden. In Abhängigkeit davon, wer die Baumaßnahmen veranlasst oder auf wen sie zurückgehen (Eigentümer, Gemeinschaft oder die öffentliche Verwaltung), an welcher Art von Elementen diese durchgeführt werden sollen (Sondereigentum oder Gemeinschaftseigentum), in welche Kategorie diese fallen (Innovationen, Erhaltungsmaßnahmen, Reparaturen) und welchem Zweck sie dienen (Schaffung erforderlicher bzw. nicht erforderlicher neuer Dienste und Einrichtungen, Beseitigung architektonischer Hürden, etc.), sind andere Anforderungen zu stellen und Auflagen zu beachten. Es soll daher im Folgenden eine auf diesen Unterscheidungen aufbauende Einteilung vorgenommen werden.

5.1 Bauarbeiten im Sondereigentum

5.1.1 Vornahme durch den Eigentümer

Jeder Eigentümer ist grundsätzlich berechtigt, innerhalb seines Sondereigentums nach seinen eigenen Wünschen bauliche Veränderungen vorzunehmen. Dort darf er unter anderem architektonische Elemente, Installationen und Einrichtungen modifizieren, solange er weder die Sicherheit der Liegenschaft, deren allgemeine Strukturelemente, die Gliederung,[732] noch den äußeren Zustand verändert und Rechte anderer Eigentümer nicht beeinträchtigt werden.[733] D.h. er darf gewöhnliche Trennwände entfernen und auch neue Wände errichten und auf diese Weise die Zimmerzahl und innere Raumaufteilung eines einzelnen Sondereigentumselements verändern. Genauso ist es ihm gestattet, auf Leitungen und Rohre, die lediglich seinem Sondereigentum dienen und im Inneren seines Eigentums verlaufen Einfluss zu nehmen. Größere[734] Arbeiten an tragenden Wänden oder stützenden

---

[732] Unter Gliederung ist die tatsächliche und rechtliche Aufteilung der Gemeinschaft insgesamt zu verstehen.

[733] Siehe Artikel 7.1 LPH.

[734] Unwesentlichen Veränderungen, die mit einem üblichen Gebrauch einhergehen, wertet die Rechtsprechung als nicht genehmigungspflichtig und damit zulässig.

Säulen sind hingegen nicht durch dieses Recht gedeckt, auch wenn diese sich im Inneren des Sondereigentums befinden. Zunächst haben solche Veränderungen bereits Einfluss auf die Sicherheit des Gebäudes, weshalb sie durch Artikel 7 LPH untersagt werden. Weiterhin handelt es sich bei diesen Elementen aber auch um Gemeinschaftseigentum,[735] weshalb eine Veränderung alleine aus diesen Gründen nur mit Genehmigung der Gemeinschaft erfolgen darf. Handelt es sich aber beim Sondereigentum z.B. um ein freistehendes Einfamilienhaus in einer Urbanisation, sind selbstverständlich auch die tragenden Elemente desselben als Sondereigentum einzuordnen. In diesem Fall haben die Arbeiten auch keinen Einfluss auf die Sicherheit der Urbanisation als solcher, da kein zusammenhängendes (in Sondereigentumselemente gegliedertes) Gebäude existiert, welches durch die Arbeiten beeinflusst werden bzw. Schaden nehmen könnte. Die Eigentümer dürfen hier also viel umfangreichere Veränderungen vornehmen. Allenfalls die Modifizierung des äußeren Zustands könnte zu einem Eingriff in das Erscheinungsbild und damit zu einer Verletzung der durch Artikel 7 LPH gezogenen Grenzen führen. Es wird in einer solchen Konstellation darauf ankommen, ob ein einheitliches Erscheinungsbild besteht, das gestört werden könnte oder nicht.

Die sich aus Artikel 7.1 LPH ergebende Berechtigung, das Innere des Sondereigentums weitestgehend frei verändern zu dürfen, steht in enger Beziehung zu dem durch Artikel 3 LPH beschriebenen ausschließlichen Recht am Sondereigentum.[736]

Vor der Umsetzung der Baumaßnahmen muss der Eigentümer lediglich den Präsidenten der Gemeinschaft über seine Pläne in Kenntnis setzen.[737] Der Gemeinschaft wird auf diese Weise die Möglichkeit gegeben, rechtzeitig von den Maßnahmen zu erfahren und im Falle zweifelhafter Veränderungen diese mit dem Eigentümer zu besprechen. Damit wird sowohl für den Eigentümer wie für die Gemeinschaft der Schaden durch nicht genehmigte aber genehmigungspflichtige Maßnahmen (die später vielleicht beseitigt werden müssen oder irreparable Schäden verursachen) eingegrenzt. Unabhängig von der Mitteilung an den Präsidenten muss ebenso eine Baugenehmigung eingeholt werden. Das spanische Recht unterscheidet hierbei zwischen der sogenannten *licencia de obra mayor* (Genehmigung für größere Baumaßnahme) und der *licencia de obra menor* (Genehmigung für Baumaßnahme geringerer Tragweite).

Aufteilung, Hinzufügung und Abspaltung von Sondereigentum

Eine der einschneidendsten Baumaßnahmen stellt die Teilung, Hinzufügung und Abspaltung von Sondereigentumselementen dar. Bei der Bewertung derselben gilt es jedoch zu beachten, dass zwischen der tatsächlichen und der rechtlichen Veränderung zu unterscheiden ist. Wird beispielsweise eine Wohnung oder ein Geschäftslokal durch die Errichtung von Trennwänden in mehrere physisch abgeschlossene Einheiten aufgeteilt, erfordert dies solange keine Genehmigung der Ge-

---

[735] Siehe hierzu das ausführliche Kapitel Sondereigentum und Gemeinschaftseigentum.
[736] Echevarria Summers / Morillo González, S. 122.
[737] Siehe Artikel 7.1 LPH.

meinschaft, wie weder das Gemeinschaftseigentum berührt noch eine Veränderung der Quoten (Individualisierung bzw. Aufteilung der Quote des ursprünglichen Sondereigentumselements unter den aus ihm hervorgegangenen) beabsichtigt wird. Soll hingegen jedes dieser Teile nicht nur ein körperliches sondern ebenso ein rechtlich selbständiges Element werden, oder wird durch die Aufteilung das Gemeinschaftseigentum betroffen (etwa die Fassade), bedarf es der Zuweisung einer entsprechenden individuellen Quote. Die eigene Quote, sprich der festgesetzte Anteil am Gemeinschaftseigentum, ist Voraussetzung zur Schaffung eines unabhängigen Sondereigentumselements. Soll also beispielsweise ein Geschäftslokal in zwei rechtlich völlig selbständige Einheiten aufgeteilt werden, müsste jeder Teil eine eigene Quote erhalten. Hierfür bedarf es des zustimmenden Beschlusses einer doppelten drei Fünftel Mehrheit von Stimmen und Quoten der Gesamtheit aller Eigentümer.[738] Ähnlich liegt der Fall bei der tatsächlichen Verbindung von Wohn- oder Geschäftsräumen. Auch hier gilt, dass die faktische Verbindung kein rechtlich einheitliches Element entstehen lässt. Die auf eine Verbindung zielenden Arbeiten (Mauerdurchbrüche) sind nach h.M. gemäß Artikel 7.1 LPH und nicht nach Artikel 10.3.b.) LPH (sonst Erfordernis eines Beschlusses von drei Fünfteln der Eigentümer und Quoten) zu beurteilen. Zwar müssen die zwischen den Sondereigentumselementen liegenden Trennwände nach allgemeiner Auffassung als Gemeinschaftseigentum eingeordnet werden, dennoch bedarf deren teilweise Beseitigung keiner besonderen Erlaubnis durch die Gemeinschaft, wenn es sich nicht um tragende Wände handelt (dann nämlich könnte die Sicherheit der Liegenschaft betroffen sein), Bauelemente nicht verändert werden (die Zwischenmauer wird zwar durchbrochen, behält aber ihre Funktion für alle übrigen Eigentümer unverändert bei), das äußere Erscheinungsbild keine Änderung erfährt (Veränderungen an Außenmauern bzw. der Fassade sind anders zu beurteilen) und Rechte Dritter nicht verletzt werden. Soll aber ein einheitliches, rechtlich selbständiges Element aus mehreren unabhängigen Sondereigentumselementen hervorgehen, in der Art, dass diese sich vereinen, würde erneut ein Beschluss durch drei Fünftel der Stimmen und Quoten aller Eigentümer erforderlich.[739]

Wenn in Artikel 10.3.b.) LPH die Rede von Aufteilung, Verbindung und Abspaltung von Sondereigentum ist, so bezieht sich dies nicht auf die faktische Veränderung, auch wenn der Wortlaut dies nahelegt, sondern die rechtliche. Eine rein tatsächliche Veränderung ist, wenn kein Gemeinschaftseigentum betroffen wird auch ohne entsprechenden Beschluss der Eigentümerversammlung möglich.[740]

---

[738] Vor der Reform durch das Gesetz 8/2013 vom 26. Juni bedurfte es gemäß der alten Artikel 8 und 12 LPH und in Einklang mit der Rechtsprechung, der Einstimmigkeit aller Stimmen und Quoten, siehe TS, Sala 1.ª, de lo Civil, Urteile vom 19. Dezember 2008 und 17. November 2011.

[739] Larrosa Amante, Facultades de división, segregación, agregación y agrupación de pisos o locales y sus anejos.

[740] Der aktuelle Artikel 10.3.b.) LPH hat praktisch den ursprünglichen Wortlaut des Artikels 8 LPH a.F. übernommen, den die Rechtsprechung in der beschriebenen Weise gedeutet hat. Siehe hierzu TS, Sala 1.ª, de lo Civil, Urteil vom 19. Dezember 2008.

Artikel 10.3.b.) LPH unterscheidet nach seinem Wortlaut folgende Fälle:[741]

Teilung[742]

Ein Sondereigentumselement kann gemäß Artikel 10.3.b.) LPH in mehrere unabhängige Sondereigentumselemente aufgeteilt werden (in diesem Fall löst sich das ursprüngliche Element zugunsten mehrerer neuer unabhängiger Elemente auf). Beispielsweise wird eine 100 qm Wohnung in zwei 50 qm Wohnungen aufgeteilt. Hierbei wird das ursprüngliche Sondereigentumselement im Grundbuch zugunsten der neuen, aus ihm hervorgegangenen, abgeschrieben. Für jedes der neuen Sondereigentumselemente wird ein neues Grundbuchblatt eingerichtet.

Abspaltung[743]

Weiterhin kann ein Teil eines Sondereigentumselements abgespalten werden. Durch die Verkleinerung des ursprünglichen Sondereigentumselements, entsteht ein weiteres, neues und unabhängiges Element (das ursprüngliche Element existiert fort, nimmt aber zugunsten der Schaffung eines neuen Elements an Größe bzw. Fläche ab).

Hinzufügung[744]

Ebenso ist es möglich, ein oder mehrere Sondereigentumselemente bzw. einen abgespaltenen Teil derselben einem anderen Sondereigentumselement hinzuzufügen (das heißt, dass einzelne Elemente oder deren Teile in einem anderen aufgehen). Beispielsweise wird eine 40 qm große Wohnung einer 250 qm großen Wohnung dergestalt hinzugefügt, dass die selbständige Existenz der kleineren Einheit endet, oder von einem 120 Quadratmeter großen Geschäftsraum wird ein 20 Quadratmeter großer Raum abgespalten und einer anderen unabhängigen Gewerbefläche hinzugefügt. Das vergrößerte Sondereigentumselement besteht mit seiner nunmehr erweiterten Fläche fort. Es behält seine Identifikation im Grundbuch - lediglich die Beschreibung muss angepasst werden. Zu beachten gilt, dass Artikel 48 des *Reglamento Hipotecario*[745] vorschreibt, dass die zu vergrößernde Immobilie mindestens über die fünffache Fläche des hinzuzufügenden Elementes oder Teiles verfügen muss. Die Hinzufügung eines größeren Elements zu einem kleineren scheidet daher von vornherein aus.

Neben den soeben beschriebenen Veränderungen findet sich im RH aber auch die Möglichkeit der Vereinigung von Grundeigentum (*agrupación*). Unter Vereini-

---

[741] Die im *Reglamento Hipotecario* unter Artikel 41 - 50 näher beschrieben werden (Dekret vom 14. Februar 1947, durch welches die Hypothekenverordnung verabschiedet wird / *Decreto de 14 de febrero de 1947 por el que se aprueba el Reglamento Hipotecario*).

[742] Diese (Auf-)Teilung wird als *división* bezeichnet.

[743] Als Abspaltung, also *segregación* bezeichnet.

[744] Diese Hinzufügung bezeichnet man als *agregación* das Verb lautet: *agregar.*

[745] Im Folgenden auch abgekürzt mit: RH

gung[746] ist in diesem Zusammenhang zu verstehen, dass mehrere Elemente zu einem völlig neuen vereint werden, wobei für dieses ein neues Grundbuchblatt eingerichtet wird. Auch wenn sich im Wortlaut des Artikels 10.3.b.) LPH kein Hinweis auf diese Möglichkeit findet, ist davon auszugehen, dass alle durch das RH vorgesehenen Optionen von Artikel 10.3.b.) LPH gedeckt werden.[747]

Da es sich in diesen Fällen um eine rechtliche Veränderung handelt, bedarf es außer der Einwilligung der betroffenen Eigentümer der Zustimmung der Eigentümerversammlung, welcher für die veränderten Wohnungen und Geschäftsräume unter Beachtung des in Artikel 5 ausgeführten, die Festsetzung der jeweils neuen Beteiligungsquote(n) obliegt, ohne dass die Quoten der übrigen, nicht betroffenen Sondereigentumselemente modifiziert werden dürfen. Diese Einwilligung muss gemäß Artikel 10.3.b.) LPH mittels eines zustimmenden Beschlusses von drei Fünfteln der Stimmen und Quoten aller Eigentümer erfolgen. Diesbezüglich liegt also die ausdrücklich durch Artikel 17.6 LPH vorgesehenen Ausnahme vor, so dass das Einstimmigkeitserfordernis nicht zum tragen kommt, weil hier der erforderliche Beschluss zwar die Teilungserklärung (oder die Satzung) der Eigentümergemeinschaft berührt, aber vom Gesetz eine anderslautende Mehrheit vorgesehen ist.

Sonstige Baumaßnahmen

Durch das Gesetz 8/2013 vom 26. Juni, über städtische Sanierungs- oder Erneuerungs- und Renovierungsmaßnahmen,[748] welches am 28. Juni 2013 in Kraft trat, wurden nicht nur die Mehrheitsanforderungen für die Aufteilung, Hinzufügung und Abspaltung von Sondereigentum herabgesetzt, sondern ebenso weitere Baumaßnahmen ausdrücklich benannt, und diesen was die Mehrheitsanforderungen angeht gleichgestellt.

In Bezug auf das Sondereigentum ist in diesem Zusammenhang insbesondere die Schließung der Terrassen, sowie die Aufstockung des Gebäudes und jedwede andere Veränderung der Gebäudestruktur oder der Bausubstanz hervorzuheben. Auch wenn die Abschottung der Terrassen mit Sicherheit am Häufigsten vorkommen dürfte, kann es durchaus auch zu Aufstockungen durch einzelne Eigentümer (regelmäßig der Bauträger) kommen, die sich oftmals eine entsprechende Berechtigung im Gründungstitel vorbehalten haben.[749] In beiden Fällen bedarf es nunmehr

---

[746] Die Vereinigung wird als *agrupación* bezeichnet.

[747] Larrosa Amante, Facultades de división, segregación, agregación y agrupación de pisos o locales y sus anejos. Die hier enthaltenen Ausführungen beziehen sich zwar auf den alten, mittlerweile gestrichenen Artikel 8 LPH, dennoch deckt sich sein diesbezüglicher Inhalt mit dem jetzigen Artikel 10.3.b.) LPH, weshalb davon auszugehen ist, dass diese Schlussfolgerungen auch auf diesen anwendbar sind.

[748] Ley 8/2013, de 26 de Junio, de rehabilitación, regeneración y renovación urbanas.

[749] Bezüglich der Zulässigkeit einer solchen Klausel lassen sich viele entgegengesetzte Auffassungen finden. Die h.M. geht allerdings von ihrer Zulässigkeit aus. Problematisch war insbesondere die Frage, wie mit dem Erfordernis der sich aus der Aufstockung notwendigerweise ergebenden Quotenänderung verfahren werden sollte. Die aktuelle Gesetzesfassung bring hier eine eindeutige Erleichterung, genügt doch nunmehr eine doppelte 3/5 Mehrheit. Die bisher von der h.M geforderte Einstimmigkeit ist nicht mehr erforderlich (siehe RDGRN 24. März 2000

lediglich eines Beschlusses, der durch drei Fünftel aller Stimmen und Quoten der Gemeinschaft getragen wird.

Baugenehmigung

Neben eines zustimmenden durch drei Fünftel aller Stimmen und Quoten der Gemeinschaft getragenen Beschlusses, bedarf es gemäß Artikel 10.3.b.) LPH ebenfalls des Erhalts einer Baugenehmigung Seitens der zuständigen Behörde. Dieses Erfordernis bestand im Grunde genommen schon vor der Neufassung des spanischen Wohnungseigentumsgesetzes, durch das Gesetz 8/2013 vom 26. Juni, schließlich liegt die Befugnis zur Erteilung von Baugenehmigungen und die Aufsicht über ihre Ausführung bei der Gemeinde. Allerdings ist der ausdrückliche Hinweis auf die Notwendigkeit einer entsprechenden Genehmigung erst jetzt in das spanische Wohnungseigentumsgesetz eingeführt worden.

Ist das Vorliegen der Voraussetzungen des Artikels 17.6 Ley de Suelo eine echte Bedingung?

Bei der Lektüre des Artikels 10.3.b.) LPH könnte man zu der Überzeugung gelangen, diese (gegenüber der ehemals geltenden, und ansonsten bei Änderungen der Teilungserklärung regelmäßig einschlägigen Einstimmigkeit) gelockerten Mehrheitsanforderungen würden nur in ganz bestimmen Fällen greifen, nämlich dann wenn die durch Artikel 17.6 Ley de Suelo genannten Voraussetzungen vorliegen. Tatsächlich bezieht sich der besagte Artikel auf die sogenannten *complejos inmobiliarios*, also Immobilienkomplexe. Man könnte daher die Auffassung vertreten, die Regelung des Artikels 10.3.b.) LPH beziehe sich lediglich auf Urbanisationen. Dem steht allerdings die in Artikel 17.6 a.E. Ley de Suelo eingefügte Legaldefinition von *complejo inmobiliario* im Wege. Schließlich wird dort unter dieser Bezeichnung jeder Immobilienverbund verstanden, in welchem im ausschließlichem Eigentum stehende Elemente mit weiteren Elementen koexistieren, die in gemeinschaftlichem Eigentum stehen, und ersteren dienen , wenn das Eigentum an diesen Gemeinschaftselementen in einer Quote ausgedrückt wird, welche sich unter den Eigentümern der im ausschließlichem Eigentum stehenden Elemente verteilt. Mit anderen Worten: Existieren Sondereigentumselemente und diesen dienende Gemeinschaftselemente, an denen die Eigentümer mit einer Quote beteiligt sind, liegt ein *complejo inmobiliario* im Sinne des Artikels 17.6 Ley de Suelo vor. Alleine vom Wortlaut ausgehend wäre der Artikel 10.3.b.) LPH damit auf alle Eigentümergemeinschaften anwendbar. Allerdings genügt ein Blick in Artikel 2 a.) und c.) LPH, um festzustellen, dass das spanische Wohnungseigentumsgesetz sehr wohl eine Unterscheidung zwischen der einfachen Eigentümergemeinschaft und dem Immobilienkomplex vornimmt. Zwar soll die Ley de Propiedad Horizontal auf beide Arten von Gemeinschaften Anwendung finden, doch zeigt der Gesetzgeber gleichzeitig auf, dass es sich um unterschiedliche Konstellationen handelt. Es ließe sich daher - aufgrund des beschriebenen Widerspruchs - durchaus vertreten, Artikel

---

und 28. März 2008; so: González Carrasco, Modificación de la Ley de Propiedad Horizontal por Ley 8/2013).

10.3.b.) LPH sei lediglich auf Immobilienkomplexe im Sinne des Artikels 17.6 Ley de Suelo und Artikel 2 LPH anzuwenden. Dann würde die Lockerung der ehemals geltenden Einstimmigkeitsregel zu Gunsten der neuen doppelten drei Fünftel Mehrheit nur für Urbanisationen gemäß Artikel 2 LPH gelten. Die Rechtsprechung wird die durchaus berechtigten Zweifel ausräumen und aufzeigen müssen, welcher Auffassung der Vorrang zu geben ist.

Dort wo Artikel 10.3.b.) LPH Anwendung findet, bedarf es jedenfalls für die Errichtung neuer Stockwerke und jedwede andere Veränderung der Gebäudestruktur oder der Bausubstanz, wozu wie wir gesehen haben, unter anderem die Schließung der Terrassen und die Veränderung der (Gebäude-) Umhüllung zur Verbesserung der Energieeffizienz zählen, sowie der im Gemeinschaftseigentum stehenden Dinge lediglich des Beschlusses einer drei Fünftel Mehrheit der Stimmen und Quoten der Gesamtheit aller Eigentümer (wenn keine anderen, spezielleren, Vorschriften vorrangig heranzuziehen sind).

5.1.2 Vornahme durch die Gemeinschaft

Die Gemeinschaft ist berechtigt, im Sondereigentum all diejenigen Reparaturen durchzuführen, welche zum Betrieb der Liegenschaft erforderlich sind. Darüber hinaus muss der Eigentümer auch Dienstbarkeiten dulden, wenn diese unerlässlich für die Schaffung von Gemeinschaftseinrichtungen allgemeinen Interesses sind, die gemäß Artikel 17 LPH beschlossen wurden.[750] Zu diesem Zweck bestimmt Artikel 9.1.c.) LPH, dass es zu den Pflichten des Eigentümers gehört, solcherlei Arbeiten in seinem Sondereigentum zu gestatten. Artikel 9.1.d.) LPH führt weiter aus, dass der Eigentümer Zugang zu seinem Sondereigentum gewähren muss, um die Arbeiten überhaupt erst zu ermöglichen.

5.2 Bauarbeiten im Gemeinschaftseigentum

5.2.1 Vornahme durch den Eigentümer

Den Eigentümern ist es im Allgemeinen (die Ausnahmen von diesem Grundsatz sollen im Folgenden aufgezeigt werden) nicht gestattet, im Gemeinschaftseigentum bauliche Maßnahmen umzusetzen. Selbst für den Fall, dass eilbedürftige Reparaturarbeiten erforderlich wären, sieht dass Gesetz lediglich vor, dass der Eigentümer den Präsidenten hierüber in Kenntnis zu setzen hat.[751] Grundsätzlich soll also noch nicht einmal der Eigentümer selbst eingreifen, sondern sich darauf beschränken, den Vertreter der Gemeinschaft zu informieren. Dieser wird normalerweise entweder selbst oder unter Zuhilfenahme des Hausverwalters über Kontakte

---

[750] Für die Einführung oder Abschaffung gemeinschaftlicher Einrichtungen, allgemeinen Interesses, bedarf es lediglich einer 3/5 Mehrheit an Stimmen und Quoten aller Eigentümer. Die Stimmen und Quoten der abwesenden Eigentümer werden als Zustimmung gewertet, wenn diese nicht binnen 30 Tagen ab Benachrichtigung der Abstimmung der Anwesenden gegen den Beschluss stimmen.

[751] In diesem Sinne weist Esther Gómez Calle, S. 111, auf folgende Entscheidung hin: TS, Sala 1.ª, de lo Civil, Urteile vom 18. Juni 1986 und 24. Februar 1996.

zu geeigneten Handwerkern und spezialisierten Unternehmen verfügen, welche innerhalb kürzester Zeit zu marktüblichen Preisen die erforderlichen Reparaturen fachmännisch ausführen können. Trotz der soeben beschriebenen Vorgaben des Artikels 7.1.2 LPH muss dies nicht bedeuten, dass es dem Eigentümer nicht ausnahmsweise möglich sein darf, selbst eilbedürftige Reparaturen zu veranlassen. So kann es geschehen, dass kein Verantwortlicher (Präsident oder Verwalter) erreichbar ist und das Maß an Eilbedürftigkeit derart hoch einzuschätzen ist, dass jede Verzögerung den Schaden oder das Risiko unnötigerweise erhöhen würde. In solcherlei Fällen, soll der Eigentümer nicht nur berechtigt sein, die Reparaturarbeiten zu vergeben, sondern ebenso die möglicherweise von ihm verauslagten Kosten erstattet zu erhalten.[752] Solcherlei Maßnahmen haben letztlich aber reichlich wenig mit allen anderen denkbaren Arbeiten im Gemeinschaftseigentum zu tun, welche den Eigentümern wie beschrieben untersagt sind.

5.2.2 Vornahme durch die Gemeinschaft

Grundsätzlich ist nur die Gemeinschaft berechtigt, Baumaßnahmen am Gemeinschaftseigentum zu veranlassen. Im Falle eilbedürftiger Reparaturen, welche keinen Aufschub erlauben bzw. bei deren Verzögerung eine bedeutende Vergrößerung des Schadens zu erwarten ist, bestimmt das Gesetz, dass es dem Verwalter gestattet ist, die erforderlichen Maßnahmen zu ergreifen.[753] Er muss hierüber jedoch sofort den Präsidenten in Kenntnis setzen. Genauso kann, unter besonderen Umständen - wie wir weiter oben gesehen haben - auch ein einzelner Eigentümer, zur Schadensabwendung unmittelbar selbst die erforderlichen Reparaturmaßnahmen ausführen lassen, wenn der Präsident (und gegebenenfalls auch der Verwalter) nicht erreichbar sind und ein Abwarten aufgrund der Gesamtumstände nicht angeraten scheint. In beiden Fällen handelt es sich jedoch um Ausnahmen. Baumaßnahmen im Gemeinschaftseigentum erfordern daher im Allgemeinen eines Beschlusses der Eigentümerversammlung. Dieser bedarf wiederum zu seinem Zustandekommen in Abhängigkeit seiner Art, des Umfang sowie des Zweckes der konkreten Baumaßnahme unterschiedlicher Mehrheiten.

Leider ist das spanische Wohnungseigentumsgesetz, was die unterschiedlichen Baumaßnahmen und die an sie zu stellenden Anforderungen angeht, trotz aller vorgenommenen Reformen, nicht besonders eindeutig. Die Fülle an unbestimmten Rechtsbegriffen und die sich auf den ersten Blick widersprechenden Absätze der Artikel 10 und 17 LPH, deren jeweilige Bedeutung sich nur aus einer systematischen Einordnung erschließt, führen zu teilweise gegensätzlichen Deutungen in Rechtsprechung und Literatur und in der Folge zu entsprechend voneinander abweichenden Einschätzungen und Urteilen.

In jedem Fall lässt sich sagen, dass die rechtliche Einordnung der Bassmausnahmen äußerst komplex und einzelfallabhängig ist. Um die Bewertung im Rahmen

---

[752] AP Madrid, Sec. 8.ª, Urteil Nr. 359/2011 vom 29. September; AP Madrid, Sec. 25.ª, Urteil Nr. 499/2010 vom 8. Oktober; AP Málaga, Sec. 4.ª, Urteil Nr. 337/2011 vom 15. Juni.

[753] Siehe Artikel 14.c.) und 20.c) LPH.

des Möglichen dennoch zu erleichtern, wurde eine allgemeine grafische Übersicht erstellt, welche die wesentlichen Strukturen vermitteln soll. Darüber hinaus sind zu diesem Zweck der Aufbau der folgenden Ausführungen sowie die Gestaltung des erläuternden Schaubildes aufeinander abgestimmt worden. Durch die simultane Lektüre dürfte jeder dieser Inhalte von den Stärken der jeweils anderen Darstellungsart profitieren. Das Diagramm müsste, so hoffen wir, helfen, den Überblick zu bewahren und der folgende Text dazu beitragen, die Eigenarten und Voraussetzungen der jeweiligen Maßnahmen vertiefend zu vermitteln.

Sowohl für den Aufbau des Diagramms, wie für die sich hier anschließenden Ausführungen, wurde die im spanischen Wohnungseigentumsgesetz vorgenommene begriffliche Einteilung in Reparaturen (ordentlicher, außerordentlicher und eilbedürftiger Art), Instandhaltungs- und Konservierungsmaßnahmen sowie Neuerungen übernommen.[754]

Reparaturmaßnahmen

Um Reparaturarbeiten handelt es sich in all denjenigen Fällen, in welchen die Maßnahmen darauf gerichtet sind, die Liegenschaft nach Beschädigungen in ihren ursprünglichen Zustand zurückzuführen.[755] Man unterscheidet weiter zwischen ordentlichen Reparaturen, welche durch die gebrauchsübliche oder durch die Alterung bedingte, gewöhnliche Abnutzung und die hiermit einhergehenden Schäden erforderlich werden und den außerordentlichen Reparaturen, welcher es nach unvorhergesehenen, sprich zufälligen, Beschädigungen bedarf (z.B. nach Bränden, Blitzeinschlägen oder Überschwemmungen).[756] Beide Fälle können unter der Vorschrift des Artikels 10.1.a.) LPH[757] eingeordnet werden, wonach die Gemeinschaft verpflichtet ist, die notwendigen Maßnahmen zu ergreifen, um die Liegenschaft in Stand zu halten und zu konservieren.[758] Artikel 14.c.) LPH sieht zwar vor, dass die Eigentümerversammlung über die Mittelausstattung und die Durchführung aller Reparaturarbeiten an der Liegenschaft, gleichgültig ob sie ordentlicher oder außerordentlicher Natur seien, zu beschließen hat; gemeint ist hiermit aber nicht, dass die Gemeinschaft beschließen müsse, ob notwendige Reparaturarbeiten durchgeführt würden - also erst eine bestimmte Mehrheit hierfür zustandekommen müsse -, sondern vielmehr, dass sie über die Bereitstellung der Mittel und die Art und Weise der Umsetzung zu entscheiden habe.[759] Während bei ordentlichen Reparaturen die hierfür aufzubringenden Mittel, aufgrund ihrer Vorhersehbarkeit, im

---

[754] María del Carmen Pastor Álvarez, S. 41.

[755] CLPH-Echeverría-Summers, Artikel 10, Rn. 8, S. 314, mit Hinweis auf AP Huesca, Sec. Única, Urteil vom 25. Januar 2000 (AC 2000, 4044).

[756] Pastor Álvarez, S. 42.

[757] Ehemals Artikel 10.1 LPH.

[758] CLPH-Echeverría-Summers, Artikel 10, Rn. 8, S. 314, mit Hinweis auf SAP Huesca, Sec. Única, 25, Urteil vom 25. Januar 2000 (AC 2000, 4044), man beachte allerdings, dass der Begriff *"Reparaturen"* lediglich in Artikel 14.c.) und 20.c.) LPH Verwendung findet, wenn es darum geht, wer diese veranlassen darf, ohne dass es einen diesen Arbeiten ausdrücklich gewidmeten Artikel gäbe.

[759] Pastor Álvarez, S. 44.

Rahmen einer ordentlichen Versammlung im entsprechenden Haushaltsplan ihren Niederschlag finden, werden die außerordentlichen Reparaturen regelmäßig durch Beschluss in außerordentlichen Versammlungen und im Wege von Sonderumlagen[760] oder vorläufig zu Lasten des Rücklagenfonds finanziert (siehe Artikel 9.1.f.) LPH).

Bei außerordentlichen Reparaturen muss weiter danach unterschieden werden, ob die erforderliche Maßnahme auch eilbedürftig ist oder nicht.[761] Handelt es sich nämlich um eine dringende, unaufschiebbare Maßnahme, bei deren Verzögerung eine wesentliche Vergrößerung des Schadens droht, darf gemäß Artikel 20.c.) LPH der Verwalter ausnahmsweise eigenmächtig die notwendigen Maßnahmen veranlassen, ohne dass die Eigentümerversammlung zuvor über die Mittel und die Art und Weise der Ausführung abstimmen müsste. Der Verwalter ist in einem solchen Fall aber verpflichtet, unverzüglich den Präsidenten oder gegebenenfalls die Eigentümer über die von ihm ergriffenen Maßnahmen in Kenntnis zu setzen. Die zur Durchführung der eilbedürftigen Arbeiten notwendigen Mittel werden notwendigerweise aus dem Rücklagenfond finanziert, weshalb das Bestehen einer solchen Rücklage, nicht nur aufgrund der rechtlichen Vorgaben, sondern auch aufgrund der tatsächlichen Erfordernisse unverzichtbar ist.

Instandhaltungs- und Konservierungsmaßnahmen

Gemäß Artikel 10.1.a.) LPH[762] ist die Eigentümergemeinschaft ebenfalls verpflichtet, die Liegenschaft in Stand zu halten und alle erforderlichen Konservierungsmaßnahmen zu veranlassen. Anders als im Falle von Reparaturarbeiten, geht es nicht um die Beseitigung von Beschädigungen - also die Zurückführung in den ursprünglichen Zustand - sondern darum, den gemeinen Abnutzungs- und Gebrauchserscheinungen entgegenzutreten. Diese erstrecken sich aber nicht auf alle denkbaren Gemeinschaftselemente[763] sondern lediglich auf solche, welche die grundsätzlichen Sicherheitsanforderungen (*requisitos básicos de seguridad*) des Gebäudes betreffen, oder sich auf die Bewohnbarkeit (*habitabilidad*), die allgemeine Barrierefreiheit (*accesibilidad universal*) oder den Zustand des Zierwerks (*condiciones de ornato*) auswirken. Darüber hinaus bezieht das Gesetz seit dem 28. Juni 2013 all diejenigen Elemente mit ein, bezüglich derer von Seiten der öffentlichen Verwaltung eine besondere rechtliche Pflicht zur Erhaltung auferlegt wurde (*cualesquiera otras derivadas de la imposición, por parte de la Administración, del deber legal de conservación*). Eine entsprechende Pflicht konnte zwar bereits zuvor

---

[760] Pastor Álvarez, S. 42.

[761] Der Wortlaut des Artikels 20.c.) LPH trifft zwar keinerlei Unterscheidung zwischen ordentlichen und außerordentlichen Maßnahmen, weshalb der Verwalter theoretisch in beiden Fällen ohne Beschluss der Eigentümerversammlung agieren kann, wenn es sich um dringende Reparaturen handelt. Im Falle ordentlicher Reparaturen würde es aber bereits konzeptuell an einer eilbedürftigen Maßnahme fehlen, da diese ja vorhersehbar sind. Die Auslegung des Artikels 20.c.) LPH muss also dahin führen, dass unter eilbedürftige Maßnahmen lediglich die außerordentlichen Reparaturen fallen. Pastor Álvarez, S. 44.

[762] Ehemals Artikel 10.1 LPH a.F.

[763] Pastor Álvarez, S. 47.

bestehen, wird jedoch mittlerweile ausdrücklich im spanischen Wohnungseigentumsgesetz bezeichnet.

Bemerkenswerter Weise wurde in der am 28. Juni 2013 in Kraft getretenen Neufassung des Artikels 10.1 LPH der ursprünglich enthaltene Hinweis auf die Pflicht zur Instandhaltung und Konservierung der Eigenschaften der Struktur (*condiciones estructurales*) des Gebäudes sowie der Abschirmung gegen Nässe (*estanqueidad*), welche bis zu diesem Zeitpunkt ausdrücklich bestand, entfernt. Dennoch sollte dies nicht zu der Annahme verleiten, die Erhaltungspflichten der Gemeinschaft seien reduziert worden. Vielmehr ist davon auszugehen, dass diese Aspekte nunmehr unter die grundsätzlichen Sicherheitsanforderungen fallen. Um das Verständnis und den Umgang mit diesen Anforderungen zu erleichtern, soll daher die Bedeutung und Reichweite beider Begriffe (*condiciones estructurales* und *estanqueidad*) im Folgenden ebenfalls näher erläutert werden.

Einer klaren und abschließenden Einordnung danach, welche Arbeiten unter Artikel 10.1.a.) LPH fallen und welche nicht, steht (neben dem bestehen der notwendigerweise einzelfallbezogenen, durch die Verwaltung ausdrücklich auferlegten Konservierungspflichten) im Wege, dass es sich bei den gerade bezeichneten Begriffen um solche unbestimmter Art handelt und dass in Abhängigkeit der Natur der jeweiligen Liegenschaft die gleichen Maßnahmen in einem Fall erforderlich und in einem anderen unnötig sein können.[764]

Die folgenden Ausführungen sollen daher lediglich als allgemeine Anhaltspunkte dienen.

Unter dem Konzept *Eigenschaften der Struktur* könnten all diejenigen Parameter eingeordnet werden, welche die strukturellen Eigenschaften der Liegenschaft betreffen (Aufteilung, Anzahl der Stockwerke, Bedachung, etc.). Mit Blick auf die einschlägigen baurechtlichen Vorschriften lässt sich außerdem sagen, dass dieses Konzept (*condiciones estructurales*) in engem Bezug zu den in Artikel 3 der *Ley de Ordenación de la Edificación*[765] beschriebenen Anforderungen an die strukturelle Sicherheit (*requisitos de seguridad estructural*) steht. Hiernach ist sicherzustellen, dass am Gebäude oder dessen Bestandteilen keine Schäden eintreten, welche ihren Ursprung in oder ihre Auswirkungen an dem Fundament, den Stützen, Trägern, Bindewerk, tragenden Mauern und anderen Strukturelementen haben und unmittelbar die mechanische Widerstandsfähigkeit und Stabilität des Gebäudes betreffen.[766]

Mit dem Konzept der *Abschirmung gegen Nässe* (*estanqueidad*) meinte der Gesetzgeber die Pflicht, unter anderem auch aus Gründen der allgemeinen Gesundheitsprävention, dafür Sorge zu tragen, dass an allen voneinander abgegrenzten Bereichen keine Feuchtigkeitsschäden durch Sickerungen eintreten.[767]

---

[764] Pastor Álvarez, S. 48.

[765] Ley 38/1999, de 5 de noviembre, de Ordenación de la Edificación. Im Folgenden auch abgekürzt mit: LOE.

[766] Pastor Álvarez, S. 48-49.

[767] a.a.O., S. 49.

Mit dem Oberbegriff *Bewohnbarkeit* (*habitabilidad*) wird Bezug auf die Anforderungen an eine die gesetzlichen Auflagen erfüllende Eignung zu Wohnzwecken genommen. Hierunter fallen unter anderem die Versorgung mit Trinkwasser, ein funktionierendes Abwassersystem und im Allgemeinen die Beachtung aller einschlägigen Hygienevorschriften. Vor diesem Hintergrund sei ergänzend auf den bereits bezeichneten Artikel 3 der LOE hingewiesen, welcher unter dem Aspekt der an die Bewohnbarkeit zu stellenden Anforderungen z.B. auch den Lärmschutz oder die Energieeffizienz zählt.[768]

Für die Deutung des Begriffs *allgemeine Barrierefreiheit* (*accesibilidad universal*) kann auf die bereits in Artikel 2.c.) des mittlerweile außer Kraft getretenen Gesetzes 51/2003 vom 2. Dezember, über Chancengleichheit, Antidiskriminierung und allgemeine Barrierefreiheit für Menschen mit Behinderung[769] enthaltene Legaldefinition zurückgegriffen werden. Dieses führte aus:

Allgemeine Barrierefreiheit: Die Voraussetzung welche Umgebungen, Vorgänge, Güter, Produkte und Dienstleistungen, sowie Gegenstände oder Werkzeuge und Vorrichtungen erfüllen müssen, um durch alle Personen sicher, bequem und so selbständig und natürlich wie möglich, verstanden, genutzt und eingesetzt werden zu können. Sie setzt das Konzept eines « Entwurfs für alle » voraus, ohne dass dies bedeute, dass erforderlichenfalls keine vernünftigen Anpassungen vorgenommen werden dürften.[770]

Auch wenn seit dem 4. Dezember 2013 das königliche Gesetzes-Dekret 1/2013, vom 29. November, durch welches das neu gefasste *Allgemeine Gesetz zur Regelung der Rechte behinderter Menschen und ihre gesellschaftliche Integration* in Kraft getreten ist, welche das alte Gesetz abgelöst hat, wurde diese Legaldefinition fast wörtlich beibehalten. Die Bedeutung und Tragweite ist daher identisch.

Neben der Pflicht zur Aufrechterhaltung der Barrierefreiheit gemäß Artikel 10.1.a.) LPH, enthält Artikel 10.1.b.) LPH noch viel weitreichendere Anforderungen, um eine behindertengerechte Gestaltung der Gemeinschaftselemente sicherzustellen. Über die Instandhaltung hinaus, verpflichtet Artikel 10.1.b.) LPH nämlich zur Durchführung der erforderlichen Massnahmen, um eine angemessene Anpassung an die allgemeinen Erfordernisse der Barrierefreiheit zu erzielen. Verkehren behinderte oder über 70 Jahre alte Menschen in der Gemeinschaft, wird diese Pflicht, wie wir später noch sehen werden, im Sinne einer fallbezogenen Barrierefreiheit erweitert.

---

[768] Ebenda.

[769] *Ley 51/2003, de 2 de diciembre, de igualdad de oportunidades, no discriminación y accesibilidad universal de las personas con discapacidad.*

[770] *Accesibilidad universal: la condición que deben cumplir los entornos, procesos, bienes, productos y servicios, así como los objetos o instrumentos, herramientas y dispositivos, para ser comprensibles, utilizables y practicables por todas las personas en condiciones de seguridad y comodidad y de la forma más autónoma y natural posible. Presupone la estrategia de «diseño para todos» y se entiende sin perjuicio de los ajustes razonables que deban adoptarse.*

Die Anforderungen an die *Sicherheit* sind so zu verstehen, dass Personen- und Sachschäden ausgeschlossen werden sollen, die aus einer ungeeigneten Instandhaltung und Konservierung der Liegenschaft resultieren. Hierzu zählt beispielsweise die sich aus einer unzeitgemäßen Elektroinstallation ableitende Brandgefahr genauso, wie die aus veralteten Wasserleitungen resultierenden Gefahr von Rohrbrüchen und Überschwemmungen oder den sich aus Altersgründen herabfallenden Dachziegeln ergebenden Risiken. Auch in diesem Fall sind die in Artikel 3 der *Ley de Ordenación de la Edificación* enthaltenen Ausführungen zu berücksichtigen.[771]

Trotz der an dieser Stelle vorgenommenen Hinweise auf die *Ley de Ordenación de la Edificación* sei hervorgehoben, dass die Instandhaltungs- und Konservierungsmaßnahmen des Artikels 10.1.a.) LPH sich lediglich darauf beziehen, den pflichtgemäßen,[772] ursprünglichen Zustand der Liegenschaft aufrechtzuerhalten oder wieder herzustellen.[773] Im Rahmen der Beantwortung der Frage, welches Ausmaß die Pflicht zur Ausführung der erforderlichen Instandhaltungs- und Konservierungsmaßnahmen nach Artikel 10.1.a.) LPH hat, spielt dieses Gesetz (LOE) daher nur eine bedingte Rolle. Die gegebenenfalls entstehende Pflicht zur Modernisierung der Liegenschaft, resultiert aus anderen Vorschriften.[774] Die Bedeutung der dargelegten Begriffe sollte dennoch bereits an dieser Stelle erläutert werden, tauchen sie doch in der von uns gewählten Reihenfolge der Darlegungen aller Baumaßnahmen hier zum ersten Mal auf. Wir werden deshalb im Folgenden auf die hier gemachten Ausführungen verweisen.

Ähnlich wie bei den Reparaturarbeiten, können auch die Instandhaltungs- oder Konservierungsmaßnahmen eilbedürftig sein und den Verwalter ohne Beschluss der Versammlung zur Veranlassung derselben berechtigen. In Artikel 20.c.) LPH ist jedenfalls in diesem Zusammenhang neben den eilbedürftigen Reparaturen auch von anderen Maßnahmen (*medidas*) die Rede.[775]

Abgesehen vom beschriebenen Ausnahmefall, muss immer ein Beschluss der Eigentümerversammlung vorliegen, der die Instandhaltungs- oder Konservierungsmaßnahmen veranlasst, auch wenn der Wortlaut des Artikels 10.1 LPH fälschlicherweise einen gewissen Automatismus nahelegt.[776] Ausgehend von Artikel 10.1 LPH besteht allerdings die Pflicht der Versammlung, einen solchen Beschluss zu erlassen. Jeder Eigentümer ist daher berechtigt, die Ausführung bzw. den hierauf gerichteten Beschluss zu fordern. Es obliegt aber der Versammlung darüber zu entscheiden, ob die konkrete Maßnahme tatsächlich erforderlich ist, denn darüber kann es unterschiedliche Auffassungen geben.[777] Lehnt die Versammlung einen hierauf gerichteten Beschluss ab, sehen einzelne Autoren die Möglichkeit kraft Artikel 18 LPH diesen negativen Beschluss wegen des hierin liegenden Ge-

---

[771] Ebenda.

[772] *Deber*, also in Einklang mit den einschlägigen Vorschriften.

[773] Jimenez París, Revista Crítica del Derecho Inmobiliario, n° 708, S. 1630.

[774] Vielmehr wird sie im Rahmen der nachfolgenden Ausführungen zu Artikel 17 LPH beschrieben.

[775] Pastor Álvarez, S. 49 - 50.

[776] SEPIN, Comentario Artículo 10. Ley 40/1960, de 21 de julio, de Propiedad Horizontal.

[777] SEPIN, Comentario Artículo 10. Ley 40/1960, de 21 de julio, de Propiedad Horizontal.

setzesverstoßes anzufechten,[778] richtigerweise kann ein negativer Beschluss aber nicht auf Grundlage des Artikels 18 LPH angefochten werden, wie wir an anderer Stelle ausführen werden. Vielmehr wäre eine Klage auf Grundlage des Verstoßes gegen Artikel 10.1 LPH einschlägig.[779] Kam der Beschluss zustande, müssen sich alle Eigentümer im Umfang ihrer Quote beteiligen.

Artikel 10.1.a.) und b.) LPH sehen darüber hinaus das Recht der Eigentümer vor, von der Gemeinschaft die Umsetzung von Baumaßnahmen zu fordern, damit die Gemeinschaftselemente in angemessener Weise den Erfordernissen einer allgemeinen Barrierefreiheit gerecht werden. Sollten in den Sondereigentumselementen behinderte oder über 70 Jahre alte Menschen leben oder arbeiten, kann darüber hinaus jeder Eigentümer verlangen, dass die Gemeinschaftselemente an deren Bedürfnisse angepasst werden, damit die für diese erforderliche, konkretisierte Barrierefreiheit erzielt werden kann. Daneben sind auch die mechanischen oder elektronischen Installationen durchzuführen, damit ihnen eine geeignete Orientierung und Verbindung zur Außenwelt ermöglicht wird. Trotz dieser Berechtigung muss, wie wir später in einem diesen Belangen gewidmeten Abschnitt ausführt wird, von Fall zu Fall unterschieden werden. Denn wenngleich ein Recht auf solcherlei Massnahmen bestehen kann, gilt es weiter zu unterscheiden, um festzustellen, ob die Gemeinschaft selbst zur Durchführung verpflichtet wird, oder ob lediglich ein Recht der Betroffenen besteht, eine Maßnahme auf (teilweise oder vollständig) eigene Kosten umzusetzen.

Bis zu der am 28. Juni 2013 in Kraft getretenen Reform konnten diese Anpassungsmaßnahmen zur Erlangung der fall- bzw. personenbezogenen Barrierefreiheit nur dann verbindlich auf Antrag eines Eigentümers eingefordert werden, wenn deren Kosten nicht den Betrag von zwölf ordentlichen Monatsbeiträgen zu den Gemeinschaftsausgaben überstiegen. Existierten in der Gemeinschaft Eigentümer mit einem sehr geringen Einkommen, entfiel darüber hinaus dieses Recht, um die Geringverdiener unter den Eigentümern vor größeren Beitragspflichten zu bewahren. Mittlerweile wurde diese Geringverdienerklausel aber ganz aus dem Gesetz entfernt. Außerdem dürfen die Kosten nunmehr den besagten Betrag in Höhe von zwölf ordentlichen Beiträgen zu den Gemeinschaftsausgaben übersteigen, ohne dadurch ihren zwingenden Charakter einzubüßen. Der Antragsteller muss in einem solchen Fall lediglich die überschüssigen Kosten selbst tragen. Ein vertiefender Einblick bezüglich der besonderen Voraussetzungen soll jedoch, wie angedeutet, an anderer Stelle, in einem der Barrierefreiheit gewidmeten Abschnitt erfolgen.

Sind sich die Eigentümer über die Einordnung einer Maßnahme uneinig, entscheidet gemäß Artikel 17.10 LPH die Eigentümerversammlung über ihren Charakter.[780] Der darauf gerichtete Beschluss der Versammlung kann, wenn er angenommen

---

[778] Pastor Álvarez, S. 68 - 69.

[779] Vgl.: Sepin, Juicio contra la comunidad exigiendo reparación de servicios generales.

[780] Vor der Reform: Artikel 10.4 LPH a.F.

wird, von den Gegnern im Wege des Artikels 18 LPH gerichtlich angefochten werden.[781]

Was die Kosten der in Artikel 10.1.a.) - d.) LPH enthaltenen Massnahmen angeht, so haben sich gemäß Artikel 10.2 LPH alle Eigentümer hieran zu beteiligen.

Allgemeine Neuerungen und Verbesserungen

Von den Reparatur-, Instandhaltungs- oder Konservierungsmaßnahmen sind die auf die Einführung von Neuerungen oder Verbesserungen gerichteten Arbeiten abzugrenzen. Während erstere darauf abzielen, die Liegenschaft in den ursprünglichen Zustand zurückzuführen oder zu erhalten, führen letztere zu einer quantitativen oder qualitativen Verbesserung, z.B. im Wege einer Erhöhung der Nutzbarkeit, oder der Bequemlichkeit, der Erweiterung der bestehenden um neue Gemeinschaftselemente, oder schlicht durch Herbeiführung eines gediegeneren Erscheinungsbildes und damit im Ergebnis zu einem Ansteigen des Wertes der Liegenschaft insgesamt.[782]

Im Gegensatz zu Artikel 10.1 LPH, ergibt sich aus Artikel 17.4 LPH,[783] dass kein Eigentümer neue Einrichtungen, Dienste oder Verbesserungen verlangen kann, wenn diese nicht für die geeignete Erhaltung, Bewohnbarkeit, Sicherheit oder Barrierefreiheit der Immobilie, entsprechend ihrer Natur und Eigenschaften, erforderlich sind. Im Umkehrschluss kann man daher sagen, dass sich aus dieser Norm der Anspruch der Eigentümer ableitet, die privilegierten, ausdrücklich von der Beschränkung ausgenommenen Baumaßnahmen zu fordern, wenn sie entsprechend der Natur und Eigenschaften der Liegenschaft notwendig sind.

In Bezug auf die Bedeutung der Begriffe Bewohnbarkeit, Sicherheit und Barrierefreiheit, kann auf die oben getätigten Ausführungen verwiesen werden. Anders als im Falle des Artikels 10.1.a.) LPH besteht aber nicht die Pflicht der Gemeinschaft, für die Ausführung der privilegierten Massnahmen im Sinne des Artikels 17.4 LPH selbständig tätig zu werden. Die Einführung von Neuerungen und Verbesserungen in den bezeichneten Bereichen verpflichtet nur dann die Gemeinschaft, wenn diese entsprechend der Natur und Eigenschaften der Liegenschaft nötig sind und sie von einem Eigentümer eingefordert wurden. Zu diesem Zweck müsste dann in der Eigentümerversammlung der entsprechende Beschluss zustande kommen.

Privilegierte Neuerungen und Verbesserungen

Besondere Schwierigkeiten bereitet die Einordnung der Voraussetzung *entsprechend der Natur und Eigenschaften* der Liegenschaft erforderliche Neuerungen und Verbesserungen.

---

[781] Anders als ablehnende Beschlüsse, sind angenommene Beschlüsse nach Artikel 18 LPH anfechtbar.

[782] Pastor Álvarez, S. 50-51.

[783] Artikel 11.1. LPH in der alten Gesetzesfassung.

Offensichtlich muss auf den jeweiligen Einzelfall abgestellt werden, denn jede Liegenschaft ist anderer Natur und zeichnet sich durch unterschiedliche Eigenschaften aus.

In einer älteren, bis zum 27. April 1999 gelten Fassung der LPH,[784] war, statt von der Natur und den Eigenschaften, vom Rang (*rango*) der Liegenschaft die Rede. Hiervon ausgehend wurde auf die Eigentümer abgestellt und gemäß deren Wirtschaftskraft beurteilt, welche Ausstattung als angemessen und folglich erforderlich zu gelten habe. Ausgehend vom neuen Wortlaut, ist aber statt dessen nunmehr auf den allgemeinen Zustand, die Ausstattung, die Straße oder den Stadtteil in welchem sich die Liegenschaft befindet, etc. abzustellen. Und zwar nicht zum Zeitpunkt der Errichtung der Immobilie, sondern in der Gegenwart.[785] Die Beurteilungsgrundlage hat also einen Wechsel von personenbezogenen zu liegenschaftsbezogenen Kriterien vollzogen und richtet sich mit anderen Worten nunmehr danach, welche Einrichtungen bzw. Neuerungen, unter Berücksichtigung des technischen Fortschritts in vergleichbaren Liegenschaften (und nur in Bezug auf die Erhaltung, Bewohnbarkeit, Sicherheit und Barrierefreiheit) üblich sind.[786] Auch wenn die finanzielle Situation der Eigentümer durch die Objektivierung eigentlich unbeachtlich wird, steht diese dennoch oftmals in engem Zusammenhang mit den Wesenszügen der Liegenschaft, weshalb nicht ausgeschlossen werden kann, dass ein Rückgriff auf die bewohnerbezogene Argumentation auch heute noch Zuspruch finden und die Entscheidung einzelner Gerichte beeinflussen könnte.[787]

Ist die Einführung einer Neuerung oder die Durchführung einer Verbesserung mithin in Bezug auf die Natur und Eigenschaft der Immobilie für deren Erhaltung, Bewohnbarkeit, Sicherheit oder Barrierefreiheit erforderlich, muss sie auf Antrag eines Eigentümers durchgeführt werden. Anders als in den Fällen des Artikels 10.1.a.) LPH entsteht, wie beschrieben, die Pflicht zu ihrer Vornahme daher nicht automatisch, sondern lediglich wenn sie tatsächlich gefordert wird. Damit die Arbeiten aber umgesetzt werden, muss ein entsprechender Beschluss der Eigentümerversammlung vorliegen, der dies bestimmt.

Wurde dieser getroffen, müssen sich alle Eigentümer an den Kosten beteiligen. Dies wird zwar nicht ausdrücklich bestimmt, leitet sich aber aus dem Umkehrschluss des Artikels 17.4 LPH ab. Müssen sich nämlich alle Eigentümer selbst an den Kosten gewisser, nicht erforderlicher Neuerungen oder Verbesserungen beteiligen, lässt dies nur den Schluss zu, dass Entsprechendes erst recht für erforderliche Massnahmen gelten müsse.[788]

---

[784] Damals noch in Artikel 10.1 LPH, statt nunmehr in Artikel 11.1 LPH enthalten.

[785] CLPH-Echeverría-Summers, Artikel 11, Rn. 18, S. 333. Vgl. auch AP Valencia, Urteil vom 27. April 1994.

[786] PH-TII-Carreras Maraña, S. 940-941.

[787] CLPH-Echeverría-Summers, Artikel 11, Rn. 17, S. 332-333.

[788] Gómez Calle, Anuario de Derecho Civil, 2004, S. 103.

Nicht erforderliche Neuerungen und Verbesserungen

Um einerseits den einzelnen Eigentümer vor einer Kostentragungspflicht für völlig unnötige Neuerungen und Verbesserungen zu schützen (welche dennoch einen entsprechenden Rückhalt in der Gemeinschaft finden können), und andererseits die Möglichkeit zu schaffen, ältere Liegenschaften an den aufkommenden, technischen Entwicklungen auch gegen den Willen bestimmter Eigentümer teilhaben zu lassen, wurde dieser nur schwer zu vereinbarende Widerspruch vom Gesetzgeber dahingehend gelöst, dass er zur Schaffung einer vermittelnden Regelung eine ökonomische Grenze zog.[789]

Bis zu einer gewissen Kostenschwelle sollten nicht erforderliche Neuerungen und Verbesserungen, so die notwendigen Mehrheiten zustandekommen, von allen Eigentümern getragen werden, während bei einer Überschreitung dieser Kostengrenze die Gegner derselben (der Gesetzgeber spricht hier von *disidentes*, also wörtlich übersetzt Dissidenten - wir werden diese Begrifflichkeit im Anschluss erläutern) von der Kostentragungspflicht befreit würden.

Der Gesetzgeber hat diese Grenze bezüglich der Zahlungspflicht für nicht erforderliche Massnahmen bei drei ordentlichen Monatsbeiträgen zu den Gemeinschaftsausgaben gezogen. Es muss zur Berechnung auf den einzelnen Eigentümer, also auf die Höhe seiner konkreten Beiträge abgestellt werden.[790] Wird, aus welchen Gründen auch immer, neben den ordentlichen Beiträgen auch noch eine bestimmte Summe, z.B. aufgrund einer Sonderumlage geleistet, ist diese Zusatzzahlung für die Berechnung nicht zu berücksichtigen.[791]

Da die Gemeinschaft im Falle nicht erforderlicher Neuerungen und Verbesserungen keine Pflicht trifft, automatisch oder auf Antrag eines Eigentümers solcherlei Massnahmen zu ergreifen, ja diese sogar untersagt sind, wenn kein entsprechender Beschluss der Eigentümerversammlung vorliegt, müssen also genau genommen zwei Aspekte näher berücksichtigt werden. Einerseits muss die für den Beschluss erforderliche Mehrheit zustandekommen. Andererseits darf die Grenze von drei Beiträgen zu den ordentlichen Gemeinschaftsausgaben nicht überschritten werden, wenn alle Eigentümer gleichermaßen verpflichtet werden sollen, sich an den Kosten zu beteiligen (die Dissidenten werden andernfalls von der Kostentragungspflicht befreit).

Bezüglich der ersten Frage, also der erforderlichen Mehrheit, hat die letzte Reform des spanischen Wohnungseigentumsgesetzes (am 28. Juni 2013 in Kraft getreten) für erhebliche Klarheit in der Gesetzesanwendung gesorgt, aber gleichzeitig auch eine schwerer zu nehmende Hürde geschaffen.

Während ursprünglich keine ausdrückliche Mehrheit für das Zustandekommen von Beschlüssen zur Umsetzung nicht erforderlicher Neuerungen und Verbesserungen bezeichnet war - hierfür aber, wie wir im Anschluss ausführen werden, un-

---

[789] CLPH-Echeverría-Summers, Artikel 11, Rn. 20, S. 333.
[790] CLPH-Echeverría-Summers, Artikel 11, Rn. 24, S. 334.
[791] Gómez Calle, Anuario de Derecho Civil, 2004, S. 106.

serer Auffassung nach die einfache Mehrheit genügte - hat der Gesetzgeber im neu gefassten Artikel 17.4.2 LPH nunmehr ausdrücklich bestimmt, dass eine drei Fünftel Mehrheit zustandekommen muss. Dies bedeutet, dass es bei der Beurteilung der Gesetzmäßigkeit einer solchen Maßnahme sowie der zu erzielenden Mehrheit, nunmehr zwischen Beschlüssen vor und ab dem 28. Juni 2013 zu unterscheiden gilt.

Beschlüsse bezüglich nicht erforderlicher Neuerungen und Verbesserungen vor dem 28. Juni 2013 (i.S.d. Artikels 11.1 und 2 LPH a.F.)

Bis vor in Kraft treten der letzten Reform des spanischen Wohnungseigentumsgesetzes am 28. Juni 2013 wurde diskutiert, welche Mehrheiten zu erzielen waren, um nicht erforderliche Neuerungen und Verbesserungen beschließen zu können. Als im alten, mittlerweile entfallenen Artikel 11.2 LPH die Rede von *in gültiger Weise zustandegekommenen Beschlüssen* war (*cuando se adopten válidamente acuerdos*), wurde die Auffassung vertreten, dies stelle implizit einen Verweis auf den gesamten, damaligen Artikel 17 LPH dar.[792] Aus Artikel 17 LPH ergaben sich schließlich damals, wie auch heute noch im Wesentlichen, die für die jeweiligen Beschlüsse notwendigen Mehrheiten. Mangels Bezeichnung einer eindeutigen Mehrheit, wurde aber diskutiert, auf welche konkrete Mehrheit sich die Regelung des damaligen Artikels 11.2 LPH beziehen sollte. Dies stiftete bei Eigentümern und Hausverwaltern Verwirrung.

Zur Lösung führte eine historische Betrachtung des Artikels 11.2 LPH wie auch eine Analyse des damaligen Artikels 17 LPH. Ein Blick in die Geschichte der Ley de Propiedad Horizontal zeigt uns, dass in der ursprünglichen, am 12. August 1960 in Kraft getretenen Fassung, gemäß dem damaligen Artikel 16 LPH (aus welchem sich zu diesem Zeitpunkt die gesetzlichen Mehrheiten ergaben), lediglich zwischen zwei Arten von Beschlüssen unterschieden wurde. Solchen, welche der Einstimmigkeit bedurften und solchen die bereits mit einfacher Mehrheit zustande kommen konnten. Der bis zum 27. Juni 2013 in Artikel 11.2 LPH enthaltene Hinweis auf den in geeigneter Weise getroffenen Beschluss und die Befreiung der Dissidenten von ihrer Beitragspflicht existierte bereits in der Urfassung des Gesetzes befand sich aber zu Beginn in Artikel 10.2 LPH a.F.

Offensichtlich konnte sich diese Befreiung damals nur auf solche Beschlüsse beziehen, für die eine einfache Mehrheit ausreichend war, denn bei einem einstimmigen Beschluss konnte es keine Dissidenten geben,[793] und andere Mehrheiten existierten nicht. Im Laufe der Jahre wurden der Regelungsinhalt des Artikels 16 in Bezug auf Beschlüsse nach Artikel 17 verlagert und neben der einfachen Mehrheit und der Einstimmigkeit, weitere Mehrheiten eingeführt. Das allgemeine Erfordernis der Einstimmigkeit wurde vom Gesetzgeber als zu rigide empfunden, denn oftmals nützliche Massnahmen scheiterten am Widerstand kleinster Minderheiten oder gar einzelner Eigentümer, weshalb viele Eigentümergemeinschaften, in

---

[792] Gómez Calle, Anuario de Derecho Civil, 2004, S. 109.
[793] a.a.O., S. 109 f.

zahlreichen Belangen, de facto handlungsunfähig wurden. Durch die sukzessive Einführung verschiedener Mehrheitserfordernisse und Kriterien sollte dieser Missstand behoben werden. Ausgehend von einer historischen Betrachtung, lässt sich aber wie dargelegt schlussfolgern, dass trotz Einführung verschiedener Mehrheitserfordernisse Artikel 11.2 LPH a.F. lediglich der einfachen Mehrheit bedürfende Beschlüsse meinen konnten. Als die Ley de Propiedad Horizontal geschaffen wurde, gab es schließlich (neben der in diesem Zusammenhang auszuschließenden Einstimmigkeit) wie beschrieben keine andere als die einfache Mehrheit und eine Änderung des Mehrheitserfordernis ex 11.2 LPH a.F. lässt sich aus anderen Gründen bis zum Jahre 2013 aus keiner Gesetzesänderung herleiten.

Außer aus einer historischen Analyse stützt aber auch ein Blick auf den bis Mitte 2013 bestehenden Wortlaut des Artikels 17 LPH, und die dort beschriebenen Beschlussgegenstände, diese Deutung.

Wie beschrieben, konnte der nunmehr entfallene Artikel 11.2 LPH keine Anwendung auf diejenigen Beschlüsse finden, welche gemäß des damaligen Artikels 17.1 LPH der Einstimmigkeit bedurften. Musste Einstimmigkeit erzielt werden, durfte es keine Dissidenten geben, weshalb auch kein einstimmiger Beschluss mit Gegenstimmen denkbar war. Insofern handelt es sich bei dieser Feststellung um eine Fortsetzung der bereits oben beschriebenen historischen Deutung, die fortgilt. Ein Blick auf die übrigen Mehrheiten führte aber zum gleichen Ergebnis. Für alle im alten Artikel 17.1 LPH beschriebenen Mehrheitsbeschlüsse galt im übrigen die Regelung des damaligen Artikels 17.1.5 LPH, wonach bei Zustandekommen eines der im alten Artikel 17.1 LPH (heute 17.9 LPH) beschriebenen Beschlüsse alle Eigentümer verpflichtet wurden. Eine vom damaligen Artikel 11.2 LPH vorgesehene, in Abhängigkeit der Kosten der Maßnahme operierende Befreiung von der Beitragspflicht, schied mithin aus. Die Regelung des alten Artikels 11.2 LPH hätte andernfalls im Widerspruch zu besagtem Artikel 17.1.5 LPH a.F. gestanden. Wenn wir zur Prüfung der unter dem nächsten Absatz behandelten Mehrheit übergehen, stellen wir fest: Die durch Artikel 17.2 LPH a.F. normierten Beschlüsse verpflichteten eindeutig nur diejenigen Eigentümer zur Kostentragung, welche ausdrücklich für diese gestimmt hatten. Die Regelung des Artikels 11.2 LPH a.F. würde hier ebenfalls keinen Sinn machen, schließlich befreite Artikel 17.2 LPH a.F. eine viel größere Gruppe an Eigentümern von ihrer Beitragspflicht, und nicht lediglich die Dissidenten, und dies unabhängig von den Kosten der Maßnahme. Die in Artikel 17.3 LPH a.F. behandelten Beschlussgegenstände beinhalteten gleichfalls Sonderregelungen bezüglich der Kostentragungspflicht, welche von Artikel 11.2 LPH a.F. abwichen. Artikel 11.2 LPH a.F. konnte, unserer Überzeugung nach, mithin nur auf diejenigen Beschlüsse Anwendung finden, welche der einfachen Mehrheit des Artikels 17.4 LPH a.F. bedurften.

Um in der Anwendung des Artikels 11.2 LPH a.F. voranzuschreiten, musste die oben aufgeworfene Frage nach der erforderlichen Mehrheit dahingehend beantwortet werden, dass die einfache Mehrheit des Artikels 17.4 LPH a.F. genügte. Wurde diese Mehrheit verfehlt, galt der Vorschlag als abgelehnt. Die zur Abstimmung gestellte Maßnahme wurde nicht umgesetzt und dementsprechend auch keine diesbezügliche Beitragspflicht begründet bzw. Sonderumlage erhoben. Wurde aber die erforderliche Mehrheit erreicht, musste genauso wie im aktuellen Gesetzestext geklärt werden, ob der individuelle Kostenanteil an den beschlossenen Massnahmen die Höhe von drei ordentlichen Beiträgen zu den Gemeinschaftsausgaben überstieg. Lag er nicht über diesem Betrag, waren alle Eigentümer zur Zahlung der Kosten verpflichtet. Überstieg aber die individuelle Beitragspflicht drei Monatsbeiträge zu den Gemeinschaftsausgaben, wurden die Dissidenten von der Pflicht zur Kostentragung befreit.

Beschlüsse bezüglich nicht erforderlicher Neuerungen und Verbesserungen seit dem 28. Juni 2013 (i.S.d. Artikels 17.4 LPH)

Durch die am 28. Juni 2013 in Kraft getretene Reform des spanischen Wohnungseigentumsgesetzes wurde der bis dahin geltende Artikel 11 LPH gestrichen, und die in seinem zweiten Absatz enthaltene Regelung bezüglich nicht erforderlicher Neuerungen und Verbesserungen in die neue Fassung des Artikels 17.4 LPH überführt. Gleichzeitig wurde allerdings der Wortlaut und die in ihm enthaltenen Voraussetzungen geändert. Statt wie bisher keine Angaben zu den erforderlichen Mehrheiten zu machen, und *gültige(n) Beschlüsse zur Durchführung von Neuerungen* genügen zu lassen, ist nunmehr die Rede davon, dass es zur Schaffung nicht erforderlicher Neuerungen und Verbesserungen, der *Zustimmung von drei Fünfteln der Gesamtheit der Eigentümer, welche ihrerseits drei Fünftel der Beteiligungsquoten innehaben* bedarf. Die im vorangegangenen Abschnitt beschriebene, von uns vertretene Auffassung, welche mit der wohl bis dahin geltenden absolut h.M. übereinstimmte, wonach es für die beschriebenen Massnahmen lediglich einer einfachen Mehrheit bedurfte, ist also dahingehend hinfällig geworden, dass es für seit dem 28. Juni 2013 getroffene Beschlüsse, welche die Durchführung nicht erforderlicher Neuerungen und Verbesserungen zum Gegenstand haben, nunmehr einer doppelten drei Fünftel Mehrheit aller Stimmen und Quoten bedarf.

Obwohl die jetzt erfolgte ausdrückliche Bezeichnung einer Mehrheit grundsätzlich zu begrüßen ist, wird durch sie doch die Gesetzesanwendung erleichtert, darf bezweifelt werden, ob die Erhöhung der erforderlichen Mehrheit von der einfachen hin zur drei Fünftel Mehrheit angezeigt war.

Bereits in der Vergangenheit war der Wunsch einzelner Eigentümer die Ausstattung der Liegenschaft zu verbessern und abdingbare Neuerungen einzuführen nur schwer durchzusetzen, wenn mit ihnen mehr als nur unwesentliche Kosten einhergingen (also die Investition den Betrag von drei ordentlichen Beiträgen zu den Gemeinschaftsausgaben je Eigentümer übertraf, da jeder zustimmende Eigentümer zu den Kosten herangezogen wurde, während diejenigen welche gegen die Maßnahme stimmten von der hierdurch ausgelösten Beitragsbefreiung profitierten).

Durch die Erhöhung des Erfordernisses weg von einer einfachen Mehrheit innerhalb der Versammlung, hin zu einer drei Fünftel Mehrheit der Quoten und Stimmen aller Eigentümer wird eine nur in Ausnahmefällen zu nehmende Hürde geschaffen. Es steht zu erwarten, dass diese Änderung außerdem dazu führt, dass es zu vermehrten Klagen bezüglich der Frage kommt, welchen Charakter eine bestimmte Baumaßnahme aufweist. Die an der Durchführung der Maßnahme interessierten Eigentümer werden intensiver als zuvor darüber nachdenken, ob es sich bei der gewünschten Maßnahme nicht doch etwa um eine erforderliche Baumaßnahme im Sinne des Artikels 10.1 LPH handelt, und von daher sogar eine Pflicht zu ihrer Vornahme besteht. Dies zumal gemäß Artikel 17.10 LPH die Eigentümerversammlung über die Einordnung einer bestimmten Maßnahme abstimmen kann.

Wie bereits in der alten Gesetzesfassung werden auch in der neuen, die Dissidenten von der Beitragspflicht befreit. Diese Befreiung gilt selbst dann, wenn der Dissident von der Neuerung oder Verbesserung profitiert, und ihm dieser Vorteil aufgrund der Art der Maßnahme nicht vorenthalten werden kann.

Da diese Verbesserungen das Gemeinschaftseigentum betreffen und auch die Neuerungen Gemeinschaftseigentum darstellen, könnte man annehmen, die sich aus der Schaffung oder Optimierung von Gemeinschaftseigentum ableitenden Betriebskosten müssten von allen Eigentümern - also auch von den Dissidenten - getragen werden. Artikel 17.4.2 LPH bestimmt aber ausdrücklich, dass sich deren Quote nicht verändert. Mit Quote kann in diesem Zusammenhang nur die Höhe der Beiträge zu den Gemeinschaftsausgaben verstanden werden, weshalb dieser Fall eine bedeutende Ausnahme von Artikel 9.1.e.) LPH darstellt, welcher die allgemeine Kostentragungspflicht aller Eigentümer zum Gegenstand hat.[794] Aus diesem Grund verweist Artikel 9.2 LPH auch auf die speziellen, sich aus Artikel 17.4 LPH ergebenden Besonderheiten.

Ist der Dissident aber aufgrund der Art der Neuerung von ihrer Nutzung ausgeschlossen, darf er gemäß Artikel 17.4.2 a.E. LPH zu einem späteren Zeitpunkt Zugang zu ihr beantragen, wenn er nachträglich seinen aktualisierten (d.h. verzinsten)[795] Beitrag zu den ursprünglichen Einrichtungs- und Betriebskosten leistet.

Die soeben beschriebenen Regelungen bezüglich Neuerungen und Verbesserungen haben wie bereits angedeutet, mit zwei Ausnahmen, allgemeine Gültigkeit:

[Beseitigung architektonischer Hürden]Beseitigung architektonischer Hürden

Wurden unter Erzielung der einschlägigen Mehrheiten Beschlüsse gefasst, welche Arbeiten zur Überwindung architektonischer Hürden bzw. der Erlangung der Barrierefreiheit zum Gegenstand haben, trifft die Gemeinschaft gemäß Artikel 17.2 LPH die vollständige Kostentragungspflicht. Es gibt dann also keine Beitragsschwelle, ab deren Überschreitung eine Befreiung von der Kostentragungspflicht eintreten würde. Da die einschlägigen Vorschriften zur Barrierefreiheit aber nicht nur in mehreren Artikeln der LPH enthalten sind, sondern es daneben auch noch einschlägige Regelungen außerhalb der Ley de Propiedad Horizontal zu berücksichtigen gilt, sollen vertiefende Ausführungen in einem eigenen, der Barrierefreiheit gewidmeten Abschnitt erfolgen.

---

[794] a.a.O., S. 106.
[795] Lefebvre, Propiedad Horizontal, Rn. 1519.

Da im Falle des Artikels 10.1 LPH (gemäß Artikel 10.2 LPH) eine allgemeine Pflicht zur Kostentragung besteht, wenn es sich um Reparatur- oder Instandhaltungs- und Konservierungsmaßnahmen handelt (die unter anderem auf die Erhaltung der Barrierefreiheit gerichtet sein können), Artikel 10.1.b.) LPH unter gewissen Voraussetzungen eine besondere Pflicht zur Durchführung von Massnahmen zur Beseitigung architektonischer Hürden begründet und Artikel 10 LPH sowie Artikel 17 LPH in diesem Bereich in Abhängigkeit der Mehrheitsverhältnisse, der konkreten Erforderlichkeit der Massnahmen und deren Kosten unterschiedliche Folgen anordnen, soll, wie bereits dargelegt, auf diese Arten von Massnahmen an anderer Stelle gesondert eingegangen werden.

Die hier gemachten allgemeinen Ausführungen sind also unter Ausklammerung von Massnahmen zu verstehen, welche die Zugänglichkeit bzw. Beseitigung architektonischer Hürden betreffen.

Nutzungsbeschränkende Neuerungen

Sollten die beabsichtigten Neuerungen dazu führen, dass irgendein Teil des Gebäudes für den Gebrauch und die Nutzung eines Eigentümers unbrauchbar wird, bedarf es neben dem entsprechenden Beschluss auf Grundlage der konkreten (am Charakter der Maßnahme ausgerichteten) Mehrheit des Artikels 17 LPH, in jedem Falle der ausdrücklichen Zustimmung des beeinträchtigten Eigentümers (Artikel 17.4.3 LPH).

Die Figur des Dissidenten

Wie ausgeführt, unterscheidet Artikel 17.4 LPH zwischen erforderlichen und nicht erforderlichen Neuerungen und Verbesserungen.[796] Zwischen den in diesem Sinne nicht erforderlichen Massnahmen wird weiter danach differenziert, ob die für ihre Umsetzung aufzubringenden Mittel, pro Eigentümer, den Betrag von drei ordentlichen Monatsbeiträgen zu den Gemeinschaftsausgaben übersteigen oder nicht. Diese Regelung dient wie ausführlich dargelegt, dem Zweck, den vom Gesetz sogenannten *Dissidenten* von seiner allgemeinen Beitragspflicht zu teureren, nicht erforderlichen Massnahmen zu befreien. Einerseits wird denjenigen Eigentümern, welche Neuerungen oder Verbesserungen anstreben, die Möglichkeit gegeben, selbige umzusetzen, wenn sich hierfür eine (drei Fünftel) Mehrheit findet, andererseits sind die Gegner von kostspieligen und unnötigen Maßnahme nicht verpflichtet, sich an deren Kosten zu beteiligen.

Es stellt sich aber die Frage, welche Art von Anforderungen erfüllt werden müssen, damit ein Eigentümer die Einordnung als Dissident und im Ergebnis eine Befreiung von der Beteiligungspflicht zu den Kosten nicht erforderlicher und teurerer Massnahmen erfahren kann.

Unzweifelhaft ist derjenige Eigentümer, der für eine Maßnahme gestimmt hat, kein Dissident.

---

[796] Für die geeignete Erhaltung, Bewohnbarkeit, Sicherheit und Zugänglichkeit.

Wenn ein Eigentümer nicht an der Versammlung teilgenommen und keinen Gebrauch von seinem Stimmrecht gemacht hat, wird die Einordnung schwieriger. Aufgrund der erst jüngst, nämlich mit Datum des 28. Juni 2013 in Kraft getretenen Reform des spanischen Wohnungseigentumsgesetzes, kann in Bezug auf diese Frage weder auf einschlägige Literatur noch Rechtsprechung zurückgegriffen werden. Es bleibt daher nur ein Rückgriff auf die vor der Reform bestehende Diskussion, welche hier angepasst an die mittlerweile eingetretenen Veränderungen dargestellt werden soll. Zu diesem Zweck wollen wir zunächst die Gesetzeslage vor dem 28. Juni 2013 betrachten, welche im Verbund mit dem aktuellen Gesetzestext, die Frage nach den Anforderungen an den Dissidentenstatus wohl endgültig beantwortet.

Erlangung des Dissidentenstatus und damit Befreiung von der Beitragspflicht bei Beschlüssen bezüglich nicht erforderlicher Neuerungen und Verbesserungen, welche über drei Monatsbeiträgen zu den ordentlichen Gemeinschaftsausgaben liegen und vor dem 28. Juni 2013 getroffen wurden.

Eng mit der Frage des Dissidentenstatus war die Bestimmung der für den Beschluss im Sinne des Artikels 11.2 LPH a.F. erforderlichen Mehrheit verbunden. In Abhängigkeit der erforderlichen Mehrheit ergaben und ergibt sich nach wie vor ein unterschiedliches Auszählungsverfahren bei welchem die Stimmen und Quoten der Abwesenden entweder unberücksichtigt bleiben, oder in dessen Verlauf die Abwesenden die Möglichkeit haben, innerhalb einer Frist von 30 Tagen gezählt ab Benachrichtigung des durch die Anwesenden getroffenen, vorläufigen Beschlusses, ihre Stimme nachträglich abzugeben (wobei die Unterlassung dieser nachträglichen Stimmabgabe zu der Fiktion führt, der Abwesende würde zu Gunsten des vorläufigen Beschlusses stimmen). Dieser Unterschied hatte verständlicherweise bedeutende Auswirkungen auf die Frage wer als Dissident einzuordnen wäre. Wie oben bereits ausgeführt, war nach h.M. für die Annahme eines Beschlusses bezüglich nicht erforderlicher Verbesserungen oder Neuerungen, die einfache Mehrheit des Artikels 17.4 LPH a.F. ausreichend.[797]

Teilweise wurde vertreten, dass die gegen den Beschluss eingestellten Eigentümer, (da bei Beschlüssen für welche die einfache Mehrheit der Stimmen und Quoten gemäß Artikel 17.4 LPH a.F. ausreichte, und die Fiktion des Artikel 17.1.4 LPH a.F. auf solcherlei Mehrheiten nicht zur Anwendung kam, was wiederum zur Folge hatte, dass die abwesenden Eigentümer auch nicht über die 30-Tages-Frist verfügten um nachträglich ihre Stimme abzugeben) den Beschluss der Eigentümerversammlung gemäß Artikel 18 LPH hätten anfechten müssen, damit sie eine Einordnung als Dissident erfahren können.[798,799]

---

[797] Vergleiche: Gómez Calle, Anuario de Derecho Civil, 2004, S. 109.

[798] CLPH-Echeverría-Summers, Artikel 11, Rn. 30, S. 336.

[799] Loscertales Fuertes, Comentario Artículo 11, nimmt eine erstaunliche Unterscheidung zwischen den Mehrheiten des Artikels 17.1.3 und Artikel 11 i.V.m. Artikel 17.4 LPH a.F. vor. Statt auf den Beschlussgegenstand abzustellen, um die auf diese entfallende Mehrheit zu ermitteln, vertritt er die Auffassung, beide Mehrheiten könnten auf dieselben Beschlussgegenstände angewandt werden. In Abhängigkeit von der erreichten Zustimmung in der Eigentümerversammlung, wäre der Unterschied darin zu sehen, dass bei Zustandekommen der Mehrheiten

Gómez Calle vertrat hingegen die Auffassung, dass der Abwesende, analog der durch Artikel 17.1.4 LPH a.F. geschaffenen Möglichkeit, ebenfalls dem Beschluss der Anwesenden binnen 30 Tagen entgegentreten können dürfe, um als Dissident im Sinne des Artikels 11.2 LPH a.F. zu gelten. Anders als in den Fällen des Artikels 17.1 LPH a.F. sollte die Mitteilung des abwesenden Eigentümers aber nicht zur Bildung der Mehrheiten herangezogen werden, sondern lediglich dem Zweck dienen, diesem die beschriebene Einordnung als Dissident zuteil werden zu lassen. Als Argument wurde ins Feld geführt, dass es keinen Grund gäbe, hier zum Wohle der praktischen Anwendung des Artikels 11.2 LPH a.F. den Abwesenden die Möglichkeit zu nehmen, ihre Ablehnung auch ohne Teilnahme an der Versammlung äußern zu können. Dem folgte der Hinweis auf einen Aufsatz von Fuentes Lojo, welcher unter der dortigen Fundstelle argumentierte, die abwesenden Eigentümer sollten ohnehin als Dissidenten eingeordnet werden.[800]

Die von Gómez Calle vertretene Meinung war unserer Auffassung nach allerdings nicht angebracht. Die 30 Tages Frist des Artikels 17.1.4 LPH a.F. sollte mit Hinblick auf den durch sie vom Gesetzgeber verfolgten Zweck nur in den Fällen des Artikels 17.1 LPH a.F. Anwendung finden.[801] Sinn und Zweck dieser Regelung war[802] es schließlich, bei bestimmten Beschlüssen, für deren Zustandekommen es einer Mehrheit aller Eigentümer und Quoten oder gar der Einstimmigkeit bedurfte, deren Entstehung zu erleichtern. Einerseits sollte das Zustandekommen der durch Artikel 17.1 LPH a.F. erfassten Beschlüsse nicht durch das Fernbleiben einzelner Eigentümer erschwert werden, weshalb die Stimmen der Abwesenden Eigentümer als Ja-Stimmen verrechnet wurden (wenn sie nicht binnen der bezeichneten 30-Tages-Frist gegenteiliges äußerten), andererseits sollte den abwesenden Eigentümern aufgrund der Tragweite dieser Beschlüsse dennoch die Möglichkeit gegeben werden, auch nach der Versammlung (binnen der gesetzlichen Frist) und mangels Teilnahme ihr Stimmrecht zeitnah auszuüben.

Diese Möglichkeit hatte der Gesetzgeber aber für die einfache Mehrheit des Artikels 17.4 LPH a.F. nicht vorgesehen. Wie zum jetzigen Zeitpunkt auch, galt bereits damals: Findet die Versammlung in der zweiten Einberufung statt, reicht bereits die einfache Mehrheit der Stimmen und Quoten der anwesenden Eigentümer, um den lediglich einer einfachen Mehrheit bedürfenden Beschluss zustandezubrin-

---

des Artikels 17.1.3 LPH alle Eigentümer verpflichtet würden, während für den Fall, dass für diesen Beschluss lediglich die Mehrheit des Artikels 11 LPH i.V.m. Artikel 17.4 LPH erreicht wurde, die Dissidenten von der Beitragspflicht zu den nicht erforderlichen Massnahmen, welche drei Beiträge zu den ordentlichen Gemeinschaftsabgaben übersteigen, befreit würden. Dass dem nicht so sein kann, ergibt sich aus der Tatsache, dass die von Loscertales vertretene Auffassung im Laufe des Gesetzgebungsverfahren ausdrücklich diskutiert und abgelehnt wurde. Siehe hierzu: CLPH-Echeverría-Summers, Artikel 11, Rn. 8, S. 330.

[800] Gómez Calle, Anuario de Derecho Civil, 2004, S. 109

[801] Bei den von Artikel 17.1 LPH erfassten Abstimmungsgegenständen vertritt Gómez Calle ohnehin die Auffassung, alle Eigentümer würden bei Zustandekommen des Beschlusses verpflichtet und Artikel 11.2 LPH wäre unanwendbar. Eine Befreiung der Dissidenten im Sinne des Artikels 11.2 LPH schiede damit aus. Auch wir schließen uns dieser Meinung an.

[802] Seit der Reform ist sie in Artikel 17.8 LPH enthalten.

gen. Hier die Möglichkeit einer nachträglichen, d.h. nach der Versammlung abgegebenen Erklärung zu gestatten, um von den Kosten befreit zu werden, hätte unserer Ansicht nach zu weit geführt. Angezeigter schien viel eher, trotz ihrer noch weitergehenden Konsequenzen, die oben beschriebene, von Fuentes Lojo vertretene Auffassung, wonach die Abwesenden automatisch, d.h. alleine kraft ihres Fernbleibens, als Dissidenten einzuordnen gewesen wären.

Angesichts der Tatsache, dass das spanische Wohnungseigentumsgesetz aber an anderer Stelle, nämlich in Artikel 17.2.2 und Artikel 17.3.3 LPH a.F., sehr wohl zwischen denjenigen Eigentümern unterschied, welche für oder gegen den Beschluss gestimmt hatten und lediglich erstere zur Beitragszahlung verpflichtete, konnte den in der Versammlung Abwesenden nicht derselbe Vorteil eingeräumt werden, wenn das Gesetz die Befreiung ausdrücklich nur für Dissidenten vorsah.

Da in der Ladung zur Eigentümerversammlung alle Abstimmungsgegenstände ausdrücklich bezeichnet werden müssen (Artikel 16.2 LPH), kann (oder besser gesagt, dürfte) kein abwesender Eigentümer durch den von der Mehrheit getroffenen Beschluss überrascht werden. Ist ein Eigentümer an der Teilnahme verhindert, kann er sich ohnehin durch einen Dritten vertreten lassen. Es besteht daher unserer Ansicht nach kein stichhaltiger Grund, die abwesenden Eigentümer als Dissidenten einzustufen oder diesen im vorliegenden Fall eine bestimmte Frist zu gewähren, innerhalb derer sie den Dissidentenstatus nachträglich erreichen könnten.

Dissident konnte im Sinne des alten Gesetzeswortlauts, unserer Auffassung nach lediglich derjenige sein, der sich ausdrücklich gegen die Maßnahme, durch Abgabe seiner Gegenstimme, ausgesprochen hatte. Dies war auch die von der absolut h.M. geforderte Mindestvoraussetzung.

Darüber hinaus bestand aber Streit, ob zu der Abgabe der Gegenstimme noch weitere Faktoren hinzutreten mussten oder nicht. Die vom Gesetz in Artikel 11.2 LPH a.F. verwandte Begrifflichkeit richtete sich schließlich nicht an die Befürworter (sie trifft die Aussage, dass diese zur Kostentragung verpflichtet werden) und nahm auch keine Unterscheidung nach Für- und Gegenstimmen vor, sondern sprach lediglich von der Befreiung der Dissidenten. Hieraus ließe sich ableiten, es hätte neben die Abgabe der Gegenstimme theoretisch noch ein weiteres Verhalten treten müssen. Über diesen Aspekt gab es zahlreiche unvereinbare Meinungen in Literatur und Rechtsprechung. Teilweise wurde verlangt, der Beschluss müsse darüber hinaus vom Eigentümer, der als Dissident gelten wolle, gerichtlich angefochten werden, teilweise sollte ein mehr oder minder klares, den Beschluss ablehnendes Verhalten des Eigentümers in der Versammlung genügen (Abgabe der Gegenstimme und z.B. besonderer Vermerk im Protokoll).[803]

---

[803] PH-TII-Carreras Maraña, S. 951; Nennt dort als Fundstellen folgende Urteile: Gemäß AP Madrid, Urteil vom 20. Januar 1997, AP Zaragoza, Urteil vom 8. September 1997, AP Navarra, Urteil vom 14. Dezember 2000, soll neben die Ablehnung des Beschlusses in der Versammlung auch noch die gerichtliche Anfechtung treten. Gemäß AP Burgos, Urteil vom 26. September 1995; AP Malaga, Urteil vom 7. Mai 1996; AP Madrid, Urteil vom 27. Mai 1998.

Die gerichtliche Anfechtung zu fordern, wäre aber unserer Auffassung nach zu weit gegangen. Hätte man selbige verlangt, wäre zunächst vom Gericht zu prüfen gewesen, ob ein Anfechtungsgrund bestand. Artikel 11.2 LPH a.F. stellte aber keinen weiteren, neben die in Artikel 18 LPH tretenden Anfechtungsgründe dar, sondern sollte einen Befreiungstatbestand, ausgehend vom Charakter der Maßnahme und ihren Kosten, bilden. Wie Echeverria Summers treffend formuliert, wäre es ein eklatanter Widerspruch gewesen, wenn der Gesetzgeber einerseits den einzelnen Eigentümer von der Beitragspflicht von unnötigen, teuren und durch diesen ungewollten Massnahmen hätte befreien wollen und ihm andererseits die Pflicht aufbürdet, kostenauslösende Handlungen in Form einer gerichtlichen Anfechtung vorzunehmen.[804]

Um einen gänzlich anderen Fall würde es sich handeln, wenn die Gemeinschaft etwa durch Beschluss entschieden hätte, bei der fraglichen Maßnahme würde es sich um eine solche erforderlicher Art im Sinne des Artikels 11.1 LPH a.F. handeln, weshalb sich hier keine Befreiung der Dissidenten ergeben könne, zumal ohnehin eine Pflicht zur Durchführung bestünde. Sollte ein Eigentümer anderer Auffassung sein, müsste er selbstverständlich den Beschluss anfechten, da dieser andernfalls Bestandskraft erlangen und nach Ablauf der Anfechtungsfrist unanfechtbar würde. Die Pflicht zur Anfechtung ergibt sich aber nicht aus der Erfordernis, nur auf diese Weise die Dissidentenstellung erlangen zu können, sondern entsteht aufgrund der Notwendigkeit, eine durch die Versammlung gegebenenfalls falsch vorgenommene Einordnung der Baumaßnahme rechtzeitig anzugreifen.[805]

Im Ergebnis lässt sich festhalten, dass unserer Auffassung nach die Abgabe der Gegenstimme durch den Eigentümer genügte, um als Dissident zu gelten. Hilfreich konnte die an den Sekretär bzw. Verwalter gerichtete Forderung des Eigentümers sein, in das Protokoll einen Vermerk mit dem Inhalt aufzunehmen, man wolle neben der Gegenstimme auch zum Ausdruck bringen, dass man sich in der Position des Dissidenten im Sinne des Artikels 11.2 LPH a.F. wähne. Auf diese Weise wäre unmittelbar der Wunsch zum Ausdruck gebracht worden, nicht an den Kosten der Maßnahme beteiligt werden zu wollen, weshalb der hiermit möglicherweise verbundene Disput über die Voraussetzungen bereits früh hätte zur Sprache gebracht werden können. Vereinzelt anzutreffende, an überzogenen Formalismen haftende Verwalter oder Eigentümer hätten hierdurch ebenfalls Befriedigung gefunden. Obwohl dies jeglicher gesetzlicher Grundlage entbehrte, wurde nicht selten der Einwand erhoben, der Dissident hätte auf diese seine besondere Stellung in der Versammlung hinweisen müssen.

Erlangung des Dissidentenstatus und damit Befreiung von der Beitragspflicht bei Beschlüssen bezüglich nicht erforderlicher Neuerungen und Verbesserungen, welche über drei Monatsbeiträgen zu den ordentlichen Gemeinschaftsausgaben liegen und seit dem 28. Juni 2013 getroffen wurden

[804] CLPH-Echeverría-Summers,Artikel 11, Rn. 27 und 28, S. 335.
[805] CLPH-Echeverría-Summers, Artikel 11, Rn. 29, S. 335-336.

Aufgrund des Wortlauts des aktuellen Artikels 17.4 LPH hat sich das Mehrheitserfordernis von einer einfachen zu einer qualifizierten Mehrheit von drei Fünfteln aller Stimmen und Quoten gewandelt. Nunmehr ist auf diese Beschlussgegenstände auch die Regel des Artikels 17.8 LPH anzuwenden.[806] Ausgehend vom heutigen Artikel 17.8 LPH (und damit außer in den Fällen in denen das Gesetz ausdrücklich vorsieht, dass lediglich diejenigen Eigentümer welche zu Gunsten des Vorschlags gestimmt haben an den Kosten beteiligt werden, wie dies Artikel 17.1.2 LPH vorsieht) werden die Stimme der abwesenden Eigentümer, welche nicht binnen der gesetzlich vorgegebenen Frist von 30 Tagen von ihrem Stimmrecht gegenüber dem Sekretär der Gemeinschaft Gebrauch machen, so gewertet als würden sie für den vorläufigen Beschluss der an der Versammlung teilnehmenden Eigentümer stimmen. Hier würde der Abwesende und im Nachhinein untätige Eigentümer, kraft gesetzlicher Fiktion, zugunsten des Beschlusses stimmen, somit als Dissident ausscheiden, und sich in der Folge an ihren Kosten beteiligen müssen. Zu dieser Überzeugung gelangt man nicht nur aufgrund des aktuellen Gesetzeswortlauts, sondern insbesondere auch aufgrund der oben beschriebenen Ausführungen zur alten Rechtslage, da die Rechtsprechung und Literatur gerade in Ermangelung besonderer Angaben zum Dissidentenstatus und der Unanwendbarkeit der in Artikel 17.1.4 LPH a.F., heute Artikel 17.8 LPH enthaltenen Zustimmungsfiktion gegenüber den abwesenden Eigentümern, und bei Beschlüssen welche der einfachen Mehrheit bedurften, zu den oben dargelegten Überzeugungen gelangte.

Da die neue Rechtslage für solcherlei Beschlüsse eindeutig eine drei Fünftel Mehrheit bestimmt, und auf diese die besagte Zustimmungsfiktion des Artikels 17.8 LPH anzuwenden ist, muss somit jeder Eigentümer der nicht zur Zahlung herangezogen werden möchte, gegen den Beschluss gestimmt haben; abwesende Eigentümer müssen entsprechend innerhalb der 30 Tages Frist gegen den vorläufigen Beschluss der anwesenden Eigentümer stimmen.

Lediglich in den Fällen in denen der Beschluss vor dem 28. Juni 2013 getroffen wurde, wäre auf den alten Gesetzestext zurückzugreifen und mangels ausdrücklicher Regelung die Frage zu klären, wie mit denjenigen Eigentümern zu verfahren ist, die nicht an der Versammlung teilgenommen haben.

Wie oben, zur alten Rechtslage ausgeführt, kann auch jetzt den gegen den Beschluss stimmenden Eigentümern nur geraten werden, darum zu bitten, dass in das Protokoll aufgenommen wird, sie sähen sie sich ausdrücklich als Dissidenten im Sinne des Artikels 17.4 LPH, und würden in dieser Weise bezeichnet werden wollen. Zwar lässt sich keinerlei dahingehendes gesetzliches Erfordernis finden, dennoch erleichtert die ausdrückliche Bezeichnung als Dissident die spätere Durchsetzung des Rechts, nicht zur Beteiligung an den Kosten herangezogen zu werden.

---

[806] Teilweise wird vertreten die Fiktion des Artikels 17.8 LPH sei auf die Beschlussgegenstände der Artikel 10.3, 17.1 und 17.4 LPH nicht anwendbar. Siehe: Magro Servet, El voto presunto del ausente del art. 17.8 LPH no se aplica en los casos del art. 10.3 y 17.1 y 4 LPH..

Allgemeine Kostentragungspflicht

Im Falle der Übertragung des Sondereigentums stellt sich die Frage, wer für die aus der Umsetzung der Innovationen oder Verbesserungen resultierenden Kosten einstehen muss.[807] Ist dies derjenige Eigentümer, der diese Stellung im Zeitpunkt des Zustandekommens des entsprechenden Beschlusses innehatte, oder entfällt diese Pflicht auf denjenigen, der Eigentümer im Zeitpunkt der Fälligkeit war?

Regelmäßig wird die Maßnahme im Wege einer Sonderumlage finanziert, welche in mehreren Raten zahlbar ist. Artikel 17.11 LPH führt diesbezüglich aus, dass denjenigen die Zahlungspflicht trifft, der zum Zeitpunkt der Fälligkeit des Gesamtbetrages oder der jeweiligen Rate Eigentümer ist. Es kommt nicht darauf an, ob dieser Eigentümer an der Versammlung, auf welche der Beschluss zurückgeht, teilgenommen hat oder nicht. Er muss den Beschluss noch nicht einmal gekannt haben.[808]

Privilegierte Sonderfälle

Neben den Vorschriften für allgemeine Neuerungen und Verbesserungen bezeichnet das spanische Wohnungseigentumsgesetz Sonderfälle, die entweder aus umweltpolitischen Gründen (Ladeport für Elektrofahrzeuge, erneuerbare Energien) oder aufgrund ihrer geringen Auswirkungen für die Gemeinschaft und ihre gleichzeitige Bedeutung in der modernen Informationsgesellschaft (Infrastrukturen für Telekommunikationsdienste) eine von den allgemeinen Mehrheitsregeln abweichende Behandlung erfahren. Zur besseren Übersicht wurden sämtliche, für die unterschiedlichen Baumaßnahmen erforderlichen Mehrheiten im nachfolgenden Abschnitt aufgelistet und beschrieben.

Mehrheitsanforderungen an Baumaßnahmen entsprechend Gegenstand vor dem 28. Juni 2013

Folgende Mehrheiten wurden in Bezug auf Baumaßnahmen vor der im Jahre 2013 erfolgten Reform unterschieden:

– **Nicht privilegierte Baumaßnahmen, welche die Teilungserklärung oder Satzung betrafen (Erfordernis: Einstimmigkeit)**

  Handelte es sich um Baumaßnahmen, die zu einer Änderung des Inhalts der Teilungserklärung oder Gemeinschaftssatzung führten und unterlagen diese Massnahmen keiner Privilegierung innerhalb des Artikels 17 LPH a.F., d.h. gab es keine besondere, von der Einstimmigkeitsregel abweichende Bestimmung, bedurfte es gemäß Artikel 17.1.1 LPH a.F. eines einstimmigen Beschlusses der

---

[807] Vorausgesetzt diese Kosten entfallen auf erforderliche Massnahmen, oder liegen für den Fall, dass es sich um nicht erforderliche Neuerungen oder Verbesserungen handelt, unter dem Betrag von drei ordentlichen Monatsbeiträgen zu den Gemeinschaftsausgaben, bzw. dass derjenige der Eigentümer des Sondereigentumselements zum Zeitpunkt des Zustandekommens des Beschlusses war, kein Dissident ist. Andernfalls besteht auch keine Beitragspflicht.

[808] Pastor Álvarez, S. 68-69, mit Fundstellen und weiterführenden Hinweisen.

Eigentümerversammlung. Die Stimmen der in der Versammlung abwesenden Eigentümer, die nicht binnen der gesetzlich festgelegten Frist von 30 Tagen gegenüber dem Sekretär der Gemeinschaft von ihrem Stimmrecht Gebrauch machten, wurden gemäß Artikel 17.1.4 LPH a.F. so behandelt, als würden sie dem vorläufigen Beschluss der Anwesenden zustimmen. Da in diesem Fall Einstimmigkeit erforderlich war, genügte bereits die Gegenstimme eines an der Versammlung teilnehmenden Eigentümers, um den Beschluss scheitern zu lassen. Wurde von den in der Versammlung Anwesenden eine einstimmige Zustimmung erzielt, kam es darauf an, wie sich die Abwesenden verhielten. Blieben sie alle untätig oder stimmten sie dem vorläufigen Beschluss zu, operierte die soeben beschriebene Zustimmungsfiktion. Voraussetzung, damit die 30-Tages-Frist beginnen konnte, war natürlich, dass die abwesenden Eigentümer entsprechend über den vorläufigen Beschluss der Anwesenden in Kenntnis gesetzt wurden. Lag Einstimmigkeit vor, wurden alle Eigentümer zur Kostentragung verpflichtet, schließlich hatten sie entweder ausdrücklich oder durch Unterlassen ihrer Stimmrechtsausübung dem Beschluss (aufgrund gesetzlicher Vorgabe) zugestimmt.

- **Schaffung oder Beseitigung von Gemeinschaftseinrichtungen allgemeinen Interesses (Erfordernis: 3/5 Mehrheit)**

Die Schaffung oder Beseitigung von Gemeinschaftseinrichtungen allgemeinen Interesses erforderte gemäß Artikel 17.1.2 LPH a.F. die Zustimmung von drei Fünfteln der Gesamtheit der Eigentümer, welche ihrerseits drei Fünftel der Beteiligungsquoten innehatten, dies selbst dann, wenn hierdurch eine Änderung der Teilungserklärung oder der Satzung eintrat. Bei der Einführung von im Allgemeininteresse stehenden neuen Gemeinschaftseinrichtung, welche die beschriebenen Auswirkungen auf die Teilungserklärung oder Gemeinschaftssatzung hatten, kam es nicht darauf an, ob sie für die geeignete Erhaltung, Bewohnbarkeit, Sicherheit oder Barrierefreiheit der Immobilie, entsprechend ihrer Natur und Eigenschaften, erforderlich waren oder nicht. Kam der Beschluss wirksam zustande, waren alle Eigentümer zur Kostentragung verpflichtet.[809] Auch in diesen Fällen galt die Zustimmungsfiktion der abwesenden Eigentümer, welche nicht binnen der gesetzlichen 30-Tage-Frist von ihrem Stimmrecht Gebrauch machten. Der wirksam zustande gekommene Beschluss verpflichtete gemäß Artikel 17.1.5 LPH a.F. alle Eigentümer.

- **Auf die Beseitigung architektonischer Hürden gerichtete Baumaßnahmen, welche die Teilungserklärung oder Satzung betrafen (Erfordernis: einfache doppelte Mehrheit aller Stimmen und Quoten)**

Wurde durch die beabsichtigte Maßnahme zur Beseitigung architektonischer Hürden die Teilungserklärung oder die Gemeinschaftssatzung betroffen, musste der Beschluss welcher auf diese gerichtet war, gemäß Artikel 17.1.3 LPH a.F., mit einfacher Stimmen- und Quotenmehrheit aller Eigentümer zustandekommen. Wie in den übrigen in Artikel 17.1 LPH a.F. beschriebenen Mehrheiten,

---

[809] Gómez Calle, Anuario de Derecho Civil, 2004, S. 112.

kam auch hier die Zustimmungsfiktion der abwesenden Eigentümer zum Tragen. Es galt hier ebenfalls zu beachten, dass die gemäß Artikel 17.1.5 LPH a.F. wirksam zustandegekommenen Beschlüsse alle Eigentümer verpflichteten.

– **Neuerungen und Verbesserungen im Bereich Telekommunikation und Energie (Erfordernis: 1/3 aller Eigentümer und Quoten)**

Gemäß Artikel 17.2 LPH a.F. konnten durch ein Drittel der die Gemeinschaft bildenden Eigentümer, welche ihrerseits ein Drittel der Beteiligungsquoten inne hatten, die Einrichtung oder Anpassung bestehender gemeinschaftlicher Infrastrukturen, welche den Zugang zu den im königlichen Gesetzes-Dekret 1/1998 vom 27. Februar normierten Telekommunikationsdienstleistungen ermöglichten, sowie die Schaffung von im Gemeinschafts- oder Sondereigentum stehenden Systemen, welche der Nutzung von Sonnenenergie dienten, oder aber der erforderlichen Infrastrukturen, die den Zugang zu neuen, kollektiven Stromversorgungseinrichtungen eröffneten, beschlossen werden.

In diesem Fall konnte die Gemeinschaft weder die Kosten für die Einrichtung oder Anpassung besagter gemeinschaftlicher Infrastrukturen noch die sich aus der anschließenden Instandhaltung und Wartung ergebenden auf diejenigen Eigentümer umlegen, welche in der Versammlung nicht ausdrücklich dem Beschluss zugestimmt hatten. Dessen ungeachtet konnte ihnen, sollten sie im Nachhinein den Zugang zu den Telekommunikationsdienstleistungen oder zu den Stromversorgungseinrichtungen beantragen wollen, und es hierfür erforderlich sein, die neugeschaffenen Infrastrukturen oder die an den vorhandenen durchgeführten Anpassungen zu nutzen, dies genehmigt werden, solange sie den - in geeigneter Weise unter Anwendung des gesetzlichen Zinses aktualisierten Betrag entrichteten, der (damals) auf sie entfallen wäre (Artikel 17.2.2 LPH a.F.).

– **Schaffung oder Beseitigung gemeinschaftlicher Einrichtungen zur Erhöhung der Energie- oder Wasserverbrauchseffizienz, welche die Teilungserklärung oder Satzung betraf (Erfordernis: 3/5 aller Eigentümer und Quoten)**

Die Anschaffung oder Beseitigung anderer als der in Artikel 17.2 LPH a.F. erwähnten Geräte oder Systeme, welche die Verbesserung der Energie- oder Wasserverbrauchseffizienz der Immobilie zum Ziel hatten, bedurfte gemäß Artikel 17.3.1 LPH a.F. der Zustimmung von drei Fünfteln der Gesamtheit der Eigentümer, welche ihrerseits drei Fünftel der Beteiligungsquoten innehatten, selbst wenn dies die Änderung des Gründungstitels oder der Satzung bedeutete. Die gemäß dieser Vorschrift in gültiger Weise getroffenen Beschlüsse verpflichteten alle Eigentümer.

– **Schaffung oder Beseitigung nicht gemeinschaftlicher Einrichtungen zur Erhöhung der Energie- oder Wasserverbrauchseffizienz, welche die Teilungserklärung oder Satzung betrafen (Erfordernis: 1/3 aller Eigentümer und Quoten)**

Gemäß Artikel 17.3.2 LPH a.F. bedurfte es zur wirksamen Beschlussfassung lediglich der Zustimmung von 1/3 aller Eigentümer und Beteiligungsquoten, wenn die Geräte oder Systeme dem ausschließlichen Gebrauch Einzelner (oder einer Gruppe von Eigentümern) dienten. Die hiermit verbundenen Kosten sowie die Instandhaltung und Wartung entfiel gemäß Artikel 17.3.2 i.V.m. Artikel 17.2 LPH a.F. lediglich auf diejenigen Eigentümer, welche dem Beschluss zugestimmt hatten.

- **Errichtung von einzelnen zum Eigengebrauch bestimmten Ladestationen für Fahrzeuge mit Elektroantrieb (Erfordernis: Mitteilung)**

Artikel 17.3.3 LPH a.F. bestimmte, dass für den Fall, dass die Absicht bestand, auf einem zur Liegenschaft gehörenden Parkplatz einen Ladeport für Fahrzeuge mit Elektroantrieb zum Privatgebrauch zu installieren, lediglich eine vorherige Mitteilung an die Gemeinschaft erforderlich war, solange sich die Anlage nur auf einem einzelnen Stellplatz befand. Die Installationskosten waren vollständig von dem oder den hieran unmittelbar interessierten Eigentümern zu tragen.

- **Pflicht zur Durchführung besonderer Wartungs- und Instandhaltungsmaßnahmen bezogen auf die Stabilität, Abschirmung gegen Nässe, Bewohnbarkeit, Zugänglichkeit und Sicherheit**

Artikel 10.1 LPH a.F. verpflichtete die Gemeinschaft Wartungs- und Instandhaltungsmaßnahmen, welche für die geeignete strukturelle Stabilität, Abschirmung gegen Nässe, Bewohnbarkeit, Zugänglichkeit und Sicherheit erforderlich gewesen wären, durchzuführen.

- **Pflicht zur Herstellung der einzelfallbezogenen Barrierefreiheit und Einrichtung von Hilfsmitteln**

Artikel 10.2 LPH a.F. begründete auf Antrag eines Eigentümers in dessen Wohnung behinderte oder über siebzig Jahre alte Menschen lebten, arbeiteten oder ihre Dienste uneigennützig oder freiwillig verrichteten, die Pflicht der Gemeinschaft, diejenigen Massnahmen und Bauarbeiten durchzuführen, die erforderlich waren, um einen in Bezug zu deren Behinderung geeigneten Zugang zu den gemeinschaftlichen Einrichtungen zu ermöglichen. Daneben bestand ebenso die Pflicht zur Installation von mechanischen und elektronischen Gerätschaften, welche die Verbindung mit der Außenwelt förderten. In beiden Fällen bestand diese Pflicht allerdings nur solange, wie die Kosten der Maßnahme nicht den Betrag von zwölf ordentlichen Monatsbeiträgen zu den allgemeinen Gemeinschaftsausgaben überstiegen. Lagen die Kosten über dieser Grenze, bedurfte es eines Beschlusses der Eigentümergemeinschaft. Als Ausnahme war zu beachten, dass diese Pflicht auch dann entfiel, wenn die Kosten zwar unter den bezeichneten zwölf Monatsbeiträgen zu den Gemeinschaftsausgaben lagen, sich aber in der Liegenschaft ein Eigentümer unter der Geringverdienerschwelle des 2,5 fachen *Indicador Público de Renta de Efectos Múltiples (IPREM)* befand.

- **Neue Stockwerke und andere Änderungen der Gebäudestruktur, Bausubstanz oder der im Gemeinschaftseigentum stehenden Dinge**

Artikel 12 LPH a.F.: Die Errichtung neuer Stockwerke und jedwede andere Veränderung der Gebäudestruktur oder der Bausubstanz oder der im Gemeinschaftseigentum stehenden Dinge berühren den Gründungstitel und mussten den für seine Änderung bestimmten Regelungen unterzogen werden. Bezüglich der hierauf anzuwendenden Mehrheiten, sei auf den dieser Frage gewidmeten, folgenden Abschnitt verwiesen.

- **Alle übrigen Massnahmen**

Diejenigen Baumaßnahmen, welche nicht in die oben beschriebenen Kategorien eingeordnet werden konnten, unterlagen dem allgemeinen, in Artikel 17.4 LPH a.F. enthaltenen einfachen Mehrheitserfordernis. D.h. es bedurfte in der ersten Einberufung der Mehrheit unter allen Eigentümern und Quoten, und in der zweiten Einberufung der Mehrheit an Stimmen und Quoten der anwesenden bzw. vertretenen Eigentümer.

Im Falle der einfachen Mehrheit des Artikels 17.4 LPH a.F. wurde die Einordnung der Maßnahme als erforderlich oder nicht erforderlich im Sinne des Artikels 11.1 LPH a.F., und die Frage (wenn es sich um nicht erforderliche Massnahmen handelte) nach der Höhe der Kosten pro Eigentümer relevant. Lag eine nicht erforderliche Maßnahme gemäß Artikel 11.1 LPH a.F. vor, und überschritten die Ausführungskosten die Summe von drei ordentlichen Beiträgen zu den Gemeinschaftsausgaben, waren die Dissidenten von der Kostentragungspflicht befreit.

Konflikt zwischen den Artikeln 12 und 17 LPH a.F. bei Versammlungen die vor dem 28. Juni 2013 stattgefunden haben

Gemäß Artikel 12 LPH a.F. erforderte die *Errichtung neuer Stockwerke, und jedwede andere Veränderung der Gebäudestruktur oder der Bausubstanz, oder der Gemeinschaftseinrichtungen* der gesetzlich vorgesehenen Mehrheiten zur Änderung der Teilungserklärung.

Genau genommen konnte, vom Wortlaut ausgehend, zwischen zwei Arten von Massnahmen (Überbauung einerseits und Veränderung der Gebäudestruktur, Bausubstanz oder Gemeinschaftseinrichtungen andererseits) unterschieden werden. In beiden Fällen deutete vieles darauf hin, dass es der Einstimmigkeit bedürfen könnte. Während dies für einen die Überbauung gestattenden Beschluss zweifelsfrei zutreffend war, mussten bei Beschlüssen, welche auf die Veränderung der Gebäudestruktur, der Bausubstanz oder der Gemeinschaftseinrichtungen gerichtet waren, die durch Artikel 10, 11 und Artikel 17 LPH a.F. formulierten Privilegierungen beachtet werden.

Auch wenn man zutreffenderweise auf den ersten Blick hätte annehmen können, es müsste für die rechtmäßige Vornahme solcherlei Veränderungen immer ein einstimmiger Beschluss der Eigentümerversammlung vorgelegen haben, zeigt ein Blick auf die im spanischen Wohnungseigentumsgesetz in der bis zum 27. Juni 2013 gültigen Fassung, enthaltenen Ausnahmen vom Einstimmigkeitserfordernis vielmehr, dass nur dann tatsächlich Einstimmigkeit vorliegen musste, wenn es sich um Veränderungen handelte, die einen wesentlichen Charakter aufwiesen, unmittelbar die in der Teilungserklärung und Gemeinschaftssatzung vorgenommene Beschreibung betrafen und weder unter die in Artikel 10 und 11 LPH a.F. enthaltenen Ausnahmen noch in den Bereich der privilegierten Mehrheiten des Artikels 17 LPH a.F. fielen.[810]

Bedurfte es jedoch tatsächlich der Einstimmigkeit, weil die Maßnahme unter Artikel 12 und 17.1.1 LPH a.F. fiel, galt es folgende Anforderungen zu beachten:[811]

- Im Beschluss war die Eigenschaft der Maßnahme zu bestimmen.

- Im Beschluss waren ebenfalls die sich aus ihm ergebenden Veränderungen genau zu beschreiben.[812]

- Die Beteiligungsquoten waren zu ändern (wenn sich die Maßnahme auf Artikel 3.a.) LPH auswirkte) und damit der Umfang der Beteiligungspflicht an den allgemeinen Ausgaben der Gemeinschaft.

- Wenn es um die Überbauung der Liegenschaft ging, musste der Beschluss Auskunft über die durch diese begünstigten, zukünftigen Eigentümer geben.

Durch die am 28. Juni 2013 in Kraft getretene Reform des spanischen Wohnungseigentumsgesetzes wurde der Regelungsinhalt des mittlerweile entfallenen Artikels 12 LPH a.F. in den aktuellen Artikel 10.3.b.) LPH überführt. Gleichzeitig wurde ein ausdrückliches Mehrheitserfordernis bezeichnet. Nunmehr bedarf es für die Errichtung neuer Stockwerke und jedwede andere Veränderung der Gebäudestruktur oder der Bausubstanz, wobei nun auch ausdrücklich die Schließung der Terrassen und die Veränderung der (Gebäude-) Umhüllung zur Verbesserung der Energieeffizienz genannt werden, lediglich einer drei Fünftel Mehrheit aller Stimmen und Quoten. Wohlgemerkt gilt weiterhin zu beachten, dass es in Einzelfällen aufgrund der Privilegierung von Baumaßnahmen welche auf die Beseitigung architektonischer Hürden gerichtet sind, gemäß Artikel 10 und 17 LPH Ausnahmen von dieser Regel geben kann.

Mehrheitsanforderungen an Baumaßnahmen entsprechend Gegenstand seit dem 28. Juni 2013

In Bezug auf Baumaßnahmen unterscheidet das spanische Wohnungseigentumsgesetz aktuell zwischen folgenden Mehrheiten bzw. zwingend durchzuführenden Massnahmen:

- **Reparaturen und Instandhaltungsmaßnahmen**

  Aus Artikel 10.1.a.) LPH ergibt sich, dass Reparaturen sowie Instandhaltungs- und Konservierungsmaßnahmen zwingend sind. Für sie bedarf es im Grunde

---

[810] Pastor Álvarez, S. 90-91.
[811] Nach: Pastor Álvarez, S. 92.
[812] Artikel 5 LPH, Artikel 8 und 9 LH und Artikel 51 des Reglamento Hipotecario.

genommen keiner Mehrheit. Die Gemeinschaft ist zu ihrer Durchführung verpflichtet. Eines Beschlusses bedarf es dennoch, um zwischen mehreren unterschiedlichen dem gleichen Zweck dienenden Varianten die geeignetste auszuwählen. Ebenso wird regelmäßig zwischen verschiedenen Kostenvoranschlägen ausgewählt werden müssen. Solcherlei Massnahmen kommen daher nicht
automatisch zustande, und bedürfen trotz des Gesetzeswortlauts eines entsprechenden Beschlusses, der mit einfacher Mehrheit der Stimmen und Quoten der in der Versammlung anwesenden Eigentümer angenommen werden
kann.

- **Herbeiführung einer angemessenen Barrierefreiheit**

Gemäß Artikel 10.1.b.) LPH ist die Gemeinschaft ist ebenso verpflichtet die erforderlichen Anpassungen für eine angemessene oder vernünftige allgemeine
Barrierefreiheit (*ajustes razonables en materia de accesibilidad universal*) sicherzustellen.

Leben, arbeiten oder verrichten darüber hinaus in einem Sondereigentumselement behinderte oder über siebzig Jahre alte Menschen unentgeltliche Dienste, so hat der Eigentümer des Sondereigentumselements einen Anspruch auf
geeignete, soll heißen die für ihre konkreten Bedürfnisse erforderlichen Anpassungen der Gemeinschaftselemente, solange die Kosten der Maßnahme nicht
den Betrag von zwölf Monatsbeiträgen zu den ordentlichen Gemeinschaftsausgaben übersteigen, bzw. wenn der Eigentümer bereit ist, die über diesen Betrag
hinausgehenden Kosten selbst zu tragen.

Gleiches gilt für die Einrichtung von Rampen, Fahrstühlen sowie anderen mechanischen oder elektronischen Hilfsmitteln. Solange die hierfür aufzubringenden Kosten den Betrag von zwölf Monatsbeiträgen zu den ordentlichen Gemeinschaftsausgaben nicht übersteigen, besteht eine Pflicht zu ihrer Errichtung.

- **Aufstockung, Veränderung der Gebäudestruktur oder Bausubstanz oder
  andere Gemeinschaftselemente aufgrund der Einbeziehung in den Regelungsbereich eines dies vorschreibenden städtischen Sanierungs- oder
  Erneuerungs- und Renovierungsgebiets gemäß Artikel 10.1.d.) LPH (Pflicht
  der Gemeinschaft dies zu gestatten).**

Befindet sich die Liegenschaft (auf welche sich die Eigentümergemeinschaft erstreckt) im Geltungsbereich eines städtischen Sanierungs- oder Erneuerungs-
und Renovierungsgebiets, kann dies dazu führen, dass die Errichtung neuer
Stockwerke, oder die Veränderung der Gebäudestruktur, der Bausubstanz oder
der im Gemeinschaftseigentum stehenden Dinge, vorgeschrieben wird. In einem solchen Fall ist die Gemeinschaft ebenfalls zur Durchführung verpflichtet.

- **Aufteilung, Erweiterung und Abspaltung des Sondereigentums in einem diese Maßnahmen gestattenden städtischen Sanierungs- oder Erneuerungs-
  und Renovierungsgebiets gemäß Artikel 10.1.e.) LPH (Pflicht der Gemeinschaft dies zu gestatten).**

Wurde die Liegenschaft in den Geltungsbereich eines städtischen Sanierungs- oder Erneuerungs- und Renovierungsgebiets einbezogen, welcher es gestattet Sondereigentum aus Eigeninitiative rechtlich aufzuteilen (um kleinere und unabhängige Teile zu schaffen), zu erweitern (durch Hinzufügung anderer, angrenzender Sondereigentumselemente der gleichen Gemeinschaft) oder zu verkleinern (durch Abspaltung eines Teils), so ist jeder Eigentümer hierzu berechtigt.

- **Aufteilung, Erweiterung, Abspaltung, Aufstockung, Schließung der Terrassen, Veränderung der Gebäudeumhüllung, wenn die Liegenschaft nicht in einem besonders zu bewertenden städtischen Sanierungs- oder Erneuerungs- und Renovierungsgebiets liegt, gemäß Artikel 10.3.b.) LPH (Erfordernis: 3/5 der Stimmen und Quoten aller Eigentümer).**

Im Gegensatz zu der unter Artikels 10.1.e.) LPH beschriebenen Pflicht die dort bezeichneten Maßnahmen zu gestatten, wenn sich die Liegenschaft im Geltungsbereich eines städtischen Sanierungs- oder Erneuerungs- und Renovierungsgebiets befindet, wird für den Fall, dass sich die Liegenschaft nicht in einen solchen Bereich fällt, für die Aufteilung der Sondereigentumselemente in kleinere und unabhängige Teile, die Erweiterung ihrer Flächen durch Hinzufügung anderer, angrenzender des gleichen Gebäudes, oder die Verkleinerung durch Abspaltung irgendeines Teiles, die Errichtung neuer Stockwerke und jedwede andere Veränderung der Gebäudestruktur oder der Bausubstanz, wozu auch die Schließung der Terrassen und die Veränderung der Gebäudeummantelung zur Verbesserung der Energieeffizienz gehören, eine drei Fünftel Mehrheit sämtlicher Stimmen und Quoten benötigt.

- **Neuerungen und Verbesserungen im Bereich Telekommunikation und Energie, nach Artikel 17.1 LPH (Erfordernis: 1/3 aller Stimmen und Quoten)**

Gemäß Artikel 17.1 LPH können durch ein Drittel aller zur Gemeinschaft gehörenden Eigentümer, welche ihrerseits ein Drittel aller Beteiligungsquoten inne haben, die Einrichtung oder Anpassung bestehender gemeinschaftlicher Infrastrukturen, welche den Zugang zu den im königlichen Gesetzes-Dekret 1/1998 vom 27. Februar normierten Telekommunikationsdienstleistungen ermöglichen, sowie die Schaffung von im Gemeinschafts- oder Sondereigentum stehenden Systemen, welche der Nutzung erneuerbarer Energien dienen, oder aber der erforderlichen Infrastrukturen, die den Zugang zu neuen, kollektiven Stromversorgungseinrichtungen eröffnen, beschlossen werden.

In diesem Fall kann die Gemeinschaft weder die Kosten für die Einrichtung oder Anpassung besagter gemeinschaftlicher Infrastrukturen noch die sich aus der anschließenden Instandhaltung und Wartung ergebenden auf diejenigen Eigentümer umlegen, welche in der Versammlung nicht ausdrücklich dem Beschluss zugestimmt haben. Dessen ungeachtet kann ihnen, sollten sie im Nachhinein den Zugang zu den Telekommunikationsdienstleistungen oder zu den Stromversorgungseinrichtungen beantragen, und es hierfür erforderlich sein, die neugeschaffenen Infrastrukturen oder die an den vorhandenen durchgeführten Anpassungen zu nutzen, dies genehmigt werden, solange sie den in geeigneter Weise unter Anwendung des gesetzlichen Zinses aktualisierten Betrag entrichten, der (damals) auf sie entfallen wäre (siehe Artikel 17.1.2 LPH).

Trotz der besonderen Regelung bezüglich der Kosten, erfahren die Einrichtungen oder Anpassungen eine Einordnung als Gemeinschaftselement (siehe 17.1.3 LPH).

– **Schaffung oder Beseitigung gemeinschaftlicher Anlagen oder Systeme, welche der Verbesserung der Energieeffizienz oder der Eindämmung des Wasserverbrauchs dienen und nicht unter Artikel 17.1 LPH fallen, selbst dann wenn sie die Teilungserklärung oder Satzung betreffen, gemäß Artikel 17.3.2 Satz 1 LPH (Erfordernis: 3/5 Mehrheit aller Stimmen und Quoten).**

Die Anschaffung oder Beseitigung anderer als der in Artikel 17.1 LPH erwähnten Anlagen oder Systeme, welche die Verbesserung der Energie- oder Wasserverbrauchseffizienz der Immobilie zum Ziel haben, bedarf gemäß Artikel 17.3.2 LPH der Zustimmung von drei Fünfteln der Gesamtheit der Eigentümer, welche ihrerseits drei Fünftel der Beteiligungsquoten innehaben, selbst wenn dies die Änderung des Gründungstitels oder der Satzung bedeutet. Die gemäß dieser Vorschrift in gültiger Weise getroffenen Beschlüsse verpflichten, wie Artikel 17.3.2 Satz 2 LPH ausführt, alle Eigentümer.

– **Einführung oder Beseitigung von Anlagen oder Systemen, welche der Verbesserung der Energieeffizienz oder der Eindämmung des Wasserverbrauchs dienen, nicht unter Artikel 17.1 LPH fallen, und der ausschließlichen Nutzung einzelner Eigentümer dienen, nach Artikel 17.3.2 Satz 3 LPH (Erfordernis: 1/3 Mehrheit aller Stimmen und Quoten).**

Gemäß Artikel 17.3.2 LPH bedarf es zur wirksamen Beschlussfassung lediglich der Zustimmung von 1/3 aller Eigentümer und Beteiligungsquoten, wenn die Geräte oder Systeme dem ausschließlichen Gebrauch Einzelner dienen. Die Kostenverteilung solcherlei Massnahmen richten sich gemäß Artikel 17.3.2 LPH nach der Regelung des Artikels 17.1 LPH, d.h. lediglich diejenigen Eigentümer die für den Vorschlag gestimmt haben, müssen sich an den Kosten beteiligen. Die übrigen haben ihren (aktualisierten) Beitrag dann zu leisten, wenn sie den Anschluss an diese Anlagen oder Systeme wünschen.

– **Auf die Beseitigung architektonischer Hürden gerichtete Baumaßnahmen, die Schaffung diesem Zweck dienender Gemeinschaftsdienste und die Einrichtung von Fahrstühlen, selbst wenn diese Massnahmen die Teilungserklärung oder Satzung berühren, und ungeachtet der sich aus Artikel 10.1 LPH ergebenden Pflichten, gemäß Artikel 17.2 LPH (Erfordernis: einfache doppelte Mehrheit aller Stimmen und Quoten)**

Dient die Baumaßnahme der Erlangung der Barrierefreiheit oder werden zu ihrem Zweck Gemeinschaftseinrichtungen geschaffen, ist es gleichgültig ob durch diese die Teilungserklärung oder die Gemeinschaftssatzung betreffen. Der Beschluss welcher auf ihre Umsetzung gerichtet ist, bedarf für sein Zustandekommen gemäß Artikel 17.2 LPH, lediglich der einfachen Stimmen- und Quotenmehrheit aller Eigentümer. Gleiches gilt für die Einrichtung eines Fahrstuhls. Wie in den übrigen in Artikel 17 LPH beschriebenen Mehrheiten, kommt, wenn keine der gesetzlichen Ausnahmen einschlägig ist,[813] auch hier die Zustimmungsfiktion der abwesenden Eigentümer zum Tragen. Auch in diesem Fall verpflichten gemäß Artikel 17.9 LPH die wirksam zustandegekommenen Beschlüsse alle Eigentümer. Diese sind selbst dann zur Kostentragung verpflichtet, wenn die Kosten der Maßnahme zwölf Monatsbeiträge zu den ordentlichen Gemeinschaftsausgaben übersteigen (vgl. Artikel 17.2.2 LPH). Der doppelten Stimmen- und Quotenmehrheit bedarf es, wie Artikel 17.2 LPH selbst ausführt, wohlgemerkt nur dann, wenn aufgrund der konkreten Umstände nicht bereits eine Pflicht zur Durchführung der Maßnahme aufgrund der Vorgaben des Artikels 10.1 LPH besteht.

– **Schaffung oder Beseitigung von Pförtner-, Hausmeister- oder Wachdiensten sowie anderer Gemeinschaftseinrichtungen allgemeinen Interesses, nach Artikel 17.3.1 LPH (Erfordernis: 3/5 Mehrheit)**

Die Schaffung oder Beseitigung von Gemeinschaftseinrichtungen allgemeinen Interesses erfordert gemäß Artikel 17.3 LPH die Zustimmung von drei Fünfteln der Gesamtheit der Eigentümer, welche ihrerseits drei Fünftel der Beteiligungsquoten innehaben, dies selbst dann, wenn hierdurch eine Änderung der Teilungserklärung oder der Satzung eintritt. Auch in diesen Fällen gilt die Zustimmungsfiktion der abwesenden Eigentümer, welche nicht binnen der gesetzlichen 30-Tage-Frist von ihrem Stimmrecht Gebrauch gemacht haben. Der wirksam zustande gekommene Beschluss verpflichtet gemäß Artikel 17.9 LPH alle Eigentümer.[814]

– **Schaffung von Neuerungen, neuen Einrichtungen, Diensten oder Verbesserungen welche nicht für die geeignete Erhaltung, Bewohnbarkeit, Sicherheit oder Barrierefreiheit erforderlich sind, gemäß Artikel 17.4 LPH (Erfordernis: 3/5 Mehrheit aller Stimmen und Quoten)**

Solcherlei Massnahmen können im Gegensatz zu den in Artikel 10.1 LPH beschriebenen, mangels Erforderlichkeit nicht ohne Erreichen einer entsprechenden Mehrheit erzwungen werden. Vielmehr bedarf es der doppelten drei Fünftel Mehrheit sämtlicher Stimmen und Quoten. Übersteigen die Kosten je Eigentümer drei Monatsbeiträge zu den ordentlichen Gemeinschaftsausgaben, sind die Dissidenten von der Beitragspflicht befreit. Es gilt die Zustimmungsfiktion des Artikels 17.8 LPH bezüglich der abwesenden Eigentümer, welche nicht von ihrem Recht Gebrauch machen, innerhalb der ihnen gewährten 30-Tages-

---

[813] Artikel 17.8 LPH nimmt von der Zustimmungsfiktion diejenigen Beschlussgegenstände aus, bei denen vorgesehen ist, dass lediglich der ausdrücklich zustimmende Eigentümer an den Kosten beteiligt wird, oder wenn die Maßnahme zur ausschließlichen Nutzung Einzelner vorgenommen wird (man siehe die Beschlussgegenstände des Artikels 17.1 LPH).

[814] Gómez Calle, Anuario de Derecho Civil, 2004, S. 112.

Frist ab Benachrichtigung des vorläufigen Abstimmungsergebnisses ihr abweichendes Votum abzugeben.[815]

- **Errichtung von einzelnen zum Eigengebrauch bestimmten Ladestationen für Fahrzeuge mit Elektroantrieb, gemäß Artikel 17.5 LPH (Erfordernis: Mitteilung)**

Artikel 17.5 LPH bestimmt, dass für den Fall, dass die Absicht besteht, auf einem zur Liegenschaft gehörenden Parkplatz einen Ladeport für Fahrzeuge mit Elektroantrieb zum Privatgebrauch zu installieren, lediglich eine vorherige Mitteilung an die Gemeinschaft erforderlich ist, solange sich die Anlage nur auf einem einzelnen Stellplatz befindet. Die Installationskosten und der Energieverbrauch sind vollständig von dem oder den hieran unmittelbar interessierten Eigentümern zu tragen.

- **Nicht privilegierte Baumaßnahmen, welche die Teilungserklärung oder Satzung betreffen, gemäß Artikel 17.6 LPH (Erfordernis: Einstimmigkeit)**

Handelt es sich um Baumaßnahmen, die zu einer Änderung des Inhalts der Teilungserklärung oder Gemeinschaftssatzung führen und unterliegen diese Massnahmen keiner Privilegierung innerhalb der Artikel 10 und 17 LPH, d.h. besteht keine Pflicht zur Durchführung der Maßnahme und gibt es keine besondere, von der Einstimmigkeitsregel abweichende Bestimmung, bedarf es gemäß Artikel 17.6 LPH eines einstimmigen Beschlusses der Eigentümerversammlung. Die Stimmen der in der Versammlung abwesenden Eigentümer, die nicht binnen der gesetzlich festgelegten Frist von 30 Tagen gegenüber dem Sekretär der Gemeinschaft von ihrem Stimmrecht Gebrauch machen, werden gemäß Artikel 17.8 LPH so behandelt, als würden sie dem vorläufigen Beschluss der Anwesenden zustimmen. Da in diesem Fall Einstimmigkeit erforderlich ist, genügt bereits die Gegenstimme eines an der Versammlung teilnehmenden Eigentümers, um den Beschluss scheitern zu lassen. Wurde von den in der Versammlung Anwesenden eine einstimmige Zustimmung erzielt, kommt es darauf an, wie sich die Abwesenden verhalten. Bleiben sie alle untätig oder stimmen sie dem vorläufigen Beschluss zu, operiert die soeben beschriebene Zustimmungsfiktion. Voraussetzung, damit die 30-Tage-Frist laufen kann, ist natürlich, dass die abwesenden Eigentümer entsprechend über den vorläufigen Beschluss der Anwesenden in Kenntnis gesetzt wurden. Liegt Einstimmigkeit vor, werden alle Eigentümer zur Kostentragung verpflichtet, schließlich haben sie entweder ausdrücklich oder durch Unterlassung ihrer Stimmrechtsausübung dem Beschluss zugestimmt.

- **Alle übrigen Baumaßnahmen für welche keine Pflicht zur Durchführung besteht, keine Privilegierung vorgesehen ist, und der Gründungstitel bzw. die**

---

[815] Teilweise wird jedoch vertreten die Fiktion des Artikels 17.8 LPH sei auf die Beschlussgegenstände der Artikel 10.3, 17.1 und 17.4 LPH nicht anwendbar. Siehe: Magro Servet, El voto presunto del ausente del art. 17.8 LPH no se aplica en los casos del art. 10.3 y 17.1 y 4 LPH. Unserer Auffassung nach ist zur Erlangung des Dissidentenstatus jedoch zumindest die Abgabe einer Gegenstimme zu fordern.

Satzung nicht betroffen werden, gemäss Artikel 17.7 LPH (Erfordernis: Einfache Mehrheit)

Diejenigen Baumaßnahmen, welche nicht in die oben beschriebenen Kategorien eingeordnet werden können, unterliegen dem allgemeinen, in Artikel 17.7.1 LPH enthaltenen einfachen Mehrheitserfordernis. D.h. es bedarf in der ersten Einberufung der Mehrheit unter sämtlichen Eigentümern und Quoten, und in der zweiten Einberufung der Mehrheit an Stimmen und Quoten der anwesenden bzw. vertretenen Eigentümer.

BAUMASSNAHMEN (NEUE VORSCHRIFTEN)

Übersicht I

Handelt es sich um eine Reparatur-, Wartungs- oder Instandhaltungsmaßnahme?	Insbesondere wenn sie auf die grundlegenden Sicherheits- und Bewohnbarkeitsvoraussetzungen, die Anforderungen an die allg. Barrierefreiheit, den Zustand des Zierwerks oder durch die Verwaltung auferlegte Erhaltungspflichten gerichtet ist.

Nein

weiter Übersicht II a.)

Ja

Pflicht zur Durchführung. Art. 10.1.a.) LPH

EV entscheidet in ordentlicher Versammlung mit einfacher Mehrheit über Art und Weise der Umsetzung, und stellt die Mittel im Haushaltsplan zur Verfügung	Handelt es sich um außerordentliche Maßnahmen?

Nein   **Ja**

Ist die Reparaturmaßnahme eilbedürftig?

Nein   **Ja**

EV entscheidet in außerordentlicher Versammlung mit einfacher Mehrheit über Art und Weise der Umsetzung, und erhebt die Mittel einer Sonderumlage oder mit Rückgriff auf den Fond	Die Reparaturmaßnahmen dürfen vom Verwalter veranlasst werden. In Ausnahmefällen auch durch Eigentümer bzw. Dritte. Der Präsident ist sofort hierüber zu benachrichtigen.

Übersicht II b.)

Recht der Eigentümer
auf Durchführung,
Art. 10.1.e.) LPH

Ja

Werden Maßnahmen
durch die Einbeziehung
der Liegenschaft
in ein städtisches
Sanierungs- oder
Erneuerungs- und
Renovierungsgebiet
vorgeschrieben?

Ja

Nein

3/5 Mehrheit aller
Stimmen und Quoten,
Art. 10.3.b.) LPH sowie
Baugenehmigung

Handelt es sich um die (gleichzeitig
rechtliche) Aufteilung von Wohnungen
oder Geschäftsräumen und deren
Nebenbauten, um neue, kleinere und
unabhängige Teile zu bilden, oder die
Erweiterung ihrer Fläche durch
Hinzufügung anderer, angrenzender
des gleichen Gebäudes, oder die
Verkleinerung durch Abspaltung
irgendeines Teils?

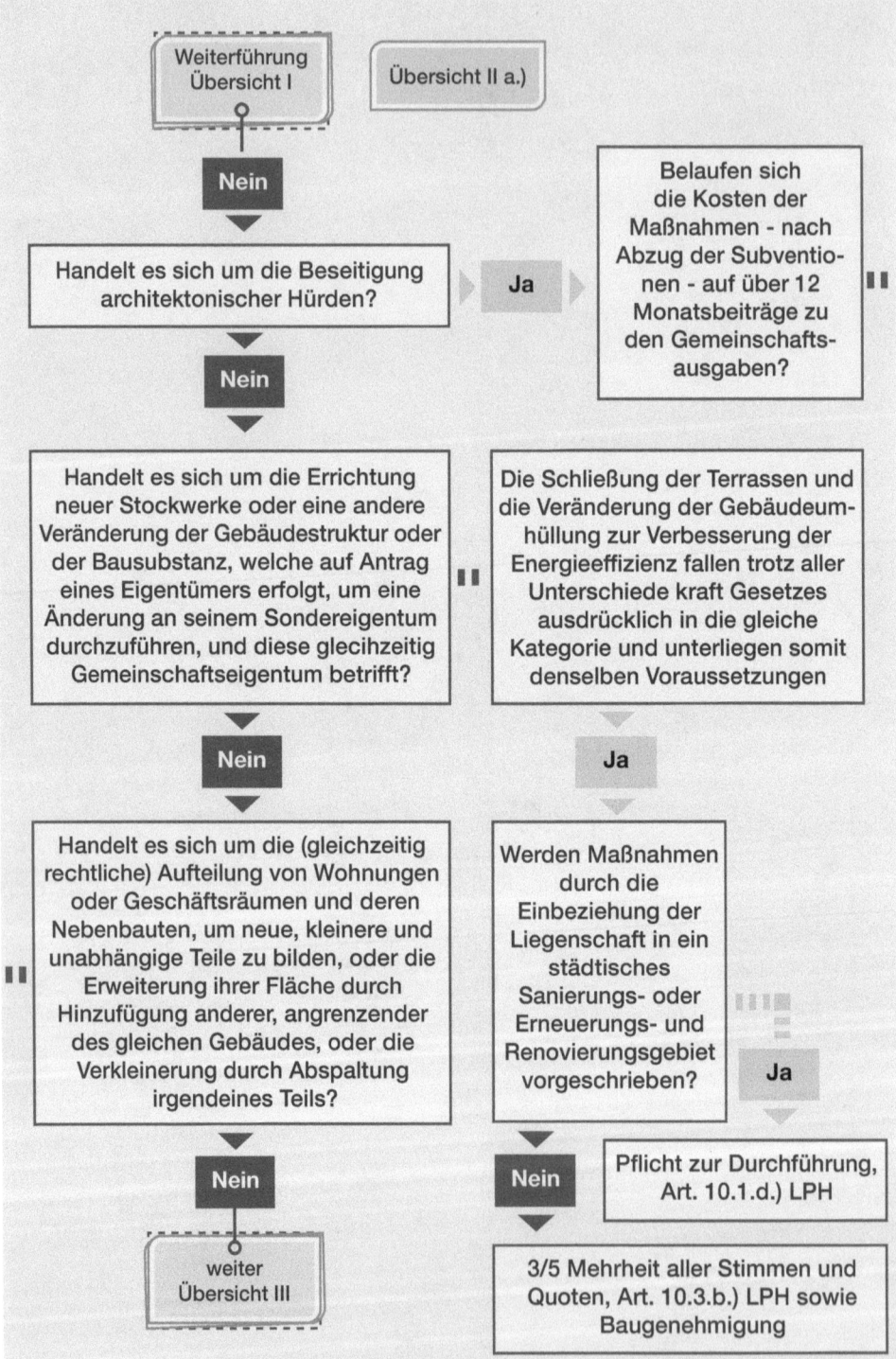

Weiterführung
Übersicht I

Übersicht II a.)

Nein

Handelt es sich um die Beseitigung
architektonischer Hürden?

Ja

Belaufen sich
die Kosten der
Maßnahmen - nach
Abzug der Subventio-
nen - auf über 12
Monatsbeiträge zu
den Gemeinschafts-
ausgaben?

Nein

Handelt es sich um die Errichtung
neuer Stockwerke oder eine andere
Veränderung der Gebäudestruktur oder
der Bausubstanz, welche auf Antrag
eines Eigentümers erfolgt, um eine
Änderung an seinem Sondereigentum
durchzuführen, und diese gleichzeitig
Gemeinschaftseigentum betrifft?

Die Schließung der Terrassen und
die Veränderung der Gebäudeumhüllung zur Verbesserung der
Energieeffizienz fallen trotz aller
Unterschiede kraft Gesetzes
ausdrücklich in die gleiche
Kategorie und unterliegen somit
denselben Voraussetzungen

Nein

Ja

Handelt es sich um die (gleichzeitig
rechtliche) Aufteilung von Wohnungen
oder Geschäftsräumen und deren
Nebenbauten, um neue, kleinere und
unabhängige Teile zu bilden, oder die
Erweiterung ihrer Fläche durch
Hinzufügung anderer, angrenzender
des gleichen Gebäudes, oder die
Verkleinerung durch Abspaltung
irgendeines Teils?

Werden Maßnahmen
durch die
Einbeziehung der
Liegenschaft in ein
städtisches
Sanierungs- oder
Erneuerungs- und
Renovierungsgebiet
vorgeschrieben?

Ja

Nein

Nein

Pflicht zur Durchführung,
Art. 10.1.d.) LPH

weiter
Übersicht III

3/5 Mehrheit aller Stimmen und
Quoten, Art. 10.3.b.) LPH sowie
Baugenehmigung

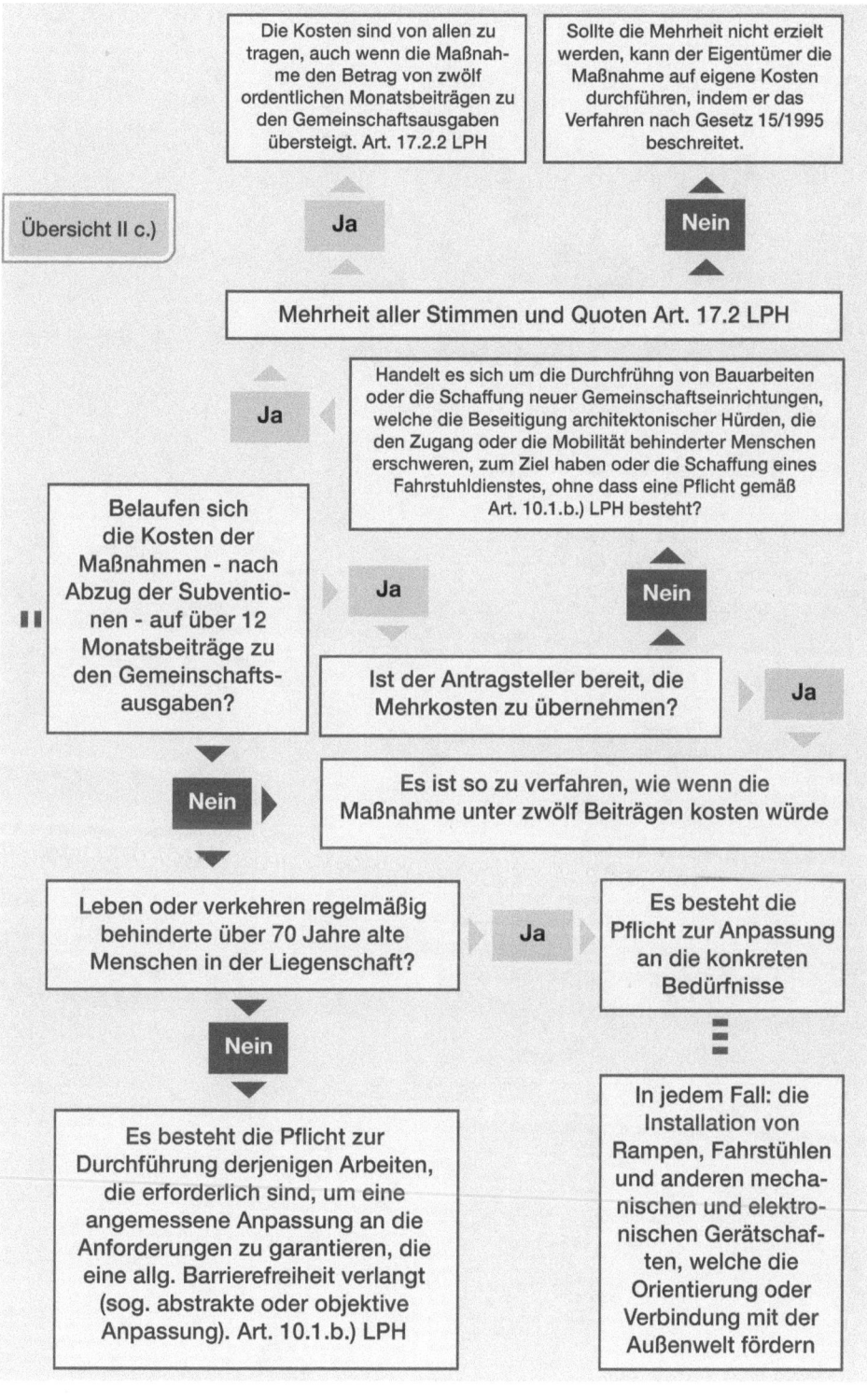

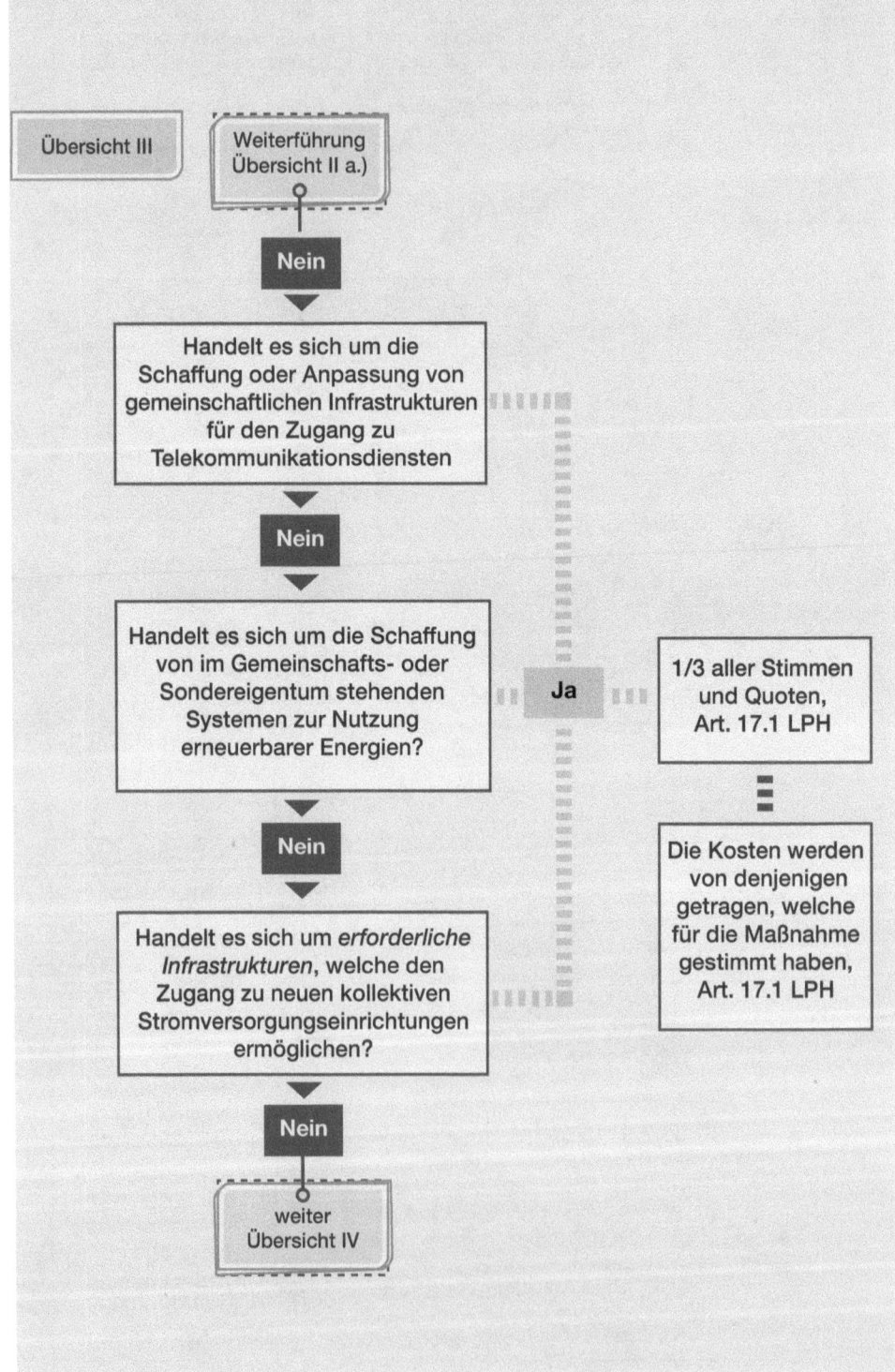

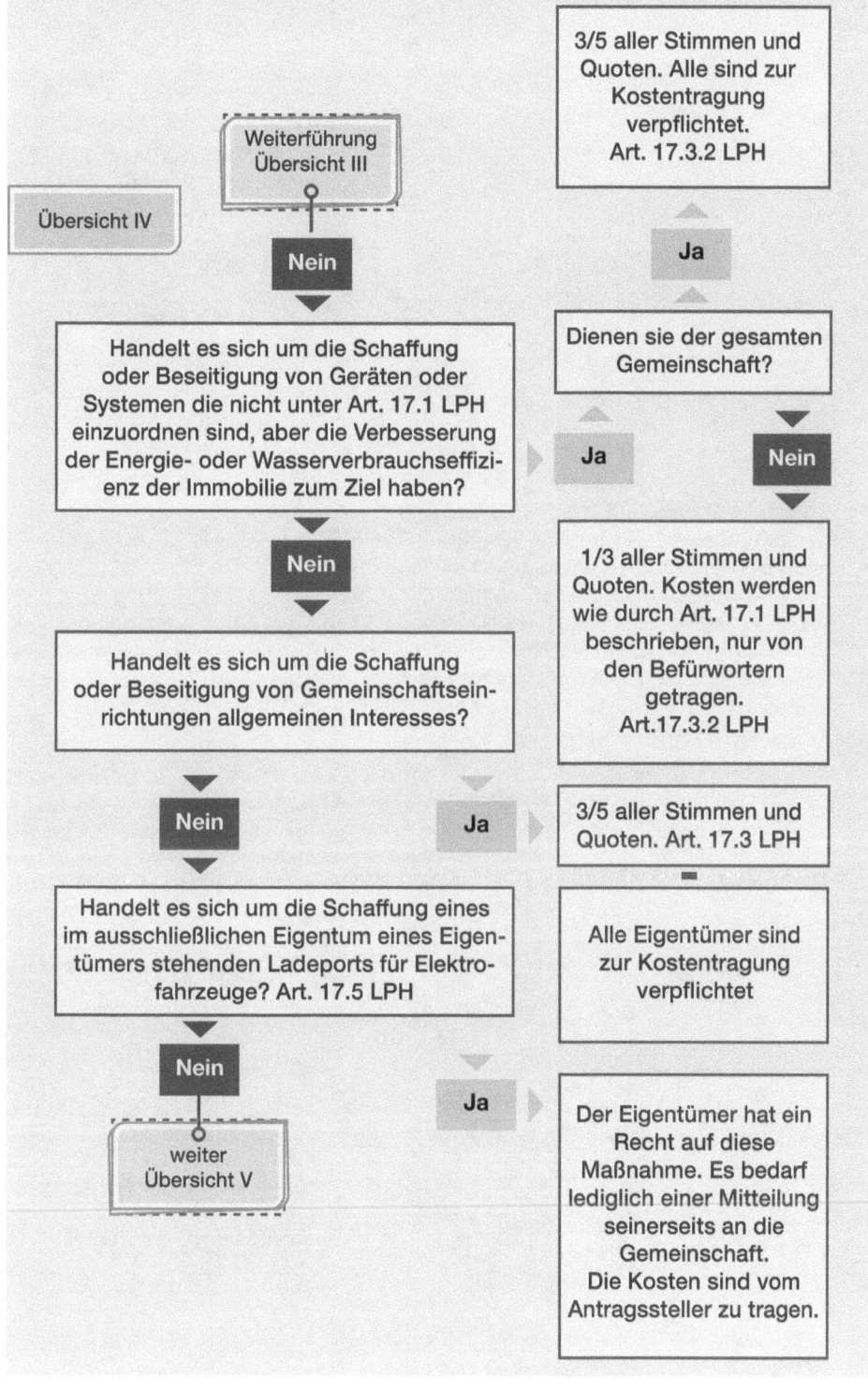

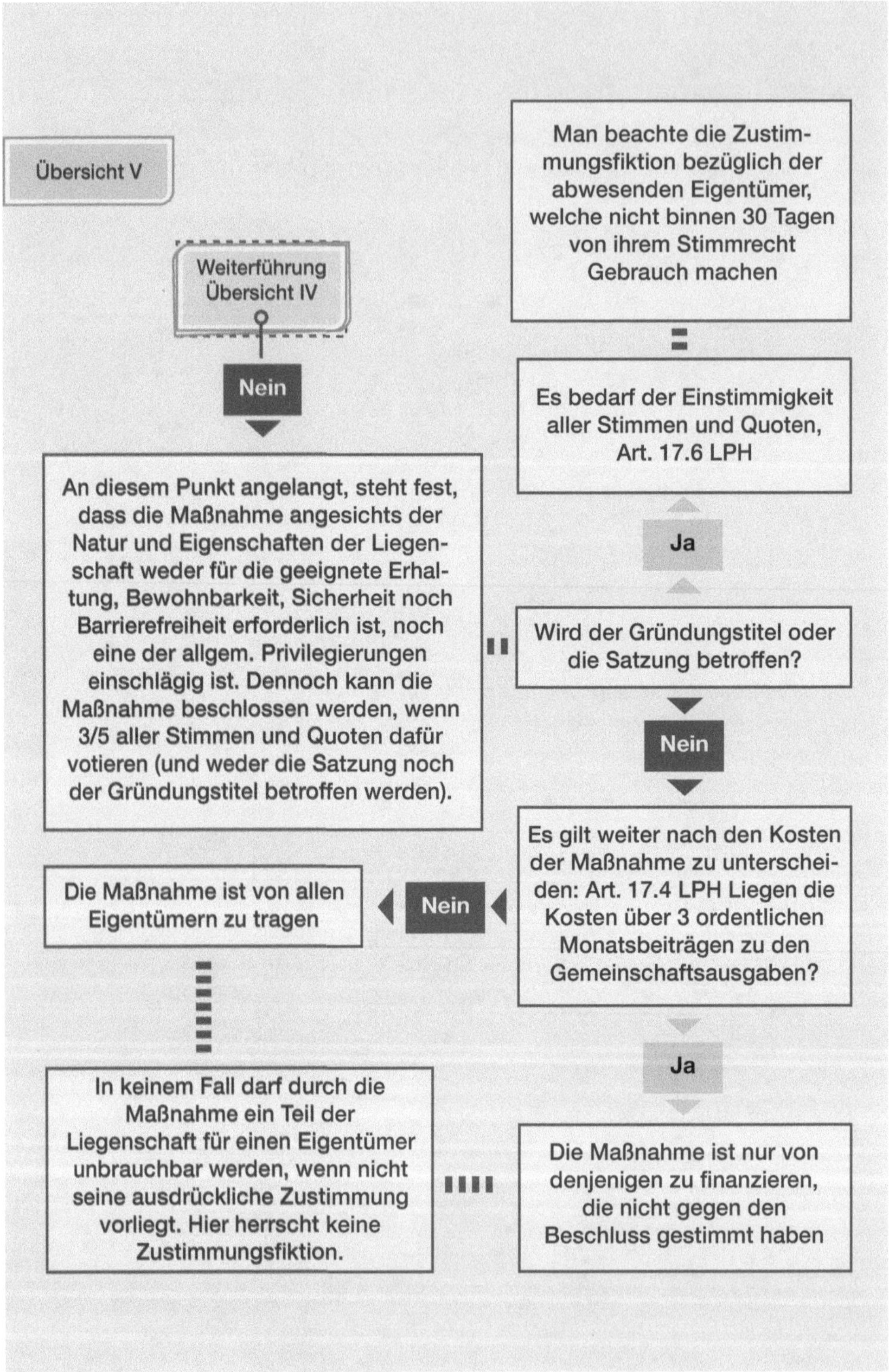

Übersicht V

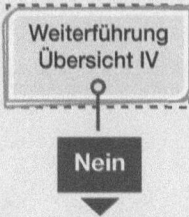

Weiterführung
Übersicht IV

Nein

An diesem Punkt angelangt, steht fest,
dass die Maßnahme angesichts der
Natur und Eigenschaften der Liegenschaft weder für die geeignete Erhaltung, Bewohnbarkeit, Sicherheit noch
Barrierefreiheit erforderlich ist, noch
eine der allgem. Privilegierungen
einschlägig ist. Dennoch kann die
Maßnahme beschlossen werden, wenn
3/5 aller Stimmen und Quoten dafür
votieren (und weder die Satzung noch
der Gründungstitel betroffen werden).

Die Maßnahme ist von allen
Eigentümern zu tragen

Nein

In keinem Fall darf durch die
Maßnahme ein Teil der
Liegenschaft für einen Eigentümer
unbrauchbar werden, wenn nicht
seine ausdrückliche Zustimmung
vorliegt. Hier herrscht keine
Zustimmungsfiktion.

Man beachte die Zustim-
mungsfiktion bezüglich der
abwesenden Eigentümer,
welche nicht binnen 30 Tagen
von ihrem Stimmrecht
Gebrauch machen

Es bedarf der Einstimmigkeit
aller Stimmen und Quoten,
Art. 17.6 LPH

Ja

Wird der Gründungstitel oder
die Satzung betroffen?

Nein

Es gilt weiter nach den Kosten
der Maßnahme zu unterschei-
den: Art. 17.4 LPH Liegen die
Kosten über 3 ordentlichen
Monatsbeiträgen zu den
Gemeinschaftsausgaben?

Ja

Die Maßnahme ist nur von
denjenigen zu finanzieren,
die nicht gegen den
Beschluss gestimmt haben

5.2.3 Die Beseitigung architektonischer Hürden bzw. die behindertengerechte Umgestaltung des Gemeinschaftseigentums[816]

Da die Massnahmen zur Beseitigung architektonischer Hürden bzw. zur Erzielung und Aufrechterhaltung der Zugänglichkeit bzw. Barrierefreiheit in mehrfacher Hinsicht gegenüber den übrigen Baumaßnahmen privilegiert sind, wurde zum leichteren Verständnis und der besseren Ordnung halber eine separate Darstellung gewählt, und im vorangegangenen Abschnitt zunächst auf nähere Ausführungen zu diesen Massnahmen verzichtet. Sie sollen vielmehr im Folgenden erläutert werden.

Durch die am 28. Juni 2013 in Kraft getretene Reform des spanischen Wohnungseigentumsgesetzes hat es auch in Bezug auf die Herstellung und Aufrechterhaltung eines barrierefreien Zugangs bedeutende Veränderungen gegeben.

An dieser Stelle soll daher zwischen der alten und der neuen Rechtslage unterschieden werden, und der Hinweis erfolgen, dass sich alle vor dem 28. Juni 2013 getroffenen Beschlüsse nach dem alten Recht richten, während mit dem 28. Juni 2013 sämtliche neuen Regelungen auf die neuen Beschlüsse zur Anwendung kommen.

Rechtslage bis zum 28. Juni 2013

Als einschlägige Vorschriften sind, in Bezug auf die alte Rechtslage, im Wesentlichen die Artikel 10 (Absätze 1, 2, 4 und 5), 11 (Absätze 1 und 3) sowie 17.1.2, 17.1.3 und 17.4 LPH in ihrer jeweiligen Fassung vor dem 28. Juni 2013 zu nennen.

Da diese Regelungen zueinander ins Verhältnis gesetzt werden mussten, erschwerte deren Streuung und das Fehlen einer zentralen Vorschrift die Übersicht. Die teilweise missverständlichen Formulierungen dieser Normen vergrößerten darüber hinaus die Probleme bezüglich ihrer korrekten Anwendung.

Betrachten wir jede Norm isoliert voneinander, ergab sich folgendes Bild:

Artikel 10.1 LPH a.F. begründete die Pflicht der Gemeinschaft zur Durchführung aller erforderlichen Reparatur- und Erhaltungsmaßnahmen, damit das gemeinschaftliche Eigentum und seine Einrichtungen (unter anderem) in adäquater Weise, und ausgehend vom Ursprungszustand, zugänglich blieb.

Artikel 10.2 LPH a.F. zwang die Gemeinschaft, auf Antrag eines Eigentümers einen barrierefreien Zugang zu den Gemeinschaftseinrichtungen herzustellen, wenn in dessen Haushalt über siebzig Jahre alte Menschen oder solche mit Behinderungen verkehrten (lebten, arbeiteten oder dort freiwillige Dienste verrichteten) bzw. die entsprechenden (konkreten bzw. behinderungsspezifischen) mechanischen oder elektronischen Gerätschaften zu installieren, damit die bezeichneten Personengruppen leichter Kontakt mit der Außenwelt halten konnten sowie die hierbei entstehenden Kosten zu tragen.

---

[816] Vgl. Echeverría Summers / Morillo González, S. 140-145.

Allerdings besagte Artikel 10.2 LPH a.F. auch, dass diese Verpflichtung nur dann gelten sollte, wenn die Kosten der Maßnahme nicht den Betrag von zwölf ordentlichen Monatsbeiträgen zu den allgemeinen Gemeinschaftsausgaben überstiegen. Die Gemeinschaft sollte auf diese Weise vor einer übermäßigen finanziellen Belastung geschützt werden. In der vorherigen, bis zum 2. August 2011 geltenden Gesetzesfassung, lag diese Grenze noch bei drei ordentlichen Monatsbeiträgen und wurde dann auf zwölf Monatsbeiträge erhöht, weshalb trotz der Beibehaltung einer Beschränkung dennoch eine erhebliche Belastung eintreten konnte.

Zeitgleich mit der beschriebenen Erhöhung wurde daher eine Ausnahme eingeführt, wenn einzelne Mitglieder der Eigentümergemeinschaft lediglich ein geringeres Einkommen erzielten.

Sollte ein Eigentümer in einem Familienverbund leben, der über ein jährliches Einkommen verfügte, das unter dem 2,5 fachen des *Indicador Público de Renta de Efectos Múltiples* (IPREM) - einer Art Bedürftigkeitsschwelle[817] - lag, sollte die Pflicht der Gemeinschaft zur Umsetzung der Maßnahme mit Kostentragungspflicht bzw. das Recht[818] des durch diese Maßnahme Begünstigten nicht bestehen.

Die bezeichnete Ausnahme erfuhr aber ihrerseits ebenso eine Einschränkung. Sie galt nämlich dann nicht, wenn der Familienverbund Empfänger von Subventionen oder anderen öffentlichen Hilfen war, und der auf den betroffenen Eigentümer entfallende Beitrag zu den Baumaßnahmen nicht mehr als 33 % des vollständigen Jahreseinkommens (die gegebenenfalls erhaltenen Subventionen oder Hilfen mit eingerechnet) ausmachte. In einem solchen Fall lebte das Recht des Artikels 10.2 LPH a.F. und die hiermit verbundene Kostentragungspflicht also wieder auf.

Auch wenn es richtiger schien (und unserer Ansicht nach eine solche Interpretation möglich gewesen wäre), unter Beibehaltung des in Artikel 10.2 LPH a.F. enthaltenen Rechts, den finanziell schwächeren Eigentümer von den für die Umsetzung der Maßnahme erforderlichen Beiträgen zu befreien statt die Pflicht der Gemeinschaft bzw. das Recht des Begünstigten auf Umsetzung der Maßnahme vollständig entfallen zu lassen, ging die h.M. in Übereinstimmung mit dem Gesetzeswortlaut davon aus, dass für den Fall, dass auch nur ein Eigentümer unter der beschriebenen Einkommensschwelle lag, und mangels besonderer Subventionen keine Ausnahme bestand, der Artikel 10.2 LPH a.F. insgesamt nicht anwendbar sei, wodurch

---

[817] Dieser Index wurde erstmals am 1. Juli 2004 eingeführt, und hat den bis dahin bestehenden Mindestlohnbetrag *salario mínimo interprofesional* (kurz: "SIM") in seinen Anwendungsbereichen weitestgehend abgelöst. Der "SIM" wurde ursprünglich unter anderem auch verwendet, um die Einkommensgrenze zu bezeichnen, bis zu welcher z.B. Stipendien oder Prozesskostenhilfe gewährt werden konnten. Nunmehr dient der "SIM" praktisch nur noch zur Bestimmung des gesetzlichen Mindestlohns. Zu den übrigen Zwecken wird nunmehr der "IPREM" herangezogen. Der "IPREM" kann aus dem jährlichen Haushaltsgesetz (*Ley de Presupuestos*) entnommen werden. Als Anhaltspunkt sei gesagt, dass im Jahr 2013 das aus dem "IPREM" resultierende Monatseinkommen mit 532,51 Euro beziffert wurde.

[818] Gemeint ist hier nur das Recht des Artikels 10.2 LPH a.F.

der Anspruch auf Beseitigung der (konkreten) architektonischen Hürden auf Kosten der Gemeinschaft durch den betroffenen Eigentümer verloren ging.[819]

Negativ[820] formuliert, konnte man sagen, dass ein behinderter oder ein diesem aufgrund seines Alters rechtlich gleichgestellter Eigentümer nur solange dass unmittelbare Recht gemäß Artikel 10.2 LPH a.F. auf Beseitigung architektonischer Hürden unter Kostentragungspflicht der Gemeinschaft hatte, wie kein Mitglied der Eigentümergemeinschaft unter der 2,5 fachen Geringverdienerschwelle des "IPREM" lag.

Hatten alle Eigentümer ein höheres Einkommen, blieb dieses Recht bestehen, wenn die Kosten der Maßnahme nicht über dem Betrag von zwölf ordentlichen Monatsbeiträgen zu den Gemeinschaftsausgaben lag. Bei kostspieligeren Massnahmen bedurfte es eines Beschlusses der Eigentümerversammlung (ohne dass der Eigentümer in jedem Fall einen Anspruch hierauf hätte), damit die mit der Maßnahme einhergehenden Kosten auf alle Eigentümer verteilt würden. Kam ein solcher Beschluss jedoch zustande, mussten alle Eigentümer, auch die finanziell schwächeren, ihren Beitrag leisten. In jedem Fall aber war es erforderlich, dass ein Begünstigter im Sinne des Gesetzes existierte, da immer von einer Anpassung an eine spezifische Behinderung auszugehen war.[821]

Aufgrund der spezifischen Besonderheiten (Erleichterungen), welche für die Beseitigung architektonischer Hürden galten, konnte es unter den Eigentümern zu Unstimmigkeiten darüber kommen, welcher Natur die Baumaßnahme war und ob diese tatsächlich als erforderlich einzustufen sein sollte, oder ob es sich um eine unnötige Verbesserung handelte. Wer die Maßnahme wünschte, hätte argumentiert, dass diese den besonderen, weil erleichterten Anforderungen der genannten Vorschrift unterlag. Deren Gegner hätten naturgemäß die Ansicht vertreten, die allgemeinen Regeln seien einschlägig.

Der Gesetzgeber hatte die Möglichkeit solcher Meinungsverschiedenheiten vorhergesehen. In derartig gelagerten Fällen sollte daher gemäß Artikel 10.4 LPH a.F. die Eigentümerversammlung entscheiden, welchen Charakter einzelne Massnahmen hatten, um auf diese Weise, die beschriebenen Kontroversen ausräumen zu können. Über die Fälle des Artikels 10 LPH a.F. hinaus konnte die Eigentümerversammlung gemäß Artikel 14.e.) LPH a.F. über alle Belange der Gemeinschaft, also auch über den Charakter einer Baumaßnahme, abstimmen.[822] Diejenigen Eigentümer, welche mit der durch die Versammlung vorgenommenen Einordnung nicht einverstanden waren, konnten selbstverständlich auch solch einen Beschluss gemäß Artikel 18 LPH anfechten.

---

[819] SEPIN, Obras necesarias para la supresión de barreras arquitectónicas; Loscertales Fuertes, Los derechos de las personas con discapacidad en la reforma de la Ley de Propiedad Horizontal.

[820] Und unter Ausser-Acht-Lassung der in Artikel 10.2 LPH a.F. enthaltenen Regelung bezüglich der 33 % Schwelle des geringverdienenden, subventionsbegünstigten Eigentümers.

[821] Jimenez París, Revista Crítica del Derecho Inmobiliario, n° 708, S. 1632.

[822] Pastor Álvarez, S. 72-73.

Artikel 10.5 LPH a.F. bestimmte, dass das Sondereigentum für die Zahlung der sich aus Artikel 10 LPH a.F. ableitenden Zahlungspflichten genauso haften würde, wie dies für die allgemeinen Ausgaben in Artikel 9 LPH vorgesehen ist.

Gemäß Artikel 11.1 LPH a.F. hatte der einzelne Eigentümer keinen Anspruch auf neue Einrichtungen, Dienste oder Verbesserungen, wenn diese ihrer Natur und Eigenschaft nach nicht für die geeignete Erhaltung, Bewohnbarkeit, Sicherheit oder Barrierefreiheit erforderlich waren. Auf den ersten Blick handelte es sich im weitesten Sinne um die negative Formulierung von dem, was bereits in Artikel 10.1 und 10.2 LPH a.F. enthalten war. Gegenstand von Artikel 11.1 LPH a.F. waren allerdings anders als in Artikel 10.1 und 10.2 LPH a.F. nicht die Reparaturen und Instandhaltungs- und Konservierungsmaßnahmen, sondern alleine Neuerungen und Verbesserungen. Aus Artikel 11.1 LPH a.F. ließ sich nämlich der Umkehrschluss ziehen, dass die Eigentümer sehr wohl Neuerungen und Verbesserungen verlangen konnten, wenn diese z.B. für die Barrierefreiheit bzw. Beseitigung architektonischer Hürden erforderlich waren. Diese Deutung sollte aber nur für die Fälle gelten, in denen die geeignete Erhaltung, Bewohnbarkeit oder Sicherheit betroffen waren. Diesbezüglich muss einerseits daran erinnert werden, was bereits im vorangegangenen, die allgemeinen Baumaßnahmen betreffenden Abschnitt ausgeführt wurde: Die Erforderlichkeit gemäß Artikel 11.1 LPH a.F. leitete sich aus den Eigenschaften der Liegenschaft ab. Im Falle der Barrierefreiheit orientierte sich die Erforderlichkeit aber nicht abstrakt an der Liegenschaft, sondern an den konkreten Bedürfnissen der Eigentümer bzw. Bewohner. Dass in Artikel 11.1 LPH a.F. von Barrierefreiheit die Rede war, wurde deshalb als unglückliche Fehlleistung des Gesetzgebers eingeordnet, der sich möglicherweise mit Blick auf den Wortlaut des Artikels 10.1 LPH a.F. hier zu einer unpassenden Wiederholung verleiten ließ.[823] Andererseits hätte die uneingeschränkte Pflicht zur Durchführung von Massnahmen zur Erzielung der Barrierefreiheit Artikel 10.2 LPH a.F. ad absurdum geführt, wonach die Kosten der Maßnahme einen gewissen Betrag nicht überschreiten durften (zwölf ordentliche Beiträge zu den Gemeinschaftsausgaben), damit für die Gemeinschaft eine Pflicht zur Umsetzung bestand. Was aber blieb dann von Artikel 11 LPH a.F. in Bezug auf die Beseitigung architektonischer Hürden übrig? Nun, wurde ein entsprechender Beschluss mit der gesetzlich bestimmten Mehrheit getroffen, um notwendige Massnahmen zur Barrierefreiheit umzusetzen, wurden alle Eigentümer unabhängig von der Höhe der Kosten zur Leistung des auf diese entfallenden Beitrags verpflichtet. Handelte es sich aber um Massnahmen, welche nicht erforderlich waren, so galt es danach zu unterscheiden ob die Kosten pro Eigentümer über drei ordentlichen Beiträgen zu den Gemeinschaftsausgaben lagen oder nicht. Überstiegen die nicht erforderlichen Massnahmen diese Grenze, wurden die Dissidenten von ihrer Beitragspflicht befreit.

Artikel 11.3 LPH a.F. bestimmte (abweichend von den Artikeln 10.2 und 11.2 LPH a.F.), dass die Gemeinschaft bei der Durchführung von Bauarbeiten zur Barrierefreiheit selbst dann zur Zahlung der Kosten verpflichtet würde, wenn diese die Hö-

---

[823] Jimenez París, Revista Crítica del Derecho Inmobiliario, n° 708, S. 1653 - 1655.

he von zwölf ordentlichen Monatsbeiträgen zu den Gemeinschaftsausgaben überstiegen, solange diese auf einen gültigen Beschluss zurückgingen.

Ausgehend von 17.1.3 LPH a.F. erforderte die Durchführung von Bauarbeiten oder die Schaffung neuer Gemeinschaftseinrichtungen, welche die Beseitigung architektonischer Hürden, die den Zugang oder die Mobilität behinderter Menschen erschwerten, die Zustimmung der Mehrheit aller Eigentümer, welche ihrerseits die Mehrheit der Beteiligungsquoten innehaben mussten. Dies selbst dann, wenn hierdurch eine Änderung des Gründungstitels oder der Satzung eintrat. Probleme bereitete in der praktischen Anwendung die Tatsache, dass Artikel 17.1.3 LPH a.F. die Beseitigung architektonischer Hürden betraf, aber den Hinweis enthielt, diese Regelung gelte ohne Einschränkung der Artikel 10 und 11 LPH a.F.

Wie wir bereits im vorangegangenen Abschnitt in Bezug auf die allgemeinen Neuerungen und Verbesserungen ausgeführt haben, leitete sich aus einer historischen Betrachtung des spanischen Wohnungseigentumsgesetzes ab, dass die in Artikel 11.2 LPH a.F. beschriebene erforderliche Mehrheit die des Artikels 17.4 LPH a.F. war.[824] Hieraus ergab sich aber, dass für die Beseitigung architektonischer Hürden einerseits die Mehrheit des Artikels 11.2 LPH a.F (welche sich nach Artikel 17.4 LPH a.F. richtet, d.h. in der ersten Einberufung Mehrheit aller Stimmen und Quoten und in der zweiten Einberufung einfache Mehrheit der anwesenden Stimmen und Quoten), und andererseits die des Artikels 17.1.3 LPH a.F. (einfache Mehrheit aller Stimmen und Quoten, mit der Fiktion des Artikels 17.1.4 LPH a.F., wonach die Stimmen und Quoten der Abwesenden als Zustimmung zu dem von den Anwesenden verabschiedeten vorläufigen Beschluss gewertet werden, wenn nicht binnen der gesetzlich vorgeschriebenen 30-Tages-Frist gegenüber dem Sekretär der Gemeinschaft eine gegenteilige Stimmabgabe erfolgt) existierte. Welche kam nun wann zur Anwendung?

Aus einer systematischen Betrachtung unter Berücksichtigung der Entwicklung der LPH, konnte man ableiten, dass die Mehrheit des Artikels 17.1.3 LPH dann erforderlich war, wenn die auf die Beseitigung architektonischer Hürden gerichtete Maßnahme die Teilungserklärung oder Gemeinschaftssatzung berührte. Andernfalls war auf die Mehrheit des Artikels 17.4 LPH a.F. abzustellen. Es hätte keinen Sinn gemacht, bei Initiativen, welche auf die Erzielung der Barrierefreiheit gerichtet waren, immer die auflagenintensivere, und damit schwerer zu erzielende Mehrheit des Artikels 17.1.3 LPH a.F. zu fordern, während die übrigen in Artikel 11 LPH a.F. enthaltenen, von den Eigentümern einforderbaren Massnahmen, durch die leichter zu erreichende Mehrheit des Artikels 17.4 LPH a.F. privilegiert wurden. Es konnte nicht im Sinne des Gesetzgebers sein, durch die Schaffung der speziellen

---

[824] Diese Auffassung wird nicht nur durch die geschichtliche Entwicklung der LPH gestützt, sondern war auch als einzige in der Lage zu erklären, weshalb gemäß Artikel 17.1.5 LPH die wirksamen Beschlüsse alle Eigentümer - unabhängig von ihrem Abstimmungsverhalten - verpflichten, während Artikel 11.2 LPH die Dissidenten (mit Ausnahme der auf die Beseitigung architektonischer Hürden gerichteten Massnahmen) von der Beitragspflicht befreite.

Mehrheit des Artikels 17.1.3 LPH a.F. die Verbesserung des behindertengerechten Zugangs zur Liegenschaften zu erschweren.[825]

Die soeben gemachten Ausführungen erleichtern ebenso das Verständnis des Artikels 17.1.2 LPH a.F. Die Errichtung bzw. Einführung eines Fahrstuhldienstes bedurfte hiernach, wenn die Teilungserklärung oder die Gemeinschaftssatzung berührt wurde, einer 3/5 Mehrheit aller Stimmen und Quoten (mit der Fiktion des Artikels 17.1.4 LPH a.F., wenn die Abwesenden nicht binnen 30 Tagen ihre Stimme abgaben). Da in Artikel 17.1.3 und 17.4 i.V.m. Artikel 11 LPH a.F. leichter zu erzielende Mehrheiten aufgestellt wurden, wenn es um die Beseitigung architektonischer Hürden ging, durfte man annehmen (da der Gesetzgeber zu diesem Zwecke die gegenständliche Privilegierung geschaffen hatte), dass im Falle der Existenz behinderter oder über 70 Jahre alter Eigentümer, die Mehrheit des Artikels 17.1.3 LPH a.F. einschlägig war, wenn (wie dies regelmäßig der Fall sein durfte) durch die Einführung eines Fahrstuhldienstes die Teilungserklärung oder Gemeinschaftssatzung betroffen wurde, während Artikel 17.4 LPH a.F. anzuwenden gewesen wäre (in Verbindung mit Artikel 11 LPH a.F.), wenn diese Neuerung weder die Teilungserklärung noch die Gemeinschaftssatzung berührte (was eigentlich unmöglich war).[826] Mit anderen Worten: Die Mehrheit des Artikels 17.1.2 LPH a.F. zur Errichtung eines Fahrstuhls fand lediglich dann Anwendung, wenn in der Liegenschaft kein behinderter oder diesem gleichgestellter Eigentümer oder Angehöriger lebte.

Durch die am 28. Juni 2013 in Kraft getretene Reform wird dieser Umstand nunmehr ausdrücklich in Artikel 17.2 LPH n.F. geregelt. Es besteht daher kein Zweifel mehr. Für die Errichtung eines Fahrstuhldienstes bedarf es zum jetzigen Zeitpunkt immer der Mehrheit aller Stimmen und Quoten, wenn nicht bereits eine Pflicht zu seiner Schaffung besteht.

Auch wenn der Wortlaut der Artikel 11.2 und 17.1.3 LPH a.F. einen anderen Schluss zuließ, so konnte diese Vorschriften nicht bereits dann herangezogen werden, wenn es um die abstrakte (von der Existenz tatsächlicher Begünstigter losgelöste) Beseitigung architektonischer Hürden ging. Vielmehr erforderte die Anwendung dieser Regelungen das Vorhandensein eines Behinderten oder einer diesem in ihren Rechten gleichgestellten Person.[827]

Artikel 17.4 LPH a.F. hatte, wie bereits bei der Beschreibung der übrigen Mehrheiten ausgeführt, die Anforderungen an die verbleibenden, der allgemeinen Mehrheiten unterliegenden Massnahmen zum Gegenstand. Waren keine besonderen Mehrheiten auf den Abstimmungsgegenstand anzuwenden, bedurfte es in der ersten Einberufung der Mehrheit an Stimmen und Quoten aller Eigentümer und in der zweiten Einberufung der Mehrheit der Stimmen und Quoten der anwesenden Eigentümer.

---

[825] Jimenez París, Revista Crítica del Derecho Inmobiliario, n° 708, S. 1657-1665, mit zahlreichen Literaturhinweisen.

[826] Jimenez París, Revista Crítica del Derecho Inmobiliario, n° 708, S. 1662-1666.

[827] Fernández Santiago, Anuario da Facultade de Dereito da Universidade da Coruña, n° 10, 2006, S. 340.

Nach Darlegung der wesentlichen Vorschriften verwundert es nicht, dass in Eigentümerversammlungen regelmäßig unterschiedliche Auslegungen der dargestellten Normen aufeinander stießen und so nicht selten zu gerichtlichen Auseinandersetzungen führten.

Während Artikel 10.1 LPH a.F. von einer Pflicht zur Durchführung von (Reparatur- oder) Erhaltungsmaßnahmen sprach, damit die Gemeinschaft unter anderem barrierefrei blieb, bestimmte Artikel 17.1.3 LPH, dass eine Stimmen und Quotenmehrheit erzielt werden musste, damit Beschlüsse zur Beseitigung architektonischer Hürden getroffen werden konnte, welche die Teilungserklärung oder Gemeinschaftssatzung betrafen.

Zu diesem augenscheinlichen Widerspruch trat die etwas verwirrende und in den Artikeln 10.2 und 11.3 LPH a.F. enthaltene Kostenübernahmeregelung, welche danach unterschied, auf welche Höhe sich die Kosten der Massnahmen beliefen, um zu bestimmen, ob eine Pflicht zur Kostenübernahme bestand. Es galt zu beachten, dass Artikel 10.2 LPH a.F. sich auf die behinderungsspezifische Anpassung bezog, weshalb sich die Kostengrenze auch nur für die in diesem Absatzes behandelten Anpassungen heranzuziehen war. Dabei konnte es dazu kommen, dass bei Geringverdienern, die unter der Schwelle des 2,5 fachen "IPREM" lagen, das in Artikel 10.2 LPH enthaltene Recht des begünstigten Eigentümers unanwendbar wurde.

Die richtige Auslegung erschloss sich lediglich aus einer zusammenhängenden Betrachtung, ausgehend von den Kosten der Maßnahme und ihrer Einordnung.

Durch die Reform des spanischen Wohnungseigentumsgesetzes im Jahre 2013, konnten einige der beschriebenen Konfliktpunkte beseitigt werden. Wie wir später noch Gelegenheit haben werden auszuführen, bestehen gewisse Auslegungsprobleme dennoch fort.

Vorgehensweise zur korrekten rechtlichen Einordnung bei vor dem 28. Juni 2013 getroffenen Beschlüssen

Am Anfang musste die Beantwortung der Frage stehen, ob überhaupt eine architektonische Hürde gegeben war.

Existierte eine architektonische Barriere, stellte sich die Frage, ob diese aufgrund eines unerwarteten Schadenseintritts bzw. mangels geeigneter Instandhaltungs- und Konservierungsmaßnahmen entstand. Musste diese Frage mit Ja beantwortet werden, war die Gemeinschaft kraft des Artikels 10.1 LPH a.F. zur Herstellung des ursprünglichen Zustands unmittelbar gesetzlich verpflichtet. Lautete die Antwort auf diese Frage Nein, galt es sich weiter zu fragen, ob eine behinderte oder über 70 Jahre alte Person, im Sinne des Artikels 10.2 LPH a.F., in der Gemeinschaft verkehrte.

War eine Hürde vorhanden, aber fehlte es an einer schützenswerten Person, musste weiter unterschieden werden:

Führte die Umsetzung der Baumaßnahme zu einer Änderung der Teilungserklärung oder wurde der Inhalt der Gemeinschaftssatzung berührt, bedurfte es gemäß

Artikel 17.1.1 LPH a.F. der Einstimmigkeit. Handelte es sich um einen Fall des Artikels 17.1.2 LPH a.F. (Errichtung einer Gemeinschaftseinrichtung allgemeinen Interesses, z.B. Fahrstuhl, welche die Teilungserklärung oder Gemeinschaftssatzung betraf), genügte für das Zustandekommen des Beschlusses ausnahmsweise eine 3/5 Mehrheit an Stimmen und Quoten aller Eigentümer. Wurde weder die Teilungserklärung noch die Satzung berührt, reichte die einfache Mehrheit des Artikels 17.4 LPH[828] a.F., auch wenn mangels Anwendbarkeit der Artikel 10.2 und 11.2 LPH a.F., keine Kostenübernahmepflicht für Dissidenten bestand.

Verkehrte eine gemäß Artikel 10.2 LPH a.F. schützenswerte Person in der Gemeinschaft, so war die Unterscheidung zu treffen, ob die Umsetzung der Maßnahme zur Beseitigung der Hürde bis oder über zwölf ordentliche Beiträge zu den Gemeinschaftsausgaben pro Eigentümer verschlungen hätte.

Überstiegen die Kosten diese Grenze nicht, musste weiter unterschieden werden. Zählte die Gemeinschaft einen Eigentümer zu seinen Mitgliedern der mit seinem Einkommen, unterhalb der Geringverdienerschwelle (*IPREM*) lag, wurde teilweise argumentiert, die Pflicht zur Umsetzung der Maßnahme würde entfallen, während nach anderer Auffassung eine Pflicht zur Durchführung bestand, wenngleich der Geringverdiener von der Beitragspflicht befreit würde. Existierte unter den Eigentümern kein Geringverdiener, so war die Gemeinschaft zur Umsetzung der Maßnahme auf ihre Kosten verpflichtet, ohne dass irgendein Stimmen- oder Quotenerfordernis hätte erfüllt werden müssen. Die Versammlung hatte die Maßnahme zu genehmigen. Kam die Gemeinschaft dieser Pflicht aber dennoch nicht nach, weil kein hierauf gerichteter Beschluss getroffen wurde, sei es durch Passivität oder Ablehnung desselben, konnte der betroffene Eigentümer sein Recht einklagen.[829] In einem ersten Schritt hätte der Eigentümer freilich die Gemeinschaft um einen die Maßnahmen anordnenden Beschluss bitten und zu diesem Zweck gemäß Artikel 16.2.2 LPH den Präsidenten zur Aufnahme eines hierauf gerichteten Tagesordnungspunktes in der nächsten Ladung (zur ordentlichen oder außerordentlichen Versammlung) aufgefordert.

Lagen die Umsetzungskosten über dieser Schwelle, so hatte der betroffene Eigentümer kein unmittelbares Recht auf die Durchführung der Maßnahme auf Kosten der Gemeinschaft.

Er konnte jedoch versuchen, diese Maßnahme im Wege des Artikels 11 i.V.m. Artikel 17.4 LPH a.F. bzw. Artikel 17.1.3 LPH a.F. durchzusetzen. Dies hätte eines Beschlusses der Eigentümerversammlung bedurft. Wurde durch die Maßnahme die Teilungserklärung oder die Gemeinschaftssatzung betroffen, musste die Mehrheit des Artikels 17.1.3 LPH a.F.[830] erzielt werden - es war also kein einstimmiger Be-

---

[828] D.h. Mehrheit an Stimmen und Quoten aller Eigentümer in der ersten Einberufung und Mehrheit an Stimmen und Quoten der anwesenden Eigentümer in der zweiten Einberufung.

[829] Echeverría Summers / Morillo González, S. 142.

[830] Mehrheit der Stimmen und Quoten aller Eigentümer, wobei die Stimmen und Quoten der Abwesenden als Zustimmung zu dem von den Anwesenden getroffenen vorläufigen Beschluss gezählt werden, wenn diese ihm nicht binnen 30 Tagen entgegentreten.

schluss oder eine 3/5 Mehrheit erforderlich. Berührte die Maßnahme selbige nicht, unterlag sie dem allgemeinen Mehrheitserfordernis des Artikels 11 i.V.m 17.4 LPH a.F.[831]

---

[831] Der Vollständigkeit halber sei nochmals angemerkt, dass die soeben dargestellte Einordnung nicht unumstritten war. In Rechtsprechung und Literatur herrschte Streit darüber, ob die Mehrheiten des Artikels 17.1.3 und 17.4 LPH a.F. jeweils in Abhängigkeit davon Anwendung fanden, ob die Teilungserklärung bzw. Gemeinschaftssatzung durch die Maßnahme berührt wurden oder nicht (dies war die oben beschriebene, absolut h.M.) oder ob im Falle der Beseitigung architektonische Hürden immer die Mehrheit des Artikels 17.1.3 LPH zugrunde zu legen gewesen sei, unabhängig davon, ob die Maßnahme die Teilungserklärung oder die Satzung betroffen hätte. Auslöser dieser gegensätzlichen Auffassungen und damit Gesetzesanwendungen waren die in Artikel 17.1.3 LPH a.F. enthaltenen, etwas missverständlichen, Formulierungen. Hiernach bedurfte es, wie wir geschildert haben, gemäß des Wortlauts des Artikels 17.1.3 LPH a.F., für Beschlüsse, durch welche Massnahmen zur Beseitigung architektonischer Hürden beschlossen wurden, *unbeschadet des in den Artikeln 10 und 11 dieses Gesetzes bestimmten* (*sin perjuicio de lo dispuesto en los artículos 10 y 11 de ésta ley*) der Mehrheit der Stimmen und Quoten aller Eigentümer *selbst dann*, wenn die Maßnahme *eine Änderung des Gründungstitels oder der Satzung bedeutet* (*incluso cuando impliquen la modificación del título constitutivo, o de los estatutos*). Eine Mindermeinung legte den Wortlaut dahingehend aus, dass unabhängig davon, ob die zur Abstimmung gestellte Maßnahme Einfluss auf die Teilungserklärung oder Gemeinschaftssatzung hatte, immer Artikel 17.1.3 LPH a.F. (Mehrheit aller Stimmen und Quoten, mit der Zustimmungsfiktion des Artikels 17.1.4 LPH a.F., wonach die Stimmen und Quoten der abwesenden Eigentümer, die nicht binnen 30 Tagen dem vorläufigen Beschluss der anwesenden Eigentümer entgegentreten) anzuwenden sei, wenn die Baumaßnahmen die Beseitigung architektonischer Hürden zum Gegenstand hätten. De la Hoz de la Escalera (In: Marina Martínez-Pardo, Encuesta Jurídica), belegte eine derartige Auslegung zu Recht mit dem Attribut *pervers*. Wenn allgemeine Baumaßnahmen in Gemeinschaftselementen beschlossen wurden, welche keinen Einfluss auf die Teilungserklärung oder Gemeinschaftssatzung hatten, reichte in der zweiten Einberufung gemäß Artikel 17.4 LPH a.F. bereits die Mehrheit der Stimmen und Quoten der anwesenden Eigentümer. Warum sollte dann bei der Beseitigung architektonischer Hürden, wenn diese ebenfalls keine Auswirkung auf die Teilungserklärung bzw. Satzung hatten, ein höherer Maßstab anzulegen sein? Artikel 17.1.3 LPH a.F. musste in Einklang mit den übrigen Vorschriften, also entsprechend der Systematik, aber auch teleologisch, sprich nach dem vom Gesetzgeber beabsichtigten Sinn und Zweck, ausgelegt werden. Hiernach ließ sich nur rechtfertigen, dass Artikel 17.1.3 LPH a.F. als Privilegierung zu verstehen war, wenn die Massnahmen zur Beseitigung architektonischer Hürden die Regelungen der Teilungserklärung oder Gemeinschaftssatzung berührten. Statt Einstimmigkeit gemäß 17.1 LPH a.F. genügte die Mehrheit der Stimmen und Quoten aller Eigentümer. Hatten die Baumaßnahmen keine solche Auswirkung, waren an diese die gleichen Anforderungen zu stellen wie an gewöhnliche Baumaßnahmen geringer Tragweite, was bedeutet, dass sie in einem solchen Fall gemäß Artikel 17.4 LPH a.F. zu beurteilen waren. Andernfalls wäre man zu dem unsinnigen Ergebnis gekommen, dass die eigentlich durch Artikel 17.1.3 LPH a.F. beabsichtigte Förderung solcher Maßnahmen, die auf die Beseitigung architektonischer Hürden gerichtet waren, höhere Anforderungen hätten erfüllen müssen als gewöhnliche Baumaßnahmen. Der Unterschied zwischen beiden Auffassungen mag auf den ersten Blick gering sein, da sowohl nach Artikel 17.1.3 wie auch Artikel 17.4 LPH a.F. die doppelte Mehrheit an Stimmen und Quoten erreicht werden musste. Um es aber nochmals ganz deutlich hervorzuheben, und die Tragweite zu verdeutlichen: Im Falle des Artikels 17.1.3 LPH a.F. handelte es sich um die doppelte Mehrheit unter allen Eigentümern, während im Falle der Artikels 17.4 LPH a.F. zwischen der ersten und der zweiten Einberufung zu unterscheiden war. Damit die Versammlung in der ersten Einberufung abgehalten werden konnte, mussten gemäß Artikel 16.2.3 LPH die Mehrheit der Eigentümer und Quoten erscheinen. War dies der Fall, musste auch hier die Mehrheit der Stimmen und Quoten

Wurde die entsprechende Mehrheit erzielt, waren, wie dargelegt, nach Artikel 11.3 i.V.m Artikel 17.4 LPH a.F. (bei Massnahmen welche die Teilungserklärung oder Gemeinschaftssatzung nicht berührten) bzw. Artikel 17.1.3 i.V.m Artikel 17.1.5 LPH a.F. (wenn sich die Maßnahme auf die Teilungserklärung oder Gemeinschaftssatzung auswirkte) alle Eigentümer verpflichtet die Kosten zu tragen, gleichgültig auf welche Höhe sich diese beliefen, und in welcher wirtschaftlichen Situation sie sich befanden.

Kam jedoch ein entsprechender Beschluss mangels erforderlicher Zustimmung der übrigen Eigentümer nicht zustande, blieben dem Betroffenen theoretisch zwei Möglichkeiten: Er konnte im Wege des *Juicio de Equidad* das Gericht anrufen, um den beabsichtigten Beschluss anzuordnen[832] oder ein Verfahren entsprechend des Gesetzes 15/1995 (*Ley 15/1995, de 30 de mayo, sobre límites del dominio sobre inmuebles para eliminar barreras arquitectónicas a las personas con discapacidad*),[833] beschreiten. Letzteres ermöglichte und ermöglicht nach wie vor, die Umsetzung der Baumaßnahme zur Überwindung architektonischer Hürden auf Kosten des Antragsteller.

Vorgehensweise zur korrekten rechtlichen Einordnung bei seit dem 28. Juni 2013 getroffenen Beschlüssen

Durch die am 28. Juni 2013 in Kraft getretene Reform des spanischen Wohnungseigentumsgesetzes wurden insbesondere in Bezug auf Baumaßnahmen einige Änderungen vorgenommen. So sind die alten Artikel 11 und 12 LPH, welche die rechtliche Regelung baulicher Innovation sowie Verbesserungen und den Gründungstitel betreffende bauliche Veränderungen zum Gegenstand hatten, als solche gänzlich gestrichen, und ihr Inhalt mit wichtigen Anpassungen in die aktuellen Artikel 10 und 17 LPH überführt worden. Dabei wurden einige aufgrund ihres uneindeutigen Wortlauts, zweifelhafte und für Diskussion sorgende Aspekte durch eine ausdrückliche Regelung endgültig geklärt. Leider sind gleichzeitig aber auch neue Fragen aufgeworfen worden, deren Analyse und Klärung durch Literatur und Rechtsprechung, aufgrund der erst kürzlich eingetretenen Änderungen, noch länger auf sich warten lassen wird.

---

aller Eigentümer die Maßnahme beschließen. Regelmäßig erschien und erscheint jedoch insbesondere in größeren Gemeinschaften oder im vom Tourismus dominierten Gegenden eine geringere Zahl an Eigentümern. In einem solchen Fall musste und muss die Versammlung in einer zweiten Einberufung abgehalten werden, die dann an keine Mindestteilnahmeregelungen mehr gebunden ist. Hier genügte für die Vereinbarung von Baumaßnahmen allgemeiner Art (welche weder die Teilungserklärung noch die Gemeinschaftssatzung betrafen) die Mehrheit der Stimmen und Quoten der Anwesenden. In der die Beseitigung architektonischer Hürden illustrierenden Grafik wird, um das Verständnis und die Übersichtlichkeit zu erleichtern, nicht auf diesen Meinungsstreit eingegangen und lediglich die herrschende Meinung dargelegt.

[832] Fuentes Lojo, Artikel 11 LPH.

[833] Gesetz 15/1995 vom 30. Mai, über die Grenzen des Eigentums an Immobilien zur Beseitigung architektonischer Hürden für Menschen mit Behinderung.

Die Regeln bezüglich der Beseitigung architektonischer Hürden bzw. die behindertengerechte Anpassung des Gemeinschaftseigentums, sind nunmehr aus den Artikel 10.1.a.), 10.1.b.), 10.3.b.), 17.2 und 17.4 LPH zu entnehmen.

Gemäß Artikel 10.1.a.) LPH hat die Gemeinschaft die Pflicht, die Gemeinschaftseinrichtungen in einem Zustand zu erhalten, der nicht nur die grundlegenden Anforderungen an Sicherheit, und Bewohnbarkeit sondern ebenso die an eine allgemeinen Barrierefreiheit zu stellenden grundlegenden Ansprüche (*requisitos básicos*) erfüllt. Diese Regelung verpflichtet die Gemeinschaft somit zur Durchführung aller notwendigen Reparatur- und Instandhaltungsmaßnahmen.

Artikel 10.1.b.) LPH erweitert[834] die Pflichten der Gemeinschaft dahingehend, dass auch bestehende Missstände in puncto Barrierefreiheit zu beseitigen sind.

Die Liegenschaft soll also nicht nur in der Art und Weise in Stand gehalten werden, dass dem Aufkommen von Barrieren entgegenzuwirken ist und die grundlegendsten Anforderungen erfüllt werden (wie sich bereits aus Artikel 10.1.a.) LPH ergibt). Vielmehr ist die Gemeinschaft ebenso verpflichtet, diejenigen Bauarbeiten und Massnahmen umzusetzen, welche erforderlich sind, um eine angemessene oder vernünftige Anpassung der Gemeinschaftselemente in Bezug auf die allgemeine Barrierefreiheit zu erreichen.

Weiterhin, wird für den Fall, dass in der Liegenschaft behinderte, oder über 70 Jahre alte Menschen leben, arbeiten oder unentgeltlich Dienste verrichten, die Pflicht der Gemeinschaft begründet, auf Antrag eines Eigentümers die erforderlichen Anpassungen vorzunehmen, um eine den Bedürfnissen der Begünstigten entsprechende Barrierefreiheit zu erreichen.

Artikel 10.1.b.) LPH begründet folglich auf zwei Ebenen Ansprüche. Einerseits bezüglich der Maßnahmen, welche für eine angemessen Anpassung der Liegenschaft, zur Herbeiführung der allgemeinen (also einer abstrakten) Barrierefreiheit erforderlich sind, andererseits in Bezug auf die einzuleitenden Schritten, welche orientiert an den spezifischen Behinderungen bzw. Einschränkungen der in der Liegenschaft verkehrenden Personen darauf gerichtet sind, die spezifischen (subjektiven, also behinderungsabhängigen) Barrieren zu beseitigen.

Leider bedeutet die Verwendung unbestimmter Rechtsbegriffe wie *erforderlich* (*necesarias*) und *angemessen* (*razonable*), dass eine eindeutige Abgrenzung zwischen denjenigen Maßnahmen zu denen die Gemeinschaft verpflichtet ist,[835] und

---

[834] Wie in der vor dem 28. Juni 2013 geltenden Fassung, der alte Artikel 10.2 LPH.
[835] Bei denen die Erforderlichkeit und Angemessenheit bejaht wird.

denjenigen welche freiwilligen Charakter haben praktisch unmöglich wird.[836] Es muss deshalb von Fall zu Fall eine individuelle Einordnung erfolgen.[837]

Anders als nach der alten Gesetzeslage, besteht die subjektive (also an der konkreten Behinderung oder Einschränkung) orientierte Anpassungspflicht nunmehr allerdings nicht nur dann, wenn behinderte oder über 70 Jahre alte Menschen in den zu Wohnzwecken dienenden Sondereigentumselementen verkehren, sondern ebenso dann, wenn diese Geschäftsräume bzw. Ladenlokale aufsuchen. Abweichend von der alten Fassung der Ley de Propiedad Horizontal, wird die Gemeinschaft gemäß des neuen Wortlauts auch ausdrücklich verpflichtet, Rampen, Fahrstühle und andere mechanische oder elektronische Hilfsmittel, welche die Orientierung oder Kommunikation mit der Außenwelt begünstigen, zu installieren. Die Pflicht des Artikels 10.1.b.) LPH besteht allerdings mit Sicherheit nur, solange deren jährlich umgelegte Kosten den Betrag von zwölf Beiträgen zu den ordentli-

---

[836] Es findet sich zwar eine Definition der *angemessenen Anpassungen* bzw. *Vorkehrungen* im Übereinkommen über die Rechte von Menschen mit Behinderungen (auch: *Behindertenrechtskonvention, BRK*) unter Artikel 2, jedoch ist auch die dort enthaltene Legaldefinition immer noch relativ unbestimmt. Hiernach bedeutet *angemessene Anpassungen* bzw. *Vorkehrungen* "*notwendige und geeignete Änderungen und Anpassungen, die keine unverhältnismäßige oder unbillige Belastung darstellen und die, wenn sie in einem bestimmten Fall erforderlich sind, vorgenommen werden, um zu gewährleisten, dass Menschen mit Behinderungen gleichberechtigt mit anderen alle Menschenrechte und Grundfreiheiten genießen oder ausüben können*". Gleichfalls definiert das königliche Gesetzes-Dekret 1/2013, vom 29. November, durch welches das neu gefasste *Allgemeine Gesetz zur Regelung der Rechte behinderter Menschen und ihre gesellschaftliche Integration* verabschiedet wurde (Real Decreto Legislativo 1/2013, de 29 de noviembre, por el que se aprueba el Texto Refundido de la Ley General de derechos de las personas con discapacidad y de su inclusión social) die *ajustes razonables* also die *angemessenen Anpassungen* bzw. *Vorkehrungen* als "*diejenigen erforderlichen und angemessenen Veränderungen und Anpassungen der physischen und sozialen Umgebung sowie der Einstellungen, an die spezifischen Bedürfnisse behinderter Personen, welche keine unverhältnismäßige oder ungerechtfertigte Belastung bedeuten, wenn sie in einem Einzelfall tatsächlich und praktisch notwendig sind, um die Barrierefreiheit und Teilnahme [aller] zu ermöglichen und behinderten Personen die Nutzung und Ausübung aller ihrer Rechte unter den gleichen Bedingungen wie allen übrigen zu garantieren*". (Original: "*las modificaciones y adaptaciones necesarias y adecuadas del ambiente físico, social y actitudinal a las necesidades específicas de las personas con discapacidad que no impongan una carga desproporcionada o indebida, cuando se requieran en un caso particular de manera eficaz y práctica, para facilitar la accesibilidad y la participación y para garantizar a las personas con discapacidad el goce o ejercicio, en igualdad de condiciones con las demás, de todos los derechos*"). Auch diese Definition ist jedoch immer noch sehr unbestimmt.

[837] Es könnte lange darüber diskutiert werden, ob es nicht Ziel sein müsste alle architektonischen Hürden zu beseitigen, weil jeder Mensch die Möglichkeit haben sollte sich unabhängig von einer gegebenenfalls bestehenden Behinderung, so frei wie alle übrigen nicht behinderten Mitmenschen innerhalb der Liegenschaft zu bewegen. Denn die Frage nach der Erforderlichkeit birgt bereits das Zugeständnis in sich, dass bestimmte Barrieren hinzunehmen seien. Andererseits wäre es utopisch zu glauben, jede potentielle Barriere könne und müsse immer beseitigt werden. Oftmals hängt schließlich die Einordnung als Barriere nicht nur vom abstrakten Grad der Behinderung sondern von den konkreten Bedürfnissen einzelner Personen ab. Erforderlich ist eine Maßnahme daher mit Sicherheit immer nur dann, wenn sie zum Zwecke der Erlangung einer allgemeinen (abstrakten) Barrierefreiheit notwendig scheint.

chen Gemeinschaftsausgaben nicht übersteigen. Liegen Sie darüber und besteht nicht bereits aufgrund der Pflicht die allgemeine Barrierefreiheit herbeizuführen der Zwang selbige umzusetzen, muss ein entsprechender Beschluss der Eigentümerversammlung, unter Erfüllung der übrigen Voraussetzungen, zustandekommen.

Zur Feststellung ob die Grenze dieser zwölf Beiträgen überschritten wird, sind die Subventionen und sonstigen öffentlichen Gelder, welche zu diesem Zwecke erhalten wurden, zuvor abzuziehen. Nur auf den tatsächlich durch die Eigentümer selbst zu entrichtenden Betrag kommt es daher an. Wenn die letztlich durch die Eigentümer selbst zu tragenden Kosten der Maßnahme die Summe dieser zwölf Beiträge Überschreiten, bleibt die Einordnung als erforderliche Maßnahme lediglich dann erhalten, wenn der überschüssige Betrag von den Antragstellern übernommen wird.

Fraglich ist, wie der Passus bezüglich der jährlich umgelegten Kosten (*el importe repercutido anualmente*) zu deuten ist. Ist er so zu verstehen, dass es zulässig wäre jedes Jahr einen solchen Betrag auf alle Eigentümer umzulegen? Könnte also, solange der jährlich zum Ansatz gebrachte Beitrag jeweils unter der Summe von zwölf ordentlichen Monatsbeiträgen liegt, dies durchaus mehrere Jahre lang geschehen, und diese Maßnahme dann immer noch durch Artikel 10.1.b.) LPH privilegiert werden, mit der Folge dass alle Eigentümer verpflichtet würden sich an diesen Kosten zu beteiligen?

Alleine aus dem Wortlaut des Artikels 10.1.b.) Satz 1 a. E. LPH heraus, ließe sich eine solche Deutung durchaus rechtfertigen. Andererseits drängt sich aus dem Zusammenhang und insbesondere aus dem letzten in Artikel 10.1.b.) LPH enthaltenen Satz, wonach der über diesen Beiträgen hinausgehende Betrag von den Antragstellern entrichtet werden kann, um den zwingenden Charakter der Maßnahme aufrecht zu crhalten, auf, dass die Verteilung der Kosten über mehrere Jahre hinweg den Sinn der Vorschrift, nämlich die Pflicht zur Beseitigung der Barriere und der mit ihr einhergehenden Kosten auf Antrag eines Eigentümer und ohne einer Mehrheit zu bedürfen, lediglich in engen finanziellen Grenzen gelten zu lassen, unterwandert würde, wenn die Anforderungen an die Höchstgrenze der Beitragspflicht durch Verteilung auf mehrere, theoretisch eine beliebige Anzahl Jahre, umgangen werden könnte.

Die Rechtsprechung wird aufzeigen müssen, welchem der widerstreitenden und durch Artikel 10.1.b.) LPH geschützten Interessen der Vorrang zu geben ist. Aus rein praktischer Perspektive dürfte diese Frage im Ergebnis dennoch nur eine untergeordnete Rolle spielen, schließlich setzt die Verteilung der Kosten über mehrere Jahre hinweg voraus, dass abgesehen von der im Lichte des Artikels 10.1.b.) LPH zu beurteilenden Rechtmäßigkeit, der Werkersteller bereit ist, eine entsprechende Finanzierung zu gewähren, oder dass sich eine Dritte Partei bereit erklärt diese zu ermöglichen. Dies wird regelmäßig ausscheiden.

Eindeutig zu begrüßen ist, die durch die Reform erfolgte Abschaffung der in Artikel 10.2 LPH a.F. enthaltenen Sonderregeln, welche für den Fall das in der Gemeinschaft Eigentümer lediglich über ein geringeres Einkommen verfügten, eine Reihe von Ausnahmen vorsahen. Anders als früher hat das Einkommen der Eigentümer heute keinen Einfluss mehr auf die Frage, ob eine Pflicht zur Beseitigung architektonischer Hürden besteht. Das komplexe Zusammenspiel mehrerer Faktoren (Höhe der Geringverdienerschwelle, gegebenenfalls Berücksichtigung staatlicher Hilfen zur Feststellung des tatsächlich verfügbaren Einkommens, Folgen der Existenz von Geringverdienern) machte eine sichere Beurteilung der Frage, ob eine Pflicht zur Umsetzung einer Maßnahme bestand oder nicht, nahezu unmöglich. Es kann folglich festgehalten werden, dass gemäß Artikel 10.1.a.) LPH eine Pflicht zur Herbeiführung der allgemeinen Barrierefreiheit besteht, während Artikel 10.1.b.) LPH die Pflicht zur spezifischen, konkreten und behinderungsbezogenen Anpassung nur dann gelten lässt, wenn die hierbei anfallenden Kosten pro Eigentümer den Betrag von zwölf Monatsbeiträgen zu den ordentlichen Gemeinschaftsausgaben nicht übersteigen.

Sollte die Frage nach der Einordnung einer Maßnahme aufgeworfen werden, und Zweifel bestehen, ob diese auf die Beseitigung architektonischer Hürden gerichtet ist und ob sie auf die Erlangung einer grundlegenden, einer allgemeinen oder einer spezifischen Barrierefreiheit abzielt, so kann gemäß Artikel 17.10 LPH, durch die Eigentümerversammlung, ein Schiedsgericht oder ein technisches Gutachten entsprechendes festgestellt werden.

Die letzten beiden Möglichkeiten müssen allerdings auf Initiative der Eigentümerversammlung zurückgehen, auch wenn der Gesetzeswortlaut die Annahme zuließe, einzelne Eigentümer seien hierzu berechtigt. Es fehlt jedoch an einer derartig ausgearbeiteten rechtlichen Grundlage, um vertreten zu können, die Gemeinschaft könne, ausgehend von einem durch einzelne Eigentümer veranlassten Gutachten oder Schiedsspruch, zu einer entsprechenden Einordnung gezwungen werden, oder dass der Beschluss der Gemeinschaft gar durch diese ersetzt werden könne.[838] Dass das von einem Eigentümer eingeholte Gutachten alleine den Beschluss der Gemeinschaft, ohne ein entsprechendes Gerichtsverfahren, aufheben könnte, ist ausgeschlossen. Auch diesbezüglich ist deshalb davon auszugehen, dass solch ein Gutachten von der Gemeinschaft in Auftrag gegeben werden muss, bzw. dass die Gemeinschaft beschließen muss, sich an den Schlussfolgerungen eines Gutachtens zu orientieren oder ihm zu folgen. Außer aus Artikel 17.10 LPH ergibt sich die Kompetenz der Gemeinschaft, den Charakter einer Maßnahme zu beschließen, ebenso aus Artikel 14.c.) und e.) LPH. Natürlich bleibt dem Einzelnen immer die Möglichkeit, einen solchen Beschluss gerichtlich anzufechten.[839]

---

[838] Zur Durchführung eines Schiedsverfahrens kann mangels besonderer Verweise oder Ausführungen innerhalb der LPH lediglich auf das spanische Schiedsgerichtsgesetz zurückgegriffen werden (*Ley 60/2003, de 23 de diciembre, de Arbitraje*). Dessen Artikel 9 setzt jedoch voraus, dass sich die Parteien auf die Anrufung eines Schiedsgerichts geeinigt haben. Eine einseitige Petition einzelner Eigentümer würde diese Voraussetzung nicht erfüllen.

[839] Vgl. hierzu: Loscertales Fuertes, Comentario Artículo 10.

Massnahmen zur Beseitigung architektonischer Hürden (zu deren Umsetzung keine Pflicht gemäß Artikel 10.1.a.) oder b.) LPH besteht)

Unabhängig von der Pflicht zur Durchführung von Massnahmen im Sinne des Artikels 10.1.b.) LPH (erforderliche Anpassungen für eine geeignete allgemeine Barrierefreiheit bei Kosten von bis zu zwölf Monatsbeiträgen zu den Gemeinschaftsausgaben pro Eigentümer), hat die Gemeinschaft selbstverständlich die Freiheit Massnahmen zu beschließen, welche auf die Beseitigung architektonischer Hürden gerichtet sind, und bei denen es an der beschriebenen Erforderlichkeit mangelt bzw. die Kosten trotz des Nutzens für Einzelne, über der gesetzlich gezogenen Schwelle liegen. Anders als bei den übrigen Baumaßnahmen, deren Mehrheitserfordernisse im Anschluss beschrieben werden sollen, existiert aber auch bei den nicht erforderlichen Massnahmen zur Überwindung architektonischer Hürden eine Privilegierung. Gemäß Artikel 17.2 LPH genügt für das Zustandekommen eines hierauf gerichteten Beschlusses die Mehrheit der Stimmen und Quoten aller Eigentümer.

Daneben wird im genannten Artikel ergänzend ausgeführt, dass der Einbau eines Fahrstuhls in jedem Fall als Maßnahme zur Beseitigung architektonischer Hürden zu bewerten ist. Auf diese Weise wird die bisher in Literatur und Rechtsprechung diskutierte Frage nach der korrekten Einordnung einer solchen Maßnahme nunmehr ausdrücklich beantwortet. Die einfache Mehrheit der Stimmen und Quoten aller Eigentümer gemäß Artikel 17.2 LPH genügt im übrigen auch dann, wenn im Wege der Durchführung der Arbeiten der Inhalt des Gründungstitels oder der Satzung betroffen, also geändert wird.[840]

Artikel 17.2.2 LPH bestimmt bei Beschlüssen, welche auf die Beseitigung architektonischer Hürden gerichtet sind weiter, dass wenn der entsprechende Beschluss zustande kommt, jeder Eigentümer verpflichtet ist, sich an den Kosten zu beteiligen, unabhängig davon, welche Kosten hiermit verbunden sind.

Trotz der aufgezeigten, durch die Gesetzesreform erzielten Erleichterungen, besteht ein Problem fort: In denjenigen Fällen, in denen eine Maßnahme zur Beseitigung architektonischer Hürden, im Gesetzessinne nicht erforderlich ist, und auch keine Mehrheit zu Stande kommt, um eine auf deren Überwindung gerichtete Maßnahme zu ergreifen, stellt sich die Frage, wie ein gerechter Ausgleich zwischen den Interessen desjenigen der eine in diesem Sinne *relative* Barriere beseitigen möchte[841] und denjenigen, welche dies nicht für erforderlich halten, hergestellt werden kann.

---

[840] Die vor der Reform schwellende Diskussion bezüglich der Frage, welcher Mehrheiten es zur Errichtung eines Fahrstuhldienstes bedarf sind zu Gunsten der Meinung welche eine einfache Mehrheit von Stimmen und Quoten aller Eigentümer forderte, entschieden.

[841] Relativ deshalb, weil bei Bestehen einer absoluten oder eindeutigen Barriere die aufgezeigten, besonderen Pflichten und Vorschriften (siehe Artikel 10.1.a.) und b.) LPH) gelten.

Wie bereits die alte Gesetzeslage, für vor dem 28. Juni 2013 getroffene Beschlüsse vorsah, kann der Betroffene entweder den Weg des *Juicio de Equidad*[842] beschreiten, und ein Gericht anrufen, um durch Urteil den Inhalt des gewünschten Beschlusses anordnen zu lassen,[843] weil die Auffassung vertreten wird, die Beseitigung der Barriere sei eben entgegen der Auffassung der Eigentümerversammlung doch erforderlich, oder, er kann unter Heranziehung des Gesetzes 15/1995 *Ley 15/1995, de 30 de mayo, sobre límites del dominio sobre inmuebles para eliminar barreras arquitectónicas a las personas con discapacidad*),[844] im Wege eines speziellen Verfahrens die Erlaubnis zur Durchführung der gewünschten Baumaßnahme einholen. Auch wenn er auf diesem Wege regelmäßig sein Vorhaben wird umsetzen können, gilt zu beachten, dass trotz entsprechender gerichtlicher Entscheidung, die Kosten der baulichen Veränderungen alleine vom Antragsteller aufzubringen sind.

Die durch das Gesetz 15/1995 eingeräumten Rechte, sind von denen der Ley de Propiedad Horizontal vollkommen unabhängig, und können daher selbständig geltend gemacht werden. Es ist nicht erforderlich, zuvor den ablehnenden Beschluss der Eigentümerversammlung abzuwarten. Da am Ende dieses alternativen Verfahrens aber die Kosten der Maßnahme vom Antragsteller zu tragen sind, wird grundsätzlich dieser Weg erst dann beschritten, wenn die Erlangung eines entsprechenden Beschlusses innerhalb der Eigentümerversammlung (und damit die mit der Maßnahme einhergehenden Kostenverteilung) fehlgeschlagen ist.

Wie bereits in dem Abschnitt für die vor dem 28. Juni 2013 getroffenen Beschlüsse ausgeführt, kann das Verfahren des Gesetzes 15/1995 folgendermaßen skizziert werden:

Der Betroffene (es kann sich um den Eigentümer oder einfach nur um den Nutzer der Wohnung handeln), muss der Gemeinschaft schriftlich mitteilen, welche Massnahmen ergriffen werden müssen, um eine seinen persönlichen Erfordernissen entsprechende Barrierefreiheit zu erzielen.

Diesem Schreiben sind der Nachweis über die Behinderung oder das Alter sowie eine Beschreibung der erforderlichen baulichen Veränderungen beizufügen.

Die Gemeinschaft muss innerhalb von 60 Tagen auf das Schreiben antworten. Sie kann entweder ihre Zustimmung erteilen, den Antrag unter Angabe von Gründen ablehnen oder andere Lösungsvorschläge unterbreiten.

Sollte die bezeichnete Frist verstreichen, ohne dass der Antrag beantwortet wurde, gilt dieses Schweigen als Zustimmung, und die beantragten Baumaßnahmen als genehmigt.

---

[842] Dieses besondere Verfahren wird im einem der nachfolgenden Kapitel näher erläutert. Das Gericht hat insbesondere im Sinne der Vernunft zu entscheiden. Eine eingeengte Gesetzesanwendung ist zu vermeiden.

[843] Fuentes Lojo, Artikel 11 LPH.

[844] Gesetz 15/1995 vom 30. Mai, über die Grenzen des Eigentums an Immobilien zur Beseitigung architektonischer Hürden für Menschen mit Behinderung.

Im Falle einer ablehnenden Antwort, bzw. falls der Antragsteller die ihm von der Gemeinschaft vorgeschlagenen Varianten zu seinem ursprünglichen Vorhaben nicht akzeptieren möchte, bleibt die Möglichkeit einer Klage.

Der Richter wird sodann prüfen, ob der Antragsteller die persönlichen Voraussetzungen erfüllt und ebenso die Geeignetheit der gewünschten Baumaßnahmen beurteilen. Hierbei kann er unter allen erarbeiteten Varianten die adäquateste auswählen bzw. Elemente unterschiedlicher Vorschläge kombinieren.

Baumaßnahmen welche nicht auf die Beseitigung architektonischer Hürden gerichtet sind und keine andere Privilegierung erfahren

Der Vollständigkeit halber soll an dieser Stelle ebenfalls ausgeführt werden, welche Behandlung Massnahmen erfahren, die nicht auf die Beseitigung architektonischer Hürden gerichtet sind:

Artikel 17.4 LPH beschreibt, dass kein Recht auf die Durchführung von Baumaßnahmen besteht, wenn diese angesichts der Natur und Eigenschaften der Liegenschaft, weder für die geeignete Erhaltung, Bewohnbarkeit, Sicherheit noch für die entsprechende Zugänglichkeit sprich die Herbeiführung der allgemeinen Barrierefreiheit erforderlich sind.

Dennoch kann eine Baumaßnahme erfolgen, welche z.B. für eine geeignete Barrierefreiheit nicht erforderlich ist, und auch nicht auf die Beseitigung architektonischer Hürden gerichtet ist, wenn die übrigen von Artikel 10 und 17 LPH vorgesehenen Mehrheiten zustande kommen.

So sehen die Artikel 10 und 17 LPH beispielsweise in Bezug auf Maßnahmen wie Teilung, Verbindung und Abspaltung von Sondereigentumselementen, Aufstockung, die Errichtung von Infrastrukturen für Telekommunikationsdienste, von kollektiven wie individuellen Stromversorgungseinrichtungen, Anlagen zur Verbesserung der Energieeffizienz oder des Wasserverbrauchs und Ladestationen für Elektrofahrzeuge zahlreiche Sonderregelungen vor, für welche es teilweise lediglich eines Antrags oder der Zustimmung einer Gruppe von Eigentümern bedarf, welche 1/3 der Stimmen und Quoten innehaben. Bezüglich der konkreten Anforderungen wird auf die vorangegangenen Abschnitte und die erläuternde Grafik verwiesen.

Ist auch keine der soeben bezeichneten Privilegierungen einschlägig, gilt es weiter zwischen Massnahmen welche der Schaffung oder Beseitigung von Gemeinschaftseinrichtungen allgemeinen Interesses dienen und den übrigen Vorhaben zu unterscheiden.

Erstere bedürfen, auch wenn sie die Teilungserklärung oder die Gemeinschaftssatzung berühren zu ihrer Annahme, in Übereinstimmung mit Artikel 17.2 LPH lediglich 3/5 aller Stimmen und Quoten der gesamten Liegeschaft (wobei die Stimmen und Quoten der Abwesenden gemäß Artikel 17.8 LPH als zustimmend gewertet werden, wenn sich diese nicht binnen 30 Tagen ab Mitteilung des durch die anwesenden Eigentümer getroffenen vorläufigen Beschlusses gegenteilig äußern). Letztere können weiter in zwei Gruppen aufgeteilt werden. Handelt es sich um Maßnahmen welche gemäß Artikel 17.4 LPH auf die Schaffung von Neuerungen, neuen Einrichtungen, Diensten oder Verbesserungen gerichtet sind, bedarf es einer 3/5 Mehrheit aller Stimmen und Quoten.[845] Die übrigen Baumaßnahmen bedürften (wenn sie die Teilungserklärung oder Gemeinschaftssatzung berühren) der Einstimmigkeit gemäß 17.6 LPH.[846]

In den Fällen des Artikels 17.4 LPH gilt es bezüglich der Kosten der Maßnahme zu beachten:

Kommt der entsprechende Beschluss zustande, ist die allgemeine Kostentragungspflicht aller Eigentümer von der Höhe der für die Umsetzung erforderlichen Umlage anhängig. Belaufen sich die Kosten der Maßnahme auf über drei ordentliche Beiträge zu den Gemeinschaftsausgaben, sind lediglich diejenigen Eigentümer verpflichtet für deren Kosten aufzukommen, die ausdrücklich für, d.h. durch Teilnahme an der Versammlung oder durch Stimmabgabe mittels Vertreters für das Vorhaben gestimmt, oder die innerhalb der von Artikel 17.8 LPH gewährten 30-Tages-Frist nicht von ihrem Recht auf nachträgliche Stimmabgabe Gebrauch gemacht haben,[847] weshalb aufgrund der von diesem Artikel vorgesehenen Fiktion ihre Stimme und Quote so verrechnet wurden, als hätten sie zu Gunsten des durch die anwesenden und wirksam vertretenen Eigentümer getroffenen, vorläufigen Beschlusses gestimmt.[848] Wer gegen einen solchen Beschluss gestimmt hat, gilt als sogenannter *Disidente*, also wörtlich übersetzt, Dissident, und ist von der Beitragspflicht zu den Kosten befreit. Beläuft sich der für die Umsetzung dieser Maßnahme aufzubringende Betrag pro Eigentümer auf weniger als drei ordentliche Beiträge zu den Gemeinschaftsausgaben, werden dennoch alle Eigentümer verpflichtet. Auch diejenigen welche gegen den Beschluss gestimmt haben, und deshalb die Einordnung als Dissident erfahren haben.

Hervorzuheben ist, dass gemäß Artikel 17.4.3 LPH alle Baumaßnahmen, gleich welcher Art, keinen Teil der Liegenschaft für die Nutzung oder Verwendung irgend eines Eigentümers unbrauchbar machen dürfen, wenn nicht die Zustimmung dieses Eigentümers vorliegt. In diesem Zusammenhang operiert auch nicht die Zustimmungsfiktion des Artikels 17.8 LPH, denn es geht nicht um die Abgabe einer Stim-

---

[845] Auch hier operiert bezüglich der abwesenden Eigentümer die Zustimmungsfiktion des Artikels 17.8 LPH.

[846] Auf diese Fälle ist ebenfalls Artikel 17.8 LPH anzuwenden, weshalb die Stimmen und Quoten der abwesenden Eigentümer, welche nicht binnen 30 Tagen ab der Mitteilung des durch die anwesenden Eigentümer getroffenen, vorläufigen Beschlusses von ihrem Stimmrecht Gebrauch machen, so gewertet werden, als hätten Sie dem Beschluss zugestimmt.

[847] Es sei daran erinnert, dass außer bei den Beschlüssen des Artikels 17.7 LPH, in denen die einfache Mehrheit der anwesenden oder vertretenen Eigentümer genügt, sich bei den übrigen Beschlüsse die Mehrheit oder Einstimmigkeit auf die Gesamtheit aller Stimmen und Quoten, also sämtlicher Eigentümer bezieht.

[848] Teilweise wird vertreten die Fiktion des Artikels 17.8 LPH sei auf die Beschlussgegenstände der Artikel 10.3, 17.1 und 17.4 LPH nicht anwendbar. Siehe: Magro Servet, El voto presunto del ausente del art. 17.8 LPH no se aplica en los casos del art. 10.3 y 17.1 y 4 LPH..

me, sondern um die *ausdrückliche* Zustimmung (*consentimiento expreso*).[849] Nur wenn der Eigentümer in der Versammlung für die Maßnahme votiert hat, wäre eine ausdrückliche Zustimmung entbehrlich.

5.2.4 Auf den Punkt gebracht - Fragen und Antworten (Überbauung)

Frage 223: Welche Voraussetzungen sind zu erfüllen, damit der über der Liegenschaft befindliche Raum überbaut werden darf? Wie sind die in der Teilungserklärung diesbezüglich durch den Bauträger eingefügten Klauseln zu werten? Sind diese wirksam?

Der über der Liegenschaft befindliche Raum erfährt gemäß Artikel 396 Código Civil die Einordnung als Gemeinschaftseigentum. Es bedurfte deshalb vor dem 28. Juni 2013 in Übereinstimmung mit den Artikeln 12 und 17.1.1 LPH a.F. eines einstimmigen Beschlusses der Eigentümerversammlung. Für Beschlüsse die nach diesem Datum getroffen wurden genügt hingegen, ausgehend vom aktuellen Artikel 10.3.b.) LPH eine 3/5 Mehrheit der Stimmen und Quoten sämtlicher Eigentümer.[850,851] In der Praxis finden sich allerdings daneben oftmals Klauseln, welche von dem Bauherrn in die Teilungserklärung eingefügt wurden und wonach dieser sich den bezeichneten Raum zu seiner freien Verwendung zuweist, um ihn zu einem späteren Zeitpunkt zu seinen Gunsten überbauen zu dürfen. Hierzu ist anzumerken, dass nach altem Recht solcherlei Klauseln dann nicht in das Grundbuch Einzug finden durften, wenn der Bauherr sich das Recht auf eine Überbauung eingeräumt hatte, ohne sie zu konkretisieren. Andernfalls hätte dies dazu geführt, dass der Verfasser der Teilungserklärung über ein quasi ewiges, unauslöschliches Recht verfügt, ohne dass diesem eine entsprechende Berechtigung zugrunde liegen würde. Dieses Recht könnte dann immer wieder, und nur begrenzt durch die geltenden Bauvorschriften, ausgeübt werden, was im Ergebnis dazu führt, dass die Liegenschaft als solche de facto nie endgültig fertiggestellt würde.[852] Darüber hinaus mussten die sich aus einer Überbauung ergebenden neuen bzw. geänderten Quoten zuvor entweder ausdrücklich festgelegt werden, oder soweit vorhersehbar sein (z.B. durch die Aufstellung fester Regeln, wie etwa einem unmittelbaren Verhältnis zwischen Fläche und Quote), dass keine einseitige und nicht nachvollziehbare Änderung derselben eintreten konnte.[853]

---

[849] Dies wäre zumindest die logische Folge, wenn man bereits davon ausgeht, dass Artikel 17.8 LPH nicht zur Ermittlung der in den Artikeln 10.3, 17.1 und 17.4 LPH enthaltenen Mehrheiten heranzuziehen ist. Vgl.: Magro Servet, El voto presunto del ausente del art. 17.8 LPH no se aplica en los casos del art. 10.3 y 17.1 y 4 LPH.

[850] Man beachte, dass für den Fall, dass sich die Liegenschaft im Geltungsbereich eines städtischen Sanierungs- oder Erneuerungs- und Renovierungsgebiets befindet, die Aufstockung in Übereinstimmung mit Artikels 10.1.e.) LPH von jedem Eigentümer bzw. der öffentlichen Verwaltung gefordert werden kann.

[851] Es sei darauf hingewiesen, dass einzelne Autoren der Auffassung sind, diese 3/5 Mehrheit müsse bezogen auf sämtliche Stimmen und Quoten bereits innerhalb der Versammlung erzielt werden. Die Regel des Artikels 17.8 LPH sei nicht anwendbar. Siehe: Magro Servet, El voto presunto del ausente del art. 17.8 LPH no se aplica en los casos del art. 10.3 y 17.1 y 4 LPH.

[852] Pastor Álvarez, S. 88.

[853] a.a.O., S. 89.

Durch die Gesetzesänderung des Jahres 2013 und die Einführung der besonderen Regelungen des Artikels 10.3.b.) LPH, wurde nunmehr auch die erforderliche Mehrheit für die Neuverteilung der Quoten bezeichnet. Gemäß des 2. Absatzes des Artikels 10.3.b.) LPH bedarf es auch hierfür einer 3/5 Mehrheit der Stimmen und Quoten sämtlicher Eigentümer.[854] Die gegenständliche Gesetzesänderung könnte aufgrund ihres Wortlauts, nach Auffassung einzelner Autoren, so verstanden werden, dass die Quoten immer durch die Eigentümerversammlung festzulegen seien. Die würde im Ergebnis dazu führen, dass bezüglich der Quotenvergabe möglicherweise zwischen Fällen vor und ab dem 28. Juni 2013 zu unterscheiden sei. Während für alte Beschlüsse die eingangs bezeichneten Regeln fortgelten könnten, habe ab dem 28. Juni 2013 die Quotenverteilung immer durch die Eigentümerversammlung zu erfolgen, weshalb eine bereits vorgegebene Regelung möglicherweise unzulässig sei.[855]

In jedem Fall sei zu beachten, dass die Ausübung eines solchen (Überbauungs-) Rechts nicht dazu führen dürfe, dass aus Gemeinschaftselementen Sondereigentum wird. Bei bereits in der Vergangenheit (also vor der Reform des Jahres 2013) vorgegebenen Klauseln müssen diese als solche klar und unmissverständlich sein. Ihre Auslegung darf lediglich in engen Grenzen erfolgen.[856] Selbstverständlich muss die Überbauung in jedem Falle die einschlägigen Bauvorschriften beachten und mit ihnen im Einklang stehen.[857]

5.2.5 Auf den Punkt gebracht - Fragen und Antworten (Barrierefreiheit)

Frage 224: Das spanische Wohnungseigentumsgesetz spricht an einigen Stellen von *supresión de barreras arquitectónicas* also der Beseitigung architektonischer Hürden und in anderen von *accesibilidad,* also Zugänglichkeit bzw. Barrierefreiheit. Sind diese Begriffe in rechtlicher Hinsicht identisch oder gilt es eine Unterscheidung zu treffen?

Einzelne Autoren (Carreras Maraña) wollen einen Unterschied zwischen beiden Begrifflichkeiten ausmachen. So soll sich das in Artikel 10 und 17 LPH Verwendung findende Merkmal der Zugänglichkeit auf Arbeiten beziehen, welche durchgeführt werden, um Erleichterungen zu bewirken, während sich Massnahmen zur Beseitigung architektonischer Hürden gemäß Artikel 17 LPH darauf richten, bestehende Barrieren zu entfernen. Rodriguez Achútugui sieht hierin zu Recht aber lediglich einen perspektivischen Unterschied. In einem Fall wird die erforderliche Maßnahme positiv und im anderen Fall negativ formuliert. Es geht aber letztlich immer darum die Bewegungsfreiheit im weitesten Sinne zu verbessern. Eine in diesem Zu-

---

[854] Eine Mehrheit, welche nach Ansicht einzelner Autoren bereits in der Versammlung erzielt werden muss, und auf welche Artikel 17.8 LPH nicht anzuwenden ist. Siehe Magro Servet, El voto presunto del ausente del art. 17.8 LPH no se aplica en los casos del art. 10.3 y 17.1 y 4 LPH.

[855] Vgl.: Martínez Ortega, La modificación del título constitutivo.

[856] Ebenda.

[857] Ebenda.

sammenhang rechtlich erhebliche Unterscheidung zwischen beiden Begrifflich-keiten ist deshalb nicht vorzunehmen.[858]

Frage 225: In Artikel 10.1.b.) LPH ist von der Pflicht der Gemeinschaft die Rede, auf Antrag eines Eigentümers, in dessen Wohnung oder Geschäftsräumen Behinderte oder über siebzig Jahre alte Menschen leben, arbeiten oder ihre Dienste uneigennützig oder freiwillig verrichten, Massnahmen durchzuführen, um einen in Bezug zu deren Behinderung geeigneten Zugang zu den gemeinschaftlichen Einrichtungen zu ermöglichen, sowie Installation von Rampen, Fahrstühlen und anderen mechanischen und elektronischen Gerätschaften, welche die Orientierung oder ihre Verbindung mit der Außenwelt fördern, wenn deren Kosten den Betrag von zwölf Beiträgen zu den ordentlichen Gemeinschaftsausgaben nicht übersteigt. Was bedeutet in diesem Zusammenhang *leben, arbeiten oder ihre Dienste uneigennützig oder freiwillig verrichten*? Können sich auch Mieter auf diese Vorschrift berufen? Genügen gelegentliche Besuche Behinderter oder älterer Menschen, um diese Pflicht zu begründen?

Durch die Reform des Jahres 2013 ließe sich rechtfertigen, dass es auch Mieter möglich ist, sich auf den Schutz des Artikels 10.1.b.) LPH zu berufen. Obwohl sich bereits vor der Reform Stimmen fanden, die den Schutz des damaligen Artikels 10.2 LPH - heute 10.1.b.) LPH - auch auf Mieter ausdehnen wollten, ergab sich aus dem Wortlaut der Vorschrift *en cuya vivienda vivan* (*in deren Wohnung [...] leben [...]*), dass der Gesetzgeber von einem Zusammenleben mit dem Eigentümer ausging. Andernfalls wären Begriffe wie *Eigentum, Liegenschaft, Immobilie*, etc. an die Stelle des Begriffs *Wohnung* gesetzt worden.[859] Dadurch dass der aktuelle Artikel 10.1.b.) LPH seinen Anwendungsbereich aber auf Geschäftslokale erweitert, ließe sich nunmehr argumentieren, die Begriffe Wohnung bzw. Geschäftslokal würden nur verwendet, um hervorzuheben, dass es nicht auf die Art der Nutzung ankomme, weshalb die beiden häufigsten Arten von Sondereigentumselementen (Wohnungen und Geschäftsräume) nur exemplarisch genannt worden seien. Ein Zusammenleben mit dem Eigentümer wäre dann nicht mehr erforderlich.

Unabhängig von dieser Frage, muss aber darüber hinaus eine gewisse Intensität in der Nutzung gegeben sein, damit eine erfolgreiche Berufung auf Artikel 10.1.b.) LPH möglich ist. Es muss sich also um den Wohnsitz bzw. Arbeitsplatz handeln, oder zumindest eine gewisse Nutzungsdauer bestehen oder anstehen.[860] Im Falle dritter Personen und in Bezug auf das Arbeiten und Verrichten gemeinnütziger Dienste, musste diese Tätigkeit nach h.M. ursprünglich, wie sich bereits aus dem oben beschriebenen entnehmen lässt, für den Eigentümer erfolgen und nicht etwa für den oder die Mieter desselben.[861] Mittlerweile wäre aufgrund der aktuellen Wortlauts aber auch hier eine andere Argumentation möglich.

Frage 226: Muss ein bestimmter Behinderungsgrad erreicht werden?

---

[858] Nennungen nach: Jimenez París, Revista Crítica del Derecho Inmobiliario, n° 708, S. 1655-1656.

[859] Jimenez París, Revista Crítica del Derecho Inmobiliario, n° 708, S. 1633.

[860] a.a.O., S. 1633-1634.

[861] a..a.O., S. 1635-1636.

Ja. Aus dem Gesetz 51/2003 vom 2. Dezember über Chancengleichheit, Antidiskriminierung und allgemeine Barrierefreiheit für behinderte Menschen[862] ergab sich gemäß Artikel 1.2.3, dass all diejenigen Menschen eine Einstufung als Behinderte im Sinne dieses Gesetzes[863] erfuhren, deren Behinderungsgrad gleich 33 % war oder darüber lag. Die selbe Einordnung erfuhren laut diesem Gesetzes auch diejenigen Personen, welche Empfänger einer Rente wegen völliger, absoluter oder weitgehender dauerhafter Berufsunfähigkeit (*incapacidad permanente en el grado de total, absoluta o gran invalidez*) von der spanischen Rentenversicherung *Seguridad Social* bezogen, sowie die Begünstigten einer Pension welche wegen dauerhafter Dienstunfähigkeit oder Untauglichkeit ausgezahlt wurde.

Die soeben beschriebenen Regelungen sind jedoch am 4. Dezember 2013 durch das königliche Gesetzes-Dekret 1/2013 vom 29. November, durch welches das neu gefasste Allgemeine Gesetz über die Rechte behinderter Personen und deren soziale Integration[864] verabschiedet wurde, abgelöst worden. Als einschlägige Vorschrift erweist sich nunmehr Artikel 4 des neuen Gesetzes. Ihr Regelungsinhalt ist jedoch in puncto Behinderungsgrad praktisch identisch geblieben. Es gilt lediglich zu unterscheiden, dass für bereits vor dem 4. Dezember des Jahres 2013 eingeleitete Verfahren alleine die alten Normen heranzuziehen waren.

Frage 227: Reicht bei über Siebzigjährigen ein Altersnachweis oder muss ebenso eine tatsächliche Behinderung vorliegen?

Da Artikel 10.2 LPH von erforderlichen Anpassungen an die konkrete Behinderung spricht, dürfte das Alter alleine nicht ausreichen, wenn der über siebzig Jahre alte Eigentümer Massnahmen zur Beseitigung architektonischer Hürden verlangt. Anders als im Falle der Behinderten muss er jedoch keine Behinderungsgrade nachweisen. Es genügt, wenn er altersbedingte Einschränkungen belegen kann. Hierfür würde beispielsweise ein ärztliches Attest ausreichen.[865]

Frage 228: Werden auch ausländische Nachweise für eine Behinderung anerkannt?

Grundsätzlich nein. Zur Ermittlung des Behinderungsgrades gibt es in Spanien ein einschlägiges und weitgehend eigenständiges Gesetz (*Real Decreto 1971/1999, de 23 de diciembre, de procedimiento para el reconocimiento, declaración y calificación del grado de discapacidad*). Nur wenn zweifelsfrei nachgewiesen werden kann, dass die von einer ausländischen Stelle bescheinigte Behinderung mit der in Spanien vorzunehmenden Einordnung identisch ist bzw. den sicheren Schluss auf einen konkreten, spanischen Behinderungsgrad zulässt, könnte etwas anderes gelten.

---

[862] *Ley 51/2003, de 2 de diciembre, de igualdad de oportunidades, no discriminación y accesibilidad universal de las personas con discapacidad.*

[863] Gemäß der Dritten Zusatzbestimmung dieses Gesetzes, auch im Sinne des spanischen Wohnungseigentumsgesetzes.

[864] Real Decreto Legislativo 1/2013, de 29 de noviembre, por el que se aprueba el Texto Refundido de la Ley General de derechos de las personas con discapacidad y de su inclusión social.

[865] Jimenez París, Revista Crítica del Derecho Inmobiliario, n° 708, S. 1637.

Ausgehend von der grundsätzlichen Verschiedenheit der nationalen Regelungen wird aber eine direkte Vergleichbarkeit praktisch unmöglich sein.

Wer in Spanien aber seinen Wohnsitz hat, kann sich von den zuständigen Stellen untersuchen und eine hieraus resultierende Bescheinigung ausstellen lassen.

Frage 229: Welche Mehrheiten sind für die Schaffung eines Fahrstuhldienstes erforderlich?

Vor der im Jahre 2013 in Kraft getretenen Reform wurde diskutiert, ob die Mehrheit des Artikels 17.1.3 LPH a.F. (Mehrheit aller Eigentümer und Quoten) oder des Artikels 17.1.2 LPH a.F. (3/5 Mehrheit der Stimmen aller Eigentümer und Quoten) einschlägig war. Für die korrekte Einordnung wurde damals darauf abgestellt, welche rechtliche Einordnung die Schaffung einer solchen Einrichtung erfuhr. Sollten mit dem Fahrstuhl architektonische Hürden beseitigt werden, weil Behinderte oder über 70 Jahre alte Menschen in der Gemeinschaft (mit einem Eigentümer) lebten oder arbeiteten, reichte die Mehrheit aller Eigentümer und Quoten gemäß Artikel 17.1.3 LPH a.F. aus. Andernfalls, war die 3/5 Mehrheit aller Eigentümer und Quoten gemäß Artikel 17.1.2 LPH a.F. zu erzielen.[866]

In beiden Fällen wurden die Stimmen und Quoten der abwesenden Eigentümer als Zustimmung gewertet, wenn diese nicht binnen der in Artikel 17.1.4 LPH bezeichneten 30-Tage-Frist gegen den durch die Anwesenden getroffenen vorläufigen Beschluss stimmten.

Für Versammlungen ab dem 28. Juni 2013 bestimmt der aktuelle Artikel 17.2 LPH, durch die ausdrückliche Nennung des Fahrstuhldienstes, dass nunmehr die einfache Mehrheit der Stimmen und Quoten aller Eigentümer ausreichend ist.

Gegebenenfalls kann sich, insbesondere bei Vorliegen behinderter oder über 70 Jahre alter Personen, sogar eine Pflicht zur Schaffung des Dienstes ex Artikel 10 LPH ergeben. Allerdings wären die Kosten der Maßnahme ausschlaggebend. Nur wenn die Kosten der Einführung dieses Dienstes (nach Abzug etwaiger Subventionen) den Betrag von zwölf Monatsbeiträgen zu den ordentlichen Gemeinschaftsausgaben nicht übersteigen oder die Antragsteller die hierüber hinausgehenden Kosten selbst tragen, kann die Gemeinschaft gezwungen sein, den Fahrstuhldienst einzuführen.

Frage 230: Haben einzelne Eigentümer gegenüber der Gemeinschaft einen Schadenersatzanspruch, wenn durch notwendige Baumaßnahmen die Nutzung des Sondereigentumselements eingeschränkt wird?

Es sind zwei Konstellationen denkbar: Einerseits kann die Baumaßnahme zu einer dauerhaften Einschränkung geführt haben. Man denke beispielsweise an im Zuge der Einrichtung eines Fahrstuhls dauerhaft besetzte Bereiche im Inneren eines Sondereigentumselements.[867] Andererseits kann durch temporäre[868] Baumaßnah-

---

[866] AP A Coruña, Sec. 3.ª, Urteil Nr. 291/2009 vom 3. Juli.
[867] TS, Sala 1.ª, de lo Civil, Urteil Nr. 732/2011 vom 10. Oktober.
[868] AP Ourense, Sec. 1.ª, Urteil Nr. 330/2009 vom 15. Juli.

men, etwa in der Tiefgarage der Eigentümer eines einzelnen Stellplatzes, während der Dauer der Arbeiten von einer Nutzung ausgeschlossen sein. In beiden Fällen ist die Zahlung eines Schadenersatzanspruchs gemäß Artikel 9.1.c.) LPH gesetzlich vorgesehen. Bei einer lediglich temporären Beeinträchtigung muss diese natürlich eine entsprechende Intensität aufweisen.

Frage 231: Was ist unter Gemeinschaftseinrichtungen allgemeinen Interesses zu verstehen?

Es muss sich grundsätzlich um Einrichtungen handeln, die allen Eigentümern gleichermaßen dienen.[869] Ob sie von allgemeinem Interesse sind, hängt davon ab, inwieweit die konkrete Liegenschaft im Vergleich zu ähnlichen Liegenschaften über die entsprechende Einrichtung verfügen sollte, aber auch wer die Liegenschaft bewohnt. Diese Einschätzung ist zudem auch einer historischen Entwicklung unterworfen, hängt aber gleichfalls von geographischen Faktoren ab. Eine Einrichtung (z.B. Gemeinschaftspool oder Spielplatz) kann an einem Ort von allgemeinem Interesse sein, und an einem anderen nicht. Während in einer in Südspanien gelegenen größeren Liegenschaft ein Gemeinschaftspool durchaus im allgemeinen Interesse aller Eigentümer sein kann (und über mehrere Monate hinweg von Nutzen ist), dürfte dies in nördlicheren Gefilden oder in höher gelegenen Orten anders beurteilt werden. Ein Spielplatz in einer großen, kinderreichen Liegenschaft dürfte ebenso eine andere Einschätzung erfahren als in einer kleinen, kinderlosen Liegenschaft.

Da durch die Errichtung einer neuen Gemeinschaftsanlage oftmals die bestehenden Einrichtungen verändert werden, muss auch dieser Umstand berücksichtigt werden, wenn es zu beurteilen gilt, ob die beabsichtigte Einrichtung von allgemeinem Interesse ist.

Die Einordnung ist insbesondere zur Ermittlung der einschlägigen Mehrheit von Bedeutung. Handelt es sich nämlich um Baumaßnahmen, welche die Teilungserklärung oder Gemeinschaftssatzung betreffen, dann bedarf es gemäß Artikel 17.6 LPH grundsätzlich eines einstimmigen Beschlusses, wenn keine Privilegierung (wie beispielsweise 17.3 LPH) einschlägig ist. Sind die Massnahmen auf die Schaffung von Gemeinschaftseinrichtungen allgemeinen Interesses gerichtet, gilt trotz deren Einflusses auf die Teilungserklärung oder Gemeinschaftssatzung die privilegierte 3/5 Mehrheit aller Stimmen und Quoten.

Frage 232: Sind Gemeinschaftspools grundsätzlich Einrichtungen allgemeinen Interesses?

---

[869] Gleichwohl gibt es Entscheidungen, welche Elemente als Gemeinschaftseigentum klassifizieren und dennoch einzelne Eigentümer aufgrund des fehlenden Zusammenhangs zwischen deren Sondereigentum und dem fraglichen Gemeinschaftselement von ihrem Gebrauch ausnehmen. Siehe: TS, Sala 1.ª, de lo Civil, Urteil Nr. 67/2006 vom 2. Februar. In diesen Fällen kann daher Gemeinschaftseigentum vorliegen, ohne dass es von allen Mitgliedern der Eigentümergemeinschaft genutzt werden darf.

Wie sich aus der vorangegangenen Frage ergibt, kann es keine universelle Einordnung geben. Es hängt unter anderem von der Liegenschaft, ihren Bewohnern und der geografischen Lage ab.

Es finden sich für beide Auffassungen einschlägige Urteile.[870] Wenn aber keine besonderen Voraussetzungen vorliegen, welche die Errichtung eines solchen Pools rechtfertigen, müsste wohl davon ausgegangen werden, dass es sich nicht um ein Gemeinschaftselement allgemeinen Interesses handelt, und dass daher zu deren Errichtung ein einstimmiger Beschluss der Eigentümerversammlung erforderlich ist.

Frage 233: Sind Sportanlagen grundsätzlich Einrichtungen allgemeinen Interesses?

Es muss erneut Bezug auf die beiden vorangegangenen Fragen genommen werden.[871]

Frage 234: Kann die Verwandlung überirdischer Stromleitungen in unterirdische, die Änderung des bestehenden Heizungs- und Warmwassersystems, oder die Schaffung eines Müllablageraums als Gemeinschaftseinrichtung allgemeinen Interesses im Sinne des Artikels 17.3 LPH eingeordnet werden, und damit dessen 3/5 Mehrheit unterliegen?

In den konkret genannten Beispielen wurde die Annahme einer Gemeinschaftseinrichtung allgemeinen Interesses bejaht.[872]

Frage 235: Dürfen Sondereigentumselemente unterschiedlicher, benachbarter Gemeinschaften verbunden werden?

Ja. Aber nur dann, wenn dies durch einstimmigen Beschluss der beiden Gemeinschaften genehmigt wurde, bzw. eine entsprechende Genehmigung in der Teilungserklärung oder Gemeinschaftssatzung vorgesehen war.[873] Bei der Außenwand handelt es sich auch dann, wenn diese nicht tragend ist, um ein Gemeinschaftselement, weshalb Veränderungen an ihr nur mit Genehmigung der Gemeinschaft möglich sind, welche Einstimmigkeit erfordert,[874] wenn keine Privilegierung einschlägig ist. Hier wäre gegebenenfalls an Artikel 10.3.b.) LPH, und die dort beschriebene 3/5 Mehrheit (der Stimmen und Quoten aller Eigentümer) zu denken. Allerdings gilt zu beachten, dass dort ausdrücklich nur die Verbindung von

---

[870] Die Einordnung des Gemeinschaftspools als Gemeinschaftseinrichtung allgemeinen Interesses, wird verneint von: AP Zaragoza, Sec. 5.ª, Urteil Nr. 197/2011 vom 18. März. Bejaht wird dies von AP Córdoba, Sec. 2.ª, Urteil Nr. 244/2010, vom 27. Oktober; AP Madrid, Sec. 9.ª, Urteil Nr. 322/2003 vom 12. Mai.

[871] Bejaht wird die Annahme von: AP Madrid, Sec. 9.ª, Urteil Nr. 237/2006 vom 11. März. Verneint wird die Annahme von AP Madrid, Sec. 9.ª, Urteil Nr. 147/2011 vom 11. März.

[872] Umwandlung einer überirdischen Stromleitung in eine unterirdische: AP La Rioja, Sec. 1.ª, Urteil Nr. 285/2010 vom 2. Juli; Änderung des Heizungs- und Warmwassersystems: AP Asturias, Sec. 5.ª, Urteil Nr. 3/2010 vom 14. Januar; Schaffung eines neuen Müllablageraums: AP Las Palmas, Sec. 4.ª, Urteil Nr. 160/2004 vom 8. März.

[873] AP Barcelona, Sec. 19.ª, Urteil Nr. 367/2006 vom 20. September.

[874] AP Asturias, Sec. 6.ª, Urteil Nr. 249/2009 vom 6. Juli.

Sondereigentumselementen der gleichen Liegenschaft und nicht zweier benachbarter und unabhängiger normiert wird. Bei Vorliegen einer Genehmigung in der Teilungserklärung oder Gemeinschaftssatzung gilt zu beachten, dass diese nur restriktiv ausgelegt werden darf, und dass einige Literaturmeinungen der Auffassung sind, nur für Klauseln welche vor dem Inkrafttreten der letzten Reform des spanischen Wohnungseigentumsgesetzes (am 28. Juni 2013) geschaffen wurden, unterstellt werden könne, dass von ihrer Gültigkeit auszugehen sei. Bei nach diesem Datum geschaffenen Regelungen könne es fraglich sein, ob auf den konkreten Beschluss der Eigentümerversammlung im Sinne des Artikels 10.3.b.) LPH verzichtet werden dürfe.[875]

---

[875] Martínez Ortega, La modificación del título constitutivo

Teil II

Anspruchsgrundlagen und rechtliche Massnahmen

6

Anspruchsverfolgung im Klageweg

6.1 Anfechtung von Beschlüssen der Eigentümerversammlung

Die von der Versammlung getroffenen Beschlüsse können durch die Eigentümer angefochten werden. Für eine erfolgreiche Anfechtung bedarf es eines Anfechtungsgrundes. Ein Anfechtungsgrund liegt gemäß Artikel 18 LPH dann vor, wenn ein Beschluss gegen das Gesetz oder die Gemeinschaftssatzung verstößt (Artikel 18.1.a.) LPH), wenn ein Beschluss der Gemeinschaft in ihrer Gesamtheit aber zum Vorteil einzelner Eigentümer, schwere Nachteile zufügt (Artikel 18.1.b.) LPH), wenn ein Beschluss für einzelne Eigentümer zu schweren Nachteilen führt und diese keine Pflicht haben, selbigen zu erdulden, oder wenn ein Beschluss rechtsmissbräuchlich gefasst wurde (Artikel 18.1.c.) LPH).

Neben dem Vorliegen eines der beschriebenen Anfechtungsgründe müssen weitere besondere Voraussetzungen beachtet werden:

- Wer für einen Beschluss gestimmt hat, kann diesen nicht mehr im Nachhinein anfechten.

- Zur Anfechtung sind nur diejenigen berechtigt, welche gegen den Beschluss gestimmt haben, bzw. abwesend waren, und in den Fällen des Artikels 17.8 LPH binnen der 30-Tages-Frist gegen den vorläufigen Beschluss der Anwesenden oder Vertretenen gestimmt haben.[876] Teilweise wird zwar auch den abwesenden Eigentümern, welche nicht binnen der 30 Tages Frist gemäß Artikel 17.8 LPH gegenüber dem Sekretär der Gemeinschaft die Ablehnung des vorläufigen Beschlusses geäußert haben, das Anfechtungsrecht gewährt,[877] doch kann man

---

[876] Unterliegt ein Beschlussgegenstand den Mehrheiten des Artikels 17 LPH (und liegt keine der in Artikel 17.8 LPH beschriebenen Ausnahmen vor), so muss den Abwesenden der von den Anwesenden getroffene vorläufige Beschluss mitgeteilt werden. Diese haben dann 30 Tage Zeit gegenüber dem Sekretär der Gemeinschaft ihre gegen den Beschluss gerichtete Stimme abzugeben. Sie können also trotz Abwesenheit in der Versammlung immer noch innerhalb dieser Frist ihr Stimmrecht ausüben. Machen sie keinen Gebrauch von dieser Möglichkeit, wird ihre Stimme und Quote so verrechnet, als hätten sie im Sinne des vorläufigen Beschlusses gestimmt.

[877] So TS, Sala 1.ª, de lo Civil, Urteil vom 16. Dezember 2008: Die Regel des Artikels 17.8 LPH (zum damaligen Zeitpunkt: 17.1.4 LPH) ist nur in Bezug auf die Ermittlung der erforderlichen Mehr-

sich dem Risiko unterschiedlicher Auslegungen nur dadurch entziehen, dass man tatsächlich dem vorläufigen Beschluss binnen der 30- Tages-Frist entgegentritt.

- In Rechtsprechung und Literatur herrscht Streit darüber, ob es ausreicht, gegen den Beschluss zu stimmen, um diesen später anfechten zu können, oder ob aufgrund der im Gesetz (Artikel 18.2 LPH) enthaltene Formulierung *salvar el voto*, was frei übersetzt soviel bedeutet wie die *unter Vorbehalt* abgegebene Stimme, mehr zu fordern ist.

Teilweise wird die Auffassung vertreten, der Eigentümer müsse neben der Äußerung seiner Gegenstimme auch noch erklären, er beabsichtige den Beschluss anzufechten.[878] Die Stimmabgabe *unter Vorbehalt* müsse so verstanden werden, dass hiermit der Vorbehalt geäußert werde, den Beschluss gerichtlich anzufechten. Nach wohl h.M. genügt hingegen die Abgabe des negativen Votums.[879]

Richtigerweise sollte die Abgabe der Gegenstimme genügen. Artikel 19.2.f.) LPH beschreibt, welchen Inhalt das Protokoll der Eigentümerversammlung aufweisen muss. Unter anderem, und in Bezug auf die durchgeführten Abstimmungen, müssen beispielsweise zu jedem Beschluss die jeweiligen Stimmen und Gegenstimmen bezeichnet werden. Die Angabe, ob ein Eigentümer seine Stimme *unter Vorbehalt* abgegeben habe, scheint der Gesetzgeber nicht zu fordern.[880] Ein wichtiges Argument gegen das Erfordernis einer speziellen, über die Äußerung der einfachen Gegenstimme hinausgehende Erklärung. Daneben ist zu berücksichtigen, dass Eigentümerversammlungen oftmals hektisch ablaufen können und von den dort auftretenden Meinungsverschiedenheiten geprägt werden. Diese Umstände erhöhen das Risiko einer lückenhaften Protokollführung. Selbst für den Fall, dass ein Eigentümer den Wunsch äußert, einen Beschluss anzufechten, bedürfte es ebenso eines entsprechenden Vermerks im

---

heiten und zur Erleichterung der Beschlussfähigkeit der Gemeinschaft gedacht, nicht aber um die abwesenden Eigentümer, die untätig blieben, die Möglichkeit einer Klage zu nehmen. Artikel 18.2 LPH legitimiere zur Anfechtung in jedem Fall die Abwesenden, die sich nicht vertreten ließen.

[878] AP Cádiz, Sec. 2.ª, Urteil Nr. 42/2011 vom 22. Februar; AP Málaga, Sec. 5.ª, Urteil Nr. 457/2010 vom 19. Oktober; AP Castellón, Sec. 3.ª, Urteil Nr. 270/2010 vom 13. September; AP Santa Cruz de Tenerife, Sec. 3.ª, Urteil Nr. 12/2010 vom 15. Januar; AP Málaga, Sec. 4.ª, Urteil Nr. 564/2009 vom 3. Dezember; AP Zaragoza, Sec. 4.ª, Urteil Nr. 497/2006 vom 28. Juli; AP Las Palmas, Sec. 3.ª, Urteil Nr. 60/2006 vom 10. Februar; AP Madrid, Sec. 11.ª, Urteil Nr. 309/2005 vom 27. Juni.

[879] AP Burgos, Sec. 3.ª, Urteil Nr. 351/2011 vom 11. November; AP Zaragoza, Sec. 5.ª, Urteil Nr. 561/2011 vom 7. Oktober; AP A Coruña, Santiago de Compostela, Sec. 6.ª, Urteil Nr. 350/2011 vom 23. September; AP Valencia, Sec. 6.ª, Urteil Nr. 198/2011 vom 5. April; AP Salamanca, Sec. 1.ª, Urteil Nr. 528/2009 vom 23. Dezember; AP Murcia, Cartagena, Sec. 5.ª, Urteil Nr. 295/2009 vom 15. Dezember; AP Zaragoza, Sec. 5.ª, Urteil Nr. 308/2008 vom 30. Mai; AP Zaragoza, Sec. 4.ª, 497/2006 vom 28. Juli; AP Asturias, Sec. 7.ª, Urteil Nr. 141/2006 vom 16. März; AP Barcelona, Sec. 16.ª, Urteil Nr. 208/2005 vom 12. April; AP Barcelona, Sec. 17.ª, Urteil Nr. 330/2004 vom 21. Mai; AP Toledo, Sec. 1.ª, Urteil Nr. 70/2004 vom 27. Februar; AP Vizcaya, Sec. 3.ª, Urteil Nr. 79/2003 vom 19. Februar; AP Alicante, Sec. 5.ª, Urteil Nr. 516/2002 vom 12. September.

[880] AP Alicante, Sec. 5.ª, Urteil Nr. 271/2011 vom 6. Juli.

Versammlungsprotokoll, um dies später zweifelsfrei nachweisen zu können. Neben der Abgabe der Gegenstimme außerdem eine besondere Erklärung des Eigentümers zu fordern, würde aber zu einer unnötigen Formalisierung führen und ginge an der sozialen Realität vorbei, die auch ohne solch ein Erfordernis bereits stark genug durch eine häufig mangelhafte Protokollführung geprägt ist.

- Um überhaupt sein Stimmrecht ausüben zu können, darf der Eigentümer keine Schulden gegenüber der Gemeinschaft haben, bzw. muss die geschuldeten Beträge gerichtlich (oder bei einem Notar) hinterlegt haben. Diese Regel gilt nicht, wenn Gegenstand der Anfechtung ein Beschluss ist, welcher die Festsetzung oder Änderung der Beteiligungsquoten unter den Eigentümern, auf welche sich der Artikel 9 LPH bezieht, zum Gegenstand hat.

- Die Anfechtungsfrist beträgt in Abhängigkeit vom Anfechtungsgrund drei oder zwölf Monate.

  Verstößt der Beschluss gegen das Gesetz oder die Gemeinschaftssatzung, beträgt die Anfechtungsfrist ein Jahr, in allen übrigen Fällen lediglich drei Monate.

- Die Anfechtungsfrist beginnt für die anwesenden Eigentümer mit dem Zustandekommen des Beschlusses, sprich dem Tage der Eigentümerversammlung.[881] Für die Abwesenden beginnt die Frist mit dem Tage der Benachrichtigung des Versammlungsprotokolls.

- Gemäß Artikel 5 des Código Civil werden die nach Monaten oder Jahren bemessenen Fristen folgendermaßen berechnet:

  Der Tag auf welchen das fristauslösende Ereignis fällt, eröffnet den Fristbeginn. Die Frist endet mit dem Ablauf desjenigen Tages des letzten Monats oder Jahres der Frist, welcher durch seine Zahl dem Anfangstag der Frist entspricht. Wenn in dem Monat, in welchem die Frist endet, kein Tag existiert, der durch seine Zahl dem Anfangstag der Frist entspricht, endet die Frist mit Ablauf des letzten Tages dieses Monats.[882]

  Zur Veranschaulichung ein Beispiel:

  Beginnt die Frist etwa am 4. März, endet die drei-Monats-Frist mit Ablauf des 4. Juni, und die Jahresfrist mit Ablauf des 4. März des Folgejahres.

---

[881] Dies ergibt sich bereits aus dem Wortlaut des Artikels 18.3 LPH. Siehe auch AP Ourense, Urteil vom 22. November 2013. Anderes kann in den Fällen gelten, in denen es gemäß Artikel 17.8 LPH auf das Stimmverhalten der Abwesenden ankommt. Hier ist erst dann vom Zustandekommen des Beschlusses auszugehen, wenn die Stimmen und Quoten der Abwesenden ihre entsprechende Berücksichtigung fanden, und das Ergebnis in der gesetzliche vorgeschriebenen Weise bekannt gegeben wurde.

[882] Fällt der letzte Tag der Frist auf einen Feiertag, herrscht in Rechtsprechung und Literatur Uneinigkeit darüber, ob sich die Frist bis auf den nächsten Werktag verlängert oder nicht. Der *Tribunal Supremo* hat sich zwar wiederholt zu Gunsten einer Verlängerung ausgesprochen. Dies aber insbesondere im Bereich der Sozialgerichtsbarkeit (so z.B. TS, Sala 4.ª, de lo Social, Urteil vom 2. Juni 1986).

Beginnt die Frist hingegen am 31. März, endet die drei-Monats-Frist mit Ablauf des 30. Juni,[883] und die Jahresfrist mit Ablauf des 31. März des Folgejahres.

- Schreiben an die Organe der Eigentümergemeinschaft führen zu keiner Unterbrechung oder Hemmung der Anfechtungsfristen. Es müssen daher zwingend die entsprechenden Klagen innerhalb der jeweiligen Anfechtungsfrist erhoben werden.

Im Rahmen der Anfechtung werden häufig die Konzepte der aus der Anfechtbarkeit resultierenden Nichtigkeit und der unmittelbaren Nichtigkeit verwechselt bzw. deren Unterschiede verkannt.

Im Falle der Anfechtung tritt nur dann die Nichtigkeit ein, wenn innerhalb der Anfechtungsfrist vom zuständigen Gericht dem Klagebegehren stattgegeben wird. Im Falle eines unmittelbar nichtigen Beschlusses ist hingegen keine Anfechtungsfrist zu beachten. Der Beschluss ist unheilbar nichtig und erfährt auch durch Zeitablauf grundsätzlich keine Heilung.

Wurde die Anfechtungsfrist versäumt und ist der Beschluss damit in Bestandskraft erwachsen, wird vereinzelt versucht, auf Grundlage einer Argumentation, die darauf gerichtet ist, durch das Gericht die unmittelbare Nichtigkeit erklären zu lassen, dennoch den unliebsamen Beschluss zu beseitigen.

Ursprünglich wurde der Annahme einer solchen unmittelbaren Nichtigkeit aber nur dann gefolgt, wenn der Beschluss gegen zwingendes Recht, welches sich außerhalb der LPH befand, verstieß.[884]

Nach der heute h.M. gibt es aber im spanischen Wohnungseigentumsrecht keine Beschlüsse, welche unmittelbar nichtig wären.[885] Da der Gesetzgeber in Artikel 18 LPH ausdrücklich vorsieht, dass Beschlüsse, welche gegen das Gesetz verstoßen, binnen Jahresfrist anzufechten seien, könne es keinen Verzicht auf das Erfordernis der Einhaltung der Anfechtungsfrist mit der Begründung geben, ein Verstoß gegen außerhalb des spanischen Wohnungseigentumsgesetzes liegender Vorschriften würde eine unmittelbare Nichtigkeit hervorrufen und zur Unanwendbarkeit der Anfechtungsfristen führen, welche letztlich einen bedeutenden Beitrag zur Rechtssicherheit leisten.

6.1.1 Vorläufiger Rechtsschutz

Artikel 19.3 LPH sieht vor, dass die in der Versammlung getroffenen Beschlüsse sofort auszuführen sind. Gemäß Artikel 18.4 LPH setzt die Einreichung einer auf die Anfechtung des Beschlusses gerichteten Klage den Vollzug des Beschlusses nicht aus, solange der Richter auf Antrag des Klägers und nach Anhörung der Gemeinschaft nicht Gegenteiliges verfügt. Um zu vermeiden, dass durch den Beschluss vollendete Tatsachen geschaffen werden, die bei einer erfolgreichen Anfechtung

---

[883] Da der Monat Juni lediglich 30 Tage hat.
[884] TS, Sala Primera, de lo Civil, Urteil Nr. 33/2005 vom 25. Januar.
[885] TS, Sala Primera, de lo Civil, Urteil Nr. 654/2010 vom 29. Oktober.

nicht mehr oder nur schwerlich rückgängig gemacht werden können, muss daher unbedingt die Möglichkeit berücksichtigt werden, im Wege des vorläufigen Rechtsschutzes gemäß Artikel 726.2 i.V.m. Artikel 727.11 LEC eine einstweilige Verfügung zu erwirken.

6.1.2 Prozessuale Hinweise:

Die Anfechtung von Beschlüssen erfolgt im ordentlichen Zivilverfahren (Artikel 249.1.8 LEC). Zuständig ist gemäß Artikel 45 und 52.1.8 LEC das erstinstanzliche Gericht des Bezirks, in welchem sich die Liegenschaft befindet. Das Verfahren unterliegt dem Anwalts- und Prozessvertreterzwang (Artikel 23 und 31 LEC).

ANFECHTUNG VON BESCHLÜSSEN DER EIGENTÜMERVERSAMMLUNG

Die Beschlüsse können in jedem der folgenden Fälle angefochten werden:

Wenn Sie im Widerspruch zum Gesetz oder der Gemeinschaftssatzung stehen.

Wenn Sie die Interessen der Gemeinschaft zugunsten eines oder mehrerer Eigentümer schwerwiegend schädigen.

Wenn Sie einen schweren Nachteil für einen der Eigentümer darstellen, welcher keine rechtliche Verpflichtung hat, diesen zu erdulden, oder sie rechtsmissbräuchlich getroffen wurden

Berechtigt zur Anfechtung sind folgende Eigentümer:

Diejenigen, welche gegen den Beschluss gestimmt haben (und ihre Stimme unter Vorbehalt abgegeben haben - wenn man der engeren Auslegung folgt)

Die aus gleichgültig welchem Grunde heraus Abwesenden (ggf. beachten, dass in den Fällen des Art. 17.8 LPH der Abwesende auch noch nach der Versammlung von seinem Stimmrecht Gebrauch machen kann, und dass an dessen Untätigkeit besondere Folgen geknüpft werden)

Diejenigen, welchen unerlaubterweise ihr Stimmrecht entzogen wurde

Voraussetzungen

Der Eigentümer darf keine Schulden gegenüber der Gemeinschaft haben (oder muss die geschuldeteten Beträge gerichtlich hinterlegt haben)

Ausnahme:
Bei der Anfechtung von Beschlüssen, welche die Festsetzung bzw. Änderung der Beteiligungsquoten betreffen. Hier dürfen auch Eigentümer mit Schulden klagen.

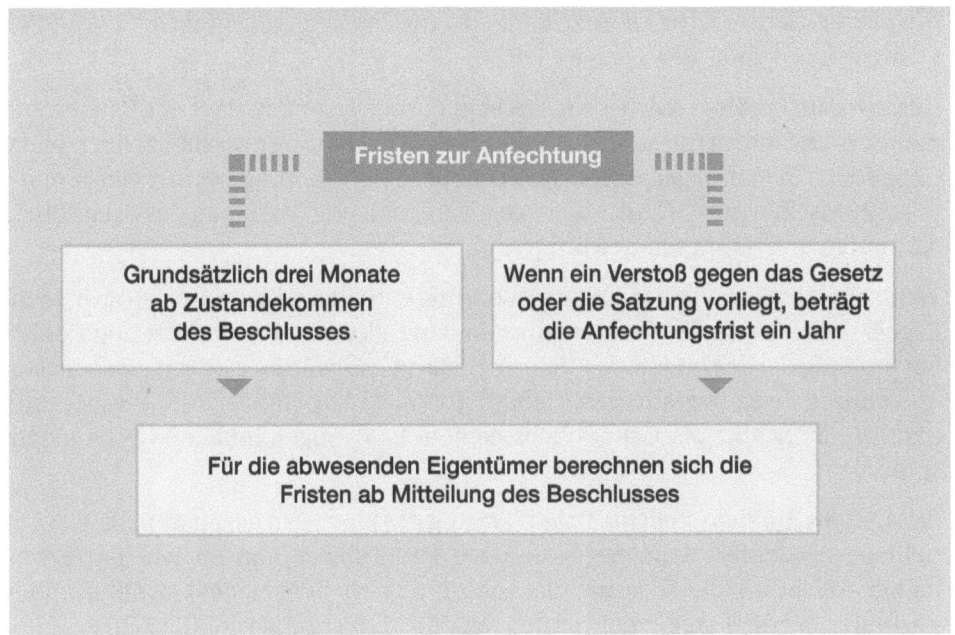

6.2 Anfechtung der durch den Bauherrn verfassten Teilungserklärung

Gemäß Artikel 5.2 LPH wird die Teilungserklärung einseitig durch den Alleineigentümer der Liegenschaft erteilt. Dies, solange er tatsächlich der einzige Eigentümer ist. Wurden bereits einzelne Sondereigentumselemente übertragen, bedarf es eines einstimmigen Beschlusses aller Eigentümer (oder, wie sich ebenfalls aus Artikel 5.2 LPH ergibt, sollte dies nicht möglich sein, einer entsprechenden Gerichtsentscheidung oder eines Schiedsspruchs).

Solange die Sondereigentumselemente lediglich mittels privatschriftlichem Vertrag veräußert wurden[886] und keine Übergabe (wenn auch nur symbolisch) erfolgte,[887] ist die Übertragung noch nicht abgeschlossen, und der Bauherr in diesem Sinne noch Alleineigentümer. Dann ist er auch noch zur einseitigen Erstellung der Teilungserklärung berechtigt. Fand aber eine tatsächliche Übertragung einzelner Sondereigentumselemente statt, liegt ein abgeschlossener Eigentümerwechsel und mithin eine Mehrzahl an Eigentümern vor. Die Teilungserklärung kann dann nicht mehr einseitig durch einen einzigen Eigentümer verfasst werden.[888]

Hat der Bauherr aber trotz dieser Übertragung(en) dennoch (im Anschluss) einseitig die Teilungserklärung veranlasst, könnten die übrigen Eigentümer selbige mit-

---

[886] Im spanischen Recht bedarf der Immobilienkaufvertrag zu seiner Gültigkeit keiner besonderen Form.

[887] Oder ein notarieller Kaufvertrag geschlossen wurde, der gemäß Artikel 1462 Código Civil mangels anderslautender Vereinbarungen zur unmittelbaren Übergabe und damit Übertragung des Eigentums führt (siehe auch: Alonso Pérez / Llamas Pombo, S. 719 f.).

[888] Außer natürlich, es wurde das gesamte Eigentum an allen Sondereigentumselementen übertragen.

tels Klage anfechten. Die heranzuziehende Anspruchsgrundlage ist Artikel 5.2 LPH i.V.m. Artikel 6 und 7 des Código Civil.

Das zentrale Problem solcher Klagen liegt darin begründet, dass der Bauherr oftmals die (zu Unrecht einseitig erstellte) Teilungserklärung zwischenzeitlich in das Grundbuch hat eintragen lassen, und dass bei einer Übertragung mehrerer Sondereigentumselemente an Dritte diese gegebenenfalls auf den Inhalt des Grundbuchs vertrauten und damit schutzwürdig sind.[889]

Wenn allerdings eine in der Teilungserklärung enthaltene Klausel gegen zwingende Regeln der LPH verstößt, könnte selbst für den Fall, dass Dritte im Vertrauen auf die Rechtmäßigkeit des Inhalts der Teilungserklärung Eigentum erworben haben, eine Anfechtung derselben erfolgen. Gemäß Artikel 33 Ley Hipotecaria, erstreckt sich nämlich der Schutz des Grundbuchs nicht auf diejenigen Inhalte, welche nichtig sind.[890]

Ein anderes Problem stellt die Beantwortung der Frage dar, gegen wen die Klage zu richten ist. Jedenfalls dann, wenn die Klage darauf abzielt, eine Entscheidung zu erhalten, welche auf die Erklärung der vollständige Nichtigkeit des Gründungstitels, die Änderung der Beteiligungsquoten oder die Anfechtung von Klauseln gerichtet ist, welche die eigenen Rechte der übrigen Eigentümer betreffen, wären notwendigerweise alle Eigentümer an dem Verfahren zu beteiligen.[891] Diese müssen daher entweder auf der Kläger oder der Beklagtenseite vertreten sein. Wird die Klage durch die Gemeinschaft betrieben, so müsste für diese der Präsident tätig werden und das Verfahren gegen all diejenigen Eigentümer richten, welche gegen die Durchführung dieser Maßnahme gestimmt haben.[892] Ungeachtet der Möglichkeit, eine auf die Anfechtung der durch den Bauherrn verfassten Teilungserklärung gerichtete Klage zu formulieren, kann der durch die in gesetzeswidriger Weise einseitig durch den Bauherrn verfasste Teilungserklärung benachteiligte Eigentümer gegebenenfalls aus seinem Vertragsverhältnis mit dem Bauherrn heraus einen Schadenersatzanspruch gegen diesen geltend machen. Das Verfahren unterliegt dem Anwalts- und Prozessvertreterzwang (Artikel 23 und 31 LEC).

6.3 Anfechtung der Beteiligungsquoten

Anders als bei dem im vorangegangenen Abschnitt behandelten Anspruch wurde die Teilungserklärung zwar von dem oder den hierzu Berechtigten verfasst, doch wurden die Beteiligungsquoten unter Missachtung der Regeln des Artikels 5.2 LPH verteilt.

Zur Ermittlung der Beteiligungsquote sind gemäß Artikels 5.2 LPH Faktoren wie die Fläche des jeweiligen Sondereigentumselements im Verhältnis zur Gesamtfläche der Liegenschaft, die Ausrichtung des Sondereigentumselements zum Inneren

---

[889] TS, Sala 1.ª, de lo Civil, Urteil vom 5. April 1991.
[890] Carrasco Perera / Cordero Lobaro / González Carrasco, S. 734 ff.
[891] a.a.O., S. 735 ff.; dort wird auf folgende Entscheidungen hingewiesen: TS, Sala 1.ª, de lo Civil, Urteile vom 1. Oktober 1990, 30. November 1988 und AP Valencia, Urteil vom 18. März 1993.
[892] Ebenda, mit Hinweis auf TS. Sala 1.ª, de lo Civil, Urteil vom 11. April 1995.

der Liegenschaft, oder nach Außen hin, die allgemeine Lage und die zu erwartende Intensität der Nutzung der Gemeinschaftselemente oder Einrichtungen heranzuziehen.

Ausgehend von diesen Kriterien könnten einzelne Eigentümer die Auffassung vertreten, die Quoten seien ungerecht verteilt worden, wenn z.B. mehrere Sondereigentumselemente trotz gleicher Charakteristiken unterschiedliche Anteile zugewiesen bekommen haben, oder dass die Abweichungen in den Quoten nicht proportional zu den tatsächlichen Unterschieden sind.

Um diese korrigieren zu lassen, können die Eigentümer die Beteiligungsquoten anfechten und die Bestimmung neuer, die gesetzlichen Anforderungen erfüllenden Anteile durch das Gericht beantragen.

Anspruchsgrundlage für diese Klage wäre Artikel 5.2 i.V.m. 3.b.) LPH.

Da die Klage darauf gerichtet ist, die Änderung der Beteiligungsquoten herbeizuführen, sind, ausgehend von unseren bereits in Bezug auf den vorherigen Abschnitt gemachten Erläuterungen, notwendigerweise alle Eigentümer an dem Verfahren zu beteiligen.[893] Diese müssen deshalb entweder auf der Kläger- oder der Beklagtenseite vertreten sein.

Um einen Nachweis über die tatsächlichen und rechtlichen Mängel der in der Teilungserklärung zugewiesenen Beteiligungsquoten führen zu können, ist es unbedingt erforderlich, der Klage ein geeignetes Sachverständigengutachten beizufügen, aus welchem sowohl die Fehlerhaftigkeit der alten Quoten, als auch ein Vorschlag zur korrekten zukünftigen Verteilung derselben hervorgeht.[894]

Das Verfahren unterliegt dem Anwalts- und Prozessvertreterzwang (Artikel 23 und 31 LEC).

6.4 Klage, welche auf die Errichtung einer Teilungserklärung gerichtet ist

Wenn in der Liegenschaft mehrere Eigentümer existieren, sei es, weil eine Personenmehrzahl gemeinsam den Bau betrieb, sei es, weil der Bauträger vor Schaffung des Gründungstitels mit der Übertragung von Anteilen begonnen hat, kann die Errichtung der Teilungserklärung daran scheitern, dass das von Artikel 5.2 LPH geforderte Einvernehmen nicht erzielt wird. Es gilt allerdings zu beachten, dass in den Fällen, in denen der Bauträger lediglich zur Unterzeichnung privatschriftlicher Verträge[895] geschritten ist, ohne dass eine Inbesitznahme der Käufer erfolgte (z.B. durch den Einzug in einen Gebäudeteil, oder symbolisch durch Schlüsselübergabe), keine Übergabe vorliegt, und damit die Eigentumsübertragung noch

---

[893] Ebenda; mit Hinweis auf: TS, Sala 1.ª, de lo Civil, Urteile vom 1. Oktober 1990, 30. November 1988 und AP Valencia, Urteil vom 18. März 1993.

[894] Sepín, Juicio de impugnación de cuotas contra el resto de comuneros.

[895] Aber auch notarieller Kaufverträge, wenn in diesen die mit der Unterzeichnung zusammenfallende Übertragung ausdrücklich ausgeschlossen wurde, und damit die auf die simultane Übertragung gerichtete Fiktion des Artikels 1462 Código Civil nicht eintritt.

nicht abgeschlossen ist. Der Bauträger bleibt in solchen Fällen bis zur Übergabe, und damit der rechtlichen Übertragung, Eigentümer und kann die Teilungserklärung selbständig verfassen.[896] Besteht aber tatsächlich eine Mehrzahl an Eigentümern und sind diese nicht im Stande sich auf den Inhalt der Teilungserklärung zu einigen, sieht Artikel 5.2 LPH vor, dass die Einigung durch eine gerichtliche Entscheidung oder einen Schiedsspruch ersetzt werden kann. Um die Teilungserklärung mittels Schiedsspruch herbeiführen zu können, müssen sich die Eigentümer hierauf einigen, da es gemäß Artikel 9 Ley de Arbitraje einer Schiedsvereinbarung zwischen allen beteiligten Parteien bedarf, damit diese Form der Konfliktbewältigung an die Stelle der andernfalls einschlägigen ordentlichen Gerichtsbarkeit treten kann. Wird eine entsprechende Schiedsvereinbarung nicht erzielt, muss daher mangels Einvernehmen zwischen den Eigentümern ein ordentliches Klageverfahren angestrengt werden. Im Klageverfahren müssen alle Eigentümer, entweder auf Kläger- oder Beklagtenseite, teilnehmen.[897] Anspruchsgrundlage ist hier Artikel 5.2 LPH. Das Verfahren unterliegt dem Anwalts- und Prozessvertreterzwang (Artikel 23 und 31 LEC).

6.5 Klage auf Gestattung des Zugangs zum Sondereigentum

Jeder Eigentümer ist gemäß Artikel 9.1.a.), b.) und c.) LPH verpflichtet, die allgemeinen Einrichtungen und Elemente der Gemeinschaft zu achten[898] und lediglich einen geeigneten Gebrauch derselben zu machen. Hierdurch sollen insbesondere auch Schäden innerhalb der Liegenschaft vermieden werden. Die Sondereigentumselemente, sowie diejenigen Gemeinschaftselemente, welche mit einem Sondernutzungsrecht belegt sind, müssen darüber hinaus in einem guten Zustand erhalten werden, um auch hieraus resultierende Schäden für die Gemeinschaft oder die übrigen Eigentümer auszuschließen. Weiterhin hat der Eigentümer in seinem Sondereigentum die erforderlichen Reparaturen zu dulden, welche der Betrieb der Liegenschaft erfordert, und in ihr die unerlässlichen Dienstbarkeiten zu erlauben, welche notwendig sind, um im Allgemeininteresse stehende Gemeinschaftseinrichtungen zu schaffen, wenn diese in Übereinstimmung mit Artikel 17 LPH vereinbart wurden.[899] Um die Durchsetzbarkeit der soeben beschriebenen Pflichten[900] für die Eigentümergemeinschaft zu garantieren, sieht Artikel 9.1.d.) LPH vor, dass der Eigentümer ihr gegebenenfalls Zugang zu seinem Sondereigentum gewähren muss. Da aber andererseits die Unverletzlichkeit der Wohnung ein durch

---

[896] Carrasco Perera / Cordero Lobaro / González Carrasco, S. 727 f.

[897] Loscertales Fuertes, Comentario Artículo 5.

[898] Unabhängig davon, ob diese für den Allgemeingebrauch aller Bewohner oder lediglich für einen Sondernutzungsberechtigten bestimmt sind, und gleichgültig an welchem Ort innerhalb der Liegenschaft (im Sondereigentum oder Gemeinschaftseigentum) sich diese Elemente befinden.

[899] Der betroffene Eigentümer hat allerdings das Recht, für die Einräumung der Dienstbarkeit einen Ausgleich aufgrund der hieraus resultierenden Schäden und Nachteile zu verlangen.

[900] Welche sich vereinfacht wie folgt zusammenfassen lassen: Achtung des Gemeinschaftseigentums, Erhaltung und Wartung des Sondereigentums, und Gestatten von Reparaturen sowie Dienstbarkeiten.

die spanische Verfassung in Artikel 18.2 garantiertes Recht darstellt, darf sie lediglich mit dem Einverständnis des Bewohners oder auf Grundlage einer richterlichen Entscheidung[901] betreten werden. Zu diesem Zweck kann die Eigentümergemeinschaft auf Grundlage des Artikels 9.1.d.) LPH ein Gericht anrufen, um die Verurteilung des Eigentümers auf Gestattung des Zugangs zu erreichen, sollte er diesen nicht freiwillig ermöglichen. Obwohl in Artikel 9.1.d.) LPH lediglich von der Pflicht des Eigentümers die Rede ist, und sich aus dem Wortlaut nur in Bezug auf diesen ableiten lässt, er müsse den Zugang zu seiner Wohnung gewähren, kann die gleiche Anspruchsgrundlage auch gegenüber einem Mieter oder jedem anderen Bewohner herangezogen werden, um die Ansprüche der Gemeinschaft durchzusetzen. Aufgrund der Koexistenz von Sondereigentum und Gemeinschaftseigentum in einer einzigen Liegenschaft und dem hieraus resultierenden Zusammenleben, zielt Artikel 9.1.d.) LPH in erster Linie darauf ab, sicherzustellen, dass der Zugang zu einem Sondereigentumselement notfalls erzwungen werden kann, sollte dies zur Durchsetzung der in Artikel 9.1.a.), b.) und c.) LPH enthaltenen Pflichten erforderlich sein. Wenn Artikel 9.1.d.) LPH nur gegenüber Eigentümern Geltung hätte, könnte in einer Vielzahl von Fällen (wenn das Sondereigentum beispielsweise vermietet wurde) das berechtigte Interesse der Gemeinschaft, die Liegenschaft und ihre Bewohner vor Schäden zu bewahren, keine Geltung verschafft werden. Wird die Wohnung tatsächlich nicht vom Eigentümer sondern von Dritten bewohnt, sollte aber beachtet werden, dass die Klage gegen beide zu richten ist, damit der Anspruch der Gemeinschaft auch umgesetzt werden kann. Somit ist immer der Eigentümer und gegebenenfalls daneben auch der Nutzer des Sondereigentumselements zu verklagen. Sollte der Zugang dringend erfolgen müssen, kann im Wege des vorläufigen Rechtsschutzes gemäß Artikel 726.2 i.V.m. Artikel 727.11 LEC ebenso der Antrag auf Erlass einer einstweiligen Verfügung gestellt werden. Auch dies wird allerdings in der Regel einen erheblichen Zeitverlust verursachen. In wirklich dringenden Fällen kann daher nur empfohlen werden, die örtliche Feuerwehr einzuschalten.[902] Das Verfahren unterliegt dem Anwalts- und Prozessvertreterzwang (Artikel 23 und 31 LEC).

6.6 Klage zur Gestattung von Reparaturen im Sondereigentum

Im Wesentlichen kann auf die im Abschnitt *Klage auf Gestattung des Zugangs zum Sondereigentum* gemachten Ausführungen verwiesen werden. Artikel 9.1.d.) LPH begründet das Recht der Gemeinschaft zur Umsetzung der in Artikel 9.1.a.), b.) und c.) LPH enthaltenen Pflichten der Eigentümer, notfalls den Zutritt zum Sondereigentum einklagen zu können. Eine Unterscheidung danach, ob der Zugang zum Sondereigentum erforderlich ist, um die Durchsetzung der Pflichten des Eigentümers aus Artikel 9.1.a.), b.) oder aber c.) LPH sicherzustellen, spielt im Ergebnis eine untergeordnete Rolle. Im Falle des Artikels 9.1.c.) LPH kommt zum Anspruch der Gemeinschaft, die Wohnung oder den Geschäftsraum eines Eigentümers betreten

---

[901] Sowie in besonderen Fällen des Ertappens auf frischer Tat.
[902] So: Sepín, Juicio para acceso a vivienda o local.

zu dürfen, lediglich noch das Recht hinzu, z.B. Reparaturen im Inneren des Sondereigentums ausführen zu dürfen. Anspruchsgrundlage wäre Artikel 9.1.c.) i.V.m. Artikel 9.1.d.) LPH. Als Besonderheit ist in diesem konkreten Fall der Umstand hervorzuheben, dass der Eigentümer gemäß Artikel 9.1.c.) LPH, aufgrund der durch die Reparaturen erlittenen Nachteile oder Beschädigungen, Anspruch auf Schadenersatz hat. Der Schadenersatz kann allerdings nicht im Vorhinein einseitig vom Eigentümer festgesetzt werden. Aus dem gleichen Grund ist es dem Eigentümer nicht gestattet, den Zugang zum Sondereigentum und die sich anschließenden Reparaturen von der Zahlung einer bestimmten Summe abhängig zu machen. Regelmäßig kann der Schaden ohnehin erst nach Abschluss der Reparaturen beziffert werden.[903] Sollte das Sondereigentum einen Nutzer haben, der nicht mit dem Eigentümer identisch ist, wäre auch hier, genauso wie in der im vorangegangenen Abschnitt erläuterten Klage, selbige gegen den Eigentümer und den Nutzer / Bewohner zu richten. Das Verfahren unterliegt dem Anwalts- und Prozessvertreterzwang (Artikel 23 und 31 LEC).

6.7 Klage zur Begründung einer Dienstbarkeit

Artikel 9.1.c.) LPH begründet die Pflicht des Eigentümers, Dienstbarkeiten in seinem Eigentum zu gestatten, wenn diese für die Vornahme von Bauarbeiten oder anderen Maßnahmen oder die Schaffung von Gemeinschaftseinrichtungen allgemeinen Interesses, welche durch die Eigentümerversammlung auf Grundlage dieses Gesetzes beschlossen wurden, erforderlich sind. Sollte durch die Einführung ein Teil des Gebäudes für einen Eigentümer unbrauchbar werden, bedarf es neben der entsprechenden Mehrheit zusätzlich auch noch der Zustimmung des hiervon unmittelbar betroffenen Eigentümers.[904] Dieser sich aus Artikel 9.1.c.) LPH ergebenden Pflicht steht selbstverständlich die erfolgreiche gerichtliche Anfechtung

---

[903] Sepín, Juicio por falta de consentimiento de reparaciones para servicio del inmueble.

[904] Eigentlich bezieht sich Artikel 17.4.3 LPH auf das Gemeinschaftseigentum, und insbesondere auf Eigentümer, die in ihrer Rolle als Sondernutzungsberechtigte betroffen sind. Es würde aber keinen Sinn machen, das Prinzip des Artikels 17.4.3 LPH nur in Bezug auf das Gemeinschaftseigentum und nicht auf das Sondereigentum anzuwenden, schließlich müsste das Einverständnis des Eigentümers erst recht bei einer Beeinträchtigung seines Sondereigentums erforderlich werden, andernfalls würde der Sondernutzungsberechtigte gegenüber dem Eigentümer in Beziehung zu seinem Sondereigentum ungerechtfertigterweise privilegiert und einen weitergehenden Schutz genießen (siehe hierzu: AP Barcelona, Sec. 1.ª, Urteil Nr. 243/2006 vom 17. Mai). Da Artikel 9.1.c.) LPH aber ausdrücklich die Schaffung einer Dienstbarkeit sowie die Durchführung von Bauarbeiten und anderen Maßnahmen vorsieht und gestattet, muss wohl zwischen beiden Positionen, dem Interesse der Gemeinschaft an der Dienstbarkeit einerseits und dem Interesse des Eigentümer an der Erhaltung seines Sondereigentums andererseits, abgewogen werden. Zwar könnte man argumentieren, Artikel 17.4.3 LPH begründe das Erfordernis des Einverständnisses lediglich dann, wenn ein Teil des Gebäudes unbrauchbar werde, weshalb eine Dienstbarkeit oder eine andere durch Artikel 9.1.c.) LPH gedeckte Maßnahme alleine regelmäßig nicht einschränkend genug wäre, um unter diese Regelung zu fallen (schließlich macht z.B. eine Dienstbarkeit ein Sondereigentumselement üblicherweise nicht gleich unbrauchbar), doch zeigt ein Blick in die einschlägige Rechtsprechung, dass das Erfordernis des Einverständnisses auch in den Fällen anerkannt wurde, in denen eine Sondernutzungsmöglichkeit fortbestand, also keine völlige Beendigung des Gebrauchs, sondern lediglich eine Be-

des entsprechenden Beschlusses entgegen.[905] Der betroffene Eigentümer hat also die Möglichkeit, sich gegen die Einführung einer neuen Gemeinschaftseinrichtung allgemeinen Interesses (oder bestimmter Bauarbeiten bzw. anderer Maßnahmen) und die damit verbundene Dienstbarkeit zur Wehr zu setzen. Neben der Anfechtung des Beschlusses kann der Eigentümer sich auch dafür entscheiden, den Zugang zu seinem Sondereigentum zu verweigern und sich der Einrichtung der Dienstbarkeit auf diese Weise zu widersetzen. Letztere Möglichkeit birgt allerdings erhebliche Risiken. So könnte durchaus vertreten werden der in Bestandskraft erwachsene Beschluss könne entweder gar nicht oder lediglich in Extremfällen angegriffen werden (etwa wenn die Dienstbarkeit einen enteignungsgleichen Eingriff darstellt). Kommt keine außergerichtliche Einigung zustande, kann er versuchen, sobald die Gemeinschaft die entsprechende Klage einreicht (welche im gegenständlichen Abschnitt behandelt wird), im Wege der Widerklage, Schadenersatz einzufordern.[906] Der Eigentümer wird natürlich nur dann den Beschluss anfechten, wenn er der Auffassung ist, es liege ein Anfechtungsgrund vor. Andernfalls, wenn es lediglich um die Höhe des Schadenersatzes geht, wird er versuchen, eine außergerichtliche Einigung zu erzielen, und sollte dies scheitern, der Klage der Gemeinschaft mit der dargelegten Widerklage begegnen. Anspruchsgrundlage der Gemeinschaft ist Artikel 9.1.c.) LPH i.V.m. Artikel 551 Código Civil. In Artikel 551 ff. des Código Civil werden die Dienstbarkeiten im Allgemeinen geregelt. Das Verfahren unterliegt dem Anwalts- und Prozessvertreterzwang (Artikel 23 und 31 LEC).

---

schränkung eintrat. (AP Barcelona, Sec. 1.ª, Urteil Nr. 40/2004 vom 28 Januar; AP Madrid, Sec. 9.ª, Urteil Nr. 142/2009 vom 18. März; AP Alicante, Sec. 5.ª, Urteil Nr. 140/2011 vom 24. März).

[905] Es gilt allerdings zu beachten, dass Artikel 19.3 LPH vorsieht, dass die in der Versammlung getroffenen Beschlüsse sofort auszuführen sind. Gemäß Artikel 18.4 LPH setzt die Einreichung einer auf die Anfechtung des Beschlusses gerichteten Klage auch nicht den Vollzug des Beschlusses aus, wenn nicht der Richter auf Antrag des Klägers und nach Anhörung der Gemeinschaft Gegenteiliges verfügt. Um zu vermeiden, dass durch den Beschluss und trotz Anfechtung vollendete Tatsachen geschaffen werden, die später nicht mehr oder nur schwer rückgängig gemacht werden können, muss gegebenenfalls im Wege des vorläufigen Rechtsschutzes gemäß Artikel 726.2 i.V.m. Artikel 727.11 LEC eine einstweilige Verfügung erwirkt werden. Für den Fall, dass die Dienstbarkeit im Sondereigentum entstehen soll, bedarf es im Grunde genommen keines vorläufigen Rechtsschutzes, da die Umsetzung ja regelmäßig den Zugang zum Sondereigentum erfordert und dieser vom Eigentümer ohne richterliche Entscheidung verwehrt werden kann. Der Einklagung des Rechtes auf Zugang und Begründung der Dienstbarkeit durch die Gemeinschaft sind dieser und die vorhergehenden Abschnitte gewidmet. Soll die Dienstbarkeit aber in einem Gemeinschaftselement entstehen, für welches ein Sondernutzungsberechtigter existiert, kann der vorläufige Rechtsschutz an Bedeutung gewinnen, könnte doch die Dienstbarkeit am Sondernutzungsberechtigten vorbei begründet werden.

[906] Sepín, Juicio para constitución de servidumbres; AP Barcelona, Sec. 16.ª, Urteil Nr. 135/2007 vom 7. März.

6.8 Klage eines Eigentümers gegen die Gemeinschaft, gerichtet auf die Durchführung von Reparaturen am Gemeinschaftseigentum bzw. Gemeinschaftseinrichtungen

Die Eigentümergemeinschaft ist gemäß Artikel 10.1 LPH verpflichtet, die Gemeinschaftselemente in einem geeigneten Zustand zu erhalten und gegebenenfalls erforderliche Reparaturen zu veranlassen. Theoretisch ist es möglich, neben dem Anspruch auf die Reparatur auch Schadenersatz aufgrund der aus der Pflichtverletzung der Gemeinschaft resultierenden Nachteile zu verlangen, was in der gleichen Klage mittels objektiver Klagehäufung[907] geltend zu machen ist.[908] Anspruchsgrundlage sind die Artikel 10.1 LPH (Pflicht zur Durchführung der Reparaturen) und 394 Código Civil (jeder Miteigentümer ist berechtigt, vom Gemeinschaftseigentum und den Gemeinschaftselementen Gebrauch zu machen). Das Verfahren unterliegt dem Anwalts- und Prozessvertreterzwang (Artikel 23 und 31 LEC).

6.9 Klage gegen die Gemeinschaft auf Leistung der vorgesehenen Dienste

Innerhalb einer Eigentümergemeinschaft können bereits durch die Teilungserklärung bzw. die ursprüngliche Gemeinschaftssatzung, aber auch durch einen späteren Beschluss, bestimmte Dienste und Einrichtungen vorgesehen oder vereinbart worden sein. In Abhängigkeit davon, ob diese Dienste oder Einrichtungen ausdrücklich durch Artikel 17.3 LPH erwähnt werden bzw. als von allgemeinem Gemeinschaftsinteresse anzusehen sind oder nicht, bedarf es gemäß Artikel 17.3 LPH (oder aber Artikel 17.6 LPH) für ihre Einführung oder Abschaffung einer 3/5 Mehrheit der Stimmen und Quoten aller Eigentümer oder aber der Einstimmigkeit. Kam die erforderliche Einstimmigkeit oder 3/5 Mehrheit zur Beseitigung einer bestehenden Einrichtung oder eines Dienstes nicht zustande und werden diese dennoch tatsächlich nicht erbracht, kann jeder Eigentümer gegen die Eigentümergemeinschaft klagen, um diese zur Leistung derselben zu zwingen. Anspruchsgrundlage sind Artikel 10.1 LPH und 394 Código Civil, wonach die Gemeinschaft zur Erhaltung der Dienste verpflichtet und die Eigentümer zur Nutzung derselben berechtigt werden. Das Verfahren unterliegt dem Anwalts- und Prozessvertreterzwang (Artikel 23 und 31 LEC).

6.10 Klage gegen Eigentümer bzw. Bewohner auf Unterlassung der durch die Satzung verbotenen oder als nachteilig einzuordnenden Handlungen, oder solcher Handlungen, welche gegen die allgemeinen Bestimmungen über störende, gesundheitsschädigende, schädliche, gefährliche oder verbotene Aktivitäten verstoßen

Um das geordnete und sichere Zusammenleben in der Gemeinschaft zu ermöglichen, dürfen Regeln aufgestellt werden, die von allen Nutzern zu beachten sind.

---

[907] Welche gemäß Artikel 73.1 LEC möglich ist.
[908] Sepín, Juicio contra la comunidad exigiendo reparación de servicios generales.

Es ist hierbei unerheblich, auf welcher rechtlichen Grundlage diese Nutzung erfolgt. D.h. gleichgültig ob das Sondereigentumselement durch einen Mieter, Eigentümer, Nießbrauchsberechtigten oder auf Grundlage einer anderen Rechtsbeziehung Verwendung findet, die Nutzung muss unter Beachtung dieser besonderen Regeln erfolgen. Diese Regeln können bereits durch die ursprüngliche Satzung bestimmt worden sein, oder erst aus einem entsprechenden (einstimmigen) Beschluss der Eigentümerversammlung resultieren. Neben den durch die Satzung bzw. durch Beschluss verbotenen Handlungen sind ebenso Maßnahmen untersagt, welche der Liegenschaft Schaden zufügen, auch wenn diese nicht ausdrücklich durch die Eigentümer verboten wurden. Darüber hinaus sind ebenso die allgemeinen gesetzlichen Vorschriften zu beachten, welche bestimmte Aktivitäten verbieten, wenn diese störend, gesundheitsschädigend, schädlich, gefährlich oder aus anderen Gründen untersagt wurden. In all diesen Fällen kann die Eigentümergemeinschaft den Störer gemäß Artikel 7.2 LPH auf Unterlassung verklagen. Bevor eine solche Klage eingereicht werden kann, muss allerdings der Präsident aus Eigeninitiative oder, ausgehend von einem entsprechenden Antrag irgendeines Eigentümers oder Bewohners der Liegenschaft, den Störer (unter Beachtung der Regelungen des Artikels 9.1.h.) LPH), um Aufgabe seines Verhaltens bitten, verbunden mit dem Hinweis, bei Fortsetzung desselben gerichtliche vorgehen zu wollen (Artikel 7.2.2 LPH). Sollte der Störer mit seinem Verhalten fortfahren, muss sich die Eigentümerversammlung (mit einfacher Mehrheit der Stimmen und Quoten aller Eigentümer in der ersten Einberufung bzw. der einfachen Mehrheit der Stimmen und Quoten der anwesenden oder wirksam vertretenen Eigentümer in der zweiten Einberufung) durch Beschluss zum gerichtliche Vorgehen gegen den Störer entschließen.

Obwohl das Gesetz vorsieht, dass sich diese Aufforderung gegen den Störer richten muss, macht es in den Fällen, in denen die widerrechtlichen Aktivitäten von einem Störer ausgehen, der nicht Eigentümer ist, Sinn, sich zusätzlich mit einem Schreiben an den Eigentümer zu wenden, damit dieser Einfluss auf den Störer nehmen kann, und eine Klage vermieden wird. Dies insbesondere deshalb, weil in der Rechtsprechung teilweise vom Bestehen einer notwendigen Streitgenossenschaft zwischen dem Eigentümer und dem Störer, der kein Eigentümer ist, ausgegangen wird.[909] Der Sicherheit halber sollten daher sowohl der Störer wie auch der Eigentümer aufgefordert werden, die Störungen zu unterlassen bzw. auf diese Unterlassung hinzuwirken und sich, falls erforderlich, die anschließende Klage gegen beide richten. Wurde die Aufforderung an den Störer, sein Verhalten zu unterlassen, gemäß Artikel 7.2.2 LPH übermittelt, kann über den Empfang dieser Aufforderung ein Nachweis erbracht werden, hat der Störer die beanstandete Aktivität nicht eingestellt, hat die Eigentümerversammlung einen entsprechenden, auf die Einreichung einer Unterlassungsklage gerichteten Beschluss getroffen, und hat der Sekretär der Gemeinschaft mit dem Sichtvermerk des Präsidenten eine Bescheinigung dieses

---

[909] So: AP Málaga, Sec. 5.ª, Urteil Nr. 434/2007 vom 23. Juli; AP Pontevedra, Sec. 5.ª, Urteil Nr. 323/2002 vom 7. Oktober; anders: AP Valencia, Sec. 9.ª, Urteil Nr. 674/2003 vom 12. November.

Beschlusses ausgestellt, sind alle durch Artikel 7.2.4 LPH geforderten Voraussetzungen für eine Klageeinreichung erfüllt.

Da der Richter ausdrücklich gemäß Artikel 7.2.4 LPH im Wege des vorläufigen
Rechtsschutzes eine einstweilige Verfügung erlassen kann, um die sofortige Unterlassung der fraglichen Aktivität anzuordnen, sollte gegebenenfalls auf Grundlage der Artikel 726.2 und 727.7 LEC in der Unterlassungsklage ein entsprechender
Antrag formuliert werden.[910] Es besteht ebenso die Möglichkeit, Schadenersatz zu
verlangen, wenn durch die zu beanstandenden Aktivitäten Schäden eingetreten
sein sollten. Das Urteil kann neben der Unterlassung der widerrechtlichen Aktivität und der Verurteilung zur Leistung von Schadenersatz ebenso anordnen, dass
dem Eigentümer oder Nutzer das Recht zum Gebrauch des Sondereigentums bis
zu einem Zeitraum von drei Jahren entzogen wird. Das Verfahren unterliegt dem
Anwalts- und Prozessvertreterzwang (Artikel 23 und 31 LEC).

6.11 Klage der Eigentümergemeinschaft gegen den Liegenschaftsverwalter, gerichtet auf Auszahlung einbehaltener Gemeinschaftsgelder

Im Wege der hier beschriebenen Klage können vom Hausverwalter, aus gänzlich
unterschiedlichen Gründen, zu Unrecht einbehaltene Geldbeträge eingefordert
werden. Wurden dem Hausverwalter beispielsweise zu konkreten Zwecken Gelder der Gemeinschaft überlassen und hat er diese zwar nicht aufgebraucht, den
Überschuss aber nicht zurück an die Gemeinschaft ausgekehrt, oder wurden die
Gelder vereinbarungswidrig verwandt, bzw. es wird eine irreguläre Buchführung
festgestellt, kann die Eigentümergemeinschaft einen Anspruch auf Auszahlung der
Fehlbeträge haben.

Anstatt den zivilrechtlichen Klageweg zu beschreiten, kann in Einzelfällen natürlich auch eine Strafanzeige formuliert werden und in diesem Zusammenhang auch
ein wirtschaftlicher Ausgleichsanspruch durchgesetzt werden. Grundsätzlich können Schadenersatzforderungen im Rahmen eines Strafprozesses oftmals schneller
und insbesondere auch unter Einsparung von Kosten realisiert werden. Dies trifft
allerdings nur dann zu, wenn tatsächlich ein strafrechtlich relevantes Verhalten
vorliegt. Im Regelfall wird es mangels Vorsatzes an der Erfüllung der subjektiven
Voraussetzungen der einschlägigen Tatbestände (z.B. Betrug, Untreue) fehlen. Eine hieraus resultierende Einstellung des Verfahrens oder der Freispruch des Ange-
klagten führen hingegen zu genau dem entgegengesetzten Ergebnis, weshalb ausgehend vom Sachverhalt individuell beurteilt werden muss, welchem Rechtsweg
der Vorrang zu geben ist. Da die Verwirklichung von Straftatbeständen in diesem
Zusammenhang die absolute Ausnahme darstellt und, trotz Entlastung des Verwalter in der Versammlung, dennoch die hier beschriebenen, zivilrechtlichen Ansprü-

---

[910] Sepín, Juicio contra propietarios por actividades no permitidas en los estatutos, dañosas, peligrosas, incómodas, insalubres o ilícitas.

che gegen ihn auch noch nachträglich durchgesetzt werden können,[911] werden an dieser Stelle lediglich Einzelheiten zum zivilrechtlichen Verfahren ausgeführt.

Sollte dem Hausverwalter ein grob fahrlässiges Verhalten vorgeworfen werden können, besteht die Möglichkeit, selbiges vor der zuständigen Liegenschaftsverwalterkammer (so er ihr angehört) anzuzeigen. Diese verfügt über Möglichkeiten, gegebenenfalls die kammerintern vorgesehenen Sanktionen zu verhängen. Die heranzuziehenden Anspruchsgrundlagen bilden Artikel 20 LPH (Pflichten des Verwalters), und wenn man der herrschenden Meinung folgt, welche auf die Tätigkeit des Verwalters die Regeln über den Auftrag anwendet, die Artikel 1718 Código Civil (Haftung für Schäden und Nachteile), 1724 Código Civil (der Beauftragte ist verpflichtet, die zu eigenen Zwecken aufgewandten oder einbehaltenen Fremdgelder verzinst zurückzuerstatten) und 1726 Código Civil (der Beauftragte ist nicht nur bei Vorsatz, sondern auch dann verantwortlich, wenn sein Handeln oder Unterlassen vorwerfbar ist - in Abhängigkeit davon, ob das Amt entgeltlich oder unentgeltlich ausgeübt wird, sind die Anforderungen an die Vorwerfbarkeit unterschiedlich - bei einer entgeltlichen Amtsausübung und insbesondere bei einem Berufsverwalter sind an die Tätigkeit erhöhte Anforderungen zu stellen, weshalb diese Verwalter mit größerer Sorgfalt handeln müssen).

Das Verfahren unterliegt dem Anwalts- und Prozessvertreterzwang (Artikel 23 und 31 LEC).

6.12 Klage gegen den Sekretär oder den Verwalter (bzw. einen anderen Amtsträger) auf Herausgabe von Unterlagen der Gemeinschaft

Bei der Verwaltung und Organisation einer Eigentümergemeinschaft werden, teilweise aufgrund gesetzlicher Vorgaben, teilweise aus der tatsächlichen Notwendigkeit heraus, zahlreiche Dokumente erzeugt, die im Verhältnis zum Maßstabs der Gemeinschaft oder Urbanisation und im Laufe der Zeit stetig anwachsen. Trotz ihres potentiell erheblichen Umfangs gilt es diese Dokumentation zu archivieren. Neben der Pflicht zur Führung des in Artikel 19.1 LPH gesetzlich vorgesehenen Protokollbuchs, welches dem Nachweis der in den Versammlungen gefällten Beschlüssen dient,[912] ist es mehr als nur angeraten, ebenso die Ladungen zu den Versammlungen, die von den abwesenden Eigentümern ausgestellten Vollmachten zu Gunsten Dritter, eingeholte Kostenvoranschläge, Rechnungen Bankunterlagen und Steuererklärungen (auch über die gesetzlich vorgesehenen Fristen hinaus) etc. aufzubewahren.

Endet das Mandat eines Amtsträgers, gleichgültig, ob dies mit Ablauf seiner Amtszeit geschieht oder er gemäß Artikel 13.7 LPH (i.V.m. 1732 Código Civil, wonach der Auftrag entzogen werden kann) vorzeitig seines Amtes enthoben wurde, muss dieser die ihm überlassene und von ihm verwaltete Dokumentation gemäß Artikel

---

[911] AP Murcia, Cartagena, Sec. 5.ª, Urteil Nr. 122/2011 vom 19. April.

[912] Und gemäß Artikel 19.4 LPH vom Sekretär mindestens fünf Jahre lang aufbewahrt werden muss.

1733 Código Civil (wenn man mit der h.M. davon ausgeht, dass auf die Amtsausübung die Regeln des Auftrags anzuwenden sind) an die Gemeinschaft herausge-
ben. Aber auch während der Zeit, in der ein Amtsträger sein Amt innehat, kann die
Gemeinschaft daran interessiert sein, Einblick in gewisse Dokumente zu nehmen.

In beiden Fällen stützt sich der Anspruch der Gemeinschaft gegen den Amtsträger
auf Artikel 1733 Código Civil. Da der Amtsträger gemäß den Regeln des Auftrags,
nach Artikel 1726 Código Civil, gegenüber der Gemeinschaft nicht nur für die vor-
sätzlich verursachten Schäden, sondern ebenso für sein sorgfaltswidriges Tun oder
Unterlassen zur Verantwortung gezogen werden kann, führt seine Weigerung, Einblick in die Dokumente zu geben bzw. selbige herauszugeben, gegebenenfalls zur
Begründung von Schadenersatzansprüchen der Gemeinschaft.[913]

Die leider weit verbreitete Übung bei entgeltlicher Amtsausübung, die fraglichen
Dokumente nur gegen Leistung ausstehender Zahlungen (regelmäßig die Begleichung der Honorare) auszuhändigen, entbehrt jeglicher rechtlichen Grundlage,
auch wenn sie oftmals für den Amtsträger zum gewünschten Ergebnis führt.[914]

Das Verfahren unterliegt dem Anwalts- und Prozessvertreterzwang (Artikel 23 und
31 LEC).

6.13 Klage eines Eigentümers gegen einen anderen Eigentümer oder die Gemeinschaft auf Ersatz der durch diese verursachten Schäden am Sonder- oder Gemeinschaftseigentum bzw. auf Durchführung der erforderlichen Reparaturen

Sowohl die Eigentümer (gemäß Artikel 9.1.b.) LPH) wie auch die Gemeinschaft (gemäß Artikel 10.1 LPH) sind verpflichtet, ihr Eigentum in geeigneter Weise zu nutzen und in einem adäquaten Zustand zu erhalten, damit dieses keine Schäden am
Eigentum Dritter verursacht. Wird durch ein Tun oder Unterlassen dennoch ein
Schaden am Eigentum Dritter oder am Gemeinschaftseigentum herbeigeführt, so
muss dieser auf Kosten des Verursachers behoben bzw. Schadenersatz geleistet
werden (Artikel 1902 Código Civil).

Geht der Schaden auf ein vermietetes (oder ein nicht durch den Eigentümer ge-
nutztes) Sondereigentumselement zurück, stellt sich die Frage, ob eine etwaige
Klage statt gegen den Eigentümer nicht gegen den tatsächlichen Nutzer oder vielleicht gegen beide zu richten ist. Dies insbesondere dann, wenn der Schaden lediglich durch einen unsachgemäßen Gebrauch des Nutzers verursacht wurde - obwohl dass Gesetz in Artikel 9.1.b.) LPH ausdrücklich den Eigentümer in die Haftung
nimmt. Diese Frage wurde bereits an anderer Stelle erörtert. Im Ergebnis lässt sich

---

[913] In Abhängigkeit davon, ob das Amt entgeltlich oder unentgeltlich ausgeübt wird, sind die Anforderungen an die Verantwortlichkeit unterschiedlich. Bei einer entgeltlichen Amtsausübung
und insbesondere bei einer beruflichen Amtsausübung sind deshalb an seine Tätigkeit erhöhte
Anforderungen zu stellen.

[914] Sepín, Juicio de reclamación de documentación de la comunidad contra el secretario y el administrador.

feststellen, dass diese gesetzliche Regelung nach h.M. dem besonderen Schutz der geschädigten Eigentümer dient, weshalb nicht nur der gegebenenfalls vermögenslose Nutzer haftet, sondern auch der Eigentümer des Sondereigentumselements, von welchem der Schaden ausging. Zur Sicherheit und um zu vermeiden, dass eine gegebenenfalls bestehende notwendige Streitgenossenschaft zwischen Nutzer und Eigentümer andernfalls unbeachtet bleibt, ist zu empfehlen, sowohl den Eigentümer wie auch den Nutzer des Sondereigentumselements zu verklagen, wenn keine außergerichtliche Einigung erzielt werden kann.

Was die Haftung des Eigentümers angeht, sollten darüber hinaus die Artikel 1903-1910 des Código Civil beachtet werden, aus denen über die allgemeinen Regeln hinaus besondere Haftungsfälle beschrieben werden (Haftung für Tiere, Angestellte, herabfallende Zweige, Maschinen, unterlassene Reparaturen und Instandhaltungsmaßnahmen etc.).

Das Verfahren unterliegt dem Anwalts- und Prozessvertreterzwang (Artikel 23 und 31 LEC) nur dann, wenn der geforderte Schadenersatz einen Betrag in Höhe von 2.000 Euro übersteigt.

6.14 Klage der Gemeinschaft oder eines Eigentümers gegen einen anderen Eigentümer wegen nicht genehmigter Baumaßnahmen, welche Gemeinschaftselemente oder fremdes Sondereigentum betreffen

Gemäß Artikel 7.1 LPH ist der Eigentümer eines jeden Sondereigentumselements berechtigt, architektonische Elemente, Installationen und Einrichtungen desselben zu verändern,[915] wenn dies die Sicherheit des Gebäudes, seine Struktur, Aufteilung oder den äußeren Zustand nicht verschlechtert, verändert oder die Rechte eines anderen Eigentümers beeinträchtigt.

An den übrigen Elementen, d.h. am Gemeinschaftseigentum oder am Sondereigentum der Anderen darf der einzelne Eigentümer verständlicherweise keine eigenmächtigen Veränderungen vornehmen. Dies gilt auch dann, wenn sich das Gemeinschaftseigentum beispielsweise in Form von tragenden Säulen im Inneren eines Sondereigentumselements befindet.

Daneben bestimmt Artikel 10.3.b.) LPH ergänzend, dass die Errichtung neuer Stockwerke und jedwede andere Veränderung der Gebäudestruktur oder der Bausubstanz oder der Gemeinschaftseinrichtungen durch Beschluss vereinbart werden müssen.

Artikel 397 des Código Civil setzt darüber hinaus ganz allgemein fest, dass es den Miteigentümern nicht gestattet ist, am gemeinsamen Eigentum Veränderungen vorzunehmen, wenn dies nicht mit dem Einverständnis der übrigen Eigentümer, also grundsätzlich mit Einstimmigkeit, geschieht (solange keine abweichen-

---

[915] Er ist lediglich verpflichtet, die Baumaßnahmen im Vorhinein dem Präsidenten mitzuteilen.

den, spezielleren Regelungen einschlägig sind).[916] Diese Einstimmigkeit muss aber nicht ausdrücklich vorliegen, und es gibt auch kein zu beachtendes besonderes Formerfordernis (es sei an dieser Stelle auf die Ausführungen für das Zustande-kommen von Beschlüssen hingewiesen).[917]

Sollte dennoch gegen diese Regelungen verstoßen werden, kann mittels Klage An-trag auf Wiederherstellung des ursprünglichen Zustandes gestellt werden.

Klagebefugt ist nicht nur die Gemeinschaft sondern ebenso der einzelne Eigentü-mer. Sollte die Eigentümergemeinschaft untätig bleiben, kann also durchaus ein Eigentümer in Eigeninitiative klagen.[918] Ist aber die anzugreifende Baumaßnahme durch die Gemeinschaft mittels Beschluss genehmigt worden, würde formell kein unbefugtes Handeln und damit kein unmittelbarer Verstoß gegen die Artikel 7.1 und 10.3.b.) LPH vorliegen. In diesem Fall könnte trotzdem gegebenenfalls gegen den Beschluss im Wege der Anfechtung vorgegangen werden, wenn einer der in Artikel 18 LPH enthaltenen Anfechtungsgründe einschlägig ist.[919]

Die Klage muss sich hierbei immer gegen den Eigentümer des Sondereigentums-elements richten, von welchem die Veränderungen bzw. Störungen ausgehen.[920] Sind die Veränderungen durch oder auf Veranlassung eines Nutzers ausgeführt worden, der nicht Eigentümer ist, wird diskutiert, ob sich die Klage auch gegen diesen richten muss oder nicht. Streng genommen sieht das Gesetz in Artikel 7.1 LPH lediglich vor, dass der Eigentümer des Sondereigentumselements zu verkla-gen ist.[921] Obwohl sich deshalb die Klage lediglich gegen den Eigentümer richten müsste, kann es angebracht sein, sowohl den Eigentümer wie auch den verursa-chenden Nutzer zu verklagen, um für den Fall, dass der Gegner bzw. das Gericht eine notwendige Streitgenossenschaft annimmt, eine Abweisung der Klage wegen Unzulässigkeit zu vermeiden.[922]

In Abhängigkeit davon, auf welchen Betrag sich die Kosten für die Wiederherstel-lung des ursprünglichen Zustands belaufen, bestimmt sich gemäß Artikel 251.11 LEC auch der Streitwert.[923]

Das Verfahren unterliegt dem Anwalts- und Prozessvertreterzwang (Artikel 23 und 31 LEC), da es sich unabhängig vom Streitwert aufgrund seiner Einordnung als Pro-

---

[916] Dies sind im gegenständlichen Zusammenhang die Regelungen des Wohnungseigentums-rechts.

[917] Comentarios al Código Civil y Compilaciones Forales, Miquel González, Artikel 397.

[918] AP Valencia, Sec. 11.ª, Urteil Nr. 268/2007 vom 14. Mai; TS, Sala 1.ª, de lo Civil, Urteil Nr. 357/2006 vom 6. April.

[919] Sepín, Juicio por obras en elementos comunes.

[920] AP Barcelona, Sec. 14.ª, Urteil Nr. 476/2007 vom 20. September; anders: AP Asturias, Sec. 7.ª, Urteil Nr. 469/2006 vom 29. September, hier wird vertreten, dass lediglich der Verursacher ver-klagt werden müsse.

[921] Vgl. hierzu AP Valencia, Sec. 11.ª, Urteil Nr. 268/2007 vom 14. Mai; AP Málaga, Sec. 4.ª, Urteil Nr. 539/2009 vom 23. November mit Hinweis auf TS, Sala 1.ª, de lo Civil, Urteile vom 17. März 1993 und 3. November 1994.

[922] AP León, Sec. 1.ª, Urteil Nr. 47/2010 vom 12. Februar.

[923] Sepín, Juicio por obras en elementos comunes.

zess im Geltungsbereich des Wohnungseigentumsrechts gemäß Artikel 249.1.8 LEC um ein ordentliches Verfahren handelt.[924]

6.15 Klage der Gemeinschaft oder eines einzelnen Eigentümers wegen Verstoßes von Eigentümern oder Nutzern eines Sondereigentumselements, gegen die Pflicht zur Achtung der in diesem gelegenen Gemeinschaftsinstallationen

Es handelt sich um einen fast deckungsgleichen Anspruch zu dem unter der vorangegangenen Klage Dargelegten. Statt um Gemeinschaftseigentum bzw. Gemeinschaftselemente im Allgemeinen, handelt es sich hier um Gemeinschaftsinstallationen im Inneren eines Sondereigentumselements. Die Pflicht zur Achtung derselben leitet sich neben Artikel 7.1 LPH zusätzlich insbesondere aus Artikel 9.1.a.) LPH ab. In diesem Sinne kann auch Artikel 394 des Código Civil herangezogen werden, wonach bestimmt wird, dass es zwar jedem Miteigentümer gestattet ist, das gemeinsame Eigentum zu nutzen, dies aber nur bestimmungsgemäß und in einer Weise, dass weder die Interessen der Gemeinschaft verletzt noch die übrigen Miteigentümer an ihrem rechtmäßigen Gebrauch gehindert werden.[925]

Einschlägig ist dieser Anspruch bei Gemeinschaftsinstallationen, wie z.B. (Ab-) Wasser- oder Heizungsvorrichtungen. Veränderungen an diesen können, selbst wenn sie im Inneren eines Sondereigentumselements erfolgen und unmittelbar lediglich ein bestimmtes Sondereigentumselement betreffen, Auswirkungen für andere Sondereigentumselemente oder gar die gesamte Gemeinschaft haben.

Wie in der vorstehend beschriebenen Klage, ist auch hier sowohl die Gemeinschaft wie auch der einzelne Eigentümer klagebefugt. Ebenso die Frage danach, ob sich für den Fall, dass der Eingriff durch einen Nutzer vorgenommen wurde, der nicht Eigentümer ist, lediglich dieser, nur der Eigentümer oder etwa beide gemeinsam aufgrund des Bestehens einer notwendigen Streitgenossenschaft zu verklagen sind, ist in gleicher Weise zu beantworten, weshalb auf die dort gemachten Ausführungen verwiesen wird. Die Klage muss sich im Ergebnis nach h.M. gegen den Eigentümer richten. Um eine Abweisung der Klage wegen Unzulässigkeit zu vermeiden, weil das Gericht, der Mindermeinung folgend, eine notwendige Streitgenossenschaft annehmen könnte, vertreten einzelne Autoren die Auffassung, dass es angezeigt sein kann, die Klage gegen beide zu richten.

In Abhängigkeit davon, auf welchen Betrag sich die Kosten für die Wiederherstellung des ursprünglichen Zustands belaufen, bestimmt sich gemäß Artikel 251.11 LEC auch der Streitwert.[926] Das Verfahren unterliegt dem Anwalts- und Prozessvertreterzwang (Artikel 23 und 31 LEC), da es sich, unabhängig vom Streitwert,

---

[924] Ebenda.

[925] Sepín, Juicio por falta de respeto a instalaciones generales o de otro piso o local.

[926] Vgl. Sepín, Juicio por obras en elementos comunes und Sepín, Juicio por falta de respeto a instalaciones generales o de otro piso o local.

aufgrund seiner Einordnung als Prozess im Geltungsbereich des Wohnungseigentumsrechts gemäß Artikel 249.1.8 LEC um ein ordentliches Verfahren handelt.[927]

6.16 Klage auf Unterlassung des unberechtigten Gebrauchs eines Gemeinschaftselements, und gegebenenfalls auf Wiederherstellung des ursprünglichen Zustands

Neben den sich aus Artikel 7.1, 9.1.a.), b.) und 10 LPH ergebenden und zum Gegenstand der oben beschriebenen Ansprüche gemachten Pflichten, gehört, wie dargelegt die Achtung sowohl des fremden Sondereigentums wie auch des Gemeinschaftseigentums. Die Aufteilung in Sondereigentum und Gemeinschaftseigentum leitet sich aber insbesondere aus den Artikeln 3 und 5 LPH ab. Wird ein Gemeinschaftseigentumselement von einem Bewohner zum ausschließlichen, eigenen Gebrauch vereinnahmt, ohne Sondernutzungsberechtigter zu sein, bzw. ohne dass sich eine besondere Berechtigung aus der Teilungserklärung, der Satzung oder einem Beschluss der Eigentümerversammlung ergibt, kann die Gemeinschaft auf Grundlage von Artikel 3.b.), 5.3 LPH, gegebenenfalls in Verbindung mit Artikel 7.1 LPH und 9.1.a.) LPH, wenn am Gemeinschaftseigentum auch Veränderungen durchgeführt oder Beschädigungen eingetreten sind, auf Unterlassung und, falls einschlägig, auf Wiederherstellung des ursprünglichen Zustands klagen. Gleiches ergibt sich auch aus Artikel 397 des Código Civil.

Das Verfahren unterliegt dem Anwalts- und Prozessvertreterzwang (Artikel 23 und 31 LEC), da es sich, unabhängig vom Streitwert, aufgrund seiner Einordnung als Prozess im Geltungsbereich des Wohnungseigentumsrechts gemäß Artikel 249.1.8 LEC um ein ordentliches Verfahren handelt.[928]

6.17 Klage auf vereinbarungsgemäße Durchführung eines Werkvertrages

Veranlasst die Gemeinschaft die Herstellung eines Werks, indem sie mit einem einzelnen Handwerker oder einem Unternehmen einen entsprechenden Vertrag schließt, kann es vorkommen, dass trotz Ausführung der hierfür erforderlichen Arbeitsschritte, z.B. durch Verwendung von der Vereinbarung abweichender Materialien, im Ergebnis ein Werk entsteht, das nicht die vertraglich vereinbarten Eigenschaften aufweist. Besonders häufig anzutreffen ist die Verwendung von Materialien, welche im Vergleich zu den im Kostenvoranschlag berechneten, minderer Qualität sind, obwohl Materialien höherer Qualität in Rechnung gestellt wurden. Die Gemeinschaft ist dann berechtigt, auf die vereinbarungsgemäße Werkerstellung zu klagen.

Der Werkvertrag ist im spanischen Recht in den Artikeln 1544 und 1588 bis 1600 des Código Civil geregelt. Im Rahmen der Werkvertragsrechts ist ein besonderes Au-

---

[927] Ebenda.
[928] Sepín, Juicio por utilización privativa de elementos comunes.

genmerk auf die Werkabnahme zu richten, denn mit der Abnahme erklärt der Besteller, dass das Werk zu seiner Zufriedenheit erstellt wurde. Die Abnahme ist aber in den Artikeln 1592 und 1598 des Código Civil nur sehr oberflächlich bzw. lediglich indirekt geregelt. Die wesentliche Frage, nämlich wann ein Werk als abgenommen gilt, können sie nicht abschließend beantworten. Der Abnahme des Werks geht regelmäßig eine Überprüfung desselben voraus. Es handelt sich bei der Überprüfung allerdings nicht um eine Pflicht des Bestellers gegenüber dem Werkunternehmer. Der Werkunternehmer möchte lediglich die Abnahme seines Werks erreichen. Ob der Besteller von seinem Recht, das Werk zu überprüfen, tatsächlich Gebrauch macht, bleibt ihm selbst überlassen. Fehlt es an einer besonderen Vereinbarung in Bezug auf den Umfang und die Dauer der Überprüfung durch den Besteller, muss sich diese daher nach dem guten Glauben und den einschlägigen, auf die konkrete Werkerstellung anzuwendenden Sitten und Gebräuche stützen. Hierbei sind Faktoren wie der Umfang des Werkes und seine Bedeutung zu berücksichtigen (vgl. Artikel 1258 Código Civil).[929] In diesem Sinne gilt es unter anderem zu unterscheiden, ob ein etwaiger Mangel bzw. die abweichenden Eigenschaften eines Werks offensichtlich bzw. leicht erkennbar waren oder nicht. Lassen sich die Abweichungen bereits auf den ersten Blick feststellen, muss (bei Fehlen einer ausdrücklichen) bereits sehr früh von einer konkludenten Abnahme ausgegangen werden.

Die Gemeinschaft bzw. ihre Organe tun also gut daran, hier vorsichtig zu agieren und das Werk schnell eingehend zu prüfen, um zu vermeiden, dass von einer Abnahme ausgegangen wird, wo selbige nicht gewollt und nicht berechtigt ist. Kann ausgeräumt werden, dass eine Abnahme erfolgte, und weicht das Werk tatsächlich vom Vereinbarten, z.B. aufgrund der Verarbeitung von falschen Materialien ab, bleibt Raum für die hier beschriebene Klage.

Die Pflicht zur abredegemäßen Werkerstellung ergibt sich aus den allgemeinen Vorschriften der Artikel 1091, 1254, 1256, 1258, 1261 und 1278 des Código Civil, wonach die Parteien grundsätzlich an ihre Vereinbarungen gebunden sind. Die Gemeinschaft ist daher berechtigt, die korrekte Ausführung des Werks zu verlangen. Statt der vereinbarungsgemäßen Ausführung kann die Gemeinschaft nach Artikel 1101 des Código Civil aber auch auf Schadensersatz klagen. Der Anspruch verjährt als allgemeiner Anspruch aus Vertrag, mangels einschlägiger Sondervorschriften, gemäß Artikel 1964 des Código Civil nach 15 Jahren.

Da sich die Klage hier an Dritte richtet, deren Beziehung zur Eigentümergemeinschaft nicht aus einer Miteigentümerstellung bzw. dem spanischen Wohnungseigentumsrecht resultiert, entscheidet sich die Zuständigkeit mangels besonderer Vereinbarungen zwischen den Parteien nach Artikel 36 ff. LEC (insbesondere Artikel 45, 50 und 51 LEC), weshalb regelmäßig (mangels anderweitiger Parteivereinbarung) das erstinstanzliche Gericht am Ort der Niederlassung des Werkerstellers zuständig ist. Zur Einreichung der Klage muss der Präsident der Eigentümergemeinschaft mittels Beschlusses der Versammlung entsprechend autorisiert bzw. aufgefordert worden sein.

---

[929] Cabanillas Sánchez, Anuario de Derecho Civil, 2002, S. 519.

Die Frage, ob für dieses Verfahren Anwalts- und Prozessvertreterzwang gemäß Artikel 23 und 31 LEC besteht und welche Verfahrensart einschlägig ist, muss in Abhängigkeit davon beantwortet werden, auf welche Höhe sich der Streitwert beläuft. Gemäß Artikel 251.11 LEC richtet sich dies danach, wie der Unterschied zwischen dem vereinbarungsgemäßen Werk und dem tatsächlich erstellten Werk bzw. der Schaden wirtschaftlich zu beziffern ist.

Beläuft sich der Unterschied auf höchstens 6.000 Euro, ist der Anspruch im Wege des vereinfachten Verfahrens, des Juicio Verbal, gemäß Artikel 249, 250 LEC durchzusetzen. Liegt der Anspruch darüber, muss der Anspruch in einem ordentlichen Verfahren verfolgt werden.

Das Verfahren unterliegt dem Anwalts- und Prozessvertreterzwang (Artikel 23 und 31 LEC) nur dann, wenn der geforderte Schadenersatz bzw. der Streitwert einen Betrag in Höhe von 2.000 Euro übersteigt.

6.18 Klage der Gemeinschaft auf Erfüllung eines Vertrages bzw. Rücktritt vom Vertrag

Kommt der Vertragspartner (ganz gleich ob es sich um einen Dienstvertrag, einen Werkvertrag oder einen Kaufvertrag handelt) seiner vertraglichen Hauptpflicht nicht nach, hat die Gemeinschaft bei allen gegenseitigen Verträgen gemäß Artikel 1124 des Código Civil wahlweise die Möglichkeit, auf Erfüllung zu klagen bzw. vom Vertrag zurückzutreten und ist darüber hinaus berechtigt sich die gegebenenfalls durch die Nichterfüllung eingetretenen Schäden ersetzen zu lassen. Schließlich ist jede Vertragspartei gemäß Artikel 1091, 1256, 1258 und 1278 Código Civil verpflichtet, seine vertraglichen Pflichten zu erfüllen. In diesem Zusammenhang können auch die bereits an die Vertragspartei entrichteten Zahlungen zurückgefordert werden. Der Anspruch verjährt als allgemeiner Anspruch aus Vertrag, mangels einschlägiger Sondervorschriften, gemäß Artikel 1964 des Código Civil nach 15 Jahren. Da sich die Klage hier an Dritte richtet, deren Beziehung zur Eigentümergemeinschaft nicht aus einer Miteigentümerstellung bzw. dem spanischen Wohnungseigentumsrecht resultiert, entscheidet sich die Zuständigkeit des Gerichts, mangels besonderer Vereinbarungen zwischen den Parteien, nach Artikel 36 ff. LEC (insbesondere Artikel 45, 50 und 51 LEC), weshalb regelmäßig das erstinstanzliche Gericht am Ort der Niederlassung des Klagegegners zuständig ist. Zur Einreichung der Klage muss der Präsident der Eigentümergemeinschaft mittels Beschlusses der Versammlung entsprechend autorisiert bzw. aufgefordert worden sein.

Die Frage, ob für dieses Verfahren Anwalts- und Prozessvertreterzwang gemäß Artikel 23 und 31 LEC besteht und welche Verfahrensart einschlägig ist, muss in Abhängigkeit davon beantwortet werden, auf welche Höhe sich der Streitwert beläuft. Dies richtet sich in diesem Fall nach dem Wert bzw. Preis der Leistung. Beläuft sich der Streitwert auf höchstens 6.000 Euro ist der Anspruch im Wege des vereinfachten Verfahrens, des sog. Juicio Verbal, gemäß Artikel 249, 250 LEC durchzusetzen. Liegt der Anspruch darüber, muss er in einem ordentlichen Verfahren verfolgt werden.

Das Verfahren unterliegt dem Anwalts- und Prozessvertreterzwang (Artikel 23 und 31 LEC) nur dann, wenn der Streitwert den Betrag von 2.000 Euro übersteigt.

6.19 Klage wegen Baumängeln

Sollten in der Liegenschaft - ganz gleich ob am Gemeinschaftseigentum oder am Sondereigentum - Baumängel in Erscheinung treten, können die hierfür Verantwortlichen, bei Vorliegen aller Voraussetzungen, rechtlich belangt werden.

Ursprünglich wurde die Haftung für ruinöse Baumängel lediglich durch Artikel 1591 des Código Civil geregelt. Hiernach musste der mit der Bauausführung beauftragte Bauunternehmer, der Baumängel zu vertreten hatte, welche dafür ursächlich waren, dass ein Gebäude zur Ruine wurde, zehn Jahre (gezählt ab Fertigstellung des Bauwerks) für die hieraus resultierenden Schäden einstehen. Die gleiche Verantwortung traf den leitenden Architekten, wenn die ruinösen Schäden auf einen ungeeigneten Baugrund oder eine mangelhafte Bauleitung zurückzuführen waren. Leitete sich der Mangel aus einer vertragswidrigen Bauausführung durch den beauftragten Bauunternehmer ab, betrug die Gewährleistungsfrist gar fünfzehn Jahre.

Die nur ungenügenden Regelungen des Artikels 1591 Código Civil, führten zu einer umfassenden Rechtsfortbildung durch die Rechtsprechung, die so weit ging, dass sogar von einer erst durch diese geschaffenen Verantwortlichkeit die Rede war. Durch das in Kraft treten der Ley de Ordenación de la Edificación (Gesetz zur Regelung der Bautätigkeit) vom 5. November 1999 kam es allerdings zu einer weitreichenden Neuregelung der Materie. Neben den ruinösen Mängeln sollten durch dieses Gesetz auch weniger einschneidende Mängel ausdrücklich normiert werden.[930] Obwohl dieses Gesetz de facto Artikel 1591 des Código Civil in vielerlei Hinsicht außer Kraft setzte, da sich die Regelungsbereiche nunmehr objektiv überlagerten, blieb in Abhängigkeit davon, zu welchem Zeitpunkt die Baugenehmigung beantragt wurde, Artikel 1591 Código Civil weiterhin anwendbar.[931] Dies erfordert folgende Unterscheidung: Wurde die fragliche Baugenehmigung vor dem 5. Mai 2000 beantragt, war und ist Artikel 1591 des Código Civil heranzuziehen, danach könnte alleine die LOE zur Anwendung kommen.

Was den Schutzbereich der LOE angeht, kann festgestellt werden: Ihr Schutz erstreckt sich auf materielle Schäden am Gebäude oder Teilen desselben (Artikel 17.1 LOE). Aus der LOE selbst leiten sich keine weitergehenden Schadensersatzansprüche ab, wie z.B. solche die aus der Anmietung einer Ausweichwohnstätte, aus Beschädigungen am Nachbargebäude, oder aus Beschädigungen an den im Gebäude befindlichen beweglichen Gegenständen resultieren. Ein immaterieller Schaden wie Schmerzensgeld wird ebenfalls nicht durch die LOE erfasst (vgl. Artikel

---

[930] Montserrat Valero, S. 15.

[931] Die umfangreichen, von der Rechtsprechung in Bezug auf Artikel 1591 Código Civil im Wege der Rechtsfortbildung entwickelten Grundsätze, mussten nunmehr aber auch im Lichte der neuen Gesetze überprüft werden, um eine mit den neuen Vorschriften harmonierende Interessenabwägung zu gewährleisten. So Montserrat Valero, S. 16 und 17.

19.9 LOE). Ansprüche wegen Schäden der beschriebenen Art können sich aber gegebenenfalls aus den allgemeinen Vorschriften des spanischen Código Civil oder aus besonderen Abreden zwischen den Vertragsparteien ergeben. Für Schäden an nicht durch das LOE geschützten Gütern können also durchaus, aufgrund Vertragsrechts, oder nach den Regeln der unerlaubten Handlung (*responsabilidad extracontractual*), Ausgleichsansprüche bestehen (siehe Artikel 17.1, 17.9, 18.1 LOE und Artikel 1902 ff. sowie insbesondere auch Artikel 1909 des Código Civil).

Zwischen welchen Mängel unterscheidet die LOE?

Die LOE differenziert zwischen:

- strukturellen Mängeln gemäß Artikel 17.1.a.) LOE

- funktionellen Mängeln gemäß Artikel 17.1.b.) LOE

- Mängeln an der Fertigbearbeitung bzw. Endverarbeitung gemäß Artikel 17.1 a.E. LOE

Wer kann aus der LOE Ansprüche ableiten?

Anspruchsberechtigt im Sinne der LOE, und bezogen auf Baumängel, sind die Eigentümer sowie die nachfolgenden Erwerber der Immobilien, und für den Fall, dass Gemeinschaftseigentum betroffen ist, die Eigentümergemeinschaft.[932]

Gegen wen richten sich die in der LOE enthaltenen Ansprüche aus Baumängeln?

Es ist, ausgehend von der Art der Mängel, zu unterscheiden. Bei Mängeln an der Fertigbearbeitung oder Endverarbeitung haftet gemäß Artikel 17.1 LOE der Bauausführende. Bei strukturellen oder funktionellen Mängeln haftet der Verursacher. Lässt sich der Verursacher nicht feststellen, haften alle mit der Ausführung beauftragten Unternehmer solidarisch. In jedem Fall haftet der Bauträger solidarisch mit (siehe Artikel 17.3 LOE). Der Bauträger haftet auch für die vom Bauleiter zu verantwortenden Mängel und die unter ihm tätigen natürlichen oder juristischen Personen (Artikel 17.6 LOE). Der Bauleiter haftet seinerseits für die vom Projektingenieur zu vertretenen Mängel gemäß Artikel 17.1 LOE. Der Projektingenieur wiederum haftet solidarisch für die Mängel der von ihm unterbeauftragten Unternehmen, die von diesen zu vertreten sind (Artikel 17.5 LOE).

In welchem Umfang muss ein Verschulden vorliegen, damit die Haftung eintritt?

Gemäß Artikel 17.8 LOE haften die hier beschriebenen Beteiligten nur für Vorsatz und Fahrlässigkeit. Ist der Schaden also zufällig, aufgrund höherer Gewalt oder durch den Eigentümer bzw. einen Dritten verursacht worden, liegt auch kein Schaden vor, der auf einen vorwerfbaren Mangel zurückzuführen ist.

---

[932] Martínez Escribano, S. 46.

Welche Dauer haben die Ansprüche aus LOE?

Es gilt zwischen der Garantie- bzw. Gewährleistungsdauer und der Frist zur Durchsetzung der Ansprüche zu unterscheiden. Die Garantie- oder Gewährleistungsdauer richtet sich nach der Art des Mangels bzw. danach, an welchem Element der Mangel eintritt und wie sich dieser auswirkt.

- Für Mängel an der Fertigbearbeitung bzw. Endverarbeitung sieht das Gesetz gemäß Artikel 17.1 a. E. LOE die Haftung für die Dauer eines Jahres vor.

- Für funktionelle Mängel, besteht gemäß Artikel 17.1.b.) LOE die Haftung für die Dauer von drei Jahren.

- Für strukturelle Mängel, beläuft sich die Haftungsfrist gemäß Artikel 17.1.a) LOE auf zehn Jahre.

Diese Fristen können durch einfache Handlungen des Anspruchsberechtigten nicht unterbrochen oder gehemmt werden.[933] Ist der Mangel oder der Schaden in Erscheinung getreten, beginnt eine zweijährige Frist innerhalb derer der Anspruch geltend gemacht werden muss. Die Haftung des Verantwortlichen endet nach LOE also dann, wenn der Mangel erst dann entsteht oder in Erscheinung tritt, wenn die Garantiefristen abgelaufen sind, oder wenn zwar der Schaden innerhalb der gesetzlichen Frist von ein, drei oder zehn Jahren eingetreten ist, aber über zwei Jahre vergangen sind, ohne dass der Anspruch geltend gemacht wurde.

Wann beginnen die Fristen?

Gemäß Artikel 17.1 LOE beginnt die Garantiefrist mit der vorbehaltlosen Abnahme des Bauwerks oder ab dem Zeitpunkt, in welchem die Beanstandungen behoben wurden, bzw. dem Tag, an dem das Protokoll über die Behebung der Beanstandungen ausgestellt wurde.[934] Die zweijährige Frist gemäß Artikel 18 LOE, zur Durchsetzung der Ansprüche aus Artikel 17 LOE beginnt mit dem Eintritt des Schadens. Es gilt zu beachten, dass neben den Ansprüchen aus der Ley de Ordenación de la Edificación, auch umfassendere Ansprüche aus Vertrag bestehen können, welche anderen Fristen unterliegen. Artikel 17.1, 17.9 und 18.1 a. E. LOE stellen dies klar.[935]

Die sich aus der LOE ergebenden Ansprüche sind insbesondere deshalb von Interesse, weil dieses Gesetz die an der Bauausführung beteiligten Personen und Unternehmen gleichzeitig zum Abschluss entsprechender Versicherungen verpflichtet, die das mit dem vorliegenden Gesetz regulierte Risiko absichern. Auf diese Weise werden die Eigentümer der Bauwerke insbesondere davor geschützt, dass ein etwaiger Schadenersatzanspruch zwar rechtlich begründet, aus tatsächlichen Gründen aber, etwa aufgrund der wirtschaftlichen Situation des Verantwortlichen, nicht durchsetzbar ist.

---

[933] Montserrat Valero, S. 15 und 30.
[934] Montserrat Valero, S. 32.
[935] Montserrat Valero, S. 294 ff.

Die Frage, ob für ein auf die LOE gestütztes Verfahren Anwalts- und Prozessvertreterzwang gemäß Artikel 23 und 31 LEC besteht, und welche Verfahrensart einschlägig ist, muss in Abhängigkeit davon beantwortet werden, auf welche Höhe sich der Streitwert beläuft. Dieser bestimmt sich nach der Höhe des Schadenersatzanspruchs. Beläuft sich dieser auf höchstens 6.000 Euro, ist der Anspruch im Wege des vereinfachten Verfahrens, des sog. Juicio Verbal, gemäß Artikel 249, 250 LEC durchzusetzen. Liegt der Anspruch darüber, muss der Anspruch in einem ordentlichen Verfahren verfolgt werden. Das Verfahren unterliegt dem Anwalts- und Prozessvertreterzwang (Artikel 23 und 31 LEC) nur dann, wenn der im Juicio Verbal geforderte Schadenersatz einen Betrag in Höhe von 2.000 Euro übersteigt. Im ordentlichen Verfahren bedarf es stets einer Vertretung durch Rechtsanwalt und Prozessbevollmächtigten.

6.20 Beitreibung von Forderungen aus unbezahlten Beiträgen zu den Gemeinschaftsausgaben

Seit jeher bereitet die mangelhafte Bereitschaft einzelner Wohnungseigentümer, ihren Zahlungs- bzw. Beitragspflichten gegenüber der Gemeinschaft nachzukommen, für letztere erhebliche Probleme wirtschaftlicher Art.

Verhältnismäßig niedrig liegende periodische Beiträge, sowie Hemmungen, gegen die eigenen Nachbarn rechtliche Schritte einzuleiten, und die verlockende Möglichkeit, gerade bei größeren Gemeinschaften, Fehlbeträge Einzelner durch allgemeine Beitragserhöhungen auszugleichen, schaffen oftmals die Voraussetzungen, damit sich im Laufe der Zeit aus einem Alltagsproblem ein die Gemeinschaft paralysierender Zustand entwickeln kann.

Erfahrungsgemäß führt die Nachlässigkeit der Hausverwaltung in diesem Punkt jedoch nicht nur zu einem anhaltenden Ausbleiben auch zukünftiger Zahlungen der bereits in Rückstand geratenen Eigentümer, sondern ebenso zu einem Anwachsen der Schuldnerschar als solcher. Nicht selten ist von einzelnen Eigentümern zu vernehmen, es werde erst gezahlt, wenn auch die anderen ihre Schulden beglichen hätten. Jeder zweifelhafte oder auch objektiv verbesserungswürdige Zustand wird genauso schnell wie unerlaubter Weise zur Argumentations- und Legitimationsgrundlage neuer, ihren Zahlungspflichten nicht nachkommender Eigentümer.

Besonders bedrohliche Ausmaße können sich in Gemeinschaften einstellen, welche von ihren Eigentümern in erster Linie lediglich als Feriendomizil verwendet werden. Die gerade dargestellten Probleme scheinen sich durch häufigeren Eigentümerwechsel und bei generell loseren Beziehungen der Nachbarn untereinander nur zu verstärken.

Die Belastungen der Eigentümergemeinschaften durch die gegen ihre Beitragspflicht verstoßenden Eigentümer führte in Spanien soweit, dass im Gremium der Liegenschaftsverwalter im Jahre 1994 die Überlegung reifte, Unterschriften zu sammeln und dem spanischen Abgeordnetenhaus im Wege eines Volksbegehrens eine Gesetzesinitiative zu unterbreiten, welche geeignet sein sollte, den beschriebenen Missständen Abhilfe zu schaffen. Es galt, zu diesem Zweck 500.000 Unterschriften stimmberechtigter Bürger zu sammeln.[936] Nach einer relativ kurzen Vorbereitungsphase hatte die Kammervereinigung der Liegenschaftsverwalter im September 1997 sage und schreibe über 832.000 Unterschriften vorzuweisen, welche darauf gerichtet waren, das spanische Wohnungseigentumsgesetz zu modifizieren. Von den wenigen Initiativen, die bis zum heutigen Tag die gesetzten formellen Hürden nehmen konnten, fand diese als einzige den einhelligen Zuspruch aller Fraktionen.[937] Möglicherweise erklären die folgenden Zahlen die beschriebene Akzeptanz: Ca. 700.000 Wohneinheiten sollen zum damaligen Zeitpunkt von der mangelhaften Zahlungsmoral ihrer Eigentümer betroffenen gewesen sein. Auf insgesamt rund 28 Mrd. Peseten wurden damals die den Eigentümergemeinschaften durch ihre Mitglieder geschuldeten Beiträge geschätzt.[938]

Als unmittelbare Folge der beschriebenen Bemühungen wurde vom Gesetzgeber durch das Gesetz 8/1999 vom 6. April zur Reform des Wohnungseigentumsgesetzes[939] der Versuch unternommen, das spanische Wohnungseigentumsrecht in puncto Beitreibung von offenen Forderungen mit effektiveren Mitteln auszustatten. Die Gemeinschaft sollte die Schulden ihrer Eigentümer wirksamer als bisher einklagen können.

Über Artikel 21 LPH wurde zu diesem Zweck ein spezielles Mahnverfahren für Eigentümergemeinschaften eingeführt. In Bezug auf die allgemeinen zivilrechtlichen Normen hat das spanische WEG mit Aufnahme dieser Regeln sogar eine Vorreiterrolle eingenommen, wurde doch das allgemeine Mahnverfahren in Spanien erst zu einem späteren Zeitpunkt durch Einführung spezieller Vorschriften in die spanische Zivilprozessordnung (LEC) aufgenommen.[940]

Die besonderen Regeln des Artikels 21 LPH bedeuten jedoch nicht, dass die Gemeinschaften seit deren Einführung ausstehende Beiträge gegenüber ihren säumigen Eigentümern lediglich mittels des dort beschriebenen Verfahrens einklagen können. Es ist durchaus möglich, selbige im Wege eines *proceso declarativo* (Erkenntnisverfahrens) einzufordern. Je nach Streitwert kann unmittelbar der Weg des Juicio Verbal (gemäß Artikel 250.2 LEC bei einem Streitwert bis 6.000 Euro) oder des Juicio Ordinario (gemäß Artikel 249.2 LEC bei einem Streitwert über 6.000 Euro) beschritten werden. Der spezielle Artikel 21.1 LPH[941] bestimmt ebenso wie der allgemeine Artikel 812.1 LEC[942] lediglich, dass ein Mahnverfahren eingeleitet werden

---

[936] Artikel 87.3 CE i.V.m. Ley Orgánica 3/1984, de 26 de marzo, Reguladora de la Iniciativa Legislativa Popular.

[937] Muñoz Flores, El reto de los Administradores Iberoamericanos de Propiedad Horizontal del Siglo XXI.

[938] Las comunidades de vecinos podrán embargar a los morosos en menor tiempo y sin límite económico - Justicia ultima un proyecto para modificar la Ley de Propiedad Horizontal: ABC vom 19. Oktober 1997, S. 51

[939] Ley 8/1999, de 6 de abril, de Reforma de la Ley 49/1960, de 21 de julio, sobre Propiedad Horizontal (veröffentlicht in BOE n° 84, vom 8. April 1999.

[940] Ley 1/2000, de 7 de enero, de Enjuiciamiento Civil.

[941] Artikel 21.1. LPH a.E. "...*podrá exigirlo judicialmente a través del proceso monitorio*".

[942] Artikel 812.1 LEC a.A. "*Podrá acudir al proceso monitorio...*".

kann, nicht dass dieses Verfahren das einzig zulässige wäre.[943] Für den Fall, dass damit zu rechnen ist, dass der Schuldner dem Antrag widerspricht,[944] kann es sogar angeraten sein, von der Durchführung eines Mahnverfahren ganz Abstand zu nehmen und unmittelbar den Weg des streitigen Verfahrens zu gehen. Andernfalls würde lediglich eine Verzögerung eintreten.[945]

Trotz aller Verbesserungen bzw. Erleichterungen, die das zu skizzierende Mahnverfahren bietet, sei bereits vorweg angemerkt, dass zwar die Verfolgung der Ansprüche der Gemeinschaft gegen die nicht zahlenden Eigentümer aufgrund seiner Erleichterungen erheblich verbessert wurde - eine abschreckende, die Zahlungsmoral verbessernde Wirkung scheint jedoch ausgeblieben zu sein. Selbst heute schätzen einschlägige Studien, dass ca. 18 % aller Gemeinschaften mindestens unter einem Dauerschuldner in ihren Reihen leiden.[946] Durch die gegenwärtige Wirtschaftskrise scheinen sich die Ausfälle noch ausgeweitet zu haben.

Anwendungsfälle des Artikels 21 LPH

Artikel 21 LPH gestattet die Einleitung eines Mahnverfahrens für den Fall, dass ein Eigentümer seinen sich aus Artikel 9.1.e.) und f.) LPH ableitenden Zahlungspflichten nicht nachkommt.

Aus Artikel 9.1.e.) LPH ergibt sich die Pflicht des Eigentümers, sich im Umfang seiner Beteiligungsquote an den Ausgaben der Gemeinschaft zu beteiligen. Gemäß Artikel 9.1.f) LPH hat der Eigentümer ebenso, ausgehend von seiner jeweiligen Beteiligungsquote, für die anteilige Ausstattung des Rücklagenfonds der Eigentümergemeinschaft aufzukommen. Für die Eintreibung dieser Zahlungen könnte also das beschriebene Mahnverfahren Anwendung finden.

Voraussetzungen des Mahnverfahrens nach Artikel 21 LPH

Damit das Mahnverfahren erfolgreich eingeleitet werden kann, bedarf es der Erfüllung der in Artikel 21.2 LPH bezeichneten Voraussetzungen:

- Der Sekretär der Gemeinschaft hat eine Bescheinigung über den Beschluss der Eigentümerversammlung auszustellen, aus welcher sich die Schulden des oder der säumigen Eigentümer sowie die Entscheidung der Versammlung ableiten lässt, gegen diesen oder diese gerichtlich vorgehen zu wollen. Die bezeichnete Bescheinigung ist mit dem Sichtvermerk des Präsidenten zu versehen. Genau genommen liegen zwei Beschlüsse vor, bzw. ein Beschluss über zwei Gegenstände. Einmal der Beschluss, in welchem die Schulden des einzelnen Eigentümers genau bezeichnet und abgerechnet werden (hierüber hat der Sekretär die beschriebene Bescheinigung zu fertigen), und daneben die Entschließung,

[943] Pons González / del Arco Torres, S. 471.
[944] Und die Forderung über 2.000,00 Euro liegt, sowie alle notwendigen Nachweise erbracht werden können.
[945] Torres López, Algunos apuntes sobre los Procedimientos en régimen de Propiedad Horizontal, Abogacía, n° 4, März 2010, S. 17.
[946] Arrenta, Pressemitteilung vom 10. Juli 2010.

gerichtlich gegen den Schuldner vorzugehen. Beides kann getrennt voneinander unter verschiedenen Tagesordnungspunkten beschlossen werden, obwohl grundsätzlich aufgrund der engen Verbindung beider Punkte hierüber unter einem einzigen Tagesordnungspunkt in einem einzigen Beschluss befunden wird. Unabhängig davon, wie die Entscheidung bezüglich des gerichtlichen Vorgehens zustande kommt, es ist wichtig das hierüber eine ausdrückliche Entscheidung getroffen wird, denn die Abrechnung alleine rechtfertigt noch immer nicht die Stellung eines entsprechenden Mahnantrags.[947]

- Die die Schulden bezeichnenden und gegebenenfalls die Einleitung eines gerichtlichen Verfahrens bestimmenden Beschlüsse der Eigentümerversammlung müssen dem säumigen Eigentümer mitgeteilt worden sein.

Bei beiden Punkten handelt es sich um unverzichtbare Bedingungen des Mahnverfahrens nach Artikel 21 LPH. Werden sie nicht erfüllt, so ist der Antrag vom Gericht zurückzuweisen.[948] Die Bescheinigung des Sekretärs darf sich aber nicht darin erschöpfen, über den Schuldenstand in allgemeiner Form Auskunft zu geben. Gemeint ist vielmehr, dass der Inhalt des getroffenen Beschlusses wiedergegeben und bescheinigt wird.[949] Der vom Sekretär zu bescheinigende Beschluss sollte den oder die Schuldner genau bezeichnen und die einzufordernden Schulden möglichst ausführlich beschreiben. Es genügt nicht etwa die einfache Angabe des durch einzelne Eigentümer gegenüber der Gemeinschaft geschuldeten Betrages. Vielmehr sollte genau beschrieben werden, wie sich die Schulden zusammensetzen. Dies erfordert die Angabe, in welchen Zeiträumen die Schulden entstanden sind, welchen Verwendungszweck die unterlassenen Zahlungen hatten, und auf welchen Betrag sich die jeweilige Pflicht beläuft, d.h. welche Zahlungen seit welchem Zeitpunkt und in welcher Höhe geschuldet werden.[950] Bezüglich des Beschlusses, der die Einleitung rechtlicher Schritte zum Gegenstand hat, ist zu beachten, dass er den Gegner dieser Maßnahmen bezeichnen muss, damit er den gestellten Anforderungen mit Sicherheit genügt.[951]

Die Übermittlung dieses Beschlusses an den oder die Schuldner erfolgt nach den Regeln des Artikels 9.1.h.) LPH, also an die dem Sekretär übermittelte, in Spanien gelegene Adresse, und für den Fall, dass solch eine Mitteilung unterblieben sein sollte, an die in der Gemeinschaft gelegene Adresse des Sondereigentums. Sollte eine Übermittlung nach Artikel 9.1.h.) LPH fehlschlagen, bliebe die Möglichkeit, eine Zustellung per Aushang durchzuführen.

---

[947] Vgl. Carrasco Perera / Cordero Lobaro / González Carrasco, S. 808 f.

[948] Achón Bruñén, Revista Crítica de Derecho Inmobiliario, n° 684, 2004.

[949] Torres López, Algunos apuntes sobre los Procedimientos en régimen de Propiedad Horizontal, Abogacía, n° 4, März 2010, S. 18 und 19.

[950] a.a.O., S. 19.

[951] Pons González / del Arco Torres, S. 473; AP Barcelona, Sec. 2.ª, Urteil vom 11. Dezember 2001.

Gang des Verfahrens nach Artikel 21 LPH

Das in Artikel 21 LPH beschriebene Mahnverfahren richtet sich ergänzend nach den durch die in der spanischen Zivilprozessordnung (Ley de Enjuiciamiento Civil) in den Artikeln 812 bis 818 enthaltenen Regelungen, welche das allgemeine Mahnverfahren ordnen.[952]

Antrag auf Durchführung des Mahnverfahrens nach Artikel 21 LPH

Das Verfahren wird gemäß Artikel 814 LEC mit Einreichung des Antrags beim Gericht eingeleitet. Der Antrag muss den Schuldner, den Gläubiger, deren jeweilige Anschrift sowie den Entstehungsgrund und die Höhe der Schuld bezeichnen. Neben dieser Angaben im Antrag müssen natürlich weiterhin die gemäß Artikel 21.2 LPH erforderlichen Dokumente vorgelegt werden. Zur Einreichung des Antrags bedarf es nach Artikel 814.2 LEC keines Anwalts und Prozessvertreters.

Zuständigkeit des Gerichts

Als allgemeine Regeln bestimmen die Artikel 85 LOPJ und 45 sowie 52.1.8 LEC, dass bei Verfahren, in denen das Wohnungseigentumsrecht Verhandlungsgegenstand ist, die sachliche Zuständigkeit auf die Zivilgerichte Erster Instanz und die örtliche Zuständigkeit auf das am Ort der Eigentümergemeinschaft befindliche Gericht entfällt. Artikel 813 LPH bestimmt hingegen, dass die ausschließliche Zuständigkeit für Mahnverfahren beim erstinstanzlichen Gericht am Wohnsitz oder Aufenthaltsort des Schuldners liegt, bzw. sollten diese nicht bekannt sein, bei demjenigen erstinstanzlichen Gericht, an dessen Ort der Schuldner zum Zwecke der vom Gericht zuzustellenden Zahlungsaufforderung angetroffen werden könnte. Bei Mahnverfahren, in denen eine Eigentümergemeinschaft die ihr von den Mitgliedern geschuldeten Beiträge einfordert, können daher potentiell zwei örtliche Zuständigkeiten bestehen. Hier also hat die den Antrag stellende Gemeinschaft gegebenenfalls ein Wahlrecht, wenn z.B. der Wohnsitz des Schuldners und der Ort an dem sich die Gemeinschaft befindet, auseinanderfallen. Dann kann an jedem dieser Orte der Antrag gestellt werden.[953]

Parteifähigkeit und Prozessfähigkeit

Obwohl der spanischen Eigentümergemeinschaft Rechtspersönlichkeit abgesprochen wird,[954] verleiht ihr das Gesetz mittels des Artikels 6.1.5 LEC in Verbindung

---

[952] Bis zur Einführung des allgemeinen Mahnverfahrens richtete sich das von der Gemeinschaft betriebene Mahnverfahren nach Artikel 21 LPH. Nach in Kraft treten des Gesetzes 8/1999 vom 6. April, zur Reformierung des Gesetzes 49/1960, vom 21. Juli über Wohnungseigentum, insbesondere gemäß dessen einziger Abschlussbestimmung, sind daneben die in das LEC eingeführten allgemeinen Vorschriften zum Mahnverfahren zu berücksichtigen. Siehe hierzu: Carrasco Perera / Cordero Lobaro / González Carrasco, S. 841 f.

[953] Siehe Wortlaut des Artikels 813 LEC.

[954] TS, Sala 1.ª, de lo Civil, Urteile vom 25. Mai 1987 und 30. Mai 1997; Entscheidung DGRN vom 25. Mai 2005 und 3. März 2008, zitiert aus: Enrich Guillén, Aspectos jurídicos de la inexistencia de contrato del servicio de limpieza en una Comunidad de Propietarios; TS, Sala 1.ª, de lo Civil,

mit 13.3 LPH ausdrücklich Parteifähigkeit, also die Fähigkeit, Kläger oder Beklagter zu sein. Prozessfähig, sprich befähigt, Prozesshandlungen für die Gemeinschaft vorzunehmen, ist grundsätzlich der Präsident als gesetzlicher Vertreter der Gemeinschaft,[955] gegebenenfalls kann auch der (oder die) Vize-Präsident(en) die gesetzliche Vertretung ausüben.[956] Auch der Verwalter der Gemeinschaft[957] kann, wenn er hierzu ermächtigt wurde,[958] für die Gemeinschaft handeln - eine Möglichkeit die Artikel 21.1 LPH ausdrücklich vorsieht.[959]

Postulationsfähigkeit bzw. fehlender Anwaltszwang im Mahnverfahren

Artikel 814.2 LEC bestimmt, dass es für die Stellung des Mahnantrags nicht erforderlich ist, sich durch einen Rechtsanwalt und Prozessvertreter repräsentieren zu lassen.[960] Der zu stellende Antrag kann gemäß Artikel 814.1 LEC sogar unter Verwendung von speziell hierfür geschaffenen Formularen oder Mustern erfolgen. Der Aufforderung des Gesetzgebers folgend, hat die Einrichtung des *Consejo General del Poder Judicial* zu diesem Zwecke die entsprechenden Formulare erarbeitet und der Allgemeinheit zur Verfügung gestellt. Die Erstellung des Antrags selbst dürfte daher kein Hindernis darstellen.

Trotz dieser Erleichterung sollte nur in den seltensten Fällen auf die Beauftragung eines Anwalts und Prozessvertreters verzichtet werden, wenn das Mahnverfahren aus unbezahlten Beiträgen gegenüber einer Eigentümergemeinschaft resultiert. Denn, anders als im allgemeinen Mahnverfahren, gelten für das Verfahren nach 21 LPH die besonderen Kostenregelungen des Absatzes 6. Es gilt zwischen den Kosten für die Stellung eines Mahnantrags und den sich aus einem späteren Übergang ins streitige Verfahren ergebenden Kosten zu unterscheiden. Kommt der Schuldner der Zahlungsaufforderung des Gerichts nach, oder tritt er derselben nicht entgegen, muss er grundsätzlich zwar auch die Kosten für Rechtsanwalt und Prozessvertreter tragen; zu beachten ist aber die durch Artikel 394 LEC[961] gezogene Obergrenze, wonach die Anwaltskosten grundsätzlich immer nur bis zur Höhe von 1/3 des Gesamtwertes der Forderung zu tragen sind. Geht es beispielsweise um einen geschuldeten Betrag in Höhe von 600 Euro, würden für den gerade genannten Fall die Anwaltskosten bis 200 Euro vom Schuldner zu tragen sein. Bei einer mittleren Forderungshöhe ist davon auszugehen, dass sich die Kosten unter dieser 1/3 Grenze

---

Urteile vom 11. Dezember 1965, 28. April 1966, 10. Juni 1981, 16. Mai 1982, 16. Februar 1985, 28. Juli 1999 sowie TC, Urteil 115/1999 vom 14. Juni 1999 alle zitiert in: Magro Servert, Boletín *Propiedad Horizontal*, ¿Tienen personalidad jurídica las Comunidades de Propietarios?

[955] Siehe 13.3 LPH und 7.6 LEC.

[956] Siehe Artikel 13.1.b und 13.4 LPH.

[957] Siehe Artikel 21.1 LPH.

[958] Siehe Artikel 20 f.) LPH.

[959] Dies soll gemäß AP Toledo, Sec. 1.ª, Urteil vom 7. November 2002, auf die Stellung des Mahnantrags begrenzt sein. Bei einem Übergang ins streitige Verfahren, muss erneut der Präsident bzw. Vize-Präsident für die Gemeinschaft handeln.

[960] Vgl. auch Artikel 31.2.1 und 23.2 LEC. Es bedarf keiner anwaltlichen Vertretung, und auch keines Prozessvertreters, wenn der Streitwert nicht über 2.000,00 Euro liegt, bzw. wenn es um die Stellung des Mahnantrags geht.

[961] Auf den Artikel 21.6 LPH verweist.

befinden, bzw. unwesentlich höher liegen. Im Zweifelsfall kann, wenn der Schuldner, wie dies regelmäßig geschieht, auch die laufenden Verpflichtungen nicht erfüllt, abgewartet werden, bis die geschuldeten Beiträge eine Höhe erreichen, bei der sichergestellt ist, dass dessen Drittel die Höhe der anfänglich entstehenden Kosten übersteigt, so dass diese vollständig vom Schuldner getragen werden. Trotz der beschriebenen Grenze werden in der Praxis häufig sämtliche Kosten dem säumigen Eigentümer auferlegt, wenn das Gericht der Ansicht ist, dass dem Antragsgegner ein in besonderes vorwerfbarer Weise rücksichtsloses bzw. bösgläubiges Verhalten vorzuwerfen sei. Die Berücksichtigung der in Artikel 394.3 LEC beschriebenen Schwelle entfällt oftmals insbesondere dann, wenn sich aus der Gesamtwürdigung der Umstände aufdrängt, dass die Gemeinschaft erschöpfende außergerichtliche Zahlungsaufforderungen unternommen hat, und der Schuldner das Mahnverfahren quasi als letzten Ausweg der Gemeinschaft aufgezwungen hat.[962]

Sollte der säumige Eigentümer der Zahlungsaufforderung des Gerichts durch Widerspruch entgegentreten, würde je nach Höhe der Forderung in das entsprechende streitige Verfahren übergegangen, und die jeweils einschlägigen besonderen Vorschriften zum Tragen kommen. Es ist im sich gegebenenfalls anschließenden streitigen Verfahren zwischen zwei Arten von Erkenntnisverfahren zu unterscheiden. Juicio Verbal bei einem Streitwert bis einschließlich 6.000 Euro bzw. Juicio Ordinario bei einem Streitwert über diesem Betrag. Beim Juicio Verbal muss weiter unterschieden werden, ob der Streitwert 2.000 Euro überschreitet oder nicht. Überschreitet der Streitwert 2.000 Euro, bedarf es auch im Juicio Verbal der Beauftragung eines Rechtsanwalts und Prozessvertreters. Bei einem Streitwert bis einschließlich 2.000 Euro besteht hingegen kein Anwalts- oder Prozessvertreterzwang. In den Fällen des Juicio Ordinario bedarf es im Gegensatz hierzu immer einer entsprechenden Vertretung. Sollte das Mahnverfahren in den Juicio Ordinario münden, müsste spätestens ab diesem Zeitpunkt ein Anwalt aufgesucht und ein Prozessvertreter bevollmächtigt werden.

Wurde das Mahnverfahren durch Übergang in das streitige Verfahren beendet, finden die allgemeinen Kostenvorschriften mit der Besonderheit des Artikels 21.6 Satz 2 LPH Anwendung. Bei vollständigem Obsiegen der Eigentümergemeinschaft sind unabhängig von der Höhe der Forderung sämtliche Kosten vom Schuldner zu tragen (immer unter Beachtung des Artikels 394.3 LEC). Dies gilt also auch dann, wenn aufgrund der Höhe des eingeforderten Betrags kein Anwaltszwang bestand, weil die Forderung unter 2.000 Euro lag.[963] Im streitigen Verfahren und bei vollständigem Obsiegen der Gemeinschaft trägt daher der Schuldner immer gemäß Artikel 21.6 Satz 2 LPH sämtliche Kosten (mit der einzigen Einschränkung des Artikels 394.3 LEC).

Da es der Gemeinschaft bei entsprechender Beratung durch einen Rechtsanwalt möglich sein sollte, alle formell- und materiellrechtlichen Hürden zu überwinden

---

[962] Vgl. CLPH-Herrero Perezagua, Artikel 21, Rn. 64 und 65, S. 712 und 713. Dort insbesondere Fußnoten 112 und 113 mit weiterführenden Hinweisen.

[963] AP Madrid, Sec. 12.ª, Urteil vom 10. Dezember 2004.

und mögliche Fehler zu vermeiden, bestehen bei fachgerechter Betreuung außerordentlich hohe Chancen, das streitige Verfahren erfolgreich zu Ende zu führen. Üblicherweise sind die Forderungen der Gemeinschaften begründet und die Abweisung einer Klage das Ergebnis unkorrekter Verfahrensführung. Gerade deshalb wird der Verzicht auf anwaltliche Beratung regelmäßig keine Ersparnis bedeuten, sondern vor allem ein unnötiges Risiko in sich bergen.

Richtiger Antragsgegner

Richtiger Antragsgegner des Mahnverfahrens ist derjenige, welcher Eigentümer zum Zeitpunkt der Entstehung der Schuld war. Also derjenige, der Eigentümer war, als die laufenden Beiträge fällig wurden und unbezahlt blieben. Daneben können die entstandenen Schulden aber auch noch von anderen Personen - zumindest teilweise - als Gesamtschuldner eingefordert werden. So etwa bestimmt Artikel 9.1.e.) 3. Absatz LPH dass der Erwerber eines Sondereigentumselements mit dieser Immobilie für die geschuldeten Beträge gesamtschuldnerisch haftet, welche im Jahre des Erwerbs und den drei unmittelbar vorhergehenden Jahren entstanden sind. Vor diesem Hintergrund ist auch Artikel 9.1.e.) 4. Absatz LPH zu verstehen, der vorschreibt, dass die öffentliche Urkunde, mittels derer die Übertragung einer durch das Wohnungseigentumsgesetz betroffenen Immobilie erfolgt, eine Bescheinigung über die gegenüber der Gemeinschaft gegebenenfalls bestehenden Schulden enthalten muss. Eine Ausnahme hiervon ist nur dann gestattet, wenn der Erwerber den Alteigentümer von dieser Pflicht entbindet.

Doch nicht nur auf den Erwerber können unerwartet Ansprüche zukommen. Auch der Alteigentümer kann unter Umständen in die gesamtschuldnerische Pflicht genommen werden. So ist er gemäß Artikel 9.1.i.) 1. und 2. Absatz LPH verpflichtet, auch die nach der Übertragung der Immobilie entstandenen Beiträge zu den Gemeinschaftsabgaben solidarisch mit dem neuen Eigentümer zu tragen, wenn er gegenüber dem Sekretär der Gemeinschaft diesen Wechsel nicht angezeigt hat und die Organe der Gemeinschaft hiervon nicht auf anderem Wege Kenntnis erlangt haben. Dem Alteigentümer steht jedoch das Recht zu, den säumigen Neueigentümer in Rückgriff zu nehmen.

Gleiches gilt für den im Grundbuch geführten Eigentümer, der weder zum Zeitpunkt der Entstehung der Schuld tatsächlicher Eigentümer war, noch mit dem Alteigentümer im Sinne des Artikels 9.1.i.) 1. und 2. Absatz LPH identisch ist - also auch nicht der dem aktuellen Eigentümer vorhergehende Inhaber ist. Ganz gleich, wann der grundbuchlich geführte Eigentümer diese Stellung inne hatte, er steht gesamtschuldnerisch für die Schulden ein, auch wenn er später, genauso wie der Alteigentümer, den die Schulden verursachenden Eigentümer in Regress nehmen kann.

Die Möglichkeit, von der im Grundbuch als Eigentümer geführten Person die Zahlung zu verlangen, ist deshalb von Bedeutung, weil andernfalls die in Artikel 21.5 LPH beschriebene Möglichkeit der Sicherung der Zwangsvollstreckung mittels dinglichem Arrest der Immobilie und der damit einhergehenden Möglichkeiten stark behindert wird. Der Richter kann zwar den dinglichen Arrest des Sondereigentumselements anordnen, aber nur wenn der grundbuchliche Eigentümer mit als Gegner in das Verfahren einbezogen wurde, kann dieser ohne größere Hindernisse betrieben werden. Andernfalls würde insbesondere die Durchführung der Vollstreckung und die Eintragung eines etwaigen neuen Eigentümers stark erschwert.[964]

Zahlungsaufforderung des Gerichts

Nach Überprüfung der Zulässigkeitsvoraussetzungen des Mahnantrags und für den Fall, dass diese erfüllt wurden, fordert das Gericht den Adressaten des Mahnantrags auf, binnen einer Frist von 20 Tagen entweder den vom Antragsteller geforderten Betrag zu begleichen und die Zahlung gegenüber dem Gericht nachzuweisen, oder dem Antrag zu widersprechen. Der Gegner des Mahnantrags kann auf diese Aufforderung in unterschiedlicher Weise reagieren. Er kann untätig bleiben, zahlen oder sich widersetzen.

Untätigkeit des Gegners

Wenn der Gegner innerhalb der 20-Tages Frist der von der Gemeinschaft gestellten Forderung nicht entgegentritt, aber ebensowenig der Zahlungsaufforderung des Gerichts folgt, erklärt der *Secretario Judicial* das Mahnverfahren mittels Verfügung[965] für beendet und teilt dies dem Antragsteller mit. Dieser kann daraufhin den Erlass des entsprechenden Vollstreckungstitels[966] beantragen,[967] welcher die geschuldeten Beiträge zuzüglich der entstandenen Zinsen, die gegebenenfalls mit einer vorhergehenden, außergerichtlichen Zahlungsaufforderung einhergehenden Ausgaben[968] und die zu tragenden Verfahrenskosten umfasst.

Ab der Erteilung des Vollstreckungstitels sind auf die in ihm bezeichneten Beträge außerdem der um zwei Punkte erhöhte, gegenwärtig geltende gesetzliche Zinssatz anzuwenden.[969]

Zahlung durch den Gegner

Kommt der Schuldner der Zahlungsaufforderung des Gerichts nach, bestimmt Artikel 817 LEC, dass das Mahnverfahren eingestellt wird. Diese Regelung bezieht sich auf das Mahnverfahren im Allgemeinen. Für die Fälle, in denen das Mahnverfahren nach Artikel 21 LPH zur Geltendmachung unbezahlter Beiträge zu den Gemeinschaftsausgaben betrieben wird, führen die Sonderregelungen bezüglich der Pflicht des der Aufforderung nachkommenden Schuldners zur Tragung bzw. Beteiligung an den Verfahrenskosten zu einer wichtigen Besonderheit. Die Zahlung

---

[964] Pons González / del Arco Torres, S. 481.

[965] *Decreto.*

[966] In der Bundesrepublik lautet die Bezeichnung dieses besonderen Vollstreckungstitels bekanntermaßen Vollstreckungsbescheid

[967] Artikel 816.1 LEC.

[968] Ausgaben des Artikels 21.3 LPH.

[969] Artikel 816.2 2. Absatz i.V.m. Artikel 576 LEC.

darf nicht zur uneingeschränkten Einstellung des Mahnverfahrens führen, so als hätte sich dieses niemals ereignet.[970] In Bezug auf die vom Schuldner zu tragenden Verfahrenskosten, darf trotz Zahlung der geforderten Beträge auf Antrag der entsprechende Kostenfestsetzungsbeschluss erlassen werden.[971]

Widerspruch des Antragsgegners

Tritt der Antragsgegner innerhalb der 20-Tages-Frist der Zahlungsaufforderung des Gerichts schriftlich entgegen, endet das Mahnverfahren und geht in das entsprechende streitige Verfahren über. In Abhängigkeit von der Höhe der Forderung ist zu unterscheiden: Beläuft sich der von der Eigentümergemeinschaft eingeforderte Betrag auf bis einschließlich 6.000 Euro,[972] so erklärt der *Secretario Judicial* bei Widerspruch das Mahnverfahren für beendet, und ordnet die Fortsetzung im streitigen Verfahren des Typs Juicio Verbal an.[973] In diesem Fall muss weiter unterschieden werden: Liegt der eingeforderte Betrag bei bis einschließlich 2.000 Euro, konnte der Widerspruch ohne Rechtsanwalt und Prozessvertreter formuliert werden. Die unter Umständen ohne anwaltliche Unterstützung im Mahnverfahren reklamierte Forderung kann nach Übergang ins streitige Verfahren weiter von der Gemeinschaft auch ohne qualifizierten rechtlichen Beistand verfolgt werden. Bei einer Forderung in Höhe von über 2.000 Euro bedurfte der Antragsgegner für seinen Widerspruch des Beistands eines Rechtsanwalts sowie eines Prozessvertreters.[974] Die Gemeinschaft selbst, muss sich in diesem Fall und im nun folgenden Verfahren gleichfalls der Dienste eines Anwalts und Prozessvertreters bedienen. Für die aufgrund der Höhe des Betrags eher seltenen Fälle, in denen über 6.000 Euro an unbezahlten Beiträgen zu den Gemeinschaftsabgaben eingefordert werden, und der Antragsgegner innerhalb der 20-Tages-Frist vertreten durch Rechtsanwalt und Prozessvertreter, schriftlich widerspricht, muss der Antragsteller binnen eines Monats nach Zustellung des Widerspruchs mittels Anwalt und Prozessvertreter Klage einreichen,[975] welche dann im Wege des Juicio Ordinario also in einem ordentlichen, nicht vereinfachten Erkenntnisverfahren verhandelt wird, um zu vermeiden, dass der *Secretario Judicial* das Verfahren für beendet erklärt und die Kosten dem Antragsteller auferlegt.

Widerspruch wegen überhöhter Forderung

Sollte sich der Widerspruch des Antragsgegners lediglich darauf beziehen, dass die Gemeinschaft im Mahnverfahren zu viel, also teilweise zu Unrecht aber teilweise eben auch zu Recht, Beiträge reklamiert hat, ist bezüglich dem vom Antragsgeg-

---

[970] Lefebvre, Propiedad Horizontal, Rn. 3800.
[971] In den Artikeln 241 ff. LEC geregelt.
[972] Bei dem Betrag von 6.000,00 Euro handelt es sich um die durch Artikel 250.2 LEC gezogene Grenze zwischen dem *Juicio Verbal* und *Juicio Ordinario*.
[973] Beim *Juicio Verbal* handelt es sich um ein gegenüber dem *Juicio Ordinario*, also dem gewöhnlichen Verfahren, vereinfachten Prozess.
[974] Artikel 818.1 2. Absatz LEC.
[975] Artikel 818.2 LEC.

ner akzeptierten Teil ein Anerkenntnis gegeben,[976] und bezüglich des verbliebenen Teils nach den allgemeinen Regeln zu verfahren. Dies bedeutet, dass bezüglich der Frage nach den anzuwendenden Vorschriften und des einschlägigen Verfahrens im Folgenden lediglich auf die Höhe der Restforderung abzustellen ist.[977]

Dinglicher Arrest

Wenn der Schuldner im Mahnverfahren Widerspruch erhebt, kann die Gemeinschaft zur Absicherung ihrer Forderung gemäß Artikel 21.5 LPH Antrag auf Verhängung eines dinglichen Arrests über dessen Vermögen stellen. Dies in ausreichender Höhe, um sowohl die Forderung, die Zinsen wie auch die Verfahrenskosten zu decken, und ohne dass hierfür eine Sicherheitsleistung erforderlich wäre. Der Schuldner kann den durch das Gericht angeordneten dinglichen Arrest dadurch abwenden, dass er mittels Bankbürgschaft Sicherheit in dessen Umfang leistet.[978]

Urteil

Das dem Antrag der Gemeinschaft stattgebende Urteil hat bezüglich der Kostenentscheidung die durch Artikel 21.6 LPH zugrundegelegten Besonderheiten zu berücksichtigen. Bei einem vollständig stattgebenden Urteil sind vom Gegner auch dann alle Rechtsanwalts- und Prozessvertreterkosten zu tragen (mit der Grenze des Artikels 394.3 LEC), wenn aufgrund der Höhe der reklamierten Forderung deren Beistand nicht vorgeschrieben war (bis einschließlich 2.000 Euro). Der Schuldner trägt in einem solchen Fall also immer die Kosten (aber unter Berücksichtigung des soeben erwähnten Artikels 394.2 LEC).

---

[976] Es ergeht über dieses Teilanerkenntnis gemäß Artikel 818.1 und Artikel 21.2 LEC ein Beschluss.
[977] CLPH-Herrero Perezagua, Artikel 21, Rn. 80, S. 722.
[978] Siehe Artikel 21.5.2 LPH.

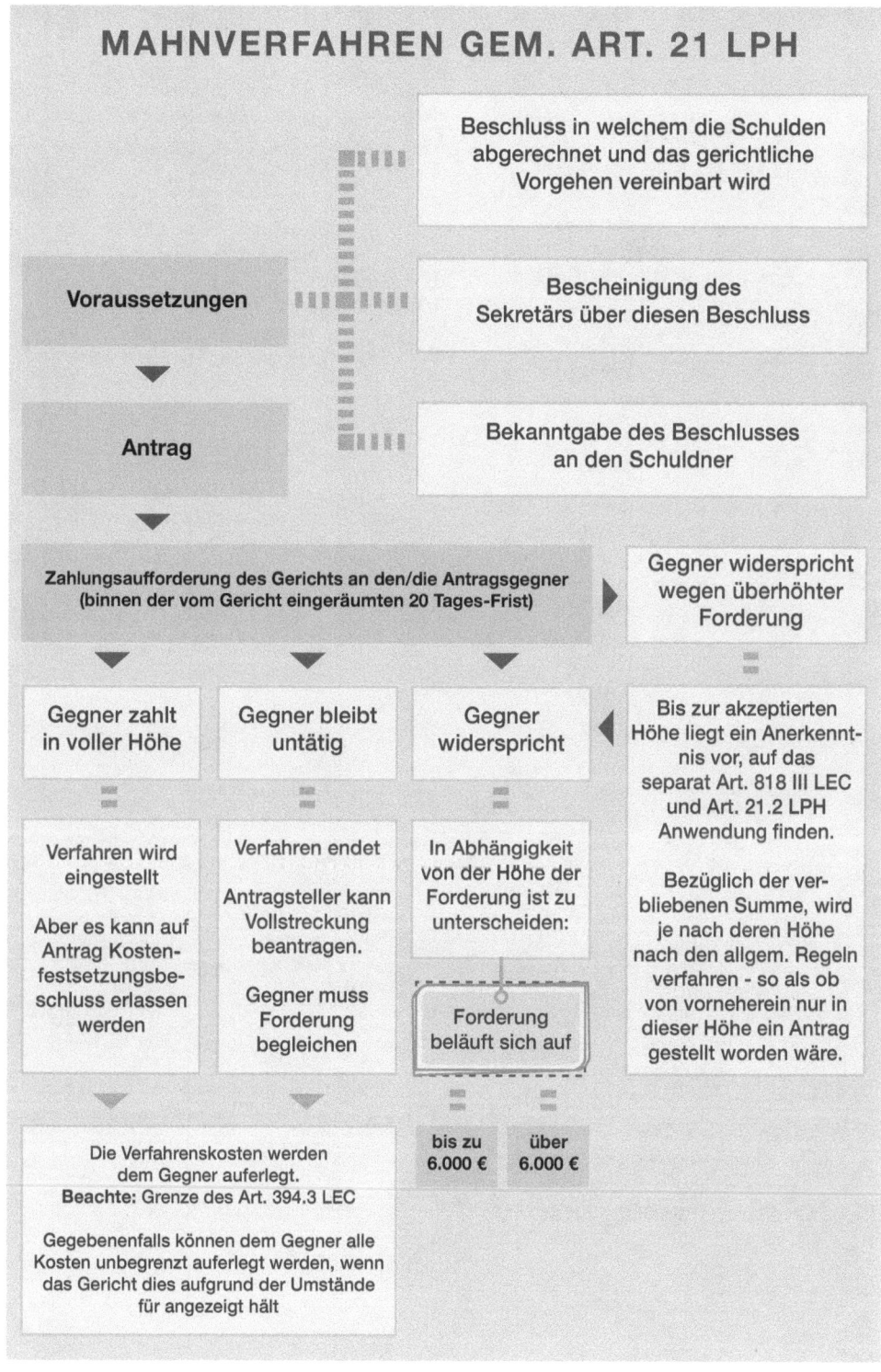

bis zu 6.000 €

Mahnverfahren endet
und geht ins streitige Verfahren
des Typs JUICIO VERBAL über

Unmittelbare Anberaumung
des Gerichtstermins

Bei den Forderungen bis 6.000 €
ist weiter zu unterscheiden:

Beläuft sich die Forderung
auf über 2.000 €?

JA

NEIN

Es besteht
Anwaltszwang.
Sowohl für den
Widerspruch, wie
auch die nun
folgenden
Prozesshandlun-
gen beider Partei-
en bedarf es eines
Anwalts und eines
Prozessvertreters

Sowohl der
Widerspruch,
wie auch alle
weiteren
Prozesshand-
lungen der
Parteien
können durch
diese selbst
vorgenommen
werden

Bei vollständigen obsiegen, trägt der
Gegner alle Kosten des streitigen
Verfahrens ohne Begrenzung

über 6.000 €

Antragsteller muss binnen
1 Monat Klage einreichen.

Das folgende Verfahren richtet sich
nach den Vorschriften für Verfahren
des Typs JUICIO ORDINARIO

Es bedarf der Vertretung
durch Anwalt und Prozessvertreter
sowohl für den Widerspruch wie für
die Klage und ihr folgenden
Handlungen

Klage wurde ordnungsgem.
eingereicht?

JA

NEIN

Das Mahnverfah-
ren endet, und
geht ins streitige
Verfahren des
Typs JUICIO
ORDINARO über

Das Verfahren
wird wegen
Nichtbetreibens
eingestellt und
dem urspr.
Antragsteller die
Kosten auferlegt.

6.21 *Juicio de Equidad*[979]

Das spanische Wohnungseigentumsgesetz regelt die Anfechtung von Beschlüssen umfassend und schafft auf diese Weise wirksame Mittel, die es ihren Gegnern ermöglichen, selbige anzugreifen. In einigen Fällen resultieren die Widerstände jedoch nicht daraus, dass der getroffene und auf einen bestimmten Zweck gerichtete Beschluss bei einzelnen Eigentümern auf Ablehnung stößt, sondern ergibt sich vielmehr aus dem Umstand, dass ein von diesen gewünschter Vorschlag abgelehnt wird. Die Befürworter des vorgeschlagenen, aber nicht zustandegekommenen Beschlusses, können die Entscheidung der Eigentümerversammlung nicht auf die in Artikel 18 LPH beschriebene Weise anfechten.[980] Diese bietet lediglich die Möglichkeit, gerichtlich überprüfen zu lassen, ob der getroffene Beschluss wirksam zustande kam oder nicht, bzw. ob dieser rechtmäßig ist. Sie ist jedoch nicht dazu geeignet, überprüfen zu lassen, ob die Ablehnung eines Beschlusses im Einzelfall sinnvoll oder berechtigt war. Mit der Anfechtung des Artikels 18 LPH erfolgt also keine inhaltliche Überprüfung dergestalt, dass der Wille der Gemeinschaft, einen Vorschlag abzulehnen, durch ein Gericht untersucht und gegebenenfalls durch eine anders lautende Entscheidung ersetzt werden kann. Die in Artikel 18 PH beschriebenen Möglichkeiten und Mechanismen dienen daher dem durch die Ablehnung des Beschlusses benachteiligten Eigentümer nicht, um eine von ihm gewünschte Entscheidung herbeizuführen. Dem Eigentümer steht es zwar frei, um eine erneute Aufnahme des abgelehnten Vorschlags in die Tagesordnung einer zukünftigen Versammlung zu bitten, um zu einem späteren Zeitpunkt, trotz anfänglicher Ablehnung, dennoch eine Annahme des Vorschlags zu erreichen - in vielen Fällen werden auf diese Weise aber trotzdem nicht die erforderlichen Stimmen und Quoten erzielt werden können.

Die Ablehnung eines Vorschlags in der Versammlung ist oft genug Ausdruck der tatsächlich vorherrschenden - und nicht nur der punktuell teilnehmenden - Mehrheitsverhältnisse, weshalb eine durchaus mögliche, erneute, in einer zukünftigen Versammlung durchzuführende Abstimmung, im Ergebnis das gleiche Resultat zutage fördern könnte. Häufig lässt sich die Ablehnung auch nicht aus einer ungenügenden Erläuterung des Beschlussgegenstands durch die Initiatoren oder Befürworter erklären, so dass es ebensowenig Aussicht auf eine gesteigerte Zustimmung gibt, wenn die Gründe, welche für ein positives Votum sprechen, bei der nächsten Gelegenheit ausführlicher oder klarer dargelegt werden. Dies bedeutet, dass die Befürworter eines abgelehnten Beschlusses diese Ablehnung mangels Anfechtbarkeit gegebenenfalls dauerhaft hinnehmen müssten, bis sich tatsächlich die Mehrheitsverhältnisse zu ihren Gunsten ändern. Solch ein Zustand mag für die betroffe-

---

[979] Beim *Juicio de Equidad* handelt es sich um ein besonderes Verfahren, in welchem der Richter insbesondere nach Billigkeit entscheiden soll. Eine starre Bindung an das Gesetz ist dort zu vermeiden, wo dies im Einzelfall eine ungerechte Lösung hervorbringen könnte.

[980] Im deutschen Wohnungseigentumsrecht galt ursprünglich eine ähnliche Einordnung. Mittlerweile wird aufgrund der Rechtsprechung des BGH bei Ablehnung eines Beschlusses von einem sogenannten Negativbeschluss ausgegangen, der als Beschluss im Sinne des § 23 WEG anfechtbar ist. Siehe BGH, Urteil vom 15. Januar 2010, V ZR 114/09.

nen Eigentümer schmerzlich sein, doch liegt es in der Natur des Wohnungseigentumsrechts und der Abstimmungen in der Eigentümerversammlung als demokratischem Kollegialorgan der Gemeinschaft, welches auf Grundlage der gesetzlich vorgesehenen Mehrheiten Vorschläge annimmt oder ablehnt, dass all diejenigen Beschlussgegenstände, die nicht die vorgeschriebenen, diese tragenden Stimmen und Quoten erzielen - für die Befürworter zunächst unrettbar - abgelehnt werden, wenn sich aus dem Gesetz keine Pflicht zum Erlass des entsprechenden Beschlusses ableiten lässt.[981] Es gibt deshalb prinzipiell auch keinen Grund, den Befürwortern eines abgelehnten Beschlusses ein Instrument an die Hand zu geben, um den entgegenstehenden Willen der übrigen Eigentümer durch eine gerichtliche Entscheidung zu ersetzen. Bestünde die Hürde der zu erzielenden Stimmen- und Quotenzahlen nicht, könnte ein geordnetes, an den tatsächlichen Bedürfnissen und Wünschen der Gemeinschaft orientiertes Zusammenleben nur bedingt sichergestellt werden. Der gesetzlich vorgesehene Konsens unter den Eigentümern, bzw. die Erzielung der erforderlichen Mindestzustimmung, würde sonst regelmäßig, durch den Willen Einzelner unterwandert werden können. Die Funktion der Eigentümerversammlung als Kontroll- und Beschlussorgan, welches sich quasi selbst verwaltet, würde ad absurdum geführt.

Einige Abstimmungsgegenstände erfordern lediglich die Zustimmung von einem Drittel der Stimmen und Quoten, weshalb es für diejenigen Eigentümer, welche ein gesteigertes Interesse am Zustandekommen des entsprechenden Beschlusses haben, ein Leichtes sein sollte, diese zu erzielen, wenn deren Bedürfnis nachvollziehbar ist. Hier scheitert ein Vorschlag regelmäßig nicht an der Gleichgültigkeit oder dem Widerstand der Mehrheit, sondern daran, dass ihn nicht einmal eine relevante Minderheit trägt.

Der Gesetzgeber hat daher grundsätzlich vorgesehen, dass der Einzelne die ablehnende Entscheidung der Versammlung hinzunehmen hat. Da er sich, trotz allem, durchaus der hiermit verbundenen Gefahren in Form von denkbaren Pattsituationen bewusst war, welche das Funktionieren der Gemeinschaft stören können, hat er dennoch die Möglichkeit berücksichtigt, dass einzelne Eigentümer ausnahmsweise in gewissen Fällen des nicht Zustandekommens eines Beschlusses durch die Versammlung ein Gericht anrufen können. Im sogenannten *Juicio de Equidad* kann der Richter auf Antrag eines Eigentümers, bei Ablehnung des Vorschlags in der Versammlung, entscheiden, dass dieser trotz mangelnden Zuspruchs doch umzusetzen ist. Zu berücksichtigen ist jedoch, dass dieses Verfahren eine Ausnahmestellung einnimmt. Aufgrund des durch die Verfassung geschützten Prinzips der Privatautonomie, sowie der Satzungsfreiheit und des Selbstverwaltungsrechts, darf ein Gericht nur in Ausnahmefällen den Willen der Eigentümergemeinschaft durch eine andere Entschließung ersetzen. Die Befugnis des Gerichts, im Rahmen des Jui-

---

[981] Besteht eine Pflicht der Eigentümergemeinschaft zur Vornahme bestimmter Handlungen (etwa Reparaturmaßnahmen) kann der betroffene Eigentümer diese sehr wohl erzwingen, indem er auf ihre Durchführung klagt. Im Vorliegenden Fall geht es vielmehr um all diejenigen Fälle in denen es der Gemeinschaft überlassen bleibt eine Maßnahme zu ergreifen oder eben abzulehnen.

cio de Equidad eine andere Entscheidung zu treffen, muss daher nach Ansicht von Carrasco Perera[982] auf diejenigen Fälle beschränkt bleiben, in denen das Funktionieren der Gemeinschaft hiervon abhängt. Dies ist z.B. dann der Fall, wenn trotz mehrerer Eigentümer[983] eine Pattsituation gegeben ist, oder wenn in einer Liegenschaft lediglich eine kleine Gruppe von Eigentümern existiert, und sich diese noch nicht einmal auf das Grundsätzlichste einigen können, oder wenn zwar ein Teil der erforderlichen Mehrheiten erzielt wird, aber eben keine doppelte Mehrheit von Stimmen und Quoten. Einige Autoren beschränken darüber hinaus die einschlägigen Anwendungsfälle auf Beschlüsse, welche die Bestellung eines Amtsträgers, die Annahme eines Wirtschaftsplans und die Durchführung von Erhaltungsmaßnahmen zum Gegenstand haben. Abseits dieser Angelegenheiten könne, deren Ansicht nach, die Gemeinschaft auch ohne Annahme der abgelehnten Vorschläge bestehen, und ein Juicio de Equidad sei hier mangels Erforderlichkeit nicht statthaft.[984] Trotz der Bedeutung, welches dieses Verfahren im Einzelfall gewinnen kann, wurde es vom Gesetzgeber derartig oberflächlich reguliert, dass sämtliche Einzelheiten äußerst umstritten sind.

Anwendungsfälle des Juicio de Equidad nach Artikel 17.7.2 LPH

Neben dem oben beschriebenen Anwendungsfall des Juicio de Equidad, kann dieses Verfahren in zwei weiteren Fällen aufgrund Gesetzesverweisung Anwendung finden.

Artikel 13.2.1 LPH ermöglicht es dem zum Präsidenten ernannten Eigentümer, das Gericht anzurufen, um die Entbindung von seinem Amt in einem Verfahren nach 17.7.2 LPH zu beantragen.

Für den Fall, dass es der Gemeinschaft nicht möglich sein sollte, einen Präsidenten zu bestellen, kann gemäß Artikel 13.2.2 LPH gleichfalls im Wege des Juicio de Equidad die gerichtliche Bestellung des Präsidenten beantragt werden.

---

[982] CLPH-Carrasco Perera, Artikel 17, Rn. 137 f., S. 562 f.

[983] Man beachte, dass der Gesetzgeber durch das Erfordernis der doppelten Mehrheiten (Stimmen und Quoten) bereits dafür gesorgt hat, dass Missbrauchssituationen weitestgehend vermieden werden.

[984] CLPH-Carrasco Perera, Artikel 17, Rn. 137 f., S. 562 f.

Fälle in denen der Juicio de Equidad beschritten werden kann

Anwendungsfälle des Juicio de Equidad

Beschluss kommt nicht zustande, weshalb die gerichtliche Anordnung des abgelehnten Vorschlags beantragt wird.

Eigentümer möchte vom Präsidentenamt enthoben werden und stellt hierauf gerichteten Antrag.

Die Versammlung kann, aus gleich welchem Grund, keinen Präsidenten ernennen, weshalb die gerichtliche Bestellung des Präsidenten beantragt wird.

Entscheidungsfindung im Juicio de Equidad

Anders als in den Fällen der Anfechtung eines in der Versammlung verabschiedeten Beschlusses, in welchen das Gericht die Gültigkeit der Gemeinschaftsentscheidung alleine ausgehend vom geschriebenen Recht, also gesetzten Normen, im sogenannten *juicio legal* prüft, greift das Gericht im *Juicio de Equidad* auch und insbesondere auf das ungeschriebene Recht zurück und entscheidet in gewisser Weise losgelöst von vorgegebenen Vorschriften nach Billigkeit - anders ließe sich die Frage, ob ein Beschluss zustandekommen sollte oder nicht regelmäßig auch nur schwerlich beurteilen.

Das Verfahren der Rechtsfindung mittels Juicio de Equidad stellt in der spanischen Rechtsordnung eine absolute Ausnahme dar. Artikel 3.2 des Código Civil bestimmt dementsprechend, dass eine gerichtliche Entscheidung nur dann losgelöst vom geschriebenen Recht getroffen werden darf, wenn ein Gesetz dies ausdrücklich gestattet. Die Fälle des Artikels 17.7.2 LPH stellen eine solche gesetzlich vorgesehene Ausnahme dar.

In Übereinstimmung mit dem durch Aristoteles geprägten Gerechtigkeitsbegriff, rückt im Juicio de Equidad die Suche nach der billigsten Lösung in den Mittelpunkt. Doch was genau ist unter Billigkeit zu verstehen? Welche Kriterien sind durch den Richter zur Anwendung zu bringen? Eine am billigen Ermessen ausgerichtete Entscheidung geht von der Prämisse aus, dass geschriebene Normen letztlich nur mehr oder minder allgemeine Regeln aufstellen, welche nicht jeden Einzelfall berücksichtigen können. Daher würde der Versuch des Gesetzgebers, diesem Umstand zum Trotz, alle denkbaren Fallkonstellationen vorausschauend reglementieren zu wollen, sehr schnell zu einer kleinlichen und gnadenlosen Annäherung an den Gerechtigkeitsgedanken führen. Die von Aristoteles beschriebene Billigkeit ist deshalb darauf gerichtet, genau dies zu verhindern.[985] Aus diesem Grund soll bei einer Entscheidung nach billigem Ermessen nicht auf den Gesetzeswortlaut, sondern vielmehr auf das vom Gesetzgeber verfolgte Ziel und damit den Sinn der Vorschrift abgestellt werden.[986] Gemeinhin könnte damit Billigkeit auch als eine Anwendung des Analogieprinzip oder der teleologischen Reduktion verstanden werden.[987] Der Richter soll befugt sein, die im Gesetz bestehenden, unberücksichtigt gebliebenen Lücken im Sinne des Gesetzgebers auszufüllen. In Wahrheit wird eine solche Deutung der Tragweite der durch Aristoteles beschriebenen und auch hier zu ermittelnden Billigkeit aber nicht gerecht. Diese geht noch viel weiter, denn sie kann gegebenenfalls auch im Widerspruch zum Gesetz stehen. Das Billige ist nach Aristoteles immer auch gerecht, denn es soll Ausdruck des Naturrechts sein.[988] Billigkeit kann damit als eine Art Korrekturinstrument verstanden werden. Idealerweise ergänzt sie den erfassbaren Willen des Gesetzgebers in dessen Sinne. Sie kann aber auch zu einer völlig anderen als der gesetzlich vorgesehe-

---

[985] Höffe, S. 58.
[986] Aristoteles, Rhetorik, I, 13, 1374 b, 10-12.
[987] Heinrich Honsell, S. 593 f.
[988] Iliou, Einführung in die Rhetorik des Aristoteles, Verlag I. Zacharopoulos, S 27 f., nach: Kostabeys, Das Wesen der Billigkeit.

nen Lösung führen. *"Das ist also die Natur des Billigen, eine Korrektur des Gesetzes, soweit es aufgrund seiner Allgemeinheit mangelhaft ist"*.[989] Im Ergebnis verfolgt die Billigkeit damit die Einzelfallgerechtigkeit und flieht von einer vorgegebenen bzw. vorhersehbaren Lösung zu Lasten der Rechtssicherheit.

Die damit notwendigerweise einhergehende Willkür stünde aber im Widerspruch zu den Prinzipien der kodifizierten Rechtsordnungen, welche diese Unbestimmtheit gerade zu vermeiden suchen.[990] Selbst Aristoteles wollte den Richter dem Gesetz gegenüber bzw. dem Willen des Gesetzgebers verpflichten. Lediglich einer nicht an das Gesetz gebundenen Instanz, wie einem Unparteiischen (Schiedsrichter), welcher in der athenischen Tradition eine eigene Institution bildete, sollte es gestattet sein, unter Bezugnahme auf das Billige zu entscheiden.[991] Im Juicio de Equidad ist genau dies die Aufgabe des Richters. Er entscheidet quasi wie ein Unparteiischer (Schiedsrichter) nach Billigkeit, wobei er sich danach richtet, was nach seinem Empfinden gerecht ist. Zu folgen ist den überpositiven Gerechtigkeitsvorstellungen, mithin dem natürlichen Recht, wenn die Anwendung des geschriebenen Rechts zu einem seiner Meinung nach inadäquaten Ergebnis führen würde. Das Gericht entscheidet somit immer unter Beachtung des im Einzelfall (unter subjektiven Gesichtspunkten, weil von seiner eigenen Vorstellung dominierten Gerechtigkeitsempfinden geprägt) als am gerechtesten empfundenen Ergebnisses.

Für die Mitglieder der Eigentümergemeinschaft bedeutet dies, dass sie im Wege des Juicio de Equidad einem in der Versammlung abgelehnten Vorschlag zum Erfolg verhelfen können, wenn die Gründe (nach subjektiver Wertung des Richters), welche für die Annahme ihres Anliegens sprechen, für einen *billig und gerecht denkenden Menschen* Vorrang vor den Gründen für dessen Ablehnung haben würden. Auf diesem Wege sollen dann etwaige in der Gemeinschaft bestehende Missbrauchssituationen aufgelöst werden.

Anwendungsfälle des Juicio de Equidad nach LPH im Detail

Es muss aufgrund der jeweiligen Besonderheiten zwischen den drei Fällen unterschieden werden, in denen das Verfahren des Juicio de Equidad im Wohnungseigentumsrecht Anwendung findet.

I.   Anrufung des Gerichts zur Anordnung des abgelehnten Vorschlags

Gegenstand des Antrags muss in diesem Fall die Aufforderung an das Gericht sein, den in der Versammlung nicht angenommenen Vorschlag durch eine die-

---

[989] Aristoteles: Nikomachische Ethik, übersetzt und kommentiert von Olof Gigon, S. 1137.

[990] Vgl. schon Rudolf v. Jhering: *"In der Zivilrechtspflege verlangen wir die unverbrüchliche Anwendung des Gesetzes und nehmen die etwaigen Härten und Unbilligkeiten mit in den Kauf. Die Sicherheit der formalen Gerechtigkeit des Richters steht uns höher als die Vorteile einer unberechenbaren materiellen Gerechtigkeit, hinter der sich nur allzu leicht die Willkür verbergen kann"*, Der Zweck im Recht, Bd. 1, 2. Aufl. (1884), 434; noch in der 1. Aufl. (1877), 425 stand sogar zu lesen: *"wir ziehen im Civilrecht das ungerechte oder unbillige Gesetz der über das Gesetz sich erhebenden Billigkeit oder Gerechtigkeit vor"*, zitiert nach: Benedict, Kodifikation der 'Einzelfallgerechtigkeit'? - oder von Geist und (Re-)Form der Zeit.

[991] Höffe, S. 58; Höffe, Aristoteles, S. 233; Falcón Tella, S. 209 f.

sem folgende Entschließung des Gerichts anzuordnen.[992] In Rechtsprechung und Literatur herrscht jedoch Streit darüber, welche abgelehnten Vorschläge zur Einleitung eines Juicio de Equidad berechtigen. Die absolut h.M. sah aufgrund der Struktur und des Wortlauts der alten Fassung des heutigen Artikels 17.7.2 LPH (damals Artikel 17.3 LPH)[993] seine Anwendbarkeit auf solche Fälle begrenzt, in denen sich der abgelehnte Vorschlag auf die Verhandlungsgegenstände des aktuellen Artikels 17.7 LPH bezog; also alle gesetzlich nicht besonders geregelten Abstimmungsgegenstände, die mit einfacher Mehrheit beschlossen werden können. Das Wortlautargument beruhte zunächst auf der Tatsache, dass im Gesetz von Mehrheit und nicht etwa Einstimmigkeit oder einer anderen Zustimmungsrate die Rede war (und ist), weshalb all diejenigen Gegenstände von der Anwendbarkeit des Juicio de Equidad auszuschließen seien, in denen es sich nicht um eine einfache Mehrheitsentscheidung handele.

Darüber hinaus besagte der Wortlaut des alten Artikels 17.3.3 LPH, jetzt 17.7.2 LPH, dass sich die Anwendung des Juicio de Equidad auf "die in den *vorangegangenen Absätzen* festgelegten Verfahren" beziehe. Die h.M. hat den Hinweis auf die *vorangegangenen Absätze* ursprünglich so gedeutet, dass sich der alte Artikel 17.3.3 LPH[994] auf die ihm unmittelbar vorhergehenden, im selben Artikel enthaltenen Absätze beziehe; also auf den alten Artikel 17.3.1 und 17.3.2 LPH, nicht etwa auf die Artikel 17.1 oder 17.2 LPH a.F. Auf diese Weise konnte die Anwendung des Billigkeitsverfahrens des alten Artikel 17.3 LPH nur auf die unter diesem unmittelbar beschriebenen Abstimmungsgegenstände erfolgen. Während die These von der Unanwendbarkeit des Juicio de Equidad auf Gegenstände, die Einstimmigkeit erfordern, trotz vereinzelt zu verzeichnender anderslautender Einschätzungen, auf breiteste Zustimmung stieß, war diese Auslegung, was die übrigen Abstimmungsgegenstände betraf, viel umstrittener. So argumentierten die Vertreter gegenteiliger Auffassungen, der Wortlaut sei nicht eindeutig genug, um von einer zwingenden Auslegung in der dargelegten Weise ausgehen zu können.[995] Ebenso wurde ausgeführt, es sei, ausgehend vom Zweck der Vorschrift, nicht nachvollziehbar, weshalb die Fälle, in denen das Gesetz eine 3/5 Mehrheit fordere, der Juicio de Equidad ausgeschlossen sein sollte. Gerade in den Fällen, in denen eine qualifizierte Mehrheit von 3/5 der Quoten und Stimmen erzielt werden musste, sei es doch am Wahrscheinlichsten gewesen, dass eine Minderheit nur knapp der Beschlussfassung im Wege stand.[996] Warum sollten also die durch das Scheitern des Vorschlags benachtei-

---

[992] Fuentes Lojo, Comentarios a la nueva Ley de Propiedad Horizontal.

[993] Die heutige Fassung des Artikels 17.7 LPH entspricht wörtlich der alten Fassung des Artikels 17.3 LPH, welcher zunächst durch in Kraft treten des Gesetzes 19/2009 vom 23. November und später durch die im Jahre 2013 erfolgte Reform des spanischen Wohnungseigentumsgesetzes geändert wurde. "*Cuando la mayoría no se pudiere lograr por los procedimientos establecidos en los párrafos anteriores.*" Übersetzt: "*Wenn die Mehrheit nicht über die in den vorangegangenen Absätzen festgelegten Verfahren erzielt werden konnte*".

[994] Bis zum 23. Dezember 2009 gültig.

[995] Cossio Arribas, Actualidad Jurídica Aranzadi, n° 15/2006, S. 19 f.

[996] PH-TII-Conde Diez, S. 1268 mit wichtigen Ausführungen in der dortigen Fußnote Nr. 46.

ligten Eigentümer gerade in diesen Fällen keinen Zugang zum Juicio de Equidad haben? Weiterhin sei nicht nachvollziehbar, dass, obwohl der alten Artikel 11 und 17.1.3 LPH (in der aktuellen Gesetzesfassung Artikel 17.2.1 LPH) gleichfalls die einfache Mehrheit ausreichen ließ, wenn es um die Beseitigung architektonischer Hürden ging, solcherlei Beschlussgegenstände, trotz im Ergebnis praktisch gleicher Mehrheitserfordernisse,[997] nur deshalb anders zu beurteilen waren und von der Möglichkeit des Juicio de Equidad ausgeschlossen sein sollten, weil die Behandlung der architektonischen Hürde in einem anderen, separaten Absatz erfolgte.[998] Zur Stützung des restriktiven Anwendung des Juicio de Equidad könnte vertreten werden, dass nur deshalb die allgemeinen unter Artikel Artikel 17.3.3 LPH a.F. fallenden Beschlussgegenstände Zugang zum Verfahren des Juicio de Equidad hatten, weil es hier um Angelegenheiten geringerer Tragweite ging, und der Gesetzgeber wichtigere Beschlussgegenstände der Anwendung des Juicio de Equidad entziehen wollte. Aber aus welchem Grund sollten dann diejenigen Abstimmungsgegenstände in denen lediglich reduzierte Zustimmungsquoten erzielt werden mussten (1/3 der Stimmen und Quoten in den Fällen, in denen es z.B. um den Zugang zu Telekommunikationseinrichtungen geht) und deren Anforderungen aufgrund dieser Privilegierung deutlich unter der einfachen Mehrheit lagen, von dieser Möglichkeit ausgenommen sein? All diese Einwände wurden bisher aber lediglich von Mindermeinungen aufgegriffen und konnten sich nicht gegenüber der oben beschriebenen absolut h.M. durchsetzen, weshalb sich in der Rechtsprechung keine wesentlichen Abweichungen fanden. Die bisher durch die h.M. vorgenommene Wertung könnte jedoch durch die neuen Fassungen des alten Artikels 17.3 LPH, welche sich zunächst als neuer Artikel 17.4 LPH und aktuell als Artikel 17.7 LPH in das Gesetz eingliederten, in Zukunft eine Wandlung erfahren.

Wenngleich der Wortlaut des alten Artikels 17.3 LPH mit dem des späteren Artikels 17.4 LPH und heutigen Artikel 17.7 übereinstimmt, hat sich der Aufbau dieser Norm geändert. Hatte die alte Fassung noch drei Unterabsätze, so wurden in den neuen Fassungen die ersten zwei Unterabsätze in einem einzigen zusammengefasst. Wenn sich nun der zweite Unterabsatz in Bezug auf die Anwendung des Juicio de Equidad, im Plural auf die Fälle der *vorangegangenen Absätze* bezieht, könnte dies den Schluss zulassen, es seien eben nicht (mehr) nur die Fälle des (neuen) Artikels 17.7.1 LPH, sondern die der Artikel 17.1, 17.2, 17.3, 17.4, 17.5 und 17.6 LPH gemeint. Die Tatsache, dass die ersten zwei Absätze in einem einzigen vereint wurden, kann aber genauso lediglich ein Redaktionsversehen sein. Der Umstand, dass der aktuelle Artikel 13.2 LPH nach wie vor in Bezug auf den Juicio de Equidad auf Artikel 17.3 LPH verweist, obwohl dieses Verfahren über die letzten Jahre hinweg in Artikel 17.4 LPH a.F. und aktuell in

---

[997] Unterschiede gibt es lediglich in Bezug darauf, dass sich die einfache Mehrheit des alten Artikels 17.1.3 LPH auf alle Eigentümer bezog, und die Zustimmungsfiktion des alten Artikels 17.1.4 LPH bezüglich der Abwesenden Eigentümer zum tragen kam, während mit der einfachen Mehrheit nach 17.3 LPH a.F. in der zweiten Einberufung lediglich auf die doppelte Mehrheit unter den Anwesenden gefordert wurde.

[998] PH-TII-Conde Diez, S. 1268.

Artikel 17.7 LPH reguliert wird, und die Tatsache, dass bis auf die Zusammenfassung der ersten beiden Absätze in einem der alte Wortlaut mit dem neuen identisch ist, deutet weniger auf den Wunsch des Gesetzgebers hin, mit Rücksicht auf den beschriebenen Meinungsstreit diesen durch die eindeutige Gestaltung des Gesetzes beilegen zu wollen, als auf eine laxe Bearbeitung. Es ist daher weiterhin davon auszugehen, dass die h.M. die unter die Artikel 17.1 bis 17.6 LPH fallenden Abstimmungsgegenstände auch in Zukunft grundsätzlich vom Juicio de Equidad ausschließen wird, auch wenn sich das Wortlautargument durch die Verschiebung der Regelung des Juicio de Equidad und die einhergehende Umstrukturierung des gesamten Artikels 17 LPH, eine andere Argumentation rechtfertigen würden.

II. Antrag auf Entbindung vom Präsidentenamt

Gemäß Artikel 13.2 LPH kann ein zum Präsidenten der Gemeinschaft bestellter Eigentümer im Wege des *Juicio de Equidad* durch das Gericht auch die Entbindung von diesem Amt beantragen. Dies hat unter Angabe der Gründe zu erfolgen, aus denen heraus der betreffende Eigentümer die Befreiung wünscht. Als Orientierung bezüglich der Frage, in welchen Fällen berechtigte Gründe vorliegen könnten, um sich vom Präsidentenamt entbinden zu lassen, wird gerne auf die in Artikel 251 Código Civil enthaltenen und auf die Entschuldigung bzw. Befreiung von der Pflicht zur Übernahme einer Vormundschaft gerichteten Hindernisse verwiesen.[999] Dies wären insbesondere Alter, Krankheit, unvereinbare berufliche oder private Verpflichtungen und andere Umstände, welche die Ausübung des Amtes als übermäßig belastend erscheinen lassen.

III. Antrag auf gerichtliche Bestellung des Präsidenten

Neben dem Antrag auf Entbindung vom Präsidentenamt sieht Artikel 13.2 LPH für den Fall, dass es der Versammlung nicht gelingen sollte, einen Präsidenten zu ernennen, auch die Möglichkeit vor, eine gerichtliche Bestellung desselben zu beantragen.

Voraussetzungen des Juicio de Equidad

Aufgrund des weder im spanischen WEG noch in der spanischen Rechtsordnung insgesamt genauer normierten bzw. beschriebenen Juicio de Equidad, wird seine prozessuale Einordnung und damit eine verbindliche oder zumindest eindeutigere Bestimmung seiner Voraussetzungen praktisch unmöglich gemacht. Mangels ausdrücklicher Regelungen wird seine Behandlung vielmehr von unterschiedlichen Auslegungen dominiert. Sowohl in Rechtsprechung wie auch Literatur stehen sich zahlreiche miteinander unvereinbare Meinungen gegenüber.

Unter anderem wird vertreten, das Verfahren des Juicio de Equidad habe sich mangels besonderer Regelungen an den Vorschriften zur *jurisdicción voluntaria* (freiwilligen Gerichtsbarkeit) zu orientieren. Beide Verfahren seien als eine bewusste Abkehr vom *juicio ordinario* (ordentlichen Verfahren) zu verstehen, obwohl in

---

[999] Echeverría Summers / Morillo González, S. 206.

beiden Fällen ein Richter die entsprechende Entscheidung zu treffen habe. Dafür spreche unter anderem, dass es keinen Beklagten im engeren Sinne gebe, der in einer gesetzlich vorgeschriebenen Weise dem gestellten Antrag entgegentreten müsse.[1000] Andere Autoren hingegen sehen in der Tatsache, dass bezüglich der Gegenseite im Gesetz von *contradictores*, also von der *widerstreitenden Partei* die Rede ist, einen eindeutigen Hinweis auf ein streitiges Verfahren, wenn auch besonderer Art, und ziehen hieraus für die prozessuale Einordnung und Behandlung die entsprechenden Konsequenzen mittels sinngemäßer Anwendung der die ordentlichen Verfahren (*juicios ordinarios*) regelnden Normen.[1001] Teilweise wird aber gerade aufgrund der Besonderheit des Juicio de Equidad und des fehlenden Verweises auf das spanische Prozessrecht (LEC) abgeleitet, dass eine unmittelbare oder analoge Anwendung solcherlei prozessualer Vorschriften von vorneherein ausscheide, weshalb es dem Gericht überlassen sei, sich nach den Regeln der Vernunft an den verschiedenen konkurrierenden Prozessvorschriften zu orientieren und auf diese Weise weitestgehend frei über die Einhaltung rechtsstaatlicher Prinzipien zu wachen.[1002] Wiederum einer anderen Ansicht folgend, handelt es sich um eine an das Schiedsverfahren angelehnte besondere Prozessform, die in diesem Zusammenhang gedeutet werden müsse.[1003]

Je nachdem, welcher Meinung gefolgt wird, werden auch die prozessualen Voraussetzungen völlig unterschiedlich bewertet. Aus diesem Grunde ist auch die Aufstellung allgemeingültiger Regeln ausgeschlossen. Es soll deshalb versucht werden, unter Aufgliederung in die wesentlichsten prozessualen Fragen die jeweils entgegenstehenden Meinungen kurz darzulegen und einen Hinweis auf die h.M. in Rechtsprechung und Literatur zu geben.

Gang des Verfahrens für die Fälle des Antrags auf Anordnung eines nicht zustandegekommenen Beschlusses

Der Juicio de Equidad wird durch die fristgerechte Stellung des entsprechenden Antrags eingeleitet.

Form des Antrags

Einer Mindermeinung nach soll der Antrag mangels Spezialvorschriften die Form einer Klage haben.[1004] Die h.M. hält hingegen gerade mangels einschlägiger Vorgaben einen formlosen schriftlichen Antrag für ausreichend. Im Gesetz sei schließlich lediglich von "*a instancia*", also "*auf Antrag*" die Rede.

Aus praktischen Erwägungen sollte dieser aber alle wesentlichen Sachverhaltsmerkmale sowie Name und Anschrift der Parteien nebst gegebenenfalls relevanter Dokumente als Anlage enthalten. Wichtig ist, dass sich aus dem Antrag ableiten

---

[1000] Vgl. Pons González / del Arco Torres, S. 464 f.
[1001] Vgl. Echeverría Summers / Morillo González, S. 205.
[1002] Lefebvre, Propiedad Horizontal, Rn. 3905; Loscertales Fuertes, Propiedad Horizontal, S. 262.
[1003] Vgl. Echeverría Summers / Morillo González, S. 205.
[1004] Magro Servet / García-Chamón Cervera / Pérez Saura, S. 420.

lässt, dass die durch Artikel 17.7 LPH aufgestellten Anforderungen (binnen eines Monats nach Ablauf der zweiten Versammlung) Beachtung fanden.[1005]

Zeitpunkt der Antragstellung

Es besteht Streit darüber, wie das in Artikel 17.7.2 LPH enthaltene Erfordernis zu verstehen sei, der Antrag auf Durchführung des Juicio de Equidad müsse *innerhalb des auf die zweite Versammlung folgenden Monats* gestellt werden.

Teilweise wird vertreten, gemeint sei hiermit die zweite Einberufung (der gleichen Versammlung), andere Meinungen gehen jedoch davon aus, es müssten zwei vollständig voneinander unabhängige Versammlungen durchgeführt worden sein. Gemäß des Wortlauts des Artikels 17.7 2. Absatz LPH besteht die Möglichkeit zur Einleitung des Juicio de Equidad, wenn auch nach der *zweiten Versammlung (segunda Junta)* nicht die erforderliche Mehrheit zur Annahme des Beschlusses erzielt werden konnte. Kern des Meinungsstreits ist also die Deutung des Begriffes Versammlung und wie diese Voraussetzung zu verstehen ist. Muss nach Ablehnung eines Vorschlags in einer (ersten) Versammlung, dieser in einer zukünftigen, völlig selbständigen, also losgelösten, zweiten Versammlung erneut gestellt und abgelehnt werden, oder handelt es sich vielmehr bei der hier bezeichneten zweiten Versammlung um nichts anderes als die zweite Einberufung (gemäß Artikel 16.2 LPH) einer Versammlung, welche mangels der erforderlichen konstituierenden Mehrheit (*Quorum*) in der ersten Einberufung gar nicht abgehalten werden konnte? In der Literatur wird mehrheitlich vertreten, hiermit sei eine zweite Einberufung und nicht etwa eine vollständig abgehaltene zweite Versammlung gemeint.[1006] Für den Fall, dass dieser Auffassung gefolgt würde, also nicht etwa zwei Versammlungen, sondern zwei Einberufungen abzuhalten sind, bedeutet dies jedoch nicht zwingendermaßen, dass auch eine zweite Einberufung immer durchzuführen ist. Sollte bereits zur ersten Einberufung die zur Konstitution erforderliche Mehrheit an Stimmen und Quoten zusammenkommen (*Quorum*) und die Versammlung daher wirksam eröffnet werden, wäre gar kein Raum für eine zweite Einberufung; geht es doch schließlich nur um die Ablehnung in einer Versammlung - unabhängig von der Frage, ob diese bereits in der ersten oder erst in zweiter Einberufung abgehalten wurde.[1007] Aufgrund des Zusammenhangs in welchem vom Gesetz dieses Erfordernis benannt wird, spricht einiges für die soeben dargelegte Einordnung. Einerseits wird im gleichen Artikel 17.7 LPH die Lockerung des Mehrheitserfordernisses der im zweiten Einberufungstermin abgehaltenen Versammlung normiert (die sonstigen, nicht besonders geregelten Abstimmungsgegenstände bedürfen hiernach im zweiten Einberufungstermin nur einer Quoten- und Stimmenmehrheit unter den

---

[1005] PH-TII-Conde Diez, S. 1275.

[1006] Lefebvre, Propiedad Horizontal, Rn. 3910; Gallego Brizuela, S. 234; (vgl. allgemeine Ausführungen in Aranzadi, Carrasco Perera, Artikel 17, Rn 138); Magro Servet / García-Chamón Cervera / Pérez Saura, S. 420; Fuentes Lojo, Comentarios a la nueva ley de Propiedad Horizontal, Artikel 17.

[1007] Dominguez Luengo, A propósito de la LPH, tras la entrada en vigor de la Ley de Enjuiciamiento Civil, Actualidad Jurídica Aranzadi, 25. Januar 2001.

anwesenden Eigentümern und nicht etwa bezogen auf die Gesamtheit aller Quoten und Stimmen), weshalb mit dem unmittelbar folgenden Hinweis auf die - ohne
weitere Attribute - als *zweite Versammlung* beschriebene Veranstaltung die zweite Einberufung gemeint sein dürfte (es ist nicht von zwei erfolglosen Versuchen,
sondern eben nur von der *zweiten Versammlung* die Rede). Andererseits würde eine Forderung nach zwei völlig voneinander unabhängigen Versammlungen (und
nicht Einberufungen) bedeuten, dass bei geringer Teilnahme in der jeweils ersten
Einberufung einer jeden Versammlung (aufgrund des nicht Erreichens des konstituierenden Quorums), tatsächlich insgesamt vier Einberufungen mit dem (potentiell) hiermit verbundenen Zeitverlust durchgeführt werden müssten. Da auch
nicht ausdrücklich von zwei aufeinander folgenden Versammlungen, sondern lediglich von der *zweiten Versammlung* die Rede ist, könnte argumentiert werden,
dass wenn es sich tatsächlich um Versammlungen und nicht um Einberufungen
handeln sollte, zwischen der ersten Versammlung in der über den Beschluss abgestimmt wird, und einem erneuten Versuch in einer *zweiten Versammlung*, in welcher der Beschlussgegenstand wieder aufgegriffen wird, theoretisch mehrere Jahre
und gegebenenfalls andere Versammlungen liegen dürfen. Dann nämlich könnte die im Gesetz gewählte Formulierung so gemeint sein, dass zweimal über den
Beschlussgegenstand zu verhandeln war. Dies müsste dann im Sinne zweier Versammlungen verstanden werden, ohne dass diese mangels ausdrücklicher Bestimmung gezwungenermaßen hintereinander durchzuführen wären. Die sich aus einer solchen Bewertung ableitenden Konsequenzen (zweite Versammlung, Zeitver-
zögerung) könnten gegen eine Forderung nach zwei vollständig voneinander unabhängigen Versammlungen sprechen und die zuvor dargelegte h.M. in der Literatur stützen.

Trotz dessen gibt es ebenso Argumente, die für die alternative Lösung sprechen,
wonach zwei unabhängige Versammlungen (und nicht Einberufungen) abzuhalten wären.[1008] Die Forderung nach zwei unabhängigen Versammlungen böte so
z.B. den Vorteil, dass die Gemeinschaft Gelegenheit hätte, zwei Mal über den gleichen Beschlussgegenstand zu beraten. Mit der entsprechenden Entlastung der Gerichte (besteht doch die potentielle Möglichkeit einer Lösung bei erneuter Abstimmung). Dieser Auffassung nach beabsichtigte der Gesetzgeber, dass das streit-
gegenständliche Thema zu zwei Gelegenheiten besprochen wurde, um dem zunächst abgelehnten Antrag eine zweite Chance einzuräumen und eine weitere
Möglichkeit zu gewähren, ein gerichtliches Verfahren zu vermeiden. Diese Auffassung stellt auch die h.M. in der Rechtsprechung dar. Unter praktischen Gesichtspunkten spricht vieles dafür, der h.M. in der Rechtsprechung zu folgen. Tatsächlich
wird in vielen Fällen eine zweite Versammlung zum gewünschten Ergebnis führen können, weshalb ein Juicio de Equidad entbehrlich wird. Sollte lediglich eine
zweite Einberufung abgehalten worden sein, könnte außerdem der Vorwurf erho-

---

[1008] Vgl. Die folgenden in PH-TII-Conde Diez, S. 1264-1265 zitierten Entscheidungen: AP Valencia,
Sec. 7.ª, Urteil Nr. 529/2006 vom 22. September und AP A Coruña, Sec. 3.ª, Urteil Nr. 147/2006
vom 5. Mai.

ben werden, es fehle an einer Zulässigkeitsvoraussetzung in Form der zweiten Versammlung.

Die einzige Befürchtung, welche die Vertreter der Literaturmeinung haben dürften, ist wohl darauf gerichtet, die 1-Monats-Frist korrekt zu berechnen und zu vermeiden, dass selbige bei einer Antragstellung nach der zweiten Versammlung abgelaufen sein könnte. Nüchtern betrachtet sollte dies aber keine Sorge bereiten. Wichtig ist im Ergebnis, dass die 1-Monats-Frist ab der letzten Versammlung eingehalten, der Antrag also nicht erst später gestellt wird. Keinesfalls sollte dies so verstanden werden, als ob es nur zu einem einzigen Zeitpunkt (binnen der Monatsfrist) die Gelegenheit gab, einen Juicio de Equidad zu initiieren, und dieser Anspruch vollständig und unwiederbringlich verloren ginge. Es existiert schließlich kein Verbot, den gewünschten Antrag in zukünftigen Versammlungen zum Verhandlungsgegenstand zu machen. Hier würden auch neue Abstimmungen und Abstimmungsergebnisse zustandekommen, welche zu einem zukünftigen Juicio de Equidad führen könnten. Unter Abwägung aller Argumente sollte daher der Auffassung gefolgt werden, die eine zweite Versammlung voraussetzt.

Frist zur Antragstellung

Nach Durchführung der zweiten Einberufung bzw. Versammlung (je nachdem, welcher Ansicht gefolgt wird) muss binnen eines Monats der Antrag auf Durchführung des Juicio de Equidad gestellt werden.

Für abwesende Eigentümer beginnt die 1-Monats-Frist nach h.M. mit Zustellung des Sitzungsprotokolls.[1009] Nach einer anderen Auffassung beginnt die Frist mit dem Tag an welchem der Beschluss getroffen wurde (bei ungewollter Wahl zum Präsidenten) bzw. ab dem Tag, an welchem keine Ernennung herbeigeführt werden konnte (bei Unmöglichkeit, einen Präsidenten zu bestimmen) oder die Versammlung stattfand (im Falle der Ablehnung des Beschlusses). Aus Artikel 18.4 LPH leite sich ab, die Beschlüsse der Versammlung seien sofort zu vollziehen, solange auf Antrag nichts Gegenteiliges durch einen Richter bestimmt wurde. Es komme daher für die Fristberechnung nicht auf die Bekanntgabe des Protokolls, sondern auf den Zeitpunkt an, in welchem der Beschluss getroffen oder abgelehnt wurde.[1010]

Zuständigkeit des Gerichts

Gemäß den allgemeinen, auf das spanische Wohnungseigentumsrecht anzuwendenden Vorschriften, bestimmen die Artikel 85 LOPJ und 45 sowie 52.1.8 LEC, dass auf die Zivilgerichte erster Instanz die sachliche Zuständigkeit, und auf das für den Belegenheitsort der Eigentümergemeinschaft zuständige Gericht die örtliche Zuständigkeit entfällt.

[1009] Pons González / del Arco Torres, S. 464; San Cristóbal Reales, Las acciones en el ámbito de la propiedad horizontal, Anuario Jurídico y Económico Escurialense, n° 41, 2008, S. 112-113.

[1010] Fuentes Lojo, Comentarios a la nueva ley de Propiedad Horizontal, Parte II. La competencia y el procedimiento en el ejercicio de acciones judiciales sobre la propiedad horizontal, De la ejecución de sentencias y de las medidas cautelares.

Allgemeine Parteifähigkeit

Es ist zwischen der Figur des Antragstellers und Antragsgegners zu unterscheiden.

Antragsteller

Gemäß der h.M. soll in den Fällen, in denen es um die gerichtliche Anordnung eines abgelehnten Vorschlags geht, oder es der Versammlung nicht möglich sein sollte einen Präsidenten zu ernennen, jeder Eigentümer antragsberechtigt sein, solange er nur auch stimmberechtigt ist. Lediglich säumige Eigentümer sind daher an der Antragstellung gehindert.[1011]

Einer anderen Auffassung nach sollen nur die (persönlich oder durch Vertretung) anwesenden stimmberechtigten (ihren Zahlungsverpflichtungen in adäquater Weise nachgekommenen) Eigentümer antragsberechtigt sein.[1012]

Wie einzelne Autoren richtigerweise ausführen, handelt es sich beim dargelegten Meinungsstreit um ein überwiegend theoretisches Problem. Wer weder persönlich anwesend noch vertreten war, wird regelmäßig kein besonderes Interesse daran haben, ein Verfahren der vorliegenden Art zu initiieren,[1013] da er bereits darauf verzichtet hat, mit seiner eigenen Stimme das Zustandekommen des Beschlusses voranzutreiben.

Richtiger Antragsgegner

Bezüglich der abgelehnten Vorschläge gilt: Es gibt zwar keinen Beklagten im engeren Sinne, doch stehen dem Antragsteller in diesem Verfahren, zumindest formell, auch Antragsgegner gegenüber. Diese Gegner sind die sogenannten *contradictores*, also diejenigen Eigentümer, welche dem Vorschlag entgegentraten. Hierzu zählen nach einer Auffassung neben den Eigentümern, welche tatsächlich gegen den Vorschlag gestimmt haben, auch die abwesenden und die sich enthaltenden Eigentümer.[1014] Die wohl h.M. betrachtet lediglich die den Vorschlag ablehnenden Eigentümer als geeignete Antragsgegner.[1015] Beide Auffassungen stimmen darin überein, die Eigentümer, die ihr Stimmrecht temporär nicht ausüben dürfen, nicht zu den *contradictores* und damit zu den Antragsgegnern zu zählen.

Übermittlung des Antrags an die Gegenseite

Zur Entscheidungsfindung wird das Gericht sodann den oder die Antragsteller und Antragsgegner zu einem Termin laden. Es handelt sich hierbei nicht um einen Verhandlungstermin im engeren Sinne (Artikel 414 ff. und 443 LEC), sondern viel-

---

[1011] San Cristóbal Reales, Las acciones en el ámbito de la propiedad horizontal, Anuario Jurídico y Económico Escurialense, n° 41, 2008, S. 114.

[1012] Vazquez Barros, Artikel 17.

[1013] PH-TII-Conde Diez, S. 1274.

[1014] a.a.O., S. 1275.

[1015] Lefebvre, Propiedad Horizontal, Rn. 3912; San Cristóbal Reales, Las acciones en el ámbito de la propiedad horizontal, Anuario Jurídico y Económico Escurialense, n° 41, 2008, S. 114.

mehr um eine Art Anhörung, zu welcher das Gericht dem Gegner die Möglichkeit einräumt, Stellung zu beziehen. Einzelne Autoren beurteilen, dass der Antragsgegner neben seinen mündlichen Ausführungen, mangels gesetzlicher Einschränkung, auch eine schriftliche Stellungnahme erarbeiten und dem Gericht übergeben darf.[1016] In diesem Zusammenhang stellt sich die Frage, ob auch die den abgelehnten Vorschlag unterstützenden Eigentümer, die nicht als Antragsteller auftreten, zu laden sind, könnten sie doch Wesentliches zur Verteidigung ihres Standpunktes beitragen. Das Gesetz hat hier dennoch keine Regelung vorgenommen. Dies lässt den Schluss zu, dass diese zwar nicht geladen werden müssen, vom Antragsteller aber als Zeugen eingebracht werden können.[1017]

Sollten die Gegner nicht zum Termin erscheinen, bedeutet dies nicht, dass dem Antrag automatisch stattzugeben ist. Es ergeht also keine Entschließung zugunsten des Antragstellers alleine aufgrund der Säumnis. Die Gegner müssen auch nicht - falls sie als solche in Erscheinung treten - gemeinsam handeln oder sich gemeinsam vertreten lassen. Es liegt keine notwendige passive Streitgenossenschaft (*litisconsorcio pasivo necesario*) vor.[1018]

Anwaltszwang

Selbst in einem derart wesentlichen Punkt wie der Frage nach dem Erfordernis der Vertretung durch Rechtsanwalt und Prozessvertreter, und trotz der Tatsache, dass das Verfahren des Juicio de Equidad bereits in der Urfassung des spanischen WEG (im Jahre 1960) enthalten war, werden nach wie vor zwei entgegengesetzte Positionen vertreten. Während die h.M. der Auffassung ist, dass aufgrund der besonderen Stellung dieses Verfahrens kein Anwaltszwang bestehe,[1019] wird teilweise das genaue Gegenteil vertreten. Mangels Spezialvorschrift, welche eine ausdrückliche Sonderregelung vornimmt, argumentieren die Vertreter der Mindermeinung, nur die allgemeinen Normen dürften Anwendung finden.[1020] Hiernach gilt, dass, außer in den gesetzlich bezeichneten Ausnahmen, immer ein Rechtsanwalt und Prozessvertreter mit der Vornahme der Prozesshandlungen betraut werden müssen. Da der Fall des Juicio de Equidad nicht zu den gesetzlich aufgeführten Ausnahmen zähle, könne auch nicht auf den Einsatz eines Rechtsanwalts und Prozessvertreters verzichtet werden.[1021] Da vor allem die in der Rechtsprechung zu verzeichnende h.M. die Auffassung vertritt, es bedürfe im Juicio de Equidad keiner Vertretung durch Rechtsanwalt bzw. Prozessvertreter,[1022] wurde im Formularteil auch unter diesem Gesichtspunkt das entsprechende Muster verfasst. Dennoch, wird emp-

---

[1016] Lefebvre, Propiedad Horizontal, Rn. 3914.

[1017] Magro Servet / García-Chamón Cervera / Pérez Saura, S. 418.

[1018] Lefebvre, Propiedad Horizontal, Rn. 3912.

[1019] Echeverría Summers / Morillo González, S. 206; Loscertales Fuertes, Propiedad Horizontal, S. 262; CLPH-Carrasco Perera, Artikel 17, Rn. 146, S. 566; Fuentes Lojo, Comentarios a la nueva ley de Propiedad Horizontal, Artikel 17.

[1020] Artikel 23.2 und 31.1 LEC.

[1021] Pons González / del Arco Torres, S. 467; San Cristóbal Reales, Las acciones en el ámbito de la propiedad horizontal, Anuario Jurídico y Económico Escurialense, n° 41, 2008, S. 114.

[1022] AP Málaga, Sec. 6.ª, Urteil Nr. 285/2008 vom 16. Oktober.

fohlen, eine professionelle Beratung und Vertretung in Anspruch zu nehmen. Neben den sich hieraus ergebenden allgemeinen Garantien, wird gleichzeitig vermieden, dass der Antrag an einer von der h.M. abweichenden Auffassung des Gerichts scheitert.

Entscheidung

Teilweise wird vertreten, die Entscheidung habe in der Form eines Urteils zu ergehen und eine Begründung sowie die gesetzlich vorgesehene Entscheidung über die Kosten zu enthalten.[1023] Nach einer anderen Auffassung sollte die Entschließung die Form eines Beschlusses haben, welcher ebenso eine Begründung enthalten könne.[1024] Daneben wird auch vertreten, es handele sich weder um ein Urteil noch um einen Gerichtsbeschluss. Aufgrund der besonderen Stellung des Juicio de Equidad, sei die in ihm zu treffende Entschließung nicht an die im Prozessrecht bekannten Entscheidungsformen angelehnt, da es sich schlicht um ein völlig eigenständiges und unabhängiges Verfahren handelt.[1025] Das Gesetz schreibt in jedem Fall vor, dass das Gericht binnen einer Frist von 20 Tagen nach Einreichung des Antrags über diesen eine Entscheidung treffen muss. Gleichwohl werden diese Fristen regelmäßig missachtet.

Kosten

Wenngleich das Gesetz ebenfalls ausdrücklich vorsieht, dass diese Entscheidung auch eine Entschließung über die Kosten zu beinhalten hat, werden bezüglich ihrer Verteilung keine besonderen Regeln aufgestellt. Geht man davon aus, dass nach h.M. kein Anwaltszwang besteht, stellt sich die Frage der Legitimität, wenn einer Partei die abdingbaren Kosten der anderen Partei aufgebürdet werden. Hinzu kommt, dass die durch das Gericht aufzulösende Pattsituation grundsätzlich wohl niemandem vorgeworfen werden kann. Sie geht auf unterschiedliche Auffassungen zurück und kennt keinen wirklich Schuldigen. Lediglich in Ausnahmefällen (bei Vorliegen von Böswilligkeit, oder einem tatsächlich vorwerfbaren Fehlverhalten) sollen daher nach der h.M. einer Partei die Kosten des Gegners aufgebürdet werden. Regelmäßig soll jede Partei für die eigenen Kosten einstehen.[1026] Teilweise wird aber ebenso vertreten, die Kosten seien nach den allgemeinen Regeln des Artikels 394 LEC aufzuerlegen.[1027]

[1023] Pons González / del Arco Torres, S. 467; San Cristóbal Reales, Las acciones en el ámbito de la propiedad horizontal, Anuario Jurídico y Económico Escurialense, n° 41, 2008, S. 215; Lefebvre, Propiedad Horizontal, Rn. 3916 und 3918.

[1024] PH-TII-Conde Diez, S. 1277 f. mit umfangreicher Darlegung der für die jeweiligen Positionen sprechenden Argumente.

[1025] So: CLPH-Carrasco Perera, Artikel 17, Rn. 146, S. 566 (die Entscheidung des Gerichts decke sich vielmehr mit der Figur eines Beschlusses der Eigentümerversammlung); Loscertales Fuertes, Propiedad Horizontal, S. 262 f.; AP VALLADOLID, Sec. 1.ª, Urteil vom 6. Juli 2004.

[1026] PH-TII-Conde Diez, S. 1279 f.

[1027] San Cristóbal Reales, Las acciones en el ámbito de la propiedad horizontal, Anuario Jurídico y Económico Escurialense, n° 41, 2008, S. 215.

Berufung

Die h.M. vertritt die Auffassung, dass in den Fällen des Juicio de Equidad, keine Berufung möglich sei. Da durch die Einlegung eines Rechtsmittels letztlich beabsichtigt wird, die korrekte Gesetzesanwendung der Vorinstanz überprüfen zu lassen, fehlt es in denjenigen Fällen, in denen nach Billigkeit entschieden wird, bereits an einer überprüfbaren Grundlage.[1028] Daher sind die im Verfahren des Juicio de Equidad ergangenen Entscheidungen nicht im Wege einer Berufung durch eine übergeordnete Instanz überprüfbar.[1029] Für diejenigen Autoren, für welche die vom Gericht getroffene Entscheidung die Rolle des Beschlusses der Eigentümerversammlung einnimmt, wird zwar ebenso die Berufung ausgeschlossen, jedoch hervorgehoben, dass er wie jeder andere Beschluss auch angefochten werden könnte.[1030]

Verfahren zur gerichtlichen Bestellung oder Dispens des Präsidenten

Im Wesentlichen kann auf die bereits zuvor gemachten Angaben bezüglich des auf die Anordnung eines nicht zustandegekommenen Beschlusses gerichteten Verfahrens verwiesen werden. Dies gilt insbesondere für den Antrag auf Bestellung eines Präsidenten für die Gemeinschaft. Seine Bestellung mittels Beschlusses der Eigentümerversammlung scheiterte in diesen Fällen ebenso, wie im oben ausführlich beschriebenen Verfahren, am nicht zustandegekommenen Beschluss (wenngleich anderen Inhalts). Ursprung ist also ebenso das nicht Erzielen der erforderlichen Mehrheiten. Gleichwohl wird es nur in den seltensten Fällen erforderlich sein, dieses Verfahren zu initiieren, denn, anders als bei den übrigen Beschlüssen, ermöglicht Artikel 13.2 LPH den Präsidenten außer durch Wahl auch durch Los oder nach dem Rotationsprinzip zu bestimmen. Voraussetzung für die Stellung des Antrags ist aber, dass eine Ernennung tatsächlich unmöglich ist. Daher dürfte es nur schwerlich soweit kommen, dass keine der bezeichneten Bestimmungsmethoden zum Erfolg führt. Dass der schließlich zum Präsidenten ernannte Eigentümer kein Interesse hat, das Amt zu bekleiden, ist ein gänzlich anderes Problem.

Dieser müsste nach erfolgter Bestellung seine gerichtliche Entbindung vom Präsidentenamt beantragen. Zu beachten ist, dass das Gericht im Falle der Bestellung eines Präsidenten lediglich eine vorübergehende Ernennung verfolgt. Die gerichtliche Bestellung eines Eigentümers zum Präsidenten zielt lediglich auf die Besetzung des Amtes in der Übergangszeit, bis die Gemeinschaft eine eigene Ernennung erreicht.[1031] Artikel 13.2 LPH sieht deshalb ausdrücklich vor, dass das Gericht der Gemeinschaft eine Frist zur Ernennung des Präsidenten setzt. Wesentliche Abweichungen sind lediglich im Falle des Antrags auf Entbindung vom Präsidentenamt

---

[1028] Lefebvre, Propiedad Horizontal, Rn. 3920.

[1029] AP A Coruña, Sec. 5.ª, Urteil Nr. 473/2007 vom 13. November oder AP Islas Baleares, Sec. 4.ª, Urteil Nr. 245/2006 vom 9. Juni.

[1030] San Cristóbal Reales, Las acciones en el ámbito de la propiedad horizontal, Anuario Jurídico y Económico Escurialense, nº 41, 2008, S. 215; Loscertales Fuertes, Propiedad Horizontal, S. 262 f.

[1031] Lefebvre, Propiedad Horizontal, Rn. 3914.

zu beachten. Antragsberechtigt ist hier nur der zum Präsidenten ernannte Eigentümer.

Der Antrag auf Entbindung vom Präsidentenamt muss laut Artikel 13.2 LPH binnen eines Monats ab Bestellung erfolgen. Dies wirft die Frage auf, wann die Frist beginnt, wenn der zum Präsidenten ernannte Eigentümer nicht an der Versammlung teilgenommen hat, aus welcher er als solcher hervorging. Wie im oben ausgeführten Verfahren geht auch hier die h.M. davon aus, dass diese Frist für den abwesenden Eigentümer mit Zustellung des Protokolls beginnt. Der Vollständigkeit halber sei noch darauf hingewiesen, dass die Beschlüsse ohnehin nicht unmittelbar durch die Abstimmung selbst, sondern gemäß Artikel 19.3 LPH eigentlich erst durch die Unterzeichnung des Protokolls (durch amtierenden Präsidenten und Sekretär) vollstreckbar werden, wenn das Gesetz keine andere Regelung vorsieht. Obwohl das Protokoll oftmals am gleichen Tag der Abhaltung der Versammlung unterzeichnet werden wird, könnte eine spätere Unterzeichnung (das Gesetz schreibt ein Frist von zehn Kalendertagen vor) nach Auffassung einiger Autoren auch einen späteren Beginn der Monatsfrist auslösen.[1032] Da dem abwesende Eigentümer jedoch die Möglichkeit eines effektiven Schutzes seiner legitimen Interessen keinesfalls genommen werden darf, ist der h.M. zu folgen und davon auszugehen, dass die Frist erst mit Zustellung des Protokolls beginnt. Darüber hinaus darf nicht übersehen werden, dass die Unterzeichnung des Protokolls eigentlich vielmehr darauf abzielt einen Nachweis über die getroffenen Beschlüsse zu ermöglichen. Der Beschluss kommt durch die endgültige Stimm- und Quotenauszählung zustande. Die Unterzeichnung des Protokolls und die damit einhergehende Vollstreckbarkeit dient damit insbesondere als Nachweis gegenüber Dritten.

[1032] PH-TII-Conde Diez, S. 1007.

Teil III

Das katalanische Wohnungseigentumsrecht

7

Wohnungseigentumsrecht in Katalonien

7.1 Einführung in das katalanische Wohnungseigentumsrecht

Durch das Gesetz 5/2006, vom 10. Mai, bezüglich des fünften Buches des katalanischen Zivilgesetzbuches, zur Regelung der dinglichen Rechte,[1033] hat der katalanische Gesetzgeber durch die Schaffung eines eigenen Wohnungseigentumsrechts, Vorschriften geschaffen, die vom spanischen Wohnungseigentumsrecht abweichen, und dieses in den Grenzen Kataloniens ersetzen.

Obwohl neben Katalonien auch andere autonome Regionen gemäß Artikel 149.1.8 Constitución Española vom spanischen Recht abweichende zivilrechtliche Regelungen treffen können, und dies auch umfassend geschehen ist,[1034] wurde lediglich in Katalonien ein von dem nationalen Gesetz abweichendes Wohnungseigentumsrecht geschaffen.

Neben seinem in materieller Hinsicht abweichenden Inhalt, führt dieser Unterschied nebenbei dazu, dass der Instanzenzug nicht mehr bis zum nationalen Tribunal Supremo reicht, sondern das höchste, in Katalonien, über die Anwendung des Wohnungseigentumsrechts wachendes Gericht, nunmehr die Sala de lo Civil des Tribunal Superior de Justicia de Cataluña ist.[1035]

Durch die Übernahme der entsprechenden Kompetenzen durch den katalanischen Gesetzgeber, wird diesem zwar die Möglichkeit gegeben das örtliche Wohnungseigentumsrechts zu entwickeln, und für eine kontinuierliche Verbesserung zu sorgen, andererseits aber wird das katalanische Recht gleichzeitig von den Entwicklungen des nationalen Wohnungseigentumsgesetzes abgeschnitten, da dieses keine Anwendung mehr in Katalonien findet.

[1033] Ley 5/2006, de 10 de mayo, del libro quinto del Código civil de Cataluña, relativo a derechos reales.

[1034] So in Aragonien, der autonomen Gemeinschaft Valencias, den Balearen (mit Sonderregelungen auf jeder Insel, Galizien, Navarra, dem Baskenland und einzelnen Gemeinden in Extremadura (der sogenannte *Fuero de Baylio*)

[1035] La nueva regulación de la propiedad horizoantal en Catalunya, Joaquim Martí Martí, Bosch Editor, 2006, S. 10.

Ein ursprünglich als modern einzustufendes Gesetz, dass unter anderem dem Zweck dienen sollte Regelungslücken zu schließen oder auslegungsbedürftige Formulierungen sowie bekannte Probleme des nationalen Gesetzes zu vermeiden, partizipiert damit nicht mehr an den Fortschritten des spanischen Gesetzes, und hat deshalb (gerade aufgrund der Entwicklung des nationalen Wohnungseigentumsgesetzes) einige seiner Vorteile eingebüßt.

Insbesondere im Bereich der Einforderung unbezahlter Gemeinschaftsbeiträge, befindet sich das katalanische Gesetz mittlerweile nicht mehr auf der Höhe der Ley de Propiedad Horizontal.

Bezüglich des normativen Aufbaus, wurde das katalanische Wohnungseigentumsrecht im dritten Kapitel des fünften Buches des katalanischen Código Civil unter der Artikelnummer 553 eingefügt, welcher sich in die Artikel 553-1 bis 552-59 C.C.Cat. mit ihren jeweiligen Absätzen gliedert.

7.2 Organe der Gemeinschaft bzw. Amtsträger

Das katalanische Wohnungseigentumsrecht sieht grundsätzlich die gleichen Organe vor, wie die spanische Ley de Propiedad Horizontal. Aus den Artikeln 553-15 ff. C.C.Cat. leiten sich die Ämter des Präsidenten, des Sekretärs, des Hausverwalters und das kollektive Entscheidungsorgan in Form der Eigentümerversammlung ab. Neben diesen Organen, gestattet Artikel 553-15.6 C.C.Cat. wie schon Artikel 13.1 a.E. LPH im spanischen Wohnungseigentumsrecht die Schaffung zusätzlicher Ämter.[1036]

Anders als das spanische Gesetz sieht das katalanische Recht bei der Aufzählung der Amtsträger kein Amt des Vizepräsidenten mehr vor.[1037] Dennoch kann in der Satzung festgelegt werden, dass neben die durch die katalanischen Vorschriften vorgesehenen Ämter, weitere zusätzliche treten.

Anders als in der LPH genügt für die Ausübung der Ämter des Sekretärs und / oder Verwalters gemäß Artikel 553-15.5 C.C.Cat. eine geeignete berufliche Qualifikation, ohne dass es einer gesetzlichen Anerkennung dieser Eignung bedürfte (wie sie sich etwa im übrigen Spanien aus Artikel 13.6 LPH ergibt).

Gemäß Artikel 553-15.2 C.C.Cat. werden, auch wenn gesetzlich für die Ämter grundsätzlich die Dauer von einem Jahr vorgesehen ist (unabhängig davon, dass eine hiervon abweichende Amtsdauer vereinbart werden darf), diese solange ausgeübt, bis die nächste Versammlung abgehalten wird, welche auf die Beendigung der Amtsperiode folgt. Auf diese Weise besteht eine ausdrückliche Regelung, die sich mangels spezifischer Angaben im spanischen Gesetz dort nur durch die einschlägige Rechtsprechung und Literatur als vernünftigste Lösung herleiten ließ.

[1036] Baños López, Estudio básico de la propiedad horizontal en el Derecho Común y Particular Catalán, Noticias Jurídicas, Abschnitt 5.1 und 5.2.

[1037] Das katalanische Wohnungseigentumsrecht nennt den Vizepräsidenten an anderer Stelle trotzdem. Z.B. wenn es in Artikel 553-21 C.C.Cat. um die Einberufung von Versammlungen geht.

Während Artikel 19.4 LPH den Sekretär verpflichtet die gesamte Dokumentation der Eigentümergemeinschaft, für eine Dauer von 5 Jahren aufzubewahren, unterscheidet das katalanische Recht zwischen drei Fristen. Gemäß Artikel 553-17 C.C.Cat sind die allgemeinen Dokumente der Gemeinschaft zwei Jahre aufzubewahren. Die Protokollbücher hingegen sind, solange die Liegenschaft existiert, 30 Jahre lang zu verwahren. Die Einberufungen, Benachrichtigungen, Mitteilungen, Vollmachten und übrigen Dokumente, welche für die Versammlungen von Bedeutung sind, müssen 10 Jahre aufgehoben werden (vgl. zu den beiden letztgenannten Fristen Artikel 553-28 C.C.Cat.).

7.2.1 Die Eigentümerversammlung

Genauso wie in der Ley de Propiedad Horizontal, ist auch im katalanischen Zivilgesetzbuch die Eigentümerversammlung das höchste Organ der Gemeinschaft.

Zu ihren Kompetenzen gehört gemäß Artikel 553-19 C.C.Cat. wenigstens:

– die Bestellung und Abberufung aller Ämter der Gemeinschaft

– die Änderung des Gründungstitels

– die Annahme und Änderung der Satzung bzw. Hausordnung

– die Annahme der Wirtschaftspläne und Jahresabrechnungen

– die Anordnung von ordentlichen und außerordentlichen Reparaturen

– die Festlegung und Änderung der Beteiligungsquoten

– die freiwillige Auflösung des Wohnungseigentumsverhältnisses

– sowie all diejenigen Kompetenzen, die nicht ausdrücklich anderen Organen zugewiesen wurden

Gemäß Artikel 553-20.1 C.C.Cat. tritt die Eigentümerversammlung mindestens ein Mal im Jahr zusammen um unter anderem die Wirtschaftspläne und Jahresabrechnungen zu beschließen. Die Eigentümerversammlung kann aber so oft einberufen werden, wie dies der Präsident für erforderlich erachtet (Artikel 553-20.2 C.C.Cat.). Sollten die Eigentümer den Präsidenten um die Einberufung einer Versammlung bitten, und dieser dem Begehren nicht nachkommen, so können diese, wenn sie wenigstens ein Viertel der Stimmen und Quoten haben, und die zu behandelnden Tagesordnungspunkte bekanntgegeben werden, selbständig die Durchführung einer Versammlung vorantreiben. Anders als im spanischen Wohnungseigentumsrecht, genügt den Anforderungen also nicht lediglich ein Viertel der Stimmen oder Quoten. Vielmehr muss sowohl ein Viertel der Stimmen wie auch der Quoten vorliegen.

Die Einberufung hat zwar durch den Präsidenten zu erfolgen, sollte er sich aber weigern, oder das Amt unbesetzt sein, entfällt diese Aufgabe auf den Vizepräsidenten. Existiert dieses letzte Amt nicht, oder sollte sich der Vizepräsident weigern,

kommt die Pflicht zur Einberufung dem Sekretär zu. Schlussendlich sind die Initiatoren der Einberufung berechtigt, sich um selbige zu kümmern, wenn sich alle vorgenannten Organe weigern, oder diese Ämter unbesetzt sein sollten (Artikel
553-21.1 C.C.Cat.).

Die Eigentümerversammlung kann auch ohne Einberufung abgehalten werden,
wenn alle Eigentümer zusammen treffen, sich hierüber einig sind und die zu be-
handelnde Tagesordnung einstimmig vereinbart wurde, welche zu beginn der Versammlung beschlossen werden muss (Artikel 553-20.4 C.C.C.).

Als Besonderheit gegenüber dem spanischen Gesetz, ist hervorzuheben, dass Artikel 553-20.3 C.C.C. vorsieht, dass die Satzung die Möglichkeit enthalten kann, dass
für die Eigentümer bestimmter Sondereigentumselemente (oder für die Eigentümer von Untergemeinschaften) besondere, zusätzliche Versammlungen abgehalten werden, damit diese die Angelegenheiten behandeln können, welche nur sie
betreffen.

Genauso wie im spanischen Gesetz, existieren ordentliche und außerordentliche
Eigentümerversammlungen. Die ordentlichen sind mit einem Vorlauf von mindestens acht Tagen anzukündigen (statt der sechs von der LPH vorgesehenen Tage). Bei den außerordentlichen Versammlungen, welche dringende Massnahmen
zum Gegenstand haben, genügt es, dass alle Eigentümer vor der Abhaltung der Versammlung von der Einberufung Kenntnis genommen haben. Neben der Mitteilung
gegenüber den Eigentümern ist immer auch ein Aushang am schwarzen Brett vorzunehmen.

Wie in der Ley die Propiedad Horizontal, wird vor Beginn der Eigentümerversammlung geprüft, ob diese in erster Einberufung zusammentreten kann, was dann der
Fall ist, wenn wenigsten die Hälfte aller Eigentümer auf welche die Hälfte der Beteiligungsquoten entfällt, anwesend sind. Sollte dies nicht der Fall sein, muss zu einer zweiten Einberufung geschritten werde, in der keine Mindestteilnehmer- oder
Quotenzahl erforderlich ist. Zwischen beiden Einberufungen müssen, wie im nationalen Gesetz, mindestens dreißig Minuten liegen (Artikel 553-21.4.b) C.C.Cat.).

7.3 Die Mehrheiten

Bei dem Entwurf seines eigenen Wohnungseigentumsrechts verfolgte der katalanische Gesetzgeber unter anderem den Zweck, die häufig zu verzeichnenden Missbrauchssituationen, in denen ein einzelner Eigentümer aus schwer nachvollzieh-
baren Gründen, gegen die Vorschläge der ansonsten einigen Gemeinschaft stimmt,
in seinen Auswirkungen zu begrenzen. Um dies zu erreichen, sollten die Fälle in denen ein Beschluss der Einstimmigkeit bedurfte, im Vergleich zum nationalen Gesetz stark reduziert werden.[1038] Obwohl dies mit Blick auf die ursprünglich, d.h. im
Jahre 2006 bestehenden Regelungen des spanischen Wohnungseigentumsrechts

---

[1038] Baños López, Estudio básico de la propiedad horizontal en el Derecho Común y Particular Catalán, Noticias Jurídicas, Abschnitt 5.2.1.

durchaus berechtigt schien, und zu einer kurzzeitigen Vereinfachung der katalanischen Vorschriften im Vergleich zum nationalen Recht führte, haben die zwischenzeitlich durch den spanischen Gesetzgeber vorgenommen Reformen diesen Vorsprung verkürzt. Mittlerweile kann man sich sogar darüber streiten, welche der beiden Rechtsordnungen die niedrigsten Anforderungen an seine Beschlüsse stellt. Auch der spanische Gesetzgeber hat sich damit den Forderungen der Praktiker unterworfen, und die nur sehr schwer zu erzielende Einstimmigkeit lediglich für die einschneidensten Beschlüsse, die mangels rechtspolitischer Bedeutung keiner Privilegierung bedürfen, aufrecht erhalten.

7.3.1 Einstimmigkeit

Der Einstimmigkeit bedarf es in Katalonien nur noch zur Bestimmung und Änderung der Beteiligungsquoten (Artikel 553-3.4 C.C.Cat.), zur Auflösung des Wohnungseigentumsverhältnisses (Artikel 553-14.1 C.C.Cat.), der Abhaltung einer Eigentümerversammlung ohne Einberufung (wenn alle Eigentümer zusammentreten und einstimmig die Abhaltung der Versammlung und ihre Tagesordnung beschließen) (Artikel 553-20.4 C.C.Cat.), dem Verkauf oder der Belastung eines dem Wohle der Gemeinschaft dienenden Sondereigentumselements (Artikel 553-34.2 C.C.Cat.), der Begründung eines Sondernutzungsrechts an Gemeinschaftselementen bzw. deren Umwidmung in, dem Wohle der Gemeinschaft dienende, Sondereigentumselemente (Artikel 553-42.2 C.C.Cat.), oder der Entwidmung eines Gemeinschaftselements zur Umwandlung in ein Sondereigentumselement bzw. einem dem Wohle der Gemeinschaft dienenden Sondereigentumselement (Artikel 553-43.1 C.C.Cat.).

7.3.2 4/5 Mehrheit von Stimmen und Quoten

Eine 4/5 Mehrheit von Stimmen und Quoten ist erforderlich bei Beschlüssen, welche darauf gerichtet sind den Gründungstitel oder die Satzung zu ändern (außer der Gründungstitel sieht etwas anderes vor) (Artikel 553-25.2 C.C.Cat.), Beschlüsse welche die Durchführung physischer Neuerungen am Gebäude betreffen (welche die Struktur oder das äußere Erscheinungsbild berühren) (Artikel 553-25.3 C.C.Cat.),[1039] für den Bau von Schwimmbädern und Freizeiteinrichtungen (Artikel 553-25.3 C.C.Cat.),[1040] für die Erhöhung der Beteiligung an den Gemeinschaftskosten eines Sondereigentumselements (wenn nachweislich ein unverhältnismäßiger Gebrauch oder Nutznießung an einem Gemeinschaftselement oder einer Gemeinschaftseinrichtung in Folge der Ausübung einer Unternehmens- oder Berufstätigkeit erfolgt) (Artikel 553-45.4 C.C.Cat.).[1041]

[1039] Diejenigen Beschlüsse, welche darüber hinaus die Möglichkeiten des Gebrauchs oder der Nutzniessung einzelner Eigentümers verringern, bedürfen gemäss Artikel 553-25.4 C.C.Cat. ausserdem deren ausdrückliches Einverständnisses.
[1040] Siehe die vorhergehende Fussnote.
[1041] Eine solche Erhöhung kann auch im Gründungstitel vorgesehen worden sein. Die Erhöhung darf aber in keinem dieser Fälle, über dem doppelten dessen was auf das Sondereigentumselement gemäss seiner Quote entfallen würde, liegen.

7.3.3 3/5 Mehrheit Stimmen und Quoten

Es bedarf einer 3/5 Mehrheit der Stimmen und Quoten aller Eigentümer, um die Auflösung des Wohnungseigentumsverhältnisses an Parzellen zu beschließen (553-59.1 C.C.Cat.).

7.3.4 Einfache Mehrheit

In der ersten Einberufung der Eigentümerversammlung genügt die Zustimmung der Mehrheit aller Eigentümer auf welche die Mehrheit aller Beteiligungsquoten entfällt, und in der zweiten Einberufung die Mehrheit der Beteiligungsquoten der anwesenden oder vertretenen Eigentümer (Artikel 553-25.5 C.C.Cat.), um all diejenigen Beschlüsse zu treffen für die das Gesetz keine besonderen Mehrheiten voraussetzt, bzw. welche nicht zu den in Artikel 553-25 Absatz 2 und 3 genannten gehören (Artikel 553-25.5.e.) C.C.Cat.).

Neben der soeben vorgenommenen Negativabgrenzung können anhand von Artikel 553-25.5 C.C.Cat. aber auch noch die unmittelbar dem einfachen Mehrheitserfordernis unterliegenden Beschlussgegenstände ermittelt werden. Besagter Artikel regelt ausdrücklich, welche Beschlüsse lediglich der einfachen Mehrheit bedürfen. So etwa diejenigen, welche sich auf die Ausführung von Baumaßnahmen oder die Einführung von Einrichtungen, welche dem Zweck dienen architektonische Hürden zu beseitigen oder sich auf die Errichtung von Fahrstühlen beziehen (Artikel 553-25.5.a.) C.C.Cat.), die für den Bestand oder die Sicherheit der Immobilie, entsprechend ihrer Natur und Eigenschaften, einforderbaren Neuerungen (Artikel 553-25.5.b.) C.C.Cat.), die Ausführung von Baumaßnahmen die für die Einrichtung gemeinschaftlicher Infrastrukturen welche dem Anschluss an Breitband-Telekommunikationsdienste oder zur Individualisierung des Wasser-, Gas- oder Elektrizitätsverbrauchs dienen (Artikel 553-25.5.c.) C.C.Cat.), und solche, welche den Inhalt der Hausordnung regeln (Artikel 553-25.5.d.) C.C.Cat.).

7.3.5 Stimmen und Quotenauszählung

Ein wesentlicher Unterschied gegenüber dem spanischen Wohnungseigentumsgesetz liegt in der Berücksichtigung der Stimmen und Quoten der Abwesenden Eigentümer. Im katalanischen Gesetz werden die Stimmen und Quoten der Abwesenden und nicht vertretenen Eigentümer, welche nicht binnen einer Frist von einem Monat ab Bekanntgabe der vorläufigen, durch die Anwesenden getroffenen Beschlüsse ein gegenteiliges Votum abgeben so verrechnet, als hätten Sie zu Gunsten des vorläufigen Beschlusses gestimmt.

Diese Zustimmungsfiktion, welche das spanische Gesetz lediglich für die Beschlussgegenstände des Artikels 17 LPH vorsieht, die nicht unter die von Artikel 17.8 LPH beschriebenen Ausnahmen fallen, erstrecken sich im katalanischen Gesetz gemäß Artikel 553-26 C.C.Cat. auf alle Abstimmungsgegenstände. Dies hat, wie wir im Anschluss sehen werden, bedeutende Auswirkungen auf die Anfechtbarkeit von Beschlüssen.

7.4 Anfechtung von Beschlüssen

Beschlüsse können gemäß Artikel 553-31.1 C.C.Cat., in den folgenden Fällen gerichtlich angefochten werden:

– Wenn sie im Widerspruch zu den Gesetzen steht (während im nationalen Gesetz lediglich die Rede von *Gesetz*, also dem spanischen Wohnungseigentumsgesetz ist - was dafür spricht, dass im Falle Kataloniens auch dann eine Anfechtung möglich ist, wenn ein Verstoß gegen irgendein Gesetz vorliegt, also nicht lediglich gegen das eigentliche Wohnungseigentumsrecht).[1042]

– Wenn sie im Widerspruch zum Gründungstitel stehen.

– Wenn sie im Widerspruch zur Satzung stehen.

– Wenn sie unter den konkreten Umständen einen Rechtsmissbrauch bedeuten.

– Wenn sie im Widerspruch zu den Interessen der Gemeinschaft stehen.

– Wenn sie schwere Nachteile für einen Eigentümer bedeuten.

Gegenüber dem nationalen Gesetz gelten auch Besonderheiten, was den Anfechtungsberechtigten angeht.

Gemäß Artikel 553-31.2 C.C.Cat. sind folgenden Eigentümer zur Anfechtung berechtigt:

– Jeder Eigentümer der gegen den Beschluss gestimmt hat.

– Jeder Eigentümer der nicht an der Versammlung teilgenommen hat,[1043] und dem Beschluss innerhalb der durch Artikel 553-26.2 und 3 C.C.Cat. gesetzten Frist entgegengetreten ist.[1044]

– Jeder Eigentümer dem unberechtigterweise sein Stimmrecht entzogen wurde.

– Abweichend vom spanischen Gesetz, ist in den Fällen in denen ein Beschluss im Widerspruch zum Gesetz steht, jeder Eigentümer anfechtungsberechtigt. Selbst wenn ein Eigentümer sogar ausdrücklich für einen Beschluss gestimmt hat, könnte er also auf dieser Grundlage den Beschluss anfechten.

Bezüglich der Anfechtungsfrist ist laut Artikel 553-31.3 C.C.Cat. zu unterscheiden:

Im Allgemeinen gilt eine zweimonatige Anfechtungsfrist. Verstößt der Beschluss aber gegen die Teilungserklärung oder die Satzung, beträgt die Frist ein Jahr. Das katalanische Wohnungseigentumsrecht bezeichnet keine ausdrückliche Frist be-

---

[1042] Yúfera Sales, InDret, Revista para el analisis del derecho, Régimen jurídico de la Propiedad Horizontal en el Llibre Cinquè del Codi Civil de Catalunya. Analisis comparativo con la Ley de Propiedad Horizontal, S. 14.

[1043] und selbstverständlich auch nicht vertreten wurde

[1044] Anders als im nationalen Gesetz gilt die Zustimmungsfiktion für alle Beschlussgegenstände

züglich der Fälle in denen der Beschluss gegen das Gesetz verstößt. Dies erlaubt
drei unterschiedliche Lösungsansätze.[1045]

1. Man könnte vertreten, dass die zwei-Monats Frist anzuwenden ist. Hierfür
   spricht der Wortlaut, der lediglich im Falle eines Widerspruchs zwischen dem
   Beschluss und der Teilungserklärung oder der Satzung eine 1 jährige Anfechtungsfrist vorsieht.

2. Genauso könnte vertreten werden, dass die 1-Jahres Frist anzuwenden ist. Es
   macht keinen Sinn, dass bei einem Verstoß gegen die Satzung eine längere Anfechtungsfrist gelten soll, als bei einem Verstoß gegen das Gesetz.

3. Das katalanische Zivilgesetzbuch sieht in Artikel 121-2 vor, dass bestimmte Ansprüche keiner Verjährung unterliegen, wenn sie z.B. nicht zur Disposition stehen, oder die Verjährung ausdrücklich ausgeschlossen wurde. Hieraus könnte
   abgeleitet werden, dass bei Beschlüssen welche gegen das katalanische Gesetz
   verstoßen, der Anfechtungsanspruch niemals verjähren kann.

Letzterer Interpretation, würden jedoch zwei Argumente entgegenstehen. Einerseits könnten einzelne Regelungen des katalanischen Gesetzes zur Disposition stehen während andere dies nicht tun, weshalb weiter zu unterscheiden wäre, welche
verbindlich sind, und welche nicht, wobei sich dann immer noch die Frage nach
den unterschiedlichen Anfechtungsfristen für den einen oder anderen Fall stellen
würde. Andererseits würde dies im Widerspruch zu den Erfahrungen stehen, die
in Bezug auf das nationale Gesetz gemacht wurden, und zu einer Modernisierung
desselben führten. Durch die Reform des Jahres 1999, wurde ja gerade versucht die
Anfechtungsfrist bei Verstößen gegen das Gesetz mit einem Jahr zu bestimmen, um
nach fehlender Anfechtung und Fristablauf die Verbindlichkeit der Beschlüsse zu
erreichen. Ein aus den Erfahrungen des nationalen Gesetzes heraus entwickeltes
katalanisches Wohnungseigentumsrecht sollte ausgehend von diesen Erkenntnis-
sen, keine rückständige und überholte Auffassung hineininterpretiert werden.[1046]
Im Ergebnis wurde dieses Einordnungsproblem im Anschluss an die umfassende
Diskussion innerhalb der Literatur,[1047] welche sich überwiegend für die Anwendung der Ein-Jahres-Frist aussprach, durch die Rechtsprechung einhellig dahingehend gelöst, dass die Geltung der Ein-Jahres-Frist angenommen wird.[1048]

[1045] Vergleiche die Ausführungen in: Yúfera Sales, InDret, Revista para el analisis del derecho, Régimen jurídico de la Propiedad Horizontal en el Llibre Cinquè del Codi Civil de Catalunya. Analisis comparativo con la Ley de Propiedad Horizontal, S. 14-15.

[1046] Yúfera Sales, InDret, Revista para el analisis del derecho, Régimen jurídico de la Propiedad Horizontal en el Llibre Cinquè del Codi Civil de Catalunya. Analisis comparativo con la Ley de
Propiedad Horizontal, S. 15.

[1047] SEPIN, Quin és el termini per a la impugnació d'acords contraris a les lleis?.

[1048] AP Lleida, Sec. 2ª, Urteil vom 4. November 2009, AP Girona, Sec. 1ª, Urteil vom 7. Oktober 2010,
AP Barcelona, Sec. 16ª, Urteil vom 19. Dezember 2011, AP Barcelona, Sec. 4ª, Urteil vom 6. März
2012, Tribunal Superior de Cataluña, Urteile vom 6. und 7. September 2012.

7.4.1 Beginn der Anfechtungsfrist

Wie beim nationalen Gesetz, ging man auch hier zunächst von dem Erfordernis einer Unterscheidung zwischen den anwesenden und den abwesenden Eigentümern aus. Bei den Abwesenden begann die Anfechtungsfrist erst mit der Mitteilung des Beschlusses. Was die Anwesenden betraf, dachte man mehrheitlich die Anfechtungsfrist beginne mit Beendigung der Versammlung. Bei schwebenden oder vorläufigen Beschlüssen (bei denen noch abgewartet werden mußte, ob sich die Abwesenden gegen den Beschluß wandten, und dieser somit nicht zustande kam) wurde bereits in der Vergangenheit der Standpunkt vertreten, die Anfechtungsfrist beginne einheitlich erst mit der Mitteilung des endgültigen Abstimmungsergebnisses. Seit der Entscheidung des TSJ de Cataluña, Sala de lo Civil y Penal, vom 31. Januar 2013 (Rec. 210/2011), gilt jedoch sowohl für die in der Versammlung anwesenden (oder vertretenen), wie für die abwesenden Eigentümer, dass die Anfechtungsfrist generell erst mit der Benachrichtigung des Beschlusses beginnt.

7.5 Weiterer Vergleich zwischen dem spanischen und dem katalanischen Wohnungseigentumsrecht[1049]

7.5.1 Anwendungsbereich

Anders als im spanischen Wohnungseigentumsgesetz dessen Regelungsbereich sich auf Wohn- und Geschäftsgebäude sowie Immobilienkomplexe und Urbanisationen beschränkt, dehnt das katalanische Wohnungseigentumsrecht seinen Anwendungsbereich ausdrücklich auf Häfen bzw. Bootsanlegestellen, Märkte d.h. Markstände und sogar Friedhöfe, also Gräber, sowie alle vergleichbaren Immobilienverbände aus. Hiervon ungeachtet können auf diese selbstverständlich Sondervorschriften anwendbar sein. Trotz dieser Ausdehnung des katalanischen Wohnungseigentumsrechts ist hervorzuheben, dass während das spanische Wohnungseigentumsgesetz[1050] bei Vorliegen aller seiner Voraussetzungen von seiner zwingenden Anwendung ausgeht, das katalanische Zivilgesetzbuch lediglich ab Errichtung des Gründungsurkunde eine verbindliche Anwendung annimmt.[1051]

[1049] Vergleiche zum gesamten Abschnitt: Yúfera Sales, Régimen jurídico de la Propiedad Horizontal en el Llibre Cinquè del Codi Civil de Catalunya. Análisis comparativo con la Ley de Propiedad Horizontal.

[1050] Ausser bei Vorliegen der Ausnahme des Artikels 3.8 LPH, d.h. wenn nicht mehr als vier Sondereigentumselemente existieren. Dennoch sind dann zwingend die Vorschriften des Artikels 398 Código Civil anzuwenden.

[1051] Artikel 553-2 C.C.Cat spricht davon, dass bestimmte Liegenschaften den Vorschriften des katalanischen Wohnungseigentumsrechts unterliegen *können*. Artikel 553-7 C.C.Cat setzt den Zeitpunkt des Anwendbarkeit des katalanischen Wohnungseigentumsrechts auf den Zeitpunkt, in welchem der Gründungstitel geschaffen wurde.

7.5.2 Verbindlichkeit[1052]

Yúfera Sales hebt hervor, dass während das spanische Gesetz[1053] davon ausgeht, dass sich das Wohnungseigentumsverhältnis nach den gesetzlichen Vorgaben richtet, und dass lediglich dort, wo Abweichungen gestattet werden, anderslautende Regelungen geschaffen werden könnten, das katalanische Recht die Privatautonomie aus der genau entgegengesetzten Perspektive betrachtet. Hiernach seien die Eigentümer grundsätzlich berechtigt, das Wohnungseigentumsverhältnis frei zu gestalten, solange dies keinen Verstoß gegen zwingendes Recht bedeutet. Obwohl diese Unterscheidung zutreffend ist, kommt ihr freilich nur eine beschränkte Bedeutung zu. Der Ansatz mag unterschiedlich sein, in beiden Fällen gilt es aber in ähnlicher Weise herauszuarbeiten, welche Vorschriften jeweils eine Einordnung als zwingend erfahren müssen.

7.5.3 Beteiligungsquoten[1054]

Das spanische Wohnungseigentumsgesetz sieht von Ausnahmen[1055] abgesehen vor, dass es zur Änderung der auf die jeweiligen Sondereigentumselemente entfallenden Beteiligungsquoten der Einstimmigkeit bedarf. Artikel 553-45.4 C.C.Cat. erlaubt der Eigentümerversammlung in Katalonien aber die Beteiligungsquoten auch mit einer doppelten 4/5 Merhheit der Stimmen und Quoten aller Eigentümer zu verändern, wenn ein Sondereigentumselement einen besonders intensiven Gebrauch vom Gemenschaftseigentum macht, der eine höhere Beteiligung dieser Eigentümers / Sondereigentumselements an den Kosten rechtfertigt.

7.5.4 Bescheinigung über den Schuldenstand[1056]

Auch nach katalanischem Recht hat der das Sondereigentumselement übertragende Eigentümer eine dem Erwerber eine Bescheinigung über den Schuldenstand zu übergeben. Diese Bescheinigung wird, wie im spanischen Recht auch, vom Sekretär der Gemeinschaft ausgestellt. Anders als im spanischen Recht, bedarf es nach katalanischem Recht allerdings keiner Gegenzeichnung durch den Präsidenten der Gemeinschaft. In Katalonien muss die Bescheinigung auch Angaben über bereits beschlossene Massnahmen enthalten, deren Kosten noch nicht auf die Eigentümer

---

[1052] Yúfera Sales, InDret, Revista para el analisis del derecho, Régimen jurídico de la Propiedad Horizontal en el Llibre Cinquè del Codi Civil de Catalunya. Analisis comparativo con la Ley de Propiedad Horizontal, S. 5.

[1053] Vgl. die Verbindlichkeit des Artikels 396 Código Civil.

[1054] Yúfera Sales, InDret, Revista para el analisis del derecho, Régimen jurídico de la Propiedad Horizontal en el Llibre Cinquè del Codi Civil de Catalunya. Analisis comparativo con la Ley de Propiedad Horizontal, S. 6.

[1055] Etwa wenn gemäss Artikel 10.3.b.) LPH der Schaffung bestimmter neuer Sondereigentumselemente durch z.B. Abspaltung oder Teilung eines alten Sondereigentumselements durch die 3/5 Mehrheit aller Eigentümer und Quoten zugestimmt wurde.

[1056] Yúfera Sales, InDret, Revista para el analisis del derecho, Régimen jurídico de la Propiedad Horizontal en el Llibre Cinquè del Codi Civil de Catalunya. Analisis comparativo con la Ley de Propiedad Horizontal, S. 6.

umgelegt, und daher im eigentlichen Sinne noch nicht umgelegt wurden (siehe Artikel 553-5 C.C.Cat.).

7.6 Tabellarische Gegenüberstellung der katalanischen und spanischen Regelungsgegenstände

Zunächst soll eine erste Tabelle die Entsprechungen zwischen dem katalanischen und dem nationalen Gesetz aufzeigen:

C.C.Cat.	Regelungsinhalt	LPH
Art. 553-1	Definition	Art. 3
Art. 553-2	Regelungsgegenstand	Art. 2 Art. 3
Art. 553-3	Quote	Art. 3.1 Art. 5
Art. 553-4	Forderungen und Schulden	Art. 9
Art. 553-5	Dingliche Belastung	Art. 9.1.e.)
Art. 553-6	Rücklagenfond	Art. 9.1.f.) Zusatzbestimmung
Art. 553-7	Begründung der rechtlichen Grundlage	Art. 1 Art. 2
Art. 553-8	Legitimation	Art. 17.6 Art. 24.2.b.)
Art. 553-9	Gründungsurkunde und Angabe beim Grundbuchamt	Art. 5 Art. 24.2.b.)
Art. 553-10	Änderung des Gründungstitels	Art. 5 Art. 17.6
Art. 553-11	Satzung	Art. 5 Art. 13
Art. 553-12	Hausordnung	Art. 6
Art. 553-13	Vorbehalt des Rechts der Überbauung, Unterbauung und Bebauung	Art. 10
Art. 553-14	Auflösung des Rechtsverhältnisses	Art. 23
Art. 553-15.1	Organe der Gemeinschaft	Art. 13.1
Art. 553-15.2	Amtsdauer	Art. 13.7
Art. 553-15.3	Unentgeltlichkeit	keine Angabe
Art. 553-15.4	Wahlverfahren	Art. 13.2
Art. 553-15.5	Ämter in Personalunion	Art. 13.5
Art. 553-15.6	Zusätzliche Ämter	Art. 13.1 Art. 13.4
Art. 553-16	Präsidentschaft	Art. 13.1 Art. 13.2 Art. 13.3 Art. 16.2

C.C.Cat.	Regelungsinhalt	LPH
Art. 553-17	Sekretariat	Art. 13.1 Art. 13.5 Art. 13.6 Art. 19.4
Art. 553-18	Verwaltung	Art. 13.1 Art. 13.5 Art. 13.6 Art. 20
Art. 553-19	Eigentümerversammlung	Art. 14
Art. 553-20	Versammlungen	Art. 16
Art. 553-21	Einberufungen	Art. 16.2 Art. 16.3
Art. 553-22	Teilnahme	Art. 15
Art. 553-23	Zusammentreten der Versammlung	Art. 16 Art. 13.4.2
Art. 553-24	Stimmrecht	Art. 15.2
Art. 553-25.1	Ankündigung von Beschlüssen	Art. 16.2
Art. 553-25.2	Mehrheiten zur Änderung der Teilungserklärung / Satzung	Art. 17.6
Art. 553-25.3	Mehrheiten für bauliche Veränderungen welche die Struktur oder äussere Beschaffenheit der Liegenschaft betreffen / Bau von Schwimmbädern und Freizeiteinrichtungen	Art. 10 Art. 17.3
Art. 553-25.4	Beschlüsse welche die Nutzungs- / die Gebrauchs möglichkeiten eines Eigentümer beeinträchtigen	Art. 10.3.b.) Art. 17.4.3
Art. 553-25.5	Einfache Mehrheiten in erster und zweiter Einberufung	Art. 17.7
Art. 553-25.5.a)	Mehrheiten für die Beseitigung architektonischer Hürden	Art. 17.2
Art. 553-25.5.b)	Neuerungen bezüglich der Sicherheit der Liegenschaft	Art. 10.1 Art. 17.4
Art. 553-25.5.c)	Baumassnahmen für die Schaffung von Infrastruktur- und Versorgungseinrichtungen	Art. 17.1.1 Art. 17.3.2
Art. 553-25.5.d)	Mehrheit bzgl. Hausordnung	Art. 17.7
Art. 553-25.5.e)	allgemeine Mehrheiten	Art. 17.7
Art. 553-25.6	Anspruch auf Beseitigung architektonsicher Hürden	Art. 10.1
Art. 553-26.1	Stimmauszählung	Art. 15.2
Art. 553-26.2	Berücksichtigung der Stimmen der Abwesenden	Art. 17.8
Art. 553-26.3	Ausübung des Stimmrechts bzw. Widerspruch der abwesenden und nicht vertretenen Eigentümer	Art. 17.8
Art. 553-27	Protokoll	Art. 19
Art. 553-28.1	Protokollbuch	Art. 19
Art. 553-28.2	Aufbewahrung des Protokollbuchs	Art. 19.4
Art. 553-29	Ausführung	Art. 18.4 Art. 19.3

C.C.Cat.	Regelungsinhalt	LPH
Art. 553-30	Bindung an Beschlüsse	Art. 17.2.2 Art. 17.3.2 Art. 17.9
Art. 553-31	Anfechtung	Art. 18
Art. 553-32	Aussetzung	Art. 18.4
Art. 553-33	Sondereigentumselemente	Art. 3
Art. 553-34	Sondereigentumselemente gemeinschaftlichen Nutzens	Art. 5 Art. 3
Art. 553-35	Anhänge	Art. 3 Art. 392 C.C.
Art. 553-36	Gebrauch und Nutzniessung der Sondereigentumselemente	Art. 7.1
Art. 553-37.1	Verfügung über Sondereigentum	Art. 3
Art. 553-37.2	Haftung bei Vermietung	Art. 9.1.b.)
Art. 553-37.3	Pflicht zur Mitteilung des Eigentümerwechsels	Art. 9.1.i.)
Art. 553-38.1	Pflicht zur Erhaltung und Wartung des Sondereigentums	Art. 9.1.b.)
Art. 553-38.2	Pflicht zur Erhaltung und Wartung der Elemente an denen ein Sondernutzungsrecht besteht	Art. 9.1.a.) Art. 9.1.b.)
Art. 553-38.3	Pflicht der Gemeinschaft zur Durchführung von Erhaltungsarbeiten an der Liegenschaft	Art. 10.1
Art. 553-39	Einschränkungen und rechtliche Dienstbarkeiten	Art. 9.1.c.) Art. 9.1.d.)
Art. 553-40	Einschränkungen des Gebrauchs der Sondereigentumselemente	Art. 7.2
Art. 553-41	Gemeinschaftselemente	Art. 396 C.C.
Art. 553-42	Nutzung der Gemeinschaftselemente	Art. 9.1.b.)
Art. 553-43	Verfügung über Gemeinschaftselemente	Art. 12 Art. 17.1
Art. 553-44	Wartung der Gemeinschaftselemente	Art. 9.1.b.) Art. 9.1.e.) Art. 9.1.f.) Art. 9.2 Art. 10.1
Art. 553-45	Gemeinschaftsausgaben	Art. 9.1.e.) Art. 9.1.f.) Art. 9.2
Art. 553-46	Verantwortung der Gemeinschaft	Art. 22
Art. 553-47	Verbotene Tätigkeiten	Art. 7.2

Es folgt, aus der entegegengesetzten Perspektive, eine Gegenüberstellung der Entsprechungen zwischen nationalem und katalanischem Gesetz.

LPH	Regelungsinhalt	C.C.Cat.
Art. 1	(Gegenstand des Gesetzes)	Art. 553-2
Art. 2	(Anwendungsbereich)	Art. 553-2.2 Art. 553-7
Art. 3	(Wesen des Wohnungseigentums)	Art. 553-1 Art. 553-2.1 Art. 553-33
Art. 3.1.a.)	(Sondereigentum)	Art. 553-37.1
Art. 3.1.b.)	(Miteigentum)	Art. 553-3
Art. 4	(Teilung und Abspaltung des Sondereigentums)	Art. 553-1.2.c.)
Art. 5	(Gründungstitel, Beschreibung)	Art. 553-9 Art. 553-10
Art. 5 3. Abs.	(Satzung)	Art. 553-34
Art. 6	(Hausordnung)	Art. 553-12
Art. 7.1	(Veränderungen am Sondereigentum)	Art. 553-36
Art. 7.2	(Verbotene Aktivitäten)	Art. 553-40 Art. 553-47
Art. 8	Aufteilung, Abspaltung, Hinzufügung	Art. 553-10.2.b.) Art. 553-11.2.a.)
Art. 9	Pflichten der Eigentümer	Art. 553-4 Art. 553-5
Art. 9.1.b.)	Pflicht zur Instandhaltung	Art. 553-37.2 Art. 553-38.1 Art. 553-42
Art. 9.1.c.)	Pflicht zur Gestattung von Reparaturen und Dienstbarkeiten	Art. 553-39
Art. 9.1.d.)	Pflicht zur Gestattung des Zugangs	Art. 553-39
Art. 9.1.e.)	Pflicht zur Beteiligung an den Ausgaben	Art. 553-5.2 Art. 553-44 Art. 553-45
Art. 9.1.f.)	Pflicht zur Beteiligung am Rücklagenfonds	Art. 553-6
Art. 9.1.h.)	Pflicht zur Mitteilung einer ladungsfähigen Anschrift	Art. 553-37.3
Art. 9.1.i.)	Pflicht zur Mitteilung bei Übertragung	Art. 553-37.3
Art. 9.2	Eigenschaft "allgemeine Ausgaben"	Art. 553-45
Art. 10.1	Pflicht der Gemeinschaft zur Erhaltung der Liegenschaft (auch in Bezug auf die behindertengerechte Gestaltung)	Art. 553-38.3 Art. 553-44
Art. 10.3	Aufstockung, Aufteilung, Abspaltung und Verbindung von Sondereigentum	Art. 553-10 Art. 553-13 Art. 553-25.3
Art. 13	Steuerung und Funktionieren der Eigentümergemeinschaft	Art. 553-15
Art. 13.1	Organe der Gemeinschaft	Art. 553-11 Art. 553-15.1

LPH	Regelungsinhalt	C.C.Cat.
Art. 13.2	Präsident	Art. 553-15.4 Art. 553-16
Art. 13.3	Rechtliche Stellung des Präsidenten	Art. 553-16
Art. 13.4	Vizepräsident	Art. 553-23
Art. 13.5	Ämter in Personalunion	Art. 553-15.2
Art. 13.6	Sekretär und Verwalter in Personalunion	Art. 553-15.5
Art. 13.7	Amtsdauer	Art. 553-15.2
Art. 13.8	Sonderregelung bei bis zu vier Eigentümern	Art. 553-15.7
Art. 14	Die Eigentümerversammlung	Art. 553-19
Art. 15	Das Stimmrecht	Art. 553-22
Art. 15.2	Stimmrechtsverlust von Schuldnern	Art. 553-24 Art. 553-26.1
Art. 16	Abhaltung der Eigentümerversammlung	Art. 553-23
Art. 16.1	Häufigkeit der Einberufungen	Art. 553-20
Art. 16.2	Berechtigung zur Einberufung	Art. 553-16 Art. 553-21
Art. 16.3	Einberufungsfrist	Art. 553-21
Art. 17	Erforderliche Mehrheiten	Art. 553-25
Art. 17.1	Besondere technische Neuerungen 1 / 3 Mehrheit	Art. 553-25.5.c.) Art. 553-30
Art. 17.2	Beseitigung architektonischer Hürden Einfache Mehrheit aller Eigentümer und Quoten	Art. 553-25.5
Art. 17.2.1	Kostentragungspflicht bei Massnahmen zur Erlangung der Barrierefreiheit	Art. 553-44.3
Art. 17.3.1	Einführung von neuen Einrichtungen bzw. Abschaffung bestehender Dienste 3 / 5 Mehrheit	Art. 553-25.2
Art. 17.3.2	Besondere technische Neuerungen 3 / 5 Mehrheit	Art. 553-25.5.c.) Art. 553-30
Art. 17.4	Nicht erforderliche Neuerungen 3 / 5 Mehrheit	Art. 553-25 Art. 553-30
Art. 17.4.2	Befreiung der Dissidenten von der Kostentragungspflicht	Art. 553-30.2
Art. 17.6	Änderung der Teilungserklärung, Satzung Einstimmigkeit	Art. 553-10 Art. 553-25.2 Art. 553-25.5.a.) Art. 553-30
Art. 17.7	Übrige Beschlussgegenstände, einfache Mehrheit	Art. 553-25.5 Art. 553-25.5.e.)
Art. 17.8	Stimmen der Abwesenden	Art. 553-26.2
Art. 17.9	Verbindlichkeit der Beschlüsse	Art. 553-30
Art. 18	Anfechtung von Beschlüssen	Art. 553-26 Art. 553-31

LPH	Regelungsinhalt	C.C.Cat.
Art. 18.4	Ausführung angefochtener Beschlüsse	Art. 553-32
Art. 19	Protokollbuch	Art. 553-27
Art. 19.3	Schliessung des Protokolls	Art. 553-29
Art. 19.4	Aufbewahrung von Dokumenten	Art. 553-17 Art. 553-28.2
Art. 20	Aufgaben des Verwalters	Art. 553-18
Art. 21	Säumige Miteigentümer	Art. 551-1.4
Art. 22	Haftung der Gemeinschaft	Art. 553-46 Art. 553-4
Art. 23	Auflösung des Wohnungseigentums-verhältnisses	Art. 553-14
Art. 24	Urbanisationen	Art. 553-2.2 Art. 553-53 Art. 553-54 Art. 553-55 Art. 553-56 Art. 553-57 Art. 553-58 Art. 553-59
Art. 396 CC	Abgrenzung Sondereigentum Gemeinschaftseigentum	Art. 553-33 Art. 553-41
Art. 396.2 CC	Unteilbarkeit des Miteigentums	Art. 553-35

(Quelle: Eigene Erarbeitung und Seiten 287 - 292 des Werkes "*Comentarios a la nueva regulación de la propiedad horizontal en el Código Civil de Cataluña*" von Marta Molina Porcel)

Übersetzung der katalanischen Vorschriften

8.1 Vorbemerkung zur Übersetzung des im Fünften Buch des katalanischen Codigo Civil normierten katalanischen Wohnungseigentumsrechts

Der Originalfassung der für das Wohnungseigentumsrecht einschlägigen Artikel des Fünten Buches des katalanischen Código Civil findet sich jeweils in der linken Spalte einer jeden Seite. Ihnen sind die deutschen Übersetzungen in der rechten Spalte gegenüber gestellt. Anders als im nationalen Wohnungseigentumsgesetz hat der katalanische Gesetzgeber sehr wohl jeden Artikel mit einer Überschrift versehen, welche sich ebenfalls in der deutschen Übersetzung findet.

8.2 Allgemeine Angaben zum Fünften Buch des katalanischen Código Civil

- Eckdaten:

  Das katalanische Wohnungseigentumsrecht wird im Fünften Buch des katalanischen Código Civil (*Ley 5/2006, de 10 de mayo, del Libro Quinto del Código Civil de Cataluña, relativo a los derechos reales*) normiert. Es ist am 10. Mai 2006 verabschiedet worden (Verkündet in: *DOGC* n.º 4640 vom 24. Mai 2006 sowie *BOE* n.º 148 vom 22. Juni 2006 , Kurzreferenz: BOE-A-2006-11130) und am 1. Juli 2006 in Kraft getreten.

  Mit Inkrafttreten dieses Gesetz sind folgende Gesetze oder Bestimmungen entfallen:

  – Gesetz 6/1990 vom 16. März (*Ley 6/1990, de 16 de marzo, de los Censos*, verkündet in: *BOE* n.º 85 vom 9. Abril 1990, Seiten 9818-9821, Kurzreferenz: BOE-A-1990-8700).

  – Gesetz 13/1990 vom 9. Juli (*Ley 13/1990, de 9 de julio, de la Acción Negatoria, Inmisiones, Servidumbres y Relaciones de Vecindad*, verkündet in: *BOE* n.º 183 vom 1. August 1990, Seiten 22485-22488, Kurzreferenz: BOE-A-1990-18408).

- Gesetz 13/2000 vom 20. November (*Ley 13/2000, de 20 de noviembre, de Regulación de los Derechos de Usufructo, Uso y Habitación,* verkündet in: *BOE* n.º 8 vom 9. Januar 2001, Seiten 853-858, Kurzreferenz: BOE-A-2001-539).

- Gesetz 22/2001 vom 31. Dezember (*Ley 22/2001, de 31 de diciembre, de regulación de los Derechos de Superficie, de Servidumbre y de Adquisición Voluntaria o Preferente,* verkündet in: *BOE* n.º 29 vom 2. Februar 2002, Seiten 4329-4336, Kurzreferenz: BOE-A-2002-2200).

- Gesetz 25/2001 vom 31. Dezember (*Ley 25/2001, de 31 de diciembre, de la accesión y la ocupación,* verkündet in: *BOE* n.º 34 vom 8. Februar 2002, Seiten 5160-5164, Kurzreferenz: BOE-A-2002-2511).

- Gesetz 19/2002 vom 5. Juli (*Ley 19/2002, de 5 de julio, de Derechos Reales de Garantía,* verkündet in: *BOE* n.º 180 vom 29. Juli 2002, Seiten 27884-27888, Kurzreferenz: BOE-A-2002-15287).

- Artikel 277, 329, 340, 341 und 342 der *Compilación del Derecho Civil, texto refundido aprobado por Decreto Legislativo 1/1984, de 19 de julio* (verkündet in: *DOGC* n.º 456 vom 27. Juli 1984, Seiten 2205-2239, Kurzreferenz: DOGC-f-1984-90014).

8.3 Zweisprachige Fassung der Regelungen des Wohnungseigentumsrechts im Código Civil Catalán

CAPÍTULO III. RÉGIMEN JURÍDICO DE LA PROPIEDAD HORIZONTAL	**KAPITEL III. RECHTLICHE REGELUNG DES WOHNUNGSEIGENTUMS**

Sección I. DISPOSICIONES GENERALES.

Abschnitt I. ALLGEMEINE BESTIMMUNGEN.

Subsección I. Configuración de la comunidad.

Unterabschnitt I. Beschaffenheit der Gemeinschaft.

Artículo 553-1. Definición.

Artikel 553-1. Definition.

1. El régimen jurídico de la propiedad horizontal confiere a los propietarios el derecho de propiedad en exclusiva sobre los elementos privativos y en comunidad con los demás en los elementos comunes.

1. Die rechtliche Regelung des Wohnungseigentums erteilt den Eigentümern das ausschließliche Eigentumsrecht an den Sondereigentumselementen und, in Gemeinschaft mit den übrigen, das an den Gemeinschaftselementen.

2. El régimen jurídico de la propiedad horizontal comporta:

2. Die rechtliche Regelung des Wohnungseigentums bringt mit sich:

a) La existencia, presente o futura, de dos o más titulares de la propiedad de un inmueble unitario compuesto de elementos privativos y elementos comunes, los cuales quedan vinculados entre ellos por la cuota.

a.) Die Existenz, gegenwärtig oder in Zukunft, von zwei oder mehr Eigentümern einer Immobilieneinheit, welche aus Sondereigentumselementen und Gemeinschaftselementen zusammengesetzt ist, die untereinander mittels Quote verbunden sind.

b) La configuración de una organización para el ejercicio de los derechos y el cumplimiento de los deberes de los propietarios.

b.) Die Bildung einer Organisation zur Ausübung der Rechte und zur Erfüllung der Pflichten der Eigentümer.

c) La exclusión de la acción de división y de los derechos de adquisición preferente de carácter legal entre propietarios de diferentes apartamentos. Esta exclusión no afecta a las situaciones de propiedad proindivisa de un determinado apartamento.

c.) Der Ausschluss von Teilungsansprüchen und von gesetzlichen Vorkaufsrechten zwischen den Eigentümern der unterschiedlichen Wohneinheiten. Dieser Ausschluss erstreckt sich nicht auf das Bruchteilseigentum, von dem einzelne Wohneinheiten betroffen sein können.

Artículo 553-2. Objeto.

1. Pueden ser objeto de propiedad horizontal los edificios, incluso en construcción, en los que coexistan elementos privativos constituidos por viviendas, locales o espacios físicos susceptibles de independencia funcional y de atribución exclusiva a diferentes propietarios, con elementos comunes, necesarios para el uso y goce adecuado de los privativos, cuya propiedad les queda adscrita de modo inseparable.

2. Puede constituirse un régimen de propiedad horizontal en los casos de puertos deportivos con relación a los puntos de amarre, de mercados con relación a las paradas, de urbanizaciones con relación a las parcelas y de cementerios con relación a las sepulturas y en otros similares, que se rigen por las normas generales del presente capítulo adaptadas a la naturaleza específica de cada caso y por la normativa administrativa que les resulta de aplicación.

Artículo 553-3. Cuota.

1. La cuota de participación:

a) Determina y concreta la relación de los derechos sobre los bienes privativos con los derechos sobre los bienes comunes.

b) Sirve de módulo para fijar la participación en las cargas, beneficios, gestión y gobierno de la comunidad y los derechos de los propietarios en caso de extinción del régimen.

Artikel 553-2. Gegenstand.

1. Gegenstand des Wohnungseigentumsrechts können Gebäude sein, in welchen Sondereigentumselemente in Form von Wohnungen, Geschäftsräumen oder Räumlichkeiten, die einer funktionell unabhängigen Nutzung zugeführt und ausschließlich verschiedenen Eigentümern zugeordnet werden können, mit Gemeinschaftselementen, die für den Gebrauch und die Nutzung des Sondereigentums erforderlich sind, koexistieren, deren Eigentumsstellung untrennbar miteinander verbunden bleibt.

2. Es kann ein Wohnungseigentumsverhältnis in den Fällen eines Yachthafens in Bezug zu den Anlegestellen, den Märkten in Bezug auf die Stände, die Urbanisationen in Bezug auf die Parzellen und den Friedhöfen in Bezug zu den Grabstätten und in anderen ähnlichen Fällen, die sich nach den allgemeinen Vorschriften des vorliegenden Kapitels richten, angepasst an die spezifische Natur eines jeden Falles und durch die Verwaltungsvorschriften, die auf sie anwendbar wären, geschaffen werden.

Artikel 553-3. Quote.

1. Die Beteiligungsquote:

a.) Bestimmt und bezeichnet das Verhältnis der Rechte über das Sondereigentum mit den Rechten am Gemeinschaftseigentum.

b.) Dient als Größe zur Festlegung der Beteiligung an den Lasten, Einnahmen, Verwaltung und Leitung der Gemeinschaft und der Rechte der Eigentümer im Falle einer Auflösung des Rechtsverhältnisses.

c.) Legt die Verteilung der Ausgaben und die Aufteilung der Einnahmen fest, au-

c) Establece la distribución de los gastos y el reparto de los ingresos, salvo pacto en contrario.

2. Las cuotas de participación correspondientes a los elementos privativos se precisan en centésimos y se asignan de forma proporcional a sus superficies, teniendo en cuenta el uso y destino y los demás datos físicos y jurídicos de los bienes que integran la comunidad.

3. Pueden establecerse, además de la cuota general, cuotas especiales para gastos determinados.

4. Las cuotas se determinan y modifican por acuerdo unánime de los propietarios o, si este no es posible, por la autoridad judicial si las leyes o estatutos no establecen otra cosa.

Artículo 553-4. Créditos y deudas.

1. Todos los propietarios son titulares mancomunados tanto de los créditos constituidos a favor de la comunidad como de las obligaciones contraídas válidamente en su gestión, de acuerdo con las cuotas de participación respectivas.

2. La cuantía de la contribución de cada propietario o propietaria a los gastos comunes es la que resulta del acuerdo de la junta y de la liquidación de la deuda según la cuota de participación.

Artículo 553-5. Afectación real.

1. Los elementos privativos están afectados con carácter real y responden del pago de las cantidades que deben los titulares, así como los anteriores titulares,

ßer es wurde etwas Gegenteiliges vereinbart.

2. Die auf die Sondereigentumselemente entfallenden Beteiligungsquoten werden in Hundertsteln ausgedrückt und proportional zu ihrer Fläche zugewiesen, wobei hierbei der Gebrauch, der Verwendungszweck und die übrigen physischen und rechtlichen Merkmale der Gegenstände, welche die Gemeinschaft bilden, zu berücksichtigen sind.

3. Es können außerdem neben der allgemeinen Quote auch noch für bestimmte Ausgaben Sonderquoten festgelegt werden.

4. Die Quoten werden durch einstimmigen Beschluss der Eigentümer festgelegt und modifiziert, oder, wenn dies nicht möglich sein sollte, durch das Gericht, wenn das Gesetz oder die Satzung nichts Gegenteiliges bestimmen.

Artikel 553-4. Forderungen und Schulden

1. Auf alle Eigentümer entfallen sowohl die zu Gunsten der Gemeinschaft bestehenden Forderungen wie auch die wirksam durch diese im Rahmen ihrer Verwaltung eingegangenen Verpflichtungen gemeinschaftlich, im Umfang der jeweiligen Beteiligungsquoten.

2. Die Höhe der Beteiligung eines jeden Eigentümers oder Eigentümerin an den allgemeinen Ausgaben ergibt sich aus dem Beschluss der Versammlung und der Abrechnung bestehender Schulden, im Umfang der Beteiligungsquote.

Artikel 553-5. Dingliche Belastung.

1. Die Sondereigentumselemente unterliegen der dinglichen Belastung und haften für die Zahlung der von den Eigentümern geschuldeten Beträge, so-

por razón de gastos comunes, ordinarios o extraordinarios, que correspondan a la parte vencida del año en que se transmiten y del año natural inmediatamente anterior, sin perjuicio de la responsabilidad de quien transmite.

wie derjenigen der vorherigen Inhaber, in Bezug auf die allgemeinen Ausgaben, ordentlicher oder außerordentlicher Art, die auf den bereits abgelaufenen Teil des Jahres entfallen, in welchem deren Übertragung stattfindet, sowie dem unmittelbar vorhergehenden Kalenderjahr, dies unabhängig von der Haftung desjenigen, der überträgt.

2. Los transmitentes, en la escritura de transmisión onerosa de un elemento privativo, deben declarar que están al corriente en los pagos que les corresponden o, si procede, deben consignar los que tienen pendientes y deben aportar un certificado relativo al estado de sus deudas con la comunidad, expedido por quien ejerza la secretaría de la misma, en el que deben constar, además, los gastos ordinarios aprobados pero pendientes de repartir. Sin esta manifestación y esta aportación no puede otorgarse la escritura, salvo que los adquirentes renuncien expresamente a las mismas.

2. Die Übertragenden müssen in der Urkunde in welcher die entgeltliche Übertragung eines Sondereigentumselements erfolgt, erklären, dass sie den auf sie entfallenden Zahlungsverpflichtungen nachgekommen sind oder gegebenenfalls die fälligen Beträge angeben und in Bezug auf ihren Schuldenstand gegenüber der Gemeinschaft eine Bescheinigung beibringen, welche durch denjenigen auszustellen ist, der das Amt des Sekretärs ausübt, in der außerdem anzugeben ist, welche allgemeinen Ausgaben beschlossen wurden, deren Verteilung aber noch ansteht. Ohne diese Erklärung und die entsprechende Vorlage kann keine Urkunde erteilt werden, außer die Erwerber verzichten ausdrücklich auf dieselben.

3. No es preciso que el presidente o presidenta dé el visto bueno al certificado a que se refiere el apartado 2 si un profesional que lleva la administración de la finca ejerce la secretaría de la comunidad.

3. Es ist nicht erforderlich, dass der Präsident oder die Präsidentin auf der Bescheinigung, auf welche sich Absatz 2 bezieht, einen Sichtvermerk vornimmt, wenn das Amt des Sekretärs durch jemanden ausgeübt wird, der beruflich die Verwaltung der Gemeinschaft betreut.

Artículo 553-6. Fondos de reserva.

Artikel 553-6. Rücklagenfonds.

1. Una cantidad no inferior al 5% de los gastos comunes presupuestados destinada a la constitución de un fondo de reserva debe figurar en el presupuesto de la comunidad.

1. Im Haushaltsplan der Gemeinschaft muss ein Rücklagenfonds in Höhe von nicht weniger als 5% der veranschlagten allgemeinen Ausgaben Berücksichtigung finden.

2. La titularidad del fondo de reserva corresponde a todos los propietarios, pero queda afecta a la comunidad.

3. El fondo de reserva se deposita en una cuenta bancaria especial. Los administradores solo pueden disponer del mismo, con la autorización del presidente o presidenta, para atender gastos imprevistos de reparación de carácter urgente o, con la autorización de la junta, para contratar un seguro.

4. El remanente del fondo de reserva de un año se integra en el del año siguiente, de modo que las aportaciones que deben hacer los propietarios se reduzcan a las que sean precisas para llegar al 5% de los gastos comunes presupuestados, salvo que los estatutos dispongan que el remanente incremente la dotación del fondo o que lo acuerde la junta.

Subsección II. Constitución de la comunidad.

Artículo 553-7. Establecimiento del régimen.

1. Un edificio queda sometido al régimen de propiedad horizontal desde el otorgamiento del título de constitución, aunque no esté acabado.

2. El título de constitución debe inscribirse en el Registro de la Propiedad de conformidad con lo establecido por la legislación hipotecaria y con los efectos establecidos por esta.

---

2. Die Inhaberschaft über den Rücklagenfonds entfällt auf alle Eigentümer, besteht aber zu Gunsten der Gemeinschaft.

3. Der Rücklagenfonds wird auf einem besonderen Bankkonto hinterlegt. Die Verwalter können über diesen lediglich mit Genehmigung des Presidenten oder der Präsidentin verfügen, um die Kosten eilbedürftiger unvorhergesehener Reparaturen zu begleichen, oder um mit Genehmigung der Versammlung eine Versicherung abzuschließen.

4. Der Restbetrag des Rücklagenfonds eines Jahres wird in den des folgenden übertragen, so dass sich die Beiträge welche von den Eigentümern zu leisten sind, in dem Umfang verringern, der erforderlich ist, damit sie die Höhe der veranschlagten 5% von den allgemeinen Ausgaben erreichen, außer die Satzung bestimmt, dass die Ausstattung des Fonds um den Restbetrag erhöht wird, oder die Versammlung dies beschließt.

Unterabschnitt II. Schaffung der Gemeinschaft.

Artikel 553-7. Begründung der rechtlichen Grundlage.

1. Ein Gebäude unterliegt von dem Moment an dem Recht des Wohnungseigentums, in dem der Gründungstitel erteilt wird; selbst wenn es noch nicht fertiggestellt wurde.

2. Der Gründungstitel ist, in Übereinstimmung mit dem durch das Hypothekenrecht Bestimmten, in das Grundbuch einzutragen und entfaltet dadurch die durch dieses bestimmten Wirkungen.

Artículo 553-8. Legitimación.

1. El título de constitución de la comunidad lo otorgan los propietarios del inmueble.

2. Los promotores del inmueble no pueden hacer uso de la facultad concedida por el artículo 552-11.4 si han iniciado la venta de los elementos privativos en documento privado sin haber otorgado el título de constitución. En este caso, cualquier adquirente puede exigir la formalización inmediata del título de acuerdo con el proyecto arquitectónico que ha obtenido la licencia de obras.

3. Se entiende que los titulares de los elementos privativos ratifican el título en el momento en que se otorga la escritura de transmisión si otorga el título quien ha sido propietario o propietaria único del inmueble y ha enajenado los elementos privativos en documento privado y si se reseña de modo suficiente dicho título y las normas de la comunidad en dicha escritura.

Artículo 553-9. Escritura de constitución y constancia en el Registro de la Propiedad.

1. El título de constitución del régimen de propiedad horizontal debe constar en escritura pública, que debe contener, al menos, las siguientes circunstancias:

a) La descripción del edificio en conjunto, que debe indicar si está acabado o no, y los elementos, instalaciones y servicios comunes de que dispone.

Artikel 553-8. Legitimation.

1. Der Gründungstitel der Gemeinschaft wird durch die Eigentümer der Immobilie erteilt.

2. Die Bauträger der Immobilie können von der ihnen in Artikel 552-11.4 erteilten Berechtigung keinen Gebrauch machen, wenn sie zum Verkauf von Sondereigentumselementen in privatschriftlichen Dokumenten geschritten sind, ohne den Gründungstitel erteilt zu haben. In diesem Fall kann jeder Erwerber die sofortige Formalisierung des Titels in Übereinstimmung mit dem architektonischen Projekt, welches die Baugenehmigung erhalten hat, verlangen.

3. Wenn der Gründungstitel durch den Alleineigentümer oder die Alleineigentümerin der Immobilie erteilt wurde und die Sondereigentumselemente in einem privatschriftlichen Dokument veräußert wurden, ist davon auszugehen, dass die Eigentümer der Sondereigentumselemente den Gründungstitel in dem Moment ratifizieren, in welchem sie die Übertragungsurkunde erteilen, wenn in ihr in ausreichender Weise der besagte Gründungstitel und die Normen der Gemeinschaft beschrieben werden.

Artikel 553-9. Gründungsurkunde und Angabe beim Grundbuchamt.

1. Der Titel, der das Recht des Wohnungseigentums begründet, soll die Form einer öffentlichen Urkunde haben, welche mindestens folgende Angaben enthält:

a.) Die Beschreibung des Gebäudes in seiner Gesamtheit, welche Angaben darüber enthalten soll, ob es vollendet ist oder nicht, sowie der Elemente,

b) La relación descriptiva de todos los elementos privativos, con su número de orden interno en el edificio, la cuota general de participación y, si procede, las especiales que les corresponden, así como la superficie útil, los límites, la planta o plantas en que están situados, el destino y, si procede, los espacios físicos o los derechos que constituyan sus anexos o vinculaciones.

b.) Eine beschreibende Übersicht aller Sondereigentumselemente, mit ihrer internen Ordnungsnummer innerhalb des Gebäudes, der allgemeinen Beteiligungsquote und gegebenenfalls, der besonderen, die auf sie entfallen, sowie die Nutzfläche, den Grenzen, dem Stockwerk oder Stockwerken, in welchen sie sich befinden, der Bestimmungszweck und, gegebenenfalls die physischen Räume oder Rechte, durch die ihre Nebenbauten oder Verbindungen begründet werden.

2. El título de constitución puede contener, además de lo establecido por el apartado 1:

2. Der Gründungstitel kann neben dem in Absatz 1 bestimmten, ausserdem enthalten:

a) Los estatutos.

a.) Die Satzung.

b) Las reservas establecidas a favor de la promotora o constituyentes del régimen.

b.) Die zu Gunsten des Bauträgers oder der Begründer des Wohnungseigentumsverhältnisses festgelegten Vorbehalte.

c) La previsión, si procede, sobre la futura formación de subcomunidades.

c.) Gegebenenfalls vorausschauende Angaben, über die zukünftige Bildung von Untergemeinschaften.

d) Un plano descriptivo del edificio.

d) Einen beschreibenden Plan des Gebäudes.

3. En lo no previsto por el título de constitución se aplican las normas del presente capítulo.

3. Dort, wo im Gründungstitel keine Bestimmungen getroffen wurden, sind die Vorschriften des gegenständlichen Kapitels anzuwenden.

4. Es preciso, para el otorgamiento del título, que, en la misma escritura de constitución o en otra previa, se haya declarado la obra nueva del edificio de acuerdo con lo establecido por la legislación hipotecaria y la normativa sobre habitabilidad y edificación que resulte de aplicación.

4. Für die Erteilung des Titels ist es erforderlich, dass in der Gründungsurkunde selbst, oder in einer vorhergehenden, die Neubauerklärung in Übereinstimmung mit dem durch das Hypothekenrecht und den anzuwendenden Vorschriften über die Bewohnbarkeit und Errichtung von Gebäuden Bestimmten, erteilt wurde.

5. La escritura de constitución se inscribe en el Registro de la Propiedad de acuerdo con la legislación hipotecaria, por medio de una inscripción general para el conjunto y de tantas inscripciones como fincas privativas.

5. Die Gründungsurkunde wird in Übereinstimmung mit dem Hypothekenrecht, mittels einer allgemeinen Eintragung für den Verbund und sovielen Eintragungen wie es Sondereigentumselemente gibt, in das Grundbuch eingeschrieben.

Artículo 553-10. Modificación del título de constitución.

Artikel 553-10 Änderung des Gründungstitels.

1. Es preciso, para modificar el título de constitución, el consentimiento de la junta de propietarios y que la escritura cumpla los mismos requisitos observados para el otorgamiento del título de constitución.

1. Für die Änderung des Gründungstitels ist die Zustimmung der Eigentümerversammlung erforderlich, und dass die Urkunde die gleichen Voraussetzungen erfüllt, wie sie bei Erteilung des Gründungstitels zu berücksichtigen waren.

2. No es preciso el consentimiento de la junta de propietarios para la modificación del título de constitución si la motivan los siguientes hechos:

2. Die Zustimmung der Eigentümerversammlung ist für die Änderung des Gründungstitels nicht erforderlich, wenn sie auf folgende Umstände zurückgeht:

a) La sobreelevación o la subedificación de plantas nuevas, si se ha pactado así al constituir el régimen o el derecho.

a.) Die Überbauung oder Unterkellerung mittels neuer Geschosse, wenn dies bei Begründung des Wohnungseigentumsverhältnisses so bestimmt oder dieses Recht vereinbart wurde.

b) Las agrupaciones, agregaciones, segregaciones y divisiones de los elementos privativos o las desvinculaciones de anexos, si los estatutos así lo establecen.

b.) Zusammenschlüsse, Hinzufügungen, Abspaltungen und Teilungen der Sondereigentumselemente oder die Trennung derselben von ihren Nebenbauten, wenn die Satzung dies so bestimmt.

c) Las alteraciones del destino de los elementos privativos, salvo que los estatutos las prohíban.

c.) Die Änderung des Bestimmungszwecks der Sondereigentumselemente, außer die Satzung verbietet es.

3. La formalización de las operaciones de modificación, incluso la de la suma o redistribución de las cuotas afectadas, corresponde a los titulares de los derechos o propietarios de elementos privativos implicados, incluso si implican una nueva descripción del edificio.

3. Die Durchführung von Änderungsmaßnahmen - selbst solcher, welche die Zusammenführung oder Neuverteilung der betroffenen Beteiligungsquoten bedeuten - steht den Inhabern der hierdurch berührten Rechte oder den Eigentümern der hiervon berührten Sondereigentumselementen zu; dies sogar

4. Son nulas las estipulaciones establecidas por el promotor o promotora o el propietario o propietaria único del inmueble que impliquen una reserva de la facultad de modificación unilateral del título de constitución o que le permitan decidir en el futuro asuntos de competencia de la junta de propietarios.

dann, wenn sie eine neue Beschreibung des Gebäudes mit sich bringen.

4. Die durch den Bauträger oder die Bauträgerin oder den Alleineigentümer oder die Alleineigentümerin festgelegten Bestimmungen, welche bedeuten, dass sich diese eine Berechtigung zur einseitigen Änderung des Gründungstitels vorbehalten, oder die es ihnen erlaubt in Zukunft über Angelegenheiten zu entscheiden, welche in die Zuständigkeit der Eigentümerversammlung fallen, sind nichtig.

Artículo 553-11. Estatutos.

1. Los estatutos regulan los aspectos referentes al régimen jurídico real de la comunidad y pueden contener reglas sobre las siguientes cuestiones, entre otras:

a) El destino, uso y aprovechamiento de los bienes privativos y de los bienes comunes.

b) Las limitaciones de uso y demás cargas de los elementos privativos.

c) El ejercicio de los derechos y el cumplimiento de las obligaciones.

d) La aplicación de gastos e ingresos y la distribución de cargas y beneficios.

e) Los órganos de gobierno complementarios de los establecidos por el presente código y sus competencias.

f) La forma de gestión y administración.

2. Son válidas, entre otras, las siguientes cláusulas estatutarias:

a) Las que permiten las operaciones de agrupación, agregación, segregación y división de elementos privativos y las de desvinculación de anexos con creación de nuevas entidades sin consentimien-

Artikel 553-11. Satzung.

1. Die Satzung regelt die Aspekte, welche das dingliche Rechtsverhältnis der Gemeinschaft betreffen und kann, unter anderem Regelungen über folgende Fragen beinhalten:

a.) Die Bestimmung, den Gebrauch und die Nutzung des Sondereigentums und des Gemeinschaftseigentums.

b.) Die Beschränkungen des Gebrauchs und die übrigen Belastungen der Sondereigentumselemente.

c.) Die Ausübung der Rechte und die Erfüllung der Pflichten.

d.) Die Anwendung von Ausgaben und Einnahmen sowie die Aufteilung von Lasten und Erträgen.

e.) Die zusätzlich neben den durch das vorliegende Gesetz bestimmten Verwaltungsorgane und ihre Kompetenzen.

f.) Die Art der Leitung und Verwaltung.

2. In der Satzung sind unter anderem folgende Klauseln gültig:

a.) Solche, welche Zusammenschlüsse, Hinzufügungen, Abspaltungen und Teilungen von Sondereigentumselementen sowie die Trennung derselben von ihren Nebenbauten, mit der Schaffung

to de la junta de propietarios. En este caso, las cuotas de participación de las fincas resultantes se fijan por la suma o distribución de las cuotas de los elementos privativos afectados.

b) Las que exoneran determinados elementos privativos de la obligación de satisfacer los gastos de conservación y mantenimiento del portal, escalera, ascensores, jardines, zonas de recreo y demás espacios similares.

c) Las que establecen la utilización exclusiva y, si procede, el cierre de una parte del solar, o de las cubiertas o de cualquier otro elemento común o parte determinada de este a favor de algún elemento privativo.

d) Las que permiten el uso o goce de parte de la fachada por medio de la colocación de carteles de publicidad en los locales situados en los bajos.

e) Las que limitan las actividades que pueden realizarse en los elementos privativos.

3. Las normas de los estatutos son oponibles a terceras personas desde que se inscriben en el Registro de la Propiedad.

Artículo 553-12. Reglamento de régimen interior.

1. El reglamento de régimen interior, que no puede oponerse a los estatutos, contiene las reglas internas referentes a las relaciones de convivencia y buena

neuer Einheiten, ohne Genehmigung der Eigentümerversammlung erlauben. In diesem Fall werden die Beteiligungsquoten der sich ergebenden Liegenschaften, durch Addition oder Verteilung der Quoten der betroffenen Sondereigentumselemente, bestimmt.

b.) Diejenigen, welche bestimmte Sondereigentumselemente von der Pflicht zur Zahlung der Instandhaltungs- und Wartungskosten des Eingangsportals, der Treppen, Fahrstühle, Gärten, Freizeitbereiche und ähnlicher Räume entbinden.

c.) Diejenigen, welche den ausschließlichen Gebrauch, und gegebenenfalls, die Schließung eines Teiles des Grundstücks oder der Bedachungen oder irgend eines anderen Gemeinschaftselements oder eines bestimmten Teils desselben zu Gunsten eines Sondereigentumselements begründen.

d.) Diejenigen, welche den Gebrauch oder die Nutzung eines Teils der Fassade mittels Anbringung von Werbeschildern an den im Erdgeschoss gelegenen Geschäftsräumen gestatten.

e.) Diejenigen, welche die Aktivitäten, die in den Sondereigentumselementen durchgeführt werden dürfen, beschränken.

3. Die in der Satzung enthaltenen Normen können ab dem Zeitpunkt ihrer Eintragung ins Grundbuch, gegenüber dritten Personen geltend gemacht werden.

Artikel 553-12. Hausordnung.

1. Die Hausordnung, welche nicht im Widerspruch zur Satzung stehen darf, enthält die internen Regeln betreffend des Zusammenlebens und der guten

vecindad entre los propietarios y a la utilización de los elementos de uso común y las instalaciones.

nachbarschaftlichen Beziehungen zwischen den Eigentümern und der Benutzung der Gemeinschaftselemente und der Installationen.

2. El reglamento obliga siempre a los propietarios y usuarios de los elementos privativos.

2. Die Hausordnung verpflichtet immer die Eigentümer und Nutzer der Sondereigentumselemente.

Artículo 553-13. Reserva del derecho de sobreelevación, subedificación y edificación.

Artikel 553-13. Vorbehalt des Rechts der Überbauung, Unterkellerung und Bebauung.

1. La constitución o la reserva expresa del derecho a sobreelevar, subedificar o edificar en el mismo solar del edificio a favor de los promotores o de terceras personas es válida si la establece el título de constitución.

1. Die Schaffung oder der ausdrückliche Vorbehalt des Rechts auf Überbauung, Unterkellerung oder Bebauung auf dem selben Grundstück des Gebäudes zu Gunsten der Bauträger oder dritter Personen ist gültig, wenn sie durch den Gründungstitel bestimmt wurde.

2. Los titulares del derecho reservado están facultados para edificar a su cargo de acuerdo con el título de constitución, hacer suyos los elementos privativos que resultan del mismo y pueden otorgar, por si mismos y a su cargo, las sucesivas declaraciones de obra nueva. El ejercicio sucesivo del derecho con la construcción de plantas comporta la redistribución de las cuotas de participación, que llevan a cabo los titulares de los derechos reservados de acuerdo con el presente código y con el título de constitución, sin necesidad del consentimiento de la junta de propietarios.

2. Die Inhaber des vorbehaltenen Rechts sind berechtigt, auf ihre Kosten und in Übereinstimmung mit dem Gründungstitel zu bauen und sich die Sondereigentumselemente, die hieraus resultieren, zuzueignen, und eigenständig und auf ihre eigenen Kosten die nachfolgenden Neubauerklärungen zu erteilen. Dic nachfolgende Ausübung des Rechts, bringt mit dem Bau der Stockwerke, die Umverteilung der Beteiligungsquoten mit sich, welche die Inhaber des vorbehaltenen Rechts, in Übereinstimmung mit dem vorliegenden Gesetz und mit dem Gründungstitel durchführen, ohne dass das Einverständnis der Eigentümerversammlung erforderlich wäre.

3. La reserva a que se refiere el apartado 1 solo es válida si consta en cláusula separada y específica de acuerdo con el artículo 567-2.

3. Der Vorbehalt, auf welchen sich Absatz 1 bezieht, ist in Übereinstimmung mit Artikel 567-2 lediglich dann gültig, wenn er aus einer selbständigen und spezifischen Klausel hervorgeht.

Artículo 553-14. Extinción del régimen.

1. El régimen de propiedad horizontal se extingue voluntariamente por acuerdo unánime de conversión en comunidad ordinaria y forzosamente en los supuestos de destrucción del edificio, declaración de ruina y expropiación forzosa.

2. El acuerdo de conversión requiere el consentimiento de los titulares de derechos reales que recaen sobre los elementos privativos que resultan afectados o, si no pueden darlo o no lo dan sin causa, el de la autoridad judicial.

3. Puede estipularse en el título de constitución que, en los supuestos de destrucción y de declaración de ruina, el régimen no se extingue y es preciso rehabilitar o reconstruir el edificio a cargo de los propietarios, que deben contribuir a los gastos de acuerdo con su cuota general.

Subsección III. Órganos de la comunidad.

Artículo 553-15. Órganos de gobierno.

1. Los órganos de gobierno de la comunidad son la presidencia, la secretaría, la administración y la junta de propietarios. Los tres primeros, que son unipersonales, pueden recaer en una misma persona si lo establecen los estatutos o lo acuerda la junta.

2. Los cargos, que son reelegibles, duran un año y se entienden prorrogados hasta que se celebre la junta ordinaria si-

Artikel 553-14. Auflösung des Rechtsverhältnisses.

1. Das Rechtsverhältnis des Wohnungseigentums wird durch einstimmigen Beschluss freiwillig aufgelöst und in eine ordentliche [Miteigentums-] Gemeinschaft umgewandelt, und zwangsläufig in den Fällen der Zerstörung des Gebäudes, der Erklärung zur Ruine und der Zwangsenteignung.

2. Der Umwandlungsbeschluss bedarf der Zustimmung der Inhaber der dinglichen Rechte, die auf die Sondereigentumselemente entfallen, die betroffen werden; oder wenn sie diese nicht geben können oder sie diese grundlos nicht erteilen, der des Gerichts.

3. Im Gründungstitel kann bestimmt werden, dass sich in den Fällen der Zerstörung und Erklärung zur Ruine das Rechtsverhältnis nicht auflöst, und dass [erforderlichenfalls] das Gebäude zu Lasten der Eigentümer - welche sich an den Kosten gemäß ihrer allgemeinen Quote beteiligen müssen - saniert oder wieder aufgebaut werden muss.

Unterabschnitt III. Organe der Gemeinschaft.

Artikel 553-15. Verwaltungsorgane

1. Die Verwaltungsorgane der Gemeinschaft, sind die Präsidentschaft, das Sekretariat, die Verwaltung und die Eigentümerversammlung. Die ersten drei, welche von einem einzelnen Amtsträger ausgeübt werden, können auf eine gleiche Person entfallen, wenn dies durch die Satzung. oder durch Beschluss der Versammlung bestimmt wird.

2. Die Ämter, welche der Wiederwahl zugänglich sind, haben die Dauer eines Jahres und gelten bis zu der nächsten,

guiente al vencimiento del plazo para el que fueron designados.

3. El ejercicio de los cargos es obligatorio y gratuito, a pesar de que la junta de propietarios puede considerar la alegación de motivos de excusa fundamentados y que las personas que los ejercen tienen derecho a resarcirse de los gastos que ocasiona su ejercicio.

4. La designación se decide, si no existen candidatos, por un turno rotatorio o por sorteo entre las personas que no han ejercido el cargo.

5. La secretaría y administración de la comunidad pueden recaer en una única persona externa a la comunidad con la calificación profesional adecuada. En este caso, el ejercicio del cargo es remunerado. Cuando las personas que ejercen los cargos han sido designadas por los promotores del edificio, los ejercen hasta la primera reunión de la junta de propietarios.

6. Los estatutos pueden prever la creación de otros órganos, además de los establecidos por el apartado 1.

Artículo 553-16. Presidencia.

1. La junta de propietarios designa al presidente o presidenta necesariamente entre los propietarios de elementos privativos.

2. Corresponden a la presidencia las siguientes funciones:

a) Convocar y presidir las reuniones de la junta de propietarios.

b) Representar a la comunidad judicial y extrajudicialmente.

auf den Ablauf der Amtsperiode folgenden ordentlichen Versammlung, als verlängert.

3. Die Ausübung der Ämter ist Pflicht und erfolgt unentgeltlich; dennoch kann die Eigentümerversammlung, wenn berechtigte Hinderungsgründe vorgetragen werden, über diese befinden. Auch haben diejenigen Personen, welche sie bekleiden, das Recht, Ersatz für ihre gelegentlich der Amtsausübung angefallenen Aufwendungen zu verlangen.

4. Die Bestellung erfolgt, sollten keine Kandidaten existieren, turnusgemäss oder durch Auslosung unter denjenigen Personen, welche das Amt noch nicht ausgeübt haben.

5. Das Sekretariat und die Verwaltung der Gemeinschaft können auf eine einzige, gemeinschaftsfremde, über die geeignete berufliche Qualifikation verfügende Person entfallen. In diesem Fall erfolgt die Amtsausübung entgeltlich. Wenn die Amtsträger von den Bauträgern des Gebäudes bestellt wurden, üben sie dieses bis zur ersten Eigentümerversammlung aus.

6. Die Satzung kann, neben den in Absatz 1 bezeichneten, die Schaffung weiterer Organe vorsehen.

Artikel 553-16. Präsidentschaft.

1. Die Eigentümerversammlung bestellt den Präsidenten oder die Präsidentin zwingend aus der Mitte der Eigentümer der Sondereigentumselemente.

2. Auf die Präsidentschaft entfallen die folgenden Aufgaben:

a.) Die Eigentümerversammlungen einzuberufen und diesen vorzusitzen.

b.) Die Gemeinschaft gerichtlich und außergerichtlich zu vertreten.

c) Elevar a públicos los acuerdos, si procede.

c.) Gegebenenfalls die Beschlüsse beurkunden zu lassen.

d) Velar por la buena conservación y el buen funcionamiento de los elementos y servicios comunes.

d.) Über die geeignete Erhaltung und das Funktionieren der Gemeinschaftselemente und Einrichtungen zu wachen.

e) Velar por el cumplimiento de los deberes de los propietarios y de los titulares de la secretaría y administración.

e.) Über die Erfüllung der Pflichten der Eigentümer und der Träger der Ämter des Sekretariats und der Verwaltung zu wachen.

Artículo 553-17. Secretaría.

Artikel 553-17. Sekretariat.

La junta de propietarios designa a un secretario o secretaria, que extiende las actas de las reuniones, realiza las notificaciones, expide los certificados y custodia la documentación de la comunidad, especialmente las convocatorias, comunicaciones, poderes y demás documentos relevantes de las reuniones durante dos años. Los libros de actas se rigen por el artículo 553-28.

Die Eigentümerversammlung bestellt einen Sekretär oder eine Sekretärin, welche die Sitzungsprotokolle der Versammlungen ausfertigt, die Benachrichtigungen durchführt, die Bescheinigungen ausstellt und die Dokumentation der Gemeinschaft verwahrt, insbesondere die Einberufungen, Mitteilungen, Vollmachten und übrigen Dokumente, welche in Bezug auf die Versammlungen von Bedeutung sind; dies während zwei Jahren. Die Protokollbücher unterliegen dem Artikel 553-28.

Artículo 553-18. Administración.

Artikel 553-18. Verwaltung.

1. La junta de propietarios designa a un administrador o administradora, que gestiona los intereses ordinarios de la comunidad y tiene, como mínimo, las siguientes funciones:

1. Die Eigentümerversammlung bestellt einen Verwalter oder eine Verwalterin, welche sich der gewöhnlichen Belange der Gemeinschaft annimmt und mindestens folgende Aufgaben erfüllt:

a) Adoptar las medidas convenientes y realizar los actos necesarios para conservar los bienes y el funcionamiento correcto de los servicios de la comunidad.

a.) Die geeigneten Maßnahmen zu ergreifen und die notwendigen Handlungen vorzunehmen, um die Gegenstände der Gemeinschaft [zu bewahren], und das geeignete Funktionieren ihrer Einrichtungen aufrecht zu erhalten.

b) Velar por que los propietarios cumplan las obligaciones y hacerles las advertencias pertinentes.

b.) Darüber zu wachen, dass die Eigentümer ihre Pflichten erfüllen und ihnen gegenüber dienliche Mahnungen auszusprechen.

c) Preparar las cuentas anuales del ejercicio precedente y el presupuesto.

c.) Die Jahresabrechnung des vorhergehenden Rechnungsjahres und den Wirtschaftsplan vorzubereiten.

d) Ejecutar los acuerdos de la junta y efectuar los cobros y pagos que correspondan.

d.) Die Beschlüsse der Versammlung auszuführen, und die entsprechenden Zahlungen entgegenzunehmen und auszuführen.

e) Decidir la ejecución de las obras de conservación y reparación de carácter urgente, de todo lo cual debe dar cuenta inmediatamente a la presidencia.

e.) Über die Ausführung der eilbedürftigen Erhaltungs- und Reparaturarbeiten zu entscheiden und über all dies unmittelbar die Präsidentschaft zu benachrichtigten.

f) Pagar, con autorización de la presidencia, los gastos de carácter urgente que pueden correr a cargo del fondo de reserva.

f.) Mit Genehmigung der Präsidentschaft die Zahlungen eilbedürftiger Art vorzunehmen, welche zu Lasten des Rücklagenfonds gehen können.

2. Los administradores son responsables de su actuación ante la junta.

2. Die Verwalter sind der Versammlung gegenüber für ihre Handlungen verantwortlich.

Artículo 553-19. Junta de propietarios.

Artkel 553-19. Eigentümerversammlung.

1. La junta de propietarios, integrada por todos los propietarios de elementos privativos, es el órgano supremo de la comunidad.

1. Die Eigentümerversammlung, welche sich aus allen Eigentümern der Sondereigentumselemente zusammensetzt, ist das oberste Organ der Gemeinschaft.

2. La junta de propietarios tiene aquellas competencias no atribuidas expresamente a otros órganos y, como mínimo, las siguientes:

2. Die Eigentümerversammlung hat all diejenigen Kompetenzen, die nicht ausdrücklich anderen Organen zugewiesen wurden und mindestens folgende:

a) El nombramiento y remoción de las personas que deben ocupar u ocupan los cargos de la comunidad.

a.) Die Ernennung und Abberufung derjenigen Personen, welche die Ämter der Gemeinschaft bekleiden sollen oder bekleiden.

b) La modificación del título de constitución.

b.) Die Änderung des Gründungstitels.

c) La aprobación de los estatutos y del reglamento de régimen interior y su reforma.

c.) Die Annahme der Satzung und der Hausordnung und ihre Änderung.

d) La aprobación de los presupuestos y de las cuentas anuales.

d.) Die Annahme der Wirtschaftspläne und der Jahresabrechnungen.

e) La aprobación de la realización de reparaciones de carácter ordinario no presupuestadas y de las de carácter extraordinario y de mejora, de su importe y de la imposición de derramas o cortes para su financiación.

e.) Die Annahme der Durchführung von ordentlichen, nicht veranschlagten Reparaturen und solcher, die außerordentlichen Charakter haben und diejenigen die einer Verbesserung dienen, ihrer Kosten und die Auferlegung von Sonderumlagen oder Kürzungen zu deren Finanzierung.

f) El establecimiento o modificación de los criterios generales para fijar cuotas.

f.) Die Festsetzung oder Änderung der allgemeinen Kriterien zur Bestimmung der Quoten.

g) La extinción voluntaria del régimen de comunidad especial.

g.) Die freiwillige Auflösung einer Gemeinschaft besonderer Art.

Artículo 553-20. Reuniones.

Artikel 553-20. Versammlungen.

1. La junta de propietarios debe reunirse una vez al año para aprobar las cuentas y el presupuesto.

1. Die Eigentümerversammlung soll ein Mal im Jahr zusammentreten, um die Jahresabrechnung und den Wirtschaftsplan anzunehmen.

2. La junta de propietarios puede reunirse cuando lo considere conveniente el presidente o presidenta. Si los propietarios piden al presidente o presidenta que convoque una reunión y este no lo hace, la junta de propietarios puede reunirse siempre y cuando lo pida, indicando los puntos que es preciso incluir en el orden del día, una cuarta parte de los propietarios, que deben representar una cuarta parte de las cuotas.

2. Die Eigentümerversammlung kann zusammentreten, wenn der Präsident oder die Präsidentin es für zweckmäßig erachtet. Wenn die Eigentümer den Präsidenten oder die Präsidentin darum bitten, dass eine Versammlung einberufen wird, und dies nicht erfolgt, kann die Eigentümerversammlung zusammentreten, sofern ein Viertel der Eigentümer, auf welche ein Viertel der Quoten entfällt, hierum bittet und dabei die Punkte, die in die Tagesordnung Einzug finden sollen, angibt.

3. Los estatutos pueden establecer la convocatoria de reuniones especiales para tratar de cuestiones que afecten solo a propietarios determinados o, si procede, a las subcomunidades.

3. Die Satzung kann die Einberufung von besonderen Versammlungen festlegen, um Fragen zu behandeln, welche lediglich bestimmte Eigentümer, oder gegebenenfalls, die Untergemeinschaften betreffen.

4. La junta de propietarios puede reunirse sin convocatoria si concurren a la misma todos los propietarios y acuerdan por unanimidad la celebración de

4. Die Eigentümerversammlung kann ohne Einberufung zusammentreten, wenn zu dieser alle Eigentümer erscheinen und einstimmig die Abhaltung einer Versammlung und ihre

la reunión y su orden del día, que debe aprobarse antes de iniciarla.

Tagesordnung beschließen, welche vor Einleitung derselben angenommen werden muss.

Artículo 553-21. Convocatorias.

Artikel 553-21. Einberufungen.

1. La presidencia convoca las reuniones de la junta de propietarios. En caso de inactividad o negativa, la puede convocar la vicepresidencia, si existe, o la secretaría o, en caso de vacante, negativa o inactividad de estas, quienes promueven la reunión.

1. Die Präsidentschaft beruft die Zusammenkünfte der Eigentümerversammlung ein. Im Falle von Untätigkeit oder bei Weigerung kann die Vizepräsidentschaft einberufen, wenn eine solche existiert, oder das Sekretariat oder für den Fall, dass dieses nicht besetzt sein sollte, sich weigert oder untätig bleibt, diejenigen, welche die Versammlung betreiben.

2. Las convocatorias, citaciones y notificaciones deben enviarse al domicilio que ha designado cada propietario o propietaria o, si no han designado ninguno, al elemento privativo del que es titular con una antelación mínima de ocho días naturales. Además, el anuncio de la convocatoria debe publicarse en el tablón de anuncios de la comunidad o en un lugar visible habilitado al efecto. Este anuncio debe indicar la fecha de la reunión y debe estar firmado por el secretario o secretaria de la comunidad, con el visto bueno del presidente o presidenta. Dicho anuncio produce efectos jurídicos plenos a los tres días naturales de haberse hecho público si no puede realizarse la notificación personalmente.

2. Die Einberufungen, Ladungen und Benachrichtigungen sind an die Anschrift zu senden, welche ein jeder Eigentümer oder Eigentümerin bezeichnet hat oder wenn keine benannt wurde, an das Sondereigentumselement, an welchem die Inhaberschaft besteht; dies mit mindestens acht Kalendertagen im voraus. Neben der Ankündigung der Einberufung soll eine Veröffentlichung am Mitteilungsbrett der Gemeinschaft oder an einem sichtbaren, zu diesem Zweck eingerichteten Ort erfolgen. Diese Ankündigung soll das Datum der Versammlung bezeichnen und soll durch den Sekretär oder die Sekretärin der Gemeinschaft unterschrieben sein; dies mit dem Sichtvermerk des Präsidenten oder der Präsidentin. Besagte Ankündigung entfaltet nach Ablauf von drei Kalendertagen ab der Bekanntmachung seine vollständige rechtliche Wirkung, sollte keine persönliche Benachrichtigung möglich sein.

3. En el caso de juntas extraordinarias para tratar de asuntos urgentes, solo es preciso que los propietarios tengan conocimiento de las convocatorias, citaciones y notificaciones antes de la fecha en que deba celebrarse la reunión.

3. Im Falle außerordentlicher Versammlungen zur Behandlung eilbedürftiger Angelegenheiten ist es lediglich erforderlich, dass die Eigentümer vor dem Datum, an welchem die Versammlung abgehalten werden soll, Kenntnis von

den Einberufungen, Ladungen und Benachrichtigungen haben.

4. La convocatoria de la reunión de la junta de propietarios debe expresar de forma clara y detallada:

4. Die Einberufung zur Zusammenkunft der Eigentümerversammlung soll in klarer und ausführlicher Weise angeben:

a) El orden del día. Si la reunión se convoca a petición de propietarios promotores, deben constar los puntos que proponen.

a.) Die Tagesordnung. Wenn die Versammlung auf Antrag der sie betreibenden Eigentümer einberufen wird, sollen die von ihnen vorgeschlagenen Punkte aufgeführt sein.

b) El día, lugar y hora de la reunión, en primera y segunda convocatoria, entre las que debe haber, como mínimo, un intervalo de treinta minutos.

b.) Den Tag, den Ort und die Uhrzeit der ersten und zweiten Einberufung der Versammlung, zwischen denen mindestens eine Zeitspanne von dreissig Minuten liegen muss.

c) El lugar de la celebración, que debe tener lugar en un municipio de la comarca donde se halla el inmueble.

c.) Den Ort der Veranstaltung, welche in einer Gemeinde des gleichen Landkreises erfolgen muss, in welcher sich die Immobilie befindet.

d) La advertencia de que los votos de los propietarios que no asisten a la reunión se computan como favorables, sin perjuicio de su derecho de oposición.

d.) Der Hinweis, dass die Stimmen der Eigentümer, die nicht an der Versammlung teilnehmen, wie positive Voten verrechnet werden, ohne ihr Recht zu beeinträchtigen sich [gegebenenfalls dem Beschluss] entgegenzustellen.

e) La lista de los propietarios con deudas pendientes con la comunidad y la advertencia de que tienen voz pero que no tienen derecho de voto.

e.) Die Liste derjenigen Eigentümer, die fällige Schulden gegenüber der Gemeinschaft haben und die Warnung, dass sie zwar das Wort ergreifen dürfen, aber über kein Stimmrecht verfügen.

5. La documentación relativa a los asuntos de los que debe tratarse puede enviarse a los propietarios o pueden tenerla los administradores a su disposición desde el momento en que se realiza la convocatoria, lo que debe hacerse constar.

5. Die Dokumentation bezüglich der Angelegenheiten, die behandelt werden sollen, kann an die Eigentümer übermittelt werden, genauso kann sie aber auch von dem Moment an, in welchem die Einberufung durchgeführt wird, in die Obhut der Verwalter gegeben werden, die sie zur Verfügung stellen, worauf hinzuweisen ist.

Artículo 553-22. Asistencia.

Artikel 552-22. Teilnahme.

1. Los propietarios asisten a la junta personalmente o por representación legal,

1. Die Eigentümer nehmen an der Versammlung persönlich oder durch

orgánica o voluntaria, que debe acreditarse por escrito.

2. Se nombra, en caso de comunidad ordinaria, un solo cotitular o una sola cotitular para asistir a la junta de propietarios.

3. El derecho de asistencia, si existe un derecho real de goce o de uso constituido sobre un elemento privativo, corresponde a los propietarios.

4. Los derechos de asistencia y de voto, si existe un usufructo, corresponden a los nudos propietarios, los cuales se entiende que son representados por los usufructuarios si no consta la manifestación en contra de los nudos propietarios. La delegación debe ser expresa si tienen que adoptarse acuerdos sobre obras extraordinarias o de mejora.

gesetzliche, organschaftliche oder gewillkürte Vertreter teil, deren Stellung schriftlich nachzuweisen ist.

2. Im Falle des Bestehens einer ordentlichen Miteigentümergemeinschaft, ist zur Teilnahme an der Eigentümerversammlung ein alleiniger Miteigentümer oder eine alleinige Miteigentümerin zu bestellen.

3. Das Recht zur Teilnahme, haben, wenn es ein dingliches Nutzniessungs- oder Gebrauchsrecht an einem Sondereigentumselement gibt, die Eigentümer.

4. Die Rechte zur Teilnahme und Stimmabgabe haben, sollte ein Niessbrauchsrecht bestehen, die Obereigentümer, welche als durch die Niessbrauchsberechtigten vertreten gelten, wenn keine sich hiergegen richtende Bekundung der Obereigentümer zu verzeichnen ist. Die Bevollmächtigung muss ausdrücklich erfolgen, wenn Beschlüsse über außerordentliche oder auf Verbesserungen gerichtete Baumaßnahmen zu treffen sind.

Artículo 553-23. Constitución.

1. La junta se constituye válidamente, en primera convocatoria, si concurren a la misma como mínimo la mitad de los propietarios, que deben representar la mitad de las cuotas de participación, y, en segunda convocatoria, cualquiera que sea el número de los que concurran y las cuotas de que sean titulares.

2. La junta, si no asiste a la misma el presidente o presidenta ni el vicepresidente o vicepresidenta, designa al propietario o propietaria que debe presidirla.

Artikel 553-23. Zusammentreten der Versammlung.

1. Die Versammlung tritt in erster Einberufung wirksam zusammen, wenn an ihr mindestens die Hälfte der Eigentümer, auf welche mindestens die Hälfte der Beteiligungsquoten entfallen, teilnehmen, und in zweiter Einberufung unabhängig von der Anzahl der teilnehmenden Eigentümer und der auf sie entfallenden Quoten.

2. Wenn zur Versammlung weder der Präsident oder die Präsidentin, noch der Vizepräsident oder die Vizepräsidentin erscheinen, bestimmt diese den Eigen-

tümer oder die Eigentümerin die ihr vorzusitzen hat.

3. La junta, si no asiste a la misma el secretario o secretaria, designa a un secretario o secretaria accidental.

3. Wenn der Sekretär oder die Sekretärin nicht zur Versammlung erscheint, ernennt diese einen Sekretär oder eine Sekretärin umständehalber.

Artículo 553-24. Derecho de voto.

Artikel 553-24. Stimmrecht.

1. Tienen derecho a votar en la junta los propietarios que no tengan deudas pendientes con la comunidad. Los propietarios que tengan deudas pendientes con la comunidad tienen derecho a votar si acreditan que han impugnado judicialmente las cuentas y que han consignado el importe judicial o notarialmente.

1. Das Recht zur Stimmabgabe in der Versammlung haben diejenigen Eigentümer, welche keine fälligen Schulden gegenüber der Gemeinschaft haben. Diejenigen Eigentümer, welche fällige Schulden gegenüber der Gemeinschaft haben, verfügen über ein Stimmrecht, wenn sie nachweisen, dass sie die Abrechnung gerichtlich angefochten, und dass sie den Betrag bei Gericht oder einem Notar hinterlegt haben.

2. El derecho de voto se ejerce de las siguientes formas:

2. Das Stimmrecht wird auf die folgenden Weisen ausgeübt:

a) Personalmente o por representación.

a.) Persönlich oder mittels Vertretung.

b) Por delegación en el presidente o presidenta o en otro propietario o propietaria, efectuada por medio de un escrito que designe nominativamente a la persona delegada.

b.) Durch Übertragung auf den Präsidenten oder die Präsidentin oder auf einen anderen Eigentümer oder Eigentümerin mittels eines Schreibens in welchem die mit dem Stimmrecht ausgestattete Person namentlich genannt wird.

3. Los escritos de delegación, que deben referirse a una reunión concreta de la junta de propietarios, deben recibirse antes del inicio de la reunión.

3. Die Schreiben, die der Übertragung des Stimmrechts dienen, haben sich auf eine konkrete Eigentümerversammlung zu beziehen und müssen vor Beginn der Versammlung eingehen.

Artículo 553-25. Acuerdos.

Artikel 553-25. Beschlüsse.

1. Solo pueden adoptarse acuerdos sobre los asuntos incluidos en el orden del día. Sin embargo, la junta de propietarios puede acordar, aunque no consten en el orden del día, la destitución del presidente o presidenta, el administrador o administradora o el secretario o secretaria y emprender acciones contra ellos,

1. Es können nur über solche Gegenstände Beschlüsse getroffen werden, die in der Tagesordnung enthalten sind. Nichtsdestotrotz kann die Eigentümerversammlung, auch wenn dies nicht aus der Tagesordnung hervorgeht, die Absetzung des Präsidenten oder der Präsidentin, des Verwalters oder der Verwal-

así como el nombramiento de personas para ejercer dichos cargos.

terin, oder des Sekretärs oder der Sekretärin, und rechtliche Maßnahmen gegen diese, sowie die Ernennung von Personen, welche die besagten Ämter ausüben sollen, beschließen.

2. Es preciso el voto favorable de las cuatro quintas partes de los propietarios, que deben representar las cuatro quintas partes de las cuotas de participación, para adoptar acuerdos de modificación del título de constitución y de los estatutos, salvo que el título establezca otra cosa.

2. Für das Zustandekommen von Beschlüssen zur Änderung des Gründungstitels und der Satzung bedarf es der Zustimmung von vier Fünfteln der Eigentümer, auf welche vier Fünftel der Beteiligungsquoten entfallen, außer der Titel sieht etwas anderes vor.

3. Es suficiente el voto favorable de las cuatro quintas partes de los propietarios, que deben representar las cuatro quintas partes de las cuotas de participación, para adoptar acuerdos relativos a innovaciones físicas en el edificio si afectan a su estructura o configuración exterior y a la construcción de piscinas e instalaciones recreativas.

3. Für das Zustandekommen von Beschlüssen bezüglich physischer Neuerungen am Gebäude, welche die Struktur oder das äußerliche Erscheinungsbild betreffen, und für den Bau von Schwimmbädern und Freizeiteinrichtungen, genügt die Zustimmung von vier Fünfteln der Eigentümer, auf welche vier Fünftel der Beteiligungsquoten entfallen.

4. Los acuerdos que disminuyan las facultades de uso y goce de cualquier propietario o propietaria requieren que este los consienta expresamente.

4. Die Beschlüsse, welche die Möglichkeiten des Gebrauchs oder Nutzniessung irgend eines Eigentümers oder einer Eigentümerin verringern, bedürfen deren ausdrücklichen Einverständnisses.

5. Es suficiente el voto favorable de la mayoría de los propietarios, que deben representar la mayoría de las cuotas de participación, en primera convocatoria, o la mayoría de las cuotas de los presentes y representados, en segunda convocatoria, para adoptar los acuerdos que se refieren a:

5. In der ersten Einberufung genügt die Zustimmung der Mehrheit der Eigentümer, auf welche die Mehrheit der Beteiligungsquoten entfällt, und in der zweiten Einberufung die Mehrheit der Beteiligungsquoten der anwesenden oder vertretenen Eigentümer, um Beschlüsse zu treffen, die sich beziehen auf:

a) La ejecución de obras o el establecimiento de servicios que tienen la finalidad de suprimir barreras arquitectónicas o la instalación de ascensores.

a.) Die Ausführung von Baumaßnahmen oder die Einführung von Einrichtungen, welche dem Zweck dienen, architektonische Hürden zu beseitigen, oder die Errichtung von Fahrstühlen.

b) Las innovaciones exigibles para la viabilidad o la seguridad del inmueble, según su naturaleza y sus características.

b.) Die für das Fortbestehen oder die Sicherheit der Immobilie einforderbaren Neuerungen, entsprechend ihrer Natur und Eigenschaften.

c) La ejecución de las obras necesarias para instalar infraestructuras comunes, para conectar servicios de telecomunicaciones de banda ancha o para individualizar la medición de los consumos de agua, gas o electricidad.

c.) Die Ausführung der erforderlichen Baumaßnahmen, welche der Einrichtung gemeinschaftlicher Infrastrukturen, die dem Anschluss an Breitband-Telekommunikationsdienste oder zur Individualisierung des Wasser-, Gas-oder Elektrizitätsverbrauchs dienen.

d) Las normas del reglamento de régimen interior.

d.) Die Normen der Hausordnung.

e) Los acuerdos a que no se refieren los apartados 2 y 3.

e.) Die Beschlüsse, auf welche sich die Absätze 2 und 3 nicht beziehen.

6. Los propietarios con discapacidad física o las personas con quienes conviven, si los acuerdos a que se refieren las letras a y b del apartado 5 no alcanzan la mayoría necesaria, pueden pedir a la autoridad judicial que obligue a la comunidad a suprimir las barreras arquitectónicas o a realizar las innovaciones exigibles para alcanzar la transitabilidad del inmueble.

6. Eigentümer mit körperlicher Behinderung oder die Personen, welche mit ihnen zusammenleben, können, wenn die Beschlüsse, auf welche sich die Buchstaben a und b des Absatzes 5 beziehen, nicht die erforderliche Mehrheit erreichen, die Justiz anrufen, damit diese die Gemeinschaft zwingt, die architektonischen Hürden zu entfernen oder die einforderbaren Neuerungen durchzuführen, um die Begehbarkeit der Immobilie zu erreichen.

Artículo 553-26. Cómputo de votos.

Artikel 553-26. Stimmenauszählung.

1. Para el cálculo de las mayorías se computan los votos de los propietarios presentes, de los representantes y de los que han delegado su voto. No se computan los votos de los propietarios morosos, que no tienen derecho a votar.

1. Zur Berechnung der Mehrheiten werden die Stimmen der anwesenden Eigentümer, der [Stell-] Vertreter, sowie die [im Wege einer Bevollmächtigung] übertragenen Stimmen ausgezählt. Die Stimmen der säumigen Eigentümer, welche kein Stimrecht haben, werden nicht gezählt.

2. Se computan favorablemente los votos que corresponden a los propietarios que, convocados correctamente, no asisten a la reunión, si después no se oponen al acuerdo.

2. Die Stimmen, welche auf die korrekt geladenen Eigentümer, die nicht an der Versammlung teilgenommen haben, entfallen, werden als zustimmende Voten gezählt, wenn sie sich nicht an-

schließend dem Beschluss entgegensetzen.

3. Los propietarios que no han asistido a la reunión pueden oponerse a los acuerdos adoptados en el plazo de un mes contado desde el momento en que les han sido notificados. El escrito de oposición debe enviarse al secretario o secretaria por cualquier medio fehaciente.

3. Die Eigentümer, welche nicht an der Versammlung teilgenommen haben, können den getroffenen Beschlüssen innerhalb einer Frist von einem Monat, ab dem Zeitpunkt, in welchem ihnen diese benachrichtigt wurden, entgegentreten. Das Einspruchsschreiben muss in irgend einer beweiskräftigen Weise an den Sekretär oder die Sekretärin gesandt werden.

Artículo 553-27. Acta.

1. El secretario o secretaria, una vez tratados todos los puntos del orden del día, debe redactar y leer los acuerdos adoptados y, si se aprueban, debe redactar el acta y transcribirla en el libro de actas. El acta debe autorizarse con las firmas del secretario o secretaria y del presidente o presidenta en el plazo de cinco días a contar del día siguiente de la reunión.

Artikel 553-27. Protokoll.

1. Der Sekretär oder die Sekretärin muss, nachdem alle Tagesordnungspunkte abgehandelt wurden, die getroffenen Beschlüsse abfassen und verlesen, und wenn sie gebilligt werden, das Protokoll verfassen und es ins Protokollbuch übertragen. Das Protokoll muss mit den Unterschriften des Sekretärs oder der Sekretärin und des Präsidenten oder der Präsidentin innerhalb einer Frist von fünf Tagen, gezählt ab dem auf die Versammlung folgenden Tag, genehmigt werden.

2. El acta debe notificarse a todos los propietarios en el plazo de diez días a contar del día siguiente a la reunión de la junta de propietarios de la misma forma en que se ha notificado la convocatoria y en el mismo domicilio.

2. Das Protokoll muss den Eigentümern gegenüber binnen einer Frist von zehn Tagen, gezählt ab dem auf die Versammlung folgenden Tag, in der gleichen Weise benachrichtigt werden, in der die Einberufung benachrichtigt wurde, und unter der gleichen Anschrift.

3. El acta de la reunión debe redactarse al menos en catalán y en ella deben constar los siguientes datos:

3. Das Protokoll der Versammlung muss mindestens in katalanisch abgefasst werden und die folgenden Angaben enthalten:

a) La fecha y lugar de celebración, el carácter ordinario o extraordinario, el nombre de la persona que ha realizado la convocatoria y si se ha llevado a cabo en primera o en segunda convocatoria.

a.) Das Datum und den Ort der Veranstaltung, den ordentlichen oder außerordentlichen Charakter, den Namen der Person, welche die Einberufung durchgeführt hat, und ob sie in erster oder zweiter Einberufung abgehalten wurde.

b) El orden del día.

b.) Die Tagesordnung.

c) La indicación de la persona que la ha presidido y de la persona que ha actuado como secretario o secretaria.

c.) Die Angabe der Person, welche den Vorsitz übernommen hat, und der Person, welche als Sekretär oder Sekretärin gehandelt hat.

d) La relación de personas que han asistido a la misma personalmente o por representación y la indicación de la cuota total de presencia.

d.) Die Übersicht der Personen, welche an derselben persönlich oder mittels Stellvertretung teilgenommen haben, und die Angabe der insgesamt anwesenden Quoten.

e) Los acuerdos adoptados, con la indicación del resultado de las votaciones, si procede, y, si alguno de los asistentes lo solicita, la indicación de los que han votado a favor o en contra.

e.) Gegebenenfalls die getroffenen Beschlüsse, mit Angabe des Abstimmungsergebnisses, und wenn irgend ein Teilnehmer es beantragt, die Angabe derjenigen, welche für oder gegen ihn gestimmt haben.

4. El presidente o presidenta, por iniciativa propia o a solicitud escrita presentada al menos cinco días antes de la fecha de la reunión por una cuarta parte de los propietarios o por menos si representan la cuarta parte o más de las cuotas, puede requerir a un notario o notaria que extienda el acta de la reunión, la cual no necesita aprobación. En este caso, debe hacerse, en el libro de actas, una referencia clara a la fecha de la celebración de la reunión y al nombre y residencia del notario o notaria que asistió a la misma.

4. Der Präsident oder die Präsidentin kann, auf Eigeninitiative hin oder durch einen mindestens fünf Tage vor dem Datum der Versammlung vorgelegten schriftlichen Antrag eines Viertels der Eigentümer oder, weniger, wenn diese ein Viertel der Quoten oder mehr repräsentieren, einen Notar oder eine Notarin in Anspruch nehmen, um das Protokoll der Versammlung zu führen, welches keiner Genehmigung bedarf. In diesem Fall muss in dem Protokollbuch eine eindeutige Angabe bezüglich des Datums der Veranstaltung der Versammlung und des Namens und der Niederlassung des Notars oder der Notarin, welche an derselben teilnahm, gemacht werden.

Artículo 553-28. Libro de actas.

Artikel 553-28. Protokollbuch.

1. Los acuerdos de la junta de propietarios deben transcribirse en un libro de actas que debe legalizar, al menos en catalán, o en aranés en el Valle de Arán, el registrador o registradora de la propiedad que corresponda al distrito donde se halla el inmueble.

1. Die Beschlüsse der Eigentümerversammlung müssen in ein Protokollbuch übertragen werden, welches durch den für den Distrikt, in welchem sich die Immobilie befindet, zuständigen Grundbuchrichter oder die Grundbuchrichterin, mindestens auf katalanisch, oder im

2. Los secretarios deben custodiar los libros de actas de la junta de propietarios, que deben conservarse durante treinta años mientras exista el inmueble. Asimismo, deben conservar durante diez años las convocatorias, comunicaciones, poderes y demás documentos relevantes de las reuniones.

Artículo 553-29. Ejecución.

Los acuerdos adoptados válidamente por la junta de propietarios son ejecutivos inmediatamente después de que el acta haya sido notificada a los propietarios.

Artículo 553-30. Vinculación de los acuerdos.

1. Los acuerdos obligan y vinculan a todos los propietarios, incluso a los disidentes, sin perjuicio de lo establecido por el apartado 2.

2. Los acuerdos relativos a nuevas instalaciones o a servicios comunes, si el valor total del gasto acordado es superior a la cuarta parte del presupuesto anual de la comunidad, no obligan ni vinculan a los propietarios disidentes.

3. Los acuerdos relativos a la supresión de barreras arquitectónicas o a la instalación de ascensores y los que sean precisos para garantizar la accesibilidad, habitabilidad, uso y conservación adecuados y la seguridad del edificio se rigen por lo establecido por el apartado 1.

Valle de Arán auf aranesisch, beglaubigt werden muss.

2. Die Sekretäre müssen die Protokollbücher der Eigentümerversammlung verwahren. Sie sind, solange die Immobilie existiert, dreissig Jahre lang aufzubewahren. Gleichfalls sind zehn Jahre lang die Einberufungen, Benachrichtigungen, Mitteilungen, Vollmachten und übrigen Dokumente, welche für die Versammlungen von Bedeutung sind, aufzubewahren.

Artikel 553-29. Ausführung.

Die wirksam durch die Eigentümerversammlung getroffenen Beschlüsse sind unmittelbar ausführbar, nachdem das Protokoll den Eigentümern mitgeteilt wurde.

Artikel 553-30. Bindung an Beschlüsse.

1. Die Beschlüsse verpflichten und binden alle Eigentümer, einschließlich die Dissidenten, unbeschadet des durch Absatz 2 Bestimmten.

2. Die Beschlüsse, welche neue Installationen oder Gemeinschaftseinrichtungen betreffen, führen weder zu einer Verpflichtung noch Bindung der Dissidenten unter den Eigentümern, wenn der Gesamtbetrag der beschlossenen Ausgaben ein Viertel des Jahreshaushalsplans der Gemeinschaft übersteigt.

3. Die Beschlüsse bezüglich der Beseitigung architektonischer Hürden oder der Einrichtung von Fahrstühlen, sowie diejenigen, welche erforderlich sind, um die geeignete Zugänglichkeit, Bewohnbarkeit, den Gebrauch und die Erhaltung, sowie die Sicherheit des Gebäudes sicherzustellen, richten sich nach dem durch Absatz 1 Bestimmten.

4. Los propietarios disidentes que no pueden tener el uso o goce de la mejora pueden pasar a gozar de la misma si satisfacen el importe de los gastos de ejecución y de los de mantenimiento con la actualización que corresponda aplicando el índice general de precios al consumo.

4. Die Dissidenten unter den Eigentümern, welche nicht den Gebrauch oder die Nutznießung der Verbesserung haben, können in den Genuss derselben kommen, wenn sie den Betrag der Ausführungskosten und diejenigen der Wartung, entsprechend aktualisiert gemäß Verbraucherpreisindex, begleichen.

Artículo 553-31. Impugnación.

Artikel 553-31. Anfechtung.

1. Los acuerdos pueden impugnarse judicialmente en los siguientes casos:

1. Die Beschlüsse können in den folgenden Fällen gerichtlich angefochten werden:

a) Si son contrarios a las leyes, al título de constitución o a los estatutos o si, dadas las circunstancias, implican un abuso de derecho.

a.) Wenn sie im Widerspruch zu den Gesetzen, dem Gründungstitel oder der Satzung stehen, oder wenn sie unter den gegebenen Umständen einen Rechtsmissbrauch bedeuten.

b) Si son contrarios a los intereses de la comunidad o son gravemente perjudiciales para un propietario o propietaria.

b.) Wenn sie im Widerspruch zu den Interessen der Gemeinschaft stehen oder schwere Nachteile für einen Eigentümer oder eine Eigentümerin bedeuten.

2. Están legitimados para la impugnación los propietarios que han votado en contra, los ausentes que no se han adherido al acuerdo y los que han sido privados ilegítimamente del derecho de voto. Si el acuerdo es contrario a las leyes, puede impugnarlo todo propietario o propietaria.

2. Zur Anfechtung sind die Eigentümer berechtigt, welche gegen den Beschluss gestimmt haben, welche abwesend waren, und dem Beschluss nicht beigetreten sind, und diejenigen, welchen unberechtigterweise ihr Stimmrecht entzogen wurde. Wenn der Beschluss im Widerspruch zum Gesetz steht, kann ihn jeder Eigentümer oder jede Eigentümerin anfechten.

3. La acción de impugnación debe ejercerse en el plazo de dos meses a contar de la notificación del acuerdo o en el plazo de un año si es contrario al título de constitución o a los estatutos.

3. Die auf die Anfechtung gerichtete Klage muss binnen einer Frist von zwei Monaten, gezählt ab der Bekanntgabe des Beschlusses, oder innerhalb eines Jahres, wenn er mit dem Gründungstitel oder der Satzung im Widerspruch steht, eingereicht werden.

Artículo 553-32. Suspensión.

Artikel 553-32. Aussetzung.

1. La impugnación no suspende la ejecutabilidad del acuerdo.

1. Die Anfechtung setzt die Ausführbarkeit des Beschlusses nicht aus.

2. La autoridad judicial puede adoptar las medidas cautelares que considere convenientes, incluso decretar provisionalmente la suspensión del acuerdo impugnado, si entiende que es manifiestamente ilegal o que puede provocar un perjuicio cuya reparación comportaría un coste económico desproporcionado.

2. Die Justiz kann die vorbeugenden Maßnahmen, welche sie als angebracht erachtet, beschließen, und sogar die vorläufige Aussetzung des angefochtenen Beschlusses anordnen, wenn sie der Ansicht ist, er sei offensichtlich rechtswidrig, oder dass er einen Nachteil verursachen kann, deren Beseitigung unverhältnismäßige wirtschaftliche Auswirkungen hätte.

SECCIÓN II. PROPIEDAD HORIZONTAL SIMPLE.

ABSCHNITT II. EINFACHES WOHNUNGSEIGENTUM

Artículo 553-33. Elementos privativos.

Artikel 553-33. Sondereigentumselemente.

Solo pueden configurarse como elementos privativos de un edificio las viviendas, locales y espacios físicos que pueden ser objeto de propiedad separada y que tienen independencia funcional porque disponen de acceso propio a la vía pública, ya sea directo o a través de un elemento común de goce no restringido.

Sondereigentumselemente eines Gebäudes können lediglich die Wohnungen, Geschäftsräume und physischen Räumlichkeiten sein, die Gegenstand getrennten Eigentums sein können und eine funktionelle Unabhängigkeit haben, weil sie über einen eigenen Zugang zur öffentlichen Straße verfügen, sei es direkt oder über ein Gemeinschaftselement, das uneingeschränkt genutzt werden kann.

Artículo 553-34. Elementos privativos de beneficio común.

Artikel 553-34. Sondereigentumselemente die dem gemeinschaftlichen Wohl dienen.

1. El título de constitución o la junta de propietarios pueden establecer que uno o más elementos privativos se destinen a beneficio común, ya sea por el servicio directo que prestan a los propietarios o por el beneficio económico que reporta ceder su uso. Son titulares de los elementos privativos de beneficio común los titulares de los demás elementos privativos en proporción a su cuota y de forma inseparable de la propiedad de su elemento privativo concreto.

1. Der Gründungstitel oder die Eigentümerversammlung können bestimmen, dass ein oder mehr Sondereigentumselemente dem gemeinschaftlichen Wohl dienen, sei es wegen des unmittelbaren Dienstes, den diese den Eigentümern leisten, oder wegen des wirtschaftlichen Vorteils, den die Überlassung ihres Gebrauchs erbringt. Inhaber der dem gemeinschaftlichen Wohl dienenden Sondereigentumselemente sind die Inhaber der übrigen Sondereigentumselemente, im Verhältnis ihrer Quote und in untrennbarer Weise

verbunden mit dem Eigentum an ihrem konkreten Sondereigentumselement.

2. La administración de un elemento privativo de beneficio común se rige por las normas generales. La enajenación o gravamen de dicho elemento requiere el acuerdo unánime de la junta de propietarios.

2. Die Verwaltung eines Sondereigentumselements welches dem gemeinschaftlichen Wohl dient, richtet sich nach den allgemeinen Normen. Der Verkauf oder die Belastung des besagten Elements bedarf eines einstimmigen Beschlusses der Eigentümerversammlung.

Artículo 553-35. Anexos.

Artikel 553-35. Nebenbauten.

1. Los anexos se determinan en el título de constitución como espacios físicos vinculados de forma inseparable a un elemento privativo, no tienen cuota especial y son de titularidad privativa a todos los efectos.

1. Die Nebenbauten werden im Gründungstitel als physische Räume, welche untrennbar mit einem Sondereigentumselement verknüpft sind, beschrieben. Sie haben keine besondere Quote und stellen mit allen sich hieraus ergebenden Folgen Sondereigentum dar.

2. Solo es posible la cesión aislada del uso de los anexos que consistan en plazas de aparcamiento, boxes o trasteros, a pesar de que los estatutos pueden limitar esta cesión. Esta limitación no puede afectar a las personas que conviven con los titulares del uso del elemento privativo principal.

2. Lediglich bei Nebenbauten, welche als Parkplätzen, Boxen oder Stauräumen ausgestaltet sind, ist die isolierte Abtretung des Gebrauchs möglich, wenngleich die Satzung diese Möglichkeit der Abtretung beschränken kann. Eine solche Beschränkung darf die Personen, welche mit den Inhabern des Gebrauchsrechts am Hauptsondereigentumselement zusammenleben, nicht berühren.

Artículo 553-36. Uso y goce de los elementos privativos.

Artikel 553-36. Gebrauch und Nutznießung der Sondereigentumselemente.

1. Los propietarios de un elemento privativo pueden hacer obras de conservación y reforma siempre que no perjudiquen a los demás propietarios ni a la comunidad y que no disminuyan la solidez del edificio ni alteren la composición o el aspecto exterior del conjunto.

1. Die Eigentümer eines Sondereigentumselements können Erhaltungs- und Renovierungsarbeiten ausführen, solange sie weder die übrigen Eigentümer noch die Gemeinschaft schädigen, und weder die Solidität des Gebäudes noch die Gliederung oder das äußere Erscheinungsbild des Verbunds verändert werden.

2. Los propietarios que se propongan hacer obras en su elemento privativo deben comunicarlo previamente al presidente o presidenta o, si procede, al administrador o administradora de la comunidad. Si la obra comporta la alteración de elementos comunes, debe aprobarse de acuerdo con la mayoría que resulta de lo establecido por el artículo 553-25.

2. Die Eigentümer, die beabsichtigen Baumaßnahmen in ihrem Sondereigentumselement vorzunehmen, müssen hierüber den Präsidenten oder die Präsidentin, oder gegebenenfalls, den Verwalter oder der Verwalterin der Gemeinschaft, im voraus informieren. Wenn die Baumaßnahme die Veränderung von Gemeinschaftselementen mit sich bringt, muss dies in Übereinstimmung mit der sich aus Artikel 553-25 ergebenden Mehrheit genehmigt werden.

3. La comunidad puede exigir la reposición al estado originario de los elementos comunes alterados sin su consentimiento. Sin embargo, se entiende que la comunidad ha dado el consentimiento si la existencia de obras que no disminuyen la solidez del edificio ni comportan la ocupación de elementos comunes es notoria y la comunidad no ha mostrado oposición en el plazo de seis años desde que finalizaron.

3. Die Gemeinschaft kann die Rückführung derjenigen Gemeinschaftselemente in den ursprünglichen Zustand verlangen, welche ohne ihr Einverständnis verändert wurden. Indes ist davon auszugehen, dass die Gemeinschaft ihr Einverständnis gegeben hat, wenn die Baumaßnahmen weder die Solidität des Gebäudes verringert, noch die Besetzung von Gemeinschaftseigentum mit sich gebracht haben, und deren Existenz offenkundig ist, und die Gemeinschaft innerhalb einer Frist von sechs Jahren seit ihrer Beendigung keine [gegen diese gerichtete] Ablehnung bekundet hat.

Artículo 553-37. Disposición de los elementos privativos.

Artikel 553-37. Verfügung über Sondereigentumselemente.

1. Los propietarios de elementos privativos pueden ejercer todas las facultades del derecho de propiedad sin ninguna otra limitación que las que se derivan del régimen de propiedad horizontal. En consecuencia, los pueden modificar, enajenar y gravar y pueden realizar en los mismos todo tipo de actos de disposición ordinaria y extraordinaria. Si establecen servidumbres en beneficio de otras fincas, estas servidumbres se extinguen en caso de destrucción o derribo del edificio.

1. Die Eigentümer von Sondereigentumselementen können alle rechtlichen Befugnisse ausüben, mit denen sie das Eigentumsrecht ausstattet, und werden lediglich durch die rechtlichen Regelungen des Wohnungseigentums beschränkt. Folglich können sie diese verändern, veräußern und belasten und in selbigen jegliche ordentliche und außerordentliche Verfügungshandlung durchführen. Wenn sie Dienstbarkeiten zu Gunsten anderer Liegenschaften begründen, erlöschen diese Dienstbarkei-

ten im Falle der Zerstörung oder des Abrisses des Gebäudes.

2. Los propietarios, en los casos de arrendamiento o de cualquier otra transmisión del goce del elemento privativo, son responsables ante la comunidad y ante terceras personas de las obligaciones derivadas del régimen de propiedad horizontal.

2. Die Eigentümer sind im Falle der Vermietung oder jeglicher anderer Übertragung der Nutzung des Sondereigentumselements, gegenüber der Gemeinschaft und dritten Personen für die Pflichten verantwortlich, welche sich aus dem Wohnungseigentumsverhältnis ableiten.

3. La persona que adquiere un elemento privativo debe comunicar el cambio de titularidad a la secretaría de la comunidad y designar un domicilio para comunicaciones.

3. Die Person welche ein Sondereigentumselement erwirbt, muss den Inhaberwechsel dem Sekretariat der Gemeinschaft mitteilen, und eine Anschrift für Benachrichtigungen benennen.

Artículo 553-38. Obligaciones de conservación y mantenimiento de los elementos privativos.

Artikel 553-38. Erhaltungs- und Wartungspflichten an den Sondereigentumselementen.

1. Los propietarios de elementos privativos los deben conservar y mantener en buen estado, en su interior, y mantener los servicios e instalaciones que se ubiquen en los mismos.

1.Die Eigentümer der Sondereigentumselemente müssen deren Innenraum unterhalten und in einem guten Zustand bewahren und die Einrichtungen und Installationen, welche sich in ihnen befinden, erhalten.

2. Los gastos ordinarios y extraordinarios de conservación y mantenimiento de los elementos comunes de uso restringido corren a cargo de los propietarios de los elementos privativos que gozan de aquellos. Las reparaciones que se deben a vicios de construcción o estructurales, originarios o sobrevenidos, o a reparaciones que afectan y benefician a todo el edificio son comunitarias, salvo que sean consecuencia de un mal uso.

2. Die ordentlichen und ausserordentlichen Erhaltungs- und Wartungskosten der Gemeinschaftselemente deren Gebrauch Einschränkungen unterliegt, gehen zu Lasten derjenigen Eigentümer von Sondereigentumselementen, die in den Genuss ihrer Nutzung kommen. Die Reparaturen, welche ihre Ursache in Bau- oder [Gebäude-] Strukturmängeln originärer oder überkommener Art haben, oder Reparaturen, welche das ganze Gebäude betreffen und allen zu Gute kommen, sind gemeinschaftlich, außer sie sind die Folge eines ungeeigneten Gebrauchs.

3. La comunidad debe efectuar las obras necesarias para la conservación integral del inmueble y de sus servicios, de mo-

3. Die Gemeinschaft muss die erforderlichen Baumaßnahmen durchführen, um die Immobilie und ihre Ein-

do que cumpla las condiciones estructurales, de habitabilidad, accesibilidad, estanquidad y seguridad necesarias.

richtungen in ihrer Gesamtheit zu erhalten, so dass sie die erforderlichen, an die Struktur, Bewohnbarkeit, Zugänglichkeit, Wasserundurchlässigkeit und Sicherheit zu stellenden Anforderungen erfüllt.

Artículo 553-39. Limitaciones y servidumbres legales.

Artikel 553-39. Einschränkungen und rechtliche Dienstbarkeiten.

1. Los elementos privativos están sujetos, en beneficio de los demás y de la comunidad, a las limitaciones imprescindibles para efectuar las obras de conservación y mantenimiento de los elementos comunes y de los demás elementos privativos cuando no existe ninguna otra forma de efectuarlas o la otra forma es desproporcionadamente cara o gravosa.

1. Die Sondereigentumselemente unterliegen, jeweils zu Gunsten der übrigen und der Gemeinschaft, den unerlässlichen Beschränkungen, um die Erhaltungs- und Wartungsbaumaßnahmen an den Gemeinschaftselementen und den übrigen Sondereigentumselementen durchzuführen, wenn diese auf keine andere Weise durchgeführt werden können, oder eine andere Vorgehensweise unverhältnismäßig teuer oder belastend ist.

2. La comunidad puede exigir la constitución de servidumbres permanentes sobre los elementos de uso privativo diferentes a la vivienda estricta si son indispensables para la ejecución de los acuerdos de mejora adoptados por la junta o para el acceso a elementos comunes que no tengan ningún otro acceso.

2. Die Gemeinschaft kann die Schaffung von dauerhaften Dienstbarkeiten an anderen Sondereigentumselementen als den Wohnungen selbst verlangen, wenn sie unerlässlich für die Ausführung der auf Verbesserungen gerichteten und durch die Eigentümerversammlung getroffenen Beschlüsse, oder für den Zugang zu Gemeinschaftselementen sind, die über keinen anderen Zugang verfügen.

3. Los propietarios de elementos privativos pueden exigir la constitución de las servidumbres, permanentes o temporales, absolutamente imprescindibles para efectuar obras de conservación y suministro de su elemento privativo.

3. Die Eigentümer der Sondereigentumselemente können die Schaffung von dauerhaften oder vorübergehenden Dienstbarkeiten verlangen, welche absolut unverzichtbar sind, um Baumaßnahmen zur Erhaltung oder Versorgung ihres Sondereigentumselementes vorzunehmen.

4. Los titulares de las servidumbres deben resarcir los daños que causen en los elementos privativos o comunes afecta-

4. Die Inhaber der Dienstbarkeiten müssen die Schäden an den betroffenen Sondereigentumselementen oder Gemeinschaftselementen und gegebenen-

dos y, en su caso, el menoscabo que les produzcan.

falls die verursachten Beeinträchtigungen ausgleichen.

Artículo 553-40. Limitaciones de uso de los elementos privativos.

Artikel 553-40. Einschränkungen des Gebrauchs der Sondereigentumselemente.

1. Los propietarios y ocupantes de los elementos privativos no pueden realizar en los mismos actividades contrarias a la convivencia normal en la comunidad o que dañen o hagan peligrar el edificio. Tampoco pueden realizar las actividades que los estatutos o la normativa urbanística y de usos del sector donde se halla el edificio excluyen o prohíben de forma expresa.

1. Die Eigentümer und Bewohner der Sondereigentumselemente dürfen in diesen keinen Tätigkeiten nachgehen, welche einem normalen Zusammenleben in der Gemeinschaft entgegenstehen, oder das Gebäude schädigen oder gefährden. Ebenso wenig sind Tätigkeiten gestattet, welche durch die Satzung oder Bau- und Nutzungsvorschriften, welche in dem Bereich, in dem sich das Gebäude befindet, gelten, ausdrücklich ausgeschlossen oder verboten werden.

2. El presidente o presidenta de la comunidad, si se realizan las actividades a que se refiere el apartado 1, por iniciativa propia o a petición de una cuarta parte de los propietarios, debe requerir fehacientemente a quien las realice que deje de realizarlas. Si la persona requerida persiste en su actividad, la junta puede interponer contra los propietarios y ocupantes del elemento privativo la acción de cesación, que debe tramitarse de acuerdo con las normas del juicio ordinario. Una vez presentada la demanda, que debe acompañarse del requerimiento y de la certificación del acuerdo de la junta de propietarios, la autoridad judicial debe adoptar las medidas cautelares que considere convenientes, entre las cuales, la cesación inmediata de la actividad prohibida.

2. Der Präsident oder die Präsidentin der Gemeinschaft muss, wenn die Tätigkeiten ausgeübt werden, auf welche sich Absatz 1 bezieht, aus Eigeninitiative oder auf Antrag eines Viertels der Eigentümer, denjenigen, der diese ausübt, beweiskräftig auffordern, diese zu unterlassen. Wenn die aufgeforderte Person ihre Tätigkeit fortsetzt, darf die Versammlung gegen die Eigentümer und Bewohner des Sondereigentumselementes eine auf die Unterlassung gerichtete Klage einreichen, welche gemäß den Vorschriften des ordentlichen Verfahrens abzuwickeln ist. Wurde die Klage eingereicht, welcher die Aufforderung und die Bescheinigung über den Beschluss der Eigentümerversammlung beizulegen sind, muss die Justiz die vorbeugenden Maßnahmen beschließen, die sie für angezeigt erachtet, unter denen sich die Anordnung der sofortigen Unterlassung der verbotenen Tätigkeit befindet.

3. La comunidad tiene derecho a la indemnización por los perjuicios que se le causen y, si las actividades prohibi-

3. Die Gemeinschaft hat das Recht auf eine Entschädigung bezüglich der Nachteile, die ihr entstehen, und,

das continúan, a instar judicialmente a la privación del uso y goce del elemento privativo por un periodo que no puede exceder de dos años y, si procede, a la extinción del contrato de arrendamiento o de cualquier otro que atribuya a los ocupantes un derecho sobre el elemento privativo.

wenn sich die verbotenen Tätigkeiten fortsetzen, darauf, ein gerichtliches Verfahren anzustrengen in dem ein Gebrauchs- und Nutznießungsverbot ausgesprochen werden kann, welches eine Zeitspanne von zwei Jahre nicht übersteigen darf; gegebenenfalls, darf sie die Auflösung des Miet- oder jedes anderen Vertrages, welches den Bewohnern ein Recht über das Sondereigentumselement einräumt, beantragen.

Artículo 553-41. Elementos comunes.

Artikel 553-41. Gemeinschaftselemente.

Son elementos comunes el solar, jardines, piscinas, estructuras, fachadas, cubiertas, vestíbulos, escaleras y ascensores, antenas y, en general, las instalaciones y los servicios situados fuera de los elementos privativos que se destinan al uso comunitario o a facilitar el uso y goce de dichos elementos privativos.

Es sind Gemeinschaftselemente das Grundstück, Gärten, Schwimmbäder, Strukturen, Fassaden, Bedachungen, Eingangshallen, Treppenhäuser und Fahrstühle, Antennen und im allgemeinen die Installationen und Einrichtungen, welche außerhalb der Sondereigentumselemente gelegen sind, welche dem gemeinschaftlichen Gebrauch dienen, oder den Gebrauch und die Nutzniessung der besagten Sondereigentumselemente ermöglichen.

Artículo 553-42. Aprovechamiento de elementos comunes.

Artikel 553-42. Nutzung der Gemeinschaftselemente.

1. El uso y goce de los elementos comunes corresponde a todos los propietarios de elementos privativos y debe adecuarse al destino establecido por los estatutos o al que resulte normal y adecuado a su naturaleza, sin perjudicar el interés de la comunidad.

1. Der Gebrauch und die Nutznießung der Gemeinschaftselemente kommt allen Eigentümern von Sondereigentumselementen zu, und soll dem durch die Satzung bestimmten Verwendungszweck, oder demjenigen, der gemäß ihrer Natur als normal und geeignet erscheint, entsprechen, ohne dem Interesse der Gemeinschaft zu schaden.

2. Puede vincularse, en el título de constitución o por acuerdo unánime de la junta de propietarios, el uso exclusivo de patios, jardines, terrazas, cubiertas del edificio o demás elementos comunes a

2. Durch den Gründungstitel oder mittels einstimmigem Beschluss der Eigentümerversammlung kann der ausschließliche Gebrauch von Höfen, Gärten, Terrassen, Bedachungen

uno o varios elementos privativos. La atribución exclusiva e inseparable a elementos privativos del uso y goce de una parte de los elementos comunes no les hace perder dicha naturaleza.

des Gebäudes oder anderer Gemeinschaftselemente zu Gunsten eines oder mehrerer Sondereigentumselemente verknüpft werden. Die ausschließende und untrennbare Zuschreibung des Gebrauchs und der Nutznießung eines Teils von Gemeinschaftselementen zu Gunsten von Sondereigentumselementen führt nicht zu einem Verlust ihrer Eigenschaft [als Gemeinschaftselement].

3. Los propietarios de los elementos privativos que tienen el uso y goce exclusivo de los elementos comunes, en el caso a que se refiere el apartado 2, asumen sus gastos ordinarios de conservación y mantenimiento y tienen la obligación de conservarlos adecuadamente y mantenerlos en buen estado. Los gastos estructurales, de refacción y los demás gastos extraordinarios son comunes.

3. Die Eigentümer der Sondereigentumselemente, welche in den Fällen des Absatzes 2, den ausschließlichen Gebrauch und die Nutznießung an Gemeinschaftselementen haben, tragen deren ordentliche Erhaltungs- und Wartungskosten und haben die Verpflichtung, sie in geeigneter Weise zu erhalten und in einem guten Zustand zu bewahren. Die wegen Strukturelementen, oder durch [Reparatur- oder] Wiederherstellungsmaßnahmen anfallenden Kosten, sowie die übrigen außerordentlichen Kosten sind gemeinschaftlicher Art.

Artículo 553-43. Disposición de elementos comunes.

Artikel 553-43. Verfügung über Gemeinschaftselemente.

1. La junta de propietarios puede desafectar un elemento común por acuerdo unánime para vincular su uso exclusivo a elementos privativos o para atribuir al mismo el carácter de elemento privativo, que tiene la consideración de elemento privativo de beneficio común.

1. Die Eigentümerversammlung darf ein Gemeinschaftselement mittels einstimmigem Beschluss entwidmen, um dessen ausschließlichen Gebrauch mit einem Sondereigentumselement zu verknüpfen, oder um selbigem die Eigenschaft eines Sondereigentumselementes zu geben, welches dann die Einordnung als Sondereigentumselement, das dem Wohle der Gemeinschaft dient, erfährt.

2. El acuerdo a que se refiere el apartado 1 debe determinar la cuota de participación del elemento privativo creado y la redistribución de las cuotas de los demás.

2. Der Beschluss, auf den sich Absatz 1 bezieht, muss die Beteiligungsquote des geschaffenen Sondereigentumselements und die Umverteilung der übrigen Quoten bestimmen.

Artículo 553-44. Mantenimiento de elementos comunes.

1. La comunidad debe conservar los elementos comunes del inmueble y mantener en funcionamiento correcto los servicios e instalaciones. Los propietarios deben asumir las obras de conservación y reparación necesarias.

2. Los propietarios disidentes solo quedan exonerados de contribuir a los gastos que un servicio o una instalación nuevos comporten si han impugnado judicialmente el acuerdo de la junta y han obtenido una sentencia favorable, así como en los supuestos del artículo 553-30.

3. Todos los propietarios deben sufragar necesariamente los gastos que comporten la supresión de barreras arquitectónicas y el establecimiento del servicio de ascensor, de acuerdo con la normativa de vivienda, y de los servicios imprescindibles para la transitabilidad y seguridad del edificio. Los propietarios pueden exigir el fraccionamiento del pago en mensualidades durante un año.

Artículo 553-45. Gastos comunes.

1. Los propietarios deben sufragar los gastos comunes en proporción a su cuota de participación, de acuerdo con las especialidades fijadas por el título de constitución y los estatutos.

2. La falta de uso y goce de elementos comunes concretos no exime de la obligación de sufragar los gastos que derivan de su mantenimiento, salvo que una disposición de los estatutos, que solo

Artikel 553-44. Wartung der Gemeinschaftselemente.

1. Die Gemeinschaft muss die Gemeinschaftselemente der Immobilie instandhalten und die Einrichtungen und Installationen in einem geeigneten, funktionsfähigen Zustand bewahren. Die Eigentümer müssen die erforderlichen Erhaltungs- und Reparaturarbeiten übernehmen.

2. Die Dissidenten unter den Eigentümern sind lediglich [dann] von ihrer Beitragspflicht zu einer Einrichtung oder einer neuen Installation befreit, wenn sie den Beschluss der Versammlung gerichtlich angefochten und ein stattgebendes Urteil erreicht haben, sowie in den Fällen des Artikels 553-30.

3. Alle Eigentümer müssen zwangsläufig, in Übereinstimmung mit den gesetzlichen Vorschriften, welche den Wohnraum regulieren, die Kosten tragen, welche die Beseitigung architektonischer Hürden und die Schaffung des Fahrstuhldienstes und die für die Begehbarkeit und Sicherheit des Gebäudes unverzichtbaren Einrichtungen mit sich bringen. Die Eigentümer dürfen die Zahlung in auf ein Jahr verteilte Monatsraten verlangen.

Artikel 553-45. Gemeinschaftsausgaben.

1. Die Eigentümer müssen, in Übereinstimmung mit den durch den Gründungstitel und die Satzung bestimmten Besonderheiten, die Gemeinschaftsausgaben im Verhältnis ihrer Beteiligungsquote tragen.

2. Der ausbleibende Gebrauch und die [unterbleibende] Nutznießung bestimmter Gemeinschaftselemente befreit nicht von der Pflicht zur Tragung der Kosten, die sich aus ihrer Erhaltung

puede referirse a servicios o elementos especificados de forma concreta, establezca lo contrario.

3. La contribución al pago de determinados gastos sobre los que los estatutos establecen cuotas especiales de participación, entre los que se incluyen los de escaleras diferentes, piscinas y zonas ajardinadas, debe efectuarse de acuerdo con la cuota específica.

4. El título de constitución puede establecer un incremento en la participación en los gastos comunes que corresponde a un elemento privativo concreto en caso de uso o goce desproporcionado de forma probada de elementos o servicios comunes a consecuencia del ejercicio de actividades empresariales o profesionales en el piso o local. Este incremento también puede acordarlo la junta de propietarios por mayoría de cuatro quintas partes de propietarios y de cuotas. El incremento no puede ser superior, en ninguno de los dos casos, al doble de lo que le correspondería por la cuota.

Artículo 553-46. Responsabilidad de la comunidad.

1. La comunidad de propietarios responde de las deudas que contrae con sus fondos y créditos y con los elementos privativos de beneficio común.

2. Los elementos privativos de beneficio común solo pueden embargarse haciendo un requerimiento a los propietarios y demandándolos personalmente.

ableiten, außer eine Regelung innerhalb der Satzung, welche sich lediglich auf konkret bezeichnete Einrichtungen oder Elemente beziehen darf, bestimmt ein anderes.

3. Der Beitrag zur Zahlung gewisser Ausgaben, bezüglich derer die Satzung besondere Beteiligungsquoten bestimmt, zu denen solche unterschiedlicher Treppenhäuser, Schwimmbäder und Grünanlagen zu zählen sind, muss in Übereinstimmung mit der spezifischen Quote erfolgen.

4. Der Gründungstitel kann in Bezug auf ein konkretes Sondereigentumselement für den Fall, dass nachweislich ein unverhältnismäßiger Gebrauch oder Nutznießung an einem Gemeinschaftselement oder einer Gemeinschaftseinrichtung in Folge der Ausübung einer Unternehmens- oder Berufstätigkeit erfolgt, eine Erhöhung der Beteiligung an den Gemeinschaftskosten bestimmen. Diese Erhöhung kann auch durch die Eigentümerversammlung durch vier Fünftel Mehrheit aller Eigentümer und Quoten beschlossen werden. Die Erhöhung darf, in keinem der beiden Fälle, über dem Doppelten dessen, was nach der Quote entsprechen würde, liegen.

Artikel 553-46. Verantwortung der Gemeinschaft.

1. Die Eigentümergemeinschaft steht mit ihren Mitteln und Forderungen sowie den Sondereigentumselementen welche dem gemeinschaftlichen Wohl dienen, für die durch sie eingegangenen Schulden ein.

2. Die Sondereigentumselemente welche dem gemeinschaftlichen Wohl dienen, können nur dann dem dinglichen Arrest unterworfen werden, wenn alle

Eigentümer]der Immobilie] zur Zahlung aufgefordert und persönlich verklagt werden.

3. Los elementos privativos solo pueden embargarse por deudas de la comunidad si se requiere el pago a todos los propietarios del inmueble y se los demanda personalmente.

3. Die Sondereigentumselemente können lediglich dann wegen Schulden der Gemeinschaft einem dinglichen Arrest unterworfen werden, wenn alle Eigentümer der Immobilie zur Zahlung aufgefordert wurden, und sie persönlich verklagt werden.

Artículo 553-47. Actividades prohibidas.

Artikel 553-47. Verbotene Tätigkeiten.

Los propietarios y ocupantes de pisos o locales no pueden realizar, en el elemento privativo o en el resto del inmueble, actividades que los estatutos prohíban, que sean perjudiciales para las fincas o que vayan en contra de las disposiciones generales sobre actividades que molestan, insalubres, nocivas, peligrosas o ilícitas.

Die Eigentümer und Bewohner der Wohnungen und Geschäftsräume können im Sondereigentumselement keinen Tätigkeiten nachgehen, welche in der Satzung verboten wurden, oder für die Liegenschaft schädlich sind, oder gegen die allgemeinen Bestimmungen über störende, gesundheitsschädigende, schädliche, gefährliche oder verbotene Aktivitäten verstoßen.

SECCIÓN III.PROPIEDAD HORIZONTAL COMPLEJA.

Abschnitt III. KOMPLEXES WOHNUNGSEIGENTUM.

Artículo 553-48. Configuración.

Artikel 553-48. Beschaffenheit.

1. La situación de comunidad horizontal compleja permite la coexistencia de subcomunidades integradas en un edificio o en un conjunto inmobiliario formado por distintas escaleras o portales o por una pluralidad de edificios independientes y separados que se conectan entre ellos y comparten zonas ajardinadas y de recreo, piscinas u otros elementos comunes similares.

1. Das Bestehen einer komplexen Wohnungseigentümergemeinschaft gestattet die Koexistenz von Untergemeinschaften, welche sich in ein Gebäude oder einen Immobilienverbund, der durch unterschiedliche Treppenhäuser oder Portale oder durch eine Vielzahl unabhängiger und von einander getrennter Gebäude, die untereinander verbunden sind und sich Grün- und Freizeitanlagen, Schwimmbäder und andere Gemeinschaftselemente ähnlicher Art, teilen, eingliedern.

2. Cada escalera, portal o edificio, en el régimen de propiedad horizontal compleja, constituye una subcomunidad

2. Im komplexen Wohnungseigentumsverhältnis bildet jedes Treppenhaus, Portal oder Gebäude eine Untergemein-

que se rige por las normas de la sección primera.

3. Pueden configurarse como subcomunidad una o varias naves destinadas a plazas de aparcamiento o a trasteros y otros elementos privativos de uno o más edificios conectados entre ellos y dotados de unidad e independencia funcional o económica.

schaft, welche sich nach den Normen des ersten Abschnitts richtet.

3. Es können sich als Untergemeinschaften eine oder mehrere Hallen organisieren, die als Parkplätze oder Stauräume dienen, und andere Sondereigentumselemente eines oder mehrerer Gebäude, welche untereinander verbunden sind und eine Einheit bilden, die mit funktioneller und wirtschaftlicher Unabhängigkeit ausgestattet ist.

Artículo 553-49. Cuotas.

Debe asignarse la cuota particular de participación, independiente de la cuota general en el conjunto de la propiedad horizontal, a cada uno de los elementos privativos que integran la subcomunidad.

Artikel 553-49. Quoten.

Jedem die Untergemeinschaft bildendem Sondereigentumselement, muss unabhängig von der allgemeinen, innerhalb des Wohnungseigentumsverbunds bestehenden Quote, eine individuelle [auf die Untergemeinschaft bezogene] Beteiligungsquote zugewiesen werden.

Artículo 553-50. Constitución.

1. La propiedad horizontal compleja puede constituirse inicialmente en una sola comunidad con subcomunidades, si procede, o bien por asociación de varias comunidades preexistentes.

Artikel 553-50. Gründung.

1. Das komplexe Wohnungseigentum kann eingangs, gegebenenfalls, durch Bildung einer einzigen Gemeinschaft mit [ihren jeweiligen] Untergemeinschaften geschaffen werden, oder aber aufgrund Verbindung mehrerer bereits zuvor bestehender Gemeinschaften.

2. Los propietarios únicos de los diversos edificios o los presidentes de las respectivas comunidades de propietarios autorizados por un acuerdo de las juntas respectivas pueden otorgar el título de constitución de la propiedad horizontal compleja en el caso de asociación de varias comunidades preexistentes. En este caso, el título, que debe constar en escritura pública y debe inscribirse en el Registro de la Propiedad, debe describir el complejo inmobiliario en conjunto, los elementos, viales, zonas ajardinadas y de recreo y los servicios comunes y la cuota de participación

2. Die Alleineigentümer der unterschiedlichen Gebäude, oder die mittels entsprechendem Beschluss der Eigentümerversammlungen ermächtigten Präsidenten der jeweiligen Eigentümergemeinschaften, können im Falle der Verbindung mehrerer bereits zuvor bestehender Gemeinschaften den Gründungstitel des komplexen Wohnungseigentumsverhältnisses erteilen. In diesem Fall muss der Gründungstitel, der in öffentlicher Urkunde seinen Niederschlag zu finden hat und ins Grundbuch eingetragen werden muss, den Immobilienkomplex in seiner Ge-

que corresponde a cada comunidad. El importe de los gastos de conservación, mantenimiento y reparación de los elementos comunes debe repercutirse a las diferentes comunidades de acuerdo con su cuota, y estas deben repercutirlo a los propietarios de los elementos privativos de acuerdo con la cuota que les corresponde en cada comunidad.

samtheit, seine Elemente, Wege, Grün- und Freizeitanlagen, und die Gemeinschaftseinrichtungen, und die auf jede Gemeinschaft entfallende Beteiligungsquote beschreiben. Der Betrag der Erhaltungs-, Wartungs-, und Reparaturkosten, der Gemeinschaftselemente muss auf die unterschiedlichen Gemeinschaften in Übereinstimmung mit ihrer Quote umgelegt werden, und diese müssen ihn wiederum auf die Eigentümer der Sondereigentumselemente in Übereinstimmung mit ihrer auf die einzelne Gemeinschaft entfallenden Quote umlegen.

Artículo 553-51. Regulación y acuerdos.

Artikel 553-51. Regulierung und Beschlüsse.

1. Cada subcomunidad puede tener sus órganos específicos y adoptar los acuerdos que la conciernen con independencia de las demás subcomunidades, si ello es posible de acuerdo con el título de constitución, la existencia de elementos comunes exclusivos de una comunidad y la realidad física del conjunto.

1. Jede Untergemeinschaft kann ihre spezifischen Organe haben und mit Unabhängigkeit der übrigen Untergemeinschaften die Beschlüsse annehmen, welche sie selbst betreffen, wenn dies in Übereinstimmung mit dem Gründungstitel möglich ist, Gemeinschaftselemente bestehen, die ausschließlich zu einer Gemeinschaft gehören und die physische Realität des Verbunds dies ermöglicht.

2. Los estatutos, si la complejidad del conjunto inmobiliario y de los elementos, servicios e instalaciones comunes, el número de elementos privativos u otras circunstancias lo hacen aconsejable, pueden regular un consejo de presidentes de escalera o de edificio, que debe actuar de forma colegiada para la administración ordinaria de los elementos comunes a todo el conjunto y debe regirse por las normas de la junta de propietarios adaptadas a la naturaleza específica del caso.

2. Wenn die Komplexität des Immobilienverbunds und seiner Elemente, Gemeinschaftseinrichtungen und Installationen, die Anzahl der Sondereigentumselemente und andere Umstände es empfehlenswert erscheinen lassen, kann die Satzung einen Rat der Präsidenten der Treppenhäuser oder Gebäude vorsehen, welcher bei der allgemeinen Verwaltung der Gemeinschaftselemente des Verbunds gemeinschaftlich handeln muss und sich nach den durch die Eigentümerversammlung geschaffenen Normen, angepasst an die Natur des jeweiligen Falles, zu richten hat.

Artículo 553-52. Comunidades y sub-comunidades para garajes y trasteros.

1. La comunidad de garaje o trasteros, salvo previsión estatutaria en contra, funciona con independencia de la comunidad general en cuanto a los asuntos de su interés exclusivo en los siguientes casos:

a) Si se configura bajo el régimen de comunidad como elemento privativo de un régimen de propiedad horizontal y la adquisición de una cuota indivisa atribuye el uso exclusivo de plazas de aparcamiento o de trasteros y la utilización de las rampas de acceso y salida, escaleras y zonas de maniobras. En este caso, los titulares del local no pueden ejercer la acción de división de la comunidad ni gozan de derechos de adquisición preferente.

b) Si las diversas plazas de aparcamiento o los trasteros de un local de un inmueble bajo el régimen de propiedad horizontal se constituyen como elementos privativos. Se asigna a cada plaza, además del número de orden y de la cuota que le corresponde en la división horizontal, un número o letra de identificación concretos. En este caso, las rampas, escaleras y zonas de acceso, maniobra y salida de los vehículos se consideran elementos comunes del garaje o trastero.

2. No existe subcomunidad especial para el local de garaje o trasteros en los siguientes casos:

Artikel 553-52. Gemeinschaften und Untergemeinschaften für Garagen und Stauräume.

1. Die Gemeinschaft von Garagen oder Stauräumen ist, außer die Satzung sieht etwas Gegenteiliges vor, in ihrem Betrieb und in Bezug auf die Angelegenheiten, die ausschließlich in ihrem eigenen Interesse liegen, in folgenden Fällen von der allgemeinen Gemeinschaft unabhängig:

a.) Wenn sie sich im Rahmen eines Gemeinschaftsverhältnisses als Sondereigentumselement innerhalb eines Wohnungseigentumsverhältnisses organisiert hat und mit dem Erwerb eines Miteigentumsanteils der ausschließliche Gebrauch von Parkplätzen oder Stauräumen und die Verwendung von Zu- und Ausfahrtsrampen, Treppenhäusern und Manövrierzonen mitübertragen wird. In diesem Fall können die Inhaber der Räumlichkeiten keinen Teilungsanspruch, bezogen auf die Gemeinschaft, ausüben und genießen kein Vorkaufsrecht.

b.) Wenn die unterschiedlichen Parkplätze oder die Stauräume einer Räumlichkeit einer Immobilie die dem Wohnungseigentumsverhältnis unterliegt, als Sondereigentumselemente begründet werden. Jedem Platz wird neben der Ordnungsnummer und der Quote, die ihr aufgrund der Teilungserklärung entspricht, eine konkrete Kennnummer oder Zahl zugewiesen. In diesem Fall sind die Rampen, Treppenhäuser und Zugangs- Manövrier-, und Ausgangsbereiche der Fahrzeuge als Gemeinschaftselemente der Garage oder des Stauraums zu betrachten.

2. Keine besondere Untergemeinschaft besteht bezüglich des Garagen- oder

Stauraumbereichs in den folgenden Fällen:

a) Si las diversas plazas de aparcamiento o los trasteros se configuran como anexos inseparables de los elementos privativos de la comunidad. En este caso, se les aplica el artículo 553-35.

a.) Wenn die unterschiedlichen Parkplätze oder die Stauräume als untrennbare Nebenbauten von den Sondereigentumselementen der Gemeinschaft konfiguriert wurden. In diesem Fall ist auf sie Artikel 553-35 anzuwenden.

b) Si el local destinado a garaje o trasteros se configura como elemento común de la división horizontal. En este caso, el uso concreto de las plazas de aparcamiento o de los trasteros no puede cederse a terceras personas con independencia del uso del elemento privativo respectivo.

b.) Wenn die Räumlichkeiten der Parkflächen oder der Stauräume durch die Teilungserklärung als Gemeinschaftselement konfiguriert werden. In diesem Fall, darf der konkrete Gebrauch der Parkplätze oder der Stauräume dritten Personen nicht unabhängig von dem Gebrauch des entsprechenden Sondereigentumselements überlassen werden.

3. Debe constituirse una subcomunidad especial para el local destinado a garaje o trasteros si varios edificios sujetos a regímenes de propiedad horizontal comparten su uso. En este caso, el local forma parte, además, de cada propiedad horizontal en la proyección vertical que le corresponde. Si unas normas estatutarias concretas no establecen lo contrario, los titulares de las plazas tienen derecho a utilizar todas las zonas de acceso, distribución, maniobra y salida de vehículos situadas en el local con independencia del edificio concreto en cuya vertical o fachada estén situadas.

3. Teilen sich mehrere, einem Wohnungseigentumsverhältnis unterstehende Gebäude den Gebrauch der Räumlichkeiten, welche als Garagen oder Stauräume dienen, so muss eine besondere Untergemeinschaft gebildet werden. In diesem Fall gehören die Räumlichkeiten außerdem zu jeder Wohnungseigentumsgemeinschaft, zu der sie aufgrund ihrer vertikalen Projektion zählen. Wenn konkrete Regelungen innerhalb der Satzung nichts Gegenteiliges bestimmen, haben die Inhaber der Parkplätze das Recht, alle innerhalb der Räumlichkeiten gelegenen Zugangs-, Gliederungs- Manövrier- und Ausgangsbereiche der Fahrzeuge zu gebrauchen, unabhängig davon, in welchem konkreten Gebäude sie sich vertikal befinden oder wessen Fassade betroffen ist.

SECCIÓN IV. PROPIEDAD HORIZONTAL POR PARCELAS.

ABSCHNITT IV. WOHNUNGSEIGENTUMSRECHT AN PARZELLEN.

Artículo 553-53. Concepto y configuración.

Artikel 553-53. Begriffsbestimmung und Beschaffenheit.

1. El régimen de propiedad horizontal puede establecerse, por parcelas, sobre un conjunto de fincas vecinas físicamente independientes que tienen la consideración de solares, edificados o no, forman parte de una urbanización y participan con carácter inseparable de unos elementos de titularidad común, entre los que se incluyen otras fincas o servicios colectivos, así como de limitaciones sobre su goce a favor de todas o de algunas de las demás fincas del conjunto.

1. Das Wohnungseigentumsverhältnis kann an Parzellen begründet werden. Dies in Form eines Verbunds benachbarter, physisch unabhängiger Liegenschaften, welche die Einordnung als bebaute oder unbebaute Baugrundstücke haben, Teil einer Urbanisation sind und an Elementen gemeinschaftlicher Inhaberschaft in untrennbarer Weise beteiligt sind, zu denen andere Liegenschaften oder kollektive Einrichtungen gehören, sowie das Bestehen von Einschränkungen bezüglich deren Nutznießung zu Gunsten aller oder einiger der übrigen Liegenschaften des Verbunds.

2. El régimen de propiedad horizontal por parcelas afecta con carácter real a las fincas o a los solares privativos y se rige por las normas específicas de la presente sección y, supletoriamente, por las del presente capítulo, de acuerdo con su naturaleza específica y con lo dispuesto por la normativa urbanística aplicable.

2. Das Wohnungseigentumsverhältnis an Parzellen berührt die im Sondereigentum stehenden Liegenschaften oder Baugrundstücke auf dinglicher Ebene und regelt sich nach den spezifischen Normen des vorliegenden Abschnitts; ergänzend nach denen des vorliegenden Kapitels, in Übereinstimmung mit ihrer spezifischen Natur und mit dem durch die anwendbaren baurechtlichen Normen, Bestimmten.

Artículo 553-54. Fincas de titularidad privativa.

Artikel 553-54. Liegenschaften im Sondereigentum.

1. Las fincas privativas y, si procede, sus anexos inseparables, pertenecen en exclusiva a sus titulares en el régimen de propiedad que les resulte de aplicación.

1. Die im Sondereigentum stehenden Liegenschaften und, gegebenenfalls, die von ihr untrennbaren Nebenbauten, gehören ausschließlich ihren Inhabern, unter Anwendung der Regelungen des diese bestimmenden Rechtsverhältnisses.

2. Los actos de enajenación y gravamen y el embargo de las fincas privativas se extienden de forma inseparable a la par-

2. Die Veräußerungs- und Belastungshandlungen und der dingliche Arrest an den im Sondereigentum stehenden Lie-

ticipación que les corresponde en los elementos comunes.

3. La enajenación de una finca privativa no da, por si misma, ningún derecho de adquisición preferente de naturaleza legal.

Artículo 553-55. Elementos de titularidad común.

1. Son elementos comunes las fincas, los elementos inmobiliarios y los servicios e instalaciones que se destinan al uso y goce común que menciona el título de constitución, entre los que se incluyen las zonas ajardinadas y de recreo, las instalaciones deportivas, los locales sociales, los servicios de vigilancia y, si procede, otros elementos similares.

2. Los elementos comunes son inseparables de las fincas privativas, a las que están vinculados por medio de la cuota de participación que, expresada en centésimos, corresponde a cada finca en el conjunto.

Artículo 553-56. Limitaciones.

Las limitaciones al ejercicio de las facultades dominicales sobre fincas privativas impuestas por el título de constitución o los estatutos, el planeamiento urbanístico o las leyes tienen la consideración de elementos comunes.

Artículo 553-57. Título de constitución.

genschaften erstreckt sich in untrennbarer Weise auf die Beteiligung, die ihnen an den Gemeinschaftselementen zusteht.

3. Die Veräußerung einer im Sondereigentum stehenden Liegenschaft schafft für sich alleine genommen, kein gesetzliches Vorkaufsrecht.

Artikel 553-55. Gemeinschaftselemente.

1. Es sind Gemeinschaftselemente der Liegenschaften diejenigen Immobilienelemente, Einrichtungen und Installationen, welche im Gründungstitel als zum gemeinsamen Gebrauch und Nutznießung bestimmt bezeichnet werden. Zu ihnen gehören die Grünanlagen und Freizeitbereiche, die Sportanlagen, die Gesellschaftsräume, die Wachdienste und, gegebenenfalls, andere ähnliche Elemente.

2. Die Gemeinschaftselemente sind untrennbar mit den im Sondereigentum stehenden Liegenschaften verbunden, welche mit ihnen mittels einer Beteiligungsquote, die in Hundertsteln ausgedrückt wird, und welche auf jede Liegenschaft des Verbunds entfällt, verknüpft sind.

Artikel 553-56. Begrenzungen.

Die durch Auflagen des Gründungstitels, der Satzung, der Bauleitplanung oder den Gesetzen begründeten Einschränkungen, bezüglich der Ausübung der Eigentümerbefugnisse an Liegenschaften, die im Sondereigentum stehen, erfahren die Einordnung als Gemeinschaftselement.

Artikel 553-57. Gründungstitel.

1. Der Gründungstitel des Verbunds muss die Form einer öffentlichen Ur-

1. El título de constitución del conjunto debe constar en escritura pública, la cual debe contener, al menos:

a) La descripción del conjunto en general, que debe incluir el nombre y emplazamiento, la extensión, la aprobación administrativa de la actuación urbanística en que se integra, los datos esenciales de la licencia o del acuerdo de parcelación, el número de solares que la configuran y la referencia y descripción de las fincas e instalaciones comunes.

b) La relación de las obras de urbanización y de las instalaciones del conjunto y el sistema previsto para conservarlas y efectuar su mantenimiento, así como la información sobre la prestación de servicios no urbanísticos y las demás circunstancias que resulten del plan de ordenación.

c) La relación descriptiva de todas las parcelas y de los demás elementos privativos, que debe incluir el número de orden; la cuota general de participación y, si procede, las especiales que les corresponden; la superficie; los límites, y, si procede, los espacios físicos o derechos que constituyan sus anexos o que estén vinculados a las parcelas y los elementos mencionados.

d) Las reglas generales o específicas sobre el destino y edificabilidad de las fincas y la información sobre si son divisibles.

e) Los estatutos, si existen.

kunde haben, welche mindestens zu enthalten hat:

a.) Die allgemeine Beschreibung des Verbunds, welche den Namen und den Standort, die Ausdehnung, die administrative Genehmigung des städtebaulichen Vorhabens, in welche sie sich eingliedert, die wesentlichen Angaben der Teilungsgenehmigung oder des Parzellierungsbeschlusses, die Anzahl an Grundstücken, die ihn bilden, und die Beschreibung der Liegenschaften und Gemeinschaftsinstallationen.

b.) Eine Übersicht über die städtebaulichen Erschließungsarbeiten und die Installationen des Verbunds, und das für ihre Erhaltung und die Durchführung der Wartung vorgesehene System sowie Informationen über die Bereitstellung von Einrichtungen nicht erschließungstechnischer Art, und die übrigen Umstände die sich aus dem Bebauungsplan ergeben.

c.) Eine beschreibende Übersicht bezüglich aller Parzellen und der übrigen Sondereigentumselemente, welche die laufende Ordnungsnummer; die allgemeine Beteiligungsquote und, gegebenenfalls, die auf sie entfallenden besonderen Beteiligungsquoten; ebenso die Fläche; die Grenzen und, gegebenenfalls, die physischen Räume oder Rechte, welche ihre Nebenbauten bilden oder mit den Parzellen und den beschriebenen Elementen verknüpft sind, beinhalten muss.

d.) Die allgemeinen oder spezifischen Regeln betreffend des Bestimmungszwecks und der Bebaubarkeit der Liegenschaften und die Information darüber, ob sie teilbar sind.

e.) Die Satzung, falls es sie gibt.

f) La relación de terrenos reservados para sistemas urbanísticos y de los declarados de uso y dominio público, si existen, en el supuesto de que la urbanización coincida territorialmente con una actuación urbanística.

f.) Eine Übersicht bezüglich der Grundstücke, welche für städtebauliche Erschließungsanlagen reserviert sind, und falls es solche geben sollte, derjenigen welche zum öffentlichen Gebrauch oder Eigentum erklärt wurden, für den Fall, dass die Urbanisation gebietsmäßig mit einem städtebaulichen Vorhaben übereinstimmt.

g) Un plano descriptivo del conjunto, en el que deben identificarse las fincas privativas y los elementos comunes.

g.) Ein beschreibender Plan des Verbunds, in welchem die im Sondereigentum stehenden Liegenschaften und die Gemeinschaftselemente ausgewiesen werden.

2. Las determinaciones urbanísticas que contenga el título de constitución tiene efectos meramente informativos.

2. Die im Gründungstitel enthaltenen städtebaulichen Bestimmungen dienen lediglich der Information.

3. No es preciso describir cada una de las parcelas si el régimen de urbanización privada se establece por acuerdo de todos o de una parte de los propietarios de parcelas, edificadas o no, situadas en una unidad urbanística consolidada, que ya figuran inscritas en el Registro de la Propiedad como fincas independientes, pero debe hacerse constar, como mínimo, el número que les corresponde en la urbanización, la identificación registral, la referencia catastral y los nombres de los propietarios.

3. Es ist nicht erforderlich, jede einzelne Parzelle zu beschreiben, wenn die rechtliche Regelung als private Urbanisation mittels Beschlusses aller oder eines Teils der Eigentümer der Parzellen erfolgt - seien diese bebaut oder nicht - welche in einer konsolidierten städtebaulichen Einheit gelegen sind, und bereits als unabhängige Liegenschaften in das Grundbuch eingetragen worden sind. Es müssen aber mindestens die Nummer, welche auf sie in der Urbanisation entfällt, die Katasterreferenz und die Namen der Eigentümer festgehalten werden.

Artículo 553-58. Constancia registral.

Artikel 553-58. Grundbuchliche Erwähnung.

1. La escritura de constitución del régimen de propiedad horizontal por parcelas se inscribe en el Registro de la Propiedad de acuerdo con la legislación hipotecaria. Debe hacerse una inscripción general para el conjunto y una inscripción por cada una de las fincas privativas y, si procede, de las fincas destinadas a uso y goce o a servicios comunes, para

1. Die Gründungsurkunde des Wohnungseigentumsrechtsverhältnisses an Parzellen wird in das Grundbuch gemäß dem Hypothekenrecht eingetragen. Es muss jeweils eine allgemeine Eintragung des Verbunds und eine Eintragung für jede einzelne der im Sondereigentum stehenden Liegenschaften erfolgen, und gegebenenfalls, bezüglich der

cada una de las cuales debe abrirse un folio especial separado.

Liegenschaften, deren Gebrauch und Nutznießung oder Einrichtungen der Gemeinschaft gewidmet sind. Für jede von ihnen muss ein besonderes, getrenntes Registerblatt angelegt werden.

2. La inscripción debe hacerse en el folio de la finca en que se asienta. Si la urbanización recae total o parcialmente sobre varias fincas, deben efectuarse las operaciones registrales necesarias para formar una sola. Si las fincas son de varios propietarios, puede establecerse una comunidad ordinaria indivisa sobre la agrupada, que puede mantenerse en las fincas privativas, o bien pueden adjudicarse directamente a cada titular las fincas privativas que le corresponden. En este último caso, se considera, a todos los efectos, que nunca ha existido comunidad.

2. Die Eintragung muss auf dem Grundbuchblatt der Liegenschaft erfolgen, auf welche sie sich erstreckt. Wenn die Urbanisation vollständig oder teilweise auf mehrere Liegenschaften entfällt, müssen die notwendigen grundbuchlichen Vorgänge durchgeführt werden, um eine einzige zu bilden. Wenn die Liegenschaften mehreren Eigentümern gehören, kann an der verbundenen eine ordentliche ungeteilte Miteigentumsgemeinschaft begründet werden, wobei die im ausschließlichen Eigentum stehenden Liegenschaften [aus der sie sich zusammensetzt] als solche belassen werden, oder aber jedem Inhaber unmittelbar die auf ihn entfallenden im ausschließlichen Eigentum stehenden Liegenschaften zugewiesen werden können. In diesem letzteren Fall ist mit allen sich hieraus ergebenden Folgen, davon auszugehen, dass niemals eine Gemeinschaft bestand.

3. La inscripción del régimen de la urbanización debe hacerse a favor de la persona o personas que lo constituyen sobre la finca o fincas de su propiedad y, además de los datos exigidos por la legislación hipotecaria, debe contener los establecidos por el artículo 553-57 como contenido mínimo de la escritura y la referencia al archivo del plano. En todos los casos, deben hacerse las notas marginales de referencia a las inscripciones de las fincas privativas.

3. Die Eintragung der Regelung der Urbanisation muss zu Gunsten der Person oder Personen, die sie begründet haben, und auf der in deren Eigentum stehenden Liegenschaft oder Liegenschaften erfolgen. Neben den durch das Hypothekenrecht geforderten, muss die Urkunde außerdem mindestens diejenigen durch Artikel 553-57 bestimmten Angaben sowie einen Hinweis bezüglich der Hinterlegung des Plans enthalten. In jedem Fall müssen an den Eintragungen der im ausschließlichen Eigentum stehenden Liegenschaften zum Hinweis Randvermerke angebracht werden.

4. Las inscripciones de las fincas privativas contienen, además de los datos exigidos por la legislación hipotecaria, los siguientes:

a) El número de parcela que les corresponde, la situación, superficie, límites y, si procede, anexos.

b) La cuota o cuotas de participación.

c) El régimen especial o las limitaciones que pueden afectarlas de forma determinada.

d) La referencia a la inscripción general.

5. Las fincas destinadas a uso y goce o a servicios comunes se inscriben a favor de los titulares presentes y futuros de las diversas fincas privativas, sin mencionarlos de forma explícita ni hacer constar las cuotas que les corresponden.

6. Debe abrirse, en caso de establecimiento de la propiedad horizontal por parcelas de forma sobrevenida, un folio separado e independiente para la urbanización en conjunto, en el cual deben constar las circunstancias establecidas por el presente artículo y debe hacerse una referencia por nota marginal a cada una de las inscripciones de las fincas que pasan a ser privativas, en la cual debe hacerse constar la cuota que les corresponde.

Artículo 553-59. Extinción voluntaria.

1. La extinción voluntaria de la propiedad horizontal por parcelas se produce

4. Die Eintragungen der im Sondereigentum stehenden Liegenschaften enthalten, außer den durch das Hypothekenrecht geforderten, folgende Angaben:

a.) Die auf sie entfallende Parzellennummer, die Lage, die Fläche, Grenzen und, gegebenenfalls, ihre Nebenbauten.

b.) Die Beteiligungsquote oder Beteiligungsquoten.

c.) Die besonderen Regelungen oder Beschränkungen, die sie auf eine bestimmte Art und Weise betreffen können.

d.) Den Hinweis auf die allgemeine Eintragung.

5. Die Liegenschaften, welche gemeinschaftlichem Gebrauch und Nutzniessung oder gemeinschaftlichen Einrichtungen zugewiesen sind, werden zu Gunsten der gegenwärtigen und zukünftigen Inhaber der diversen, im ausschließlichen Eigentum stehenden Liegenschaften eingetragen, ohne sie ausdrücklich zu erwähnen noch die auf sie entfallenden Quoten aufzuführen.

6. Im Falle der Entstehung eines überkommenen Wohnungseigentumsverhältnisses an Parzellen muss für die Urbanisation als Verbund, ein getrenntes und unabhängiges Grundbuchblatt eröffnet werden, in welchem die durch den vorliegenden Artikel bestimmten Umstände aufzuführen sind und in dem mittels Randvermerk für jede einzelne Eintragung der in ausschließliches Eigentum übergehenden Liegenschaften die Angabe der auf sie entfallenden Quote zu erfolgen hat.

Artikel 553-59. Freiwillige Auflösung.

1. Die freiwillige Auflösung des Wohnungseigentumsverhältnisses an Par-

por acuerdo de las tres quintas partes de los propietarios, que deben representar las tres quintas partes de las cuotas de participación.

2. Deben liquidarse totalmente, una vez acordada la extinción, las obligaciones hacia terceras personas y, si procede, hacia los propietarios. En el proceso de liquidación, la junta de propietarios debe mantener sus funciones, debe percibir las cuotas atrasadas y los demás créditos a favor de la urbanización, debe enajenar, si procede, los inmuebles de uso común que se haya acordado enajenar y, una vez realizadas todas las operaciones, ha de dar cuenta de ello a todos los propietarios.

Disposición Transitoria Sexta

Régimen de propiedad horizontal.

1. Los edificios y conjuntos establecidos bajo el régimen de propiedad horizontal antes de la entrada en vigor del presente libro se rigen íntegramente por las normas del mismo, que, a partir de su entrada en vigor, se aplican con preferencia a las normas de comunidad o los estatutos que las regían, incluso si constan inscritas, sin que sea necesario ningún acto de adaptación específica.

2. La junta de propietarios, sin perjuicio de lo establecido por el apartado 1, debe adaptar los estatutos y, si procede, el título de constitución al presente código si lo pide una décima parte de

zellen geschieht durch Beschluss von drei Fünftel der Eigentümer, auf welche drei Fünftel der Beteiligungsquoten entfallen.

2. Wurde einmal die Auflösung beschlossen, müssen die Pflichten gegenüber Dritten, und gegebenenfalls genüber den Eigentümern, vollständig erfüllt werden. Während des auf die Abwicklung gerichteten Verfahrens muss die Eigentümerversammlung ihre Aufgaben weiter erfüllen, sie muss die ausstehenden Beiträge und übrigen zu Gunsten der Urbanisation bestehenden Forderungen entgegennehmen, sie muss, gegebenenfalls, die Immobilien gemeinschaftlichen Gebrauchs, deren Veräußerung beschlossen wurde, veräußern, und nachdem alle Maßnahmen erledigt wurden, hierüber allen Eigentümern Rechenschaft ablegen.

Sechste Übergangsbestimmung

Rechtliche Regelung des Wohnungseigentums

1. Die Gebäude und Verbünde, die vor in Kraft treten des vorliegenden Buches, unter den rechtlichen Regelungen des Wohnungseigentums geschaffen wurden, richten sich in vollem Umfang nach dessen Bestimmungen. Diese werden nach ihrem in Kraft treten, vorrangig vor den sie regelnden Vorschriften der Gemeinschaft oder ihrer Satzung, angewandt. Dies selbst dann, wenn sie [im Grundbuch] eingetragen wurden, ohne dass ein besonderer Vorgang zur Anpassung erforderlich wäre.

2. Die Eigentümerversammlung muss, ungeachtet des durch Absatz 1 Bestimmten, die Satzung und, gegebenenfalls, den Gründungstitel an das gegenständliche Gesetz anpassen, wenn ein

los propietarios. Para adoptar el acuerdo que corresponde, es suficiente la mayoría de cuotas en primera convocatoria y la mayoría de las cuotas de los presentes o representados en segunda convocatoria. Si la adaptación que se propone no alcanza la mayoría necesaria, cualquiera de los propietarios que la ha propuesto puede solicitar a la autoridad judicial que obligue a la comunidad a hacer la adaptación. La autoridad judicial debe dictar una resolución, en todo caso, con imposición de las costas.

zehnter Teil der Eigentümer dies fordert. Um den entsprechenden Beschluss zu treffen, ist in der ersten Einberufung die Mehrheit der Quoten und in zweiter Einberufung die Mehrheit der Quoten der Anwesenden oder Vertretenen ausreichend. Wenn die vorgeschlagene Anpassung nicht die erforderliche Mehrheit erreicht, darf ein jeder Eigentümer, der sie vorschlug, gegenüber der Justiz beantragen, dass die Gemeinschaft zur Anpassung gezwungen wird. Die Justiz muss eine Entscheidung treffen, welche in jedem Fall die Auferlegung der Kosten regelt.

Disposición Transitoria Séptima

Propiedades horizontales por parcelas preexistentes

1. Las propiedades horizontales por parcelas existentes antes de la entrada en vigor del presente libro deben constituirse de acuerdo con las normas del título quinto. Una vez transcurrido el plazo de cinco años, cualquier propietario o propietaria puede pedir judicialmente el otorgamiento del título.

2. Para el otorgamiento del título, es suficiente el voto favorable de los propietarios que representen a dos terceras partes del total de las parcelas concernidas, pero es preciso aportar la licencia del ayuntamiento del término municipal donde está situada la urbanización, o bien acreditar que se ha solicitado con más de tres meses de anticipación respecto al otorgamiento de la escritura.

3. Las parcelas o los elementos privativos pueden describirse simplemente haciendo referencia a la descripción que consta en el Registro de la Propiedad, indicando el número que les correspon-

Siebte Übergangsbestimmung

Zuvor bestehende Wohnungseigentumsverhältnisse an Parzellen

1. Die vor in Kraft treten des gegenständlichen Buches bestehenden Wohnungseigentumsverhältnisse an Parzellen müssen sich in Übereinstimmung mit den Normen des fünften Titels [neu-] bilden. Nach Ablauf der Frist von fünf Jahren darf jeder Eigentümer oder Eigentümerin die gerichtliche Erteilung des Titels verlangen.

2. Zur Erteilung des Titels reichen die Stimmen der Eigentümer von zwei Dritteln der Gesamtheit der betroffenen Parzellen aus. Es muss aber eine Genehmigung der Gemeinde, in deren Gemeindegebiet sich die Urbanisation befindet, beigebracht werden, oder aber es ist nachzuweisen, dass sie mehr als drei Monate vor Erteilung der Urkunde beantragt wurde.

3. Die Parzellen oder die Sondereigentumselemente können einfach durch Hinweis auf die Beschreibung, welche sich im Grundbuch befindet, beschrieben werden, indem die Angabe der auf

de en la urbanización, los datos registrales de cada una y, si procede, la referencia catastral, así como, si procede, los elementos privativos destinados al aprovechamiento exclusivo de determinados propietarios.

4. La descripción de los elementos comunes debe especificar los viales, espacios, zonas verdes y obras de infraestructura común que tenga la propiedad horizontal por parcelas, sin que sea imprescindible que conste la superficie ni la longitud de las calles, viales y zonas verdes.

5. Debe acompañarse el título de constitución, que se otorga de acuerdo con el artículo 553-57, del plano actualizado de las fincas que integran la propiedad horizontal por parcelas y de las fincas ocupadas por los elementos comunes. Si los viales han pasado al dominio público, el régimen de comunidad puede constituirse incluso si los propietarios de un número no superior al 20% de las parcelas concernidas no se integran en la misma.

6. Para que las modificaciones que provienen de la adaptación del título de constitución o del otorgamiento de un nuevo título, si procede, consten en el Registro de la Propiedad, debe abrirse un folio separado e independiente para la urbanización en conjunto y debe hacerse una referencia con una nota marginal a cada una de las inscripciones de las fincas privativas, en la cual debe hacerse constar la cuota que le corresponde, de acuerdo con el artículo 553-58.

sie entfallenden Nummer innerhalb der Urbanisation, die Grundbuchdaten jeder einzelnen und, gegebenenfalls, die Katasterreferenz sowie, gegebenenfalls, die Sondereigentumselemente die der ausschließlichen Nutzung bestimmter Eigentümer gewidmet sind, erfolgt.

4. Die Beschreibung der Gemeinschaftselemente muss die Wege, Räume, Grünflächen und gemeinschaftlichen Infrastrukturbauten spezifizieren, welche das Wohnungseigentumsverhältnis an Parzellen umfasst, ohne dass es unerlässlich wäre, die Fläche oder die Länge der Wege und Grünflächen zu bezeichnen.

5. Dem gemäß Artikel 553-57 erteilten Gründungstitel muss ein aktueller Plan der Liegenschaften beifügt werden, welche das Wohnungseigentumsverhältnis an Parzellen bilden, sowie der Liegenschaften, die durch Gemeinschaftselemente besetzt sind. Wenn die Wege in öffentliches Eigentum übergegangen sind, kann das Gemeinschaftsverhältnis selbst dann begründet werden, wenn sich eine Anzahl Eigentümer, welche 20% der betroffenen Parzellen nicht übersteigen darf, nicht in selbige eingliedern.

6. Damit sich die aus der Anpassung des Gründungstitels oder, gegebenenfalls, der Erteilung eines neuen Titels herleitenden Veränderungen, aus dem Grundbuch hervorgehen, muss ein separates und unabhängiges Grundbuchblatt für die Urbanisation als Einheit angelegt werden, und es muss mittels Anbringung eines Randvermerks auf jede einzelne der Eintragungen der im Sondereigentum stehenden Liegenschaften ein Hinweis erfolgen, aus dem hervorzugehen hat, welche Quote auf sie gemäß Artikel 553-58 entfällt.

7. Las asociaciones de propietarios legalmente constituidas tienen la consideración de propietarios si los bienes que gestionan son de su propiedad y sus bienes tienen la calificación que resulta de la titularidad y el destino establecidos por el título. Los órganos de gobierno de estas asociaciones están legitimados para promover y gestionar el proceso de constitución de la propiedad horizontal por parcelas.

7. Die gesetzmäßig begründeten Eigentümervereinigungen erfahren die rechtliche Einordnung als Eigentümer, wenn die von ihnen verwalteten Gegenstände in ihrem Eigentum stehen und ihre Gegenstände die Einordnung erfahren, die sich aus der Inhaberschaft und dem im Titel bestimmten Zweck ergibt. Die Verwaltungsorgane dieser Vereinigungen sind berechtigt, den Prozess der Begründung eines Wohnungseigentumsverhältnisses an Parzellen anzustrengen und zu führen.

8. La propiedad de los bienes corresponde particularmente a los miembros de las asociaciones de propietarios de acuerdo con las normas civiles si dichos bienes no son patrimonio de la asociación o si esta no está legalmente constituida.

8. Das Eigentum an den Gegenständen entfällt in Übereinstimmung mit den zivilrechtlichen Normen individuell auf die Mitglieder der Eigentümervereinigung, wenn besagte Gegenstände nicht zum Vermögen der Vereinigung gehören oder selbige nicht gesetzmäßig begründet wurde.

9. El otorgamiento del título de constitución no permite ni comporta en ningún caso la regularización de situaciones urbanísticamente irregulares y no comporta necesariamente la extinción de las asociaciones de propietarios.

9. Durch die Erteilung des Gründungstitels wird [für sich alleine genommen] in keinem Fall die Rückführung in die Legalität städtebaulich ordnungswidriger Zustände eröffnet noch verursacht; und sie bringt nicht notwendigerweise die Auflösung der [gegebenenfalls bereits bestehenden] Eigentümervereinigungen mit sich.

Teil IV

Übersetzung des spanischen Gesetzes

Übersetzung des spanischen Wohnungseigentumsgesetzes

9.1 Vorbemerkung zur Übersetzung des spanischen Wohnungseigentumsgesetzes

Im Folgenden findet sich in der linken Spalte einer jeden Seite die Wiedergabe des spanischen Wohnungseigentumsgesetzes (Ley de Propiedad Horizontal) in seiner spanischen Originalfassung. In der gegenüberliegenden rechten Spalte wurde Artikel für Artikel und Absatz für Absatz jeweils eine Übersetzung in die deutsche Sprache eingefügt.

Obwohl die einzelnen Artikel des spanischen Wohnungseigentumsgesetzes in ihrer Originalfassung, anders als die Abschnitte und Kapitel dieses Gesetzes, über keinerlei Überschriften verfügen, wurden in der deutschen Übersetzung, der Übersichtlichkeit halber, dennoch auch die Artikel mit einigermassen aussagekräftigen oder beschreibenden Bezeichnungen versehen und zur Unterscheidung in eckige Klammern gesetzt.

Um die Anforderungen an eine detailtreue Übersetzung einerseits und eine grösstmögliche sprachliche Verständlichkeit andererseits nachzukommen, wurden neben den bereits beschriebenen Überschriften auch innerhalb des Textes Erläuterungen oder Ergänzungen in eckigen Klammern eingefügt.

9.2 Allgemeine Angaben zum spanischen Wohnungseigentumsgesetz

- Eckdaten:

  Das spanische Wohungseigentumsgesetz (*Ley de Propiedad Horizontal*) ist am 21. Juli 1960 verabschiedet worden (Verkündet in: *BOE* n.º 176 vom 23. Juli 1960, Seiten 10299-10303, Kurzreferenz: BOE-A-1960-10906), und am 23. Juli 1960 in Kraft getreten.

  Mit Inkrafttreten dieses Gesetz sind ursprünglich geändert worden:

  – Artikel 396 und 401 des *Código Civil* (Kurzreferenz: BOE-A-1889-4763)

  – Artikel 8 und 107.11 der *Ley Hipotecaria* (Kurzreferenz: BOE-A-1946-2453)

- Entwicklung:

Dieses Gesetz wurde in Bezug auf folgende Artikel zu den bezeichneten Zeitpunkten überarbeitet bzw. reformiert und erweitert:

- Artikel 15, 16 und 20 LPH durch das Gesetz 2/1988 vom 23. Februar (*Ley 2/1988, de 23 de febrero, de reforma de la Ley 49/1960, de 21 de julio, sobre Propiedad Horizontal*, verkündet in: *BOE* n.º 50 vom 27. Februar 1988, Seiten 6246-6246, Kurzreferenz: BOE-A-1988-4823).

- Artikel 16.1 LPH durch das Gesetz 3/1990 vom 21. Juni (*Ley 3/1990, de 21 de junio, por la que se modifica la Ley 49/1960, de 21 de julio, de Propiedad Horizontal, para facilitar la adopción de acuerdos que tengan por finalidad la adecuada habitabilidad de minusválidos en el edificio de su vivienda*, verkündet in: *BOE* n.º 149 vom 22. Juni 1990, Seite: 17550, Kurzreferenz: BOE-A-1990-14415).

- Artikel 17 LPH durch das Gesetz 10/1992 vom 30. April (*Ley 10/1992, de 30 de abril, de Medidas Urgentes de Reforma Procesal*, verkündet in: *BOE* n.º 108 vom 5. Mai 1992, Seiten 15062-15074, Kurzreferenz: BOE-A-1992-9548).

- Artikel 1, 2, 7, 9, 10, 11, 12, 13, 14, 15, 16, 17, 18, 19, 20, 21, 22 (hinzugefügt), 23 (ehemals Artikel 21), 24 (hinzugefügt), Zusatzbestimmung (hinzugefügt) LPH und Artikel 396 Código Civil, durch das Gesetz 8/ 1999 (*Ley 8/1999, de 6 de abril, de Reforma de la Ley 49/1960, de 21 de julio, sobre Propiedad Horizontal*, verkündet in: *BOE* n.º 84 vom 8. Abril 1999, Seiten 13104-13112, Kurzreferenz: BOE-A-1999-7858).

- Artikel 7.2 und 12 LPH durch das Gesetz 1/2000 (*Ley 1/2000, de 7 de enero, de Enjuiciamiento Civil*, verkündet in: *BOE* n.º 7 vom 8. Januar 2000, Seiten 575-728, Kurzreferenz: BOE-A-2000-323).

- Artikel 10, 11 und 17 LPH durch das Gesetz 51/2003 (*Ley 51/2003, de 2 de diciembre, de igualdad de oportunidades, no discriminación y accesibilidad universal de las personas con discapacidad*, verkündet n: *BOE* n.º 289 vom 3. Dezember 2003, Seiten: 43187-43195. Kurzreferenz: BOE-A-2003-22066).

- Artikel 17.3 LPH durch das Gesetz 19/2009 (*Ley 19/2009, de 23 de noviembre, de medidas de fomento y agilización procesal del alquiler y de la eficiencia energética de los edificios*, verkündet in: *BOE* n.º 283 vom 24. November 2009, Seiten: 99625-99633, Kurzrefrenz: BOE-A-2009-18733).

- Artikel 10.2 und 11.3 LPH durch das Gesetz 26/2011 (*Ley 26/2011, de 1 de agosto, de adaptación normativa a la Convención Internacional sobre los Derechos de las Personas con Discapacidad*), verkündet in: *BOE* n.º 184 vom 2. August 2011, Seiten: 87478-87494, Kurzreferenz: BOE-A-2011-13241).

- Artikel 2, 3, 8 (außer Kraft gesetzt), 9, 10, 11 (außer Kraft gesetzt), 12 (außer Kraft gesetzt), 17, Zusatzbestimmung LPH durch das Gesetz 8/2013 (*Ley 8/2013, de 26 de junio, de rehabilitación, regeneración y renovación urbanas,*

verkündet in: *BOE* n.º 153 vom 27. Juni 2013, Seiten: 47964-48023, Kurzreferenz: BOE-A-2013-6938).

- Sonstige Hinweise:

Die unter dem Aktenzeichen 1210/1987 gegen Artikel 19 LPH geführte Verfassungsbeschwerde, wurde durch das Urteil 301/1993 vom 21. Oktober zurückgewiesen. Hierbei ging es im Kern um die Frage, inwieweit die im damaligen Artikel 19 LPH (heute Artikel 7 LPH) enthaltene Möglichkeit einem Eigentümer die Nutzung seines Sondereigentumselements zu entziehen, sollte dieser in ihm verbotenen Aktivitäten nachgehen, unvereinbar mit dem verfassungsrechtlich garantierte Recht am Eigentum (vgl. Artikel 33 *Constitución Española*) sei.

Das spanische Verfassungsgericht (*Tribunal Constitucional*) hat hierbei die Verfassungskonformität des besagten Artikels 19 LPH a.F. erklärt (Siehe: *BOE* n.º 268 vom 9. November 1993, Seiten: 65-70, Kurzreferenz: BOE-T-1993-26833).

9.3 Zweisprachige Fassung der *Ley de Propiedad Horizontal*

CAPÍTULO PRIMERO

Disposiciones generales

Artículo 1

La presente Ley tiene por objeto la regulación de la forma especial de propiedad establecida en el artículo 396 del Código Civil, que se denomina propiedad horizontal.

A efectos de esta Ley tendrán también la consideración de locales aquellas partes de un edificio que sean susceptibles de aprovechamiento independiente por tener salida a un elemento común de aquél o a la vía pública.

Artículo 2

Esta Ley será de aplicación:

a) A las comunidades de propietarios constituidas con arreglo a lo dispuesto en el artículo 5.

b) A las comunidades que reúnan los requisitos establecidos en el artículo 396 del Código Civil y no hubiesen otorgado el título constitutivo de la propiedad horizontal.

Estas comunidades se regirán, en todo caso, por las disposiciones de esta Ley en lo relativo al régimen jurídico de la propiedad, de sus partes privativas y elementos comunes, así como en cuanto a los derechos y obligaciones recíprocas de los comuneros.

c) A los complejos inmobiliarios privados, en los términos establecidos en esta Ley.

ERSTES KAPITEL

Allgemeine Bestimmungen

Artikel 1 [Gegenstand des Gesetzes]

Das vorliegende Gesetz hat zum Gegenstand, die in Artikel 396 des Código Civil bestimmte spezielle Form des Eigentums zu regulieren, welche als Wohnungseigentum bezeichnet wird.

Im Sinne dieses Gesetzes sind auch diejenigen Teile eines Gebäudes als Geschäftsräume einzuordnen, die einer unabhängigen Nutzung zugeführt werden können, weil sie über einen Ausgang zu einem Gemeinschaftselement desselben oder zu einer öffentlichen Strasse verfügen.

Artikel 2 [Anwendungsbereich]

Dieses Gesetz ist anwendbar:

a.) Auf die Eigentümergemeinschaften, welche in Übereinstimmung mit den Bestimmungen des Artikels 5 gegründet wurden.

b.) Auf die Eigentümergemeinschaften, welche die unter Artikel 396 des Código Civil bestimmten Voraussetzungen erfüllen und keinen Gründungstitel zur Schaffung von Wohnungseigentum erteilt haben.

Diese Gemeinschaften richten sich in jedem Fall nach den Bestimmungen dieses Gesetzes, bezüglich der rechtlichen Regelung des Eigentums, ihrer im Sondereigentum stehenden Teile und gemeinschaftlichen Elemente, sowie in Bezug auf die gegenseitigen Rechte und Pflichten der Miteigentümer.

c.) Auf die privaten Immobilienkomplexe in der durch dieses Gesetz bestimmten Weise.

d) A las subcomunidades, entendiendo por tales las que resultan cuando varios propietarios, disponen, en régimen de comunidad, para su uso y disfrute exclusivo, de determinados elementos o servicios comunes dotados de unidad e independencia funcional y económica.

d.) Auf die Untergemeinschaften, unter denen solche zu verstehen sind, die daraus resultieren, dass mehrere Eigentümer, welche sich im Zustand einer Gemeinschaft befinden, über den ausschließlichen Gebrauch und die Nutzung bestimmter Gemeinschaftselemente und Einrichtungen verfügen, welche funktionell und wirtschaftlich als unabhängige Einheit ausgestattet sind.

e) A las entidades urbanísticas de conservación en los casos en que así lo dispongan sus estatutos.

e.) Auf die Urbanisationserhaltungsgesellschaften, in den Fällen in denen deren Satzung dies so bestimmt.

CAPÍTULO II

Del régimen de la propiedad por pisos o locales

Artículo 3

En el régimen de propiedad establecido en el artículo trescientos noventa y seis del Código Civil corresponde a cada piso o local:

a) El derecho singular y exclusivo de propiedad sobre un espacio suficientemente delimitado y susceptible de aprovechamiento independiente, con los elementos arquitectónicos e instalaciones de todas clases, aparentes o no, que están comprendidos dentro de sus límites y sirvan exclusivamente al propietario, así como el de los anejos que expresamente hayan sido señalados en el título aunque se hallen situados fuera del espacio delimitado.

b) La copropiedad, con los demás dueños de pisos o locales, de los restantes elementos, pertenencias y servicios comunes.

KAPITEL II

Über die Regelung des Wohnungs- oder Geschäftsraumeigentums

Artikel 3 [Sondereigentum, Miteigentum und Quoten]

In der durch den Artikel dreihundertsechsundneunzig des Código Civil festgelegten Eigentumsform entfällt auf jede Wohnung oder Geschäftsraum:

a.) Das individuelle und ausschließliche Eigentumsrecht über einen ausreichend abgegrenzten und für eine unabhängige Nutzung geeigneten Bereich, inklusive den architektonischen Elementen und Ausstattungen jedweder Art, seien diese sichtbar oder nicht, die sich innerhalb seiner Grenzen befinden und ausschließlich dem Eigentümer dienen, sowie die Nebenbauten die ausdrücklich im Gründungstitel bezeichnet worden sind, auch wenn sie sich außerhalb der eingegrenzten Fläche befinden.

b.) Das Miteigentum mit den anderen Eigentümern von Wohnungen und Geschäftsräumen, über die übrigen Elemente, das Zubehör und die Einrichtungen gemeinschaftlicher Art.

A cada piso o local se atribuirá una cuota de participación con relación al total del valor del inmueble y referida a centésimas del mismo. Dicha cuota servirá de módulo para determinar la participación en las cargas y beneficios por razón de la comunidad. Las mejoras o menoscabos de cada piso o local no alterarán la cuota atribuida, que sólo podrá variarse de acuerdo con lo establecido en los artículos 10 y 17 de esta Ley.

Cada propietario puede libremente disponer de su derecho, sin poder separar los elementos que lo integran y sin que la transmisión del disfrute afecte a las obligaciones derivadas de este régimen de propiedad.

Artículo 4

La acción de división no procederá para hacer cesar la situación que regula esta ley. Sólo podrá ejercitarse por cada propietario proindiviso sobre un piso o local determinado, circunscrita al mismo, y siempre que la proindivisión no haya sido establecida de intento para el servicio o utilidad común de todos los propietarios.

Artículo 5

El título constitutivo de la propiedad por pisos o locales describirá, además del inmueble en su conjunto, cada uno de aquéllos al que se asignará número

---

Jeder Wohnung oder Geschäftsraum wird eine Beteiligungsquote in Bezug auf den Gesamtwert der Immobilie zugeordnet und in Teilen von hundertsten an diesem ausgedrückt. Besagte Quote dient zur Schlüsselung, um die Beteiligung an den Lasten und Erträgen zu bestimmen, die sich aus der Gemeinschaft ergeben. Die Verbesserungen oder Verschlechterungen einer jeden Wohnung oder Geschäftsraums werden die zugeordnete Quote nicht modifizieren, welche nur in Übereinstimmung mit dem in den Artikeln 10 und 17 dieses Gesetzes Bestimmten verändert werden kann.

Jeder Eigentümer kann frei über sein Recht verfügen, ohne dass es ihm gestattet wäre, die zugehörigen Elemente von einander zu trennen und ohne dass die Übertragung des Nutzungsrechts die Pflichten berührt, die sich aus der rechtlichen Regelung dieser Eigentumsart ergeben.

Artikel 4 [Teilungshandlung]

Die Vornahme einer Teilungshandlung, um den von diesem Gesetz geregelten Zustand aufzuheben ist nicht statthaft. Sie kann lediglich von jedem einzelnen Bruchteilseigentümer in Bezug auf eine spezifische Wohnung oder einen Geschäftsraum ausgeübt werden, und dies lediglich dann, wenn das Bruchteilseigentum nicht zu dem Zweck begründet wurde, allen Eigentümern gemeinsam zu dienen oder von ihnen genutzt zu werden.

Artikel 5 [Gründungstitel, Beschreibung]

Der Gründungstitel, der sich aus Wohnungen oder Geschäftsräumen zusammensetzenden Liegenschaft, hat neben der Immobilie in ihrer Gesamtheit je-

correlativo. La descripción del inmueble habrá de expresar las circunstancias exigidas en la legislación hipotecaria y los servicios e instalaciones con que cuente el mismo. La de cada piso o local expresará su extensión, linderos, planta en la que se hallare y los anejos, tales como garaje, buhardilla o sótano.

En el mismo título se fijará la cuota de participación que corresponde a cada piso o local, determinada por el propietario único del edificio al iniciar su venta por pisos, por acuerdo de todos los propietarios existentes, por laudo o por resolución judicial. Para su fijación se tomará como base la superficie útil de cada piso o local en relación con el total del inmueble, su emplazamiento interior o exterior, su situación y el uso que se presuma racionalmente que va a efectuarse de los servicios o elementos comunes.

El título podrá contener, además, reglas de constitución y ejercicio del derecho y disposiciones no prohibidas por la ley en orden al uso o destino del edificio, sus diferentes pisos o locales, instalaciones y servicios, gastos, administración y gobierno, seguros, conservación y reparaciones, formando un estatuto privativo que no perjudicará a terceros si no ha sido inscrito en el Registro de la Propiedad.

den ihrer Teile zu beschreiben, welchen in fortlaufender Reihenfolge eine Ziffer zuzuweisen ist. Die Beschreibung der Immobilie hat die durch die Hypothekengesetzgebung geforderten Angaben und die Einrichtungen und Installationen wiederzugeben, über welche sie verfügt. Die einer jeden Wohnung oder Geschäftsraums hat ihre Fläche, Grenzen, Stockwerk, in welchem sie sich befindet und Nebenbauten, wie beispielsweise Garage, Dachgeschoss oder Keller anzugeben.

Im selben Titel wird die Beteiligungsquote bestimmt, die auf jede Wohnung oder Geschäftsraum entfällt. Sie wurde durch den alleinigen Eigentümer des Gebäudes festgelegt als der wohnungsweise Verkauf begann, durch Beschluss aller vorhandenen Eigentümer, durch Schiedsspruch oder durch Gerichtsurteil. Für ihre Festlegung werden als Grundlage die Nutzfläche jeder Wohnung oder Geschäftsraums im Verhältnis zur Gesamtheit der Immobilie, ihre Anordnung nach Innen oder Außen hin, ihre Lage und der vernünftigerweise vorhersehbare Gebrauch, der von den Gemeinschaftseinrichtungen und Gemeinschaftselementen gemacht werden wird, herangezogen.

Der (Gründungs-) Titel kann weiterhin Regeln beinhalten, welche Rechte begründen und deren Ausübung bestimmen und Verfügungen treffen, die nicht durch das Gesetz verboten sind, um den Gebrauch und Zweck des Gebäudes, seiner Wohnungen und Geschäftsräume, Installationen und Einrichtungen, Ausgaben, Verwaltung und Leitung, Versicherungen, Erhaltung und Reparaturen zu normieren und hierdurch ein Privatstatut schaffen, welches Dritte nicht beeinträchtigt, wenn es nicht in das Grundbuch eingetragen wurde.

En cualquier modificación del título, y a salvo lo que se dispone sobre validez de acuerdos, se observarán los mismos requisitos que para la constitución.

Bei jeder Änderung des (Gründungs-) Titels und unter Ausnahme dessen, welches bezüglich der Gültigkeit von Beschlüssen bestimmt wird, bedarf es der Beachtung derselben Voraussetzungen wie für dessen Schaffung.

Artículo 6

Para regular los detalles de la convivencia y la adecuada utilización de los servicios y cosas comunes, y dentro de los límites establecidos por la ley y los estatutos, el conjunto de propietarios podrá fijar normas de régimen interior que obligarán también a todo titular mientras no sean modificadas en la forma prevista para tomar acuerdos sobre la administración.

Artikel 6 [Hausordnung]

Um Einzelheiten bezüglich des Zusammenlebens und die geeignete Nutzung der Gemeinschaftseinrichtungen und des Gemeinschaftseigentums zu regeln, kann die Gemeinschaft der Eigentümer, unter Beachtung der durch das Gesetz und der Satzung gezogenen Grenzen, Hausordnungsvorschriften erlassen, welche ebenso jeden Eigentümer binden, solange sie nicht in der Form abgeändert werden, wie es zur Fassung, der Beschlüsse über die Verwaltung vorgesehen ist.

Artículo 7

1. El propietario de cada piso o local podrá modificar los elementos arquitectónicos, instalaciones o servicios de aquél cuando no menoscabe o altere la seguridad del edificio, su estructura general, su configuración o estado exteriores, o perjudique los derechos de otro propietario, debiendo dar cuenta de tales obras previamente a quien represente a la comunidad.

Artikel 7 [Rechte und Verbote]

1. Der Eigentümer einer jeden Wohnung oder Geschäftsraums darf die architektonischen Elemente, Installationen und Einrichtungen derselben verändern, wenn dies die Sicherheit des Gebäudes, seine Grundstruktur, seine Aufteilung oder den äußeren Zustand nicht verschlechtert oder verändert oder die Rechte eines anderen Eigentümers nicht beeinträchtigt; wobei er verpflichtet ist, solcherlei Baumaßnahmen im Vorhinein demjenigen gegenüber mitzuteilen, der die Gemeinschaft vertritt.

En el resto del inmueble no podrá realizar alteración alguna y si advirtiere la necesidad de reparaciones urgentes deberá comunicarlo sin dilación al administrador.

In der übrigen Immobilie darf er keinerlei Veränderungen durchführen, und sollte er die Notwendigkeit von dringenden Reparaturen feststellen, müsste er dies ohne Verzögerung dem Verwalter mitteilen.

2. Al propietario y al ocupante del piso o local no les está permitido desarrollar en

2. Dem Eigentümer und dem Nutzer der Wohnung oder des Geschäftsraums

él o en el resto del inmueble actividades prohibidas en los estatutos, que resulten dañosas para la finca o que contravengan las disposiciones generales sobre actividades molestas, insalubres, nocivas, peligrosas o ilícitas.

El presidente de la comunidad, a iniciativa propia o de cualquiera de los propietarios u ocupantes, requerirá a quien realice las actividades prohibidas por este apartado la inmediata cesación de las mismas, bajo apercibimiento de iniciar las acciones judiciales procedentes.

Si el infractor persistiere en su conducta el Presidente, previa autorización de la Junta de propietarios, debidamente convocada al efecto, podrá entablar contra él acción de cesación que, en lo no previsto expresamente por este artículo, se substanciará a través del juicio ordinario.

Presentada la demanda, acompañada de la acreditación del requerimiento fehaciente al infractor y de la certificación del acuerdo adoptado por la Junta de propietarios, el juez podrá acordar con carácter cautelar la cesación inmediata de la actividad prohibida, bajo apercibimiento de incurrir en delito de desobediencia. Podrá adoptar asimismo cuantas medidas cautelares fueran precisas para asegurar la efectividad de la orden de cesación. La demanda habrá de dirigirse contra el propietario y, en su caso, contra el ocupante de la vivienda o local.

ist es nicht gestattet, dort oder im restlichen Teil der Immobilie Aktivitäten nachzugehen, welche duch Satzung verboten sind, welche für die Liegenschaft abträglich wären oder welche gegen die allgemeinen Bestimmungen über störende, gesundheitsschädigende, schädliche, gefährliche oder verbotene Aktivitäten verstoßen.

Der Präsident der Gemeinschaft kann aus Eigeninitiative oder auf Initiative eines jeden Eigentümers oder Bewohners denjenigen, welcher die durch diesen Absatz verbotenen Aktivitäten durchführt, unter Androhung der Aufnahme angemessener rechtlicher Maßnahmen die sofortige Einstellung derselben verlangen.

Sollte der Zuwiderhandelnde mit seinem Verhalten fortfahren, kann der Präsident nach vorheriger Genehmigung durch die Eigentümerversammlung, welche in geeigneter Weise zu diesem Zwecke einberufen wurde, eine auf Unterlassung gerichtete Klage einreichen, die dort, wo dieser Artikel keine ausdrücklichen Regelungen trifft, den Weg des Erkenntnisverfahrens durchläuft.

Nach Einreichung der Klage, versehen mit dem beweiskräftigen Nachweis über die Aufforderung an den Zuwiderhandelnden und der Bescheinigung des von der Eigentümergemeinschaft getroffenen Beschlusses, kann der Richter mit vorläufiger Wirkung unter Hinweis darauf, dass das Nichtbefolgen die Erfüllung eines Ungehorsamkeitsdeliktes bedeuten könnte, die sofortige Einstellung der verbotenen Aktivität anordnen. Er kann weiterhin so viele vorläufige Sicherungsmaßnahmen ergreifen wie erforderlich sind, um die Wirksamkeit der Unterlassungsanordnung sicherzustel-

len. Die Klage hat sich gegen den Eigentümer und gegebenenfalls gegen den Bewohner der Wohnung oder des Geschäftsraums zu richten.

Si la sentencia fuese estimatoria podrá disponer, además de la cesación definitiva de la actividad prohibida y la indemnización de daños y perjuicios que proceda, la privación del derecho al uso de la vivienda o local por tiempo no superior a tres años, en función de la gravedad de la infracción y de los perjuicios ocasionados a la comunidad. Si el infractor no fuese el propietario, la sentencia podrá declarar extinguidos definitivamente todos sus derechos relativos a la vivienda o local, así como su inmediato lanzamiento.

Sollte das Urteil der Klage stattgeben, kann es, über die endgültige Unterlassungsanordnung der verbotenen Aktivität und den angezeigten Schadensersatz hinaus, in Abhängigkeit von der Schwere des Verstoßes und der gegenüber der Gemeinschaft geschaffenen Nachteile, den Verlust des Rechtes zur Nutzung der Wohnung oder des Geschäftsraums für einen nicht über drei Jahre hinausgehenden Zeitraum verfügen. Sollte der Zuwiderhandelnde nicht der Eigentümer sein, kann das Urteil die endgültige Auflösung aller in Bezug auf die Wohnung oder des Geschäftsraums bestehenden Rechte sowie die sofortige Räumung bestimmen.

Artículo 8 *derogado*

Artikel 8 *weggefallen*

Artículo 9

Artikel 9 [Pflichten]

1. Son obligaciones de cada propietario:

1. Es sind Pflichten jedes Eigentümers:

a) Respetar las instalaciones generales de la comunidad y demás elementos comunes, ya sean de uso general o privativo de cualquiera de los propietarios, estén o no incluidos en su piso o local, haciendo un uso adecuado de los mismos y evitando en todo momento que se causen daños o desperfectos.

a.) Die allgemeinen Installationen der Gemeinschaft und die übrigen Gemeinschaftselemente zu achten, gleichgültig ob diese dem allgemeinen oder dem ausschließlichen Gebrauch irgendeines Eigentümers dienen, befänden sich diese nun in dessen Wohnung oder Geschäftsraum oder nicht und diese in geeigneter Weise zu nutzen und hierbei immer zu vermeiden, dass Schäden oder Beschädigungen eintreten.

b) Mantener en buen estado de conservación su propio piso o local e instalaciones privativas, en términos que no perjudiquen a la comunidad o a los otros propietarios, resarciendo los daños que ocasione por su descuido o

b.) Seine eigene Wohnung oder Geschäftsraum sowie die seinem ausschließlichen Gebrauch dienenden Installationen in einem guten Zustand zu erhalten, so dass die Gemeinschaft oder die übrigen Eigentümer nicht geschädigt werden und die Schäden zu

el de las personas por quienes deba responder.

c) Consentir en su vivienda o local las reparaciones que exija el servicio del inmueble y permitir en él las servidumbres imprescindibles requeridas para la realización de obras, actuaciones o la creación de servicios comunes llevadas a cabo o acordadas conforme a lo establecido en la presente Ley, teniendo derecho a que la comunidad le resarza de los daños y perjuicios ocasionados.

d) Permitir la entrada en su piso o local a los efectos prevenidos en los tres apartados anteriores.

e) Contribuir, con arreglo a la cuota de participación fijada en el título o a lo especialmente establecido, a los gastos generales para el adecuado sostenimiento del inmueble, sus servicios, cargas y responsabilidades que no sean susceptibles de individualización.

Los créditos a favor de la comunidad derivados de la obligación de contribuir al sostenimiento de los gastos generales correspondientes a las cuotas imputables a la parte vencida de la anualidad en curso y los tres años anteriores tienen la condición de preferentes a efectos del artículo 1.923 del Código Civil y preceden, para su satisfacción, a los citados en los números 3.º, 4.º y 5.º de dicho precepto, sin perjuicio de la preferencia establecida a favor de los créditos salariales en el texto refundido de la Ley del Estatuto de los Trabajadores, aprobado

ersetzen, die durch seine mangelnde Sorgfalt oder durch diejenige solcher Personen für welche er zu haften hat, entstehen.

c.) In seiner Wohnung oder Geschäftsraum die Reparaturen zu dulden, welche der Betrieb der Immobilie erfordert und in ihr die unerlässlichen Dienstbarkeiten zu erlauben, welche notwendig sind, um die Bauarbeiten, Maßnahmen, oder die Schaffung von Gemeinschaftseinrichtungen zu ermöglichen, welche gemäß den Bestimmungen des gegenständlichen Gesetzes durchgeführt oder beschlossen wurden; wobei das Recht besteht, von der Gemeinschaft einen Ausgleich für die erlittenen Schäden und Nachteile zu verlangen.

d.) Zum Zwecke des in den vorstehenden drei Absätzen Ausgeführten den Zugang zur Wohnung oder zum Geschäftsraum zu gestatten.

e.) Sich im Umfang der im (Gründungs-) Titel oder der gesondert festgelegten Beteiligungsquote an den zum geeigneten Betrieb der Immobilie, ihrer Einrichtungen, Lasten und Verpflichtungen erforderlichen allgemeinen Ausgaben zu beteiligen, deren Individualisierung nicht möglich ist.

Die zu Gunsten der Gemeinschaft bestehenden Forderungen, die sich aus der Pflicht zur Beteiligung an der Aufbringung der allgemeinen Ausgaben wegen der auf das laufende Jahr entfallenden, fälligen Quoten sowie derer der drei [diesem] vorhergehenden Jahre ergeben, sind vorrangig im Sinne des Artikels 1.923 des Código Civil und gehen bezüglich ihrer Befriedigung denen in den Absätzen 3., 4. und 5. der bezeichneten Norm vor, ohne die in der durch das königliche Gesetzesdekret 1/1995, vom 24. März beschlossenen

por el Real Decreto Legislativo 1/1995, de 24 de marzo.

El adquirente de una vivienda o local en régimen de propiedad horizontal, incluso con título inscrito en el Registro de la Propiedad, responde con el propio inmueble adquirido de las cantidades adeudadas a la comunidad de propietarios para el sostenimiento de los gastos generales por los anteriores titulares hasta el límite de los que resulten imputables a la parte vencida de la anualidad en la cual tenga lugar la adquisición y a los tres años naturales anteriores. El piso o local estará legalmente afecto al cumplimiento de esta obligación.

En el instrumento público mediante el que se transmita, por cualquier título, la vivienda o local el transmitente, deberá declarar hallarse al corriente en el pago de los gastos generales de la comunidad de propietarios o expresar los que adeude. El transmitente deberá aportar en este momento certificación sobre el estado de deudas con la comunidad coincidente con su declaración, sin la cual no podrá autorizarse el otorgamiento del documento público, salvo que fuese expresamente exonerado de esta obligación por el adquirente. La certificación será emitida en el plazo máximo de siete días naturales desde su solicitud por quien ejerza las funciones de secretario, con el visto bueno del presidente, quienes responderán, en caso de culpa o negligencia, de la exactitud de los datos consignados en la misma y de los perjuicios causados por el retraso en su emisión.

Neufassung des Arbeitnehmerstatuts, zu Gunsten der Lohnforderungen festgelegte Rangfolge nachteilig zu beeinflussen.

Der Erwerber einer Wohnung oder eines Geschäftsraums, welcher den Regeln des Wohnungseigentums unterliegt, steht, sogar bei im Grundbuchamt eingetragenem Titel, mit der erworbenen Immobilie selbst, für die von den vorhergehenden Eigentümern gegenüber der Gemeinschaft geschuldeten Beträge ein, die sich aus einer Beteiligung an den allgemeinen Ausgaben ableiten; dies bis zur Grenze dessen, was auf den bereits verstrichenen Teil des bis zum Erwerb abgelaufenen Jahres entfällt, und den drei diesem unmittelbar vorhergehenden Kalenderjahren. Die Wohnung oder der Geschäftsraum ist mit der gesetzlichen Haftung zur Erfüllung dieser Pflicht belastet.

Die öffentliche Urkunde mittels derer, durch gleich welchen Rechtsgrund, eine Wohnung oder ein Geschäftsraum übertragen werden, soll angeben, dass der übertragende mit den Zahlungen zu den allgemeinen Ausgaben der Eigentümergemeinschaft auf dem Laufenden ist, oder bezeichnen, welche geschuldet werden. Der übertragende soll zu diesem Zeitpunkt eine mit seiner Erklärung übereinstimmende Bescheinigung über den Stand der gegen über der Gemeinschaft bestehenden Schulden beibringen, ohne welche die Errichtung der öffentlichen Urkunde nicht gestattet werden kann, es sei denn, er würde vom Erwerber ausdrücklich von dieser Pflicht befreit. Die Bescheinigung ist in einem Zeitraum von maximal sieben Tagen seit ihrer Beantragung von demjenigen, der das Amt des Sekretärs ausübt, mit der Zustimmung des Präsidenten auszustellen, welche im Falle von Vor-

satz oder Fahrlässigkeit für die Genauigkeit der in ihr niedergelegten Daten einstehen, sowie für die sich aus der verspäteten Erteilung ergebenden Nachteile haften.

f) Contribuir, con arreglo a su respectiva cuota de participación, a la dotación del fondo de reserva que existirá en la comunidad de propietarios para atender las obras de conservación y reparación de la finca y, en su caso, para las obras de rehabilitación.

f.) Ausgehend von der jeweiligen Beteiligungsquote an der Ausstattung des bestehenden Rücklagenfonds der Eigentümergemeinschaft mitzuwirken, um für die Erhaltungs- und Reparaturarbeiten der Liegenschaft, und gegebenenfalls für die Sanierungsarbeiten aufzukommen.

El fondo de reserva, cuya titularidad corresponde a todos los efectos a la comunidad, estará dotado con una cantidad que en ningún caso podrá ser inferior al 5 por ciento de su último presupuesto ordinario.

Der Rücklagenfond, dessen Trägerschaft in jeder Hinsicht auf die Gemeinschaft entfällt, sei mit einem Betrag ausgestattet, der in keinem Falle unter 5 Prozent des letzten ordentlichen Haushaltsplans liegen darf.

Con cargo al fondo de reserva la comunidad podrä suscribir un contrato de seguro que cubra los daños causados en la finca o bien concluir un contrato de mantenimiento permanente del inmueble y sus instalaciones generales

Die Gemeinschaft kann zu Lasten des Rücklagenfonds einen Versicherungsvertrag unterzeichnen, welcher die Schäden abdeckt, die in der Liegenschaft verursacht werden oder aber einen dauerhaften Wartungsvertrag für die Immobilie und ihre allgemeinen Einrichtungen abschließen.

g) Observar la diligencia debida en el uso del inmueble y en sus relaciones con los demás titulares y responder ante éstos de las infracciones cometidas y de los daños causados.

g.) Die erforderliche Sorgfalt im Umgang mit der Immobilie und in ihren Beziehungen zu den übrigen Eigentümern beachten und diesen gegenüber für die begangenen Verstöße und verursachten Schäden eintreten.

h) Comunicar a quien ejerza las funciones de secretario de la comunidad, por cualquier medio que permita tener constancia de su recepción, el domicilio en España a efectos de citaciones y notificaciones de toda índole relacionadas con la comunidad. En defecto de esta comunicación se tendrá por domicilio para citaciones y notificaciones el piso o local perteneciente a la comunidad, sur-

h.) Demjenigen, der das Amt des Sekretärs der Gemeinschaft ausübt, die Zustellanschrift in Spanien für die Vornahme von Ladungen und Benachrichtigungen aller Art, die mit der Gemeinschaft in Zusammenhang stehen, mitzuteilen, auf eine Weise die es erlaubt, den Empfang festzustellen. Bei unterlassener Mitteilung gilt als Zustellanschrift für die Vornahme von Ladun-

tiendo plenos efectos jurídicos las entregadas al ocupante del mismo.

Si intentada una citación o notificación al propietario fuese imposible practicarla en el lugar prevenido en el párrafo anterior, se entenderá realizada mediante la colocación de la comunicación correspondiente en el tablón de anuncios de la comunidad, o en lugar visible de uso general habilitado al efecto, con diligencia expresiva de la fecha y motivos por los que se procede a esta forma de notificación, firmada por quien ejerza las funciones de secretario de la comunidad, con el visto bueno del presidente. La notificación practicada de esta forma producirá plenos efectos jurídicos en el plazo de tres días naturales.

i) Comunicar a quien ejerza las funciones de secretario de la comunidad, por cualquier medio que permita tener constancia de su recepción, el cambio de titularidad de la vivienda o local.

Quien incumpliere esta obligación seguirá respondiendo de las deudas con la comunidad devengadas con posterioridad a la transmisión de forma solidaria con el nuevo titular, sin perjuicio del derecho de aquél a repetir sobre éste.

Lo dispuesto en el párrafo anterior no será de aplicación cuando cualquiera de los órganos de gobierno establecidos en

gen und Benachrichtigungen die Wohnung oder der Geschäftsraum, welcher der Gemeinschaft angehört, wobei alle Übergaben an den Bewohner derselben rechtlich voll wirksam sind.

War es unmöglich, eine Ladung oder Benachrichtigung gegenüber dem Eigentümer an dem im vorhergehenden Absatz bezeichneten Ort vorzunehmen, so gilt sie mittels Aushang der entsprechenden Nachricht am Mitteilungsbrett der Gemeinschaft oder an einem sichtbaren, gemeinschaftlich genutzten Ort, der zu diesem Zweck in geeigneter Weise ausgestattet wurde, versehen mir dem ausdrücklichen Hinweis auf das Datum und die Gründe, aus denen heraus zu dieser Form der Benachrichtigung geschritten wird, unterschrieben durch denjenigen, der das Amt des Sekretärs der Gemeinschaft ausübt, mit der Zustimmung des Präsidenten, als erfolgt. Die auf diese Weise erfolgte Benachrichtigung gilt nach Ablauf von drei Tagen als rechtlich voll wirksam vorgenommen.

i.) Demjenigen, der das Amt des Sekretärs der Gemeinschaft ausübt, durch jedwedes Mittel, welches es erlaubt, den Empfang festzustellen, den Wechsel in der Eigentümerstellung bezüglich einer Wohnung oder eines Geschäftsraums mitzuteilen.

Wer dieser Verpflichtung nicht nachkommen sollte, wird gesamtschuldnerisch mit dem neuen Eigentümer für die Schulden einstehen müssen, die nach der Übertragung gegenüber der Gemeinschaft angefallen sind; dies ohne Beschränkung seines Rechts, den anderen in Rückgriff zu nehmen.

Das im vorhergehenden Absatz Bestimmte, ist nicht anwendbar, wenn irgendeines der in Artikel 13 festgelegten

el artículo 13 haya tenido conocimiento del cambio de titularidad de la vivienda o local por cualquier otro medio o por actos concluyentes del nuevo propietario, o bien cuando dicha transmisión resulte notoria.

Verwaltungsorgane [der Gemeinschaft] vom Inhaberwechsel der Wohnung oder des Geschäftsraums auf irgendeine andere Weise oder durch hinreichend eindeutige Handlungen des neuen Eigentümers Kenntnis erlangt hat, oder aber wenn die besagte Übertragung offenkundig ist.

2. Para la aplicación de las reglas del apartado anterior se reputarán generales los gastos que no sean imputables a uno o varios pisos o locales, sin que la no utilización de un servicio exima del cumplimiento de las obligaciones correspondientes, sin perjuicio de lo establecido en el artículo 17.4.

2. Für die Anwendung der Regeln des vorhergehenden Abschnitts werden als allgemeine Ausgaben solche betrachtet, welche nicht einer oder mehreren Wohnungen oder Geschäftsräumen zuzuordnen sind, ohne dass der Nichtgebrauch einer Einrichtung von der Erfüllung der entsprechenden Pflichten entbinden würde, ungeachtet des durch Artikel 17.4 Bestimmten.

Artículo 10

Artikel 10 [Betrieb, Konservierung und besondere Baumaßnahmen]

1. Tendrán carácter obligatorio y no requerirán de acuerdo previo de la Junta de propietarios, impliquen o no modificación del título constitutivo o de los estatutos, y vengan impuestas por las Administraciones Públicas o solicitadas a instancia de los propietarios, las siguientes actuaciones:

Folgende Massnahmen haben, wenn sie durch die öffentliche Verwaltung auferlegt oder von den Eigentümern beantragt wurden, verbindlichen Charakter und bedürfen keines vorherigen Beschlusses der Eigentümerversammlung, gleichgültig ob sie die Änderung des Gründungstitels oder der Satzung herbeiführen oder nicht:

a) Los trabajos y las obras que resulten necesarias para el adecuado mantenimiento y cumplimiento del deber de conservación del inmueble y de sus servicios e instalaciones comunes, incluyendo en todo caso, las necesarias para satisfacer los requisitos básicos de seguridad, habitabilidad y accesibilidad universal, así como las condiciones de ornato y cualesquiera otras derivadas de la imposición, por parte de la Administración, del deber legal de conservación.

a.) Die Arbeiten und Baumaßnahmen welche für die geeignete Wartung und zur Erfüllung der Pflicht zur Instandhaltung der Immobilie und ihrer Gemeinschaftseinrichtungen und Installationen erforderlich sind. Hierzu zählen in jedem Falle diejenigen, welche notwendig wären um die grundlegenden Sicherheits- und Bewohnbarkeitsvoraussetzungen und die Anforderungen an die allgemeine Barrierefreiheit sowie den Zustand des Zierwerks und jedwedes andere Erfordernis zu erfüllen, welches darauf zurückgeht, dass von Seiten der Verwaltung eine rechtli-

che Pflicht zur Erhaltung auferlegt wurde.

b) Las obras y actuaciones que resulten necesarias para garantizar los ajustes razonables en materia de accesibilidad universal y, en todo caso, las requeridas a instancia de los propietarios en cuya vivienda o local vivan, trabajen o presten servicios voluntarios, personas con discapacidad, o mayores de setenta años, con el objeto de asegurarles un uso adecuado a sus necesidades de los elementos comunes, así como la instalación de rampas, ascensores u otros dispositivos mecánicos y electrónicos que favorezcan la orientación o su comunicación con el exterior, siempre que el importe repercutido anualmente de las mismas, una vez descontadas las subvenciones o ayudas públicas, no exceda de doce mensualidades ordinarias de gastos comunes. No eliminará el carácter obligatorio de estas obras el hecho de que el resto de su coste, más allá de las citadas mensualidades, sea asumido por quienes las hayan requerido.

b.) Die Bauarbeiten und Maßnahmen welche sich als notwendig erweisen, um die vernünftigen Anpassungen im Bereich allgemeiner Barrierefreiheit zu garantieren, und in jedem Falle, diejenigen welche auf Antrag solcher Eigentümer eingefordert werden, in deren Wohnung oder Geschäftslokal behinderte oder über siebzig Jahre alte Menschen leben, arbeiten oder freiwillige Dienste verrichten, und zum Ziel haben, eine gemessen an deren Bedürfnissen geeignete Nutzung der Gemeinschaftselemente, sicherzustellen, sowie die Installation von Rampen, Fahrstühlen und anderen mechanischen und elektronischen Gerätschaften, welche die Orientierung oder ihre Verbindung mit der Außenwelt fördern; dies solange der wegen ihr auf das Jahr umgelegte Betrag, nach Abzug der Subventionen und öffentlichen Fördermitteln, zwölf ordentliche Monatsbeiträge zu den allgemeinen Gemeinschaftsausgaben nicht übersteigt. Die Eigenschaft als zwingende Baumaßnahme wird nicht dadurch beseitigt, dass die über die bezeichneten Monatsbeiträge hinausgehenden, überschießenden Kosten von denjenigen übernommen werden, welche sie gefordert haben.

c) La ocupación de elementos comunes del edificio o del complejo inmobiliario privado durante el tiempo que duren las obras a las que se refieren las letras anteriores.

c.) Die Besetzung von Gemeinschaftselementen des Gebäudes oder des privaten Immobilienkomplexes, während der Zeit, in der die Bauarbeiten andauern, auf welche sich die vorhergehenden Buchstaben beziehen.

d) La construcción de nuevas plantas y cualquier otra alteración de la estructura o fábrica del edificio o de las cosas comunes, así como la constitución de un complejo inmobiliario, tal y como prevé

d.) Die Errichtung neuer Stockwerke und jedwede andere Veränderung der Gebäudestruktur oder der Bausubstanz oder der im Gemeinschaftseigentum stehenden Dinge, sowie die Bildung

el artículo 17.4 del texto refundido de la Ley de Suelo, aprobado por el Real Decreto Legislativo 2/2008, de 20 de junio, que resulten preceptivos a consecuencia de la inclusión del inmueble en un ámbito de actuación de rehabilitación o de regeneración y renovación urbana.

e) Los actos de división material de pisos o locales y sus anejos para formar otros más reducidos e independientes, el aumento de su superficie por agregación de otros colindantes del mismo edificio, o su disminución por segregación de alguna parte, realizados por voluntad y a instancia de sus propietarios, cuando tales actuaciones sean posibles a consecuencia de la inclusión del inmueble en un ámbito de actuación de rehabilitación o de regeneración y renovación urbanas.

2. Teniendo en cuenta el carácter de necesarias u obligatorias de las actuaciones referidas en las letras a) a d) del apartado anterior, procederá lo siguiente:

a) Serán costeadas por los propietarios de la correspondiente comunidad o agrupación de comunidades, limitándose el acuerdo de la Junta a la distribución de la derrama pertinente y a la determinación de los términos de su abono.

b) Los propietarios que se opongan o demoren injustificadamente la ejecución de las órdenes dictadas por la autoridad competente responderán indi-

eines Immobilienkomplexes, im Sinne des Artikels 17.4 des durch das königliche Gesetzesdekret 2/2008 vom 20. Juni neu gefassten Gesetzes über Grund und Boden, welche aufgrund der Einbeziehung der Immobilie in den Geltungsbereich eines städtischen Sanierungs- oder Erneuerungs- und Renovierungsgebiets vorgeschrieben werden.

e.) Die Handlungen welche zur Aufteilung von Wohnungen oder Geschäftsräumen und deren Nebenbauten führen, um (jeweils neue) kleinere und unabhängige (Teile) zu bilden, die Erweiterung ihrer Fläche durch Hinzufügung anderer, angrenzender des gleichen Gebäudes, oder die Verkleinerung durch Abspaltung irgendeines Teiles, welche auf Wunsch und auf Antrag ihrer Eigentümer, durchgeführt werden, wenn diese Handlungen aufgrund der Aufnahme der Immobilie in den Geltungsbereich eines städtischen Sanierungs- oder Erneuerungs- und Renovierungsgebiets ermöglicht wurden.

2. Unter Berücksichtigung ihrer Eigenschaft als crforderlich oder zwingend, ergibt sich für die unter den Buchstaben a.) bis d.) bezeichneten Handlungen folgendes:

a.) Die Kostentragung erfolgt durch die Eigentümer der jeweiligen Gemeinschaft oder des Zusammenschlusses der Gemeinschaften, wobei sich der Beschluss der Versammlung auf die Verteilung der entsprechenden Sonderumlage und die Bestimmung der Art und Weise ihrer Begleichung beschränkt.

b.) Die Eigentümer, welche sich ungerechtfertigter Weise der Ausführung der durch die zuständige Behörde erlassenen Anordnungen widersetzen oder diese verzögern, haften persönlich für

vidualmente de las sanciones que puedan imponerse en vía administrativa.

c) Los pisos o locales quedarán afectos al pago de los gastos derivados de la realización de dichas obras o actuaciones en los mismos términos y condiciones que los establecidos en el artículo 9 para los gastos generales.

3. Requerirán autorización administrativa, en todo caso:

a) La constitución y modificación del complejo inmobiliario a que se refiere el artículo 17.6 del texto refundido de la Ley de Suelo, aprobado por el Real Decreto Legislativo 2/2008, de 20 de junio, en sus mismos términos.

b) Cuando así se haya solicitado, previa aprobación por las tres quintas partes del total de los propietarios que, a su vez, representen las tres quintas partes de las cuotas de participación, la división material de los pisos o locales y sus anejos, para formar otros más reducidos e independientes; el aumento de su superficie por agregación de otros colindantes del mismo edificio o su disminución por segregación de alguna parte; la construcción de nuevas plantas y cualquier otra alteración de la estructura o fábrica del edificio, incluyendo el cerramiento de las terrazas y la modificación de la envolvente para mejorar la eficiencia energética, o de las cosas comunes, cuando concurran los requisitos a que alude el artículo 17.6 del texto refundido de la Ley de Suelo, aprobado por el Real Decreto Legislativo 2/2008, de 20 de junio.

die Sanktionen, welche durch die Verwaltung auferlegt werden könnten.

c.) Die Wohnungen und Geschäftsräume haften für die Zahlung der sich aus der Ausführung der besagten Bauarbeiten oder Maßnahmen ableitenden Kosten, in der gleichen Weise und unter denselben Bedingungen, welche in Artikel 9 für die allgemeinen Ausgaben vorgesehen sind.

3. In jedem Falle bedürfen einer behördlichen Genehmigung:

a.) Die Gründung und Änderung eines Immobilienkomplexes, auf welche sich Artikel 17.6 des durch das königliche Gesetzesdekret 2/2008 vom 20. Juni neu gefassten Gesetzes über Grund und Boden bezieht, unter Befolgung seines Wortlauts.

b.) Wenn aufgrund entsprechendem Antrag, durch drei Fünftel der Gesamtheit der Eigentümer, welche ihrerseits drei Fünftel der Beteiligungsquoten innehaben, die Aufteilung der Wohnungen oder Geschäftsräume und ihrer Nebenbauten, um (jeweils neue) kleinere und unabhängige (Teile) zu bilden, die Erweiterung ihrer Fläche durch Hinzufügung anderer, angrenzender des gleichen Gebäudes, vergrößert oder die Verkleinerung durch Abspaltung irgendeines Teiles, die Errichtung neuer Stockwerke und jedwede andere Veränderung der Gebäudestruktur oder der Bausubstanz, wozu auch die Schließung der Terrassen und die Veränderung der [Gebäude-] Umhüllung zur Verbesserung der Energieeffizienz zählen, oder der im Gemeinschaftseigentum stehenden Dinge beschlossen wurde; wenn die Voraussetzungen vorliegen, auf die sich Artikel 17.6 des durch das königliche Gesetzesdekret 2/2008 vom

En estos supuestos deberá constar el consentimiento de los titulares afectados y corresponderá a la Junta de Propietarios, de común acuerdo con aquéllos, y por mayoría de tres quintas partes del total de los propietarios, la determinación de la indemnización por daños y perjuicios que corresponda. La fijación de las nuevas cuotas de participación, así como la determinación de la naturaleza de las obras que se vayan a realizar, en caso de discrepancia sobre las mismas, requerirá la adopción del oportuno acuerdo de la Junta de Propietarios, por idéntica mayoría. A este respecto también podrán los interesados solicitar arbitraje o dictamen técnico en los términos establecidos en la Ley.

20. Juni neu gefassten Gesetzes über Grund und Boden bezieht.

In diesen Fällen hat die Erlaubnis der unmittelbar betroffenen Eigentümer vorzuliegen, und es obliegt der Eigentümerversammlung, durch eine mit diesen erzielte Übereinkunft, und durch eine Mehrheit von drei Fünfteln der Gesamtheit der Eigentümer, die Festlegung der einschlägigen Entschädigung für die erlittenen Schäden und Nachteile vorzunehmen. Die Festlegung der neuen Beteiligungsquoten, sowie die Bestimmung der Natur der durchzuführenden Baumaßnahmen, bedarf, sollten Meinungsverschiedenheiten bezüglich selbiger bestehen, der Annahme des entsprechenden, mit identischer Mehrheit zu treffenden Beschlusses der Eigentümerversammlung. Diesbezüglich können die hieran Interessierten die Durchführung eines Schiedsverfahrens oder ein technisches Gutachten in der durch das Gesetz bestimmten Weise beantragen.

Artículo 11 *derogado*

Artikel 11 *weggefallen*

Artículo 12 *derogado*

Artikel 12 *weggefallen*

Artículo 13

Artikel 13 [Die Organe der Gemeinschaft]

1. Los órganos de gobierno de la comunidad son los siguientes

1. Die Verwaltungsorgane der Gemeinschaft sind folgende:

a) La Junta de propietarios.

a.) Die Eigentümerversammlung.

b) El presidente y, en su caso, los vicepresidentes.

b.) Der Präsident und gegebenenfalls die Vizepräsidenten.

c) El secretario.

c.) Der Sekretär.

d) El administrador.

d.) Der Verwalter.

En los estatutos, o por acuerdo mayoritario de la Junta de propietarios, podrán establecerse otros órganos de gobierno

In der Satzung oder per Mehrheitsbeschluss der Eigentümerversammlung können andere Verwaltungsorgane der

de la comunidad, sin que ello pueda suponer menoscabo alguno de las funciones y responsabilidades frente a terceros que esta Ley atribuye a los anteriores.

Gemeinschaft geschaffen werden, ohne dass dies gegenüber Dritten eine gleich wie geartete Schmälerung der Aufgaben und Verantwortlichkeiten bedeutet, welche dieses Gesetz den Vorgenannten überträgt.

2. El presidente será nombrado, entre los propietarios, mediante elección o, subsidiariamente, mediante turno rotatorio o sorteo. El nombramiento será obligatorio, si bien el propietario designado podrá solicitar su relevo al juez dentro del mes siguiente a su acceso al cargo, invocando las razones que le asistan para ello. El juez, a través del procedimiento establecido en el artículo 17.3.º, resolverá de plano lo procedente, designando en la misma resolución al propietario que hubiera de sustituir, en su caso, al presidente en el cargo hasta que se proceda a nueva designación en el plazo que se determine en la resolución judicial.

2. Der Präsident geht durch Ernennung aus der Mitte der Eigentümer hervor. Dies entweder mittels Wahl oder ersatzweise nach dem Rotationsprinzip oder durch Losentscheid. Die Ernennung ist bindend, wenngleich der berufene Eigentümer binnen des auf seine Berufung folgenden Monats gegenüber dem Gericht unter Anführung der ihm beistehenden Gründe seine Ablösung, beantragen kann. Der Richter entscheidet, dem in Artikel 17.3 festgelegten Verfahren folgend, hierüber abschließend, wobei er gegebenenfalls in der gleichen Entscheidung denjenigen Eigentümer bestimmt, der den Prsidenten zu vertreten hat, bis innerhalb der in der Gerichtsentscheidung bestimmten Frist zu einer neuen Bestellung geschritten wird.

Igualmente podrá acudirse al juez cuando, por cualquier causa, fuese imposible para la Junta designar presidente de la comunidad.

Ebenso kann das Gericht angerufen werden, wenn es aus gleich welchem Grund für die Versammlung unmöglich sein sollte, den Präsidenten der Gemeinschaft zu bestellen.

3. El presidente ostentará legalmente la representación de la comunidad, en juicio y fuera de él, en todos los asuntos que la afecten.

3. Der Präsident hat kraft Gesetzes die Vertretung der Gemeinschaft in allen diese betreffenden Angelegenheiten, sowohl im gerichtlichen Verfahren als auch außergerichtlich, inne.

4. La existencia de vicepresidentes será facultativa. Su nombramiento se realizará por el mismo procedimiento que el establecido para la designación del presidente.

4. Das Bestehen von Vizepräsidentenämtern ist fakultativ. Deren Ernennung erfolgt mittels des gleichen Verfahrens, wie es für die Bestellung des Präsidenten festgelegt wurde.

Corresponde al vicepresidente, o a los vicepresidentes por su orden, sustituir

Es obliegt dem Vizepräsidenten, oder den Vizepräsidenten in ihrer Rangfolge,

al presidente en los casos de ausencia, vacante o imposibilidad de éste, así como asistirlo en el ejercicio de sus funciones en los términos que establezca la Junta de propietarios.

den Präsidenten im Falle von Abwesenheit, Vakanz oder Unmöglichkeit [der Teilnahme] zu vertreten, sowie ihn bei der Ausübung seiner Tätigkeit im Rahmen des von der Eigentümerversammlung Bestimmten zu unterstüzten.

5. Las funciones del secretario y del administrador serán ejercidas por el presidente de la comunidad, salvo que los estatutos o la Junta de propietarios por acuerdo mayoritario, dispongan la provisión de dichos cargos separadamente de la presidencia.

5. Die Aufgaben des Sekretärs und des Verwalters werden durch den Präsidenten der Gemeinschaft wahrgenommen, es sei denn, dass die Satzung oder die Eigentümerversammlung durch Mehrheitsbeschluss vorsehen, dass diese Ämter von dem des Präsidenten getrennt ausgeübt werden.

6. Los cargos de secretario y administrador podrän acumularse en una misma persona o bien nombrarse independientemente.

6. Die Ämter des Sekretärs und des Verwalters können in Personalunion ausgeübt oder unabhängig voneinander auf verschiedene Personen übertragen werden.

El cargo de administrador y, en su caso, el de secretario-administrador podrá ser ejercido por cualquier propietario, así como por personas físicas con cualificación profesional suficiente y legalmente reconocida para ejercer dichas funciones. También podrá recaer en corporaciones y otras personas jurídicas en los términos establecidos en el ordenamiento jurídico.

Das Amt des Verwalters, und gegebenenfalls das des Sekretär-Verwalters, kann durch jedweden Eigentümer sowie durch natürliche Personen mit hinreichender beruflicher, gesetzlich anerkannter Qualifikation zur Ausübung dieser Aufgaben ausgeübt werden. Sie können ebenso auf Körperschaften und andere juristische Personen in der durch die Rechtsordnung festgelegten Weise entfallen.

7. Salvo que los estatutos de la comunidad dispongan lo contrario, el nombramiento de los órganos de gobierno se hará por el plazo de un año.

7. Soweit die Gemeinschaftssatzung nichts Gegenteiliges bestimmt, erfolgt die Ernennung der Verwaltungsorgane für den Zeitraum eines Jahres.

Los designados podrán ser removidos de su cargo antes de la expiración del mandato por acuerdo de la Junta de propietarios, convocada en sesión extraordinaria.

Die Berufenen können vor Ablauf ihres Mandats durch Beschluss der Eigentümerversammlung, welche in außerordentlicher Sitzung einberufen wird, ihres Amtes enthoben werden.

8. Cuando el número de propietarios de viviendas o locales en un edificio no exceda de cuatro podrán acogerse al régimen de administración del artículo

8. Wenn die Zahl der Eigentümer von Wohnungen oder Geschäftsräumen eines Gebäudes nicht die von vier überschreitet, können sie sich für die Verwal-

398 del Código Civil, si expresamente lo establecen los estatutos.

tung den Regelungen des Artikels 398 des Código Civil unterwerfen, wenn die Satzung dies ausdrücklich festlegt.

Artículo 14

Artikel 14 [Die Eigentümerversammlung]

Corresponde a la Junta de propietarios:

Es steht der Eigentümerversammlung zu:

a) Nombrar y remover a las personas que ejerzan los cargos mencionados en el artículo anterior y resolver las reclamaciones que los titulares de los pisos o locales formulen contra la actuación de aquéllos.

a.) Die Personen zu ernennen und abzuberufen, welche die im vorhergehenden Artikel bezeichneten Ämter ausüben und über die Beschwerden zu entscheiden, welche die Inhaber der Wohnungen und Geschäftsräume gegen die Handlungen derselben formulieren.

b) Aprobar el plan de gastos e ingresos previsibles y las cuentas correspondientes.

b.) Den voraussichtlichen Ausgaben- und Einnahmenplan sowie den entsprechenden Haushalt zu beschließen.

c) Aprobar los presupuestos y la ejecución de todas las obras de reparación de la finca, sean ordinarias o extraordinarias, y ser informada de las medidas urgentes adoptadas por el administrador de conformidad con lo dispuesto en el artículo 20.c).

c.) Die Kostenvoranschläge und die Durchführung aller Reparaturarbeiten an der Liegenschaft, seien diese ordentlich oder außerordentlich, zu beschließen und über die durch den Verwalter gemäß Artikel 20.c) veranlassten Eilmaßnahmen in Kenntnis gesetzt zu werden.

d) Aprobar o reformar los estatutos y determinar las normas de régimen interior.

d) Die Satzung zu beschliessen oder zu überarbeiten und die Hausordnung zu bestimmen.

e) Conocer y decidir en los demás asuntos de interés general para la comunidad, acordando las medidas necesarias o convenientes para el mejor servicio común.

e.) Über die restlichen Angelegenheiten zu beraten und zu entscheiden, die von allgemeinem Interesse für die Gemeinschaft sind und die erforderlichen oder zweckmäßigen Maßnahmen zum Wohle der Gemeinschaft zu beschließen.

Artículo 15

Artikel 15 [Teilnahme an der Eigentümerversammlung]

1. La asistencia a la Junta de propietarios será personal o por representación legal o voluntaria, bastando para acreditar ésta un escrito firmado por el propietario.

1. Die Teilnahme an der Eigentümerversammlung erfolgt persönlich oder mittels gesetzlicher oder gewillkürter Vertretung, für deren Nachweis ein durch den Eigentümer unterzeichnetes Schriftstück genügt.

Si algün piso o local perteneciese «pro indiviso» a diferentes propietarios éstos nombrarán un representantes para asistir y votar en las juntas.

Wenn eine Wohnung oder ein Geschäftsraum mehreren Eigentümern in «unteilbarer» Weise gemeinsam gehört, ernennen diese einen Vertreter, der an den Versammlungen teilnimmt und abstimmt.

Si la vivienda o local se hallare en usufructo, la asistencia y el voto corresponderá al nudo propietario, quien, salvo manifestación en contrario, se entenderá representado por el usufructuario, debiendo ser expresa la delegación cuando se trate de los acuerdos a que se refiere la regla primera del artículo 17 o de obras extraordinarias y de mejora.

Wenn sich die Wohnung oder der Geschäftsraum in Nießbrauch befindet, steht die Teilnahme und das Stimmrecht dem Obereigentümer zu, von dessen Vertretung durch den Nießbrauchsberechtigten - außer bei gegenteiliger Äußerung - ausgegangen wird. Bei Beschlüssen, auf welche sich die erste Regel des Artikels 17 bezieht, oder wenn es sich um außerordentliche oder aber der Durchführung von Verbesserungen dienenden Baumaßnahmen handelt, muss [hingegen] die Vollmachtserteilung ausdrücklich erfolgen.

2. Los propietarios que en el momento de iniciarse la junta no se encontrasen al corriente en el pago de todas las deudas vencidas con la comunidad y no hubiesen impugnado judicialmente las mismas o procedido a la consignación judicial o notarial de la suma adeudada, podrán participar en sus deliberaciones si bien no tendrán derecho de voto. El acta de la Junta reflejará los propietarios privados del derecho de voto, cuya persona y cuota de participación en la comunidad no será computada a efectos de alcanzar las mayorías exigidas en esta Ley.

2. Die Eigentümer, welche zum Zeitpunkt der Eröffnung der Versammlung nicht allen gegenüber der Gemeinschaft bestehenden fälligen Zahlungsverpflichtungen nachgekommen sind und dieselben nicht gerichtlich angefochten haben oder nicht zur gerichtlichen oder notariellen Hinterlegung der geschuldeten Beträge geschritten sind, können an den Beratungen teilnehmen, obwohl sie kein Stimmrecht innehaben. Das Protokoll der Versammlung hat die Eigentümer zu bezeichnen, deren Stimmrechte entzogen wurden. Ihre Person und Beteiligungsquote an der Gemeinschaft wird zum Zwecke der Ermittlung der gesetzlich vorgeschriebenen Mehrheiten nicht berücksichtigt.

Artículo 16

Artikel 16 [Funktionieren der Eigentümerversammlung]

1. La Junta de propietarios se reunirá por lo menos una vez al año para aprobar los presupuestos y cuentas y en las demás ocasiones que lo considere convenien-

1. Die Eigentümerversammlung tritt wenigstens ein Mal im Jahr zusammen, um den Haushaltsplan und die Jahresabrechnung zu beschließen, sowie zu

te el presidente o lo pidan la cuarta parte de los propietarios, o un número de éstos que representen al menos el 25 por 100 de las cuotas de participación.

2. La convocatoria de las Juntas la hará el presidente y, en su defecto, los promotores de la reunión, con indicación de los asuntos a tratar, el lugar, día y hora en que se celebrará en primera o, en su caso, en segunda convocatoria, practicándose las citaciones en la forma establecida en el artículo 9. La convocatoria contendrá una relación de los propietarios que no estén al corriente en el pago de las deudas vencidas a la comunidad y advertirá de la privación del derecho de voto si se dan los supuestos previstos en el artículo 15.2.

Cualquier propietario podrá pedir que la Junta de propietarios estudie y se pronuncie sobre cualquier tema de interés para la comunidad; a tal efecto dirigirá escrito, en el que especifique claramente los asuntos que pide sean tratados, al presidente, el cual los incluirá en el orden del día de la siguiente Junta que se celebre.

Si a la reunión de la Junta no concurriesen, en primera convocatoria, la mayoría de los propietarios que representen, a su vez, la mayoría de las cuotas de participación se procederá a una segunda convocatoria de la misma, esta vez sin sujeción a "quórum".

den übrigen Gelegenheiten, zu denen der Präsident dies als angeraten betrachtet oder ein Viertel der Eigentümer dies erbittet oder eine Anzahl derselben, welche mindestens 25 Prozent der Beteiligungsquoten innehat.

2. Die Einberufung zu den Versammlungen erfolgt durch den Präsidenten, und an seiner statt durch die Betreiber der Versammlung, unter Angabe der abzuhandelnden Tagesordnungspunkte, dem Ort, dem Tag und der Uhrzeit, zu welcher die erste Einberufung oder gegebenenfalls die zweite Einberufung abgehalten wird, wobei die Ladungen in der in Artikel 9 festgelegten Weise durchgeführt werden. Die Einberufung erfolgt unter Angabe einer Aufstellung der Eigentümer, welche ihren fälligen Zahlungsverpflichtungen gegenüber der Gemeinschaft nicht nachgekommen sind und ermahnt über den Verlust des Stimmrechts, wenn die in Artikel 15.2 vorgesehenen Fälle eintreten.

Jedweder Eigentümer kann die Eigentümergemeinschaft bitten, dass sie sich mit jedem Thema, welches für die Gemeinschaft von Interesse ist, beschäftigt und sich hierzu äußert; zu diesem Zweck sind in einem Schreiben, in welchem die Angelegenheiten, deren Abhandlung erbeten wird, eindeutig auszuführen und an den Präsidenten zu richten; dieser wird sie in die Tagesordnung der folgenden abzuhaltenden Versammlung einfügen.

Wenn beim Zusammentreten der Versammlung in der ersten Einberufung nicht die Mehrheit der Eigentümer, welche ihrerseits die Mehrheit der Beteiligungsquoten innehaben, teilnehmen, wird zu einer zweiten Einberufung derselben geschritten, ohne diesmal

La Junta se reunirá en segunda convocatoria en el lugar, día y hora indicados en la primera citación, pudiendo celebrarse el mismo día si hubiese transcurrido media hora desde la anterior. En su defecto, será nuevamente convocada, conforme a los requisitos establecidos en este artículo, dentro de los ocho días naturales siguientes a la Junta no celebrada, cursándose en este caso las citaciones con una antelación mínima de tres días.

3. La citación para la Junta ordinaria anual se hará, cuando menos, con seis días de antelación, y para las extraordinarias, con la que sea posible para que pueda llegar a conocimiento de todos los interesados. La Junta podrá reunirse válidamente aun sin la convocatoria del presidente, siempre que concurran la totalidad de los propietarios y así lo decidan.

Artículo 17

Los acuerdos de la Junta de propietarios se sujetarán a las siguientes reglas:

1. La instalación de las infraestructuras comunes para el acceso a los servicios de telecomunicación regulados en el Real Decreto-ley 1/1998, de 27 de febrero, sobre infraestructuras comunes en los edificios para el acceso a los servicios de telecomunicación, o la adaptación de los existentes, así como la instalación de sistemas comunes o privativos, de aprovechamiento de energías renovables, o bien de las infraestructuras necesarias

dem Erfordernis eines bestimmten "Quorums" unterworfen zu sein.

Die Versammlung tritt in zweiter Einberufung an dem Ort, dem Tag und zu der Uhrzeit zusammen, welche in der ersten Ladung angegeben wurden. Sie kann am selben Tag abgehalten werden, wenn eine halbe Stunde seit der vorangegangenen verstrichen ist. Andernfalls muss sie erneut, gemäß den in diesem Artikel ausgeführten Voraussetzungen, innerhalb der folgenden acht auf die nicht abgehaltene Versammlung folgenden Kalendertage, einberufen werden; in diesem Fall sind die Ladungen mindestens drei Tage im Vorhinein zu versenden.

3. Die Ladung zur ordentlichen Jahresversammlung, erfolgt mit einem Vorlauf von mindestens sechs Tagen, und zu den außerordentlichen mit dem grösstmöglichen [Vorlauf], damit alle Betroffenen von ihr Kenntnis erlangen können. Die Versammlung kann auch ohne Einberufung durch den Präsidenten gültig zusammentreten, wenn die Gesamtheit der Eigentümer erscheint, und diese es so beschließen.

Artikel 17 [Mehrheiten]

Die Beschlüsse der Eigentümerversammlung sind folgenden Regeln unterworfen:

1. Die Einrichtung gemeinschaftlicher Infrastrukturen, für den Zugang zu den Telekommunikationsdienstleistungen die im königlichen Gesetzes-Dekret 1/1998, vom 27. Februar, über gemeinschaftliche Infrastrukturen in Gebäuden die dem Zugang zu Telekommunikationsdienstleistungen dienen, normiert werden, oder die Anpassung der vorhandenen, sowie die Schaffung von im Gemeinschafts- oder Sonderei-

para acceder a nuevos suministros energéticos colectivos, podrá ser acordada, a petición de cualquier propietario, por un tercio de los integrantes de la comunidad que representen, a su vez, un tercio de las cuotas de participación.

La comunidad no podrá repercutir el coste de la instalación o adaptación de dichas infraestructuras comunes, ni los derivados de su conservación y mantenimiento posterior, sobre aquellos propietarios que no hubieren votado expresamente en la Junta a favor del acuerdo. No obstante, si con posterioridad solicitasen el acceso a los servicios de telecomunicaciones o a los suministros energéticos, y ello requiera aprovechar las nuevas infraestructuras o las adaptaciones realizadas en las preexistentes, podrá autorizárseles siempre que abonen el importe que les hubiera correspondido, debidamente actualizado, aplicando el correspondiente interés legal.

No obstante lo dispuesto en el párrafo anterior respecto a los gastos de conservación y mantenimiento, la nueva infraestructura instalada tendrá la consideración, a los efectos establecidos en esta Ley, de elemento común.

2. Sin perjuicio de lo establecido en el artículo 10.1 b), la realización de obras o el establecimiento de nuevos servicios comunes que tengan por finalidad la su-

gentum stehenden Systemen, welche der Nutzung erneuerbarer Energien dienen, oder aber der erforderlichen Infrastrukturen, um den Zugang zu neuen kollektiven Stromversorgungseinrichtungen zu eröffnen, kann auf Antrag eines jeden Eigentümers, durch ein Drittel der die Gemeinschaft bildenden Eigentümer, welches seinerseits ein Drittel der Beteiligungsquoten inne hat, beschlossen werden.

Die Gemeinschaft kann weder die Kosten für die Einrichtung oder Anpassung besagter gemeinschaftlicher Infrastrukturen noch die sich aus der anschließenden Instandhaltung und Wartung ergebenden, auf diejenigen Eigentümer umlegen, welche in der Versammlung nicht ausdrücklich dem Beschluss zugestimmt haben. Dessen ungeachtet kann ihnen, sollten sie im Nachhinein den Zugang zu den Telekommunikationsdienstleistungen oder zu den Stromversorgungseinrichtungen beantragen und es hierfür erforderlich sein, die neugeschaffenen Infrastrukturen oder die an den vorhandenen durchgeführten Anpassungen zu nutzen, dies genehmigt werden, solange sie den - in geeigneter Weise unter Anwendung des gesetzlichen Zinses aktualisierten - Betrag entrichten, der ihnen [damals] entsprochen hätte.

Ungeachtet des im vorgenannten Absatz, in Bezug auf die Instandhaltungs- und Wartungskosten Bestimmten, erfährt die neu eingerichtete Infrastruktur, zu den in diesem Gesetz festgelegten Zwecken, die Einordnung als Gemeinschaftselement.

2. Unbeschadet des in Artikel 10.1 b) dieses Gesetzes Bestimmten, erfordert die Durchführung von Bauarbeiten oder die Schaffung neuer Gemeinschaftsein-

presión de barreras arquitectónicas que dificulten el acceso o movilidad de personas con discapacidad y, en todo caso, el establecimiento de los servicios de ascensor, incluso cuando impliquen la modificación del título constitutivo, o de los estatutos, requerirá el voto favorable de la mayoría de los propietarios, que, a su vez, representen la mayoría de las cuotas de participación.

Cuando se adopten válidamente acuerdos para la realización de obras de accesibilidad, la comunidad quedará obligada al pago de los gastos, aun cuando su importe repercutido anualmente exceda de doce mensualidades ordinarias de gastos comunes.

3. El establecimiento o supresión de los servicios de portería, conserjería, vigilancia u otros servicios comunes de interés general, supongan o no modificación del título constitutivo o de los estatutos, requerirán el voto favorable de las tres quintas partes del total de los propietarios que, a su vez, representen las tres quintas partes de las cuotas de participación.

Idéntico régimen se aplicará al arrendamiento de elementos comunes que no tengan asignado un uso específico en el inmueble y el establecimiento o supresión de equipos o sistemas, no recogidos en el apartado 1, que tengan por finalidad mejorar la eficiencia energética o hídrica del inmueble. En éste último caso, los acuerdos válidamente adoptados con arreglo a esta norma obligan a todos los propietarios. No obstante, si los equipos o sistemas tienen un aprovechamiento privativo, para la adopción del acuerdo bastará el voto favo-

richtungen, welche die Beseitigung architektonischer Hürden, die den Zugang oder die Mobilität behinderter Menschen erschweren, zum Ziel haben, und in jedem Falle, die Schaffung eines Fahrstuhldienstes, dies selbst dann, wenn hierdurch eine Änderung des Gründungstitels oder der Satzung eintritt, die Zustimmung der Mehrheit der Eigentümer, welche ihrerseits die Mehrheit der Beteiligungsquoten innehaben.

Wenn gültige Beschlüsse für die Durchführung von Bauarbeiten zur Barrierefreiheit gefasst werden, ist die Gemeinschaft selbst dann zur Zahlung der Kosten verpflichtet, wenn der jährlich umgelegte Betrag zwölf ordentliche Monatsbeiträge zu den Gemeinschaftsausgaben übersteigt.

3. Die Schaffung oder Beseitigung von Pförtner-, Hausmeister-, Wachdiensten oder anderen Gemeinschaftseinrichtungen allgemeinen Interesses erfordert die Zustimmung von drei Fünfteln der Gesamtheit der Eigentümer, welche ihrerseits drei Fünftel der Beteiligungsquoten innehaben; mag hierdurch eine Änderung des Gründungstitels oder der Satzung eintreten oder nicht.

Die gleichen Regelungen werden auf die Vermietung von Gemeinschaftseigentum, welchem kein spezifischer Gebrauch in der Liegenschaft zugewiesen ist, sowie auf die Schaffung oder Beseitigung von Geräten oder Systemen, die nicht in Absatz 1 beinhaltet sind, [aber] welche die Verbesserung der Energie- oder Wasserverbrauchseffizienz der Immobilie zum Ziel haben, angewandt. In diesem letzten Fall, verpflichten die gemäß dieser Vorschrift in gültiger Weise getroffenen Beschlüsse alle Eigentümer. Dessen ungeachtet, reicht, wenn

rable de un tercio de los integrantes de la comunidad que representen, a su vez, un tercio de las cuotas de participación, aplicándose, en este caso, el sistema de repercusión de costes establecido en dicho apartado.

die Geräte oder Systeme dem ausschließenden Gebrauch Einzelner dienen, zur Fassung des Beschlusses die Zustimmung von einem Drittel der die Gemeinschaft bildenden Eigentümer, welche ihrerseits ein Drittel der Beteiligungsquoten innehaben aus. In diesem Falle wird das in dem besagten Absatz festgelegte Kostenverteilungsverfahren angewandt.

4. Ningún propietario podrá exigir nuevas instalaciones, servicios o mejoras no requeridos para la adecuada conservación, habitabilidad, seguridad y accesibilidad del inmueble, según su naturaleza y características.

4. Kein Eigentümer wird neue Einrichtungen, Dienste oder Verbesserungen verlangen können, wenn diese nicht für die geeignete Erhaltung, Bewohnbarkeit, Sicherheit und Barrierefreiheit der Immobilie, entsprechend ihrer Natur und Eigenschaften erforderlich sind.

No obstante, cuando por el voto favorable de las tres quintas partes del total de los propietarios que, a su vez, representen las tres quintas partes de las cuotas de participación, se adopten válidamente acuerdos, para realizar innovaciones, nuevas instalaciones, servicios o mejoras no requeridos para la adecuada conservación, habitabilidad, seguridad y accesibilidad del inmueble, no exigibles y cuya cuota de instalación exceda del importe de tres mensualidades ordinarias de gastos comunes, el disidente no resultará obligado, ni se modificará su cuota, incluso en el caso de que no pueda privársele de la mejora o ventaja. Si el disidente desea, en cualquier tiempo, participar de las ventajas de la innovación, habrá de abonar su cuota en los gastos de realización y mantenimiento, debidamente actualizados mediante la aplicación del correspondiente interés legal.

Dessen ungeachtet, gilt, dass wenn durch Zustimmung von drei Fünfteln der Gesamtheit der Eigentümer, welche ihrerseits drei Fünftel der Beteiligungsquoten innehaben, gültige Beschlüsse zur Schaffung von Neuerungen, neuen Einrichtungen, Diensten oder Verbesserungen gefasst werden, die nicht für die geeignete Erhaltung, Bewohnbarkeit, Sicherheit und Barrierefreiheit der Immobilie notwendig sind, und nicht eingefordert werden können, und der Umlagenanteil zu deren Errichtung den Betrag von drei ordentlichen Monatsbeiträgen zu den Gemeinschaftsausgaben übersteigt, der Dissident nicht [zur Kostentragung] verpflichtet wird; ebensowenig ändert sich seine Quote; selbst für den Fall, dass ihm die Verbesserung oder der Vorteil nicht vorenthalten werden kann. Sollte der Dissident zu irgend einem Zeitpunkt wünschen, Vorteile aus der Neuerung zu ziehen, hat er seinen Anteil an den Ausführungs- und Erhaltungskosten, welche ordnungsgemäss durch Anwendung des entsprechenden

No podrán realizarse innovaciones que hagan inservible alguna parte del edificio para el uso y disfrute de un propietario, si no consta su consentimiento expreso.

5. La instalación de un punto de recarga de vehículos eléctricos para uso privado en el aparcamiento del edificio, siempre que éste se ubique en una plaza individual de garaje, sólo requerirá la comunicación previa a la comunidad. El coste de dicha instalación y el consumo de electricidad correspondiente serán asumidos íntegramente por el o los interesados directos en la misma.

6. Los acuerdos no regulados expresamente en este artículo, que impliquen la aprobación o modificación de las reglas contenidas en el título constitutivo de la propiedad horizontal o en los estatutos de la comunidad, requerirán para su validez la unanimidad del total de los propietarios que, a su vez, representen el total de las cuotas de participación.

7. Para la validez de los demás acuerdos bastará el voto de la mayoría del total de los propietarios que, a su vez, representen la mayoría de las cuotas de participación. En segunda convocatoria serán válidos los acuerdos adoptados por la mayoría de los asistentes, siempre que ésta represente, a su vez, más de la mitad del valor de las cuotas de los presentes.

gesetzlichen Zinses aktualisiert werden, zu leisten.

Es dürfen keine Neuerungen durchgeführt werden, welche irgendeinen Teil des Gebäudes für den Gebrauch und die Nutzung durch einen der Eigentümer unbrauchbar machen, wenn nicht die ausdrücklichen Zustimmung desselben vorliegt.

5. Die zum Privatgebrauch erfolgende Installation eines Ladeports für Fahrzeuge mit Elektroantrieb, bedarf solange sich dieser auf einem einzelnen Stellplatz befindet, lediglich der vorherigen Mitteilung an die Gemeinschaft. Die Kosten besagter Installation und der entsprechende Stromverbrauch sind vollständig von dem oder den hieran unmittelbar Interessierten zu tragen.

6. Die nicht ausdrücklich in diesem Artikel normierten Beschlüsse [bzw. Beschlussgegenstände], welche die Annahme oder Änderung der Regeln mit sich bringen, die im Gründungstitel des horizontalen Eigentums [Wohnungseigentum] oder in der Gemeinschaftssatzung enthalten sind, bedürfen zu ihrer Gültigkeit, der Einstimmigkeit aller Eigentümer, welche ihrerseits alle Beteiligungsquoten innehaben.

7. Für die Gültigkeit der übrigen Beschlüsse reichen die Stimmen der Mehrheit der Gesamtheit der Eigentümer aus, welche ihrerseits die Mehrheit der Beteiligungsquoten inne haben. In der zweiten Einberufung sind diejenigen Beschlüsse gültig, welche von der Mehrheit der Teilnehmer getroffen wurden, solange diese ihrerseits mehr als die Hälfte der teilnehmenden Beteiligungsquoten inne haben.

Cuando la mayoría no se pudiere lograr por los procedimientos establecidos en los apartados anteriores, el Juez, a instancia de parte deducida en el mes siguiente a la fecha de la segunda Junta, y oyendo en comparecencia los contradictores previamente citados, resolverá en equidad lo que proceda dentro de veinte días, contados desde la petición, haciendo pronunciamiento sobre el pago de costas.

Wenn die Mehrheit über die in den vorangegangenen Absätzen festgelegten Verfahren nicht erzielt werden konnte, entscheidet der Richter auf Antrag derjenigen Eigentümer, die innerhalb des auf das Datum der zweiten Versammlung folgenden Monats dies begehrt haben. Es sind hierfür die Widersprechenden [Eigentümer] zu laden und anzuhören. Entschieden wird innerhalb von zwanzig Tagen, gezählt ab der Antragsstellung, wobei auch ein Ausspruch über die Tragung der Verfahrenskosten ergeht.

8. Salvo en los supuestos expresamente previstos en los que no se pueda repercutir el coste de los servicios a aquellos propietarios que no hubieren votado expresamente en la Junta a favor del acuerdo, o en los casos en los que la modificación o reforma se haga para aprovechamiento privativo, se computarán como votos favorables los de aquellos propietarios ausentes de la Junta, debidamente citados, quienes una vez informados del acuerdo adoptado por los presentes, conforme al procedimiento establecido en el artículo 9, no manifiesten su discrepancia mediante comunicación a quien ejerza las funciones de secretario de la comunidad en el plazo de 30 días naturales, por cualquier medio que permita tener constancia de la recepción.

8. Außer in den ausdrücklich vorgesehenen Fällen, in denen die Kosten der Dienste nicht auf diejenigen Eigentümer umgelegt werden können, die in der Versammlung nicht ausdrücklich für den Beschluss gestimmt haben, oder in den Fällen in denen die Veränderung oder Erneuerung zur ausschließlichen Nutzung Einzelner durchgeführt wurde, werden die Stimmen der in der Versammlung abwesenden, [aber] in geeigneter Weise geladenen Eigentümer, welche, nachdem sie gemäß dem in Artikel 9 festgelegten Verfahren über den durch die Anwesenden getroffenen Beschluss benachrichtigt wurden, als diesem zustimmend verrechnet, wenn sie nicht binnen einer Frist von 30 Kalendertagen auf irgendeine Weise, die es gestattet, Nachweis über den Empfang zu führen, ihre Ablehnung gegenüber demjenigen, der die Aufgaben des Sekretärs der Gemeinschaft ausübt, mitteilen.

9. Los acuerdos válidamente adoptados con arreglo a lo dispuesto en este artículo obligan a todos los propietarios.

9. Die gemäß den in diesem Artikel bestimmten, in gültiger Weise getroffenen Beschlüsse verpflichten alle Eigentümer.

10. En caso de discrepancia sobre la naturaleza de las obras a realizar resolverá lo procedente la Junta de propietarios.

10. Sollten Meinungsverschiedenheiten bezüglich der Einordnung der auszuführenden Baumaßnahmen bestehen,

También podrán los interesados solicitar arbitraje o dictamen técnico en los términos establecidos en la Ley.

wird die Eigentümerversammlung hierüber entsprechend befinden. Auch können die hieran Interessierten die Durchführung eines Schiedsverfahrens oder ein technisches Gutachten in der durch das Gesetz bestimmten Weise beantragen.

11. Las derramas para el pago de mejoras realizadas o por realizar en el inmueble serán a cargo de quien sea propietario en el momento de la exigibilidad de las cantidades afectas al pago de dichas mejoras.

11. Die Sonderumlagen für die Zahlung der an der Immobilie durchgeführten oder durchzuführenden Verbesserungen gehen zu Lasten desjenigen, der zum Zeitpunkt der Einforderbarkeit [Fälligkeit] der auf die besagten Verbesserungen entfallenden Beträge Eigentümer ist.

Artículo 18

Artikel 18 [Anfechtbarkeit von Beschlüssen]

1. Los acuerdos de la Junta de Propietarios serán impugnables ante los tribunales de conformidad con lo establecido en la legislación procesal general, en los siguientes supuestos:

1. Die Beschlüsse der Eigentümerversammlung sind, in Übereinstimmung mit dem in den allgemeinen Prozessvorschriften bestimmten, in folgenden Fällen vor den Gerichten anfechtbar:

a) Cuando sean contrarios a la ley o a los estatutos de la comunidad de propietarios.

a) Wenn sie gegen das Gesetz oder die Satzung der Eigentümergemeinschaft verstossen.

b) Cuando resulten gravemente lesivos para los intereses de la propia comunidad en beneficio de uno o varios propietarios.

b) Wenn sie die Interessen der Gemeinschaft zugunsten eines oder mehrerer Eigentümer schwerwiegend schädigen.

c) Cuando supongan un grave perjuicio para algún propietario que no tenga obligación jurídica de soportarlo o se hayan adoptado con abuso de derecho.

c) Wenn sie einen schweren Nachteil für einen der Eigentümer darstellen, welcher keine rechtliche Verpflichtung hat, diesen zu erdulden, oder wenn sie rechtsmissbräuchlich getroffen wurden.

2. Estarán legitimados para la impugnación de estos acuerdos los propietarios que hubiesen salvado su voto en la Junta, los ausentes por cualquier causa y los que indebidamente hubiesen sido privados de su derecho de voto. Para impugnar los acuerdos de la Junta el propietario deberá estar al corriente

2. Zur Anfechtung dieser Beschlüsse sind die Eigentümer berechtigt, welche ihre Stimme in der Versammlung mit Vorbehalt abgegeben haben, die aus jedwedem Grunde Abwesenden und diejenigen, welchen unerlaubterweise ihr Stimmrecht entzogen wurde. Um die Beschlüsse der Versammlung anzu-

en el pago de la totalidad de las deudas vencidas con la comunidad o proceder previamente a la consignación judicial de las mismas. Esta regla no será de aplicación para la impugnación de los acuerdos de la Junta relativos al establecimiento o alteración de las cuotas de participación a que se refiere el artículo 9 entre los propietarios.

fechten, muss der Eigentümer seinen gegenüber der Gemeinschaft entstandenen fälligen Zahlungsverpflichtungen vollständig nachgekommen sein, oder zuvor die gerichtliche Hinterlegung derselben vorgenommen haben. Diese Regel ist nicht, auf die Anfechtung von Versammlungsbeschlüssen anzuwenden, welche die Festsetzung oder Änderung der Beteiligungsquoten unter den Eigentümern zum Gegenstand haben, auf welche sich der Artikel 9 bezieht.

3. La acción caducará a los tres meses de adoptarse el acuerdo por la Junta de propietarios, salvo que se trate de actos contrarios a la ley o a los estatutos, en cuyo caso la acción caducará al año. Para los propietarios ausentes dicho plazo se computará a partir de la comunicación del acuerdo con forme al procedimiento establecido en el artículo 9.

3. Der Anfechtungsanspruch erlischt drei Monate nachdem der Beschluss durch die Eigentümerversammlung getroffen wurde, dies unter Ausnahme derjenigen Maßnahmen, welche gegen das Gesetz oder die Satzung verstoßen; in diesem Fall erlischt der Anfechtungsanspruch nach einem Jahr. Für die abwesenden Eigentümer berechnet sich diese Frist ab Mitteilung des Beschlusses, gemäß dem in Artikel 9 bestimmten Verfahren.

4. La impugnación de los acuerdos de la Junta no suspenderá su ejecución, salvo que el juez así lo disponga con carácter cautelar, a solicitud del demandante, oída la comunidad de propietarios.

4. Die Anfechtung der Versammlungsbeschlüsse, setzt nicht deren Vollzug aus, es sei denn, der Richter verfügt dies in vorbeugender Weise, auf Antrag des Klägers nach Anhörung der Eigentümergemeinschaft.

Artículo 19

1. Los acuerdos de la Junta de propietarios se reflejarán en un libro de actas diligenciado por el Registrador de la Propiedad en la forma que reglamentariamente se disponga.

Artikel 19 [Das Protokollbuch]

1. Die Beschlüsse der Eigentümerversammlung spiegeln sich in einem Protokollbuch wieder, welches durch den Grundbuchrichter in einer mittels Rechtsverordnung zu bestimmenden Art und Weise abzuzeichnen ist.

2. El acta de cada reunión de la Junta de propietarios deberá expresar, al menos, las siguientes circunstancias:

2. Das Protokoll einer jeden Eigentümerversammlung hat wenigstens folgende Umstände zu bezeichnen:

a) La fecha y el lugar de celebración.

a.) Das Datum und den Ort der Abhaltung.

b) El autor de la convocatoria y, en su caso, los propietarios que la hubiesen promovido.

b.) Den Urheber der Einberufung und gegebenenfalls die Eigentümer, welche sie betrieben haben.

c) Su carácter ordinario o extraordinario y la indicación sobre su celebración en primera o segunda convocatoria.

c.) Ihren ordentlichen oder außerordentlichen Charakter und die Angabe über ihre Abhaltung in erster oder zweiter Einberufung.

d) Relación de todos los asistentes y sus respectivos cargos, así como de los propietarios representados, con indicación, en todo caso, de sus cuotas de participación.

d.) Aufführung aller Teilnehmer und ihrer jeweiligen Ämter sowie der vertretenen Eigentümer, mit Angabe, in jedem Falle, ihrer Beteiligungsquoten.

e) El orden del día de la reunión.

e.) Die Tagesordnung der Versammlung.

f) Los acuerdos adoptados, con indicación, en caso de que ello fuera relevante para la validez del acuerdo, de los nombres de los propietarios que hubieren votado a favor y en contra de los mismos, así como de las cuotas de participación que respectivamente representen.

f.) Die getroffenen Beschlüsse, mit Angabe, für den Fall, dass dies für die Gültigkeit des Beschlusses von Bedeutung wäre, der Namen der Eigentümer, welche für oder gegen dieselben gestimmt haben, sowie der Beteiligungsquoten, welche diese jeweils inne haben.

3. El acta deberá cerrarse con las firmas del presidente y del secretario al terminar la reunión o dentro de los diez días naturales siguientes. Desde su cierre los acuerdos serán ejecutivos, salvo que la Ley previere lo contrario.

3. Das Protokoll muss mit den Unterschriften des Präsidenten und des Sekretärs bei Beendigung der Versammlung oder innerhalb der folgenden zehn Kalendertage geschlossen werden. Ab seiner Schließung sind die Beschlüsse vollstreckbar, solange das Gesetz nichts Gegenteiliges vorsieht.

El acta de las reuniones se remitirá a los propietarios de acuerdo con el procedimiento establecido en el artículo 9.

Das Protokoll der Versammlungen wird gemäß dem durch Artikel 9 bestimmten Verfahren an die Eigentümer übermittelt.

Serán subsanables los defectos o errores del acta siempre que la misma exprese inequívocamente la fecha y lugar de celebración, los propietarios asistentes, presentes o representados, y los acuerdos adoptados, con indicación de los votos a favor y en contra, así como las cuotas de participación que respectivamente suponga y se encuentre firmada

Die Mängel und Fehler des Protokolls sind heilbar, solange in diesem unmissverständlich das Datum und der Ort der Abhaltung, die teilnehmenden Eigentümer, anwesend oder vertreten, und die getroffenen Beschlüsse mit Angabe der Für- und Gegenstimmen, sowie der jeweiligen Beteiligungsquoten bezeichnet werden und es durch den Präsidenten

por el presidente y el secretario. Dicha subsanación deberá efectuarse antes de la siguiente reunión de la Junta de propietarios, que deberá ratificar la subsanación.

und Sekretär unterschrieben wurde. Die besagte Heilung muss vor der nächsten Eigentümerversammlung erfolgen, welche die Heilung ratifizieren muss.

4. El secretario custodiará los libros de actas de la Junta de propietarios. Asimismo deberá conservar, durante el plazo de cinco años, las convocatorias, comunicaciones, apoderamientos y demás documentos relevantes de las reuniones.

4. Der Sekretär verwahrt die Protokollbücher der Eigentümerversammlung. Ebenso muss er während eines Zeitraums von fünf Jahren die Einberufungen, Mitteilungen, Bevollmächtigungen und die übrigen, relevanten Dokumente der Versammlungen aufbewahren.

Artículo 20

Artikel 20 [Der Liegenschaftsverwalter]

1. Corresponde al administrador:

1. Es obliegt dem Verwalter:

a) Velar por el buen régimen de la casa, sus instalaciones y servicios, y hacer a estos efectos las oportunas advertencias y apercibimientos a los titulares.

a.) Über die gute Führung des Hauses, seiner Einrichtungen und Dienste zu wachen und zu diesem Zwecke die geeigneten Hinweise und Ermahnungen an die Inhaber zu richten.

b) Preparar con la debida antelación y someter a la Junta el plan de gastos previsibles, proponiendo los medios necesarios para hacer frente a los mismos.

b.) Mit der erforderlichen Rechtzeitigkeit die vorhersehbare Ausgabenaufstellung vorzubereiten und sie der Abstimmung in der Versammlung zuzuführen, sowie die zur Deckung der Kosten erforderlichen Mittel vorzuschlagen.

c) Atender a la conservación y entretenimiento de la casa, disponiendo las reparaciones y medidas que resulten urgentes, dando inmediata cuenta de ellas al presidente o, en su caso, a los propietarios.

c.) Sich der Instandhaltung und Wartung des Hauses anzunehmen und die aus Dringlichkeitsgründen erforderlichen Reparaturen und Maßnahmen zu veranlassen, wobei er den Präsidenten oder gegebenenfalls die Eigentümer sofort über diese zu informieren hat.

d) Ejecutar los acuerdos adoptados en materia de obras y efectuar los pagos y realizar los cobros que sean procedentes.

d.) Die Beschlüsse auszuführen, welche Baumaßnahmen zum Gegenstand haben und die statthaften Zahlungen vorzunehmen und einzuziehen.

e) Actuar, en su caso, como secretario de la Junta y custodiar a disposición de los titulares la documentación de la comunidad.

e.) Gegebenenfalls als Sekretär der Versammlung zu handeln und die Gemeinschaftsunterlagen zur Einsicht der Eigentümer zu verwahren.

f) Todas las demás atribuciones que se confieran por la Junta.

Artículo 21

1. Las obligaciones a que se refieren los apartados e) y f) del artículo 9 deberán cumplirse por el propietario de la vivienda o local en el tiempo y forma determinados por la Junta. En caso contrario, el presidente o el administrador, si así lo acordase la junta de propietarios, podrá exigirlo judicialmente a través del proceso monitorio.

2. La utilización del procedimiento monitorio requerirá la previa certificación del acuerdo de la Junta aprobando la liquidación de la deuda con la comunidad de propietarios por quien actúe como secretario de la misma, con el visto bueno del presidente, siempre que tal acuerdo haya sido notificado a los propietarios afectados en la forma establecida en el artículo 9.

3. A la cantidad que se reclame en virtud de lo dispuesto en el apartado anterior podrá añadirse la derivada de los gastos del requerimiento previo de pago, siempre que conste documentalmente la realización de éste, y se acompañe a la solicitud el justificante de tales gastos.

4. Cuando el propietario anterior de la vivienda o local deba responder solidariamente del pago de la deuda, podrá dirigirse contra él la petición inicial, sin

f.) Alle weiteren durch die Versammlung übertragenen Aufgaben.

Artikel 21 [Das Vorgehen gegen Schuldner]

1. Die Pflichten, auf welche sich die Absätze e.) und f.) des Artikels 9 beziehen, müssen durch den Eigentümer der Wohnung oder des Geschäftsraums in der durch die Eigentümerversammlung bestimmten Frist und Weise erfüllt werden. Andernfalls können der Präsident oder der Verwalter, wenn ein entsprechender Beschluss der Eigentümerversammlung gefasst wird, dies im Wege des Mahnverfahrens gerichtlich einfordern.

2. Zur Durchführung des Mahnverfahrens bedarf es der vorhergehenden Ausfertigung einer Bescheinigung durch denjenigen, der das Amt des Sekretärs ausübt, versehen mit dem Sichtvermerk des Präsidenten, aus welchem der Beschluss der Eigentümerversammlung hervorgeht, der die Abrechnung der gegenüber der Gemeinschaft bestehenden Schulden abrechnet. Dies unter der Voraussetzung, dass der Beschluss den betroffenen Eigentümern in der im Artikel 9 bestimmten Form mitgeteilt wurde.

3. Zu dem Betrag, der auf Grundlage des im vorgenannten Absatz Bestimmten reklamiert wird, können die Ausgaben hinzuaddiert werden, die aufgrund einer vorangegangenen Zahlungsaufforderung entstanden sind, solange die Durchführung derselben dokumentarisch nachgewiesen und dem Antrag ein Beleg dieser Ausgaben beigefügt wird.

4. Wenn der vorherige Eigentümer der Wohnung oder des Geschäftsraums gesamtschuldnerisch für die Zahlung der Verbindlichkeiten einstehen muss,

perjuicio de su derecho a repetir contra el actual propietario. Asimismo se podrá dirigir la reclamación contra el titular registral, que gozará del mismo derecho mencionado anteriormente.

En todos estos casos, la petición inicial podrá formularse contra cualquiera de los obligados o contra todos ellos conjuntamente.

5. Cuando el deudor se oponga a la petición inicial del proceso monitorio, el acreedor podrá solicitar el embargo preventivo de bienes suficientes de aquél, para hacer frente a la cantidad reclamada, los intereses y las costas.

El tribunal acordará, en todo caso, el embargo preventivo sin necesidad de que el acreedor preste caución. No obstante, el deudor podrá enervar el embargo prestando aval bancario por la cuantía por la que hubiese sido decretado.

6. Cuando en la solicitud inicial del proceso monitorio se utilizaren los servicios profesionales de abogado y procurador para reclamar las cantidades debidas a la Comunidad, el deudor deberá pagar, con sujeción en todo caso a los límites establecidos en el apartado tercero del artículo 394 de la Ley de Enjuiciamiento Civil, los honorarios y derechos que devenguen ambos por su intervención, tanto si aquél atendiere el requerimiento de pago como si no compareciere ante el tribunal. En los casos en que exista oposición, se seguirán las reglas generales en materia de costas, aunque si el acreedor obtuviere una sentencia totalmente favorable a su pretensión, se deberán incluir en ellas los honorarios del

kann gegen ihn der Eingangsantrag gerichtet werden. Dies ohne Schmälerung seines Rechts den jetzigen Eigentümer in Regress zu nehmen. Ebenso kann die Forderung gegen denjenigen gerichtet werden, der als Eigentümer im Grundbuch geführt wird, welchem das gleiche vorgehend genannte Recht zusteht.

In all diesen Fällen kann der Eingangsantrag gegen jeden der Verpflichteten oder gegen all diese gemeinschaftlich gerichtet werden.

5. Wenn sich der Schuldner dem Eingangsantrag des Mahnverfahrens widersetzt, kann der Gläubiger die Anordnung des dinglichen Arrests über ausreichende, diesem gehörende Güter beantragen, um den geforderten Betrag, die Zinsen und die Kosten zu decken.

Das Gericht wird den dinglichen Arrest stets anordnen, ohne dass es erforderlich wäre, dass der Gläubiger Sicherheit leistet. Nichtsdestotrotz kann der Schuldner den dinglichen Arrest dadurch abwenden, dass er in der angeordneten Höhe Bankbürgschaft leistet.

6. Wenn für den Eingangsantrag des Mahnverfahrens die Dienste eines Anwalts und Prozessbevollmächtigten in Anspruch genommen wurden, um die der Gemeinschaft geschuldeten Beträge einzufordern, muss der Schuldner deren beider Honorare und Ansprüche, welche aufgrund ihres Tätigwerdens entstanden sind, stets im Rahmen der durch den dritten Absatz des Artikels 394 der Ley de Enjuiciamiento Civil gezogenen Grenzen, begleichen. Dies sowohl dann, wenn der Zahlungsaufforderung nachgekommen wird, wie wenn der Schuldner nicht vor Gericht erscheinen sollte. In denjenigen Fällen, in denen ein Widerspruch erfolgt, ist den allgemeinen, im Bereich der Prozesskos-

abogado y los derechos del procurador derivados de su intervención, aunque no hubiera sido preceptiva.

ten bestehenden Vorschriften zu folgen, wenngleich bei einem vollständig dem Antrag des Gläubigers stattgebenden Urteil, auch dann die sich aus ihrem Tätigwerden ableitenden Honorare des Rechtsanwalts und Ansprüchen des Prozessbevollmächtigten hinzuzufügen sind, wenn deren Beteiligung nicht vorgeschrieben war.

Artículo 22

1. La comunidad de propietarios responderá de sus deudas frente a terceros con todos los fondos y créditos a su favor. Subsidiariamente y previo requerimiento de pago al propietario respectivo, el acreedor podrá dirigirse contra cada propietario que hubiese sido parte en el correspondiente proceso por la cuota que le corresponda en el importe insatisfecho.

Artikel 22 [Haftung für Schulden]

1. Die Eigentümergemeinschaft haftet für ihre Schulden gegenüber Dritten, mit all ihren Mitteln und zu ihren Gunsten bestehenden Forderungen. Subsidiär und nach vorhergehender Zahlungsaufforderung gegenüber dem betreffenden Eigentümer kann sich der Gläubiger gegen jeden Eigentümer richten, der im entsprechenden Prozess die Parteistellung inne hatte; dies im Umfang der auf ihn entfallenden Quote am nicht beglichenen Betrag.

2. Cualquier propietario podrá oponerse a la ejecución si acredita que se encuentra al corriente en el pago de la totalidad de las deudas vencidas con la comunidad en el momento de formularse el requerimiento a que se refiere el apartado anterior.

2. Jeder Eigentümer kann sich der Vollstreckung widersetzen, wenn er nachweist, im Zeitpunkt der [Zahlungs-] Aufforderung, auf welche sich der vorhergehenden Absatz bezieht, den gegenüber der Gemeinschaft bestehenden fälligen Zahlungsverpflichtungen vollständig nachgekommen zu sein.

Si el deudor pagase en el acto de requerimiento, serán de su cargo las costas causadas hasta ese momento en la parte proporcional que le corresponda.

Wenn der Schuldner bei der Aufforderungshandlung zahlt, sind von ihm die bis zu diesem Zeitpunkt angefallenen Kosten im proportional auf ihn entfallenden Umfang zu tragen.

Artículo 23

Artikel 23 [Beendigung des Wohnungseigentumsverhältnisses]

El régimen de propiedad horizontal se extingue:

Der rechtliche Zustand des Wohnungseigentums wird aufgehoben:

PRIMERO. Por la destrucción del edificio, salvo pacto en contrario. Se estimará producida aquélla cuando el coste

ERSTENS. Bei Zerstörung des Gebäudes, außer anderslautender Vereinbarung. Diese ist als eingetreten

de la reconstrucción exceda del cincuenta por ciento del valor de la finca al tiempo de ocurrir el siniestro, a menos que el exceso de dicho coste esté cubierto por un seguro.

anzusehen, wenn die Kosten des Wiederaufbaus fünfzig Prozent des Wertes der Liegenschaft zum Zeitpunkt des Schadenseintritts übersteigen, solange die hierüber hinausgehenden Kosten nicht durch eine Versicherung abgedeckt sind.

SEGUNDO. Por conversión en propiedad o copropiedad ordinarias.

ZWEITENS. Durch Umwandlung in gewöhnliches Eigentum oder Miteigentum gewöhnlicher Art.

CAPÍTULO III

Del régimen de los complejos inmobiliarios privados

Artículo 24

KAPITEL III

Über die rechtliche Regelung der privaten Immobilienkomplexe

Artikel 24 [Urbanisationen]

1. El régimen especial de propiedad establecido en el artículo 396 del Código Civil será aplicable aquellos complejos inmobiliarios privados que reúnan los siguientes requisitos:

1. Die im Artikel 396 des Código Civil zugrundegelegte Sonderregelung für Eigentum ist auf diejenigen privaten Immobilienkomplexe anwendbar, welche folgende Voraussetzungen in sich vereinen:

a) Estar integrados por dos o más edificaciones o parcelas independientes entre sí cuyo destino principal sea la vivienda o locales.

a.) Sie bestehen aus zwei oder mehr voneinander unabhängigen Gebäuden oder Parzellen, deren Hauptzweck der Wohnung oder Geschäftsräumen dient.

b) Participar los titulares de estos inmuebles, o de las viviendas o locales en que se encuentren divididos horizontalmente, con carácter inherente a dicho derecho, en una copropiedad indivisible sobre otros elementos inmobiliarios, viales, instalaciones o servicios.

b.) Die Eigentümer dieser Immobilien oder der Wohnungen oder Geschäftsräume, in welche sie wohnungseigentumsrechtlich aufgeteilt wurden, sind, aufgrund des dem bezeichneten Recht innewohnenden Wesens, an dem unteilbaren Miteigentum an anderen Immobilienteilen, Wegen, Installationen oder Einrichtungen beteiligt.

2. Los complejos inmobiliarios privados a que se refiere el apartado anterior podrán:

2. Die privaten Immobilienkomplexe, auf die sich der vorstehende Absatz bezieht, können:

a) Constituirse en una sola comunidad de propietarios a través de cualquiera de los procedimientos establecidos en el párrafo segundo del artículo 5. En este

a.) Mittels jedweden im zweiten Absatz des 5. Artikels beschriebenen Verfahrens eine einzige Eigentümergemeinschaft bilden. In diesem Fall unterliegen

caso quedarán sometidos a las disposiciones de esta Ley, que les resultarán íntegramente de aplicación.

b) Constituirse en una agrupación de comunidades de propietarios. A tal efecto, se requerirá que el título constitutivo de la nueva comunidad agrupada sea otorgado por el propietario único del complejo o por los presidentes de todas las comunidades llamadas a integrar aquélla, previamente autorizadas por acuerdo mayoritario de sus respectivas Juntas de propietarios. El título constitutivo contendrá la descripción del complejo inmobiliario en su conjunto y de los elementos, viales, instalaciones y servicios comunes. Asimismo fijará la cuota de participación de cada una de las comunidades integradas, las cuales responderán conjuntamente de su obligación de contribuir al sostenimiento de los gastos generales de la comunidad agrupada. El título y los estatutos de la comunidad agrupada serán inscribibles en el Registro de la Propiedad.

3. La agrupación de comunidades a que se refiere el apartado anterior gozará, a todos los efectos, de la misma situación jurídica que las comunidades de propietarios y se regirá por las disposiciones de esta Ley, con las siguientes especialidades:

a) La Junta de propietarios estará compuesta, salvo acuerdo en contrario, por los presidentes de las comunidades integradas en la agrupación, los cuales ostentarán la representación del conjunto de los propietarios de cada comunidad.

sie den Bestimmungen dieses Gesetzes, welche vollumfänglich auf sie anzuwenden sind.

b.) Einen Zusammenschluss von Eigentümergemeinschaften bilden. Zu diesem Zweck ist es erforderlich, dass der Gründungstitel der neuen zusammengeschlossenen Gemeinschaft durch den Alleineigentümer des Komplexes oder durch die Präsidenten aller Gemeinschaften, welche dieselbe bilden sollen, errichtet wird, nachdem diese zuvor durch Mehrheitsbeschluss ihrer jeweiligen Eigentümerversammlungen hierzu autorisiert wurden. Der Gründungstitel wird die Beschreibung des Immobilienkomplexes in seiner Gesamtheit und der Bestandteile, Wege, Installationen und Gemeinschaftseinrichtungen. beinhalten. Ebenso wird er die Beteiligungsquote jeder einzelnen ihr zugehörigen Gemeinschaft festlegen, auf welche gemeinsam die Pflicht entfällt, für die Begleichung der allgemeinen Ausgaben der zusammengeschlossenen Gemeinschaft aufzukommen. Der Gründungstitel und die Satzung der zusammengeschlossenen Gemeinschaft können in das Grundbuch eingetragen werden.

3. Der Zusammenschluss von Gemeinschaften, auf den sich der vorstehende Absatz bezieht, genießt in jederlei Hinsicht die gleiche rechtliche Behandlung wie die [einfachen] Eigentümergemeinschaften und wird sich mit folgenden Besonderheiten, nach den Vorschriften dieses Gesetzes, richten:

a.) Die Eigentümerversammlung wird sich, außer im Falle eines anderslautenden Beschlusses, aus den Präsidenten der Gemeinschaften, aus denen der Zusammenschluss besteht, zusammensetzen. Auf diese entfällt die Vertretung der

Gesamtheit der Eigentümer einer jeden Eigentümergemeinschaft.

b) La adopción de acuerdos para los que la ley requiera mayorías cualificadas exigirá, en todo caso, la previa obtención de la mayoría de que se trate en cada una de las Juntas de propietarios de las comunidades que integran la agrupación.

b.) Die Annahme von Beschlüssen, für welche das Gesetz qualifizierte Mehrheiten verlangt, erfordert in jedem Fall, dass zuvor die festgeschriebene Mehrheit in jeder einzelnen Eigentümerversammlung der Gemeinschaften, aus denen der Zusammenschluss besteht, erzielt wurde.

c) Salvo acuerdo en contrario de la Junta no será aplicable a la comunidad agrupada lo dispuesto en el artículo 9 de esta Ley sobre el fondo de reserva.

c.) Außer im Falle eines anderslautenden Beschlusses der Versammlung, ist auf die zusammengeschlossene Gemeinschaft das in Artikel 9 dieses Gesetzes bezüglich des Rücklagenfonds Bestimmte nicht anwendbar.

La competencia de los órganos de gobierno de la comunidad agrupada únicamente se extiende a los elementos inmobiliarios, viales, instalaciones y servicios comunes. Sus acuerdos no podrá menoscabar en ningún caso las facultades que corresponden a los órganos de gobierno de las comunidades de propietarios integradas en la agrupación de comunidades.

Die Befugnisse der Verwaltungsorgane des Zusammenschlusses von Gemeinschaften erstrecken sich lediglich auf die gemeinsamen Immobilienelemente, Wege, Installationen und Einrichtungen. Ihre Beschlüsse können in keinem Fall die Befugnisse beeinträchtigen, die den Verwaltungsorganen der Eigentümergemeinschaften zustehen, aus denen sich der Zusammenschluss der Gemeinschaften bildet.

4. A los complejos inmobiliarios privados que no adopten ninguna de las formas jurídicas señaladas en el apartado 2 les serán aplicables, supletoriamente respecto de los pactos que establezcan entre sí los copropietarios, las disposiciones de esta Ley, con las mismas especialidades señaladas en el apartado anterior.

4. Auf diejenigen privaten Immobilienkomplexe, welche keine der im zweiten Absatz aufgezeigten rechtlichen Formen annehmen, sind in Ergänzung zu den Übereinkünften, welche die Miteigentümer untereinander getroffen haben, die Vorschriften dieses Gesetzes mit den gleichen im vorhergehenden Absatz bezeichneten Besonderheiten anwendbar.

DISPOSICIÓN ADICIONAL

ZUSATZBESTIMMUNG

1. Sin perjuicio de las disposiciones que en uso de sus competencias adopten las Comunidades Autónomas, la constitución del fondo de reserva regulado en el

1. Ungeachtet der Verfügungen, welche die autonomen Regionen in Ausübung ihrer Kompetenzen erlassen, wird die Schaffung des in Artikel 9.1.f.) normier-

artículo 9.1.f) se ajustará a las siguientes reglas:

ten Rücklagenfonds folgenden Regelungen unterliegen:

a) El fondo deberá constituirse en el momento de aprobarse por la Junta de propietarios el presupuesto ordinario de la comunidad correspondiente al ejercicio anual inmediatamente posterior a la entrada en vigor de la presente disposición.

a.) Der Fond ist zu dem Zeitpunkt zu bilden, in welchem die Eigentümerversammlung den ersten ordentlichen Haushaltsplan beschließt, der unmittelbar auf das in Kraft treten der gegenständlichen Bestimmung folgt.

Las nuevas comunidades de propietarios constituirán el fondo de reserva al aprobar su primer presupuesto ordinario.

Die neu[entstanden]en Eigentümergemeinschaften werden den Rücklagenfonds bei Gelegenheit des Beschlusses ihres ersten ordentlichen Haushaltsplans schaffen.

b) En el momento de su constitución el fondo estará dotado con una cantidad no inferior al 2,5 por 100 del presupuesto ordinario de la comunidad. A tal efecto, los propietarios deberán efectuar previamente las aportaciones necesarias en función de su respectiva cuota de participación.

b.) Zum Zeitpunkt der Schaffung des Fonds, wird dieser mit einem Betrag ausgestattet, der nicht unter 2,5 Prozent des ordentlichen Haushaltsplans der Gemeinschaft liegt. Zu diesem Zweck haben die Eigentümer zuvor in Abhängigkeit ihrer jeweiligen Beteiligungsquote die erforderlichen Beiträge zu leisten.

c) Al aprobarse el presupuesto ordinario correspondiente al ejercicio anual inmediatamente posterior a aquel en que se constituya el fondo de reserva, la dotación del mismo deberá alcanzar la cuantía mínima establecida en el artículo 9.

c.) Bei der Annahme desjenigen ordentlichen Haushaltsplans, der unmittelbar auf das Haushaltsjahr folgt, in dem der Rücklagenfonds geschaffen wurde, muss die Ausstattung desselben den in Artikel 9 festgesetzten Mindestbetrag erreichen.

2. La dotación del fondo de reserva no podrá ser inferior, en ningún momento del ejercicio presupuestario, al mínimo legal establecido.

2. Die Ausstattung des Rücklagenfonds darf zu keinem Zeitpunkt des Haushaltsjahres, unter dem gesetzlich festgelegten Minimum liegen.

Las cantidades detraídas del fondo durante el ejercicio presupuestario para atender los gastos de las obras o actuaciones incluidas en el artículo 10 se computarán como parte integrante del mismo a efectos del cálculo de su cuantía mínima.

Die Beträge welche während des Haushaltsjahres aus dem Fonds entnommen wurden, um die Kosten der in Artikel 10 enthaltenen Bauarbeiten oder Maßnahmen zu decken, sind als fester Bestandteil desselben zum Zwecke der Berechnung seines Mindestbetrages anzurechnen.

Al inicio del siguiente ejercicio presu-puestario se efectuarán las aportacio-nes necesarias para cubrir las cantida-des detraídas del fondo de reserva con-forme a lo señalado en el párrafo anteri-or.

Zu Beginn des folgenden Haushaltsjah-res sind die erforderlichen Beiträge zu leisten, damit die, wie im vorhergehen-den Absatz beschrieben, aus dem Rück-lagenfonds entnommenen Beträge ge-deckt werden können.

DISPOSICIÓN TRANSITORIA PRIMERA

ERSTE ÜBERGANGSBESTIMMUNG

La presente ley regirá todas las comu-nidades de propietarios, cualquiera que sea el momento en que fueron creadas y el contenido de sus estatutos, que no podrán ser aplicados en contradicción con lo establecido en la misma.

Das vorliegende Gesetz gilt für alle Ei-gentümergemeinschaften, unabhängig davon, zu welchem Zeitpunkt sie ge-schaffen wurden und welchen Inhalts ihre Satzung ist, welche nicht im Wider-spruch zu dem in ihm Bestimmten An-wendung finden darf.

En el plazo de dos años, a contar des-de la publicación de esta ley en el «Bo-letín Oficial del Estado», las comunida-des de propietarios deberán adaptar sus estatutos a lo dispuesto en ella en lo que estuvieren en contradicción con sus preceptos.

Binnen einer Frist von zwei Jahren, zu zählen ab der Veröffentlichung dieses Gesetzes im «Boletín Oficial del Esta-do» [offizielles, staatliches Gesetzblatt], müssen die Eigentümergemeinschaften ihre Satzungen dort an das in ihm Be-stimmte anpassen, wo sie im Wider-spruch zu seinen Vorgaben stehen.

Transcurridos los dos años, cualquie-ra de los propietarios podrá instar ju-dicialmente la adaptación prevenida en la presente disposición por el procedi-miento señalado en el número segundo del artículo dieciséis.

Nach Ablauf von zwei Jahren kann jed-weder Eigentümer die in dieser Vor-schrift bezeichnete Anpassung gericht-lich mittels des in der zweiten Ziffer des in Artikel sechzehn bezeichneten Ver-fahrens einleiten.

DISPOSICIÓN TRANSITORIA SEGUNDA

ZWEITE ÜBERGANGSBESTIMMUNG

En los actuales estatutos reguladores de la propiedad por pisos, en los que esté establecido el derecho de tanteo y re-tracto en favor de los propietarios, se en-tenderán los mismos modificados en el sentido de quedar sin eficacia tal dere-cho, salvo que, en nueva junta, y por ma-yoría que represente, al menos, el 80 por 100 de los titulares, se acordaré el man-

In den bestehenden Satzungen, wel-che das Wohnungseigentum regeln und in denen Vorkaufsrechte zugunsten der Eigentümer begründet wurden, gelten selbige als in dem Sinne abgeändert, als dass ihnen keine Geltung mehr zu-kommt, wenn nicht in einer neuen Ver-sammlung und aufgrund einer Mehr-heit, welche wenigstens 80 Prozent der

tenimiento de los citados derechos de tanteo y retracto en favor de los miembros de la comunidad.

Eigentümer repräsentiert, die Beibehaltung der bezeichneten Vorkaufsrechte zugunsten der Mitglieder der Gemeinschaft beschlossen wird.

DISPOSICIÓN FINAL

Quedan derogadas cuantas disposiciones se opongan a lo establecido en esta ley.

SCHLUSSBESTIMMUNG

Es werden all diejenigen Bestimmungen widerrufen, welche dem in diesem Gesetz festgelegten entgegenstehen.

Teil V

Vorlagen und Hinweise

10

Hinweise

Die Verwendung von Mustertexten und Vorlagen erfreut sich nicht nur seit der umfassenden Verbreitung elektronischer Kommunikationsnetze und digitaler Datenträger immer grösserer Beliebtheit. Auch wenn sich die breite Bevölkerung möglicherweise erst durch das Internet einen umfassenderen, günstigen oder gar kostenlosen Zugang zu diesen Formulierungshilfen verschaffen konnte, greifen zahlreiche Berufsträger bereits seit geraumer Zeit auf solcherlei Werkzeuge zurück.

Trotz aller Vorteile welche solcherlei Hilfen bedeuten, sei der Laie davor gewarnt diese Textbausteine unvermittelt und ohne jegliche Prüfung einzusetzen, denn jeder Sachverhalt kann anders einzuordnen sein, und Besonderheiten die auf den ersten Blick lediglich kleinste Abweichungen vom Standardfall bedeuten, können dennoch eine wesentliche Anpassung erfordern, ohne welche ein Formular geeignet ist, mehr Schaden als Nutzen zu verursachen.

Anders als ein Berufsträger, der im Rahmen seiner professionellen Tätigkeit Vorlagen insbesondere deshalb verwendet, um wiederkehrende Tätigkeiten mit der entsprechenden Zeitersparnis effizienter umsetzen zu können, und bei welchem die erforderlichen theoretischen und praktischen Kenntnisse bei der Formularverwendung gewissermaßen im Hintergrund mit der Vorlage abgeglichen werden, beschränkt sich der Laie oftmals darauf Leerfelder auszufüllen, in dem Glauben damit alles Erforderliche getan zu haben.

Um dem Laien den Umgang mit den einschlägigen Formularen zu erleichtern, und ihm die wichtigsten Hinweise zu geben, die es gestatten sämtliche hier enthaltenen Vorlagen sinnvoll einzusetzen, haben wir diesem Kapitel einen Abschnitt vorgelagert, in welchem neben den jeweils einschlägigen Vorschriften auch der tiefere Sinn und Zweck der Muster und der in ihnen enthaltenen Textbausteine erläutert wird. Vor der Verwendung der sich anschließenden Texte sollte deshalb die Lektüre der ihnen gewidmeten Ausfüllhilfen stehen. Auch wenn dies niemals den fachlichen Rat eines Rechtsanwalts ersetzen kann, so werden doch hoffentlich die gröbsten Fehler vermieden.

Neben der fachlichen Hürde die der Laien bei der Verwendung der folgenden Formulare nehmen muss, gesellt sich möglicherweise auch die sprachliche. Sämtliche

Muster werden deshalb in einer zweisprachigen Fassung präsentiert. Während auf der linken Seite das spanische Originalformular abgedruckt wurde, befindet sich auf der gegenüberliegenden Seite eine Übersetzung in die deutsche Sprache.

Sämtliche Formulare sind auf das spanische Wohnungseigentumsgesetz gemünzt (Ley de Propiedad Horizontal). Die Verwendung in Katalonien erfordert demgemäß eine entsprechende Anpassung. Der Rahmen dieser Publikation wäre gesprengt worden, hätten auch die katalanischen Formulare Berücksichtigung gefunden.

10.1 Antrag auf Bescheinigung über den Schuldenstand (Solicitud de certificación sobre el estado de las deudas)

Anzuwendende bzw. beachtenswerte Vorschriften: Artikel 9 LPH

Hinweise:

- Der Erwerber einer Immobilie wird immer Interesse daran haben zu erfahren, ob, und wenn ja, in welcher Höhe Schulden gegenüber der Gemeinschaft bestehen.

- Denn gemäß Artikel 9.1.e.) 3. Absatz LPH steht der Erwerber einer Wohnung oder eines Geschäftsraums mit der erworbenen Immobilie selbst für die von den vorhergehenden Eigentümern gegenüber der Gemeinschaft geschuldeten Beträge ein (die sich aus einer Beteiligung an den allgemeinen Ausgaben ableiten – dies bis zur Grenze dessen, was auf den bereits verstrichenen Teil des bis zum Erwerb abgelaufenen Jahres entfällt, und den diesen unmittelbar vorhergehenden drei Jahren).

- Das Gesetz sieht in Artikel 9.1.e.) LPH vor, dass der die Immobilie übertragende Eigentümer bei Unterzeichnung der notariellen Urkunde den Nachweis über den Schuldenstand mittels Bescheinigung führen muss.

- Trotz der Pflicht des Verkäufers, diese Bescheinigung zum Beurkundungstermin des Übertragungsgeschäfts beizubringen, kann der Erwerber ihn hiervon befreien. Dies geschieht regelmäßig dann, wenn besondere Eile geboten ist und der Erwerber der Aussage des bisherigen Eigentümers auch ohne Bescheinigung Glauben schenken möchte.

- Der Sekretär hat gemäß Artikel 9.1.e.) 4. Absatz LPH die Pflicht, solch eine Bescheinigung auf Antrag binnen sieben Tagen auszustellen.

- Zur Ausfertigung der Bescheinigung muss der Sekretär den Sichtvermerks des Präsidenten einholen.

- Der Sekretär und der Präsident haften für die Richtigkeit des Bescheinigten ebenso wie für etwaige, sich aus einer verspäteten Abgabe ergebenden Nachteile.

10.2 Bescheinigung über den Schuldenstand (Certificación sobre el estado de deudas)

Anzuwendende bzw. beachtenswerte Vorschriften: Artikel 9 LPH

Hinweise:

- Gemäß Artikel 9.1.e.) 3. Absatz LPH steht der Erwerber einer Wohnung oder eines Ladenlokals mit der erworbenen Immobilie selbst für die von den vorhergehenden Eigentümern gegenüber der Gemeinschaft geschuldeten Beträge ein (die sich aus einer Beteiligung an den allgemeinen Ausgaben ableiten - dies bis zur Grenze dessen, was auf den bereits verstrichenen Teil des bis zum Erwerb abgelaufenen Jahres entfällt, und den diesem unmittelbar vorhergehenden drei Jahren).

- Das Gesetz sieht in Artikel 9.1.e.) LPH vor, dass der die Immobilie übertragende Eigentümer bei Unterzeichnung der notariellen Urkunde den Nachweis über den Schuldenstand mittels Bescheinigung führen muss.

- Trotz der Pflicht des Verkäufers, diese Bescheinigung zum Beurkundungstermin des Übertragungsgeschäfts beizubringen, kann der Erwerber ihn hiervon befreien. Dies geschieht regelmäßig dann, wenn besondere Eile geboten ist und der Erwerber der Aussage des bisherigen Eigentümers auch ohne Bescheinigung glauben schenken möchte.

- Der Sekretär hat gemäß Artikel 9.1.e.) 3. Absatz LPH die Pflicht, solch eine Bescheinigung auf Antrag binnen sieben Tagen auszustellen.

- Zur Ausfertigung der Bescheinigung bedarf es des Sichtvermerks des Präsidenten.

10.3 Mitteilung der Eigentumsübertragung (Comunicación de cambio de titularidad de la propiedad)

Anzuwendende bzw. beachtenswerte Vorschriften: Artikel 9 LPH

Hinweise:

- Gemäß Artikel 9.1.i.) LPH ist der Alteigentümer bei einer Übertragung des Sondereigentumselementes verpflichtet, dies gegenüber dem Sekretär der Gemeinschaft anzuzeigen.

- Wenngleich die Ämter des Sekretärs und Verwalters unabhängig voneinander bestellt werden können, herrscht die Ausübung in Personalunion vor. Damit keine Abgabe gegenüber dem falschen Organ erfolgt, muss dennoch geprüft werden, wer tatsächlich das Amt des Sekretärs ausübt.

- Erfolgte keine ausdrückliche Ernennung des Sekretärs, gilt das Amt als vom Präsidenten bekleidet. Wurde weder das Amt des Sekretärs noch das des Verwalter vergeben, werden alle diese Ämter in Personalunion durch den Präsidenten der Gemeinschaft ausgeübt.

- Die Mitteilung muss in der Art und Weise erfolgen, dass der Eigentümer im Stande ist, Nachweis über den Erhalt derselben durch den Sekretär zu führen.

- Ein Einschreiben mit Rückschein erfüllt diese Anforderung nur bedingt, da kein Nachweis über den Inhalt des Einschreibens geführt werden kann.

- Es ist anzuraten, die Übermittlung per Burofax (mit Zertifizierung des Inhalts und Empfangsbestätigung) durchzuführen, oder wenn die Möglichkeit einer persönlichen Übergabe besteht, den Sekretär eine Kopie der übergebenen Mitteilung als Empfangsbestätigung gegenzeichnen zu lassen.

- Solange der ehemalige Eigentümer dieser Verpflichtung nicht nachkommt, haftet er gesamtschuldnerisch mit dem neuen Eigentümer für die Schulden, die nach der Übertragung gegenüber der Gemeinschaft entstanden sind (hiervon ungeachtet kann der alte Eigentümer den neuen in Regress nehmen). Diese Regelung ist nicht anwendbar, wenn eines der in Artikel 13 bestimmten Organe der Gemeinschaft vom Eigentümerwechsel anderweitig erfahren hat oder durch eindeutige Handlungen des neuen Eigentümers hiervon Kenntnis erlangte bzw. wenn die Übertragung offensichtlich ist.

- Die Mitteilung der Zustelladresse des neuen Eigentümers hat nicht durch den Alteigentümer zu erfolgen. Dies fällt vielmehr in den Verantwortungsbereich des Erwerbers. Sollte dieser seiner Pflicht nicht nachkommen, und keine besondere Anschrift gegenüber dem Sekretär der Gemeinschaft angeben, (wie durch Artikel 9.1.h.) LPH gefordert), fungiert ohnehin die in der Gemeinschaft gelegene Immobilie als Zustelladresse.

10.4 Antrag auf Gewährung des Zugangs zu Sondereigentum, um erforderliche Reparaturen durchzuführen (Solicitud de acceso a elemento privativo, para la realización de reparaciones necesarias)

Anzuwendende bzw. beachtenswerte Vorschriften: Artikel 9.1.c.), d.) LPH

Hinweise:

- Zu den Pflichten eines jeden Eigentümers gehört es, der Gemeinschaft Zugang zu seinem Sondereigentum zu gewähren, wenn dieser erforderlich ist, um Reparaturen am gemeinschaftlichen Eigentum zu ermöglichen.

- Für den Fall, dass der Zugang zum Sondereigentum notwendig ist, damit Dienstbarkeiten eingerichtet werden können, welche der Schaffung oder dem Betrieb von gemeinschaftlichen Anlagen oder Einrichtungen dienen, bedarf es zuvor eines entsprechenden wirksamen Beschlusses der Eigentümerversammlung, um den betroffenen Eigentümer verpflichten zu können.

- Der Eigentümer hat nicht nur den Zugang zu gestatten. Gegebenenfalls muss er ebenso die Durchführung von Bauarbeiten dulden, welche z.B. auch Mauerdurchbrüche umfassen können.

- Sollte sich ein Eigentümer weigern Zugang zu gewähren oder Arbeiten zu gestatten, kann die Eigentümergemeinschaft den Zugang im Zivilrechtsweg einklagen.

10.5 Mitteilung der Adressänderung für den Erhalt von Mitteilungen und Ladungen (Comunicación de cambio de domicilio para la recepción de notificaciones y citaciones)

Anzuwendende bzw. beachtenswerte Vorschriften: Artikel 9.1.h.) und 13.5 LPH

Hinweise:

- Die für den Erhalt von Mitteilungen und Ladungen anzugebende Adresse muss sich grundsätzlich in Spanien befinden, solange die Gemeinschaft keinen anderslautenden Beschluss getroffen hat.

- Die Mitteilung der Adressänderung muss gegenüber dem Sekretär der Gemeinschaft abgegeben werden.

- Wenn dem Sekretär keine andere Adresse vorliegt, gilt das in der Gemeinschaft befindliche Sondereigentum als gültige Anschrift.

- Wenngleich die Ämter des Sekretärs und Verwalters unabhängig voneinander bestellt werden können, herrscht die Ausübung in Personalunion vor. Damit keine Abgabe gegenüber dem falschen Organ erfolgt, muss geprüft werden, wer tatsächlich das Amt des Sekretärs ausübt.

- Erfolgte keine ausdrückliche Ernennung des Sekretärs, gilt das Amt als vom Präsidenten bekleidet. Wurde weder ein Sekretär noch ein Verwalter bestellt, werden beide Ämter durch den Präsidenten der Gemeinschaft in Personalunion ausgeübt.

- Die Mitteilung muss in der Art und Weise erfolgen, dass der Eigentümer im Stande ist, Nachweis über den Erhalt derselben durch den Sekretär zu führen.

- Ein Einschreiben mit Rückschein erfüllt diese Anforderung nur bedingt, da kein Nachweis über den Inhalt des Einschreibens geführt werden kann.

- Es ist anzuraten, die Übermittlung per Burofax (mit Zertifizierung des Inhalts und Empfangsbestätigung) durchzuführen, oder wenn die Möglichkeit einer persönlichen Übergabe besteht, den Sekretär eine Kopie der übergebenen Mitteilung als Empfangsbestätigung gegenzeichnen zu lassen.

10.6 An einen Eigentümer oder Bewohner bzw. Nutzer gerichtete Aufforderung, seine störenden oder verbotenen Aktivitäten einzustellen (Escrito dirigido a un propietario u ocupante, instándole el cese de sus actividades molestas o prohibidas)

Anzuwendende bzw. beachtenswerte Vorschriften: Artikel 7 LPH

Hinweise:

- Wie sich unmittelbar aus Artikel 7.2 LPH ergibt, ist es dem Eigentümer bzw. dem Nutzer oder Bewohner der Wohnung oder des Geschäftsraums nicht gestattet, in ihm oder dem Rest der Immobilie Aktivitäten nachzugehen, die durch die Satzung untersagt wurden, für die Anlage abträglich wären oder gegen die allgemeinen Bestimmungen über störende, gesundheitsschädigende, schädliche, gefährliche oder verbotene Aktivitäten verstoßen.

- Um Missverständnissen vorzubeugen, hier eine vereinfachte Übersicht darüber, was jeweils unter diesen Begriffen zu verstehen ist:

  - *dañoso*/abträglich: Schaffung allgemein negativer Einflüsse, die, ohne unmittelbar gesetzlich verboten zu sein, in einen Schaden münden

  - *molesto*/störend: negative Einflüsse, welche Beschwerlichkeiten schaffen

  - *insalubre*/(gesundheits-) schädlich: negativer Einfluss auf die menschliche Gesundheit

  - *nocivo*/(umwelt-) schädlich: negativer Einfluss auf die Umwelt

  - *peligroso*/gefährlich: Schaffung eines Risikos (Brand, Explosion, Strahlung, etc.)

  - *prohibido*/verboten: rechtswidrige Handlungen

- Neben abträglichen bzw. nach allgemeinen Bestimmungen störenden, gesundheitsschädigenden, umweltschädlichen, gefährlichen oder verbotenen Aktivitäten können die Eigentümer darüber hinaus dem Leben in der Gemeinschaft bzw. den dort ausgeübten Tätigkeiten zusätzliche Grenzen ziehen und Verbote aussprechen, wenn dies in geeigneter Weise in der Satzung bestimmt wird. So können einzelne Aktivitäten auch dann verboten werden, wenn diese lediglich subjektiv, und nicht etwa objektiven Maßstäben folgend, nachteilig oder von der Gemeinschaft ungewollt sind.

- Damit diese enger gezogenen Beschränkungen z.B. auch gegenüber späteren Erwerbern wirksam herangezogen werden können, ist dringend anzuraten, solcherlei Satzungen oder Satzungsänderungen ins Grundbuch einzutragen. Andernfalls sind diese gegebenenfalls nicht daran gebunden.

- Die Aufforderung an den Verursacher der Störung selbige zu beseitigen, erfolgt durch den Präsidenten der Gemeinschaft. Dies auf eigene Initiative des Präsidenten oder auf Verlangen eines Mitglieds der Gemeinschaft bzw. Bewohners.

- In Abhängigkeit von der Art der Störung bzw. des Verstoßes gegen die in der Satzung enthaltenen Regelungen, sollte eine mehr oder minder lange Frist zu deren Beseitigung eingeräumt werden.

- Die Mitteilung muss in einer Art und Weise erfolgen, die es der Gemeinschaft ermöglicht, einen Nachweis über den Erhalt derselben zu führen. Ein Einschreiben mit Rückschein erfüllt diese Anforderung nur bedingt, da kein Nachweis über den Inhalt des Einschreibens geführt werden kann. Es ist anzuraten, die Übermittlung per Burofax (mit Zertifizierung des Inhalts und Empfangsbestätigung) durchzuführen, oder wenn die Möglichkeit einer persönlichen Übergabe besteht, den Empfänger eine Kopie der übergebenen Mitteilung als Empfangsbestätigung gegenzeichnen zu lassen.

10.7 Antrag auf Aufnahme eines Tagesordnungspunktes in die Tagesordnung der nächsten Versammlung (Petición de inclusión de un punto en el orden del día de la próxima Junta)

Anzuwendende bzw. beachtenswerte Vorschriften: Artikel 7 LPH

Hinweise:

- Es gehört zu den Rechten der Eigentümer, die Aufnahme von Tagesordnungspunkten für kommende Versammlungen beantragen zu können.

- Der Antrag ist an den Präsidenten zu richten.

- Der Tagesordnungspunkt muss zunächst in die Ladung aufgenommen werden, um in der anschließenden Versammlung verhandelt werden zu können, da keine überraschenden, unangekündigten Tagesordnungspunkte Gegenstand der Versammlung sein dürfen (andernfalls wären die hiervon betroffenen Beschlüsse anfechtbar) - lediglich unter dem Punkt "Fragen und Bitten" dürfen unangekündigte Erörterungen (ohne Beschluss) erfolgen.

- Die Aufnahme eines Tagesordnungspunktes kann aber-berechtigterweise-unterlassen werden, wenn die Petition zu vage, also inhaltlich uneindeutig oder für die Gemeinschaft irrelevant ist.[1057]

- Trotz der Pflicht zur Berücksichtigung sinnvoller Vorschläge zu Tagesordnungspunkten sieht die LPH bei einem Verstoß des Präsidenten keine unmittelbare Sanktion vor. Sollte der Präsident der berechtigten Aufforderung eines Eigentümers nicht Folge leisten, kann er sich jedoch schadensersatzpflichtig machen.

- Es gibt kein spezielles Verfahren, welches auf die Durchsetzung der Forderung des Eigentümers auf Aufnahme seines Tagesordnungspunktes gerichtet ist. Artikel 249.1.8 LEC eröffnet jedoch der Eigentümerversammlung den Weg des all-

---

[1057] AP Madrid, Sec. 19, Urteil n° 53/2009 vom 29. Januar 2009, AP Soria, Sec. 1, Beschluss n° 50/2010 vom 2. Juli 2010.

gemeinen Zivilverfahrens zur Durchsetzung ihrer Rechte (die alleinige Durchsetzung von Geldforderungen wird ausdrücklich ausgeklammert und auf das hierfür vorgesehene Verfahren verwiesen). Auch wenn hier nicht die Gemeinschaft sondern der einzelne Eigentümer klagen wird, ist anerkannt, dass er in solcherlei Fällen im Interesse der Gemeinschaft auch unmittelbar tätig werden kann.[1058] Schließlich stellt sein (berechtigter) Antrag einen Beitrag zum Funktionieren der Gemeinschaft dar.

- Um einer Ablehnung des Antrags auf Aufnahme oder der einfachen Nichtbeachtung desselben rechtzeitig entgegentreten zu können, scheint es angeraten, sich die Aufnahme durch den Präsidenten schriftlich bestätigen zu lassen, wenn begründete Zweifel an seiner ordnungsgemäßen Amtsausübung bestehen. Sollte der Antragsteller keine oder eine ablehnende Antwort erhalten, bliebe Zeit, rechtliche Schritte einzuleiten. So könnte als vorbeugende Maßnahme gemäß Artikel 727.11 LEC beantragt werden, dass das Gericht den Präsidenten zur Aufnahme des fraglichen Tagesordnungspunktes verpflichtet. Gleichzeitig sollte mit Hinweis auf die Dringlichkeit der Entscheidung und der durch eine Verzögerung eintretenden Nachteile beantragt werden, von einer vorherigen Anhörung des Präsidenten nach Artikel 733 LEC abzusehen.[1059]

10.8 Antrag auf Abzeichnung des Protokollbuchs gegenüber dem Grundbuchamt (Instancia para diligenciar el libro de actas en el Registro de la Propiedad)

Anzuwendende bzw. beachtenswerte Vorschriften: Artikel 19 LPH, Artikel 415 Reglamento Hipotecario

Hinweise:

- Gemäß Artikel 19.1 LPH sind die Beschlüsse der Eigentümerversammlung in einem Protokollbuch festzuhalten. Dieses ist durch den Grundbuchrichter in der rechtlich vorgesehenen Weise abzuzeichnen.[1060]

- Gemäß Artikel 415 RH muss das Protokollbuch vor seiner Verwendung abgezeichnet werden.

- Solange nicht nachgewiesen wurde, dass ein bereits abgezeichnetes Protokollbuch vollständig verwandt wurde, kann kein neues Buch abgezeichnet werden.

- Für den Fall, dass das Protokollbuch verloren geht oder entwendet wurde, kann ein neues Buch abgezeichnet werden, wenn der Präsident oder der Sekretär der

---

[1058] Urteile des TS vom 3. Februar 1983, 23. November 1984, 12. Februar 1986, 7. Dezember 1987, 17. April 1990, 22. Oktober 1993, 8. November 1995, und 6. April 2006

[1059] Vicente Magro Servet, in El Derecho, Boletín "Propiedad Horizontal", vom 1. Januar 2011

[1060] Siehe hierzu Artikel 415 des Dekrets vom 14. Februar 1947, durch welches die Hypothekenverordnung beschlossen wird (Decreto de 14 de febrero de 1947, por el que se aprueba el Reglamento Hipotecario).

Gemeinschaft auf seine Verantwortung in notarieller Urkunde oder gegenüber dem Grundbuchrichter bestätigt, dass das Verschwinden oder die Zerstörung den Eigentümern, welche die Gemeinschaft bilden, mitgeteilt, oder dass die Entwendung zur Anzeige gebracht wurde.

- Zuständig für das Abzeichnen des Protokollbuches ist der Grundbuchrichter, in dessen Amtsbezirk die durch das spanische Wohnungseigentumsgesetz betroffene Immobilie liegt.

- Das Gesuch auf Abzeichnung erfolgt mittels Antrags, welcher folgende Angaben zu enthalten hat:

  - Identität des Antragstellers.

  - Bestätigung, dass er im Auftrag des Präsidenten handelt.

  - Identifikation der Eigentümergemeinschaft, und soweit vorhanden, deren Grundbuchdaten.

  - Datum des ersten Vermerks sowie des Schlusses des letzten Protokollbuches (hierauf kann verzichtet werden, wenn der Antragsteller auf seine Verantwortung bestätigt, dass im Vorhinein kein anderes Buch abgezeichnet wurde).

- Die Seiten des Buches, welches zur Abzeichnung vorgelegt wird, sind mit nicht löschbaren Zeichen zu nummerieren.

- Das Buch kann auch aus einer Loseblattsammlung bestehen.

- Die Abzeichnung erfolgt auf der ersten Seite des Buches. Sie gibt unter anderem Auskunft über das Datum, an welchem abgezeichnet wurde und sie beinhaltet die Daten, welche der Identifikation der Gemeinschaft dienen (gegebenenfalls Grundbuchdaten).

- Sollte ein neues Buch abgezeichnet worden sein, ohne dass das alte Buch aufgrund dessen Abhandenkommens vorgelegt werden konnte, ist dieser Umstand mit in der Abzeichnung anzugeben.

- Für den Fall, dass das alte Buch irgendwann wider Erwarten doch auftauchen sollte, darf in ihm nach Abzeichnung des neuen Buches dennoch keine Eintragung mehr vorgenommen werden. Auch hierüber hat die Abzeichnung im neuen Buch Hinweis zu geben.

- Der Grundbuchrichter hat die Abzeichnung binnen den auf den Antrag folgenden fünf Kalendertagen vorzunehmen. Die Frist verlängert sich auf fünfzehn Kalendertage, wenn ein wichtiger Grund vorliegt.

- Gegen die Ablehnung des Antrags kann innerhalb von fünfzehn Werktagen gegenüber der Generaldirektion der Grundbuchämter und Notariate (Dirección General de los Registros y del Notariado) ein Rechtsbehelf eingelegt werden.

- Sollte das Buch nicht binnen sechs Monaten ab der Vorlage abgeholt worden sein, schreitet der Grundbuchrichter zu dessen Zerstörung und fertigt hierüber eine Notiz.

10.9 Antrag auf Beseitigung architektonischer Hürden (Solicitud de eliminación de barreras arquitectónicas)

Anzuwendende bzw. beachtenswerte Vorschriften:

Ley 15/1995, de 30 de mayo, sobre Límites del dominio sobre inmuebles para eliminar barreras arquitectónicas a las personas con discapacidad // Gesetz 15/1995, vom 30. Mai, über Beschränkungen der Eigentümerrechte an Immobilien zur Beseitigung architektonischer Hürden gegenüber behinderten Menschen

Hinweise:

- Neben den im LPH vorgesehenen Möglichkeiten zur Veranlassung von Baumaßnahmen, die der Beseitigung architektonischer Hürden dienen, bietet das Gesetz 15/1995 einen alternativen Weg. Der betroffene Eigentümer muss dann jedoch für alle Baukosten selbst aufkommen.

- Im LPH gibt es, vereinfacht gesagt, bezüglich der Beseitigung architektonischer Hürden zwei voneinander zu unterscheidende Ansätze. Die Beseitigung architektonischer Hürden ist in demjenigen Ausmaß Pflicht, in welchem sie der Erfüllung der grundlegendsten Anforderungen an die allgemeine Barrierefreiheit dienen. Ist die allgemeine Barrierefreiheit sichergestellt und geht es um eine Maßnahme, welche über diese allgemeinen Mindestanforderungen hinausgeht, gilt es zu unterscheiden: Entweder kostet die Umsetzung der konkreten Veränderung jeden Eigentümer bis zu zwölf Monatsbeiträge zu den ordentlichen Gemeinschaftsausgaben, dann sind ebenfalls alle Eigentümer hierzu verpflichtet. Oder es existiert eine Mehrheit an Stimmen und Quoten, die einer solchen Maßnahme zustimmen. Auch dann sind alle Eigentümer zur Zahlung verpflichtet. Unabhängig davon, um welchen Betrag es sich handelt.

- Der durch das Gesetz 15/1995 aufgezeichnete Weg wird sich daher nur dann anbieten, wenn die Kosten der Maßnahme über dem zwölffachen monatlichen Beitrag liegen (und daher nicht nicht über Artikel 10.1.b.) LPH erzwungen werden können) und keine doppelte Mehrheit zu Gunsten der Maßnahme erzielt werden kann (da andernfalls alle Eigentümer kraft Beschlusses gemäß Artikel 17.2 LPH verpflichtet würden, ihren anteiligen Beitrag zu leisten).

- Voraussetzung für das Verfahren nach 15/1995 ist:

  - Der Kläger muss eine Behinderung haben (nur solche wie die in Artikel 3.1.a.) Gesetz 15/1995 beschriebenen) oder über 70 Jahre alt sein.

  - Die Baumaßnahmen müssen erforderlich sein, um den ungehinderten Zugang zu gestatten.

– Die Baumaßnahmen dürfen die Struktur des Gebäudes nicht verändern und müssen im Einklang mit der architektonischen Konzeption oder seiner gegebenenfalls historischen Erscheinung stehen. Ebenso wenig dürfen die in der Liegenschaft verwendeten (bereits zuvor bestehenden) Baumaterialien durch die geplante Veränderung beeinträchtigt werden. Die Sicherheit des Gebäudes darf unter den anvisierten Veränderungen nicht leiden.

– Der Kläger muss Eigentümer, Mieter, Nießbrauchsberechtigter oder Nutzer der in der Gemeinschaft gelegenen Immobilie sein (Artikel 2.1 Gesetz 15/1995).

– Bevor die Klage eingereicht werden kann, muss die Einholung einer entsprechenden Erlaubnis erfolglos verlaufen sein. Zu diesem Zweck ist die Gemeinschaft in Kenntnis der Erforderlichkeit der Baumaßnahme zu setzen und deren Genehmigung einzuholen. Da auch der Mieter, Nießbrauchsberechtigte oder Nutzer antragsberechtigt ist, muss in diesen Fällen ebenfalls die Erlaubnis des Eigentümers der Immobilie eingeholt werden. Diesen Schreiben muss ein detaillierter Bauplan bezüglich der beabsichtigten Baumaßnahmen beiliegen. Ebenso müssen die Behinderung bzw. das Alter nachgewiesen werden.

– Der kontaktierte Eigentümer und / oder die Gemeinschaft (gegebenenfalls ein Verbund von Gemeinschaften) haben nach der Aufforderung des Antragstellers auf Erteilung einer Genehmigung 60 Tage Zeit um Stellung zu nehmen. Wird eine Zusage erteilt, bedarf es keiner Klage. Erfolgt keine Rückmeldung ist dies wie eine Zusage zu werten. Die Rückmeldung bezüglich der Baumaßnahme kann einen Vorschlag darüber enthalten, auf welche Weise mittels einer alternativen Umsetzung eine geeignetere Lösung erzielt werden könnte. Der Antragsteller muss sich dann, bevor er Klage einreichen darf, darüber äußern, ob er diese Alternative akzeptiert oder nicht. Bei Ablehnung kann unmittelbar Klage eingereicht werden (siehe hierzu Artikel 5 Gesetz 15/1995).

10.10 Vollmacht zur Vertretung in der Eigentümerversammlung (Poder de representación en la Junta de Propietarios)

Anzuwendende bzw. beachtenswerte Vorschriften: Artikel 15 LPH

Hinweise:

• Derjenige Eigentümer, der daran gehindert ist, an einer Versammlung teilzunehmen, kann durch Erteilung einer Vollmacht einen Vertreter mit der Wahrung seiner Interessen betrauen.

• Die Vollmacht kann sowohl anderen Mitgliedern der Eigentümergemeinschaft wie auch Fremden erteilt werden.

- Diejenigen Eigentümer, die-z.B. mangels entsprechenden Alters-nicht geschäftsfähig sind, werden durch ihren gesetzlichen Vertreter repräsentiert.

- Gesellschaften üben ihr Stimmrecht mittels ihrer Vertretungsorgane aus, welche ihrerseits Vollmachten erteilen können.

- Es darf sowohl eine allgemeine Vollmacht für alle Versammlungen erteilt werden wie auch eine spezielle, welche lediglich für die Vertretung in einer einzigen Versammlung ausgelegt ist.

- Besteht ein Nießbrauchsrecht, so ist nicht der Nießbrauchsberechtigte sondern der Obereigentümer stimmberechtigt, weshalb letzterer nach seinem Willen einen Vertreter bestellen kann. Wenn der Obereigentümer einen Vertreter nicht ausdrücklich bestellt hat, gilt der Nießbrauchsberechtigte als vertretungsbefugt. Zu beachten ist jedoch, dass bei Beschlüssen, die Einstimmigkeit erfordern, oder wenn es sich um außerordentliche oder aber der Durchführung von Verbesserungen dienenden Baumaßnahmen handelt, die Vollmacht ausdrücklich zu erteilen ist.

- Das Gesetz sieht für die Vollmacht Schriftform vor.

- Die Vollmacht hat die Unterschrift des Eigentümers zu tragen.

- Die Vollmacht ist zu Beginn der Versammlung in dem Zeitpunkt vorzulegen, in welchem geprüft wird, wer zur Versammlung in erster / zweiter Einberufung erschienen ist.

- Sollte der zu vertretende Eigentümer fälligen Zahlungsverpflichtungen nicht nachgekommen sein und wurde dies entsprechend angezeigt (Ladung), kann auch eine Vertretung nur in dem Ausmaß stattfinden, in dem der Eigentümer über hiervon unberührte Recht verfügt. Der Vertreter wird in jedem Fall an der Versammlung teilnehmen können und sogar zu einzelnen Punkten Stellung nehmen bzw. sich erklären dürfen. Das Stimmrecht bleibt ihm allerdings (wenn Schulden bestehen und keine der gesetzlichen Sonderfälle vorliegt) versagt.

10.11 Benennung eines Vertreters bei Sondereigentumselementen die mehreren Eigentümern gehören (Designación de representante de copropietarios en proindiviso)

Anzuwendende bzw. beachtenswerte Vorschriften: Artikel 15 LPH

Hinweise:

- Da das Stimmrecht lediglich durch eine einzige Person ausgeübt werden kann, muss für den Fall, dass ein Sondereigentumselement mehreren Eigentümern gemeinsam gehört, von diesen ein Vertreter benannt werden.

- Die Vertretung kann auf einen der Miteigentümer des Sondereigentumselements oder auch auf ein anderes Mitglied der Eigentümergemeinschaft bzw. auf eine für die Gemeinschaft fremde Person entfallen.

- Für den häufigen Fall, dass ein Sondereigentumselement einem Ehepaar gemeinsam gehört, ist zu beachten, dass in diesem Fall gemäß Artikel 1385 des Código Civil jeder Ehegatte bereits aufgrund Gesetzes zur Vertretung des jeweils anderen befugt ist, weshalb eine ausdrückliche Bevollmächtigung nicht erforderlich ist.

- Das Gesetz sieht für die Vollmacht Schriftform vor.

- Die Vollmacht hat die Unterschrift der Eigentümer zu tragen.

- Die Vollmacht ist zu Beginn der Versammlung in dem Zeitpunkt vorzulegen, in welchem geprüft wird, wer zur Versammlung in erster / zweiter Einberufung erschienen ist.

10.12 Mitteilung bezüglich der Durchführung von Bauarbeiten im Sondereigentum (Comunicación de obras en elemento privativo)

Anzuwendende bzw. beachtenswerte Vorschriften: Artikel 7 LPH

Hinweise:

- Die Mitteilung ist gegenüber dem Präsidenten der Gemeinschaft zu machen.

- Solange sich die Arbeiten nur auf das Sondereigentum erstrecken, bedarf es keiner Erlaubnis. Das vorliegende Schreiben stellt daher keinen Antrag auf eine Genehmigung dar. Eine solche wäre nicht erforderlich.

- Die Meldung der Arbeiten stellt auch die Erfüllung der sich aus Artikel 9.1.b.) LPH ergebende Pflicht dar, das Sondereigentum in einem Zustand zu erhalten, der sicherstellt, dass das gemeinsame Eigentum nicht beeinträchtigt wird. Gegebenenfalls erforderliche Kontrollen könnten dann durch die Gemeinschaft rechtzeitig veranlasst werden.

- Die Mitteilung ermöglicht außerdem, dass sich Dritte über den Umfang und die Zulässigkeit der Arbeiten informieren, wodurch unnötige Missverständnisse ausgeräumt werden können.

10.13 Mitteilung bezüglich des Erfordernisses, eilbedürftige Baumaßnahmen durchzuführen (Comunicación de la necesidad de la realización de obras urgentes)

Anzuwendende bzw. beachtenswerte Vorschriften: Artikel 7 LPH

Hinweise:

- Es gehört zu den Pflichten der Eigentümer, etwa erforderlich werdende dringende Reparaturen gegenüber dem Verwalter ohne Verzögerung anzuzeigen.

- Üblicherweise wird der Eigentümer den Verwalter telefonisch kontaktieren wollen, da dies die schnellste und einfachste Möglichkeit darstellt, die Hausverwaltung über dringend zu ergreifende Reparaturmaßnahmen in Kenntnis zu setzen. Zu einer Benachrichtigung des Verwalters mittels Brief wird angesichts der üblichen Postlaufzeiten wohl nur hilfsweise und im äußersten Notfall gegriffen werden, etwa wenn ein telefonischer Kontakt fehlschlägt oder nach der Versendung von e-mails oder Faxen weder eine Antwort eingeht noch irgendwelche Maßnahmen feststellbar sind. Trotz dessen kann es in Einzelfällen erforderlich sein, auch eine briefliche Mitteilung zu versenden oder sich den Empfang des Hinweises schriftlich bestätigen zu lassen, wenn etwa zu befürchten steht, dass man aufgrund schwieriger nachbarschaftlicher Beziehungen andernfalls ungerechtfertigterweise wegen des Verstoßes gegen die in Artikel 7.1.2 LPH bezeichneten Pflichten zur Verantwortung gezogen wird.

10.14 Mitteilung der Ablehnung eines Beschlusses (Manifestación de disconformidad con un acuerdo)

Anzuwendende bzw. beachtenswerte Vorschriften: Artikel 17 LPH

Hinweise:

- Diejenigen Abstimmungsgegenstände, auf welche Artikel 17.8 LPH anzuwenden ist (d.h. diejenigen bei denen die Kosten der Dienste und Einrichtungen nicht auf diejenigen Eigentümer umgelegt werden können, die in der Versammlung nicht ausdrücklich für den Beschluss gestimmt haben, sowie die Fällen in denen die beschlossene Veränderung oder Erneuerung nicht lediglich zur ausschließlichen Nutzung Einzelner durchgeführt wird) erfordern die Erzielung von Mehrheiten (bzw. Einstimmigkeit), bezogen auf alle Eigentümer und nicht lediglich bezogen auf die anwesenden oder vertretenen Eigentümern. Aus diesem Grund sind auch die Stimme der abwesenden Eigentümer zu berücksichtigen bzw. einzuholen.

- Zu diesem Zweck sind die abwesenden Eigentümer anzuschreiben und über das in der Versammlung erzielte vorläufige Abstimmungsergebnis in Kenntnis zu setzen.

- Die abwesenden Eigentümer haben dann für die Abgabe ihres Votums eine 30-Tages-Frist, welche mit Zustellung des in der Versammlung erzielten Abstimmungsergebnisses beginnt.

- Wenn der in der Versammlung abwesende Eigentümer keinen Gebrauch von seinem Recht macht, binnen dieser 30-Tages-Frist sein Stimmrecht auszuüben und sein Votum mitzuteilen, wird sein Schweigen als Zustimmung zum vorläufigen, durch die anwesenden Eigentümer getroffenen, Beschluss gewertet.

- Eine Begründung des Stimmverhaltens des Abwesenden muss nicht erfolgen, kann aber gegebenenfalls hilfreich sein, um Missverständnisse zu vermeiden oder erhöhten Anforderungen gerecht zu werden. Da Artikel 18.2 LPH zur Anfechtung eines Beschlusses voraussetzt, dass die (an der Versammlung teilnehmenden) Gegner desselben ihre Stimme unter Vorbehalt einer späteren Anfechtung abgegeben haben (salvar el voto) und Streit darüber besteht, welche Anforderungen an diesen Vorbehalt zu stellen sind, sollte die Stimmabgabe zur Sicherheit unter Berücksichtigung der strengsten Anforderungen erfolgen. Was diesbezüglich für die teilnehmenden Eigentümer kontrovers diskutiert wird, gilt dem Gesetzeswortlaut folgend zwar nicht unmittelbar für die abwesenden Eigentümer-dennoch kann eine eindeutige Ablehnung und die Androhung einer Anfechtung nicht schaden und im Zweifelsfall helfen, auch extensivsten Deutungen und höchsten Anforderungen gerecht zu werden.

- Zuständig für die Entgegennahme der von den Abwesenden im Nachhinein abgegebenen Stimmen ist derjenige, welcher das Amt des Sekretärs ausübt, weshalb die Abgabe der Stimme diesem gegenüber erfolgen muss.

- Auch für den in der Versammlung abwesenden Eigentümer gilt, dass sein Stimmrecht lediglich dann ausgeübt werden kann, wenn er seinen Zahlungsverpflichtungen gegenüber der Gemeinschaft nachgekommen ist. Der Schuldner hat in diesem Zusammenhang kein Stimmrecht. Ausnahmsweise sieht das Gesetz vor, dass wenn die geschuldeten Beträge bei Gericht oder einem Notar hinterlegt wurden, das Stimmrecht fortbesteht (vgl. Artikel 15.2 LPH). Daneben gestattet das spanische Wohnungseigentumsrecht die gerichtliche Anfechtung eines Beschlusses auch durch den Schuldner, wenn dieser die Neuverteilung der Beteiligungsquoten zum Gegenstand hatte (Artikel 18.2 LPH).

10.15 Mitteilung eines Dissidenten, bezüglich der Teilnahme an der Nutzung einer gemeinschaftlichen Solaranlage (Comunicación de la voluntad dc participar en el aprovechamiento de un sistema común de energía solar por propietario disidente)

Anzuwendende bzw. beachtenswerte Vorschriften: Artikel 17 LPH

Hinweis:

- Wer sich zunächst gegen die Schaffung oder Anpassung der in Artikel 17.1.2 LPH bezeichneten gemeinschaftlichen Einrichtungen (speziell normierte Telekommunikationsdienstleistungen, Anlagen zur Gewinnung erneuerbarer Energien, Zugängen zu neuen, kollektiven Stromversorgungseinrichtungen) ausgesprochen hat, muss sich weder an den Einrichtungs- noch an den Erhaltungskosten beteiligen.

- Möglicherweise ändert der ursprünglich gegen die Maßnahme votierende Eigentümer aber in Zukunft seine Meinung und wünscht beispielsweise ebenfalls die Nutzung einer Solaranlage. Wenn dies lediglich durch Anschluss oder Nutzung der neu geschaffenen-und durch ihn abgelehnten-Einrichtungen möglich ist, kann er die Erweiterung auf bzw. den Anschluss der bestehenden Infrastruktur an sein Sondereigentum beantragen. Gemäß Artikel 17.1.2 LPH muss er allerdings den Betrag entrichten, der damals auf ihn entfallen wäre, wenn er der Maßnahme zugestimmt hätte. Dieser Betrag ist weiterhin unter Anwendung des gesetzlichen Zinssatzes zu aktualisieren. Die Eigentümer, die ihre Meinung geändert haben, sollen auf diese Weise nicht durch ihre anfängliche Ablehnung wirtschaftlich besser gestellt werden.

10.16 Verfahren nach Billigkeit (Juicio de Equidad)-Antrag eines Eigentümers an das Gericht, ihn vom Präsidentenamt zu entbinden (Solicitud al Juzgado pidiendo un propietario su relevo del cargo de Presidente)

Anzuwendende bzw. beachtenswerte Vorschriften: Artikel 13, 17, 18.3 LPH, 45 und 52.1.8 LEC

Hinweise:

- Nur Eigentümer können zum Präsidenten berufen werden.

- Üblicherweise werden sich in der Gemeinschaft Eigentümer befinden, die gerne das Amt des Präsidenten bekleiden möchten oder sich zumindest nach Aufforderung hierzu bereit erklären. Daher stellt die Wahl des Präsidenten (mit dessen Einverständnis und entsprechender Kandidatur) die häufigste Methode zu seiner Bestimmung dar. Neben der Wahlmethode sieht das Gesetz in Artikel 13.2 LPH aber auch die Bestellung unter Anwendung des Losverfahrens oder durch turnusmäßige Ermittlung ausdrücklich vor. Letztgenannte Möglichkeiten kommen insbesondere dann zum Tragen, wenn niemand das Präsidentenamt bekleiden möchte und auf eine unparteiische Ermittlungsmethode zurückgegriffen werden muss.

- Wenngleich die Ernennung zum Präsidenten diesen verpflichtet, gewährt Artikel 13.2 i.V.m. 17.7 LPH-sollte jemand gegen seinen Willen zum Präsidenten berufen worden sein, oder aus gleich welchen Gründen dieses Amt nicht ausüben können-die Möglichkeit, ausnahmsweise von dieser Pflicht entbunden zu werden.

- Hierfür muss binnen eines Monats ab der Ernennung zum Präsidenten (also ab dem Tag, an dem die Versammlung abgehalten wurde, in welcher die Ernennung erfolgte) beim Gericht der hier beschriebene Antrag eingereicht werden (man beachte aber auch Artikel 19.3 LPH, wonach die Beschlüsse erst mit Unterzeichnung durch den Präsidenten und Sekretär vollstreckbar sind, wenn keine Unterzeichnung am Versammlungstag erfolgte, was also einen verzögerten Fristbeginn rechtfertigen könnte).

- Hat der ernannte Eigentümer nicht an der Versammlung teilgenommen, sollte diese Frist gemäß Artikel 18.3 2. Satz LPH nach h.M. erst mit Zustellung des Beschlusses beginnen, da ihm andernfalls die Möglichkeit dieser Klage unverschuldet genommen würde.

- Der Eigentümer, der zum Präsidenten berufen wurde, muss gewichtige Gründe vortragen können, welche tatsächlich einer Amtsausübung im Wege stehen. Hierfür genügt es nicht, dass er gegen seinen Willen berufen wurde. Zu den allgemein als berechtigt angesehenen Gründen gehören z.B. Krankheit, fortgeschrittenes Alter, verbunden mit hieraus resultierenden Beschränkungen, ständige Abwesenheit, fehlende Kenntnisse und Unzumutbarkeit bzw. Unfähigkeit diese zu erwerben.

- Sollten Dokumente die durch den Kläger ausgeführten Gründe belegen können, sind diese dem Antrag als Beweismittel beizufügen.

- Da das Gericht für den Fall, dass es der Begründung des Antragstellers folgt, einen neuen (vorläufigen) Präsidenten berufen sollte, sind dem Gericht zu diesem Zweck im Antrag die Namen und Adressen der übrigen Eigentümer mitzuteilen.

- Wurde in der Gemeinschaft das Losverfahren zur Bestimmung des Präsidenten festgelegt, sollte ebenso (so dies möglich ist) eine separate Liste mit den Namen der Eigentümer beigefügt werden, die zur vorübergehenden Amtsausübung bereit und geeignet wären. Dies könnte das Verfahren vereinfachen und zu einer tragbareren Entscheidung führen. Schließlich wird vermieden, dass der vom Gericht ernannte Übergangspräsident unmittelbar einen neuen Antrag stellt, um ebenfalls aus dem Amt entlassen zu werden. Ähnlich kann in den Fällen vorgegangen werden, in denen sich die Gemeinschaft auf eine turnusmäßige Ausübung des Präsidentenamtes geeinigt hat.

- Zuständig ist gem. Artikel 45 und 52.1.8 LEC das erstinstanzliche Gericht am Ort der Gemeinschaft.

- Der Richter entscheidet dann en equidad, d.h. die Entscheidung hat sich primär an den tatsächlichen Erfordernissen zu orientieren und eine faire bzw. gerechte Lösung darzustellen, anstatt sich lediglich am Gesetzeswortlaut zu orientieren. Es geht also um eine Entscheidung nach billigem Ermessen.

- Das Gericht muss gemäß Artikel 17.7.2 LPH binnen zwanzig Tagen entscheiden.

- Die Entschließung muss nach Artikel 17.7.2 LPH eine Entscheidung bezüglich der Verfahrenskosten beinhalten.

- In diesem Verfahren bedarf es keiner Vertretung durch Rechtsanwalt und Prozessbevollmächtigten.

- Regelmäßig wird nach h.M. jede Partei ihre eigenen Kosten tragen müssen, da üblicherweise niemandem die Hinderungsgründe vorgeworfen werden können und aufgrund mangelnden Anwaltszwangs keine wirklichen Verfahrenskosten entstehen müssen.

- In diesem Verfahren entstehen keine Gerichtsgebühren.[1061]

- Nach h.M. kann gegen die hieraus resultierende Entscheidung des Gerichts kein Rechtsmittel eingelegt werden.

- Aus rein praktischen Gründen, und zur Vermeidung eines Prozesses, wird teilweise empfohlen, als frisch ernannter Präsident wider Willen unverzüglich eine außerordentliche Versammlung einzuberufen (bevor die Monatsfrist des Artikels 13.2 LPH verstrichen ist), um in dieser die Gemeinschaft von der Bestellung eines neuen Präsidenten zu überzeugen.[1062]

10.17 Verfahren nach Billigkeit (Juicio de Equidad), Antrag auf Bestellung des Präsidenten durch das Gericht (Escrito al Juzgado solicitando la designación de Presidente)

Anzuwendende bzw. beachtenswerte Vorschriften: Artikel 13, 17, 18.3 LPH, 45 und 52.1.8 LEC

Hinweise:

- Das Amts des Präsidenten muss besetzt werden.

- Nur Eigentümer können das Amt des Präsidenten bekleiden. Selbst wenn es zunächst unmöglich sein sollte das Amt zu besetzen, darf es nicht einmal vorübergehend durch Dritte ausgeübt werden.

- Das Gesetz sieht in Artikel 13.2 LPH neben der Ernennung zum Präsidenten mittels Wahl ausdrücklich die Möglichkeit der Bestimmung mittels Los oder durch turnusmäßige Amtsübernahme vor. Letztere Möglichkeiten kommen insbesondere dann zum Tragen, wenn niemand das Präsidentenamt freiwillig bekleiden möchte und auf eine unparteiische Ermittlungsmethode zurückgegriffen werden muss. Vor der Stellung des hier beschriebenen Antrags müssen nach h.M. alle Varianten erfolglos ausgeschöpft worden sein-die Bestimmung des Präsidenten also tatsächlich unmöglich sein.

- Wenngleich die Ernennung zum Präsidenten den berufenen Eigentümer verpflichtet, gewährt ihm Artikel 13.2 i.V.m. 17.7 LPH ausnahmsweise die Möglichkeit-sollte jemand gegen seinen Willen zum Präsidenten bestellt worden sein, oder aus gleich welchen Gründen dieses Amt nicht ausüben können-von dieser Pflicht entbunden zu werden. Dies kann Ausgangspunkt für den hier beschriebenen Antrag sein, wenn nach der Entbindung eines Eigentümers vom Präsidentenamt niemand nachrückt.

[1061] Vgl. verbindliche Anfrage an das staatliche spanische Finanzamt, n° V2530-13, vom 29. Juli 2013.

[1062] Vgl. SP/FORM/88; Juicio de Equidad por nombramiento de Presidente.

- Sollte das Gericht dem Antrag folgen, bestellt es einen (Übergangs-) Präsidenten, bis die Gemeinschaft einen Nachfolger in der vom Gericht bestimmten Frist ernennt.

- Das Verfahren zur gerichtlichen Bestellung des (Übergangs-) Präsidenten unterliegt keiner gesetzlichen Frist.

- Es bedarf in diesem Verfahren nach h.M. keiner Vertretung durch Rechtsanwalt und Prozessvertreter.

- Damit das Gericht den (Übergangs-) Präsidenten bestimmen kann, sollten im Antrag die Namen aller Eigentümer (unter Hervorhebung der zur Amtsausübung bereiten und geeigneten) mitgeteilt werden (soweit es solcherlei Eigentümer gibt), damit aus ihren Reihen der (Übergangs-) Präsident bestellt werden kann.

- Zuständig ist gem. Artikel 45 und 52.1.8 LEC das erstinstanzliche Gericht am Ort der Gemeinschaft.

- Der Richter entscheidet en equidad, d.h. er hat sich nicht streng am Gesetzeswortlaut zu orientieren, sondern soll ausgehend von den Wirklichkeitserfordernissen eine faire bzw. gerechte Entscheidung treffen. Es geht also um eine Entscheidung nach billigem Ermessen.

- Das Gericht muss gemäß Artikel 17.7.2 LPH binnen zwanzig Tagen entscheiden.

- Die Entscheidung muss nach Artikel 17.7.2 LPH eine Entscheidung bezüglich der Verfahrenskosten beinhalten.

- Nach h.M. wird regelmäßig jede Partei ihre eigenen Kosten tragen müssen, da üblicherweise niemandem die Hindrungsgründe vorgeworfen werden können, die zur Unmöglichkeit der Ernennung eines Präsidenten führen, und da aufgrund des mangelnden Anwaltszwangs keine wirklichen Verfahrenskosten entstehen müssen.

- In diesem Verfahren fallen keine Gerichtsgebühren an.[1063]

- Nach h.M. kann gegen die Entscheidung des Gerichts kein Rechtsmittel eingelegt werden.

10.18 Antrag auf Durchführung des Juicio de Equidad, des Verfahrens nach billigem Ermessen, zur Herbeiführung einer Entscheidung über einen Beschlussgegenstand (Petición Juicio de Equidad)

Anzuwendende bzw. beachtenswerte Vorschriften: Artikel 17, 18.3 LPH, 45 und 52.1.8 LEC

[1063] Vgl. verbindliche Anfrage an das spanische Finanzamt, n° V2530-13.

Hinweise:

- Es ist in Rechtsprechung und Literatur sehr umstritten, welchen Charakter dieses Verfahren hat (z.B. Schiedsverfahren, Verfahren der freiwilligen Gerichtsbarkeit oder besonderer, aber dennoch an den Erfordernissen des ordentlichen Verfahrens orientierter Prozess).

- Aufgrund der unterschiedlichen Deutungen bestehen bezüglich der zu stellenden Anforderungen teils unvereinbare Auffassungen.

- Nach h.M. ist dieses Verfahrens (neben seinen zwei Varianten des Artikels 13.2 LPH) nur auf die Fälle anwendbar, in denen ein Beschluss nicht zustande kommt, dessen Gegenstand für das Funktionieren der Gemeinschaft unumgänglich ist (Organwahl, notwendige Erhaltungsmaßnahmen, Verabschiedung des Haushaltsplans). Das Verfahren des *Juicio de Equidad* ist hiernach also auf gewisse Angelegenheit beschränkt.

- Neben der inhaltlichen Beschränkung wird ebenso gefordert, dass der Vorschlag nicht nur nicht zustande kam, sondern es müssen eine sog. Pattsituation oder gegenteilige Mehrheiten bestehen. Z.B. gleiche Stimmen- und Quotenzahl auf beiden Seiten (insbesondere bei sehr kleinen Gemeinschaften) oder eine Stimmenmehrheit für einen Vorschlag, aber eine zeitgleich fehlende Quotenmehrheit.

- Sinn und Zweck dieses Verfahrens ist nicht die Überwindung oder Ersetzung der Gemeinschaftsentscheidungen durch das Gerechtigkeitsempfinden des Gerichts. Wenn daher ein Beschluss an eindeutigen Mehrheiten scheitert, scheidet auch dieses Verfahren aus.

- Nach h.M. muss in zwei Versammlungen versucht worden sein, eine positive Entscheidung über den Beschlussgegenstand zu erreichen, bevor der Weg dieses Verfahren beschritten werden kann.

- Es muss binnen eines Monats nach der zweiten Versammlung, in welcher der Vorschlag abgelehnt wurde, beim Gericht der Antrag eingereicht werden.

- Antragsbefugt sind alle stimmberechtigten Eigentümer. Nach h.M. auch die Abwesenden.

- Antragsgegner sind diejenigen, welche gegen den Beschluss gestimmt haben. Nach h.M. auch diejenigen, die sich enthalten haben und gemäß der Auffassung einzelner Autoren sogar diejenigen, die nicht an der Versammlung teilnahmen.

- Je nachdem, ob der abwesende Eigentümer den Antrag mitträgt oder nicht, kann er also nach einzelnen Auffassungen auf der Antragsteller- oder Antragsgegnerseite stehen.

- Nach h.M. gibt es keine besonderen Formerfordernisse, wenngleich sich die Schriftform als Voraussetzung offensichtlich aufdrängt.

- Es bedarf nach h.M. keiner Vertretung durch Rechtsanwalt und Prozessvertreter.

- Zuständig ist gem. Artikel 45 und 52.1.8 LEC das erstinstanzliche Gericht am Ort der Gemeinschaft.

- Dem Antrag sind all diejenigen Unterlagen beizufügen (Grundbuchauszug, Kaufurkunde, Sitzungsprotokolle), aus denen sich für das Gericht ableiten lässt, dass alle Voraussetzungen des *Juicio de Equidad* vorliegen.

Insbesondere muss das Gericht anhand der Unterlagen prüfen können:

- eigene (örtliche) Zuständigkeit

- Einhaltung der 1-Monats-Frist nach der zweiten Versammlung

- dass zwei unabhängige Versammlungen mit ihren jeweiligen Einberufungen korrekt abgehalten wurden

- dass in keiner dieser beiden Versammlungen der angestrebte Vorschlag angenommen wurde

- das es sich um eine für das Funktionieren der Gemeinschaft unabdingbare Angelegenheit handelt

- dass eine Pattsituation besteht bzw. dass sich widersprechende Mehrheiten gegenüberstehen, so dass keine eindeutige Ablehnung des Beschlussgegenstandes gegeben ist, welche einer Entscheidung des Gerichts entgegenstehen würde

- Das Gericht muss gemäß Artikel 17.7.2 LPH binnen zwanzig Tagen entscheiden.

- Die Entschließung muss nach Artikel 17.7.2 LPH eine Entscheidung bezüglich der Verfahrenskosten beinhalten.

- Regelmäßig wird nach h.M. jede Partei ihre eigenen Kosten tragen müssen, da niemandem die Uneinigkeit unter den Eigentümern vorgeworfen werden kann, und aufgrund mangelnden Anwaltszwangs keine unvermeidlichen Verfahrenskosten entstehen können.

- In diesem Verfahren fallen auch keine Gerichtsgebühren an.[1064]

- Nach h.M. können gegen die Entscheidung des Gerichts keine Rechtsmittel eingelegt werden.

- In Rechtsprechung und Literatur wird oftmals vertreten, dass die Entschließung des Gericht eine Art Beschluss der Eigentümerversammlung darstellt, weshalb seine Folgen, wie die eines jeden anderen Beschlusses auch, durch eine entsprechende spätere Entscheidung der Versammlung, durch Wiederherstellung

---

[1064] Vgl. verbindliche Anfrage an das spanische Finanzamt, n° V2530-13.

des ursprünglichen Zustands in gewisser Weise oftmals wieder rückgängig gemacht werden können.

10.19 Außergerichtliche Zahlungsaufforderung an einen Schuldner (Requerimiento de pago de deudas)

Anzuwendende bzw. beachtenswerte Vorschriften: Artikel 9.1. e.), f.), 9.2, 21 LPH

Hinweise:

- Gemäß Artikel 21.3 LPH sind die mit der Zahlungsaufforderung verbundenen Kosten bei einem sich anschließenden Mahnverfahren auf Antrag erstattungsfähig, solange der schriftliche Nachweis erbracht werden kann, dass diese tatsächlich erfolgte, und dem Antrag ein Beleg über die entstandenen Kosten beigefügt wird.

- Nach Artikel 394.3 LEC sind für den Fall, dass der Gegner die im Mahnantrag gestellte Forderung begleicht bzw. dem Antrag nicht widerspricht und auf diese Weise die Befriedigung stattfindet, ohne in das streitige Verfahren übergehen zu müssen, besondere Vorschriften bezüglich der Kostentragungspflicht zu beachten. Die Anwaltskosten des Antragstellers sind dem Gegner in diesen Fällen lediglich bis zur Höhe von 1/3 der Hauptforderung aufzuerlegen. Trotz dieser Vorschrift neigen viele Richter dazu, dem Antragsgegner gemäß 394.3.2 LEC dennoch alle Kosten aufzuerlegen, wenn diese das Verhalten des Antragsgegners als verwerflich, weil offensichtlich unangemessen ansehen. Für diese Beurteilung werden die Gesamtumstände berücksichtigt, weshalb der außergerichtlichen Zahlungsaufforderung besondere Bedeutung zukommt.

10.20 Bescheinigung über die Abrechnung des Schuldenstands (Certificación sobre la liquidación de deudas)

Anzuwendende bzw. beachtenswerte Vorschriften: Artikel 9 und 21 LPH

Hinweise:

- Die Zertifizierung über den Schuldenstand ist eine der Zulässigkeitserfordernisse des Mahnverfahrens. Ohne Bescheinigung bzw. geeigneten Nachweis, kein Mahnverfahren.

- Es reicht nicht aus, dass lediglich der Schuldner und / oder seine Schulden in allgemeiner Art und Weise bezeichnet werden. Vielmehr soll der genaue Inhalt des Beschlusses bescheinigt werden, in welchem die Schulden ermittelt bzw. festgestellt wurden.

- Sinnvollerweise sollte sich aus dem bescheinigten Beschluss ebenso ergeben, dass ein gerichtliches Vorgehen beschlossen wurde. Der Gesetzeswortlaut spricht zwar nur von der Pflicht zur Bescheinigung des Beschlusses über die

Abrechnung der Schulden-der Präsident bedarf jedoch der Einräumung entsprechender Befugnisse durch die Gemeinschaft, um gerichtliche Maßnahmen ergreifen zu können. Wenn das gerichtliche Vorgehen separat in einem anderen Beschluss vereinbart wurde, sollte auch dieser in der Bescheinigung wiedergegeben werden. Aus den gleichen Gründen wäre es angebracht, auch seine Berechtigung zur Erteilung von Prozessvollmachten an Anwälte und Prozessvertreter mittels Wiedergabe des entsprechenden Beschlusses zu bestätigen. Über die Erforderlichkeit all dieser Bestätigungen und die Anforderungen an deren Umfang herrscht in Rechtsprechung und Literatur Streit. Gerade deshalb sollten die Beschlüsse sicherheitshalber möglichst detailliert und erschöpfend sein. Gleiches gilt für die entsprechende Bescheinigung. Wird dies im Vorhinein berücksichtigt, stellt die Erfüllung dieser Anforderungen kein Problem dar, und die sich aus einem übertriebenen Formalismus (des Gegners oder Gerichts) ableitenden Verfahrensrisiken werden auf ein Mindestmaß reduziert.

- Der Präsident hat einen Sichtvermerk auf der Bescheinigung anzubringen. Die Möglichkeit des Präsidenten, die Bescheinigung genauestens auf ihre Richtigkeit hin zu überprüfen, schafft weitere Sicherheit und verleiht ihr höhere Beweiskraft.

10.21 Beitreibung offener Geldforderungen mittels Mahnverfahrens gemäß Artikel 21 LPH (Reclamación de deudas mediante procedimiento monitorio del art. 21 LPH)

Anzuwendende bzw. beachtenswerte Vorschriften: Artikel 9 und 21 LPH, 812 ff., 394, 21, 45, 52 und 404 ff. LEC

Hinweise:

- Das Mahnverfahren ist zulässig bei Geldforderungen bis 250.000 Euro.

- Das Mahnverfahren kann, muss aber nicht zwingend verwendet werden, um geschuldete Beiträge zu den Gemeinschaftsausgaben einzufordern. Diese können auch unmittelbar in einem streitigen Verfahren eingeklagt werden.

- Der Antrag auf Durchführung des Mahnverfahrens kann ohne Anwalt und Prozessvertreter gestellt werden.

- Sollte der Gegner dem Antrag widersprechen, so muss bei einem Streitwert über 6.000 Euro binnen 1 Monats vom Antragsteller Klage eingereicht werden. In diesem Fall besteht Anwaltszwang und die Pflicht, sich eines Prozessvertreters zu bedienen. Bei einem Streitwert unter 6.000 Euro geht das Verfahren ins streitige Verfahren ohne gesonderte Klageeinreichung über. Es ist dann weiter zu unterscheiden: Beläuft sich die Forderung auf über 2.000 Euro, bedarf es auch hier der Vertretung durch einen Anwalt sowie eines Prozessvertreters. Liegt die Höhe der Forderung darunter, besteht weder Anwaltszwang noch die Pflicht einen Procurador (Prozessvertreter) zu beauftragen.

- Der Gegner bedarf für seinen Widerspruch eines Anwalts und eines Prozessvertreters, wenn die Forderung 2.000 Euro übersteigt.

- Es empfiehlt sich in jedem Fall, einen Rechtsanwalt einzuschalten. Einerseits können auf diese Weise oftmals schwerwiegende Fehler vermieden werden, andererseits gelten für Mahnverfahren, in denen Beiträge zu den Gemeinschaftsausgaben eingefordert werden, besonderen Vorschriften, was die Kostentragungspflicht des Gegners angeht. So wird in vielen Fällen der Gegner vollständig die Verfahrenskosten tragen müssen. Ein Verzicht auf professionelle Beratung ist dann regelmäßig nicht sinnvoll.

- Voraussetzungen des Mahnverfahrens:

  - Die gegenüber der Gemeinschaft bestehenden Schulden müssen mittels Beschluss (individualisiert auf den jeweiligen Schuldner) festgestellt und abgerechnet worden sein.

  - Dieser Beschluss hat möglichst genaue Angaben darüber zu enthalten, wie sich die Schulden zusammensetzen. Er sollte Aufschluss über den Entstehungsgrund, Zeitraum und Höhe geben.

  - Im selben Beschluss (alternativ auch in einem anderen Beschluss) sollte sinnvollerweise der Präsident bevollmächtigt werden, gerichtliche Maßnahmen zur Durchsetzung der offenen Forderungen zu ergreifen. Andernfalls würden nicht die Voraussetzungen des Artikels 21.1 LPH erfüllt, nach denen die Gemeinschaft die Ergreifung gerichtlicher Maßnahmen beschließen muss. Der Präsident sollte ebenso ausdrücklich autorisiert werden, sich zu den beschriebenen Zwecken der Dienste von Anwälten und Prozessvertretern bedienen zu können und Vollmachten erteilen zu dürfen. Auf diese Weise werden Zweifel über den Umfang seiner Befugnisse, und damit verbundene mögliche Angriffspunkte, vermieden.

  - Natürlich sollte der Beschluss (bzw. die Beschlüsse) aus dem entsprechenden Tagesordnungspunkt, welcher in der Ladung ordnungsgemäß angekündigt wurde, hervorgehen, um eine Anfechtung des Beschlusses (bzw. der Beschlüsse) aufgrund dieses Mangels auszuschließen.

  - Die Beschlüsse bedürfen im ersten Einberufungstermin der Mehrheit der Stimmen und Quoten aller Eigentümer, im zweiten Einberufungstermin genügt die Mehrheit der Stimmen und Quoten der Anwesenden.

  - Der beschriebene Beschluss muss dem Schuldner mitgeteilt worden sein. Am Besten sollte Nachweis hierüber geführt werden können (Burofax oder Übergabe durch Notar, wenn eine persönliche Übergabe mit Empfangsbestätigung nicht möglich ist).

  - Über den Beschluss hat der Sekretär der Gemeinschaft eine Bescheinigung auszustellen. Diese Bescheinigung sollte möglichst umfassend sein und den Beschluss vollständig wiedergeben. Eine zusammenfassende Bescheinigung in der z.B. lediglich der Name des / der Schuldner oder die jeweiligen Gesamtbeträge ausgewiesen werden, erfüllt nicht die regelmäßig gestellten Anforderungen.

- Bezüglich des für das Mahnverfahren zuständigen Gerichts existiert in den vorliegenden Fällen ein Wahlrecht. Die Gemeinschaft kann nach den allgemeinen Regeln für das Mahnverfahren den Antrag am für den Wohnsitz des Antragsgegners zuständigen Gericht Erster Instanz stellen oder die spezielle Zuständigkeitsregelung für die das Wohnungseigentumsrecht betreffenden Streitigkeiten nutzen. Hiernach kann der Mahnantrag ebenso beim für den Belegenheitsort der Gemeinschaft örtlich zuständigen erstinstanzlichen Gericht eingereicht werden.

- Der Antrag kann unter Umständen gegen mehrere Personen gerichtet werden. Die Pflicht zur Beteiligung an den Gemeinschaftsausgaben trifft unmittelbar denjenigen, der zum Zeitpunkt der Entstehung der Zahlungspflicht Eigentümer war. Hiervon unabhängig gilt zum Schutze der Gemeinschaft in gewissen Fällen eine Ausweitung dieser Zahlungspflicht. Der Alteigentümer, der das Eigentum überträgt, ist der Gemeinschaft (konkret dem Sekretär gegenüber) zur Anzeige derselben verpflichtet. Andernfalls haftet er gesamtschuldnerisch für die nach der Übertragung unbezahlt gebliebenen Beiträge. Umgekehrt können auch vom neuen Eigentümer die vom Alteigentümer hinterlassenen Schulden gesamtschuldnerisch eingefordert werden. Dies ist aber auf die Schulden begrenzt, die im Jahr der Übertragung und den drei unmittelbar vorhergehenden entstanden sind. Darüber hinaus kann sich die Forderung zusätzlich gegen den im Grundbuch geführten Eigentümer richten, wenn er nicht bereits zu dem aufgezeigten Personenkreis gehört.

- Der Mahnantrag sollte folgende Angaben enthalten:

  - Bezeichnung des Sondereigentumselementes (mit Adresse),

  - Name des / der Schuldner,

  - Adresse(n), unter welcher / welchen der / die Schuldner seinen / ihren Wohnsitz hat / haben

  - Bezeichnung der Eigentümergemeinschaft

  - Anschrift der Eigentümergemeinschaft

  - Grund und Höhe der bestehenden Forderung

  - falls es eine außergerichtliche Zahlungsaufforderung gegeben hat, den Nachweis über diese sowie der auf sie zurückgehenden Kosten

  - Angabe, wer für die Gemeinschaft handelt (Präsident bzw. Verwalter)

- Beim Präsidenten handelt es sich um den gesetzlichen Vertreter der Eigentümerversammlung. Um seine Vertretungsmacht zu dokumentieren, sollte daher eine Bescheinigung des Sekretärs über den Beschluss, in welchem er ernannt wurde, beigefügt werden (der Vollständigkeit halber kann zusätzlich auch eine Kopie des gesamten Protokolls angehängt werden). Der Verwalter wird nur ausnahmsweise die Gemeinschaft vor Gericht vertreten. Es sollte zu diesem Zweck eine Bescheinigung des Sekretärs über den Beschluss, in welchem er hierzu bevollmächtigt wurde, beigefügt werden (der Vollständigkeit halber sollte zusätzlich auch eine Kopie des gesamten Protokolls beiliegen). Dieser Nachweis wird unter anderem bereits dann zu erbringen sein, wenn der Präsident im Namen der Gemeinschaft einen Rechtsanwalt und Prozessvertreter beauftragen möchte, und zu diesem Zweck eine notarielle Prozessvollmacht erteilen muss. Ohne Nachweis über seine Amtsträgereigenschaft wird der Notar keine Vollmacht ausfertigen können.

- Zum Nachweis über die Eigentümerstellung des Schuldners sollte eine Bescheinigung des Grundbuchrichters über die Eigentumsverhältnisse am Sondereigentumselement beigefügt werden. Mittels solch einer Bescheinigung lässt sich nachweisen, wer aktuell als Eigentümer im Grundbuch geführt wird, und wer vor dessen Eintragung Eigentümer war. Sollte sich der Antrag gegen mehrere Schuldner richten (siehe oben), lässt sich so ihre Verbindung zum Sondereigentumselement und letztlich ihre gegebenenfalls bestehende Pflicht zur gesamtschuldnerischen Haftung aufzeigen. Alternativ kann auch ein einfacher Grundbuchauszug beantragt werden, welcher regelmäßig genügen durfte, aber keinen Aufschluss über vorhergehende Eigentümer gibt.

- Für den Fall, dass der Schuldner zu irgendeinem Zeitpunkt bereits Beiträge geleistet hat oder eine Einzugsermächtigung vorliegt, welche mangels Saldo oder wegen Widerrufs zum Ausbleiben der Zahlungen geführt hat, kann es sinnvoll sein dies anzugeben.

- Neben der Bescheinigung des Beschlusses, in welchem die Schulden abgerechnet wurden (welche unabdingbar ist), sowie des gesamten Protokolls der Versammlung, in welcher dieser zustande kam, kann es nützlich sein, in Kopie alle Protokolle beizufügen, aus denen sich die zu leistenden Beiträge und deren Nichtzahlung ergeben (immer bezogen auf den Zeitraum, in welchem die Schulden entstanden sind). Die Gemeinschaft verfügt über diese Dokumentation, und es sollte ein leichtes sein sie zusammenzustellen. So können die Beitragspflichten und Ausfälle mittels Wirtschaftsplan und Jahresabrechnung lückenlos dokumentieren werden.

- Um die Stellung des Mahnantrags zu erleichtern, sieht das Gesetz sogar die Möglichkeit der Verwendung von Formularen bzw. Mustern vor (siehe Artikel 814.1 LEC). Zu diesem Zweck hat der spanische Richterrat *Consejo General del Poder Judicial*, (kurz: CGPJ) das Formular erstellt, welches im Folgenden wiedergegeben wird.

Wie bei allen Formularen muss eine Anpassung an die besonderen individuellen Gegebenheiten erfolgen. Obwohl dies grundsätzlich für alle Muster gilt, ist im Rahmen von rechtlichen Auseinandersetzungen erhöhte Vorsicht geboten.

10.22 Hinterlegung der geschuldeten Beträge durch den Schuldner nach gerichtlicher Aufforderung im Rahmen des Mahnverfahrens (Deposito de las cantidades reclamadas al deudor tras la practica del requerimiento judicial en el seno del procedimiento monitorio)

Anzuwendende bzw. beachtenswerte Vorschriften: Artikel 21 LPH, 812 ff. insbesondere 817 LEC

Hinweise:

- Der Gegner kann im Mahnverfahren wählen, ob er der Forderung ganz bzw. teilweise entgegentritt oder ob er die Schuld anerkennt und den geschuldeten Betrag begleicht.

- Das Gericht räumt dem Gegner eine Frist von 20 (Werk-) Tagen ein (Samstage erfahren im spanischen Zivilprozessrecht die Einordnung eines Feiertags), um Stellung zu nehmen und gegebenenfalls den geforderten Betrag zu begleichen.

- Wurde der Nachweis über die Entrichtung des geforderten Betrags erbracht, erklärt das Gericht die Erledigung des Verfahrens.

10.23 Ladung zur ordentlichen Eigentümerversammlung (Convocatoria a Junta General Ordinaria)

Anzuwendende bzw. beachtenswerte Vorschriften: Artikel 9, 15, 16 LPH

Hinweise:

- Die ordentliche Eigentümerversammlung hat wenigstens einmal im Jahr zusammenzutreten.

- Es bedarf nicht unbedingt der Angabe, ob es sich um eine ordentliche oder außerordentliche Versammlung handelt. Dies ergibt sich unmittelbar aus den zu behandelnden Tagesordnungspunkten. Wird nur, oder unter anderem auch der Beschluss des Wirtschaftsplan und der Jahresabrechnung behandelt, so handelt es sich um eine ordentliche Versammlung, andernfalls handelt es sich um eine außerordentliche.

- Die Ladung muss mindestens über folgende Punkte Auskunft geben:

  - Ort, Datum und Uhrzeit, zu der die Versammlung einberufen wird

  - gegebenenfalls, zusätzlich zum unabdingbaren ersten Einberufungstermin, bereits den zweiten Einberufungstermin bestimmen. So wird vermieden, dass eine zweite Ladung verschickt werden muss (zu beachten ist, dass zwischen beiden Einberufungen mindestens eine halbe Stunde liegen muss)

  - Tagesordnung (Beschlüsse, die ohne Ankündigung des entsprechenden Tagesordnungspunkts zustandekommen, können angefochten werden)

- Initiatoren der Versammlung (Präsident, ein Viertel der Eigentümer, oder so viele Eigentümer, dass diese mindestens 25% der Beteiligungsquoten innehaben)

- welche Schuldner fällige Zahlungsverpflichtungen gegenüber der Gemeinschaft haben (diese Schuldner können zwar an der Versammlung teilnehmen, haben jedoch kein Stimmrecht. Ausnahme: Die Zahlungsverpflichtung wurde gerichtlich angefochten, bzw. die geschuldeten Beträge bei Gericht oder einem Notar hinterlegt).

- Es empfiehlt sich darüber hinaus die Angabe des Wochentages, an dem die Versammlung abgehalten werden soll, um Missverständnisse zu vermeiden.

- Die Ladung sollte die Unterschrift des Präsidenten tragen, wenn sie auf diesen zurückgeht (gegebenenfalls auch die des Sekretärs- und Verwalters), oder andernfalls die Unterschrift der Eigentümer, welche in Ausübung ihres in Artikel 16 LPH beschriebenen Rechts selbst die Einberufung veranlassen. Üblicherweise wird selbst in den Fällen, in denen die Versammlung von den Eigentümern gefordert wird, der Präsident auf Geheiß derselben die erforderliche Ladung veranlassen. Die Eigentümer können aber, wie gesehen, wenn die Voraussetzungen des Artikels 16.1 LPH vorliegen, unmittelbar selbst gemäß Artikel 16.2 LPH diese Handlung vornehmen (dies wird insbesondere dann geschehen, wenn es keinen Präsidenten gibt, dieser verhindert ist, oder sich weigert Ladungen zu versenden).

- Der Ladung sollten die Dokumente beigefügt werden, die wesentlich sind, damit sich die Eigentümer eine qualifizierte Meinung bilden können (Wirtschaftsplan, Jahresabrechnung, Kostenvoranschläge).

- Zuzustellen ist die Ladung an die dem Sekretär übermittelte Adresse in Spanien (Artikel 9.1. h.) LPH). Sollte dies nicht mitgeteilt worden sein, so gilt als Zustellanschrift das in der Gemeinschaft gelegene Sondereigentumselement.

- Die Ladung muss mindestens sechs Tage vor der eigentlichen Versammlung erfolgen. Wenn man die in Artikel 5.1 CC enthaltene Regel zur Fristberechnung berücksichtigt, in der bestimmt wird, dass bei Fristen die ab einem Zeitpunkt (hier Zustellung) und nach Tagen zu berechnen sind (hier sechs), die Frist erst mit dem auf diesem Zeitpunkt (hier Zustellung) folgenden Tag beginnt, würde dies bedeuten, dass für eine fristgerechte Zustellung folgende Voraussetzungen vorliegen müssen:

  Die Ladung wird zugestellt. Dieser Zustelltag wird nicht in die sechs-Tages-Frist einbezogen. Vielmehr müssen nach dem Tag der Zustellung noch sechs volle Tage verstreichen (hierbei handelt es sich um Kalendertage, nicht um Werktage). Erst nach vollständigem Ablauf der sechs Kalendertage, kann sozusagen frühestens am siebten Tag die Versammlung abgehalten werden.[1065]

10.24 Ladung zur außerordentlichen Eigentümerversammlung (durch die Eigentümer) (Convocatoria a Junta General Extraordinaria (por los propietarios))

Anzuwendende bzw. beachtenswerte Vorschriften: Artikel 9, 15, 16 LPH

Hinweise:

- Es besteht kein Zwang, außerordentliche Versammlungen abzuhalten. Es müssen keine, aber es dürfen so viele abgehalten werden wie erforderlich oder gewünscht.

- Es bedarf nicht unbedingt der Angabe, ob es sich um eine ordentliche oder außerordentliche Versammlung handelt. Dies ergibt sich unmittelbar aus den zu behandelnden Tagesordnungspunkten. Wird nur, oder unter anderem auch der Beschluss des Wirtschaftsplan und der Jahresabrechnung behandelt, so handelt es sich um eine ordentliche Versammlung, andernfalls handelt es sich um eine außerordentliche.

- Die Ladung muss mindestens über folgende Punkte Auskunft geben:

  - Ort, Datum und Uhrzeit, zu der die Versammlung einberufen wird

  - gegebenenfalls, zusätzlich zum unabdingbaren ersten Einberufungstermin, bereits den zweiten Einberufungstermin bestimmen. Auf diese Weise wird vermieden, dass eine zweite Ladung verschickt werden muss (zu beachten ist, dass zwischen beiden Einberufungen mindestens eine halbe Stunde liegen muss)

  - Tagesordnung (Beschlüsse, die ohne Ankündigung des entsprechenden Tagesordnungspunkts zustandekommen, können angefochten werden)

  - Initiatoren der Versammlung (Präsident, ein Viertel der Eigentümer, oder so viele Eigentümer, dass diese mindestens 25% der Beteiligungsquoten innehaben)

  - welche Schuldner fällige Zahlungsverpflichtungen gegenüber der Gemeinschaft haben (diese Schuldner können zwar an der Versammlung teilnehmen, haben jedoch kein Stimmrecht. Ausnahme: Die Zahlungsverpflichtung wurde gerichtlich angefochten, bzw. die geschuldeten Beträge bei Gericht oder einem Notar hinterlegt).

- Es empfiehlt sich darüber hinaus die Angabe des Wochentages, an dem die Versammlung abgehalten werden soll, um Missverständnisse zu vermeiden.

[1065] Siehe hierzu Tribunal Supremo, Sala I, de lo Civil. Urteil n° 433/2000 vom 26. April.

- Die Ladung sollte die Unterschrift des Präsidenten tragen, wenn sie auf diesen zurückgeht (gegebenenfalls auch die des Sekretärs- und Verwalters), oder andernfalls die Unterschrift der Eigentümer, welche in Ausübung ihres in Artikel 16 LPH beschriebenen Rechts selbst die Einberufung veranlassen. Üblicherweise wird selbst in den Fällen, in denen die Versammlung von den Eigentümern gefordert wird, der Präsident auf Geheiß derselben die erforderliche Ladung vornehmen. Die Eigentümer können aber, wie gesehen, wenn die Voraussetzungen des Artikels 16.1 LPH vorliegen, unmittelbar selbst gemäß Artikel 16.2 LPH diese Handlung vornehmen (dies wird insbesondere dann geschehen, wenn es keinen Präsidenten gibt, dieser verhindert ist, oder sich weigert eine Ladung zu versenden).

- Der Ladung sollten die Dokumente beigefügt werden, die wesentlich sind, damit sich die Eigentümer eine qualifizierte Meinung bilden können (z.B. Kostenvoranschläge).

- Zuzustellen ist die Ladung an die dem Sekretär übermittelte Adresse in Spanien (Artikel 9.1.h.) LPH). Sollte keine Mitteilung einer solchen Ladungsanschrift seitens des Eigentümers erfolgt sein, so gilt als Zustellanschrift das in der Gemeinschaft gelegene Sondereigentum.

- Wenngleich das Gesetz (im Gegensatz zur Ladung zu ordentlichen Versammlungen) keine konkret berechenbare Frist für die rechtzeitige Zustellung der Ladung zu einer außerordentlichen Versammlung vorsieht, wird doch gefordert, dass diese Ladung so rechtzeitig zugeht, dass jeder Eigentümer Kenntnis von Ihr nehmen konnte. Es gilt also Postlaufzeiten zu berücksichtigen, und zu kurzfristige Einberufungen zu vermeiden. Außerordentliche Versammlungen sind daher nicht unbedingt als Eilversammlungen zu verstehen.

10.25 Ladung zur Eigentümerversammlung mittels Aushang (Convocatoria en el tablón de anuncios)

Anzuwendende bzw. beachtenswerte Vorschriften: Artikel 9, 15, 16 LPH

Hinweise:

- Es gelten die gleichen Hinweise wie bei den übrigen Ladungen zu ordentlichen oder außerordentlichen Versammlungen, schließlich handelt es sich lediglich um eine subsidiär anzuwendende Zustellart mit Zugangsfiktion, wenn eine Zustellung in herkömmlicher Weise (Postzustellung, Einwurf, Übergabe etc.) scheitert.

- Die Zustellungsfiktion mittels Aushang gilt nur dann, wenn dieser vor Abhaltung der Versammlung, mindestens 3 Tage lang angebracht war. Unter Berücksichtigung von Artikel 5 des Código Civil, welcher unter anderem bestimmt, wie die nach Tagen bemessenen Fristen zu berechnen sind, gilt zu beachten, dass der Tag, an welchem zum Aushang geschritten wird, nicht in die Berechnung der 3-Tages-Frist einfließt. D.h., dass erst mit Ablauf des Tages, an welchem die Anbringung erfolgt, die 3-Tages-Frist beginnt. Die folgenden 3 Tage müssen vollständig ablaufen. Erst nach Ablauf dreier voller Tage wurde das Erfordernis des Artikels 9.1.h.) LPH erfüllt. Bei den gegenständlichen 3 Tagen handelt es sich im übrigen um Kalendertage, weshalb auch Feiertage mitzählen.

- Neben der Anbringung der Ladung erfordert die Zustellungsfiktion auch, dass ein ausdrücklicher Hinweis auf das Datum und die Gründe, aus denen heraus zu dieser Form der Benachrichtigung geschritten wurde, gegeben wird.

- Dieser Hinweis ist durch denjenigen, der das Amt des Sekretärs der Gemeinschaft ausübt, mit Zustimmung des Präsidenten, anzubringen.

- Das Gesetz sieht lediglich vor, dass ein Zustellversuch unter der dem Sekretär vom Eigentümer übermittelten Adresse unternommen wird, bzw. unter der Adresse des in der Gemeinschaft gelegenen Sondereigentums, wenn solch eine Mitteilung unterblieben ist. Es ist also nicht erforderlich, alle im Formular beschriebenen Versuche zu unternehmen. Trotzdem kann es Sinn machen, nach alternativen Kontaktmöglichkeiten zu suchen, um eine Zustellung mittels Aushang zu vermeiden.

- Es wird dringend geraten, nach Abhaltung der Versammlung den Aushang samt Hinweis vom schwarzen Brett zu entfernen und mit einem zweiten Hinweis, durch den Sekretär, zu versehen, in welchem der faktische Aushang und die Zeitspanne, während der dieser angebracht war, bescheinigt wird. Auf diese Weise lässt sich später leichter der Nachweis erbringen, dass eine ordnungsgemäße Ladung aller Eigentümer erfolgte.

10.26 Mitteilung des Protokolls der Eigentümerversammlung (Notificación del acta de la Junta)

Anzuwendende bzw. beachtenswerte Vorschriften: Artikel 19.3.1 LPH

Hinweise:

- Das Protokoll jeder abgehaltenen Versammlung ist allen Eigentümern zuzustellen.

- Dem Protokoll können Anhänge beigefügt werden, wenn dies für das bessere Verständnis erforderlich scheint oder die Informationspolitik der Gemeinschaft dies vorsieht. Zu beachten ist jedoch, dass auf diese Weise die Kopier- und Portokosten schnell zu einer erheblichen Belastung werden können, weshalb gründlich überlegt werden sollte, in welchem Umfang die Gemeinschaft insgesamt und ihre Mitglieder im Besonderen von solcherlei Anhängen tatsächlich profitiert. Vor allem, wenn diese Unterlagen bereits mit der Ladung versandt wurden oder eine genaue Kenntnis entbehrlich ist, sollte ganz auf sie verzichtet werden.

- Nach Artikel 21.2 LPH ist Zulässigkeitsvoraussetzung des Mahnverfahrens, dass dem Antragsgegner zuvor der Beschlusses mitgeteilt wird, aus welchen sich ergibt, dass die Gemeinschaft die ihr geschuldeten Beiträge abgerechnet, sprich beschrieben und beziffert hat. Es ist daher dringend anzuraten, dass die Zustellung dieses Beschlusses bzw. des gesamten Protokolls an den fraglichen Eigentümer nachgewiesen werden kann. Es bietet sich die Übermittlung mittels Burofax oder gegebenenfalls durch den Notar an, falls es nicht möglich sein sollte, sich vom Empfänger den Erhalt auf einer Kopie bestätigen zu lassen.

10.27 Mitteilung der vorläufigen Beschlüsse gegenüber den abwesenden Eigentümern (Notificación a los propietarios ausentes de los acuerdos provisionales)

Anzuwendende bzw. beachtenswerte Vorschriften: Artikel 17 LPH

Hinweise:

- Diejenigen Abstimmungsgegenstände, auf welche sich die Mehrheiten (bzw. die Einstimmigkeit) des Artikels 17 LPH beziehen, und nicht unter die in Artikel 17.8 LPH bezeichneten Ausnahmen fallen, erfordern die Mehrheit (bzw. die Einstimmigkeit) bezogen auf alle Eigentümern und nicht lediglich die in der Versammlung anwesenden oder vertretenen Eigentümer. Aus diesem Grund ist die Stimme der abwesenden Eigentümer einzuholen.

- Zu diesem Zweck sind die abwesenden Eigentümer anzuschreiben und über das in der Versammlung erzielte vorläufige Abstimmungsergebnis der Anwesenden in Kenntnis zu setzen.

- Die abwesenden Eigentümer haben für die Abgabe ihres Votums eine 30-Tages-Frist, welche nach der Zustellung des in der Versammlung erzielten Abstimmungsergebnisses beginnt.

- Wenn der in der Versammlung abwesende Eigentümer keinen Gebrauch von seinem Recht macht, binnen dieser 30-Tages-Frist sein Stimmrecht auszuüben und zu diesem Zweck sein Votum mitzuteilen, so wird sein Schweigen als Zustimmung zum vorläufigen (durch die Anwesenden getroffenen Beschluss gewertet.

- Zuständig für den Empfang der von den Abwesenden im Nachhinein abgegebenen Stimmen ist derjenige, welcher das Amt des Sekretärs ausübt.

10.28 Antrag auf Aufnahme von Tagesordnungspunkten für die nächste Eigentümerversammlung, welcher mit dem Protokoll der letzten Eigentümerversammlung übermittelt werden kann, um Vorschläge seitens der Eigentümer zu erleichtern (Solicitud de inclusión de puntos en el orden del día de la siguiente Junta / Modelo a incluir como anexo en la copia del acta de las Juntas que es remitido a los comuneros)

Anzuwendende bzw. beachtenswerte Vorschriften: Artikel 16 LPH

Hinweise:

- Die Eigentümer sind befugt, den Präsidenten zur Aufnahme einzelner
- Tagesordnungspunkte für die nächste Versammlung aufzufordern.
- Das Schreiben ist unmittelbar an den amtierenden Präsidenten der Gemeinschaft zu richten.

10.29 Protokoll über eine abgehaltene Eigentümerversammlung (Acta de una Junta)

Anzuwendende bzw. beachtenswerte Vorschriften: Artikel 19, 15.2, 16, 9, 17 LPH

Hinweise:

- An die Form und den Inhalt des Protokolls werden gewisse Mindestanforderungen gestellt.
- Gemäß Artikel 19.1 LPH ist vorgesehen, dass das Protokoll in schriftlicher Form und in einem eigens zu diesem Zweck geschaffenen Protokollbuch geführt wird.
- Dieses Protokollbuch ist vom Grundbuchrichter bzw. Grundbuchamt abzuzeichnen.
- Gemäß Artikel 19.2 LPH muss das Protokoll Aufschluss geben über:

  a) das Datum und den Ort, an welchem die Versammlung abgehalten wurde.

  b) den Urheber der Einberufung oder gegebenenfalls die Eigentümer, welche sie betrieben haben (nach Artikel 16.1 LPH kann eine Versammlung auf Wunsch des Präsidenten oder auf Antrag eines Viertels aller Eigentümer oder so vieler Eigentümer, dass auf sie wenigstens 25% der Beteiligungsquoten entfallen, einberufen werden. Die Einberufungen werden gemäß Artikel 16.2 LPH vom Präsidenten oder an seiner statt von den Betreibern der Versammlung vorgenommen. Artikel 16.3 LPH erlaubt ebenso die Abhaltung einer Versammlung-auch ohne Einberufung, wenn die Gesamtheit der Eigentümer zusammentritt und sich hierzu entschließt).

  c) den ordentlichen oder außerordentlichen Charakter der Versammlung sowie die Angabe, ob sie in erster oder zweiter Einberufung abgehalten wurde (zwischen der ersten und zweiten Einberufung muss mindestens eine halbe Stunde vergehen).

  d) die Namen aller Teilnehmer sowie der durch diese bekleideten Ämter und vertretenen Eigentümer (jeweils mit Angabe der entsprechenden Beteiligungsquote).

  e) die Tagesordnung der Versammlung.

f) die getroffenen Beschlüsse (falls für die Gültigkeit des Beschlusses von Bedeutung, unter Angabe der Namen der Eigentümer, welche für oder gegen
   denselben gestimmt haben, sowie deren jeweiliger Beteiligungsquoten).

- Artikel 15.2 LPH fordert die protokollarische Angabe, welche Eigentümer zum
  Zeitpunkt der Eröffnung der Versammlung aufgrund ihrer gegenüber der Gemeinschaft bestehenden fälligen Zahlungsverpflichtungen kein Stimmrecht
  ausüben können. Ihre Stimme und Beteiligungsquote darf zur Ermittlung der
  Erzielung gesetzlich vorgeschriebener Mehrheiten keine Beachtung finden.

- Neben den durch das Gesetz ausdrücklich geforderten Inhalten ist es ratsam,
  ebenso folgende Daten aufzunehmen:

  – Wochentag, an dem die Versammlung stattfand (dies hilft Falschdatierun-
    gen des Protokolls zu vermeiden.

  – Uhrzeit, zu welcher die Einberufung(en) stattfand(en) (Artikel 16.2 LPH), um
    unter anderem Auskunft über die Einhaltung der mindestens halbstündigen
    Distanz zwischen erster und zweiter Einberufung geben zu können.

  – Neben der Bezeichnung der Namen der teilnehmenden / vertretenen Eigen-
    tümer und deren Beteiligungsquoten ist es ratsam, im Protokoll zusätzlich
    auch eine Referenz zum jeweils auf diese entfallenden Sondereigentums-
    elemente aufzunehmen (z.B. Wohnung im vierten Stock-Tür E, oder Stell-
    platz 18). Neben einer allgemeinen Verbesserung der Übersichtlichkeit er-
    möglicht diese Strukturierung auch eine leichtere Identifizierung der auf be-
    sondere Weise betroffenen Eigentümer, deren Zustimmung aufgrund aus-
    drücklicher gesetzlicher Maßgabe erforderlich ist (siehe die Fälle der Artikel
    10.3.b.) 2. Absatz, und 17.4.3 LPH).

    Es ist zu diesem Zweck angeraten, eine stets aktualisierte Übersicht der Ei-
    gentümer, Beteiligungsquoten und Sondereigentumselemente der Gemein-
    schaft zu führen, um zu solcherlei Gelegenheiten immer über die korrekten
    Daten zu verfügen und eine ausführliche Darstellung zu erleichtern.

  – Neben den unmittelbaren Für- und Gegenstimmen sollten auch die Enthal-
    tungen protokollarisch festgehalten werden, um Missverständnissen vorzu-
    beugen.

- Bei den Abstimmungen sollte immer wieder sichergestellt werden, dass der Eigentümer mehrerer Sondereigentumselemente nur mit einer Stimme berücksichtigt wird, wenngleich auf diese die Summe der Beteiligungsquoten aller in
  seinem Eigentum stehenden Sondereigentumselemente entfallen.

  Bei jedem Tagesordnungspunkt, unter dem eine Abstimmung erfolgt, sollte erneut überprüft werden, dass die Summe aller abgegebenen Stimmen und der
  auf diese entfallenden Beteiligungsquoten korrekt ist, damit sich im Versamm-
  lungsverlauf keine Fehler einschleichen.

- Zu den Ausführungen bezüglich des jeweils abgehandelten Tagesordnungspunktes sollte nicht nur das in der Versammlung erzielte Abstimmungsergebnis, sondern ebenso eine Zusammenfassung der gegebenenfalls unter diesem Punkt geführten Diskussion gehören, sofern die einander entgegenstehenden Positionen erläutert wurden. Diese Darstellung hat möglichst knapp zu erfolgen. Keinesfalls darf es sich um ausschweifende Ausführungen handeln, die versuchen, den Versammlungsablauf detailliert wiederzugeben.

  Wie im vorliegenden Buch an mehreren Stellen ausgeführt, herrscht in Rechtsprechung und Literatur Streit darüber, welche Anforderungen an die in Artikel 18.2 LPH beschriebene *Stimmabgabe unter Vorbehalt (salvar el voto)* zu stellen sind, damit ein Eigentümer anfechtungsbefugt ist und gegen einen getroffenen Beschluss gegebenenfalls gerichtlich vorgehen kann. Um Missverständnissen vorzubeugen, sollten die teilnehmenden Eigentümer dahingehend belehrt werden, dass neben der Abgabe einer den Beschluss ablehnenden Stimme auch der Vorbehalt zum Ausdruck gebracht (und protokolliert) werden sollte, den Beschluss notfalls gerichtlich anfechten zu wollen, damit dieser Weg (im Falle einer allzu engen Gesetzesauslegung) nicht verbaut ist.

  Abschließend lässt sich sagen, dass zu diesem Zweck die Aufnahme in das Protokoll, sowohl der Gründe, welche die Ablehnung aus Sicht des Eigentümers rechtfertigen, wie auch des Vorbehalts, den Beschluss gerichtlich anzufechten (wenn dies im Sinne des ablehnenden Eigentümer ist, und seinem tatsächlichen Wunsch entspricht), dringend empfohlen wird.

  Damit wird weitestgehend vermieden, dass möglicherweise berechtigte Anfechtungsbestrebungen alleine an der Unkenntnis einzelner Eigentümer (bezüglich formeller Voraussetzungen) oder einer oberflächlichen Protokollführung scheitern.

- Für den Fall, dass ein Versammlungsteilnehmer die Aufnahme einer bestimmten Erklärung, Erläuterung oder besonderer Ausführungen ins Protokoll wünscht, so ist ihm nachzukommen.

- Es sollte beachtet werden, dass die eingangs zu erwähnenden und später zu behandelnden Tagesordnungspunkte mit denen des Einberufungsschreibens übereinstimmen. Grundsätzlich dürfen keine Abstimmungen über Verhandlungsgegenstände erfolgen, die nicht entsprechend angekündigt wurden, da diese sonst anfechtbar sind.

- Wie sich aus Artikel 19.4 LPH ergibt, hat der Sekretär der Gemeinschaft alle bedeutsamen und mit den Versammlungen in Zusammenhang stehenden Unterlagen fünf Jahre lang aufzubewahren. In erster Linie betrifft dies natürlich das Protokoll(buch) selbst. Die Ladungen zu den Versammlungen, wie auch die Bevollmächtigungen der vertretenen Eigentümer, fallen jedoch ebenso unter diese Regelung.

- Für die in Artikel 17 LPH geregelten Abstimmungsgegenstände (und unter Ausklammerung der durch Artikel 17.8 LPH beschriebenen Ausnahmen) sieht das Gesetz vor, dass das Abstimmungsergebnis in der Versammlung lediglich vorläufiger Natur ist, wenn es stimmberechtigte Eigentümer gibt, die nicht an der Versammlung (weder persönlich noch vertreten) teilgenommen haben.

  Der vorläufige Beschluss ist gemäß dem in Artikel 9 LPH beschriebenen Verfahren gegenüber den abwesenden Eigentümern mitzuteilen, welche binnen einer Frist von 30 Kalendertagen (gezählt von dem auf die Mitteilung folgenden Tag an) ihre Für- oder Gegenstimme abgeben können.

  Machen diese Eigentümer innerhalb der gesetzlichen Frist keinen Gebrauch von ihrem Recht, wird deren Stimme im Zuge der Stimmenauswertung als Zustimmung gewertet.

  Hervorzuheben ist in diesem Zusammenhang, noch folgende wichtige Unterscheidung:

  Während bei Beschlüssen, welche Einstimmigkeit erfordern, bereits die Abwesenheit eines einzigen stimmberechtigten Eigentümers ausreicht, damit das Zustandekommen des Beschlusses vom anschließenden Stimmverhalten des abwesenden Eigentümers abhängt, können in den übrigen Fällen des Artikels 17 LPH unter Umständen bereits durch das Votum der anwesenden / vertretenen Eigentümer die entsprechenden Beschlüsse endgültig zustandekommen, wenn auf diese, absolut gesehen, die erforderlichen Stimmen und Quoten entfallen.

  Eine Übermittlung des Protokolls (mit dem vorläufigen Abstimmungsverhältnis) an die abwesenden und stimmberechtigten Eigentümer hat dennoch auch in diesen Fällen zu erfolgen; schließlich bedarf es auch hier einer endgültigen Stimmauszählung (wenngleich das Ergebnis derselben für die Bestimmung des Zustandekommens des Beschlusses im Einzelfall unerheblich sein kann).

- Gemäß Artikel 19.3 LPH ist das abgeschlossene Protokoll mit den Unterschriften des Präsidenten und des Sekretärs zu versehen. Dies entweder nach Beendigung der Versammlung oder innerhalb der auf die Versammlung folgenden zehn Kalendertage.

- Gemäß Artikel 19.3 LPH ist das Protokoll nach dem in Artikel 9 beschriebenen Verfahren, an die Eigentümer zu übermitteln. Die Anfechtungsfrist berechnet sich für die abwesenden Eigentümer ab der Mitteilung.

- Sollte das Protokoll Mängel bzw. Fehler aufweisen, so sind diese gemäß Artikel 19.3 LPH heilbar, wenn nur das Datum und der Ort der Abhaltung, die teilnehmenden Eigentümer, anwesend oder vertreten, und die getroffenen Beschlüsse mit Angabe der Für-und Gegenstimmen sowie der jeweiligen Beteiligungsquoten bezeichnet werden und das Protokoll vom Präsidenten und Sekretär unterschrieben wurde. Die Heilung hat vor der nächsten Eigentümerversammlung zu erfolgen und muss in dieser ratifiziert werden.

10.30 Vermerk über die endgültige Auszählung der Stimmen und Feststellung, ob die vorläufigen Beschlüsse endgültig zustande gekommen sind (Diligencia relativa al cómputo definitivo de votos, para determinar, si los acuerdos provisionales finalmente se adoptaron)

Siehe Abschnitt: "Mitteilung der vorläufigen Beschlüsse gegenüber den abwesenden Eigentümern *(Notificación a los propietarios ausentes de los acuerdos provisionales)*".

11

Vorlagen

2.1 Solicitud de certificación sobre el estado de las deudas

Nombre y Apellidos del remitente
Dirección
C.P. ciudad (provincia)
Tel./Fax.

Nombre y Apellidos del destinatario (Secretario)
Dirección
C.P. ciudad (provincia)

En .... (*ciudad*), a .... (*día*) de .... (*mes*) de .... (*año*)

Muy Señor Mío:

Me dirijo a Usted en mi condición de propietario de la vivienda .... (*por ejemplo: escalera A, segunda planta, puerta C*), y que forma parte de la Comunidad de Propietarios .... (*nombre de la comunidad*), sita en .... (*nombre del municipio*), para solicitarle en ejercicio de su cargo como Secretario de la misma, que expida certificación conforme al artículo 9.1.e) 4° Aptdo. LPH sobre el estado de deudas que pudiese existir frente a la comunidad.

Tengo la intención de transmitir el inmueble descrito en breve, motivo por el cual ruego, expida dicha certificación tan pronto le sea posible.

Atentamente

(firma del propietario)

2.1 Antrag auf Bescheinigung über den Schuldenstand

Vor- und Nachname des Absenders
Adresse
Postleitzahl Ort (Provinz)
Tel./Fax.

Vor- und Nachname des Empfängers (Sekretär)
Adresse
Postleitzahl Ort (Provinz)

.... (*Ort*), am .... (*Tag*) .... (*Monat*) .... (*Jahr*)

Sehr geehrter Herr Sekretär:

Ich wende mich an Sie in meiner Eigenschaft als Eigentümer der Liegenschaft .... (*z.B. Treppenhaus A, zweiter Stock, Tür C*), welche ein Teil der Eigentümergemeinschaft .... (*Name oder Bezeichnung der Eigentümergemeinschaft*), gelegen in .... (*Ortsname*) ist, um Sie aufzufordern, in Ausübung Ihres Amtes als Sekretär ein Zertifikat im Sinne des Artikels 9.1.e.) 4. Absatz LPH bezüglich der gegebenenfalls gegenüber der Gemeinschaft bestehenden Schulden auszustellen.

Ich habe die Absicht, die beschriebene Immobilie in naher Zukunft zu übertragen, weshalb ich Sie darum bitten möchte, das bezeichnete Zertifikat so bald es Ihnen möglich ist auszufertigen.

Mit freundlichen Grüßen

(*Unterschrift des Eigentümers*)

2.2 Certificación sobre el estado de deudas

Nombre y Apellidos del remitente
Dirección
C.P. ciudad (provincia)
Tel./Fax.

Nombre y Apellidos del destinatario (solicitante)
Dirección
C.P. ciudad (provincia)

En .... (*ciudad*), a .... (*día*) de .... (*mes*) de .... (*año*)

D. .... (nombre de quien ejerce el cargo), como Secretario (-Administrador) de la Comunidad de Propietarios .... (*nombre de la comunidad*), sita en .... (*dirección completa*), y en base a la solicitud formulada por D. .... (*nombre del propietario solicitante*), y comunicada en fecha .... (*fecha de recepción de la solicitud*), como propietario de la vivienda / del local .... (*descripción o denominación del elemento privativo*) perteneciente a la comunidad descrita,

CERTIFICA:

Que consultada la documentación que obra en poder de la comunidad, la vivienda / el local descrito, se encuentra al corriente en el pago de la totalidad de las cuotas comunitarias devengadas hasta éste momento, y que igualmente, todas las derramas pagaderas hasta la fecha han sido atendidas, no existiendo actualmente impago alguno.

o

Que consultada la documentación que obra en poder de la comunidad, la vivienda / el local descrito mantiene una deuda pendiente por importe de .... Euros, que corresponde a los siguientes conceptos:

.... Euros en concepto de ....

.... Euros en concepto de ....

Y para que conste, y en cumplimiento de lo previsto en el artículo 9.1.e) 4° aptdo. de la vigente Ley de Propiedad Horizontal, firmo y expido la presente, dentro del plazo de siete días desde su solicitud, establecido a tal efecto.

Atentamente

(firma del Secretario)   *(firma del Presidente)*

Secretario (-Administrador)   V° B° Presidente

2.2 Antrag auf Bescheinigung über den Schuldenstand

Vor- und Nachname des Absenders
Adresse
Postleitzahl Ort (Provinz)
Tel./Fax.

Vor- und Nachname des Empfängers (Antragsteller)
Adresse
Postleitzahl Ort (Provinz)

.... *(Ort)*, am .... *(Tag)* .... *(Monat)* .... *(Jahr)*

.... *(Name des Amtsinhabers)*, als Sekretär *(gegebenenfalls gleichzeitig auch Verwalter)* der Eigentümergemeinschaft .... *(Name oder Bezeichnung der Eigentümergemeinschaft)*, gelegen in .... *(vollständige Anschrift)*, und auf Grundlage der von .... *(Name des beantragenden Eigentümers)* als Eigentümer der zur beschriebenen Eigentümergemeinschaft gehörenden Wohnung / Ladenlokals, ... *(Beschreibung oder Bezeichnung des Sondereigentumselements)*, verfassten und am .... *(Zustelldatum des Antrags)* hier eingegangenen Antrags,

ZERTIFIZIERT:

Dass nach Einsicht in die der Gemeinschaft vorliegenden Unterlagen die beschriebene Wohnung / das beschriebene Ladenlokal bezüglich der bis zum heutigen Datum fällig gewordenen ordentlichen Beiträge zu den Gemeinschaftsausgaben, wie auch Sonderumlagen, allen Zahlungsverpflichtungen nachgekommen ist, weshalb zum jetzigen Zeitpunkt keine offen Forderungen bestehen.

ODER

Dass nach Einsicht in die der Gemeinschaft vorliegenden Unterlagen die beschriebene Wohnung / das beschriebene Ladenlokal einen Betrag in Höhe von .... Euro schuldet, welcher auf folgende Verwendungszwecke entfällt:

.... Euro wegen ....

.... Euro wegen ....

Damit hierüber Nachweis geführt werden kann, und zur Erfüllung des durch Artikel 9.1.e) 4. Absatz LPH vorgesehenen Zwecks, stelle ich das gegenständliche Dokument aus und unterzeichne es, innerhalb der hierfür ab Antragstellung festgelegten sieben-Tages-Frist.

Mit freundlichen Grüßen

(Unterschrift des Sekretärs)   *(Unterschrift des Präsidenten)*

Sekretär *(gegebenenfalls gleichzeitig auch Verwalter)*   Sichtvermerk des Präsidenten

2.3 Comunicación de cambio de titularidad de la propiedad

Nombre y Apellidos del remitente
Dirección
C.P. ciudad (provincia)
Tel./Fax.

Nombre y Apellidos del destinatario (Secretario)
Dirección
C.P. ciudad (provincia)

En .... (*ciudad*), a .... (*día*) de .... (*mes*) de .... (*año*)

Estimado Sr./Sra. .... (*nombre del Secretario*):

Cumpliendo con la obligación establecida por el artículo 9.1.i) LPH, me dirijo a Usted en su calidad de Secretario de la Comunidad de Propietarios .... (*nombre de la comunidad*), sita en .... (*dirección completa*), para comunicarle, que el inmueble .... (*por ejemplo primera planta, letra B*) del que he sido propietario, y en base al cual disponía de un coeficiente de participación del .... por cien (*por ejemplo 7,89%*) en la comunidad descrita, ha sido transmitido a D. .... (*nombre del adquiriente*), mediante escritura pública otorgada ante el notario D. .... (*nombre del notario*) de .... (*lugar*) en fecha .... (*día*) de .... (*mes*) de .... (*año*), bajo el n° .... (*número*) de su protocolo.

Debido al cambio de titularidad de la vivienda, deberá entenderse de ahora en adelante con su nuevo propietario.

Atentamente

(*firma del antiguo propietario*)

2.3 Mitteilung der Eigentumsübertragung

Vor- und Nachname des Absenders
Adresse
Postleitzahl Ort (Provinz)
Tel./Fax.

Vor- und Nachname des Empfängers (Sekretär)
Adresse
Postleitzahl Ort (Provinz)

.... (*Ort*), den .... (*Tag*) .... (*Monat*) .... (*Jahr*)

Sehr geehrte(r) Frau/Herr .... (*Name des Sekretärs*):

ich wende mich an Sie in Erfüllung meiner durch Artikel 9.1.i.) LPH begründeten Pflicht, um Ihnen in Ihrer Eigenschaft als Sekretär der Eigentümergemeinschaft .... (*Name der Gemeinschaft*), gelegen in .... (*vollständige Anschrift*), mitzuteilen, dass ich die Immobilie .... (*z.B. erster Stock, Buchstabe B*), welche bis jetzt in meinem Eigentum stand und auf die eine Beteiligungsquote in Höhe von .... Prozent (*z.B. 7,89%*) an der beschriebenen Gemeinschaft entfällt, an Herrn .... (*Name des Käufers*), mittels notarieller Urkunde, unterzeichnet vor dem Notar, Herrn .... (*Name des Notars*) in .... (*Ort*) am .... (*Tag*) .... (*Monat*) .... (*Jahr*), unter der Protokollnummer .... (*Nummer*) übertragen habe.

Aufgrund der Änderung in der Eigentümerstellung bitte ich Sie nunmehr, sich in Zukunft nur noch an den neuen Eigentümer zu wenden.

Mit freundlichen Grüßen

(*Unterschrift des alten Eigentümers*)

2.4 Solicitud de acceso a elemento privativo, para la realización de reparaciones necesarias

Nombre y Apellidos del remitente (Presidente)
Dirección
C.P. ciudad (provincia)
Tel./Fax.

Nombre y Apellidos del destinatario (afectado)
Dirección
C.P. ciudad (provincia)

En .... (*ciudad*), a .... (*día*) de .... (*mes*) de .... (*año*)

Estimado Sr. .... (nombre del propietario afectado)

En mi condición de Presidente de la Comunidad de Propietarios .... (*nombre de la comunidad*), sita en la Urbanización .... (*nombre de la misma*), ... (*dirección*), me pongo en contacto con Usted, para comunicarle la necesidad de acceder a elementos comunitarios a través de su vivienda. Las fuertes tormentas ocurridas hace escasos días, han provocado importantes daños, tanto en la cubierta del edificio, como en la antena comunitaria de televisión. Al permitir el balcón de su ático acceso directo a los elementos afectados, necesitamos su colaboración para llevar a cabo las reparaciones pertinentes.

Partiendo de nuestras previsiones, se trataría de acceder durante dos días a su vivienda, para lo que proponemos las siguientes fechas .... (*primera fecha*) y .... (*segunda fecha*).

Ruego se ponga en contacto conmigo a la mayor brevedad posible, para verificar su disponibilidad y dar traslado de ella a los operarios.

Si tuviera alguna duda, no dude en contactarme.

Atentamente

(firma del Presidente)

2.4 Antrag auf Gewährung des Zugangs zu Sondereigentum, um erforderliche Reparaturen durchzuführen

Vor- und Nachname des Absenders (Präsident)
Adresse
Postleitzahl Ort (Provinz)
Tel./Fax.

Vor- und Nachname des Empfängers (Betroffener)
Adresse
Postleitzahl Ort (Provinz)

.... *(Ort)*, den .... *(Tag)* .... *(Monat)* .... *(Jahr)*

Sehr geehrter Herr .... (Name des betroffenen Eigentümers)

In meiner Eigenschaft als Präsident der Eigentümergemeinschaft .... (*Name der Gemeinschaft*), gelegen in der Urbanisation .... (*Name derselben*), ... (*Adresse*), möchte ich Sie mittels des gegenständlichen Schreibens darüber in Kenntnis setzen, dass die Notwendigkeit besteht, über Ihre Wohnung Zugang zu Gemeinschaftselementen zu erhalten. Die starken Unwetter, welche wir vor wenigen Tagen erleben mussten, haben sowohl an der Bedachung des Gebäudes wie auch an der gemeinschaftlichen Fernsehantenne erhebliche Schäden verursacht. Da der Balkon Ihrer Dachgeschosswohnung unmittelbaren Zugang zu den betroffenen Elementen gewährt, bedürfen wir Ihrer Mitwirkung, um die geeigneten Reparaturen durchführen zu können.

Ausgehend von unserer Planung wäre es erforderlich, zwei Tage hintereinander Zugang zu Ihrer Wohnung zu erhalten, weshalb wir die folgenden Termine wahlweise vorschlagen wollen: .... (*erster Terminvorschlag*) und .... (*zweiter Terminvorschlag*)

Ich bitte Sie, sich mit mir umgehend in Verbindung zu setzen, um Ihre Verfügbarkeit zu erfahren, und hierüber die Handwerker informieren zu können.

Sollten Sie irgendwelche weiteren Fragen haben, zögern Sie nicht, mich zu kontaktieren.

Mit freundlichen Grüßen

(Unterschrift des Präsidenten)

2.5 Comunicación de cambio de domicilio para la recepción de notificaciones y citaciones

Nombre y Apellidos del remitente (solicitante)
Dirección
C.P. ciudad (provincia)
Tel./Fax.

Nombre y Apellidos del destinatario (Secretario)
Dirección
C.P. ciudad (provincia)

En .... (*ciudad*), a .... (*día*) de .... (*mes*) de .... (*año*)

Estimado Sr. Secretario:

En su condición de Secretario de la Comunidad de Propietarios .... (*nombre de la comunidad*), sita en .... (*dirección*), quiero comunicarle en cumplimiento y a los oportunos efectos del artículo 9.1.h) LPH, que mi domicilio para recibir notificaciones, citaciones y cualesquiera otro tipo de comunicaciones de la comunidad, es el siguiente:

Nombre y Apellidos del remitente (solicitante)
Dirección
C.P. ciudad (provincia)

Le saluda atentamente

(firma del propietario solicitante)

2.5 Mitteilung der Adressänderung für den Erhalt von Mitteilungen und Ladungen

Vor- und Nachname des Absenders (Antragsteller)
Adresse
Postleitzahl Ort (Provinz)
Tel./Fax.

Vor- und Nachname des Empfängers (Sekretär)
Adresse
Postleitzahl Ort (Provinz)

.... *(Ort)*, den .... *(Tag)* .... *(Monat)* .... *(Jahr)*

Sehr geehrter Herr Sekretär:

In Ihrer Eigenschaft als Sekretär der Eigentümergemeinschaft .... *(Name der Gemein-schaft)*, gelegen in .... *(Adresse)*, möchte ich Ihnen in Erfüllung der in Artikel 9.1.h.) LPH enthaltenen gesetzlichen Vorgaben mitteilen, dass meine Anschrift für den Empfang von Benachrichtigungen, Ladungen und jedwede andere Mitteilung der Gemeinschaft, wie folgt lautet:

Vor- und Nachname des Eigentümers
Adresse
Postleitzahl Ort (Provinz)

Mit freundlichen Grüßen

(Unterschrift des Eigentümers)

2.6 Escrito dirigido a un propietario u ocupante, instándole el cese de sus actividades molestas o prohibidas

(Variante 1)

Nombre y Apellidos del remitente (Presidente)
Dirección
C.P. ciudad (provincia)
Tel./Fax.

Nombre y Apellidos del destinatario (perturbador)
Dirección
C.P. ciudad (provincia)

En .... (*ciudad*), a .... (*día*) de .... (*mes*) de .... (*año*)

Estimado Sr. D. .... (*nombre del perturbador*)

Me dirijo a Usted en ejercicio de mi cargo como Presidente de la Comunidad de Propietarios ...., (*nombre de la comunidad*), ...

Lamentablemente, he recibido a lo largo de los últimos días numerosas quejas por parte de los vecinos de la comunidad, referidas todas ellas al elevado volumen de la música que viene sonando a deshoras desde su apartamento y que provoca importantes molestias llegando incluso a impedir a muchos conciliar el sueño, infringiendo así lo establecido por el artículo 7.2 de la Ley de Propiedad Horizontal.

Por lo expuesto, vengo a instarle formalmente mediante la presente, para que cesen de forma inmediata las referidas perturbaciones, asimismo le advierto, que de continuar la situación descrita, me veré obligado a convocar una Junta General Extraordinaria, en cuyo seno se pedirá autorización para entablar contra Usted la pertinente acción de cesación que se ejercerá judicialmente.

Confiando en que no volverán a repetirse las citadas perturbaciones, me ofrezco, para solventar cualquier duda que pudiese tener al respecto.

Atentamente

(*firma del Presidente*)

2.6 An einen Eigentümer oder Bewohner bzw. Nutzer gerichtete Aufforderung seine störenden oder verbotenen Aktivitäten einzustellen

(Variante I)

Vor- und Nachname des Absenders (Präsident)
Adresse
Postleitzahl Ort (Provinz)
Tel./Fax.

Vor- und Nachname des Empfängers (Störer)
Adresse
Postleitzahl Ort (Provinz)

.... *(Ort)*, den .... *(Tag)* .... *(Monat)* .... *(Jahr)*

Sehr geehrter Herr .... *(Name des Störers)*,

ich wende mich an Sie in Ausübung meines Amtes als Präsident der Eigentümergemeinschaft .... *(Name der Gemeinschaft)*, ... *(Adresse)*.

Bedauerlicherweise habe ich während der letzten Tage von Seiten der Bewohner der Gemeinschaft zahlreiche Beschwerden entgegennehmen müssen. Diese bezogen sich alle darauf, dass Musik in hoher Lautstärke und zu später Stunde aus Ihrer Wohnung drang. Dies hat erhebliche Beeinträchtigungen verursacht und bei vielen sogar dazu geführt, dass sie nicht einschlafen konnten, weshalb hierin ein Verstoß gegen Artikel 7.2 LPH zu erblicken ist.

Aufgrund des Dargelegten möchte ich Sie mittels des gegenständlichen Schreibens formell auffordern, sofort diese Störungen zu unterlassen und Sie weiterhin darauf hinweisen, dass ich mich im Falle des Fortbestehens dieser Situation gezwungen sehen würde, eine außerordentliche Eigentümerversammlung einzuberufen, in deren Verlauf darüber beschlossen würde, rechtliche Maßnahmen gegen Sie zu ergreifen, um gegebenenfalls eine gerichtlich angeordnete Unterlassung zu erwirken.

Im Vertrauen darauf, dass sich die Störungen nicht mehr wiederholen werden, möchte ich versichern, dass ich Ihnen für jede diesbezügliche Frage zur Verfügung stehe.

Mit freundlichen Grüßen

(Unterschrift des Präsidenten)

(Variante 2)

Nombre y Apellidos del remitente (Presidente)
Dirección
C.P. ciudad (provincia)
Tel./Fax.

Nombre y Apellidos del destinatario (perturbador)
Dirección
C.P. ciudad (provincia)

En .... (*ciudad*), a .... (*día*) de .... (*mes*) de .... (*año*)

Estimado Sr. D. .... (*perturbador*)

Me dirijo a Usted en ejercicio de mi cargo como Presidente de la Comunidad de Propietarios .... (*nombre de la comunidad*), (*dirección*).

Como hemos tenido que constatar los vecinos, Usted ha abierto a principios de éste mes una peluquería en el inmueble de su propiedad, sito en la cuarta planta del edificio de nuestra comunidad.

Conforme a lo establecido en el artículo .... (*número correspundiente*) de los Estatutos, aprobados en fecha ...., y que se encuentran debidamente inscritos en el Registro de la Propiedad n° .... de .... (*localidad*), la apertura de comercios o negocios de todo tipo, destinados a atender el público, queda terminantemente prohibida fuera de los locales comerciales situados en los bajos del edificio que expresamente pueden ser destinados a estos fines.

Independientemente de que pueda contar, o no, con los preceptivos permisos municipales (*circunstancia que desconocemos*), deberá tener en cuenta, que esta obligado igualmente a cumplir con lo establecido al respecto en los Estatutos de la Comunidad.

Dada la flagrante infracción de los estatutos cometida por su parte, y en base al artículo 7.2 de la Ley de Propiedad Horizontal, le requiero formalmente a través de la presente, para que en el plazo de un mes cese de forma inmediata la actividad descrita, advirtiéndole que de no ser así me veré obligado a convocar una Junta General Extraordinaria, en cuyo seno se pedirá autorización para entablar contra Usted judicialmente una acción de cesación.

Confiando en que no será necesario emprender las acciones legales descritas, quedo a su mas entera disposición para cualquier duda que pudiera surgir.

Atentamente

(*firma del Presidente*)

(Variante II)

Vor- und Nachname des Absenders (Präsident)
Adresse
Postleitzahl Ort (Provinz)
Tel./Fax.

Vor- und Nachname des Empfängers (Störer)
Adresse
Postleitzahl Ort (Provinz)

.... *(Ort)*, den .... *(Tag)* .... *(Monat)* .... *(Jahr)*

Sehr geehrter Herr .... *(Störer)*

Ich wende mich an Sie in Ausübung meines Amtes als Präsident der Eigentümergemein-schaft .... *(Name der Gemeinschaft)*, *(Adresse)*.

Wie alle Nachbarn feststellen mussten, haben Sie Anfang dieses Monats einen Frisörsalon in Ihrer im vierten Stock des Gebäudes gelegenen Wohnung eröffnet.

Gemäß des in Artikel ..…...... *(entsprechende Ziffer)* der Gemeinschaftssatzung Bestimm-ten, welche am .... beschlossen wurde und in geeigneter Weise Einzug in das Grund-buch des Grundbuchamtes .... *(Ort)* fand, ist die Eröffnung von Läden oder Geschäften jedweder Art, die darauf gerichtet sind, der Öffentlichkeit zugänglich zu sein, strengstens untersagt, wenn dies außerhalb der im Gebäude befindlichen Geschäftslokale erfolgt, die ausdrücklich zu diesem Zweck verwendet werden dürfen.

Unabhängig davon, ob die gegebenenfalls erforderlichen gemeindlichen Genehmigungen vorliegen oder nicht *(was sich unserer Kenntnis entzieht)*, müssen Sie beachten, dass außer-dem die durch die Gemeinschaftssatzung getroffenen Bestimmungen zu berücksichtigen sind.

Aufgrund des eindeutigen, durch Sie zu verantwortenden Verstoßes gegen die Gemein-schaftssatzung und auf Grundlage des Artikels 7.2 LPH, möchte ich Sie hiermit formell auf-fordern, dass Sie bis vor Ablauf einer Frist von einem Monat unmittelbar die bezeichnete Aktivität einstellen. Gleichzeitig weise ich Sie darauf hin, dass mich ein Verstoß hiergegen dazu zwingen würde eine außerordentliche Eigentümerversammlung einzuberufen, in de-ren Verlauf darum gebeten werden würde, die Aufnahme rechtlicher Schritte gegen Sie zu genehmigen, um eine gerichtlich angeordnete Unterlassung zu erwirken.

In der Hoffnung, dass solcherlei rechtliche Maßnahmen nicht erforderlich sein werden, möchte ich mich für Rückfragen jeder Art zu Ihrer Verfügung stellen.

Mit freundlichen Grüßen

(Unterschrift des Präsidenten)

2.7 Petición de inclusión de un punto en el orden del día de la próxima Junta

Nombre y Apellidos del remitente (propietario solicitante)
Dirección
C.P. ciudad (provincia)
Tel./Fax.

> *Nombre y Apellidos del destinatario (Presidente)*
> *Dirección*
> *C.P. ciudad (provincia)*

En .... (*ciudad*), a .... (*día*) de .... (*mes*) de .... (*año*)

Estimado D. .... (*nombre del presidente*)

Me dirijo a Usted como propietario de la vivienda / el local .... (*por ejemplo sexta planta, izquierda*) que forma parte de la Comunidad .... (*nombre de la comunidad*), sita en .... (*dirección*), y en la que actualmente ejerce el cargo de Presidente.

Conforme a lo establecido en el artículo 16.2.2 LPH, todo comunero podrá solicitar, se incluya en el orden del día de la siguiente Junta los asuntos que sean de interés para la Comunidad de Propietarios, para que la Junta los pueda estudiar y pronunciarse al respecto.

Mediante la presente, quiero hacer uso del derecho descrito y solicito formalmente, se incluyan los siguientes puntos en el orden del día de la siguiente Junta que se pudiese celebrar:

Primera Propuesta: Fijar el alquiler mínimo exigible para el que fue el antiguo piso-portería, cuyo servicio ya se suprimió, y ofertarlo en alquiler (*si procediera*).

Comentarios y aclaraciones: Desde que decidimos suprimir el servicio de portería hace cuatro meses, la que fue antigua vivienda del portero y su familia se encuentra desocupada. Teniendo en cuenta, que el elemento común descrito, actualmente no esta destinado a ningún fin, sería conveniente estudiar, si la misma podría ser alquilada bien a uno de los comuneros, bien a un tercero, y así contribuir con dichos ingresos al pago de los gastos corrientes de la comunidad, previa la fijación del alquiler mínimo exigible al respecto.

2.7 Antrag auf Aufnahme eines Tagesordnungspunktes in die Tagesordnung der nächsten Versammlung

Vor- und Nachname des Absenders (Eigentümer als Antragsteller)
Adresse
Postleitzahl Ort (Provinz)
Tel./Fax.

Vor- und Nachname des Empfängers (Präsident)
Adresse
Postleitzahl Ort (Provinz)

.... *(Ort)*, den .... *(Tag)* .... *(Monat)* .... *(Jahr)*

Sehr geehrter Herr .... *(Name des Präsidenten)*

Ich wende mich an Sie in meiner Eigenschaft als Eigentümer der Wohnung / des Geschäftslokals .... *(z.B. sechster Stock, links)*, welche zur Eigentümergemeinschaft .... *(Name der Gemeinschaft)*, gelegen in .... *(Adresse)* gehört, und in welcher Sie das Amt des Präsidenten bekleiden.

In Übereinstimmung mit Artikel 16.2.2 LPH darf ein jeder Eigentümer beantragen, dass in die Tagesordnung der folgenden Eigentümerversammlung, die von ihm vorgeschlagenen und für die Eigentümergemeinschaft relevanten Tagesordnungspunkte zum Zwecke der Meinungsfindung aufgenommen und zur Abstimmung gestellt werden.

Mittels des gegenständlichen Schreibens möchte ich von dem beschriebenen Recht Gebrauch machen und beantrage formell, dass die nachstehenden Punkte in die Tagesordnung der folgenden Eigentümerversammlung aufgenommen werden:

Erster Vorschlag: Festsetzung einer Mindestmiete für die Hausmeisterwohnung, die nach der Abschaffung des Hausmeisterdienstes in der Vergangenheit nunmehr leersteht und Angebot derselben zur Miete (falls die hierfür erforderlichen Abstimmungsergebnisse erzielt werden).

Kommentare und Erläuterungen: Seit der Hausmeisterdienst vor vier Monaten abgeschafft wurde, steht die dem damaligen Hausmeister und seiner Familie dienende Wohnung leer. In Anbetracht der Tatsache, dass das beschriebene Gemeinschaftselement zum jetzigen Zeitpunkt keinem Zweck dient, wäre es angebracht darüber zu beraten, selbige der Vermietung zuzuführen, ganz gleich ob an ein Mitglied der Eigentümergemeinschaft oder einen Dritten. Auf diese Weise könnten Einnahmen erzielt werden, welche helfen würden, die laufenden Kosten der Gemeinschaft zu decken. Hierfür wäre es erforderlich, eine Mindestmiete zu beschließen.

Segunda Propuesta: Establecer el servicio de ascensor en la finca (*si procediera*).

Comentarios y aclaraciones: Teniendo el edificio de la comunidad cinco plantas, y estando ocupadas muchas de las viviendas situadas en las plantas mas altas por personas que se encuentran cerca de la edad de jubilación y familias con niños, sería muy beneficioso para toda la comunidad, proceder a la instalación de un ascensor. Los gastos, que siempre han representado el mayor impedimento, esgrimido para justificar la negativa, fácilmente se podrían afrontar con los ingresos que cabe esperar si se alquilara la vivienda del antiguo portero, y al que hace referencia la propuesta anterior. Para acreditar la viabilidad económica, he recabado tres presupuestos que se han realizado por empresas de referencia en el sector y sin compromiso alguno, que acompañan el presente escrito, y cuyo traslado a todos los demás comuneros solicito, en el margen de la petición realizada.

Aunque confío en que incluirá los puntos descritos en la próxima convocatoria, y que transmita los presupuestos adjuntos a los fines expuestos, solicito que me comunique en un plazo de 14 días y por escrito, si accederá a mi petición de inclusión o no lo hará, para poder adoptar en su caso las medidas legales oportunas.

Me despido, agradeciendo su dedicación con la comunidad y quedando a la espera de sus noticias en el plazo mencionado.

Atentamente

(*firma del propietario solicitante*)

Zweiter Vorschlag: Schaffung eines Aufzugs in der Liegenschaft (falls die hierfür erforderlichen Abstimmungsergebnisse erzielt werden).

Kommentare und Erläuterungen: Aufgrund der Tatsache, dass das Gebäude über fünf Stockwerke verfügt und zahlreiche der oberen Wohnungen durch ältere, nahe dem Rentenalter liegende Personen bewohnt werden sowie durch Familien mit Kindern, wäre es für die gesamte Gemeinschaft von Vorteil, einen Aufzug einzurichten. Die Kosten hierfür stellten in der Vergangenheit das größte Hindernis dar, welches ins Feld geführt wurde, um die Ablehnung dieser Initiative zu rechtfertigen. Durch die im vorhergehenden Punkt beschriebene und angestrebte Vermietung der Hausmeisterwohnung könnten die hiermit einhergehenden Kosten sehr leicht aufgefangen werden. Um die wirtschaftliche Machbarkeit nachweisen zu können, habe ich drei-jeweils von Referenzunternehmen erstellte-Kostenvoranschläge eingeholt, welche dem gegenständlichen Schreiben beigefügt sind und deren Übermittlung an alle Eigentümer ich neben der Aufnahme der entsprechenden Tagesordnungspunkte hiermit erbitten möchte.

Obwohl ich darauf vertraue, dass die hier dargelegten Punkte in die Tagesordnung der nächsten Versammlung Einzug finden und dass die beigefügten Anlagen ebenso an die Mitglieder der Eigentümergemeinschaft weiter gegeben werden, bitte ich Sie, mir innerhalb einer Frist von 14 Tagen schriftlich mitzuteilen, ob Sie meinem Antrag nachkommen oder nicht, um gegebenenfalls die entsprechenden rechtlichen Maßnahmen zu ergreifen.

Bevor ich mich von Ihnen verabschiede, möchte ich die Gelegenheit nutzen, um mich für Ihr Engagement in Bezug auf die Gemeinschaft zu bedanken. Ich verbleibe in Erwartung Ihrer Mitteilung.

Mit freundlichen Grüßen

(Unterschrift des Eigentümers als Antragsteller)

2.8 Instancia para diligenciar el libro de actas en el Registro de la Propiedad

AL REGISTRO DE LA PROPIEDAD N° .... (*si existen varios registros en la misma localidad se dirá el número correspondiente*) DE .... (*localidad*)

D. / Dña. .... (*nombre del presentador*), mayor de edad, con dirección a efectos de notificaciones en .... (*dirección completa*), DNI / NIE .... (*número del documento identificativo*), actuando como .... (*indicar el cargo ejercido: Presidente o Administrador y por encargo del Presidente*) de la Comunidad de Propietarios .... (*nombre de la comunidad*), sita en .... (*dirección*), debidamente inscrita en el presente Registro como finca .... (*número*), bajo el tomo .... (*número*), libro .... (*número*) y folio .... (*número*).

EXPONE

1. Que en el antiguo libro de actas del que disponía y usaba a Comunidad se han agotado las páginas libres.

2. Que el antiguo libro de actas registra como fecha de apertura el día .... (*fecha exacta*), y como fecha de cierre el día .... (*fecha exacta*).

3. Que para permitir la comprobación de lo anteriormente descrito, se exhibe el antiguo libro.

4. Que de conformidad con el artículo 19 de la Ley de Propiedad Horizontal, vengo a solicitar el diligenciamiento del nuevo libro de actas de la comunidad arriba descrita, en la forma y a los efectos establecidos en el artículo 415 del Reglamento Hipotecario.

5. Que para realizar dicho diligenciamiento, se aporta un nuevo libro de actas, que consta de .... páginas (*número de páginas*), numeradas del .... (*número con el que comienza el libro*) al .... (*número con el que termina el libro*), con caracteres indelebles.

(*nombre y firma del Presidente / Administrador actuando por encargo expreso del Presidente*)

2.8 Antrag auf Abzeichnung des Protokollbuchs gegenüber dem Grundbuchamt

AN DAS GRUNDBUCHAMT N° .... (*wenn innerhalb desselben Orts mehrere Grundbuchämter existieren*) IN .... (*Ort*)

Herr / Frau .... (*Name des Einreichenden*), volljährig, unter der Adresse .... (*vollständige Adresse*) für Benachrichtigungen zu erreichen, Steueridentifikationsnummer .... (*NIE Nummer oder spanische Steuernummer*), handelnd als .... (*hier das ausgeübte Amt bezeichnen: Präsident oder Verwalter in Erfüllung des ihm durch den Präsidenten erteilten Auftrags*), der Eigentümergemeinschaft .... (*Name der Gemeinschaft*), gelegen in .... (*Adresse*), welche in der hierfür vorgeschriebenen Weise im gegenständlichen Grundbuchamt als Liegenschaft .... (*Nummer*), unter Band .... (*Nummer*), Buch .... (*Nummer*) und Blatt .... (*Nummer*) geführt wird.

ERKLÄRT

1. Dass das ehemals durch die Gemeinschaft verwendete Protokollbuch über keine ungeschriebenen Blätter mehr verfügt.

2. Dass das alte Protokollbuch als Eröffnungsdatum den .... (*genaues Datum*), und als Abschlussdatum den .... (*genaues Datum*) ausweist.

3. Dass, um den Nachweis über das soeben Erklärte zu führen, dass alte Protokollbuch zur Einsicht vorgelegt wird.

4. Dass ich in Übereinstimmung mit Artikel 19 der Ley de Propiedad Horizontal beantrage, dass das neue Protokollbuch der oben beschriebenen Eigentümergemeinschaft in der durch Artikel 415 des Reglamento Hipotecario vorgesehenen Weise und zu dem dort bezeichneten Zweck abgezeichnet wird.

5. Dass, um die besagte Abzeichnung zu ermöglichen, ein neues Protokollbuch vorgelegt wird, welches .... (*Anzahl der Seiten*) Seiten umfasst, die durchgehend von Nummer .... (*Ziffer mit der die erste Seite des Buches gekennzeichnet*) bis Nummer .... (*Ziffer mit der die letzte Seite des Buches gekennzeichnet ist*), mit nicht löschbaren Zeichen versehen wurde.

(*Name und Unterschrift des Präsidenten / Verwalters, der durch den Präsidenten beauftragt wurde*)

2.9 Solicitud de eliminación de barreras arquitectónicas

Nombre y Apellidos del remitente (solicitante)
Dirección
C.P. ciudad (provincia)
Tel./Fax.

Nombre y Apellidos del destinatario (Presidente)
Dirección
C.P. ciudad (provincia)

En .... (*ciudad*), a .... (*día*) de .... (*mes*) de .... (*año*)

Estimado Sr. .... (presidente)

Me dirijo a Usted en su calidad de presidente de la Comunidad de Propietarios .... (*nombre de la comunidad*), sita en .... (*dirección*). Como bien sabe, soy propietario / inquilino de la vivienda .... (*por ejemplo: planta primera, puerta C*), que pertenece a la comunidad descrita.

Debido a la discapacidad que sufro / mi edad, y la configuración arquitectónica de algunas zonas de la comunidad, tengo grandes dificultades para transitar por ellas.

Es por ello, que mediante la presente y al amparo de la Ley 15/1995, de 30 de Mayo, sobre Límites del Dominio sobre Inmuebles para Eliminar barreras arquitectónicas a las personas con discapacidad, le comunico mi deseo, de llevar a cabo las obras necesarias para proceder a la adecuación de la finca.

Las obras pretendidas consistirán principalmente en .... (*descripción de la obra, p.e. colocar una rampa sobre los escalones de la entrada principal*).

Le adjunto con este escrito como documento n° 1, el proyecto detallado, elaborado por el arquitecto D. .... (*nombre y apellidos*), con despacho profesional en .... (*dirección*), para facilitar su estudio y dando cumplimiento a los requisitos establecidos.

Como podrá apreciar, las obras intencionadas no afectan a la estructura o fábrica del edificio. Tampoco menoscaben la resistencia de los materiales empleados en la construcción y son razonablemente compatibles con las características arquitectónicas e históricas del edificio, tal y como exige la normativa indicada.

Se aporta además como documento n° 2, certificación de la autoridad administrativa competente relativa a la discapacidad / certificación oficial del Registro Civil acreditativa de la edad.

2.9 Antrag auf Beseitigung architektonischer Hürden

Vor- und Nachname des Absenders (Antragsteller)
Adresse
Postleitzahl Ort (Provinz)
Tel./Fax.

Vor- und Nachname des Empfängers (Präsident)
Adresse
Postleitzahl Ort (Provinz)

.... *(Ort)*, den .... *(Tag)* .... *(Monat)* .... *(Jahr)*

Sehr geehrter Herr .... *(Präsident)*

Ich wende mich an Sie in Ihrer Eigenschaft als Präsident der Eigentümergemeinschaft .... *(Name der Gemeinschaft)*, gelegen in .... *(Adresse)*. Wie Sie wissen, bin ich Eigentümer / Mieter der Wohnung ...., *(z.B. erster Stock, Tür C)*, welche zu der bezeichneten Gemeinschaft gehört.

Aufgrund meiner Behinderung / meines Alters, und der architektonischen Beschaffenheit einiger Bereiche innerhalb der Gemeinschaft habe ich große Schwierigkeiten, mich innerhalb derselben fortzubewegen.

Daher möchte ich Ihnen im Wege des gegenständlichen Schreibens, und im Rahmen des Gesetzes 15/1995, vom 30. Mai, über *Limites del Dominio sobre Inmuebles para eliminar barreras arquitectónicas a las personas con discapacidad* meinen Wunsch mitteilen, dass die erforderlichen Baumaßnahmen durchgeführt werden, um die Liegenschaft diesbezüglich anzupassen.

Die von mir beabsichtigten Baumaßnahmen bestünden im Wesentlichen darin .... *(Beschreibung der Baumaßnahme, z.B. Einrichtung einer Rampe auf der Treppe des Haupteingangs)*.

Ich füge Ihnen mit diesem Schreiben als Dokument n° 1, einen detaillierten Bauentwurf bei, der von dem Architekten, Herrn .... *(Name und Nachname)* stammt, dessen Architekturbüro sich in .... *(Adresse)* befindet, um Ihnen die Möglichkeit zu geben, selbigen zu studieren und die gesetzlichen Vorgaben zu erfüllen.

Wie Sie werden feststellen können, haben die beabsichtigten Baumaßnahmen keinen Einfluss auf die Struktur oder Substanz des Gebäudes. Ebenso wenig wird die Widerstandskraft der für den Bau des Gebäudes verwendeten Materialien beeinträchtigt. Auch lassen sie sich in vernünftiger Weise mit den architektonischen und historischen Eigenschaften der Liegenschaft vereinbaren, weshalb die gesetzlichen Vorgaben erfüllt werden.

Ich füge außerdem als Dokument n° 2 eine Bescheinigung der zuständigen Verwaltungsbehörde bezüglich meiner Behinderung / offizielle Bescheinigung des Einwohnermeldeamtes bezüglich meines Alters bei.

Ruego, de traslado del presente escrito y los documentos que acompaña a todos los co-muneros y le advierto, que la Comunidad dispone de un plazo legal de 60 días, en los que deberá comunicarme su postura, y que en caso de no pronunciarse al respecto en éste pe-riodo, quedaré facultado a emprender las obras propuestas por su mero silencio.

Soy consciente que tanto el visto bueno de la comunidad como su inactividad, no me libe-ran de cumplir escrupulosamente todos los demás trámites necesarios para poder ejecutar la obra proyectada en el mas estricto marco de la legalidad, y le aseguro, que la misma no se iniciará hasta que disponga de los permisos administrativos pertinentes.

Ruego por ello apoyen mi solicitud, para poder emprender los restantes trámites a la mayor brevedad y me despido de Usted a la espera de recibir la merecida aprobación.

Atentamente

(firma del propietario o inquilino solicitante)

2.10 Poder de representación en la Junta de Propietarios

PODER DE REPRESENTACIÓN

Mediante la presente y como propietario de la vivienda / del local comercial / la plaza de garaje .... (*por ejemplo: quinta planta, puerta A*) de la Comunidad de Propietarios .... (*nombre de la comunidad*), sita en .... (*dirección*) confiero poder de representación a D. / Dña. .... (*nombre y apellidos*), para que ejerza mis derechos de voz y voto en la Junta Or-dinaria / Extraordinaria de Propietarios convocada para el día .... (*fecha*) y en relación a los puntos del orden del día anunciados en la convocatoria.

En .... (*ciudad*), a .... (*día*) de .... (*mes*) de .... (*año*)

(firma del propietario)
(nombre del propietario)

Ich bitte darum, das gegenständliche Schreiben mit seinen anliegenden Dokumenten an alle Mitglieder der Eigentümergemeinschaft zu übermitteln und möchte daran erinnern, dass die Gemeinschaft über eine Frist von 60 Tagen verfügt, innerhalb derer sie mir ihre diesbezügliche Haltung mitteilen muss. Für den Fall, dass sie keine Stellung bezieht, würde dieses Schweigen dazu führen, dass ich die Berechtigung erhalte, die dargelegten Baumaßnahmen auszuführen.

Ich bin mir bewusst, dass sowohl die ausdrückliche Genehmigung der Gemeinschaft wie auch die aus ihrem Schweigen erwachsende Berechtigung mich nicht davon befreit, die Baumaßnahme im Einklang mit den geltenden Vorschriften auszuführen, weshalb ich die Gelegenheit nutzen möchte, Ihnen zu versichern, dass ich mit selbiger solange nicht beginnen werde, wie ich nicht die gegebenenfalls erforderliche Baugenehmigung erhalte.

Ich bitte Sie daher, meinen Antrag zu unterstützen, damit ich die erforderlichen Maßnahmen schnellstmöglich in Angriff nehmen kann und verabschiede mich von Ihnen in Erwartung der in meinen Augen berechtigten Zustimmung.

Mit freundlichen Grüßen

(Unterschrift des Eigentümers oder Mieters als Antragsteller)

2.10 Vollmacht zur Vertretung in der Eigentümerversammlung

VOLLMACHT

Hiermit erteile ich als Eigentümer der Wohnung / des Geschäftslokals / des Garagenstellplatzes .... (*z.B. fünfter Stock, Tür A*) der Eigentümergemeinschaft .... (*Name der Gemeinschaft*), gelegen in .... (*Adresse*), Herrn / Frau .... (*Vor- und Nachname*) Vollmacht, damit er / sie in meinem Namen und in Bezug auf die in der Ladung enthaltenen Tagesordnungspunkte mein Recht auf Gehör sowie mein Stimmrecht in der ordentlichen / außerordentlichen Eigentümerversammlung ausüben kann, welche für den .... (*Datum*) anberaumt wurde.

.... (*Ort*), den .... (*Tag*) .... (*Monat*) .... (*Jahr*)

(Unterschrift des Eigentümers)
(Vor- und Nachname des Eigentümers)

2.11 Designación de representante de copropietarios en proindiviso

PODER DE REPRESENTACIÓN

D. / Dña. .... (*nombre del copropietario*), mayor de edad, con DNI / NIE .... (*número*) y con domicilio en .... (*dirección*),

y

D. Dña. .... (*nombre del copropietario*), mayor de edad, con DNI / NIE .... (*número*) y con domicilio en .... (*dirección*),

declaran:

1. Que son junto a Don .... (*nombre del copropietario*), propietarios en pro indiviso de la vivienda / el local comercial / la plaza de garaje .... (*por ejemplo: bajo D*) de la Comunidad de Propietarios .... (*nombre de la comunidad*), sita en .... (*dirección*).

2. Que se encuentran al corriente en el pago de todas las deudas vencidas frente a la Comunidad de Propietarios a la que pertenece la propiedad descrita.

3. Que otorgan poder de representación al co-propietario D. / Dña. .... (*nombre*), para que participe y ejerza los derechos otorgados por la Ley de Propiedad Horizontal, en la Junta General Ordinaria / Extraordinaria que se ha convocado para el día .... (*fecha*).

En .... (*ciudad*), a .... (*día*) de .... (*mes*) de .... (*año*)

(*firma del propietario pro indiviso 1*)   (*firma del propietario pro indiviso 2*)
(*nombre del propietario pro indiviso 1*)   (*nombre del propietario pro indiviso 2*)

2.11 Benennung eines Vertreters bei Sondereigentumselementen die mehreren Eigentümern gehören

VOLLMACHT

Herr / Frau .... (*Name des Miteigentümers*), volljährig, mit Steueridentifikationsnummer .... (*Nummer*), wohnhaft in .... (*Adresse*)

und

Herr / Frau .... (*Name des Miteigentümers*), volljährig, mit Steueridentifikationsnummer .... (*Nummer*), wohnhaft in .... (*Adresse*)

erklären:

1. Dass sie gemeinsam mit Herrn .... (*Name des Miteigentümers*) Miteigentümer der Wohnung / des Geschäftslokals / des Garagenstellplatzes .... (*z.B. Ladengeschäft D*) der Eigentümergemeinschaft .... (*Name der Gemeinschaft*), in .... (*Adresse*) sind.

2. Dass sie ihren laufenden Zahlungsverpflichtungen bezüglich der Beiträge zu den Gemeinschaftsausgaben gegenüber der Gemeinschaft und in Bezug auf das beschriebene Sondereigentumselement nachgekommen sind.

3. Dass sie eine Vollmacht zu Gunsten des Miteigentümers Herrn / Frau .... (*Name*) erteilen, damit er die ihnen durch die Ley de Propiedad Horizontal erteilten Rechte in der ordentlichen / außerordentlichen Eigentümerversammlung, die für den .... (*Datum*) einberufen wurde, ausüben kann.

.... (*Ort*), den .... (*Tag*) .... (*Monat*) .... (*Jahr*)

(*Unterschrift des Miteigentümers 1*)   (*Unterschrift des Miteigentümers 2*)

(*Name des Miteigentümers 1*)   (*Name des Miteigentümers 2*)

2.12 Comunicación de obras en elemento privativo

Nombre y Apellidos del remitente (propietario)
Dirección
C.P. ciudad (provincia)
Tel./Fax.

Nombre y Apellidos del destinatario (Presidente)
Dirección
C.P. ciudad (provincia)

En .... (*ciudad*), a .... (*día*) de .... (*mes*) de .... (*año*)

Estimado Sr. .... (presidente)

como sabrá, soy propietario de la vivienda .... (*por ejemplo: primera planta, letra f*), de la Comunidad de Propietarios .... (*nombre de la comunidad*), en la que Usted ejerce el cargo de Presidente.

El motivo del presente escrito, es comunicarle en su función como representante de la Comunidad, mi intención de realizar una serie de obras en mi vivienda.

En concreto, se trata de retirar el alicatado del baño y del aseo sustituyéndolo por uno nuevo, así como colocar tarima flotante en el salón.

Dichas obras comenzarán previsiblemente el día .... (*fecha exacta*), y se prolongarán durante 15 a 20 días, por lo cual, siempre según nuestra previsión, habrán concluido con toda seguridad hasta el día (*fecha exacta*).

Las obras descritas, no menoscaban ni alteran la seguridad del edificio, su estructura general, su configuración o estado exteriores, y tampoco perjudican los derechos de otros propietarios, circunstancia que aprovecho para destacar y así evitar posibles malentendidos o preocupaciones innecesarias.

No obstante, si tuviese alguna pregunta o quisiera hacer cualquier comentario u observación al respecto, aprovecho la oportunidad, para asegurarle, que me encuentro a su plena disposición.

Atentamente

(firma y nombre del propietario)

2.12 Mitteilung bezüglich der Durchführung von Bauarbeiten im Sondereigentum

Vor- und Nachname des Absenders (Eigentümer)
Adresse
Postleitzahl Ort (Provinz)
Tel./Fax.

Vor- und Nachname des Empfängers (Präsident)
Adresse
Postleitzahl Ort (Provinz)

.... *(Ort)*, den .... *(Tag)* .... *(Monat)* .... *(Jahr)*

Sehr geehrter Herr .... *(Präsident)*

wie Sie wissen, bin ich Eigentümer der Wohnung .... *(z.B. erster Stock, Buchstabe F)*, der Eigentümergemeinschaft .... *(Name der Gemeinschaft)*, in welcher Sie das Amt des Präsidenten bekleiden.

Der Anlass des gegenständlichen Schreibens ist es, Ihnen als Vertretungsorgan der Gemeinschaft mitzuteilen, dass ich die Absicht habe, in meiner Wohnung eine Reihe von Baumaßnahmen durchzuführen.

Im Konkreten geht es darum, die Fliesen im Badezimmer und in der Toilette durch neue auszutauschen, sowie im Wohnzimmer Laminat zu verlegen.

Die hierfür erforderlichen Arbeiten werden voraussichtlich am .... *(genaues Datum)* beginnen und sich während der Dauer von 15 bis 20 Tagen fortsetzen, weshalb ausgehend von unserer Planung, mit aller Sicherheit mit deren Abschluss bis zum .... *(genaues Datum)* zu rechnen ist.

Die beschriebenen Arbeiten werden weder die Sicherheit noch die Struktur, die Beschaffenheit oder das äußere Erscheinungsbild der Liegenschaft beeinträchtigen und ebenso wenig die Rechte der übrigen Eigentümer berühren. Ich will diesen Umstand besonders hervorheben, um auf diese Weise mögliche Missverständnisse oder unnötige Sorgen der übrigen Bewohner auszuräumen.

Dennoch möchte ich die Gelegenheit nutzen, um Ihnen zu versichern, dass ich diesbezüglich für jede Anregung oder Anmerkung zu Ihrer vollsten Verfügung stehe.

Mit freundlichen Grüßen

(Unterschrift und Name des Eigentümers)

2.13 Comunicación de la necesidad de la realización de obras urgentes

Nombre y Apellidos del remitente (propietario)
Dirección
C.P. ciudad (provincia)
Tel./Fax.

> *Nombre y Apellidos del destinatario (Administrador)*
> *Dirección*
> *C.P. ciudad (provincia)*

En .... (*ciudad*), a .... (*día*) de .... (*mes*) de .... (*año*)

Estimado Sr. .... (*Administrador*)

soy propietario de la vivienda .... (*por ejemplo: quinta planta, puerta E*) dentro de la Comunidad de Propietarios .... (*nombre de la comunidad*), sita en .... (*dirección*), y de la que Usted es Administrador.

Me dirijo a Usted, tras haber observado filtraciones en las paredes del pasillo de la quinta planta de la comunidad. Las paredes están húmedas, y se llegan a formar charcos en el suelo. Partiendo de las circunstancias descritas parece haberse producido la rotura en una tubería. El problema mencionado debe ser subsanado a la mayor brevedad, tratándose de una reparación urgente.

Atentamente

(firma y nombre del propietario)

2.13 Mitteilung bezüglich des Erfordernisses eilbedürftige Baumaßnahmen durchzuführen

Vor- und Nachname des Absenders (Eigentümer)
Adresse
Postleitzahl Ort (Provinz)
Tel./Fax.

Vor- und Nachname des Empfängers (Verwalter)
Adresse
Postleitzahl Ort (Provinz)

.... *(Ort)*, den .... *(Tag)* .... *(Monat)* .... *(Jahr)*

Sehr geehrter Herr .... *(Verwalter)*

Ich bin Eigentümer der Wohnung .... *(z.B. fünfter Stock, Tür E)* innerhalb der Eigentümergemeinschaft .... *(Name der Gemeinschaft)*, gelegen in .... *(Adresse)*, für welche Sie das Amt der Verwalters ausüben.

Ich schreibe Ihnen, weil ich bemerkt habe, dass im fünften Stock der Gemeinschaft, Wasser durch die Wände des Hausflurs dringt. Die Wände sind feucht und es bilden sich sogar Pfützen auf dem Boden. Ausgehend von diesen Umständen ist wohl anzunehmen, dass ein Wasserrohrbruch vorliegt. Das beschriebene Problem muss so schnell wie möglich behoben werden, da es sich um eine eilbedürftige Reparatur handelt.

Mit freundlichen Grüßen

(Unterschrift und Name des Eigentümers)

2.14 Manifestación de disconformidad con un acuerdo

Nombre y Apellidos del remitente (propietario)
Dirección
C.P. ciudad (provincia)
Tel./Fax.

Nombre y Apellidos del destinatario (Secretario)
Dirección
C.P. ciudad (provincia)

En .... (*ciudad*), a .... (*día*) de .... (*mes*) de .... (*año*)

Estimado Sr. D. .... (*Secretario de la Comunidad*)

Tras recibir en fecha .... (*fecha exacta*), la comunicación emitida en ejercicio de su cargo como Secretario-Administrador de la Comunidad .... (*nombre de la comunidad*), sita en .... (*dirección*) informándome acerca del resultado de las votaciones registradas en el seno de la Junta General Ordinaria el día .... (*fecha exacta*), y sometidas a las mayorías del artículo 17 LPH (*sin que estemos ante una de las excepciones descritas en el artículo 17.8 LPH*), y después de advertirme, que disponía de un plazo de 30 días para emitir mi voto y ponerlo en su conocimiento, me permito dirigir el presente escrito a su atención, trasladándole mi postura al respecto.

En relación al punto de orden del día numero ...., acerca de .... (*descripción del punto*).

Manifiesto que ejerzo mi voto, y que éste es:

A FAVOR DE LA PROPUESTA / EN CONTRA DE LA PROPUESTA / DE ABSTENCIÓN

(*elija lo que proceda*)

Las razones que han motivado ésta postura, son las siguientes:

(*exposición de sus motivos*)

En relación al punto de orden del día numero ...., acerca de .... (*descripción del punto*)

Manifiesto que ejerzo mi voto, y que éste es:

A FAVOR DE LA PROPUESTA / EN CONTRA DE LA PROPUESTA / DE ABSTENCIÓN

(*elija lo que proceda*)

2.14 Mitteilung der Ablehnung eines Beschlusses

Vor- und Nachname des Absenders (Eigentümer)
Adresse
Postleitzahl Ort (Provinz)
Tel./Fax.

Vor- und Nachname des Empfängers (Sekretär)
Adresse
Postleitzahl Ort (Provinz)

.... (*Ort*), den .... (*Tag*) .... (*Monat*) .... (*Jahr*)

Sehr geehrter Herr .... (*Sekretär der Gemeinschaft*):

Nachdem ich am .... (*genaues Datum*) von Ihnen, in Ausübung Ihres Amtes als Sekretär-Verwalter der Gemeinschaft .... (*Name der Gemeinschaft*), gelegen in .... (*Adresse*), eine Benachrichtigung erhalten habe, die darauf gerichtet war, mich über die im Rahmen der ordentlichen Eigentümerversammlung vom .... (*genaues Datum*) erzielten vorläufigen Abstimmungsergebnisse zu informieren, welche den Mehrheiten des Artikels 17 LPH unterliegen (*ohne dass eine der in Artikel 17.8 LPH bezeichneten Ausnahmen einschlägig wäre*) und ich von Ihnen in diesem Zusammenhang darauf hingewiesen wurde, dass ich über eine Frist von 30 Tagen verfüge, um von meinem Stimmrecht Gebrauch zu machen und Ihnen gegenüber meine Stimme abzugeben, möchte ich mittels des gegenständlichen Schreibens meine diesbezügliche Haltung zum Ausdruck bringen.

In Bezug auf den Tagesordnungspunkt Nummer ...., betreffend .... (*Beschreibung des Punktes*)

Ich erkläre hiermit, dass ich von meinem Stimmrecht Gebrauch mache, und es in folgender Weise ausübe:

ICH STIMME FÜR DEN VORSCHLAG / GEGEN DEN VORSCHLAG /
ENTHALTE MICH

(*bitte wählen Sie Zutreffendes*)

Die Gründe welche mein Abstimmungsverhalten prägen, sind folgende:

(*Ausführung zu den Gründen*)

In Bezug auf den Tagesordnungspunkt Nummer ...., betreffend .... (*Beschreibung des Punktes*)

Ich erkläre hiermit, dass ich von meinem Stimmrecht Gebrauch mache, und es in folgender Weise ausübe:

ICH STIMME FÜR DEN VORSCHLAG / GEGEN DEN VORSCHLAG /
ENTHALTE MICH

(*bitte wählen Sie Zutreffendes*)

Las razones que han motivado ésta postura, son las siguientes:

(*exposición de sus motivos*)

Ruego tome nota de mi postura, la traslade a quien pudiese interesar, y la contabilice a los efectos oportunos para el cómputo definitivo de votos. Para el caso de adoptarse cualquiera de los acuerdos provisionales que difieran del voto emitido por mi, en este acto, advierto, que procederé a impugnarlo judicialmente.

Atentamente

(*firma y nombre del propietario*)

Die Gründe welche mein Abstimmungsverhalten prägen, sind folgende:

(*Ausführung zu den Gründen*)

Ich bitte Sie, meine Haltung zur Kenntnis zu nehmen, selbige an die erforderlichen Stellen weiterzuleiten, und diese bei der endgültigen Stimmenauszählung entsprechend zu berücksichtigen. Für den Fall, dass irgendeiner der vorläufigen Beschlüsse endgültig angenommen werden sollte und dieser im Widerspruch zu meinem Stimmverhalten steht, möchte ich die Gelegenheit nutzen, um darauf hinzuweisen, dass ich zur gerichtlichen Anfechtung desselben schreiten werde.

Mit freundlichen Grüßen

(*Unterschrift und Name des Eigentümers*)

2.15 Comunicación de la voluntad de participar en el aprovechamiento de un sistema común de energía solar por propietario disidente

Nombre y Apellidos del remitente (propietario)
Dirección
C.P. ciudad (provincia)
Tel./Fax.

> *Nombre y Apellidos del destinatario (Presidente)*
> *Dirección*
> *C.P. ciudad (provincia)*

En .... (*ciudad*), a .... (*día*) de .... (*mes*) de .... (*año*)

Estimado Sr. D. .... (*nombre del Presidente*)

Soy propietario de la vivienda .... (*por ejemplo: ocatva planta, letra D*), de la Comunidad de Propietarios .... (*nombre de la comunidad*), sita en .... (*dirección*), en la que Usted ejerce el cargo de Presidente.

En la Junta General Ordinaria de fecha .... (*fecha exacta*), se trató bajo el punto del orden del día número ...., establecer los sistemas comunes necesarios para poner en marcha un sistema comunitario para el aprovechamiento de la energía solar.

Bajo el punto del orden del día descrito, voté en contra de la propuesta formulada, que no obstante fue aprobada dado que se pudo reunir el voto positivo de más de un tercio de los propietarios, sobre los que recaía más de un tercio de las cuotas de participación.

Tras haber podido comprobar el buen funcionamiento del suministro eléctrico proporcionado por las placas solares instaladas, y teniendo en cuenta el ahorro alcanzable a largo plazo, así como el valor ecológico de tal actuación, he cambiado de opinión, y solicito formalmente que me autoricen acceder a la infraestructura creada.

Soy consciente, que al recurrir a las instalaciones descritas, deberé abonar el importe que me hubiera correspondido en aquel momento, actualizándolo aplicando al mismo el pertinente interés legal. Ruego por lo expuesto me comuniquen el importe a pagar por mi parte, así como todos los detalles necesarios para poder ingresar la cantidad debida y poder beneficiarme de la instalación descrita.

Atentamente

(firma y nombre del propietario)

2.15 Mitteilung eines Dissidenten, bezüglich der Teilnahme an der Nutzung einer gemeinschaftlichen Solaranlage

Vor- und Nachname des Absenders (Eigentümer)
Adresse
Postleitzahl Ort (Provinz)
Tel./Fax.

Vor- und Nachname des Empfängers (Präsident)
Adresse
Postleitzahl Ort (Provinz)

.... *(Ort)*, den .... *(Tag)* .... *(Monat)* .... *(Jahr)*

Sehr geehrter Herr .... *(Name des Präsidenten)*

Ich bin Eigentümer der Wohnung .... *(z.B. achter Stock, Buchstabe D)*, der Eigentümergemeinschaft .... *(Name der Gemeinschaft)*, gelegen in .... *(Adresse)*, in der Sie das Amt des Präsidenten ausüben.

In der ordentlichen Eigentümerversammlung vom .... *(genaues Datum)* wurde versucht, unter dem Tagesordnungspunkt Nummer .... die erforderlichen Gemeinschaftseinrichtungen zu beschließen, um eine gemeinschaftliche Energieversorgung durch Solarzellen in Betrieb nehmen zu können.

Unter dem beschriebenen Tagesordnungspunkt habe ich gegen den Vorschlag gestimmt, welcher dennoch beschlossen wurde, da über ein Drittel der Eigentümer, auf welche insgesamt mehr als ein Drittel der Beteiligungsquoten entfallen, für ihn gestimmt haben.

Nachdem ich feststellen konnte, dass die aus der Solarzelleninstallation resultierende Stromversorgung tadellos funktioniert, und unter Berücksichtigung der Tatsache, dass auf diese Weise langfristig ein bemerkenswertes Einsparpotential geschaffen wird und noch dazu ein Beitrag zum Umweltschutz geleistet wird, habe ich meine Meinung geändert und möchte formell beantragen, dass mein Zugang zur besagten Installation autorisiert wird.

Ich bin mir bewusst, dass ich mich durch den Anschluss an die beschriebene Installation verpflichte, den Beitrag zu entrichten, der damals auf mich entfallen wäre und dass sich dieser zum Zwecke der Anpassung um den gesetzlichen Zins erhöht. Ich bitte daher darum, mir den durch mich zu entrichtenden Betrag sowie alle erforderlichen Einzelheiten mitzuteilen, damit ich die geschuldete Summe einzahlen und die Nutzung der Anlage aufnehmen kann.

Mit freundlichen Grüßen

(Unterschrift und Name des Eigentümers)

2.16 Juicio de Equidad-Solicitud al Juzgado pidiendo un propietario su relevo del cargo de Presidente

Al Juzgado de Primera Instancia al que por turno corresponda

Don / Doña .... (*nombre del solicitante*), mayor de edad, de profesión .... (*indicar profesión*), con DNI .... (*número del documento de identidad*), y domicilio a efecto de notificaciones en .... (*dirección exacta*), con teléfono .... (*número*) y fax .... (*número, en su caso*), ante éste Juzgado comparezco, y como mejor proceda en derecho DIGO:

Que soy propietario de de la vivienda (*descripción*), perteneciente a la comunidad de propietarios (*nombre de la comunidad*), sita en (*dirección exacta*).

Se aporta como documento .... (*número*), certificación registral .... (*número y año del certificado*) expedido por .... (*nombre del registrador de la propiedad*), del registro .... (*nombre y en su caso número del registro*), el .... (*fecha exacta*).

Que el .... (*fecha exacta*), se celebró en segunda convocatoria Junta Ordinaria, en la que se procedió a nombrar bajo el punto del orden del día .... (*número*) al nuevo presidente de la comunidad, por el periodo de un año y ello en aplicación del método del turno rotatorio, establecido en los estatutos de la comunidad como procedimiento aplicable para el nombramiento del Presidente.

Que en aplicación del turno rotativo fui nombrado Presidente de la Comunidad de Propietarios, a pesar de oponerme a ello en la Junta, tal y como se puede deducir del acta.

Se aporta como documento .... (*número*) convocatoria a la Junta de .... (*fecha exacta*), y como documento .... (*número*) protocolo de la Junta Ordinaria de .... (*fecha exacta*).

Que no tengo mi residencia habitual en la Comunidad de Propietarios .... (*nombre de la comunidad*), de .... (*dirección completa*), ubicándose en ella únicamente mi segunda residencia y domicilio vacacional, en el que no paso más de 20 días al año.

Que mi residencia habitual se encuentra en .... (*ciudad*), a .... (*número*) km de la Comunidad de Propietarios .... (*nombre de la comunidad*), de .... (*dirección completa*).

Se aporta como documento .... (*número*) certificado de empadronamiento y como documento .... (*número*) fotocopia compulsada por el Notario .... (*nombre y apellidos*) de .... (*municipio*) de mi DNI.

Que debido a mi avanzada edad, e importantes problemas de salud tales como .... (*descripción*), no me encuentro en condiciones de asumir y ejercer con la debida diligencia el cargo de Presidente de la Comunidad.

2.16 Verfahren nach Billigkeit (Antrag eines Eigentümers an das Gericht, ihn vom Präsidentenamt zu entbinden)

An das turnusgemäß zuständige erstinstanzliche Gericht

Herr / Frau .... (*Name des Antragstellers*), volljährig, von Beruf .... (*Beruf angeben*), mit spanischer Steuernummer .... (*Steueridentifikationsnummer angeben*), und ladungsfähiger Anschrift .... (*genaue Adresse*), Telefonnummer .... (*Nummer*) und Fax .... (*Nummer*), erscheint vor diesem Gericht, und ERKLÄRT, in der von Rechts wegen angebrachtesten Weise:

Dass ich Eigentümer der Wohnung (*Beschreibung*) bin, welche zur Eigentümergemeinschaft (*Name der Gemeinschaft*), in (*genaue Adresse*) gehört.

Ich füge als Dokument .... (*Nummer*), Grundbuchzertifikat .... (*Nummer und Jahr des Zertifikats*), ausgestellt durch .... (*Name des Grundbuchrichters*), des Grundbuchamtes .... (*Name und gegebenenfalls Nummer des Grundbuchamtes*), am .... (*genaues Datum*) bei.

Dass am .... (*genaues Datum*), in zweiter Einberufung eine ordentliche Eigentümerversammlung abgehalten wurde, in welcher unter dem Tagesordnungspunkt .... (*Nummer*), unter Anwendung des turnusmäßigen Auswahlverfahrens zur Ernennung eines neuen Präsidenten für die Amtsdauer von einem Jahr geschritten wurde, so wie dies in der Satzung vorgesehen ist.

Dass ich aufgrund des turnusmäßigen Auswahlverfahrens zum Präsidenten der Eigentümergemeinschaft ernannt wurde, obwohl ich mich dem in der Versammlung widersetzt habe, wie man aus dem Protokoll entnehmen kann.

Ich füge als Dokument .... (*Nummer*), Ladung zu der Eigentümerversammlung vom .... (*genaues Datum*), und als Dokument .... (*Nummer*), das Protokoll der ordentlichen Eigentümerversammlung vom .... (*genaues Datum*) bei.

Dass ich meinen Hauptwohnsitz nicht in der Eigentümergemeinschaft .... (*Name der Gemeinschaft*), in .... (*vollständige Anschrift*) habe, sondern dass sich in ihr lediglich mein Zweitwohnsitz befindet, in dem ich mich nur während meines Urlaubs aufhalte, und dies für maximal 20 Tage im Jahr.

Dass sich mein Hauptwohnsitz in .... (*Ort*), in einer Entfernung von .... (*Zahl*) km von der Eigentümergemeinschaft .... (*Name der Gemeinschaft*), in .... (*vollständige Adresse*) befindet.

Ich füge als Dokument .... (*Nummer*), Bescheinigung des Einwohnermeldeamtes und als Dokument .... (*Nummer*) eine durch den Notar .... (*Vor- und Nachname*) beglaubigte Abschrift meines Personalausweises bei.

Dass ich aufgrund meines fortgeschrittenen Alters und schwerwiegender gesundheitlicher Probleme, wie .... (*Beschreibung*), nicht in der Lage bin, das Amt des Präsidenten zu übernehmen und in geeigneter Weise auszuüben.

Se aporta como documento .... (*número*) certificado médico de .... (*fecha exacta*), expedido por el médico .... (*nombre y apellidos*) de .... (*lugar*).

Que el próximo propietario al que le tocaría por turno rotativo, ejercer el cargo de Presidente es D. / Dña. .... (*nombre y apellidos*).

Se aporta como documento .... (*número*), lista de propietarios en el orden establecido por la Junta Ordinaria de .... (*fecha exacta*), bajo el punto del orden del día .... (*número*), para el ejercicio del cargo de Presidente por turno rotativo así como documento .... (*número*) el protocolo de la Junta expresada.

Que la referida Junta fue celebrada el día .... (*fecha exacta*), y que el presente escrito se ha presentado al Juzgado antes de la finalización del plazo establecido para el ejercicio del derecho que me otorga el artículo 13.3 LPH.

Por lo expuesto, y al amparo de lo dispuesto en los artículos 13.3 y 17.7 LPH,

SUPLICO AL JUZGADO, que tenga por presentado éste escrito con los documentos que le acompañan, para que se me releve del cargo de Presidente de la Comunidad de Propietarios .... (*nombre de la comunidad*), sita en .... (*dirección exacta*), cargo para el que fui nombrado en base al punto del orden del día .... (*número*) de la Junta Ordinaria celebrada el día .... (*fecha exacta*), y se sirva a designar provisionalmente para el ejercicio del cargo de Presidente de entre la relación de propietarios que acompaño como documento .... (*número*), uno de ellos hasta el nombramiento del Presidente definitivo, por la correspondiente Junta.

Es Justicia que pido en .... (*ciudad*), a .... (*día*) de .... (*mes*) de .... (*año*)

(*firma y nombre del propietario solicitante*)

Ich füge als Dokument .... (*Nummer*) ärztliches Attest vom .... (*genaues Datum*), ausgestellt durch den Arzt .... (*Vor- und Nachname*) in .... (*Ort*) bei.

Dass der nächste Eigentümer, auf welchen nach dem herrschenden Rotationsprinzip die Pflicht zur Ausübung des Präsidentenamtes entfiele, Herr / Frau .... (*Vor- und Nachname*) ist.

Ich füge als Dokument .... (*Nummer*) die Liste der Eigentümer, in der von der ordentlichen Eigentümerversammlung vom .... (*genaues Datum*), unter dem Tagesordnungspunkt .... (*Nummer*) beschlossenen und dem Rotationsprinzip unterworfenen Reihenfolge zur Ausübung des Präsidentenamtes bei, sowie als Dokument .... (*Nummer*) das Protokoll der bezeichneten Eigentümerversammlung.

Dass die bezeichnete Eigentümerversammlung am .... (*genaues Datum*) abgehalten wurde, und dass der gegenständliche Schriftsatz vor Ablauf der in Artikel 13.3 LPH bezeichneten und zur Ausübung meines Rechtes eingeräumten Frist bei Gericht eingegangen ist.

Aufgrund des hier Dargelegten und im Rahmen des durch die Artikel 13.3 und 17.7 LPH Bestimmten,

BITTE ICH DAS GERICHT, dass es das gegenständliche Schreiben als eingereicht betrachtet, dies mit den dieses begleitenden Dokumenten, damit ich von der Ausübung des Präsidentenamtes in der Eigentümergemeinschaft .... (*Name der Gemeinschaft*), gelegen in .... (*genaue Anschrift*), befreit werde. Ein Amt, in welches ich aufgrund des Tagesordnungspunktes .... (*Nummer*) der am .... (*genaues Datum*) abgehaltenen ordentlichen Eigentümerversammlung berufen wurde. Weiterhin beantrage ich, dass das Gericht vorübergehend für die Ausübung des Präsidentenamtes aus der ihm als Dokument .... (*Nummer*) überlassenen Aufstellung von Eigentümern jemanden bestimmt, der bis zur endgültigen Bestellung des neuen Präsidenten in der entsprechenden Eigentümerversammlung das Amt ausübt.

Ich bitte, dass dem Recht genüge getan wird, in .... (*Ort*), den .... (*Tag*) .... (*Monat*) .... (*Jahr*)

(*Unterschrift und Name des den Antrag stellenden Eigentümers*)

2.17 Juicio de Equidad-Escrito al Juzgado solicitando la designación de Presidente

Al Juzgado de Primera Instancia al que por turno corresponda

Don .... (*nombre y apellidos*), mayor de edad, profesión .... (*indicar profesión*), con DNI .... (*número*), y Doña .... (*nombre y apellidos*), mayor de edad, profesión .... (*indicar profesión*), ambos con domicilio a efecto de notificaciones en .... (*dirección completa*), con teléfono .... (*número*) y fax .... (*en su caso número*), ante éste Juzgado comparecemos, y como mejor proceda en derecho DECIMOS:

Que somos propietarios en pro indiviso de de la vivienda .... (*descripción, por ejemplo: quinta planta, izquierda*), perteneciente a la comunidad de propietarios .... (*nombre de la comunidad*), sita en .... (*dirección completa*).

Se aporta como documento .... (*número*), certificado registral .... (*número y año del certificado*) expedido por .... (*nombre del registrador de la propiedad*), del registro .... (*lugar y en su caso, número del registro*), el día .... (*indicar fecha*).

Que en fecha .... (*indicar fecha*), se recibió convocatoria para la Junta Ordinaria anual del ejercicio .... (*indicar ejercicio correspondiente*), que se celebraría a las .... (*hora*) del día .... (*fecha*) en primera y a las .... (*horas*) del mismo día en segunda convocatoria.

Se aporta como documento .... (*número*), convocatoria a la Junta de .... (*indicar fecha*), recibido el .... (*detallar fecha*).

Que en fecha .... (*detallar fecha*), se celebró en segunda convocatoria la correspondiente Junta Ordinaria Anual, en la que se intentó proceder bajo el punto del orden del día .... (*número*), a la elección de los cargos de Presidente, Secretario y Administrador de la Comunidad.

Que a pesar de haber podido acordar continuar contratando los servicios prestados por el Administrador de Fincas Don .... (*nombre del administrador*), quien ya ejercía y seguirá ejerciendo los cargos de Secretario y Administrador, no fue posible nombrar Presidente de la Comunidad de Propietarios, dado que ninguna de las candidaturas pudo alcanzar la mayoría de los votos y cuotas de los propietarios presentes.

Que teniendo en cuenta el reducido tamaño de la presente comunidad (*veinticuatro propiedades*), que la mitad de las viviendas aun son propiedad del promotor, encontrándose éste desde hace más de un año en paradero desconocido, la condición de moroso de otros tantos propietarios (*tres viviendas*) y que dos comuneros ya solicitaron con éxito el relevo del cargo tras ser nombrados en ejercicios anteriores, unido a la imposibilidad de elegir Presidente mediante aplicación de los métodos de sorteo o rotativo, ante la controversia existente en la comunidad acerca de quienes deben entrar en dicho sorteo o lista rotativa (*morosos, promotor, etc.*), fue imposible alcanzar un acuerdo sobre el nombramiento de un nuevo Presidente o un método de nombramiento alternativo al de votación.

2.17 Verfahren nach Billigkeit (Antrag auf Bestellung des Präsidenten durch das Gericht)

An das turnusgemäß zuständige erstinstanzliche Gericht

Herr .... (*Name des Antragstellers*), volljährig, von Beruf .... (*Beruf angeben*), mit spanischer Steuernummer .... (*Steueridentifikationsnummer angeben*), und Frau .... (*Name des Antragstellers*), volljährig, von Beruf .... (*Beruf angeben*), mit spanischer Steuernummer .... (*Steueridentifikationsnummer angeben*), beide mit ladungsfähiger Anschrift .... (*genaue Adresse*), Telefonnummer .... (*Nummer*) und Fax .... (*Nummer*), erscheinen vor diesem Gericht, und ERKLÄREN in der von Rechts wegen angebrachtesten Weise:

Dass wir Miteigentümer der Wohnung .... (*Beschreibung, z.B. fünfter Stock, links*) sind, welche zur Eigentümergemeinschaft .... (*Name der Gemeinschaft*), in .... (*vollständige Anschrift*) gehört.

Wir fügen als Dokument .... (*Nummer*), Grundbuchzertifikat .... (*Nummer und Jahr des Zertifikats*), ausgestellt durch .... (*Name des Grundbuchrichters*), des Grundbuchamtes .... (*Name und gegebenenfalls Nummer des Grundbuchamtes*), am .... (*genaues Datum*) bei.

Dass wir am .... (*Datum*) die Ladung zur jährlichen ordentlichen Eigentümerversammlung für .... (*entsprechendes Jahr angeben*) erhielten, welche am .... (*Datum*) um .... (*Uhrzeit*) in der ersten Einberufung, und um .... (*Uhrzeit*) desselben Tages in der zweiten Einberufung abgehalten werden sollte.

Wir fügen als Dokument .... (*Nummer*) die Ladung zur Eigentümerversammlung vom .... (*Datum*), empfangen am .... (*Datum*) bei.

Dass am .... (*Datum*) in zweiter Einberufung die entsprechende jährliche ordentliche Eigentümerversammlung abgehalten wurde, in welcher unter dem Tagesordnungspunkt .... (*Nummer*) der Versuch unternommen wurde, die Ämter des Präsidenten, des Sekretärs und des Verwalters der Gemeinschaft zu besetzen.

Dass zwar beschlossen wurde, weiterhin die Dienste des Hausverwalters, Herrn .... (*Name des Verwalters*), in Anspruch zu nehmen, der bereits in der Vergangenheit und jetzt auch zukünftig die Ämter des Sekretärs wie auch des Verwalters ausüben wird, dass jedoch die Ernennung des Präsidenten der Eigentümergemeinschaft scheiterte, da keiner der Kandidaten die erforderliche Mehrheit von Stimmen und Quoten der anwesenden Eigentümer erzielen konnte.

Dass unter Berücksichtigung der Tatsache, dass die gegenständliche Gemeinschaft einen überschaubaren Umfang hat (*vierundzwanzig Sondereigentumselemente*), dass die Hälfte der Wohnungen immer noch im Eigentum des Bauträgers steht, dessen Aufenthalt seit über einem Jahr unbekannt ist, dass einige Eigentümer ihren Zahlungsverpflichtungen gegenüber der Gemeinschaft nicht nachkommen (*betrifft drei Wohnungen*), und dass zwei Eigentümer in der Vergangenheit bereits eine erfolgreiche Befreiung vom Präsidentenamt in vorhergehenden Geschäftsjahren erreichen konnten, und dass eine Bestellung zum Präsidenten nach dem Losverfahren oder die turnusmäßige Ausübung des Amtes daran scheitert, dass Uneinigkeit darüber besteht, welche Eigentümer in die Liste bzw. in das Losverfahren aufzunehmen sind (*säumige Eigentümer, der Bauträger, etc.*) es unmöglich scheint, einen Beschluss zu verabschieden, der die Ernennung des Präsidenten oder ein alternatives Auswahlverfahren gestattet.

Se aporta como documento .... (*número*), certificado registral del que se desprende la titularidad de los elementos privativos, como documentos .... (*número*), ... (*número*) y .... (*número*) carta certificada con acuse de recibo y dos Burofaxes dirigidos al promotor que no fueron retirados de la oficina de correos, como documentos .... (*número*) y .... (*número*) actas de las Juntas Ordinarias anuales correspondientes a los ejercicios .... (*descripción del ejercicio*) y .... y de los que se deducen los deudores existentes en la comunidad, como documentos .... (*número*) y .... (*número*) resoluciones judiciales de fecha .... (*indicar fecha*) y .... (*indicar fecha*) del Juzgado de Primera Instancia .... (*número*) y .... (*número*) de .... (*lugar*), en las que se decide relevar a D. .... (*nombre y apellidos*) y a Doña .... (*nombre y apellidos*) del cargo de Presidente, y como documento .... (*número*) protocolo de la Junta Ordinaria de fecha .... (*indicar fecha*).

Que quién vino ejerciendo el cargo de Presidente hasta el momento, y que cerró el acta aportado como documento .... (*número*), no quiere ni puede seguir ejerciendo estas funciones, habiendo terminado su mandato y no permitiendole su delicado estado de salud presentarse a otro mandato nuevo, motivo por el cual tampoco concurrió a las últimas elecciones.

Que encontrándose la Comunidad .... (*nombre de la comunidad*), sin persona que legítimamente pudiese ejercer el cargo y las funciones de Presidente y ante la imposibilidad de nombrar un propietario para su ejercicio, se da el supuesto contemplado en el artículo 13.2 LPH.

Que los siguientes propietarios estaríamos dispuestos a ejercer provisional y transitoriamente el cargo de Presidente, hasta que la comunidad hubiese logrado nombrar por los cauces legalmente previstos y en el plazo que el Juzgado estableciera al propietario que debiera ejercer el cargo definitivamente.

Propietarios dispuestos a ejercer el cargo provisionalmente:

D. .... (*nombre y apellidos*), elemento privativo .... (*descripción*), ... (*domicilio*)

Dña. .... (*nombre y apellidos*), elemento privativo .... (*descripción*), ... (*domicilio*)

D. .... (*nombre y apellidos*), elemento privativo .... (*descripción*), ... (*domicilio*)

Dña. .... (*nombre y apellidos*), elemento privativo .... (*descripción*), ... (*domicilio*)

Se aporta como documento .... (*número*) escrito formado por los propietarios arriba indicados, de fecha .... (*indicar fecha*), en el que declaran estar dispuestos a ejercer el cargo de Presidente provisionalmente, hasta su nombramiento definitivo.

Wir fügen als Dokument .... (*Nummer*) ein Grundbuchzertifikat, aus welchem sich die Eigentümerstellung an den Sondereigentumselementen ergibt, als Dokument .... (*Nummer*), Dokument .... (*Nummer*) und Dokument .... (*Nummer*), Einschreiben mit Rückschein sowie zwei Burofaxe, welche alle an den Bauträger gerichtet wurden und niemals bei der Poststelle abgeholt wurden, als Dokument .... (*Nummer*) und Dokument .... (*Nummer*), Protokolle der ordentlichen, jährlichen Eigentümerversammlungen für die Geschäftsjahre .... (*Angabe des Geschäftsjahres*) und .... (*Angabe des Geschäftsjahres*), aus denen sich die in der Gemeinschaft bestehenden Schuldner entnehmen lassen, als Dokument .... (*Nummer*) und Dokument .... (*Nummer*), Urteile vom .... (*Datum*) und .... (*Datum*), vom erstinstanzlichen Gericht .... (*Nummer*) und .... (*Nummer*) in .... (*Ort*), aus denen entnommen werden kann, dass Herr .... (*Vor- und Nachname*) und Frau .... (*Vor- und Nachname*) jeweils von der Ausübung des Präsidentenamtes befreit wurden und als Dokument .... (*Nummer*) Protokoll der ordentlichen Eigentümerversammlung vom .... (*Datum*) bei.

Dass derjenige Eigentümer, der bisher das Amt des Präsidenten ausgeübt und das hier als Dokument .... (*Nummer*) vorgelegte Protokoll unterzeichnet hat, das Amt nach Beendigung der Amtsdauer weder weiter ausüben möchte noch kann, da ihm sein sehr angeschlagener Gesundheitszustand keine weitere Amtsperiode erlaubt, weshalb er auch bei den letzten Wahlen nicht mehr als Kandidat zur Verfügung stand.

Dass in der Gemeinschaft .... (*Name der Gemeinschaft*) zum jetzigen Zeitpunkt, keine Person legitimerweise das Amt und die Funktionen des Präsidenten ausübt und dass angesichts der Unmöglichkeit, einen Eigentümer in das Amt zu berufen, der in Artikel 13.2 LPH beschriebene Fall eingetreten ist.

Dass die folgenden Eigentümer bereit wären, provisorisch und vorübergehend das Amt des Präsidenten auszuüben, bis es der Gemeinschaft geglückt wäre, in der gesetzlich vorgesehenen Weise und durch das Gericht zu bestimmenden Frist einen Eigentümer zu ernennen, der das Amt dauerhaft ausübt.

Eigentümer die bereit wären, das Amt vorübergehend wahrzunehmen:

Herr .... (*Vor- und Nachname*), Sondereigentumselement .... (*Beschreibung*), ... (*Adresse*)

Frau .... (*Vor- und Nachname*), Sondereigentumselement .... (*Beschreibung*), ... (*Adresse*)

Herr .... (*Vor- und Nachname*), Sondereigentumselement .... (*Beschreibung*), ... (*Adresse*)

Frau .... (*Vor- und Nachname*), Sondereigentumselement .... (*Beschreibung*), ... (*Adresse*)

Wir fügen als Dokument .... (*Nummer*) Schreiben vom .... (*Datum*) der oben bezeichneten Eigentümer bei, in welchem sich selbige bereiterklären das Amt des Präsidenten provisorisch bis zur Ernennung des endgültigen Präsidenten auszuüben.

SUPLICAMOS AL JUZGADO, que tenga por presentado éste escrito con los documentos que le acompañan, para que acuerde nombrar provisionalmente, Presidente para la Comunidad de Propietarios .... (*nombre de la comunidad*), sita en .... (*dirección completa*), entre los propietarios dispuestos e indicados a tal efecto, hasta que la comunidad procediese al nombramiento definitivo de dicho cargo en el plazo que el Juzgador considere oportuno.

Es Justicia que pido en .... (*ciudad*), a .... (*día*) de .... (*mes*) de .... (*año*)

(*firma y nombre de los propietarios solicitantes*)

WIR BITTEN DAS GERICHT, dass es das gegenständliche Schreiben als eingereicht betrachtet, dies mit den dieses begleitenden Dokumenten, damit provisorisch der Präsident der Eigentümergemeinschaft .... (*Name der Gemeinschaft*), gelegen in .... (*genaue Anschrift*), unter den sich hierzu bereit erklärenden Eigentümern ernannt wird, bis die Gemeinschaft zur endgültigen Besetzung dieses Amtes innerhalb von der durch das Gericht zu gewährenden Frist geschritten ist.

Ich bitte, dass dem Recht genüge getan wird, in .... (*Ort*), den .... (*Tag*) .... (*Monat*) .... (*Jahr*)

(*Unterschrift und Name der den Antrag stellenden Eigentümer*)

2.18 Petición Juicio de Equidad

Al Juzgado de Primera Instancia al que por turno corresponda

Don .... (*nombre y apellidos*), mayor de edad, de profesión .... (*indicar profesión*), con DNI .... (*número*), y con domicilio a efecto de notificaciones en .... (*dirección completa*), con teléfono .... (*número*) y fax .... (*número en su caso*), ante éste Juzgado comparezco, y como mejor proceda en derecho DIGO:

Que por medio del presente escrito solicito la intervención del juzgado al que tengo el honor de dirigirme, con el fin de que SUPLA LA FALTA DE ACUERDO padecida por la Comunidad de Propietarios .... (*nombre de la comunidad*) sita en (*dirección completa*), dada la imposibilidad de alcanzar la doble mayoría legalmente establecida para su aprobación.

Que deberán ser citados en su calidad como contradictores los siguientes comuneros en el domicilio que se detalla:

D. .... (*nombre y apellidos*), elemento privativo .... (*descripción*), ... (*domicilio*)

Dña. .... (*nombre y apellidos*), elemento privativo .... (*descripción*), ... (*domicilio*)

D. .... (*nombre y apellidos*), elemento privativo .... (*descripción*), ... (*domicilio*)

Dña. .... (*nombre y apellidos*), elemento privativo .... (*descripción*), ... (*domicilio*)

La presente solicitud se basa en los siguientes

HECHOS

PRIMERO: Que soy propietario de la vivienda .... (*descripción*), perteneciente a la comunidad de propietarios .... (*nombre de la comunidad*), sita en .... (*dirección completa*).

Se aporta como documento .... (*número*), certificado registral .... (*número y año del certificado*) expedido por .... (*nombre del registrador de la propiedad*), del registro .... (*lugar y en su caso número del registro*), en fecha .... (*indicar fecha*).

SEGUNDO: Que en la Junta Ordinaria de fecha .... (*indicar fecha*) a la que se convocó debidamente, se debatió en segunda convocatoria y bajo el punto del orden del día .... (*número*) la proposición de .... (*descripción*), sin que se hubiese podido alcanzar la doble mayoría legalmente requerida.

2.18 Antrag auf Durchführung des *Juicio de Equidad,* des Verfahrens nach billigem Ermessen zur Herbeiführung einer Entscheidung über einen Beschlussgegenstand

An das turnusgemäß zuständige erstinstanzliche Gericht

Herr .... (*Name des Antragstellers*), volljährig, von Beruf .... (*Beruf angeben*), mit spanischer Steuernummer .... (*Steueridentifikationsnummer angeben*), mit ladungsfähiger Anschrift .... (*genaue Adresse*), Telefonnummer .... (*Nummer*) und Fax .... (*Nummer*), erscheint vor diesem Gericht und ERKLÄRT in der von Rechts wegen angebrachtesten Weise:

Dass ich mittels des gegenständlichen Schreibens um die Intervention des Gerichtes bitte, an welches ich die Ehre habe mich zu richten, damit es DEN FEHLENDEN BESCHLUSS ERSETZT, unter welchem die Eigentümergemeinschaft .... (*Name der Gemeinschaft*), gelegen in (*vollständige Adresse*), leidet, da aufgrund der Unmöglichkeit, die gesetzlich vorgesehene doppelte Mehrheit zu erreichen, der Beschluss auf anderem Wege nicht zustande kommen kann.

Dass die folgenden Eigentümer, unter der angegebenen Adresse, in ihrer Eigenschaft als Opponenten, geladen werden müssen.

Herr .... (*Vor- und Nachname*), Sondereigentumselement .... (*Beschreibung*), ... (*Adresse*)

Frau .... (*Vor- und Nachname*), Sondereigentumselement .... (*Beschreibung*), ... (*Adresse*)

Herr .... (*Vor- und Nachname*), Sondereigentumselement .... (*Beschreibung*), ... (*Adresse*)

Frau .... (*Vor- und Nachname*), Sondereigentumselement .... (*Beschreibung*), ... (*Adresse*)

Der vorliegende Antrag, beruht auf den folgenden

TATSACHEN

ERSTENS: Dass ich Eigentümer der Wohnung .... (*Beschreibung*), zugehörig zu der Eigentümergemeinschaft .... (*Name der Gemeinschaft*), gelegen in .... (*vollständige Anschrift*) bin.

Ich füge als Dokument .... (*Nummer*) das Grundbuchzertifikat .... (*Nummer und Ausstellungsjahr des Zertifikats*), ausgestellt durch .... (*Name des Grundbuchrichters*), vom Grundbuchamt .... (*Ort und gegebenenfalls Nummer des Grundbuchamtes*), vom .... (*Datum*) bei.

ZWEITENS: Dass in der ordentlichen Eigentümerversammlung vom .... (*Datum angeben*), zu der in geeigneter Weise geladen wurde, in zweiter Einberufung, unter dem Tagesordnungspunkt .... (*Nummer*) der Vorschlag debattiert wurde .... (*Beschreibung*), ohne dass die gesetzlich vorgeschriebene doppelte Mehrheit hätte erzielt werden können.

El resultado fue de .... (*número*) votos a favor, representando el .... (*número*) % las cuotas de los propietarios presentes, y .... (*número*) votos en contra, sobre los que recaía el .... (*número*) % de las cuotas presentes, existiendo mayoría de votos pero no de cuotas a favor del acuerdo propuesto.

TERCERO: Que se ha debatió éste mismo asunto en una Juntas anterior, celebrada en segunda convocatoria en fecha .... (*indicar fecha*), a la que se convocó adecuadamente, y que se desarrolló correctamente.

Siendo el resultado en éste caso de .... (*número*) votos a favor, representando el .... (*número*) % de las cuotas de los propietarios presentes, y .... (*número*) votos en contra, sobre los que recaía el .... (*número*) % de las cuotas de los presentes, existiendo mayoría de votos pero no de cuotas a favor del acuerdo propuesto.

Se aporta como documento .... (*número*), convocatoria a la Junta Ordinaria de fecha .... (*indicar fecha*), y como documento .... (*número*) acta de la Junta mencionada, celebrada en segunda convocatoria.

CUARTO: Que como se desprende de las actas aportadas, he participado en las Juntas descritas, votando a favor de la adopción del acuerdo propuesto, sin que se hubiese alcanzado la mayoría necesaria.

QUINTO: Que durante las tormentas ocurridas en los últimos años, y debido a la obstrucción del canal de desagüe de la planta baja del garaje comunitario, la planta inferior se ha visto inundada repetidamente.

Debido a ésta circunstancia algunos propietarios han sufrido daños en sus vehículos, y muchos otros no han podido hacer uso de su plaza de aparcamiento hasta que se logró, acabar con la inundación.

SEXTO: Que a pesar de tratarse de un problema ocasionado por la inoperabilidad de un elemento común, que requiere del debido mantenimiento y de las modificaciones que fueran necesarias para garantizar su funcionamiento, tales como la ampliación de la entrada del desagüe, la sustitución de las rejillas del desagüe actuales por otras más estrechas para evitar su atasco y la colocación de un sistema que permita su limpieza, no ha encontrado el apoyo necesario en forma de una doble mayoría de votos y cuotas, dado que la persistencia del problema descrito solo perjudica a algunos propietarios de forma directa, y en concreto a aquellos cuya plaza de aparcamiento se encuentra ubicada en la planta inferior.

Das Ergebnis belief sich auf .... (*Nummer*) Ja-Stimmen, auf die .... (*Nummer*) % der Beteiligungsquoten der anwesenden Eigentümer entfielen, und .... (*Nummer*) Gegenstimmen, auf die .... (*Nummer*) % der Beteiligungsquoten der anwesenden Eigentümer entfielen, weshalb zwar eine Stimmenmehrheit aber keine Beteiligungsquotenmehrheit zu Gunsten des Beschlussvorschlags erzielt werden konnte.

Ich füge als Dokument .... (*Nummer*) Ladung zur ordentlichen Eigentümerversammlung vom .... (*Datum*) und als Dokument .... (*Nummer*) Protokoll der bezeichneten und in zweiter Einberufung abgehaltenen Versammlung bei.

DRITTENS: Dass der beschriebene Beschlussgegenstand bereits in einer vorhergehenden Versammlung, zu der in geeigneter Weise geladen und die ebenfalls in zweiter Einberufung abgehalten wurde, am .... (*Datum*), zur Debatte gestellt worden ist.

Das dort erzielte Abstimmungsergebnis belief sich auf .... (*Nummer*) Ja-Stimmen, auf die .... (*Nummer*) % der Beteiligungsquoten der anwesenden Eigentümer entfielen und .... (*Nummer*) Gegenstimmen, auf die .... (*Nummer*) % der Beteiligungsquoten der anwesenden Eigentümer entfielen, weshalb zwar eine Stimmenmehrheit aber keine Beteiligungsquotenmehrheit zu Gunsten des Beschlussvorschlags erzielt werden konnte.

Ich füge als Dokument .... (*Nummer*) Ladung zur ordentlichen Eigentümerversammlung vom .... (*Datum*) und als Dokument .... (*Nummer*) Protokoll der bezeichneten und in zweiter Einberufung abgehaltenen Versammlung bei.

VIERTENS: Dass ich, wie aus den beigefügten Protokollen ersichtlich, an den bezeichneten Versammlungen teilgenommen habe und dort jeweils zu Gunsten des vorgeschlagenen Beschlusses gestimmt habe, ohne dass die erforderlichen Mehrheiten hätten erzielt werden können.

FÜNFTENS: Dass, aufgrund der in den letzten Jahren geschehenen Unwetter und der sich hieraus ergebenden Verstopfung der Abwasserrohre der im zweiten Untergeschoss gelegenen gemeinschaftlichen PKW-Stellflächen, dieses in wiederholten Fällen überschwemmt wurde.

Aus den besagten Gründen haben einige Eigentümer Schäden an ihren Fahrzeugen erlitten und viele von ihnen konnten keinen Gebrauch von ihren Stellplätzen machen, bis die Überschwemmungen beseitigt wurden.

SECHSTENS: Obwohl diese Probleme durch einen Mangel an einem Gemeinschaftselement verursacht wurden, welches einer geeigneten Wartung bedarf, und obwohl die notwendigen Veränderungen, um das einwandfreie Funktionieren sicherzustellen, lediglich darauf hinauslaufen, die Abwasseröffnung zu vergrößern und in ihr einen Mechanismus zu installieren, welcher die Reinigung desselben ermöglicht, wurde die hierfür erforderliche, doppelte Mehrheit von Stimmen und Quoten nicht erzielt. Dies liegt daran, dass das beschriebene Problem lediglich einige wenige Eigentümer unmittelbar betrifft, nämlich diejenigen, deren Stellplatz im zweiten Untergeschoss des Parkhauses liegt.

Dado que los propietarios que no disponen de plaza de aparcamiento así como aquellos que lo tienen en la primera planta del sótano no se ven perjudicados, tampoco quieren participar en los gastos que ocasionaría la obra propuesta.

Sin embargo olvidan, que el problema descrito es capaz de influir en la estabilidad del edificio, afectando el fundamento, además de generar humedades que atraen insectos, producen olores, y exigen la contratación de profesionales para eliminar el agua estancada mediante bombeo así como trabajos de limpieza.

A lo largo sería más beneficioso y mucho más económico si se pudiese evitar el problema invirtiendo en la modernización o adecuación del sistema en lugar de afrontar innecesariamente gastos recurrentes que solo tratan de eliminar las efectos pero no las causas de la inundación.

La negativa a la adopción del acuerdo solo se explica con la ignorancia y el egoísmo que caracteriza a algunos comuneros, puesto que se perjudican ellos mismos, con tal de evitar una ridícula inversión inmediata.

SEPTIMO: Que ante la falta de acuerdo y dentro del plazo de un mes establecido a tal efecto, he procedido a formular la presente solicitud.

A los hechos descritos les son de aplicación los siguientes

FUNDAMENTOS JURÍDICOS

I. El artículo 17.7 de la Ley de Propiedad Horizontal establece, que cuando la mayoría no se pudiese lograr por los procedimientos establecidos a tal efecto, el Juez, a instancia de parte deducida en el mes siguiente a la fecha de la segunda Junta, y oyendo en comparecencia los contradictores previamente citados, resolverá en equidad lo que proceda dentro de veinte días, contados desde la petición, haciendo pronunciamiento sobre el pago de costas.

Dada la imposibilidad de alcanzar la doble mayoría para la aprobación del acuerdo referido, tras realizar dos Juntas independientes en las que se debatió en su correspondiente punto del orden del día la propuesta descrita, siendo rechazada la aprobación del acuerdo sugerido en ambas ocasiones, y dentro del plazo de un mes desde la segunda Junta se solicita se resuelva la situación descrita a través del Juicio de Equidad.

II. Es competente el Juzgado al que me dirijo, al establecer los artículos 45 y 52.1.8 LEC que lo es el Juzgado de Primera Instancia del lugar en el que se encuentra ubicada la finca sometida al régimen de propiedad horizontal.

Da diejenigen Eigentümer, welche über keinen Stellplatz verfügen, sowie diejenigen, deren Stellplatz im ersten Kellergeschoss liegt, keinen Schaden zu befürchten haben, möchten sie auch nicht an den durch die zu ergreifenden Maßnahmen verursachten Kosten beteiligt werden.

Hierbei wird übersehen, dass das beschriebene Problem unmittelbare Auswirkungen auf die Stabilität des Gebäudes haben kann, da es geeignet ist, das Fundament zu beeinträchtigen. Außerdem wird Feuchtigkeit generiert, die Insekten anlockt, Gestank verursacht und die regelmäßige Beauftragung von Fachkräften erfordert, welche sich um die Entfernung des abgestandenen Wassers mittels Pumpen kümmern. Darüber hinaus werden auch Reinigungsarbeiten fällig.

Langfristig gesehen wäre es vorteilhafter und viel günstiger, wenn die beschriebenen Probleme gänzlich vermieden werden könnten. Hierfür bedürfte es lediglich einer Investition in die Modernisierung oder Anpassung des bestehenden Abwassersystems, statt wie bisher in unnötiger Weise ständig wiederkehrende Arbeiten stets aufs neue durchführen zu lassen. Hierdurch wird nicht die Ursache bekämpft, sondern lediglich die Auswirkungen der Überschwemmungen behoben.

Der Widerstand gegenüber der Annahme des Beschlusses lässt sich nur aus der Ignoranz und dem Egoismus heraus erklären, der einige Mitglieder der Eigentümergemeinschaft charakterisiert. Schließlich schaden sie dabei sich selbst, nur um eine unmittelbare, in ihrer wirtschaftlichen Auswirkung lächerliche Investition zu vermeiden.

SIEBTENS: Dass ich angesichts des nicht erzielbaren Beschlusses und vor Ablauf der gesetzlich vorgeschriebenen Frist von einem Monat hiermit den gegenständlichen Antrag stelle.

Auf die hier ausgeführten Tatsachen sind die folgenden anzuwenden

RECHTLICHEN GRUNDLAGEN

I. Artikel 17.7 der Ley de Propiedad Horizontal bestimmt, dass, wenn die Mehrheit nicht im Wege der hierfür vorgesehenen Verfahren erzielt werden kann, ein Richter auf Parteiantrag, unter Abwägung der widerstreitenden Interessen, unter Anwendung der Vernunft entscheidet. Der Antrag muss binnen einer Frist von einem Monat, nach Durchführung der zweiten Versammlung, gestellt werden. Vom Gericht sind die Opponenten des Beschlusses zu laden und anzuhören. Der Richter hat binnen zwanzig Tagen, gezählt ab Antragstellung zu entscheiden. Gleichzeitig hat er eine Kostenentscheidung zu treffen.

Aufgrund der Unmöglichkeit, die doppelte Mehrheit für den beschriebenen Beschluss zu erzielen, und nachdem in zwei unabhängigen Versammlungen unter dem entsprechenden Tagesordnungspunkt eine umfangreiche Debatte geführt wurde, welche in beiden Versammlungen zur Ablehnung des vorgeschlagenen Beschlusses führte, stelle ich innerhalb der Monatsfrist, gezählt ab Beendigung der zweiten Versammlung den Antrag, die dargelegte Situation auf Grundlage eines an der Vernunft ausgerichteten Verfahrens zu lösen.

II. Zuständig ist das Gericht, an welches ich mich hiermit wende, da die Artikel 45 und 52.1.8 LEC bestimmen, dass dies das erstinstanzliche Gericht des Ortes ist, an welchem sich die dem Wohnungseigentum unterliegende Liegenschaft befindet.

III. Ostento la legitimación activa al ser comunero con voz y voto (*al estar al corriente de todos los pagos*) de la Comunidad de Propietarios .... (*nombre de la comunidad*), y al haber votado en dos Juntas a favor de la aprobación del acuerdo sugerido sin que prosperara.

Tienen legitimación pasiva, y deben ser citados como contradictores los comuneros arriba expuestos al disponer de voz y voto (*al estar al corriente con todos los pagos*) y haber votado en contra del acuerdo sugerido (*o haberse abstenido*).

IV. El artículo 10.1 LPH establece, que es obligación de la comunidad la realización de las obras necesarias para el adecuado sostenimiento y conservación del inmueble y de sus servicios, de modo que reúna las debidas condiciones estructurales, de estanqueidad, habitabilidad,

V. De acuerdo con los artículo 392 ss. del Código Civil, cada propietario tiene derecho a hacer uso de las cosas comunes y debe tener la posibilidad de ejercitar dicho derecho, para cuyo fin es necesario mantenerlas en el oportuno estado.

En base a lo expuesto,

SUPLICO AL JUZGADO, que tenga por presentado éste escrito con los documentos que le acompañan, se admita, y se cite a los contradictores en comparecencia, para que después de ser oídos, se proceda a dictar resolución que SUPLA LA FALTA DE ACUERDO padecida por la Comunidad de Propietarios .... (*nombre de la comunidad*), ESTABLECIENDO QUE SE LLEVE A CABO LA REPARACIÓN Y MODENIZACIÓN DEL DESAGÜE SITUADO EN LA SEGUNDA PLANTA BAJA DEL GARAJE COMUNITARIO, ENSANCHANDO LA APERTURA, COLOCANDO UN DEPÓSITO PARA CAPTURAR SUCIEDAD Y UNA PLACA CON REJILLAS MÁS ESTRECHAS.

Es Justicia que pido en .... (*ciudad*), a .... (*día*) de .... (*mes*) de .... (*año*)

(*firma y nombre del propietario solicitante*)

III. Ich bin aktivlegitimiert, da ich Mitglied der Eigentümergemeinschaft .... (*Name der Gemeinschaft*) bin und über das Recht verfüge, gehört zu werden und mein Stimmrecht auszüüben (*da ich allen meinen Zahlungsverpflichtungen gegenüber der Gemeinschaft nachkomme*) und weiterhin in den Versammlungen für das Zustandekommen des Beschlusses gestimmt habe, ohne dass dieser hätte verabschiedet werden können.

Passivlegitimiert sind die Opponenten, also die Mitglieder der Eigentümergemeinschaft, welche in den Versammlungen gegen das Zustandekommen des angestrebten Beschlusses gestimmt haben (*oder sich enthielten*) und außerdem über das Recht verfügen, gehört zu werden und ihr Stimmrecht auszüüben (*da sie allen ihren Zahlungsverpflichtungen gegenüber der Gemeinschaft nachgekommen sind*). Sie wurden oben namentlich genannt und sind durch das Gericht zu laden.

IV. Artikel 10.1 LPH bestimmt, dass es zu den Pflichten der Eigentümergemeinschaft gehört, diejenigen Bauarbeiten auszuführen, welche für den angemessenen Betrieb und die geeignete Erhaltung der Liegenschaft und ihrer Einrichtungen erforderlich sind, so dass sie die Anforderungen an die strukturelle Stabilität, Abschirmung gegen Nässe, Bewohnbarkeit, Zugänglichkeit und Sicherheit erfüllt.

V. In Übereinstimmung mit den Artikeln 392 ff. des Código Civil, hat jeder Eigentümer das Recht, die im Miteigentum stehenden Gegenstände und Einrichtungen zu nutzen. Zu diesem Zweck muss ein jeder Eigentümer die Möglichkeit haben, tatsächlichen Gebrauch machen zu können, was wiederum nur dann erfolgen kann, wenn sie sich in einem geeignetem Zustand befinden.

Auf Grundlage des Dargelegten,

BITTE ICH DAS GERICHT, dass es das gegenständliche Schreiben mit den dieses begleitenden Dokumenten als eingereicht betrachtet, es als zulässig erachtet, und dass es die Opponenten lädt, damit das Gericht, nachdem es ihnen Gehör gewährt hat, DEN FEHLENDEN BESCHLUSS ERSETZT, unter welchem die Eigentümergemeinschaft .... (*Name der Gemeinschaft*) leidet, und BESTIMMT, DASS DIE REPARATUR UND MODERNISIERUNG DER IM ZWEITEN UNTERGESCHOSS DER GEMEINSCHAFTLICHEN PKW-STELLFLÄCHE GELEGENEN ABWASSERINSTALLATION DURCH VERBREITERUNG DER EINTRITTSÖFFNUNG UND EINRICHTUNG EINES DEPOTS ZUR SAMMLUNG DES SCHMUTZES SOWIE EINES ENGMASCHIGEREREN GITTERS ERFOLGT.

Ich bitte dass dem Recht genüge getan wird, in .... (*Ort*), den .... (*Tag*) .... (*Monat*) .... (*Jahr*)

(*Unterschrift und Name des den Antrag stellenden Eigentümers*)

2.19 Requerimiento de pago de deudas

Nombre y Apellidos del remitente (Secretario-Administrador)
Dirección
C.P. ciudad (provincia)
Tel./Fax.

Nombre y Apellidos del destinatario (propietario moroso)
Dirección
C.P. ciudad (provincia)

En .... (*ciudad*), a .... (*día*) de .... (*mes*) de .... (*año*)

Estimado Sr. D. / Sra. Dña. .... (*nombre del propietario moroso*):

Me dirijo a Usted en ejercicio de mi cargo como Secretario-Administrador de la Comunidad de Propietarios .... (*nombre de la comunidad*), sita en .... (*dirección completa*).

En la última Junta General Ordinaria / Extraordinaria celebrada el día .... (*fecha*), se debatió bajo el punto del orden del día .... (*número*), conforme se había anunciado en la correspondiente convocatoria, la liquidación de las deudas existentes por parte de los comuneros frente a la comunidad en concepto de cuotas ordinarias y extraordinarias, según cada caso individual.

Tal y como puede desprender del acuerdo descrito, que ha quedado reflejado en el protocolo de la Junta mencionada (cuyo original se encuentra recogido en el libro de actas), y que le ha sido comunicado dando cumplimiento a lo previsto en el artículo 19.3 LPH, y a los requisitos establecidos por el artículo 21.2 LPH para la reclamación judicial de deudas en el procedimiento monitorio, me permito recordarle el contenido de dicha liquidación pasando a citar aquella parte dirigida directamente a Usted:

"Dirección del elemento privativo: .... (*dirección postal*)
Identificación interna, en su caso: .... (*si existe una distinta, por ejemplo: piso 9*)
Coeficiente de participación: .... (*número*) %
Propietario que le consta como tal a la Comunidad: .... (*nombre del propietario*)
Titular registral: .... (*propietario según Registro de la Propiedad*)
A fecha de .... (*fecha exacta*), debe a la Comunidad la cantidad total de .... (*importe*)"

Dicha cantidad está compuesta por los siguientes importes y por los conceptos que se detallan a continuación:

"......... (*número*) recibos por importe de .... (*número*) Euros cada uno, correspondientes a los meses .... (*mes*), ... (*mes*), del año .... (*año*), en concepto de cuotas ordinarias, sumando un total de .... (*número*) Euros."

"......... (*número*) recibos por importe de .... (*número*) Euros cada uno, correspondientes a los meses .... (*mes*), ... (*mes*), del año .... (*año*), en concepto de cuotas ordinarias, sumando un total de .... (*número*) Euros."

2.19 Außergerichtliche Zahlungsaufforderung an einen Schuldner

Vor- und Nachname des Absenders (Sekretär-Verwalter)
Adresse
Postleitzahl Ort (Provinz)
Tel./Fax.

Vor- und Nachname des Empfängers (säumiger Eigentümer)
Adresse
Postleitzahl Ort (Provinz)

.... (*Ort*), den .... (*Tag*) .... (*Monat*) .... (*Jahr*)

Sehr geehrte(r) Herr / Frau .... (*Name des säumigen Eigentümers*)

ich wende mich an Sie in meiner Eigenschaft als Sekretär-Verwalter der Eigentümergemeinschaft .... (*Name der Gemeinschaft*), gelegen in .... (*vollständige Adresse*).

In der letzten ordentlichen / außerordentlichen Eigentümerversammlung vom .... (*Datum*) wurde unter dem Tagesordnungspunkt .... (*Nummer*), so wie dies in der entsprechenden Ladung angekündigt wurde, die Abrechnung der von einigen Eigentümern geschuldeten Beiträge zu den ordentlichen und außerordentlichen (je nach Einzelfall) Gemeinschaftsausgaben diskutiert.

So wie Sie aus dem bezeichneten Beschluss entnehmen können, welcher im Protokoll der genannten Versammlung enthalten ist (dessen Original sich im Protokollbuch befindet) und welches Ihnen in Erfüllung von Artikel 19.3 LPH und zum Zwecke der durch Artikel 21.2 LPH bestimmten Voraussetzungen und um die gerichtliche Geltendmachung im Wege des Mahnverfahrens zu ermöglichen, zugestellt wurde, erlaube ich mir, Sie an den Inhalt dieser Abrechnung zu erinnern, indem ich den Sie betreffenden Teil an dieser Stelle zitiere:

"Anschrift des Sondereigentumselementes: .... (*postalische Adresse*)
Gegebenenfalls, interne Bezeichnung: .... (*wenn diese abweicht, z.B. Stockwerk 9*)
Beteiligungsquote: .... (*Zahl*) %
Eigentümer, gemäß der Erkenntnis der Gemeinschaft: .... (*Name des Eigentümers*)
Im Grundbuch ausgewiesener Eigentümer: .... (*gemäß Angaben beim Grundbuchamt*)
Am .... (*genaues Datum*), bestehen Schulden gegenüber der Gemeinschaft in Höhe von insgesamt .... (*Betrag*)".

Diese Summe setzt sich aus den folgenden Teilbeträgen zusammen, deren Ursprung im nachstehend beschrieben wird:

"............ (*Zahl*) Beiträge in Höhe von jeweils .... (*Betrag*) Euro, welche auf die Monate .... (*Monat*), ... (*Monat*) des Jahres .... (*Jahr*) als Beiträge zu den ordentlichen Gemeinschaftsausgaben entfallen und sich insgesamt auf .... (*Betrag*) Euro summieren."

"............ (*Zahl*) Beiträge in Höhe von jeweils .... (*Betrag*) Euro, welche auf die Monate .... (*Monat*), ... (*Monat*) des Jahres .... (*Jahr*) als Beiträge zu den ordentlichen Gemeinschaftsausgaben entfallen und sich insgesamt auf .... (*Betrag*) Euro summieren."

".......... (*número*) recibos por importe de .... (*número*) Euros cada uno, correspondientes a los meses .... (*mes*), ... (*mes*), del año .... (*año*), en concepto de cuotas ordinarias, sumando un total de .... (*número*) Euros."

".......... (*número*) Euros en concepto de derrama, aprobada en la Junta Ordinaria / Extraordinario de .... (*fecha*), bajo el punto del orden del día .... (*número*)."

Dado que en el acuerdo de liquidación referenciado también se facultó al Presidente para emprender las acciones legales oportunas para proceder a la reclamación judicial de las cantidades debidas, le requiero para que en el plazo improrrogable de diez días naturales desde la recepción de esta carta, satisfaga las cantidades expuestas realizando el oportuno ingreso en la siguiente cuenta de la que la Comunidad de Propietarios es titular, destacando que de no ser así y coincidiendo con el acuerdo adoptado, se procederá sin mas dilación a su reclamación judicial:

"Titular: Comunidad de Propietarios .... (*nombre de la comunidad*)
Entidad financiera: .... (*nombre de la entidad*)
Oficina: .... (*número identificativo de la oficina*)
C.C.: .... (*código de cuenta*)
IBAN: .... (*número identificativo para transferencias internacionales*)
BIC – Code: .... (*código de identificación del banco*)
Importe a satisfacer: .... (*número*) Euros
Concepto: .... (*información a incluir para identificar el pago*)"

Le saluda atentamente

(*firma y nombre del Secretario-Administrador*)

"............ (*Zahl*) Beiträge in Höhe von jeweils .... (*Betrag*) Euro, welche auf die Monate .... (*Monat*), ... (*Monat*) des Jahres .... (*Jahr*) als Beiträge zu den ordentlichen Gemeinschaftsausgaben entfallen und sich insgesamt auf .... (*Betrag*) Euro summieren."

" .... (*Betrag*) Euro wegen Sonderumlage; beschlossen in der ordentlichen / außerordentlichen Eigentümerversammlung vom .... (*Datum*), unter dem Tagesordnungspunkt .... (*Zahl*)."

Da gleichzeitig mit der Abrechnung ebenso beschlossen wurde, den Präsidenten mit der Einleitung rechtlicher Maßnahmen zu betrauen, damit dieser die geschuldeten Beträge gerichtlich einfordern kann, möchte ich Ihnen mittels des vorliegenden Schreibens eine letzte nicht verlängerbare Frist von zehn Tagen, gezählt ab Empfang, gewähren, damit Sie die aufgeführten Beträge in das nachfolgende Konto der Gemeinschaft einzahlen. Ich möchte hervorheben, dass bei Nichtzahlung, und in Übereinstimmung mit dem getroffenen Beschluss, ohne weitere Verzögerung zur gerichtlichen Geltendmachung übergegangen wird:

"Kontoinhaber: Eigentümergemeinschaft .... (*Name der Gemeinschaft*)
Kreditinstitut: .... (*Name des Instituts*)
Zweigstelle: .... (*Identifikationsnummer der Zweigstelle*)
Kontonummer: .... (*Nummer*)
IBAN: .... (*Identifikationsnummer für internationale Überweisungen*)
BIC – Code: .... (*Identifikationscode des Kreditinstituts*)
zu zahlender Betrag: .... (*Betrag*) Euro
Überweisungszweck: .... (*Informationen welche die Zahlung identifizieren*)"

Mit freundlichen Grüßen

(*Unterschrift und Name des Sekretärs-Verwalters*)

2.20 Certificación sobre la liquidación de deudas

D. .... (*nombre y apellidos*), como Secretario(-Administrador) de la Comunidad de Propietarios .... (*nombre de la comunidad*), sita en .... (*dirección completa*),

CERTIFICA:

Que en la Junta Ordinaria / Extraordinaria celebrada el .... (*indicar fecha*), en .... (*primera o segunda convocatoria*) se debatió bajo el punto del orden del día .... (*número*), conforme se había anunciado en la correspondiente convocatoria, la liquidación de las deudas existentes por parte de los comuneros frente a la comunidad en concepto de cuotas ordinarias y extraordinarias, según cada caso individual y la autorización del Presidente para reclamar los importes adeudados judicialmente y otorgar poderes a Abogados y Procuradores. Dicho acuerdo se adoptó por unanimidad de los asistentes.

Tal y como puede desprenderse del acuerdo descrito, que ha quedado reflejado en el protocolo de la Junta mencionada (cuyo original se encuentra recogido debidamente en el libro de actas), la liquidación aprobada reza literalmente:

"Punto del Orden del Día .... (número):

Liquidación de las deudas existentes por impago de cuotas ordinarias y extraordinarias frente a la comunidad y autorización del Presidente para proceder a la reclamación judicial de dichas cantidades así como para otorgar poderes a Abogados y Procuradores (si procediera).

Una vez analizadas las cuentas presentadas por el Secretario-Administrador y correspondientes a los años .... (*detallar los años en los que se han producido los impagos*), ... (*año correspondiente*) y .... (*año correspondiente*), y tras concluir las correspondientes deliberaciones, se verifica, que existen los siguientes impagos relacionados con los elementos privativos, que a continuación se detallan:

Deudas inmueble / propietario I:

"Dirección del elemento privativo: .... (*dirección postal*)"

"Identificación interna, en su caso: .... (*denominación del elemento privativo, en su caso*)"

"Coeficiente de participación: .... (*número*) %"

"Propietario que le consta como tal a la Comunidad: ....(*nombre del propietario*)"

"Titular registral: .... (*propietario según Registro de la Propiedad*)"

2.20 Bescheinigung über die Abrechnung des Schuldenstands

Herr .... (*Vor- und Nachname*), als Sekretär (-*Verwalter*) der Eigentümergemeinschaft .... (*Name der Gemeinschaft*), gelegen in .... (*vollständige Anschrift*),

BESCHEINIGT:

Dass in der ordentlichen / außerordentlichen Eigentümerversammlung vom .... (*Datum*), in .... (*erster oder zweiter*) Einberufung, so wie dies in der entsprechenden Ladung angekündigt wurde, unter dem Tagesordnungspunkt .... (*Nummer*), die Abrechnung der gegenüber der Gemeinschaft bestehenden Schulden seitens der Mitglieder der Eigentümergemeinschaft wegen ordentlicher und außerordentlicher Beiträge (*je nach Einzelfall*) zur Abstimmung kam. In gleicher Weise wurde über die Beauftragung des Präsidenten zur gerichtlichen Geltendmachung der geschuldeten Beträge sowie über die Auswahl und Bevollmächtigung von Rechtsanwälten und Prozessvertretern entschieden. Der besagte Beschluss wurde einstimmig von allen Anwesenden angenommen.

So wie aus dem beschriebenen Beschluss entnommen werden kann, welcher im Protokoll der erwähnten Versammlung seinen Niederschlag gefunden hat (dessen Original sich in geeigneter Weise im Protokollbuch befindet), enthält die Abrechnung folgenden Wortlaut:

"Tagesordnungspunkt .... (*Zahl*):

Abrechnung der gegenüber der Gemeinschaft bestehenden Schulden wegen nicht geleisteter Beiträge zu den ordentlichen und außerordentlichen Gemeinschaftsausgaben, sowie Beauftragung des Präsidenten, die gerichtliche Durchsetzung dieser Beträge einzuleiten und zu diesem Zwecke Rechtsanwälte und Prozessvertreter zu bevollmächtigen. (wenn die hierfür erforderlichen Mehrheiten zustande kommen).

Nachdem die durch den Sekretär (-Verwalter) vorgelegten, auf die Jahre .... (*Angabe der Geschäftsjahre, in denen Zahlungen offengeblieben sind*) und .... (*entsprechendes Geschäftsjahr*) entfallenden Abrechnungen geprüft und in der Versammlung besprochen wurden, konnte festgestellt werden, dass die im Folgenden aufgeführten Zahlungen, in Bezug auf die ebenfalls angegebenen Sondereigentumselemente, offen sind:

Schulden Immobilie / Eigentümer I:

"Anschrift des Sondereigentumselements: .... (*postalische Adresse*)"

"Gegebenenfalls, interne Bezeichnung: .... (*wenn diese abweicht, z.B. Stockwerk 9*)"

"Beteiligungsquote: .... (*Zahl*) %"

"Eigentümer, gemäß der Erkenntnis der Gemeinschaft: .... (*Name des Eigentümers*)"

"Im Grundbuch ausgewiesener Eigentümer: .... (*gemäß Angaben beim Grundbuchamt*)"

"A fecha de .... (*indicar fecha*), debe a la Comunidad la cantidad total de ...... (*número*)"

"Dicha cantidad esta compuesta por las siguientes cantidades y por los conceptos que se detallan a continuación:"

".......... (*número*) recibos por importe de .... (*número*) Euros cada uno, correspondientes a los meses .... (*mes*), ... (*mes*), del año .... (*año*), en concepto de cuotas ordinarias, sumando un total de .... (*número*) Euros."

".......... (*número*) recibos por importe de .... (*número*) Euros cada uno, correspondientes a los meses .... (*mes*), ... (*mes*), del año .... (*año*), en concepto de cuotas ordinarias, sumando un total de .... (*número*) Euros."

".......... (*número*) recibos por importe de .... (*número*) Euros cada uno, correspondientes a los meses .... (*mes*), ... (*mes*), del año .... (*año*), en concepto de cuotas ordinarias, sumando un total de .... (*número*) Euros."

".......... (*número*) Euros en concepto de derrama, aprobada en la Junta Ordinaria / Extraordinario de .... (*fecha*), bajo el punto del orden del día .... (*número*)"

Deudas inmueble / propietario II:

"Dirección del elemento privativo: .... (*dirección postal*)"

"Identificación interna, en su caso: .... (*denominación del elemento privativo, en su caso*)"

"Coeficiente de participación: .... (*número*) %"

"Propietario que le consta como tal a la Comunidad: ....(*nombre del propietario*)"

"Titular registral: .... (*propietario según Registro de la Propiedad*)"

"A fecha de .... (*indicar fecha*), debe a la Comunidad la cantidad total de .... (*número*)"

"Dicha cantidad esta compuesta por las siguientes cantidades y por los conceptos que se detallan a continuación:"

".......... (*número*) recibos por importe de .... (*número*) Euros cada uno, correspondientes a los meses .... (*mes*), ... (*mes*), del año .... (*año*), en concepto de cuotas ordinarias, sumando un total de .... (*número*) Euros."

"Am .... (*genaues Datum*) bestehen Schulden gegenüber der Gemeinschaft in Höhe von insgesamt .... (*Betrag*)"

"Diese Summe setzt sich aus den folgenden Teilbeträgen zusammen, deren Ursprung nachstehend beschrieben wird:"

"............ (*Zahl*) Beiträge in Höhe von jeweils .... (*Betrag*) Euro, welche auf die Monate .... (*Monat*), ... (*Monat*) des Jahres .... (*Jahr*) als Beiträge zu den ordentlichen Gemeinschaftsausgaben entfallen und sich insgesamt auf .... (*Betrag*) Euro summieren."

"............ (*Zahl*) Beiträge in Höhe von jeweils .... (*Betrag*) Euro, welche auf die Monate .... (*Monat*), ... (*Monat*) des Jahres .... (*Jahr*) als Beiträge zu den ordentlichen Gemeinschaftsausgaben entfallen und sich insgesamt auf .... (*Betrag*)Euro summieren."

"............ (*Zahl*) Beiträge in Höhe von jeweils .... (*Betrag*) Euro, welche auf die Monate .... (*Monat*), ... (*Monat*) des Jahres .... (*Jahr*) als Beiträge zu den ordentlichen Gemeinschaftsausgaben entfallen und sich insgesamt auf .... (*Betrag*) Euro summieren."

"............ (*Betrag*) Euro wegen Sonderumlage; beschlossen in der ordentlichen / außerordentlichen Eigentümerversammlung vom .... (*Datum*), unter dem Tagesordnungspunkt .... (*Zahl*)."

Schulden Immobilie / Eigentümer II:

"Anschrift des Sondereigentumselements: .... (*postalische Adresse*)"

"Gegebenenfalls, interne Bezeichnung: .... (*wenn diese abweicht, z.B. Stockwerk 9*)"

"Beteiligungsquote: .... (*Zahl*) %"

"Eigentümer, gemäß der Erkenntnis der Gemeinschaft: .... (*Name des Eigentümers*)"

"Im Grundbuch ausgewiesener Eigentümer: .... (*gemäß Angaben beim Grundbuchamt*)"

"Am .... (*genaues Datum*) bestehen Schulden gegenüber der Gemeinschaft in Höhe von insgesamt .... (*Betrag*)"

" Diese Summe setzt sich aus den folgenden Teilbeträgen zusammen, deren Ursprung nachstehend beschrieben wird:"

"............ (*Zahl*) Beiträge in Höhe von jeweils .... (*Betrag*) Euro, welche auf die Monate .... (*Monat*), ... (*Monat*) des Jahres .... (*Jahr*) als Beiträge zu den ordentlichen Gemeinschaftsausgaben entfallen und sich insgesamt auf .... (*Betrag*) Euro summieren."

"......... (*número*) recibos por importe de .... (*número*) Euros cada uno, correspondientes a los meses .... (*mes*), ... (*mes*), del año .... (*año*), en concepto de cuotas ordinarias, sumando un total de .... (*número*) Euros."

"......... (*número*) recibos por importe de .... (*número*) Euros cada uno, correspondientes a los meses .... (*mes*), ... (*mes*), del año .... (*año*), en concepto de cuotas ordinarias, sumando un total de .... (*número*) Euros."

"......... (*número*) Euros en concepto de derrama, aprobada en la Junta Ordinaria / Extraordinario de .... (*fecha*), bajo el punto del orden del día .... (*número*)"

[*...aquí figurarían los demás deudores si procediera*]

"En consecuencia y tras someterlo a votación, se acuerda por unanimidad de los asistentes, la presente liquidación, autorizar al Presidente para iniciar acciones legales tendentes a cobrar las cantidades expuestas judicialmente, así como dejarlo facultado expresamente para otorgar poderes a favor de Abogados y Procuradores para cumplir con éste propósito".

Y para que conste y surta los efectos prevenidos en el artículo 21.2 de la LPH, expido la presente certificación en .... (*lugar*), a .... (*fecha*).

V° B°

(*firma y nombre del Secretario-(Administrador)*)   (*firma y nombre del Presidente*)

"............ (*Zahl*) Beiträge in Höhe von jeweils .... (*Betrag*) Euro, welche auf die Monate .... (*Monat*), ... (*Monat*) des Jahres .... (*Jahr*) als Beiträge zu den ordentlichen Gemeinschaftsausgaben entfallen und sich insgesamt auf .... (*Betrag*) Euro summieren."

"............ (*Zahl*) Beiträge in Höhe von jeweils .... (*Betrag*) Euro, welche auf die Monate .... (*Monat*), ... (*Monat*) des Jahres .... (*Jahr*) als Beiträge zu den ordentlichen Gemeinschaftsausgaben entfallen und sich insgesamt auf .... (*Betrag*) Euro summieren."

"............ (*Betrag*) Euro wegen Sonderumlage; beschlossen in der ordentlichen / außerordentlichen Eigentümerversammlung vom .... (*Datum*), unter dem Tagesordnungspunkt .... (*Nummer*)."

[... *hier würden die übrigen Schuldner folgen, wenn es solche gäbe*]

"Demzufolge, und nachdem dies zur Abstimmung gebracht wurde, wird durch die Anwesenden einstimmig die gegenständliche Abrechnung beschlossen, der Präsident beauftragt zur gerichtlichen Geltendmachung der soeben beschriebenen und geschuldeten Beträge überzugehen und zu diesem Zweck die entsprechenden Vollmachten zu Gunsten von Rechtsanwälten und Prozessvertretern zu erteilen".

Damit hierüber ein Nachweis erbracht werden kann und um die in Artikel 21.2 LPH beschriebenen Zwecke zu erfüllen, stelle ich die gegenständliche Bescheinigung in .... (*Ort*) am .... (*Datum*) aus.

	Sichtvermerk des Präsidenten
(*Unterschrift und Name des Sekretärs*	(*Unterschrift und Name des Präsidenten*)
(*-Verwalters*))	

2.21 Reclamación de deudas mediante procedimiento monitorio del art. 21 LPH[1066]

AL JUZGADO

Don / Doña ...., con DNI y NIF ...., domiciliado en la calle ...., número ...., piso ...., de la localidad de ...., con número de teléfono .... y domicilio laboral en la calle ...., número ...., piso ...., de la localidad de ...., con número de teléfono ...., Fax .... y dirección de correo electrónico ...., como PRESIDENTE/ADMINISTRADOR DE LA COMUNIDAD DE PROPIETARIOS de la casa número ...., de la calle ...., de la localidad de ...., formulo RECLAMACIÓN en proceso MONITORIO de ...., más intereses, gastos y costas, contra:

Don .... y doña ...., con DNI y NIF número .... y ...., con domicilio en la calle ...., número ...., de la localidad de .... con número de teléfono ...., FAX .... y dirección de correo electrónico, ... como propietarios de la vivienda o local, ...

Actualmente puede ser localizado también en la Calle ...., número ....

En caso de que el anterior propietario de la vivienda o local no hubiera comunicado la venta o transmisión a la Comunidad, podrá también demandarse al anterior dueño, indicando los mismos datos personales.

Don .... y doña ...., con DNI y NIF número ...., domiciliados en la calle ...., número ...., de la localidad de ...., con número de teléfono ...., FAX .... y dirección de correo electrónico ...., como anteriores propietarios de la vivienda o local.

Si la persona o personas que figuran como propietarias de la vivienda o local en el Registro de la Propiedad no coinciden con el vecino moroso también podrán ser demandados.

Don .... y doña ...., con DNI y NIF número ...., domiciliados en la calle ...., número ...., de la ciudad de con número de teléfono ...., FAX .... y dirección de correo electrónico, ... como titulares registrales de la vivienda o local.

HECHOS

PRIMERO.- Que soy presidente / administrador de la Comunidad de Propietarios arriba expresada, en virtud de acuerdo adoptado por la Junta, y estoy debidamente autorizado para formular esta reclamación. Se acompaña copia del/las actas como documento número uno.

SEGUNDO.- Los demandados son dueños (y en su caso, anteriores propietarios y/o titulares registrales), de la vivienda/local de la Escalera .... planta ...., letra ...., de la casa que forma la comunidad demandante.

2.21 Beitreibung offener Geldforderungen mittels Mahnverfahrens gemäß Artikel 21 LPH

AN DAS GERICHT

Herr / Frau ...., mit Steuernummer ...., wohnhaft in ...., Nummer ....,
Stockwerk ...., Ort ...., mit Telefonnummer .... und Sitz der beruflichen Niederlassung in ...., Nummer ...., Stockwerk ...., Ort ...., mit Telefonnummer
..........., Fax .... und e-mail Adresse ...., als PRÄSIDENT / VERWALTER DER EIGEN-
TÜMERGEMEINSCHAFT der Liegenschaft Nummer ...., in ...., Ort ...., formu-
liere folgende FORDERUNG im Rahmen des MAHNVERFAHRENS in Höhe von ...., zuzüglich Zinsen, Ausgaben und Verfahrenskosten, gegen:

Herrn .... und Frau ...., mit Steuernummer .... und ...., wohnhaft in
..........., Nummer ...., Stockwerk ...., Ort ...., mit Telefonnummer, Fax ....
und e-mail Adresse ...., als Eigentümer der Wohnung oder des Geschäftslokals, ...

Zum jetzigen Zeitpunkt, anzutreffen in ...., Nummer ....

*Für den Fall, dass der vorhergehende Eigentümer der Wohnung oder des Geschäftslokals
den Verkauf oder die Übertragung nicht gegenüber der Gemeinschaft mitgeteilt haben sollte,
kann auch der vorhergehende Eigentümer verklagte werden, wofür dessen persönliche Daten
anzugeben sind.*

Herrn .... und Frau ...., mit Steuernummer .... und ...., wohnhaft in
..........., Nummer ...., Stockwerk ...., Ort ...., mit Telefonnummer, Fax ....
und e-mail Adresse ...., als vorherige Eigentümer der Wohnung oder des Geschäftslokals, ...

*Wenn die Person oder die Personen, welche im Grundbuch als Eigentümer der Wohnung
oder des Geschäftsraumes geführt werden, nicht mit dem Schuldner übereinstimmen, können auch diese verklagt werden.*

Herrn .... und Frau ...., mit Steuernummer .... und ...., wohnhaft in
..........., Nummer ...., Stockwerk ...., Ort ...., mit Telefonnummer, Fax ....
und e-mail Adresse ...., als grundbuchlich geführte Eigentümer der Wohnung oder des
Geschäftslokals.

TATSACHEN

ERSTENS.- Ich bin Präsident / Verwalter der oben bezeichneten Eigentümergemeinschaft.
Dies aufgrund des Beschlusses der Eigentümerversammlung. Ich bin in geeigneter Weise
ermächtigt worden, die gegenständliche Forderung zu stellen. Ich füge eine Kopie des / der
Protokolle als Dokument Nummer eins bei.

ZWEITENS.- Die Beklagten sind Eigentümer (und falls einschlägig, die vorherigen Eigentümer und/oder die grundbuchlich geführten Inhaber), der Wohnung/ Geschäftslokals im
Treppenhaus ...., Stockwerk ...., Buchstabe .... des Gebäudes, welches die kla-
gende Gemeinschaft bildet.

TERCERO.- La Junta de Propietarios aprobó la liquidación de la deuda, ante el incumplimiento por parte del deudor de sus obligaciones de pago frente a la Comunidad. Se acompaña como documento número dos certificación del acuerdo aprobando la liquidación.

CUARTO.- El importe de la deuda se comunicó al deudor:

En su domicilio.
En el especialmente designado por el dueño.
En el tablón de anuncios u otro lugar visible de uso general.

Se acompaña como documento número tres el documento acreditativo de la notificación y, en su caso, como documento número cuatro los justificantes de los gastos ocasionados con el previo requerimiento de pago.

En atención a lo expuesto PIDO AL JUZGADO:

1°.- Que se requiera de pago a los demandados para que en el plazo de veinte días, paguen a la Comunidad la cantidad de ...., más las costas y, en su caso gastos del previo requerimiento de pago, y para el caso de que el deudor no pague la deuda ni dé razones por escrito para no hacerlo, se dicte auto ordenando el embargo de bienes suficientes del deudor para cubrir la suma de ...., más .... que se calculan para intereses al tipo del interés legal del dinero (o el fijado en Estatutos si fuera mayor) desde el día en que se notificó la liquidación, más .... en que se presupuestan las costas y gastos.

2°.- Que si los deudores se oponen por escrito alegando razones para negarse total o parcialmente al pago, se convoque a las partes a juicio verbal o se me conceda el plazo legal de un mes para formular la demanda de juicio ordinario, pidiendo desde este momento, para el caso de oposición, el embargo de bienes de los deudores, y en su día, la condena a los demandados al pago de la cantidad de ...., más el interés legal (o el fijado en Estatutos si fuera mayor), desde la notificación de la deuda, así como al pago de los gastos y costas procesales.

En ...., a .... de .... de ....

Firmado por el Presidente / Administrador de la Comunidad de propietarios

Relación de documentos adjuntos:

1.-
2.-
3.-
4.-
5.-

DRITTENS.- Die Eigentümerversammlung hat die Schuldenabrechnung beschlossen, nachdem der Schuldner seinen Zahlungsverpflichtungen gegenüber der Gemeinschaft nicht nachgekommen ist. Ich füge als Dokument Nummer zwei Bescheinigung des Beschlusses, in welchem die Schuldenabrechnung entschieden wurde, bei.

VIERTENS.- Der geschuldete Betrag wurde dem Schuldner mitgeteilt:

An seinem Wohnsitz.
An dem durch den Eigentümer bezeichneten Ort.
Am schwarzen Brett oder einer anderen gut sichtbaren, der gemeinschaftlichen Nutzung dienenden Stelle.

Ich füge als Dokument Nummer drei den Nachweis der Benachrichtigung bei, und falls einschlägig, als Dokument Nummer vier, die Nachweise der durch die Zahlungsaufforderung verursachten Zusatzkosten.

Angesichts des hier Dargelegten, BITTE ICH DAS GERICHT:

1°.- Dass die Beklagten aufgefordert werden, innerhalb einer Frist von zwanzig Tagen an die Eigentümergemeinschaft einen Betrag in Höhe von .... zu zahlen, dies zuzüglich Verfahrenskosten und gegebenenfalls Auslagen für außergerichtliche Zahlungsaufforderungen, und dass für den Fall, dass der Schuldner weder die Schuld begleicht, noch eine schriftliche Erklärung für dieses Unterlassen gibt, ein Beschluss ergeht, durch welchen der dingliche Arrest von Vermögensgegenständen des Schuldners in ausreichender Höhe angeordnet wird, um den Betrag von ...., zuzüglich .... für Zinsen in Höhe des gesetzlichen Zinssatzes (oder so wie durch die Satzung bestimmt, wenn dieser Zinssatz höher sein sollte), seit dem Tag, an welchem die Abrechnung mitgeteilt wurde zu decken, zuzüglich ...., welche für Verfahrenskosten und Ausgaben veranschlagt werden.

2°.- Dass für den Fall, dass sich die Schuldner schriftlich widersetzen und die Gründe für ihre Weigerung zur vollständigen oder teilweisen Zahlung dartun, die Parteien zum Juicio Verbal einberufen werden, oder mir die gesetzlich vorgesehene Frist von einem Monat eingeräumt wird, um eine Klage im ordentlichen Klageverfahren formulieren zu können. Ich bitte bereits zu diesem Zeitpunkt und für den Fall, dass sich der Gegner widersetzt, dass der dingliche Arrest von Vermögensgegenständen des Schuldners angeordnet wird, und dass zu gegebener Zeit die Beklagten zur Zahlung des Betrags von ...., zuzüglich .... für Zinsen in Höhe des gesetzlichen Zinssatzes (oder so wie durch die Satzung bestimmt, wenn dieser Zinssatz höher sein sollte) seit dem Tag an welchem die Abrechnung mitgeteilt wurde, zuzüglich der Verfahrenskosten und Ausgaben, verurteilt werden.

In .... (Ort), den .... (Tag) .... (Monat) .... (Jahr)

Unterschrift des Präsidenten / Verwalter der Eigentümergemeinschaft

Übersicht der beigefügten Dokumente:

1.-
2.-
3.-
4.-
5.-

2.22 Deposito de las cantidades reclamadas al deudor tras la practica del requerimiento judicial en el seno del procedimiento monitorio

Juzgado de Primera Instancia Número .... (<i>número del Juzgado</i>)
de .... (<i>localidad</i>)

Juicio Monitorio: ..../.......... (<i>número de procedimiento / año</i>)

Don / Doña .... (<i>nombre y apellidos</i>), mayor de edad, ... (<i>estado civil</i>), con DNI .... (<i>número</i>) y domicilio a efecto de notificaciones en .... (<i>dirección completa</i>), teléfono .... (<i>número</i>), ante el Juzgado comparezco en el Juicio Monitorio ..../.......... (<i>número de procedimiento / año</i>) y, como mejor proceda en derecho, DIGO:

Que en fecha .... (<i>indicar fecha</i>), fui requerido por el presente Juzgado para que en el plazo de 20 días establecido a tal efecto por el artículo 815.1 LEC, pagase la cantidad de .... (<i>número</i>) euros a la Comunidad de Propietarios .... (<i>nombre de la comunidad</i>), sita en .... (<i>localidad</i>), o compareciera ante éste Tribunal para alegar sucintamente, en escrito de oposición las razones por las que, a mi entender, no debiera, en todo o en parte, la cantidad reclamada.

Que dando cumplimiento al requerimiento descrito, he procedido a ingresar dentro del plazo otorgado la totalidad de la cantidad expresada, y que asciende a .... (<i>número</i>) euros, en la cuenta .... (<i>número de cuenta</i>) abierta en la entidad bancaria .... (<i>nombre de la entidad financiera</i>), de la que la comunidad de propietarios .... (<i>nombre de la comunidad</i>), sita en .... (<i>localidad</i>) es titular.

Que se adjunta justificante de dicho ingreso, de fecha .... (<i>indicar fecha</i>).

Que habiendo pagado en plazo y por la totalidad reclamada, procede el archivo de las actuaciones conforme al artículo 817 LEC.

Por todo lo expuesto,

SUPLICO AL JUZGADO, Que teniendo por presentado este escrito junto al documento y copias que le acompañan, se sirva admitirlo, y previos los trámites oportunos, acuerde el archivo de las actuaciones.

Es Justicia que pido en .... (<i>ciudad</i>), a .... (<i>día</i>) de .... (<i>mes</i>) de .... (<i>año</i>)

(firma y nombre del propietario)

2.22 Hinterlegung der geschuldeten Beträge durch den Schuldner nach gerichtlicher Aufforderung im Rahmen des Mahnverfahrens

An das erstinstanzliche Gericht Nummer .... (*Nummer des Gerichts*)
in .... (*Ort*)

Mahnverfahren: ..../ .... (*Verfahrensnummer / Jahr*)

Herr / Frau .... (*Vor- und Nachname*), volljährig, ... (*Familienstand*), mit Steuernummer .... (*Nummer*) und Anschrift zur Entgegennahme von Mitteilungen in .... (*vollständige Adresse*), Telefon .... (*Nummer*), erscheint vor diesem Gericht in dem Mahnverfahren ..../ .... (*Verfahrensnummer / Jahr*), und ERKLÄRT, in der von Rechts wegen angebrachtesten Weise:

Dass ich am .... (*Datum angeben*) durch dieses Gericht aufgefordert wurde, innerhalb der durch Artikel 815.1 LEC zu diesem Zweck bestimmten Frist von 20 Tagen, den Betrag in Höhe von .... (*Zahl*) Euro an die Eigentümergemeinschaft .... (*Name der Gemeinschaft*), gelegen in .... (*Ort*) zu zahlen, oder vor diesem Gericht zu erscheinen, um in geeigneter Weise, im Wege eines Widerspruchsschreibens die Gründe auszuführen, welche nach meiner Auffassung rechtfertigen, dass ich den geforderten Betrag, vollständig oder teilweise, nicht schulde.

Dass ich in Erfüllung dieser Aufforderung dazu übergegangen bin, innerhalb der mir gewährten Frist die vollständige Summe, welche sich auf den Betrag von .... (*Zahl*) Euro beläuft, auf das Konto .... (*Nummer des Kontos*), bei dem Finanzinstitut .... (*Name der Einrichtung*), der Eigentümergemeinschaft .... (*Name der Gemeinschaft*), gelegen in .... (*Ort*), einzuzahlen.

Dass ich einen Beleg über die Einzahlung, vom .... (*Datum angeben*), beifüge.

Dass, nachdem ich innerhalb der vorgegebenen Frist den vollständigen reklamierten Betrag geleistet habe, gemäß Artikel 817 LEC, die Einstellung des Verfahrens angezeigt ist.

Aufgrund des Dargelegten,

BITTE ICH DAS GERICHT, dass es das gegenständliche Schreiben mit den dieses begleitenden Dokumenten und Kopien als eingereicht erachtet, es zulässt, und nach Durchführung der erforderlichen Maßnahmen die Einstellung des Verfahrens beschließt.

Ich bitte, dass dem Recht genüge getan wird, in .... (*Ort*), den .... (*Tag*) .... (*Monat*) ..... (*Jahr*)

(*Unterschrift des Eigentümers*)

2.23 Convocatoria a Junta General Ordinaria

Convocatoria para la Junta General Ordinaria de la Comunidad de Propietarios ....
(*nombre de la comunidad*), sita en .... (*dirección completa*).

En .... (*ciudad*), a .... (*día*) de .... (*mes*) de .... (*año*)

Estimado Propietario:

De conformidad con los dispuesto en el Artículo 16 de la vigente Ley de Propiedad Horizontal, yo el Presidente, me permito convocarle para la celebración de la Junta General Ordinaria de Propietarios, que tendrá lugar en el siguiente lugar a la hora indicada:

Fecha: .... (*día de la semana*), ... (*día*) de .... (*mes*) de .... (*año*)
Hora: A las .... horas en primera convocatoria, y a las .... horas del mismo día en segunda convocatoria
Lugar: .... (*lugar exacto de celebración*)

Todo ello con el fin de tratar el siguiente:

ORDEN DEL DÍA

1°.- Lectura y ratificación del acta anterior (si procediera).

2°.- Presentación del balance y aprobación del las cuentas del ejercicio .... (*año*) (si procediera)

3°.- Aprobación del presupuesto ordinario de las cuentas del ejercicio .... (*año*) (si procediera)

4°.- Instalación de una piscina infantil en el jardín de la comunidad y elección de presupuesto para contratación de empresa cualificada (si procediera)

5°.- Designación del Presidente y demás cargos de la comunidad

6°.- Liquidación de deudas y autorización al Presidente para reclamar judicialmente las cantidades impagadas en concepto de cuotas comunitarias y / o derramas de los respectivos deudores, y autorización para que otorgue poderes a Abogados y Procuradores, (*si procediera*)

7°.- Ruegos y preguntas

Debido a la importancia de los temas a tratar, se ruega que comparezcan cuantos propietarios tengan la posibilidad de asistir.

2.23 Ladung zur ordentlichen Eigentümerversammlung

Ladung zur ordentlichen Eigentümerversammlung der Eigentümergemeinschaft ....
(*Name der Gemeinschaft*), gelegen in .... (*vollständige Adresse*)

In .... (*Ort*), am .... (*Tag*) .... (*Monat*) .... (*Jahr*)

Sehr geehrter Eigentümer:

In Übereinstimmung mit dem durch Artikel 16 der geltenden Ley de Propiedad Horizontal bestimmten, erlaube ich mir als Präsident, Sie hiermit zur ordentlichen Eigentümerversammlung zu laden, welche an folgendem Ort zur bezeichneten Zeit stattfinden wird.

Datum: .... (*Wochentag*), den .... (*Tag*) .... (*Monat*) .... (*Jahr*)
Uhrzeit: Um .... Uhr in erster Einberufung, und um .... Uhr desselben Tages in zweiter Einberufung.
Ort: .... (*genauer Versammlungsort*)

Dies zu dem Zweck, folgende Tagesordnung abzuhandeln:

TAGESORDNUNG

1°.- Lesung und Ratifizierung des vorhergehenden Protokolls (falls die hierfür erforderlichen Abstimmungsergebnisse erzielt werden)

2°.- Vorstellung der Bilanz und Annahme der Jahresabrechnung für das Geschäftsjahr .... (*Jahr*) (falls die hierfür erforderlichen Abstimmungsergebnisse erzielt werden)

3°.- Annahme des ordentlichen Wirtschaftsplans für das Geschäftsjahr .... (*Jahr*) (falls die hierfür erforderlichen Abstimmungsergebnisse erzielt werden)

4°.- Errichtung eines Kinderschwimmbeckens im Garten der Gemeinschaft und Auswahl des Kostenvoranschlags für die Beauftragung eines hierfür qualifizierten Unternehmens (falls die hierfür erforderlichen Abstimmungsergebnisse erzielt werden)

5°.- Bestellung des Präsidenten und der übrigen Ämter der Gemeinschaft

6°.- Abrechnung der Schulden und Beauftragung des Präsidenten, um die geschuldeten Gemeinschaftsbeiträge und / oder Sonderumlagen von den jeweiligen Schuldnern einzufordern, sowie Genehmigung zur Erteilung von Vollmachten an Rechtsanwälte und Prozessvertreter (falls die hierfür erforderlichen Abstimmungsergebnisse erzielt werden)

7°.- Bitten und Fragen

Aufgrund der Bedeutung, der zu behandelnden Themen wird darum gebeten, dass alle Eigentümer, denen dies möglich ist, teilnehmen.

Advertencias

I.) Representación

En caso de estar impedido para participar personalmente en la Junta, la Ley prevé que el voto podrá ser delegado en terceros.

II.) Deudores

Se advierte, que en base a lo establecido por los artículos 15.2 y 16.2 de la vigente Ley de Propiedad Horizontal, estarán privados de su derecho de voto aquellos propietarios que en el momento de iniciarse la junta no se encontrasen al corriente en el pago de todas las deudas vencidas con la comunidad y no hubiesen impugnado judicialmente las mismas o procedido a la consignación judicial o notarial de la suma adeudada.

Si bien podrán participar en las deliberaciones, su voto y cuota de participación en la comunidad no será computada a efectos de alcanzar las mayorías exigidas por la Ley de Propiedad Horizontal.

En el momento de cursarse la convocatoria tienen la consideración de deudores a los efectos descritos bajo el presente punto los siguientes propietarios:

Nombre de propietario(s)	Finca y cuota de participación	importe
.... (*nombre y apellidos*)	.... (*descripción y porcentaje*)	.... (*número*)
.... (*nombre y apellidos*)	.... (*descripción y porcentaje*)	.... (*número*)

III.) Anexos

Con la presente convocatoria se da traslado de los siguientes anexos, para facilitar la participación y el adecuado conocimiento por parte de los comuneros de los extremos relevantes.

– Balance y cuentas del ejercicio .... (*año*)
– Presupuesto ordinario de las cuentas del ejercicio .... (*año*)
– Presupuestos para realizar instalación de una piscina infantil
– Para facilitar la delegación del voto para los propietarios ausentes, se adjunta un escrito de representación para cumplimentar y entregar a quien hubiese sido facultado para ejercer el derecho de voto.

Atentamente

(*firma y nombre del Presidente*)   (*firma y nombre del Secretario-Administrador*)
Presidente   Secretario-Administrador

Hinweise

I.) Vertretung

Für den Fall, dass Sie an einer persönlichen Teilnahme an der Versammlung gehindert sein sollten, sieht das Gesetz vor, dass Sie bestimmen können, dass Ihr Stimmrecht durch Dritte ausgeübt wird.

II.) Schuldner

Es wird darauf hingewiesen, dass auf Grundlage des durch die Artikel 15.2 und 16.2 der geltenden Ley de Propiedad Horizontal bestimmten, all diejenigen Eigentümer, welche zum Zeitpunkt, zu dem die Versammlung eröffnet wird, nicht allen ihren Zahlungsverpflichtungen gegenüber der Gemeinschaft nachgekommen sind, bzw. selbige nicht gerichtlich angefochten haben oder zur gerichtlichen oder notariellen Hinterlegung der Beträge geschritten sind, über kein Stimmrecht verfügen.

Obwohl sie zwar an den Unterredungen teilnehmen können, wird ihre Stimme und die Beteiligungsquote an der Gemeinschaft zur Ermittlung der durch die Ley de Propiedad Horizontal geforderten Mehrheiten nicht berücksichtigt.

Zum Zeitpunkt der Versendung der Ladung haben die folgenden Eigentümer den Status des Schuldners, weshalb sich in Bezug auf diese die unter dem gegenständlichen Punkt beschriebenen Wirkungen entfalten:

Name des / der Eigentümer(s)	Immobilie und Beteiligungsquote	Betrag
.... (*Vor- und Nachname*)	.... (*Beschreibung und Quote*)	.... (*Zahl*)
.... (*Vor- und Nachname*)	.... (*Beschreibung und Quote*)	.... (*Zahl*)

III.) Anlagen

Mit dieser Ladung werden gleichzeitig folgende Anlagen übermittelt, damit die Eigentümer in geeigneter Weise von allen wesentlichen Informationen Kenntnis nehmen können und so deren Teilnahme an den Abstimmungen erleichtert wird.

– Bilanz und Jahresabrechnung für das Geschäftsjahr .... (*Jahr*)
– ordentlicher Wirtschaftsplan für das Geschäftsjahr .... (*Jahr*)
– Kostenvoranschläge für die Errichtung eines Kinderschwimmbeckens
– Um die Übertragung des Stimmrechts durch abwesende Eigentümer zu erleichtern, wurde das Muster einer Vollmacht beigefügt, welches vervollständigt an den Bevollmächtigten zu übergeben ist.

Mit freundlichen Grüßen

(*Unterschrift und Name des Präsidenten*)   (*Unterschrift und Name des Sekretär-*
Präsident   *Verwalters*)
                                                                    Sekretär-Verwalter

2.24 Convocatoria a Junta General Extraordinaria (por los propietarios)

Convocatoria para Junta General Extraordinaria de la Comunidad de Propietarios ....
(nombre de la comunidad), sita en .... (dirección completa).

En .... (*ciudad*), a .... (*día*) de .... (*mes*) de .... (*año*)

Estimado Propietario:

De conformidad con los dispuesto en el Artículo 16.2 de la vigente Ley de Propiedad Horizontal, nosotros los abajo firmantes, que representamos la cuarta parte de todos los propietarios (o que reunimos al menos el 25 % del total de las cuotas de participación), nos permitimos convocarle para la celebración de la Junta General Extraordinaria de Propietarios, que tendrá lugar en el siguiente lugar a la hora indicada:

Fecha: .... (*día de la semana*), ... (*día*) de .... (*mes*) de .... (*año*)
Hora: A las .... horas en primera convocatoria, y a las .... horas del mismo día en
           segunda convocatoria
Lugar: .... (*lugar exacto de celebración*)

Todo ello con el fin de tratar el siguiente:

ORDEN DEL DÍA

1°.- Adquisición de un lienzo y colocación del mismo en la entrada de la comunidad (si procediera).

2°.- Re-establecimiento del servicio de portería (si procediera)

3°.- Colocación de una rampa en la entrada del edificio, mediante contratación de una empresa cualificada, con el fin de suprimir la barrera arquitectónica consistente en dos escalones y elección del presupuesto mas indicado para la ejecución (si procediera)

4°.- Reparación del desprendimiento producido en la fachada del edificio (*si procediera*)

5°.- Ruegos y preguntas

Debido a la importancia de los temas a tratar, se ruega que comparezcan cuantos propietarios tengan la posibilidad de asistir.

2.24 Ladung zur außerordentlichen Eigentümerversammlung (durch die Eigentümer)

Ladung zur ordentlichen Eigentümerversammlung der Eigentümergemeinschaft ....
(*Name der Gemeinschaft*), gelegen in .... (*vollständige Adresse*)

In .... (*Ort*), am .... (*Tag*) .... (*Monat*) .... (*Jahr*)

Sehr geehrter Eigentümer:

In Übereinstimmung mit dem durch Artikel 16 der geltenden Ley de Propiedad Horizontal bestimmten, erlauben sich die hier Unterzeichnenden, welche ein Viertel aller Eigentümer darstellen (oder eine Anzahl von Eigentümern bilden, auf welche wenigstens 25 % aller Beteiligungsquoten entfallen), Sie hiermit zur außerordentlichen Eigentümerversammlung zu laden, welche an folgendem Ort zur bezeichneten Zeit stattfinden wird.

Datum: .... (*Wochentag*), den .... (*Tag*) .... (*Monat*) .... (*Jahr*)
Uhrzeit: Um .... Uhr in erster Einberufung, und um .... Uhr desselben Tages in zweiter
          Einberufung.
Ort: .... (*genauer Versammlungsort*)

Dies zu dem Zweck, folgende Tagesordnung abzuhandeln:

TAGESORDNUNG

1°.- Erwerb eines Gemäldes und Befestigung desselben im Eingangsbereich der Gemeinschaft (falls die hierfür erforderlichen Abstimmungsergebnisse erzielt werden)

2°.- Wiedereinführung des ständigen Hausmeisterdienstes (falls die hierfür erforderlichen Abstimmungsergebnisse erzielt werden)

3°.- Einrichtung einer Rampe im Hauseingang, mittels Beauftragung eines hierfür qualifizierten Unternehmens bzw. Fachmanns, zum Zwecke der Beseitigung architektonischer Hürden, welche hier aus zwei Treppenstufen bestehen, und Auswahl des für die Ausführung angezeigtesten Kostenvoranschlags (falls die hierfür erforderlichen Abstimmungsergebnisse erzielt werden)

4°.- Reparatur der an der Hausfassade verzeichneten Ablösungen (falls die hierfür erforderlichen Abstimmungsergebnisse erzielt werden)

5°.- Bitten und Fragen

Aufgrund der Bedeutung der zu behandelnden Themen wird darum gebeten, dass alle Eigentümer, denen dies möglich ist, teilnehmen.

Advertencias

I.) Representación

En caso de estar impedido para participar personalmente en la Junta, la Ley prevé que el voto podrá ser delegado en terceros.

II.) Deudores

Se advierte, que en base a lo establecido por los artículos 15.2 y 16.2 de la vigente Ley de Propiedad Horizontal, estarán privados de su derecho de voto, aquellos propietarios que en el momento de iniciarse la junta no se encontrasen al corriente en el pago de todas las deudas vencidas con la comunidad y no hubiesen impugnado judicialmente las mismas o procedido a la consignación judicial o notarial de la suma adeudada.

Si bien podrán participar en las deliberaciones, su voto y cuota de participación en la comunidad no será computada a efectos de alcanzar las mayorías exigidas por la Ley de Propiedad Horizontal.

En el momento de cursarse la convocatoria, tienen la consideración de deudores a los efectos descritos bajo el presente punto los siguientes propietarios:

Nombre de propietario(s)	Finca y cuota de participación	importe
.... *(nombre y apellidos)*	.... *(descripción y porcentaje)*	.... *(número)*
.... *(nombre y apellidos)*	.... *(descripción y porcentaje)*	.... *(número)*

III.) Anexos

Con la presente convocatoria se da traslado de los siguientes anexos, para facilitar la participación y el adecuado conocimiento por parte de los comuneros de los extremos relevantes.

– Presupuestos para la colocación de una rampa en la entrada del edificio
– Para facilitar la delegación del voto para los propietarios ausentes, se adjunta un escrito de representación para cumplimentar y entregar a quien hubiese sido facultado para ejercer el derecho de voto.

Atentamente

(firma y nombre de todos los propietarios que hubiesen hecho la convocatoria, y que representen al menos una cuarta parte de todos los propietarios o que ostenten al menos el 25 % de las cuotas de participación)

Hinweise

I.) Vertretung

Für den Fall, dass Sie an einer persönlichen Teilnahme an der Versammlung gehindert sein sollten, sieht das Gesetz vor, dass Sie bestimmen können, dass Ihr Stimmrecht durch Dritte ausgeübt wird.

II.) Schuldner

Es wird darauf hingewiesen, dass auf Grundlage des durch die Artikel 15.2 und 16.2 der geltenden Ley de Propiedad Horizontal bestimmten, all diejenigen Eigentümer, welche zum Zeitpunkt, zu dem die Versammlung eröffnet wird, nicht allen ihren Zahlungsverpflichtungen gegenüber der Gemeinschaft nachgekommen sind, bzw. selbige nicht gerichtlich angefochten haben oder zur gerichtlichen oder notariellen Hinterlegung der Beträge geschritten sind, über kein Stimmrecht verfügen.

Obwohl sie zwar an den Unterredungen teilnehmen können, wird ihre Stimme und die Beteiligungsquote an der Gemeinschaft zur Ermittlung der durch die Ley de Propiedad Horizontal geforderten Mehrheiten nicht berücksichtigt.

Zum Zeitpunkt der Versendung der Ladung haben die folgenden Eigentümer den Status des Schuldners, weshalb sich in Bezug auf diese die unter dem gegenständlichen Punkt beschriebenen Wirkungen entfalten:

Name des / der Eigentümer(s)	Immobilie und Beteiligungsquote	Betrag
.... (*Vor- und Nachname*)	.... (*Beschreibung und Quote*)	.... (*Zahl*)
.... (*Vor- und Nachname*)	.... (*Beschreibung und Quote*)	.... (*Zahl*)

III.) Anlagen

Mit dieser Ladung werden gleichzeitig folgende Anlagen übermittelt, damit die Eigentümer in geeigneter Weise von allen wesentlichen Informationen Kenntnis nehmen können und so deren Teilnahme an den Abstimmungen erleichtert wird.

– Kostenvoranschläge für die Errichtung der Rampe im Gebäudeeingang
– Um die Übertragung des Stimmrechts durch abwesende Eigentümer zu erleichtern, liegt ein Vollmachtmuster bei, welches vervollständigt an den Bevollmächtigten zu übergeben ist.

Mit freundlichen Grüßen

(Unterschriften und Namen aller Eigentümer, auf deren Initiative die Einberufung der Versammlung zurückgeht und welche mindestens ein Viertel aller Eigentümer ausmachen oder auf die wenigstens 25 % sämtlicher Beteiligungsquoten entfallen)

2.25 Convocatoria en el tablón de anuncios

En .... (*ciudad*), a .... (*día*) de .... (*mes*) de .... (*año*)

Estimado Propietario:

De conformidad con lo dispuesto en el Artículo 16 de la vigente Ley de Propiedad Horizontal, yo como Presidente, les convoco para la celebración de la Junta General Extraordinaria de Propietarios, que tendrá lugar:

Fecha: .... (*día de la semana*), ... (*día*) de .... (*mes*) de .... (*año*)
Hora: A las .... horas en primera convocatoria, y a las .... horas del mismo día en segunda convocatoria
Lugar: .... (*lugar exacto de celebración*)

Con el fin de tratar el siguiente:

ORDEN DEL DÍA

1°.- Modernización de la instalación eléctrica en todas las zonas comunes, mediante colocación de temporizadores por una empresa cualificada contratada al efecto, y elección de presupuesto para ejecutar la obra (si procediera)

2°.- Ruegos y preguntas

Advertencias

I.) Representación

En caso de estar impedido para participar personalmente en la Junta, la Ley prevé que el voto podrá ser delegado en terceros.

II.) Deudores

Se advierte, que en base a lo establecido por los artículos 15.2 y 16.2 de la vigente Ley de Propiedad Horizontal, estarán privados de su derecho de voto, aquellos propietarios que en el momento de iniciarse la junta no se encontrasen al corriente en el pago de todas las deudas vencidas con la comunidad y no hubiesen impugnado judicialmente las mismas o procedido a la consignación judicial o notarial de la suma adeudada.

Si bien podrán participar en las deliberaciones, su voto y cuota de participación en la comunidad no será computada a efectos de alcanzar las mayorías exigidas por la Ley de Propiedad Horizontal.

2.25 Ladung zur Eigentümerversammlung mittels Aushang

In .... (*Ort*), am .... (*Tag*) .... (*Monat*) .... (*Jahr*)

Sehr geehrter Eigentümer:

In Übereinstimmung mit dem durch Artikel 16 der geltenden Ley de Propiedad Horizontal bestimmten, erlaube ich mir, als Präsident Sie hiermit zur außerordentlichen Eigentümerversammlung zu laden, welche an folgendem Ort zur bezeichneten Zeit stattfinden wird:

Datum: .... (*Wochentag*), den .... (*Tag*) .... (*Monat*) .... (*Jahr*)

Uhrzeit: Um .... Uhr in erster Einberufung, und um .... Uhr desselben Tages in zweiter Einberufung.

Ort: .... (*genauer Versammlungsort*)

Dies zu dem Zweck, folgende Tagesordnung abzuhandeln:

TAGESORDNUNG

1°.- Modernisierung der Elektroinstallation innerhalb aller Gemeinschaftselemente mittels Anbringung von Zeitschaltuhren durch ein hierzu qualifiziertes Unternehmen, welches zu diesem Zweck beauftragt wird, und Auswahl des entsprechenden Kostenvoranschlags zur Ausführung der Arbeiten (falls die hierfür erforderlichen Abstimmungsergebnisse erzielt werden)

2°.- Bitten und Fragen

Hinweise

I.) Vertretung

Für den Fall, dass Sie an einer persönlichen Teilnahme an der Versammlung gehindert sein sollten, sieht das Gesetz vor, dass Sie bestimmen können, dass Ihr Stimmrecht durch Dritte ausgeübt wird.

II.) Schuldner

Es wird darauf hingewiesen, dass auf Grundlage des durch die Artikel 15.2 und 16.2 der geltenden Ley de Propiedad Horizontal bestimmten, all diejenigen Eigentümer, welche zum Zeitpunkt, zu dem die Versammlung eröffnet wird, nicht allen ihren Zahlungsverpflichtungen gegenüber der Gemeinschaft nachgekommen sind, bzw. selbige nicht gerichtlich angefochten haben oder zur gerichtlichen oder notariellen Hinterlegung der Beträge geschritten sind, über kein Stimmrecht verfügen.

Obwohl sie zwar an den Unterredungen teilnehmen können, wird ihre Stimme und die Beteiligungsquote an der Gemeinschaft zur Ermittlung der durch die Ley de Propiedad Horizontal geforderten Mehrheiten nicht berücksichtigt.

En el momento de cursarse la convocatoria, tienen la consideración de deudores a los efectos descritos bajo el presente punto los siguientes propietarios:

Nombre de propietario(s)	Finca y cuota de participación	importe
.... (*nombre y apellidos*)	.... (*descripción y porcentaje*)	.... (*número*)
.... (*nombre y apellidos*)	.... (*descripción y porcentaje*)	.... (*número*)

III.) Anexos

Con la presente convocatoria se da traslado de los siguientes anexos, para facilitar la participación y el adecuado conocimiento por parte de los comuneros de los extremos relevantes.

– Presupuestos
– Para facilitar la delegación del voto para los propietarios ausentes, se incluye un escrito de representación para cumplimentar y entregar a quien hubiese sido facultado para ejercer el derecho de voto.

Atentamente

(*firma y nombre del Presidente*)   (*firma y nombre del Secretario-Administrador*)
Presidente   Secretario-Administrador

[*... sigue la diligencia realizada para dejar constancia de la citación fallida*]

DILIGENCIA

Se han cursado las convocatorias a las direcciones facilitadas a tales efectos (de acuerdo con lo establecido en el artículo 9 de la vigente Ley de Propiedad Horizontal) por los propietarios.

Sin embargo, han sido devueltas las comunicaciones enviadas a través de los servicios de correo a los comuneros D. .... (*nombre y apellidos*), propietario de la vivienda .... (*descripción del elemento privativo*) y D. .... (*nombre y apellidos*), propietario del local .... (*descripción del elemento privativo*), existiendo expresión acerca de los motivos que impidieron que dichas entregas llegasen a buen fin, siendo la indicación "destinatario desconocido".

Posteriormente, y tras conocer la negativa de la recepción, se ha intentado practicar las notificaciones haciendo entrega de las mismas de forma personal y directa en el respectivo piso o local perteneciente a la comunidad, intento que igualmente se vio frustrado.

Zum Zeitpunkt der Versendung der Ladung haben die folgenden Eigentümer den Status des Schuldners, weshalb sich in Bezug auf diese die unter dem gegenständlichen Punkt beschriebenen Wirkungen entfalten:

Name des / der Eigentümer(s)	Immobilie und Beteiligungsquote	Betrag
.... (*Vor- und Nachname*)	.... (*Beschreibung und Quote*)	.... (*Zahl*)
.... (*Vor- und Nachname*)	.... (*Beschreibung und Quote*)	.... (*Zahl*)

III.) Anlagen

Mit dieser Ladung werden gleichzeitig folgende Anlagen übermittelt, damit die Eigentümer in geeigneter Weise von allen wesentlichen Informationen Kenntnis nehmen können und so deren Teilnahme an den Abstimmungen erleichtert wird.

– Kostenvoranschläge
– Um die Übertragung des Stimmrechts durch abwesende Eigentümer zu erleichtern, liegt ein Vollmachtmuster bei, welches vervollständigt an den Bevollmächtigten zu übergeben ist.

Mit freundlichen Grüßen

(*Unterschrift und Name des Präsidenten*)   (*Unterschrift und Name des Sekretär-*
Präsident   *Verwalters*)
                                                                                    Sekretär-Verwalter

[*... es folgt der Vermerk, welcher anzubringen ist, um den Nachweis über die gescheiterte Zustellung zu erbringen*]

VERMERK

Die Ladungen wurden an die zu diesem Zweck durch die Eigentümer (gemäß Artikel 9 des geltenden Gesetzes, also der Ley de Propiedad Horizontal) übermittelten Adressen versandt.

Dennoch konnten die an die Mitglieder der Eigentümergemeinschaft, Herrn .... (Vor- und Nachname), als Eigentümer des Wohnung .... (Beschreibung des Sondereigentumselements) und Herrn .... (Vor- und Nachname), als Eigentümer des Geschäftsraumes .... (Beschreibung des Sondereigentumselements), durch die Post zu überbringenden Schreiben nicht zugestellt werden. Als Begründung für die erfolglose Zustellung wurde "Empfänger unbekannt" genannt.

Im Anschluss wurden nach Bekanntwerden des erfolglosen Zustellversuchs erneute Anstrengungen unternommen. So wurde versucht, die Zustellung persönlich und unter der Adresse der jeweiligen zur Gemeinschaft gehörenden Wohnung oder des Geschäftslokals durchzuführen. Leider konnte auch auf diesem Wege keine Übergabe erfolgen.

Al haber resultado infructuoso asimismo, comunicarse con estos propietarios por otras vías alternativas, distintas a las arriba descritas, y dado que la vivienda y el local comercial se encuentran desocupadas en estos momentos, se procede a convocar a los comuneros nombrados mediante colocación de la oportuna convocatoria en el tablón de anuncios de la comunidad.

Conforme a lo establecido en el artículo 9.1.h.) LPH la notificación practicada de esta forma producirá plenos efectos jurídicos en el plazo de tres días naturales.

En .... (*ciudad*), a .... (*día*) de .... (*mes*) de .... (*año*)

(*firma y nombre del Presidente*)   (*firma y nombre del Secretario-Administrador*)
V.° B.° Presidente   Secretario-Administrador

[*... sigue la diligencia realizada para dejar constancia de la citación realizada a través del tablón de anuncios*]

DILIGENCIA

Mediante la presente certifico, que esta convocatoria ha estado expuesta junto a la DILIGENCIA de fecha .... (*día*) de .... (*mes*) de .... (*año*), desde el .... (*día*) de .... (*mes*) .... de (*año*) a las .... (*horas*), hasta el .... (*día*) de .... (*mes*) de .... (*año*) a las .... (*horas*) en el tablón de anuncios que tiene habilitado la comunidad de propietarios .... (*nombre de la comunidad*), sita en .... (*dirección*), en la entrada del edificio.

En .... (*ciudad*), a .... (*día*) de .... (*mes*) de .... (*año*)

(*firma y nombre del Secretario-Administrador*)
Secretario-Administrador

Nachdem andere alternative und von den oben beschriebenen Zustellversuchen abweichende Wege ebenfalls erfolglos blieben, und angesichts der Tatsache, dass sowohl die Wohnung wie auch das Geschäftslokal, zum jetzigen Zeitpunkt leer stehen, wird dazu übergegangen, die bezeichneten Eigentümer mittels Anbringung der Ladung am Aushang der Gemeinschaft zur Versammlung zu laden.

In Übereinstimmung mit Artikel 9.1.h.) LPH gilt die auf diese Weise praktizierte Benachrichtigung nach Ablauf von drei Kalendertagen als erfolgreich vorgenommen und entfaltet alle mit ihr einhergehenden rechtlichen Wirkungen.

In .... (*Ort*), den .... (*Tag*) .... (*Monat*) .... (*Jahr*)

(Unterschrift und Name des Präsidenten)   *(Unterschrift und Name des Sekretär-*
Sichtvermerk des Präsidenten   *Verwalters)*
                                                                                                        Sekretär-Verwalter

[*... es folgt der Vermerk, der erforderlich ist, um den Nachweis zu erbringen, dass die Ladung über den Aushang der Gemeinschaft tatsächlich vorgenommen wurde*]

VERMERK

Mittels des vorliegenden Dokuments bestätige ich, dass diese Ladung und der VERMERK vom .... (*Tag*) .... (*Monat*) .... (*Jahr*) seit dem .... (*Tag*) .... (*Monat*) .... (*Jahr*), um .... Uhr (*Uhrzeit*), bis zum .... (*Tag*) .... (*Monat*) .... (*Jahr*), um .... Uhr (*Uhrzeit*) am Aushang der Eigentümergemeinschaft .... (*Name der Eigentümergemeinschaft*), gelegen in .... (*Adresse*), welcher sich im Eingangsbereich des Gebäudes befindet, aushing.

In .... (*Ort*), den .... (*Tag*) .... (*Monat*) .... (*Jahr*)

(Unterschrift und Name des Sekretär-Verwalters)
Sekretär-Verwalter

2.26 Notificación del acta de la Junta

En .... (*ciudad*), a .... (*día*) de .... (*mes*) de .... (*año*)

Estimado Propietario:

Dando cumplimiento a las exigencias establecidas en el artículo 19 LPH, me permito remitirle copia del Acta de la última Junta General Ordinaria / General Extraordinaria de la Comunidad de Propietarios .... (*nombre de la comunidad*), sita en .... (*dirección*), celebrada en primera / segunda convocatoria el .... (*día*) de .... (*mes*) de .... (*año*) a las .... (*horas*).

La copia del acta viene acompañada del siguiente anexo:

– Copia de la queja escrita presentada por el comunero D. .... (*nombre y apellidos*) en la Junta, llegado al punto del orden del día n° 6, (*ruego y preguntas*).

Tal y como se pidió por el propio autor de la queja, y siguiendo la solicitud unánime de los propietarios presentes, se aprovecha ésta ocasión para darle traslado de una copia de la misma, para su conocimiento.

Atentamente

(*firma y nombre del Secretario-Administrador*)
Secretario-Administrador

2.26 Mitteilung des Protokolls der Eigentümerversammlung

In .... (*Ort*), am .... (*Tag*) .... (*Monat*) .... (*Jahr*)

Sehr geehrter Eigentümer:

In Erfüllung der Regelungen des Artikels 19 LPH erlaube ich mir, Ihnen eine Kopie des Protokolls der letzten ordentlichen / außerordentlichen Eigentümerversammlung der Gemeinschaft .... (*Name der Gemeinschaft*), gelegen in .... (*Adresse*), zu übersenden, welche in erster / zweiter Einberufung am .... (*Tag*) .... (*Monat*) .... (*Jahr*), um .... (*Uhrzeit*) abgehalten wurde.

Der Kopie ist folgender Anhang beigefügt:

– Ablichtung der unter dem Tagesordnungspunkt n° 6 (*Bitten und Fragen*) durch das Mitglied der Eigentümergemeinschaft, Herrn .... (*Vor- und Nachname*), vorgelegten Beschwerde.

So wie dies von dem Urheber der Beschwerde erbeten und den anwesenden Eigentümern einstimmig begrüßt wurde, möchte ich die Gelegenheit nutzen, Ihnen eine Kopie derselben zu Ihrer Kenntnis zu übermitteln.

Mit freundlichen Grüßen

(*Unterschrift und Name des Sekretär-Verwalters*)
Sekretär-Verwalter

2.27 Notificación a los propietarios ausentes de los acuerdos provisionales

En .... (*ciudad*), a .... (*día*) de .... (*mes*) de .... (*año*)

Estimado propietario:

En la última Junta General Ordinaria / Extraordinaria celebrada el día .... (*indicar fecha*), a las .... (*indicar hora*) horas en primera / segunda convocatoria (*según proceda*), y a la que Usted no asistió a pesar de haber sido debidamente convocado, se sometieron a votación bajo los puntos del orden del día anunciados en la convocatoria los asuntos ahí previstos, estando algunos de ellos sometidos a las reglas del cómputo de votos, descritas en el artículo 17.8 LPH, refiriéndose las mayorías exigidas para la adopción de los correspondientes acuerdos a la generalidad de comuneros y cuotas y no solo a los presentes en la Junta.

Para conocer el resultado final de las votaciones efectuadas, en concreto bajo los puntos de orden del día .... (*número del orden del día*) y .... (*número del orden del día*), de la Junta mencionada, es preciso dar traslado a aquellos propietarios, que como Usted se encontraban ausentes en la misma a pesar de haber estado correctamente citados, del resultado de la votación que se produjo en el seno de la Junta entre los presentes y representados, otorgándole un plazo por 30 días para emitir y comunicar su voto a mi atención (al ejercer las funciones de Secretario de la Comunidad), permitiéndome constatar de ésta forma su postura y proceder al cómputo de votos y cuotas definitivo.

Aprovecho la ocasión para advertirle en este contexto, que de no comunicar su postura en el plazo expuesto, su voto y cuota pasarán a ser computados como favorables.

Los puntos del orden del día tratados en la Junta y cuyos acuerdos están sometidos al régimen descrito, pudiendo Usted ejercer su derecho de voto en los términos expuestos, son los que se detallan seguidamente:

Punto del Orden del Día

6°.- .... (tema tratado)

Aquí, el resultado de la votación realizada en la Junta ha sido el siguiente:

Votos a favor:

Don .... (*nombre y apellidos*), propietario de la vivienda .... (*descripción*), con una cuota de participación del .... (*número*) %

[... *siguen los datos identificativos de los demás propietarios que votaron a favor*]

2.27 Mitteilung der vorläufigen Beschlüsse gegenüber den abwesenden Eigentümern

In .... (Ort), am .... (Tag) .... (Monat) .... (Jahr)

Sehr geehrter Eigentümer:

In der letzten ordentlichen / außerordentlichen Eigentümerversammlung, welche am .... (Datum angeben), um .... (Uhrzeit), in erster / zweiter Einberufung (unzutreffendes streichen) stattfand, und an der Sie nicht teilnahmen, obwohl Sie ordnungsgemäß geladen wurden, kam es zur Abstimmung über die in der Ladung angekündigten Tagesordnungspunkte, von denen einzelne bezüglich der Stimmauszählung den Sonderregeln des Artikels 17.8 LPH unterliegen. Hiernach sind für die Beurteilung des Zustandekommen der dieser Vorschrift unterworfenen Beschlüsse nicht nur die Stimmen und Quoten der anwesenden, sondern ebenso der abwesenden Eigentümer zu berücksichtigen.

Um das endgültige Abstimmungsergebnis der unter den Tagesordnungspunkten .... (Nummer des Tagesordnungspunktes) und .... (Nummer des Tagesordnungspunktes) in der bezeichneten Versammlung behandelten Beschlussgegenstände zu ermitteln, ist es erforderlich, den in der Versammlung abwesenden, aber in der vorgesehenen Weise geladenen Eigentümern, Mitteilung über das unter den an der Versammlung teilnehmenden oder wirksam vertretenen Eigentümern erzielte vorläufige Abstimmungsergebnis Mitteilung zu machen, damit sie binnen einer Frist von 30 Tagen von ihrem Stimmrecht Gebrauch machen können, indem sie mir gegenüber (als Sekretär der Gemeinschaft) ihre Stimme abgeben. Auf diese Weise kann ich die von ihnen vertretene Auffassung zur Kenntnis nehmen und zur endgültigen Stimmen- und Quotenauszählung schreiten.

Ich möchte daher die Gelegenheit nutzen, um Ihnen in diesem Zusammenhang mitzuteilen, dass für den Fall, dass Sie Ihre Haltung mir gegenüber nicht in der vorgesehenen Weise und Frist äußern, Ihre Stimme und Quote als Zustimmung zum Beschluss zu werten wäre.

Die in der Tagesordnung angekündigten und in der Versammlung abgehandelten Beschlüsse, für deren Zustandekommen die hier beschriebenen Regelungen anzuwenden sind, und bezüglich derer Sie Ihr Stimmrecht in der beschriebenen Weise ausüben können, sind folgende:

Tagesordnungspunkt

6°.- .... (behandelter Beschlussgegenstand)

Hier wurde in der Versammlung folgendes Abstimmungsergebnis erzielt:

Ja-Stimmen:

Herr .... (Vor- und Nachname), Eigentümer der Wohnung .... (Beschreibung), mit einer Beteiligungsquote von .... (Zahl) %.

[... es folgen die übrigen Eigentümer, die für den vorgeschlagenen Beschluss gestimmt haben]

Votos en contra:

Don .... (*nombre y apellidos*), propietario de la vivienda .... (*descripción*), con una cuota de participación del .... (*número*) %

[... *siguen los datos identificativos de los demás propietarios que votaron en contra*]

Abstenciones:

Don .... (*nombre y apellidos*), propietario de la vivienda .... (*descripción*), con una cuota de participación del .... (*número*) %

[... *siguen los datos identificativos de los demás propietarios que se abstuvieron*]

Por lo expuesto, el acuerdo provisional alcanzó la siguiente relación de votos y cuotas entre los presentes: .... de votos y .... de cuotas, y se encuentra pendiente de aprobación definitiva hasta realizar el cómputo final, incluyendo el voto y las cuotas de los ausentes, que hubiesen ejercido su derecho de voto en plazo.

7°.- .... (*tema tratado*)

Aquí, el resultado de la votación realizada en la Junta ha sido el siguiente:

Votos a favor:

Don .... (*nombre y apellidos*), propietario de la vivienda .... (*descripción*), con una cuota de participación del .... (*número*) %

[... *siguen los datos identificativos de los demás propietarios que votaron a favor*]

Votos en contra:

Don .... (*nombre y apellidos*), propietario de la vivienda .... (*descripción*), con una cuota de participación del .... (*número*) %

[... *siguen los datos identificativos de los demás propietarios que votaron en contra*]

Abstenciones:

Don .... (*nombre y apellidos*), propietario de la vivienda .... (*descripción*), con una cuota de participación del .... (*número*) %

[... *siguen los datos identificativos de los demás propietarios que se abstuvieron*]

Gegenstimmen:

Herr .... (*Vor- und Nachname*), Eigentümer der Wohnung .... (*Beschreibung*), mit einer Beteiligungsquote von .... (*Zahl*) %

[... *es folgen die übrigen Eigentümer, die gegen den vorgeschlagenen Beschluss gestimmt haben*]

Enthaltungen:

Herr .... (*Vor- und Nachname*), Eigentümer der Wohnung .... (*Beschreibung*), mit einer Beteiligungsquote von .... (*Zahl*) %

[... *es folgen die übrigen Eigentümer, die sich enthalten haben*]

Aufgrund des Dargelegten, hat der vorläufige Beschluss die folgende Anzahl an Stimmen und Quoten der anwesenden Eigentümer erzielt: .... Stimmen und .... Quoten. Der Beschluss hat lediglich vorläufigen Charakter und bedarf zur endgültigen Feststellung der Auszählung der Stimmen und Quoten der abwesenden Eigentümer, die innerhalb der gesetzlichen Frist von ihrem Stimmrecht Gebrauch gemacht haben.

7°.- .... (*behandelter Beschlussgegenstand*)

Hier wurde in der Versammlung folgendes Abstimmungsergebnis erzielt:

Ja-Stimmen:

Herr .... (*Vor- und Nachname*), Eigentümer der Wohnung .... (*Beschreibung*), mit einer Beteiligungsquote von .... (*Zahl*) %

[... *es folgen die übrigen Eigentümer, die für den vorgeschlagenen Beschluss gestimmt haben*]

Gegenstimmen:

Herr .... (*Vor- und Nachname*), Eigentümer der Wohnung .... (*Beschreibung*), mit einer Beteiligungsquote von .... (*Zahl*) %

[... *es folgen die übrigen Eigentümer, die gegen den vorgeschlagenen Beschluss gestimmt haben*]

Enthaltungen:

Herr .... (*Vor- und Nachname*), Eigentümer der Wohnung .... (*Beschreibung*), mit einer Beteiligungsquote von .... (*Zahl*) %

[... *es folgen die übrigen Eigentümer, die sich enthalten haben*]

Por lo expuesto, el acuerdo provisional alcanzó la siguiente relación de votos y cuotas entre los presentes: .... de votos y .... de cuotas, y se encuentra pendiente de aprobación definitiva hasta realizar el cómputo final, incluyendo el voto y las cuotas de los ausentes, que hubiesen ejercido su derecho de voto en plazo.

Si tuviese alguna duda, estoy a su entera disposición.

Atentamente

(*firma y nombre del Secretario-Administrador*)
Secretario-Administrador

Aufgrund des Dargelegten, hat der vorläufige Beschluss die folgende Anzahl an Stimmen und Quoten der anwesenden Eigentümer erzielt: .... Stimmen und .... Quoten. Der Beschluss hat lediglich vorläufigen Charakter und bedarf zur endgültigen Feststellung der Auszählung der Stimmen und Quoten der abwesenden Eigentümer, die innerhalb der gesetzlichen Frist von ihrem Stimmrecht Gebrauch gemacht haben.

Sollten Sie irgendwelche Fragen haben, stehe ich Ihnen zur vollsten Verfügung.

Mit freundlichen Grüßen

(Unterschrift und Name des Sekretär-Verwalters)
Sekretär-Verwalter

2.28 Solicitud de inclusión de puntos en el orden del día de la siguiente Junta / Modelo a incluir como anexo en la copia del acta de las Juntas que es remitido a los comuneros

Nombre y Apellidos del remitente (propietario)
Dirección
C.P. ciudad (provincia)
Tel./Fax.

Nombre y Apellidos del destinatario (Presidente)
Dirección
C.P. ciudad (provincia)

En .... (*ciudad*), a .... (*día*) de .... (*mes*) de .... (*año*)

Estimado Sr. / Sra. .... (*Presidente*):

Me dirijo a Usted en mi condición de propietario de la vivienda .... (*descripción*), y que pertenece con un coeficiente de participación del .... (*número*) % a la Comunidad de Propietarios .... (*nombre de la comunidad*), sita en .... (*dirección completa*) en la que Usted ejerce el cargo de Presidente.

Tal y como establece el artículo 16.2.2 LPH, todo propietario podrá pedir que la Junta estudie y se pronuncie sobre cualquier tema de interés para la comunidad.

Haciendo uso de éste derecho, dirijo el presente escrito a su atención, para especificar los asuntos que a mi parecer deben ser tratados por la Junta de Propietarios, solicitando los incluya en el orden del día de la próxima Junta que se celebre.

Puntos a tratar:

1° .... (*asunto a tratar - propuesta a votar - detalles en su caso*)
2° .... (*asunto a tratar - propuesta a votar - detalles en su caso*)
3° .... (*asunto a tratar - propuesta a votar - detalles en su caso*)

Le saluda atentamente

(*nombre y apellidos del propietario solicitante*)

2.28 Antrag auf Aufnahme von Tagesordnungspunkten für die nächste Eigentümerversammlung, welcher mit dem Protokoll der letzten Eigentümerversammlung übermittelt werden kann, um Vorschläge seitens der Eigentümer zu erleichtern

Vor- und Nachname des Absenders (Eigentümer)
Adresse
Postleitzahl Ort (Provinz)
Tel./Fax.

Vor- und Nachname des Empfängers (Präsident)
Adresse
Postleitzahl Ort (Provinz)

.... (*Ort*), den .... (*Tag*) .... (*Monat*) .... (*Jahr*)

Sehr geehrte(r) Herr / Frau .... (*Präsident(in)*):

Ich wende mich an Sie in meiner Eigenschaft als Eigentümer der Wohnung .... (*Beschreibung*), welche mit einer Beteiligungsquote von .... (*Zahl*) % zur Eigentümergemeinschaft .... (*Name der Gemeinschaft*), gelegen in .... (*vollständige Adresse*), gehört und in welcher Sie das Amt des Präsidenten bekleiden.

Ausgehend von Artikel 16.2.2 LPH ist jeder Eigentümer berechtigt, zu beantragen, dass die Eigentümerversammlung über Themen berät und abstimmt, welche für die Gemeinschaft von Interesse sind.

In Ausübung dieses Rechts richte ich mich an Sie mit dem vorliegenden Schreiben, um Ihnen diejenigen Angelegenheiten mitzuteilen, welche meiner Ansicht nach in der Eigentümerversammlung behandelt werden sollten. Ich beantrage daher, diese in die Tagesordnung der nächsten Versammlung aufzunehmen.

Abzuhandelnde Punkte:

1° .... (*Gegenstand - Vorschlag – gegebenenfalls weitere Angaben*)
2° .... (*Gegenstand - Vorschlag – gegebenenfalls weitere Angaben*)
3° .... (*Gegenstand - Vorschlag – gegebenenfalls weitere Angaben*)

Mit freundlichen Grüßen

(Vor- und Nachname des beantragenden Eigentümers)

2.29 Acta de una Junta

Acta de la Junta Ordinaria de Propietarios

En .... (*lugar*), ... (*día de la semana*), ... (*fecha*), siendo las .... horas, se celebra Junta Ordinaria de la Comunidad de Propietarios del edificio ...., sita en ...., en los jardines de la misma, bajo la presidencia de .... (*nombre del presidente*), y actuando como secretario-administrador .... (*nombre del secretario-administrador*).

Tiene lugar en virtud de la convocatoria de .... (*fecha*), realizada por el Presidente de la Comunidad .... (*nombre y apellidos*), conforme a lo establecido en el artículo 16 de la LPH, convocando a la misma, para el .... (*fecha*), a las .... horas en primera convocatoria, y para el .... (*fecha*), a las .... horas en segunda convocatoria (*se adjunta como anexo n° I, escrito de convocatoria*).

Se reúne en segunda convocatoria por no haberse alcanzado el quórum necesario en la primera convocatoria.

Asisten personalmente a la Junta los siguientes propietarios:

Don ...., propietario de la vivienda ...., con una cuota de participación del .... %

Don ...., propietario de la vivienda ...., con una cuota de participación del .... %

Doña ...., propietaria de la vivienda ...., con una cuota de participación del .... %

Don ...., propietario de la vivienda ...., con una cuota de participación del .... %

Don ...., propietario del local comercial ...., con una cuota de participación del .... %

Doña ...., propietaria de la vivienda ...., con una cuota de participación del .... %

Asisten a la Junta por medio de representante los siguientes propietarios:

Don ...., propietario de la vivienda ...., con una cuota de participación del .... %; representado por Don ...., propietario de la vivienda ....

Doña ...., propietaria de la vivienda ...., con una cuota de participación del .... %; representado por Don ...., propietario de la vivienda

No tienen derecho a voto, pero sí podrán participar en las deliberaciones, aquellos propietarios, que a iniciarse la Junta, no se encuentren al corriente en el pago de todas las deudas vencidas frente a la comunidad, y no hubiesen impugnado judicialmente las mismas o procedido a la consignación judicial o notarial de la suma adeudada.

2.29 Protokoll über eine abgehaltene Eigentümerversammlung

Protokoll der ordentlichen Eigentümerversammlung

In .... (*Ort*), ... (*Wochentag*), ... (*Datum*), um .... Uhr, wird die ordentliche Eigentümerversammlung der Gemeinschaft der Liegenschaft ...., gelegen in ...., in der Grünanlage derselben, unter der Leitung des Präsidenten, ... (*Name des Präsidenten*), und als Sekretär-Verwalter handelnd, ... (*Name des Sekretärs-Verwalters*), abgehalten.

Sie findet aufgrund der Ladung des Präsidenten der Eigentümergemeinschaft .... (*Name und Nachname*), vom .... (*Datum*), und in Übereinstimmung mit der Vorschrift des Artikels 16 LPH statt. Gemäß Ladung wurde die Versammlung zum .... (Datum), um .... Uhr in erster Einberufung und um .... Uhr in zweiter Einberufung anberaumt. (*Es wird als Anhang n° I, die Ladung beigefügt*).

Sie wird in zweiter Einberufung abgehalten, da in der ersten Einberufung nicht die erforderliche Teilnehmerschaft erreicht wurde.

Es nehmen die folgenden Eigentümer persönlich an der Versammlung teil:

> Herr ...., Eigentümer der Wohnung ...., mit einer Beteiligungsquote von .... %
> Herr ...., Eigentümer der Wohnung ...., mit einer Beteiligungsquote von .... %
> Frau ...., Eigentümerin der Wohnung ...., mit einer Beteiligungsquote von .... %
> Herr ...., Eigentümer der Wohnung ...., mit einer Beteiligungsquote von .... %
> Herr ...., Eigentümer der Wohnung ...., mit einer Beteiligungsquote von .... %
> Frau ...., Eigentümerin der Wohnung ...., mit einer Beteiligungsquote von .... %

Es nehmen an der Versammlung mittels Vertreter teil:

Herr ...., Eigentümer der Wohnung ...., mit einer Beteiligungsquote von .... %, vertreten durch Herrn ...., Eigentümer der Wohnung ....
Frau ...., Eigentümerin der Wohnung ...., mit einer Beteiligungsquote von .... %, vertreten durch Herrn ...., Eigentümer der Wohnung ....

Diejenigen Eigentümer, welche bis zum Zeitpunkt der Eröffnung der Versammlung nicht sämtlichen fälligen Beitragspflichten gegenüber der Gemeinschaft nachgekommen sind und diese Zahlungspflicht weder gerichtlich angefochten, noch die geschuldeten Beträge bei Gericht oder einem Notar hinterlegt haben, verfügen über kein Stimmrecht und haben lediglich ein Recht auf Gehör.

Su voto y cuota de participación no se tendrá en consideración para el cómputo de las mayorías legalmente exigidas.

En este momento se encuentran afectados por dicha limitación los siguientes propietarios:

Doña ...., propietaria de la vivienda ...., con una cuota de participación del .... %
Don ...., propietario de la vivienda ...., con una cuota de participación del .... %

En consecuencia, asisten a ésta Junta Ordinaria sumando tanto los propietarios presentes como los representados .... (*número de propietarios*) propietarios sobre los que recaen .... (*número de votos*) votos y un coeficiente de participación del .... (*número*) %.

El Presidente declara constituida la Junta y abierta la sesión.

Tras breves palabras de bienvenida a los asistentes, el Presidente cede la palabra al Secretario-Administrador de la Comunidad, con el fin de que éste proceda a dar lectura del Orden del Día de la Junta, y que consta de los siguientes puntos, coincidiendo con el de la convocatoria:

1°.- Lectura y ratificación del acta anterior (si procediera).

2°.- Presentación del balance y aprobación del las cuentas del ejercicio .... (si procediera)

3°.- Aprobación del presupuesto ordinario de las cuentas del ejercicio .... (si procediera)

4°.- Instalación de una piscina infantil en el jardín de la comunidad y elección de presupuesto para contratación de empresa cualificada (si procediera)

5°.- Adquisición de un lienzo y colocación de mismo en la entrada de la comunidad (si procediera)

6°.- Restablecimiento del servicio de portería (si procediera)

7°.- Colocación de una rampa en la entrada del edificio, mediante contratación de una empresa cualificada, con el fin de suprimir la barrera arquitectónica consistente en dos escalones y elección del presupuesto mas indicado para la ejecución (si procediera)

8°.- Reparación del desprendimiento producido en la fachada del edificio (si procediera)

9°.- Designación del Presidente y demás cargos de la comunidad

Ihre Stimme und Quote wird bei der für die Ermittlung der gesetzlich vorgesehenen Mehrheiten vorzunehmenden Auszählung nicht berücksichtigt.

Zu diesem Zeitpunkt sind von dieser Einschränkung folgende Eigentümer betroffen:

Frau ...., Eigentümerin der Wohnung ...., mit einer Beteiligungsquote von .... %

Herr ...., Eigentümer der Wohnung ...., mit einer Beteiligungsquote von .... %

Infolgedessen nehmen an dieser ordentlichen Eigentümerversammlung, wenn man die persönlich anwesenden und die vertretenen Eigentümer zusammenzählt, ... (*Anzahl der Eigentümer*) Eigentümer teil, auf welche .... (Anzahl) Stimmen und eine Beteiligungsquote von .... (*Zahl*) % vom Gesamten entfällt.

Der Präsident erklärt, dass die Versammlung zusammengetreten und nunmehr eröffnet ist.

Nach einer kurzen Begrüßung der Teilnehmer seitens des Präsidenten, übergibt er das Wort an den Sekretär-Verwalter, damit dieser zur Verlesung der Tagesordnung übergehen kann. Die Tagesordnung setzt sich aus folgenden Punkten zusammen, welche mit denen der Ladung genau übereinstimmen.

1°.- Lesung und Ratifizierung des vorhergehenden Protokolls (falls die hierfür erforderlichen Abstimmungsergebnisse erzielt werden).

2°.- Vorstellung der Bilanz und Annahme der Jahresabrechnung für das Geschäftsjahr .... (falls die hierfür erforderlichen Abstimmungsergebnisse erzielt werden).

3°.- Annahme des ordentlichen Wirtschaftsplans für das Geschäftsjahr .... (falls die hierfür erforderlichen Abstimmungsergebnisse erzielt werden).

4°.- Errichtung eines Kinderschwimmbeckens im Garten der Gemeinschaft und Auswahl des Kostenvoranschlags für die Beauftragung eines hierfür qualifizierten Unternehmens (falls die hierfür erforderlichen Abstimmungsergebnisse erzielt werden).

5°.- Erwerb eines Gemäldes und Befestigung desselben an der hinteren Wand im Eingangsbereich der Gemeinschaft (falls die hierfür erforderlichen Abstimmungsergebnisse erzielt werden).

6°.- Wiedereinführung des ständigen Hausmeisterdienstes und Beauftragung des Präsidenten zur Personalsuche, Wahl und Anstellung des geeigneten Hausmeisters (falls die hierfür erforderlichen Abstimmungsergebnisse erzielt werden).

7°.- Einrichtung einer Rampe im Hauseingang, mittels Beauftragung eines hierfür qualifizierten Unternehmens, zum Zwecke der Beseitigung architektonischer Hürden, welche im vorliegenden Fall aus zwei Treppenstufen bestehen und Auswahl des für die Ausführung angezeigtesten Kostenvoranschlags (falls die hierfür erforderlichen Abstimmungsergebnisse erzielt werden).

8°.- Reparatur der an der Hausfassade festgestellten Ablösungen (falls die hierfür erforderlichen Abstimmungsergebnisse erzielt werden).

9°.- Bestellung des Präsidenten und der übrigen Ämter der Gemeinschaft.

10°.- Autorización al Presidente para que otorgue poderes a Abogados y Procuradores, así como autorización para reclamar las cantidades impagadas en concepto de cuotas comunitarias o derramas ya sea extrajudicialmente o por vía judicial, una vez liquidadas las deudas (si procediera)

11°.- Ruegos y preguntas

A continuación se procede a dirimir sobre los diferentes asuntos anteriormente mencionados, procediéndose a las votaciones y toma de acuerdos que seguidamente se detallarán:

1°.- Lectura y ratificación del acta anterior (si procediera)

El Presidente solicita del Secretario-Administrador la lectura íntegra del Acta de la Junta anterior, celebrada el día .... (*fecha*). Finalizada la lectura, y tras la apertura del turno de preguntas, comentarios y debate, sin que nadie quisiera manifestarse, se somete a votación para su ratificación con los siguientes resultados:

Votos a favor de la ratificación del acta:

Don ...., propietario de la vivienda ...., con una cuota de participación del .... %
Don ...., propietario de la vivienda ...., con una cuota de participación del .... %
Doña ...., propietaria de la vivienda ...., con una cuota de participación del .... %
...

Votos en contra de la ratificación del acta:

Don ...., propietario de la vivienda ...., con una cuota de participación del .... %

Abstenciones en relación a la ratificación del acta:

Don ...., propietario de la vivienda ...., con una cuota de participación del .... %

A la vista del resultado de la votación (... votos, sobre los que recae un coeficiente del .... % a favor; .... votos, sobre los que recae un coeficiente del ..... en contra; ... votos sobre los que recae un coeficiente del ..... % absteniéndose), se ratifica el acta de la Junta del .... de .... de 20... por .... (*p.e. mayoría de votos y cuotas*).

2°.- Presentación del balance y aprobación de las cuentas del ejercicio ..... (*si procediera*)

10°.- Abrechnung der Schulden und Bevollmächtigung des Präsidenten, um die geschuldeten Gemeinschaftsbeiträge und / oder Sonderumlagen einzufordern, sei dies außergerichtlich oder gerichtlich, sowie Genehmigung zur Erteilung von Vollmachten an Rechtsanwälte und Prozessvertreter (falls die hierfür erforderlichen Abstimmungsergebnisse erzielt werden).

11°.- Bitten und Fragen.

Im Anschluss wird dazu übergegangen, die unterschiedlichen zuvor bezeichneten Punkte abzuhandeln und die erforderlichen Abstimmungen vorzunehmen, um die folgenden Entscheidungen herbeizuführen:

1°.- Lesung und Ratifizierung des vorhergehenden Protokolls (falls die hierfür erforderlichen Abstimmungsergebnisse erzielt werden).

Der Präsident bittet den Sekretär-Verwalter, das Protokoll der vorhergehenden Versammlung vom .... (*Datum*) vollständig zu verlesen. Im Anschluss wird eine Frage- und Antwort- sowie Diskussionsrunde eröffnet, ohne dass sich jemand äußern möchte. Über die Ratifizierung wird abgestimmt. Das erzielte Ergebnis lautet:

Stimmen für die Ratifizierung des Protokolls:

> Herr ...., Eigentümer der Wohnung ...., mit einer Beteiligungsquote von .... %
> Herr ...., Eigentümer der Wohnung ...., mit einer Beteiligungsquote von .... %
> Frau ...., Eigentümerin der Wohnung ...., mit einer Beteiligungsquote von .... %
> [...]

Stimmen gegen die Ratifizierung des Protokolls:

> Herr ...., Eigentümer der Wohnung ...., mit einer Beteiligungsquote von .... %

Enthaltungen bezüglich der Ratifizierung des Protokolls:

> Herr ...., Eigentümer der Wohnung ...., mit einer Beteiligungsquote von .... %

Angesichts des Ergebnisses der Abstimmung (... Stimmen, auf welche eine Beteiligungsquote von ..... % entfällt, dafür, ... Stimmen, auf welche eine Beteiligungsquote von ..... % entfällt, dagegen, ... Stimmen, auf welche eine Beteiligungsquote von ..... % entfällt, enthalten sich) wird das Protokoll der Eigentümerversammlung vom .... (*Datum*) .... (*z.B. durch Mehrheit der Stimmen und Quoten*) angenommen.

2°.- Vorstellung der Bilanz und Annahme der Jahresabrechnung für das Geschäftsjahr .... (*falls die hierfür erforderlichen Abstimmungsergebnisse erzielt werden*).

El balance y las cuentas del ejercicio ...., fueron confeccionadas por el Secretario-Administrador y visadas por el Presidente. Posteriormente, se enviaron junto con la convocatoria de la presente Junta ordinaria a todos los propietarios. Estando a disposición de los asistentes todos los justificantes relacionados con el ejercicio ...., facultándoles para realizar las comprobaciones que estos estimen pertinentes, el Secretario-Administrador presenta y comenta el balance así como las diferentes partidas de las cuentas.

Se abre el turno de preguntas, comentarios y debate, en el cual el Secretario-Administrador tiene ocasión de solventar las dudas suscitadas entre los asistentes y realizar las aclaraciones necesarias.

Sin perjuicio de la remisión que se realiza a la correspondiente documentación contable pormenorizada, y que se guardará y custodiará junto al resto de archivos de la comunidad, se hacen constar en acta las principales referencias contables.

Así el balance y las cuentas del ejercicio ...., reflejan los siguientes resultados:

SALDO ANTERIOR: .... Euros (*saldo preexistente al inicio del ejercicio*)
TOTAL GASTOS: .... Euros (*gastos realizados durante el ejercicio*)
TOTAL INGRESOS: .... Euros (*ingresos obtenidos durante el ejercicio*)
SALDO FINAL: .... Euros (*saldo al final del ejercicio*)

RECIBOS PENDIENTES AL FINAL DEL EJERCICIO: .... Euros

(*deudas existentes a favor de la comunidad, individualizados por deudores y conceptos*)

SALDO FINAL EXCEPTUANDO LOS RECIBOS PENDIENTES: .... Euros

(*saldo al final del ejercicio, sin considerar las deudas existentes a favor de la comunidad*)

SALDO CONTABLE AL FINAL DEL EJERCICIO .... Euros

(*saldo contable al final del ejercicio, computando las deudas pendientes*)

Sometido a votación para su aprobación, el balance y las cuentas del ejercicio ...., se produce el siguiente resultado:

Votos a favor de la aprobación del balance y las cuentas del ejercicio ....:

Don ...., propietario de la vivienda ...., con una cuota de participación del .... %
Don ...., propietario de la vivienda ...., con una cuota de participación del .... %
Doña ...., propietario de la vivienda ...., con una cuota de participación del .... %
[...]

Die Bilanz und die Jahresabrechnung für das Geschäftsjahr .... wurden durch den Sekretär-Verwalter erstellt und durch den Präsidenten abgezeichnet. Anschließend wurden sie gemeinsam mit der Ladung zu dieser ordentlichen Eigentümerversammlung, als Anlage, an alle Eigentümer versandt. Alle das Geschäftsjahr .... betreffenden Nachweise stehen den Anwesenden für die von diesen für notwendig erachteten Überprüfungen gleich welcher Art zur Verfügung. Der Sekretär-Verwalter legt die Bilanz vor und erklärt den Inhalt der Jahresabrechnung.

Es wird Gelegenheit gegeben, Fragen zu stellen, die vorgelegten Dokumente zu kommentieren und über diese zu debattieren. Der Sekretär-Verwalter beantwortet die Fragen der Anwesenden und nimmt die erforderlichen Erklärungen vor.

Ungeachtet des Verweises, der an dieser Stelle auf die entsprechende detaillierte Dokumentation der Buchhaltung vorgenommen wird, welche gemeinsam mit der restlichen Dokumentation der Gemeinschaft aufbewahrt und verwaltet wird, sollen an dieser Stelle die wichtigsten Eckdaten festgehalten werden.

So spiegelt die Bilanz und die Jahresabrechnung des Geschäftsjahres .... folgende Ergebnisse wieder:

VORHERIGER SALDO: .... Euro (*bei Beginn des Geschäftsjahres vorhandener Saldo*)
AUSGABEN INSGESAMT: .... Euro (*insgesamt während des Geschäftsjahres getätigte Ausgaben*)
EINNAHMEN INSGESAMT: .... Euro (*insgesamt während des Geschäftsjahres erfolgte Einnahmen*)
SCHLUSSSALDO: .... Euro (*Saldo am Ende des Geschäftsjahres*)

AUSSTEHENDE ZAHLUNGEN AM ENDE DES GESCHÄFTSJAHRES: ...... Euro

(*Schulden, welche zu Gunsten der Gemeinschaft bestehen, aufgeschlüsselt nach Schuldnern und Gegenstand*)

SCHLUSSSALDO UNTER AUSSCHLUSS DER UNBEZAHLTEN BEITRÄGE: .... Euro

(*Schlusssaldo am Ende des Geschäftsjahres, ohne Berücksichtigung der zu Gunsten der Gemeinschaft bestehenden Schulden*)

BUCHHALTERISCHER SCHLUSSSALDO AM ENDE DES GESCHÄFTSJAHRES: .... Euro

(*buchhalterischer Saldo am Ende des Geschäftsjahres*)

Nachdem die Bilanz und der Jahresabschluss für das Geschäftsjahr .... zur Abstimmung gebracht wurden, ergibt sich folgendes Ergebnis:

Stimmen für die Annahme der Bilanz und den Jahresabschluss für das Geschäftsjahr ....:

Herr ...., Eigentümer der Wohnung ...., mit einer Beteiligungsquote von .... %
Herr ...., Eigentümer der Wohnung ...., mit einer Beteiligungsquote von .... %
Frau ...., Eigentümerin der Wohnung ...., mit einer Beteiligungsquote von .... %
[...]

Votos en contra de la aprobación del balance y las cuentas del ejercicio ....:

Don ...., propietario de la vivienda ...., con una cuota de participación del .... %

Abstenciones en relación a la aprobación del balance y las cuentas del ejercicio ....:

Don ...., propietario de la vivienda ...., con una cuota de participación del .... %

A la vista del resultado de la votación (... votos, sobre los que recae un coeficiente del ....% a favor; .... votos, sobre los que recae un coeficiente del ..... % en contra; ... votos sobre los que recae un coeficiente del ..... % absteniéndose) se aprueba el balance y las cuentas del ejercicio ...., con .... (p.e. por mayoría de votos y cuotas).

3°.- Aprobación del presupuesto ordinario de las cuentas del ejercicio .... (si procediera)

El presupuesto ordinario para el ejercicio ...., fue igualmente enviado con la convocatoria de la presente Junta, y ha sido confeccionado partiendo de los gastos ocasionados en el ejercicio anterior e incrementados ligeramente para hacer frente a las subidas previsibles en las partidas de ...., debido al encarecimiento que cabe esperar de las mismas, así como considerando el aumento de gastos que se generará debido a la reciente creación del nuevo servicio comunitario .... aprobado en la junta extraordinaria de fecha ....

esto se traduciría, en un ligero aumento de los importes a pagar por cada propietario, y que se cifraría en un aumento del .... %, frente al ejercicio anterior.

Por ende, a cada propietario le correspondería pagar .... Euros por mes y punto de porcentaje de participación. Aquellos propietarios cuya cuota de participación incluya decimales, pagarán siempre proporcionalmente a la misma.

En resumen, se propone que la Comunidad presupueste para el ejercicio .... un importe de .... Euros, en concepto de gastos ordinarios, frente a unos ingresos que ascenderían a .... Euros, y que se producirán a través de las cuotas comunitarias incrementadas, que los comuneros desembolsarán mensualmente en base a su coeficiente de participación.

Tras la apertura del turno de preguntas, comentarios y debate, el Secretario-Administrador aclara las dudas formuladas por algunos de los propietarios.

El presupuesto ordinario del ejercicio .... es sometido a votación, con el siguiente resultado:

Stimmen gegen die Annahme der Bilanz und den Jahresabschluss für das Geschäftsjahr
............:

Herr ...., Eigentümer der Wohnung ...., mit einer Beteiligungsquote
von .... %

Enthaltungen bezüglich der Annahme der Bilanz und den Jahresabschluss für das Geschäftsjahr ....:

Herr ...., Eigentümer der Wohnung ...., mit einer Beteiligungsquote
von .... %

Angesichts des Ergebnisses der Abstimmung (... Stimmen, auf welche eine Beteiligungsquote von ..... % entfällt, dafür, ... Stimmen, auf welche eine Beteiligungsquote von ..... %
entfällt, dagegen, ... Stimmen, auf welche eine Beteiligungsquote von ..... % entfällt, enthalten sich), wird die Bilanz und der Jahresabschluss für das Geschäftsjahr .... mit ....
(z.B. durch Mehrheit der Stimmen und Quoten) angenommen.

3°.- Annahme des ordentlichen Wirtschaftsplans für das Geschäftsjahr .... (Jahr) (falls
die hierfür erforderlichen Abstimmungsergebnisse erzielt werden).

Der Entwurf des ordentlichen Wirtschaftsplans für das Geschäftsjahr .... (Jahr) wurde ebenfalls gemeinsam mit der Ladung zu dieser Versammlung übermittelt. Er wurde auf
Grundlage der im vorangegangenen Geschäftsjahr angefallenen Ausgaben erarbeitet und,
von diesem ausgehend, leicht erhöht, um die in den Bereichen ..... zu erwartenden Kosten-
steigerungen aufzufangen und weil die Schaffung des neuen Gemeinschaftsdienstes .....,
welcher in der außerordentlichen Versammlung vom .... beschlossen wurde, zusätzliche Ausgaben erfordert.

All dies führt zu einer leichten Erhöhung des durch jeden Eigentümer zu entrichtenden
Beitrags, die im Vergleich zum vergangenen Geschäftsjahr mit einer Steigerung in Höhe
von .... % zu beziffern ist.

In Folge dessen entfällt auf jeden Eigentümer eine Steigerung von .... Euro pro Monat und Prozentpunkt Beteiligungsquote. Diejenigen Eigentümer, deren Beteiligungsquote sich in einer Dezimalzahl ausdrückt, zahlen im Verhältnis zu dieser die entsprechende
Erhöhung.

Im Ergebnis wird vorgeschlagen, dass die Eigentümergemeinschaft für das Jahr ....
einen Betrag in Höhe von .... für Ausgaben und einen Betrag in Höhe von .... Euro
auf der Einnahmenseite beschließt. Diese im Vergleich zum Vorjahr erweiterten Ausgaben
sollen im Wege erhöhter Beiträge, verteilt auf die Eigentümer im Umfang ihrer Quote, ein-
gezogen werden.

Nach Eröffnung der Frage- und Antwort- sowie Diskussionsrunde geht der Sekretär-
Verwalter auf die durch einige Eigentümer formulierten Fragen ein.

Der ordentliche Wirtschaftsplan für das Geschäftsjahr .... wird, mit folgendem Ergebnis, zur Abstimmung gestellt:

Votos a favor del presupuesto ordinario propuesto:

> Don ...., propietario de la vivienda ...., con una cuota de participación del .... %
>
> Don ...., propietario de la vivienda ...., con una cuota de participación del .... %
>
> Doña ...., propietario de la vivienda ...., con una cuota de participación del .... %
>
> [...]

Votos en contra del presupuesto ordinario propuesto:

> Don ...., propietario de la vivienda ...., con una cuota de participación del .... %

Abstenciones en relación al presupuesto ordinario propuesto:

> Don ...., propietario de la vivienda ...., con una cuota de participación del .... %

A la vista del resultado de la votación (... votos, sobre los que recae un coeficiente del .... % a favor; .... votos, sobre los que recae un coeficiente del ..... % en contra; ... votos sobre los que recae un coeficiente del ..... % absteniéndose) se aprueba el presupuesto ordinario para el ejercicio .... en base a la propuesta remitida con la convocatoria, con .... (*p.e. mayoría de votos y cuotas*).

4°.- Instalación de una piscina infantil en el jardín de la comunidad a través de la contratación de una empresa capacitada para la ejecución de la obra y elección de presupuesto (si procediera)

Por petición de varios propietarios, se incluyó en el orden del día de la convocatoria, debatir sobre la construcción de una piscina infantil junto a la piscina existente, y dentro del recinto ajardinado de la comunidad, así como, decidir sobre la contratación de una empresa especializada para acometer dicha obra.

Toma la palabra Don .... uno de los propietarios iniciadores de la propuesta expresada, para exponer los motivos, así como, la forma prevista de ejecutar la obra sugerida.

Comenta los tres presupuestos, que han sido remitidos como anexo a la convocatoria y recomienda optar por el presupuesto B, que asciende a .... Euros, y que sería financiado mediante derrama extraordinaria, distribuida conforme al coeficiente de participación y pagadero en seis pagos de igual cuantía.

Se produce una prolongada discusión, en la que se manifestaron dos posiciones contrapuestas.

Stimmen für den vorgeschlagenen ordentlichen Wirtschaftsplan:

> Herr ...., Eigentümer der Wohnung ...., mit einer Beteiligungsquote von .... %
> Herr ...., Eigentümer der Wohnung ...., mit einer Beteiligungsquote von .... %
> Frau ...., Eigentümerin der Wohnung ...., mit einer Beteiligungsquote von .... %
> [...]

Stimmen gegen den vorgeschlagenen ordentlichen Wirtschaftsplan:

> Herr ...., Eigentümer der Wohnung ...., mit einer Beteiligungsquote von .... %

Enthaltungen bezüglich des vorgeschlagenen ordentlichen Wirtschaftsplans:

> Herr ...., Eigentümer der Wohnung ...., mit einer Beteiligungsquote von .... %

Angesichts des Ergebnisses der Abstimmung (... Stimmen, auf welche eine Beteiligungsquote von ..... % entfällt, dafür, ... Stimmen, auf welche eine Beteiligungsquote von ..... % entfällt, dagegen, ... Stimmen, auf welche eine Beteiligungsquote von ..... % entfällt, enthalten sich), wird der ordentliche Wirtschaftsplan für das Jahr .... auf Grundlage des mit der Ladung übermittelten Vorschlags mit .... (*z.B. durch Mehrheit der Stimmen und Quoten*) angenommen.

4°.- Errichtung eines Kinderschwimmbeckens im Garten der Gemeinschaft und Auswahl des Kostenvoranschlags für die Beauftragung eines hierfür qualifizierten Unternehmens (falls die hierfür erforderlichen Abstimmungsergebnisse erzielt werden)

Auf Antrag mehrerer Eigentümer wurde in die Tagesordnung der Ladung der Punkt aufgenommen, über den Bau eines Kinderschwimmbeckens zu debattieren, das neben dem bestehenden Schwimmbad und innerhalb der Grünflächen der Gemeinschaft zu errichten wäre. Gleichzeitig sollte über die Beauftragung eines hierauf spezialisierten Unternehmens entschieden werden, durch welches die Arbeiten auszuführen seien.

Herr .... ergreift, als einer der Initiatoren des beschriebenen Vorschlags, das Wort, um dessen Hintergründe sowie die angedachte Art der Ausführung des Vorhabens zu erläutern.

Er kommentiert die drei Kostenvoranschläge, welche als Anlage zur Ladung mit versandt wurden, und empfiehlt den Eigentümern, sich für den Kostenvoranschlag B zu entscheiden, der sich auf .... Euro beläuft. Diese Kosten könnten mittels einer Sonderumlage ausgeglichen werden, die sich gemäß der Beteiligungsquote unter den Eigentümern verteilt, und in sechs gleich hohen Teilzahlungen zu leisten wäre.

Es entwickelt sich eine lang anhaltende Diskussion, in welcher zwei einander entgegenstehende Auffassungen aufeinander stoßen.

Por una parte, se defendió la instalación de la piscina infantil propuesta, argumentando, que aumentaría el atractivo de la comunidad, incrementando la seguridad para los niños y ancianos y revalorizando la inversión. Por otra parte, se argumentó, que la obra propuesta debía ser calificada como innecesaria y perjudicial, generadora de un importante gasto tanto en su construcción como en el mantenimiento, así como por restar espacio ajardinado a la comunidad, eliminando parte de la zona verde y restando en consecuencia atractivo a la finca.

La propuesta de instalar una piscina infantil en el jardín de la comunidad a través de la contratación de una empresa adecuada para la ejecución de la obra, es sometido a votación, con el siguiente resultado:

Votos a favor de la instalación:

> Don ...., propietario de la vivienda ...., con una cuota de participación del .... %
> [...]

Votos en contra de la instalación:

> Don ...., propietario de la vivienda ...., con una cuota de participación del .... %
> [...]

Abstenciones en relación a la instalación:

> Don ...., propietario de la vivienda ...., con una cuota de participación del .... %

A la vista del resultado de la votación, (... votos, sobre los que recae un coeficiente del .... % a favor; .... votos, sobre los que recae un coeficiente del ..... % en contra; ... votos sobre los que recae un coeficiente del ..... % absteniéndose), no se aprueba la instalación de una piscina infantil en el jardín.

Dado el resultado de la votación, que impide la aprobación de la presente propuesta, no se procede a la elección de presupuesto para la ejecución de la obra por empresa cualificada.

5°.- Adquisición de un lienzo y colocación del mismo en la pared situada al fondo de la entrada principal de la comunidad (si procediera)

El propietario D. .... solicitó la inclusión del presente punto del orden del día, motivo por el cual se le otorga la palabra, con el fin de que exponga su propuesta.

Expone, que en su opinión la entrada al edificio tiene una apariencia fría e impersonal, al no existir ni un único elemento decorativo. Dado que, en juntas anteriores no se pudo aprobar la colocación de macetas, debido a la oposición registrada, quiere proponer la compra de un lienzo de grandes dimensiones, que colocado en la entrada a la escalera principal serviría para mejorar el aspecto de la finca.

Auf der einen Seite wird argumentiert, ein Kinderschwimmbecken erhöhe den Reiz der Gemeinschaft. Es würde die Sicherheit für Kinder und ältere Mitmenschen verbessert und gleichzeitig der Wert der Liegenschaft gesteigert. Auf der anderen Seite wird ausgeführt, das Bauvorhaben sei unnötig und für die Gemeinschaft von Nachteil. Schließlich würden bedeutende Anschaffungs- aber auch zusätzliche Betriebskosten auf die Gemeinschaft zukommen. Gleichzeitig würde sich in der Folge der Garten verkleinern, weil ein Teil der Grünfläche verloren ginge. Die Gemeinschaft würde, dieser Auffassung folgend, einen Teil ihres Reizes verlieren.

Der Vorschlag, ein Kinderschwimmbecken im Garten der Liegenschaft mittels Beauftragung eines hierfür geeigneten Unternehmens zu errichten, wird zur Abstimmung gebracht und fördert das folgende Ergebnis zu Tage:

Stimmen für die Schaffung des vorgeschlagenen Kinderschwimmbeckens:

> Herr ...., Eigentümer der Wohnung ...., mit einer Beteiligungsquote von .... %
> [...]

Stimmen gegen die Schaffung des vorgeschlagenen Kinderschwimmbeckens:

> Herr ...., Eigentümer der Wohnung ...., mit einer Beteiligungsquote von .... %

Enthaltungen bezüglich des Vorschlags zur Schaffung des Kinderschwimmbeckens:

> Herr ...., Eigentümer der Wohnung ...., mit einer Beteiligungsquote von .... %

Angesichts des Ergebnisses der Abstimmung (... Stimmen auf welche eine Beteiligungsquote von ..... % entfällt, dafür, ... Stimmen, auf welche eine Beteiligungsquote von ..... % entfällt, dagegen, ... Stimmen, auf welche eine Beteiligungsquote von ..... % entfällt, enthalten sich), wird der Vorschlag zur Schaffung eines Kinderschwimmbeckens nicht angenommen.

Aufgrund des Abstimmungsergebnisses, welches sich gegen die Schaffung eines Kinderschwimmbeckens wendet, entfällt die Abstimmung zur Wahl des mit der Umsetzung zu betrauenden spezialisierten Unternehmens.[1067]

5°- Erwerb eines Gemäldes und Befestigung desselben an der hinteren Wand im Eingangsbereich der Gemeinschaft (falls die hierfür erforderlichen Abstimmungsergebnisse erzielt werden)

Der Eigentümer Herr .... bat um die Aufnahme des gegenständlichen Tagesordnungspunkts, weshalb ihm das Wort erteilt wird, damit er seinen Vorschlag entsprechend erläutern kann.

Er erklärt, dass seiner Ansicht nach der Eingangsbereich der Liegenschaft einen kalten und unpersönlichen Eindruck vermittelt, da dort nicht ein einziger Einrichtungsgegenstand bzw. kein Dekorationselement existiert. Aufgrund des Umstandes, dass in vorhergehenden Versammlungen, bedingt durch der Widerstand Einzelner, keine Aufstellung von Pflanzen beschlossen werden konnte, möchte er den Kauf eines großformatigen Gemäldes vorschlagen, welches im Eingangsbereich des Treppenhauses aufgestellt, der Verbesserung des Erscheinungsbildes der Liegenschaft dienen würde.

Para ilustrar su proposición presenta una carpeta con numerosas fotografías, de un lienzo con las medidas de 2,20 por 3,50 metros.

Tras ser preguntado, responde, que el precio de 600 Euros, incluye la colocación por el propio artista.

Después de aclarar Don .... diversas dudas a los demás propietarios, la propuesta de adquirir un lienzo por importe de 600 Euros y dejarlo instalar por el propio artista en la pared principal, tras la entrada de la comunidad, es sometida a votación, con el siguiente resultado:

Votos a favor de la adquisición e instalación:

> Don ...., propietario de la vivienda ...., con una cuota de participación del .... %
> [...]

Votos en contra de la adquisición e instalación:

> Don ...., propietario de la vivienda ...., con una cuota de participación del .... %

Abstenciones en relación a la adquisición e instalación:

> Don ...., propietario de la vivienda ...., con una cuota de participación del .... %

A la vista del resultado de la votación, (... votos, sobre los que recae un coeficiente del .... % a favor; .... votos, sobre los que recae un coeficiente del ..... % en contra; ... votos sobre los que recae un coeficiente del ..... % absteniéndose), se deniega la adquisición e instalación del lienzo referido.

6°.- Restablecimiento del servicio de portería, facultando al Presidente para buscar, elegir y contratar la persona adecuada para ocupar el puesto de conserje (si procediera).

El Presidente toma la palabra, y explica, que mantuvo con la mayor parte de los comuneros a lo largo del año conversaciones relacionadas con el servicio de portería suprimido. Muchos propietarios, le han comentado, que la eliminación del servicio de portería que se decidió mediante el oportuno acuerdo en la Junta ordinaria del año ...., y tras la jubilación del antiguo conserje, el Señor López Río, pudo ser precipitada.

Sigue exponiendo, que a pesar de haber significado el sueldo del conserje un gasto fijo de indudable envergadura, no es menos cierto, que la contratación de un servicio de jardinería para cuidar de las zonas verdes de la comunidad y cuya necesidad surgió a raíz de la jubilación del Señor López Río, asciende a más de la mitad del antiguo salario de éste.

Destaca además, que desde la ida del conserje se han producido robos en dos viviendas de la comunidad.

Um seinen Vorschlag zu illustrieren legt er eine Mappe mit zahlreichen Fotoaufnahmen eines Gemäldes mit den Abmessungen 2,20 mal 3,50 Meter vor.

Befragt nach den Anschaffungskosten, antwortet er, dass sich der Preis auf 600 Euro beläuft. In diesem Preis sei aber die Befestigung des Gemäldes durch den Künstler eingeschlossen.

Nachdem Herr .... verschiedene Fragen der übrigen Eigentümer beantwortete, wurde der Verschlag, das Gemälde für 600 Euro zu erwerben, um es durch den Künstler an der hinteren Wand des Treppenhauses des Haupteingangs befestigen zu lassen, wie folgt zur Abstimmung gebracht:

Stimmen für den Erwerb und die Anbringung eines Gemäldes im Eingangsbereich:

> Herr ...., Eigentümer der Wohnung ...., mit einer Beteiligungsquote von .... %
> [...]

Stimmen gegen den Erwerb und die Anbringung eines Gemäldes im Eingangsbereich:

> Herr ...., Eigentümer der Wohnung ...., mit einer Beteiligungsquote von .... %

Enthaltungen bezüglich des Erwerbs und der Anbringung eines Gemäldes im Eingangsbereich:

> Herr ...., Eigentümer der Wohnung ...., mit einer Beteiligungsquote von .... %

Angesichts des Ergebnisses der Abstimmung (... Stimmen, auf welche eine Beteiligungsquote von ..... % entfällt, dafür, ... Stimmen, auf welche eine Beteiligungsquote von ..... % entfällt, dagegen, ... Stimmen, auf welche eine Beteiligungsquote von ..... % entfällt, enthalten sich), wird der Vorschlag zum Kauf und zur Befestigung eines Gemäldes abgelehnt.[1067]

6°.- Wiedereinführung des ständigen Hausmeisterdienstes und Beauftragung des Präsidenten zur Personalsuche, Wahl und Anstellung des geeigneten Hausmeisters (falls die hierfür erforderlichen Abstimmungsergebnisse erzielt werden)

Der Präsident ergreift das Wort und erklärt, dass er im Laufe des Jahres mit den meisten Eigentümern über die Beseitigung des Hausmeisterdienstes gesprochen hat. Viele Eigentümer haben ihm gegenüber geäußert, dass die Abschaffung des Hausmeisterdienstes, welcher mittels Beschlusses in der ordentlichen Eigentümerversammlung des Jahres .... und nach dem Eintritt in den Ruhestand des alten Hausmeisters, Herrn López Rio, entschieden wurde, möglicherweise übereilt war.

Er führt aus, dass trotz der Tatsache, dass das Gehalt des Hausmeisters einen großen Posten innerhalb der Fixkosten ausmachte, nicht unberücksichtigt bleiben sollte, dass nach dem Eintritt in den Ruhestand des Herrn López Rio die Beauftragung eines Gärtnerdienstes für die Pflege der Grünzonen der Gemeinschaft erforderlich wurde, und dass sich die Kosten hierfür auf die Hälfte des ursprünglichen Gehalts desselben belaufen.

Weiterhin hebt er hervor, dass seit dem Weggang des Hausmeister mehrere Einbrüche zu verzeichnen waren.

El Presidente continua explicando, que si se tiene en cuenta el numero de prestaciones de las que se beneficia la comunidad al disponer de un servicio de portería (cuidado del jardín, traslado diario de la basura, colocación de los contenedores en la calzada y posterior retirada, recepción del correo - especialmente de paquetes, ejecución de pequeñas tareas de mantenimiento como el cambio de bombillas, etc.) y el reducido coste adicional que supondría para cada propietario el re-establecimiento del servicio, parece recomendable introducirlo nuevamente.

Algunos propietarios expresan tener dudas acerca del procedimiento adecuado para ocupar el puesto de portero. Se destaca la necesidad de seguir un proceso que permita elegir al candidato mas adecuado en las condiciones mas beneficiosas para la comunidad.

El Secretario-Administrador, se ofrece para poner a disposición de la comunidad sus conocimientos al respecto. Describe las principales características que debe tener el contrato laboral (........., ..., ..., ..., ..., ...),), como encontrar al candidato adecuado (........., ..., ..., ..., ..., ...),), el sueldo que se deberá pagar (........., ...,), así como la totalidad de los gastos aproximados en los que incurrirá la comunidad (........., ...).

El Presidente constata, que los datos expuestos y especialmente las cantidades expresadas por el Secretario-Administrador (referidas al sueldo y gastos relacionados) coinciden plenamente con la situación conocida por los propietarios en base al contrato del último conserje, motivo por el cual se procedería a la contratación en las mismas condiciones.

Todo ello, conduciría a un gasto de .... Euros por mes y punto de porcentaje de participación. Aquellos propietarios cuya cuota de participación incluya decimales, pagaran siempre proporcionalmente a la misma.

Después de aclarar el Presidente algunas dudas, la propuesta de restablecimiento del servicio de portería, facultando al Presidente para buscar, elegir y contratar la persona adecuada para ocupar dicho puesto, es sometida a votación, con el siguiente resultado:

Votos a favor del restablecimiento del servicio de portería y contratación por el Presidente:

Don ...., propietario de la vivienda ...., con una cuota de participación del .... %
[...]

Votos en contra del restablecimiento del servicio de portería y contratación por el Presidente:

Don ...., propietario de la vivienda ...., con una cuota de participación del .... %

Der Präsident führt weiter aus, dass unter Berücksichtigung der Arbeiten, welche für die Gemeinschaft durch einen Hausmeisterdienst geleistet werden (Gartenpflege, tägliche Abholung des Mülls an den Türschwellen der Sondereigentumselemente, Aufstellung der Müllbehälter am Straßenrand und spätere Verlagerung, Entgegennahme der Post - insbesondere der Päckchen, Ausführung kleinerer Wartungsarbeiten, wie etwa Austausch von Glühbirnen, etc.) und den relativ geringen Zusatzkosten, welche bei einer Wiedereinführung des Hausmeisterdienstes auf jeden Eigentümer entfallen würden, es angeraten scheint, diesen erneut zu begründen.

Einige Eigentümer drücken ihre Sorge bezüglich des passendsten Verfahrens für die Besetzung dieses Arbeitsplatzes aus. Es wird hervorgehoben, dass es erforderlich wäre ein Verfahren zu wählen, das es erlaubt, den geeignetsten Bewerber für die Gemeinschaft zu ermitteln.

Der Sekretär-Verwalter bietet sich an, um der Gemeinschaft in dieser Frage seine Kenntnisse und Erfahrungen zur Verfügung zu stellen. Er beschreibt die wesentlichen Merkmale die ein Arbeitsvertrag enthalten muss (..........., ..., ..., ..., ..., ...,), wie der geeignetste Kandidat ermittelt werden kann (..........., ..., ..., ..., ...,), welches Gehalt zu entrichten wäre (..........., ...,), sowie die ungefähre Summe aller Ausgaben, die auf die Gemeinschaft in diesem Zusammenhang zukommen können (..........., ...).

Der Präsident stellt fest, dass die dargelegten Informationen, und insbesondere die durch den Sekretär-Verwalter genannten Beträge (in Bezug auf das Gehalt und die damit verbundenen weiteren Ausgaben), sich vollständig mit denen decken, die den Eigentümern, ausgehend vom letzten Hausmeistervertrag, bekannt sind, weshalb ein Anstellungsverhältnis zu den gleichen Konditionen anzustreben sei.

Dies alles könnte einen Kostenfaktor in Höhe von .... Euro pro Monat und Prozent Beteiligungsquote bedeuten, wobei diejenigen, deren Beteiligungsquote Dezimalstellen aufweist, im ihnen entsprechenden Verhältnis an den Kosten beteiligt würden.

Nachdem der Präsident einzelne Fragen beantwortet, wird die Wiedereinführung des ständigen Hausmeisterdienstes und die Beauftragung des Präsidenten zur Personalsuche, Wahl und Anstellung des geeigneten Hausmeisters, mit folgendem Ergebnis zur Abstimmung gestellt:

Stimmen für die Wiedereinführung des ständigen Hausmeisterdienstes und die hierauf gerichtete Beauftragung des Präsidenten:

> Herr ...., Eigentümer der Wohnung ...., mit einer Beteiligungsquote von .... %
> [...]

Stimmen gegen die Wiedereinführung des ständigen Hausmeisterdienstes und die hierauf gerichtete Beauftragung des Präsidenten:

> Herr ...., Eigentümer der Wohnung ...., mit einer Beteiligungsquote von .... %

Abstenciones en relación al restablecimiento del servicio de portería y contratación por el Presidente:

> Don ...., propietario de la vivienda ...., con una cuota de participación del .... %

A la vista del resultado de la votación (... votos, sobre los que recae un coeficiente del .... % a favor; .... votos, sobre los que recae un coeficiente del ..... % en contra; ... votos sobre los que recae un coeficiente del ..... % absteniéndose) y dado que se han alcanzado / superado las 3/5 partes de los votos y de las cuotas de los propietarios presentes, se aprueba el restablecimiento del servicio de portería, facultando al Presidente para buscar, elegir y contratar la persona adecuada.

Para el escrutinio definitivo de votos y cuotas, se deberá - a la vista de que el objeto de votación, se encuentra comprendido en los supuestos contemplados por el Artículo 17.8 LPH - informar a los propietarios que estuviesen ausentes en la Junta, del acuerdo adoptado por los presentes, para que en el plazo de 30 días naturales, por cualquier medio que permita tener constancia de la recepción, comuniquen a quien ejerza las funciones de secretario de la comunidad su postura.

Los votos de los propietarios ausentes, debidamente citados, que no manifiesten una vez informados del acuerdo adoptado por los presentes, su postura del modo legalmente previsto, serán computados como votos favorables.

Una vez concluido el plazo, se procederá al recuento definitivo, para constatar si el acuerdo propuesto finalmente se ha producido o no.

7°.- Colocación de una rampa en la entrada del edificio, mediante contratación de una empresa cualificada, con el fin de suprimir la barrera arquitectónica consistente en dos escalones y elección del presupuesto mas indicado para la ejecución (si procediera)

Siguiendo la solicitud de Doña ...., se incluyó el presente punto en el orden del día.

La convocatoria iba acompañada por dos presupuestos que fueron recabados por el Secretario-Administrador a instancias de la peticionaria y que reflejan la instalación recomendada por las respectivas empresas, así como el coste previsto, que en cualquier caso supera el importe de doce mensualidades ordinarias de gastos comunes.

Por lo expuesto, se le otorga a la comunera iniciadora de la propuesta la voz, para que alegue lo que estime oportuno y manifieste sus sugerencias.

Doña .... pasa a describir los accesos a la finca y las barrearas que éstas presentan según ella.

Enthaltungen bezüglich der Wiedereinführung des ständigen Hausmeisterdienstes und der hierauf gerichteten Beauftragung des Präsidenten:

> Herr ...., Eigentümer der Wohnung ...., mit einer Beteiligungsquote von .... %

Angesichts des Ergebnisses der Abstimmung (... Stimmen, auf welche eine Beteiligungsquote von ..... % entfällt, dafür, ... Stimmen, auf welche eine Beteiligungsquote von ..... % entfällt, dagegen, ... Stimmen, auf welche eine Beteiligungsquote von ..... % entfällt, enthalten sich) und aufgrund der Tatsache, dass mehr als 3/5 der anwesenden Stimmen und Quoten erzielt wurden, wird der Vorschlag zur Wiedereinführung des ständigen Hausmeisterdienstes und der hierauf gerichteten Beauftragung des Präsidenten angenommen.

Für die endgültige Auszählung der Stimmen und Quoten müssen, da der Abstimmungsgegenstand unter die Regelung des Artikels 17.8 LPH fällt, die in der Versammlung abwesenden Eigentümer über den durch die Anwesenden getroffenen Beschluss informiert werden, damit sie binnen einer Frist von 30 Tagen, in einer Weise, welche es gestattet, Nachweis über den Empfang zu führen, demjenigen gegenüber, der das Amt des Sekretärs der Gemeinschaft ausübt, ihre Haltung mitteilen können.

Die Stimmen der abwesenden, in geeigneter Weise geladenen Eigentümer, welche, nachdem sie über den durch die Anwesenden getroffenen Beschluss nicht in der gesetzlich vorgeschriebenen Weise ihre Haltung mitteilen, werden so verrechnet, als hätten Sie für den Beschluss gestimmt.

Nach Fristablauf wird zur endgültigen Stimmauszählung übergegangen, um festzustellen, ob der vorgeschlagene Beschluss letztlich zustande gekommen ist oder nicht.[1068]

7°.- Einrichtung einer Rampe im Hauseingang, mittels Beauftragung eines hierfür qualifizierten Unternehmens, zum Zwecke der Beseitigung architektonischer Hürden, welche im vorliegenden Fall aus zwei Treppenstufen bestehen, und Auswahl des für die Ausführung angezeigtesten Kostenvoranschlags (falls die hierfür erforderlichen Abstimmungsergebnisse erzielt werden)

Dem Antrag von Frau .... folgend, wurde der vorliegende Punkt in die Tagesordnung aufgenommen.

Der Ladung lagen zwei Kostenvoranschläge bei, die vom Sekretär-Verwalter auf Bitten der Antragstellerin eingeholt wurden und welche die von den befragten Unternehmen empfohlenen Installationen widerspiegeln, sowie eine Berechnung der zu erwartenden Kosten. Diese liegen in jedem Fall über dem Betrag von zwölf Monatsbeiträgen zu den ordentlichen Gemeinschaftsausgaben.[1069]

Aufgrund des Dargelegten wird der Eigentümerin, die den Vorschlag eingereicht hat, das Wort erteilt, damit sie die Ausführungen macht, die sie für angemessen erachtet und ihren Vorschlag erläutert.

Frau .... erklärt, über welche Zugänge die Liegenschaft verfügt und welche Barrieren ihrer Auffassung nach existieren.

Como es sabido, existen dos accesos al recinto comunitario. El principal desde la vía pública, a través de dos escalones, y uno secundario entrando por el parking de la comunidad.

Éste último no requiere superar ningún escalón pero exige recorrer una distancia mucho mayor, dado que el camino que se debe realizar para llegar desde la calle al ascensor principal, es superior a 100 metros.

Se desarrolla una discusión acerca de qué debe ser entendido por barrera arquitectónica.

Don .... solicita, se incluya en el acta, que según él, dos escalones no pueden suponer una barrera arquitectónica, dado que en su opinión, quién no sea capaz de superar los mismos encontrará igualmente una barrera en la mera distancia existente desde su vivienda a la salida de la comunidad. Igualmente desea que quede constancia, que al disponer de un acceso alternativo (a través del parking comunitario), valora que nadie puede alegar sufrir una barrera arquitectónica en el presente caso. Además no se encuentran personas discapacitadas en la comunidad, motivo por el cual solo se trataría de un acceso más cómodo, pero innecesario.

Una vez concluida la discusión y tras responder el Secretario-Administrador a las preguntas suscitadas, la propuesta de colocar una rampa en la entrada del edificio, mediante contratación de una empresa cualificada, con el fin de suprimir la barrera arquitectónica consistente en dos escalones, es sometida a votación, con el siguiente resultado:

Votos a favor de la colocación de la rampa:

Don ...., propietario de la vivienda ...., con una cuota de participación del .... %
[...]

Votos en contra de la colocación de la rampa:

Don ...., propietario de la vivienda ...., con una cuota de participación del .... %

Abstenciones en relación a la colocación de la rampa:

Don ...., propietario de la vivienda ...., con una cuota de participación del .... %

A la vista del resultado de la votación (... votos, sobre los que recae un coeficiente del ....
% a favor; .... votos, sobre los que recae un coeficiente del .... % en contra; .... votos sobre los que recae un coeficiente del .... % absteniéndose) y dado que se ha alcanzado / superado la mitad de los votos y de las cuotas de los propietarios presentes, se aprueba la colocación de una rampa en la entrada del edificio, mediante contratación de una empresa cualificada, con el fin de suprimir la barrera arquitectónica de dos escalones.

Wie allen bekannt sein dürfte, existieren zwei Zugänge zur Liegenschaft. Der Haupteingang ist von der Straße aus zugänglich und ein Nebeneingang über die Parkflächen der Gemeinschaft.

Letzterer erlaubt einen Zugang ohne jegliches Treppensteigen, andererseits bedarf es der Überwindung eines längeren Weges, denn bis zum Erreichen des Hauptfahrstuhls muss von der Straße aus eine Entfernung von über 100 Metern überwunden werden.

Es wird eine Diskussion geführt, welche zum Gegenstand hat, zu bestimmen, was unter einer architektonischen Barriere zu verstehen ist.

Herr .... beantragt, dass in das Protokoll aufgenommen wird, dass seiner Auffassung nach zwei Treppenstufen nicht als architektonische Barriere angesehen werden können. Wer nicht im Stande sei selbige zu überwinden, könne ebenso in der Entfernung zwischen seiner Wohnung und dem Ausgang der Liegenschaft eine Barriere erblicken. Weiterhin möchte er, dass festgehalten wird, dass aufgrund des Bestehens eines alternativen Zugangs (über die Parkflächen der Gemeinschaft) niemand behaupten könne, im vorliegenden Fall unter einer architektonischen Hürde zu leiden. Außerdem befänden sich keine behinderten Menschen unter den Bewohnern, weshalb hier lediglich die Frage nach der Schaffung komfortablerer Zugänge gestellt würde.

Nachdem die Diskussion beendet wurde und der Sekretär-Verwalter die aufgeworfenen Fragen beantwortet hat, wird der Vorschlag zur Einrichtung einer Rampe im Hauseingang mittels Beauftragung eines hierfür qualifizierten Unternehmens zum Zwecke der Beseitigung architektonischer Hürden, welche hier aus zwei Treppenstufen bestehen, und Auswahl des für die Ausführung angezeigtesten Kostenvoranschlags, mit folgendem Ergebnis zur Abstimmung gebracht:

Stimmen für die Errichtung einer Rampe:

> Herr ...., Eigentümer der Wohnung ...., mit einer Beteiligungsquote von .... %
> [...]

Stimmen gegen die Errichtung einer Rampe:

> Herr ...., Eigentümer der Wohnung ...., mit einer Beteiligungsquote von .... %

Enthaltungen bezüglich der Errichtung einer Rampe:

> Herr ...., Eigentümer der Wohnung ...., mit einer Beteiligungsquote von .... %

Angesichts des Ergebnisses der Abstimmung (... Stimmen, auf welche eine Beteiligungsquote von ..... % entfällt, dafür, ... Stimmen, auf welche eine Beteiligungsquote von ..... % entfällt, dagegen, ... Stimmen, auf welche eine Beteiligungsquote von ..... % entfällt, enthalten sich), und aufgrund der Tatsache, dass die Mehrheit der anwesenden Stimmen und Quoten erzielt / überschritten wurden, wird der Vorschlag zur Errichtung einer Rampe im Hauseingang, mittels Beauftragung eines hierfür qualifizierten Unternehmens, zum Zwecke der Beseitigung architektonischer Hürden, welche hier aus zwei Treppenstufen bestehen, angenommen.

Para el escrutinio definitivo de votos y cuotas se deberá - a la vista de que el objeto de votación esta comprendido en los supuestos contemplados por el Artículo 17.8 LPH - informar a los propietarios que estuviesen ausentes en la Junta, del acuerdo adoptado por los presentes, para que en el plazo de 30 días naturales, por cualquier medio que permita tener constancia de la recepción, comuniquen a quien ejerza las funciones de secretario de la comunidad su postura.

Los votos de los propietarios ausentes, debidamente citados, que no manifiesten una vez informados del acuerdo adoptado por los presentes, su postura del modo legalmente previsto, serán computados como votos favorables.

Una vez concluido el plazo se procederá al recuento definitivo, para constatar si finalmente el acuerdo propuesto se ha producido o no.

El Secretario-Administrador procede a explicar y comentar cada uno de los presupuestos recabados para la colocación de una rampa en la entrada del edificio.

Los presupuestos para la ejecución de la obra propuesta proceden de las empresas .... y .... ya que fueron enviados como anexo con la convocatoria, son bien conocidos por los asistentes.

Se han confeccionado en base a los parámetros indicados por el Secretario-Administrador partiendo de un proyecto muy similar, ejecutado en otra comunidad y tras haber visitado ambas empresas la presente finca, para adecuar la obra a las circunstancias individuales.

Las principales características de cada presupuesto son:

– Nombre empresa n° 1, forma de ejecución, precio más IVA.
– Nombre empresa n° 2, forma de ejecución, precio más IVA.

Tras contestar el Presidente de la Comunidad así como el Secretario-Administrador a las preguntas de los comuneros, y comentar los distintos presupuestos, los mismos se someten a votación.

Votos a favor del primer presupuesto:

Don ...., propietario de la vivienda ...., con una cuota de participación del .... %

Votos a favor del segundo presupuesto:

Don ...., propietario de la vivienda ...., con una cuota de participación del .... %

Abstenciones:

Don ...., propietario de la vivienda ...., con una cuota de participación del .... %

Für die endgültige Auszählung der Stimmen und Quoten müssen, da der Abstimmungsgegenstand unter Artikel 17.2 Absatz 1 LPH fällt, und auf diesen die Regelung des Artikels 17.8 LPH anzuwenden ist, die in der Versammlung abwesenden Eigentümer über den durch die Anwesenden getroffenen Beschluss informiert werden, damit sie binnen einer Frist von 30 Tagen in einer Weise, welche es gestattet, Nachweis über den Empfang zu führen, demjenigen gegenüber, der das Amt des Sekretärs der Gemeinschaft ausübt, ihre Haltung mitteilen können.

Die Stimmen der abwesenden, in geeigneter Weise geladenen Eigentümer, welche, nachdem sie über den durch die Anwesenden getroffenen Beschluss nicht in der gesetzlich vorgeschriebenen Weise ihre Haltung mitteilen, werden so verrechnet, als hätten Sie für den Beschluss gestimmt.

Nach Fristablauf wird zur endgültigen Stimmauszählung übergegangen, um festzustellen, ob der vorgeschlagene Beschluss letztlich zustande gekommen ist oder nicht.

Der Sekretär-Verwalter geht dazu über, jeden einzelnen der zur Errichtung einer Rampe im Eingangsbereich eingeholten Kostenvoranschläge zu erläutern.

Die Kostenvoranschläge für die Ausführung der Baumaßnahmen stammen von den Unternehmen .... und .... Da sie gemeinsam mit der Ladung versandt wurden, sind sie den Anwesenden gut bekannt.

Sie wurden auf Grundlage der Vorgaben des Sekretär-Verwalters erstellt, welcher ausgehend von einem sehr ähnlichen Vorhaben, welches in einer anderen Gemeinschaft umgesetzt wurde, die Eckpunkte schilderte. Auch wurde die Liegenschaft von beiden Unternehmen aufgesucht, um die gewünschten Maßnahmen zu konkretisieren.

Die wesentlichen Eigenschaften jedes einzelnen Kostenvoranschlags sind:

– Name des Unternehmens n° 1, Art der Ausführung, Preis zuzüglich Mehrwertsteuer.
– Name des Unternehmens n° 2, Art der Ausführung, Preis zuzüglich Mehrwertsteuer.

Nachdem der Präsident der Gemeinschaft sowie der Sekretär-Verwalter auf die Fragen der Mitglieder der Eigentümergemeinschaft eingegangen sind und die verschiedenen Kostenvoranschläge kommentiert haben, wurden selbige zur Abstimmung gebracht.

Stimmen für den ersten Kostenvoranschlag:

Herr ...., Eigentümer der Wohnung ...., mit einer Beteiligungsquote von .... %

Stimmen für den zweiten Kostenvoranschlag:

Herr ...., Eigentümer der Wohnung ...., mit einer Beteiligungsquote von .... %

Enthaltungen:

Herr ...., Eigentümer der Wohnung ...., mit einer Beteiligungsquote von .... %

A la luz del resultado de la votación realizada para elegir presupuesto con el fin de contratar a la empresa adecuada para la ejecución de la obra de colocación de rampa, el presidente queda facultado y encargado para contratar a la empresa ...., por importe de .... Euros.

A cada propietario le corresponderá pagar .... Euros por cada punto de porcentaje de participación. Aquellos propietarios cuya cuota de participación incluya decimales, pagarán siempre proporcionalmente a la misma.

Dicha cantidad será satisfecha por los propietarios en seis pagos parciales sucesivos (y mensuales) por idéntico importe, y en concordancia con su cuota de participación.

La contratación y ejecución de la obra sin embargo queda supeditada a que tras el cómputo de los votos emitidos por los ausentes, el acuerdo provisional se torne en definitivo.

8°.- Reparación del desprendimiento del enlucido de parte de la fachada, mediante contratación de una empresa especializada, facultando al Presidente para recabar presupuestos, negociar con las empresas de su elección y contratar la empresa adecuada. (si procediera) 461

Debido al desprendimiento del enlucido de parte de la fachada, que afortunadamente no ha producido daños mayores, más allá del propio hueco que ha dejado, es necesario reparar el elemento dañado tanto por motivos estéticos como de seguridad.

Habiéndose producido recientemente, no ha sido posible recabar en este breve periodo los presupuestos pertinentes de varias empresas dirigidos a subsanar los daños mencionados. Para evitar un retraso prolongado en la ejecución de las obras de reparación, se ha incluido en la convocatoria el presente punto en el orden del día, por el propio Presidente, para por un lado poder detallar a los comuneros el carácter de las obras, informándoles de los sucedido, y por otro lado, para que quede facultado para subsanar el problema en el menor tiempo posible.

El Presidente toma la palabra y pasa a detallar los daños, así como las razones que a su parecer pueden haber influido en que se produjera el desprendimiento conocido.

Se suscita una discusión acerca de la necesidad de las obras y de los peligros derivados de su no ejecución.

Concluido el debate y tras responder el Presidente y el Secretario-Administrador a las dudas generadas, la propuesta de reparar el desprendimiento del enlucido de parte de la fachada, mediante contratación de una empresa especializada, facultando al Presidente para recabar presupuestos, negociar con las empresas de su elección y contratar la empresa adecuada, es sometida a votación, con el siguiente resultado:

Angesichts des Ergebnisses der Abstimmung, um einen Kostenvoranschlag auszuwählen, damit ein Unternehmen mit dem Bau einer Rampe beauftragt werden kann, ist der Präsident nunmehr berechtigt und beauftragt, das Unternehmen .... zu einem Preis von .... Euro unter Vertrag zu nehmen.

Auf jeden Eigentümer entfällt die Zahlungspflicht von .... Euro für jeden Prozentpunkt Beteiligungsquote. Diejenigen Eigentümer, deren Beteiligungsquote Dezimalstellen aufweisen, sind in deren Verhältnis an den Kosten beteiligt.

Der hieraus resultierende Betrag ist durch die Eigentümer in sechs gleich hohen (und monatlichen) Teilzahlungen zu leisten, immer im Verhältnis ihrer Beteiligungsquote.

Die Beauftragung und Ausführung der Baumaßnahme ist allerdings der endgültigen Stimm- und Quotenauszählung unterworfen, bei welcher auch die nachträglich abgegebenen Voten der Abwesenden zu berücksichtigen sind und hat bis dahin lediglich vorläufigen Charakter.

8°.- Reparatur der an der Hausfassade festgestellten Ablösungen, mittels Beauftragung eines spezialisierten Unternehmens, und Bevollmächtigung des Präsidenten zur Einholung von Kostenvoranschlägen, Durchführung von Verhandlungen mit den Unternehmen seiner Wahl und Auftragserteilung an das geeignete Unternehmen (falls die hierfür erforderlichen Abstimmungsergebnisse erzielt werden)

An der Fassade hat sich Putz abgelöst, wodurch zum Glück, abgesehen von den hiermit verbundenen Beeinträchtigungen, keine weitergehenden Schäden verursacht wurden. Es ist nunmehr erforderlich, die Beschädigungen sowohl aus ästhetischen Gründen wie auch aus Sicherheitsaspekten heraus zu reparieren.

Nachdem sich die Ablösung erst vor kurzem ereignet hat, ist es nicht möglich gewesen, innerhalb dieser Zeitspanne die geeigneten Kostenvoranschläge mehrerer Unternehmen einzuholen. Um eine längere Verzögerung der erforderlichen Reparaturarbeiten zu vermeiden, ist durch den Präsidenten, in die Ladung der gegenständliche Tagesordnungspunkt eingebracht worden, um auf der einen Seite die Mitglieder der Eigentümergemeinschaft über die Vorkommnisse zu informieren, ihnen die Art der notwendigen Baumaßnahmen zu schildern und auf der anderen Seite, um diese um die Berechtigung zu bitten, das beschriebene Problem schnellstmöglich beseitigen zu dürfen.

Der Präsident ergreift das Wort und beschreibt detailliert die eingetretenen Schäden sowie die Gründe, die seiner Einschätzung nach möglicherweise zur Ablösung geführt haben.

Es flammt eine Diskussion auf, in welcher darüber debattiert wird, inwieweit die Ausführung von Baumaßnahmen notwendig sei und welche Gefahren sich aus deren Unterlassung ableiten könnten.

Nach Beendigung der Diskussion und nachdem der Präsident und der Sekretär-Verwalter die aufgeworfenen Fragen beantwortet haben, wird der Vorschlag, die Ablösungen an der Hausfassade zu reparieren, dies mittels Beauftragung eines spezialisierten Unternehmens, sowie der Bevollmächtigung des Präsidenten zur Einholung von Kostenvoranschlägen, Durchführung von Verhandlungen mit den Unternehmen seiner Wahl und Auftragserteilung an das geeignete Unternehmen, mit folgendem Ergebnis zur Abstimmung gestellt:

Votos a favor de la reparación y de encargar al Presidente la contratación de la empresa adecuada para la ejecución de la obra:

Don ...., propietario de la vivienda ...., con una cuota de participación del .... %
[...]

Votos en contra de la reparación y de encargar al Presidente la contratación de la empresa adecuada para la ejecución de la obra:

Don ...., propietario de la vivienda ...., con una cuota de participación del .... %

Abstenciones en relación a la reparación y el encargo al Presidente de contratar la empresa adecuada para la ejecución de la obra:

Don ...., propietario de la vivienda ...., con una cuota de participación del .... %

A la vista del resultado de la votación (.......... votos, sobre los que recae un coeficiente del .... % a favor; .... votos, sobre los que recae un coeficiente del .... % en contra; .... votos sobre los que recae un coeficiente del .... % absteniéndose) y dado que se ha alcanzado / superado la mitad de los votos y de las cuotas de los propietarios presentes, se aprueba la reparación del desprendimiento del enlucido de parte de la fachada, mediante contratación de una empresa especializada, facultando al Presidente para recabar presupuestos, negociar con las empresas de su elección y contratar la empresa adecuada.

9°.- Designación del Presidente y demás cargos de la comunidad

El sistema establecido en la Comunidad para el nombramiento de los cargos de Presidente y Vicepresidente es el de realizar una elección por votación entre todos los candidatos que son propuestos por los comuneros y aceptan dicha propuesta así como aquellos propietarios que se ofrezcan ellos mismos para una candidatura.

Solo en caso de no existir candidatos, se ha establecido en los estatutos, que el nombramiento se producirá por sorteo.

Tras requerir el Secretario-Administrador a los comuneros para que formulen sus propuestas y que se manifiesten aquellos propietarios que tuviesen interés en presentar su candidatura como Presidente de la Comunidad de Propietarios, Don .... propone a Doña ...., quien acepta la propuesta y Don ...., el actual Presidente, expresa su deseo de seguir continuando ejerciendo su cargo un año más.

Existiendo dos candidatos al cargo de Presidente, sin que nadie mas sea propuesto o se ofrezca para el ejercicio del cargo de Presidente, se somete a votación, con el siguiente resultado:

Stimmen für die Durchführung der Reparatur und der Bevollmächtigung des Präsidenten, ein geeignetes Unternehmen mit der Ausführung der Baumaßnahmen zu beauftragen:

Herr ...., Eigentümer der Wohnung ...., mit einer Beteiligungsquote von .... %
[...]

Stimmen gegen die Durchführung der Reparatur, und der Bevollmächtigung des Präsidenten, ein geeignetes Unternehmen mit der Ausführung der Baumaßnahmen zu beauftragen:

Herr ...., Eigentümer der Wohnung ...., mit einer Beteiligungsquote von .... %

Enthaltungen bezüglich der Durchführung der Reparatur und der Bevollmächtigung des Präsidenten, ein geeignetes Unternehmen mit der Ausführung der Baumaßnahmen zu beauftragen:

Herr ...., Eigentümer der Wohnung ...., mit einer Beteiligungsquote von .... %

Angesichts des Ergebnisses der Abstimmung (... Stimmen, auf welche eine Beteiligungsquote von ..... % entfällt, dafür, ... Stimmen, auf welche eine Beteiligungsquote von ..... % entfällt, dagegen, ... Stimmen, auf welche eine Beteiligungsquote von ..... % entfällt, enthalten sich) und aufgrund der Tatsache, dass die Mehrheit der anwesenden Stimmen und Quoten erzielt / überschritten wurden, wird der Vorschlag zur Durchführung der Reparatur des Putzes an der Fassade und der Bevollmächtigung des Präsidenten, ein geeignetes Unternehmen mit der Ausführung der Baumaßnahmen zu beauftragen, beschlossen.[1070]

9°.- Bestellung des Präsidenten und der übrigen Ämter der Gemeinschaft

Das in dieser Gemeinschaft bestimmte Auswahlverfahren für die Bestellung der Ämter des Präsidenten und Vizepräsidenten ist das der Wahl durch die Mitglieder der Eigentümergemeinschaft unter denjenigen Kandidaten, die für das Amt vorgeschlagen wurden und einer Kandidatur zustimmen, bzw. denjenigen, die sich selbst zur Ausübung des Amtes anbieten.

Nur für den Fall, dass keine Kandidaten existieren, bestimmt die Satzung, dass mittels Los entschieden wird, wer das Amt auszuüben hat.

Nachdem der Sekretär-Verwalter die Mitglieder der Eigentümergemeinschaft aufgefordert hat, dass diese ihre Vorschläge unterbreiten, und ebenfalls den Aufruf startet, dass sich diejenigen Eigentümer, die Interesse an der Ausübung des Amtes haben, zu erkennen geben und ihre Kandidatur für das Amt des Präsidenten der Eigentümergemeinschaft erklären, schlägt Herr .... Frau .... vor, welche den Vorschlag annimmt. Daneben erklärt der amtierende Präsident, Herr ...., dass er gerne das Amt für ein weiteres Jahr ausüben würde.

Aufgrund der Tatsache, dass somit zwei Kandidaten um das Amt des Präsidenten konkurrieren und daneben niemand sonst vorgeschlagen wird oder sich für dieses Amt freiwillig anbietet, wird das Wahlverfahren eröffnet und fördert folgendes Abstimmungsergebnis zu Tage:

A favor de Doña ....

> Don ...., propietario de la vivienda ...., con una cuota de participación del .... %
> [...]

Obtiene la candidatura de Doña ...., ... votos, sobre los que recae el .... % de cuotas.

A favor de Don ....

> Don ...., propietario de la vivienda ...., con una cuota de participación del .... %
> [...]

Obtiene la candidatura de Don ...., ... votos, sobre los que recae el .... % de cuotas.

Abstenciones:

> Don ...., propietario de la vivienda ...., con una cuota de participación del .... %
> [...]

Se abstienen .... propietarios sobre los que recae el .... % de cuotas.

Visto el resultado de la votación, resulta elegido como Presidente Don ...., quien continuará ejerciendo su cargo un año más hasta la próxima Junta Ordinaria.

El Secretario-Administrador se dirige nuevamente a los comuneros, solicitando se propongan o ofrezcan candidatos para ejercer el cargo de Vicepresidente.

Don ...., vuelve a proponer a Doña ...., para ejercer el cargo de Vicepresidenta, propuesta que es aceptada por la misma.

Sin existir ningún candidato alternativo para el cargo de Vicepresidente, se aprueba por unanimidad de los presentes que Doña .... desempeñará el cargo de Vicepresidente.

Finalmente, es sometida a votación la renovación del cargo de Secretario-Administrador.

Dicho cargo siempre ha sido ejercido por una persona ajena a la comunidad, suficientemente calificada para el ejercicio de estas funciones y colegiado en el Colegio de Administradores de Fincas local.

El Presidente de la comunidad, propone renovar al actual Secretario-Administrador por un año en su cargo, siendo aprobado la renovación por unanimidad de los propietarios presentes.

Debido al resultado de la votación éste cargo seguirá siendo ejercido por Don ...., con domicilio profesional en C / ...., C.P. ...., ..., Tel.: ....

Für Frau ....

    Herr ...., Eigentümer der Wohnung ...., mit einer Beteiligungsquote
    von .... %
    [...]

Die Kandidatur von Frau .... erzielt .... Stimmen, auf welche .... % der Quoten
entfallen.

Für Herrn ....

    Herr ...., Eigentümer der Wohnung ...., mit einer Beteiligungsquote
    von .... %
    [...]

Die Kandidatur von Herrn .... erzielt .... Stimmen, auf welche .... % der Quoten
entfallen.

Enthaltungen:

    Herr ...., Eigentümer der Wohnung ...., mit einer Beteiligungsquote
    von .... %
    [...]

Es enthalten sich .... Eigentümer, auf welche eine Quote von .... % entfällt.

Angesichts der Abstimmungsergebnisses geht Herr .... aus diesem erneut als Präsident
und damit als alter und neuer Amtsträger hervor, welcher sein Amt ein weiteres Jahr bis zur
kommenden ordentlichen Eigentümerversammlung bekleiden wird.[1071]

Der Sekretär-Verwalter richtet sich erneut an die Mitglieder der Eigentümergemeinschaft
und bittet darum, dass nunmehr Kandidaten für das Amt des Vizepräsidenten vorgeschlagen werden, bzw. dass sich selbige selbst zur Wahl stellen.

Herr .... schlägt erneut Frau .... vor, damit diese nunmehr das Amt der Vizepräsidentin bekleidet. Sie nimmt den Vorschlag an.

Ohne dass irgendein alternativer Bewerber für das Amt des Vizepräsidenten kandiert, wird
Frau .... von den Anwesenden einstimmig zur Vizepräsidentin ernannt.[1072]

Schließlich wird die Verlängerung des Vertrages mit dem Sekretär-Verwalter zur Abstimmung gebracht.

Dieses Amt ist bisher immer durch eine gemeinschaftsfremde Person ausgeübt worden,
die über eine ausreichende Qualifikationen verfügt, um diese Aufgaben erfüllen zu können
und Mitglied der örtlichen Hausverwalterkammer ist.

Der Präsident der Gemeinschaft schlägt vor, den aktuellen Sekretär-Verwalter für ein weiteres Jahr das Amt ausüben zu lassen, was einstimmig durch die anwesenden Eigentümer
beschlossen wird.

Aufgrund des Ergebnisses der Abstimmung, wird dieses Amt weiter durch Herrn ....,
mit beruflicher Niederlassung in ...., PLZ ...., ..., Telefonnummer ....
ausgeübt.[1073]

10°.- Autorización al Presidente para reclamar las cantidades impagadas en concepto de cuotas comunitarias o derramas ya sea extrajudicialmente o por vía judicial, previa liquidación de las deudas así como para otorgar poderes a Abogados y Procuradores, con esta finalidad (si procediera)

El Secretario-Administrador toma la palabra y pasa a describir las gestiones de cobro ya realizadas desde la última Junta en relación a las deudas existentes, y que consistieron en varias advertencias y reclamaciones extrajudiciales.

En el momento de celebrarse la presente Junta, y tras los esfuerzos del Secretario-Administrador, descritos arriba, por encontrar una solución amistosa, permanecen impagados, tal y como ya se expuso en la convocatoria, y al inicio de la celebración de la junta, así como bajo el punto de orden del día número 2° (Presentación del balance y aprobación del las cuentas del ejercicio .... (si procediera)), los siguientes importes por los conceptos que se detallan a continuación, que se exponen, para poder proceder a su liquidación definitiva a fecha de hoy:

– Liquidación de la deuda correspondiente al piso .... (propietario: ....)

La deuda de éste piso consiste en:

3 recibos impagados por importe de .... Euros cada uno y que corresponden a las cuotas ordinarias de los meses ...., ... y ...., aprobadas en la Junta Ordinaria de ....

1 recibo por importe de .... Euros, correspondiente a la derrama extraordinaria aprobada en la Junta Ordinaria de .... para la reparación de ....

La deuda total de éste piso asciende a fecha ...., a .... Euros.

– Liquidación de la deuda correspondiente al piso .... (propietario: ....)

La deuda de éste piso consiste en:

1 recibo impagado por importe de .... Euros correspondiente a la cuota ordinaria para el mes ...., aprobada en la Junta Ordinaria de ....

1 recibo por importe de .... Euros, correspondiente a la derrama extraordinaria aprobada en la Junta Ordinaria de .... para la reparación de ....

La deuda total de éste piso asciende a a fecha ...., a .... Euros.

Una vez expuestas y suficientemente descritas las deudas existentes, se aprueba por unanimidad de los presentes la liquidación de las mismas.

10°.- Abrechnung der Schulden und Bevollmächtigung des Präsidenten, um die geschuldeten Gemeinschaftsbeiträge und / oder Sonderumlagen einzufordern, sei dies außergerichtlich oder gerichtlich, sowie Genehmigung zur Erteilung von Vollmachten an Rechtsanwälte und Prozessvertreter (falls die hierfür erforderlichen Abstimmungsergebnisse erzielt werden)

Der Sekretär-Verwalter ergreift das Wort und geht dazu über zu beschreiben, welche Maßnahmen seit der letzten Eigentümerversammlung ergriffen wurden, um die bestehenden Schulden einzuziehen. Er beschreibt, wie mehrere Hinweisschreiben sowie außergerichtliche Zahlungsaufforderungen erfolgten.

Zum Zeitpunkt der Abhaltung der gegenständlichen Versammlung, und nach den oben beschriebenen, durch den Sekretär-Verwalter unternommenen Anstrengungen, um eine einvernehmliche Lösung zu finden, sind immer noch fällige Zahlungen offen. Diese wurden bereits in der Ladung bezeichnet und bei Eröffnung der Versammlung sowie unter dem Tagesordnungspunkt Nummer 2 (Vorstellung der Bilanz und Annahme der Jahresabrechnung für das Geschäftsjahr .... (Jahr) (falls die hierfür erforderlichen Abstimmungsergebnisse erzielt werden)) erneut konstatiert. Es handelt sich um die im Folgenden bezeichneten Beträge und Zahlungspflichten, welche ausführlich beschrieben werden, um sie am heutigen Tage ihrer endgültigen Abrechnung zuzuführen:

– Abrechnung der auf die Wohnung .... (Eigentümer: ....) entfallenden Schulden.

Die Schulden dieser Wohnung setzten sich wie folgt zusammen:

3 geschuldete Beiträge in Höhe von jeweils .... Euro, welche den nicht bezahlten ordentlichen Beiträgen zu den Gemeinschaftsausgaben für die Monate ...., ... und .... entsprechen, die in der ordentlichen Eigentümerversammlung vom .... beschlossen wurden.

1 Beitrag in Höhe von .... Euro, welcher als Sonderumlage in der ordentlichen Eigentümerversammlung vom ...., für die Reparatur des .... beschlossen wurde.

Die Schulden belaufen sich für diese Wohnung, per .... (Datum) auf .... Euro.

– Abrechnung der auf die Wohnung .... (Eigentümer: ....) entfallenden Schulden.

Die Schulden dieser Wohnung setzten sich wie folgt zusammen:

1 geschuldeter Beitrag in Höhe von .... Euro, welcher dem nicht bezahlten ordentlichen Beitrag zu den Gemeinschaftsausgaben des Monats .... entspricht, die in der ordentlichen Eigentümerversammlung vom .... beschlossen wurden.

1 Beitrag in Höhe von .... Euro, welcher als Sonderumlage in der ordentlichen Eigentümerversammlung vom .... für die Reparatur des .... beschlossen wurde.

Die Schulden belaufen sich für diese Wohnung, per .... (Datum) auf .... Euro.

Nachdem die bezeichneten Schulden dargelegt und ausreichend beschrieben wurden, wird durch die Anwesenden einstimmig die Abrechnung derselben beschlossen.

Dado el grave perjuicio que representa el impago de las cuotas comunitarias para el buen funcionamiento de la comunidad, se somete a votación autorizar al Presidente para reclamar las cantidades impagadas en concepto de cuotas comunitarias o derramas ya sea extrajudicialmente o por vía judicial, así como para otorgar poderes a Abogados y Procuradores, con esta finalidad.

Sometido a votación, se aprueba por unanimidad, autorizar al Presidente para realizar las actuaciones necesarias, bien sean de carácter extrajudicial, bien se trate de actuaciones judiciales para cobrar las deudas descritas y otorgar poderes a Abogados y Procuradores para cumplir con dicho fin.

En caso de no abonarse dichas cantidades pasado 30 días desde la comunicación del presente acta a los deudores, se aprueba por unanimidad de los presentes facultar al Presidente, para proceder a la reclamación judicial de las deudas liquidadas.

11°.- Ruegos y preguntas

Llegado al último punto del orden del día y tras solicitarle el Secretario-Administrador a los presentes pronuncien sus ruegos y preguntas se producen las siguientes intervenciones:

Don .... ruega, que aquellos vecinos que suelen estacionar sus carros de la compra y bicicletas en las zonas comunes, retiren dichos objetos de tales lugares, para no invadir las zonas de tránsito y evitar la creación de obstáculos así como para evitar el deterioro de la imagen de la comunidad.

Don .... pregunta si algún propietario estaría dispuesto a alquilarle una plaza de garaje en el parking comunitario.
...

No existiendo más puntos a tratar, el Sr. Presidente levanta la sesión, siendo las .... horas del día arriba indicado, de todo lo cual, yo, el Secretario-Administrador en ejercicio de mi cargo doy fe.

Secretario-Administrador   Visto bueno del Presidente

Dado que bajo los puntos 6 y 7 del orden del día, se han adoptado acuerdos que para el cómputo de votos y cuotas final requieren considerar, de conformidad con lo establecido en el artículo 17.8 LPH el voto de los ausentes, es preceptivo esperar 30 días desde la notificación de dichos acuerdos a los ausentes, para conocer que posición adoptan frente a éstos y proceder a correspondiente cómputo final.

Transcurrido el plazo de 30 días desde la notificación del acta se procede a redactar la oportuna diligencia.

Aufgrund des schweren Nachteils, welcher die Nichtzahlung der Gemeinschaftsbeiträge für das gute Funktionieren der Gemeinschaft bedeutet, wird zur Abstimmung gestellt, ob der Präsident bevollmächtigt werden soll, die geschuldeten Beträge, handele es sich bei diesen um ordentliche Beiträge oder um Sonderumlagen, außergerichtlich oder gerichtlich einzufordern, sowie zu diesem Zwecke Rechtsanwälte und Prozessvertreter zu beauftragen.

Nachdem der Vorschlag zur Abstimmung gebracht wurde, konnte er einstimmig angenommen werden, weshalb der Präsident bevollmächtigt wird, die erforderlichen außergerichtlichen oder gerichtlichen Maßnahmen zu ergreifen, um die beschriebenen Schulden einzufordern, sowie zu diesem Zwecke Rechtsanwälte und Prozessvertreter zu beauftragen.

Für den Fall, dass die besagten Summen nicht binnen einer Frist von 30 Tagen ab Bekanntgabe des vorliegenden Protokolls an die Schuldner ausgeglichen wurden, wird durch die Anwesenden einstimmig beschlossen, den Präsidenten zur gerichtlichen Geltendmachung der abgerechneten Schulden zu bevollmächtigen.[1074]

11°.- Bitten und Fragen[1075]

Am letzten Punkt der Tagesordnung angelangt, und nachdem der Sekretär-Verwalter die Anwesenden aufgefordert hat, Bitten und Fragen zu formulieren, ergeben sich folgende Wortmeldungen:

Herr .... bittet darum, dass diejenigen Nachbarn, welche ihre Einkaufswagen und Fahrräder im Gemeinschaftseigentum abstellen, selbige Gegenstände aus den beschriebenen Bereichen entfernen, um die Durchgangszonen frei zu halten und die Schaffung von Hindernissen zu vermeiden sowie der Verschlechterung des Erscheinungsbilds der Gemeinschaft entgegenzuwirken.

Herr .... fragt, ob irgendein Eigentümer bereit wäre, ihm einen Stellplatz innerhalb der zur Liegenschaft gehörenden gemeinschaftlichen PKW-Stellflächen zu vermieten.

...

Nachdem keine weiteren Punkte mehr abzuhandeln sind, beendet der Herr Präsident die Versammlung. Es ist zu diesem Zeitpunkt .... Uhr des oben bezeichneten Tages. Dies bestätige ich hiermit, als Sekretär-Verwalter, in Ausübung meines Amtes.

Sekretär-Verwalter   Sichtvermerk des Präsidenten

Da unter den Tagesordnungspunkten 6 und 7, Beschlüsse getroffen wurden, welche zu ihrem Zustandekommen gemäß Artikel 17 LPH, und dort insbesondere Artikel 17.8 LPH, der Feststellung des Stimmenverhaltens (und den hierzu gehörenden Quoten) der Abwesenden bedürfen, ist es erforderlich, zunächst 30 Tage ab Bekanntgabe besagter Beschlüsse gegenüber den Abwesenden abzuwarten. Mit Ablauf der Frist gilt es, die endgültige Stimmen- und Quotenauszählung vorzunehmen, um das Endergebnis der Abstimmung zu ermitteln.

Ist die 30 Tages Frist seit Bekanntgabe des Protokolls verstrichen, muss der entsprechende Vermerk mit den endgültigen Abstimmungsverhältnissen abgefasst werden.

2.30 Diligencia relativa al cómputo definitivo de votos, para determinar, si los acuerdos provisionales finalmente se adoptaron

DILIGENCIA AL ACTA DE LA JUNTA ORDINARIA DE FECHA .... DE ....

Hoy en .... (*ciudad*), a .... (*día*) de .... (*mes*) de .... (*año*), siendo las .... (*horas*), yo el Secretario-Administrador de la Comunidad de Propietarios ...., certifico que una vez finalizado el plazo legalmente establecido por el artículo 17.8 LPH, de 30 días naturales desde la comunicación a los ausentes de los acuerdos provisionales (que requieren la obtención de las mayorías o la unanimidad descrita por el propio artículo 17 LPH por parte de todos los propietarios), adoptados en el seno de la Junta Ordinaria de fecha .... celebrada en segunda convocatoria, he recibido las comunicaciones que seguidamente se detallan:

Don ...., propietario de la vivienda ...., con una cuota de participación del .... %, ha manifestado, que discrepa con lo acordado, por los comuneros presentes bajo los puntos del orden del día número 6 y 7. Dicha manifestación fue recibida en fecha .... de .... de ...., mediante carta certificada con acuse de recibo, y se incorpora como anexo al presente acta.

Don ...., propietario de la vivienda ...., con una cuota de participación del .... %, ha manifestado, que discrepa con lo acordado, por los comuneros presentes bajo los puntos del orden del día número 6 y 7. Dicha manifestación fue recibida en fecha .... de .... de ...., mediante Burofax, y se incorpora como anexo a la presente acta.

Doña ...., propietaria de la vivienda ...., con una cuota de participación del .... %, ha manifestado, que discrepa con lo acordado, por los comuneros presentes bajo el punto de orden del día número 6. Dicha manifestación fue recibida en fecha .... de .... de ...., mediante correo certificado con acuse de recibo, y se incorpora como anexo al presente acta.

Para realizar el cómputo definitivo y conocer, si finalmente se han adoptado los acuerdos tratados bajo los puntos de orden del día número 6 y 7, se ha procedido a sumar por un lado los votos y cuotas de participación de los propietarios ausentes que una vez informados del acuerdo provisional, han emitido un voto favorable o no se han pronunciado al respecto en el plazo pertinente, con los presentes que votaron a favor de los acuerdos señalados, y por el otro lado los de aquellos propietarios ausentes en la Junta, que si manifestaron su discrepancia en el plazo oportuno, con los que votaron en contra de los acuerdo propuestos en la propia Junta, arrojando el siguiente resultado final:

2.30 Vermerk über die endgültige Auszählung der Stimmen und Feststellung, ob die vorläufigen Beschlüsse endgültig zustande gekommen sind

VERMERK ÜBER DAS PROTOKOLL DER ORDENTLICHEN EIGENTÜMERVERSAMM-LUNG VOM ....[1076]

Am heutigen Tage, dem .... (*Tag*) .... (*Monat*) .... (*Jahr*), um .... (*Uhr*), bescheinige ich, der Sekretär-Verwalter der Eigentümergemeinschaft ...., dass in Bezug auf die in zweiter Einberufung abgehaltene ordentliche Eigentümerversammlung vom ...., gegenüber den abwesenden Eigentümern die gesetzlich vorgesehene 30-Tages-Frist des Artikel 17.8 LPH, gezählt ab Mitteilung der vorläufig getroffenen Beschlüsse (welche die Erzielung der durch Artikel 17 LPH beschriebenen Mehrheiten unter allen Eigentümern oder der Einstimmigkeit erfordern), abgelaufen ist. Innerhalb der vorgeschriebenen Frist habe ich folgende Mitteilungen erhalten:

Herr ...., Eigentümer der Wohnung ....., mit einer Beteiligungsquote in Höhe von ..... %, hat erklärt, dass er den unter den Tagesordnungspunkten 6 und 7 durch die anwesenden Eigentümer getroffenen Beschlüssen nicht zustimmt. Diese Mitteilung ging am .... per eingeschriebenem Brief mit Rückschein ein und wird dem gegenständlichen Protokoll als Anlage beigefügt.

Herr ...., Eigentümer der Wohnung ....., mit einer Beteiligungsquote in Höhe von ..... %, hat erklärt, dass er den unter den Tagesordnungspunkten 6 und 7 durch die anwesenden Eigentümer getroffenen Beschlüssen nicht zustimmt. Diese Mitteilung ging am .... mittels Burofax ein und wird dem gegenständlichen Protokoll als Anlage beigefügt.

Frau ...., Eigentümerin der Wohnung ....., mit einer Beteiligungsquote in Höhe von ..... %, hat erklärt, dass sie dem unter dem Tagesordnungspunkt 6 durch die anwesenden Eigentümer getroffenen Beschluss nicht zustimmt. Diese Mitteilung ging am .... per eingeschriebenem Brief mit Rückschein ein und wird dem gegenständlichen Protokoll als Anlage beigefügt.

Um die endgültige Stimmauszählung durchzuführen und zu ermitteln, ob die unter den Tagesordnungspunkten 6 und 7 abgehandelten Beschlüsse letztlich zustande gekommen sind, wurde wie folgt verfahren: Die Stimmen und Quoten der abwesenden Eigentümer, die, nachdem sie über den vorläufigen Beschluss der Anwesenden informiert wurden, ihre Zustimmung geäußert haben oder innerhalb der gesetzlichen Frist keinerlei Bekundung formulierten, werden zu denjenigen Stimmen und Quoten addiert, die für den Beschluss gestimmt haben. Die Stimmen und Quoten derjenigen abwesenden Eigentümer, die innerhalb der gesetzlichen Frist ihre ablehnende Haltung zum Beschluss geäußert haben, werden zu den Stimmen und Quoten der anwesenden Eigentümer addiert, welche gegen den Beschluss gestimmt haben. Dies führt uns zu folgenden Endergebnissen:

Propuesta tratada bajo el número 6 del orden del día:

El cómputo final de los votos, una vez seguido y concluido el procedimiento establecido por el artículo 17.8 LPH, arroja el siguiente resultado:

Votos a favor del re-establecimiento del servicio de portería y contratación por el Presidente:

>Don ...., propietario de la vivienda ...., con una cuota de participación del .... % [...]

Votos en contra del re-establecimiento del servicio de portería y contratación por el Presidente:

>Don ...., propietario de la vivienda ...., con una cuota de participación del .... % [...]

Abstenciones en relación al re-establecimiento del servicio de portería y contratación por el Presidente:

>Don ...., propietario de la vivienda ...., con una cuota de participación del .... %

A la vista del resultado de la votación (... votos, sobre los que recae un coeficiente del .... % a favor; .... votos, sobre los que recae un coeficiente del .... % en contra; .... votos sobre los que recae un coeficiente del .... % absteniéndose) y dado que se han superado las 3/5 partes de los votos y de las cuotas de todos los propietarios, se aprueba definitivamente el re-establecimiento del servicio de portería, facultando al Presidente para buscar, elegir y contratar la persona adecuada.

Propuesta tratada bajo el número 7 del orden del día:

El cómputo final de los votos, una vez seguido y concluido el procedimiento establecido por el artículo 17.8 LPH, arroja el siguiente resultado:

Votos a favor de la colocación de la rampa:

>Don ...., propietario de la vivienda ...., con una cuota de participación del .... % [...]

Votos en contra de la colocación de la rampa:

>Don ...., propietario de la vivienda ...., con una cuota de participación del .... % [...]

Unter dem Tagesordnungspunkt 6 abgehandelter Vorschlag:

Unter Befolgung des in Artikel 17.8 LPH beschriebenen Verfahrens, ergab die abschließen-de Auszählung der Stimmen folgendes endgültiges Abstimmungsergebnis:

Stimmen für die Wiedereinführung des Hausmeisterdienstes und Neueinstellung durch den Präsidenten:

> Herr ...., Eigentümer der Wohnung ...., mit einer Beteiligungsquote in Höhe von .... %. [...]

Stimmen gegen die Wiedereinführung des Hausmeisterdienstes und Neueinstellung durch den Präsidenten:

> Herr ...., Eigentümer der Wohnung ...., mit einer Beteiligungsquote in Höhe von .... %. [...]

Enthaltungen bezüglich der Wiedereinführung des Hausmeisterdienstes und seiner Neu-einstellung durch den Präsidenten:

> Herr ...., Eigentümer der Wohnung ...., mit einer Beteiligungsquote in Höhe von .... %. [...]

Angesichts des Ergebnisses der Abstimmung (.......... Stimmen, auf welche eine Beteili-gungsquote von .... % entfällt, dafür, ... Stimmen auf welche eine Beteiligungsquo-te von .... % entfällt, dagegen, ... Stimmen auf welche eine Beteiligungsquote von .... % entfällt, enthalten sich), und aufgrund der Tatsache, dass mehr als 3/5 aller Stim-men und Quoten erzielt wurden, wird der Vorschlag zur Wiedereinführung des ständigen Hausmeisterdienstes und der hierauf gerichteten Beauftragung des Präsidenten, zur Su-che, Auswahl und Einstellung der geeigneten Person endgültig angenommen.

Unter dem Tagesordnungspunkt 7 abgehandelter Vorschlag:

Unter Befolgung des in Artikel 17.8 LPH beschriebenen Verfahrens ergab die abschließende Auszählung der Stimmen folgendes, endgültiges Abstimmungsergebnis:

Stimmen für die Errichtung einer Rampe:

> Herr ...., Eigentümer der Wohnung ...., mit einer Beteiligungsquote in Höhe von .... %. [...]

Stimmen gegen die Errichtung einer Rampe:

> Herr ...., Eigentümer der Wohnung ...., mit einer Beteiligungsquote in Höhe von .... %. [...]

Abstenciones en relación a la colocación de la rampa:

Don ...., propietario de la vivienda ...., con una cuota de participación del .... %

A la vista del resultado de la votación (.......... votos, sobre los que recae un coeficiente del .... a favor; .... votos, sobre los que recae un coeficiente del .... en contra; .... votos sobre los que recae un coeficiente del .... % absteniéndose) y dado que se ha superado la mitad de los votos y de las cuotas de todos los propietarios, se aprueba la colocación de una rampa en la entrada del edificio, mediante contratación de una empresa cualificada, con el fin de suprimir la barrera arquitectónica consistente en dos escalones.

De todo lo cual, yo, el Secretario-Administrador en ejercicio de mi cargo doy fe, con el visto bueno del Presidente.

Presidente   Secretario

Enthaltungen bezüglich der Errichtung einer Rampe:

> Herr ...., Eigentümer der Wohnung ...., mit einer Beteiligungsquote in Höhe von .... %. [...]

Angesichts des Ergebnisses der Abstimmung (.......... Stimmen, auf welche eine Beteiligungsquote von .... % entfällt, dafür, ... Stimmen, auf welche eine Beteiligungsquote von .... % entfällt, dagegen, ... Stimmen, auf welche eine Beteiligungsquote von .... % entfällt, enthalten sich), und aufgrund der Tatsache, dass die Mehrheit aller Stimmen und Quoten erzielt / überschritten wurde, wird der Vorschlag zur Errichtung einer Rampe im Hauseingang, mittels Beauftragung eines hierfür qualifizierten Unternehmens, zum Zwecke der Beseitigung architektonischer Hürden, welche hier aus zwei Treppenstufen bestehen, angenommen.

Ich, der Sekretär-Verwalter, bescheinige dies in Ausübung meines Amtes. Diese Bescheinigung trägt ebenso den Sichtvermerk des Präsidenten.

Präsident   Verwalter

Notas de los formularios

[1066] Vom *CGPJ* veröffentlichter Vordruck für die Einleitung eines Mahnverfahrens (*BOE* vom 4. Oktober 2011).

[1067] Solcherlei Beschlussgegenstände unterliegen lediglich dem Erfordernis der einfachen Stimmen- und Quotenmehrheit gemäß Artikel 17.7 LPH. Trotzdem verdienen diese Fälle besondere Aufmerksamkeit, da abhängig vom Investitionsumfang gegebenenfalls auch eine Einordnung gemäß Artikel 17.4 LPH gerechtfertigt sein könnte. Artikel 17.4 LPH bestimmt, dass kein Eigentümer Anspruch auf die Durchführung von Verbesserungen bzw. Neuerungen hat, wenn diese weder für die Erhaltung, Bewohnbarkeit, Sicherheit noch Barrierefreiheit der Liegenschaft erforderlich sind. Dennoch könnten solcherlei Maßnahmen ergriffen werden, wenn sich hierfür eine 3/5 Mehrheit an Stimme und Quoten aller Eigentümer finden. Sollte trotz des Zustandekommens einer solchen Mehrheit die Maßnahme den Betrag von drei ordentlichen Beiträgen zu den Gemeinschaftsausgaben übersteigen, würden jedoch die Gegner des Beschlusses von der Beitragspflicht zu den Kosten dieser Veränderung befreit. Zumindest für den Fall, dass eine, in diesem Sinne, nicht erforderliche Maßnahme beschlossen würde, deren Kosten über drei ordentlichen Monatsbeiträgen zu den Gemeinschaftsausgaben liegen, könnte die Frage aufgeworfen werden, inwieweit auch eine einfache Verschönerung die mit keinen wirklichen Baumaßnahmen verbunden ist (wie im vorliegenden Beispiel) ebenfalls der Regelung des Artikels 17.4 LPH unterworfen werden könnte. Dies mit dem Ergebnis, dass die Abwesenden im Sinne des Artikels 17.8 LPH binnen 30 Tagen von ihrem Stimmrecht Gebrauch machen könnten, und gegebenenfalls von ihrer Beitragspflicht zu den Kosten befreit werden könnten. Dafür würde sprechen, dass Sinn und Zweck des Artikels 17.4 LPH darin liegt, einerseits Verbesserungen zu ermöglichen, wenn eine große Mehrheit an ihnen interessiert ist (3/5 der Eigentümer und Beteiligungsquoten) andererseits aber bei Luxusinnovationen den Gegner der Maßnahme von der Kostentragung befreit, um Minderheiten vor unnötigen Ausgaben zu schützen. Dieser Gedanke ließe sich vom Prinzip her deshalb auch auf Verschönerungsmaßnahmen im Allgemeinen anwenden. Dagegen würde sprechen, dass mit Neuerungen und Verbesserungen eher Innovationen im Sinne von Gemeinschaftseinrichtungen gemeint sein dürften. Im Ergebnis sollte in Fällen wie dem vorliegenden, wenn das Investitionsvolumen niedrig ist eher von der Anwendbarkeit einfachen Mehrheit des Artikels 17.7 LPH auszugehen sein.

[1068] Gemäß Artikel 17.3.1 LPH muss für die Schaffung oder Beseitigung von Gemeinschaftseinrichtungen allgemeinen Interesses eine 3/5 Mehrheit von Stimmen und Quoten erreicht werden. Wie im Muster ausgeführt, sind die abwesenden und stimmberechtigten Eigentümer über den von den Anwesenden getroffenen Beschluss zu informieren. Wurden die Abwesenden ordnungsgemäss geladen und geben innerhalb der gesetzlich vorgeschriebenen 30-Tages-Frist keine, gleich wie gelagerte Stimme ab, so wird deren Stimme und Quote wie ein positives Votum verrechnet.

[1069] Bei Abstimmungsgegenständen, welche die Beseitigung architektonischer Hürden betreffen, ist zunächst immer eine Vorfrage zu beantworten. Im Anschluss eröffnen sich sodann gegebenenfalls zwei zu unterscheidende Alternativen. Eingangs ist zu berücksichtigen, dass sich aus Artikel 10.1.a.) LPH bereits die Pflicht der Gemeinschaft zur Durchführung derjenigen Maßnahmen ableitet, die darauf gerichtet sind die Liegenschaft in einem barrierefreien Zustand zu erhalten. Mit anderen Worten: Die Liegenschaft und ihre Einrichtungen dürfen sich nicht, mangels Wartung und Instandhaltung aber ebensowenig durch die Schaffung neuer Einrichtungen, dahingehend verändern, dass Barrieren entstehen. Gleichzeitig besteht die Pflicht die grundsätzlichen Anforderungen an eine allgemeine Barrierefreiheit zu erfüllen. Sollte eine Maßnahme darauf gerichtet sein die soeben bezeichneten Anforderungen zu erfüllen, bestünde deshalb bereits die Pflicht zu ihrer Durchführung. Andernfalls, wäre in einem zweiten Schritt festzustellen, ob in der Gemeinschaft Behinderte oder über 70 Jahre alte Menschen nicht nur sporadisch verkehren, und darüber hinaus ganz abstrakt beurteilt, welche Maßnahmen zur Erzielung einer angemessenen universellen Barrierefreiheit notwendig wären. Die Gemeinschaft trifft nämlich ebenso die Pflicht die Liegenschaft an die Bedürfnisse derjenigen behinderten Personen anzupassen, welche sie regelmäßig aufsuchen, wie dafür zur sorgen, dass die vernünftigerweise angeratenen Arbeiten umgesetzt werden um eine universelle Barrierefreiheit zu erzielen. Hierzu gehört ausdrücklich auch die Errichtung von Rampen, Fahrstühlen und anderen mechanischen und elektronischen Hilfsmitteln. und Diese Pflicht besteht allerdings nur bis zu einer gewissen Kostengrenze, welche bei zwölf Monatsbeiträgen zu den ordentlichen Gemeinschaftsausgaben liegt. Überschreiten die Kosten diese Grenze, erfordert die Maßnahme einen mit einfacher Mehrheit der Stimmen und Quoten zustandegekommenen Beschluss. Im vorliegenden Beispiel wurde bewusst unterstellt, dass die Maßnahme einen Betrag von zwölf Monatsbeiträgen zu den Gemeinschaftsausgaben übersteigt, um den Umgang mit diesem gemäß Artikel 17.8 LPH vorläufigen Beschluss aufzuzeigen. Andernfalls hätte bereits die Pflicht zur Durchführung bestanden.

[1070] Aufgrund der in Artikel 10 LPH enthaltenen Pflicht der Gemeinschaft, die notwendigen Arbeiten durchzuführen, damit die Immobilie und ihre Einrichtungen in geeigneter Weise unterhalten und konserviert werden, handelt es sich bei der Reparatur von Gemeinschaftseigentum um einen gem. Artikel 17.7 LPH lediglich einem einfachen Stimmen- und Quotenmehrheit unterliegenden Abstimmungsgegenstand.
Wenn es sich um dringende Maßnahmen handelt, ist zu berücksichtigen, dass Artikel 20.1.c.) LPH dem Verwalter gestattet, diese - ungeachtet der Möglichkeit die Eigentümerversammlung hierüber in Kenntnis zu setzen und gegebenenfalls in einen Entscheidungsfindungsprozess einzubeziehen - sofort zu veranlassen.

[1071] Für die Wahl der Amtsträger ist, genauso wie bei den übrigen Abstimmungsgegenständen auch, in erster Einberufung die einfache Mehrheit aller Stimmen und Quoten und in zweiter Einberufung die einfache Mehrheit aller anwesenden Stimmen und Quoten erforderlich.

[1072] Siehe vorstehende Fußnote.

[1073] Siehe vorstehende Fußnote.

[1074] Das spanische Wohnungseigentumsgesetz sieht zwar in Artikel 13.3 ohnehin vor, dass der Präsident die Gemeinschaft sowohl vor Gericht wie auch außergerichtlich vertritt, weshalb vereinzelt die Auffassung vertreten wird, eine ausdrückliche Bevollmächtigung sei entbehrlich. Dennoch darf nicht vergessen werden, dass die vom Gesetz vorgesehene Vertreterstellung nicht gleichbedeutend mit der Beauftragung des Präsidenten zur Verfolgung konkreter rechtlicher Interessen der Gemeinschaft ist. Aus der in der gegenständlichen Weise ausgeführten ausdrücklichen Bevollmächtigung lässt sich vielmehr auch die unmissverständliche Berechtigung ableiten, rechtliche Maßnahmen im konkreten Fall einzuleiten. Hierdurch wird vermieden, dass mit Hinweis auf einen fehlenden Beschluss die Berechtigung des Präsidenten in Zweifel gezogen wird.
Es wird dringend geraten, die bestehenden Schulden möglichst genau in Bezug auf den Schuldner und die Immobilie(n), Höhe, Entstehungszeitpunkt, Entstehungsgrund, etc. wiederzugeben. Auf diese Weise kann vor einer etwaigen Klageerhebung u.a. sichergestellt werden, dass der Schuldner über alle relevanten Punkte informiert ist und keine Zweifel bezüglich der Kenntnis über die Schuldnerstellung bestehen.

[1075] Es dürfen unter diesem Tagesordnungspunkt keine überraschenden Abstimmungen durchgeführt werden. Dies würde zur Anfechtbarkeit des hervorgehenden Beschlusses führen, denn jeder Eigentümer soll im Vorhinein Kenntnis über die zu behandelnden Tagesordnungspunkte haben, um sich so unter anderem besser auf die Versammlung und die Abstimmung vorbereiten zu können. Dieser Punkt darf daher keinesfalls zum Auffangbecken unerwarteter Abstimmungen werden.

[1076] Dieser nachträgliche Vermerk sollte als Anlage zum Protokoll an alle Eigentümer übermittelt werden. Daneben sollte sein Inhalt in der nächsten Versammlung verlesen werden.

12

Literaturverzeichnis

Achón Bruñén, Mª José, Cuestiones prácticas sobre la reclamación de deudas a copropietarios morosos, Revista Crítica de Derecho Inmobiliario, N.º 684, Juli-August 2004, S. 1849-1900.

Albaladejo, Manuel; Miquel González, José Maria, Comentarios al Código Civil y Compilaciones Forales, Tomo V, Vol. 2, Artículos 392 a 429 del Código Civil y Ley sobre Propiedad Horizontal, Madrid: Editoriales de Derecho Reunidas, 1985.

Alonso Pérez, Mariano, Llamas Pombo, Eugenio, Estudios de derecho de obligaciones: homenaje al profesor Mariano Alonso Pérez, Tomo II, La Ley: 2006.

Anwaltskammer Huelva (Andalusien), Aufsatz zur Abgrenzung der Begriffe Beteiligungsquote und Miteigentumsanteil. Cuotas De Participación vs Coeficientes de Propiedad, (URL: http://www.icahuelva.es/ArticulosDoctrinales/ CuotasParticipacionvsPropiedad.pdf).

Aristoteles, Rhetorik, I, 13, 1374 b, 10-12.

Arrenta, Pressemitteilung vom 10. Juli 2010 (url: arrenta.es).

Baños López, Antonio, Estudio básico de la propiedad horizontal en el Derecho Común y Particular Catalán, Noticias Jurídicas, URL: http://noticias.juridicas.com/articulos/45-Derecho-Civil/200802-999998888555.html.

Becher, Herbert Jaime, Wörterbuch der Rechts-und Wirtschaftssprache. 5. Auflage, München: Beck, 1999.

Benedict, Jörg, Kodifikation der ‚Einzelfallgerechtigkeit?-oder von Geist und (Re-) Form. der Zeit, (URL: http://singer.rewi.hu-berlin.de/doc/jb/Einzelfallgerechtigkeit.pdf).

Bercovitz Rodríguez-Cano, Rodrigo (Hrsg.), Comentarios a la Ley de Propiedad Horizontal, 3. Auflage, Cidur Menor (Navarra): Tompson-Aranzadi, 2007.

Cabanillas Sánchez, Antonio, La recepción de la obra en el Código Civil y en la Ley de Ordenación de la Edificación, Anuario de Derecho Civil, Núm. LV-2, Abril 2002.

Carrancho Herrero, Teresa, La validez de las cláusulas estatutarias impuestas por el propietario único en la venta de viviendas, Cuaderno Jurídico PH nº. 300. Ed. Sepín 2009.

Carrasco Perera, Ángel; Cordero Lobato, Encarna; González Carrasco, Carmen, Derecho de la construcción y la vivienda, 5. Auflage, Paracuellos de Jarama (Madrid): Dilex, 2005.

Centro de Estudios Adams, Factbook gestión inmobiliaria, 2. Auflage, Cizur Menor (Navarra): Tompson-Aranzadi, 2005.

Colegio Oficial de Arquitectos de Castilla-La Mancha, Centros de Asesoramiento Tecnológicos de España, Declaración de ruina y órdenes de ejecución, (URL: http: //web.coal. es/ftp/cursos/DOCUMENTACION_COMPLETA_CURSO_PERITOS.pdf).

Cossio Arribas, Ignacio, El proceso de equidad previsto en la Ley de Propiedad Horizontal, a la luz de la LEC de 7 de enero de 2000, S. 19 f., Actualidad Jurídica Aranzadi, nº 15/2006.

Diario ABC, Las comunidades de vecinos podrán embargar a los morosos en menor tiempo y sin límite económico-Justicia ultima un proyecto para modificar la Ley de Propiedad Horizontal: ABC, vom 19. Oktober 1997, Seite 51.

Díez Núñez, José Javier; González Martín, Luis Aurelio (Hrsg.), Propiedad Horizontal, Manuales de formación continuada, Tomo I, Madrid: Consejo General del Poder Judicial, Centro de Documentación Judicial, 2008, (zit.: PH-TI-Bearbeiter, Seite).

Díez Núñez, José Javier; González Martín, Luis Aurelio (Hrsg.), Propiedad Horizontal, Manuales de formación continuada, Tomo II, Madrid: Consejo General del Poder Judicial, Centro de Documentación Judicial, 2008, (zit.: PH-TII-Bearbeiter, Seite).

Dominguez Lengo, David, A propósito de la LPH, tras la entrada en vigor de la Ley de Enjuicimiento Civil, Actualidad Jurídica Aranzadi, 25. Januar 2001.

Echeverría Summers, Francisco; Morillo González, Fernando, Manual Práctico de Propiedad Horizontal, Cizur Menor (Navarra): Aranzadi, 2008 (zit.: Echeverría Summers/Morillo González, Seite).

Echeverría Summers, Francisco M.; Andújar Moreno, Juan Antonio, Propiedad Horizontal, 2011-2012, Memento Práctico Francis Lefebvre, Madrid: Ediciones Francis Lefebvre, 2010 (zit.: Lefebvre, Propiedad Horizontal, Rn.).

El Derecho, "Boletín Propiedad Horizontal" vom 1. April 2011, Reclamaciones de gastos de comunidad en casos de bienes en proindiviso. ¿Se demanda a todos o solo al representante? ¿Y en los matrimonios o parejas de hecho?, (URL: http: //www.elderecho.com/civil/Reclamaciones-comunidad-proindiviso-representante-matrimonios_12_259935002.html).

Enrich Guillén, Daniel, Aspectos jurídicos de la inexistencia de contrato del servicio de limpieza en una Comunidad de Propietarios, (URL: http://noticias.juridicas.com/articulos/45-Derecho%20Civil/201009-98732165478952.html).

Escrivá de Romaní y de Olano, Francisco, Lo imperativo y lo dispositivo en la Propiedad Horizontal, in Revista Crítica de Derecho Inmobiliario, Nr. 462, September-Oktober 1967.

Espinosa Infante, José Miguel, Derechos Reales. Contestaciones al Programa de Oposiciones a Notarias, Dykinson, Madrid: 2006.

Falcón Tella, María José, Equidad, Derecho y Justicia, Editorial Universitaria Ramón Areces, 2006.

Fernández Santiago, Carmen, Instalación y sustitución de ascensores en edificios en régimen de propiedad horizontal: Adopción del acuerdo y atribución del gasto, Anuario da Facultade de Dereito da Universidade da Coruña, nº 10, 2006.

Ferrer Gutiérrez, Antonio, Artículo Monográfico. Enero 1998, Estudio sobre las actividades dañosas, peligrosas, incómodas e insalubres dentro de la Ley de Propiedad Horizontal, Sepín Datenbank, Dokument: SP/DOCT/862.

Flores Rodríguez, Jesús, Administrador de Fincas y Comunidad de propietarios, El Derecho Editores, Madrid: 2010.

Fuentes Lojo, Juan Ventura, Comentarios a la nueva ley de Propiedad Horizontal, Barcelona: J. M. Bosch Editor, 2003 aus Datenbank: VLEX, (zit.: Fuentes Lojo, Comentarios a la nueva ley de Propiedad Horizontal, Angabe des Unterkapitels).

Gallego Brizuela, Carlos, Guía práctica de comunidades de propietarios, 12. Auflage, Madrid: Marcial Pons, 2005 (zit.: Gallego Brizuela, Seite).

Gallego Brizuela, Carlos, Comunidades de vecinos: todas las respuestas, Las Rozas (Madrid): La Ley, 2010.

García García, Gerardo, ¿Tienen las comunidades de propietarios personalidad jurídica?, (URL: http://valcap.es/html/Comunidades%20de%20propietarios/ley%20de%20propiedad%20horizontal/tienen%20las%20comunidades.htm? ObjectID=791).

Gaspar Lera, Silvia, Nulidad de nombramiento de presidente de Comunidad de propiedad horizontal. Nulidad de los acuerdos tomados bajo su presidencia: Sentencia TS 30 de junio de 2005, Nul: comentarios de sentencias, n° 2, 2006, (zu finden unter: http://www.codigo-civil.org/nulidad/lodel/document.php?id=158).

Gigon, Olof, Aristoteles: Nikomachische Ethik, übersetzt und kommentiert von Olof Gigon, Zürich: 1951, Neuauflage München: 1972.

Gómez Calle, Esther, El régimen jurídico de las innovaciones en la propiedad horizontal, Anuario de Derecho Civil, Vol. 57, N° 1, 2004, S. 95-132.

González Carrasco, Mª del Carmen, Modificación de la Ley de Propiedad Horizontal por Ley 8/2013, de 26 de junio, de rehabilitación, regeneración y renovación urbanas, (URL: http://blog.uclm.es/cesco/files/2013/08/MODIFICACIONES-LPH-POR-LEY-87-2013-2.pdf).

Höffe, Otfried, Gerechtigkeit: Eine philosophische Einführung, C.H. Beck, 3. Auflage, München: 2001 (zit.: Höffe, Seite).

Höffe, Otfried, Aristoteles, 3. Auflage, C.H. Beck, München 2006 (zit.: Höffe, Aristotels, Seite).

Honsell, Heinrich, Festschrift Koppensteiner, Naturrecht und Positivismus im Spiegel der Geschichte, Orac Verlag, Wien: 2001, (zitiert: Heinrich Honsell, Seite).

Jimenez París, Teresa Asunción; Régimen jurídico de las obras de accesibilidad en favor de mayores y discapacitados. Estudio de la reforma de la LPH por Ley 51/2003, de 2 de diciembre, Revista Crítica del Derecho Inmobiliario, n° 708.

Kostasbeys, Das Wesen der Billigkeit, Referat für die internationale Tagung zur aristotelischen Philosophie in Athen, 1994. Erste Veröffentlichung in hellenischer Sprache in Dike (1995) 26,717 ff.; (URL: http://www.kostasbeys.gr/articles.php?s=1&mid=1266&mnu=2&id=1275).

Lacruz Mantecón, Miguel L., Sentencia de 29 de enero de 2007, Propiedad horizontal. Fijación de las cuotas de participación: imperatividad de los parámetros legales. Estatutos de la comunidad de propietarios: impugnación y plazo para la misma. Doctrina de los actos propios, Cuadernos Civitas de jurisprudencia civil, N° 75, 2007, S. 1329-1350.

Larrosa Amante, Miguel Ángel, Facultades de división, segregación, agregación y agrupación de pisos o locales y sus anejos, April 2009, Datenbank Sepín, Dokument SP/DOCT/4071.

Löber, Burckhardt; Pérez Martín, Antonio; Huzel, Erhard, Wohnungseigentum und Urbanisationen in Spanien: Handbuch für Eigentümer und Gemeinschaften, 5. Auflage, Frankfurt am Main: Edition für Internationale Wirtschaft, 2005.

Loscertales Fuertes, Daniel, Propiedad Horizontal, Comunidades y Urbanizaciones, Pozuelo de Alarcón: Sepín, 2005 (zitiert: Loscertales Fuertes, Propiedad Horizontal, Seite).

Loscertales Fuertes, Daniel, Comentario Artículo 5. LEY 49/1960, de 21 de julio, de Propiedad Horizontal, Stand: Januar 2010, Datenbank Sepín, Dokument: SP/DOCT/15187.

Loscertales Fuertes, Daniel, Comentario Artículo 7. LEY 49/1960, de 21 de julio, de Propiedad Horizontal, Stand: Januar 2010, Datenbank Sepín, Dokument: SP/DOCT/15189.

Loscertales Fuertes, Daniel, Comentario Artículo 9. LEY 49/1960, de 21 de julio, de Propiedad Horizontal, Stand: Januar 2010, Datenbank Sepín, Dokument: SP/DOCT/15191.

Loscertales Fuertes, Daniel, Comentario Artículo 10. LEY 49/1960, de 21 de julio, de Propiedad Horizontal, Stand: Januar 2010, Datenbank Sepín, Dokument: SP/DOCT/15192.

Loscertales Fuertes, Daniel, Comentario Artículo 11. LEY 49/1960, de 21 de julio, de Propiedad Horizontal, Stand: Januar 2010, Datenbank Sepín, Dokument: SP/DOCT/15193.

Loscertales Fuertes, Daniel, Comentario Artículo 13. LEY 49/1960, de 21 de julio, de Propiedad Horizontal, Stand: Januar 2010, Datenbank Sepín, Dokument: SP/DOCT/15195.

Loscertales Fuertes, Daniel, Comentario Artículo 17. LEY 49/1960, de 21 de julio, de Propiedad Horizontal, Stand: Januar 2010, Datenbank Sepín, Dokument: SP/DOCT/15199.

Loscertales Fuertes, Daniel, Los derechos de las personas con discapacidad en la reforma de la Ley de Propiedad Horizontal. Ley 26/2011, de 1 de agosto, de Adaptación Normativa a la Convención Internacional sobre los Derechos de las Personas con Discapacidad, September 2011, Datenbank Sepín, Dokument: SP/DOCT/15691.

Loscertales Fuertes, Daniel, Kommentar zur Entscheidung des TS, Sala Primera, de lo Civil, Urteil Nr. 818/2011, vom 17. November, Datenbank Sepín, Dokument: SP/DOCT/16465.

Magro Servet, Vicente, Particularidades sobre la emisión del certificado del estado de deudas comunitarias, Datenbank Sepín, Dokument SP/DOCT/1033.

Magro Servet, Vicente, ¿Es función del administrador de fincas realizar la calificación del quórum que debe exigirse para que un acuerdo del orden del día se entienda aprobado?, Datenbank Sepín, Dokument SP/DOCT/3808.

Magro Servet, Vicente, La firma del acta de las Juntas de Propietarios un necesaria reforma, Revista del Colegio Profesional de Administradores de Fincas de Madrid, n° 100, 2005.

Magro Servet, Vicente, Artículo Monográfico. Marzo 2007, Casuística más reciente del servicio de calefacción como elemento común SP/DOCT/3309.

Magro Servet, Vicente; García-Chamón Cervera, Enrique; Pérez Saura, Visitación, Propiedad Horizontal: 760 preguntas y respuestas, 2. Auflage, Las Rozas (Madrid): Sepín, 2007 (zit.: Magro Servet/García-Chamón Cervera / Pérez Saura, Seite).

Magro Servet, Vicente, El voto presunto del ausente del art. 17.8 LPH no se aplica en los casos del art. 10.3 y 17.1 y 4 LPH (URL: http://www.elderecho.com/tribuna/civil/voto_presunto_del_ausente-presunto-ausente-LPH-aplica-casos_11_639055001.html).

Magro Servet, Vicente, Impugnación de acuerdos por ausentes que no se opusieron en el plazo de 30 días a los acuerdos adoptados, (URL: http://www.elderecho.com/foro_legal/civil/Impugnacion-acuerdos-ausentes-opusieron-adoptados_12_232560009.html).

Magro Servet, Vicente, Problemas y soluciones ante arrendatarios en las comunidades de propietarios (URL: http://www.elderecho.com/observatorio/comunidadespropietarios/Problemas-soluciones-arrendatarios-comunidadespropietarios_11_465055002.html).

Magro Servet, Vicente, El régimen de acuerdos del art. 10.3 b) LPH tras la Ley 8/2013 de Rehabilitación, Regeneración y Renovación Urbanas, (URL: http://www.elderecho.com/www-elderecho-com/rehabilitacion_urbana-regeneracion_urbana-renovacion_urbana-ley_de_propiedad_horizontal_11_614680089.html).

Magro Servet, Vicente, Alcance de la interpretación de la Ley del Suelo con los requisitos para entender aprobados los acuerdos del art. 10.3 LPH. ¿se aplica este art. 10.3 solo a los complejos inmobiliarios o a todos los supuestos en materia de PH?, (URL: http://www.elderecho.com/civil/ley_del_suelo-complejos_inmobiliarios-propiedad_horizontal-Alcance-Ley-Suelo-LPH-PH_12_639060002.html#pane8_foa_EDEFOA20140130_0002).

Magro Servet, Vicente, El Derecho, Boletín "Propiedad Horizontal", vom 1. Januar 2011, El tablón de anuncios en la propiedad horizontal y la afectación a la protección de datos de los comuneros.

Magro Servet, Vicente, El Derecho, Boletín "Propiedad Horizontal", vom 1. Februar 2011, ¿Tienen personalidad jurídica las Comunidades de Propietarios?

Marina Martínez-Pardo, Jesús, Encuesta Jurídica. Febrero 2000, En relación con los artículos 15.2 y 16 de la Ley, ¿Cuando se produce la condición de moroso, si no hay plazo de pago fijado en los Estatutos o por acuerdo de Junta?, Sepín Datenbank, Dokument: SP/DOCT/971 (zit.: Marina Martínez-Pardo, Encuesta Jurídica, Artículos 15.2 y 16 LPH.)

Marina Martínez-Pardo, Jesús, Encuesta Jurídica. Septiembre 2003, En el caso de venta del piso o local y en relación con el fondo de reserva legal o voluntario, ¿ha de devolverse al vendedor y exigirse al comprador? Sepín Datenbank, Dokument: SP/DOCT/1479.

Marina Martínez-Pardo, Jesús, La Disposición Adicional Tercera de la Ley 51/2003 que reforma la LPH, no contiene una aclaración para distinguir qué obras son las que se pueden incluir en los arts. 11 y 17. Por lo tanto, en principio, para cualquier tipo de obra necesaria o requerida para la "accesibilidad" bastará el acuerdo de la mayoría simple, aplicando el art. 11.1, pero el art. 17 regla 1ª que se refiere a la supresión de "barreras arquitectónicas" fija el quórum de la mayoría del total de propietarios, lleven o no consigo la modificación del Titulo. ¿En qué condiciones o supuestos debe ser aplicada cada una de dichas normas legales?. Encuesta Jurídica, März 2004, Datenbank Sepín, Dokument SP/DOCT/1924 (zit.: Marina Martínez-Pardo, Encuesta Jurídica).

Marina Martínez-Pardo, Jesús, Encuesta Jurídica. Enero 2005, ¿Puede la junta acordar que las citaciones y notificaciones de la comunidad se hagan en el extranjero sin necesidad de fijar domicilio en España, como señala el art. 9.1 h) LPH?, Sepín Datenbank, Dokument: SP/DOCT/2348.

Martín Bernal, José Manuel, Acotaciones jurídicas a la expresión äl menos"del n.º 2 del artículo 19.1 de la Ley de Propiedad Horizontal, Actualidad Jurídica Aranzadi, nº 429, 2000, S. 1-6.

Martín Jiménez, Carlos Manuel; Martín Jiménez, Juan José, Teoría y Práctica del Ejercicio de las Acciones Civiles, Lex Nova, Valladolid: 2010.

Martínez Escribano, Celia, Responsabilidades y garantías de los agentes de la edificación, Editorial Lex Nova, Valladolid: 2007.

Martínez Ortega, Juan Carlos, La modificación del título constitutivo en la propiedad horizontal tras la Ley 8/2013, de 26 de Junio, Revista de Derecho UNED, núm. 13, 2013, S. 313 ff.

Molina Porcel, Marta, Molina Porcel, Marta, Comentarios a la nueva regulación de la propiedad horizontal en el Código Civil de Cataluña, Difusión Jurídica y Temas de Actualidad, Madrid: 2006.

Montserrat Valero, Antonio, Responsabilidad Civil por Vicios de la Construcción, Difusion Juridica, Madrid: 2008.

Muñoz Flores, Miguel Ángel, Veranstaltung: Encuentro Iberoamericano de Propiedad Horizontal, Colegio de Administradores de Propiedad Horizontal de Bogotá D.C., 15. und 16. März 2007; Vortrag: El reto de los Administradores Iberoamericanos de Propiedad Horizontal del Siglo XXI, (URL: http://www.propertyofmanagement.com/encuentro_ibero/DOCUMENTOS/el_reto_de_los_administradores_iberoamericanos_de_propiedad_horizontal_del_siglo_xxi.pdf).

Pastor Álvarez, María del Carmen, La Realización de Obras Por la Comunidad en los Elementos o Servicios Comunes del Edificio: Ley 8/1999, de 6 de Abril, de Reforma de la Propiedad Horizontal, Volumen 40 de Colección Privado/Tirant lo Blanch Series, Valencia: Tirant Lo Blanch, 2001.

Pérez Puerto, Alfonso, Leyes de Propiedad Horizontal, Difusión Jurídica y Temas de Actualidad, Madrid: 2008 (zit.: Pérez Puerto, Rn.).

Polo Portilla, María José, Notas y Comentarios. Febrero 2012, Presentación de Jurisprudencia al Detalle: Las cubiertas, Datenbank Sepín: SP/DOCT/16453.

Pons González, Manuel; Del Arco Torres, Miguel Ángel, Régimen jurídico de la propiedad horizontal: (doctrina científica y jurisprudencia. Legislación, Formularios), 9. Auflage, Albolote (Granada): Comares, 2007.

Revista professional dels Administradors de Finques Col·legiats, Inconvenientes de la ausencia de personalidad jurídica en las comunidades de propietarios, Consell nº 80, 4. Trimester 2009.

Rosat Aced, José Ignacio; Rosat Aced, Carlos (Hrsg.), Comunidades de Propietarios, Tirant lo Blanch, Valencia: 2005 (zit.: Rosat Aced / Rosat Aced, Seite).

Rosat Aced, Ignacio, Protocolos sobre Propiedad Horizontal, Guía sistemática sobre los pasos esenciales para la administración de fincas y la correcta gestión de las comunidades de vecinos, Valencia: Tirant lo Blanch, 2008.

San Cristóbal Reales, Susana, Las acciones en el ámbito de la propiedad horizontal, Anuario Jurídico y Económico Escurialense, nº 41, 2008.

San Cristóbal Reales, Susana, El juicio para la cesación de actividades prohibidas en el ámbito de la propiedad horizontal, Anuario Jurídico y Económico Escuraliense, nº 42, Januar 2009.

Sánchez García, Pilar Luisa, La Comunidad de Propietarios, Madrid: Boletín Oficial del Estado, 2002 (zit.: Sánchez García, Seite).

Sendra Guillén, Juan, Soy presidente de una comunidad, ¿qué tipo de responsabilidad me pueden exigir? Tipos de Responsabilidades en las Comunidades de Propietarios, Revista Inmueble nº 85 Oktober 2008.

Sepín, TS, Sala Primera, de lo Civil, 20-3-1997, No pueden tenerse como gastos de mejora un contrato especifico para la celebración de Junta, de cuyo servicio se beneficia parte de los copropietarios, Sepín Datenbank, Dokument: SP/SENT/12947 (zit.: Sepín, Kommentar zum Urteil TS, Sala 1.ª, de lo Civil vom 20. März 1997).

Sepín, Encuesta Jurídica. Enero 2001, En el supuesto de un titular con varias propiedades, algunas con deudas, ¿se aplica la privación del derecho de voto sólo a los pisos o locales deudores, o de manera general?, Datenbank Sepín, Dokument: SP/DOCT/1026.

Sepín, Encuesta Jurídica. Marzo 2002, A la vista de lo dispuesto en la Disposición Final apartado 1 de la Ley de reforma 8/1999, sobre la incompatibilidad de las cláusulas estatutarias con dicha Ley, ¿será nula aquella que determine que las diferencias entre la Comunidad y los propietarios, incluso las reclamaciones del artículo 21, serán llevadas al sistema de arbitraje de derecho o equidad?, Datenbank Sepín, Dokument: SP/DOCT/110.

Sepín, AP Salamanca, Sec. 1.ª, 168/2003, de 14 de abril. Con Comentarios, Acreditación condición propietario y legitimación para impugnación / No inclusión relación propietarios morosos en convocatoria y privación derecho de voto de forma ilegal, Datenbank Sepín, Dokument: SP/SENT/46519 (zit.: Sepín, Kommentar zu: AP Salamanca, Sec. 1ª, Urteil Nr. 168/2003 vom 14. April 2003).

Sepín, Encuesta Jurídica. Junio 2003, La norma contenida en el art. 15.2 de la LPH es de carácter imperativo o dispositivo, es decir, ¿puede la Junta conceder el voto al propietario moroso?, Datenbank Sepín, Dokument: SP/DOCT/1278.

Sepín, Consulta. Agosto 2005, Instalación de antena de TV internacional por un propietario, Datenbank Sepín, Dokument: SP/CONS/43685.

Sepín, Encuesta Jurídica. Febrero 2006, El art. 9.1 c) de la Ley de Propiedad Horizontal establece la obligación del propietario de permitir en su vivienda o local las servidumbres imprescindibles requeridas para la creación de servicios comunes de interés general. Ahora bien, en el supuesto de que esta propiedad se encuentre arrendada: A) ¿la Comunidad deberá dirigir la solicitud y demanda, en su caso, contra el propietario y arrendatario? B) ¿A quién corresponde la indemnización?, Sepín Datenbank, Dokument: SP/DOCT/2793.

Sepín, Quin és el termini per a la impugnació d'acords contraris a les lleis?, Encuesta Jurídica, Noviembre 2007, Datenbank Sepín, Dokument: SP/DOCT/3532.

Sepín, TS, Sala Primera, de lo Civil, 18-12-2007, Acreditación por Comunidad de envío de carta certificada como medio habitual para comunicar citación a Junta, Sepín Datenbank, Dokument: SP/SENT/147429 (zit.: Sepín, Kommentar zum Urteil TS, Sala 1.ª, de lo Civil vom 18. Dezember 2007).

Sepín, Estudio casuístico de la representación conferida en una Junta de Propietarios: ¿puede un comunero autorizar a un tercero o a un propietario a asistir y hacer constar obligatoriamente el sentido de sus votos en el escrito?, Datenbank Sepín, Februar 2008, Dokument: SP/DOCT/3596.

Sepín, Encuesta Jurídica. Noviembre 2008, Cerramientos móviles, La realización de simples cerramientos móviles en una terraza exterior del edificio, ¿precisa de consentimiento de la Comunidad? En su caso, ¿con qué régimen de mayorías? Datenbank Sepín, Dokument: SP/DOCT/3834.

Sepín, TS, Sala Primera, de lo Civil, 938/2008, de 22 de diciembre. Con Comentarios, Para el inicio del cómputo del plazo de la acción de impugnación se debe probar el conocimiento del acuerdo y no su mera existencia. Doctrina Jurisprudencial, Sepín Datenbank, Dokument: SP/SENT/441801 (zit.: Sepín, Kommentar zum Urteil TS, Sala 1.ª, de lo Civil vom 22. Dezember 2008).

Sepín, Responsabilidad por daños en la Comunidad de Propietarios, Jurisprudencia al detalle, Julio-Agosto 2009, n.º 300, Las Rozas (Madrid): Sepín, 2009.

Sepín, Consulta. Agosto 2009, Instalación de cámaras de vigilancia en el garaje de la Comunidad, Datenbank Sepín, Dokument: SP/CONS/68579, (zit.: Sepín, Instalación de cámaras de vigilancia en el garaje de la Comunidad).

Sepín, Jurisprudencia Comentada. Marzo 2010, El propietario responde ante la Comunidad de los daños ocasionados por cualquier ocupante del piso o local TS, Sala Primera, de lo Civil, 18-12-2009 Sepín Datenbank, Dokument: SP/SENT/492802.

Sepín, Comentario Artículo 10. Ley 40/1960, de 21 de julio, de Propiedad Horizontal, Datenbank sepín, Dokument: SP/DOCT/17689.

Sepín, Obras necesarias para la supresión de barreras arquitectónicas, Consulta, Octubre 2011, Datenbank Sepín, Dokument: SP/CONS/80419.

Sepín, Juicio de impugnación de cuotas contra el resto de comuneros, Datenbank Sepín, Dokument: SP/FORM/75.

Sepín, Juicio por obras en elementos comunes, Datenbank Sepín, Dokument: SP/FORM/76.

Sepín, Juicio por utilización privativa de elementos comunes, Datenbank Sepín, Dokument: SP/FORM/77.

Sepín, Juicio contra propietarios por actividades no permitidas en los estatutos, dañosas, peligrosas, incómodas, insalubres o ilícitas, Datenbank Sepín, Dokument: SP/FORM/78.

Sepín, Juicio por falta de respeto a instalaciones generales o de otro piso o local, Datenbank Sepín, Dokument: SP/FORM/80.

Sepín, Juicio por falta de consentimiento de reparaciones para servicio del inmueble, Datenbank Sepín, Dokument: SP/FORM/82.

Sepín, Juicio para constitución de servidumbres, Datenbank Sepín, Dokument: SP/FORM/83.

Sepín, Juicio para acceso a vivienda o local, Datenbank Sepín, Dokument: SP/FORM/84.

Sepín, Juicio contra la comunidad exigiendo reparación de servicios generales, Datenbank Sepín, Dokument: SP/FORM/85.

Sepín, Juicio de Equidad por nombramiento de Presidente, Datenbank Sepín, Dokument: SP/FORM/88.

Sepín, Juicio de reclamación de documentación de la comunidad contra el secretario y el administrador, Datenbank Sepín, Dokument: SP/FORM/98.

Soler Pascual, Luis Antonio, Artículo Monográfico. Septiembre 2010, El régimen de las notificaciones y comunicaciones en el ámbito de la Comunidad de Propietarios. Su adecuada realización, Sepín Datenbank, Dokument: SP/DOCT/5917.

Todo Inmobiliario, Todo Inmobiliario 2011, CISS.

Torres López, Alberto, Algunos apuntes sobre los procedimientos en régimen de propiedad horizontal, Abogacía, n° 4, März 2010.

Tuset del Pino, Pedro, Funciones y responsabilidad del presidente de la comunidad de propietarios, Revista Inmueble, n° 47, Diciembre-Enero 2005.

Vázquez Barros, Sergio, Comentarios a la Ley de propiedad horizontal, VLEX 2009.

Vicente Domingo, Elena, Aprovechamiento del suelo urbano, in: Homenaje a Luis Rojo Ajuria: escritos jurídicos Servicio de Publicaciones de la Universidad de Cantabria, Santander: 2002.

Viñas, Lorenzo, Publicación de notificaciones en el tablón de anuncios de las comunidades de propietarios, El Inmueble, Ausgabe 127, Dezember-Januar 2013, S. 38 ff.

Yúfera Sales, Pere, Régimen jurídico de la Propiedad Horizontal en el Llibre Cinquè del Codi Civil de Catalunya. Análisis comparativo con la Ley de Propiedad Horizontal INDRET, Barcelona, Oktober 2006, n° 386.

Zaforteza Socías, José María, La Nueva Propiedad Horizontal, Barelona: J. M. Bosch Editor, 2002.

Stichwortverzeichnis

Zeitfracht Medien GmbH
Ferdinand-Jühlke-Straße 7
99095 Erfurt, Deutschland
produktsicherheit@kolibri360.de